제3판

MICROECONOMICS

미시경제학

미시적 경제분석의 이해

김영산·왕규호

박영사

3판 서문

2013년에 2판이 출간된 이후 몇 년 전부터 본서로 미시경제학을 강의하는 분들과 독자들로부터 3판이 언제 출간되느냐는 질의를 많이 받았다. 저자들도 2판으로 강의하면서 형식과 구성에 대해 여러 차례 고민하였고, 그 결과의 산물로 3판이 출간되게 되었다.

3판은 2판과 형식과 내용 면에서 크게 달라졌다. 먼저 형식 측면에서는 2판까지는 2도의 색상밖에 사용하지 못해 그래프를 통한 설명에 다소 제약이 있었다. 그러나 3판에서는 4도의 색상을 이용해 보다 다양한 색상을 사용한 그림과 그래프를 그릴 수 있어, 본문의 설명을 이전보다 잘 전달할 수 있게 되었다.

내용도 큰 변화가 있었다. 2017년도에 행동 경제학자인 세일러 교수가 노벨 경제학상을 수상하였다. 아직도 많은 논란은 있지만 이는 행동 경제학(behavior economics)이 본격적으로 주류 경제학에 편입되었음을 의미한다. 따라서 저자들도 학부 수준에서도 행동 경제학을 강의할 필요가 있다고 생각하게 되었다. 행동 경제학의 정의부터 그 범위에 대해 다양한 논의가 있는 상황에서 많을 부분을 포함시키기는 어려웠다. 여러 주제 가운데 저자들이 학부 차원에서 논의할 만하다고 판단된 세 가지 분야를 제 10장 행동 경제학 입문에 포함시켰다. 포함된 주제는 기존의 기대효용이론을 보완한 전망이론(prospect theory), 심적 회계(mental accounting), 그리고 쌍곡선적 할인(hyperbolic discounting)이다. 학부 차원에서 행동 경제학을 소개하는 좋은 가이드가 되기를 기원한다.

둘째로 각 장마다 첫 페이지에 그 장의 내용에 가장 적절한 노벨 경제학상 수상자 또는 그에 버금가는 경제학자들의 삶과 업적을 간략하게 소개하였다. 이를 통해 독자들이 경제학의 여러 분야에서 만나게 되는 위대한 경제학자들이 어떻게 경제학 발전에 기여해 왔는지를 간략하게나마 이해하는 데 도움이 되기를 기원한다. 또한 본서로 미시경제학을 공부한 독자들 가운데 미래에 노벨 경제학상을 수상하는 학자들이 나오기를 바라는 저자들의 소박한(?) 바람도 포함되어 있다. 이들

경제학자들의 사진도 포함시키려 했으나 초상권 문제 해결이 어려워 사진을 함께 게재하지 못한 것이 아쉬움으로 남는다.

셋째로 새로운 내용들이 추가됨으로써 전체 분량이 상당히 증가하게 되어 독자들에게 부담이 될 수 있겠다는 우려가 있었다. 그래서 IT 기술을 활용해 본서 전체 내용을 재조정하면서 흐름에 지장을 주지 않는 내용들을 부록으로 모아 QR코드를 이용해 본서가 아닌 인터넷으로 접속할 수 있도록 하였다. 독자들은 서문 아래 또는 부록이 있는 각 장에 적힌대로 본서 954쪽에 있는 QR코드나 박영사 홈페이지 자료실 (http://www.pybook.co.kr/mall/customer/bookpds?seq=1162&page=1&scate=&skey=&sword=)을 이용해 추가적인 내용을 학습하기 바란다.

본서가 타 교재와 구별되는 장점으로 많은 독자들이 본서를 읽어 가면 마치 직접 강의를 듣는 듯한 느낌이 든다는 의견을 여전히 많이 보내주었다. 3판을 준비함에 있어 계속해서 이 점을 유지하도록 노력하였다. 각 장의 연습문제도 새로운 문제를 더 포함시켜 독자들이 충분히 연습할 수 있는 기회를 제공하고자 하였다.

1, 2판과 마찬가지로 3판이 출간되기까지 많은 분들의 도움이 있었다. 본서로 미시경제학을 강의하신 많은 분들과 독자들의 피드백에 감사드린다. 서강대학교 대학원의 임창국 군, 백승연 양은 교정에 큰 도움을 주었다. 마지막으로 박영사의 여러분들의 많은 도움에도 감사드린다.

본서를 교재로 사용하는 분이나 독자들이 저자들의 이메일을 통해 본서의 내용에 대해서 문의 사항이 있을 경우 저자들이 아는 범위 내에서 성실하게 답변드릴 것을 약속드린다.

2020년 2월

행당동과 신촌에서 김 영산, 왕 규호

김영산 교수: 이메일 ecyskim@hanyang.ac.kr
왕규호 교수: 이메일 ghwang@sogang.ac.kr

본서 954쪽의 QR코드를 스캔하거나, 박영사 홈페이지의 도서자료실(http://www.pybook.co.kr/mall/customer/bookpds?seq=1162&page=1&scate=&skey=&sword=)을 방문하면 부록 내용을 참고할 수 있습니다.

2판 서문

　저자들이 1980년도에 경제학 공부를 시작하여 1990년대 초반에 경제학 박사 학위를 취득한 후, 국내외에서 미시경제학 분야를 강의하면서 그동안 강의 내용을 한번 정리해 보는 것도 의미가 있다는 생각에 두 사람이 의견을 같이 하면서 본서가 출간되었다. 독자들에게 미시경제학의 내용을 정확하고 효과적으로 전달하려는 목적으로 초판이 출판된지 벌써 4년이 지났다. 짧다면 짧고, 길다면 긴 시간 동안 많은 독자들이 호응을 보내주셨고 동료학자들도 많은 격려와 조언을 주셨다. 또한 이기간 동안 저자들도 본서를 교재로 강의하면서 내용과 구성에 대해서 새로운 생각들을 가지게 되었다. 이런 것들을 바탕으로 본서를 개정할 적절한 시점이 되었다고 생각되어 이들 조언들을 최대한 반영하고 초판에서 부족하다고 생각되는 부분들을 보충하여 제2판을 출판하게 되었다.

　본서로 공부해 본 여러 독자들이 본서를 읽어가면 마치 직접 강의를 듣는 듯한느낌이 든다는 의견을 많이 보내주었다. 저자들은 이 점이 본서의 강점이라고 생각한다. 제2판을 준비함에 있어 계속해서 이 점을 유지하도록 노력하였다. 제2판의 기본구성은 기본적으로 초판의 포맷을 그대로 유지하였다. 무엇보다도 제2판에서는 본서의 가독성을 높이는 데에 주력하였다. 독자들에게 보다 효과적으로 내용을 설명하기 위해 전개 순서들을 일부 정리하고 각 장의 내용도 순서와 문맥을 많이 다듬었다. 학부 수준에 너무 생소하거나 어려운 주제들은 생략하거나 부록으로 보내 재정리하였으며, 각 장의 연습문제들을 더 늘려 독자들이 충분히 연습할 수 있는 기회를 제공하고자 하였다.

　내용면에서는, 초판은 총 23장으로 구성되었으나 개정하면서 제3장 시장구조와 시장모형을 별도의 장으로 하지 않고, 시장구조를 설명하는 제4부의 각 장에 포함시켜 개정판은 총 22장으로 구성되었다. 개정하면서 현재 우리나라 경제에서 매우 중요한 이슈로서 최근 지대한 관심의 대상이 되고 있는 기업지배구조 문제를 새로운 내용으로 추가하였다. 이 내용을 별도의 장으로 구성할 생각도 하였으나,

논리적으로는 기업이론과 함께 설명하는 것이 좀 더 효과적이라는 판단이 들어 제 10장 기업이론입문에 포함시켰다. 기업내부의 문제는 현재 미시경제학에서 활발하게 연구가 진행되고 있는 분야이다. 그러나 분석 도구가 학부 수준에서 다루기는 다소 어렵기 때문에 엄밀한 모형을 통한 분석은 시도하지 않았다. 하지만 기업지배구조에 대한 전반적인 설명과 함께 우리나라에서 특히 문제가 되고 있는 재벌의 소유구조 문제를 다루었으며, 구체적으로 실질 소유권과 의결권의 괴리 정도를 계산하는 방법을 소개하였다. 이를 통해서 독자들이 우리나라 재벌 문제의 핵심을 파악하고 이해하는 데에 도움이 되리라 기대한다. 그 외에 제2장에서는 기회비용에 대한 설명을 먼저 하는 것이 좋겠다는 판단하에 기회비용의 의미와 계산 방법에 대한 자세한 설명을 추가하였다. 제17장에서는 요소시장의 여러 시장균형에 대한 설명을 좀 더 잘 정리하였고, 우리나라 소득분포에 대한 자료들을 업데이트하였다. 제20장에는 온실가스 배출권 규제에 대한 이론과 사례 설명을 추가하였다.

본서에 대해 호응을 보내주시고 격려와 조언을 해주신 독자들과 동료들, 그리고 학생들에게 깊은 감사를 표하며, 제2판 출판에 도움을 주신 박영사 여러분들에게 감사드린다. 본서의 제2판이 앞으로 미시경제학을 공부하고자 하는 많은 독자들에게 좋은 나침반이 되기를 기원한다. 본서를 교재로 사용하는 분이나 독자들이 저자들의 이메일을 통해서 본서의 내용에 대해서 문의 사항이 있을 경우 저자들이 아는 범위 내에서 성실하게 답변드릴 것을 약속드린다.

2013년 2월
행당동과 신촌에서 김영산, 왕규호

김영산 교수: 이메일 ecyskim@hanyang.ac.kr
왕규호 교수: 이메일 ghwang@sogang.ac.kr

서문

경제학 특히 미시경제학은 교과서를 하루 밤에 독파함으로써 이해할 수 있는 학문이 아니다. 고층건물이 기초공사부터 시작하여 한 층씩 높이를 더해 가듯이, 미시경제학도 소비자와 기업의 행동에 대한 이론에서부터 출발하여 개별 시장에 대한이론, 그리고 전체 시장에 대한 이론에 이르기까지 점차 상위의 개념으로 발전해 나가는 구조를 가지고 있다. 따라서 하나의 주제에 대한 확실한 이해가 갖추어져야만 다음 주제로의 진행이 가능하다. 기초에 대한 이해가 불완전하면 더 높은 수준의 논의가 무의미하게 된다. 예를 들어, 기업의 비용구조를 모르고서는 기업들이 시장환경 변화에 어떻게 대응할 것인지를 논의할 수 없고, 나아가 시장균형이 어떻게 변할 것인지도 설명할 수 없다. 이런 미시경제학의 특성 때문에 미시경제학은 어렵다고 여기는 학생들도 많이 있다. 그러나 미시경제학은 어렵다기보다는 적당히 공부해서는 효과가 없는 학문이라고 말하는 것이 더 적합할 것이다. 미시경제학에 대해서는 잘 아는 사람과 전혀 모르는 두 부류의 사람이 있을 뿐이지, 적당히 아는 사람은 없다는 것이다.

본서는 독자들에게 미시경제학의 내용을 정확하게 전달하기 위해서 집필되었다. 저자들은 본서를 통하여 독자들이 미시경제학을 잘 이해하고 또한 잘 응용할 수있게 되기를 희망한다. 20년 가까이 미시경제학을 강의해 오면서 저자들은 나름대로 미시경제이론의 핵심을 학생들에게 효과적으로 전달하는 방법들을 개발해 왔으며, 최신 미시이론들을 강의에 적합한 수준으로 정리하여 소개하는 작업도 꾸준히 시도해 왔다. 이렇게 축적된 경험을 바탕으로, 미시경제학의 개념들을 정확히 전달하면서 다양한 응용까지 제시하는 포괄적인 교과서를 만드는 것이 본서를 집필하게된 동기이다. 막상 집필 과정에서 이제까지의 강의 내용을 정리하고 보완하면서, 저자 자신들도 더 효과적인 강의를 할 수 있는 기회를 가질 수 있었으며, 기존의 교과서들과 차별화된 교과서를 제시함으로써 미시경제학에 대한 다양한 수요에 부응할수 있다는 기대감도 갖게 되었다.

본서는 다음의 측면에서 기존의 교과서들과의 차별화를 시도하였다. 우선 쉽고 직관적인 설명에서부터 엄밀하고 이론적인 설명까지 되도록 많은 내용을 포함시키려 노력하였다. 따라서 본서는 미시경제학을 처음 접하는 독자들뿐만 아니라 보다 심층적인 공부를 원하는 경제학도들의 수요도 충족시킬 수 있으리라 기대한다. 학부수준의 난이도를 벗어나지 않으면서 되도록 많은 주제들을 심도 있게 취급한다는 두 마리 토끼를 동시에 추구한 면이 있지만, 두 명의 저자가 협력한 만큼 상당한 성공을 거두었다고 자평한다. 그럼에도 불구하고 본서의 분량이 비교적 많고, 간혹 설명이 딱딱한 측면이 있음을 독자들은 양해하기 바란다. 독자들의 접근성을 높이기 위하여, 심층적인 내용들은 ✻ 표시를 하거나 부록에 수록하여 선택적으로 공부할수 있도록 하였다.

둘째, 본서는 각 주제마다 예제를 제시하여, 독자들이 구체적으로 수식을 풀면서 개념들을 확실히 이해하도록 하였다. 미시경제학을 정확히 이해하기 위해서는 수리적 예를 풀어보는 것이 도움이 된다. 개념만 이해하면 되는 원론과는 달리 구체적인 문제를 해결할 수 없다면 미시경제학을 제대로 이해한 것이 아니라는 것이 저자들의 생각이다. 예제를 통하여 독자들이 앞에서 학습한 개념들을 구체적으로 적용할 수 있는 능력을 키우기를 희망한다.

셋째, 독자들이 나름대로 생각해 볼 필요가 있는 문제들이나 수리적 해법보다는 개념적인 정리가 필요한 문제들은 '생각하기'라는 제목하에 독자들이 스스로 답을 찾도록 유도하였다. 이 문제들 중에는 아직까지 명백한 답이 존재하지 않는 경우도 있고, 답을 스스로 찾아가는 과정 자체가 독자들의 이해에 도움이 되는 문제들도 있다. 또한 각 장의 끝에는 다수의 연습문제들을 제시하여 그 장에서 소개된 이론들에 대한 이해를 다시 한 번 확인할 수 있는 기회를 제공하였다.

본서는 두 학기에 걸친 강의에 적합한 분량이다. 첫째 학기는 전통적인 미시경제학의 주제를 주로 취급할 수 있도록 독점(제15장)까지 진도를 맞추고, 둘째 학기는 게임이론, 정보의 경제학, 일반균형, 시장실패 등 심층적인 주제들을 취급할 수 있도록 과점 이후로 진도를 맞추는 것이 좋을 것이다. 전술한 바와 같이 ✻ 표시가 되어 있는 주제와 부록에 수록된 내용들은 난이도나 응용성이 높은 내용들이기 때문에 처음에는 건너뛰더라도 전체적인 이해에는 큰 지장이 없다. 그러나 각 주제에 따라 나오는 예제들은 반드시 직접 풀어보고 답을 비교해 보기 바란다.

아무리 바빠도 바늘허리에 실을 매어 쓸 수 없듯이, 확실한 개념의 이해 없이 다음 주제로 진행하는 것은 바람직한 공부 방법이 아니다. 미시경제학은 많은 인내를 요구하는 학문이다. 그러나 그 열매는 경제현상을 체계적으로 이해하고 정확히 설명할 수 있는 진정한 실력이 될 것이다.

　　본서가 출간되기까지 많은 분들의 도움이 있었다. 학회나 세미나를 통해 미시경제학의 다양한 주제에 대해서 논의해 온 많은 미시경제학 분야의 학자들은 저자들에게 다양한 학문적인 토양을 제공해 주었다. 특히 은사이신 서울대학교의 이승훈 교수님은 저자들을 미시경제학 분야로 인도해 주신 분으로, 이 자리를 빌어서 감사드린다. 서강대학교의 이강오 교수, 김도영 교수, 전현배 교수와 경희대학교의 신동균 교수는 미시경제학의 여러 주제를 어떻게 설명할 것인가에 대해서 많은 도움을 주었다. 서강대학교의 정유선 양, 이종재 군과 한양대학교의 김재용, 김나영은 본서의 교정에 많은 도움을 주었다. 마지막으로, 본서를 출간해 준 박영사의 안종만 회장님과 이구만 부장님에게 감사의 뜻을 전하고자 한다.

　　마지막으로, 본서를 교재로 사용하는 분이나 독자들이 본서의 내용에 대해서 문의할 사항이 있을 경우 저자들의 이메일이나 홈페이지를 이용하여 문의하면 저자들이 아는 범위 내에서 답변을 드릴 것을 약속드린다.

2008년 겨울

김영산 · 왕규호

김영산 교수: 이메일 ecyskim@hanyang.ac.kr

왕규호 교수: 이메일 ghwang@sogang.ac.kr

홈페이지 http://hompi.sogang.ac.kr/~ghwang

차례

Microeconomics

Part 01 입문

Part 02 소비자이론

Part 04 시장구조

Part 05 일반균형이론과 시장실패

Microeconomics

Part **01**

입문

Chapter 01 / 미시경제학 입문

★ 하이에크(Friedrich von Hayek) : 오스트리아, 1899~1992

하이에크는 1974년에 화폐 및 경기 변동 이론의 선구자적 업적과 경제적, 사회적 및 제도적 현상의 상호의존성에 대한 통찰력 있는 분석으로 노벨 경제학상을 수상했다(스웨덴의 경제학자 군나르 미르달(Gunnar Myrdal)과 공동 수상). 오스트리아 비엔나에서 태어난 하이에크는 1923년에 비엔나 대학에서 박사학위를 취득한 후, 1927년부터 1931년까지 오스트리아 경기변동연구소(Austrian Institute for Trade Cycle Research)의 소장, 1931년부터 1950년까지 영국 런던 대학교의 경제학 및 통계학 교수, 1950년부터 1962년까지 미국 시카고 대학의 교수, 1962년부터 1968년까지 독일 프라이부르크 대학 교수 등을 역임했다.

1920년대에 하이에크는 경기 변동에 관한 중요한 연구를 수행했고, 이후 보다 폭넓게 경제적, 사회적 및 제도적 분야로 관심을 넓혀 갔다. 1930년대 이후 하이에크는 사회주의 경제체제의 문제점을 통렬하게 지적해 왔다. 하이에크는 사회주의의 중앙집권적 계획경제 방식으로는 경제 내에 존재하는 다양한 사람들이 보유하고 있는 지식과 정보가 효율성 달성을 위해 온전히 활용될 수 없으며, 자유 경쟁과 가격 기능이 작용하는 분권화된 시장 경제체제에서만 온전하게 활용될 수 있음을 강조했다.

하이에크의 저서 「농노의 길(*The Road to Serfdom*)」은 계획경제를 경제체제로 도입했을 때 나치 독일이나 파시스트 이탈리아와 같은 전체주의적 정치체제가 나올 수 있음을 잘 설명하고 있다. 이상적인 최선의 정책이 존재하지 않는 현실에서 정부의 개입이 최소화되고 자유경쟁과 가격기구가 작동하는 시장경제가 효율성 달성에 있어 적어도 차선의 방식임을 강조하는 하이에크의 통찰력은 오늘날에도 매우 유효하다고 하겠다.

Section 1 경제학: 선택의 학문

경제학은 인간의 욕구(wants)는 무한하지만, 그 욕구를 충족시킬 수 있는 수단인 자원(resource)이 유한하다는 데에서 출발한다. 독자들은 인간의 욕구가 무한함을 보여주는 다음과 같은 조크를 들어본 적이 있을 것이다.

지나가다가 길에 500만원이 들어 있는 보따리와 100만원이 들어 있는 보따리를 발견했다. 여러분은 어떤 보따리를 주울 것인가? 착한(?) 여러분이 500만원짜리 보따리를 주울 것이라고 대답하면, 당연히 100만원짜리 보따리도 같이 주어야지 무슨 소리냐는 핀잔을 들을 것이다. 이 조크는 대부분의 일반적인 사람들이 갖는 욕구가 무한함을 보여준다. 그러나 현실에서 사람들의 욕구를 충족시킬 수 있는 자원은 한정되어 있다. 만일 자원도 무한하다면 사람들이 더 많은 것을 갖겠다고 싸울 이유도 없다. 무한과 유한 사이에는 본질적인 차이가 존재한다. 그 차이에 대해서는 Box 1-1을 참고하기 바란다.

자원은 유한하므로 자연스럽게 희소성(scarcity)의 문제가 발생한다. 희소성이란 자원을 한 곳에 사용하면 다른 곳에는 사용할 수 없음을 의미한다. 1976년 노벨 경제학상 수상자인 프리드만(Milton Friedman) 교수는 희소성의 문제를 '세상에 공짜 점심은 없다'(There is no free lunch!)라는 말로 표현했다. 이는 어떤 사람이 공짜로 점심을 얻어먹는다고 하더라도, 누군가 그 사람을 위해 대가를 지불한다는 의미이다.

Box 1-1 유한 vs. 무한

인간의 욕구를 충족시키는 수단인 자원이 무한하면 원천적으로 경제학이라는 학문은 성립되지 않는다. 무한과 유한 사이에는 본질적인 차이가 있다. 자원이 무한하면 무한한 인간의 욕구도 충족시킬 수 있고, 새로운 사람이 태어나거나 혹은 새로운 욕구가 발생해도 충족시킬 수 있다. 유한(finiteness)과 무한(infinity)의 차이를 가장 극명하게 보여주는 다음의 예를 살펴보자.

매우 큰 호텔이 하나 있다. 예를 들어, 호텔 방수가 1,000개이고 현재 모든 방에 투숙객들이 있다고 가정하자. 이 때 새로운 손님 한 사람이 호텔에 도착했다. 이 손님에게 방을 하나 주려면, 현재 투숙해 있는 누군가 한 명이 이 손님에게 양보를 해야 한다. 이것은 호텔 방수가 1,000개가 아니라, 그보다 훨씬 더 많은, 예를 들어, 100만 개라고 하더라도 동일하게 성립한다. 호텔 방의 숫자가 유한한 한, 새로운 손님을 위해 누군가 방을 양보해야 한다.

이제 호텔 방이 무한개라고 가정하자. 구체적으로 자연수만큼 호텔 방이 있어 그 번호를 1, 2, $\cdots$, n, $\cdots$로 붙이고, 현재 모든 방이 차 있다고 가정하자. 그런데 앞에서와 마찬가지로 새로운 손님 한 명이 호텔에 도착했다. 이제는 유한한 경우와 달리 새로운 손님에게 방을 주기 위해 누군가 방을 양보할 필요가 없다. 다음과 같은 방법을 생각해 보자. 1번방 손님은 2번방으로, 2번방 손님은 3번방으로, $\cdots$, n번째 방 손님은 $(n+1)$번째 방으로 순차적으로 이동하면 기존의 모든 손님들은 여전히 방을 갖게 되고, 1번방이 새로이 비게 된다. 1번방을 새 손님에게 주면, 기존 손님들이 방을 옮겨야 하는 약간의 불편은 있지만 기존 손님들이 방을 양보하지 않고도, 새 손님에게 방을 줄 수 있다.

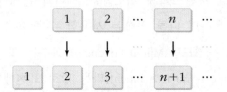

〈방이 무한대일 때 새로운 방을 만들어 내는 방법〉

새로운 손님에게 방을 주었는데, 또 새로운 손님이 도착했다면 앞에서와 동일한 방법으로 기존 손님이 희생하지 않더라도 방을 줄 수 있다. 현재 모든 방이 다 차 있는데, 매번 새로운 손님들이 올 때마다 기존의 손님들이 방을 옮겨야 하는 불편을 없애려면 다음과 같이 단 한 번의 이동으로 무한대의 빈 방을 다시 확보할 수 있다. 1번째 방 손님은 2번째 방으로, 2번째 방 손님은 4번째 방으로, $\cdots$, n번째 방 손님은 $2n$번째 방으로 순차적으로 이동하면, 기존의 모든 손님들은 여전히 방을 갖게 되고, 모든 홀수 번 방이 새로이 비게 된다.

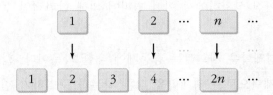

〈모든 방이 다 차 있을 때, 무한히 많은 빈 방을 만드는 방법〉

무한히 많은 빈 방이 다시 다 차게 되면, 앞의 방법을 되풀이함으로써 무한대의 빈 방을 다시 만들 수 있으므로, 무한 명의 손님이 오게 되더라도 기존 손님의 방을 빼앗지 않고도 빈 방을 줄 수 있다.

이 예에서 손님들에게 제공할 수 있는 방이 바로 자원에 해당되고, 방을 차지하고자 하는 것이 사람들의 욕구에 해당된다. 자원이 무한하면 설사 현재 모든 자원을 다 사용하고 있는 것처럼 보여도, 얼마든지 무한한 자원을 다시 만들어 내어 무한히 많은 사람들의 욕구를 충족시킬 수 있다. 그러므로 자원이 무한하면, 사람들이 그 자원을 더 갖겠다고 싸울 필요가 전혀 없는 것이다! 따라서 경제학이라는 학문이 필요 없게 된다.

희소성의 문제는 자연스럽게 선택의 문제로 이어진다. 자원을 한 곳에 사용한다는 것은 다른 용도로 사용하기를 포기하는 것이다. 그러므로 무한한 욕구를 충족시키기 위해 유한한 자원을 가장 **효율적**인 방법으로 사용해야 하는 필요성이 발생한다. 동일한 자원을 어떻게 사용하는가에 따라 얻을 수 있는 결과는 달라질 수 있다. 경제학은 다름 아닌 유한한 자원으로 무한한 인간의 욕구를 어떻게 충족시키는 것이 가장 바람직한지를 연구하는 학문이다. 따라서 경제학은 '돈'을 다루는 학문이 아닌 '선택'의 문제를 다루는 학문이다.

모든 선택에는 필연적으로 **편익**(benefit)과 **비용**(cost)이 발생한다. 선택을 통해 얻어지는 욕구 충족을 편익이라고 부른다. 반면에 그 선택 때문에 포기해야 하는 것을 비용이라고 부른다. 예를 들어, 1,000원을 주고 아이스크림을 소비하면 아이스크림을 먹음으로써 얻는 만족이 편익이다. 반면에 아이스크림을 얻기 위해 지불해야 하는 1,000원이 비용에 해당된다. 편익이 비용을 초과하는 선택만이 합리적인 선택이다. 경제학, 특히 미시경제학은 여러 상황하에서 다양한 경제주체들이 어떻게 선택하는 것이 합리적인가를 분석한다. 독자들은 본서를 통해 여러 경제주체들이 각자의 주어진 상황하에서 어떤 원리에 의해 합리적인 선택을 할 것인가를 공부하게 된다.

마지막으로, 경제학은 사회라는 공동체에 대한 학문이다. 희소한 자원의 효율적 이용이라는 주제만으로는 경제학을 다른 학문과 구별하기 힘들다. 경영학이나 공학에서도 주어진 자원의 효율적 이용 문제를 다룬다. 경제학이 이들과 다른 점은 이해관계가 서로 다른 여러 경제주체들로 구성된 사회에서의 선택을 대상으로 한다는 점이다. 그러므로 경제학에서는 경제주체들 사이의 갈등관계를 고려하면서 이들 사이에 자원을 효율적으로 배분하는 문제들을 다루게 된다. 경제학이 사회과학에 속하는 이유가 여기에 있다.

다른 사회과학 분야에서는 경제학을 제국주의적 학문(imperial science)이라고 부르기도 한다. 앞에서 설명했듯이, 경제학은 선택의 학문이므로 각 경제주체들이 어떤 상황에서 어떻게 의사결정을 하는 것이 합리적인가에 대한 오랜 연구가 축적되어 왔다. 그 결과 오늘날 과거에는 생각하지 못했던 영역에 경제학이 적용되고 있다. 예를 들어, 결혼한 부부가 아이를 가지는 것을 생각해 보자. 과거에는 그냥 (?) 애가 생기면 낳는 것으로 여겨져 왔다. 그러나 1992년 노벨 경제학상 수상자인 베커(Gary Becker) 교수는 부부가 아이를 몇 명 가질까 하는 것이 자녀 수에 따른 편익과 비용을 고려한 합리적 선택임을 설득력 있게 설명했다. 오늘날 경제학은 사람들이 범죄를 저지르는 것도 편익과 비용을 고려한 합리적 선택이라고 보고 있다. 또한 과거에는 전쟁을 통치자의 충동적인 결정으로 발생하는 것으로 본 반면에, 경제학에서는 전쟁 역시 편익과 비용을 고려한 합리적인 선택이라고 본다. 이와 같이 오늘날 경제학은 사회학, 범죄학, 국제정치학과 같은 여러 다른 학문에도 적용되고 있다. 이 같은 이유에서 경제학이 때로는 제국주의적 학문이라고 불린다. 제국주의 국가처럼 경제학이 다른 학문들의 영역에 침투해 영향을 미친다는 의미이다. 또한 많은 경제학자들이 오늘날 사회학자, 심리학자, 정치학자 등과 공동연구를 하고 있다.

Section 2 경제학의 발전과정

　200년이 넘게 발전해 온 경제학의 발전과정을 간단하게 요약하는 것은 불가능한 일이다. 그러나 200여 년의 경제학 역사 가운데 독자들이 기억할 만한 3개의 연도가 있다.

　첫 번째는 1776년이다. 1776년은 흔히 「국부론」이라고 불리는 아담 스미스 (Adam Smith)의 저작인 *An Inquiry Into the Nature and Causes of the Wealth of Nations*(줄여서 *The Wealth of Nations*)가 출간된 해이다. 「국부론」 출간을 계기로 경제학은 비로소 독립된 학문으로서의 체계를 갖게 된다. 그 공로로 흔히 아담 스미스는 경제학의 아버지라고 불린다.

　국부론의 배경은 다름 아닌 산업혁명이다. 새로운 시대를 배경으로 아담 스미스는 책 제목이 시사하듯이, 국부의 본질과 그 원천에 대해 탐구하고 있다. 아담 스미스와 그 뒤를 이은 일련의 경제학자들을 – 예를 들어, 리카르도(David Ricardo), 밀(John Stuart Mill), 맬서스(Thomas Malthus) – **고전파**(classical school)라고 부른다. 고전파 경제학자들의 주요 관심사는 국부의 배분이었다. 축적된 부는 근로자들에게는 임금(wage), 지주들에게는 지대(rent), 그리고 자본가들에게는 이윤(profit)으로 배분된다. 국부가 각 계층별로 어떤 원리에 의해 배분되는가 하는 것이 당시 경제학자들의 주된 관심사였다. 이 당시의 경제학을 오늘날 흔히 **정치경제학**(political economy)이라고 부른다.

　두 번째 기억해야 할 시기는 1860년대이다. 이 당시는 오늘날 경제학에서 **한계혁명**(marginal revolution)이라고 불리는 변화가 발생한 시기이다. 오늘날 경제학의 가장 중요한 개념 가운데 하나인 '한계'의 개념이 서로 다른 지역에서 3명의 경제학자에 의해 거의 비슷한 시기에 발견되었다. 제본스(Stanley Jevons)는 영국에서, 멩거(Carl Menger)는 오스트리아에서, 그리고 왈라스(Leon Walras)는 스위스에서 각각 독립적으로 한계의 개념을 발견했다. 이 당시에 발견된 한계의 개념은 현대 경제학에서 없어서는 안 될 중요한 개념으로 자리 잡았다.

　한계혁명의 업적들을 집대성한 경제학자가 바로 수요와 공급의 분석 틀을 확립한 마샬(Alfred Marshall)이다. 고전파 경제학자들과 대비해 마샬을 중심으로 한

당시의 경제학자들을 신고전파(neoclassical school)라고 부른다. 고전파 경제학자들의 관심이 계층별 분배의 문제였다면, 신고전파 경제학자들의 관심사는 시장을 통한 자원배분이었다. 신고전파 경제학자들은 시장을 통해 자원배분이 효율적으로 이루어진다는 신념을 가지고 있었다. 그렇기에 신고전파 경제학자들은 시장에 대한 정부의 간섭에 대해 매우 부정적이었다. 시장의 효율적 작동에 대한 신고전파 경제학자들의 신념을 자유방임(laissez-faire)이라고 부른다. 신고전파 경제학자들의 연구는 오늘날 미시경제학의 주요 부분을 구성하고 있다.

세 번째 기억해야 할 연도는 1936년이다. 1936년은 케인즈(John Maynard Keynes)의 「화폐, 고용 및 이자에 관한 일반이론」(줄여서 「일반이론」)(*General theory of money, employment and interests*)이 출간된 연도이다. 자유방임을 주장한 신고전파 경제학자들에게 1929년부터 시작된 세계적 대공황(Great Depression)은 당시의 경제이론으로 설명하기 힘든 현상이었다. 신고전파 경제학자들에게 실업이란 노동시장에서 초과공급이 존재함을 의미한다. 일반적으로 시장에 초과공급이 존재하면, 가격이 하락해 공급은 감소하고 수요는 증가해 새로운 균형으로 되돌아간다는 것이 신고전파 경제학자들의 시장에 대한 믿음이었다. 그러나 대공황 시기에는 신고전파 경제이론으로는 설명하기 힘들게 실업이 대규모로 오랫동안 지속되었다. 다시 말하면, 대공황은 신고전파 경제학자들이 생각하는 만큼 시장이 신축적으로 작동하지 못한 시기였다. 대공황을 배경으로 케인즈는 시장에 모든 것을 맡겨 둘 것이 아니라, 정부가 적극적으로 간섭해서 대규모의 공공사업을 통해 유효수요를 창출해야 한다고 주장했다. 대공황 당시의 미국 대통령이었던 루즈벨트(Franklin Roosevelt)는 케인즈의 이 같은 주장을 적극적으로 받아들여 대공황 퇴치를 위해 공공사업에 막대한 정부 예산을 지출했다. 케인즈의 이론은 현대 경제학에 있어 거시경제학이라는 분야를 낳아, 오늘날 주류 경제학에서 미시경제학과 거시경제학이라는 두 기둥을 이루고 있다.

Section 3 경제체제

희소성의 문제 때문에 모든 경제에서는 필연적으로 선택의 문제가 발생함을 앞에서 설명했다. 1970년에 미국의 경제학자로서는 처음으로 노벨 경제학상을 수상한 새뮤엘슨(Paul Samuelson) 교수는 모든 경제가 기본적으로 해결해야 할 문제로 다음과 같은 세 가지를 제시했다.

1) 무엇을 생산할 것인가

인간의 욕구를 충족시킬 수 있는 방법은 다양하다. 예를 들어, 배가 고프면 라면을 먹을 수도 있고 짜장면을 먹을 수도 있다. 그러나 라면 생산에 사용한 자원은 짜장면 생산에는 사용할 수 없다. 그러므로 먼저 욕구충족을 위해 무엇을 생산할 것인가(What to produce)에 대한 합의가 이루어져야 한다. 그런데 사회 구성원 간에 이 같은 합의를 이루어 내는 것이 그리 간단한 일은 아니다. 모든 사람들이 다 짜장면을 라면보다 더 좋아하면, 이 같은 합의는 간단히 이루어질 수 있다. 그러나 어떤 사람들은 짜장면을, 다른 사람들은 라면을 더 선호할 때, 어떻게 합의를 이룰 것인가 하는 것은 간단한 문제가 아니다. 일반적으로 수많은 사람들이 존재하는 경제에서 각 사람들의 선호(preference)가 각기 다를 경우, 욕구충족을 위해 무엇을 생산할 것인지를 결정하는 것은 쉬운 일이 아니다.

2) 어떻게 생산할 것인가

일단 사회 구성원 사이에 무엇을 생산할 것인가에 대한 합의가 이루어졌다고 가정하자. 그 다음으로 제기되는 문제는 그러면 어떻게 생산할 것인가(How to produce)라는 문제이다. 일반적으로 한 재화를 생산하는 방식은 매우 다양하다. 한 재화를 생산하는 생산기술이 여러 가지가 있을 경우 어떤 생산기술을 사용해야 하는가? 특정 생산기술이 선택되었다고 하더라도, 생산요소를 어떻게 사용할 것인가? 기계와 같은 자본 장비를 많이 투입하고 노동을 적게 투입하는 방법도 있고, 반대로 자본을 적게 그리고 노동을 많이 사용하는 방법도 있다. 다양한 생산요소의 조합 가운데 어떤 조합을 선택할 것인가? 어떻게 생산할 것인가를 결정하는 것도 쉬운 일이 아니다.

3) 어떻게 분배할 것인가

경제활동의 궁극적인 목표는 소비이다. 사람들은 궁극적으로 소비를 통해 만족을 얻는다. 무엇을 생산할 것인지 그리고 어떻게 생산할 것인지에 대한 합의가 이루어져 각종 재화와 서비스가 생산되었다면 최종적으로 이것들을 각 사람들 간에 어떻게 분배할 것인가(How to distribute)에 대한 문제가 발생한다. 모든 사람들의 선호가 동일하다면, 문제는 비교적 간단하다. 그러나 일반적으로 모든 사람들의 선호는 동일하지 않다. 어떤 사람은 배를 사과보다 더 좋아하는 반면, 다른 사람은 사과를 배보다 더 좋아할 수 있다. 배를 좋아하는 사람에게 사과를 많이, 사과를 좋아하는 사람에게 배를 많이 주는 분배는 결코 좋은 분배라고 말하기 힘들다. 가능한 한 많은 사람에게 더 큰 만족을 주는 것이 좋은 분배이다. 이 같이 좋은 분배를 달성하는 것도 쉬운 일이 아니다.

위의 세 가지 문제를 모두 해결하는 것은 모든 사회가 당면하는 난제이다. 그렇다고 해결하지 않을 수도 없는 일이다. 세 가지 문제가 어떤 방식으로든 해결되지 않으면, 경제활동이 이루어질 수 없다. 이 세 가지 문제를 해결하기 위해 인간이 만들어 낸 방식을 크게 두 가지로 나누어 보면, 하나는 **사회주의 계획경제**(socialistic planning economy)이고, 다른 하나는 **자본주의 시장경제**(capitalistic market economy)이다. 이제 각 방식이 위의 문제를 어떻게 해결하고 있는지를 간략하게 알아보자.

사회주의 계획경제는 개인의 소유권을 인정하지 않고, 흔히 중앙계획기구(central planning authority)라고 불리는 기구가 경제 내의 모든 자원에 대한 권한을 갖고 생산과 분배를 담당하는 체제이다. 중앙계획기구는 계획을 통해 어떤 재화를 어떤 방식으로 생산할 것인지를 결정하고, 그 계획에 따라 경제 내의 각 사람들이 어떤 생산활동에 참여할 것인지를 결정하며, 생산된 재화를 각 사람들에게 어떻게 분배할 것인지를 결정한다. 사회주의 계획경제를 가장 잘 나타낸 표현이 '능력에 따라 일하고, 필요에 따라 분배받는다'(work according to ability, distributed according to need)라는 것이다. 사람들이 능력에 따라 일할 때, 그 경제가 가지고 있는 자원으로 가장 많은 것을 생산할 수 있다. 또한 각자 필요한 만큼 분배받을 때, 가장 필요한 사람들에게 재화가 돌아간다. 이 표현 그대로 사회주의 경제체제가 운영되었다면, 그 사회는 매우 효율적이고 인간적이며 아름다운 사회였을 것이다. 그러나 구소련의 붕괴에서 보았듯이 사회주의 경제체제의 현실은 그렇지 못했다.

사회주의 계획경제가 제대로 작동하지 못한 이유는 기본적으로 **정보**(information)의 문제를 간과했기 때문이다. 중앙계획기구가 사람들을 효율적으로 생산활동에 투입시키려면, 각 사람들이 가지고 있는 능력에 대한 정보를 가지고 있어야 한다. 빵을 잘 만드는 사람은 빵 만드는 데 투입해야 하고, 머리 손질을 잘 하는 사람은 미용실에 투입해야 생산이 극대화된다. 그런데 아무리 모든 권한을 가지고 있는 중앙계획기구라 하더라도 누가 어떤 능력을 갖고 있는지에 대한 완벽한 정보를 가질 수 없다. 능력에 대한 정보를 얻기 위해 가장 단순하게 중앙계획기구가 각 사람들에게 무엇을 잘 하는지 물어보고, 그 대답에 따라 생산활동에 투입한다고 가정해 보자. 모든 사람들이 정직하다면 각자 자신들이 잘 하는 것을 대답할 것이다. 그런데 많은 경우, 잘 하는 것과 하고 싶어 하는 것이 다르다. 자신의 대답에 따라 자신이 해야 할 것이 결정된다면, 아마도 많은 사람들이 자신이 잘 하는 것보다 자신이 하고 싶은 것을 대답할 것이다. 이 같은 경우, 가장 효율적인 생산이 이루어지지 못한다.

다음으로 분배에 대해 알아보자. 필요에 따라 분배되려면, 중앙계획기구가 각 사람들이 무엇을 얼마나 필요로 하는지 알아야 한다. 앞에서와 마찬가지로 일반적으로 중앙계획기구는 누가 무엇을 어느 정도로 필요한지에 대한 완벽한 정보를 갖지 못한다. 필요에 대한 정보를 얻기 위해 앞에서와 같이 중앙계획기구가 각 사람들에게 그들이 요청한대로 분배한다고 가정해 보자. 정직한 사람들이라면 정확하게 그날에 필요한 재화의 종류와 양만큼을 말하고, 그만큼을 분배받을 것이다. 그러나 아마도 많은 사람들이 혹시나 하는 생각에 필요 이상으로 훨씬 많은 재화가 필요하다고 말할 것이다. 이 같이 분배가 이루어지면, 재화가 그 재화를 가장 필요로 하는 사람에게 분배되리라고 보장할 수 없다.

능력에 따라 일하고 필요에 따라 분배받을 때 가장 인간적이고 효율적인 자원배분이 달성된다. 그러나 이 같은 방식이 제대로 작동하려면, 중앙계획기구가 각 사람의 능력과 필요에 대한 완벽한 정보를 가지고 있든가 아니면 경제의 모든 구성원이 정직해 원천적으로 정보에 대한 문제가 발생하지 말아야 한다. 그러나 현실적으로 경제의 모든 구성원이 정직할 것이라는 전제하에서 경제를 운영하기는 어렵다. '정직이 최선의 방책이다'(Honesty is the best policy)라는 말이 있다. 경제학자들은 이 말을 '정직은, 최선의 방책일 경우에 한해, 최선의 방책이다'라고 표현한다. 다시 말하면, 정직하지 않음으로써 더 큰 이득을 볼 수 있으면 사람들은 정직하지 않을 수 있다고 경제학자들은 생각한다. 사회주의 계획경제는 그 취지는 아름다웠을지 모르지만, 정보의 문제, 더 나아가 인간의 본성에 대해 좋게 말하면 순진했고 나쁘게 말하면 무지했던 결과, 자원배분의 효율성을 달성하지 못했다.

자본주의 시장경제는 사회주의 계획경제와 달리 개인의 소유권을 인정하는 데에서 출발한다. 자본주의 시장경제는 그 이름이 말해 주듯이 시장에서의 거래를 통해 자원배분이 이루어지는 체제이다. 시장은 팔고 싶은 사람과 사고 싶은 사람이 만나 거래가 이루어지는 장소이다. 어떤 사람이 시장에서 물건을 팔고자 하면, 자신이 좋아하는 물건을 만들어 시장에 가져오는 것이 아니라 다른 사람들이 필요로 하는 물건을 가져와야 한다. 그러므로 상대적으로 다른 사람들보다 자신이 더 잘 만들 수 있는 물건을 생산해야 한다. 따라서 거래를 위해 각 사람들은 타인의 간섭 없이도 스스로 자신이 가장 잘 할 수 있는 분야의 생산활동에 참여한다. 또한 시장에서 사고 싶은 사람도 물건을 살 때 그 대가로 가격을 지불해야 한다. 그러므로 그 물건을 소비할 때 얻는 편익이 그 비용을 초과할 때에 한해 소비를 하기 때문에 불필요한 소비는 발생하지 않는다. 이와 같이 시장은 사회주의 경제체제가 해결하지 못한 정보의 문제를 매우 효율적으로 해결하는 역할을 담당한다.

시장이 가지는 또 다른 장점은 시장가격이 생산자와 소비자에게 매우 중요한 정보를 제공한다는 것이다. 생산자는 현재의 시장가격을 보고, 누군지는 모르지만 현재의 가격으로 물건을 사고자 하는 사람이 있음을 알 수 있다. 생산자는 굳이 누가 내 물건을 살 것인지를 고민할 것 없이, 현재의 가격 이하로 물건을 만들 수 있으면 이익을 보면서 생산할 수 있다. 소비자도 현재의 시장가격을 보면, 누군지는 모르지만 현재의 가격으로 물건을 생산할 사람이 있다는 것을 알 수 있다. 그러므로 소비자는 굳이 누가 물건을 생산할 것인지를 고민할 것 없이, 현재의 가격을 지불하고 더 큰 편익을 얻을 수 있다면 소비하고자 한다. 개인들이 적절한 거래의 당사자를 스스로 찾아야 한다면, 거래가 이루어지기 힘들다. 반면에 시장은 현재의 가격에서 팔고자 하는 사람과 사고자 하는 사람이 있다는 정보를 제공함으로써 거래가 보다 잘 이루어지도록 하는 기능을 담당한다.

일반적으로 시장경제는 계획경제보다 자원배분의 기능을 더 효율적으로 수행한다. 그 이유는 시장경제가 계획경제보다 인간의 본성에 더 충실하기 때문이다. 그렇다고 시장이 항상 완벽하게 작동하는 것은 아니다. 본서를 통해 독자들은 여러 상황에서 시장이 어떻게 작동하고, 그 결과 자원배분이 어떻게 이루어지는가를 공부하게 된다.

Section 4　미시경제학 vs. 거시경제학

주류경제학을 구성하고 있는 커다란 두 기둥이 **미시경제학**(microeconomics)과 **거시경제학**(macroeconomics)이다. 한 나라의 경제현상은 매우 복잡하다. 이 같은 복잡한 경제현상을 하나의 틀로 분석할 수 있다면 가장 이상적일 것이다. 그러나 아직까지 경제학에서는 모든 경제현상을 하나의 틀로 포괄해서 분석할 수 있는 체계가 완비되어 있지 않다. 그 대신에 경제학 내부에서도 분업(division of labor)이 이루어져, 필요에 따라 각기 다른 분석의 틀을 이용해 경제현상을 설명하고 있다. 미시경제학과 거시경제학은 이 같은 분업의 결과이다.

한 경제를 구성하는 가장 기본적인 단위는 소비의 주체인 가계와 생산의 주체인 기업이다. 가계들은 다양한 상품들을 소비하면서 동시에 생산요소들을 공급한다. 기업들은 생산요소를 구입해 생산에 투입하며, 생산된 상품들을 판매한다. 가계와 기업에 더하여 정부도 제3의 경제주체로서 경제에 참여한다. 이들은 다양한 산출물 또는 요소 시장에서 서로 만나 상호작용을 하며, 다양한 시장들이 합쳐져 전체 경제를 구성한다. 미시경제학과 거시경제학의 차이는 기본적으로 이러한 경제에 대한 접근방법에 있다.

미시경제학은 개인, 기업 및 정부와 같은 개별 경제주체의 의사결정과 그 상호작용으로부터 연구를 시작한다. 전통적으로 미시경제학은 소비자의 선택 문제와 기업의 선택 문제를 연구하며, 소비자와 기업의 선택이 시장에서 어떤 상호작용을 하는지를 연구한다. 여기에 정부가 시장에 여러 방식으로 개입하면, 어떤 결과가 발생하는지를 연구한다. 일반적으로 미시경제학의 분석대상은 개별 시장이다. 한 경제 내에는 완전경쟁시장, 독점시장, 과점시장 및 독점적 경쟁시장과 같은 다양한 형태의 시장이 존재한다. 미시경제학은 다양한 시장구조에서 자원배분이 어떻게 이루어지는지를 연구하며, 또한 세금 부과와 같은 여러 정부정책이 시장의 자원배분에 미치는 영향을 분석한다. 미시경제학에서도 경제 전체를 분석하는 경우가 있다. 모든 시장의 균형을 동시에 분석하는 일반균형이론이 그것이다. 그러나 일반균형이론은 매우 추상적인 수준에 머물러 있다.

　　반면에 거시경제학은 국민경제 전체의 움직임으로부터 분석을 시작한다. 한 경제 내에는 수없이 많은 시장이 존재한다. 따라서 국민경제 전체의 움직임을 한눈에 보기 위해 개별 시장에서 발생하는 결과를 집계(aggregation)하여 얻어진 변수를 사용한다. 이렇게 집계를 통해 얻어진 변수를 집계변수 혹은 거시변수라고 부른다. 아마도 독자들이 익숙해져 있을 국내총생산(Gross Domestic Product: GDP), 경제성장률, 물가지수(price index), 인플레이션율 등과 같은 변수들이 집계변수이다. 국내총생산은 최종재시장에서 거래된 거래금액의 합이다. 물가지수도 개별 시장가격을 평균해서 얻어진 변수이다. 경제성장률은 국내총생산의 변화율을 의미한다. 예를 들어, 경제성장률이 5%라고 해서 모든 최종재시장의 거래금액이 동일하게 5%씩 증가했음을 의미하지는 않는다. 마찬가지로 인플레이션율이 3%라는 것이 모든 시장에서 가격이 3%씩 증가했음을 의미하지는 않는다. 어떤 시장에서는 오히려 시장가격이 하락할 수도 있고, 다른 시장에서는 5% 증가할 수도 있다. 평균적으로 계산해 보면 경제 전체의 가격이 3% 정도 올랐다는 의미이다. 인플레이션율은 개별 시장가격이 얼마나 변했는지에 대해서는 아무런 정보를 제공하지 않는다. 이와 같이 거시경제학은 개별 시장이 아닌 경제 전체를 대표하는 집계변수의 움직임에 관심을 갖고, 또한 세금이나 정부지출과 같은 재정정책(fiscal policy)과 통화량 및 이자율 조정을 통한 통화정책(monetary policy) 및 국가 간 거래에 영향을 미치는 환율정책 등이 거시변수에 어떤 영향을 미치는가를 연구한다.

　　경제학을 생명체에 대한 학문과 비교하자면, 미시경제학과 거시경제학의 차이는, 세포로부터 시작하여 각 부분의 조직을 연구하고 그런 다음에 전체 신체로 연구를 넓혀갈 것인지, 아니면 전체 신체의 분석부터 시작하여 각 부분의 조직들로 거꾸로 연구해 들어갈 것인지의 차이와 유사하다. 전자의 접근법은 생명과학에 해당하며, 미시경제학에 상응한다. 이런 접근법은 주로 그 목적이 연구대상의 근본을 이해하려는 데에 있다. 생명과학이 생명의 근본을 이해하고자 하는 것처럼, 미시경제학은 시장경제의 근본 원칙을 이해하고자 한다. 후자의 접근법은 의학에서 채택한 접근법으로 거시경제학과 상응한다. 이런 접근법은 당장 연구대상에 이상이 발생할 때 어떤 조치를 취할 것인지를 결정하는 실용적인 목적의식에서 출발했다. 의학은 사람들이 아플 때, 생명의 근본과 질병의 원인을 완벽하게 이해하지 못하더라도, 당장 대증치료라도 하여 인명을 살리고자 하는 노력에서 출발했다. 부상을 당해 출혈이 심한 환자는 지혈을 하고 상처를 깨끗이 하면 회복될 수 있다는 지식은 많은 사람을 살릴 수 있다. 물론 의학의 발전으로 현대에는 생명과 질병에 대한 방대한 지식이 축적되었다. 거시경제학 역시 대공황이라는 이해하기 힘든 상황에서 당장 정부가 무엇인가를 해야 하는 필요에서 탄생했다. 의학과 마찬가지로 거시경제학 역시 눈부신 발전을 거듭하여 경제현상에 대한 많은 연구성과를 낳고 있다.

Section 5 　실증경제학 vs. 규범경제학

실증경제학(positive economics)은 원인과 결과에 대해 설명을 제공하는 분야이다.[1] 반면에 규범경제학(normative economics)은 무엇이 좋다 혹은 나쁘다라는 가치판단을 포함하는 분야이다. 예를 들어, 근로자들에게 최소한의 삶을 질을 보장하기 위해 최저임금을 일정 수준 이상 높여야 한다고 판단하고 주장하는 것은 규범경제학의 영역이다. 그러나 최저임금의 인상이 국민경제 전체의 성장을 촉진하는지 또는 저해하는지, 그리고 최저임금 인상이 실업률에 어떤 영향을 미치는지를

1 　우리말로 '실증경제학'은 현실 자료를 이용해 통계적인 분석을 하는 'empirical economics'라는 더 좁은 의미로 인식되기도 한다.

분석하는 것은 실증경제학의 영역이다.

최근 언론에서 '팩트체크'(fact check)라는 말을 많이 쓴다. 문자 그대로 사실을 확인한다는 뜻인데, 이때 확인의 대상은 단편적인 사실들뿐 아니라 관찰된 사실들 사이의 인과관계까지도 포함한다. 특히 후자의 경우 분석 방법과 자료 등에 따라 다른 결론이 도출될 수 있기 때문에 전문가들 사이에서 논쟁의 대상이 되기도 한다. 이런 사실 확인이 바로 실증의 영역인 것이다. 즉, 실증경제학은 '그렇다 또는 아니다(true or false)'를 구별하고자 한다. 반면에 보신탕을 먹어야 하는가의 문제는 맞고 틀리고의 문제가 아니라 개인적 가치판단의 문제이기 때문에 사실 확인을 통해 답을 찾을 수 없다. 사람과 동물이 얼마나 다른지, 동물 중에서도 지능이 높은 동물과 낮은 동물을 어떻게 다르게 대할 것인지 하는 문제들은 도덕의 문제, 즉 규범의 영역에 해당한다. 규범의 영역은 '옳다 또는 그르다(right or wrong)'를 구별하고자 한다.

경제학의 많은 부분이 실증의 영역에 포함된다. 어느 것이 중요한지에 대한 가치판단을 하려면 먼저 원인과 결과에 대한 인과관계의 확고한 이해가 필요하다. 원인과 결과에 대한 이해 없이 무조건 본인의 생각이 옳다고 주장하는 것은 학문적인 주장이 아니라 아집에 불과하다. 경제학도들은 먼저 실증경제학적 분석을 충분히 이해한 다음에, 그 이해를 토대로 나름대로의 가치판단을 내려야 한다. 독자들이 이러한 능력과 태도를 함양하는 데 본서가 도움이 되기를 저자들은 기원한다.

Microeconomics

Chapter 02 / 기본개념과 방법론

★ 새뮤엘슨(Paul Anthony Samuelson) : 미국, 1915~2009

새뮤엘슨은 1970년에 정태적 및 동태적 경제이론의 개발과 경제학 분야의 분석 수준을 한 단계 높인 공로로 노벨 경제학상을 수상했다.

노벨상이 유럽에서 만들어진 이유로 인해 여러 경제학자들은 노벨상이 다소 유럽 경제학자들에게 호의적이라는 생각을 한다. 1969년에 만들어진 노벨 경제학상은 노르웨이와 네덜란드 경제학자가 처음으로 수상했다. 새뮤엘슨은 그 다음 해인 1970년에 미국 경제학자로서는 처음으로 노벨 경제학상을 수상했다. 경제사학자인 파커는 새뮤엘슨을 현대 경제학의 아버지(Father of Modern Economics)라고 부르기도 했다.

새뮤엘슨은 26살에 하버드에서 슘페터, 레온티에프 등에게 수학하면서 경제학 박사를 취득한 조숙한 천재였다고 평가받는다. 그의 박사학위논문 "Foundation of Economic Analysis"는 음함수 정리(implicit function theorem)를 이용해 오늘날 비교정태분석(comparative statics)을 확립한 명저이다. 또한 1948년에 출간된 그의 저서 *Economics: An Introductory Analysis*는 경제학 원론의 바이블로 알려진 명저이다. 새뮤엘슨은 고전파 경제학과 케인즈 경제학을 융합해 오늘날 신고전파 종합(Neo-classical synthesis)의 토대를 놓았다고 평가된다. 또한 소비자 이론에서 현시선호이론(revealed preference theory), 재무 경제학의 효율적 시장 가설(efficent market hypothesis), 국제무역론의 스톨퍼-새뮤엘슨 정리(Stolper-Samuelson theorem), 거시 경제학의 중첩세대모형(overlapping generation model) 등 경제학의 많은 분야에서 큰 업적을 남겼다.

하버드 졸업 후 여러 곳에서 교수 제안을 받았으나 보스톤을 떠나기 싫었던 새뮤엘슨은 당시 경제학 분야에서 비교적 덜 알려진 MIT 경제학과 교수로 재직하면서 MIT 경제학과를 세계 최고의 수준으로 끌어 올리는 데 가장 중요한 역할을 한 사람이다.

새뮤엘슨의 자녀 및 친척들 또한 저명한 경제학자이다. 새뮤엘슨의 동생도 경제학자였는데, 형과 비교되는 것이 싫어 성을 새뮤엘슨에서 서머스(Summers)로 변경했다. 동생의 아들, 즉 새뮤엘슨의 조카가 하버드 총장과 미국 재무부 장관을 역임한 저명한 경제학자인 래리 서머스(Larry Summers)이다. 새뮤엘슨의 친아들은 윌리엄 새뮤엘슨(William Samuelson)으로 보스톤 대학교 경영대학원 교수로 재직하고 있다. 또한 22장에서 소개하는 1972년도 노벨 경제학상 수상자인 애로우와 외사촌 관계이기도 하다.

제1장에서 설명했듯이 경제학은 선택의 학문이다. 그런데 그 선택의 대상이 일반적으로 소득, 소비, 가격, 판매량 등과 같이 수량화되는 변수들이다. 그러므로 숫자를 대상으로 하는 학문, 즉 수학의 방법론을 이용하는 것이 불가피한 측면이 있고 또한 편리한 면도 있다. 그러나 학부 수준의 미시경제학에서는 되도록 직관적인 설명을 이용하고 있으며, 본서도 수학적 설명을 최소화하고 그림이나 직관적 설명을 통해 거의 모든 이론들을 소개하려고 노력했다. 수학적 설명이 불가피한 경우에는 부록에 따로 수록했다. 그럼에도 불구하고 기본적인 수학적 개념에 대한 지식이 있으면 미시경제학에 쉽게 접근할 수 있는 이점이 있다. 본 장에서는 미시경제학을 공부하는 데에 도움이 되는 기본적인 수학개념과 여타 경제학적 방법론들을 미리 소개한다. 본 장에서 소개되는 개념들 중의 일부는 독자들이 이미 잘 알고 있는 개념들일 것이다. 미시경제학을 본격적으로 공부하기 전에, 필요한 개념들을 복습하고 본 교재에서 사용하는 설명 방법에 익숙해진다는 의미에서, 저자들은 독자들이 본 장을 정독하기를 권장한다.

Section 1   함수 · 그래프 · 미분 · 적분

1.1 함수

변수 y의 값이 다른 변수 x의 값에 의해 결정되면, y는 x의 함수(function)라고 부르고, 수학적으로는 $y = f(x)$로 표현한다(f는 일반적으로 함수를 표현하기 위해 쓰이는 문자이나 다른 문자로 대체해도 된다). 이 때 x는 **독립변수**(independent variable), y는 **종속변수**(dependent variable)라고 부른다. 예를 들어, y가 항상 x의 제곱으로 결정된다면, 이 함수는 구체적으로 $y = x^2$의 형태를 띤다.

때로는 독립변수가 두 개 이상인 경우도 있다. y가 x와 z에 의해 결정되면, y는 x와 z의 함수이며, $y = f(x, z)$로 표현된다. 예를 들어, y가 항상 x의 제곱에 z를 더한 값으로 결정된다면, 이 함수는 구체적으로 $y = x^2 + z$의 형태를 띤다. 독립변수가 둘 이상인 함수를 다변수 함수(function of several variables)라고 부른다.

예1 **비용함수:** 기업이 생산을 위해 지불하는 비용의 크기는 산출량에 의존한다. 그러므로 기업의 산출량(q)과 비용(C) 사이에 함수관계가 성립한다. 비용함수는 산출량과 비용 간의 함수관계를 나타내며 $C = C(q)$로 표현된다(제12장 참조).■

예2 **효용함수:** 소비자의 만족도를 효용(utility)이라고 부르면, 효용의 크기는 소비자가 소비하는 재화의 수량에 의해 결정된다. 예를 들어, 소비자가 두 가지 재화만을 소비한다고 가정하고, 각 재화의 소비량을 각각 x_1과 x_2로 나타내면, 소비자의 효용함수는 $U = U(x_1, x_2)$로 표현할 수 있다(제4장 참조). ■

1.2 그래프

그래프(graph)는 두 개의 변수 사이의 관계를 2차원 평면(즉, 종이나 컴퓨터 화면)상에 그림으로 표현한 것이다. 2차원 평면에 그릴 수 있는 축이 두 개뿐이므로 셋 이상의 변수들을 포함하는 그래프를 그리는 것은 매우 어렵다. 경우에 따라 2차원 평면에 세 개의 축을 그려 넣고 입체적인 시각효과를 이용해 세 변수 사이의 관계를 그래프로 그리기도 하지만, 여간해서는 정확한 관계를 표현하기 힘들다.

그래프는 함수관계를 시각적으로 표현하는 데 매우 유용하게 이용된다. 특히 독립변수가 하나뿐이면, 독립변수와 종속변수를 각각 가로축과 세로축에 표현하여 함수관계를 정확히 표현할 수 있다. 〈그림 2-1〉은 함수관계의 예를 그래프로 나타내고 있다.

$y = f(x, z)$와 같이 독립변수가 둘이면, 〈그림 2-2(a)〉처럼 세 개의 축을 평면에 그림으로써 3차원 효과를 시도할 수 있으나, 정확하게 그리기 힘들다. 그래서 경제학자들은 다른 방법을 선호한다. 그 방법은 독립변수들 가운데 하나만을 선택하여 변수로서 그래프에 포함시키고, 나머지 독립변수들은 특정한 값에 고정시키는 것이다(〈그림 2-2(b)〉 참조). 이렇게 하면 적어도 종속변수와 선택된 하나의 독립변수 사이의 관계는 그래프로 표현할 수 있다. 그리고 고정되어 있는 다른 변수들이 변하면 그래프 자체가 이동하는 것으로 표시한다. 〈그림 2-2(b)〉에는 z가 z_0일 때 x와 y간의 관계를 나타내는 그래프가 그려져 있다. z값이 바뀌면 x와 y간의 그래프 자체가 이동한다. 이렇게 다른 변수들의 값을 고정시키고 하나의 독립

• 그림 2-1 그래프로 표현한 함수관계

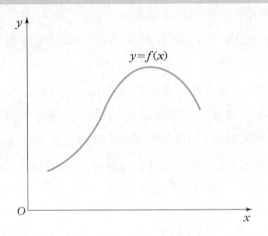

변수와 종속변수 사이의 관계만을 논의할 때에는 다른 변수들이 특정한 값에 고정되어 있음을 미리 분명히 밝혀야 한다. 경제학에서는 이를 줄여 간단히 '다른 조건이 동일하다면'이라고 부르고, 라틴어인 Ceteris-Paribus('세테리스-파리부스'라고 읽는다)라는 용어로 표현한다. 세테리스-파리부스에 대해서는 제3절에서 다시 설명한다.

● 그림 2-2 다변수 함수의 그래프

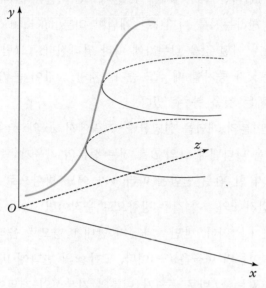

(a) 독립변수가 2개인 함수의 그래프

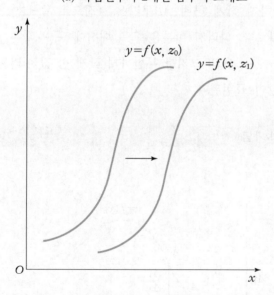

(b) z의 값을 z_0나 z_1으로 고정시킨 뒤 y와 x 사이의 관계를 표현한 그래프

1.3 미분

x와 y가 $y = f(x)$라는 함수관계에 있을 때, x가 변함에 따라 y가 어떤 방향으로, 얼마나 빨리 변하는지를 나타내는 개념이 **미분**(differentiation)이다. 물론 미분값은 현재 x와 y가 어떤 값을 갖는가에 따라 달라진다. 〈그림 2-3〉을 보면 x값이 작은 영역에서는 x가 증가할 때 y도 증가하지만, x값이 큰 영역에서는 x가 증가할 때 y가 감소하는 것을 볼 수 있다.

〈그림 2-3〉은 미분의 개념을 설명한다. 그림에서 Δx와 Δy는 각각 AB구간에서 x와 y의 변화량을 나타낸다. A와 B를 잇는 선분의 기울기, 즉 Δx와 Δy의 비율인 $\frac{\Delta y}{\Delta x}$를 보면, x가 한 단위 변함에 따라 y가 어느 방향으로 얼마나 빨리 변하는지 알 수 있다. 먼저 x와 y가 같은 방향으로 움직이면 Δx와 Δy의 부호가 같으므로 이들의 비율은 (+)이다. 반면 x와 y가 반대 방향으로 움직이면 Δx와 Δy의 부호가 반대이므로 이들의 비율은 (−)이다. 또한 x의 변화에 비해 y의 변화가 크면 $\frac{\Delta y}{\Delta x}$는 큰 값을 갖는다. 바로 $\frac{\Delta y}{\Delta x}$가 미분의 기본적인 개념이다. 다만, 미분은 Δx의 크기를 무한하게 작게 하여 AB구간을 A점으로 축소한 상태에서 비율을 측정한다는 점이 다르다. 따라서 미분은 $\frac{\Delta y}{\Delta x}$ 대신에 $\frac{dy}{dx}$ 혹은 $f'(x)$로 표기하는데, 이 표기는 '$\frac{\Delta y}{\Delta x}$에서 Δx의 크기를 무한하게 작게 한 값'이라는 의미이다. 수학적으로는 다음과 같이 표현된다.

● **그림 2-3 미분의 개념**

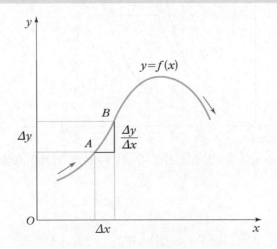

$$y\text{의 }x\text{에 대한 미분: } f'(x) = \frac{dy}{dx} = \lim_{\Delta x \to 0} \frac{\Delta y}{\Delta x} = \lim_{\Delta x \to 0} \frac{f(x + \Delta x) - f(x)}{\Delta x}$$

그래프에서 $\frac{\Delta y}{\Delta x}$는 AB구간에서의 그래프의 기울기를 반영한다. 이 비율이 클수록 그래프의 기울기가 가파르다. 그런데 미분은 AB구간을 A점으로 축소한 상태에서 측정하므로 결국 A점에서 이 그래프에 그은 접선의 기울기가 된다. 한 점에서 미분값(미분계수)은 그 점에서 그래프에 그은 접선의 기울기이다.

한 점에서 그래프에 그은 접선의 기울기인 $f'(x)$는 일반적으로 x값이 무엇인가에 따라 달라진다. $f'(x)$를 x의 함수로 볼 때 이를 원래 함수 $f(x)$의 **도함수** (derivative)라고 부른다. 어떤 함수를 미분한다는 것은 그 함수의 도함수를 구하는 것과 동일한 의미이다.

본서에서는 합(차), 곱, 몫 그리고 합성함수에 대한 다음의 미분 공식과 세 가지 특정 함수에 대한 미분 결과만을 소개한다. 독자들은 이 결과를 잘 숙지하기 바란다.

합의 미분: $\{f(x) \pm g(x)\}' = f'(x) \pm g'(x)$

곱의 미분: $\{f(x)g(x)\}' = f'(x)g(x) + f(x)g'(x)$

몫의 미분: $\left\{\dfrac{f(x)}{g(x)}\right\}' = \dfrac{f'(x)g(x) - f(x)g'(x)}{\{g(x)\}^2}$

합성함수의 미분: $\{f(g(x))\}' = f'(g(x)) \cdot g'(x)$

세 가지 함수의 미분 공식: $(x^n)' = nx^{n-1}$, $(\ln x)' = \dfrac{1}{x}$, $(e^x)' = e^x$

예3 $f(x) = (2x+1)^2$을 미분해 보자. $(2x+1)^2 = 4x^2 + 4x + 1$이므로, 합의 미분공식을 적용하면 $f'(x) = 8x + 4$이다. 합성함수의 미분공식을 적용하면 더욱 간단히 미분할 수 있다. $h(y) = y^2$, $g(x) = 2x+1$이라고 하면 $f(x) = h(g(x))$이다. $h'(y) = 2y$, $g'(x) = 2$이므로 $f'(x) = h'(g(x)) \cdot g'(x) = 2(2x+1) \cdot 2 = 8x+4$이다.

고등학교나 대학에서 미적분학을 배운 학생들은 자연수 n에 대해 $(x^n)' = nx^{n-1}$이 성립함을 보았을 것이다. 실제로 이 결과는 n이 실수인 경우에도 성립한다. 예를 들어, $(x^{\sqrt{2}})' = \sqrt{2}x^{\sqrt{2}-1}$가 성립한다. $\ln x$는 밑(base)이 e인 **자연로그**(natural log)를 의미한다. 자연로그와 e에 대한 설명은 다음 Box 2-1을 참고하기 바란다.

Box 2-1 자연로그와 e

고등학교에서 로그를 배운 학생들은 밑을 10으로 하는 상용로그인 $\log_{10} x$에 익숙해 있을 것이다. 상용로그도 유용하지만, 경제학이나 자연과학 혹은 공학에서는 10이 아닌 e를 밑으로 하는 자연로그를 더 자주 쓴다. 밑이 e인 로그는 $\log_e x$로 표시해야 하나, 관례적으로 $\ln x$로 표시한다.

자연로그의 밑인 e는 무리수이기 때문에 숫자로 표시할 수 없다. 모든 원에서 원주와 지름의 비율은 항상 일정하다. 그러나 이 비율이 무리수이기 때문에 숫자로 표시하지 못하고, 그리스 문자인 π로 표시한다. 구체적인 숫자가 필요할 때에는 근사값으로 3.14를 대입하여 계산한다. 마찬가지로 자연로그의 밑도 무리수이므로 특정 문자인 e를 이용해서 표시한다. e는 다음과 같이 정의된다.

$a_n = \left(1 + \dfrac{1}{n}\right)^n$, $n = 1, 2, \cdots$인 수열을 생각해 보자. a_n에 대해 다음과 같은 성질이 성립한다. 1) a_n은 단조증가수열이다. 즉 모든 n에 대해 $a_n < a_{n+1}$이 성립한다. 2) n이 무한대로 갈 때 a_n은 수렴하고, 그 극한값이 무리수이다. 이 극한값을 e로 표시한다.

e는 다음과 같은 경제학적 의미를 가진다. 한 기간의 이자율이 1, 즉 100%라고 하자. 이 경우 기초에 1원을 저금하고 기말에 한 번 이자계산을 해 주면, 원금과 이자로 2(=1+1)를 얻는다.

이제 기간 중간에 이자계산을 한 번 더 해 주는 경우를 살펴보자. 기간당 이자율이 1이므로, 반기의 이자율은 $\dfrac{1}{2}$이다. 따라서 반기 후의 원리금은 $1 + \dfrac{1}{2}$이다. 그 이후에는 1이 아닌 $1 + \dfrac{1}{2}$이 원금이 되어 다시 반기의 이자율인 $\dfrac{1}{2}$이 적용된다. 그러므로 기말의 원리금은 $\left(1 + \dfrac{1}{2}\right)^2$이 된다. 이와 같이 중간에 이자를 계산해 주는 것을 복리(compounding)라고 부른다.

이제 기간 동안 두 번이 아닌 세 번 복리계산을 한다고 생각해 보자. 그러면

$\frac{1}{3}$ 기간당 이자율은 $\frac{1}{3}$ 이다. 따라서 $\frac{1}{3}$ 기간이 지난 후의 원리금은 $1+\frac{1}{3}$ 이다. 두 번째 $\frac{1}{3}$ 기간의 경우 원금이 $1+\frac{1}{3}$ 이므로, $\frac{2}{3}$ 기간이 지난 후의 원리금은 $\left(1+\frac{1}{3}\right)^2$ 이된다. 따라서 마지막 $\frac{1}{3}$ 기간의 원금은 $\left(1+\frac{1}{3}\right)^2$ 이 된다. 그러므로 세 번 이자계산을 해 줄 경우, 기말의 원리금은 $\left(1+\frac{1}{3}\right)^3$ 이다.

이 같이 계속하면 $a_n=\left(1+\frac{1}{n}\right)^n$ 은 다름 아닌 한 기간에 n 번 복리계산해 줄 경우, 기말의 원리금이 됨을 알 수 있다. n 이 클수록 여러 번 복리계산을 해 주는 것이므로 당연히 기말의 원리금은 증가한다. 이것이 a_n 이 단조증가수열인 이유이다.

n 이 무한대로 갈 때, a_n 이 수렴한다는 것과 그 극한값이 무리수라는 것이 증명되어 있다. 이 증명은 본서의 범위를 넘으므로 생략한다. 이 극한값을 e 로 표시한다. e 의 크기는 근사적으로 2.7183 정도이다.

경제학적으로 e 는 기간당 이자율이 100%일 경우, 매순간마다 복리로 이자계산을 할 때 기초에 1원을 저금하면 기말에 돌려받는 원리금의 크기를 의미한다.

마지막으로, 함수에서 독립변수가 두 개 이상인 경우의 미분은 어떻게 정의될까? 이 경우는 〈그림 2-2(b)〉에서 본 것처럼, 다른 독립변수들을 특정한 값에 고정시킨 채, 한 독립변수만 변할 때 종속변수의 변화를 측정하여 그 비율을 평가하는 방법을 이용한다. 이를 **편미분**(partial differentiation)이라고 부른다. y 를 x 에 대해서 편미분하면 $\frac{\partial y}{\partial x}$ 로 표기한다. 같은 방법으로, y 를 z 에 대해 편미분하면 $\frac{\partial y}{\partial z}$ 로 표기한다. 저자들이 미시경제학을 가르치면서 편미분을 설명할 때, 미분은 할 줄 아는데 편미분은 할 줄 모른다고 말하는 학생들을 가끔 만난다. 미분을 할 줄 알면 자동적으로 편미분도 할 줄 안다. 괜히 앞에 '편'이라는 말이 붙어 편미분이 미분과 본질적으로 다른 것이라고 생각하는 경우가 있는데, 미분과 편미분 사이에는 본질적인 차이가 없다. 미분과 편미분에 대해서는 Box 2-2를 참고하기 바란다.

Box 2-2 미분 vs. 편미분

저자들의 경험에 의하면 $f = ax^2 + bx + c$를 칠판에 쓰고 학생들에게 이것이 무슨 함수인가 질문하면 대부분의 학생들은 2차 함수라고 대답을 한다. 이따금 수학을 좀 더 정확히(?) 배운 학생들은 $a \neq 0$이면 2차 함수이고, $a = 0$이면 1차 함수라고 보다 '정확히' 대답을 한다. 이 같은 학생들의 대답이 틀린 것은 아니지만, 그렇다고 100% 정답 또한 아니다. 학생들이 이 같이 대답을 하는 이유는 머릿속에 x는 변수이고 a, b, c 등은 상수라는 것이 알게 모르게 박혀 있기 때문이다.

칠판에 $f = ax^2 + bx + c$라고 쓸 때 저자들은 의도적으로 $f(x) = ax^2 + bx + c$라고 쓰지 않았다. 함수를 이야기할 때는 반드시 그 변수가 무엇인가를 명확히 밝혀야 한다. $f = ax^2 + bx + c$라고 쓸 경우, 명확히 변수가 무엇인가를 밝히지 않았다면 이것은 x, a, b, c 네 개 변수의 함수라고 보는 것이 정확한 답이다. 이를 x만의 함수로 보면 학생들의 대답이 100% 맞다. 그러나 이를 a의 함수로 보면 x^2을 기울기로, $bx + c$를 절편으로 하는 1차 함수인 것이다. 마찬가지로 b의 함수로 볼 경우는 x를 기울기로, $ax^2 + c$를 절편으로 하는 1차 함수이고, c의 함수로 본다면 기울기가 1, 절편이 $ax^2 + bx$인 1차 함수인 것이다. 따라서 f를 x에 대해 미분하면 $2ax + b$가 되지만, a에 대해 미분하면 x^2, b에 대해 미분을 하면 x, c에 대해 미분하면 1이 된다.

독자들이 잘 알다시피 함수 f가 x만의 함수일 경우, x에 대해 미분하는 것을 $\dfrac{df}{dx}$라고 표시한다. 그런데 f가 여러 변수의 함수일 경우, 위의 예에서 보다시피, 특정 변수만을 변수로 보고 다른 변수들은 상수로 생각해, 그 특정 변수에 대해 미분할 수 있다. 이렇게 변수가 여러 개인 경우 특정 변수에 대해 미분하는 것을 변수가 하나밖에 없는 경우와 구별하기 위해 '편미분'이라고 부른다. 또한 변수가 하나인 경우와 구별하여 'd' 대신 '∂'를 쓰고, 이를 'partial' 혹은 'round'라고 읽는다. $f = ax^2 + bx + c$를 예로 들면, $\dfrac{\partial f}{\partial x} = 2ax + b$, $\dfrac{\partial f}{\partial a} = x^2$, $\dfrac{\partial f}{\partial b} = x$, $\dfrac{\partial f}{\partial c} = 1$이다.

x에 대한 미분은 잘 하는 학생들이 편미분이라는 말만 나오면 괜히 어렵고 생소하다고 느끼는 경우를 자주 본다. 이 같은 어려움은 수학, 특히 미분을 배울 때 x만을 변수로 생각하는 습관을 지녔기 때문이다. 사실 수학에서 x를 변수로 쓰기 시작한 것은 활자를 찍어 책을 만들던 시절에 가장 안 쓰이던 문자가 x이므로, 수학에서 미지수를 표시할 때 가장 많이 남은 활자인 x를 사용하던 관습에서 유래한 것이지 다른 이유는 없다. x만이 변수가 아니고 다른 문자도 변수일 수 있다는 개방된 사고를 가

지고 있으면 편미분은 결코 어려운 것이 아니다. 또한 x에 대해 미분하듯이 다른 문자에 대한 미분도 마치 그 문자가 x인 것처럼 생각하면 그대로 미분할 수 있는 것이다. x에 대한 미분을 할 수 있으면 당연히 편미분도 똑같이 할 수 있다. 항상 x만이 변수로서의 독점적 지위를 지닌 것은 아니다! 편미분에 대해 독자들이 또 한 가지 주의해야 할 것은 $f = ax^2 + bx + c$의 예에서 보듯이, x에 대해 편미분해도, 그 결과는 x뿐 아니라 다른 변수들의 함수라는 것이다. $f(x_1, x_2)$가 x_1과 x_2의 함수일 경우, $f(x_1, x_2)$를 x_1에 대해 편미분한 결과는 일반적으로 x_1뿐 아니라 x_2에도 의존한다. x_2에 대해 편미분한 결과도 일반적으로 x_2뿐 아니라 x_1에도 의존한다.

1.4 적분*

본서에서는 복잡한 적분(integration) 계산을 하지는 않는다. 그러나 적분의 기본 개념은 알아둘 필요가 있으므로, 적분에 대한 간단한 개념을 소개한다. $y = f(x)$라는 함수가 주어졌을 때, a부터 b까지의 구간에서 x축과 $f(x)$ 사이의 넓이를 $\int_a^b f(x)\,dx$로 나타낸다.[1]

● **그림 2-4 적분의 개념**

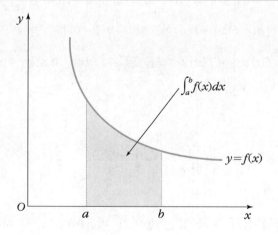

___

1 넓이는 음수가 될 수 없다. 엄밀하게 말하면 a와 b 구간 사이에서 $f(x) \geq 0$가 되어야 $\int_a^b f(x)\,dx$는 넓이가 된다. $f(x) < 0$이면 $\int_a^b f(x)\,dx$에 $(-)$ 부호를 붙인 값이 넓이가 된다.

$F'(x) = f(x)$일 때 $f(x)$를 $F(x)$의 도함수라고 불렀다. 이는 $F(x)$를 기준으로 했을 때이다. 관점을 바꾸어 $f(x)$를 기준으로 하면, $F(x)$를 $f(x)$의 원시함수(primitive function)라고 부른다. $f(x)$의 원시함수를 알고 있으면 $\int_a^b f(x)\,dx$의 계산은 다음과 같이 간단하게 할 수 있다. 이 관계를 미적분학의 기본정리(fundamental theorem of calculus)라고 부른다.

> 미적분학의 기본정리 I : $\int_a^b f(x)\,dx = F(b) - F(a)$

예 4 미분 공식에 의해 $(x^3)' = 3x^2$이다. 따라서 x^3은 $3x^2$의 원시함수이다. 그러므로 $\int_1^2 3x^2\,dx = 2^3 - 1^3 = 7$이다.

미적분학의 기본정리는 다음과 같이 표시되기도 한다. 미적분학의 기본정리 I 에서 변수인 x를 t로, 상한인 b를 x로 바꾸면 $\int_a^x f(t)\,dt = F(x) - F(a)$가 성립한다. 이 식의 우변을 보면 상한인 x가 바뀜에 따라 $\int_a^x f(t)\,dt$의 크기도 바뀐다. 그러므로 $\int_a^x f(t)\,dt$를 x의 함수로 생각해, x에 대해 미분하면 $\frac{d}{dx}\left(\int_a^x f(t)\,dt\right)$가 된다. 그런데 $\int_a^x f(t)\,dt = F(x) - F(a)$이므로 우변을 미분하면 $F'(x) = f(x)$가 된다. 그러므로 $\frac{d}{dx}\left(\int_a^x f(t)\,dt\right) = f(x)$가 됨을 알 수 있다. 때로는 이 결과를 미적분학의 기본정리라고 부르기도 한다.

> 미적분학의 기본정리 II : $\frac{d}{dx}\left(\int_a^x f(t)\,dt\right) = f(x)$

미적분학의 기본정리 I과 II는 동일한 내용이다. 단지 하나는 적분형태로, 다른 하나는 미분형태로 표현되어 있을 뿐이다. 두 개를 합쳐 일반적으로 미적분학의 기본정리라고 부른다. 이 결과 때문에 미분과 적분을 서로의 역산이라고 부른다.

Section 2 평균·한계·탄력성

y가 x의 함수일 때, x가 변함에 따라 y가 얼마나 많이 변하는가를 측정해야 하는 경우가 많다. 예를 들어, x가 산출량이고 y가 비용이라면, 산출량이 변할 때 비용이 얼마나 많이 변하는가는 기업에게 매우 중요하다. 이처럼 함수관계에 있는 두 변수들 사이의 관계를 측정하는 척도로 경제학에서 많이 쓰이는 세 가지가 바로 평균, 한계, 그리고 탄력성이다.

2.1 평균

예를 들어, 연필 10자루 생산에 200원의 비용이 들었다고 하자. 이때 연필의 평균비용이 얼마냐고 묻는다면 생산비용 200원을 10으로 나눈 20원이라고 대답할 것이다. 연필의 산출량을 x, 생산비용을 y라고 하면 평균비용은 $\frac{y}{x}$이다. 이처럼 y가 x의 함수일 때, x의 평균 y(average y of x)는 $\frac{y}{x}$로 정의된다. 문맥상 x를 재삼 언급할 필요가 없을 때에는 간단히 '평균 y'로 부르기도 한다.

그래프를 이용하면 평균의 크기를 시각적으로 나타낼 수 있다. 〈그림 2-5〉에서 함수 $y=f(x)$상의 점 A에서 평균 y는 $\frac{y}{x}$이고, 이는 A의 높이, 즉 세로축 좌표(y)를 이 점의 가로축 좌표(x)로 나눈 것이다. 이는 원점과 A를 잇는 선분의

● 그림 2-5 평균과 한계의 기하학적 의미

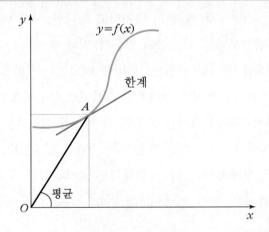

기울기와 같다.

> **평균**: y가 x의 함수일 때, x의 평균 y는 $\dfrac{y}{x}$로 정의된다. 그래프에서 평균은 원점
> 과 (x, y)를 잇는 선분의 기울기이다.

생각하기 1 어떤 비행기가 이륙 후 5시간 동안 6,000km를 날았다. 이 비행기의
시간당 평균비행거리는 얼마인가?

2.2 한계

앞에서 설명한 평균의 개념은 대부분의 독자들에게 이미 친숙한 개념일 것이
다. 그러나 지금 소개하는 한계(marginal)의 개념은 경제학의 모든 분야, 특히 미시
경제학에서 빠지지 않고 사용되는 개념으로, 그 의미를 정확히 이해하는 것이 매
우 중요하다. y가 x의 함수일 때, 'x의 한계 y'는 '현재 상황에서 x가 한 단위 변
화할 때 발생하는 y의 변화분'으로 정의한다. 평균이 두 변수의 0에서부터의 총변
화를 반영한다면, 한계는 현재 상황에서 추가적인 변화만을 반영한다. 예를 들어,
현재 연필을 10개 생산하고 있고 생산비용이 200원인데, 연필 생산량을 11로 늘리
면 생산비용이 215원으로 늘어난다고 하자. 그러면 현재 상태에서 연필의 한계비
용은 215원과 200원의 차이, 즉 15원이다.

평균과 마찬가지로 한계도 특정 x, y값에 따라 그 크기가 변한다. 예를 들어,
현재 상황에서 y가 x보다 두 배 빨리 증가하고 있다면, x의 한계 y는 2이다. 만
약 현재 y가 x의 증가분만큼 감소하고 있다면, x의 한계 y는 -1이다. 평균과
마찬가지로 문맥상으로 분명할 때에는 'x의'를 빼고 그냥 '한계 y'로 표현한다.

한계의 개념은 추가적 변화의 상대적인 크기이므로 수식으로는 $\dfrac{\Delta y}{\Delta x}$로 표현되
는데, 이 식은 앞에서 미분의 개념을 공부할 때 이용한 식이다. 경제학에서 한계의
개념은 바로 수학에서의 미분, 혹은 도함수의 개념과 일치한다. 그러므로 미분과
마찬가지로 한계를 정확히 측정하기 위해서는 Δx의 값을 무한대로 작게 하여
$\dfrac{\Delta y}{\Delta x}$를 계산한다. 즉 x의 한계 y(marginal y of x)는, y의 x에 대한 미분$\left(\dfrac{dy}{dx}\right)$

혹은 도함수($f'(x)$)이다. 그러므로 그래프에서 x의 한계 y는 (x, y)에서 $y = f(x)$ 그래프에 그은 접선의 기울기와 같다(〈그림 2-5〉). 만약 y가 x 이외의 다른 변수들의 함수도 된다면 x의 한계 y는 y의 x에 대한 편미분$\left(\dfrac{\partial y}{\partial x}\right)$이 된다.

한계: y가 x의 함수일 때, x의 한계 y는 y의 x에 대한 미분$\left(\dfrac{dy}{dx}\right)$으로 정의된다. 그 의미는 현재 상황에서 x 한 단위가 변할 때 발생하는 y의 변화분이다. 그래프에서 한계는 (x, y)에서 $y = f(x)$에 그은 접선의 기울기와 같다.

생각하기 2 연필의 산출량 x와 생산비용 y 사이에는 $y = x^2$의 함수관계가 있다고 하자(이를 경제학에서는 비용함수라고 부른다). 산출량이 2일 때, 연필의 평균비용과 한계비용은 각각 얼마인가?

Box 2-3 한계의 엄밀한 개념

저자들의 경험에 의하면, 한계의 개념을 말로 설명할 때는 'x 한 단위가 변할 때 발생하는 y의 변화분'이라고 설명을 하다가, 수학적으로는 '도함수'라고 설명하면, 학생들이 두 설명 사이에 괴리를 느끼고 이해에 어려움을 겪는 것 같다.

앞의 생각하기 2와 같이 연필의 산출량 x와 비용 사이에 $y = f(x) = x^2$인 관계가 있다고 가정하고, 산출량이 2일 때의 한계비용을 계산해 보자. 앞에서 학습한 미분공식을 적용하면 $f'(x) = 2x$임을 알 수 있다. $f'(2) = 4$이므로, $x = 2$일 경우 한계비용은 4이다.

그런데 본문에서 소개된 한계비용의 개념은 생산량이 2에서 한 단위 변화할 때 비용의 변화량이다. 이 개념을 이용해 한계비용을 계산해 보자. $y = x^2$이므로 $f(2) = 4$, $f(1) = 1$, $f(3) = 9$이다. 따라서 $x = 2$인 경우, 한 단위를 더 증가시킬 때 발생하는 비용의 증가분은 $f(3) - f(2) = 5$이다. 반면에, 한 단위를 감소시킬 때 발생하는 비용의 감소분은 $f(2) - f(1) = 3$이다. 그 어느 쪽도 앞에서 설명한 해석과 일치하지 않는다. 그러면 어느 것이 정확한 한계의 개념인가?

이 혼동은 한계의 개념을 설명할 때 쓰는 '한 단위'에 그 원인이 있다. 한계의 정확한 개념은 미분 혹은 도함수이다. 미분에서 한 단위는 지극히 작은 단위를 의미한다. 위의 예에서 $f'(2) = 4$라는 것은 $x = 2$에서 생산량이 '아주 조금'(수학적으로 극소량(infinitesimal)이라고 부름) 변하면 그 때 y의 변화분은 x의 변화분의 4배가 된다는 것이다. 이를 단위당 표현하면, x 한 단위의 변화가 비용 4단위의 변화를 일으킨다고 한다. 이렇게 한 단위당으로 표시할 때의 전제는 '한 단위' 아주 작다는 것이다. 얼마나 작아야 하는가? 미분에서 보았듯이, Δx가 0으로 가까워질 정도로 작아야 한다.

산출량이 '많이' 변화하면, 비용의 변화분이 산출량의 변화분의 4배가 되란 보장이 없다. 위의 예에서 산출량이 2에서 3(1)으로 한 단위 늘었다고(줄었다고) 할 때의 한 단위는 미분의 개념이 적용되기에는 '너무 큰' 한 단위이다. 따라서 이때 비용의 변화분은 산출량 변화분의 4배가 되지 않는다. 그럼에도 편의상 산출량이 2일 경우, 한 단위 더 증가시킬 때(감소시킬 때) 발생하는 비용의 증가분(감소분)이 4라고 말한다.

명시적으로 함수 형태가 주어지면 한계는 주어진 함수의 도함수로 계산하는 것이 정확하다. 그러나 예시의 목적으로 인위적으로 산출량과 비용 간의 표를 만들어 평균 혹은 한계의 개념을 설명하고자 하면, 필연적으로 기본 단위가 있게 마련이고 모든 변화가 이 기본 단위의 배수로 처리된다. 따라서 한계의 개념을 표를 이용해 계산할 경우 기본 단위 이하로 줄일 수 없기 때문에 기본 단위를 한 단위로 간주해 한계의 개념을 설명한다.

비용함수에 관해 다음과 같은 자료가 있다.

x(산출량)	0	1	2	3	4
y(비용)	0	1	4	9	16

이 자료를 이용해 우리가 할 수 있는 최선은 $x = 2$에서 한계비용을 $f(3) - f(2) = 5$(혹은 $f(2) - f(1) = 3$)로 계산하는 것이다. 만일 산출량이 소수점 첫째 자리로 주어지는 비용 자료가 있으면, 한계비용은 $\dfrac{f(2.1) - f(2)}{0.1}$로 계산한다. 이 값은 $f(3) - f(2)$에 비해 정확한 한계비용인 $f'(2)$에 더욱 가깝다. 만일 비용함수 $y = f(x)$가 주어지면, x에서의 한계비용은 그 도함수인 $f'(x)$로 계산한다.

경제학에서 모든 한계는 도함수로 계산한다. 그러나 편의상 x 한 단위가 변할 때 발생하는 y의 변화분이라고 해석함에 독자들은 유의하기 바란다.

2.3 평균과 한계와의 관계

앞에서 살펴본 평균과 한계의 개념은 서로 비슷하면서도 다르다. 그러나 또한 서로 연관이 되어 있다. (x, y)에서 평균은 x와 y 자체의 비율이지만, 한계는 Δx와 Δy의 비율이다. 그래프상으로 이 두 개념은 모두 기울기를 통해 시각적으로 표현할 수 있다. 직관적으로 볼 때, 평균의 개념은 x가 0부터 현재까지 변해 오는 과정에서 y의 0부터의 변화 전체를 누적적으로 반영한다. 반면 한계의 개념은 이제까지의 변화와는 관계없이 현재 x가 변할 때 y가 상대적으로 얼마나 빨리 변하는가를 반영한다.

평균과 한계는 서로 무관한 개념이 아니다. x가 0에서부터 시작할 때, 매 시점에서의 변화(Δy)는 한계에 반영된다. 그런데 이 변화가 누적되면 결국 전체 값 (y)이 되며, 이 값은 평균을 결정한다. 따라서 한계와 평균 사이에는 다음과 같은 관계가 성립한다. 이 관계는 경제학에서 여러 경우에 사용되므로, 독자들은 이 관계를 반드시 기억하기 바란다. 평균과 한계의 관계에 대한 엄밀한 증명은 Box 2-4를 참조하기 바란다.

평균과 한계와의 관계:
한계 > 평균 ↔ x가 증가(감소)할 때 평균은 증가(감소)함.
한계 < 평균 ↔ x가 증가(감소)할 때 평균은 감소(증가)함.
한계 = 평균 ↔ x가 변할 때 평균은 변하지 않음.

이 관계는 직관적으로 매우 쉽게 이해될 수 있으므로 수학적 증명이 거의 필요 없다. 예를 들어, 비행기가 출발 이후 현재까지 평균 시속 1,000km로 날아왔다. 물론 때에 따라 이보다 느린 적도 있었고 빠른 적도 있었을 것이다. 그런데 지금 이 순간 비행기의 시속은 1,200km이다. 이 순간의 비행 속도는 현 시점의 순간적인 변화를 나타내므로 한계 속도에 해당한다. 그러면 잠시 후에 이 비행기의 출발 이후 평균 시속을 다시 계산하면, 1,000km보다 높아질까, 낮아질까, 아니면 불변일까? 당연히 지금 현재 속도가 이제까지 평균보다 빠르기 때문에 평균 속도는 높아질 것이다.

또 다른 예를 들어 보자. 어떤 학생의 현재까지 평균 평점은 3.5이다. 그리고 졸업을 앞둔 이번 학기에는 미시경제학 단 한 과목만 수강하고 있다. 이 과목에서 취득한 평점은 총평점을 그만큼 증대시키기 때문에 이 학생에게는 이수학점에 대한 한계 평점이 된다. 만약 이 학생이 이번 과목에서 4.0을 받는다면, 이번 학기가 끝나고 새로 평균 평점을 계산하면 이전보다 높을까, 낮을까, 불변일까? 물론 이 문제의 답은 평균 평점이 높아진다는 것이다. 그러나 과연 얼마나 높아질 것인지는 이제까지의 총이수학점을 알아야만 답할 수 있다.

평균과 한계 사이의 이런 관계는 그래프에서도 쉽게 이해된다. 〈그림 2-5〉의 A에서 평균의 크기는 이 점과 원점을 잇는 선분의 기울기이다. 그런데 x를 증대시켜 그래프를 따라 더 오른쪽으로 이동한다면 이 선분의 기울기는 어떻게 변할까? 〈그림 2-5〉의 A에서는 분명히 이 기울기가 감소할 것이다. 즉 현 상태에서는 x가 증가함에 따라 평균 y가 감소하고 있다. 그런데 A에서 한계 y의 크기는 접선의 기울기로서, A와 원점을 잇는 선의 기울기인 평균 y보다 작음을 확인할 수 있다.

생각하기 3 〈그림 2-5〉와 달리 x와 함께 평균이 증대하거나 불변인 상황을 그래프로 그려보고, 이때 과연 한계가 평균보다 크거나 같은지를 확인해 보아라.

Box 2-4 평균과 한계와의 관계의 수학적 증명

$y = f(x)$의 관계가 있을 때 평균과 한계와의 관계를 알아보기 위해 평균인 $\dfrac{y}{x} = \dfrac{f(x)}{x}$를 x에 대해 미분해 보자. 앞에서 설명한 몫의 미분공식을 적용해 $\dfrac{f(x)}{x}$를 미분하면 그 결과는 다음과 같다. 편의상 평균을 $A(x) = \dfrac{f(x)}{x}$, 한계를 $M(x) = f'(x)$ 표시하자.

$$\frac{d\left(f(x)/x\right)}{dx} = \frac{dA(x)}{dx} = \frac{f'(x)x - f(x)}{x^2} = \frac{1}{x}\left[f'(x) - \frac{f(x)}{x}\right]$$
$$= \frac{1}{x}\left[M(x) - A(x)\right]$$

일반적으로 경제학에서 사용하는 변수의 크기는 $(+)$이다. 그러므로 $x > 0$을 가정하면, $\dfrac{dA(x)}{dx}$의 부호는 $M(x) - A(x)$의 부호와 동일하다. 그러므로 예를 들어, 한계가 평균보다 크면, $M(x) > A(x)$이므로 $\dfrac{dA(x)}{dx} > 0$이다. 이는 x가 증가할 때 평균도 증가한다는 것을 의미한다. 한계가 평균보다 작거나, 같은 경우도 동일한 결과가 성립한다.

2.4 탄력성

y가 x의 함수일 때, y가 x에 대해 얼마나 민감하게 반응하는지를 어떻게 평가할 수 있을까? 예를 들어, 휘발유 가격이 변화할 때, 휘발유 공급이 얼마나 민감하게 반응하는지는 경제학에서 매우 중요한 의미를 갖는다. 앞에서 이미 이와 관련된 두 가지 개념을 논의했다. 평균은 누적적으로 x에 따라 y가 얼마나 빨리 변하는지를 알려주고, 한계는 현재 x가 변할 때 y가 얼마나 빨리 변하고 있는지를 알려준다. 특히 한계는 현재 상황에서 x의 변화와 y의 변화를 비교하므로, x에 대한 y의 민감도를 평가하는 좋은 수단이 될 것처럼 여겨진다. 그러나 한계만으로 두 변수 사이의 반응의 민감도를 정확히 이해하기에는 다음과 같은 어려움이 있다. 예를 들어, x를 휘발유 가격, y를 휘발유 공급이라고 하자. 이때 휘발유 공급의 가격 민감도를 평가하기 위해 $\dfrac{dy}{dx}$를 계산했더니 그 값이 5였다고 하자. 이 값은 '가격이 1만큼 상승하면 공급은 5만큼 증가한다'는 것을 알려준다. 그러나 정작 이것이 무엇을 의미하는지는 명확하지 않다. 첫째, 가격과 공급의 단위가 무엇인지에 따라 그 의미가 달라진다. 예를 들어, 가격이 '원'이고 공급이 '리터'라고 하면, 가격이 리터당 1원 상승할 때 공급이 5리터 증가한다는 뜻이다. 그러나 공급의 단위가 '배럴'이라면 가격이 배럴당 1원 상승할 때 공급이 5배럴 증가한다는 완전히 다른 뜻이 된다. 가격의 단위가 '달러'라면 가격이 배럴당 1달러 상승할 때 공급이 5배럴 증가한다는 또 다른 뜻이 된다. 이렇게 단순히 한계의 개념을 이용하면 단위를 무엇을 쓰느냐에 따라 같은 값이라도 다른 의미를 갖기 때문에 혼란의 여지가 있다. 한계의 문제는 이것만이 아니다. 설령 단위들을 미리 알고 있다 해도, 여전히 그 의미가 불확실하다. 위의 예에서 휘발유 가격이 리터당 1원 상승할 때 공급이 5리터 증가한다고 하자. 이 수치들을 보고 휘발유 공급이 가격에 대해 민감한지 아닌지를 판단하기 힘들다. 만약 현재 휘발유 가격이 리터당

100원이고 공급이 10리터라면, 휘발유 가격이 리터당 100원에서 101원으로 1% 상
승하는 데 공급이 10리터에서 15리터로 50% 증가하므로 매우 민감한 반응이라고
볼 수 있다. 반면 현재 가격이 리터당 10원이고 공급이 10만리터라면 가격이 10%
상승하는 데 공급은 0.001% 증가하므로 공급의 반응이 매우 둔감하다고 볼 수 있
다. 이처럼 반응의 민감도를 제대로 평가하려면, 현 상황으로부터의 변화의 크기
뿐만 아니라 변화 이전의 크기도 알 필요가 있다.

위에서 제기된 문제들을 동시에 해결할 수 있는 개념이 바로 **탄력성**(elasticity)
이다. y가 x의 함수 $y = f(x)$일 때 x에 대한 y의 탄력성은 아래와 같이 정의된다.

(x에 대한 y의) 탄력성: $\varepsilon = \dfrac{y\text{의 변화율}(\%)}{x\text{의 변화율}(\%)} = \dfrac{\dfrac{\Delta y}{y}}{\dfrac{\Delta x}{x}} = \dfrac{\Delta y}{\Delta x} \times \dfrac{x}{y}$

Δx와 Δy는 각각 x와 y의 절대변화량을 표시한다. 반면에 $\dfrac{\Delta x}{x}$와 $\dfrac{\Delta y}{y}$는 x와
y의 상대변화량, 즉 변화율을 나타낸다. 탄력성은 각 변수의 변화율을 쓰기 때문
에 단위의 선택과 무관하다. 가격이 리터당 10원에서 11원으로 변했으면 10% 상
승한 것이고 가격이 배럴당 1달러에서 1.1달러로 변했으면 역시 변화율은 10%이
다. 수량의 변화도 마찬가지로 변화율로 바꾸면 모든 단위는 '%'로 통일된다. 탄력
성은 또한 변화 이전의 변수들의 크기도 벌써 반영하고 있다. 왜냐하면 '변화율'은
변화 이전의 값들을 이미 포함하여 계산되기 때문이다.

Δx와 Δy의 크기가 매우 작으면 $\dfrac{\Delta y}{\Delta x}$ 대신 $\dfrac{dy}{dx}$를 사용한다. 이 경우 탄력성
은 다음과 같이 표시된다.

탄력성과 한계, 평균의 관계:

x에 대한 y의 탄력성(ε) $= \dfrac{dy}{dx} \times \dfrac{x}{y} = \dfrac{\dfrac{dy}{dx}}{\dfrac{y}{x}} = \dfrac{x\text{의 한계}\,y}{x\text{의 평균}\,y}^{2}$

---

2 아마도 많은 독자들이 경제학 원론에서 두 점 (x_0, y_0)와 (x_1, y_1)이 주어졌을 때 (x_0, y_0)에서의 탄

이 식을 보면 탄력성에 한계와 평균의 개념이 이미 포함되어 있음을 알 수 있다. 탄력성은 다름 아닌 한계와 평균의 비율인 것이다. 그러므로 이 두 값을 알면 탄력성의 크기를 짐작할 수 있다. 〈그림 2-5〉의 A에서 (x에 대한) y의 탄력성을 알고자 하면, 한계와 평균을 나타내는 두 기울기의 상대적 크기를 보면 된다. A에서는 한계가 평균보다 작다. 그러므로 이 점에서 탄력성이 1보다 작음을 알 수 있다.

탄력성의 크기를 논의할 때, 주로 기준이 되는 크기는 1이다. 탄력성이 1보다 크면 'y가 x에 대해 **탄력적**(elastic)이다'라고 말하고, 반대로 1보다 작으면 **비탄력적**(inelastic)이라고 한다. 1이 되는 경우에는 **단위탄력적**(unitary elastic)이라고 말한다. 1이 기준이 되는 이유는 바로 한계와 평균이 같아지는 상태이기 때문이다. 앞절에서 보았듯이 한계와 평균이 같아지는 상태에서는 평균값이 변하지 않는다는 특징이 있다.

앞에서 한계와 평균의 크기에 따라 x가 증가할 때 평균이 어떻게 변하는지를 살펴보았다. 탄력성이 한계와 평균의 비율이므로 탄력성이 1보다 크다는 것은 한계가 평균보다 큼을 의미한다. 이 경우 x가 증가할 때 평균은 증가한다. 동일한 이유로 탄력성이 1보다 작으면 x가 증가할 때 평균은 감소한다. 탄력성이 1이면 평균은 변하지 않는다.

탄력성과 평균과의 관계:
탄력성 > 1 ↔ x가 증가(감소)할 때 평균은 증가(감소)함.
탄력성 < 1 ↔ x가 증가(감소)할 때 평균은 감소(증가)함.
탄력성 = 1 ↔ x가 변할 때 평균은 변하지 않음.

력성을 $\frac{\Delta y}{\Delta x} \times \frac{x_0}{y_0}$ 로 배웠을 것이다. 이렇게 계산된 탄력성을 **호탄력성**(arc elasticity)이라고 부른다. 본문에서와 같이 미분을 이용해 한 점에서의 탄력성을 $\frac{dy}{dx} \times \frac{x}{y}$로 계산하는 것을 **점탄력성**(point elasticity)이라고 부른다. 원론에서는 학생들이 미분에 대한 충분한 지식을 가지고 있지 않은 경우가 많아 탄력성을 호탄력성으로 설명한다. 그러나 각론에서는 학생들이 어느 정도 미분에 대한 지식을 가지고 있다고 가정하여, 점탄력성으로 탄력성을 설명한다. 실제의 모든 경제분석에서는 점탄력성을 사용한다.

예 5 알루미늄 생산비용의 산출량에 대한 탄력성이 1.3이다. 이 때 산출량을 증대시키면 알루미늄의 평균비용은 상승하는가 하락하는가?

상식적으로 생각해도 이 문제의 답은 평균비용이 상승한다는 것이다. 산출량을 100% 증가시켰는데 비용이 130% 늘어났다면 당연히 평균비용은 상승한다. 다른 말로 하면, 생산비용의 생산량에 대한 탄력성이 1보다 크므로, 생산량을 늘리면 평균비용이 상승한다.

생각하기 4 온도가 1% 상승하면 어떤 막대의 길이가 0.5% 증가한다고 하자. 이 막대 길이의 온도에 대한 탄력성은 얼마인가? 만약 현재 온도가 섭씨 10도이고, 막대 길이가 100cm라고 하면, 현재 상태에서 막대 길이의 온도에 대한 미분값은 얼마인가 (힌트: 평균, 미분, 탄력성의 관계를 이용하라.)

미시경제학에서 자주 이용되는 탄력성들로는 수요의 가격탄력성, 수요의 소득탄력성, 수요의 교차탄력성, 공급의 가격탄력성 등이 있다. 이들은 각각 수요와 공급을 논의할 때 차례로 소개한다. 그 이름이 무엇이든 간에 탄력성을 계산하는 방법은 항상 동일함을 독자들은 기억하기 바란다.

Section 3 내생변수·외생변수·세테리스 파리부스

3.1 내생변수 vs. 외생변수

내생변수(內生變數)와 **외생변수**(外生變數)는 각각 endogenous variable과 exogenous variable을 번역한 용어로, 특히 경제학에서 많이 이용되므로 그 의미를 잘 이해하는 것이 매우 중요하다.[3] 저자들의 경험에 의하면, 많은 학생들이 내생변수와 외생변수를 잘 구별하지 못해 미시경제학의 많은 부분을 이해하는 데 어려움을 겪는다. 특히 뒤에서 설명할 최적화에 관련해 내생변수와 외생변수의 구별이 매우

---

3 외생변수는 때로 모수 혹은 파라미터(parameter)라고 부르기도 한다.

중요하다. 독자들은 본 절의 설명을 통해 내생변수와 외생변수를 잘 구별하기 바란다.

말 그대로 내생변수는 그 값들이 내부에서 결정되는 변수들이고, 외생변수는 그 값들이 외부에서 결정되는 변수들이다. 그런데 무엇의 내부이고 외부인가? 내부와 외부의 구분은 바로 우리의 분석 대상을 기준으로 한다. 만약 우리가 개별 소비자를 분석하고자 한다면, 이 소비자의 행동과 의사결정에 의해 정해지는 변수들은 내생변수이고, 이 소비자와 전혀 무관하게 다른 곳에서 결정되는 변수들이 외생변수이다. 예를 들어, 개별 소비자의 소비량은 내생변수이다. 왜냐하면 소비자 자신의 결정에 의해 소비량을 정하기 때문이다(만약 누군가 제3자가 소비자의 모든 소비를 결정해 준다면 소비량도 외생변수가 될 것이다). 반면에 소비자가 속한 경제의 인구, 세계 시장에서의 석유 가격 등은 외생변수이다. 만약 감자시장을 분석한다면, 감자의 가격, 거래량들은 내생변수이지만, 석유 가격은 여전히 외생변수일 것이다. 태양계를 분석한다면, 지구의 위치, 달의 위치 등은 내생변수이지만 은하계에서 발생하는 대부분의 현상들은 외생변수가 된다. 외생변수들 중에서 일부는 우리의 분석 대상에 영향을 미칠 수 있다. 석유 가격은 개별 소비자의 결정에 영향을 미치고, 감자시장에도 영향을 미칠 수 있다. 우리가 관심을 갖는 외생변수는 이런 외생변수들이다. 아무런 영향도 주고받지 않는 외생변수는 아예 신경을 쓸 필요도 없기 때문이다.

그런데 내생변수와 외생변수의 구별이 모호한 경우가 자주 있다. 예를 들어, 개별 소비자의 경우, 그가 소비하는 재화들의 시장가격은 대개 외생변수로 취급한다. 개별 소비자의 소비량이 아무리 많아도 그것이 시장가격에 영향을 미치기 힘들기 때문이다. 그러나 아주 엄밀히 말하면, 아무리 작은 소비자라도 그의 소비가 전체 시장수요에 영향을 미치고, 그것이 시장가격에 아주 미소하게나마 영향을 미칠 수 있다. 따라서 시장가격은 정말로 현미경적인 엄밀한 의미에서는 완전한 외생변수가 아니다. 그러나 개별 소비자의 행동이 시장가격에 미치는 영향이 완전히 0은 아니더라도, 워낙 미소하여 무시하고 분석해도 결과에 큰 영향이 없다면 분석의 편의상 이를 외생변수로 취급해도 큰 무리가 없다. 그렇지 않으면, 시장 전체와 분리해 개별 소비자를 분석하는 것 자체가 불가능해진다. 이런 의미에서 내생변수와 외생변수의 구분은 어느 정도 분석하는 사람의 주관적 믿음에 달려 있다고 볼

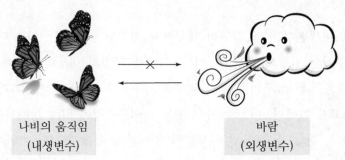

● 그림 2-6 **외생변수와 내생변수**

나비의 움직임
(내생변수)

바람
(외생변수)

나비의 움직임을 분석함에 있어 바람은 외생변수이다. 바람은 나비의
움직임에 영향을 미치지만 나비의 움직임은 바람에 영향을 미치지 못한다.

수 있다. 비유를 하자면, 나비와 바람의 관계를 들 수 있다. 나비를 관찰하는 학자
에게 나비의 날갯짓을 연구할 때 바람은 외생변수로 취급한다. 즉, 바람은 나비에
게 영향을 주지만 나비는 바람에 영향을 미치지 않는다는 전제하에 나비를 연구하
는 것이다. 그러나 누군가가 나비의 날갯짓이 바람을 변화시킨다고 믿는다면, 바
람은 더 이상 외생변수가 아니다. 이런 전제하에서는 기상(氣象)과 나비를 따로 구
분해 연구할 수 없게 되며, 곤충학자는 기상학을 같이 연구하지 않는 한 나비를 연
구할 수 없게 된다. 기상과 나비를 동시에 연구하기 위해 거의 불가능한 연구에 매
달릴 것인지 아니면 바람은 외생변수라고 '가정'하고 나비만을 대상으로 집중적인
연구를 할 것인지는 연구자가 판단해야 하는 문제이다.

3.2 세테리스-파리부스

경제학에서는 어떤 변수를 분석할 때, 그 변수에 영향을 미치는 변수들이 여
럿인 경우가 많다. 예를 들어, 돼지고기의 수요를 분석할 때, 돼지고기의 수요를
결정하는 요인들로서 돼지고기의 가격, 상추의 가격, 깻잎의 가격, 소비자의 소득
수준, 인구 등을 들 수 있다. 이 때 돼지고기 가격이 돼지고기 수요에 미치는 영향
을 분석하려면, 다른 요인들은 변하지 않고 돼지고기 가격만 변할 때, 돼지고기 수
요가 어떻게 변하는지를 관찰해야 할 것이다. 이렇게 어떤 요인의 효과를 분석하
기 위해 다른 변수들을 모두 주어진 수준에서 고정시키는 것을 경제학에서는 '다른

조건이 동일하다면'(other things being equal)이라고 말하고, 라틴어인 세테리스-파리부스(Ceteris-Paribus)라는 용어로 표시한다.

> **세테리스-파리부스**: 특정 변수의 효과를 분석하기 위해 다른 변수들을 모두 특정 수준에서 고정시키는 것

　　독립변수가 두 개 이상인 다변수 함수의 경우, 다른 독립변수들을 주어진 값에 고정시킨 채, 한 독립변수만 변화시킬 때에 종속변수의 변화를 측정하여 그 비율을 평가하는 방법을 편미분이라고 불렀다. 이 때 다른 독립변수들을 주어진 값에 고정시키는 개념이 바로 세테리스-파리부스이다.

Section 4　경제학적 비용: 기회비용

　　제1장에서 설명했듯이 경제학은 선택의 학문이다. 최적화란 다름 아닌 가장 좋은 선택을 찾고자 하는 노력이다. 최적화의 가장 기본적인 원리가 **비용-편익의 원리**(Cost-Benefit Principle)이다. 비용-편익의 원리는 모든 선택에는 필연적으로 **편익**(benefit)과 **비용**(cost)이 발생한다는 것에서 출발한다. 한 선택에 수반되는 편익은 그 선택으로부터 얻는 것을, 비용은 포기해야 하는 것을 뜻한다. 경제학에서 비용은 곧 **기회비용**(opportunity cost)을 의미함을 독자들은 들어 보았을 것이다. 그러나 저자들의 경험에 의하면 의외로 기회비용의 의미를 정확하게 이해하는 독자들이 많지 않다. 본 절을 통해 독자들은 기회비용의 의미를 정확하게 이해하기를 바란다.

　　한 선택의 기회비용은 그 선택을 위해 포기해야 하는 **모든** 자원의 가치를 의미한다. 모든 자원에는 여러 가지가 포함될 수 있다. 아마도 가장 많은 경우가 금전적 대가일 것이다. 선택 시 실제로 지불해야 하는 금전적 대가를 **명시적 비용**(explicit cost)이라고 부른다. 예를 들어, 어떤 사람이 영화를 보기 위해 티켓 값으로 9천원을 지불했다면 9천원이 명시적 비용에 포함된다. 금전출납부를 기록하는

사람이라면 영화비 9천원을 금전출납부에 기재할 것이다. 이와 같이 장부에 기록되다는 의미에서 명시적 비용을 **회계적 비용**(accounting cost)이라고 부르기도 한다. 일반적으로 명시적 비용이 포기해야 하는 모든 것은 아니다. 추가적으로 포기해야 할 자원이 있을 수 있다. '시간'이 가장 대표적인 예가 될 수 있다. 추가적으로 포기해야 하는 자원의 가치를 **암묵적 비용**(implicit cost)이라고 부른다. 앞의 영화의 예에서 상영시간이 2시간이라면 소비자는 티켓 가격에 추가해 2시간의 시간을 포기해야 한다. 2시간에 대한 가치도 영화를 선택 시 비용에 포함되어야 한다.

　기회비용은 명시적 비용과 암묵적 비용을 더한 것이다. 기회비용을 명시적 비용을 의미하는 회계적 비용과 구별하여 **경제적 비용**(economic cost)이라고 부른다. 영화 티켓을 공짜로 얻을 경우 명시적 비용은 0이지만 암묵적 비용은 0이 아닐 수 있다. 이 경우 기회비용은 0보다 크다.

　기회비용과 관련해 독자들이 다음의 두 가지 점에서 잘못 생각하는 것을 이따금 본다. 먼저 기회비용이 그 선택을 위해 포기해야 하는 것을 지나치게 강조한 나머지 암묵적 비용만이 기회비용이라고 생각하는 경우가 있는데 이는 옳지 않다. 명시적 비용도 반드시 기회비용에 포함되어야 한다. 다음으로 독자들이 혼동하는 것이 암묵적 비용을 계산하는 방법이다. 앞의 영화의 예에서 영화 관람을 위해 포기해야 하는 2시간의 가치가 암묵적 비용이라고 했다. 문제는 모든 사람들에게 적용되는 2시간의 객관적 가치가 일반적으로 없다는 점이다. 이 경우 암묵적 비용은 그 사람이 2시간을 영화 관람이 아닌 다른 어떤 용도로 사용할 수 있는가에 달려 있다. 예를 들어, 그 사람이 2시간을 시간당 5천원인 아르바이트를 할 수 있는 것이 유일한 용도라고 가정하자. 소비자는 2시간 아르바이트를 통해 1만원을 벌 수 있다. 따라서 1만원이 2시간에 대한 암묵적 비용이 된다. 만일 그 사람이 아르바이트 이외에 편익이 2만원이고 입장료가 5천원인 전람회 관람에 쓸 수 있다고 가정하자. 이 경우 2시간을 전람회 관람에 사용함으로 얻을 수 있는 것은 1만 5천원이다. 이 사람이 영화 관람을 포기함으로써 얻는 2시간을 아르바이트와 전람회 관람 두 가지 모두에 사용할 수 없다. 그 가운데 하나만을 선택해야 한다. 전람회 관람으로부터 얻은 것이 아르바이트로부터 얻는 것보다 더 크므로 이 경우 1만 5천원이 2시간에 대한 암묵적 비용이 된다. 즉, 암묵적 비용을 계산하려면 먼저 포기해야 하는 자원을 다른 어떤 용도로 사용할 수 있는지를 알아야 한다. 다음으로 각

용도별로 편익에서 명시적 비용을 뺀 차이를 계산한다. 그 차이가 가장 큰 값이 바로 포기해야 하는 자원의 암묵적 비용이다. 이 같은 이유 때문에 암묵적 비용을 다른 용도로 사용했을 때 최선의 가치라고 부른다. 여기서 독자들이 혹시 그러면 명시적 비용도 암묵적 비용과 동일한 방법을 적용해야하지 않을까라는 의문을 가질 수 있다. 그러나 명시적 비용은 암묵적 비용을 계산하는 방법을 굳이 적용하지 않아도 된다. 앞의 영화의 예에서 티켓 가격인 9천원이 명시적 비용이다. 9천원은 어느 용도에 사용하여도 9천원의 가치를 가지기 때문에 9천원으로 계산하면 되지, 굳이 암묵적 비용을 계산하는 방법을 따를 필요가 없다.

> **기회비용**: 선택 시 포기해야 하는 모든 자원의 가치＝명시적 비용＋암묵적 비용. 경제적 비용이라고도 함.
> **명시적 비용**: 선택 시 실제로 지불해야 하는 금전적 대가. 회계적 비용이라고도 함.
> **암묵적 비용**: 금전적 대가 이외에 추가적으로 포기해야 하는 자원의 경제적 가치. 그 자원이 다른 용도에 사용될 때 편익에서 명시적 비용을 뺀 차이 가운데 가장 큰 값.

예 6 철수는 유학을 준비하고 있는데, 다음과 같이 3개의 대학에서 입학허가서를 받았다. 각 대학을 졸업했을 때 얻을 수 있는 편익과 유학비용은 아래와 같다. 편의상 유학기간은 동일하다고 가정한다.

	A대학	B대학	C대학
유학비용	5,000만원	3,000만원	2,000만원
편익	1억원	7,000만원	5,000만원

A대학 선택 시 기회비용을 알아보자. 먼저 유학비용 5천만원이 명시적 비용이다. B대학을 선택하면 편익 7천만원에서 유학비용 3천만원을 뺀 4천만원을 얻을 수 있다. C대학을 선택하면 편익 5천만원에서 유학비용 2천만원을 뺀 3천만원을 얻을 수 있다. A대학을 선택하면 B대학, C대학 모두 선택할 수 없다. 그렇다고 A대학 선택을 포기하더라도 B대학과 C대학 둘 다 선택할 수는 없다. 그 가운데 하나를 선택해야 하는데, B대학을 선택할 때 얻는 것이 더 크다. 따라서 A대학

선택의 암묵적 비용은 B대학 선택을 포기함으로써 발생하는 4천만원이다. 그러 므로 A대학 선택의 기회비용은 9천만원이다. 독자들은 B대학, C대학 선택의 기 회비용을 같은 방법으로 계산해 보기 바란다.

　■

Section 5　최적화·균형·게임이론

5.1 최적화

전통적으로 미시경제학은 **최적화**(optimization)와 **균형**(equilibrium)이라는 두 가 지 방법론으로 경제문제를 분석한다. 우선 최적화는 말 그대로 가장 좋은 것을 찾 는 것이다. 예를 들어, 기업이 이윤을 극대화하는 행동은 최적화의 일종이며, 소비 자가 자신의 만족을 극대화하는 행동도 역시 최적화이다. 또한 비용을 극소화하는 행동 역시 최적화이다. 경제학에서 최적화는 개별 경제주체들의 행동을 분석하는 데에 이용된다. 소비자가 만족을 극대화하는 행동을 연구하면 시장에서 소비자들 의 행동을 분석할 수 있고, 기업이 비용을 극소화하고 이윤을 극대화하는 행동을 연구하면 시장에서 기업이 어떻게 행동하는지 분석할 수 있다. 보다 구체적으로 최적화는 아래와 같이 정의될 수 있다.

> **최적화**: 경제주체가 주어진 조건하에서 선택변수(choice variable)라고 부르는, 자신 이 조절할 수 있는 변수들을 적절히 선택하여 최선의 결과를 성취하는 행위

최적화에서 '주어진 조건'들이 바로 앞에서 설명한 외생변수들이다. 소비자 행 동을 설명하는 최적화에서 주어진 조건들인 소비자의 소득, 재화의 시장가격 등이 바로 외생변수들이다. 기업의 비용극소화를 설명하는 최적화에서 주어진 조건들인 기업의 기술, 생산요소들의 시장가격 등이 바로 외생변수들이다.

한 선택의 편익에서 비용을 뺀 것을 그 선택의 **순편익**(net benefit, NB)이라고 부른다. 어떤 선택을 할 것인지 말 것인지를 결정하려면, 그 선택에 수반되는 편익

과 비용을 비교하면 된다. 순편익이 0보다 크면 선택을 해야 하고, 반대로 0보다 작으면 선택을 해서는 안 된다.

> **비용-편익의 원리 1**: 어떤 선택을 할지 말지 결정 시, 순편익이 0보다 크면 선택을 해야 하고, 반대로 0보다 작으면 선택을 해서는 안 된다.

예 6에서 A대학의 편익은 1억원, 기회비용은 9천만원이므로 순편익은 1천만원이다. 독자들이 정확하게 기회비용을 계산했다면 B대학의 순편익은 −1천만원, C대학의 순편익은 −2천만원임을 알 수 있다. 따라서 순편익이 0보다 큰 선택은 A대학 밖에 없으므로 철수는 A대학을 선택해야 한다.

여기서 독자들은 대학별 편익에서 유학비용(명시적 비용)을 빼면 A대학이 가장 크므로 A대학을 선택하면 되지 굳이 암묵적 비용을 복잡하게 계산해 순편익이 0보다 큰지 작은지를 비교할 필요가 있는지 의문을 가질 수 있다. 실제로 편익에서 명시적 비용을 뺀 것이 가장 큰 선택이 최선의 선택이다. 순편익을 편익에서 명시적 비용을 뺀 것으로 정의하면 순편익이 0보다 큰 선택이 여러 개 있을 수 있다. 반면에 편익에서 암묵적 비용까지 포함한 기회비용을 뺀 것으로 계산하면 순편익이 0보다 큰 선택은 여러 개 있을 수 없다. 있으면 단 하나만 있을 뿐이다. 반면에 순편익이 0인 선택은 여러 개 있을 수 있다. 이 경우, 순편익이 0인 모든 선택이 최선의 선택이다. 즉, 최선의 선택이 유일하지 않다. 예 6에서 B대학의 편익을 8천만원으로 바꾸면, A대학의 기회비용은 1억원이 되어 순편익은 0이 된다. 또한 B대학의 순편익도 0이 된다. C대학의 순편익은 여전히 −2천만원이다. 이 경우 A대학, B대학 모두 최선의 선택이다. 경제학자들은 기회비용이 정확한 비용이고, 또한 편익에서 기회비용을 뺀 것이 정확하게 그 선택으로부터 얻는 것이라고 생각한다. 또한 이렇게 순편익을 계산하면, 최선의 선택이 유일하면 그 선택의 순편익만이 0보다 크고, 다른 선택의 순편익은 0보다 작다. 따라서 최선의 선택이 무엇인지 보다 더 직관적으로 잘 이해할 수 있다.

비용-편익의 원리 1은 어떤 선택을 할지 또는 말지 하는 경우에 적용된다. 그러나 경우에 따라 할지 말지가 아니라 어느 정도로 선택해야 할지 그 수준을 결정해야 하는 경우가 많다. 예를 들어, 사과를 먹을지 말지 뿐 아니라 몇 개를 먹을지도 결정해야 하는 경우도 있다. 이 경우 편익과 비용은 선택되는 수준에 따라 달라진다. x라는 수준을 선택했을 때의 편익과 비용을 각각 $B(x)$와 $C(x)$로 표시하자. 그러므로 x를 선택할 때의 순편익은 $NB(x) = B(x) - C(x)$이다. 이 경우 최적화란 $NB(x)$를 극대화하는 x를 찾는 것이다. x를 한 단위 증가시킬 때 발생하는 편익과 비용의 증가분을 각각 **한계편익**(marginal benefit: MB)과 **한계비용**(marginal cost: MC)이라고 부른다. 앞에서 설명한 미분을 이용하면, $MB(x) = \dfrac{dB(x)}{dx}$, $MC(x) = \dfrac{dC(x)}{dx}$이다. 순편익을 극대화하려면, 한계편익과 한계비용이 일치하는 수준을 선택해야 한다.

비용 - 편익의 원리 2: 순편익을 극대화하려면, $MB(x) = MC(x)$이 성립하도록 x를 선택해야 한다.

$MB(x) > MC(x)$가 성립한다고 가정하자. 예를 들어, $MB(x) = 10$, $MC(x) = 7$이라고 하자. 이 경우 x를 한 단위 증가시키면, 편익은 10만큼, 비용은 7만큼 증가한다. 따라서 x를 한 단위 증가시키면 순편익은 $10 - 7 = 3 > 0$만큼 증가한다. 그러므로 $MB(x) > MC(x)$인 x는 최적이 아니다.

반대로 $MB(x) < MC(x)$이 성립한다고 가정하자. 예를 들어, $MB(x) = 6$, $MC(x) = 8$이라고 하자. 이 경우 x를 한 단위 감소시키면, 편익은 6만큼, 비용은 8만큼 감소한다. x를 한 단위 감소시키면, 순편익은 $8 - 6 = 2 > 0$만큼 증가한다. 그러므로 $MB(x) < MC(x)$인 x도 최적이 아니다. 따라서 순편익을 극대화하려면 $MB(x) = MC(x)$이 성립하도록 x를 선택해야 한다.

비용-편익의 원리는 매우 간단하게 보이지만, 실제로 미시경제학의 최적화 문제를 푸는 데 적용되는 보편적인 원리이다. 다만 문제에 따라 편익과 비용이 달리 주어진다. 일단 편익과 비용이 주어지면, 최적화 문제는 비용-편익의 원리를 적용하여 해결한다. 독자들은 비용-편익의 원리를 잘 기억하기 바란다.

5.2 균형

균형(equilibrium)을 개략적으로 정의하자면, '외부적인 충격이 주어지지 않는 한 현재 상황이 계속 유지되는 상태'라고 말할 수 있다. 태양계는 태양을 중심으로 아홉 개(명왕성을 제외하면 여덟 개)의 행성이 일정하게 자전, 공전을 계속하는 균형 상태에 있다고 말할 수 있다. 시장에서 가격이 특정 수준에서 계속 유지되고 있고 거래량도 일정하다면 시장이 균형에 있다고 볼 수 있다.

> **균형**: 외부적인 충격이 주어지지 않는 한 현재 상황이 계속 유지되는 상태

예를 들어, 스프링은 외부에서 힘을 가하여 누르거나 잡아당기면 그 길이가 줄어들거나 늘어난다. 그러나 스프링의 균형상태는 외부에서 아무런 힘도 주어지지 않는 상태를 말한다. 누군가가 책상 위에 놓여 있는 스프링의 현재 길이가 얼마인지를 예측하고자 한다면, 그 스프링의 균형상태의 길이를 말하는 것이 제일 현명한 답이 될 것이다.

경제학에서 균형은 주로 서로 다른 경제주체들 사이의 상호작용의 결과를 찾기 위해 이용된다. 시장의 균형이 가장 전형적인 예다. 시장이란 각자 나름대로 자신의 이익을 극대화하기 위해 행동하는, 즉 최적화하는 경제주체들이 만나 상호작용하는 대표적인 곳이다. 이들 가운데 일부는 물건을 사려는 소비자들이고, 다른 일부는 물건을 팔려는 판매자들이다. 이들의 상호작용 결과로 시장가격과 거래량이 형성된다. 즉, 가격과 거래량은 이 시장에서 결정되는 '내생변수'들이다. 반면 시장에 영향을 미치는 외적인 조건들, 예를 들어, 원료가격이나 일반적인 경기(景氣) 등은 외생변수에 해당한다.

시장균형은 내생변수인 가격과 거래량이 일정 수준에 정착되는 상황을 가리킨다. 시장가격과 거래량이 균형에서 벗어나 있다면, 그 상태는 오래 지속되지 않는다. 반면에 일단 균형에 도달하면 그 상황은 외적인 충격이 없는 한 그대로 유지된다. 당연히 누군가가 시장가격과 거래량을 예측하고 싶다면, 균형에서의 크기, 즉 균형값을 구하는 것이 가장 현명한 방법일 것이다.

경제주체들 사이의 상호작용의 결과를 예측하기 위해 균형의 개념을 이용할 때, 몇 가지 유의해야 하는 점들이 있다.

1) 균형의 존재 여부(existence)와 유일성(uniqueness)

어떤 시장에 균형이 없다면, 그 시장의 가격과 거래량이 얼마가 될지 예측하기 매우 어려울 것이다. 따라서 경제학에서 시장이나 또는 다른 시스템을 연구할 때, 균형의 존재 여부가 매우 중요하다. 그런데 반대로 균형이 여럿 있으면 또 다른 문제가 발생한다. 여러 균형들 중에서 어떤 균형이 발생할 가능성이 더 높은지를 구별해야 하기 때문이다. 다행히 여러 균형 가운데 특정 균형이 여러 면에서 발생 가능성이 더 높다는 것을 보일 수 있으면 좋지만, 그렇지 않으면 정확한 예측이 힘들어진다. 시장가격이 100원이 될 것이라고 예측하는 대신, 시장가격이 100원 아니면 200원 아니면 300원이 될 것이라고 예측한다면, 예측의 효용이 그만큼 떨어질 것이기 때문이다. 일기예보에서 내일 강수량이 10mm라고 예측하는 대신, 강우량이 0 아니면 10mm 아니면 50mm일 것이라고 예측할 때, 일기예보의 효용이 떨어지는 것과 마찬가지이다.

2) 균형의 안정성(stability)

균형상태에서 외적인 충격이 살짝 가해져 균형상태로부터 이탈하는 경우를 생각해 보자. 이 때 외적인 충격이 지속되지 않고 잠시 후 중단될 때 원래의 균형상태가 회복된다면, 그 균형을 **안정적인 균형**(stable equilibrium)이라고 부른다. 반면에 외적 충격이 멈춘 뒤에도 원래 상태로 돌아가지 않고 심지어는 원래 상태에서 계속적으로 멀어지면, 그 균형을 **불안정적인 균형**(unstable equilibrium)이라 부른다. 오뚝이 장난감의 균형상태는 똑바로 서 있는 상태인데, 이 균형은 안정적인 균형이다. 누군가가 오뚝이를 툭 밀면, 오뚝이는 잠시 균형에서 벗어나 있다가 다시 똑바로 선 상태인 균형으로 되돌아오기 때문이다. 반면 와인병을 거꾸로 세워 놓은 상태는 균형이긴 하지만 불안정적인 균형이다. 누군가가 아주 약하게 툭 밀어도 와인병은 넘어져서 다시 일어서지 못하기 때문이다.

● 그림 2-7 균형의 안정성

안정적 균형   불안정적 균형

만약 어떤 시스템에 균형이 두 개가 있다고 하고(균형 A, B), 그 중 균형 A는 안정적이고 균형 B는 불안정적이라고 하자. 이 시스템의 상태를 예측하고자 한다면, 당장 이 두 균형이 후보가 될 것이다. 그러나 이 중에서 하나를 선택하라고 하면, 당연히 A를 선택할 것이다. 책상 위에 놓고 온 오뚝이가 지금 어떤 상태에 있는지 예측하기는 쉽다. 오뚝이는 십중팔구 똑바로 서 있을 것이다. 그러나 아침에 식탁 위에 거꾸로 세워 놓고 온 와인병이 저녁까지 여전히 그 상태로 있을 가능성은 훨씬 낮다.

5.3 게임이론

전통적인 미시경제학에서는 완전경쟁시장에서 경제주체들의 개별적 최적화 행동은 전체 시장에 영향을 미치지 못한다고 가정한다. 개별 경제주체는 시장 전체에 비해 규모가 너무 작기 때문이다. 따라서 개별 경제주체들은 최적화 행동을 결정할 때, 자신의 결정이 자신 이외의 외적 조건들에는 아무런 영향을 미치지 못한다는 전제하에 행동한다.[4] 그러나 여러 경제주체들의 행동이 모이면 외적 조건들을 움직일 만큼 큰 영향력이 생긴다. 예를 들어, 개별 소비자는 자신이 특정 재화의 소비를 증대시킴으로써 그 가격을 상승시킬 수 있다고 생각하지 않는다. 그러나 모든 소비자들이 그 재화의 소비를 증가시키면 전체 수요가 증가해 시장균형

---

4 이런 특징을 갖는 경제주체를 가격수용자라고 부른다.

을 변화시킨다. 이런 상황에서 개별 경제주체의 최적화 행동을 분석하려면, 그 자신이 조절할 수 있는 변수들을 제외한 다른 모든 조건들은 고정된 외생변수로 취급하면 된다. 개별 경제주체가 무슨 선택을 하든지 이들 외생변수들은 변하지 않는다. 그런 다음에 이런 개별 경제주체들의 행동을 모두 모아 시장균형을 분석할 수 있다. 즉 개별적 최적화를 먼저 따로 분석하고 그 다음 단계에서 시장균형을 분석할 수 있다.

> **미시경제학의 전통적 2단계 접근법:** 개별 경제주체의 최적화 → 시장균형분석

　그러나 경우에 따라 이런 2단계적 분석이 불가능한 경우들이 있다. 예를 들어, 시장에서 판매자가 두 명(판매자 1, 2)만 있는 경우를 생각해 보자. 이 때 판매자 1의 이윤극대화 행동을 최적화로 설명하고자 할 때, 판매자 2의 행동(가격, 판매량)을 어떻게 처리하면 좋을까? 이들은 물론 판매자 1이 마음대로 조절할 수 있는 변수들이 아니다. 그렇다고 이들을 판매자 1이 무엇을 하든 변하지 않는 외생변수로 취급할 수 있을까? 그렇지 않을 것이다. 판매자 1이 가격을 내리면 판매자 2도 따라 가격을 내릴 수 있다. 판매자 2의 판매량 역시 판매자 1의 판매량에 반응해 변할 수 있다. 판매자 2의 행동은 판매자 1이 정할 수 있는 변수도 아니고, 외생변수도 아니다. 이는 판매자 2라는 또 다른 경제주체가 결정하는 변수이면서, 판매자 1의 이윤에 중요한 영향을 미친다. 반대로 판매자 1의 행동은 판매자 2에 영향을 미친다. 이런 상황을 '상호의존적'(interdependent) 상황이라고 부르며, 이 때 각 경제주체는 다른 경제주체의 눈치를 보며 '전략적인'(strategic) 행동을 한다. 이런 상황에서는 전통적인 '최적화 → 균형'의 분석을 적용할 수 없다. 이런 상황을 분석하기 위해 개발된 방법론이 바로 **게임이론**(game theory)이다. 게임이론은 경제주체들이 상호의존적인 상황에서 어떤 결과가 발생할 것인지를 예측하는 이론으로, 다양한 균형 개념을 이용한다. 이들 균형 개념에는 이미 최적화의 개념이 포함되어 있어 최적화와 균형이 따로 분석되지 않고 한꺼번에 분석된다. 자세한 내용은 제15장에서 다루기로 한다.

> **게임이론적 접근법**: 경제주체들 사이에 상호의존적인 관계가 존재하여 경제주체들이 전략적 행동을 할 때, 전통적인 2단계 접근법이 아니라 최적화의 개념이 포함된 균형 개념을 이용해 결과를 분석한다.

게임이론의 도입은 미시경제학의 연구대상을 획기적으로 확장했다. 경제주체들이 상호의존관계를 갖는 다양한 상황에 대한 분석이 가능해졌기 때문이다. 덕분에 최근의 미시경제학은 전통적인 완전경쟁시장의 분석을 넘어 과점문제, 기업내부의 조직문제, 계약문제, 경매, 협상 등 새로운 분야로 그 분석대상을 넓혀가고 있으며, 과거에 비해 훨씬 다양하고 풍요로운 이론들을 제시하고 있다. 미시경제학이 제2의 전성기를 맞았다고 말해도 좋을 정도이다.

Section 6 시간과 관련된 개념

6.1 유량변수 vs. 저량변수

욕조에 수돗물이 1분 동안 얼마나 많이 들어갔는가는 수도꼭지에서 물이 흐르는 양에 관련된 수치이다. 이런 변수를 **유량**(流量)**변수**(flow variable)라고 한다. 유량변수는 얼마나 오랜 기간 동안 관찰되는지에 따라 그 값이 달라진다. 1분 동안 얼마나 물이 흘렀는지와 1시간 동안 얼마나 물이 흘렀는지는 다른 개념이다. 반면에 욕조에 현재 물이 얼마나 차 있는지는 물의 저장량과 관련된 수치이다. 이런 변수를 **저량**(貯量)**변수**(stock variable)라고 한다. 저량변수는 특정 시점에 관찰되는 변수이다. 오늘 저녁 6시 정각에 욕조에 물이 얼마나 차 있는지를 이야기하는 것이다. 유량변수와 저량변수는 서로 연관이 되어 있다. 욕조에 물이 많이 흘러 들어가면 차 있는 물의 양이 빨리 늘어난다. 즉 유량변수는 저량변수의 변화속도에 영향을 미치는 것이다. 반대로 저량변수는 그 시점 이전까지 유량변수가 누적된 결과이다.

경제학에서 다루는 변수 중에도 유량변수와 저량변수가 있다. 소득, 소비, 생산, 수요량 및 공급량 등의 변수는 모두 유량변수이다. 이들은 특정 기간 동안 발생한 양에 대한 변수들이다. 소득은 1개월 혹은 1년 등 특정 기간에 발생한다. 소비와 생산도 마찬가지이다. 반면 어떤 기업이 가지고 있는 설비량, 재고량, 외환보유액 등은 저량변수이다. 이들 변수는 모두 특정 시점에서 그 크기가 얼마인가를 나타낸다. 예를 들어, 외환보유액의 경우, '2018년 말 현재 우리나라의 외환보유액이 3,000억불이다'라고 말한다. 자본량(저량변수)은 투자(유량변수)와 감가상각(유량변수)의 차이의 누적이고, 재고량(저량변수)은 생산량(유량변수)과 판매량(유량변수)의 차이의 누적이다. 수요는 일정 기간 동안 소비자들이 사고 싶어 하는 양으로 유량변수이다. 공급도 일정 기간 동안 생산자들이 팔고 싶어 하는 양으로 역시 유량변수이다.

생각하기 5 다음 변수들 중에서 유량변수와 저량변수는 각각 어느 것들인가?
은행잔고, 투자, 전 세계 석유매장량, 철강생산량

6.2 정학·비교정학·동학

경제학에서는 유량변수와 저량변수를 동시에 다루어야 하는 경우가 대부분이다. 기업을 분석할 때, 기업이 사용하는 원자재의 양이나 노동투입량은 유량변수이지만, 기업이 보유하고 있는 토지의 크기나 현금보유액 등은 저량변수이다. 따라서 모든 경제학의 분석은 기간 단위로 이루어진다. 물론 이 기간의 길이는 분석의 목적에 따라 길어질 수도 있고 짧아질 수도 있다. 어떤 시장을 월 단위로 분석할 수도 있고, 연 단위 또는 10년 단위로 분석할 수도 있다.

기간 단위의 분석에 있어 각 기간을 따로따로 분석하는 경우를 정학적(static) 분석 또는 정학(statics)이라고 부른다. 2000년의 자동차 시장을 따로 분석하고, 2020년의 자동차 시장을 따로 분석한다면 이는 정학적 분석이다. 그리고 이 두 시장의 결과를 비교하는 것을 비교정학(comparative statics)이라고 부른다. 2000년과 2020년의 시장의 차이는 그 동안의 국민소득의 변화, 휘발유 가격의 변화 등 외적 조건의 변화에 의해 야기되므로 비교정학은 결국 외생변수들이 변할 때 내생변수에 어떤 변화를 야기하는지를 분석한다고 볼 수 있다. 실제로 미시경제학에서 비교정학을 시행할 때에는 한 번에 한 가지씩 외부조건을 변화시켜 그 효과를 분석한다.

각 기간별 분석결과가 서로 독립적이지 않고 연관되어 있는 경우도 있다. 주로 이전 기간의 결과가 그 다음 기간의 결과에 영향을 미치는 형태가 많은데, 이런 경우 기간들 사이의 연관을 고려하면서 여러 기간 동안 주요변수들이 어떻게 변하는지를 분석하는 방법을 동학적(dynamic) 분석 또는 **동학**(dynamics)이라고 부른다. 예를 들어, 거시경제학에서 국민소득의 결정을 분석할 때, 금년의 투자는 내년의 자본량에 영향을 미치고 이는 내년의 국민소득에 영향을 미친다. 내년의 국민소득은 다시 내년의 투자에 영향을 미치고, 이는 다시 내후년의 자본량과 국민소득에 영향을 미친다. 동학은 바로 이런 관계를 고려해, 국민소득, 투자, 생산 등이 어떻게 변해 가는지를 분석하는 방법이다.

미시경제학에서 분석하는 대부분의 시장분석은 정학분석이다. 이번 기의 시장가격과 거래량은 이번 기의 요인들에 의해 결정되기 때문이다. 그런데 이번 기의 가격이 다음 기의 가격과 거래량에 영향을 미치는 경우가 있다. 이런 경우는 동학적 분석의 대상이 될 수 있다. 예를 들어, 배추나 마늘 등의 농산물은 올해 가격이 높다고 해서 당장 올해 생산을 늘리기는 힘들다. 농산물은 경작기간이 오래 걸리기 때문이다. 만약 농민들이 올해의 높은 배추가격이 내년에도 계속되리라고 예상한다면, 내년에는 배추 경작을 늘릴 것이므로 내년 배추 생산이 늘어날 것이다. 이렇게 늘어난 생산은 내년의 배추가격에 영향을 미친다. 이런 식으로 올해의 배추가격이 내년의 배추 생산과 가격에 영향을 미치고 이것이 다시 내후년의 배추 시장에 영향을 미치는 동학적 관계가 형성될 수 있다.

Microeconomics

Part 02

소비자이론

Chapter 03 / 예산집합

★ 파레토(Vilfredo Pareto) : 이탈리아, 1848~1923

경제학 전공의 많은 학생들이 파레토를 경제학자로 알고 있다. 그러나 파레토는 경제학 뿐 아니라 정치학, 사회학, 철학 등 다양한 분야를 아우른 이탈리아의 학자이다. 엘리트 (elite)란 용어가 보편적으로 사용된 것도 파레토에 기인한다.

이탈리안 아버지와 프랑스인 어머니 사이에 파리에서 태어난 파레토는 가족들과 함께 1858년에 이탈리아로 돌아가, 1869년에 오늘날의 튜린 공과대학교(Polytechnic University of Turin)에서 공학박사를 받고, 공무원으로 일하다 40대 중반에 이르러 경제학 분야에 업적을 쌓게 된다. 1886년에 피렌체 대학교의 경제 및 경영학 강사로 시작해, 1893년에는 제19장에서 소개하는 일반균형이론의 창시자인 레온 왈라스의 뒤를 이어 스위스 로잔대학교의 정치경제학부 석좌교수로 임용되어 죽을 때까지 그곳에서 머물렀다.

경제학 분야에서 파레토의 가장 큰 기여는 역시 제19장에서 엄밀하게 소개하는 파레토 효율성의 개념이다. 이 개념은 경제학의 모든 분야에서 자원배분이 얼마나 잘되었는가를 평가하는 기준이다. 실제로 파레토가 사람들에게 잘 알려진 것은 소위 파레토의 20-80법칙이다. 이탈리아 토지의 80%를 상위 20%가 소유하고 있다는 데이터로부터 시작해, 파레토는 유럽 여러 나라의 소득분포에 대한 데이터를 수집해 분석한 결과 모든 나라에서 상위 20%가 부의 80%를 차지하고 있다는 결과를 얻게 되었다. 이 결과를 파레토의 20-80법칙이라고 부른다. 그러나 오늘날에는 예를 들어, 백화점 매출의 80%를 상위 20%가 차지한다든지 또는 범죄의 80%를 재범율이 높은 20%의 범죄자가 저지른다든지 하는 식으로 엄밀한 분석 없이 남용되는 경향이 있다.

파레토는 영국 고전학파의 영향을 받아 초창기에는 정부의 간섭을 싫어했다. 그러나 이탈리아의 혼란한 국내 상황과 무기력한 정부의 대응 때문에 반사회주의, 반민주주의로 입장을 선회했다. 특히 로잔대학교에서 자신의 강의를 들은 무솔리니(Benito Mussolini)를 이탈리아 미래의 대안으로 여겨 뭇솔리니의 파시즘을 지지했다. 파레토의 파시즘 지지는 향후 파레토의 생애를 평가함에 있어 큰 논쟁거리가 되고 있다.

소비자이론에서는 소비자의 특성을 다음의 두 가지 측면에서 바라본다. 첫 번째는 소비자가 선택할 수 있는 여러 대안들의 집합, 즉 **선택가능집합**(choice set)이 무엇인가 하는 것이다. 두 번째는 소비자가 여러 대안 가운데 어떤 것을 더 좋아하고, 덜 좋아하고 하는가, 즉 어떤 **선호**(preference)를 가지고 있는가 하는 것이다. 전자는 관측가능한 객관적인 조건들에 의해 결정되고, 후자는 소비자의 주관적인 취향에 의해 결정된다.

소비자 = 선택가능집합 + 선호

소비자는 자신이 현재 선택할 수 있는 모든 대안들을 모아놓은 선택가능집합에 포함된 대안 가운데, 자신의 선호에 비추어 자신이 가장 좋아하는 것을 선택할 것이다. 선택가능집합에 속한 여러 대안 가운데 소비자가 가장 선호하는 선택을 경제학에서는 **수요**(demand)라고 부른다.

소비자이론에서는 동일한 선택가능집합과 동일한 선호를 가진 소비자는 동일한 선택, 즉 동일한 수요를 가진다고 생각한다. 두 소비자는 여러 측면에서 매우 다를 수 있다. 예를 들어, 정치적 성향에 있어 한 소비자는 보수에 가깝고, 다른 소비자는 진보에 가까울 수 있다. 또한 두 소비자는 서로 다른 종교를 가질 수 있다. 또한 성별에 있어 한 소비자는 여성이고 다른 소비자는 남성일 수 있다. 여러 측면에서 두 소비자가 매우 다르다고 하더라도, 소비자이론은 두 소비자가 현재 직면하고 있는 선택가능집합이 동일하고, 또한 동일한 선호를 가지면 동일한 선택을 한다고 생각한다. 물론 자신의 정치적 성향에 따라 두 소비자는 선거에서는 매우 다른 선택을 할 것이다. 그러나 선거에서 어떤 선택을 할 것인가 하는 것은 정치학에서 관심 있는 행동이다. 소비자이론에서는 소비자의 특성을 오직 선택가능집합과 선호라는 두 가지 측면에서만 파악한다. 두 가지 특성이 동일하면 동일한 소비자로 간주한다.[1]

소비자이론은 기본적으로 소비자가 현재 자신이 직면하고 있는 선택가능집합

---

[1] 많은 경우 소비자를 한 명의 자연인으로 생각한다. 그러나 가족이나 기업과 같은 조직이라도 조직의 선택가능집합이 있고, 그 조직을 구성하고 있는 사람들의 선호를 반영한 조직 전체의 선호가 있으면 조직 전체를 하나의 소비자로 볼 수 있다.

에 속한 여러 가지 대안 가운데, 자신이 가장 선호하는 대안, 즉 수요를 어떻게 선택하는가를 설명하는 분야이다. 본 장에서는 소비자의 선택가능집합인 **예산집합**(budget set)에 대해 알아본다. 소비자를 구성하는 또 다른 요소인 선호는 제4장에서 살펴본다.

Section 1   재화의 개념과 소비묶음

1.1 재화의 개념

시장은 팔고 싶은 사람과 사고 싶은 사람 사이에 거래가 이루어지는 장소이다. 경제주체 사이의 거래 대상을 경제학에서는 **상품**(commodity) 또는 **재화**(goods)라고 부른다. 엄밀하게 말하면 상품이 재화보다는 넓은 개념이다. 인간의 욕구를 충족시킴에 있어 재화는 사과나 배와 같이 눈에 보이는 대상을 의미한다. 반면에 이발, 미용과 같이 눈에 보이지 않는 대상을 **서비스**(service) 또는 **용역**이라고 부른다. 재화와 서비스를 합쳐 상품이라고 부른다.

엄밀하게 상품과 재화를 구별해 쓰는 경우도 있지만, 많은 경우에 재화를 넓은 의미로 상품의 뜻으로 쓰기도 한다. 본서에서도 상품과 재화를 구별하지 않고 쓰기로 한다.

경제학에서는 재화를 다음의 세 가지 기준에 의해 구별한다.

1) 물리적 특성

재화를 구별하는 첫 번째 기준은 재화가 가지고 있는 물리적 특성(physical property)이다. 사과와 아이스크림을 동일한 재화라고 생각하는 소비자는 없을 것이다. 그 이유는 사과와 아이스크림의 물리적 특성이 매우 다르기 때문이다.

2) 장소

물리적 특성이 동일하다고 하더라도 장소(location)가 다르면 다른 상품으로 간주한다. 물리적으로 동일한 콜라라고 하더라도 학교 내의 편의점에 있는 콜라와 남산 꼭대기에 있는 콜라는 장소가 다르므로 다른 재화이다. 경제학에서는 동일한 재화를 한 장소에서 다른 장소로 이동하는 운송업을 하나의 생산활동으로 간주한다. 그 이유는 물리적 특성이 동일하다고 하더라도, 장소가 다르면 다른 재화로 간주하기 때문이다. 예를 들어, 사과를 서울에서 부산으로 운송하는 행위는 서울에 있는 사과를 투입물로 사용해 부산에 있는 사과를 산출물로 생산하는 행위로 간주한다.

3) 시간

동일한 물리적 특성을 가지고 같은 장소에 있더라도, 시간(time)이 다르면 다른 재화로 간주한다. 서울에 있는 동일한 품질의 사과라고 하더라도, 봄 사과와 가을 사과는 다른 재화이다. 운송업이 하나의 생산활동이듯이, 저장업도 경제학에서는 하나의 생산활동이다. 가을에 사과를 수확하여 저장했다가 봄에 시장에 출하하는 행위는 가을 사과를 투입으로 사용해 봄 사과를 산출물로 생산하는 행위로 간주한다.

많은 경우 명시적으로 언급하지는 않지만, 경제학에서 재화라고 말할 때는 그 물리적 특성뿐 아니라 장소와 시간까지도 구별하고 있음을 독자들은 기억하기 바란다.[2]

1.2 재화와 비재화

재화(goods): 소비자의 만족을 증대시키는 상품
비재화(bads): 소비자의 만족을 감소시키는 상품
중립재(neutral good): 소비자에게 아무런 영향도 미치지 않는 상품

---

2 불확실성을 다룰 때 앞의 세 가지 측면에 상황(contingency)이라는 추가적인 요인을 고려한다. 예를 들어, 비가 올지 안 올지 모르는 상황에서, 동일한 우산이라도 비가 오는 상황인지 오지 않는 상황인지에 따라 다른 재화로 간주한다. 특정 상황에만 이용가능한 재화를 조건부 상품(contingent commodity) 또는 조건부 청구권(contingent claim)이라고 부른다. 불확실성을 다루는 제8장에서 이 같은 상품을 다룬다.

앞 절에서 시장 거래의 대상이 되는 것을 재화라고 부른다고 했다. 소비자의 입장에서 이들 재화를 소비하는 이유는 그 재화를 소비함으로써 좋은 효과를 보기 때문이다. 재화의 영어가 'goods'인 이유도 이와 관련이 있다. 그렇다면 개념적으로는 소비자에게 나쁜 영향을 미치는 대상도 있을 수 있다. 이런 대상을 무엇이라고 부르면 좋을까? 마땅한 용어가 없어 경제학에서는 'bads'라는 신조어를 만들어 사용한다. goods의 반대 표현인 것이다.[3] 우리나라 경제학 교과서에서는 이를 다시 번역해서 '비재화'라는 용어로 사용한다. 비재화는 소비자들이 싫어하는 대상이기 때문에 돈을 주고 구매할 이유가 없다. 따라서 시장에서 거래되는 경우는 거의 없다. 반면에 공해, 소음, 오물 등과 같이 소비자가 스스로 구매하지 않아도 어쩔 수 없이 이들에 노출되는 경우가 많다. 또한 소비자에게 좋든 나쁘든 아무런 영향도 미치지 않는 대상도 생각할 수 있다. 이런 대상에게도 이름을 붙여야 한다면 무엇이라 부를까? 경제학에서는 이런 대상을 **중립재**(neutral goods)라고 부른다.

1.3 재화에 대한 편의상 가정들

1) 세상에는 오직 두 가지 상품만이 존재한다.
2) 모든 재화는 소비와 거래에 있어 완전 가분적이다.
3) 재화의 소비량은 음수가 아니다.

학부 수준의 미시경제학에서는 설명과 분석의 편리를 위해 재화에 대해 위와 같은 가정들을 한다. 그 의미와 이유를 간단히 설명하면 다음과 같다. 첫 번째 가정은 설명의 편의를 위한 것으로 특히 그래프를 통한 설명을 가능하게 해 준다. 두 가지 재화만 있으면, 2차원 평면 그래프를 이용하는 것이 가능하기 때문이다. 고급 미시경제학에서는 소비자가 n가지 재화를 소비하는 일반적인 경우를 다루지만, 재화가 두 가지인 경우에 성립하는 많은 성질들이 일반적인 경우에도 그대로 성립하는 경우가 많기 때문에, 재화가 두 가지인 경우를 분석하는 것이 크게 일반성을 상실하는 것은 아니다.

---

3 영어로 재화라는 의미의 goods는 항상 복수로 쓰인다. 원래 bads는 영어에 없는 단어였으나 요즘 사전에는 신조어로 소개되기도 한다.

두 번째 가정은 미분 사용을 가능하게 함으로써 역시 분석을 쉽게 해준다. 독자들이 아이스크림 가게에 가서 아이스크림 log25개를 주문한다면 이상한 사람 취급을 받기 십상이다. 이는 현실에서 대부분의 재화는 최소한의 기본 단위가 있어 소비가 이 최소 단위의 정수배로 이루어지기 때문이다. 아이스크림은 한 컵 또는 한 스쿱(scoop) 등이 최소 단위이고 소비가 최소 단위의 정수배로 이루어진다. 그러나 미시경제학에서는 분석의 편의상 모든 상품의 크기를 (양의) 실수(real number)로 나타낼 수 있다고 가정한다. 즉, 원하면 $\sqrt{2}$ 나 log25만큼도 소비할 수 있다고 가정한다. 이 가정을 **완전 가분성**(perfect divisibility)이라고 부른다.

현실에서는 그렇지 않음에도 불구하고 완전 가분성을 가정하는 이유는 "미분"(differentiation)이라는 매우 유용한 기법을 사용할 수 있기 때문이다. 제2장에서 설명했듯이, 미분에서는 변수들의 매우 작은 변화량을 다룬다. 소비가 최소 단위의 정수배로만 이루어진다면, 그 최소 단위는 아무리 작다고 하더라도, 미분의 관점에서 보면 너무도 큰 수량이어서 미분을 적용할 수 없게 된다.[4] 실제로 소비가 최소 단위의 정수배로 이루어진다고 하더라도, 완전 가분성을 가정하는 것이 크게 제한된 가정은 아니다. 예를 들어, 자연수 정답을 요구하는 문제를 완전 가분성을 가정하고 미분을 이용해 풀었더니 $\sqrt{10}$ 을 답으로 얻었다고 하자. $\sqrt{10}$ 은 자연수가 아니므로 답이 아니다. 그러나 $3 < \sqrt{10} < 4$이므로, 답은 3 또는 4일 것이다. 문제에 3과 4를 대입해 어느 쪽이 답인가를 확인하는 것이, 미분을 사용하지 않고 도대체 답이 어디쯤 있을까 하고 헤매는 것보다 훨씬 나을 것이다.

세 번째 가정은 소비행위와 생산행위를 구분하기 위함이다. 음의 소비에 대해 경제학적인 의미를 부여할 수는 있다. 양의 소비가 문자 그대로 '소비'라면 음의 소비는 그 재화를 소비해 없애는 것이 아니라 오히려 생성시키는 것으로 해석하는 것이다. 즉, 양의 소비가 소비라면 음의 소비는 생산으로 해석하는 것이다. 그러나 이 경우 음의 소비를 하는 소비자는 엄밀한 의미에서 소비활동이 아닌 생산활동을 하고 있는 것이다. 생산활동에 대한 분석은 소비자이론이 아닌 생산자이론에서 다

---

4 미분을 배운 독자들은 모든 미분 계산에 $\lim\limits_{h \to 0}$이 포함되어 있음을 기억할 것이다. $\lim\limits_{h \to 0}$은 h가 0으로 수렴할 때, 즉 h가 0은 아니면서 0에 한없이 가까워질 때, 어떤 일이 일어나는가를 살펴보는 것을 뜻한다. h가 한없이 0으로 가까워지지 않으면 미분 계산을 할 수 없다. 최소 단위가 있으면, 소비가 그 단위보다 더 작게 이루어질 수 없으므로, $\lim\limits_{h \to 0}$ 계산을 할 수 없기 때문에 미분을 적용할 수 없는 것이다.

른다. 따라서 소비자이론에서는 각 재화의 소비량은 0보다 작지 않다고 가정한다.

1.4 소비묶음과 소비공간

위 가정들 하에서 소비자의 모든 소비행위는 두 가지 재화의 소비량만으로 충분히 표현된다. 두 재화를 재화1과 재화2라고 부르고 이들의 소비량을 각각 x_1과 x_2라고 하면, 이를 (x_1, x_2)로 표시하고 **소비묶음**(consumption bundle) 또는 **상품묶음**(commodity bundle)이라고 부른다. 소비자가 궁극적으로 선택하는 것은 바로 이 소비묶음이다.

생각할 수 있는 소비묶음을 모두 모아놓은 집합을 **소비공간**(consumption space) 혹은 **상품공간**(commodity space)이라고 부른다. 두 가지 상품만 존재하고 각 재화의 소비량이 0보다 작지 않으며 완전 가분적이라고 가정하면, 소비공간은 평면의 제1사분면이 된다. 이제 하나의 소비묶음은 제1사분면의 한 점으로 나타낼 수가 있어 그래프를 이용한 소비자이론 분석이 가능해진다(〈그림 3-1〉).

● **그림 3-1 소비공간(상품공간)**

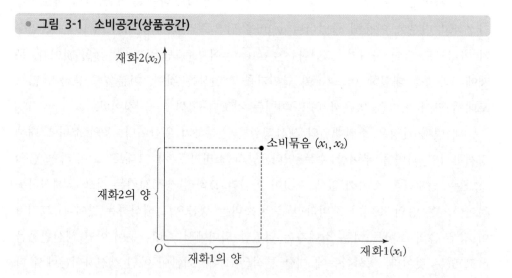

Section 2　예산집합과 예산선

2.1 예산제약과 예산집합

본서에서 다루고 있는 경제체제는 자본주의 시장경제이다. 자본주의의 가장 큰 특징은 사유재산을 인정하고 이를 법으로 보호한다는 것이다. 소비자가 한 재화를 소비하고 싶으면 반드시 그 재화를 제공하는 사람에게 그에 상응하는 대가를 제공해야 한다. 소비를 위해 소비자가 치르는 대가는 가격×수량의 형태로 나타난다. 소비자가 소비묶음 (x_1, x_2)를 소비하기 위해 지불하는 대가를 보다 구체적으로 살펴보자.

재화 $i(i=1, 2)$를 한 단위 구입할 때 지불하는 금액, 즉 재화의 가격을 p_i로 표시하자. 먼저 p_i의 크기에 대해 생각해 보자. 대부분의 경우 $p_i > 0$일 것이지만, 항상 $p_i > 0$일 필요는 없다. 쓰레기와 같은 비재화는 아무도 그것을 원하지 않으므로 가져가는 사람은 오히려 돈을 받아야 한다. 즉, 가격이 음이 되는 것이다. 비재화의 경우가 없지는 않으나 이들은 소비자들의 적극적인 소비행위의 대상이 되지 않으므로, 이하의 모든 논의에서는 재화(goods)만을 취급하기로 하여 $p_i > 0$이라고 가정한다. 두 재화의 가격이 각각 p_1과 p_2인 경우, 이를 간단히 (p_1, p_2)로 표시한다.

두 재화의 가격이 (p_1, p_2)이면, 소비묶음 (x_1, x_2)를 구입하는 경우 지출액은 $p_1 x_1 + p_2 x_2$이다. 그러므로 (p_1, p_2)일 경우 소비묶음 (x_1, x_2)를 소비하려면 $p_1 x_1 + p_2 x_2$를 지출할 수 있는 구매력을 가져야 한다.

소비자의 구매력은 여러 가지 형태로 존재하는데, 가장 간단한 경우가 화폐로 구매력을 가지는 경우이다. 이하의 분석에서는 소비자의 구매력이 화폐소득으로 주어지는 경우를 가정한다. 소비자가 가지고 있는 화폐소득을 화폐(money)의 머리글자를 따서 m으로 표시하자. $p_1 x_1 + p_2 x_2 \leq m$이면 (p_1, p_2)일 때 m의 화폐소득으로 (x_1, x_2)를 구매할 수 있음을 의미한다. 반면에 $p_1 x_1 + p_2 x_2 > m$이면 $p_1 x_1 + p_2 x_2 - m$만큼의 돈이 부족하여 (x_1, x_2)를 구매할 수 없다. 그러므로 (p_1, p_2)일 때 m의 화폐소득으로 소비자가 구매할 수 있는 소비묶음 (x_1, x_2)는 $p_1 x_1 + p_2 x_2 \leq m$

의 조건을 충족해야 한다. 이 조건을 **예산제약**(budget constraint)이라고 부르며, 이 조건을 만족하는 소비묶음의 집합을 **예산집합**(budget set)이라고 부른다.

> **예산집합**: 예산제약을 만족시키는 소비묶음의 집합
> $$B(p_1, p_2, m) = \{(x_1, x_2) \mid p_1x_1 + p_2x_2 \leq m, x_1 \geq 0, x_2 \geq 0\}$$

예산집합은 $B(p_1, p_2, m)$으로 표시하는데 이는 두 재화의 가격이 (p_1, p_2), 화폐소득이 m일 때 소비공간 중에서 소비자가 선택할 수 있는 영역이라는 의미이다. 예산집합을 표시하는 B는 물론 예산을 뜻하는 영어 budget의 머리글자를 따온 것이다. 예산집합을 $B(p_1, p_2, m)$로 표시하는 이유는 소비자가 선택할 수 있는 소비묶음이 그 소비자가 가지고 있는 소득과 각 재화의 가격에 달려 있음을 강조하기 위한 것이다. 즉, 소득과 각 재화의 가격이라는 외생변수가 주어졌을 때, 소비자가 선택할 수 있는 소비묶음을 보여주는 것이 예산집합이다. 동일한 소득으로 구매할 수 있는 소비묶음은 각 재화의 가격에 따라 달라진다. 마찬가지로 두 재화의 가격이 고정되어 있다 하더라도 소득이 다르면 구매할 수 있는 소비묶음도 달라진다. 그러므로 예산집합은 각 재화의 가격과 소득에 의존한다. 이를 강조하기

● **그림 3-2   예산집합**

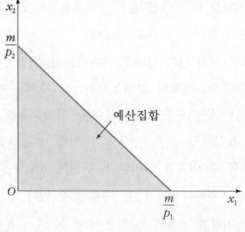

위해 예산집합을 $B(p_1, p_2, m)$로 표시한다.

두 재화의 가격이 (p_1, p_2), 소득이 m일 때 예산집합은 〈그림 3-2〉와 같다.

2.2 예산선

예산집합의 기본적인 형태는 〈그림 3-2〉와 같이 삼각형이다. 소비자가 소득을 재화1만을 소비하는 데 사용한다면 $\dfrac{m}{p_1}$만큼 구매할 수 있다. 따라서 이 때 소비자가 소비하는 소비묶음은 $\left(\dfrac{m}{p_1}, 0\right)$이다. 같은 방법으로 소비자가 재화2만을 소비하면 $\dfrac{m}{p_2}$만큼 구매할 수 있으므로, 이 때의 소비묶음은 $\left(0, \dfrac{m}{p_2}\right)$이다. 예산집합은 이 두 소비묶음과 원점 $(0, 0)$을 세 꼭지점으로 하는 삼각형의 내부임을 알수 있다.

예산집합 중에서 $\left(\dfrac{m}{p_1}, 0\right)$와 $\left(0, \dfrac{m}{p_2}\right)$을 연결하는 직선은 매우 중요한 의미를 지닌다. 이 직선은 소비자가 소득을 전부 사용해 구매할 수 있는 소비묶음들의 집합으로 예산선(budget line)이라고 부른다. 예산선의 식은 다음과 같다.

예산선: $p_1 x_1 + p_2 x_2 = m$

〈그림 3-3〉에서 보듯이 예산집합에 있는 소비묶음은 A와 같이 예산선상에 있는 것과 B와 같이 예산선 아래 있는 것, 두 가지로 구별할 수 있다. A와 같이 소비묶음이 예산선상에 있으면 $p_1 x_1 + p_2 x_2 = m$을 만족하므로 그 소비묶음을 소비하기 위해 소득 전부를 사용해야 한다. 반면에 B와 같이 예산선상에 있지 않은 소비묶음은 $p_1 x_1 + p_2 x_2 < m$이므로, 그 소비묶음을 소비하고도 $m - (p_1 x_1 + p_2 x_2) > 0$ 만큼의 소득이 남는다. 남은 소득으로 재화1의 소비를 늘리거나(C로 이동), 재화2의 소비를 늘리거나(D로 이동) 또는 재화1과 2의 소비 모두를 늘릴 수 있다(E로 이동).

예산선을 다음과 같이 x_2에 대해 표시하면 예산선의 형태를 보다 명확하게 이해할 수 있다.

● 그림 3-3 예산집합과 예산선

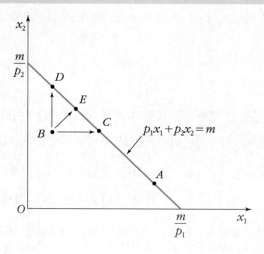

$$x_2 = -\frac{p_1}{p_2}x_1 + \frac{m}{p_2} \tag{1}$$

(1)식을 독자들이 잘 아는 일차식 $y = ax + b$와 비교해 보면 $-\frac{p_1}{p_2}$이 기울기인 a, $\frac{m}{p_2}$은 y절편인 b에 해당함을 알 수 있다. 일차식에서 y절편은 $x = 0$일 때 y값을 의미한다. $\frac{m}{p_2}$은 다름 아닌 $x_1 = 0$일 때 재화2의 소비량이다. 일차식의 기울기는 x가 한 단위 변할 때 변하는 y의 크기를 나타낸다. 예산선의 기울기 $-\frac{p_1}{p_2}$은 다음과 같은 의미를 가진다.

1) 예산선 기울기의 부호

두 재화의 가격이 모두 양이므로 $-\frac{p_1}{p_2} < 0$이다. 따라서 예산선의 기울기는 (−)의 부호를 갖는다. 이것은 x_1이 늘어나면 x_2는 줄어들고, 반대로 x_1이 줄어들면 x_2는 늘어남을 뜻한다. 예산선상에 있다는 것은 이미 소득 전부를 사용하고 있다는 것이다. 이 상태에서 x_1을 늘릴 수 있는 방법은 x_2를 줄이는 방법밖에는 없다. 마찬가지로 예산선상에서 x_2를 늘릴 수 있는 방법은 x_1을 줄이는 것밖에는 없다. 〈그림 3-3〉에서 보듯이, B와 같이 예산선상에 있지 않으면 E의 방향으로 두

재화의 소비를 동시에 늘릴 수 있다. 그러나 A와 같이 예산선상에 있으면 두 재화의 소비를 동시에 늘릴 수 있는 방법은 없다. 따라서 한 재화의 소비를 늘리면 반드시 다른 재화의 소비는 감소해야 한다.

2) 예산선 기울기의 크기

예산선의 기울기의 크기는 $\dfrac{p_1}{p_2}$이다. p_1과 p_2는 두 재화의 가격인데, 보다 정확히 말하면 두 재화의 **절대가격**(absolute price)이라고 부른다. 반면에 $\dfrac{p_1}{p_2}$은 두 재화의 절대가격의 비율로, 이를 두 재화의 **상대가격**(relative price)이라고 부른다.[5] 따라서 예산선의 기울기는 다름 아닌 두 재화의 상대가격이다. 이제 상대가격 $\dfrac{p_1}{p_2}$이 갖는 두 가지 의미를 알아보자.

첫째로 상대가격 $\dfrac{p_1}{p_2}$은 재화2로 표현한 재화1의 **기회비용**(opportunity cost)이다. 재화1 한 단위를 더 소비하려면 p_1만큼의 소득이 필요하다. 이미 소비자는 예산선상에 있으므로 이 소득은 재화2의 소비를 줄임으로써만 얻을 수 있다. 그러면 재화2의 소비를 얼마만큼 줄여야 하는가? 재화2의 소비를 x_2만큼 줄이면 소비자는 $p_2 \times x_2$만큼의 소득을 얻을 수 있다. 재화1 한 단위를 더 소비하기 위해 필요한 소득은 p_1이므로 x_2는 $p_2 \times x_2 = p_1$에 의해 결정된다. 이를 x_2에 대해 풀면 $x_2 = \dfrac{p_1}{p_2}$을 얻는다. 그러므로 재화1의 소비 한 단위를 증가시키기 위해 포기해야 할 재화2의 크기가 $\dfrac{p_1}{p_2}$임을 알 수 있다. 반대로 재화1의 소비 한 단위를 감소시키면 재화2의 소비를 $\dfrac{p_1}{p_2}$만큼 증가시킬 수 있다. 이런 의미에서 $\dfrac{p_1}{p_2}$을 재화2로 표현한 재화1의 **기회비용**(opportunity cost)이라고 말한다.[6]

둘째로 상대가격 $\dfrac{p_1}{p_2}$은 **객관적 교환비율**(objective exchange ratio)을 의미한다.

---

5 보다 정확하게 표현하면, $\dfrac{p_1}{p_2}$은 재화2로 표시한 재화1의 상대가격이다. 재화1로 표시한 재화2의 상대가격은 $\dfrac{p_2}{p_1}$가 된다.

6 $\dfrac{p_2}{p_1}$는 재화1로 표현한 재화2의 기회비용이다. 기회비용에 대해서는 제2장을 참고하기 바란다.

흔히 법에서는 "만인이 법 앞에서 평등하다"라고 한다.[7] 경제학에서는 '만인이 시장에서 평등하다.' 이 말은 누구에게든지 시장에서 재화1 한 단위가 $\frac{p_1}{p_2}$ 단위의 재화2와 교환됨을 의미한다. 누구든지 시장에서는 재화1 한 단위를 얻으려면 $\frac{p_1}{p_2}$ 단위의 재화2를 포기해야 한다. 반면에 재화1 한 단위를 포기하면 $\frac{p_1}{p_2}$ 단위의 재화2를 얻을 수 있다. 따라서 $\frac{p_1}{p_2}$ 은 시장에서 재화1 한 단위와 교환되는 재화2의 크기를 의미한다. 이 교환비율은 시장에서 누구에게나 예외 없이 적용된다는 의미에서 이를 객관적 교환비율이라고 부른다.

요약하면, $\frac{p_1}{p_2}$ 은 재화1 한 단위의 소비를 증가시키기 위해 지불해야 하는 기회비용과 시장에서 누구에게나 적용되는 재화1과 2의 객관적 교환비율이라는 두 가지 중요한 의미를 가진다.

Section 3 예산집합의 변화

위에서 예산집합을 정의할 때 예산집합이 가격과 소득에 의존함을 강조하기 위해 $B(p_1, p_2, m)$ 으로 표시했다. 그러므로 각 재화의 가격이나 소득이 변하면 예산집합은 변한다. 본 절에서는 각 재화의 가격과 소득 혹은 양쪽 모두 변할 때 예산집합이 어떻게 변하는가를 살펴본다.

3.1 소득의 변화

두 재화의 가격은 고정되어 있고 소득만 m 에서 m' 으로 변하는 경우를 살펴보자. 새로운 예산선은 $p_1 x_1 + p_2 x_2 = m'$ 이 된다. 그러므로 최대로 구매할 수 있는 재화1과 2의 양은 각각 $\frac{m'}{p_1}$ 과 $\frac{m'}{p_2}$ 이다. 소득이 증가하면($m' > m$), 구매할 수 있는 두 재화의 양은 증가한다. 반면에 소득이 감소하면($m' < m$), 구매할 수 있는 두 재화의 양은 감소한다.

---

7 헌법 제11조. 11이라는 수가 1이 두 개 나란히 있음에 빗대어 일명 평행조라고도 한다.

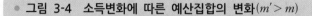
그림 3-4 소득변화에 따른 예산집합의 변화$(m' > m)$

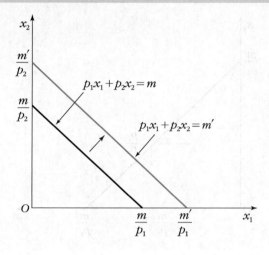

예산선의 기울기는 두 재화의 상대가격이다. 그러므로 소득만 변하면 예산선의 기울기는 $-\dfrac{p_1}{p_2}$로 일정하다. 따라서 소득이 변화하기 전의 예산선과 변한 후의 예산선은 동일한 기울기를 가진다. 두 예산선의 기울기가 동일하므로, 소득이 변한 후의 예산선은 변하기 전의 예산선을 **평행이동**(parallel shift)시킨 것임을 알 수 있다.

요약하면, 소득이 증가하면 예산선은 밖으로 평행이동한다. 반면에 소득이 감소하면 예산선은 안으로 평행이동한다.

3.2 재화1의 가격변화

재화2의 가격과 소득은 고정되어 있고 재화1의 가격만 p_1에서 p_1'으로 변하는 경우를 살펴보자. 새로운 예산선은 $p_1'x_1 + p_2x_2 = m$이 된다. 재화1의 가격만 변하면 최대로 구매할 수 있는 재화2의 양은 $\dfrac{m}{p_2}$으로 변하지 않는다. 그러나 최대로 구매할 수 있는 재화1의 양은 $\dfrac{m}{p_1}$에서 $\dfrac{m}{p_1'}$으로 변한다. 재화1의 가격이 증가하면 $(p_1' > p_1)$, 최대로 구매할 수 있는 재화1의 양은 $\dfrac{m}{p_1}$에서 $\dfrac{m}{p_1'}$으로 감소한다. 반면에 재화1의 가격이 하락하면$(p_1' < p_1)$, 최대로 구매할 수 있는 재화1의 양은 증가

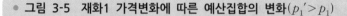
● 그림 3-5 재화1 가격변화에 따른 예산집합의 변화($p_1' > p_1$)

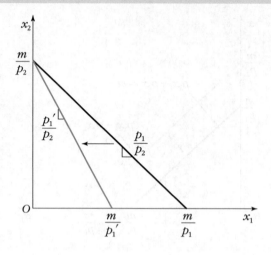

한다.

소득만 변하는 경우와 달리, 재화1의 가격이 변하면 예산선의 기울기 또한 $-\dfrac{p_1}{p_2}$에서 $-\dfrac{p_1'}{p_2}$으로 변한다. 재화1의 가격이 상승하면($p_1' > p_1$), 예산선의 기울기는 가파르게 된다. 반면에 재화1의 가격이 하락하면($p_1' < p_1$), 예산선의 기울기는 완만하게 된다. 요약하면, 재화1의 가격이 상승하면, 예산선은 $\left(0, \dfrac{m}{p_2}\right)$을 중심으로 시계방향(clockwise)으로 회전한다. 반대로 재화1의 가격이 하락하면, 예산선은 $\left(0, \dfrac{m}{p_2}\right)$을 중심으로 시계 반대방향(counterclockwise)으로 회전한다.

달리 표현하면, 예산선이 수평 방향(즉, 재화1의 수량을 나타내는 방향)으로 p_1 상승과 반비례하여 이동한다. 즉 가격이 두 배 상승하면, 수평 방향으로 절반으로 이동하는 것이다. 이때 유의할 점은 각 높이마다 수평 거리가 절반이 되기 때문에 평행이동이 아니라 회전이동이 된다는 사실이다.

3.3 재화2의 가격변화

재화1의 가격과 소득은 고정되어 있고, 재화2의 가격만 p_2에서 p_2'으로 변하는 경우는 재화1의 가격만 변화하는 경우와 반대로 나타난다. 새로운 예산선은

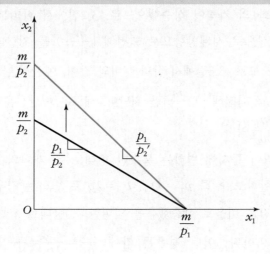

$p_1x_1 + p_2'x_2 = m$이 된다. 이 경우 최대로 구매할 수 있는 재화1의 양은 $\dfrac{m}{p_1}$으로 동일하다. 재화2의 가격이 증가하면$(p_2' > p_2)$, 최대로 구매할 수 있는 재화2의 양은 $\dfrac{m}{p_2}$에서 $\dfrac{m}{p_2'}$으로 감소한다. 반면에 재화2의 가격이 하락하면$(p_2' < p_2)$, 최대로 구매할 수 있는 재화2의 양은 증가한다.

예산선의 기울기 또한 $-\dfrac{p_1}{p_2}$에서 $-\dfrac{p_1}{p_2'}$으로 변한다. 재화2의 가격이 상승하면$(p_2' > p_2)$, 예산선의 기울기는 완만하게 된다. 반면에 재화2의 가격이 하락하면 $(p_2' < p_2)$, 예산선의 기울기는 가파르게 된다. 요약하면, 재화2의 가격이 상승하면, 예산선은 $\left(\dfrac{m}{p_1}, 0\right)$을 중심으로 시계 반대방향으로 회전한다. 반대로 재화2의 가격이 하락하면, 예산선은 $\left(\dfrac{m}{p_1}, 0\right)$을 중심으로 시계방향으로 회전한다.

마찬가지로 예산선이 수직방향(즉 재화2의 수량을 나타내는 방향)으로 p_2 상승과 반비례하여 이동한다고 볼 수도 있다.

3.4 재화1과 2 가격의 동시 변화

두 재화의 가격이 (p_1, p_2)에서 (p_1', p_2')으로 동시에 변할 때 예산집합의 변화는 3.2절과 3.3절에서 살펴본 개별 가격의 변화를 차례차례 살펴보면 된다. 예를 들어, 재화1의 가격은 상승하고$(p_1' > p_1)$, 재화2의 가격은 하락한$(p_2' < p_2)$ 경우를 살펴보자. 먼저 재화1의 가격이 상승했으므로, 3.2절에서 살펴본 바와 같이 예산선은 $\left(0, \dfrac{m}{p_2}\right)$을 중심으로 시계방향으로 회전해 $\left(\dfrac{m}{p_1'}, 0\right)$을 지난다. 다음으로 재화2의 가격이 하락했으므로, 3.3절에서 살펴본 바와 같이, 예산선은 $\left(\dfrac{m}{p_1'}, 0\right)$을 중심으로 역시 시계방향으로 회전해 $\left(0, \dfrac{m}{p_2'}\right)$을 지난다. 새로운 예산선은 $p_1'x_1 + p_2'x_2 = m$ 이고, 기울기는 $-\dfrac{p_1'}{p_2'}$이다.

두 재화의 가격이 동시에 변하는 특수한 형태로 두 재화의 가격이 같은 비율로 변하는 경우를 살펴보자. 즉 $p_1' = \lambda p_1$, $p_2' = \lambda p_2$로 변하는 경우이다. $\lambda > 1$이면, 두 재화의 가격이 같은 비율로 상승했음을 의미한다. 반대로 $\lambda < 1$이면, 같은 비율로 하락했음을 의미한다. 어떤 경우든 간에 $\dfrac{p_1'}{p_2'} = \dfrac{\lambda p_1}{\lambda p_2} = \dfrac{p_1}{p_2}$임을 알 수 있다. 그러므로 두 재화의 가격이 같은 비율로 변하면, 절대가격은 변하지만, 상대가격은 변화가 없음을 알 수 있다.

예산선의 기울기는 두 재화의 상대가격이므로, 두 재화의 가격이 같은 비율로 변하면, 예산선의 기울기는 변화가 없다. 예산선의 기울기가 동일하면, 이는 예산선이 평행이동했음을 뜻한다. 따라서 두 가격이 같은 비율로 변하면, 결국 가격의 변화 없이 소득만 변한 것과 동일하다. 이 같은 사실은 가격변화 전과 후의 예산선을 비교해 보면 보다 명확하다. 가격변화 후의 예산선은 $\lambda p_1 x_1 + \lambda p_2 x_2 = m$이다. 양변을 λ로 나누면, $p_1 x_1 + p_2 x_2 = \dfrac{m}{\lambda}$이 된다. $p_1 x_1 + p_2 x_2 = \dfrac{m}{\lambda}$을 가격변화 전의 예산선인 $p_1 x_1 + p_2 x_2 = m$과 비교해 보면, 가격이 $p_1' = \lambda p_1$, $p_2' = \lambda p_2$로 변한 것은 가격의 변화 없이 소득만 m에서 $\dfrac{m}{\lambda}$으로 변한 것과 동일함을 알 수 있다. 물론 $\lambda > 1$이면 소득이 감소함을, $\lambda < 1$이면 소득이 증가함을 의미한다.

3.5 재화1과 2 가격 및 소득의 동시 변화

두 재화의 가격과 소득이 동시에 (p_1, p_2, m)에서 (p_1', p_2', m')으로 변할 때 예산집합의 변화는 3.1~3.3절에서 살펴본 변화를 차례차례 적용하면 된다.

두 재화의 가격과 소득이 동시에 변하는 특수한 형태로 가격과 소득이 모두 같은 비율로 변하는 경우를 살펴보자. 즉 $p_1' = \lambda p_1$, $p_2' = \lambda p_2$, $m' = \lambda m$으로 변하는 경우를 살펴보자. 먼저 3.4절에서 보았듯이 두 재화의 가격이 같은 비율로 변했으므로 변화의 전과 후의 예산선의 기울기는 $-\dfrac{p_1{}'}{p_2{}'} = -\dfrac{\lambda p_1}{\lambda p_2} = -\dfrac{p_1}{p_2}$로 동일하다. 또한 변한 후의 절편도 $\dfrac{m'}{p_2{}'} = \dfrac{\lambda m}{\lambda p_2} = \dfrac{m}{p_2}$이므로 변하기 전의 절편과 동일하다. 기울기도 동일하고 절편도 동일하므로, 두 재화의 가격과 소득이 같은 비율로 변하면 예산선에는 전혀 변화가 없음을 알 수 있다.

이 같은 사실은 가격변화 전과 후의 예산선을 비교해 보면 더욱 명확하다. 가격변화 후의 예산선은 $\lambda p_1 x_1 + \lambda p_2 x_2 = \lambda m$이다. 양변을 λ로 나누면, $p_1 x_1 + p_2 x_2 = m$을 얻는다. 그런데 $p_1 x_1 + p_2 x_2 = m$은 다름 아닌 변화 이전의 예산선이다. 그러므로 모든 재화의 가격과 소득이 동일한 비율로 변하면, 예산집합은 변하지 않는다.

이 사실을 미시경제학에서는 **예산집합이 가격과 소득에 대해 0차 동차**(homogeneous of degree 0 in prices and income)라고 표현한다. 예산집합이 가격과 소득에 대해 0차 동차라는 말이 다소 복잡하게 들리지만 경제학적 의미는 사실 간단하다.[8] $p_1{}' = \lambda p_1$, $p_2{}' = \lambda p_2$, $m' = \lambda m$이 의미하는 것은 이제까지 사용해 온 화폐단위를 지금부터 $\dfrac{1}{\lambda}$로 바꾸겠다는 것이다. 예를 들어, $\lambda = 10$인 경우를 보자. 현재 우리나라 화폐의 기본단위는 '원'이다. 요즘 쓰이지는 않지만, '원' 아래 '전'이라는 단위가 있다. 1원=10전이다. $\lambda = 10$은 지금부터 화폐의 기본단위를 '원'이 아닌 '전'으로 표시하겠다는 의미이다. 10전이 1원이므로, 모든 재화의 가격과 소득은 '원'으로 표시할 때보다 동일하게 10배로 상승한다. 하지만 '원'으로 표시할 때와 '전'으로 표시할 때, 소비자의 예산집합이 변할 이유가 없다. 만일 $\lambda = \dfrac{1}{1,000}$이면, 지금부터는 모든 것을 '1,000원'을 기본단위로 표시하겠다는 것이다. 따라서 모든 가격과 소득은 이전보다 $\dfrac{1}{1,000}$로 작게 표시된다. λ가 얼마이든 간에 가격과 소득이 같은 비율로 변하면 이는 기본 단위의 변화일 뿐, 예산집합에는 변화가 없다는 것이 예산집합이 가격과 소득에 대해 0차 동차라는 성질의 경제학적 의미이다. 소비자는 자신의 소득이 두 배가 되었지만 모든 가격 또한 두 배가 되면 본인이 선택할 수 있는 예산집합에는 변화가 없음을 정확히 인식한다. 이 같은 사실을

---

8 경제학을 가르치다 보면 경제학을 전공하지 않는 학생들뿐 아니라, 경제학을 전공하는 학생들로부터 경제학은 어려운 학문이라는 이야기를 이따금 듣는다. 사실 경제학자들이 직관적으로 매우 당연한 사실을 때로 현학적으로 매우 어렵게 표현하는 경향이 있음을 고백한다.

경제학에서는 **화폐환상**(money illusion)이 없다고 표현하기도 한다.[9]

Section 4 **다양한 예산집합의 형태**[*]

앞에서 보았듯이 기본적인 예산집합의 형태는 원점을 포함한 삼각형 모양이다. 그러나 정부의 여러 정책에 따라 또는 기업의 가격책정 방식에 따라 다양한 형태를 지닐 수 있다.

4.1 현물보조

최저 생활을 유지하기 위해 정부가 취약계층에게 보조금(subsidy)을 제공하는 경우가 있다. 정부가 보조금을 현금으로 m'만큼 제공하면, 보조금을 받는 소비자의 소득은 원래의 소득 m에 보조금 m'을 더한 $m + m'$이 된다. 그러므로 보조금이 현금으로 지급되면 새로운 예산선은 $p_1 x_1 + p_2 x_2 = m + m'$이 된다. 이따금 보조금이 현금으로 지불될 경우, 보조금을 받은 소비자가 술, 담배 또는 도박과 같이 정부의 정책과 맞지 않게 사용하는 경우가 있다. 일단 현금으로 지불되면 그 보조금을 원래의 취지에 맞게 사용하는가를 감독하기란 쉽지 않다. 그러므로 보조금을 받는 소비자가 보조금을 다른 용도로 사용할 가능성이 높은 경우, 정부가 현금 대신 **현물보조**(in-kind subsidy)를 제공하는 경우가 있다.[10] 예를 들어, 재화1이 우유라고 하고, 우유 한 단위의 가격을 편의상 1이라고 하자. 정부가 5만큼의 현금보조 대신, 동일한 가치를 지닌 우유 다섯 단위를 현물로 보조하는 경우를 살펴보자. 그리고 보조받은 우유는 시장에서 되팔아 현금으로 바꿀 수 없다고 가정하자. 현금

---

9 화폐환상이란 경제주체가 명목소득이 증가하지만 물가 또한 같은 비율로 증가해 실질적으로는 아무런 변화가 없지만 마치 자신이 과거보다 더 부자가 된 것 같은 착각을 일으키는 것을 의미한다. 미시경제학에서는 모든 소비자가 합리적이어서 화폐환상에 빠지지 않는다고 가정을 한다. 케인즈 거시경제학에서는 노동공급곡선이 명목임금에 대해 우상향하는 것을 근로자들의 화폐환상으로 설명한다.

10 직접 물건 대신 물건과 교환할 수 있는 쿠폰을 제공하는 경우에도 결과는 동일하다.

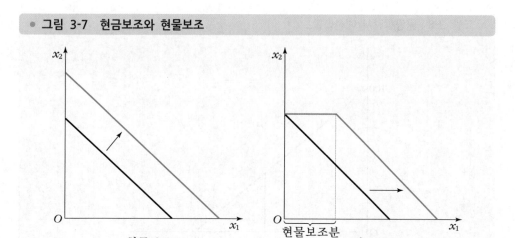

● 그림 3-7 현금보조와 현물보조

현금보조

현물보조분 현물보조

보조와 현물보조의 예산집합을 비교하면 〈그림 3-7〉과 같다. 현물보조를 받으면 소비자는 자신의 소득을 모두 지출하더라도 정부로부터 보조받은 만큼의 재화1을 더 소비할 수 있기 때문에 예산집합이 그만큼 수평방향으로 확대된다. 그러나 재화2의 최대 소비량은 변하지 않는다.

4.2 물량할당

전시와 같은 비상사태가 발생하면 민간용보다 군수용에 대한 수요가 우선하게 된다. 예를 들어, 휘발유는 전시에 매우 중요한 전략적 물자이다. 전시에 군사용으로 우선 사용하기 위해 민간이 사용할 수 있는 휘발유의 양이 일정 수준을 넘지 못하도록 하는 것을 **물량할당**(rationing)이라고 부른다. 재화1이 휘발유라고 하고 $p_1 = 1$, $p_2 = 1$, $m = 100$인 상황을 생각해 보자. 물량할당이 없으면 소비자는 최대 $x_1 = 100$단위를 소비할 수 있다. 이제 정부가 휘발유의 소비를 최대한 60을 넘지 못하도록 물량할당을 하면 예산집합은 〈그림 3-8〉과 같다.

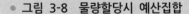

● 그림 3-8 물량할당시 예산집합

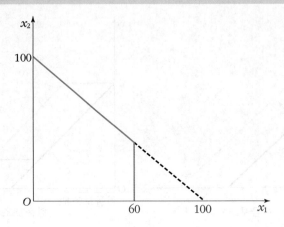

4.3 보조금과 세금

물량할당과 같은 조치는 전시와 같이 급박한 상황에서나 찾아볼 수 있는 정책이다. 그러나 평상시에도 정부는 보조금이나 세금을 통해 특정 재화의 소비를 장려하거나 억제할 수 있다. 보조금은 음의 세금이므로, 세금이 부과되는 경우와 기본적으로 동일하다. 그러므로 정부가 세금을 부과하는 경우만을 알아보자. 보조금을 지불하는 경우는 연습문제 5-7번을 참고하기 바란다. 정부가 재화1에 단위당 t 원의 세금을 부과하면, 소비자가 지불하는 재화1의 가격은 $p_1 + t$ 가 된다. 그러므로 새로운 예산선은 $(p_1 + t)x_1 + p_2 x_2 = m$ 이 되어, 기본적으로 삼각형의 형태를 띤다.

다소 복잡한 경우가 정부가 재화1에 대해 일정 수준의 소비까지는 세금을 부과하지 않지만, 일정 수준을 초과하는 소비에 대해 세금을 부과하는 누진세(progressive tax)를 적용하는 경우이다. 누진세가 예산집합에 미치는 영향을 알아보기 위해 다음의 예를 생각해 보자.

예 1 $p_1 = 1$, $p_2 = 1$, $m = 100$이다. 여기에 정부가 재화1에 대해 $x_1 \leq 40$이면 세금을 부과하지 않는다. 그러나 $x_1 > 40$이면 40단위를 초과하는 소비에 대해 한 단위당 1원의 세금을 부과한다. 이 때 예산집합을 구해 보자.

이 경우 $x_1 \leq 40$이면 $p_1 = 1$이지만, $x_1 > 40$이면 실질적으로 $p_1 = 2$이다. 예산선의 기울기가 $-\dfrac{p_1}{p_2}$이므로 $x_1 \leq 40$이면 $-\dfrac{p_1}{p_2} = -1$, $x_1 > 40$이면 $-\dfrac{p_1}{p_2} = -2$가 된다. 그러므로 예산선이 $x_1 = 40$을 기준으로 꺾일 것을 예상할 수 있다. 새로운 예산선을 구하면 다음과 같다. 먼저 $m = 100$으로 재화1만 소비하면 얼마나 살 수 있는가를 알아보자. $x_1 = 40$까지는 $p_1 = 1$이므로 40단위의 재화1을 구매하려면 40의 돈이 필요하다. 재화1을 40단위를 사면 소득은 60이 남는다. $x_1 > 40$이면 $p_1 = 2$이므로 나머지 소득 60으로 30단위의 재화1을 더 구매할 수 있다. 따라서 총 70단위의 재화1을 구매할 수 있다. 다음으로 $x_1 = 40$을 소비하면, 소비할 수 있는 재화2의 크기를 알아보자. $x_1 = 40$을 구매하면, 60의 소득이 남는다. $p_2 = 1$이므로 60단위의 재화2를 구매할 수 있다. 마지막으로 재화2만 소비하면 100단위를 소비할 수 있다. 예산집합을 그리면 〈그림 3-9〉와 같다. 예산선의 기울기는 $x_1 \leq 40$이면 -1, $x_1 > 40$이면 -2이다. ▪

● 그림 3-9 재화1에 누진세가 적용될 경우의 예산집합

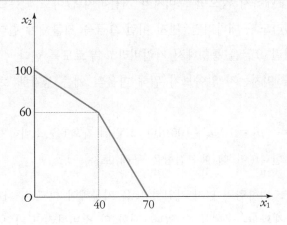

4.4 누진 요금제

특정 재화에 대해 일정 수준의 소비를 초과할 때 초과분에 대해 이전보다 높은 가격을 책정하는 것을 누진 요금제(progressive rate)라고 한다. 우리나라에서는 주택용 전기 사용 시 누진 요금제가 적용된다. 누진 요금제가 예산집합에 미치는 영향은 앞에서 살펴본 누진세가 예산집합에 미치는 영향과 동일하다.

4.5 가입비 · 입장료 · 기본료

우리나라에서 사업을 하고 있는 대형할인점 가운데 어떤 곳은 먼저 일정 금액을 내고 멤버십 카드를 만든 소비자들에 한해 물건을 구입할 수 있도록 허용하고 있다. 즉 일종의 가입비(participation fee)를 부과하고 있는 셈이다. 놀이동산의 경우도 들어가 여러 가지 오락시설을 이용하기 전에 먼저 입장료(entrance fee)를 지불하는 경우도 있다. 또한 통신서비스를 예로 들면, 통신서비스에 가입한 후 전혀 송신서비스를 이용하지 않아도 일정 금액의 기본료를 지불해야 한다.[11] 가입비, 입장료, 기본료는 그 성격이 다소 다르기는 하지만, 기본적으로 이 같은 요금이 부과된 재화를 전혀 구매하지 않으면 소비자가 지불하지 않아도 되는 요금이다. 그러나 그 재화를 조금이라도 구매하려면, 먼저 이런 요금을 지불해야 한다. 기본적인 성격은 비슷하므로 이런 요금을 통칭해서 가입비라고 부르도록 한다.[12] 가입비가 예산집합에 어떤 영향을 미치는지 알아보기 위해 다음의 예를 생각해 보자.

예 2 $p_1 = 1$, $p_2 = 1$, $m = 100$이다. 그런데 재화1을 소비하기 위해 가입비 10을 지불해야 한다. 이 때 예산집합을 구해 보자.

재화1만을 소비하려면 먼저 가입비 10을 지불해야 하므로, 나머지 90의 소득으로 90단위의 재화1을 구매할 수 있다. 재화2만 소비하려면 가입비를 지불하지 않아도 되므로 100단위의 재화2를 구매할 수 있다. 여기서 주의할 점은 예산선이

---

11 기본료를 수신서비스에 대한 요금이라고 보기도 한다.
12 가입비를 먼저 부과하고 그 다음으로 소비량에 비례하여 요금을 책정하는 기업의 가격책정 방식을 이부요금제(two-part tariff)라고 부른다. 이부요금제에 대해서는 독점을 다루는 제14장에서 자세히 다룬다.

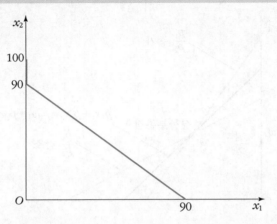

그림 3-10 가입비가 있는 경우의 예산집합

$(90, 0)$과 $(0, 100)$을 잇는 직선이 아니라는 점이다. $x_1 > 0$이면 먼저 10을 가입비로 지불해야 하므로, 남은 소득은 90이 된다. 따라서 이때의 예산선은 $x_1 + x_2 = 90$이다. 그러나 $x_1 = 0$이면 가입비 10을 지불할 필요가 없으므로 $x_2 = 100$이 된다. 예산집합을 그리면 〈그림 3-10〉과 같다.

〈그림 3-10〉에서 세로축에 90과 100을 연결하는 직선이 나타나는 이유는 재화1에 부과된 가입비 때문이다. 재화2만 구입하면 100단위를 구매할 수 있다. 만일 소비자가 재화2를 99단위만 구입하면, 1만큼의 소득이 남는다. 그러나 재화1을 구입하려면 먼저 가입비 10을 지불해야 하므로, 1의 소득으로는 재화1을 하나도 구입할 수 없다. 재화2를 10단위 이상 포기해야 가입비 10을 지불하고 나머지 소득으로 재화1을 구매할 수 있다. 그러므로 $x_1 > 0$이면 재화2의 소비가 100에서 90으로 감소한 상태에서 재화1의 소비가 증가하는 것이다. 물론 예산선의 기울기는 $-\dfrac{p_1}{p_2} = -1$이다.

4.6 실물부존

이제까지는 구매력을 화폐로 가지고 있는 경우를 가정했다. 그러나 때로 화폐 대신 재화로 가지고 있는 경우가 있다. 구매력을 화폐 대신 재화로 가진 경우 그

● 그림 3-11 실물부존 모형의 예산선

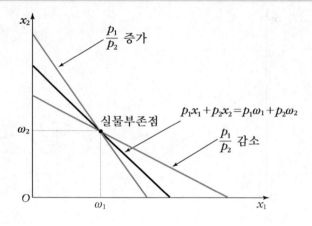

재화들을 **실물부존**(real endowment)이라고 부르고, 그런 설정을 실물부존 모형이라고 부른다. 경제학에서 의외로 실물부존 모형이 적용되는 경우가 많다. 본 절에서는 실물부존 모형의 예산식을 살펴본다.

예를 들어, 재화1이 사과, 재화2가 배라고 하자. 두 재화의 가격은 각각 p_1과 p_2이다. 따라서 사과 1개는 배 $\frac{p_1}{p_2}$개와 교환된다. 소비자가 사과 10개, 배 5개를 가지고 있다고 하자. 소비자가 사과 x_1를 소비하면 $10-x_1$개의 사과가 남는다. 남은 사과를 교환비율에 따라 배와 교환하면 $\frac{p_1}{p_2}\times(10-x_1)$를 얻을 수 있다.[13] 원래 배를 5개 가지고 있으므로 소비할 수 있는 배의 양은 $x_2=5+\frac{p_1}{p_2}\times(10-x_1)$이다. 양변에 p_2를 곱해 정리하면 $p_1x_1+p_2x_2=10p_1+5p_2$를 얻는데 이것이 예산선이 된다. 구매력이 화폐로 주어지는 경우와 비교하면 좌변은 동일하지만, 우변은 다르다. 우변에서 p_1과 p_2에 곱해진 10과 5는 다름 아닌 소비자가 가지고 있는 사과 (재화1)와 배(재화2)의 양이다. 즉 실물부존은 그들의 시장가치만큼의 소득과 동일한 구매력을 제공한다.

이를 일반화하면 다음과 같다. 소비자가 재화1을 ω_1, 재화2를 ω_2만큼 가지고 있는 경우 앞에서와 동일한 방법으로 예산선을 구해보면 $p_1x_1+p_2x_2=p_1\omega_1+p_2\omega_2$이 된다. 이 식을 변형하면 $p_1(x_1-\omega_1)+p_2(x_2-\omega_2)=0$을 얻는다. 따라서 두 재

---

13 $x_1>10$이면 가지고 있는 사과보다 더 많이 소비하고자 한다. 따라서 $p_1/p_2\times(10-x_1)$ 만큼의 배를 주어야 한다.

화의 가격과 무관하게 **실물부존점**이라고 부르는 소비묶음 (ω_1, ω_2)가 항상 예산선 상에 있음을 알 수 있다. 따라서 예산선은 항상 (ω_1, ω_2)를 지난다. 상대가격 $\left(\dfrac{p_1}{p_2}\right)$ 이 증가하면(감소하면) 예산선은 (ω_1, ω_2)를 중심으로 시계방향(시계반대방향)으로 회전한다.

연습문제

1 $p_1 = 1$, $p_2 = 2$, $m = 60$이다. 여기에 재화1은 5단위, 재화2는 10단위를 현물로 보조받는 예산집합을 그려라.

2 소비자가 두 재화를 소비하는데, 그 가운데 하나가 휘발유이다. 휘발유 가격은 리터당 1,000원이다. 다른 재화의 가격도 개당 1,000원이다. 그런데 소비자가 이용하는 주유소에서는 200리터 이상 주유 시 초과분에 대해 25%, 500리터 이상 주유 시 초과분에 대해 50%를 할인해 준다. 이 소비자의 소득이 각각 40만원일 때와 100만원일 때 예산집합을 그려라.

3 소비자가 두 재화만을 소비하고 있다. 정부가 재화1 한 단위당 t 원의 세금을 부과했다.

1) 세금이 부과되기 이전의 예산집합과 세금이 부과된 이후의 예산집합을 그려라.

2) 재화1 한 단위당 세금을 내는 대신 일정한 금액을 목돈으로 세금을 내는 경우를 생각해 보자. 재화1 한 단위당 t 원의 세금을 부과한 경우 소비자의 선택점을 (x_1^0, x_2^0)라고 하자. 똑같은 액수의 세금을 한꺼번에 목돈으로 낸다면, 예산선은 어떻게 변하는가?

4 전화회사가 전화의 기본료를 올리고 대신 통화당 사용료를 낮췄다. 그 결과 매월 500분 통화를 사용하는 소비자에게는 전혀 추가적인 부담이 없다고 한다. x_1을 전화사용량, x_2를 다른 재화라고 하고, 예산선이 어떻게 변했는지를 그림으로 설명해 보아라.

5 $p_1 = 1$, $p_2 = 2$, $m = 100$이다. 재화1은 $x_1 \leq 30$이면 세금이 없고, $x_1 > 30$이면 초과분에 대해 한 단위당 1씩 세금이 부과된다. 재화2는 $x_2 \leq 40$이면 보조금이 없으나, $x_2 > 40$이면 초과분에 대해 한 단위당 1씩 보조금을 받는다. 예산집합을 그려라.

6 $p_1 = 2$, $p_2 = 1$, $m = 120$이다. 재화1은 $x_1 \leq 30$까지는 보조금이 없으나, $x_1 > 30$

이면 추가 한 단위당 1씩 보조금을 받는다. 재화2의 가입비는 10이다. 예산집합을 그려라.

7 $p_1 = 2$, $p_2 = 1$, $m = 120$이다. 재화1은 $x_1 \leq 40$까지 한 단위당 1씩 보조금을 받는다. 그러나 $x_1 > 40$이면 추가분에 대해 보조금이 없다. 재화2는 $x_2 \leq 30$이면 세금이 없으나, $x_2 > 30$이면 초과분에 대해 한 단위당 세금 1을 부과한다. 재화1의 가입비는 10, 재화2의 가입비는 20이다. 예산집합을 그려라.

8 전기요금의 구조가 다음과 같다. 300kwh 이하의 기본료가 10, kwh당 1이다. 300kwh 초과 시 기본료가 20, 초과분에 대해 kwh당 2이다. 전기소비량을 x_1, 나머지 재화의 소비량을 x_2로 표시하자. 소득이 1,200이고 나머지 재화의 가격은 1일 때 예산집합을 그려라.

9 두 재화를 소비하는 소비자가 있다. $p_1 = 1$, $p_2 = 10$, $m = 1200$이다. 그런데, 재화1을 소비하려면 반드시 100의 가입비를 내야 하며, 가입비를 내면 재화1 5단위를 무료로 얻는다. 예산집합을 그려라.

10 $p_1 = 1$, $p_2 = 1$, $m = 40$이다. 재화1의 가입비는 4, 재화2의 가입비는 2이다. 재화2는 $x_2 > 10$이면 초과분에 대해 단위당 1의 세금이 적용된다. 재화1은 20개 소비할 때마다 재화1 한 단위를 무료로 주는 쿠폰이 제공된다. 예산집합을 그려라.

11 소비자가 사과와 배를 소비하고 있다. 소비자는 사과 10개, 배 6개를 가지고 있다. 사과의 가격은 1, 배의 가격은 2이다.
1) 예산선을 그려라.
2) 사과의 가격이 2로 상승했을 때 예산선을 그려라.
3) 배의 가격이 1로 하락했을 때 예산선을 그려라.

Microeconomics

Chapter

04 / 소비자 선호

★ 드브루(Gerard Debreu) : 프랑스, 1921~2004

드브루는 1983년에 경제학 이론의 새로운 분석 도구 도입과 일반균형이론의 엄밀한 재확립에 기여한 공로로 노벨 경제학상을 수상했다. 이제까지 노벨 경제학상 수상자들 가운데 경제학 박사가 아니라 관련 분야인 수학, 경영학 박사 등이 있는데, 아마도 드브루가 최초가 아닌가 한다. 드브루는 1946년에 프랑스에서 수학박사를 받았다. 1948년에 미국으로 건너온 드브루는 1962년부터 캘리포니아 소재 버클리 대학(University of California at Berkeley) 경제학과 교수로 오랫동안 재직했다.

드브루는 자신의 수학적 지식을 이용해 일반균형이론에 대한 큰 업적을 남겼다. 22장에서 소개하는 애로우(Kenneth Arrow)와 공동연구를 통해 발표한 1954년 연구는 일반균형이론에 획기적인 기여를 한 연구로 여겨지고 있다. 오늘날 일반균형이론의 기본모형을 애로우–드브루 모형(Arrow–Debreu model)이라고 부른다. 또한 1959년에 출간한 *The theory of Value: An Axiomatic Analysis of economic equilibrium*은 드브루의 연구를 집대성한 저서로 여겨진다. 이 책은 소비자 이론, 생산자 이론, 일반균형이론 및 색인까지 포함해 114페이지의 간결한 책이나 한 줄 한 줄을 허투루 넘기기 힘든, 매우 집약적으로 집필된 책이다.

드브루는 수학박사로 연구 분야 또한 매우 수리적이고 테크니컬한 관계로 대중에게 잘 알려진 경제학자는 아니다. 그럼에도 경제학 분야에 수학적 엄밀성을 잘 도입한 경제학자 가운데 하나이다.

빛이 있으면 어두움도 있다고 한다. 미국 로체스터 대학에서 오랫동안 재직하다 2010년 91세의 나이로 사망한 라이오넬 맥켄지(Lionel Mckenzie) 교수도 일반균형이론 분야에 드브루와 견줄만한 업적을 쌓았다고 평가받는다. 그러나 1972년에 애로우가 일반균형이론 및 후생경제학으로, 1983년에 드브루가 일반균형이론으로 노벨 경제학상을 받음으로써 맥켄지 교수는 노벨상을 받지 못하고 사망했다.

제3장에서 소비자의 두 가지 특성 가운데 하나는 예산집합이고 다른 하나는 선호임을 언급했다. 본 장에서는 소비자의 선호에 대해 알아본다. 사실 '선호'(preference)라는 표현은 경제학 이외의 분야에서는 잘 쓰이지 않고 '취향'(taste)이라는 표현이 더 일반적으로 쓰인다. 선호는 취향이라는 지극히 주관적이고 추상적인 대상을 체계적으로 표현하는 방식으로 두 선택지 중에서 어느 것을 '더 좋아하느냐'(prefer)를 의미한다. 소비공간에 속하는 모든 두 가지 소비묶음에 대해 소비자가 어떤 소비묶음을 더 좋아하는지를 적시하면, 그 소비자의 취향을 충분히 잘 나타낼 수 있다. 이것을 **선호관계**(preference relation)라고 한다.

실제로 가능한 소비묶음의 수가 무한히 많기 때문에, 소비자의 선호관계를 모두 보여주는 것은 쉬운 일이 아니다. 모든 두 가지 소비묶음을 일일이 비교하여 선호관계를 기술하는 것은 불가능에 가깝다. 그런데 다행히도 대부분의 경우 선호관계를 함수로 표현하는 것이 가능하다는 것이 입증되어 있다. 이런 함수를 **효용함수**(utility function)라고 부른다. 선호관계를 이용하는 것이 보다 본질적인 방법이나, 효용함수를 이용하는 것이 훨씬 편리하다.[1] 본서에서도 소비자의 선호가 효용함수로 표시되는 경우를 분석 대상으로 한다. 또한 **무차별곡선**(indifference curve)이라는 그래프를 이용해 선호관계를 표현하기도 하는데, 소비자 취향을 시각적으로 이해할 수 있는 좋은 도구이다. 미시경제학을 처음 공부하는 많은 독자들이 선호관계에 대한 엄밀한 설명에 어려움을 느끼는 경우가 많다. 따라서 본서에서는 논의 전개에 필요한 정도로만 선호관계를 설명하고, 그 이후에는 효용함수와 무차별곡선을 이용해 소비자이론을 전개한다.

---

1 본장 1절 선호관계와 효용함수에서 설명하겠지만, 선호관계는 유일한 반면, 주어진 선호관계를 표시하는 효용함수는 유일하지 않다. 즉, 서로 다른 효용함수들이 동일한 선호관계를 표시할 수 있다. 이런 의미에서 효용함수는 선호의 본질이 아니다. 선호관계가 본질이고 효용함수는 그 그림자이다.

선호관계와 효용함수

1.1 선호관계

소비자이론에서 소비자의 선택 대상은 소비묶음이다. 그러므로 소비자의 선호 관계는 서로 다른 두 소비묶음 가운데 어떤 것을 더 좋아하는지를 나타내는 것이다. 그러나 선호의 대상이 항상 소비묶음일 필요는 없다. 스포츠 경기를 생각해보면, 여러 가지 스포츠에 대해 각 소비자는 나름대로의 선호를 가지고 있다. 어떤 사람은 야구보다 축구를, 축구보다 농구를 더 좋아할 수 있다. 이 경우 선호의 대상은 모든 스포츠 경기이다. 이와 같이 선호는 비단 소비묶음에 국한될 필요는 없다. 보다 일반적인 경우를 설명하는 것이 오히려 더 편리할 수 있다. 따라서 좀 더 일반적인 경우를 살펴본다. 물론 일반적인 설명이 끝난 후에는 다시 소비자이론의 선택 대상인 소비묶음으로 돌아간다.

소비자의 선호의 대상이 되는 선택을 다 모아놓은 집합을 X로 표시하자. 선호 관계는 X에 속한 임의의 두 선택에 대해 어떤 것을 더 좋아하는가를 표시한다. 두 선택 x와 y에 대해 소비자가 x를 y보다 더 좋아하면 x가 y보다 '**강선호**'(strictly preferred)된다고 말하고 $x > y$로 표시한다. 즉, $x > y$는 x가 y보다 더 나은 선택이라는 의미이다. 반대로 y가 x보다 강선호되면 $y > x$로 표시한다. 좋아하는 정도가 동일하면 x와 y가 '**무차별**'(indifferent)하다고 말하고, $x \sim y$로 표시한다. 예를 들어, 어떤 사람이 야구를 축구보다 더 좋아하면 '야구 > 축구'이다. 반면에 야구와 축구를 동일한 정도로 좋아하면 야구 ~ 축구이다. x가 y보다 강선호되거나 또는 무차별하면 x가 y보다 '**약선호**'(weakly preferred)된다고 말하고, $x \gtrsim y$로 표시한다. $x \gtrsim y$는 x가 y보다 못하지 않다. 즉 y가 x보다 강선호되지 않는다는 의미이다. 강선호와 약선호, 그리고 무차별 사이에는 다음과 같은 관계가 있다.

강선호, 약선호, 무차별의 관계($\not>$, $\not\gtrsim$은 각각 $>$와 $\gtrsim$의 부정을 의미함):

$x \not> y \equiv y \gtrsim x,\ x \not\gtrsim y \equiv y > x$

$\{x \not> y \text{ 동시에(and) } y \not> x\} \equiv \{y \gtrsim x \text{ 동시에(and) } x \gtrsim y\} \equiv x \sim y$

이상의 관계들이 성립하기 때문에, 강선호나 약선호 한 가지만을 이용해도 모든 선호관계를 충분히 표현할 수 있다.

Box 4-1 선호관계와 부등호

눈치 빠른 독자들은 강선호($>$), 약선호($\gtrsim$) 그리고 무차별($\sim$)한 관계가 수학에서 강부등호($>$), 약부등호($\geq$), 그리고 등호($=$) 사이의 관계와 매우 유사하다는 것을 알아챘을 것이다. 예를 들어, $a \geq b$는 $a > b$ 또는 $a = b$라는 것과 같이 $x \gtrsim y$는 $x > y$ 또는 $x \sim y$이다. 또한 $a \geq b$은 $b \not> a$인 것 같이 $x \gtrsim y$는 $y \not> x$라는 의미이다. 또한 $a = b$는 $a \geq b$이고 $b \geq a$가 동시에 성립하는 것과 동일하게, $x \sim y$도 $x \gtrsim y$와 $y \gtrsim x$가 동시에 성립하는 경우를 뜻한다. 많은 경우 약부등호, 강부등호, 등호 사이의 관계를 염두에 두면 약선호, 강선호, 그리고 무차별한 관계를 이해하는 데 도움이 된다. 뒤에 설명할 완전성과 이행성도 수학의 부등호를 생각하면 쉽게 이해가 된다. 하지만 선호관계가 100% 부등호와 동일하지는 않음에 주의하기 바란다. $a = b$이면 a와 b는 동일한 숫자이다. 그러나 x와 y가 다름에도 불구하고 $x \sim y$일 수 있다. 예를 들어, 소비자가 배구(x)와 농구(y)에 대해 무차별할 수 있다.

1.2 합리적 선호관계

선택 대상 간에 일관성 있게 좋아하는 순서를 매기려면 선호관계가 일관성을 가져야 한다. 그 첫 번째 조건이 **완전성**(completeness)이다.[2] 완전성은 두 개 중에서 선택할 때 일관성을 요구하는 조건이다. 어떤 사람이 야구를 축구보다 더 좋아하면서(야구>축구) **동시에**(and) 축구를 야구보다 더 좋아하는(축구>야구) 경우를 생각해보자. 이 경우 야구와 축구 사이에 좋아하는 순서를 매길 수 없어 일관성이 없다. 그러므로 이 같은 일이 발생하면 안된다. 완전성은 이 같은 일이 일어나서는 안되는 조건이다.

---

2 학자들에 따라 완비성이라고 부르기도 한다.

> **완전성 1**: x가 y보다 강선호되고($x > y$) 동시에(and) y가 x보다 강선호되는 ($y > x$) x와 y가 존재하면 안된다.[3] 즉, $x > y$이면 반드시 $y \not> x$이다.

완전성 1은 강선호를 이용해 표시했다. 완전성을 약선호를 이용해 표시할 수도 있다. 독자들은 '어떤'(for some)의 부정은 '모두'(for all)이고, '그리고'(and)의 부정은 '또는'(or)임을 기억할 것이다. 약선호를 이용해 완전성을 표시하면 다음과 같다.

> **완전성 2**: 모든 x와 y에 대해, x가 y보다 약선호되거나($x \gtrsim y$) 또는(or) y가 x보다 약선호된다($y \gtrsim x$).[4] 즉, 모든 x와 y에 대해 $x \gtrsim y$ 또는 $y \gtrsim x$이다.

완전성 1과 2는 동일한 내용이다. 저자들의 경험에 의하면 약선호를 이용해 완전성을 표시하는 경우가 더 많다. 완전성에 의해 다음과 같은 성질이 성립하는데, 그에 대한 자세한 설명은 Box 4-2에 있다.

> **완전성의 성질**: 모든 x와 y에 대해 반드시 다음 중에서 한 가지만 성립한다.
> 1) x가 y보다 강선호된다($x > y$)
> 2) y가 x보다 강선호된다($y > x$)
> 3) x와 y가 무차별하다($x \sim y$)

Box 4-2 완전성의 정확한 의미

완전성의 가정은 정확하게 모든 x와 y에 대해 $x > y$와 $y > x$가 동시에 성립하는 일이 없어야 함을 요구하는 조건이다. x와 y에 대해 'x, y 가운데 어떤 것도 괜찮다'(I don't care)라는 것과 'x, y 가운데 어떤 것이 더 좋은지 모르겠다'(I don't

---

3 부등호에 비유하면, $a > b$와 $b > a$가 동시에 성립해서는 안 되는 것과 동일한 조건이다.
4 부등호에 비유하면, $a \geq b$ 또는 $b \geq a$가 성립하는 것과 동일한 조건이다.

know)라는 것은 전혀 다른 의미이다. 완전성은 모든 x와 y에 대해 'x, y 가운데 어떤 것도 괜찮다'는 것은 허용하지만, 'x, y 가운데 어떤 것이 더 좋은지 모르겠다'는 것은 안 된다는 조건이다. 예를 들어, 소비자에게 농구와 배구 가운데 어떤 것을 더 좋아하는지 물었을 때, 둘 다 좋아하는 정도가 동일하다는 대답은 완전성을 충족시킨다. 반면에, 어떤 종목을 더 좋아하는지 모르겠다는 대답은 완전성을 위배한다.

다음으로 완전성이 의미하는 바를 알아보자. A 또는 B가 성립한다는 것은 'A는 성립하고 B는 성립하지 않음'; 'A는 성립하지 않고 B는 성립함'; 'A 그리고 B가 동시에 성립함', 이 세 가지 경우 가운데 한 가지는 성립함을 의미한다. 그런데 이 세 가지 경우는 상호 배타적이다. 즉, 한 경우가 성립하면, 나머지 두 경우는 절대 성립하지 않는다. 따라서 A 또는 B가 성립하면, 세 가지 경우 가운데 정확히 한 경우만 성립한다. 완전성이 충족되면, 모든 x와 y에 대해 $x \gtrsim y$ 또는 $y \gtrsim x$가 성립한다. 그러므로 1) $x \gtrsim y$ 그리고 $y \not\gtrsim x$; 2) $x \not\gtrsim y$ 그리고 $y \gtrsim x$; 3) $x \gtrsim y$ 그리고 $y \gtrsim x$, 이 세 가지 가운데 정확히 한 가지만 성립한다.

완전성이 성립하면 $y \not\gtrsim x$일 때 $x \gtrsim y$이어야 한다. 따라서 $x \gtrsim y$ 그리고 $y \not\gtrsim x$은 $y \not\gtrsim x$과 동일한 조건이다. 그런데 $y \not\gtrsim x$는 다름아닌 $x > y$일 조건이다. 그러므로 1)은 $x > y$와 동일한 경우임을 알 수 있다. 마찬가지로 2)는 $y > x$와 동일한 경우이다. 3)은 x와 y사이에 강선호 관계가 없다는 것이므로 무차별하다는 정의에 의해 $x \sim y$가 성립한다. 그러므로 완전성이 성립하면, 모든 x와 y에 대해 $x > y$, $y > x$, 그리고 $x \sim y$ 가운데 정확하게 한 가지만 성립함을 알 수 있다. 다시 말하면, 모든 x와 y에 대해, x가 y보다 강선호되든가, y가 x보다 강선호되든가 또는 x와 y가 무차별하든가, 이 세 경우 가운데 정확하게 한 경우만 성립한다.

완전성 다음으로 고려하는 성질은 **이행성**(transitivity)으로, 세 개 중에서 선택할 때 일관성을 요구하는 조건이다. 어떤 사람이 야구를 축구보다 약선호하고(야구 $\gtrsim$축구), 축구를 농구보다 약선호한다(축구$\gtrsim$농구). 그런데 농구를 야구보다 강선호하는(농구$>$야구) 경우를 생각해보자. 이 때 야구, 축구, 농구 사이에 어떤 순서가 성립하는가? 농구$>$야구이므로 농구는 야구보다 더 나은 선택이다. 또한 야구$\gtrsim$축구이므로 농구는 축구보다 더 나은 선택이다. 그런데 축구$\gtrsim$농구이므로 농구는 축구보다 더 나은 선택이 될 수 없다. 따라서 야구, 축구, 농구 사이에 순서의 일관성이 없다. 이행성은 이 같은 일이 일어나서는 안되는 조건이다.

> **이행성**: 모든 x, y, z에 대해 x가 y보다 약선호되고($x \gtrsim y$), y는 z보다 약선호되면($y \gtrsim z$), x는 z보다 약선호된다($x \gtrsim z$).[5]

완전성과 이행성은 일관성 있게 순서를 매기기 위한 조건이다. 완전성과 이행성을 충족하는 선호관계를 **합리적 선호관계**(rational preferences relation)라고 부른다.

1.3 효용함수

선택지가 많아질수록 선호관계를 기술하는 일은 급격히 어려워진다. 선호관계를 비교해야 하는 두 선택지 조합의 가짓수는 선택지의 가짓수보다 훨씬 더 빨리 증가하는데, 예를 들어, 선택지의 가짓수가 5개에서 10개, 100개로 늘어나면, 이들 중에서 고를 수 있는 두 선택지 조합의 가짓수는 10개에서 45개, 4950개로 늘어난다. 이들 사이의 선호관계를 일일이 기술해야 선호관계를 정확히 표현할 수 있다. 그나마 소비자의 선호가 합리적이면, 주어진 선택지들의 순위를 적으면 되기 때문에 선호관계의 기술은 상당히 간단해지지만, 여전히 쉬운 일이 아니다. 특히 선택지의 가짓수가 무한대이면, 실제로 이런 방식의 기술은 불가능하다. 그렇다면, 소비자의 선호관계를 간단하고 편리하게 기술하는 방법은 없을까? 이런 필요를 충족시켜 주는 것이 바로 **효용함수**(utility function)이다. 효용함수는 각 선택지에 대해 하나의 숫자를 대응시켜 그 크기에 따라 선호를 결정해 주는 함수를 말한다. 보다 엄밀하게 효용함수는 다음과 같이 정의된다.

> **효용함수**: 모든 선택을 모아 놓은 집합 X에서 실수집합으로 가는 함수로, 그 크기가 소비자의 선호를 표시한다.

일반적으로 효용함수는 효용(utility)의 머리글자인 U를 따서 $U(\cdot)$로 표시한다. $U(x)$는 x를 선택했을 때 소비자가 얻는 만족(satisfaction)을 수치로 표현한 것

---

5 부등호에 비유하면, $a \geq b$ 그리고 $b \geq c$이면 $a \geq c$가 성립한다는 것과 동일한 조건이다.

이다. 경제학에서는 소비자가 얻는 만족을 통칭해 효용이라고 부른다. 효용함수로 선호를 표시하는 경우, 효용의 정의상 더 큰 숫자가 부여된 선택이 선호되는 선택임을 의미한다. 즉, $U(x) > U(y)$이면 x가 y보다 더 나은 선택(강선호됨)이다. $U(x) \geq U(y)$이면 x가 y보다 못하지 않은 선택(약선호됨)이다. $U(x) = U(y)$이면 x와 y는 무차별하다.

다음의 예를 통해 효용함수의 의미를 보다 구체적으로 살펴보자.

예 1 아래의 표에서 10개의 소비묶음에 대한 철수와 영희의 선호순위가 표시되어 있다. 철수의 선호관계는 $U_{철} = x_1 x_2$의 효용함수와 일치한다. 즉, 이 함수의 효용값이 클수록 선호순위가 높다. 반면에 영희의 선호관계는 $U_{영} = x_1 + x_2$의 효용함수와 일치한다.

(x_1, x_2)	(10,1)	(3,3)	(2,4)	(3,2)	(1,6)	(5,1)	(4,1)	(1,4)	(2,2)	(2,1)
철수의 순위	1위	2위	3위	4위	4위	6위	7위	7위	7위	10위
영희의 순위	1위	3위	3위	6위	2위	3위	6위	6위	9위	10위
$U_{철} = x_1 x_2$	10	9	8	6	6	5	4	4	4	2
$U_{영} = x_1 + x_2$	11	6	6	5	7	6	5	5	4	3

1.4 선호관계와 효용함수의 관계

예 1에서 본 것처럼 효용함수가 선호관계와 동일한 순서를 부여하는 경우 효용함수가 선호관계를 '대표한다'(represent)라고 말한다.

선호관계와 효용함수와의 관계: 모든 x, y에 대해, x가 y보다 약선호($x \gtrsim y$)되면 $U(x) \geq U(y)$이고, 역으로 $U(x) \geq U(y)$이면 x가 y보다 약선호($x \gtrsim y$)될 때, 효용함수가 선호관계와 동일한 선호를 표시한다.[6] 이때 효용함수 $U(\cdot)$가 선호관계 $\gtrsim$를 '대표한다'(represent)라고 말한다.[7]

---

6 $x \gtrsim y$일 필요충분조건이 $U(x) \geq U(y)$이라는 의미이다.
7 강선호를 이용해 표시하면, $x > y$일 필요충분조건이 $U(x) > U(y)$이라는 의미이다.

효용함수가 주어지면 그 효용함수가 대표하는 선호관계를 찾는 것은 쉬운 일이다. x와 y 사이의 선호관계는 $U(x)$와 $U(y)$의 크기를 비교하면 쉽게 찾을 수 있다. 그러나 반대로 선호관계가 주어졌을 때, 그 선호관계를 대표하는 효용함수를 찾는 것은 일반적으로 쉬운 일이 아니다. 더욱이 선호관계가 특정한 조건을 충족시키지 않으면 효용함수로 대표하는 것은 불가능할 수 있다.

예를 들어 완전성이 충족되지 않는 선호관계를 생각해보자. 완전성이 충족되지 않으면 $x > y$이고 동시에 $y > x$이 성립하는 x와 y가 존재한다. 이 선호관계가 효용함수로 대표된다면, $x > y$이므로 $U(x) > U(y)$이다. 동시에 $y > x$이므로 $U(y) > U(x)$이다. $U(x)$와 $U(y)$는 숫자이므로 $U(x) > U(y)$와 $U(y) > U(x)$가 동시에 성립할 수는 없다. 따라서 완전성을 충족하지 못하는 선호관계는 효용함수로 대표할 수 없다. 이행성도 동일하다. 이행성을 충족시키지 못하는 선호관계도 효용함수로 대표될 수 없다. 이에 대한 증명은 어렵지 않으므로 독자들에게 맡긴다.

완전성과 이행성을 충족하는 선호관계를 합리적 선호관계라고 불렀다. 합리적인 선호관계일 경우에만 효용함수로 대표될 수 있는 가능성이 있다.[8] 모든 선택을 다 모아 놓은 집합인 X가 유한집합일 경우, 선호관계가 완전성과 이행성을 충족하면 일관성 있게 좋아하는 순서를 매길 수 있고, 효용함수로 대표할 수 있다.[9] 그러나 X가 무한집합일 경우 완전성과 이행성만으로는 충분하지 않다. Box 4-3에서 설명하고 있는 **사전편찬식 선호**(lexicographic preference)가 그 반례이다.

그 이유는 사전편찬식 선호가 **연속성**을 충족하지 못하기 때문이다. 반면에 선호관계가 완전성, 이행성 그리고 연속성을 충족하면 (연속인) 효용함수로 대표될 수 있음이 증명되어 있다. 이에 대한 증명은 본서의 범위를 벗어나므로 증명은 생략한다.[10] 독자들은 이런 사실만을 기억하기 바란다.

---

8 즉, 합리적 선호관계는 효용함수로 대표되기 위한 필요조건이다.
9 수학적 귀납법을 이용해 증명할 수 있다. 수학적 귀납법을 이용한 증명은 연습문제로 남긴다.
10 선호관계가 완전성, 이행성 그리고 연속성이 충족하면 연속인 효용함수로 대표될 수 있다는 증명은 소비자이론의 가장 큰 업적 가운데 하나로, 사전편찬식 선호가 효용함수로 대표될 수 없음을 보이는 증명보다 훨씬 어렵다.

> **효용함수로 대표되는 선호**: 선호관계가 완전성, 이행성, 그리고 연속성을 충족하면 연속인 효용함수로 대표될 수 있다.

Box 4-3 선호관계의 연속성과 사전편찬식 선호

두 재화를 소비할 때, 다음과 같은 선호관계를 사전편찬식 선호(lexicographic preference)라고 부른다. Lexicography는 사전(dictionary) 편찬, 편집이라는 의미이다.

> **사전편찬식 선호**: 두 개의 소비묶음 (x_1, x_2)와 (y_1, y_2) 사이에 $x_1 > y_1$이거나, $x_1 = y_1$일 경우 $x_2 > y_2$이면 (x_1, x_2)이 (y_1, y_2)보다 강선호된다($(x_1, x_2) > (y_1, y_2)$).

사전편찬식 선호의 경우 두 소비묶음 (x_1, x_2)와 (y_1, y_2) 사이에, 먼저 재화1의 양에 차이가 있으면($x_1 > y_1$ 또는 $x_1 < y_1$), 재화2의 양은 상관없이 재화1이 많은 소비묶음이 무조건 강선호된다. 재화1의 양이 같은 경우에 한해 재화2의 양이 많은 소비묶음이 강선호된다.

이 같은 선호를 왜 사전편찬식 선호라고 부르는지를 'go'와 'come'이라는 두 영어 단어를 예로 들어 알아보자. 두 단어를 영어 사전에서 찾는 경우 'go'가 'come'보다 짧기 때문에 사전에 먼저 나오지는 않는다. 'come'은 c로 시작하고, 'go'는 g로 시작하므로 'come'이 'go'보다 사전에 먼저 나온다. 두 영어 단어 가운데 어느 단어가 사전에 먼저 나오는가 하는 것은 각 단어의 첫 알파벳에 의해 결정된다. 첫 알파벳이 다르면, 그 이후의 알파벳과 무관하게 사전에 나오는 순서가 결정된다. 첫 알파벳이 동일하면, 두 번째 알파벳이 순서를 결정한다. 이 같이 사전을 찾는 경우 알파벳 순서로 그 순서가 결정되는 것과 마찬가지로, 우선적으로 재화1의 크기가 선호를 결정하고, 재화1의 크기가 동일하면 재화2의 크기가 선호를 결정하는 선호를 사전편찬식 선호라고 부른다.

사전편찬식 선호가 완전성과 이행성을 충족하는 것은 독자들에게 연습문제로 남겨둔다. 사전편찬식 선호는 수량에 매우 적은 변화가 있음에도 소비묶음 간의 선호가 매우 극적으로 변하는 특성을 가진다. 두 소비묶음 $(0, 1)$과 $(0, 0)$을 생각하자. 두 소비묶음 모두 재화1의 소비는 0이다. $(0, 1)$은 재화2를 한 단위 소비하고 있으므로 아무 것도 소비하지 않는 소비묶음 $(0, 0)$보다 강선호된다. 그런데 $(0, 0)$에 0보다 큰 ε만큼의 재화1을 더한 소비묶음 $(\varepsilon, 0)$을 생각하자. ε이 매우 작으면 $(\varepsilon, 0)$과 $(0, 0)$은 매우 유사한 소비묶음이다. 그러나 ε이 아무리 작더라도 0보다 큰 한, $(\varepsilon, 0)$은 $(0, 1)$보다 강선호된다: $(\varepsilon, 0) > (0, 1) > (0, 0)$. 따라서 약간의 변화가 있음에도 선호가 극적으로 변함을 알 수 있다

선호관계가 약간의 변화에 의해 급작스럽게 변하지 않은 성질을 **연속성**(continuity)이라고 부른다. 연속성을 수학적으로 엄밀하게 정의할 수 있으나 다소 복잡하다. 독자들은 그 의미를 직관적으로 이해하기 바란다. 사전편찬식 선호는 연속성을 충족하지 못한다.

사전편찬식 선호에서 소비공간은 제 1사분면인 무한집합이다. 이 경우 사전편찬식 선호는 완전성과 이행성은 충족하지만 연속성을 충족시키지 못하기 때문에 효용함수로 대표될 수 없음이 증명되어 있다. 이 증명은 실수집합의 성질에 대한 이해가 필요하다. 이 증명은 학부 미시경제학 수준을 훨씬 뛰어 넘는 수준이므로 본서에서는 증명하지는 않는다. 관심있는 독자들은 대학원 수준의 고급미시경제학, 예를 들어 Varian의 *Microeconomic Analysis* 또는 Mas-Colell, Whinston & Green의 *Microeconomic Theory*를 참고하기 바란다.

선호관계보다는 효용함수가 훨씬 다루기 편리하므로 이후의 논의에서는 효용함수로 표시되는 선호관계만을 다루도록 한다. 즉 처음부터 선호가 효용함수로 주어진다고 가정한다. 효용함수로 표시되는 선호관계만을 다루는 것은 그 편리성 때문이다. 선호관계가 효용함수로 표시되지 못한다 하더라도 합리적이기만 하면, 주어진 예산집합에서 가장 선호하는 선택을 얼마든지 할 수 있다. 앞에서 언급했듯이 사전편찬식 선호는 합리적이지만 효용함수로 대표할 수 없다. 그렇지만 예산집합 안에서 가장 좋은 소비묶음을 선택할 수 있다. 사전편찬식 선호를 가진 소비자는 당연히 모든 소득을 재화1을 구매하는 데 사용할 것이다. 따라서 소비묶음 $\left(\dfrac{m}{p_1}, 0\right)$이 사전편찬식 선호를 가진 소비자가 가장 선호하는 선택이다.

1.5 기수적 효용함수와 서수적 효용함수

$X = \{a, b, c\}$일 때 $a > b > c$인 선호관계와 $U(a) = 2$, $U(b) = 1$, $U(c) = 0$인 효용함수, 그리고 $V(a) = 10$, $V(b) = 5$, $V(c) = -2$인 효용함수를 비교해보자. $U(a) > U(b) > U(c)$이므로 효용함수 $U(x)$는 $a > b > c$인 선호관계를 대표한다. $V(a) > V(b) > V(c)$이므로 효용함수 $V(x)$ 또한 $a > b > c$인 선호관계를 대표한다. 수학적으로 $U(\cdot)$와 $V(\cdot)$는 서로 다른 함수이다. 그러나 두 효용함수 모두 $a > b > c$라는 동일한 선호관계를 대표하고 있다.

왜 이 같은 일이 가능한가? 그 이유는 이제까지 살펴본 선호관계가 x와 y라는 두 선택에 대해 어느 쪽을 더 좋아하는지 순서만을 정하고 있지, 얼마나 더 좋아하는지는 반영하고 있지 않기 때문이다. '야구 > 축구'는 야구를 축구보다 더 좋아한다는 것이지 야구를 축구보다 얼마나 좋아하는지에 대해서는 아무런 이야기를 하지 않고 있다. 효용함수가 선호관계를 대표한다는 것은 여러 선택지들에 대해 주어진 선호관계가 가지고 있는 순서를 존중하도록 숫자를 부여할 수 있다는 의미이다. '야구 > 축구'인 선호관계를 존중하려면 야구에 부여된 효용이 축구에 부여된 효용보다 크면 되지, 얼마나 큰지에 대해서는 아무런 제약이 없다. 즉, U(야구) $> U$(축구)면 된다. 이 같은 이유 때문에 동일한 선호관계를 여러 효용함수가 대표하는 것이 가능하다.

1, 2, 3 등과 같이 순서와 크기를 동시에 재는 수를 **기수**(cardinal number)라고 부르고, 반면에 첫째, 둘째, 셋째 등과 같이 순서만을 재는 수를 **서수**(ordinal number)라고 부른다. 두 사람이 형과 동생이라면, 이로부터 알 수 있는 것은 형이 동생보다 먼저 태어났다는 것이다. 그러나 형, 동생 관계로부터 형이 동생보다 얼마나 먼저 태어났는가는 알 수 없다. 즉, 형과 동생 관계는 서수적 관계이다. 반면에 형이 10살이고, 동생이 7살이면 형이 먼저 태어난 것뿐 아니라 3년 먼저 태어났음을 알 수 있다. 형 10살, 동생 7살이라는 것은 기수적 관계이다.

모든 x, y에 대해 효용수준인 $U(x)$와 $U(y)$는 숫자이다. 효용함수가 선호관계를 대표한다는 정의를 살펴보면, $U(x)$와 $U(y)$ 사이의 서수적 성질만을 사용하고 있지, 기수적 성질은 사용하고 있지 않음을 알 수 있다. 이와 같이 순서를 나타내는 숫자의 서수적 성질만 이용하는 효용함수를 **서수적 효용함수**(ordinal utility function)라고 부른다. 반면에 순서뿐 아니라 크기인 기수적 성질도 같이 이용하는 효용함수를 **기수적 효용함수**(cardinal utility function)라고 부른다. $U(x) = 10$, $U(y) = 5$일 경우, 서수적 효용함수는 x가 y보다 더 큰 효용을 준다는 것밖에 말할 수 없다. 반면에 기수적 효용함수는 x가 y보다 5만큼 또는 2배만큼 더 큰 효용을 준다고까지 말할 수 있다. 서수적 효용함수와 기수적 효용함수는 그 형태가 차이나는 것은 아니다. 단지 효용의 크기로 부여된 숫자를 어떻게 해석하는지가 다를 뿐이다.

앞에서 살펴본 $U(a) = 2$, $U(b) = 1$, $U(c) = 0$인 효용함수와 $V(a) = 10$, $V(b) = 5$, $V(c) = -2$인 효용함수가 서로 다른 함수임에도 동일한 선호관계를 대표하는 이유는 $U(x)$와 $V(x)$가 정하는 순서가 동일하기 때문이다. 즉, $U(x)$와 $V(x)$는 기수적 의미에서 서로 다른 함수이지만, 서수적 의미에서는 동일한 함수이다. 서수적으로 동일한 함수들은 모두 동일한 선호관계를 표시한다.

서수적 효용함수는 각 선택에 부여된 효용의 순서에만 의미를 부여하고, 절대적인 크기에는 의미를 부여하지 않는다. 예를 들어, (1) $U(x) = 100$, $U(y) = 10$, (2) $U(x) = 1.01$, $U(y) = 1$, (3) $U(x) = -10$, $U(y) = -20$인 경우를 살펴보자. (1)과 (2)의 경우는 $U(x)$와 $U(y)$가 모두 양수이다. 효용이 양수라는 것이 그 선택을 했을 때 소비자가 '즐거움'을 얻는다는 의미가 아니다. 마찬가지로 (3)의 경우 효용이 모두 음수인데, 이것도 소비자가 '즐거움' 대신 '고통'을 얻는다는 의미도 아니다. 세 경우 모두 $U(x) > U(y)$이므로 세 경우가 가지고 있는 정보는 동일하게 x가 y보다 강선호된다는 것이 전부이다. 두 번째 경우 $U(x) > U(y)$이나, 그 차이가 그리 크지 않기 때문에 x가 y보다 강선호되기는 하나, 강선호되는 정도는 그리 크지 않다고 해석해서는 안 된다.

서수적 효용함수의 경우 효용의 크기와 부호는 아무런 의미를 가지지 않기 때문에 $(+)$의 효용은 즐거움, $(-)$의 효용은 고통을 의미하지 않는다. 또한 x를 선택했을 때의 효용이 y를 선택했을 때의 효용보다 얼마만큼 크다든지, 몇 배 크다든지 하는 것도 아무런 의미를 가지지 못한다. 서수적 효용함수는 효용의 순서만이 의미를 가진다는 것을 독자들은 꼭 기억하기 바란다.

소비자의 선호를 대표하는 서수적 효용함수를 찾으려면, 소비자에게 x와 y 가운데 어느 쪽을 더 좋아하는지만을 물어보면 된다. 반면에 기수적 효용함수를 찾으려면, 어느 쪽을 더 좋아하는지 뿐만 아니라, 얼마나 더 좋아하는지도 물어야 한다. 그러므로 서수적 효용함수가 기수적 효용함수보다 찾기가 훨씬 쉽다. 소비자이론의 모든 결과는 서수적 효용함수만을 가지고도 도출 가능하므로 이후의 설명에서 효용함수는 서수적 효용함수를 의미한다.

1.6 강단조증가 변환

예 1에서 철수의 선호관계는 $U_철 = x_1 x_2$의 효용함수로 대표될 수 있음을 보았다. 그러나 이 함수가 철수의 선호관계를 대표하는 유일한 효용함수는 아니다. 예를 들어서 $V_철 = (x_1 x_2)^2$, $W_철 = x_1 x_2 - 5$의 함수들도 함수값들은 다르지만 동일한 순위를 부여하므로 철수의 효용함수가 될 수 있다. 그렇다면 도대체 하나의 선호관계를 대표할 수 있는 효용함수는 몇 개나 될까? 이 질문에 대한 대답은 **강단조증가 변환**(strictly positive monotone transformation)이라는 개념에서 찾을 수 있다. 강단조증가 변환이라는 용어가 매우 엄청난 것을 의미하는 것처럼 보이나, 실제로는 매우 간단한 개념이다. 두 수 a와 b에 대해, $a > b$일 때 $f(a) > f(b)$가 성립하는 함수 $f(z)$를 강단조증가 변환이라고 부른다.

> **강단조증가 변환**: 실수의 부분집합에서 실수로 가는 함수로, $a > b$일 때 $f(a) > f(b)$인 함수

강단조증가 변환인 함수는 매우 많다. 예를 들어, 양의 기울기를 가지는 1차식 $f(z) = \alpha z + \beta$ $(\alpha > 0)$은 모두 강단조증가 변환이다. 밑(base)이 1보다 큰 지수함수, 예를 들어, $f(z) = 2^z$ 또한 강단조증가 변환이다. $z \geq 0$인 경우, $f(z) = \sqrt{z}$ 역시 강단조증가 변환이고, $z > 0$인 경우, 밑이 1보다 큰 로그함수, 예를 들어, $f(z) = \log_{10} z$도 강단조증가 변환이다. 도함수가 항상 0보다 크면, 즉 $f'(z) > 0$이면 $f(z)$는 강단조증가 변환이다. 강단조증가 변환인 함수가 가지고 있는 공통적인 특징은 a와 b의 순서와 $f(a)$와 $f(b)$의 순서가 동일하다는 점이다.

강단조증가 변환을 이용해 두 효용함수가 언제 서수적으로 동일한가를 알아보

자. $f(z)$가 강단조증가 변환일 때, $f(z)$와 효용함수 $U(x)$의 합성함수 $V(x) = f(U(x))$를 생각해보자. $f(z)$가 강단조증가 변환이므로 $U(x) \geq U(y) \Leftrightarrow f(U(x)) \geq f(U(y))$이다($U(x) = a$, $U(y) = b$로 생각하라). 그런데 $V(x) = f(U(x))$이므로 $U(x) \geq U(y) \Leftrightarrow V(x) \geq V(y)$가 성립함을 알 수 있다. 그러므로 $U(x)$와 $V(x)$는 일반적으로 서로 다른 함수이나, $U(x)$와 $V(x)$가 결정하는 순서는 동일함을 알 수 있다. 따라서 $U(x)$가 어떤 선호관계를 대표하면, 모든 강단조증가 변환 $f(z)$에 대해 $V(x) = f(U(x))$ 또한 동일한 선호관계를 대표한다.

사전편찬식 선호와 같이 선호관계를 대표하는 효용함수가 없을 수 있다. 그러나 선호관계를 대표하는 효용함수가 있다면, 그 개수는 강단조증가 변환의 개수만큼 무수히 많다. 본장 각주 1)에서 '선호관계가 본질이고 효용함수는 그 그림자이다'라고 언급했음을 독자들은 기억할 것이다. 이제 그 이유가 분명해졌으리라 생각한다. 서수적 효용함수를 고려하기 때문에, 선호관계는 유일한 반면에 서로 다른 효용함수들이 동일한 선호관계를 표시한다는 의미에서 효용함수는 선호관계의 본질이 아니다.

서수적 효용함수를 고려함으로써 선호관계를 표시하는 효용함수가 무수히 많다는 것이 나쁜 결과인가? 다시 말하면, 동일한 선호관계가 수많은 효용함수들에 의해 대표된다면, 어떤 효용함수를 선택해 사용해야 하는가? 이 질문에 대한 대답은 어떤 효용함수를 선택해 사용하더라도 상관없다는 것이다.

제5장은 소비자 선택의 문제를 다룬다. 소비자는 주어진 예산집합에 속한 소비묶음 가운데 가장 선호하는 소비묶음을 선택한다. 가장 선호하는 소비묶음을 선택한다는 것을 효용함수를 이용해 표현하면, 가장 높은 효용을 주는 소비묶음을 선택한다는 의미이다. $f(z)$가 강단조증가 변환일 경우 $U(x_1, x_2)$와 $V(x_1, x_2) = f(U(x_1, x_2))$가 소비묶음들에 부여하는 순서는 동일하다. 따라서 효용함수가 $U(x_1, x_2)$일 때 예산집합에 속한 소비묶음 가운데 가장 큰 효용을 주는 소비묶음이 (x_1^*, x_2^*)라면, 효용함수가 $V(x_1, x_2)$일 경우에도 동일하게 (x_1^*, x_2^*)이다. 어떤 효용함수를 사용해도 소비자의 선택은 동일하다. 물론 일반적으로 $U(x_1^*, x_2^*)$와 $V(x_1^*, x_2^*)$의 크기는 다르다. 그러나 서수적 효용함수의 경우 효용의 절대적 크기는 의미가 없음을 앞에서 언급했다. $U(x_1^*, x_2^*)$와 $V(x_1^*, x_2^*)$의 절대적 크기는 아무런 의미를 가지지 않는다. 더욱이 선택을 통해 소비자가 얻는 효용은 눈으로 관측

되지 않는다. 따라서 크기는 더더욱 아무런 의미를 가지지 않는다. 효용함수를 사용하는 이유는 그런 효용함수를 가지는 소비자가 어떤 선택을 하는가를 알고자 함이지, 그 선택을 통해 어느 정도의 효용을 얻는가를 알고자 함이 아니다.

Section 2   무차별곡선

합리적인 선호관계를 표현할 수 있는 또 하나의 방법은 **무차별곡선**(indifference curve)이라는 그래프를 이용하는 것이다. 무차별곡선이라는 용어는 무차별한 선호관계에서 따온 것으로 소비자의 선호관계에서 무차별한 상품묶음들의 집합을 그래프로 나타낸 것이다.

> **무차별곡선**: 무차별한 선호관계에 있는 소비묶음들의 집합을 나타내는 그래프

앞에서 언급했듯이, 이후에서는 효용함수로 표시되는 선호만을 고려하기로 했으므로 무차별곡선도 효용함수를 이용해 정의할 수 있다. 즉, '동일한 효용을 주는 소비묶음들의 집합'인 것이다. 두 가지 재화로 구성된 소비공간에서 효용함수 $U(x_1, x_2)$가 주어졌을 경우 동일한 효용을 주는 소비묶음 (x_1, x_2)들은 무수히 많다. 예를 들어 효용함수가 $U(x_1, x_2) = x_1 x_2$일 때, $U(x_1, x_2) = 10$인 소비묶음은 (1, 10), (2, 5), (5, 2), (10, 1) 등으로 무한정 생각할 수 있다. 무차별곡선은 이와 같이 동일한 효용을 주는 소비묶음의 집합이다. 보다 정확히 말하면, 효용의 크기에 따라 효용이 10인 무차별곡선, 20인 무차별곡선이라고 부른다. 효용수준이 $\overline{U}$인 무차별곡선은 다음과 같이 수학적으로 표현할 수 있다.

$$IC(\overline{U}) = \left\{ (x_1, x_2) \mid U(x_1, x_2) = \overline{U} \right\}$$

〈그림 4-1〉에서 보다시피 무차별곡선은 효용함수를 주어진 효용수준에서 절단했을 때 나타나는 단면을 평면에 표시한 것이다. $U(x_1, x_2)$의 효용함수를 정확

● 그림 4-1 효용함수와 무차별곡선

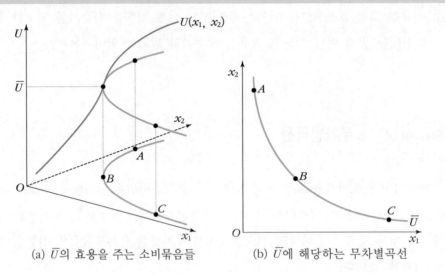

(a) $\overline{U}$의 효용을 주는 소비묶음들   (b) $\overline{U}$에 해당하는 무차별곡선

히 그래프로 그리려면 3차원 그림이 필요하지만, 무차별곡선들을 이용하면 효용함수가 가지고 있는 정보를 2차원 평면상에 담을 수 있다. 물론 하나의 무차별곡선만으로 효용함수 전체를 나타낼 수는 없지만, 서로 다른 효용값에 대응하는 무수히 많은 무차별곡선들을 그리면 효용함수의 형태를 짐작할 수 있다. 마치 지도에서 무수히 많은 등고선을 이용해 지형을 표현하는 것과 같은 원리이다. 이처럼 무수히 많은 무차별곡선으로 선호관계를 나타낸 것을 **무차별지도**(indifference map)라고 부른다.

> **예 2** 효용함수가 $U(x_1, x_2) = x_1 x_2$라면 효용수준이 10인 무차별곡선은 $x_1 x_2 = 10$, 즉 $x_2 = \dfrac{10}{x_1}$인 직각 쌍곡선의 그래프가 된다.

효용함수 $U(x_1, x_2)$는 (x_1, x_2)를 선택할 때 소비자가 얻는 효용의 크기가 $U(x_1, x_2)$임을 나타낸다. 이 때 x_1과 x_2 사이에는 아무런 관계가 없다. 예로 들어, $x_1 = 10$일 경우, x_2는 1일 수도 있고, 20일 수도 있다. 그러나 예 2에서 보다시피 효용수준이 10으로 고정되면, x_1이 주어졌을 때 $x_2 = \dfrac{10}{x_1}$이어야 한다. 이와 같이 효용수준이 고정되면 x_1과 x_2 사이에 관계가 생긴다. 무차별곡선은 이 때 생겨나는 x_1과 x_2 사이의 관계를 그래프로 나타낸 것이다.

정의상 무차별곡선은 다음과 같은 두 가지 성질을 갖는다.

1) 효용수준이 다른 무차별곡선은 절대 교차하지 않는다

효용수준이 다른 무차별곡선이 교차하면 교차점의 소비묶음이 서로 다른 효용수준을 동시에 가진다는 의미이므로 불가능하다. 두 개의 무차별곡선이 주어질 경우 완전히 일치하든가(동일한 무차별곡선) 또는 완전하게 분리되어야 한다.

2) 특정 소비묶음을 지나는 무차별곡선은 항상 존재하며 유일하다

소비묶음 (x_1^0, x_2^0)를 지나는 무차별곡선은 다음과 같이 찾는다. 먼저 (x_1^0, x_2^0)에서의 효용 $U(x_1^0, x_2^0) = U_0$를 계산한다. 다음으로 효용수준이 U_0인 무차별곡선 $IC(U_0)$를 찾는다. (x_1^0, x_2^0)의 효용이 U_0이므로 (x_1^0, x_2^0)는 $IC(U_0)$ 위에 위치한다. 효용이 U_1인 무차별곡선은 $IC(U_1)$인데, $U_0 \neq U_1$이면 (x_1^0, x_2^0)는 $IC(U_1)$ 위에 위치하지 않는다. 그러므로 $IC(U_0)$가 바로 소비묶음 (x_1^0, x_2^0)을 지나는 유일한 무차별곡선이다.

Section 3	한계효용과 단조성

본 절과 다음 절에서는 효용함수에 대한 가정과, 그 가정이 무차별곡선의 모양에 미치는 영향에 대해 알아본다.

3.1 한계효용

한계효용(marginal utility)은 본서에서 처음으로 등장하는 '한계'의 개념이다. 많은 사람들이 미시경제학은 '한계'로 시작해, '한계'를 느끼고, '한계'로 끝난다고 말한다. 그만큼 미시경제학에서 '한계'라는 말이 가지는 의미는 중요하다. '한계'라는 의미를 잘 이해하지 못하면, 미시경제학을 제대로 이해하지 못한다고 말해도 결코 과장이 아니다. '한계'의 중요성을 너무 강조한 나머지 혹시나 독자들이 '한계'라는 것이 내가 이해할 수 있는 한계를 벗어날 만큼 어려운 것이 아닌가 하고 미리 겁먹을 필요는 없다. '한계'의 개념이 중요하기는 하지만, 이해 못할 정도로 어려운 개념은 아니다.

제2장에서 설명했듯이, 미시경제학에서 '한계'의 개념은 언제나 도함수, 즉 미분(differentiation)을 의미한다. 그러므로 미분을 할 수 있는 독자들은 '한계'의 개념을 어렵지 않게 이해할 수 있다. 본서에서는 제2장에서 설명한 정도의 미분 지식만을 사용한다. 따라서 제2장의 내용을 잘 이해하고 있는 독자들이라면 이후의 설명을 이해하는 데 큰 어려움은 없으리라 생각한다. 혹시 이후에 나오는 여러 가지 한계의 개념이 잘 이해가 되지 않으면, 제2장의 미분 부분을 다시 한 번 정독하기 바란다.

효용함수 $U(x_1, x_2)$와 같이 두 개 이상의 변수가 있는 경우, '한계'는 다른 변수들은 고정시켜 놓고 특정 변수에 대해 미분하는 편미분(partial differentiation)을 함으로써 얻어진다. 미분과 편미분 사이에는 본질적인 차이가 없다. 미분을 할 수 있으면, 자동적으로 편미분도 할 수 있음을 제2장에서 강조했다.

이제 각 재화의 한계효용에 대해 알아보자. 재화1의 한계효용은 재화2의 소비를 고정시켜 놓고(세테리스-파리부스의 가정을 기억하라), 재화1의 소비를 한 단위 더 늘릴 때 발생하는 효용의 증가분을 의미한다. 수학적으로 재화1의 한계효용은 $U(x_1, x_2)$를 x_1에 대해 편미분함으로써 얻어진다. 마찬가지로, 재화2의 한계효용은 $U(x_1, x_2)$를 x_2에 대해 편미분함으로써 얻어진다.

한계효용: 재화의 소비를 한 단위 변화시킬 때 발생하는 효용의 변화분. 두 재화의 한계효용을 각각 MU_1, MU_2로 표시하면, MU_1과 MU_2는 다음과 같다.

$$MU_1 = \frac{\partial U(x_1, x_2)}{\partial x_1}, \ MU_2 = \frac{\partial U(x_1, x_2)}{\partial x_2}$$

두 재화의 한계효용을 간단하게 MU_1과 MU_2로 표시했지만, 엄밀하게 말하면 $MU_1(x_1, x_2)$과 $MU_2(x_1, x_2)$로 표시하는 것이 정확하다. 제2장의 Box 2-2에서 강조했듯이, 특정 변수에 대해 편미분한 결과는 일반적으로 편미분한 변수뿐 아니라, 나머지 변수에도 의존한다. MU_1은 재화1의 한계효용이지만, 그 크기는 x_1의 크기뿐 아니라, 고정되어 있다고 가정하고 있는 x_2의 크기에도 의존한다. 그러므로 $MU_1(x_1, x_2)$이 정확한 표현이다. MU_2에 대해서도 동일하다. 본서에서는 필요하면 각 재화의 한계효용을 $MU_1(x_1, x_2)$과 $MU_2(x_1, x_2)$로 표시한다. 그러나 의미가 확실하면 간단하게 MU_1과 MU_2로 표시하기로 한다.

3.2 단조성

단조성(monotonicity)은 두 재화 가운데 한 재화라도 소비가 늘면 효용도 증가한다는 가정이다. 즉, 두 재화 모두 다다익선(多多益善)(the more, the better)임을 의미한다. 두 소비묶음 (x_1, x_2)와 (y_1, y_2) 사이에 $x_1 \geq y_1$, $x_2 \geq y_2$, 그리고 적어도 하나는 강부등호일 경우 $(x_1, x_2) > (y_1, y_2)$로 표시한다. $(x_1, x_2) > (y_1, y_2)$는 두 재화 모두 (x_1, x_2)의 소비가 (y_1, y_2)의 소비보다 작지 않고, 적어도 한 재화에 대해서는 더 크다는 의미이다. $(x_1, x_2) > (y_1, y_2)$일 경우, 한 재화의 소비는 더 많지만, 다른 재화의 경우에는 동일할 수 있다. 예를 들면, $(3, 1) > (0, 1)$이다.

단조성 1: $(x_1, x_2) > (y_1, y_2)$이면, $U(x_1, x_2) > U(y_1, y_2)$이다.

한계효용을 이용하면 단조성의 가정을 간단하게 표시할 수 있다. 한 재화의 한계효용은 다른 재화의 소비를 고정시키고, 그 재화의 소비를 한 단위 더 증가시킬 때 발생하는 효용의 변화분이다. 이 변화분이 0보다 크면, 소비가 증가할 때 효용도 증가함을 의미한다. 반대로 변화분이 0보다 작으면, 소비가 증가할 때 효용은 감소한다. 따라서 단조성의 가정은 각 재화에 대한 한계효용이 0보다 큼을 의미한다.

> **단조성 2**: $MU_1 > 0$이고 $MU_2 > 0$이다.

소비자가 운동을 열심히 한 후에 갈증이 나 시원한 물을 마시는 경우를 생각해 보자. 처음에는 갈증이 매우 심하므로 물을 마실수록 효용은 증가할 것이다. 그러나 어느 정도의 물을 마셔 갈증이 해소된 후에도 물을 계속해 마셔야 한다면 이는 효용을 증가시키는 것이 아니라 오히려 효용을 감소시키는 물고문이 될 것이다. 그러므로 일정 수준을 넘어선 물의 소비는 효용을 증가시키지 않거나 오히려 감소시킬 수 있다. 이 경우 물의 한계효용은 0보다 크지 않다. 이 같이 한 재화의 소비가 일정 수준을 초과하면, 효용이 증가하지 않거나 오히려 감소할 수 있다.[11] 그러면 단조성의 가정은 성립하지 않는다.

한 재화의 한계효용이 0보다 크지 않을 경우 소비를 증가시키면 효용은 변하지 않거나 오히려 감소한다. 그러나 모든 재화의 가격이 0보다 크다고 가정했으므로, 소비를 증가시키려면 비용이 발생한다. 따라서 한계효용이 0보다 크지 않을 경우, 소비를 증가시키면 비용만 발생하고 그에 상응하는 효용은 증가하지 않는다. 그러므로 합리적인 소비자의 경우 어떤 재화이든 간에 한계효용이 0보다 크지 않은 영역에서는 결코 선택이 이루어지지 않는다. 재화의 소비량의 크기에 따라 한계효용은 0보다 크지 않을 수 있다. 그러나 합리적인 선택은 반드시 한계효용이 0보다 큰 영역에서 이루어지므로 한계효용이 0보다 크지 않은 영역은 관심을 갖지 않아도 무방하다. 제3장에서 보았듯이 'goods'라는 의미에서의 '재화'라는 표현은 한계효용이 0보다 크다는 의미를 이미 내포하고 있다.

단조성은 무차별곡선의 형태와 위치에 다음과 같은 영향을 미친다.

1) 단조성 가정하에서 무차별곡선은 우하향한다

x_2가 고정된 상태에서 x_1이 증가하면, 단조성 가정하에서 효용은 증가한다. 따라서 동일한 효용을 유지하려면 x_2는 감소해야 한다. 반대로 x_1이 감소하면, 동

---

11 한자 성어 가운데 과유불급(過猶不及)이라는 말이 있다. 이는 지나침이 모자람보다 못하다는 뜻이다. 이를 경제학적으로 해석하면, 일정 수준을 넘어서면 한계효용이 0보다 작을 수 있다는 뜻이다.

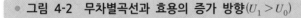

● 그림 4-2 무차별곡선과 효용의 증가 방향$(U_1 > U_0)$

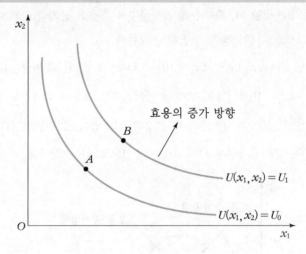

일한 효용을 유지하기 위해 x_2는 증가해야 한다. 그러므로 $U(x_1, x_2) = \overline{U}$로 효용이 고정되어 있는 경우, 단조성 가정하에서 x_1과 x_2는 서로 반대방향으로 움직임을 알 수 있다. 즉 단조성 가정하에서 무차별곡선은 우하향함을 알 수 있다. 〈그림 4-2〉는 전형적인 무차별곡선들을 보여준다.

2) 원점에서 멀리 떨어질수록 효용수준이 높은 무차별곡선이다

단조성 가정하에서 두 재화 모두 소비를 늘릴수록 효용은 증가한다. 원점에서 멀리 떨어져 있을수록 두 재화의 소비가 증가하므로, 원점에서 멀리 떨어질수록 효용수준이 높은 무차별곡선이다. 〈그림 4-2〉를 보면 효용수준이 각각 U_0와 U_1인 두 개의 무차별곡선이 그려져 있다. 소비자는 A보다 B에서 재화1과 2를 더 많이 소비하고 있으므로 $U_1 > U_0$이어야 한다. 효용수준이 U_1인 무차별곡선이 U_0인 무차별곡선보다 원점에서 더 멀리 떨어져 있음을 알 수 있다.

Box 4-4 축복점이 있는 경우의 효용함수

단조성의 가정이 성립하지 않는 경우로 축복점이 있는 경우가 있다. **축복점**(bliss point)이란 소비자의 효용이 극대화되어 더 이상 커질 수 없는 소비묶음을 의미한다.

축복점을 (x_1^B, x_2^B)로 표시하면, 소비자는 다른 어떤 소비묶음보다 (x_1^B, x_2^B)를 더 선호한다. 축복점이 존재할 때, 축복점에 가까울수록 효용은 증가하고, 멀어질수록 효용은 감소한다. 그러므로 단조성이 성립하지 않는다.

예를 들어, $U(x_1, x_2) = -\{(x_1 - 10)^2 + (x_2 - 20)^2\}$인 효용함수를 생각해보자. 재화1의 경우 $-(x_1 - 10)^2$이므로 10에서 멀어질수록 효용이 감소한다. 재화2의 경우 $-(x_2 - 20)^2$이므로 20에서 멀어질수록 효용은 감소한다. 그러므로 $(10, 20)$이 다름 아닌 축복점이다. 무차별곡선은 $(10, 20)$을 중심으로 하는 원이다.

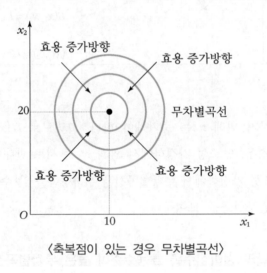

〈축복점이 있는 경우 무차별곡선〉

3.3 한계효용 체증, 불변, 체감

단조성의 가정은 각 재화의 한계효용이 0보다 크다는 의미이다. 단조성이 성립하면, 다른 재화의 소비는 고정시켜 놓고 한 재화의 소비를 증가시킬 경우 효용은 증가한다. 그러나 한계효용 자체는 증가하는 경우도 있고, 일정한 경우도 있고, 감소하는 경우도 있다. 한계효용이 증가하면 **한계효용체증**(increasing marginal utility), 일정하면 **한계효용불변**(constant marginal utility), 감소하면 **한계효용체감**(diminishing marginal utility)이라고 부른다. 〈그림 4-3〉은 재화1의 경우 효용함수의 형태에 따라서 한계효용이 체증·불변·체감하는 경우를 보여준다.

한계효용은 도함수이므로 기하학적으로 효용함수에 그은 접선의 기울기를 의미

● 그림 4-3 한계효용체증·불변·체감

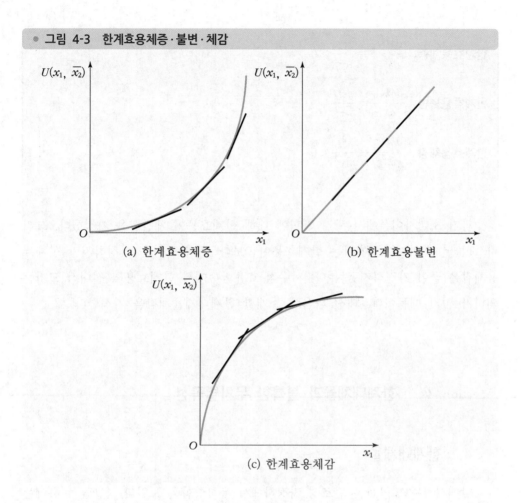

(a) 한계효용체증

(b) 한계효용불변

(c) 한계효용체감

한다. 〈그림 4-3〉에서 보듯이 재화2의 소비를 $\bar{x}_2$로 고정시켜 놓고 재화1의 소비를 늘릴 때, (a)처럼 접선의 기울기가 증가하는 경우가 한계효용이 체증하는 경우이다. (b)는 직선이므로 접선의 기울기가 일정하다. 따라서 한계효용이 불변하는 경우이다. (c)처럼 접선의 기울기가 감소하면, 한계효용이 체감한다. 접선의 기울기가 도함수이고, 접선의 기울기의 증가 또는 감소는 도함수의 도함수, 즉 원래 함수의 2차 도함수의 크기를 살펴보면 알 수 있다. 그러므로 각 재화의 한계효용의 체증·불변·체감 여부는 2차 도함수의 크기에 따라 결정된다.

한계효용체증: $\dfrac{\partial MU_i}{\partial x_i} \equiv \dfrac{\partial^2 U}{\partial x_i^2} > 0$

한계효용불변: $\dfrac{\partial MU_i}{\partial x_i} \equiv \dfrac{\partial^2 U}{\partial x_i^2} = 0$

한계효용체감: $\dfrac{\partial MU_i}{\partial x_i} \equiv \dfrac{\partial^2 U}{\partial x_i^2} < 0$

과거 소비자이론에서는 각 재화에 대해 한계효용이 체감함을 가정했다. 그러나 오늘날 소비자이론에서는 한계효용이 0보다 큰 단조성을 가정하지만 한계효용체감은 굳이 가정하지 않는다. 서수적 효용함수에서 한계효용의 절대적 크기는 의미가 없기 때문이다. 대신 다음에 소개할 한계대체율체감을 가정한다.

Section 4 　한계대체율과 볼록한 무차별곡선

4.1 한계대체율

앞에서 무차별곡선은 단조성 가정하에서 우하향함을 보았다. 〈그림 4-4〉에는 두 가지 형태의 무차별곡선이 그려져 있다. 두 무차별곡선 모두 우하향한다. 그러나 그 형태에 차이가 있다. 무차별곡선을 따라 x_1은 증가하고 x_2는 감소하는 방향으로 이동할 때 접선의 기울기가 변하는 방향이 서로 다르다.

(a)에서는 접선의 기울기가 완만해지는 반면, (b)에서는 급해진다. 그 차이의 의미를 알려면 먼저 무차별곡선의 접선의 기울기가 의미하는 것을 알아야 한다. 무차별곡선의 접선의 기울기는 **한계대체율**이라고 부르는데, 소비자이론에서 가장 중요한 개념이다. 다음의 예를 통해 무차별곡선의 접선의 기울기가 의미하는 바를 알아보자.

〈그림 4-5〉에는 소비묶음 (1, 10)을 지나는 두 소비자 A와 B의 무차별곡선이 그려져 있다. 편의상 재화1을 사과, 재화2를 배라고 부르기로 하자. 두 소비자에게

• 그림 4-4 우하향하는 두 가지 형태의 무차별곡선

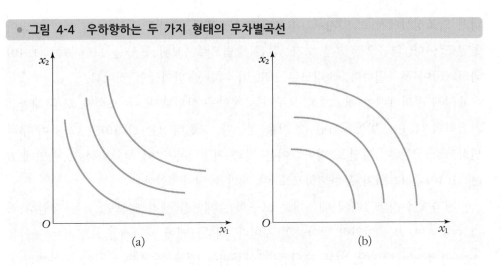

사과 1개를 줄 터이니 배 1개를 달라는 제안을 한다고 하자. 두 소비자는 이 제안을 받아들일 것인가 아니면 거절할 것인가? 두 소비자가 현재 가지고 있는 소비묶음은 $(1, 10)$이다. 만일 이 제안을 받아들이면 소비묶음은 $(2, 9)$로 바뀐다. 그러므로 이 제안을 받아들일지 말지는 두 소비자가 $(1, 10)$과 $(2, 9)$ 가운데 어떤 것을 더 선호하는가에 달려 있다.

먼저 A를 살펴보자. 〈그림 4-5〉를 보면 $(1, 10)$과 $(2, 8)$은 A의 동일한 무차별곡선 위에 있다. 그러므로 A에게 $(1, 10)$과 $(2, 8)$은 무차별하다. 그러나 $(2, 9)$와 $(2, 8)$을 비교하면, 사과의 양은 동일하지만 배의 양이 $(2, 9)$가 $(2, 8)$보다 많다. 따

• 그림 4-5 무차별곡선의 접선의 기울기의 의미

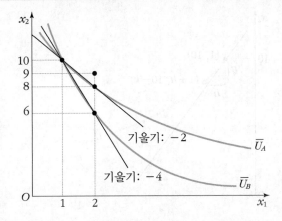

라서 단조성하에서 $(2, 9)$가 $(2, 8)$보다 강선호된다. 그러므로 A는 이 제안을 받아들일 것이다. 다음으로 B를 보자. 같은 방법으로 〈그림 4-5〉를 보면 B는 $(1, 10)$과 $(2, 6)$이 무차별하다. 그러므로 B도 이 제안을 받아들일 것이다.

이제 사과 1개에 배 2개를 요구하는 제안을 살펴보자. 두 소비자 모두 제안을 거절하면 $(1, 10)$, 받아들이면 $(2, 8)$을 얻는다. 그런데 A는 $(1, 10)$과 $(2, 8)$이 무차별하므로, A는 이 제안을 받아들이는 것과 거절하는 것이 무차별하다. 반면에 B는 $(1, 10)$과 $(2, 6)$이 무차별하므로 이 제안을 받아들인다.

계속해서 사과 1개에 배 3개를 요구하는 제안을 생각해 보면, A는 당연히 거절할 것이며, B는 여전히 받아들일 것이다. 사과 1개에 배 4개를 요구하는 제안을 A는 거절하는 반면에, B는 제안을 받아들이는 것과 거절하는 것이 무차별하다. 사과 1개에 배 5개를 요구하는 제안은 B도 거절할 것이다.

이상의 설명에서 사과 1개를 얻기 위해 A는 최대한 배 2개를 포기할 용의가 있는 반면에, B는 최대한 배 4개를 포기할 용의가 있음을 알 수 있다. A와 B의 경우 각각 배 2개, 배 4개라는 숫자가 어디에서 나왔는가? A의 경우 동일한 무차별곡선 위에 있는 $(1, 10)$과 $(2, 8)$을 잇는 직선의 기울기가 다름 아닌 $\frac{8-10}{2-1} = -2$이다. B의 경우에는 $\frac{6-10}{2-1} = -4$이다.

이제 거래의 단위를 한 개가 아닌 좀더 작은 단위일 경우를 살펴보자. 〈그림 4-5〉에 그려진 A의 무차별곡선을 〈그림 4-6〉에 다시 그려놓았다. 〈그림 4-6〉을

● 그림 4-6 한계대체율=무차별곡선의 접선의 기울기(절대값)

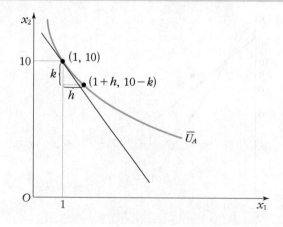

보면 A는 $(1, 10)$과 $(1+h, 10-k)$가 무차별하다. 따라서 A는 사과 h단위를 얻기 위해 최대한 배 k단위를 포기할 용의가 있다. 이를 사과 한 단위로 환산하면, A는 사과 한 단위를 더 얻기 위해 최대한 배 $\frac{k}{h}$단위를 포기할 용의가 있다. h가 0으로 수렴하면, $\frac{k}{h}$는 다름 아닌 $(1, 10)$에서 접선의 기울기가 됨을 알 수 있다. 그러므로 무차별곡선상의 한 점에서 접선의 기울기는 동일한 효용을 유지할 때, 재화1 한 단위를 더 얻기 위해 소비자가 포기할 용의가 있는 최대한의 재화2의 양을 의미한다.

〈그림 4-5〉의 소비묶음 $(1, 10)$에서 A와 B의 무차별곡선의 접선의 기울기를 살펴보면 B의 기울기가 더 가파름을 알 수 있다. 그러므로 사과 1개를 얻기 위해 포기할 용의가 있는 최대한의 배의 양이 B가 A보다 더 많다. 그러나 무차별곡선이 우하향하므로 접선의 기울기는 A가 B보다 더 크다(둘 다 기울기가 $(-)$임에 유의하라). 접선의 기울기가 $(-)$이므로 접선의 기울기가 클수록 완만하고, 또한 재화1 한 단위를 더 얻기 위해 포기할 용의가 있는 재화2의 양이 작아진다. 접선의 기울기가 가파를수록 재화1 한 단위를 더 얻기 위해 포기할 용의가 있는 재화2의 양이 커짐을 강조하기 위해 접선의 기울기에 $(-)$ 부호를 붙이거나, 절대값을 취하여 $(+)$의 값으로 만든 것을 **한계대체율**(marginal rate of substitution: MRS)이라고 부른다.[12]

> **한계대체율**(MRS): 동일한 효용을 유지할 때 재화1 한 단위를 더 얻기 위해 포기할 용의가 있는 최대한의 재화2의 양으로, 무차별곡선의 접선의 기울기에 $(-)$ 부호, 또는 절대값을 취한 것

엄밀하게 말하면 MRS는 재화2로 표시한 재화1의 한계대체율이다. 재화1로 표시한 재화2의 한계대체율은 MRS의 역수, $\frac{1}{MRS}$이다. 특별한 언급이 없으면 본서에서 한계대체율은 재화2로 표시한 재화1의 한계대체율을 의미한다.

(x_1, x_2)와 (y_1, y_2)가 동일한 무차별곡선 위에 있다고 하더라도 일반적으로 (x_1, x_2)에서 접선의 기울기와 (y_1, y_2)에서 접선의 기울기는 다르다. 다시 말하면,

---

12 한계대체율은 영국의 경제학자 힉스(John Hicks)가 고안한 용어이다.

무차별곡선상 어디에 위치하고 있는가에 따라 재화1 한 단위를 더 얻기 위해 포기할 용의가 있는 최대한의 재화2의 양은 다를 수 있으므로 $MRS(x_1, x_2)$로 표시하는 것이 보다 정확한 표현이다.

재화1 한 단위를 더 얻기 위해 포기할 용의가 있는 최대한의 재화2의 양인 한계대체율은 두 가지의 의미를 지닌다. 예를 들어, $MRS = 2$는 재화1 한 단위를 더 얻기 위해 재화2 두 단위를 포기할 용의가 있다는 의미이다. 재화2를 고정시켜 놓은 채 재화1 한 단위를 더 소비하면 효용(편익)은 증가한다. 재화1 한 단위를 더 얻기 위해 재화2 두 단위를 포기할 용의가 있다는 것은 재화1 한 단위 소비로 인한 효용의 증가분을 재화2로 환산하면 재화2 두 단위를 얻는 것과 동일하다는 의미이다. 따라서 한계대체율은 재화1 한 단위로부터 얻는 한계편익(효용의 증가분)을 재화2의 양으로 표시한 것으로 볼 수 있다(제2장 비용-편익의 원리 참조).

한계대체율의 두 번째 의미는 재화1 한 단위와 교환할 용의가 있는 재화2의 양을 의미한다. 재화1 한 단위와 교환할 용의가 있는 재화2의 양은 일반적으로 소비자에 따라 다를 것이다. 그런 의미에서 한계대체율을 **주관적 교환비율**(subjective exchange ratio)이라고도 부른다(제3장에서 $\frac{p_1}{p_2}$을 객관적 교환비율이라고 부른 것을 기억하기 바란다).

4.2 한계대체율체감

이제 〈그림 4-4〉로 돌아가서, 우하향하는 두 무차별곡선의 차이를 한계대체율을 이용해 알아보자. 동일한 무차별곡선을 따라 x_1이 증가하고 x_2가 감소하는 방향으로 이동할 때, (a)는 접선의 기울기가 완만해짐을 알 수 있다. 다시 말하면, 한계대체율이 감소한다. 이 경우 **한계대체율체감**(diminishing marginal rate of substitution)이라고 말한다. 반면에 (b)는 접선의 기울기가 급해져 한계대체율이 증가한다. 이 경우 **한계대체율체증**(increasing marginal rate of substitution)이라고 말한다. 그러므로 두 무차별곡선의 차이는 한계대체율이 체감하는가 또는 체증하는가 하는 것이다. 효용함수에 대한 두 번째 가정은 한계대체율이 체감한다는 것이다.

한계대체율체감 가정: 무차별곡선을 따라 x_1이 증가하고 x_2가 감소하는 방향으로 이동할 때, 한계대체율은 감소한다. 즉, 무차별곡선이 원점에 대해 볼록하다.

어떤 경제학자들은 한계대체율체감의 가정을 한계대체율체감의 법칙(law of diminishing marginal rate of substitution)이라고 부르기도 하는데, 이는 잘못된 표현이다. 법칙(law)은 주어진 전제하에서 증명될 수 있는 명제를 의미한다. 그러나 인간이 태어나면서 한계대체율이 체감한다고 믿을 만한 선험적인 이유는 제시된 적도 없고, 더욱이 증명된 적도 없다. 한계대체율체감을 가정하는 이유는 그것이 소비자의 행동을 더 잘 설명하기 때문이다. 제5장에서 소비자 선택을 설명할 때 더욱 분명해지겠지만, 한계대체율체증을 가정하면 소비자의 선택은 매우 극단적으로 나타난다. 먼저 주어진 가격하에서 한 재화만 소비하고, 다른 재화는 전혀 소비하지 않는다. 또한 아주 작은 가격변화가 발생할 때, 현재 소비하는 재화는 전혀 소비하지 않고, 이제까지 소비하지 않았던 다른 재화만을 소비한다. 이 같은 소비행위는 현실에서 거의 관측하기 힘들다. 반면에 한계대체율체감을 가정하면, 가격의 변화에 따라 소비자의 선택이 연속적으로 변화함을 쉽게 설명할 수 있다.

한계대체율이 체감하는 이유를 보통 다음과 같이 설명한다. 예를 들어, $(1, 10)$과 $(10, 1)$이 동일한 무차별곡선상에 있다고 하자. 한계대체율은 재화1 한 단위와 교환할 용의가 있는 최대한의 재화2의 양이라고 했다. $(1, 10)$과 $(10, 1)$을 비교해 보면, $(1, 10)$에서 소비자는 재화1보다 재화2를 더 많이 가지고 있다. 달리 말하면, 재화1이 재화2보다 더 '귀하다'. 반면에 $(10, 1)$에서는 재화1을 재화2보다 더 많이 가지고 있으므로, 재화2가 더 '귀하다'. 일반적으로 사람들은 자신들이 풍부하게 가지고 있는 재화보다 희소하게 가지고 있는 재화를 얻기 위해 다른 재화를 더 많이 포기할 용의가 있을 것이다. 그렇다면 $(10, 1)$보다 $(1, 10)$에서 재화1을 희소하게 가지고 있으므로, 재화1 한 단위를 더 얻기 위해 포기할 용의가 있는 최대한의 재화2의 양이 $(10, 1)$보다 $(1, 10)$에서 더 클 것이다. 달리 말하면, $(1, 10)$에서의 한계대체율이 $(10, 1)$에서의 한계대체율보다 클 것이다. 그러므로 한계대체율은 체감한다. 경우에 따라 이 같은 설명이 설득력을 가진다.

그러나 재화1이 마약과 같이 중독성이 매우 큰 재화라고 하면 이야기는 달라진다. 흔히 마약은 소비할수록 점점 더 빠져 들어간다고 한다. 이것은 마약의 소비가 늘수록 마약 한 단위를 얻기 위해 포기할 용의가 있는 다른 재화의 양이 더욱 증가한다는 의미이다. 재화1이 마약과 같이 중독성이 강한 재화라면 한계대체율은 체감이 아닌 체증할 것이다. 그러므로 희소성에 의거해 현재 소유하고 있는 재화의 양이 희소할수록 그 재화를 얻기 위해 포기하고자 하는 다른 재화의 양이 증가한다는 설명은 재화의 특성에 따라 성립할 수도 있고 성립하지 않을 수도 있다. 따라서 본서에서는 한계대체율체감의 법칙이라고 부르지 않고, 한계대체율체감의 가정이라고 부른다.

한계대체율이 체감하면 무차별곡선이 원점에 대해 볼록하게 그려진다. 이 때문에 경제학자들에 따라서는 한계대체율이 체감하는 것을 소비자가 **볼록 선호**(convex preference)를 가진다고 부르기도 한다. 본서에서는 볼록 선호라는 표현을 사용하지 않도록 한다. 다만 독자들이 다른 곳에서 볼록 선호라는 표현을 보면 한계대체율체감의 가정과 동일한 의미임을 인지하기 바란다. 한계대체율이 체감하는 것을 효용함수를 이용해 표현하면, 효용함수가 **강준오목함수**(strictly quasiconcave function)라는 의미이다. 준오목함수에 대한 설명은 부록을 참고하기 바란다.

한계대체율체감의 가정은 소비자들이 극단적인 것보다 중간의 선택을 더 선호한다는 의미이다. 한계대체율이 체감하면 무차별곡선이 원점을 향해 볼록하게 그려짐을 앞서 설명했다. 〈그림 4-7〉에서와 같이 (2, 10)과 (10, 2)가 동일한 무차별

● 그림 4-7 원점을 향해 볼록한 무차별곡선

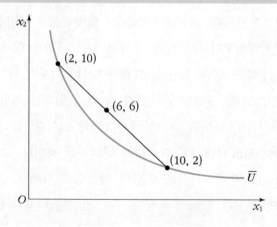

곡선상에 있다고 가정하자. 그러면 $(2, 10)$과 $(10, 2)$의 중점인 $(6, 6)$은 $(2, 10)$과 $(10, 2)$보다 강선호됨을 알 수 있다. 중점뿐 아니라, $(2, 10)$과 $(10, 2)$를 잇는 선분 위에 있는 모든 소비묶음은 $(2, 10)$과 $(10, 2)$보다 선호된다. 5절에서 보게 되겠지만, 무차별곡선이 볼록할수록 두 재화 사이의 보완관계가 강해 두 재화를 함께 소비하려는 성향이 강하다. 반대로 무차별곡선이 직선에 가까울수록 두 재화 사이의 대체관계가 강하다.

4.3 한계대체율과 한계효용의 관계

> 한계대체율과 한계효용의 관계: $MRS(x_1, x_2) = \dfrac{MU_1(x_1, x_2)}{MU_2(x_1, x_2)}$

위 식에서 한계대체율과 한계효용 모두 소비묶음 (x_1, x_2)에 의존함을 강조하기 위해 $MRS(x_1, x_2)$, $MU_1(x_1, x_2)$, $MU_2(x_1, x_2)$로 표시했다. (x_1, x_2)를 명시적으로 표시할 필요가 없으면 간단하게 $MRS = \dfrac{MU_1}{MU_2}$로 표시한다. 한계대체율이 왜 두 한계효용의 비율로 계산되는지를 다음의 예를 통해 알아보자.

예3 소비묶음 $(10, 10)$에서 효용이 $U(10, 10) = 20$, $MU_1 = 2$, $MU_2 = 1$이라고 가정하자. $MU_1 = 2$라는 것은 재화2의 소비를 고정시켜놓고, 재화1의 소비를 한 단위 늘리면 효용이 2만큼 늘어남을 의미한다. 그러므로 $U(11, 10) = 22$이다. 효용을 다시 20으로 줄이려면 재화2의 소비를 줄여야 한다. $MU_2 = 1$이므로 재화1의 소비를 고정시켜놓고 재화2의 소비를 한 단위 늘리면 효용은 1만큼 증가한다. 반대로 소비를 한 단위 줄이면 효용은 1만큼 감소한다. 그러므로 22에서 20으로 효용을 감소시키려면 재화2의 소비를 두 단위 줄여야 한다. 즉, $U(11, 8) = 20$이다. 따라서 $(10, 10)$에서 재화1 한 단위를 얻기 위해 소비자가 포기할 용의가 있는 최대한의 재화2의 양은 2단위가 된다. 즉, 한계대체율이 $\dfrac{MU_1}{MU_2} = \dfrac{2}{1} = 2$가 됨을 알 수 있다.

이상의 논의를 일반화하면, $MRS = \dfrac{MU_1}{MU_2}$이 성립한다. 부록에 수학적으로 $MRS = \dfrac{MU_1}{MU_2}$가 성립함을 증명하고 있으니, 관심 있는 독자들은 부록을 참조하기 바란다.

4.4 한계효용체감 vs. 한계대체율체감

한계효용과 한계대체율 모두 '한계'라는 말로 시작되고, 또한 $MRS = \dfrac{MU_1}{MU_2}$인 관계가 있기 때문에 한계효용체감과 한계대체율체감 사이에 어떤 관계가 있지 않을까라고 생각할 수 있다. 미시경제학을 공부하는 학생들뿐 아니라, 경제학을 전공한 사람들 중에도 한계효용체감과 한계대체율체감을 혼동하는 경우가 많다. 그러나 다음 예에서 보는 바와 같이 한계대체율체감과 한계효용체감 사이에는 아무런 관계도 성립하지 않는다.

예4 한계대체율은 체감하지만 한계효용은 체감하지 않는 효용함수

$U(x_1, x_2) = x_1^2 x_2^2$인 효용함수를 생각하자. 두 재화의 한계효용은 각각 $MU_1 = 2x_1 x_2^2$, $MU_2 = 2x_1^2 x_2$이다. 따라서 한계대체율은 $MRS = \dfrac{2x_1 x_2^2}{2x_x^2 x_2} = \dfrac{x_2}{x_1}$이다. 그러므로 한계대체율이 체감함을 알 수 있다. 그러나 $\dfrac{\partial MU_1}{\partial x_1} = 2x_2^2 > 0$, $\dfrac{\partial MU_2}{\partial x_2} = 2x_1^2 > 0$이므로 두 재화의 한계효용은 모두 체증한다. 따라서 한계대체율체감이 한계효용체감을 의미하지는 않는다.

예5 한계효용은 체감하나 한계대체율은 체감하지 않는 효용함수

$U(x_1, x_2) = \sqrt{x_1 + x_2}$인 효용함수를 생각하자. $MU_1 = \dfrac{1}{2\sqrt{x_1 + x_2}}$이므로 x_1이 증가할때 재화1의 한계효용은 감소한다. $MU_2 = \dfrac{1}{2\sqrt{x_1 + x_2}}$이므로 x_2가 증가할 때 재화2의 한계효용도 감소한다. 따라서 두 재화 모두 한계효용은 체감한다. 다음으로 효용이 U_0인 무차별곡선 $\sqrt{x_1 + x_2} = U_0$를 생각하자. 양변을 제곱하면 $x_1 + x_2 = U_0^2$을 얻으므로 무차별곡선은 기울기가 (-1)인 직선이다. 한계대체율

이 항상 1로 일정하므로 체감하지 않는다. 그러므로 한계효용체감이 한계대체율 체감을 의미하지 않는다.

위의 두 예에서 보듯이 일반적으로 한계효용체감과 한계대체율체감 사이에는 아무런 관계가 없다. 그러나 특수한 경우 한계효용체감이 한계대체율체감을 의미하는 경우가 있다. 효용함수가 $U(x_1, x_2) = h(x_1) + g(x_2)$와 같은 형태의 경우 두 재화의 한계효용이 모두 체감하면 한계대체율은 체감한다.

$U(x_1, x_2) = h(x_1) + g(x_2)$이면 $MU_1 = h'(x_1)$, $MU_2 = g'(x_2)$이다. 따라서 재화 1의 한계효용은 재화2의 소비에 의존하지 않고, 재화2의 한계효용은 재화1의 소비에 의존하지 않는다. $MRS = \dfrac{MU_1}{MU_2} = \dfrac{h'(x_1)}{g'(x_2)}$이다. 두 재화 모두 한계효용이 체감하면, x_1이 증가할 때 $MU_1 = h'(x_1)$은 감소하고, x_2가 감소할 때 $MU_2 = g'(x_2)$는 증가한다. 그러므로 한계대체율 $MRS = \dfrac{h'(x_1)}{g'(x_2)}$는 감소한다.

$U(x_1, x_2) = h(x_1) + g(x_2)$인 경우, 한계효용체감이 성립하면 한계대체율체감도 성립하는 이유는 각 재화의 한계효용이 다른 재화의 소비량에 의존하지 않기 때문이다.

Box 4-5 한계효용이 체감하면 한계대체율도 체감한다(?)

한계효용이 체감하면 한계대체율도 체감한다는 다음의 증명(?)을 살펴보자.

1. 한계대체율은 두 재화의 한계효용의 비율이다: $MRS = \dfrac{MU_1}{MU_2}$

2. 무차별곡선을 따라서 x_1이 증가하고, x_2가 감소하는 방향으로 이동한다고 하자. 각 재화에 대한 한계효용이 체감한다면, x_1의 소비는 증가하므로 재화1의 한계효용 MU_1은 감소한다. 반면에 x_2는 소비는 감소하므로 재화2의 한계효용 MU_2는 증가한다.

3. 따라서 무차별곡선을 따라 x_1이 증가하고, x_2가 감소하는 방향으로 이동할 때 MU_1은 감소하고 MU_2는 증가하므로 $MRS = \dfrac{MU_1}{MU_2}$은 감소해야 한다.

4. 그러므로 한계효용체감은 한계대체율체감을 의미한다.

예 5는 위의 증명(?)이 틀렸음을 보여준다. 1-3까지의 설명이 그럴 듯하다고 생각해 결론인 4가 옳다고 생각하는 독자들은 아직도 한계효용체감이 무엇을 의미하는지 정확히 이해를 하고 있지 못한 것이다. 독자들은 위의 설명에서 무엇이 잘못되었는지 찾아보기 바란다.

4.5 동조적 효용함수

앞서 한계대체율이 일반적으로 현재 소비하고 있는 소비묶음 (x_1, x_2)에 의존함을 설명했다. 일반적인 효용함수의 경우 $(1, 1)$과 $(2, 2)$에서의 한계대체율이 같으리라고 기대할 만한 아무런 이유가 없다. 그런데 $(1, 1)$과 $(2, 2)$를 보면, 각 재화의 절대적인 소비량은 다르지만, 두 재화의 소비비율은 $\frac{1}{1} = \frac{2}{2} = 1$로 동일함을 알 수 있다. 두 재화의 소비비율이 같으면 한계대체율도 같은 경우가 있다. 이 경우 한계대체율은 각 재화의 절대량이 아닌 비율인 $\frac{x_2}{x_1}$에만 의존해 $MRS(\frac{x_2}{x_1})$으로 표시된다. 이와 같이 한계대체율이 $\frac{x_2}{x_1}$에만 의존하는 효용함수를 **동조적 효용함수** (homothetic utility function)라고 부른다. 따라서 동조적 효용함수는 $\frac{x_2}{x_1} = k$로 일정하면 한계대체율의 크기는 동일하다. 그러므로 $x_2 = kx_1$인 원점을 지나는 직선상에 있는 모든 소비묶음에서 한계대체율의 크기는 동일하다.

예6 $U(x_1, x_2) = x_1 x_2$인 효용함수를 생각하자. $MU_1 = x_2$, $MU_2 = x_1$이므로 $MRS = \frac{MU_1}{MU_2} = \frac{x_2}{x_1}$이다. 한계대체율이 비율에만 의존하므로 이 효용함수는 동조적 효용함수이다. ∎

● 그림 4-8 동조적 효용함수의 무차별곡선$(k_2 > k_1)$

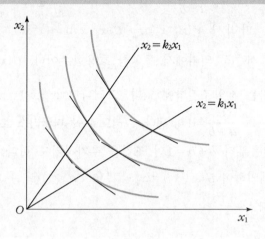

Section 5   여러 가지 효용함수

본 절에서는 소비자행동을 분석하는 데 자주 사용되는 여러 가지 효용함수를
살펴본다.

5.1 콥-더글러스 효용함수

$U(x_1, x_2) = x_1^a x_2^b$ $(a > 0, b > 0)$인 효용함수를 그 효용함수를 고안한 사람들의
이름을 따서 **콥-더글러스 효용함수**(Cobb-Douglas utility function)라고 부른다. 본 장
제1절에서 소비자이론의 효용함수는 기수적이 아닌 서수적 효용함수임을 강조했
다. 원래의 효용함수를 강단조증가 변환해 얻어진 효용함수도 원래의 효용함수와
동일한 방식으로 순서를 정하므로, 동일한 선호관계를 반영하고 있다. 따라서 원
래의 효용함수와 강단조증가 변환된 효용함수는 서수적 의미에서 동일한 효용함수
이다. 여러 가지 강단조증가 변환을 통해 $U(x_1, x_2) = x_1^a x_2^b$와 동일한 선호관계를
표시하는 효용함수들을 알아보자.

1) $a > 0$, $b > 0$이므로 $\dfrac{1}{a+b} > 0$이다. $f(z) = z^{\frac{1}{a+b}}$은 $z \geq 0$인 영역에서 강단조증가 변환이다. 따라서 $V(x_1, x_2) = f(U(x_1, x_2)) = (x_1^a x_2^b)^{\frac{1}{a+b}} = x_1^{\frac{a}{a+b}} x_2^{\frac{b}{a+b}}$ 도 $U(x_1, x_2) = x_1^a x_2^b$와 서수적 의미에서 동일한 효용함수이다. $U(x_1, x_2) = x_1^a x_2^b$인 경우 a와 b가 양수라는 제약조건밖에 없다. 그러나 $V(x_1, x_2) = x_1^{\frac{a}{a+b}} x_2^{\frac{b}{a+b}}$의 경우 두 지수의 합이 $\dfrac{a}{a+b} + \dfrac{b}{a+b} = 1$이 된다. 그러므로 콥-더글러스 효용함수 $U(x_1, x_2) = x_1^a x_2^b$라고 할 때 처음부터 $a+b=1$인 조건을 추가하기도 한다. 경우에 따라 처음부터 $b = 1-a$를 대입하여 $U(x_1, x_2) = x_1^a x_2^{1-a}$ $(0 < a < 1)$을 콥-더글러스 효용함수라고 부르기도 한다.

2) $f(z) = \ln z$ 또한 $z > 0$인 영역에서 강단조증가 변환이다. 따라서 $V(x_1, x_2) = f(U(x_1, x_2)) = \ln(x_1^a x_2^b) = a \ln x_1 + b \ln x_2$도 $U(x_1, x_2) = x_1^a x_2^b$와 서수적 의미에서 동일한 효용함수이다. 그러므로 $V(x_1, x_2) = a \ln x_1 + b \ln x_2$ $(a > 0, b > 0)$도 콥-더글러스 효용함수라고 부른다. 1)에서와 마찬가지로 $a+b=1$을 추가하여, 즉 $b = 1-a$를 대입한 $V(x_1, x_2) = a \ln x_1 + (1-a) \ln x_2$ $(0 < a < 1)$도 콥-더글러스 효용함수라고 부른다.

> **콥-더글러스 효용함수**: $U(x_1, x_2) = x_1^a x_2^b$, $U(x_1, x_2) = a \ln x_1 + b \ln x_2$ $(a > 0, b > 0)$, $U(x_1, x_2) = x_1^a x_2^{1-a}$, $U(x_1, x_2) = a \ln x_1 + (1-a) \ln x_2$ $(0 < a < 1)$ 모두 동일한 선호관계를 표시하며, 이들 효용함수를 모두 콥-더글러스 효용함수라고 부른다.

다양한 형태의 콥-더글러스 효용함수가 있지만, 이후의 논의에서는 $U(x_1, x_2) = x_1^a x_2^b$를 사용하기로 한다. 다른 형태의 콥-더글러스 효용함수와 비교할 필요가 있으면 명시적으로 언급한다. 다른 언급이 없으면 콥-더글러스 효용함수는 $U(x_1, x_2) = x_1^a x_2^b$을 의미한다.

콥-더글러스 효용함수에서 각 재화의 한계효용을 계산하면 $MU_1 = a x_1^{a-1} x_2^b$, $MU_2 = b x_1^a x_2^{b-1}$을 얻는다. $a > 0$, $b > 0$이므로 $x_1 > 0$, $x_2 > 0$인 영역에서 두 재화

의 한계효용은 모두 0보다 크다(두 재화 가운데 하나라도 0이면 두 재화의 한계효용은 0이다). 이후의 논의에서 한계효용의 크기를 논의할 때에는 별도의 언급이 없더라도 $x_1 > 0$, $x_2 > 0$을 가정하기로 한다.

한계효용이 체감 또는 체증하는가를 알아보기 위해 각 재화의 한계효용의 도함수를 계산하면 $\frac{\partial MU_1}{\partial x_1} = a(a-1)x_1^{a-2}x_2^b$, $\frac{\partial MU_2}{\partial x_1} = b(b-1)x_1^a x_2^{b-2}$를 얻는다. $a > 0$, $b > 0$이므로 재화1의 한계효용체감·체증 여부는 a가 1보다 작은가 혹은 큰가에 의존한다. $a > 1$이면 $\frac{\partial MU_1}{\partial x_1} > 0$이므로 재화1의 한계효용은 체증한다. $a = 1$이면 $\frac{\partial MU_1}{\partial x_1} = 0$이므로 한계효용불변, 즉 한계효용은 일정하다. 반면에 $a < 1$이면 $\frac{\partial MU_1}{\partial x_1} < 0$이므로 한계효용은 체감한다.

재화2에 대해서도 동일하게 $b > 1$이면 한계효용체증, $b = 1$이면 한계효용불변, $b < 1$이면 한계효용체감이다. 그러므로 콥-더글러스 효용함수로 $U(x_1, x_2) = x_1^a x_2^b$를 이용하면, a와 b의 크기가 각각 1보다 큰가 작은가에 따라 재화1과 2의 한계효용이 체증 또는 체감한다.

반면에 콥-더글러스 함수를 $U(x_1, x_2) = a\ln x_1 + b\ln x_2$로 잡으면 $MU_1 = \frac{a}{x_1}$, $MU_2 = \frac{b}{x_2}$이다. 따라서 a와 b의 크기에 무관하게 두 재화 모두 한계효용은 체감한다. 그러므로 두 재화의 한계효용은 콥-더글러스 효용함수를 무엇으로 선택하느

그림 4-9 콥-더글러스 효용함수의 무차별곡선

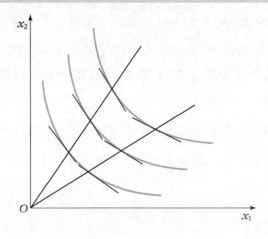

냐에 따라 a와 b의 크기에 무관하게 항상 체감할 수도 있고, a와 b의 크기에 따라 체증 또는 체감할 수도 있다. 그러나 한계효용을 설명하면서 언급했듯이 소비자이론에서는 한계효용체감을 가정하지는 않는다.

다음으로 한계대체율을 계산해 보자. $U(x_1, x_2) = x_1^a x_2^b$이면 $MU_1 = ax_1^{a-1} x_2^b$, $MU_2 = bx_1^a x_2^{b-1}$이므로 $MRS = \dfrac{MU_1}{MU_2} = \dfrac{ax_1^{a-1} x_2^b}{bx_1^a x_2^{b-1}} = \dfrac{ax_2}{bx_1}$이다. 따라서 $MRS = \dfrac{ax_2}{bx_1}$는 체감함을 알 수 있다. 그러므로 a, b 크기와 무관하게 한계대체율은 항상 체감한다.

콥-더글러스 효용함수를 $U(x_1, x_2) = a\ln x_1 + b\ln x_2$로 잡으면 $MU_1 = \dfrac{a}{x_1}$, $MU_2 = \dfrac{b}{x_2}$이다. 그러므로 $MRS = \dfrac{ax_2}{bx_1}$이다. 콥-더글러스 효용함수의 다른 두 형태의 한계대체율도 동일하게 $MRS = \dfrac{ax_2}{bx_1}$임은 독자들에게 연습문제로 남긴다. 따라서 콥-더글러스 효용함수로 어떤 형태를 선택한다고 하더라도 한계대체율은 항상 $MRS = \dfrac{ax_2}{bx_1}$이고, 체감한다.

한계대체율은 소비자가 재화1 한 단위를 더 얻기 위해 포기할 용의가 있는 최대한의 재화2의 양을 의미한다. 소비자가 재화1 한 단위를 재화2 몇 단위와 동일한 가치가 있다고 생각하는지는 전적으로 그 소비자의 선호에 달려 있다. 그러므로 한계대체율은 본질적으로 소비자가 가지고 있는 선호관계에 의해 결정되는 것이다. 동일한 선호관계를 서로 다른 효용함수로 표시한다고 하더라도 한계대체율이 달라져서는 안 된다. 콥-더글러스 효용함수의 경우 서로 다른 함수형태들이 모두 동일한 선호관계를 표시하므로 어떤 효용함수를 사용하더라도 한계대체율은 동일했다. 콥-더글러스 효용함수뿐 아니라 모든 효용함수에 대해서도 동일한 결과가 성립한다. 서로 다른 효용함수가 동일한 선호관계를 표시하면, 즉 서수적 의미에서 동일한 효용함수라면 모두 동일한 한계대체율을 가진다. 이에 대한 엄밀한 증명은 부록을 참고하기 바란다.

콥-더글라스 효용함수의 한계대체율이 $MRS = \dfrac{ax_2}{bx_1}$이므로 비율인 $\dfrac{x_2}{x_1}$에만 의존하다. 따라서 콥-더글라스 효용함수는 동조적 효용함수이다.

5.2 완전 보완재의 효용함수

소비자가 항상 크림과 설탕을 각각 한 스푼씩만 넣어 커피를 마시고, 절대 다른 비율로는 커피를 마시지 않는다고 하자. 만일 크림이 5스푼, 설탕이 7스푼 있으면 커피 5잔을 만들어 마실 수 있다. 이 때 남은 설탕 2스푼은 커피를 만드는 데 도움이 되지 않는다. 반대로 크림이 10스푼, 설탕이 7스푼 있으면 크림 3스푼은 커피를 만드는 데 도움이 되지 않는다. 크림과 설탕을 1:1의 비율로 소비하면 남은 크림이나 설탕은 효용을 증가시키는 데 도움이 되지 않는다. 이와 같이 소비자가 두 재화를 항상 일정한 비율로만 소비하면, 소비자에게 두 재화는 **완전 보완재**(perfect complements)가 된다. 완전 보완재의 경우 효용은 부족한 재화의 양에 의해 제한을 받는다. 한 재화가 아무리 많아도 같은 비율로 다른 재화의 양이 늘어나지 않으면 효용은 증가하지 않는다.

두 숫자 가운데 크지 않은 수를 나타내는 'min' 기호를 이용하면 완전 보완재의 효용함수를 편리하게 표시할 수 있다. 두 수 a, b에 대해 $min\{a, b\}$는 a와 b 가운데 크지 않은 수를 의미한다. 즉 $a \leq b$이면 $min\{a, b\} = a$이다. 위와 같이 크림과 설탕을 1:1의 비율로 커피를 마시는 소비자의 효용함수는 재화1과 2를 각각 크림과 설탕이라고 하면 $U(x_1, x_2) = min\{x_1, x_2\}$로 표시할 수 있다. $x_1 \geq x_2$이면 크림의 양이 설탕의 양보다 작지 않다. 이 경우 $x_1 - x_2$만큼의 크림은 커피를 만드는 데 도움이 되지 않아 효용을 증가시키지 못한다. $x_1 \leq x_2$이면 $x_2 - x_1$만큼의 설탕 또한 효용을 증가시키지 못한다.

$U(x_1, x_2) = min\{x_1, x_2\}$의 무차별곡선의 형태를 알아보자. 효용이 1인 무차별곡선은 $min\{x_1, x_2\} = 1$로 주어진다. 금방 눈으로 쉽게 $min\{1, 1\} = 1$임을 알 수 있다. 따라서 (1, 1)은 $min\{x_1, x_2\} = 1$인 무차별곡선상에 있다. $x_1 = 1$이고 $x_2 \geq 1$이면 $min\{1, x_2\} = 1$이다. 그러므로 $x_2 \geq 1$인 모든 x_2에 대해 $(1, x_2)$은 $min\{x_1, x_2\} = 1$인 무차별곡선상에 있다. 동일한 방법으로, $x_1 \geq 1$인 모든 x_1에 대해 $(x_1, 1)$ 또한 $min\{x_1, x_2\} = 1$인 무차별곡선상에 있다. $x_1 < 1$이거나 $x_2 < 1$이면 $min\{x_1, x_2\} < 1$이다. 그러므로 효용수준이 1인 무차별곡선은 〈그림 4-10〉과 같다.

〈그림 4-10〉에서 보듯이 효용이 1인 무차별곡선은 (1, 1)에서 직각으로 꺾이

● 그림 4-10 완전 보완재의 무차별곡선

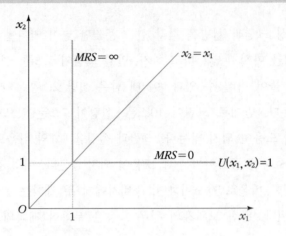

는 L자 모양이 된다. 효용이 2인 무차별곡선도 동일하게 $(2, 2)$에서 직각으로 꺾이는 L자 모양이 된다. 효용함수가 $U(x_1, x_2) = min\{x_1, x_2\}$일 때 꺾이는 점은 $x_1 = x_2$라인에 위치한다. $x_1 = x_2$를 다시 쓰면 $\frac{x_2}{x_1} = 1$이다. 이는 두 재화의 소비 비율이 1임을 의미한다.

다음으로 한계대체율에 대해 알아보자. 무차별곡선이 $x_2 = x_1$라인과 만나는 소비묶음에서 무차별곡선이 L자 형태로 꺾이므로 한계대체율은 정의되지 않는다. $x_2 = x_1$라인 아래쪽에서는 $x_1 > x_2$이므로 $U(x_1, x_2) = x_2$이다. $MU_1 = 0$, $MU_2 = 1$이므로, 한계대체율은 0이다. 따라서 $x_2 = x_1$라인 아래쪽의 무차별곡선은 가로축에 평행하다. 반면에 $x_2 = x_1$라인 위쪽에서는 $x_2 > x_1$이므로 $U(x_1, x_2) = x_1$이다. $MU_1 = 1$, $MU_2 = 0$이므로 한계대체율은 ∞이다. 따라서 $x_2 = x_1$라인 위쪽의 무차별곡선은 세로축에 평행하다.

완전 보완재의 경우 두 재화의 소비 비율이 꼭 1이 아니어도 상관없다. 소비자에 따라 크림 1스푼에 설탕 2스푼을 넣어 커피를 마실 수도 있다. 이 경우 크림과 설탕의 소비비율은 $\frac{x_2}{x_1} = 2$이다. 일반적인 완전 보완재의 효용함수는 $U(x_1, x_2) = min\{ax_1, bx_2\}$ $(a > 0, b > 0)$로 주어진다. 무차별곡선의 형태는 〈그림 4-11〉과 동일하게 L자 형태이다. 다만 꺾이는 점은 $ax_1 = bx_2$, 즉 $x_2 = \frac{a}{b}x_1$라인상에 존재한다.

● 그림 4-11 일반적인 완전 보완재 경우의 무차별곡선

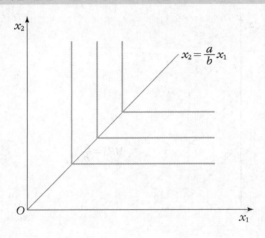

이 경우 소비자는 두 재화를 $\dfrac{x_2}{x_1} = \dfrac{a}{b}$ 의 비율로 소비한다.

크림 1스푼에 설탕 2스푼이면 $\dfrac{x_2}{x_1} = 2$ 이므로 효용함수는 $U(x_1, x_2) = min\{2x_1, x_2\}$ 로 표시할 수 있다. $U(x_1, x_2) = min\{ax_1, bx_2\}$ 이면 $x_2 = \dfrac{a}{b}x_1$ 라인 아래쪽에서는 한계대체율이 0이다. 반면에 $x_2 = \dfrac{a}{b}x_1$ 라인 위쪽에서는 한계대체율이 ∞이다. $x_2 = \dfrac{a}{b}x_1$ 에서는 한계대체율이 정의되지 않는다.

완전 보완재는 $ax_1 = bx_2$, 즉 $x_2 = \dfrac{a}{b}x_1$ 라인을 따라 L자 형태를 가지므로 $\dfrac{x_2}{x_1}$ 이 일정하면 한계대체율도 일정하다고 볼 수 있다. 넓은 의미에서 완전 보완재도 동조적 효용함수로 간주한다.

5.3 완전 대체재의 효용함수

두 재화가 매우 유사한 기능과 특성을 가지고 있어 소비자들이 이 두 재화 가운데 하나를 선택하여 소비하는 경향이 있을 때, 이 두 재화를 대체재라고 한다. 대체재들은 같은 재화는 아니지만 소비자에게 유사한 재화로 인식되므로, 소비자를 대상으로 서로 경쟁관계에 있다고 볼 수 있다. 만약 소비자의 눈에 두 재화가 이름만 다를 뿐 실제로 똑같아 차이가 전혀 없다면, 소비자에게 이 두 재화의 소비량의 합만 중요시하지 이 두 재화 가운데 어느 쪽을 더 많이 쓰고 어느 쪽을 덜

● 그림 4-12 완전 대체재의 무차별곡선

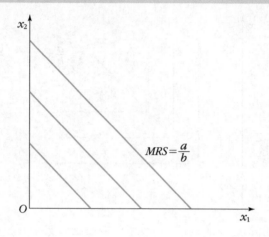

$$MRS = \frac{a}{b}$$

쓰느냐는 문제가 되지 않을 것이다. 이런 두 재화를 완전 대체재(perfect substitutes)라고 부른다. 두 재화가 완전 대체재인 효용함수는 $U(x_1, x_2) = ax_1 + bx_2 (a > 0, b > 0)$의 형태를 띤다. 효용함수가 $U(x_1, x_2) = ax_1 + bx_2$이므로 $MU_1 = a$, $MU_2 = b$이다. 따라서 한계대체율은 $MRS = \frac{a}{b}$이다. a와 b가 상수이므로 한계대체율 또한 상수이다. 그러므로 무차별곡선은 기울기가 $-\frac{a}{b}$인 직선이다. 완전 대체재는 모든 소비묶음에서 한계대체율이 일정하다. 따라서 $\frac{x_2}{x_1}$이 일정하면, 한계대체율도 일정하다고 볼 수 있다. 그러므로 완전 대체재의 효용함수도 동조적 효용함수이다.

일반적으로 한계대체율의 크기는 어떤 소비묶음을 선택하느냐에 따라 달라진다. 두 재화 사이에 한계대체율이 소비묶음과 무관하게 항상 일정한 경우가 완전 대체재이다. 재화1과 2를 각각 만원짜리 지폐와 천원짜리 지폐라고 하자. 그러면 소비자는 항상 만원 한 장을 천원 열 장과 바꾸려고 할 것이다. 따라서 이 경우 한계대체율은 항상 10이고, 효용함수는 $U(x_1, x_2) = 10x_1 + x_2$로 표시할 수 있다. 만원권과 천원권은 교환비율이 1:10인 완전 대체재이다.

콜라의 예를 하나 더 들어보자. 소비자가 콜라를 매우 좋아하는데, 콜라면 됐지 코카콜라와 펩시콜라를 구별하지 않는다고 하자. 그러면 이 소비자에게 코카콜라와 펩시콜라는 완전한 대체재이다. 코카콜라와 펩시콜라의 소비량을 각각 x_1과 x_2로 표시하면 이 소비자의 효용함수는 $U(x_1, x_2) = x_1 + x_2$이고 한계대체율은 항상 1이다. 다른 소비자가 콜라를 좋아하지만 코카콜라와 펩시콜라의 맛을 구별해 한계대체율이 항상 일정하지 않으면 이 소비자에게 코카콜라와 펩시콜라는 완전 대체재는 아니다.

5.4 준선형 효용함수

$U(x_1, x_2) = ax_1 + h(x_2) \, (a > 0)$ 또는 $U(x_1, x_2) = g(x_1) + bx_2 \, (b > 0)$인 형태의 효용함수를 준선형 효용함수(quasi-linear utility function)라고 부른다. '준선형'이라는 말은 반만 선형이라는 의미이다. $U(x_1, x_2) = ax_1 + h(x_2)$는 x_1에 대해 선형이지만 x_2에 대해서는 일반적으로 선형이 아니다. 반면에 $U(x_1, x_2) = g(x_1) + bx_2$는 x_2에 대해서는 선형이지만 x_1에 대해서는 일반적으로 선형이 아니다. 그러므로 준선형 효용함수는 두 재화 가운데 하나에 대해 효용함수가 선형이라는 의미이다(효용함수가 두 재화 모두에 대해 선형이면 $U(x_1, x_2) = ax_1 + bx_2$이다. 이는 다름 아닌 두 재화가 완전 대체재가 되는 경우이다). 보다 엄밀하게 $U(x_1, x_2) = ax_1 + h(x_2)$이면 재화1에 대해 준선형 효용함수, $U(x_1, x_2) = g(x_1) + bx_2$이면 재화2에 대해 준선형 효용함수라고 부른다.

먼저 재화1에 대한 준선형 효용함수 $U(x_1, x_2) = ax_1 + h(x_2)$를 살펴보자. 두 재화의 한계효용은 각각 $MU_1 = a$, $MU_2 = h'(x_2)$이다. 단조성 가정을 충족시키기 위해 $MU_2 = h'(x_2) > 0$이라고 가정한다. 한계대체율은 $MRS = \dfrac{a}{h'(x_2)}$이다. 한계대체율이 체감하려면 무차별곡선을 따라 x_1이 증가하고 x_2가 감소하는 방향으로 이동할 때 $MRS = \dfrac{a}{h'(x_2)}$이 작아져야 한다. 따라서 x_2가 감소할 때 $MU_2 = h'(x_2)$이 증가해야 한다. 그러므로 재화2의 한계효용이 체감하면 한계대체율은 체감한다. 한계대체율 체감을 위해 재화2의 한계효용은 체감한다고 가정한다($h''(x_2) < 0$).

재화1에 대한 준선형 효용함수의 가장 큰 특징은 한계대체율 $MRS = \dfrac{a}{h'(x_2)}$이 재화2의 소비에만 의존한다는 것이다. 따라서 재화2의 소비가 동일한 소비묶음에서 한계대체율은 동일하다. 〈그림 4-13〉에서 보듯이, 두 소비묶음에서 재화2의 소비가 동일하면 두 소비묶음은 가로축에 평행한 직선상에 있다. 따라서 가로축에 평행한 직선상에 있는 모든 소비묶음은 동일한 한계대체율을 가진다.

• 그림 4-13 준선형 효용함수의 무차별곡선

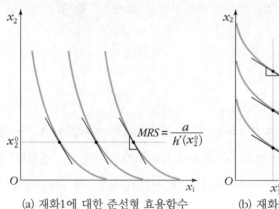 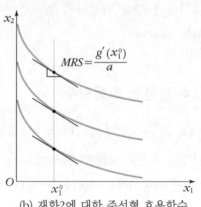

(a) 재화1에 대한 준선형 효용함수 (b) 재화2에 대한 준선형 효용함수

재화2에 대한 준선형 효용함수 $U(x_1, x_2) = g(x_1) + bx_2$는 $MU_1 = g'(x_1)$, $MU_2 = b$ 이다. 단조성 가정을 충족시키기 위해 $MU_1 = g'(x_1) > 0$이라고 가정한다. 한계대체율은 $MRS = \dfrac{g'(x_1)}{b}$이다. 위의 경우와 마찬가지로 재화1의 한계효용이 체감하면 한계대체율은 체감한다. 한계대체율체감을 위해 재화1의 한계효용은 체감한다고 가정한다($g''(x_1) < 0$). 재화2에 대한 준선형 효용함수의 한계대체율 $MRS = \dfrac{g'(x_1)}{b}$ 은 재화1의 소비에만 의존한다. 그러므로 세로축에 평행한 직선상에 있는 모든 소비묶음은 동일한 한계대체율을 가진다.

준선형 효용함수는 한계대체율이 x_1 혹은 x_2에만 의존하므로, 동조적 효용함수는 아니다.

예7 $U(x_1, x_2) = x_1 + 2\sqrt{x_2}$는 재화1에 대한 준선형 효용함수로, $MU_1 = 1$, $MU_2 = \dfrac{1}{\sqrt{x_2}}$이므로 $MRS = \sqrt{x_2}$이다. 한계대체율은 재화2의 소비에만 의존하고, 체감한다. $U(x_1, x_2) = \ln x_1 + x_2$는 재화2에 대한 준선형 효용함수로, $MU_1 = \dfrac{1}{x_1}$, $MU_2 = 1$이므로 $MRS = \dfrac{1}{x_1}$이다. 한계대체율은 재화1의 소비에만 의존하고, 역시 체감한다.

4장 부록 〈효용함수에 대한 수학적 접근〉은 ❶ 본서 954쪽의 QR코드를 스캔하거나, ❷ 박영사 홈페이지의 도서자료실(http://www.pybook.co.kr/mall/customer/bookpds?seq=1162&page=1&scate=&skey=&sword=)에서도 참고할 수 있습니다.

연습문제

1 한 고등학교의 축구 감독은 선택의 여지가 있는 경우 항상 더 빠르고 지구력이 좋은 선수를 선호한다. 이러한 선호는 완전성을 충족하는가? 이행성은 어떠한가?

2 약선호 $\succeq$가 완전성과 이행성을 만족한다. 강선호 $x \succ y$는 $y \not\succeq x$, 무차별 관계 $x \sim y$는 $x \succeq y$ 그리고 $y \succeq x$로 정의한다. 다음 명제가 무엇을 의미하는지 말로 설명하고, 증명하라.
1) $x \succeq y$이고 $y \succ z$이면 $x \succ z$이다.
2) $x \succ y$이고 $y \sim z$이면 $x \succ z$이다.

3 두 재화의 한계효용이 체감하고 또한 한 재화의 소비가 증가할 때 다른 재화의 한계효용이 감소하지 않으면 한계대체율은 체감함을 보여라.

4 소비자가 술과 담배 모두 싫어한다. 즉, 적게 소비할수록 효용이 높아진다. 이 경우 무차별곡선의 기울기는 (+)인가 혹은 (−)인가? 이 소비자는 커피를 즐겨 마신다. 이 경우 술과 커피에 대한 무차별곡선의 기울기는 (+)인가 혹은 (−)인가?

5 소비자가 사과와 바나나를 소비한다. 바나나의 소비량이 사과의 소비량보다 많으면 사과 한 개를 바나나 두 개와 바꾸고자 한다. 반대로 사과의 소비량이 바나나의 소비량보다 많으면, 사과 한 개를 바나나 반 개와 바꾸고자 한다. 무차별곡선이 어떤 형태를 지니는지 그려보라.

6 소비자가 햄버거와 프렌치프라이를 소비한다. 소비자는 햄버거를 매우 좋아한다. 그러나 프렌치프라이는 먹어도 그만, 안 먹어도 그만이다. 즉, 프렌치프라이는 효용에 아무런 영향을 미치지 않는다(이 같은 재화를 **중립재**(neutral goods)라고 부른다). 무차별곡선이 어떤 형태를 지니는지 그려보라.

7 두 재화만을 소비하는 소비자에게, 재화2는 항상 재화(goods)인 반면에 재화1은 그 소비량이 재화2의 소비량보다 작을 때에는 재화(goods)이고 그렇지 않을 때에는 효용에 아무런 영향을 미치지 못하는 중립재이다. 무차별곡선이 어떤 형태를

지니는지 그려보라.

8 소비자가 짜장면과 아이스크림을 소비한다. 소비자는 짜장면을 매우 좋아한다. 그러나 아이스크림은 짜장면의 소비와 무관하게 항상 5개까지는 효용이 증가하나 5개를 넘어가면 효용이 감소한다. 무차별곡선이 어떤 형태를 지니는지 그려보라.

9 다음의 효용함수들이 서수적으로 동일함을 설명하라.

1) $U(x_1, x_2) = x_1 x_2$ 2) $U(x_1, x_2) = \sqrt{x_1 x_2}$ 3) $U(x_1, x_2) = -\dfrac{1}{x_1 x_2}$

10 다음과 같은 효용함수가 주어져 있다.

① $U(x_1, x_2) = x_1^2 x_2$ ② $U(x_1, x_2) = \sqrt{x_1} + \sqrt{x_2}$

③ $U(x_1, x_2) = -\left(\dfrac{1}{x_1} + \dfrac{1}{x_2}\right)$ ④ $U(x_1, x_2) = min\{2x_1 + x_2, x_1 + 2x_2\}$

⑤ $U(x_1, x_2) = x_1^2 + x_2^2$

⑥ $U(x_1, x_2) = max\{x_1, x_2\}$ ($max\{a, b\}$는 a와 b 가운데 작지 않은 수를 의미한다).

⑦ $U(x_1, x_2) = max\{2x_1 + x_2, x_1 + 2x_2\}$

1) 각 효용함수의 한계대체율을 구하라.
2) 각 효용함수의 무차별곡선은 어떻게 생겼는지 그려보라.
3) 한계대체율이 체감하는 효용함수와 체증하는 효용함수를 구별하라.

11 두 재화를 소비하는 소비자의 한계대체율이 $\dfrac{1}{x_1}$이라고 한다. 무차별곡선은 어떻게 생겼는지 그려보라. 한계대체율이 $\dfrac{1}{\sqrt{x_2}}$이면 무차별곡선이 어떻게 생겼는가?

12 재화2의 소비를 고정한 채로, 재화1의 소비를 계속 증대시킨 결과, 소비자는 재화1을 이전만큼 좋아하지 않게 되었다고 한다. 이 현상을 한계대체율의 개념을 이용해 설명하여 보아라. 이 경우 무차별곡선은 어떻게 생겼는가?

13* 소비공간 X가 유한할 때, 선호관계가 완전성과 이행성을 충족하면, 선호관계는 효용함수로 대표될 수 있음을 수학적 귀납법으로 보여라.

Microeconomics

Chapter 05 / 소비자의 선택과 수요

★ 힉스(John Richard Hicks) : 영국, 1904~1989

힉스는 1972년에 일반균형이론과 후생경제학 분야에 선구자적 업적으로 노벨 경제학상을 수상했다(제22장에서 소개하는 애로우(Kenneth Arrow)와 공동 수상). 힉스는 노벨 경제학상 수상자 가운데 거의 유일하게 박사 학위가 없는 사람으로, 힉스의 최종학력은 학사이다. 그래서 필자들이 학부에서 미시경제학 강의를 하면서 농담으로 수강생들에게 여러분들의 학력으로도 충분히 노벨 경제학상을 탈 수 있다고 말한다. 많은 사람들이 힉스에게 왜 박사 학위를 받지 않느냐고 질문을 했는데, 힉스는 누가 감히 나에게 박사학위를 줄 수 있느냐고 반문했다고 한다.

힉스의 주요 기여는 소비자이론에서 많이 찾아 볼 수 있다. 이 분야의 업적을 집대성한 저서가 1939년에 출간된 *Value and Capital* 이다. 4장에서 학습한 서수적 효용함수의 개념, 본장에서 학습할 보상수요함수, 지출함수, 6장에서 학습할 보상변화, 대등변화 등의 개념들이 이 책에서 소개되고 있다. 또한 11장에서 학습할 생산함수와 관련된 대체탄력성도 힉스가 고안한 개념이다.

미시경제학 분야는 아니지만, 힉스의 또 다른 큰 기여는 거시경제학 분야이다. 학부에서 거시경제학을 공부한 학생들이 반드시 배우는 케인즈 경제학의 IS–LM 모형은 힉스가 케인즈의 일반이론을 읽고 재해석한 모형이다.

제3장과 제4장에서 소비자 행동을 분석하기 위해 필요한 두 가지 기본 요소인 예산집합과 선호를 설명했다. 본 장에서는 이 두 가지를 결합해 소비자가 예산제약하에서 자신의 만족을 극대화하기 위해 어떤 선택을 하는지를 분석한다. 또한 소비자의 예산제약을 결정하는 소득이나 가격이 변할 때, 소비자의 선택이 어떻게 변화하는지도 논의한다. 소비자의 선택이 각 재화의 수요를 결정하므로, 소득이나 가격의 변화에 대한 소비자의 반응은 바로 소득이나 가격의 변화에 대한 수요의

반응으로 해석된다. 이런 관계를 수학적으로 표현하면 수요함수가 되고, 자체 가격과 수요의 관계를 그래프로 표현하면 수요곡선이 된다.

Section 1 소비자의 선택

소비자는 재화나 서비스를 가능한 많이 소비하려는 욕구를 가지고 있다. 즉, 무한한 욕망을 가지고 있다. 그러나 시장경제에서 재화는 대부분 공짜가 아니고 소비자의 예산도 유한하므로, 그 누구도 무한대로 많은 재화를 소비할 수는 없다. 따라서 소비자는 자신의 예산을 여러 재화들 사이에 가장 효율적으로 배분하여, 최대의 만족을 제공하는 소비묶음을 선택해야 한다. 이 선택을 **최적 선택**(optimal choice) 혹은 **소비자 균형**(consumer equilibrium)이라고 부른다. 소비자의 선호를 효용함수로 표시하면, 이를 **효용극대화 문제**(utility maximization problem)라고 부른다. 소비자가 어떤 선택을 하느냐는 소비자의 주관적 취향인 선호관계와 소비자에게 객관적으로 주어진 예산제약에 의해 결정된다.

1.1 소비자의 선택 원리

우선 소비자의 선택 원리를 직관적으로 설명해 보자. 소비자의 선택은 다음의 두 가지 원리로 설명된다. 첫 번째 원리는 소비자는 자기가 가진 예산, 즉 소득을 모두 다 사용한다는 것이다.

소비자의 선택 원리 1: 소비자는 자신의 소득을 남김없이 모두 사용한다.

원리 1은 제4장 3.2절에서 설명한 단조성의 가정하에서 성립한다. 효용극대화 문제에서 소비자들은 구매력으로 소득을 가지고 있다. 그러나 효용함수 $U(x_1, x_2)$를 보면, 소득이 직접적으로 효용함수에 나타나 있지 않다. 이것은 소득을 가지고 있다는 것만으로는 효용이 증가하지 않음을 의미한다. 소득은 구매력을 통해 재화를 구입해 소비할 때에만 효용 증가에 기여한다. 단조성 가정하에서 모든 재화는 소비를 늘릴수록 항상 소비자의 효용을 높이는 '재화'(goods)이므로, 소득의 일부를 쓰지 않고 남길 이유가 없다. 왜냐하면 남은 돈으로 어떤 재화이든 더 구입하면 효용이 증가하기 때문이다. 물론 소비자의 선택을 기간별로 나누어 보면, 특정 기간 동안의 예산 중 일부를 사용하지 않고 남겨 두었다가 다음 기간에 사용하기도 한다. 그러나 소비자 인생 전체를 본다면 쓰지 않고 남겨둘 이유가 없다. 재산의 일부를 자식에게 남기는 것도 소비자가 자식의 소비를 통해 자신의 만족을 추구하므로 이것도 일종의 소비행위로 볼 수 있다.

두 번째 원리는 한계대체율과 상대가격이 일치하도록 각 재화의 소비량을 선택한다는 것이다.

> **소비자의 선택 원리 2**: 주관적 교환비율인 한계대체율과 객관적 교환비율인 상대가격이 같아지도록 각 재화의 소비량을 결정한다.

일반적으로 한계대체율은 소비묶음에 따라 달라진다. 예를 들어, 사과가 많고 배가 적은 소비묶음의 한계대체율과 사과는 적고 배가 많은 소비묶음의 한계대체율은 일반적으로 다를 것이다. 가령 현재의 소비묶음에서 사과에 대한 배의 한계대체율이 2라고 하자. 이는 현재 소비자가 선택한 소비묶음에 사과를 하나 추가하는 대신 배를 두 개 줄여도 효용에 변화가 없음을 의미한다. 그런데 시장에서는 사과와 배가 모두 하나에 500원씩에 팔린다고 하자. 그러면 사과와 배의 상대가격은 1이므로, 시장에서 통용되는 객관적 교환비율은 1:1이다. 누구든지 시장에서 배를 하나 덜 구매하면 사과를 하나 더 구매할 수 있다. 이 상황에서 현재 이 소비자의 선택이 최적의 선택인가? 그 대답은 '아니다'이다. 한계대체율이 2이므로, 이 소비자는 사과를 하나 더 소비하는 대신 배 소비를 두 개 줄여도 효용에 변화가 없다. 그러나 실제로 시장에서는 사과를 하나 더 구매하기 위해 배를 하나만 줄여도 된다. 시장에서 배 하나를 포기하고, 사과 하나를 더 소비하면, 이 소비자의 효용은 더 높아진다. 그러므로 현재의 소비묶음은 최선의 선택이 아니다.

이번에는 반대로 주어진 소비묶음에서 한계대체율이 $\frac{1}{2}$이라고 하자. 이는 사과 한 단위와 배 $\frac{1}{2}$ 단위가 무차별하다는 의미이다. 이 경우 이 소비자는 사과 한 단위를 포기할 때 배 $\frac{1}{2}$ 단위를 얻으면 효용에 변화가 없다. 그러나 객관적 교환비율이 1:1이므로, 사과 하나를 포기하면 시장에서 배 하나를 얻을 수 있다. 이 같은 거래를 통해 소비자는 효용을 증가시킬 수 있다.

이처럼 주관적 교환비율인 한계대체율과 객관적 교환비율인 상대가격이 다르면, 시장에서 거래를 통해 현재 소비묶음보다 더 높은 효용을 제공하는 다른 소비묶음을 선택할 수 있다. 위의 두 원리들은 소비자 균형에서 반드시 성립해야 하는 조건들이다.

1.2 그래프를 이용한 분석

이번에는 예산선과 무차별곡선을 이용해 동일한 결과를 유도해 보자. 〈그림 5-1〉은 무차별곡선과 예산선, 그리고 예산집합을 보여준다. 소비자는 예산집합에 있는 소비묶음을 선택할 수 있다. 소비자가 어떤 점을 선택하느냐는 그의 선호에 달려 있으므로, 무차별곡선을 이용해야 알 수 있다. 소비자는 자신이 선택 가능한 소비묶음 중에서 가장 높은 효용을 제공하는 점 ─즉, 가장 바깥쪽의 무차별곡선 위에 있는 점 ─ 을 택할 것이다. 이는 〈그림 5-1〉에서 A에 해당한다. A의 특징은 아

● **그림 5-1 소비자의 최적 선택**

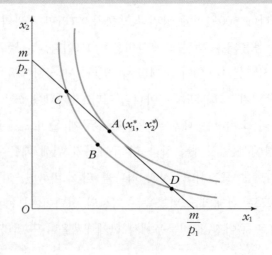

래의 두 가지로 요약된다.

소비자의 선택 원리의 그래프상의 표현: 최적 선택점은

1. 예산선상에 있다.
2. 이 점에서 예산선과 무차별곡선은 서로 교차하지 않고 접한다.

위의 두 특징은 1.1절에서 논의한 소비자 선택의 두 원리와 정확히 일치한다. 소비자 선택점이 예산선상에 있다는 것은 바로 예산을 모두 사용하는 것을 의미한다. 〈그림 5-1〉에서 예산선 아래에 있는 B의 경우, 지출이 예산보다 작다. 그러므로 소비자는 추가적으로 소비에 사용할 수 있는 소득을 가지고 있다. B에서 두 재화를 더 소비하면 효용이 증가함을 볼 수 있다. 소비묶음 (x_1, x_2)가 예산선상에 있으면 지출과 예산이 일치하므로, 예산제약이 정확히 등식으로 성립한다.

$$p_1 x_1 + p_2 x_2 = m \tag{1}$$

두 번째 특징은 1.1절의 원리 2와 일치한다. 예산선 기울기(절대값)는 상대가격으로, 제3장에서 설명한 두 재화의 객관적 교환비율이다. 무차별곡선의 기울기(절대값)는 두 재화의 주관적 교환비율인 한계대체율이다. 예산선과 무차별곡선이 접한다는 것은 두 곡선의 기울기가 같다는 뜻이므로, 상대가격과 한계대체율이 같다는 의미이다.[1]

〈그림 5-1〉에서 C는 예산선상에 있지만, 두 번째 특징이 충족되지 않는다. 무차별곡선의 기울기가 예산선의 기울기보다 더 가파르므로, 한계대체율이 상대가격보다 크다. 예를 들어, 1.1절의 예에서처럼 한계대체율이 2이고 상대가격이 1이라고 하자. 소비자는 재화1의 소비를 한 단위 늘리는 대신 재화2의 소비를 한 단위 줄이면 전체 지출에 변화가 없으므로 여전히 예산선상에 머무를 수 있다. 대신 그 위치가 C보다 오른쪽 아래로 이동한다. 이때 소비자는 더 높은 무차별곡선으로 이동함을 볼 수 있다. D에서는 반대의 경우가 성립한다. 재화1의 소비를 줄이고 재

---

1 경우에 따라 무차별곡선의 기울기가 정의되지 않을 수도 있다. 예를 들어, 완전 보완재의 무차별곡선은 L자로 꺾이는 점에서 기울기가 정의되지 않는다.

화2의 소비를 늘려 예산선을 따라 D의 왼쪽 위로 이동하면, 소비자는 더 높은 무차별곡선으로 옮겨 갈 수 있다. 두 번째 특징을 요약하면 다음과 같다.

$$MRS = \frac{p_1}{p_2} \tag{2}$$

소비자 선택 원리의 수리적 표현:

1. $p_1 x_1 + p_2 x_2 = m$: 예산선상에 있음

2. $MRS \left(= \frac{MU_1}{MU_2} \right) = \frac{p_1}{p_2}$: 한계대체율＝상대가격, 주관적 교환비율＝객관적 교환비율

위 두 조건을 만족하는 소비묶음이 소비자의 최적 선택 혹은 소비자 균형이 된다. 소비자 균형 A를 (x_1^*, x_2^*)로 표기하면, x_1^*와 x_2^*는 위 두 식을 모두 충족하는 값들이며 소비자가 구매하고자 하는 양이므로, 두 재화에 대한 수요(demand)라고 부른다(소비자의 최적 선택의 결과라는 의미에서 *표시를 첨부한다). 두 재화의 수요를 결정하는 객관적인 요인들은 모두 예산집합을 결정하는 요인들, 즉 m, p_1, p_2이다. 이들 변수들과 수요 사이의 관계를 명시적으로 표현한 것을 각 재화의 **수요함수**(demand function)라고 부른다.

---

x_1과 x_2의 수요함수: $x_1^* = x_1(p_1, p_2, m), x_2^* = x_2(p_1, p_2, m)$

수요함수에서 가장 중요하게 생각되는 관계는 자체 가격과 수요 사이의 관계이다. 따라서 세테리스-파리부스의 원리를 적용해 이 둘만의 관계를 보여주고 나머지 변수들(다른 재화의 가격과 화폐소득)은 표기하지 않는 경우도 많이 있다. 즉, $x_1^* = x_1(p_1), x_2^* = x_2(p_2)$로 간단히 표기하기도 한다.

1.3 비용-편익의 원리를 이용한 해석

제2장 5.1절에서 살펴본 비용-편익의 원리는 경제주체가 편익에서 비용을 뺀 순편익을 극대화하려면, 한계편익과 한계비용이 일치하도록 선택하는 것이 최선임을 보여주고 있다. 한계편익이 한계비용보다 크면, 선택수준을 증가시킬 때 순편익은 증가한다. 반대로 한계편익이 한계비용보다 작으면, 선택수준을 감소시킬 때 순편익은 증가한다. 그러므로 순편익이 극대화되려면, 한계편익과 한계비용이 일치해야 한다. 효용극대화 문제에 비용-편익의 원리를 적용하면 앞에서와 동일한 결과를 얻을 수 있다.

먼저 단조성의 가정하에서 소비자 균형은 위에서 설명했듯이, 예산선상에 위치해야 한다. 예산선의 기울기(절대값)인 $\frac{p_1}{p_2}$은 재화1의 소비를 한 단위 늘릴 때 소비자가 지불해야 하는 재화2로 표시된 기회비용이다. 따라서 제3장 2.2절에서 설명했듯이, $\frac{p_1}{p_2}$은 다름 아닌 재화1 소비 한 단위를 늘릴 때 소비자가 지불해야 하는 한계비용을 재화2로 표시한 것이다. 한계대체율은 재화1 한 단위를 얻기 위해 소비자가 포기할 용의가 있는 재화2의 양이다. 제4장 4.1절에서 설명했듯이, 한계대체율은 재화1 한 단위를 더 소비할 때 소비자가 얻는 한계편익을 재화2로 표시한 것이다.

한계대체율이 $\frac{p_1}{p_2}$보다 크다는 것은, 현재의 소비묶음에서 재화1 소비 증대의 한계편익이 한계비용보다 큼을 의미한다. 그러므로 이 경우, 비용-편익의 원리에 의해 순편익, 즉 효용을 증가시키려면 재화1의 소비를 늘려야 한다. 반면에 한계대체율이 $\frac{p_1}{p_2}$보다 작다는 것은 한계편익이 한계비용보다 작음을 의미한다. 그러므로 효용을 증가시키려면, 재화1의 소비를 감소시켜야 한다. 따라서 효용이 극대화되려면 $MRS = \frac{p_1}{p_2}$이 성립해야 한다. $MRS = \frac{p_1}{p_2}$인 조건이 다름 아닌 비용-편익 원리인 한계편익=한계비용을 효용극대화 문제에 적용했을 때 얻어지는 결과이다.

〈그림 5-1〉의 C에서 한계대체율이 $\frac{p_1}{p_2}$보다 크므로, 한계편익이 한계비용을 초과한다. 그러므로 예산선을 따라 오른쪽으로, 즉 재화1의 소비는 늘리고 재화2의 소비는 줄이는 방향으로 이동하면 효용은 증가한다. 〈그림 5-1〉의 D에서는 한

계대체율이 $\frac{p_1}{p_2}$ 보다 작으므로, 한계비용이 한계편익을 초과한다. 그러므로 그림에서 보다시피, 예산선을 따라 왼쪽으로, 즉 재화1의 소비는 줄이고 재화2의 소비는 늘이는 방향으로 이동하면 효용은 증가한다. A에서는 한계대체율과 $\frac{p_1}{p_2}$ 이 일치한다. 한계편익＝한계비용이 성립하므로, A가 효용을 극대화하는 소비자 균형이다.

1.4 소비자 균형의 계산

이상의 분석을 정리해 보면, 소비자 균형, 즉 수요 (x_1^*, x_2^*)를 결정하는 요인은 첫째는 소비자의 주관적 선호이고, 둘째는 소비자의 객관적 예산제약이다. 예산제약은 소비자의 소득과 재화의 가격들을 포함한다. 이들 요인들이 변화하면 수요에 변화가 발생한다. 우선 선호의 차이가 수요에 미치는 영향을 간단하게 논의하고, 예산제약을 결정하는 조건들이 수요에 미치는 영향은 다음 절부터 구체적으로 논의하도록 한다.

재화1을 상대적으로 더 좋아하는 소비자는 일반적으로 그렇지 않은 소비자보다 한계대체율이 더 크다. 재화1 한 단위와 교환하고자 하는 재화2의 단위수가 더 크기 때문이다. 이런 소비자들은 무차별곡선들이 더 가파르기 때문에 소비자 균형은 예산선상에서 오른쪽-아래에 치우치게 된다. 즉, 재화1을 더 많이 수요하고 재화2를 덜 수요한다(〈그림 5-2〉, 무차별곡선(a) 참조). 반면 재화2를 상대적으로 더 중요시하는 소비자는 무차별곡선들의 기울기가 전체적으로 완만하므로 소비자 균형이 예산선상에서 왼쪽-위에 치우치게 된다(〈그림 5-2〉, 무차별곡선(b)). 재미있는 사실은 취향이 다른 소비자들도 소비자 균형에서는 한계대체율이 모두 같다는 점이다. 각 재화의 가격은 모든 소비자들에게 동일하게 적용되므로 상대가격은 모두에게 같다. 소비자들은 균형에서 모두 자신의 한계대체율을 상대가격에 맞추기 때문에 결과적으로 한계대체율이 모두 같아진다. 그 대신 재화1과 재화2의 상대적 소비량에 차이가 난다. 선호가 서로 다른 소비자들이 결과적으로는 한계대체율이 모두 같아진다는 사실을 기억하기 바란다.

소비자에 대한 충분한 정보가 주어지면, 소비자의 선택 원리를 이용해 실제로

• 그림 5-2 소비자의 선호와 선택

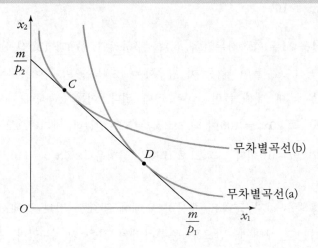

소비자 균형을 계산할 수 있다. 물론 이를 위해서는 무엇보다도 소비자의 선호에 대한 정확한 정보가 필요한데, 특히 한계대체율에 대한 정보가 필요하다. 다음의 예를 살펴보자.

예 1 소비자의 한계대체율(MRS)이 $\dfrac{x_2}{x_1}$이다.[2] 재화1과 2의 시장가격은 각각 5와 10, 소득이 100일 때 소비자 균형을 구해 보자.

소비자의 선택 원리 1과 2를 충족시키는 (x_1, x_2)를 구하면 된다. 먼저 소비자의 선택 원리 1은 (1)식을 이용한다. $p_1 = 5$, $p_2 = 10$, $m = 100$이므로 예산선은 아래와 같이 표현된다.

$$5x_1 + 10x_2 = 100 \tag{1'}$$

소비자의 선택 원리 2를 적용하려면 $MRS = \dfrac{x_2}{x_1}$라는 정보를 이용한다. 이 정보와 가격 정보를 (2)식에 대입하면 아래의 식이 된다.

---

2 소비자의 효용함수가 $U = x_1 x_2$인 콥-더글러스 효용함수면, 한계대체율은 x_2/x_1이다. 제4장에서 설명했듯이, 한계대체율이 x_2/x_1가 되는 효용함수는 $U = x_1 x_2$ 이외에도 $U = x_1^2 x_2^2$, $U = \ln x_1 + \ln x_2$ 등 여러 가지가 있다. 이들 효용함수는 모두 서수적으로 동일한 효용함수로, 똑같은 선호관계를 대표한다. 따라서 어떤 효용함수를 사용하든 간에 소비자의 선택도 동일하다.

$$\frac{x_2}{x_1} = \frac{5}{10} \tag{2'}$$

이 두 식을 모두 충족하는 (x_1, x_2)를 구하려면, $(1')$과 $(2')$식을 x_1과 x_2에 대해 연립방정식으로 풀면 된다. 이 경우에는 $(2')$식을 먼저 이용하는 것이 편리하다. 이 식을 x_1에 대해 풀면 $x_1 = 2x_2$가 된다. 이를 $(1')$식에 대입하면 $10x_2 + 10x_2 = 100$, 즉 $20x_2 = 100$이 되므로 $x_2 = 5$를 얻는다. 마지막으로 이를 $x_1 = 2x_2$에 대입하면 $x_1 = 10$이다. 그러므로 소비자 균형은 $(x_1^*, x_2^*) = (10, 5)$이다. ■

이 예를 통해 소비자 균형을 계산하는 데에 필요한 정보 중에서 소비자의 선호에 대한 정보는 한계대체율만으로 충분하다는 것을 알 수 있다. 물론 효용함수 자체를 알고 있다면 당연히 한계대체율을 구할 수 있지만, 효용함수 없이 한계대체율만 아는 경우에도 문제를 충분히 해결할 수 있다. 여기서 우리는 다시 한 번 효용함수의 서수성을 확인할 수 있다. 중요한 것은 효용함수의 크기 자체가 아니라 다른 재화들 사이의 한계효용의 상대적 크기인 한계대체율인 것이다.

생각하기 1 예 1에서 한계대체율에 대한 정보 대신 효용함수가 $U(x_1, x_2) = x_1 x_2$로 주어진 경우 소비자 균형을 구하라. 또한 효용함수가 $U(x_1, x_2) = x_1^2 x_2^2$인 경우에 대해서도 소비자 균형을 구하라. 이 두 가지 경우와 예 1의 경우, 모두 같은 결과가 나오는 것을 확인하고 그 이유를 생각해 보라.

생각하기 2 두 재화가 완전 보완관계에 있어 선호관계가 효용함수 $U(x_1, x_2) = min\{x_1, x_2\}$로 표현되는 경우, 소비자 선택 문제를 앞의 예와 같은 방법으로 계산할 수 있을까? 그렇지 않다. 왜냐하면 소비자 균형은 결과적으로 무차별곡선이 L자형으로 꺾어지는 부분에서 달성되는데, 바로 이 부분에서 한계대체율(즉, 무차별곡선의 기울기)이 정의되지 않기 때문이다. 그러나 이 경우에도 예산과 가격이 주어지면 소비자 균형을 계산할 수 있다. 어떻게 할 수 있을까?

1.5 소비자 균형의 확인: 2계 조건

이제까지 언급한 소비자 선택 원리 1과 2를 모두 충족하는데도 최적 선택이 아니라 오히려 최악의 선택이 되는 경우가 있다. 따라서 먼저 소비자 선택 원리 1과 2를 확인해 최적 선택의 후보를 정한 다음 마지막으로 이 선택이 최악의 선택이 아닌 진정한 최선의 선택인지를 확인해야 한다. 경제학에서는 소비자 선택 원리 1과 2를 1계 조건(first order condition)이라고 부르고, 지금 하려고 하는 최종 확인과정을 2계 조건(second order condition)이라고 부른다.

〈그림 5-3〉은 소비자 선택 원리 1과 2를 모두 충족하고도 최적 선택이 아닌 최악의 선택이 되는 경우를 보여 준다. 그림에서 A는 예산선상에 있으며, 이 점에서 무차별곡선과 예산선이 서로 접한다. 그러나 이 점은 예산선상의 점 중에서 효용이 가장 높은 점이 아니라 가장 낮은 점이다. 소비자는 예산선상의 점 중에서 A에서 멀리 있는 점을 택할수록 효용이 높아진다. 이런 현상이 생긴 이유는 무차별곡선들이 원점을 향해 볼록하지 않고 오목하기 때문이다. 무차별곡선들이 원점을 향해 볼록하기만 하면 소비자 선택 원리 1과 2를 충족하는 점은 반드시 최적 선택임을 보장할 수 있다. 다행히 앞 장에서 보았듯이 대부분 소비자들의 무차별곡선은 원점을 향해 볼록하다. 무차별곡선이 원점을 향해 볼록하다는 것은 다름 아닌 한계대체율이 체감한다는 의미이다. 이는 소비자들이 극단적인 소비보다는 균형

● 그림 5-3 2계 조건이 충족되지 않는 경우: 한계대체율체증

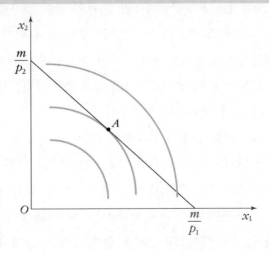

잡힌 소비를 더 좋아함을 뜻한다. 따라서 한계대체율체감의 가정이 다름 아닌 2계 조건이다. 그러므로 독자들은 소비자 선택 원리 1과 2를 적용하기에 앞서 반드시 무차별곡선이 원점을 향해 볼록한지, 즉 한계대체율이 체감하는지를 확인하는 습관을 갖기 바란다. 무차별곡선이 원점을 향해 오목한 소비자들은 극단적인 소비를 선호하며, 이 경우 무차별곡선과 예산선이 접하는 중간 지점은 이 소비자가 제일 싫어하는 소비묶음임을 알 수 있다. 지도 예를 들어 인용하면, 이런 경우는 계곡 지형에 해당하며, A는 계곡의 바닥에 해당한다. 무차별곡선이 원점을 향해 오목한 경우의 최적 선택은 다음 절에서 취급한다.

> **소비자 최적 선택의 2계 조건**: 소비자 선택 원리 1, 2를 충족하는 소비묶음이 진정한 최적 선택이 되려면 소비자의 무차별곡선들이 원점을 향해 볼록하다는 2계 조건을 추가적으로 충족해야 한다. 무차별곡선이 원점을 향해 볼록하다는 조건은 다름 아닌 한계대체율이 체감한다는 조건이다. 그러므로 한계대체율이 체감하면 2계 조건은 항상 충족된다.

1.6 코너해 vs. 내부해

때로는 소비자 선택 원리 1, 2와 2계 조건인 한계대체율체감을 모두 충족시키는 소비묶음이 존재하지 않는 경우도 있다. 1.5절의 〈그림 5-3〉과 같이 무차별곡선이 원점을 향해 오목하거나 아니면 〈그림 5-4〉와 같이 무차별곡선이 직선인 경우, 또는 볼록하긴 하지만 그 정도가 매우 약한 경우 등에 이런 현상이 발생한다. 〈그림 5-4〉에서 예산선의 기울기는 −1인 반면 무차별곡선은 기울기가 −2로 고정된 직선이다. 이때 한계대체율은 두 재화의 소비량에 관계없이 언제나 2이기 때문에 상대가격인 1과 같아지는 것이 불가능하다.

이런 경우에도 소비자의 균형은 존재한다. 그러나 그 균형의 특성은 이제까지의 경우와 좀 차이가 난다. 〈그림 5-4〉의 경우 예산선상의 점들 중에서 가장 높은 무차별곡선에 속하는 점은 오른쪽 아래편 구석인 A이다. 다른 점에서는 한계대체율이 상대가격보다 크므로(재화1 소비의 한계편익이 한계비용을 항상 초과함), 소비자는 재화1의 소비를 늘리고 재화2의 소비를 줄여 효용을 증가시킬 수 있다. 이런

● 그림 5-4 코너해의 예

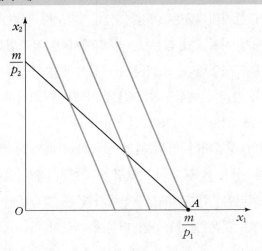

식으로 계속 재화1의 소비를 늘리면 결국 A에 이르게 되고 더 이상은 재화1의 소비를 늘릴 수 없으므로 이 점에서 멈추게 된다. 이처럼 더 이상 나아갈 수 없는 구석(corner)에서 최적 선택이 이루어지는 경우를 **코너해**(corner solution)라고 부른다. 반면에 앞에서 본 바와 같이 코너가 아닌 영역에서 최적 선택이 이루어지는 경우를 **내부해**(interior solution)라고 부른다.

> **코너해**: 소비자 균형이 재화1이나 재화2를 더 이상 변화시킬 수 없는 예산선의 구석에 위치하는 경우, 즉 한 재화의 소비가 0인 경우
> **내부해**: 코너해가 아닌 해, 즉 소비자 균형이 구석이 아닌 예산선 중간에 위치하는 경우, 즉 두 재화 모두 소비가 양인 경우

소비자들이 최적 선택을 달성할 때, 모든 소비자들의 한계대체율이 일제히 상대가격과 동일해진다는 명제는 엄밀히 말하자면 내부해에만 해당된다. 일부 소비자의 균형이 코너해라면 이들 소비자들의 한계대체율은 최적 선택하에서도 상대가격과 동일하지 않다.

단조성의 가정을 충족하면, 코너해와 내부해 모두 예산선상에 위치한다. 즉, 소비자 선택 원리 1은 모든 경우에 성립한다. 그러나 코너해는 내부해와 달리 소

비자 선택 원리 2나 2계 조건을 충족시키지 않는 것이 일반적이다. 〈그림 5-4〉의 소비자 균형 A에서 한계대체율은 여전히 상대가격보다 높기 때문에 1계 조건인 소비자 선택 원리 2가 지켜지지 않는다. 앞 절에서 본 무차별곡선이 오목한 경우에도 결국은 코너해가 성립한다. 소비자는 예산선의 중간에서부터 멀리 떨어질수록 효용이 높아진다. 따라서 예산선의 오른쪽 아래편 구석이나 왼쪽 위편 구석 중에서 더 높은 효용을 주는 점이 최적 선택이 된다.

이처럼 코너해가 성립되는 경우 최적 선택의 원리들을 맹목적으로 적용하면 엉뚱한 결론이 나게 된다. 예를 들어, 〈그림 5-4〉에서 최적 선택의 원리를 적용하려 하면, 두 번째 원리인 "한계대체율＝상대가격"은 "2＝1"인 등식이 된다. 물론 이 등식을 충족시키는 것은 불가능하기 때문에 계산이 더 이상 진전되지 않는다. 〈그림 5-3〉에서는 소비자 선택 원리 1과 2를 충족시키는 A를 찾을 수는 있지만 이 점은 최선의 선택이 아닌 최악의 선택이 된다. 코너해의 가능성까지 고려하여 최적 선택의 조건을 보다 정교하게 만드는 것이 수학적으로는 가능하지만, 매우 복잡한 형태를 띤다. 그보다는 코너해가 있다고 판단되는 경우 그래프를 이용해 직관적으로 문제를 해결하는 것이 더 편리하다.

코너해의 경제학적 해석은 간단명료하다. 〈그림 5-4〉의 예에서 재화1을 콜라, 재화2를 사이다라고 하고, 시장에서 사이다 한 캔과 콜라 한 캔의 가격이 같다고 하자. 그런데 소비자는 항상 콜라 한 캔을 사이다 두 캔만큼 좋아하며, 콜라를 아무리 많이 마시고 사이다를 아무리 조금 마셔도 이 취향에는 변함이 없다. 다시 말하면, 소비자에게 사이다와 콜라는 완전 대체재이다. 소비자의 한계대체율은 항상 2이며 무차별곡선은 기울기가 −2인 직선이다. 소비자는 사이다를 사서 마실 이유가 없다. 사이다보다 항상 두 배 더 좋고, 값은 같은 콜라가 있기 때문이다. 소비자는 콜라만 마신다. 그렇다고 소비자에게 사이다가 비재화(bads)인 것은 아니다. 누군가가 사이다를 공짜로 주면 물론 받아 마신다.

예 2 평생 택시를 타지 않고 버스나 지하철만 타고 다니는 소비자가 있다. 이 소비자는 택시를 싫어해 타지 않는다기보다는 택시의 편리함과 가격을 다른 교통수단과 비교했을 때 단 한 번이라도 높은 요금을 내고 이용할 만큼 더 좋지는 않다고 느끼기 때문일 것이다. 이런 소비자는 택시 소비가 0인 코너해를 실현하고 있다고 볼 수 있다.

예 3 소비자의 효용함수가 다음과 같은 준선형 효용함수이다. $U(x_1, x_2) = x_1 + 10\ln x_2$. 재화1과 2의 가격이 동일하게 1이고, 소득이 m이다. m의 크기에 따라 소비자 균형이 어떻게 달라지는지 알아보자.

$MU_1 = 1$, $MU_2 = \dfrac{10}{x_2}$이므로 $MRS = \dfrac{x_2}{10}$이다. $\dfrac{p_1}{p_2} = 1$이므로, $MRS = \dfrac{p_1}{p_2}$이 성립하려면 $x_2 = 10$이어야 한다. 그런데 $p_2 = 1$이므로 $x_2 = 10$을 소비하려면 10의 소득이 필요하다. $m \geq 10$이면 $x_2 = 10$을 소비할 수 있다. 재화2를 소비하고 남은 소득은 $m - 10$이고, $p_1 = 1$이므로 재화1을 $m - 10$단위 소비할 수 있다. 따라서 $m \geq 10$이면 $x_1^* = m - 10$, $x_2^* = 10$이다. 반면에 $m < 10$이면 $x_2 = 10$을 소비할 수 없다. $x_2 < 10$이면 $MRS = \dfrac{x_2}{10}$는 상대가격인 1보다 작다. 따라서 소비자는 재화2의 소비를 늘리고자 한다. 그러나 $m < 10$이므로 소비할 수 있는 최대한의 재화2의 양은 $x_2 = m$이다. 재화2 소비에 모든 소득을 다 사용하므로, 재화1은 소비하지 않는다. 그러므로 $m < 10$일 경우, $x_1^* = 0$, $x_2^* = m$인 코너해가 발생한다.

1.7 한계대체율체감의 재고찰

제4장 4.2절에서 한계대체율체감은 법칙이 아니라 가정임을 설명했다. 그리고 재화의 특성에 따라 한계대체율이 체증하는 경우도 있을 수 있음을 또한 설명했다. 경제학자들이 한계대체율 체감을 가정하는 이유는, 한계대체율이 체증한다고 가정할 때보다 소비자 선택에 대해 더 많은 것을 잘 설명할 수 있기 때문이다. 한계대체율이 체증해 무차별곡선이 원점을 향해 오목하면, 무차별곡선과 예산선이 접하는 점은 예산선상에서 효용을 극대화하는 최선의 선택이 아니라, 극소화하는 최악의 선택임을 보았다. 한계대체율이 체증하면 〈그림 5-3〉에서 보듯이 예외 없이 코너해가 발생한다. 특정 소비자가 한 재화만을 소비하고 다른 재화를 전혀 소비하지 않는 경우가 있을 수 있다. 그러나 많은 소비자들의 선택이 코너해가 되는 경우를 찾아보기는 쉽지 않다. 그러므로 한계대체율체증을 가정하면, 코너해가 아

닌 소비자들의 행동을 설명하기 어렵다.

한계대체율체증이 의미하는 또 한 가지 사실은 소비자 선택이 가격변동에 대해 상식적으로 이해하기 힘들 정도로 매우 민감하다는 것이다. 다음의 예를 보자.

예 4 효용함수가 $U(x_1, x_2) = x_1^2 + x_2^2$이면 $MU_1 = 2x_1$, $MU_2 = 2x_2$이므로 $MRS = \dfrac{x_1}{x_2}$이다. 무차별곡선을 따라 x_1이 증가하고, x_2가 감소하는 방향으로 이동할 때, $MRS = \dfrac{x_1}{x_2}$은 증가함을 알 수 있다. 그러므로 한계대체율은 체증한다. 무차별곡선을 생각하면 보다 쉽게 한계대체율이 체증함을 알 수 있다. 효용이 $\bar{u}^2$

• **그림 5-5** 효용함수가 $U(x_1, x_2) = x_1^2 + x_2^2$인 소비자의 선택

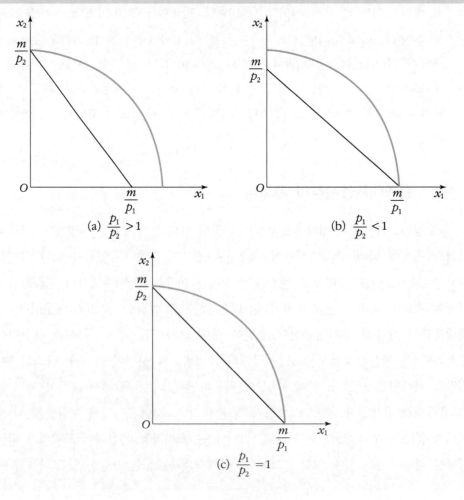

(a) $\dfrac{p_1}{p_2} > 1$ (b) $\dfrac{p_1}{p_2} < 1$

(c) $\dfrac{p_1}{p_2} = 1$

으로 일정한 무차별곡선은 $x_1^2 + x_2^2 = \overline{u}^2$이다. 무차별곡선은 다름 아닌 반지름이 $\overline{u}$인 제1사분면의 원임을 쉽게 알 수 있다. 원의 형태에서 금방 알 수 있듯이, 한계대체율은 체증한다. 그러므로 이 소비자의 균형은 항상 코너해이다.

소비자의 선택이 어느 쪽에서 코너해를 갖는지는 $\frac{p_1}{p_2}$에 의존한다. $\frac{p_1}{p_2} > 1$이면 소비자는 재화2만 소비한다. $\frac{p_1}{p_2} < 1$이면 소비자는 재화1만 소비한다. $\frac{p_1}{p_2} = 1$이면 소비자는 양쪽 코너가 무차별하다. 이를 그림으로 보면 〈그림 5-5〉와 같다.

모든 상대가격에서 소비자의 선택은 코너해가 된다. 현재 재화1의 가격이 재화2의 가격보다 아주 약간 크다고 가정하자. 예를 들어, $p_1 = 1{,}000{,}001$, $p_2 = 1{,}000{,}000$이라고 하자. 그러면 $\frac{p_1}{p_2} = 1.000001$이므로, 〈그림 5-5(a)〉에서 보듯이 소비자는 재화2만 소비한다. 이제 재화2의 가격이 아주 조금, 예를 들어, 2원 올랐다고 가정하자. 그러면 $\frac{p_1}{p_2} < 1$이 되어, 소비자는 재화2를 하나도 소비하지 않고, 재화1만 소비한다.

소비자는 재화1의 가격이 1백만 1원일 때, 재화2의 가격이 1백만원이면 재화2만 소비하다가 2원 올라서 1백만 2원이 되면 재화2를 전혀 소비하지 않는다. 이같이 미세한 가격변화에 대해 소비자의 선택은 예산선 양쪽 코너를 왔다갔다 한다.

다른 재화의 가격이 변하지 않을 때, 한 재화의 가격이 오르면 일반적으로 소비자들은 가격이 오른 재화의 소비량을 줄인다. 그러나 아주 미세한 가격변화에 대해 한 재화만 소비했다가 그 재화는 더 이상 소비하지 않고, 다른 재화만을 소비하는 경우는 현실에서 찾아보기 힘들다. 독자들은 짜장면 가격이 5,501원, 짬뽕 가격이 6,000원이면 짜장면은 전혀 먹지 않고 짬뽕만 먹으나, 짬뽕 가격이 2원 올라서 6,002원이 되면 짬뽕은 전혀 먹지 않고 짜장면만 먹는 사람을 본 적이 있는가(본인을 포함해서)?

한계대체율이 체증하면 미세한 가격변화에 대해 소비자의 선택이 아주 극단적으로 변해야 한다. 반면에 한계대체율이 체감하면, 소비자의 선택은 가격의 변화에 대해 극단적이 아닌 연속적으로 변한다. 현실에서 소비자 선택이 가격의 변화에 대해 연속적인 경우가 훨씬 많다. 이 같은 소비자 행동을 한계대체율체감이 더 잘 설명하기 때문에 한계대체율 체증이 아닌 체감을 가정하는 것이다.

소득변화와 수요변화

소비자의 예산집합에 변화가 발생하면, 소비자 균형은 변한다. 예산집합을 결정하는 변수들은 첫째는 소비자의 소득이고, 둘째는 각 재화의 가격들이다. 이들 변수들이 변함에 따라 소비자 균형, 즉 각 재화의 수요가 변화하는 관계를 수요함수(demand function)라고 부른다. 수요를 x_1^*과 x_2^*로 표시하면, 이들은 각각 p_1, p_2 그리고 m의 함수로 표시된다. 식으로는 $x_1^* = x_1(p_1, p_2, m)$, $x_2^* = x_2(p_1, p_2, m)$로 표시할 수 있다.

수요함수는 두 재화의 가격과 소득이 주어졌을 때, 소비자가 선택하는 각 재화의 수요가 얼마인지를 알려준다. 각 재화의 가격이나 소득이 변할 때 수요가 어떻게 변하는지를 시각적으로 나타내는 이상적인 방법은 모든 변수들을 다 표현하는 그래프를 그리는 것이지만 그렇게 하려면 4차원 그래프가 필요하므로 불가능한 일이다. 그래서 경제학자들은 제2장 3.2절에서 설명한 세테리스-파리부스 가정을 이용해, 소득이나 가격 가운데 하나만 변할 때, 그 변수와 수요 사이의 관계를 그래프로 나타낸다. 우리는 먼저 소득(m)과 수요와의 관계를 살펴보고, 그 다음에 가격 (p_1, p_2)과 수요와의 관계를 보기로 한다.

2.1 그래프를 이용한 소득·수요변화의 분석

먼저 소득이 변할 때 수요가 어떻게 변하는지를 그래프를 이용해 분석해 보자. 이를 위해 두 재화의 가격은 고정되어 있다고 가정한다. 제3장 3.1절에서 설명했듯이 소득의 변화는 예산선에 영향을 미친다. 소득이 증가하면 예산선은 바깥으로 평행이동해 예산집합을 확장시킨다. 예를 들어, 소득이 m에서 m'으로 변할 때, 소비자가 소득을 모두 재화1에 지출할 경우 소득변화 전에는 $\frac{m}{p_1}$을 소비할 수 있었으나, 소득이 변한 이후에는 $\frac{m'}{p_1}$을 소비할 수 있다. 그러나 예산선의 기울기

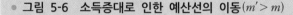

● 그림 5-6 소득증대로 인한 예산선의 이동$(m' > m)$

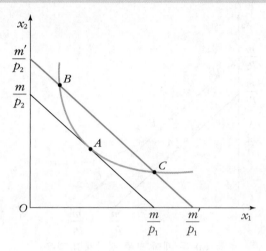

는 상대가격에 의해 결정되는 만큼, 소득변화의 영향을 받지 않는다.

〈그림 5-6〉에서 소득이 변하기 전의 소비자 균형은 A이다. 소득이 증가해 예산선이 파란선으로 이동하면 소비자 균형도 변하게 된다. 이 때 새로운 균형이 어느 점이 될 것인지 예측해 보자. 특히 재화1이나 2의 수요가 반드시 소득과 함께 증가하는지, 아니면 감소할 수도 있는지, 그리고 어느 재화의 수요가 상대적으로 더 많이 증가하는지가 중요한 관심사이다. 〈그림 5-6〉에서 한 가지 분명한 것은 새로운 소비자 균형은 B와 C 사이에 있다는 점이다. 즉 새로운 예산선상에 있으면서, 이전보다는 높은 효용을 제공하는 점이 선택된다. 그러나 B와 C 사이에 정확히 어떤 점이 될 것인지는 무차별곡선이 이 근처에서 어떻게 바깥으로 뻗어 나가느냐에 따라 달라진다.

〈그림 5-7(a)〉는 무차별곡선이 비교적 원래의 모양과 기울기를 유지하면서 뻗어 나가는 경우로, 이 때 새로운 소비자 균형 E는 원래의 균형 A의 바깥 방향, 즉 오른쪽 위에 위치한다. 따라서 두 재화의 수요가 모두 증가한다. 〈그림 5-7(b)〉는 무차별곡선이 바깥쪽으로 이동하면서 그 기울기가 급격히 변화하여 새로운 소비자 균형이 원래의 균형보다 왼쪽으로 이동하는 경우를 보여준다. 이 때 재화1의 수요는 오히려 이전보다 줄어든다. 반면 재화2의 수요는 매우 큰 폭으로 증가한다. 반대로 재화2의 수요가 감소하고 재화1의 수요가 크게 증가하는 것 역시 가능하다.

● 그림 5-7 정상재와 열등재

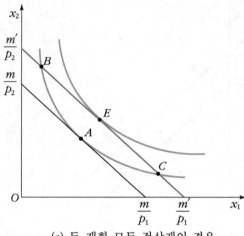

(a) 두 재화 모두 정상재인 경우

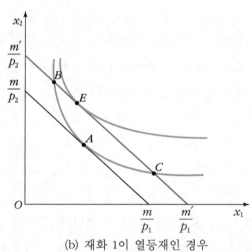

(b) 재화 1이 열등재인 경우

이처럼 이론적으로는 소득이 증가할 때, 각 재화의 수요가 증가하거나 감소하는 것이 모두 가능하다. 소득이 증가할 때 수요가 증가하는 재화를 **정상재**(normal goods), 감소하는 재화를 **열등재** 혹은 **하급재**(inferior goods)라고 부른다.

정상재: 소득이 증가할 때 수요가 증가하는 재화
열등재(하급재): 소득이 증가할 때 수요가 감소하는 재화

다만 경험적으로 볼 때 열등재보다는 정상재가 더 흔하다. 어떤 재화가 정상재가 되느냐 열등재가 되느냐, 또는 소득증가와 함께 어떤 재화의 수요가 상대적으로 더 많이 증대하는가는 무차별곡선의 이동 패턴이 결정하므로 소비자들의 선호에 따라 달라질 수 있다. 한 가지 분명한 것은 소비자에게 모든 재화가 동시에 열등재가 되는 것은 불가능하다는 것이다. 가격이 불변인 상황에서, 소득은 증가했는데 두 재화의 수요가 모두 감소하면, 새로운 소비자 균형은 예산선상에 위치하지 않는다. 그러므로 소비자 선택 원리 1을 위배한다.

2.2 수요의 소득탄력성

2.1절에서 소득이 변할 때 각 재화의 수요가 어떻게 변하는지 그래프를 통해 알아보았다. 일반적으로 소득이 변하면 수요도 변한다. 그러나 재화에 따라 변하는 정도는 다를 수 있다. 소득이 변할 때 수요가 얼마나 많이 변하는지를 평가하는 기준으로 **수요의 소득탄력성**(income elasticity of demand)이 사용된다. 수요의 소득탄력성의 개념은 이미 제2장 2.4절에서 설명한 바와 같이 수요와 소득 간의 변화율의 비율로 정의되며, 그 의미는 소득 1% 변화에 따른 수요의 % 변화율을 의미한다.

재화1 수요의 소득탄력성:

$$\varepsilon_m^1 = \frac{\text{재화1 수요}(x_1^*)\text{의 변화율}}{\text{소득}(m)\text{의 변화율}} = \frac{\frac{\Delta x_1^*}{x_1^*}}{\frac{\Delta m}{m}} = \frac{\Delta x_1^*}{\Delta m} \frac{m}{x_1^*}$$

소득과 수요의 변화 크기가 무한히 작으면 $\frac{\Delta x_1^*}{\Delta m}$ 대신 미분 개념인 $\frac{dx_1^*}{dm}$을 이용한다. 재화2에 대해서도 동일한 공식이 적용된다.

정상재는 소득탄력성의 부호가 (+)이다. 반면에 열등재는 소득탄력성의 부호가 (−)이다. 소득탄력성의 기준이 되는 크기는 1이다. 소득탄력성이 1이면 그 재화의 수요는 소득과 같은 비율로 변한다. 즉, 소득이 10% 증가하면 그 재화의 소비도 10% 증가하고, 그 재화에 대한 지출 역시 10% 증가한다(가격이 불변이라는 전제하에). 따라서 그 재화에 대한 지출이 전체 소득에서 차지하는 비율은 불변이다. 소득탄력성이 1보다 크면 그 재화에 대한 수요와 지출이 소득보다 빠른 비율로 변한다. 이런 재화들을 **사치재**(luxury)라고 부른다. 사치재들은 소득이 낮을 때에는 별로 많이 소비하지 않다가, 소득이 늘어나면서 소비가 빠른 속도로 증가한다. 소득탄력성이 1보다 작은 재화들은 소득의 증대와 함께 그 재화의 비중이 점차 줄어든다. 이런 재화들을 **필수재**(necessity)라고 부른다. 주로 생필품들이 필수재인 경우가 많다. 예를 들어, 쌀은 주식으로 소득이 두 배가 된다고 해서 소비가 두 배로 늘어나지 않는다.

2.3 소득소비곡선

〈그림 5-8〉은 소득이 연속적으로 계속 증가하는 경우를 보여주는데, 소비자 균형도 예산선과 함께 연속적으로 이동하고 있다. 이 때 소비자 균형을 연결하면 하나의 선이 형성되는데, 이 선을 **소득소비곡선**(income consumption curve: ICC)이라고 부른다.[3] ICC는 소득이 증가할 때, 두 재화의 수요가 어떻게 변화하는지를

● **그림 5-8 소득소비곡선**$(m < m' < m'')$

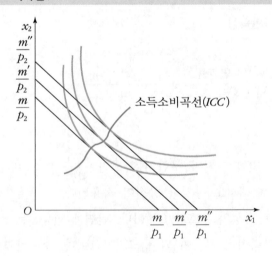

---

3 책에 따라 이 곡선을 소득확장경로(income expansion path)라고 부르기도 한다.

보여주며, 특히 증가한 소득이 두 재화 사이에 어느 쪽으로 많이 사용되는지를 한 눈에 보여준다. ICC의 형태는 역시 무차별곡선의 이동 패턴이 결정짓는다. 〈그림 5-8〉에서 예산선들의 기울기는 모두 같으므로, ICC를 따라 무차별곡선의 기울기 (즉, 한계대체율)도 같다. 따라서 ICC의 형태는 무차별곡선들이 바깥으로 뻗어 나갈 때 기울기들이 어떻게 변화하는지의 영향을 받는다.

Box 5-1 매개변수를 이용한 함수의 표시

함수 $y = f(x)$는 두 변수 x와 y 사이의 관계를 나타낸다. 그런데 경우에 따라 x와 y의 관계를 직접적으로 나타내는 것이 아니라, 새로운 변수를 매개로 표시하는 것이 더 편리한 경우가 있다. 예를 들어, $x = \cos t$, $y = \sin t$라는 두 개의 함수를 살펴보자. x와 t 사이의 관계는 코사인(cosine) 함수이고, y와 t 사이의 관계는 사인 (sine) 함수이다. 그러나 t를 매개로 x와 y 사이에 관계가 생긴다. $t = 0°$이면 $\cos 0° = 1$, $\sin 0° = 0$이므로 (x, y)평면에 $(1, 0)$이 대응된다. $t = 45°$면, $\cos 45° = \dfrac{1}{\sqrt{2}}$, $\sin 45° = \dfrac{1}{\sqrt{2}}$이므로 (x, y)평면에 $\left(\dfrac{1}{\sqrt{2}}, \dfrac{1}{\sqrt{2}} \right)$이 대응된다. 이와 같이 t가 변할 때 x와 y값이 변하는 것을 (x, y)평면에 나타낼 수 있다. $\cos^2 t + \sin^2 t = 1$인 관계가 성립하므로, 이 경우 $x^2 + y^2 = 1$인, 중심이 원점이고 반지름이 1인 원의 방정식을 얻는다. $x^2 + y^2 = 1$인 원의 방정식을 $x = \cos t$, $y = \sin t$로 나타낸 것을 x와 y의 관계를 매개변수(parameter)(이 경우에는 t)를 이용해 표시한다고 말한다.

일반적으로 $x = f(t)$, $y = g(t)$와 같이 매개변수로 주어질 경우, 각각의 t값에 해당되는 x와 y값을 (x, y)평면에 그리면, x와 y 사이의 그래프를 볼 수 있다. 이 그래프에는 x와 y 사이의 관계는 표시되어 있지만, 매개변수는 명시적으로 나타나 있지 않다.

수요함수 $x_1^* = x_1(p_1, p_2, m)$, $x_2^* = x_2(p_1, p_2, m)$에서 두 재화의 가격을 고정시키면, x_1^*와 x_2^*는 소득(m)의 함수이다. 소득소비곡선은 다름 아닌 m을 매개변수로 해서, (x_1, x_2)평면에 x_1^*와 x_2^*의 관계를 본 것이다. 소득소비곡선에는 소득이 명시적으로 나타나 있지 않다. 그러나 그 뒷면에는 소득의 변화가 있음을 독자들은 기억하기 바란다.

가장 기준이 되는 경우는 ICC가 〈그림 5-9(a)〉처럼 원점으로부터 직선의 형태로 뻗어 나가는 경우이다. 이 경우 ICC를 따라 두 재화의 소비비율(즉, $\frac{x_2}{x_1}$)이 변하지 않는다는 점에 유의할 필요가 있다. 제4장 4.5절에서 한계대체율이 두 재화의 비율인 $\frac{x_2}{x_1}$에 의존하는 동조적 효용함수를 설명했다. 동조적 효용함수는 두 재화의 소비를 같은 비율로 증가시키면 무차별곡선의 기울기(즉, 한계대체율)는 변

● **그림 5-9 여러 가지 형태의 소득소비곡선**($m < m' < m''$)

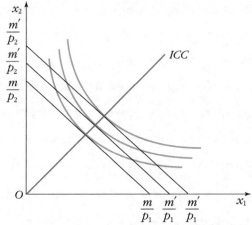

(a) 동조적 효용함수의 소득소비곡선: 두 재화
모두 수요의 소득탄력성이 모두 1이다.

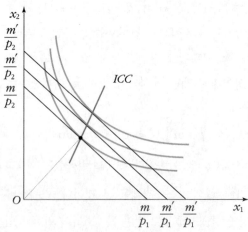

(b) 재화2의 소득탄력성은 1보다 크고
재화1의 소득탄력성은 1보다 작은 경우

하지 않는다. 두 재화의 가격이 불변인 상태에서, 소득만 변하면 예산선은 평행이동하고 기울기는 변화가 없다. 따라서 원래의 소비자 균형을 소득과 동일한 비율로 변화시킨 점이 새로운 균형이 된다. 그러므로 동조적 효용함수의 ICC는 항상 원점을 지나는 직선이 된다.

ICC가 원점을 지나는 직선이면, 소득이 증가할 때 두 재화의 수요가 같은 비율을 유지하면서 증가한다(즉, 두 재화 수요의 증가율이 같다)고 설명했다. 예를 들어, 소득이 10% 증가하면, 두 재화의 수요는 같은 비율로 증가한다. 그렇다면 몇 %로 증가할까? 당연히 소득증가율과 같은 10%이다. 만약 두 재화가 모두 20% 증가한다면 지출도 20% 증가하여 소득증가를 앞지를 것이다. 이처럼 ICC가 원점을 지나는 직선이면, 소득과 모든 재화의 수요가 동일한 비율로 변화하기 때문에 모든 재화 수요의 소득탄력성이 정확히 1이다.

이제 다른 경우들을 비교해 보자. 〈그림 5-9(b)〉에서 ICC는 원점으로부터의 직선보다 더 가파르게 우상향으로 뻗어간다. 이 경우, 소득이 증가할 때 ICC를 따라서 $\frac{x_2}{x_1}$의 비율이 점점 커진다. 즉, 재화2의 증가율이 재화1의 증가율보다 크다. 예를 들어, 소득이 10% 증가한 경우를 생각해 보자. 그러면 재화2의 증가율은 10%보다 크고, 재화1의 증가율은 10%보다 작아야 한다. 그래야 지출의 증가율이 이 둘 사이에 있는 수치인 10%가 되는 것이 가능해진다. 따라서 재화2의 수요의 소득탄력성은 1보다 크고, 재화1의 수요의 소득탄력성은 1보다 작다.

반대로 ICC가 기울기가 원점을 지나는 직선보다 작으면, 재화1의 수요의 소득탄력성이 1보다 크고, 재화2의 수요의 소득탄력성은 1보다 작다. 마지막으로, 두 재화 가운데 하나가 열등재이면 ICC가 우상향하지 않고 좌상향(재화1이 열등재)하거나 우하향(재화2가 열등재)한다. 물론 열등재의 수요의 소득탄력성은 (−)이고, 나머지 재화의 소득탄력성은 1보다 훨씬 크다.

이쯤에서 눈치 빠른 독자들은 이미 짐작했겠지만, 각 재화의 수요의 소득탄력성을 평균하면 정확히 1이 된다. 단, 이 때 평균은 단순평균이 아니고 소득에서 각 재화에 대한 지출이 차지하는 비율로 가중치를 둔 가중평균이다(예를 들어, 소득의 90%를 차지하는 재화와 10%를 차지하는 재화의 가중치가 같을 수는 없다).

Box 5-2 모든 재화의 소득탄력성의 가중평균=1

소비자가 예산식 $p_1x_1 + p_2x_2 = m$을 항상 충족시키도록 수요 x_1^*, x_2^*을 결정하므로, $p_1x_1^* + p_2x_2^* = m$은 모든 p_1, p_2 그리고 m에 대해 항상 성립하는 항등식이다. 그러므로 양변을 m으로 미분해도 등식이 성립한다.

$$p_1\frac{dx_1^*}{dm} + p_2\frac{dx_2^*}{dm} = 1$$

이 식의 좌변은 다음과 같이 정리할 수 있다.

$$\frac{p_1x_1^*}{m}\frac{dx_1^*}{dm}\frac{m}{x_1^*} + \frac{p_2x_2^*}{m}\frac{dx_2^*}{dm}\frac{m}{x_2^*} = \frac{p_1x_1^*}{m}\varepsilon_m^1 + \frac{p_2x_2^*}{m}\varepsilon_m^2 = 1$$

소득에서 각 재화에 대한 지출의 비율인 $s_i = \dfrac{p_ix_i^*}{m}$ $(i = 1, 2)$를 이용해 표시하면 다음의 결과를 얻는다.

$$s_1\varepsilon_m^1 + s_2\varepsilon_m^2 = 1$$

즉, 모든 재화의 소득탄력성의 가중평균은 1이 됨을 알 수 있다. 가중치는 소득에서 각 재화에 대한 지출이 차지하는 비중이다. 이 공식을 도출하는 데 예산식만 쓰이고 선호에 대한 정보는 전혀 쓰이지 않았음에 유의하기 바란다. 이것은 이 공식이 소비자의 선호와 관계없이 예산제약을 따르는 모든 소비자에게 적용됨을 의미한다.

이 관계를 이용하면 소득탄력성에 대한 여러 가지 질문을 쉽게 답할 수 있다. 예를 들어, 모든 재화의 소득탄력성이 모두 1보다 크거나 모두 1보다 작을 수 없다는 것이 분명해진다. 그러나 모든 재화의 소득탄력성이 1인 경우는 가능하며, 이때 ICC는 원점을 지나는 직선이다.

생각하기 3 재화1과 2의 지출이 소득에서 차지하는 비율은 각각 0.7, 0.3이다. 재화2 수요의 소득탄력성이 0이면, 재화1 수요의 소득탄력성은 얼마인가?

● 그림 5-10 재화1에 대한 준선형 효용함수의 소득소비곡선

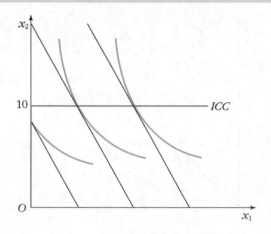

예 5 예 3에서 살펴본 준선형 효용함수의 소득소비곡선을 그려보자. 효용함수가 $U(x_1, x_2) = x_1 + 10\ln x_2$, $p_1 = p_2 = 1$일 때, $m \geq 10$이면 $x_1^* = m - 10$, $x_2^* = 10$, $m < 10$이면, $x_1^* = 0$, $x_2^* = m$인 코너해가 발생함을 보았다. 따라서 효용함수가 재화1에 대해 준선형일 때 소득소비곡선을 그리면, 〈그림 5-10〉과 같이 소득이 일정 수준을 넘어가면 ICC는 수평인 직선이 된다.

반대로 효용함수가 재화2에 대해 준선형일 때 ICC는 소득이 일정 수준을 넘어가면 수직인 직선이 된다.

2.4 엥겔곡선

수요함수에서 두 재화의 가격을 고정시키고, 수요와 소득과의 관계를 그래프로 나타내는 것을 엥겔곡선(Engel curve)이라고 부른다. 〈그림 5-11〉은 재화1의 엥겔곡선으로 가로축은 소득, 세로축은 재화1의 수요를 나타낸다. 이 때 재화1의 수요에 영향을 미치는 다른 변수들—재화1과 2의 가격 등—은 일정한 수준에 고정되어 있다고 가정한다(세테리스-파리부스). 재화1이 정상재이면 엥겔곡선의 기울기는 (+)이고 열등재이면 기울기가 (−)이다. 뿐만 아니라 엥겔곡선의 형태는 소득탄력성의 크기도 보여준다. 제2장 2.4절에서 소개한 바와 같이, 모든 탄력성은 '한계와 평균의 비율'로 계산될 수 있다. A에서의 소득탄력성은 그 점에서의 엥겔곡선의 접

• 그림 5-11 엥겔곡선과 수요의 소득탄력성

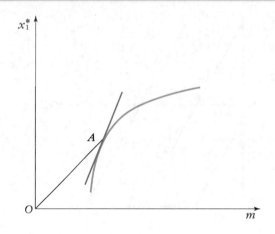

선의 기울기(한계)와 그 점과 원점을 잇는 선분의 기울기(평균)의 비율이다. A에서는 전자가 후자보다 크므로 소득탄력성이 1보다 크다는 것을 알 수 있다.

엥겔곡선에서 세로축에 재화의 수요 대신 그 재화에 대한 지출액(즉, 가격×수요)을 표시하면 좀 더 편리해지는 경우가 있다. 이 경우 엥겔곡선은 높이가 가격의 크기만큼 곱해지기 때문에 모든 것이 그만큼 수직방향으로 늘어나게 된다. 그러나 재화의 가격이 고정되어 있으므로 원래의 곡선형태는 그대로 유지한다. 또한 가격이 '한계'와 '평균'에 모두 곱해지므로 이들의 비율, 즉 탄력성에는 변화가 없다(이것이 탄력성 개념의 장점 중의 하나임을 기억할 것이다). 따라서 위와 동일한 방법으로 소득탄력성을 평가할 수 있다.

지출액을 이용하면 좋은 점은 가로축과 세로축이 모두 화폐 단위가 되므로 그래프의 수치들이 좀더 유용한 개념이 된다는 것이다. 곡선의 기울기는 소득증가에 따라 그 재화에 대한 지출이 얼마나 빨리 증가하느냐로 해석이 되고, 곡선상의 한 점과 원점을 잇는 선분의 기울기는 전체 소득 중에서 이 재화에 대한 지출이 차지하는 비율이 된다. 만약 이 재화가 기본적인 음식물이면 이 비율은 바로 **엥겔지수**(Engel index)가 된다.

엥겔지수: 소득 중에서 기본적인 식비에 대한 지출이 차지하는 비중

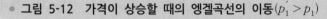
● 그림 5-12 가격이 상승할 때의 엥겔곡선의 이동 $(p_1^{'} > p_1)$

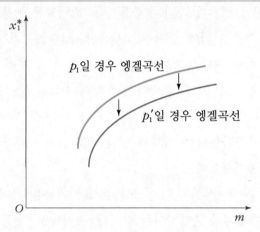

프러시아의 통계청장이었던 엥겔(Ernst Engel)은 1857년 논문에서 경험적으로 소득이 증가할수록 엥겔지수가 감소한다는 법칙을 발표했다. 이를 엥겔의 법칙 (Engel's law)이라고 부른다. 엥겔의 법칙은 기본 음식물 수요의 소득탄력성이 1보다 작음을 의미한다.

엥겔곡선은 소득과 수요의 관계를 나타내기 때문에 수요함수의 다른 변수들, 즉 두 재화의 가격들의 영향은 반영하지 않는다. 세테리스-파리부스의 가정하에 가격들은 일정하다고 전제하고 엥겔곡선을 도출하는 것이다. 그러므로 가격이 변하면, 엥겔곡선은 그 자체가 이동하게 된다. 예를 들어, 그 재화의 가격이 상승할 때, 엥겔곡선은 어떻게 변할까? 일반적으로 가격이 상승하면 수요가 감소한다. 즉, 같은 소득하에서도 수요가 감소하는 것이다. 그러므로 〈그림 5-12〉에서 보는 것처럼 엥겔곡선은 아래로 이동한다.

2.5 열등재의 이해

소득과 수요의 관계에 대한 논의를 마감하기 전에 마지막으로 열등재에 대해 보다 자세히 논의해 보자. 열등재는 소득이 늘어나면 수요가 오히려 줄어드는 재화로, 소비자들이 더 좋은 대체재로 소비를 전환하기 때문에 이런 일이 발생한다. 우리 주변에 열등재의 예는 꽤 많이 찾아 볼 수 있다(물론 정상재보다는 희소하지만). 저소득층이 주로 이용하는 물건들이 여기에 속하며, 이들 중의 상당수는 신제품의 출현으로 인해 전성기가 지난 상품들이다. 스마트폰에 밀려 거의 사라져 버린 피쳐폰, 가스나 석유 난방에 밀려 저소득층만 소비하는 가정용 연탄, 주식용으로서의 라면, 주요 음주 수단으로서의 소주 등이 예이다. 이런 상품들은 저소득층이 주로 이용하며, 전체적인 소득수준이 상승하면 수요가 줄어들지만 반대로 소득수준이 하락하면 수요가 다시 증가한다. 불경기가 아주 심할 때면 항상 신문에 소주나 라면의 소비가 증가했다는 기사가 난다. 외환위기 이후 극심한 불경기 때에는 연탄 소비까지 증가했었다.

이들 재화들의 가장 큰 특징은 이들과 유사한 기능을 가지면서 거의 모든 면에서 우월한 다른 대체재가 존재한다는 것이다. 그야말로 '열등'한 재화인 것이다. 피쳐폰은 스마트폰에 비해, 연탄은 석유, 가스, 전기에 비해, 라면은 더 맛있고 영양 있는 식사들에 비해, 소주는 맥주, 양주, 와인 등에 비해 거의 모든 면에서 열등하다. 물론 이들의 가격은 상대적으로 낮다. 독특한 재화는 열등재가 되지 않는다. 라면이나 소주는 독특한 맛이 있어 갑부들도 간혹 한 번씩 맛으로 소비하기도 한다. 이런 면에서 이들은 연탄보다는 덜 열등재적이다. 그러나 이러한 별미로서의 소비가 전체에서 차지하는 비중이 크지 않기 때문에 전체적으로는 열등재의 성격을 지닌다.

열등재는 상대적인 개념이다. 즉, 대체재로 어떤 물건이 있느냐에 따라 특정 재화가 열등재가 되기도 하고 정상재가 되기도 한다. 석유나 가스 난방이 거의 없었던 60~70년대에는 연탄도 정상재였다. 겨울철에 연탄이 수백장씩 배달되는 집은 부러움의 대상이었다. 스마트폰이 없던 시절에는 피쳐폰도 정상재였다. 열등재는 소득수준에 따라서도 달라진다. 소득수준이 아주 낮아 더 좋은 대체재를 살 엄두를 못 낸다면 제일 열등한 재화도 정상재가 된다. 아주 가난하여 석유나 가스를 구할 수 없는 사람에게는 연탄(또는 석탄)이 정상재가 된다. 다만 이런 부류의 소비자가 사회 전체적으로 소수이면 이들 재화는 전체적으로는 열등재가 된다.

Section 3 **가격변화와 수요변화**

3.1 그래프를 이용한 가격·수요변화의 분석

소득과 마찬가지로 가격의 변화에 의한 수요의 변화 역시 그래프를 통해 엄밀하게 분석할 수 있다. 가격의 변화도 예산선의 변화를 통해 수요에 영향을 미친다. 〈그림 5-13〉은 재화1의 가격이 하락한 경우 예산선의 이동과 소비자 균형의 이동을 보여준다. 예산선은 $\left(0, \dfrac{m}{p_2}\right)$ 점을 중심으로 회전하여 기울기가 완만해지며, 예산집합은 확장된다. 이 때 예산선이 수평으로 이동하는 정도는 재화1의 가격하락 비율과 비례한다. 예를 들어, 재화1의 가격이 반으로 줄었으면, 예산선의 가로축 절편은 두 배가 된다. 먼저 원래 소비자 균형(A)과 새로운 균형(B)의 위치를 비교해 보자. 새로운 균형은 원래의 균형보다 오른쪽에 있을 가능성이 높다. 즉, 재화1의 가격이 하락해 재화1의 수요가 늘어나는 것이다. 그러나 새로운 균형이 원래 균형의 왼쪽에 있을 가능성도 완전히 부정할 수는 없다. 새로운 균형이 C에 형성되는 경우이다. 즉, 재화1의 가격이 하락했는데 수요는 오히려 감소하는 경우이다. 이와 같이 가격이 하락할 때 수요도 감소하는 재화를 기펜재(Giffen's goods)

● 그림 5-13 재화1의 가격변화와 수요변화$(p_1' < p_1)$

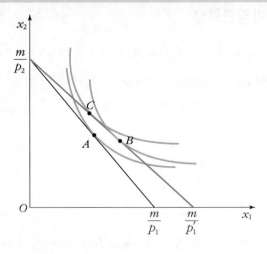

라고 부른다.[4]

　기펜재는 이론적으로는 가능하지만 실제로 그 예를 찾아보기 매우 힘들고, 열등재보다 훨씬 희소하다(독자들은 기펜재와 열등재를 혼돈하지 말기 바란다. 열등재는 소득변화, 기펜재는 가격변화에 관련된 개념이다). 그렇기 때문에 미시경제학에서는 아래와 같은 **수요의 법칙**(Law of Demand)이 있다.

> **수요의 법칙**: 재화의 가격이 하락하면 그 재화의 수요는 증가한다.

　경제학자들이 웬만해서는 '법칙'이라는 단어를 사용하지 않는다는 점을 고려할 때, 기펜재의 희소성을 짐작할 수 있다. 이론적으로 가능한 기펜재가 왜 그렇게 희소한지에 대해서는 제6장에서 상세히 설명한다.

　재화1 가격의 변화는 재화2의 수요에도 영향을 미친다. 〈그림 5-13〉에서 새로운 소비자 균형은 원래보다 위에 있을 수도 있고 아래에 있을 수도 있다. 각각의 경우 재화2의 수요는 이전에 비해 증가하거나 감소한다. 그러나 재화1과 달리 재화2의 수요가 감소하는 경우는 흔히 일어난다. 재화2의 소비가 어느 방향으로 움직일 것인가는 재화1과 2 사이의 대체/보완관계의 영향을 많이 받는다. 두 재화의 대체/보완관계는 3.3절에서 자세하게 설명한다.

3.2 수요의 가격탄력성

　소득변화에서와 마찬가지로 가격변화로 인한 수요변화의 정도를 평가하기 위해 **수요의 가격탄력성**(price elasticity of demand) 개념이 쓰인다. 수요의 가격탄력성은 가격이 1% 변할 때 수요의 % 변화량을 측정한다.

4　'기펜재'라는 용어는 마샬이 자신의 책 *Principles of Economics*에서 이 아이디어를 제시한 기펜(Robert Giffen)경의 이름을 따라 붙인 이름이다.

재화1 수요의 가격탄력성:

$$\varepsilon_p^1 = -\frac{\text{재화1 수요}(x_1^*)\text{의 변화율}}{\text{재화1 가격}(p_1)\text{의 변화율}} = -\frac{\dfrac{\Delta x_1^*}{x_1^*}}{\dfrac{\Delta p_1}{p_1}} = -\frac{\Delta x_1^*}{\Delta p_1}\frac{p_1}{x_1^*}$$

재화2에 대해서도 동일한 공식이 적용된다. 수요는 대부분의 경우 가격과 반대로 변화하므로, 그냥 가격과 수요의 변화율의 비율을 계산하면 (−)값이 나온다. 예를 들어, 가격의 변화율이 1%일 때 수요의 변화율이 −1%라면 탄력성은 −1이된다. 이렇게 (−)값이 계속 붙어 다니는 것을 피하기 위해 가격탄력성의 정의에 미리 (−)를 넣어 (+)가 되도록 한다.[5] 위 식에서 보는 것처럼 수요의 가격탄력성은 수요변화와 가격변화의 비율인 $\dfrac{\Delta x_1^*}{\Delta p_1}$뿐만 아니라 현재의 가격과 수요의 비율인 $\dfrac{p_1}{x_1^*}$에도 영향을 받는다. 똑같은 가격과 수요변화에도 현재 가격이 높고 수요가 작으면 가격탄력성이 크고, 반면에 현재 가격이 낮고 수요가 높으면 가격탄력성이 작다. 가격과 수요의 변화 크기가 무한히 작으면 $\dfrac{\Delta x_1^*}{\Delta p_1}$ 대신 미분 개념인 $\dfrac{dx_1^*}{dp_1}$을 이용한다.

가격탄력성에서도 기준이 되는 값은 1이다. 수요의 가격탄력성이 1보다 크면, 그 재화의 수요는 가격에 대해 **탄력적**(elastic)이라고 한다. 반면에 수요의 가격탄력성이 1보다 작으면 그 재화의 수요는 가격에 대해 **비탄력적**(inelastic)이라고 하고, 가격탄력성이 정확히 1이면 **단위탄력적**(unitary elastic)이라고 한다.

수요의 가격탄력성: 가격탄력성>1: 가격에 대해 탄력적인 수요
가격탄력성<1: 가격에 대해 비탄력적인 수요
가격탄력성=1: 가격에 대해 단위탄력적인 수요

예6 수요가 가격의 선형함수인 $x(p) = a - bp$의 가격탄력성을 알아보자(세테

---

[5] 다른 책이나 논문에서는 (−) 부호를 붙이지 않는 경우도 있다.

리스-파리부스 가정하에 자체 가격 이외의 변수들은 고정된 것으로 보고 표시하지 않았음).

수요함수가 선형이므로 기울기는 항상 $-b$로 일정하다 $\left(\dfrac{dx(p)}{dp}=-b\right)$. 그러므로 가격탄력성은 $\varepsilon_p = \dfrac{bp}{a-bp}$ 이다. 선형수요함수는 가격에 따라 가격탄력성의 크기가 바뀐다. p가 증가하면 분자는 커지고, 분모는 작아지므로 가격탄력성은 커진다. $\dfrac{bp}{a-bp}=1$ 을 풀면 $p = \dfrac{a}{2b}$ 이다. 그러므로 $p = \dfrac{a}{2b}$ 에서 가격탄력성이 1이 된다. $p > \dfrac{a}{2b}$ 이면 가격탄력성은 1보다 크고, $p < \dfrac{a}{2b}$ 이면 가격탄력성은 1보다 작다. $p = \dfrac{a}{2b}$ 는 다름 아닌 선형수요함수의 중점이다(〈그림 5-14〉). ■

예 7 예 6에서 보았듯이, 선형수요함수는 기울기가 일정하지만, 가격탄력성이 일정하지는 않다. $x(p) = Ap^{-\varepsilon}\,(A > 0,\, \varepsilon > 0)$ 인 수요함수가 가격탄력성이 항상 ε 으로 일정한 수요함수임을 알아보자.

$\dfrac{dx(p)}{dp}=-A\varepsilon p^{-(\varepsilon+1)}$ 이므로 $\varepsilon_p = A\varepsilon p^{-(\varepsilon+1)}\dfrac{p}{Ap^{-\varepsilon}}=\varepsilon\dfrac{Ap^{-\varepsilon}}{Ap^{-\varepsilon}}=\varepsilon$ 이다. 예를 들어, $x(p) = 10p^{-3}$ 인 수요함수는 모든 가격에서 가격탄력성이 3으로 항상 일정하다. ■

· 그림 5-14 선형수요함수의 가격탄력성

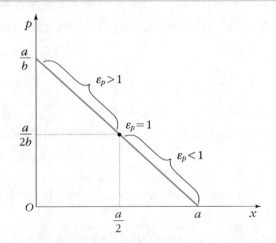

다음과 같은 요인들이 수요의 가격탄력성에 영향을 미친다.

1. 대체재의 존재 여부: 대체재가 많으면 한 재화의 가격이 오를 때 다른 재화로 전환하기 쉽기 때문에 가격탄력성이 커진다. 이와 관련해, 상품을 세분해 정의할수록 가격탄력성이 커진다는 것도 알 수 있다. 예를 들어, 음식물 전체로 상품을 분류하면 가격탄력성이 낮다. 음식물을 대체할 만한 상품은 없기 때문이다. 그러나 아이스크림이라는 특정 음식물로 상품을 분류하면 가격탄력성이 커진다. 아이스크림을 대체할 다른 음식물(냉장주스 등)이 많기 때문이다.

2. 필수재인지 사치재인지의 여부: 일반적으로 필수재는 없으면 살 수 없기 때문에 가격이 비싸더라도 일정량을 소비할 수밖에 없다. 예를 들어, 쌀은 가격이 아무리 올라도 사 먹을 수밖에 없다. 또한 쌀 가격이 하락한다고 해서 쌀 소비가 크게 늘지도 않는다. 반면 사치품은 원래 없어도 되는 물건인 만큼 가격이 너무 오르면 수요가 급감할 것이다.

3. 가계지출에서 차지하는 비중: 가계에서 차지하는 비중이 클수록 가격탄력성이 크다. 지출액이 큰 재화는 소비자들이 가격에 대해 보다 많은 주의를 기울이기 때문이다.

4. 중독성의 여부: 담배나 마약처럼 중독성이 있는 재화는 가격에 대해 수요가 덜 민감하다.

5. 가격변화 이후의 시간의 경과: 소비자들이 가격변화에 대응하여 수요를 조정하는 데에는 시간이 소요된다. 따라서 가격변화 직후에 수요변화를 측정하는 것보다 가격변화 후 많은 시간이 경과한 뒤에 수요변화를 측정하면 탄력성이 더 커진다. 예를 들어, 휘발유 가격이 갑자기 크게 오를 때, 자동차를 소유하고 있는 사람이 갑자기 운행을 줄이기는 어렵다. 그러나 시간이 경과하여 새로 차를 구입할 시기가 되면 연비가 높은 경차 등을 구입하게 되면서 휘발유 소비를 크게 줄일 수 있다.[6]

---

6 외부적 여건이 변할 때 경제주체의 반응 폭이 시간이 갈수록 더 커진다는 것은 경제학의 일반적인 법칙으로 르 샤틀리에(Le Chatelier) 법칙이라고 한다. 이는 수요에만 적용되는 것이 아니라 공급에도 적용된다. 즉, 가격이 변화할 때 공급의 변화는 가격변화 이후 시간이 많이 지날수록 더 커진다. 단, 이 법칙은 경제주체들이 여건 변화에 대해 완전한 정보를 가지고 가장 합리적으로 반응한다는 전제하에 성립한다.

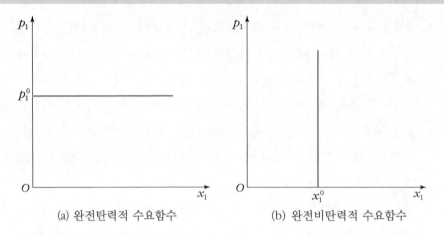

● 그림 5-15 두 가지 극단적인 수요함수

(a) 완전탄력적 수요함수   (b) 완전비탄력적 수요함수

극단적인 경우로 탄력성이 무한대인 경우(완전탄력적인 수요)와 탄력성이 0인 경우(완전비탄력적인 수요)가 있다. 전자의 경우 수요함수의 그래프가 수평으로 가격이 조금만 높아져도 수요가 0으로 줄어들고, 조금만 낮아져도 수요가 무한대로 늘어난다. 후자의 경우 수요함수의 그래프는 수직으로, 가격이 얼마이든 간에 상관없이 특정 수량을 수요한다. 즉, 수요가 가격에 대해 전혀 반응하지 않는다. 실제로 수요가 완전탄력적이거나 완전비탄력적인 예는 찾아보기 힘들다.

3.3 교차탄력성

한 재화의 가격은 그 재화의 수요뿐만 아니라 다른 재화의 수요에도 영향을 미친다. 예를 들어, 돼지고기의 가격이 변하면 쇠고기 수요나 상추 수요가 영향을 받는다. 이런 관계를 평가하기 위해 수요의 **교차탄력성**(cross elasticity of demand)이 이용된다.

재화1 수요의 재화2 가격에 대한 교차탄력성:

$$\varepsilon_{12} = \frac{\text{재화1 수요}(x_1^*)\text{의 변화율}}{\text{재화2 가격}(p_2)\text{의 변화율}} = \frac{\dfrac{\Delta x_1^*}{x_1^*}}{\dfrac{\Delta p_2}{p_2}} = \frac{\Delta x_1^*}{\Delta p_2}\frac{p_2}{x_1^*}$$

재화2 수요의 재화1 가격에 대한 교차탄력성:

$$\varepsilon_{21} = \frac{\text{재화2 수요}(x_2^*)\text{의 변화율}}{\text{재화1 가격}(p_1)\text{의 변화율}} = \frac{\dfrac{\Delta x_2^*}{x_2^*}}{\dfrac{\Delta p_1}{p_1}} = \frac{\Delta x_2^*}{\Delta p_1}\frac{p_1}{x_2^*}$$

가격과 수요의 변화 크기가 무한히 작으면 $\dfrac{\Delta x_1^*}{\Delta p_2}$와 $\dfrac{\Delta x_2^*}{\Delta p_1}$ 대신 미분 개념인 $\dfrac{dx_1^*}{dp_2}$와 $\dfrac{dx_2^*}{dp_1}$을 이용한다. 교차탄력성의 정의에는 (−) 부호가 들어가지 않음에 독자들은 유의하기 바란다. 사실 교차탄력성은 부호가 중요한 의미를 갖는다. 교차탄력성이 (+)이면 재화1의 가격이 오를 때, 재화2의 수요가 증대한다는 것을 의미하며, 이는 재화1과 2가 경쟁관계, 즉 대체재 관계에 있음을 의미한다. 예를 들어, 돼지고기 값이 오르면 소비자들이 돼지고기 대신에 쇠고기를 많이 소비하게 되어 쇠고기 수요가 증가한다. 따라서 쇠고기 수요의 돼지고기 가격에 대한 교차탄력성은 0보다 크다. 반면에 돼지고기 가격이 오르면 돼지고기 수요가 줄어들고, 더불어 돼지고기와 보완관계에 있는 상추의 수요가 감소한다. 따라서 돼지고기 가격에 대한 상추 수요의 교차탄력성은 0보다 작다.

이처럼 교차탄력성이 (+)의 큰 값을 가질수록 두 재화 사이에 대체관계가 크며, (−)의 큰 값을 가질수록(절대값) 두 재화 사이에 보완관계가 크다. 그러나 경우에 따라 두 재화 사이에 어느 정도 보완관계이면서 또한 어느 정도는 대체관계에 있을 수도 있다. 예를 들어, 쌀과 고기 사이의 관계는 보완관계도 되고 대체관계도 된다.

Box 5-3 가격탄력성과 교차탄력성과의 관계

Box 5-2에서 두 재화의 소득탄력성 간에 특별한 관계가 있음을 보았다. 한 재화의 가격탄력성과 교차탄력성 간에도 특별한 관계가 성립한다.

Box 5-2에서 언급했듯이 x_1^*와 x_2^*가 두 재화의 수요일 때 예산식 $p_1x_1^* + p_2x_2^* = m$은 p_1, p_2, m에 대한 항등식이다. 그러므로 양변을 p_1으로 미분해도 등식이 성립한다.

$$x_1^* + p_1 \frac{dx_1^*}{dp_1} + p_2 \frac{dx_2^*}{dp_1} = 0$$

이 식에 $\frac{p_1}{m}$ 을 곱해 정리하면 다음과 같다.

$$\frac{p_1 x_1^*}{m} + \frac{p_1}{x_1^*} \frac{dx_1^*}{dp_1} \frac{p_1 x_1^*}{m} + \frac{p_1}{x_2^*} \frac{dx_2^*}{dp_1} \frac{p_2 x_2^*}{m} = 0$$

이를 재화1의 가격탄력성 ε_1, 재화2의 p_1에 대한 교차탄력성 ε_{21}, 그리고 소득에서 각 재화에 대한 지출의 비율인 $s_i = \frac{p_i x_i^*}{m}$ $(i = 1, 2)$을 이용해 표시하면 다음의 결과를 얻는다.

$$s_1 + s_2 \varepsilon_{21} = s_1 \varepsilon_1 \tag{1}$$

같은 방법으로 재화2에 대해 다음의 결과를 얻는다.

$$s_2 + s_1 \varepsilon_{12} = s_2 \varepsilon_2 \tag{2}$$

이들 식으로부터 바로 알 수 있는 관계는 재화2의 재화1 가격에 대한 교차탄력성 (ε_{21})이 0이면, (1)식은 $s_1 = s_1 \varepsilon_1$이 되어 재화1의 가격탄력성이 1이 됨을 알 수 있다. 반대로 재화1의 가격탄력성이 1이면, 재화2의 재화1 가격에 대한 교차탄력성(ε_{21})이 0이다. 재화2에 대해서도 동일한 관계가 성립한다.

3.4 가격소비곡선

재화2의 가격과 소득이 고정된 채, 재화1의 가격이 연속적으로 변하면 예산선이 계속 변화하고, 이에 따라 소비자 균형도 연속적으로 이동한다. 이들을 연결하면 재화1 가격의 변화에 따른 **가격소비곡선**(price consumption curve: *PCC*)을 얻는다.[7] 소득소비곡선(*ICC*)과 마찬가지로 이 곡선은 재화1 가격의 변화에 따라 두 재

---

7 책에 따라서는 이 곡선을 **가격오퍼곡선**(price offer curve)이라고 부르기도 한다.

화의 수요가 어떻게 변화하는지를 시각적으로 표현한다. 다시 말하면, 재화1 가격의 변화에 따른 가격소비곡선은, 재화2의 가격과 소득을 고정시키고, 재화1의 가격을 매개변수로 (x_1, x_2)평면에 x_1^*와 x_2^*의 관계를 본 것이다. 재화1의 가격소비곡선에는 재화1의 가격이 명시적으로 나타나 있지 않지만, 이면에는 재화1 가격의 변화가 있음을 독자들은 기억하기 바란다.

　　같은 방법으로 재화1의 가격과 소득을 고정시킨 채, 재화2의 가격이 연속적으로 변할 때 소비자 균형을 연결하면 재화2의 가격소비곡선을 얻는다. 재화2의 가격소비곡선은, 재화1의 가격과 소득을 고정시키고, 재화2의 가격을 매개변수로 (x_1, x_2)평면에 x_1^*와 x_2^*의 관계를 본 것이다. 두 가격소비곡선을 보는 방식은 기본적으로 동일하므로, 이후에서는 재화1의 가격소비곡선을 기준으로 그 성질을 설명한다.

　　재화1의 PCC 경우, 기준이 되는 형태는 완전 수평선이다. 즉 재화2의 수요는 변화는 없고 재화1의 수요만 변화하는 경우다. 이 때 재화1의 수요는 예산선이 수평방향으로 이동해 나가는 정도와 정확히 같은 비율로 증가한다. 그런데 예산선이 수평방향으로 이동해 나가는 정도는 재화1의 가격이 하락하는 정도와 비례한다. 그러므로 PCC가 수평이면, 재화1 수요의 변화율이 재화1 가격의 변화율과 정확히 비례함을 알 수 있다(단, 움직이는 방향이 반대이다). 즉 가격이 1% 상승하면 재화1

● 그림 5-16　재화1 가격의 가격소비곡선

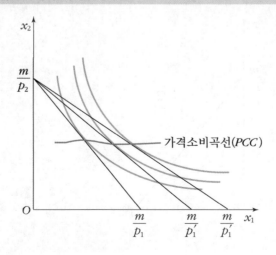

수요가 1% 감소해, 수요의 가격탄력성이 정확히 1이다. 따라서 재화1에 대한 지출의 크기는 변하지 않는다. 이 사실은 다른 방법으로도 확인 가능하다. *PCC*가 수평이면 재화2의 수요가 변하지 않는다. 재화2의 가격 역시 불변이므로 재화2에 대한 지출은 당연히 변하지 않는다. 재화1에 대한 지출은 소득에서 재화2에 대한 지출을 뺀 값이므로 재화1에 대한 지출도 역시 불변이다. 다음 4절에서 보듯이, 가격이 하락해 수요가 증가할 때 지출이 변하지 않으면 수요의 가격탄력성은 1이다. 마지막으로 Box 5-3의 (1)식도 이 관계를 보여준다.

수평선을 기준으로 해, 가격소비곡선의 기울기가 (＋)이면 재화1의 증가속도가 더 느리므로, 수요의 가격탄력성이 1보다 작다. 반대로 가격소비곡선의 기울기가 (－)이면 재화1의 증가속도가 더 빠르므로 재화1 수요의 가격탄력성이 1보다 크다. 만약 재화1이 기펜재라면 가격소비곡선은 거꾸로 왼쪽 위로 뻗어 갈 것이다. 재화1의 가격소비곡선을 그릴 때, 이 곡선이 예산선의 수직절편보다 더 높이 올라가지 않도록 유의해야 한다. 재화1의 가격이 아무리 낮아도 예산선이 수직절편보다 위로 뻗어 가지는 않기 때문이다. 가격소비곡선이 수평이면 재화1의 가격에 대한 재화2 수요의 교차탄력성은 0이다. 재화2의 수요가 변하지 않기 때문이다. 가격소비곡선의 기울기가 우하향이면 재화1의 가격이 하락할 때 재화2의 수요가 감소하므로 교차탄력성이 (＋)이고, 반대로 가격소비곡선이 우상향이면 교차탄력성

● **그림 5-17 재화1 수요의 가격탄력성이 1인 경우의 가격소비곡선**$(P_1' < P_1)$

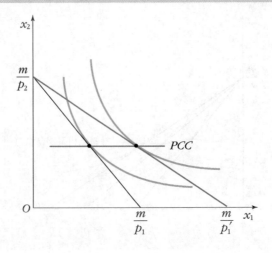

은 (−)이다.

3.5 수요곡선

가격과 수요의 관계도 직접적으로 그래프로 나타낼 수 있다. 한 축에 재화1의 가격을 놓고 다른 축에 재화1의 수요를 놓아 이 두 변수의 관계를 그래프로 나타낼 수 있다. 물론 재화1의 수요에 영향을 미치는 다른 변수들−예를 들어, 소득, 재화2의 가격 등−은 고정된 것으로 간주한다. 즉, 세테리스-파리부스 가정하에 가격과 수요의 관계를 그래프로 나타내는 것이다. 이 그래프가 바로 **수요곡선** (demand curve)이다. 엥겔곡선과 마찬가지로 나머지 변수의 영향은 수요곡선 자체의 이동으로 나타난다.

한 변수(독립변수)가 다른 변수(종속변수)에 영향을 미치면 그래프에서 전자를 가로축에, 후자를 세로축에 놓는 것이 일반적인 수학의 관행이다. 수요함수의 경우, 가격이 수량에 영향을 미치므로 가격이 독립변수이고 수요가 종속변수이다. 수학의 관행에 따라 수요곡선을 그리려면, 가로축에 가격을, 세로축에 수량을 놓는 것이 정상이다. 그러나 경제학에서는 예외적으로 수요곡선의 경우, 가격을 세로축에, 수량을 가로축에 놓는 것이 오랜 관행이다. 실제로 앞에서도 이미 수요곡선을 이 관행에 따라 그렸다. 이 관행을 당시의 경제학을 집대성한 마샬(Alfred

● **그림 5-18 재화1의 수요곡선**

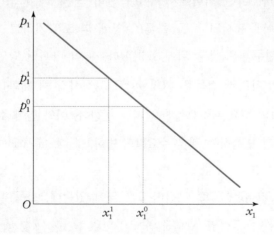

Marshall)의 이름을 따서 **마샬의 전통**(Marshallian tradition)이라고 부른다. 때로는 이 관행 때문에 혼란이 생기기도 하지만 여전히 모든 경제학자가 이를 따르고 있으므로 본서에서도 역시 이 관행을 따르기로 한다. 독자들은 혹시 마샬이 경제학에는 정통했는지 모르지만, 수학에 대해서는 문외한이어서 독립변수와 종속변수를 구별하지 못해 수요곡선을 수학의 관행과 반대로 그리지 않았을까라고 생각할 수 있다. 그러나 이 같은 추측은 옳지 못하다. 왜냐하면 마샬은 케임브리지 대학교 수학과를 수석으로 졸업한 사람이기 때문이다. 케임브리지 대학교 수학과를 수석으로 졸업한 사람이 가장 기초적인 수학의 관행을 몰랐다고 생각하기는 어렵다. 마샬이 수요곡선을 수학의 관행과 반대로 그린 데에는 그 나름대로의 이유가 있다. 그 이유는 다음 3.6절에서 설명한다.

〈그림 5-18〉은 〈그림 5-16〉의 가격소비곡선에 상응하는 수요곡선으로, 재화1의 가격변화에 따라 수요가 변하는 모습을 보여준다. 가격이 하락하면 수요가 증가하므로 그 기울기는 음이다. 기펜재는 기울기가 양이다.

1) 수요량의 변화 vs. 수요의 변화

저자들의 경험에 의하면 경제학의 용어에서 학생들이 자주 혼동하는 것 가운데 하나가 바로 수요량의 변화와 수요의 변화이다. 재화1을 예로 들어 두 용어의 차이를 설명해 보자. 재화1의 수요함수는 $x_1^* = x_1(p_1, p_2, m)$이다. 여기서 재화2의 가격과 소득을 각각 p_2^0와 m_0로 고정시키고, p_1과 x_1^*만의 관계를 그래프로 나타내면 수요곡선이 된다. 이런 의미에서 수요곡선의 식을 $x_1(p_1 : p_2, m)$으로 나타낼 수 있다. 그래프 축에 표시된 p_1을 콜론(:) 앞에 따로 표기하고 나머지 세테리스-파리부스 대상인 변수들은 콜론 뒤에 표기했다. p_1이 바뀌면 당연히 재화1의 수요도 바뀐다. 재화2의 가격과 소득을 p_2^0와 m_0로 고정시킨 채 재화1의 가격이 p_1^1에서 p_1^2로 바뀌면, 재화1의 수요는 수요곡선을 따라 변한다. 이와 같이 수요곡선을 따라 가격이 바뀔 때 수요가 변화하는 것을 **수요량의 변화**(change in quantity demanded)라고 부른다.

이제 재화2의 가격은 p_2^0로 여전히 고정되어 있는데, 소득이 m_0에서 m_1으로 증가했다고 가정하자. 그러면 새로운 수요곡선인 $x_1(p_1 : p_2^0, m_1)$이 얻어진다. 두

● 그림 5-19 수요량의 변화

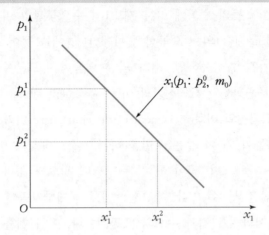

수요곡선 $x_1(p_1 : p_2^0, m_0)$와 $x_1(p_1 : p_2^0, m_1)$를 비교해 보자. 비교를 위해 재화1이 정상재라고 가정하자. 정상재는 주어진 가격에서 소득이 증가하면 수요도 증가하는 재화이다. 그러므로 모든 p_1에 대해, 소득이 m_0일 때보다 m_1일 때 재화1의 수요가 더 큼을 알 수 있다. 따라서 두 수요곡선을 그려보면, $x_1(p_1 : p_2^0, m_1)$이 $x_1(p_1 : p_2^0, m_0)$ 보다 오른쪽에 위치함을 알 수 있다. 즉, 소득이 변하면 수요곡선 자체가 이동한다. 이와 같이 자체 가격 이외의 다른 변수들이 변할 때 수요곡선이 이동하는 것을

● 그림 5-20 수요의 변화: 소득변화에 따른 수요곡선의 이동$(m_1 > m_0)$

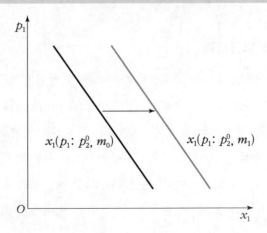

수요의 변화(change in demand)라고 부른다.

〈그림 5-20〉은 소득의 변화에 따른 재화1의 수요곡선의 이동을 보여준다. 재화2의 가격이 변해도 재화1의 수요곡선은 이동한다. 예를 들어, 두 재화가 대체재인 경우 재화2의 가격이 상승하면, 재화1의 수요곡선은 오른쪽으로 이동한다.

흔히 수요량의 변화를 수요곡선상의 이동(movement along the demand curve), 수요의 변화를 수요곡선의 이동(movement of demand curve)이라고 부르기도 한다. 독자들은 경제학자들이 왜 이 같은 구별을 하는지를 이해하기 바란다. 수요함수를 전체적으로 다 볼 수 있으면, 굳이 이 같은 구별이 필요가 없다. 그러나 그래프를 통해서는 두 변수만을 볼 수 있다. 수요함수에서 경제학자들이 가장 중요하게 생각하는 관계는 그 재화의 가격과 수요와의 관계이다. 이 관계를 보기 위해 수요에 영향을 주는 변수 가운데 그 재화의 가격이 아닌 다른 변수들은 세테리스-파리부스의 가정을 이용해 고정되어 있다고 가정하는 것이다. 이렇게 표현된 수요곡선에서, 그 재화가격의 변화는 수요곡선상의 이동, 즉 수요량의 변화로 나타난다. 반면에 특정 값으로 고정되었다고 가정한 다른 변수들의 값이 변할 때, 그 변화는 수요곡선의 이동으로 나타나는 것이다. 소득이 변할 때 재화1의 수요가 변하는 것을 수요곡선이 아닌 재화1의 엥겔곡선을 통해 보면, 재화1의 수요는 엥겔곡선을 따라 변하지, 엥겔곡선 자체가 이동하지는 않는다. 오히려 엥겔곡선의 경우, 재화1의 가격이 변하면 엥겔곡선 자체가 이동한다. 다시 한 번 강조하지만, 수요량의 변화와 수요의 변화는 경제학자들의 주요 관심이 수요와 자체 가격 간의 관계, 즉 수요곡선에 있기 때문에 발생하는 구분임을 독자들은 기억하기 바란다.

2) 대체관계와 보완관계

마지막으로 수요함수에서 소득과 자체 가격은 고정시켜 놓고 다른 재화의 가격변화가 한 재화의 수요에 미치는 영향을 그래프로 나타낼 수 있다. 즉, 재화1의 경우 수요와 재화2의 가격과의 관계를, 재화2의 경우 수요와 재화1의 가격과의 관계를 보는 것이다. 우리는 앞에서 이미 교차탄력성을 이용해 이런 관계를 측정할 수 있음을 보았다. 두 재화 사이에 대체관계가 크면, 한 재화의 가격이 상승할 때 다른 재화의 수요가 증가해 교차탄력성이 (+)이다. 소비자들이 비싸진 재화 대신

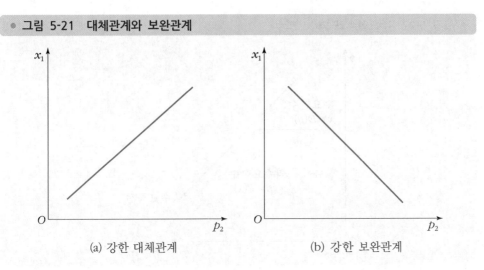

● 그림 5-21 대체관계와 보완관계

(a) 강한 대체관계 (b) 강한 보완관계

에 대체관계에 있는 다른 재화를 소비하기 때문이다. 짜장면 가격이 상승하면 칼
국수로 수요가 이동해 칼국수의 수요가 증가한다.

반면에 두 재화 사이에 보완관계가 크면, 한 재화의 가격이 상승할 때 다른
재화의 수요가 감소해 교차탄력성이 (−)이다. 두 재화를 같이 소비하는 경향이
있기 때문에 한 재화의 가격이 상승하더라도 두 재화 모두의 수요가 감소한다. 예
를 들어, 삼겹살과 상추 사이에 보완관계가 있으면, 돼지고기 가격이 오를 때 돼지
고기 수요가 감소하면서 덩달아 상추의 수요도 감소한다. 〈그림 5-21〉은 이런 관
계를 그래프로 나타낸다. 엥겔곡선이나 수요곡선과 달리 이들 그래프에는 특별한
이름이 없다.

3) 역수요함수와 유보가격

효용극대화의 결과로 얻어진 수요함수는 수량이 가격의 함수 $(x = D(p))$로 표
시된다. 그러나 경우에 따라 수요함수를 수량이 가격의 함수가 아닌, 반대로 가격
을 수량의 함수 $(p = P(x))$로 표시하는 것이 더 편리할 때가 있다. 가격을 수량의
함수로 표시한 것을 **역수요함수**(inverse demand function)라고 부른다. 수요함수와
역수요함수는 동일하게 가격과 수요의 관계를 보여주며, 같은 수요곡선으로 표시
된다. 다만 보는 방향이 다를 뿐이다. 다른 곡선과 달리 수요곡선은 가격을 세로축
에, 수량을 가로축에 놓고 그린다. 그러므로 수요곡선을 볼 때, 수요함수는 수평

● 그림 5-22 수요함수와 역수요함수

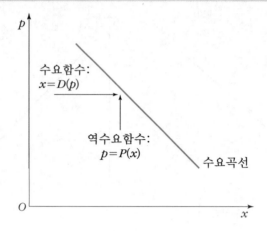

방향으로 보는 반면에, 역수요함수는 수직 방향으로 본다는 점에서 차이가 있을 뿐이다.[8]

수요함수 $x = D(p)$는 가격 p가 주어졌을 때, 소비자가 그 가격에서 소비하고자 하는 수량을 보여준다. 반면에 역수요함수 $p = P(x)$는 수량 x가 주어졌을 때, 소비자가 그 수량을 소비하도록 하는 가격을 보여준다. 독자들은 수요함수와 역수요함수의 구별을 잘 기억하기 바란다.

예8 수요함수가 $x = 20 - 2p$일 경우 역수요함수를 찾으려면 가격을 수량의 함수로 표시하면 된다. $x = 20 - 2p$를 p에 대해 풀면 $p = 10 - \dfrac{x}{2}$이다. 예를 들어, $p = 4$일 때 수요는 $x = 12$이다. 이 관계를 역수요함수의 관점에서 보면, $x = 12$이려면 $p = 4$가 되어야 한다는 의미이다. ■

수요가 x일 때 수요곡선의 높이는 다름 아닌 수요가 x가 되도록 하는 가격인 $P(x)$이다. 역수요함수를 다른 관점에서 보면 수요곡선의 높이에 대한 또 다른 해석을 얻을 수 있다. 소비자가 재화를 한 단위 더 얻기 위해 지불할 용의가 있는 최

---

8 수요곡선을 그릴 때 독립변수인 가격을 세로축에 놓는다. 그러나 일반적으로 그래프를 그릴 때 종속변수를 세로축에 표시한다는 점에서 역수요함수를 '수요곡선의 식'으로 부르는 것이 적합할 수도 있다.

대 금액을 소비자의 유보가격(reservation price) 또는 한계지불의사(marginal willing-ness to pay)라고 부른다. 현재 소비자가 4개의 사과를 소비하고 있다. 5번째 사과를 얻기 위한 소비자의 유보가격은 얼마인가? 소비자는 5번째 사과를 소비함으로써 4개의 사과를 소비할 때보다 더 큰 편익(효용)을 누리게 된다. 5번째 사과를 소비하기 위해 소비자가 지불할 용의가 있는 최대 금액은 다름 아닌 5번째 사과로 인한 편익의 증가분, 즉 한계편익일 것이다. 그러므로 유보가격은 재화 한 단위를 더 소비했을 때 얻어지는 한계편익을 금액으로 표시한 것이다. 예를 들어, 사과 가격이 1,000원일 때 수요가 5라고 하자. 이는 5번째 사과의 한계편익이 1,000원이라는 의미이다. 만일 5번째 사과의 한계편익이 1,000원보다 크면, 5번째 사과를 얻기 위해 지불해야 하는 금액인 1,000원보다 한계편익이 더 크므로 소비자는 사과를 5개보다 많이 소비하고자 할 것이다. 반대로 한계편익이 1,000원보다 작다면, 소비자는 1,000원을 지불하고 5번째 사과를 소비하고자 하지 않을 것이다. 그러므로 사과 가격이 1,000원일 때 수요가 5라는 것은 5번째 사과를 얻기 위한 한계편익이 정확하게 1,000원, 다시 말해서 5번째 사과에 대한 유보가격이 1,000원이라는 의미이다.

유보가격(한계지불의사): 재화 한 단위를 더 얻기 위해 소비자가 지불할 용의가 있는 최대 금액으로, 한계편익을 금액으로 표시한 것이다. x번째 단위를 얻기 위한 소비자의 유보가격은 x에서 수요곡선의 높이로, 그 크기는 $p = P(x)$이다.

역수요함수 $p = P(x)$는 재화의 각 단위에 대해, 그 단위를 얻기 위한 소비자의 유보가격이 얼마인지를 보여준다. 유보가격이 다름 아닌 한계편익이므로 역수요함수를 한계편익곡선(marginal benefit curve)이라고 부르기도 한다. 앞에서 가격과 수요의 관계를, 수요함수는 수요곡선을 옆에서(수평), 역수요함수는 아래에서(수직) 보는 것이라고 말했다. 이런 의미에서 주어진 수량에서 수요곡선의 높이를 그 마지막 단위를 얻기 위한 유보가격, 또는 한계편익으로 해석하는 것을 수요곡선의 수직적 해석이라고 부른다. 수요곡선의 수직적 해석은 제4부 시장구조에서 살펴볼 시장의 후생적 특성 및 제21장의 외부효과를 이해하는 데 매우 중요하므로, 독자들은 수요곡선의 높이가 바로 소비자의 유보가격 또는 한계편익을 의미한다는 사실을 잘 이해하기 바란다.

3.6 왜 마샬은 가격을 가로축이 아닌 세로축에 놓았는가?

오늘날에는 무차별곡선을 이용해 소비자 선택을 분석하는 것이 가장 표준적인 소비자 선택모형이다. 그러나 과거에도 그러했던 것은 아니다. 20세기 초반 파레토(Vifredo Pareto) 등에 의해 무차별곡선을 이용한 분석이 경제학에 도입되기 이전에는 다른 방법을 통해 수요곡선을 도출했다. 마샬의 시기에 수요곡선을 도출하는 방법은 오늘날 사용되는 무차별곡선을 이용한 방법과는 다소 다르다. 본 절에서는 마샬의 시기에 수요곡선을 도출했던 방법을 알아본다. 그 방법을 이해하면 마샬이 가격을 가로축이 아닌 세로축에 놓은 것이 매우 자연스러운 방법이었음을 알 수 있다.

마샬 시대에는 기수적 효용함수를 가정했고, 또한 효용을 화폐 단위로 표시할 수 있다고 생각했다. 사과를 q만큼 소비했을 때 소비자가 얻는 효용을 화폐 단위로 표시한 것을 $U(q)$로 나타내자. 현재 q만큼을 소비하고 있을 때, 사과 '한 단위'(미분에서 말하는 매우 작은 단위임)를 더 얻기 위해 소비자가 지불할 용의가 있는 최대 금액, 즉 유보가격은 얼마가 되겠는가? 소비자는 사과를 '한 단위' 더 소비할

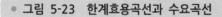
그림 5-23 한계효용곡선과 수요곡선

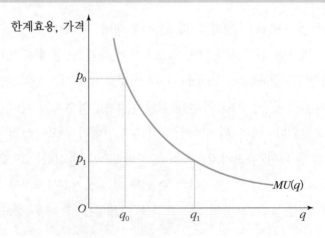

때 얻는 효용의 증가분인 한계효용($MU(q)$)만큼 지불할 용의가 있을 것이다. 따라서 q에서의 유보가격이 다름 아닌 $MU(q)$이다.

한계효용이 체감할 때, 한계효용곡선을 그리면 〈그림 5-23〉과 같다. 독자들은 한계효용곡선을 어떻게 그릴 것인가? 당연히 수량을 가로축에, 한계효용을 세로축에 놓고 그래프를 그릴 것이다. 이제 사과 가격이 p라고 하자. $MU(q) > p$이면, q에서 유보가격이 p보다 크므로 소비자는 소비를 늘리고자 할 것이다. 반대로 $MU(q) < p$이면, q에서 유보가격이 p보다 작으므로 소비자는 소비를 줄이고자 할 것이다. 그러므로 $p = MU(q)$이 되도록 q를 선택한다.

소비자 효용극대화 문제를 명시적으로 쓰면 다음과 같다.

$$Max_q \, U(q) - pq$$

한계효용이 체감할 때, 효용극대화 조건이 바로 $p = MU(q)$이다. 〈그림 5-23〉과 같이 한계효용곡선을 이용해 p가 주어졌을 때 수요를 찾을 수 있다. 가격이 p_0이면, p_0를 세로축에 놓고 수평선을 그어 한계효용곡선과 만나는 수량 q_0를 찾을 수 있다. q_0에서 한계효용의 크기가 바로 p_0이다. $p_0 = MU(q_0)$이므로 p_0에서 수요가 바로 q_0이다. 같은 방법으로 가격이 p_1이면, 〈그림 5-23〉에서 수요가 q_1임을 알 수 있다.

이와 같이 세로축에 가격을 놓으면 주어진 가격에서 수평선을 그어 한계효용곡선과 만나는 수량이 바로 주어진 가격에서 수요가 된다. 다시 말하면, 한계효용곡선을 옆에서 본 것이 다름 아닌 수요곡선이다. 이 방식이 바로 마샬이 수요곡선을 도출한 방법이다. 이렇게 수요곡선을 도출하면 자연스럽게 가격이 가로축이 아닌 세로축에 나타나게 된다. 이 같은 방법으로 수요곡선을 도출했으므로, 마샬 시대에는 한계효용곡선을 수요곡선이라고 불렀다. 그러나 엄밀히 말하면, 〈그림 5-23〉에서 보듯이 수량을 가로축에 놓았으므로 한계효용곡선은 그래프를 수직 방향으로 본 것이다. 가격을 세로축에 놓고 한계효용곡선을 수평 방향으로 볼 때 비로소 수요곡선이 됨에 독자들은 유의하기 바란다.

마샬 시대에는 앞에서 보았듯이 화폐 단위로 표시할 수 있는 기수적 효용함수, 두 재화를 소비할 때의 효용이 각 재화의 소비로부터 발생하는 효용의 합이라는 점, 그리고 한계효용체감이라는 여러 가지 제한적 가정하에서 수요함수를 도출했다. 그러나 무차별곡선을 이용한 분석은 서수적 효용함수를 가정하며, 효용함수 형태에 제한이 없고, 한계효용체감 대신 한계대체율체감을 가정해 수요함수를 도출한다. 즉, 무차별곡선을 이용한 분석이 보다 일반적인 분석이다.

무차별곡선을 이용해 수요곡선을 도출할 때, 한계효용체감 대신 무차별곡선이 원점을 향해 볼록한 한계대체율체감을 가정했다. 그럼에도 불구하고, 앞에서 보았듯이 기펜재의 가능성을 배제할 수 없었으므로 수요곡선이 항상 우하향한다고 말할 수 없다. 반면에 마샬의 방식으로 수요곡선을 도출하면 한계효용체감을 가정할 때, 수요곡선은 예외 없이 우하향한다. 보다 간단한 가정으로 수요곡선이 우하향함을 보일 수 있는데, 왜 오늘날 마샬의 방식을 사용하지 않고 복잡한 무차별곡선을 이용하는가?

그 이유는 마샬의 방식이 수요곡선의 이동을 잘 설명하지 못하기 때문이다. 〈그림 5-23〉에 그려진 수요곡선이 사과의 수요곡선이라고 하자. 사과의 대체재인 배의 가격이 상승했다고 가정하자. 그러면 주어진 사과 가격에서 사과의 수요가 증가할 것이다. 다시 말하면, 배 가격의 상승으로 사과의 수요곡선이 오른쪽으로 이동한다. 마샬의 방식에서 배 가격이 상승할 때 사과의 수요곡선이 오른쪽으로 이동하려면, 각 단위의 사과에 대한 유보가격이 모두 이전보다 증가해야 한다. 그러나 배의 가격이 상승할 때 사과의 유보가격이 이전보다 높아져야 할 논리적인 이유가 있는가? 적어도 마샬의 방식에서는 배의 가격과 사과의 유보가격 사이에 논리적 연관성을 찾기 어렵다.

사과가 정상재라면 소득이 증가할 때 사과의 수요곡선은 오른쪽으로 이동한다. 배 가격의 상승과 마찬가지로, 소득이 상승할 때 사과의 수요곡선이 오른쪽으로 이동하려면, 각 단위의 사과에 대한 유보가격이 모두 이전보다 증가해야 한다. 그러나 역시 마샬의 방식에서는 소득과 사과의 유보가격 사이에 논리적 연관성을 찾기 어렵다. 반면에 무차별곡선을 이용하면 예산선에 모든 재화의 가격과 소득이 포함되어 있다. 그 결과 각 재화의 수요는 자신의 가격뿐 아니라 다른 재화의 가격과 소득에 의존한다. 그러므로 다른 재화의 가격이나 소득이 변할 때 한 재화의 수요곡선이 어떻게 이동하는지를 잘 설명할 수 있다. 항상 수요곡선이 우하향한다고 보장할 수 없다는 단점에도 불구하고, 수요곡선의 이동을 잘 설명할 수 있는 장점 때문에 오늘날에는 경제학자들이 무차별곡선을 이용한 방식을 더 선호한다.

<table><tr><td>Section 4</td><td>가격탄력성과 지출과의 관계</td></tr></table>

수요함수에서 다른 재화의 가격과 소득을 고정시키고 자체 가격과 수요만의 관계를 나타낸 수요함수를 $x(p)$로 표시하자. 이는 재화의 가격이 p일 경우 수요가 $x(p)$라는 의미이다. 이 때 소비자가 지출하는 금액은 $p \times x(p)$로, 이를 $E(p)$로 표시하자. 이 금액은 판매업자가 받는 액수이기도 하므로 판매업자들 입장에서는 수입(revenue)이 된다. p가 변할 때 $E(p) = p \times x(p)$의 크기는 어떻게 변할 것인가? 수요의 법칙이 성립하면, 가격과 수요가 반대로 움직인다. p가 증가하면 $x(p)$는 감소한다. 반대로 p가 감소하면 $x(p)$는 증가한다. 그러므로 일반적으로 가격이 변할 때 지출이 어떻게 변하는지를 알 수 없다. 그러나 가격탄력성의 크기는 가격이 변할 때 지출이 어떻게 변하는지를 알려준다. 다음의 예를 보자.

● **그림 5-24 선형수요함수의 가격탄력성과 지출과의 관계**

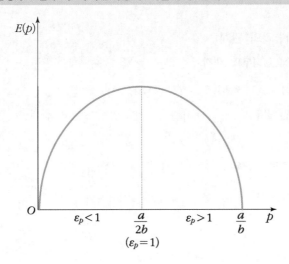

예 9 $x(p) = a - bp$인 선형수요함수의 지출 $E(p) = p(a-bp) = ap - bp^2$는 p에 대한 2차식이고, 2차항의 부호는 $(-)$이다$(-b < 0)$. 또한 대칭축은 $p = \dfrac{a}{2b}$이다. 그러므로 $E(p) = ap - bp^2$를 그리면 〈그림 5-24〉와 같다. 〈그림 5-24〉에서 보듯이 $p < \dfrac{a}{2b}$인 구간에서는 가격이 상승할 때 지출도 증가한다. $p = \dfrac{a}{2b}$에서 지출이 극대화되고, $p > \dfrac{a}{2b}$인 구간에서는 가격이 상승할 때 지출은 감소한다. 그런데 예 6에서 보았듯이 $p < \dfrac{a}{2b}$, $p = \dfrac{a}{2b}$ 및 $p > \dfrac{a}{2b}$는 각각 정확하게 가격탄력성이 1보다 작은 영역, 1인 영역, 그리고 1보다 큰 영역이다. 그러므로 선형수요함수는 가격탄력성이 1보다 작은 경우, 가격이 상승하면 지출은 증가함을 알 수 있다. 반대로 가격탄력성이 1보다 클 경우, 가격이 상승하면 지출은 감소한다. 가격탄력성이 1인 경우 지출은 극대화된다.

예 9의 결과는 선형수요함수뿐 아니라 모든 수요함수에 대해 동일하게 성립한다. $E(p) = p \times x(p)$에서 가격이 1% 증가한다고 가정하자. 수요가 1%보다 적게 감소하면 지출은 증가할 것이다. 그런데 가격이 1% 변할 때 수요가 1%보다 적게 변한다는 것이 다름 아닌 가격탄력성이 1보다 작다는 의미이다. 반대로 수요가 1%보다 많이 감소하면 지출은 감소한다. 이는 가격탄력성이 1보다 크다는 의미이다. 그러므로 가격탄력성과 지출은 다음의 관계가 성립한다.

가격탄력성과 지출과의 관계:

$\varepsilon_p < 1$(비탄력적인 경우): 가격과 지출은 같은 방향으로 변한다.

   $p \uparrow \Rightarrow E(p) = p \times x(p) \uparrow$, $p \downarrow \Rightarrow E(p) = p \times x(p) \downarrow$

$\varepsilon_p > 1$(탄력적인 경우): 가격과 지출은 반대 방향으로 변한다.

   $p \uparrow \Rightarrow E(p) = p \times x(p) \downarrow$, $p \downarrow \Rightarrow E(p) = p \times x(p) \uparrow$

$\varepsilon_p = 1$(단위탄력적인 경우): 가격이 변할 때 지출은 변하지 않고, 지출이 극대화된다.

Box 5-4 가격탄력성과 지출과의 관계의 수리적 증명

$E(p) = p \times x(p)$를 p에 대해 미분하여 정리하면 다음과 같다:

$$\frac{dE(p)}{dp} = x(p) + p\frac{dx(p)}{dp} = x(p)\left(1 + \frac{p}{x(p)}\frac{dx(p)}{dp}\right)$$

가격탄력성이 $\varepsilon_p = -\frac{p}{x(p)}\frac{dx(p)}{dp}$이므로 $\frac{p}{x(p)}\frac{dx(p)}{dp} = -\varepsilon_p$를 위 식에 대입하면 $\frac{dE(p)}{dp} = x(p)(1 - \varepsilon_p)$이다. $x(p)$는 수요이므로 0보다 크다. 따라서 $\frac{dE(p)}{dp}$의 부호는 $1 - \varepsilon_p$의 부호와 동일하다. $\varepsilon_p < 1$이면 $\frac{dE(p)}{dp} > 0$이므로, 가격과 지출은 같은 방향으로 움직인다. $\varepsilon_p > 1$이면 $\frac{dE(p)}{dp} < 0$이므로, 가격과 지출은 반대 방향으로 움직인다. $\varepsilon_p = 1$이면 $\frac{dE(p)}{dp} = 0$이므로, 가격이 변할 때 지출은 변하지 않는다.

Section 5 여러 가지 효용함수의 수요함수

본 절에서는 위에서 논의한 '소득-수요'와 '가격-수요'의 관계들을 제4장에서 살펴본 여러 가지 효용함수에 적용하여, 각 효용함수의 수요함수를 구해 본다.

5.1 콥-더글러스 효용함수의 수요함수

효용함수가 $U(x_1, x_2) = x_1^a x_2^b\,(a > 0,\ b > 0)$인 콥-더글러스 효용함수의 수요함수를 구해 보자. 이미 여러 번 계산했듯이, 한계대체율은 $MRS = \frac{ax_2}{bx_1}$이고 한계대체율은 체감한다. 따라서 효용극대화의 2계 조건을 충족한다. 그러므로 소비자 선택 원리 1과 2를 연립으로 풀면, 수요함수를 얻을 수 있다:

$$p_1 x_1 + p_2 x_2 = m, \quad MRS = \frac{ax_2}{bx_1} = \frac{p_1}{p_2}.$$

$\dfrac{ax_2}{bx_1} = \dfrac{p_1}{p_2}$를 정리하면 $p_2 x_2 = \dfrac{b}{a} p_1 x_1$을 얻는다. 이를 예산식에 대입한 후 x_1에 대해 풀면, 재화1의 수요함수 $x_1^* = \dfrac{a}{a+b} \dfrac{m}{p_1}$을 얻는다. 이를 $p_2 x_2 = \dfrac{b}{a} p_1 x_1$에 대입한 후 정리하면, 재화2의 수요함수는 $x_2^* = \dfrac{b}{a+b} \dfrac{m}{p_2}$이다. 콥-더글러스 효용함수의 경우, 각 재화의 수요함수는 소득과 자신의 가격에만 의존하고, 다른 재화의 가격에는 의존하지 않는다. 이 같은 특성은 콥-더글러스 효용함수의 특징이지, 일반적인 결과는 아니다.

이제 수요함수를 이용해 앞에서 살펴본 여러 가지 관계를 알아보자. 소득소비곡선은 두 재화의 가격을 고정시키고, 소득을 매개변수로 하여 x_1^*와 x_2^*의 관계를 보는 것이다. 소득소비곡선을 찾으려면 x_1^*와 x_2^* 사이에 m을 소거하면 된다. 콥-더글러스 효용함수의 경우 x_2^*를 x_1^*으로 나누면 m이 소거된다: $\dfrac{x_2^*}{x_1^*} = \dfrac{bp_1}{ap_2}$

그러므로 소득소비곡선은 $x_2^* = \dfrac{b}{a} \dfrac{p_1}{p_2} x_1^*$로, 기울기가 $\dfrac{b}{a} \dfrac{p_1}{p_2}$인 원점을 지나는 직선이다. 콥-더글러스 효용함수는 한계대체율이 두 재화의 소비비율에만 의존하므로 동조적 효용함수이다. 동조적 효용함수의 소득소비곡선이 원점을 지나는 직선임을 앞에서 설명했다. 그러므로 콥-더글러스 효용함수의 소득소비곡선은 당연히 원점을 지나는 직선이다. p_1이 증가(감소)하거나 p_2가 감소(증가)하면, 소득소비곡선의 기울기는 증가(감소)한다.

다음으로 각 재화의 엥겔곡선을 구해 보자. 재화1의 수요함수가 $x_1^* = \dfrac{a}{a+b} \dfrac{m}{p_1}$이므로 두 재화의 가격을 고정시키고, 소득과 수요 사이의 관계를 보면, 기울기가 $\dfrac{a}{a+b} \dfrac{1}{p_1}$인 원점을 지나는 직선임을 알 수 있다. $\dfrac{dx_1^*}{dm} = \dfrac{a}{a+b} \dfrac{1}{p_1}$이므로, 소득탄력성인 $\dfrac{dx_1^*}{dm} \dfrac{m}{x_1^*}$을 계산하면 1이 된다. 이는 이미 소득소비곡선이 원점을 지나는 직선이라는 사실로부터 짐작할 수 있는 결과이다. 재화2의 엥겔곡선도 기울기가 $\dfrac{b}{a+b} \dfrac{1}{p_2}$인 원점을 지나는 직선이고, 소득탄력성 역시 1이다.

다음으로 재화1 가격의 가격소비곡선을 알아보자. 재화1 가격의 가격소비곡선은 재화2의 가격과 소득을 고정시키고, 재화1의 가격을 매개변수로 하여 x_1^*와 x_2^*의 관계를 보는 것이다. 재화2의 수요가 재화1의 가격에 의존하지 않으므로, 재화1

가격의 가격소비곡선은 재화2의 수요가 $x_2^* = \dfrac{b}{a+b}\dfrac{m}{p_2}$으로 고정된, 가로축에 평행한 직선이 된다. 같은 방법으로, 재화2 가격의 가격소비곡선은 재화1의 수요가 $x_1^* = \dfrac{a}{a+b}\dfrac{m}{p_1}$으로 고정된, 세로축에 평행한 직선이다.

각 재화의 가격과 수요와의 관계를 보면 재화1의 수요함수가 $x_1^* = \dfrac{a}{a+b}\dfrac{m}{p_1}$ 이므로 직각쌍곡선(hyperbola)임을 알 수 있다. $\dfrac{dx_1^*}{dp_1} = -\dfrac{a}{a+b}\dfrac{m}{p_1^2}$이므로, 가격탄력성인 $-\dfrac{dx_1^*}{dp_1}\dfrac{p_1}{x_1^*}$를 계산하면 1이 된다. 재화2 역시 직각쌍곡선이고, 가격탄력성도 동일하게 1이다.

콥-더글러스 효용함수의 수요함수는 다른 재화의 가격에 의존하지 않으므로, 각 재화의 다른 재화가격에 대한 교차탄력성은 0이 된다.

생각하기 4 콥-더글러스 효용함수의 수요함수의 경우, 소득에서 재화1과 2에 대한 지출액의 비중이 두 재화의 가격과 소득에 상관없이 항상 각각 $\dfrac{a}{a+b}$와 $\dfrac{b}{a+b}$임을 보여라. 이 특성은 콥-더글러스 효용함수의 공통적인 특성으로 모든 a와 b 값에 대해 항상 성립한다.

5.2 완전 보완재의 수요함수

두 재화의 소비비율이 항상 1로 일정한 완전 보완재의 효용함수인 $U(x_1, x_2) = min\{x_1, x_2\}$의 수요함수를 찾아보자. 완전 보완재는 무차별곡선이 꺾이는 점에서 한계대체율이 잘 정의되지 않는다. 그러므로 $MRS = \dfrac{p_1}{p_2}$을 직접 적용할 수 없다. 그러나 다른 방식으로 이에 대응되는 다른 조건을 찾을 수 있다. 소비비율이 항상 1로 일정한 보완재는 한 재화의 양이 다른 재화의 양보다 많으면 비용이 발생하지만 효용은 증가하지 않는다. 그러므로 효용을 극대화하려면 두 재화의 소비가 동일해야 한다. 그러므로 $MRS = \dfrac{p_1}{p_2}$인 조건은 $x_1 = x_2$라는 조건으로 대체할 수 있다. 다른 조건은 물론 예산식이다. $p_1 x_1 + p_2 x_2 = m$과 $x_1 = x_2$를 연립해 풀면, 각 재화의 수요함수인 $x_1^* = x_2^* = \dfrac{m}{p_1 + p_2}$을 얻는다.

소비비율이 항상 1로 일정한 보완재는 두 재화의 가격과 소득에 상관없이 항상 $x_1 = x_2$가 성립한다. 그러므로 소득소비곡선, 각 재화가격의 가격소비곡선은 동일하게 $x_2 = x_1$인 원점을 지나는 45°선이 됨을 알 수 있다. 독자들은 소득과 각 재화의 가격이 변할 때 소비자 균형이 어떻게 변하는지 확인하기 바란다.

두 재화의 엥겔곡선은 동일하게 기울기가 $\dfrac{1}{p_1 + p_2}$인 직선이다. 그러므로 두 재화 모두 소득탄력성은 1임을 알 수 있다.

수요함수는 직각쌍곡선의 일종이다. 재화1을 예로 들면, $x_1^* = \dfrac{m}{p_1 + p_2}$은 $x_1 = \dfrac{m}{p_1}$을 아래쪽으로 p_2만큼 이동시킨 것이다(수요곡선은 가격을 세로축에 그린다는 사실을 잊지 말기 바란다). $\dfrac{dx_1^*}{dp_1} = -\dfrac{m}{(p_1 + p_2)^2}$이므로, 가격탄력성을 계산하면 $-\dfrac{dx_1^*}{dp_1}\dfrac{p_1}{x_1^*} = \dfrac{p_1}{p_1 + p_2}$이다. 같은 방법으로 재화2의 가격탄력성은 $\dfrac{p_2}{p_1 + p_2}$이다. 두 재화 모두 가격탄력성이 1보다 작으므로, 비탄력적임을 알 수 있다.

한 재화의 가격이 상승하면 다른 재화의 수요가 감소하므로, 두 재화는 보완 재이다. $\dfrac{dx_1^*}{dp_2} = -\dfrac{m}{(p_1 + p_2)^2}$이므로 재화2 가격에 대한 재화1 수요의 교차탄력성은 $\dfrac{dx_1^*}{dp_2}\dfrac{p_2}{x_1^*} = -\dfrac{p_2}{p_1 + p_2}$로 0보다 작다. 재화1 가격에 대한 재화2 수요의 교차탄력성 은 $\dfrac{dx_2^*}{dp_1}\dfrac{p_1}{x_2^*} = -\dfrac{p_1}{p_1 + p_2}$이다.

생각하기 5 ▶ 효용함수가 $U(x_1, x_2) = min\{ax_1, bx_2\}$ $(a > 0, b > 0)$인 완전 보완재의 수요함수를 구하라.

5.3 완전 대체재의 수요함수

효용함수가 $U(x_1, x_2) = ax_1 + bx_2$ $(a > 0, b > 0)$인 완전 대체재의 수요함수를 찾아보자. 이 경우 한계대체율은 $MRS = \dfrac{a}{b}$로 소비묶음에 상관없이 항상 일정하다. 상대가격 또한 일정하므로, $MRS = \dfrac{p_1}{p_2}$은 $\dfrac{a}{b} = \dfrac{p_1}{p_2}$인 특별한 경우에만 성립한다. $\dfrac{a}{b} = \dfrac{p_1}{p_2}$이면 무차별곡선의 기울기와 예산선의 기울기가 일치하므로, 예산선상의 모든 소비묶음이 소비자 균형이다. $\dfrac{a}{b} > \dfrac{p_1}{p_2}$이면 항상 $MRS > \dfrac{p_1}{p_2}$이므로 $x_1^* = \dfrac{m}{p_1}$, $x_2^* = 0$인 코너해가 발생한다. $\dfrac{a}{b} < \dfrac{p_1}{p_2}$인 경우 반대로 $x_1^* = 0$, $x_2^* = \dfrac{m}{p_1}$인 코너해

가 발생한다. $\frac{a}{b} = \frac{p_1}{p_2}$ 이면 소비자 균형이 유일하지 않으므로, 아래의 설명에서는 이 경우를 제외한다.

소득소비곡선은 $\frac{a}{b} > \frac{p_1}{p_2}$ 이면 가로축, $\frac{a}{b} < \frac{p_1}{p_2}$ 이면 세로축이 된다. 수요가 양인 경우, 엥겔곡선은 원점을 지나는 직선이므로 소득탄력성은 1이며, 수요곡선은 직각쌍곡선이므로 가격탄력성은 1이다. 한 재화의 수요함수는 다른 재화의 가격에 의존하지 않는다. 그러므로 교차탄력성은 0이다.

생각하기 6 ▶ 효용함수가 $U(x_1, x_2) = ax_1 + bx_2 \ (a > 0, \ b > 0)$인 완전 대체재의 경우 각 재화의 가격에 대한 가격소비곡선을 그려라.

Section 6   지출함수와 보상수요함수

경제학에서 일반적으로 '수요'라고 하면, 이제까지 논의한 대로 주어진 소득과 가격에서 효용을 극대화시키는 소비를 말한다. 그런데 이와는 조금 다른 각도로, 원하는 효용수준을 가장 싸게 달성하는 방법을 생각해 보면 다른 형태의 수요함수를 얻을 수 있다. 이를 **지출극소화 문제**(expenditure minimization problem)라고 부른다.

> **지출극소화 문제:** 주어진 수준의 효용을 현재의 가격하에서 최소한의 금액으로 달성하려면, 각 재화를 얼마씩 소비해야 하나? 그리고 그때 지출액은 얼마인가?

효용함수가 $U(x_1, x_2)$이고 원하는 효용수준이 u라고 하자. u만큼의 효용을 얻으려면 $U(x_1, x_2) = u$인 무차별곡선상에 있는 소비묶음을 선택해야 한다. 서로 다른 두 소비묶음이 $U(x_1, x_2) = u$인 무차별곡선상에 있을 때 효용은 동일하나, 두 소비묶음을 얻기 위해 지출해야 하는 금액도 동일한 것은 아니다. 두 소비묶음 $A = (1, 2)$와 $B = (2, 1)$가 동일한 무차별곡선상에 있다고 하자. 두 재화의 가격이

p_1, p_2라고 하면, A와 B를 구매하려면 각각 $p_1 + 2p_2$와 $2p_1 + p_2$의 지출이 필요하다. $p_1 > p_2$이면 B를 구매하는 비용이 A를 구매하는 비용보다 크다. 두 소비묶음이 동일한 효용을 주므로, 소비자 입장에서는 당연히 A가 합리적인 선택이다. $p_1 < p_2$이면 B가 합리적인 선택이다. 이와 같이 두 소비묶음이 동일한 무차별곡선상에 있다고 하더라도, 두 재화가격이 얼마인가에 따라 소비묶음을 구매하는 비용이 달라진다. 주어진 효용을 달성하려면, 가장 작은 지출로 달성하는 것이 합리적인 선택이다.

지출극소화 문제는 효용극대화 문제를 뒤집어 놓은 문제와 같다. 효용극대화 문제와 마찬가지로 무차별곡선을 이용해 이 문제의 해를 찾아보자. 〈그림 5-25〉에 효용수준이 u인 무차별곡선이 그려져 있다. u를 최소한의 지출로 달성하려면 무차별곡선상의 어떤 점을 선택해야 하나? 그래프상으로 이 문제의 답은 아래의 두 원리를 충족해야 한다.

1. 주어진 효용수준을 나타내는 무차별곡선상의 점이어야 한다.
2. 무차별곡선상의 점 중에서 가장 낮은 예산선에 포함되어야 한다.

1번 원리는 단순히 주어진 효용을 달성해야 한다는 점을 반복하고 있다. 2번 원리가 바로 지출극소화의 주요한 조건이다. 현재의 가격하에서 각 소비묶음의 지출 크기를 시각적으로 비교하려면 예산선을 이용한다. 두 재화의 가격이 주어지면, 우선 예산선의 기울기(절대값)가 상대가격인 $\dfrac{p_1}{p_2}$로 주어진다는 것을 알 수 있다. 그리고 각 소비묶음의 지출 크기는 그 점을 통과하는 예산선이 얼마나 바깥쪽에 있느냐를 보면 알 수 있다. 〈그림 5-25〉에서 직선들은 현재 가격에서의 예산선들을 나타낸다. 일단 예산선들의 형태를 알면, 가장 지출이 작은 소비묶음은 그림에서 가장 낮은 예산선에 속하는 E가 된다는 것을 쉽게 알 수 있다. B는 E를 지나는 예산선 밖에 있으므로, E보다 지출액이 더 크다. 그런데 E가 무차별곡선상의 다른 점들과 구별되는 특징은 바로 그 점에서 무차별곡선과 예산선이 접한다는 것이다. 이 특징은 효용극대화의 2번 원리와 정확히 같다.[9] 무차별곡선과 예산선이

---

9 효용극대화 문제와 지출극소화 문제는 이런 점에서 매우 유사하다. 그러나 효용극대화 문제는 주어진 예산선상의 점들 중에서 가장 높은 무차별곡선에 속하는 점을 선택하는 반면, 지출극소화 문제는 주어진 무차별곡선상의 점들 중에서 가장 낮은 예산선에 속하는 점을 선택한다는 점이 다르다.

● 그림 5-25 지출극소화 문제의 해

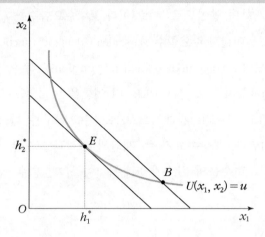

접하려면, 한계대체율과 예산선의 기울기(절대값)가 일치하면 된다. 그러므로 현재의 가격하에서 주어진 효용을 가장 작은 지출로 얻으려면 다음의 두 조건을 충족하는 소비묶음을 선택하면 된다.

지출극소화의 원리:

1. $U(x_1, x_2) = u$: 주어진 무차별곡선상에 있어야 한다.

2. $MRS(x_1, x_2) = \dfrac{p_1}{p_2}$: 한계대체율＝상대가격

효용극대화 문제와 지출극소화 문제 모두 무차별곡선과 예산선이 접해야 한다는 조건인 원리 2는 동일하다. 차이점은 효용극대화 문제에서는 주어진 예산선상에서 찾아야 하므로 $p_1x_1 + p_2x_2 = m$이 성립해야 하지만, 지출극소화 문제는 주어진 무차별곡선상에서 찾아야 하므로 $U(x_1, x_2) = u$가 성립해야 한다는 점이다.

효용극대화 문제에서는 두 재화의 가격과 소득이 주어졌으므로, $x_1(p_1, p_2, m)$, $x_2(p_1, p_2, m)$인 수요함수를 얻었다. 지출극소화 문제에서는 두 재화의 가격과 원하는 효용수준이 주어진다. 그러므로 지출극소화의 해는 두 재화의 가격과 효용수준에 의존한다. 지출극소화 문제의 해를 $h_1^* = h_1(p_1, p_2, u)$, $h_2^* = h_2(p_1, p_2, u)$로

표시한다. 지출극소화 문제의 해도 원하는 효용을 가장 적은 지출로 달성하기 위해 구매하고 싶은 재화의 양이므로 '수요'이다. 두 수요함수를 구별하기 위해 효용극대화의 수요함수를 **마샬적 수요함수**(Marshallian demand functions), 지출극소화의 수요함수를 **보상수요함수**(compensated demand functions) 혹은 지출극소화 문제를 처음으로 분석한 경제학자 힉스(John Hicks)의 이름을 따서 **힉스적 수요함수**(Hicksian demand functions)라고 부른다. 관례적으로 보상수요함수는 힉스의 머리글자인 H 를 따서 'h'로 표시한다. 보상수요가 두 재화의 가격과 효용의 함수이므로 극소화한 지출액 역시 이들 변수들의 함수가 되는데, 이를 **지출함수**(expenditure function) 라고 한다.

> **보상수요함수**: 지출극소화를 달성하는 각 재화의 소비량. 보상수요는 가격과 효용 의 함수이다.
>
> $$h_1^* = h_1(p_1, p_2, u), \ h_2^* = h_2(p_1, p_2, u)$$
>
> **지출함수**: 지출극소화의 결과로 결정되는 지출액의 크기로, 주어진 가격하에서 원하 는 효용을 달성하기 위해 필요한 최소의 금액. 역시 가격과 효용의 함수이다.
>
> $$e(p_1, p_2, u) = p_1 h_1(p_1, p_2, u) + p_2 h_2(p_1, p_2, u)$$

지출함수 $e(p_1, p_2, u)$는 (p_1, p_2)하에서 u만큼의 효용수준을 달성하려면 최소한 e만큼을 지출해야 한다는 의미이다. 이는 가격이 p_1, p_2이고 소득이 e일 경우, 최대로 달성할 수 있는 효용이 u라는 해석을 거꾸로 뒤집은 해석이 된다.

<u>예 10</u> 효용함수가 $u(x_1, x_2) = x_1 x_2$, 두 재화의 가격이 각각 5와 10일 때 50만큼의 효용수준을 최소한의 지출로 달성하기 위한 보상수요의 크기와 그때의 지출액을 찾아보자.

먼저 위에서 말한 두 원리를 이용해 보상수요를 찾는다. 원리 1은 우선 이 소비자가 50이라는 효용수준을 확보해야 한다는 것이다. 이 원리는 $x_1 x_2 = 50$이라는 식으로 표시된다. 원리 2는 보상수요점에서 무차별곡선과 예산선이 접한다는 것이므로, 이 점에서 한계대체율과 상대가격이 같아야 한다. $u(x_1, x_2) = x_1 x_2$의 한계

대체율은 $\dfrac{x_2}{x_1}$이고, 상대가격 $\dfrac{p_1}{p_2}$은 $\dfrac{5}{10} = \dfrac{1}{2}$이다. 따라서 $x_1 x_2 = 50$과 $\dfrac{x_2}{x_1} = \dfrac{1}{2}$을 풀면 $x_1 = 10$, $x_2 = 5$를 얻는다. 즉, $h_1(5, 10, 50) = 10$, $h_2(5, 10, 50) = 5$이다. 이때의 지출액은 100이다. 즉, $e(5, 10, 50) = 100$이다. ■

예 10을 통해 보상수요에 대해 두 가지를 생각해 볼 수 있다. 첫째, 보상수요를 찾으려면 반드시 소비자의 효용함수를 알아야 한다. 수요를 찾을 때 한계대체율만 알면 되었던 것과는 대조가 된다. 둘째, 보상수요는 마샬적 수요와 동전의 양면과 같다. 두 재화의 가격이 각각 5와 10이고, 소득이 정확히 100(예 10의 답)일 때, 효용함수가 $u(x_1, x_2) = x_1 x_2$인 소비자의 마샬적 수요를 구하라는 문제를 풀어보면, 그때의 수요는 정확히 $x_1 = 10$, $x_2 = 5$이고, 그때의 효용은 정확하게 50이 된다.

마샬적 수요함수는 가격이 상승할 때 수요도 증가하는 기펜재가 가능함을 앞에서 언급했다. 그러나 무차별곡선이 원점을 향해 볼록한 한, 보상수요함수는 항상 우하향한다. 즉, 보상수요에 관한 한 기펜재는 존재하지 않는다. 〈그림 5-26〉은 이 같은 결과를 보여준다.

〈그림 5-26〉에 효용이 u인 무차별곡선이 그려져 있다. 두 재화의 가격이 p_1, p_2이면 예산선은 검은 실선으로 표시되어 있고, 보상수요점은 E이다. 재화1의 가격이 p_1'으로 상승하면, 예산선의 기울기가 커지면서 변한다. 한계대체율이 체감하면, 재화1의 가격이 상승할 때 새로운 보상수요점 E'은 반드시 무차별곡선상에서 E의 왼쪽에 위치한다. 즉, 재화1의 소비는 감소하고, 재화2의 소비는 증가한다. 그러므로 재화1의 가격이 상승하면, 재화1의 보상수요는 반드시 감소한다. 재화2의 경우도 동일하다.

보상수요함수와 지출함수는 그 변수 중에 소비자의 효용이 포함되는데, 실제로 소비자의 효용은 객관적으로 관찰되지 않으며 서수성을 띠기 때문에, 그 자체로서는 현실에서의 이용에 한계가 있다. 그러나 이들 개념들은 이후의 논의에서 소비자이론의 논리 전개에 유용하게 사용된다.

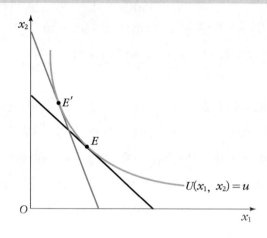

● 그림 5-26 보상수요는 가격과 반대로 움직인다

Section 7   **개별수요함수와 시장수요함수**

7.1 시장수요함수

이제까지 우리는 개별 소비자의 수요함수나 수요곡선이 어떻게 유도되는지를 논의했다. 개별 소비자의 수요함수를 개별수요함수라고 부른다. 그리고 모든 소비자의 개별수요함수를 합한 것을 **시장수요함수**(market demand function)라고 부른다. 본 절에서는 개별수요함수로부터 시장수요함수를 도출하는 방법을 알아본다. 기본적으로 시장수요는 개별 소비자 수요의 합이다. 예를 들어, 시장에 3명의 소비자가 있고, 재화1에 대한 소비자의 개별수요함수가 각각 $x_1^1 = x_1^1(p_1, p_2, m_1)$, $x_1^2 = x_1^2(p_1, p_2, m_2)$, $x_1^3 = x_1^3(p_1, p_2, m_3)$이라고 하자. 그러면 시장수요함수는 각 사람의 개별수요함수를 더한 것이다.

$$x_1^M = x_1^1(p_1, p_2, m_1) + x_1^2(p_1, p_2, m_2) + x_1^3(p_1, p_2, m_3)$$

그러므로 시장수요를 결정하는 요인들은 각 개별 소비자의 수요를 결정하는 요인들과 함께 개별 소비자의 숫자와 분포를 포함한다. 시장수요함수를 따로 쓰면 다음과 같다.

시장수요함수: $x_1^M = x(p_1 : p_2, m_1, m_2, m_3)$

이 때 p_1만 특별히 콜론으로 분리한 이유는 재화1 시장에서 볼 때, p_1은 이 시장에서 결정되는 내생변수라는 것을 강조하기 위함이다. 개별 소비자의 입장에서는 모든 가격이 외생적이다.

시장수요곡선은 개별수요곡선의 합이다. 그런데 그림을 이용해 시장수요곡선을 도출할 때 유의해야 할 점은 개별수요곡선을 수직방향이 아닌 수평방향으로 더해야 한다는 점이다. 이는 마샬의 전통에 따라 가로축에 수량, 세로축에 가격을 놓았기 때문이다. 〈그림 5-27〉은 소비자가 두 명일 경우, 각 가격에서 개별 소비자들의 수요를 수평으로 합해 시장수요를 구하는 방법을 보여준다. 모든 가격에 대해 이런 과정을 거치면 개별수요곡선의 수평 합을 구할 수 있다.

생각하기 7 시장에 두 명의 소비자가 있고, 각자의 수요함수는 $x = 30 - 2p$와 $x = 15 - p$라고 하자. 시장수요함수를 구하라. 또한 이 두 소비자의 수요곡선과 시장수요곡선을 그래프에 그려 보아라.

때로는 시장수요함수의 식이 $p = -0.5x + 15$와 같이 가격이 수량의 함수로 주

● **그림 5-27 개별수요곡선과 시장수요곡선**

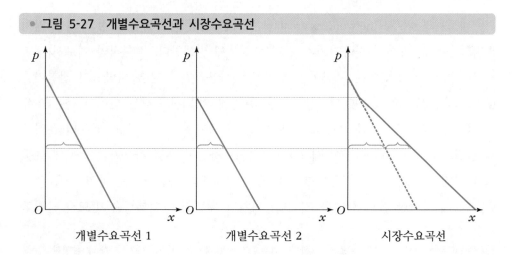

개별수요곡선 1   개별수요곡선 2   시장수요곡선

어지기도 한다. 이는 본 장 3.5절에서 설명한 역수요함수이다. 개별수요의 경우와 동일하게 시장수요의 경우에도 가격이 수량의 함수로 표시된 것을 역수요함수라고 부른다.

7.2 외부효과가 있는 경우 시장수요함수

시장수요함수나 시장수요곡선은 기본적으로 개별수요함수와 개별수요곡선의 합이지만, 경우에 따라 약간의 수정이 필요할 때가 있다. 바로 **외부효과**(externality)가 있는 경우이다.

> **외부효과**: 어떤 경제주체의 행동이 대가를 지불하지 않고 직접 다른 경제주체에 영향을 미치는 경우[10]

시장수요에서 문제가 되는 외부효과는 다른 소비자들의 소비가 그 재화의 개별 소비자의 수요에 영향을 미치는 경우이다. 이 때 그 영향의 방향이 (+)가 될 수도 있고 (−)가 될 수도 있다. 외부효과를 일으키는 요인들로는 아래와 같은 요인들이 많이 논의된다.

1) 네트워크 외부성(외부효과)

네트워크 외부성(network externality)은 다른 사람들이 어떤 특정 재화를 많이 소비할수록 그 재화의 사용가치가 커지는 경우에 발생한다. 전형적인 예로서 전화를 들 수 있다. 유선이든 무선이든 전화기의 사용가치는 다른 사람들이 전화기를 많이 보유하고 사용할수록 더 커진다. 이 효과에 '네트워크'라는 단어가 붙은 이유가 바로 여기에 있다. 다른 예로 컴퓨터 소프트웨어를 들 수 있다. 컴퓨터 운영체계인 윈도우즈는 여러 사람이 사용하고 있다는 사실이 개별 사용자들에게 매우 중요한 장점이 된다. 만약 컴퓨터마다 다른 운영체계를 사용한다면 파일 등을 주고받는 데에 상당한 불편이 따를 것이다. 이처럼 네트워크 외부성은 반드시 물리적

---

10 외부효과를 외부성이라고 부르기도 한다. 외부효과에 대해서는 제20장에서 자세히 설명한다.

인 네트워크와 관련이 없는 경우에도 적용된다.

2) 군중심리

때로는 특별한 이유 없이 다른 사람들의 소비를 따라 하는 경우가 있다. 다른 사람이 많이 소비하기 때문에 그 재화가 특별히 더 좋아진다면 네트워크 효과가 되겠지만, 그보다는 정보가 부족하여 다른 사람의 행동을 따라 하는 경우나 막연히 다른 사람들과 같이 행동하는 것을 더 좋아하는 경우도 있을 수 있다. 이런 경우를 **군중심리**(herd behavior)라고 부를 수 있다.

3) 과시효과

예술품이나 골동품, 또는 소위 명품이라고 불리는 재화들은 그 희소성으로 인해 그들을 보유하거나 소비하는 사람들에게 특별한 효용을 제공한다. 즉, 색다른 재화를 소비함으로써 자신의 특수함을 과시할 수 있는 기회를 제공하는 것이다. 영어 'snob'은 바로 뭔가 다른 사람과 다르게 보여 잘난 체하는 사람이라는 의미를 갖는다. **과시효과**(snob effect)의 대상이 되는 재화는 다른 사람들이 많이 소비할수록 과시효과가 떨어져 개별적인 사용가치가 하락한다.[11] 과시효과는 음의 외부효과를 야기한다. 다른 사람들이 많이 소비하면 그 재화의 희소성이 떨어져 과시를 목적으로 하는 수요는 감소한다.

외부효과가 있으면 시장수요곡선은 어떤 영향을 받을까? 〈그림 5-28〉을 보자. 여러 명의 개별 소비자들이 있고 이들 사이에 네트워크 외부성이 작용하고 있다고 하자. 이들 개별 소비자들의 수요는 모든 면에서 같다고 가정한다. 〈그림 5-28〉의 왼쪽 그래프에 있는 d'곡선은 다른 모든 소비자들이 각각 x'만큼 소비할 때의 개별수요곡선이다. 시장가격이 p'이면 각자의 소비자는 실제로 x'만큼의 수량을

---

11 원래 과시효과는 경제학자 라이벤슈타인(Leibenstein)이 1950년 논문에서 **밴드왜건효과**(bandwagon effect), **베블렌효과**(Veblen effect)와 함께 수요의 특별한 경우로 거론했다. 밴드왜건효과는 외부효과나 군중심리와 유사한 개념이며, 베블렌효과는 경제학자 베블렌(Veblen)의 이름을 따서 붙인 이름으로, 명품처럼 가격이 비싸다는 사실 자체가 일부 소비자들에게 높은 사용가치를 주는 재화를 일컫는다. 베블렌효과는 가격이 효용에 직접 영향을 미치는 경우로, 다른 사람의 소비가 효용에 직접 영향을 미치는 외부효과와는 다른 경우이다.

● 그림 5-28 외부효과와 시장수요

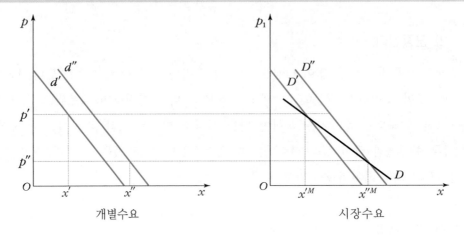

개별수요　　　　　　　시장수요

수요한다. 개별수요곡선인 d'곡선을 모두 합하면 오른쪽 그래프의 D'곡선이 되고, p'에서의 시장수요량은 x'^M이다. 그러나 D'곡선은 그 자체가 시장수요곡선이 될 수 없다. 시장가격이 p''로 하락하면 개별 소비자들은 d'곡선을 따라 개별수요를 증대시킨다. 그런데 외부효과가 있으면 다른 모든 소비자들의 수요가 증대함에 따라서 개별수요가 다시 늘어난다. 그림에서 d''곡선은 다른 모든 소비자들이 수요를 x''로 증대시켰을 경우의 개별수요곡선이다. 외부효과 때문에 d''곡선은 d'곡선보다 오른쪽에 위치한다. 가격이 p''이면 실제로 모든 소비자들이 x''를 수요한다. 개별수요곡선인 d''곡선을 모두 합하면 오른쪽 그래프의 D''곡선이 되고 이 때의 시장수요는 x''^M이다. 따라서 시장수요곡선은 p'에서의 시장수요 x'^M와 p''에서의 시장수요 x''^M을 잇는 D곡선이 된다. 이 시장수요곡선은 개별수요곡선의 단순 합인 D'나 D''곡선에 비해 가격탄력성이 더 크다. 반면에 과시효과처럼 음의 외부효과가 있는 경우의 시장수요곡선은 개별수요곡선의 단순 수평 합보다 기울기가 더 가파르고 가격탄력성은 더 작다.

예 11 두 명 소비자의 수요함수는 다음과 같다. $q_1 = 10 - \dfrac{p}{2} + \dfrac{q_2^e}{2}$, $q_2 = 10 - \dfrac{p}{2} + \dfrac{q_1^e}{2}$. q_1^e와 q_2^e는 각각 소비자 2와 1이 다른 소비자가 소비할 것이라고 예상하는 수요이다. 개별 수요함수에서 보다시피 다른 소비자의 수요가 증가할 것이라고 예상하면 각 소비자의 수요는 증가한다. 즉, 네트워크 외부성이 작용한다.

두 소비자의 수요함수를 더해 시장수요함수를 구하면 $q = q_1 + q_2 = 20 - p + \dfrac{q^e}{2}$ 이다.

여기서 $q^e = q_1^e + q_2^e$로 시장 수요량에 대한 예상치이다. 개별 수요 차원에서 네트워크 외부성이 있으므로 시장수요 차원에서도 네트워크 외부성이 작용한다. 즉, q^e이 증가하면 시장수요도 증가한다. 각 q^e의 크기에 따라 그린 시장수요곡선이 〈그림 5-28〉의 D', D'' 그래프이다. 그러나 실제 시장수요량인 q와 그 예상치인 q^e가 차이가 나서는 안 된다. 실제 수요가 예상과 같아야 하므로 $q = q^e$를 시장수요함수에 대입해 정리하면 $q = 40 - 2p$를 얻는다. 이것이 〈그림 5-28〉의 D 그래프이다. D', D'' 그래프와 비교하면 p에 대한 기울기(절대값)가 1에서 2로 증가함을 알 수 있다. 즉, D 그래프가 더 완만해지고 가격탄력성도 더 커짐을 알 수 있다.

Microeconomics

연습문제

1 다음 문장의 진위를 판단하라.

1) 모든 소비자가 현재 소비하고 있는 소비묶음에서 한계대체율은 동일하다

2) 소비자가 두 재화를 소비하고 있다. 현재의 p_1, p_2, m에서 소비자가 재화1만을 소비하고 있다면 현재의 소비묶음에서 한계대체율은 $\dfrac{p_1}{p_2}$보다 작다.

3) $MRS = \dfrac{p_1}{p_2}$가 소득소비곡선(ICC)이다.

4) 소비자가 두 재화를 소비한다. 두 재화의 가격이 각각 1이고 소득이 8일 때 (4, 4)를 선택했다. 이제 재화1 가격은 변화없이 재화2의 가격이 4로 증가했고, 소득도 8에서 26으로 상승했다. 이때 합리적인 소비자는 재화2를 절대 6단위 이상 소비하지 않는다.

5) 소비자의 효용함수가 동조적 효용함수이면, 모든 재화의 소득탄력성은 1이다.

6) 소비자가 두 재화를 소비하고 있다. 재화1의 수요의 가격탄력성이 1보다 크면, 재화1의 가격이 상승할 때 재화2의 수요는 증가한다.

7) 소비자가 두 재화만을 소비할 때 두 재화가 대체재 관계이면 어떤 재화도 열등재가 될 수 없다.

8) 가격과 소득이 같은 비율로 변하면 마샬적 수요는 변하지 않으며, 가격과 효용수준이 같은 비율로 변할 때 힉스적 수요는 변하지 않는다.

9) $U = f(x_1) + x_2$인 효용함수를 가진 소비자가 있다. 소비자가 두 재화를 모두 소비하고 있는 상황에서 재화1 수요의 소득탄력성은 0보다 크다.

2 1) 소득이 m_0에서 m_1으로 상승할 때, 재화1의 수요가 증가한 것을 각각 재화1의 엥겔곡선, 재화1의 수요곡선, 그리고 소득소비곡선을 이용해 그래프로 표시하라.

2) 재화2의 가격이 p_2^0에서 p_2^1으로 상승할 때, 재화1의 수요가 감소한 것을 재화1의 엥겔곡선, 재화1의 수요곡선, 재화2의 가격소비곡선을 이용해 그래프로 표시하라.

3 수요곡선이 세로축과 만나는 점과 가로축과 만나는 점에서 각각 수요의 가격탄력성은 어떤 값을 갖는지 설명하라.

4 한 재화의 엥겔곡선이 다음과 같을 때, 수요의 소득탄력성이 정확히 1이 되는 점을 그림으로 찾아 보여라.

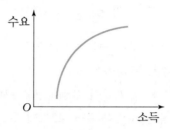

5 두 재화를 소비하는 소비자가 있다. 소비자의 무차별곡선은 원점을 향해 볼록한 형태를 지니고 있으며, 재화2의 소비를 고정한 채, 재화1의 소비를 늘이면 한계대체율에 변화가 없다고 한다.

1) 소비자의 전형적인 소득소비곡선을 그려보라.

2) 소비자의 재화1의 수요의 가격탄력성이 1보다 큰지 작은지를 분명히 말할 수 있는가?

6 소비자의 효용함수가 $U(x_1, x_2) = min\{x_1 + 2x_2, 2x_1 + x_2\}$ 이다.

1) 효용수준이 3인 무차별곡선을 그려라.

2) 가격과 소득이 각각 $p_1 = 1$, $p_2 = 1$, $m = 120$일 때, 각 재화의 수요를 계산하라.

3) 가격과 소득이 각각 $p_1 = 3$, $p_2 = 1$, $m = 120$일 때, 각 재화의 수요를 계산하라.

4) 재화1을 전혀 소비하지 않을 두 재화의 상대가격 $\dfrac{p_1}{p_2}$을 구하라.

5) 재화2를 전혀 소비하지 않을 두 재화의 상대가격 $\dfrac{p_1}{p_2}$을 구하라

6) 두 재화의 소비량이 모두 양이려면 상대가격 $\dfrac{p_1}{p_2}$은 어떤 조건을 만족해야 하는가?

7) $\dfrac{1}{2} < \dfrac{p_1}{p_2} < 2$일 때 두 재화에 대한 수요함수를 구하고, 각 수요의 소득탄력성, 자체의 가격에 대한 탄력성, 그리고 교차탄력성을 구하라.

7 소비자의 효용함수가 $U(x_1, x_2) = 2\sqrt{x_1} + 2\sqrt{x_2}$ 이다.

1) 한계대체율이 체감함을 보여라.

2) 가격과 소득이 각각 $p_1 = 2$, $p_2 = 1$, $m = 60$일 때, 각 재화의 수요를 계산하라.

3) 수요함수를 구하라.

4) 각 재화의 소득탄력성, 가격탄력성 및 교차탄력성을 구하라.

8 소비자의 효용함수가 $U(x_1, x_2) = \ln x_1 + x_2$이다.

1) 두 재화의 수요함수를 구하라.

2) 소득소비곡선(ICC)과 각 재화의 엥겔곡선을 구하고, 그래프를 그려라.

3) 재화1의 가격소비곡선(PCC)을 구하고 그래프를 그려라.

4) 재화2의 가격소비곡선(PCC)을 구하고 그래프를 그려라.

9 소비자의 효용함수가 $U(x_1, x_2) = x_1 x_2$이다.

1) 두 재화의 가격과 소득이 각각 $p_1 = 10$, $p_2 = 5$, $m = 400$일 경우, 각 재화의 수요를 구하라.

2) 재화1을 파는 기업이 가격을 10에서 5로 낮추는 대신, 가입비로 100을 받고자 한다. 새로운 예산선을 그려라.

3) 2)와 같이 가격이 바뀔 때, 새로운 소비자 균형을 구하라.
   1)과 비교하여 효용이 증가했는가 또는 감소했는가?

4) 2)에서와 같이 재화1을 파는 기업이 가격을 10에서 5로 낮추는 대신, 가입비를 부과하고자 한다. 소비자가 1)의 경우와 동일한 효용을 얻도록 하기 위해 가입비를 얼마로 책정해야 하는가? 또 이 때 새로운 소비자 균형을 구하라.

10 소비자의 효용함수가 $U(x_1, x_2) = x_1^2 x_2$이다. 재화1과 2의 가격은 각각 2와 1이고 이 소비자의 현재 소득은 108이다. 세수증가를 위해 정부는 재화1에 종량세 1만큼을 부과할 것인지, 재화2에 3만큼의 종량세를 부과할 것인지 두 가지 대안을 놓고 현재 논의중에 있다.

1) 소비자는 어떤 재화에 과세되는 것을 선호하는가?

2) 어떤 재화에 과세하는 것이 더 많은 세금을 걷을 수 있는가?

11 소비자가 두 재화를 소비한다. 재화2의 가격은 p_2로 고정되어 있다. 그러나 재화1의 가격은 얼마를 소비하느냐에 따라 달라진다. x_1을 소비할 때 재화1의 가격은 $p_1(x_1) = x_1$이다. 소득은 m이다. 효용함수는 $U(x_1, x_2) = x_1^2 x_2$이다.

1) 예산집합을 구하고, 그려라.

2) 소비자 균형점을 구하라.

3) 소득소비곡선을 구하고, 각 재화의 수요의 소득탄력성을 구하라.

4) 재화2 가격의 변화에 따른 가격소비곡선을 구하고, 재화2 수요의 가격탄력성과 재화1 수요의 교차탄력성을 구하라.

5) 재화1의 가격탄력성을 구할 수 있는가?

12 소비자의 효용함수가 $U(x_1, x_2)$이다. 그런데 각 재화의 한계효용은 그 재화의 소비에만 의존한다. 즉, $MU_1(x_1)$이고 $MU_2(x_2)$이다. 또한 두 재화의 한계효용은 모두 체감한다고 가정한다.

1) 한계대체율은 반드시 체감하는가?

2) 그림을 이용해 기펜재가 가능한지 불가능한지 설명하라.

3) 그림을 이용해 재화1의 가격이 감소할 때, 재화2의 수요가 증가하는지 감소하는지 설명하라.

4) 소득이 증가할 때, 새로운 예산선에 새로운 소비자 균형점이 위치할 수 있는 영역을 표시하라.

13 $h_i^0 = h_i(p_1^0, p_2^0, u_0) \ (i = 1, 2)$는 두 재화의 가격이 (p_1^0, p_2^0), 효용이 u_0일 때의 보상수요이다. $e(p_1, p_2, u)$은 지출함수이다. 재화2의 가격과 효용이 p_2^0와 u_0으로 고정되어 있다. $e(p_1, p_2^0, u_0) - (p_1 h_1^0 + p_2^0 h_2^0)$는 $p_1 = p_1^0$에서 극대화됨을 보여라. 이 결과를 이용해 $h_1^0 = h(p_1^0, p_2^0, u_0)$을 $e(p_1, p_2, u)$(의 도함수)를 이용해 표시하라(이 결과를 쉐퍼드의 정리(Shephard's lemma)라고 부름). 이를 이용해 $e(p_1, p_2, u) = \sqrt{p_1 p_2 u}$일 때 각 재화의 보상수요함수를 구하라.

Chapter

06 / 수요의 법칙과 소비자 후생

⭐ 슬러츠키(Evgeny Slutsky) : 러시아, 1880~1948

슬러츠키는 러시아의 수학자이자 경제학자로 경제학 분야에서 가격효과를 대체효과와 소득효과를 나누는 소위 '슬러츠키 방정식'을 개발해 현대 미시경제학에 큰 영향을 미쳤다.

슬러츠키는 제정 러시아의 서부지역에서 출생해 키에프 대학에서 수학을 전공했으나 수차례 학생운동에 연루되어 학교로부터 퇴학을 당해 1902년에 독일 뮌헨 폴리테크닉 대학으로 옮겨 공부를 계속하게 된다. 이곳에서 경제학에 접하면서 수학을 경제학에 접목시키는 방안을 모색했다. 1905년 러시아로 돌아와 키에프 대학에 복학하면서 법대에서 정치경제학을 공부하고, 1911년에 졸업하면서 한계효용이론에 대한 논문으로 금메달을 수상한다. 졸업 후 러시아에 머물면서 여러 대학과 정부 기관에 근무하며 주로 수학과 통계학 관련 연구를 진행했다.

슬러츠키는 1915년에 발표한 논문 "On the Theory of the Budget of the Consumer"에서 슬러츠키 방정식을 발표했는데, 이 논문은 이탈리아어로 작성되었으며 당시 진행되던 1차 대전과 러시아 혁명 발발로 인해 서구의 주류 경제학계의 관심을 받지 못했다. 20년이 지난 1936년에 영국의 경제학자 알렌(Allen)이 슬러츠키의 이론을 소개하고, 힉스(Hicks)가 슬러츠키 방정식을 "가치 이론의 근본 방정식"이라고 부르며 자신의 연구에 인용하면서 현대 미시경제학의 핵심이론이 되었다.

슬러츠키 방정식은 수학적으로 미분을 이용해 도출되었지만 이를 그래프로 설명하기 위해 힉스의 보상수요 개념을 이용한다. 이런 설명 방식을 힉스 방식(Hicks decomposition)이라고 부른다. 그러나 이는 설명 방식에 대한 호칭일 뿐이고 근본적인 개념은 슬러츠키로부터 유래한다는 점을 유의하기 바란다.

슬러츠키는 경제학보다는 수학과 통계학에 대한 연구 성과가 더 많아 슬러츠키 방정식이 경제학 분야에서 잘 알려진 거의 유일한 연구이며, 이 외에 확률적 사건들이 모여 주기적 경기변동을 일으킬 수 있다는 연구 결과가 알려져 있다.

제5장에서 소비자들이 주어진 소득과 가격하에서 효용을 극대화하는 선택을 결정하는 원리와, 소득이나 가격이 변할 때 소비자 선택이 어떻게 변하는지를 논의했다. 본 장에서는 가격이 변할 때 소비자의 반응과 가격변화가 소비자의 후생에 미치는 효과를 보다 자세하게 논의한다.

Section 1   슬러츠키 분해: 가격효과＝대체효과+소득효과

제5장 3.1절에서 수요의 법칙(law of demand)을 설명했다. 수요의 법칙이란 재화의 가격이 상승하면 수요가 감소하고, 가격이 하락하면 수요가 증가하는 현상을 의미한다. 즉, 다른 변수들을 고정했을 때 재화의 가격과 수요가 서로 반대로 움직이는 것을 의미한다.

수요의 법칙은 수요곡선이 우하향한다는 의미이다. 왜 수요곡선은 우하향하는가? 제5장에서 무차별곡선과 예산선을 이용해 가격이 하락할 때, 수요가 증대하는 방향으로 이동할 가능성이 높다는 것을 보았다. 그러나 정확히 왜 그렇게 되는지를 설명해 보라고 하면, 예상 외로 쉽지 않다. "왜 가격이 싸면 그 물건을 더 많이 사게 되는가?"

본 장에서는 이 질문에 대한 명쾌한 대답을 얻기 위해 가격변화에 의한 수요의 변화인 **가격효과**(price effect)를 **대체효과**(substitution effect)와 **소득효과**(income effect)로 나누어 분석한다. 가격효과를 대체효과와 소득효과로 나누어 분석하는 것을 **슬러츠키 분해**(Slutsky decomposition) 또는 **슬러츠키 방정식**(Slutsky equation)이라고 부른다.

직관적으로 설명할 때, 대체효과와 소득효과는 다음과 같은 의미를 갖는다. 재화2의 가격과 소득이 고정되어 있는 상황에서, 재화1의 가격만 변한다 하더라도 두 가지 효과가 동시에 발생한다. 첫째, 상대가격이 변한다. 둘째, 비록 소득이 고정되어 있다고 하더라도, 재화1의 가격이 변했기 때문에 주어진 소득으로 구매할 수 있는 소비묶음이 달라진다. 즉, 주어진 소득의 구매력이 변한다. 재화의 가격변화에 의한 수요의 변화를 가격효과라고 부른다. 상대가격의 변화에 따른 수요의 변화를 대체효과, 실질 구매력의 변화에 따른 수요의 변화를 소득효과라고 부른다. 예를 들어, 핸드폰 통신료가 급등하면 소비자들은 핸드폰 통화 대신 유선전화를 이용하거나 이메일을 사용하는 등 다른 통신수단을 더 많이 이용한다. 이렇게해서 핸드폰 통화량이 줄어드는 효과가 대체효과이다. 즉, 통신수단 간에 대체가이루어짐으로써 핸드폰 통화량이 감소하는 것이다. 뿐만 아니라 소득은 그대로인데 통신료가 급등함에 따라 실질소득이 감소하므로 소비자들은 모든 정상재의 소비를 줄인다. 물론 핸드폰 소비도 함께 줄어든다. 이 효과가 소득효과이다.

가격효과를 대체효과와 소득효과로 나누어 보면, 왜 수요의 법칙이 성립하는지를 보다 정확하게 알 수 있다.

슬러츠키 분해: 가격효과 = 대체효과 + 소득효과
대체효과: 재화의 가격이 변할 때, 실질소득은 고정시킨 채 상대가격의 변화가 수요에 미치는 효과
소득효과: 재화의 가격이 변할 때, 실질소득의 변화가 수요에 미치는 효과

1.1 그래프를 이용한 분석

두 재화의 가격과 소득이 각각 p_1^0, p_2^0, 그리고 m_0일 때의 소비자 균형이 〈그림6-1〉에서 A로 표시되어 있다. 재화2의 가격과 소득은 변하지 않고, 재화1의 가격이 p_1^1으로 하락할 때, 새로운 소비자 균형은 B로 표시되어 있다. 재화1의 가격하락으로 인한 가격효과는 재화1의 경우 $\Delta x_1^P = x_1^B - x_1^A$, 재화2의 경우 $\Delta x_2^P = x_2^B - x_2^A$이다. 이 가격효과 중에서 어느 만큼이 대체효과이고 어느 만큼이 소득효과인가?

대체효과는 실질소득의 변화가 아닌 상대가격의 변화만으로 인한 수요의 변화이다. 따라서 대체효과를 측정하려면, 가격변화 이후의 상대가격인 $\frac{p_1^1}{p_2^0}$을 반영하지만 가격변화로 인한 실질소득 변화를 반영하지 않는 가상적인 상황을 상정해야한다. 이 때 실질소득을 어떻게 해석하느냐에 따라 힉스(Hicks) 방식과 슬러츠키(Slutsky) 방식으로 나뉘는데, 대부분 힉스 방식을 많이 이용한다. 본서에서도 힉스방식을 설명한다.

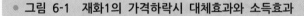

● 그림 6-1   재화1의 가격하락시 대체효과와 소득효과

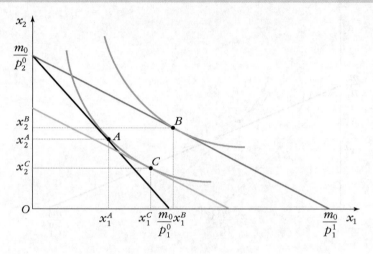

〈그림 6-1〉에서 가격이 변하기 이전의 소비자 효용을 나타내는 무차별곡선에 접하면서 기울기가 $-\dfrac{p_1^1}{p_2^0}$인 예산선을 그린다.[1] 이 방법은 실질소득을 소비자가 누리는 효용의 크기로 파악하므로, 실질소득이 불변이라는 사실을 원래의 효용수준을 보장한다는 의미로 해석한다. 상대가격이 바뀌었지만 원래의 무차별곡선상에 있으면 이전에 누리는 효용과 동일한 효용을 얻으므로, 실질소득이 동일한 것으로 여긴다. 〈그림 6-1〉에서 이 가상적 예산선은 초록 실선으로 표시되어 있고, 원래의 효용을 나타내는 무차별곡선과 접하는 점이 $C = (x_1^C, x_2^C)$로 표시되어 있다. 즉, 초록 실선으로 예산선이 주어지면 소비자는 C에서 효용극대화를 달성할 것이고 그때의 효용수준은 원래의 효용수준과 동일하다. 소비자 균형이 A에서 C로 이동한 것을 대체효과라고 부른다. 〈그림 6-1〉에서 보면 각 재화의 대체효과의 크기는 $\Delta x_1^S = x_1^C - x_1^A$, $\Delta x_2^S = x_2^C - x_2^A$이다. 이들 변화는 실질소득(즉, 효용)의 변화 없이 상대가격 변화의 효과만을 반영한다.

이제 초록 실선으로 표시된 가상적 예산선과 재화1 가격 상승시 발생하는 실제적인 예산선인 $p_1^1 x_1 + p_2^0 x_2 = m_0$(파란선)를 비교해 보면, 두 예산선의 기울기는 $-\dfrac{p_1^1}{p_2^0}$로 동일하다. 따라서 두 예산선의 차이는 소득의 차이만을 반영한다. 그러므로 소

---

1 슬러츠키 방식은 기울기가 $-\dfrac{p_1^1}{p_2^0}$이면서 A점을 지나는 예산선을 사용한다.

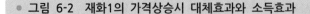

그림 6-2 재화1의 가격상승시 대체효과와 소득효과

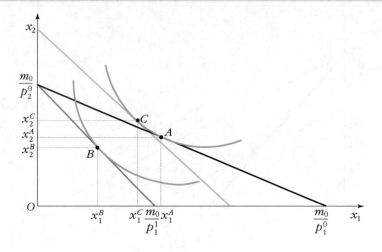

비자 선택이 C에서 B로 변한 것을 소득효과라고 부른다. 〈그림 6-1〉에서 보면 각 재화의 소득효과의 크기는 $\Delta x_1^I = x_1^B - x_1^C$, $\Delta x_2^I = x_2^B - x_2^C$이다. 〈그림 6-2〉는 재화1의 가격이 상승하는 경우, 대체효과와 소득효과를 보여준다.

1.2 마샬적 수요함수와 보상수요함수를 이용한 표현

힉스 방식에 의한 대체효과와 소득효과를 마샬적 수요함수와 보상수요함수를 이용해 표시할 수 있다. 두 재화의 마샬적 수요함수를 $x_1(p_1, p_2, m)$, $x_2(p_1, p_2, m)$, 보상수요함수를 $h_1(p_1, p_2, u)$, $h_2(p_1, p_2, u)$로 표시하자. 가격변화 이전의 재화1과 2의 가격 및 소득이 각각 p_1^0, p_2^0, m_0이고, 이 때 소비자 균형을 $A = (x_1^A, x_2^A)$라고 하면 $x_1^A = x_1(p_1^0, p_2^0, m_0)$, $x_2^A = x_2(p_1^0, p_2^0, m_0)$이다. (x_1^A, x_2^A)를 소비할 때 소비자가 얻는 효용을 u_0라고 하자. 이제 재화2의 가격과 소득은 변하지 않고, 재화1의 가격만 p_1^1으로 변했다고 하자(상승할 수도 있고, 하락할 수도 있다). 새로운 소비자 균형을 $B = (x_1^B, x_2^B)$라고 하면 $x_1^B = x_1(p_1^1, p_2^0, m_0)$, $x_2^B = x_2(p_1^1, p_2^0, m_0)$이다. 재화1 가격이 p_1^0에서 p_1^1으로 변했을 때 각 재화의 가격효과는 각각 $\Delta x_1^P = x_1^B - x_1^A$와 $\Delta x_2^P = x_2^B - x_2^A$이다.

그런데 소비묶음 $C = (x_1^C, x_2^C)$를 구하려면 보상수요의 개념이 필요하다. C는 상대가격이 $\dfrac{p_1^1}{p_2^0}$일 때, 효용수준이 u_0인 무차별곡선에 예산선이 접하는 점이다. 다시 말하면, C는 두 재화의 가격이 각각 p_1^1, p_2^0이고, 효용수준이 u_0인 보상수요이다. 그러므로 $x_1^C = h_1(p_1^1, p_2^0, u_0)$, $x_2^C = h_2(p_1^1, p_2^0, u_0)$임을 알 수 있다. 소비묶음 C를 구매하려면, $m' = p_1^1 h_1(p_1^1, p_2^0, u_0) + p_2^0 h_2(p_1^1, p_2^0, u_0)$의 소득이 필요하다. m'은 다름 아닌 두 재화의 가격이 p_1^1, p_2^0이고, 효용수준이 u_0일 때의 지출인 $e(p_1^1, p_2^0, u_0)$이다. 따라서 힉스 방식에서 초록 실선으로 표시된 예산선의 식은 $p_1^1 x_1 + p_2^0 x_2 = m'$이다. 소비묶음 $C = (x_1^C, x_2^C)$는 예산선 $p_1^1 x_1 + p_2^0 x_2 = m'$하에서의 효용극대화점이 된다. 그러므로 $x_1^C = x_1(p_1^1, p_2^0, m')$, $x_2^C = x_2(p_1^1, p_2^0, m')$으로도 표현할 수도 있다.

재화1의 대체효과: $\Delta x_1^S = x_1^C - x_1^A = h_1(p_1^1, p_2^0, u_0) - x_1(p_1^0, p_2^0, m_0)$

재화2의 대체효과: $\Delta x_2^S = x_2^C - x_2^A = h_2(p_1^1, p_2^0, u_0) - x_2(p_1^0, p_2^0, m_0)$

가격효과 가운데 대체효과를 제외한 나머지 부분이 소득효과이다.

재화1의 소득효과: $\Delta x_1^I = x_1^B - x_1^C = x_1(p_1^1, p_2^0, m_0) - h_1(p_1^1, p_2^0, u_0)$

재화2의 소득효과: $\Delta x_2^I = x_2^B - x_2^C = x_2(p_1^1, p_2^0, m_0) - h_2(p_1^1, p_2^0, u_0)$

새로운 가격인 p_1^1, p_2^0하에서 원래의 효용수준을 달성하기 위해 필요한 지출액 m'과 원래의 소득 m을 비교하면, 가격변화로 인해 소비자가 같은 효용을 달성하기 위해 필요한 소득의 차이를 구할 수 있고, 이 차이는 소비자 후생의 변화를 화폐단위로 요약해 보여준다. 예를 들어, 원래 소득(m)이 100만원인데, 재화1의 가격이 하락한 결과 80만원만 있어도 이전과 같은 효용을 누릴 수 있다면(즉, $m' = 80$만원), 이 소비자는 20만원만큼 생활수준이 상승했다고 말할 수 있다. 이 개념은 본장의 3절에 보상변화라는 개념으로 다시 소개된다.

예 1 소비자의 효용함수가 $U(x_1, x_2) = \sqrt{x_1 x_2}$ 이다. 원래 재화1과 2의 가격 및 소득이 각각 4, 1, 그리고 40이다. 재화1의 가격이 1로 하락했을 때 각 재화의 대체효과와 소득효과의 크기를 알아보자.

효용극대화와 지출극소화 문제를 풀면, 두 재화의 마샬적 수요함수 $x_1^* = \dfrac{m}{2p_1}$, $x_2^* = \dfrac{m}{2p_2}$와 보상수요함수 $h_1^* = \sqrt{\left(\dfrac{p_2}{p_1}\right)}\, u$, $h_2^* = \sqrt{\left(\dfrac{p_1}{p_2}\right)}\, u$를 얻는다. $p_1 = 4$, $p_2 = 1$, $m = 40$을 $x_1^* = \dfrac{m}{2p_1}$, $x_2^* = \dfrac{m}{2p_2}$에 대입하면 소비자 균형 $(x_1^A, x_2^A) = (5, 20)$을 얻는다. 이 때 효용은 $u_0 = \sqrt{5 \cdot 20} = 10$이다. $p_1 = 1$, $p_2 = 1$, $m = 40$을 $x_1^* = \dfrac{m}{2p_1}$, $x_2^* = \dfrac{m}{2p_2}$에 대입하면 $(x_1^B, x_2^B) = (20, 20)$을 얻는다. 그러므로 재화1의 가격이 2에서 1로 하락할 때, 재화1의 가격효과는 $20 - 5 = 15$이고, 재화2의 가격효과는 $20 - 20 = 0$이다.

$x_1^C = h_1(p_1^1, p_2^0, u_0)$, $x_2^C = h_2(p_1^1, p_2^0, u_0)$이므로, $p_1 = 1$, $p_2 = 1$, $u_0 = 10$을 $h_1^* = \sqrt{\left(\dfrac{p_2}{p_1}\right)}\, u$, $h_2^* = \sqrt{\left(\dfrac{p_1}{p_2}\right)}\, u$에 대입하면 $(x_1^C, x_2^C) = (10, 10)$을 얻는다. 따라서 대체효과로 인해 재화1은 $10 - 5 = 5$만큼 수요가 증가한다. 반면에 재화2는 $10 - 20 = -10$이므로 수요가 10만큼 감소한다. 소득효과로 인해 재화1은 $20 - 10 = 10$만큼 수요가 증가한다. 재화2도 $20 - 10 = 10$만큼 수요가 증가한다. ■

Section 2 수요의 법칙

가격효과를 대체효과와 소득효과로 분해하는 목적은 "왜 수요곡선이 우하향하는가?"라는 질문에 대해 보다 명쾌한 대답을 하기 위함이다. 본 절에서는 어떤 조건하에서 수요곡선이 우하향하는가를 알아보자.

먼저 대체효과를 살펴보자. 재화1의 가격이 현재보다 하락하면, 대체효과를 측정하기 위해 그리는 새로운 예산선은 기울기가 이전보다 완만해진다(상대가격이 낮아짐). 무차별곡선이 원점을 향해 볼록하면 〈그림 6-1〉에서 보듯이, 새로운 균형 (C)은 항상 새로운 예산선상에서 원래의 균형보다 오른쪽에 위치한다. 이것은 재화1의 가격이 하락하면, 대체효과에 의해 재화1의 수요는 증가하고, 재화2의 수요는 감소함을 의미한다. 반대로 재화1의 가격이 현재보다 상승하면, 새로운 예산선의 기울기는 이전보다 커진다(상대가격이 높아짐). 〈그림 6-2〉에서 보듯이, 새로운 균형(C)은 항상 원래의 무차별곡선상에서 원래의 균형보다 왼쪽에 위치한다. 이것은 재화1의 가격이 상승하면, 대체효과에 의해 재화1의 수요는 감소하고, 재화2의 수요는 증가함을 의미한다.

대체효과가 얼마나 큰가는 두 재화 사이의 관계에 의해 결정된다. 두 재화가 긴밀한 대체관계에 있으면 무차별곡선이 거의 직선에 가깝고, 이 경우 대체효과는 매우 크다. 반면에 두 재화가 긴밀한 보완관계에 있으면 무차별곡선이 원점을 향하여 매우 볼록한 형태를 띠게 되고, 결과적으로 대체효과의 크기는 작아진다. 극단적으로 두 재화가 서로 완전 보완재라면 대체효과는 전혀 없다.

다음으로 소득효과를 살펴보자. 한 재화의 가격이 하락하면, 구매력 증가로 인해 실질소득이 증가한다. 〈그림 6-1〉에서 재화1 가격의 하락으로 인한 실질소득의 증가는 초록 실선으로 표시된 예산선이 다시 바깥쪽의 파란 실선으로 평행이동하는 것으로 표시되었다. 그 결과 소비자 균형이 C에서 B로 이동했다. 〈그림 6-1〉은 소득증가로 인해 두 재화의 수요가 모두 증가하는 경우를 보여주고 있다. 즉, 두 재화 모두 정상재이다.

〈그림 6-2〉에서는 재화1 가격의 상승으로 인한 실질소득의 감소는 초록 실선으로 표시된 예산선이 안쪽의 파란 실선으로 평행이동하는 것으로 표시되어 있다. 그 결과 두 재화의 수요가 모두 감소해 소비자 균형이 C에서 B로 이동했다. 소득이 감소할 때 두 재화의 수요가 모두 감소했으므로 두 재화 역시 정상재이다. 따라서 정상재의 가격이 상승하면(하락하면), 소득효과에 의해 그 재화의 수요는 반드시 감소한다(증가한다). 이 경우, 대체효과와 소득효과 모두 가격과 수요가 반대방향으로 움직이므로, 두 효과의 합인 가격효과 역시 가격과 수요는 반대로 움직인다. 다시 말하면, 정상재의 수요곡선은 반드시 우하향한다.

그러나 제5장 2.1절에서 보았듯이, 소득이 증가할 때 모든 재화의 수요가 증가하는 것은 아니다. 다시 말하면, 모든 재화가 정상재인 것은 아니다. 경우에 따라서 소득이 증가할 때 수요가 감소하는 열등재도 가능하다. 대체효과는 모든 재화에 대해 예외 없이 항상 가격과 수요가 반대로 이동한다. 그러나 소득효과의 경우, 열등재는 가격이 하락할 때 실질소득은 상승하지만, 수요는 감소한다. 반대로 가격이 상승하여 실질소득이 하락할 때 수요는 오히려 증가한다. 그러므로 열등재는 소득효과에 의해 가격과 수요는 같은 방향으로 작용한다.

열등재는 대체효과와 소득효과가 서로 반대방향으로 작용하므로 수요곡선의 기울기는 대체효과와 소득효과의 상대적 크기에 달려 있다. 대체효과가 소득효과를 압도하면, 여전히 수요곡선은 우하향한다. 그러나 반대로 소득효과가 대체효과를 압도하면, 수요곡선은 우상향할 수 있다. 가격이 오를 때 수요가 증가하는 재화를 기펜재라고 불렀다. 기펜재는 다름 아닌 열등재 가운데 소득효과가 대체효과를 압도하는 재화를 의미한다.

대체효과 vs. 소득효과 (가격상승시):

정상재: 대체효과(−)+소득효과(−)=가격효과(−): 수요곡선은 우하향한다.

열등재: 대체효과(−)+소득효과(+)=가격효과(?): 수요곡선의 우하향 여부는 대체효과와 소득효과의 상대적 크기에 달려 있다. 대체효과가 소득효과를 압도하면, 열등재도 수요곡선은 우하향한다.

기펜재: 대체효과(−)+소득효과(+)=가격효과(+): 열등재 가운데 소득효과가 대체효과를 압도하여 가격이 증가할 때 수요가 증가하는 재화

〈그림 6-3〉은 열등재이나 수요곡선이 우하향하는 경우를 보여준다. 재화1의 가격이 하락할 때 대체효과에 의해 수요는 x_1^A에서 x_1^C로 증가한다. 그러나 열등재이므로 소득효과에 의해 수요는 x_1^C에서 x_1^B로 감소한다. $x_1^B > x_1^A$이므로, 대체효과에 의한 수요의 증가분이 소득효과에 의한 수요의 감소분보다 크다. 그러므로 재화1의 가격이 하락할 때 재화1의 수요는 x_1^A에서 x_1^B로 증가한다. 따라서 수요곡선은 우하향한다.

〈그림 6-4〉는 기펜재가 되는 경우를 보여준다. 재화1의 가격이 하락할 때 대체효과에 의해 수요는 x_1^A에서 x_1^C로 증가한다. 그러나 열등재이므로 소득효과에 의해 수요는 x_1^C에서 x_1^B로 감소한다. $x_1^A > x_1^B$이므로, 소득효과에 의한 수요의 감소분이 대체효과에 의한 수요의 증가분보다 크다. 그러므로 재화1의 가격이 하락할

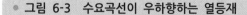
그림 6-3 수요곡선이 우하향하는 열등재

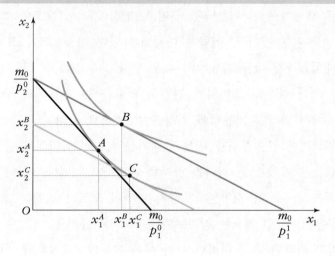

때 재화1의 수요는 x_1^A에서 x_1^B로 감소한다. 가격이 하락했음에도 수요가 감소했으므로 재화1은 기펜재이다. 이 경우 수요곡선은 우상향한다.

기펜재는 반드시 열등재이다. 그러나 모든 열등재가 기펜재가 되는 것은 아니다. 이론적인 가능성에도 불구하고 실제로 기펜재는 매우 희소하다. 그 이유는 바로 기펜재의 전제조건이 열등재라는 데에 있다. 제5장 2.5절에서 언급했듯이 열등재는 독특한 상품이 아니라 대체재가 많이 있고 그 중에서 가장 열등한 상품이다.

그림 6-4 기펜재: 수요곡선이 우상향하는 열등재

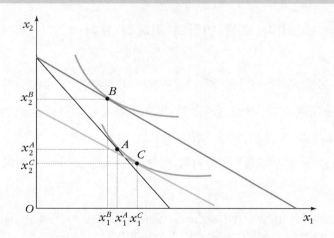

그러므로 열등재는 본질적으로 대체효과가 클 수밖에 없다. 소주의 가격이 오르면 맥주나 양주로 대체가 쉽게 이루어질 것이고, 연탄 가격이 오르면 석유나 가스로 금방 대체가 이루어질 것이다. 이렇게 대체재가 많아 대체효과가 크기 때문에 소득효과보다 대체효과가 작을 가능성이 매우 낮다.

기펜재는 절대 다수의 소비자가 간신히 먹고 사는 경제에서 주식(主食)으로 이용되는 식품에서 발생할 가능성이 가장 높은 것으로 알려져 있다. 기펜재의 거의 유일한 예로 거론되는 경우가 19세기 대기근 시기의 아일랜드 감자이다. 당시 아일랜드 사람들은 거의 모든 끼니를 감자로 해결하고 있었다. 이 때 감자 가격이 상승한다면 감자의 수요가 줄어들까? 감자 가격이 오르기 전에는 그나마 여유가 조금 있어 1주일에 한 번 정도는 감자보다 좀더 나은 음식을 먹을 수 있었을 것이다. 그러나 감자 가격이 올라 버리면 이런 여유마저 없어져 1주일 내내 감자만 먹게 되어 감자 수요가 오히려 증가할 수 있다. 그러나 실제로 이 시기의 감자가 기펜재였다는 구체적인 증거나 연구결과가 없어 이 주장도 최근에 학계에서는 정설로 인정되지 않고 있다.[2] 이 정도면 수요가 가격과 반대로 움직인다는 것을 '수요의 법칙'이라 불러도 큰 무리는 아니라고 말할 수 있을 것이다.

생각하기 1 ▶ 두 재화가 완전 보완재인 경우와 완전 대체재인 경우, 그래프를 이용해 가격효과를 대체효과와 소득효과로 분해해 보아라.

Section 3 　소비자 후생 변화의 화폐적 표현

가격이나 소득 등 소비자의 객관적 조건들이 변하면 소비자의 선택이 바뀌고 그로 인해 효용도 변한다. 예를 들어, 한 재화의 가격이 하락하면 이전보다 구매력이 증가하므로 소비자 효용은 증가한다.

〈그림 6-5〉를 보면 재화1의 가격이 하락함에 따라 소비자 균형이 A에서 B로

---

2 최근에 하버드 대학의 젠슨과 밀러(Jensen and Miller)는 중국 남부에서의 쌀이나 북부에서의 국수가 빈민들 사이에서 기펜재가 된다는 연구결과를 제시했다.

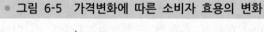

• 그림 6-5 가격변화에 따른 소비자 효용의 변화

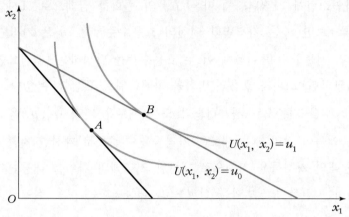

바뀌었다. 동시에 소비자의 효용도 u_0에서 u_1으로 증가했다. 그런데 소비자 효용이 증가한 정도를 객관적으로 표현하기 위해 "효용수준이 u_0에서 u_1로 상승했다" 라고 말하는 것은 거의 아무런 정보도 전달하지 못한다. 독자들도 이미 알듯이 효용함수의 서수성 때문에 이런 표현은 소비자의 만족도가 높아졌다는 사실 이외에 소비자에 미친 영향이 얼마나 큰지에 대해 아무런 정보를 제공하지 않기 때문이다. 만일 가격변화가 효용에 미치는 변화를 금액으로 표시할 수 있다면, 보다 많은 이야기를 할 수 있을 것이다.

이제 다음과 같은 상황을 생각해 보자. 재화2의 가격과 소득은 p_2^0와 m_0로 고정되어 있고, 재화1의 가격이 p_1^0에서 p_1^1으로 변했다. 편의상 〈그림 6-5〉와 같이 재화1의 가격이 하락한 경우를 살펴보자. 상승한 경우에도 동일한 방법이 적용된다.[3] 재화1의 가격하락으로 인해 효용은 u_0에서 u_1으로 상승했다. 이 같은 변화를 금액으로 표시하는 방법을 알아본다.

3.1 보상변화

제5장에서 지출함수를 공부했다. 지출함수는 주어진 가격체계하에서 원하는

---

3 본 절에서는 한 재화의 가격이 변하는 경우를 중심으로 설명을 하지만, 실제로는 여러 재화의 가격이 동시에 변하는 경우에도 적용된다.

효용수준을 달성하기에 필요한 금액이 얼마인지를 보여준다. 따라서 지출함수를 이용하면 자연스럽게 가격변화에 따른 효용의 변화를 금액으로 표시할 수 있다. 〈그림 6-5〉를 보면 u_0는 가격변화 이전의 효용수준이고, u_1은 가격변화 이후의 효용수준이다. 지출함수를 이용해 이 두 효용수준을 달성하는 데 필요한 지출액을 계산하여 비교하면, 소비자 효용의 변화를 화폐단위로 표현할 수 있다. 이 때 원래의 가격 (p_1^0, p_2^0)을 기준으로 사용하느냐 또는 새로운 가격 (p_1^1, p_2^0)을 사용하느냐에 따라 지출액들이 달라진다. 새로운 가격들을 기준으로 계산한 지출액의 차이를 보상변화, 원래의 가격들을 기준으로 계산한 지출액의 차이를 대등변화라고 부른다. 본 절에서는 먼저 보상변화를 살펴보고, 대등변화는 다음 절에서 살펴본다.

u_0는 두 재화의 가격이 각각 p_1^0와 p_2^0, 그리고 소득이 m_0일 때 얻을 수 있는 최대 효용이다. 뒤집어 말하면, 두 재화의 가격이 각각 p_1^0와 p_2^0일 때 u_0의 효용을 얻을 수 있는 최소한의 금액이 바로 m_0이다. 또한 두 재화의 가격이 각각 p_1^1와 p_2^0일 때 u_1의 효용을 얻을 수 있는 최소한의 금액 역시 m_0이다. 지출함수를 이용해서 이 사실을 쓰면 다음과 같다.

$$m_0 = e(p_1^0, p_2^0, u_0) = e(p_1^1, p_2^0, u_1) \tag{1}$$

이제 다음과 같은 질문을 해 보자. 재화1의 가격이 p_1^0에서 p_1^1으로 하락해 이전의 소득 m_0로 더 높은 효용수준인 u_1을 누리게 되었다. 따라서 새로운 가격에서 이전과 동일하게 u_0의 효용을 누리려면 m_0보다 작은 지출액으로 충분하다. 과연 지출액은 얼마나 줄어드는가? 이 금액을 m_1으로 나타내면, 지출함수를 이용해 m_1을 다음과 같이 쓸 수 있다.

$$m_1 = e(p_1^1, p_2^0, u_0) \tag{2}$$

〈그림 6-6〉은 m_1의 크기를 그림으로 보여주는데, 앞 절에서 대체효과와 소득효과를 분해하기 위해 가상적인 예산선을 그릴 때와 동일한 방법을 이용한다는 것을 알 수 있다. 〈그림 6-6〉을 보면 두 재화의 가격이 각각 p_1^1과 p_2^0일 때 C를 선택함으로써 가장 적은 금액으로 u_0의 효용을 얻을 수 있다. C를 지나는 초록색 예산

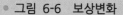
● 그림 6-6 보상변화

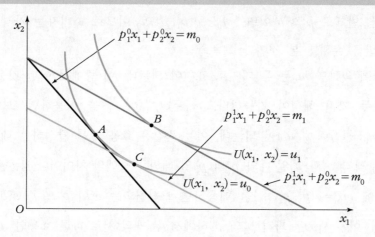

선의 소득이 정확하게 m_1이다. 그림에서 보듯이, m_1은 m_0보다 작다(가격이 상승하면 m_1은 m_0보다 크다). 이들의 차이인 $m_0 - m_1$을 **보상변화**(compensating variation: CV)라고 부르는데, 이 차이는 가격변화로 인한 효용의 증대를 지출액의 차이로 보여주고 있다.

보상변화의 의미를 알아보자. 재화1의 가격이 변하기 전에 소비자는 m_0의 소득으로 u_0의 효용을 얻었다. 재화1의 가격이 하락할 때, 이전과 동일하게 u_0의 효용을 얻기에 필요한 소득은 m_1이다. 그러나 실제로 소비자의 소득은 m_1이 아닌 m_0이다. 재화1의 가격이 하락할 때 m_0에서 $m_0 - m_1$만큼 소득이 감소하더라도 소비자의 효용에는 변화가 없다. 즉, 소득이 $m_0 - m_1$만큼 감소하면 가격변화의 효과를 보상할 수 있다. 그러나 소비자는 여전히 m_0의 소득을 가지고 있고, 가격하락으로 인해 이전보다 높은 효용인 u_1의 효용을 누리고 있다. 따라서 $m_0 - m_1$의 크기는 재화1의 가격이 하락할 때 소비자가 얻는 효용의 증가분을 금액으로 표시한 것으로 볼 수 있다.

보상변화: $CV = m_0 - e(p_1^1, p_2^0, u_0)$. 실제 소득과, 새로운 가격에서 이전과 동일한 효용을 누리기 위해 필요한 소득과의 차이

$p_1^1 < p_1^0$이면, $m_0 > e(p_1^1, p_2^0, u_0)$이므로 소비자는 가격하락으로 CV만큼 이득을 본 것이다. 반대로 $p_1^1 > p_1^0$이면, $m_0 < e(p_1^1, p_2^0, u_0)$이므로 소비자는 가격상승으로 인해 CV만큼 손해를 본 것이다.

(1)식에 의하면 m_0는 두 가지로 표현이 되는데, 이 중에서 어떤 것을 쓰느냐에 따라 두 가지 해석이 가능하다. $m_0 = e(p_1^0, p_2^0, u_0)$을 이용하면, 보상변화는 $e(p_1^0, p_2^0, u_0) - e(p_1^1, p_2^0, u_0)$이 되는데, 이는 똑같은 효용 u_0를 달성하는 데 두 재화의 가격이 각각 p_1^0와 p_2^0일 때와 p_1^1와 p_2^0일 때의 지출액의 차이이다(검은선 vs. 초록선). 반면에 $m_0 = e(p_1^1, p_2^0, u_1)$을 이용하면 보상변화는 $e(p_1^1, p_2^0, u_1) - e(p_1^1, p_2^0, u_0)$이 되는데, 이는 새로운 가격 p_1^1와 p_2^0하에서 두 개의 서로 다른 효용인 u_1와 u_0을 달성하기 위한 지출액의 차이이다(파란선 vs. 초록선).

> **예 1** 효용함수가 $U(x_1, x_2) = x_1 x_2$, 재화1의 가격은 2, 재화2의 가격은 1, 소득은 120이다. 이제 재화1의 가격이 1로 하락할 때, 보상변화의 크기는 얼마인가?

원래의 예산선은 $2x_1 + x_2 = 120$이다. 한계대체율이 $\dfrac{x_2}{x_1}$이므로 $\dfrac{x_2}{x_1} = 2$와 예산선을 연립해 풀면 $x_1 = 30$, $x_2 = 60$이고 $u_0 = 1,800$이다. 재화1의 가격이 하락한 후의 예산선은 $x_1 + x_2 = 120$이다. $\dfrac{x_2}{x_1} = 1$과 새로운 예산선을 연립해서 풀면 $x_1 = 60$, $x_2 = 60$이고 $u_1 = 3,600$이다. 다음으로 재화1의 가격이 하락했을 때, $u_0 = 1,800$의 효용을 얻기 위해 필요한 최소한의 금액을 알아보자. 이를 위해 $\dfrac{x_2}{x_1} = 1$과 $x_1 x_2 = 1,800$을 연립해 풀면, $x_1 = x_2 = 30\sqrt{2}$를 얻는다. 따라서 $m_1 = e(1, 1, 1800) = 60\sqrt{2}$이다. 그러므로 $CV = 120 - 60\sqrt{2}$이다. ■

3.2 대등변화

보상변화는 원래의 효용을 기준으로 할 때, 원래의 가격과 새로운 가격에서 이 효용을 얻기 위해 필요한 금액의 차이이다. 반면에 대등변화는 새로운 효용을 기준으로 할 때, 원래의 가격과 새로운 가격에서 이 효용을 얻기 위해 필요한 금액의 차이를 의미한다. 〈그림 6-7〉을 통해 대등변화에 대해 알아보자. 상황은 앞 절과 동일하다. 이 때 재화1의 원래 가격인 p_1^0에서 u_1의 효용을 얻기 위해 필요한 최소한의 금액은 얼마인가? 이 금액을 m_2로 나타내면, 지출함수를 이용해 m_2를 다음과 같이 쓸 수 있다.

$$m_2 = e(p_1^0, p_2^0, u_1) \tag{3}$$

〈그림 6-7〉을 보면 두 재화의 가격이 각각 p_1^0과 p_2^0일 때 C를 선택함으로써 가장 적은 금액으로 u_1의 효용을 얻을 수 있다. C를 지나는 초록색 예산선의 소득이 정확하게 m_2이다. 그림에서 보듯이 m_2는 m_0보다 크다(가격이 상승하면 m_2는 m_0보다 작다). 이들의 차이인 $m_2 - m_0$을 **대등변화**(equivalent variation: EV)라고 부른다.

대등변화의 의미를 알아보자. 재화1의 가격이 변하기 전에 소비자는 m_0의 소득으로 u_0의 효용을 얻었다. 재화1의 가격이 하락함으로써 소비자는 이전보다 높은 u_1의 효용을 얻는다. 원래의 가격에서 u_1의 효용을 얻으려면 $m_2 - m_0$만큼의 추가적인 소득이 필요하다. 즉, 소득이 $m_2 - m_0$만큼 증가하면 가격변화와 대등한 효과가 있다. 그러나 재화1의 가격이 하락했으므로, 소비자는 $m_2 - m_0$만큼의 추가적인 소득 없이 m_0의 소득만으로도 u_1의 효용을 누리고 있다. 그러므로 $m_2 - m_0$의 크기는 재화1의 가격이 하락할 때 소비자가 얻는 효용의 증가분을 금액으로 표시

● **그림 6-7 대등변화**

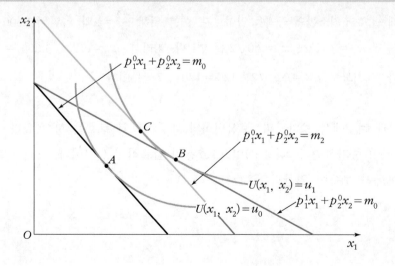

한 것으로 볼 수 있다.

> **대등변화**: $EV = e(p_1^1, p_2^0, u_1) - m_0$. 이전의 가격에서 새로운 효용을 누리기 위해 필요한 소득과 실제 소득과의 차이

$p_1^1 < p_1^0$이면, $e(p_1^0, p_2^0, u_1) > m_0$이므로 소비자는 가격하락으로 EV만큼 이득을 본 것이다. 반대로 $p_1^1 > p_1^0$이면, $e(p_1^0, p_2^0, u_1) < m_0$이므로 소비자는 가격상승으로 인해 EV만큼 손해를 본 것이다. 이번에도 역시 (1)식에 있는 m_0의 식 중에서 어떤 것을 쓰느냐에 따라 두 가지 해석이 가능하다. $m_0 = e(p_1^1, p_2^0, u_1)$을 대입하면 대등 변화는 $e(p_1^0, p_2^0, u_1) - e(p_1^1, p_2^0, u_1)$이 되는데, 이는 새로운 효용수준을 원래의 가격과 변화 이후의 가격으로 각각 달성하는 데에 필요한 지출액의 차이이다(초록선 vs. 파란선). 반면에 $m_0 = e(p_1^0, p_2^0, u_0)$을 대입하면, 대등변화는 $e(p_1^0, p_2^0, u_1) - e(p_1^0, p_2^0, u_0)$이 되어 원래 가격 p_1^0와 p_2^0하에서 두 개의 서로 다른 효용인 u_1와 u_0을 달성하기 위한 지출액의 차이이다(초록선 vs. 검은선).

예 2 예 1과 상황이 동일할 때, 대등변화의 크기는 얼마인가?

예 1에서 $u_1 = 3,600$이다. 그러므로 원래의 가격에서 $u_1 = 3,600$의 효용을 얻기 위해 필요한 최소한의 금액을 알아보자. 이를 위해 $\dfrac{x_2}{x_1} = 2$와 $x_1 x_2 = 3,600$을 연립해 풀면 $x_1 = 30\sqrt{2}$, $x_2 = 60\sqrt{2}$를 얻는다. 따라서 $m_2 = e(2, 1, 3,600) = 120\sqrt{2}$이다. 그러므로 $EV = 120\sqrt{2} - 120 = 120(\sqrt{2} - 1)$이다. ∎

예 1과 예 2에서 보다시피, 보상변화와 대등변화의 부호는 항상 같다. 가격이 변해 효용이 증가하면 둘 다 (+)이고, 효용이 감소하면 (−)이다. 그러나 그 크기는 두 예에서 보듯이 일반적으로 서로 다르다.

생각하기 2 예 1과 예 2에서 재화1의 가격이 2에서 1로 하락하는 대신에 반대로 1에서 2로 증가하면 보상변화와 대등변화의 크기(절대값)가 서로 바뀜을 보여라. 일반적으로 재화2의 가격과 소득은 변하지 않고, 재화1의 가격이 p_1^0에서 p_1^1으로 변하는 경우와 반대로 p_1^1에서 p_1^0으로 변하는 경우를 비교하면 보상변화와 대등변화가 서로 뒤바뀜(절대값)을 설명하라.

3.3 소비자잉여

가격의 변화로 인한 소비자 후생의 변화를 객관적인 화폐단위로 측정하는 방법으로 위에서 설명한 보상변화나 대등변화를 이용하는 것이 가장 정확한 방법이다. 그러나 이 방법을 이용하려면 지출함수를 계산해야 한다. 그런데 지출함수는 효용의 크기에 의존한다. 효용은 관측할 수 없으므로 지출함수를 이용해 보상변화나 대등변화를 실제로 계산하는 데에 한계가 있다. 그 대신 이론적인 엄밀성은 다소 떨어지지만 수요곡선만으로 계산이 가능한 **소비자잉여**(consumer surplus)의 개념이 널리 이용되고 있다. 수요곡선은 가격과 수량 간의 관계이므로 관측이 가능하다. 따라서 보상변화나 대등변화와 달리 보이지 않는 효용의 크기에 의존하지 않는다. 이것 때문에 가격의 변화에 따른 효용의 변화를 금액으로 측정하는 데 소비자잉여가 많이 사용된다.

소비자잉여는 제5장의 3.5절에서 소개한 수요곡선의 수직적 해석을 이용한다. 〈그림 6-8〉에서 보듯이, x_0에서 수요곡선의 높이 $p_0 (= P(x_0))$는 x_0번째 단위를 소비하기 위해 소비자가 지불할 용의가 있는 최대 금액, 즉 유보가격을 의미한다. 0부터 x_0까지 수요곡선의 높이를 모두 더하면, 0부터 x_0 사이의 수요곡선 아래 부분의 면적을 얻는다. 이 면적은 소비자가 x_0만큼을 소비함으로써 얻는 편익을 금액으로 표시한 것으로 **총지불의사**(total willingness to pay)라고 부른다.

가격이 p_0이면 〈그림 6-8〉에서 보다시피 소비자들은 x_0만큼 소비하고자 한다. 소비자들이 x_0만큼 소비하기 위해 지불할 용의가 있는 총금액인 총지불의사는 〈그림 6-8〉의 왼쪽에 표시되어 있다. 그러나 x_0를 얻기 위해 실제로 소비자가 지불하는 금액은 $p_0 \times x_0$이다. 지불할 용의가 있는 최대 금액에서 실제로 지불하는

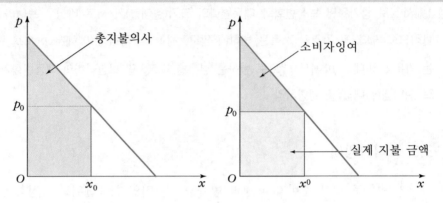

● 그림 6-8 소비자잉여: 수요곡선의 수직적 해석

금액을 뺀 것이 소비자잉여이다. 소비자잉여의 크기는 가격에 따라 달라진다. 주어진 가격에서 소비자잉여는 그 가격에서 수요만큼 소비했을 때 소비자가 얻는 이득을 의미한다.

> **소비자잉여**: 주어진 가격에서 수요만큼 소비했을 때 소비자가 얻는 이득을 의미하며, 수요곡선과 주어진 가격선 사이의 면적이다.

재화의 가격이 p_0에서 p_1으로 하락하면, 소비자잉여는 〈그림 6-9〉에서 보다시피 색칠한 부분만큼 증가한다. 반대로 가격이 p_1에서 p_0로 상승하면, 같은 크기만큼 감소한다. 소비자잉여가 주어진 가격에서 소비자가 얻는 이득을 의미하므로, 가격변화에 따른 소비자 후생의 변화를 소비자잉여의 변화로 측정할 수 있다. 앞에서 언급했듯이 소비자잉여는 관측 가능한 수요곡선에 대한 지식만을 요구하므로 현실에서 많이 사용된다.

예 3 수요곡선이 $p = 10 - x$이다. 가격이 4에서 6으로 상승하면 소비자잉여는 얼마나 감소하는가?

가격이 4일 때 수요는 6이므로, 소비자잉여는 $\dfrac{6 \times 6}{2} = 18$이다(독자들은 그림을

● **그림 6-9 가격변화에 따른 소비자잉여의 변화**

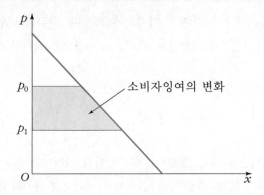

그려보기 바란다). 가격이 6일 때 수요는 4이므로 소비자잉여는 $\dfrac{4 \times 4}{2} = 8$이다. 그러므로 소비자잉여는 10만큼 감소한다.

Box 6-1 소비자잉여의 수학적 표현

제2장에서 적분의 개념을 간단히 소개했다. 적분을 이용하면 소비자잉여를 수학적으로 엄밀하게 표현할 수 있다.

수요함수 $x = x(p)$이 주어졌을 때, 가격을 수량의 함수가 되도록 풀어 역수요함수 $p = P(x)$를 구한다. 주어진 수량에서 수요곡선의 높이, 즉 $P(x)$의 크기는 x번째 단위를 얻기 위한 소비자의 유보가격을 의미한다.

x만큼 소비할 때 총지불의사를 $TWP(x)$로 표시하자. $TWP(x)$는 0부터 x까지 수요곡선 아래의 면적이므로, 적분으로 표시할 때는 수요함수가 아닌 역수요함수를 0부터 x까지 적분하는 것으로 표시됨에 유의하기 바란다.

$$TWP(x) = \int_0^x P(z)\,dz$$

$TWP(x)$를 x에 대해 미분하면 다름 아닌 한계지불의사가 된다. 제2장에서 소개한 미적분학의 기본정리를 이용하면 $\dfrac{dTWP(x)}{dx} = P(x)$가 됨을 알 수 있다. 이 같은 이유 때문에 x에서 수요곡선의 높이인 $P(x)$를 한계지불의사라고 부른다.

다음으로 소비자잉여를 표시해 보자. 소비자잉여는 수량과 가격 두 가지 방식으로 표시될 수 있다. 수요가 x일 때의 가격은 $P(x)$이다. 따라서 x만큼을 소비하기 위해 소비자는 $x \times P(x)$만큼을 지불한다. 그러므로 수량으로 표시한 소비자잉여는 다음과 같다.

$$CS(x) = \int_0^x p(z)\,dz - x \times P(x)$$

〈그림 6-8〉에서 보다시피 소비자잉여는 주어진 가격보다 높은 영역에서 수요곡선 왼쪽 부분의 면적으로 볼 수도 있다. 그러므로 가격으로 표시한 소비자잉여는 다음과 같다.

$$CS(p) = \int_p^\infty x(t)\,dt$$

독자들은 수량을 이용할 때는 역수요함수를, 가격을 이용할 때는 수요함수를 적분하는 데 유의하기 바란다.

$p_0 < p_1$이면 p_1과 p_0 사이의 수요곡선의 면적은 $\int_{p_0}^{p_1} x(t)\,dt$이다. 가격이 p_1에서 p_0로 하락하면 소비자는 $\int_{p_0}^{p_1} x(t)\,dt$만큼 이득을 얻는다. 반대로 가격이 p_0에서 p_1으로 상승하면 $\int_{p_0}^{p_1} x(t)\,dt$만큼 손해를 입는다.

Section 4 물가지수와 후생변화

지출액을 비교해 소비자 후생의 변화를 비교하는 방법은 물가지수를 만들고 해석하는 데에도 이용된다. 물가지수(price index)는 여러 재화들의 가격이 변동할 때, 이 변동을 하나의 대표적인 숫자로 나타내는 것이다. 물가지수는 두 개의 서로 다른 연도 사이의 변화에 대해 적용하는데, 가격들이 변화하기 이전 연도를 기준연도(base year), 가격들이 변한 이후의 연도를 비교연도(comparison year)라고 부른다.

이제까지 소비자가 항상 두 가지 재화만 소비하는 경우를 살펴보았으므로, 물가지수도 두 가지 재화의 가격변화를 예로 논의한다. 본 절에서는 어떻게 물가지수를 만들며, 또한 물가지수의 크기로부터 기준연도와 비교연도의 소비자 효용을 비교할 수 있는지를 알아본다.

기준연도의 두 재화의 가격을 (p_1^0, p_2^0), 소득을 m_0, 소비자가 선택한 소비묶음을 $A(x_1^0, x_2^0)$라고 하자. 마찬가지로 비교연도의 두 재화의 가격을 (p_1^1, p_2^1), 소득을 m_1, 소비자가 선택한 소비묶음을 $B(x_1^1, x_2^1)$라고 하자. 소비자가 매년 예산제약을 등호로 충족한다고 가정하면 다음의 식이 성립한다.

$$m_0 = p_1^0 x_1^0 + p_2^0 x_2^0 \tag{4}$$

$$m_1 = p_1^1 x_1^1 + p_2^1 x_2^1 \tag{5}$$

두 가격의 변화율이 서로 다를 때 '평균적인' 물가변화율을 어떻게 구할 수 있을까? 예를 들어, 거의 매일 먹는 쌀 가격이 10%, 간혹 먹는 고구마 가격이 20% 올랐을 때 이 둘을 단순평균해 먹거리물가가 15% 올랐다고 말한다면 동의할 사람이 별로 없을 것이다. 두 재화의 소비 비중이 다르기 때문에 그들이 실제 생활, 즉 소비자 후생에 미치는 영향이 다르기 때문이다. 그렇다면 가격변화가 소비자 후생에 미치는 영향을 어떻게 반영해 평균적인 물가변화율을 구하는 것이 합리적일까?

지출함수를 이용하면 이 질문에 대한 원론적인 답을 얻을 수 있다. 즉, 동일한 생활수준(즉, 소비자 효용)을 달성하기 위해 필요한 지출액(즉, 소비자 부담)이 얼마나 변했는지를 계산하면 물가상승의 효과를 정확히 계산할 수 있다. 이때 기준연도와 비교연도의 생활수준 중에서 어떤 것을 목표로 하느냐에 따라 두 가지 다른 방식이 있다.

4.1 라스파이에 물가지수

라스파이에 물가지수는 **기준연도**의 생활수준을 달성하기 위해 원래 가격 대비 바뀐 가격에서 돈이 얼마나 더 또는 덜 드는지를 비교해 물가변화의 평균적인 효과를 계산한다. 〈그림 6-10〉의 검은 실선은 기준연도의 예산선(m_0), $A(x_1^0, x_2^0)$는 기준연도의 소비자 선택, 주황색 실선은 기준연도의 무차별곡선(u_0)을 보여주는데, m_0는 원래 가격(p_1^0, p_2^0)에서 원래 생활수준(u_0)을 달성하는 데 필요한 최소 지출액으로 해석할 수도 있다. 초록선은 바뀐 가격 (p_1^1, p_2^1)에서 동일한 생활수준 u_0을 달성하는 데 필요한 예산선을 보여 주는데, 이때에 필요한 소득수준을 m^c로 부르기로 하자. m^c의 크기는 다음과 같이 지출함수를 이용해 계산할 수 있는데, 이는 보상변화를 계산할 때 이용한 방식과 유사하다.

> 바뀐 가격(비교연도 가격)에서 원래의 생활수준(기준연도 효용)을 달성하는 데 필요한
> 최소한의 소득: $m^c = e(p_1^1, p_2^1, u_0)$

● 그림 6-10 정확한 지출액 비교와 라스파이에 물가지수

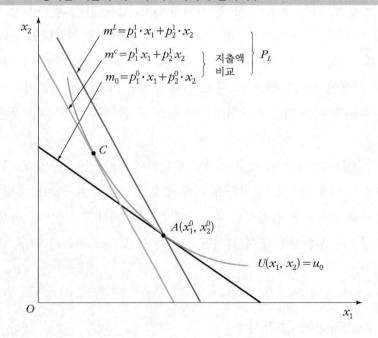

m^c가 m_0에 비해 얼마나 큰지(즉, $\dfrac{m^c}{m_0}$)를 계산하면, 물가 변화로 인해 동일한 생활수준(u_0)을 유지하기 위해 소비자 부담이 얼마나 변화했는지 측정할 수 있다. 예를 들어, 물가 변화 이전에 100만원 소득으로 누리던 생활수준을 물가 변화 이후에도 동일하게 유지하려고 할 때 110만원이 든다면, 평균적인 물가 변화율을 나타내는 물가지수를 110으로 보는 것이 적절할 것이다. 또한 실제 비교연도의 소득 m_1을 m^c과 비교하면 비교연도의 실제 생활수준이 원래보다 높아졌는지 낮아졌는지도 알 수 있다.

$m_1 \geq m^c$: 비교연도 소비자 효용 $\geq$ 기준연도 소비자 효용($u_1 \geq u_0$)

$m_1 < m^c$: 비교연도 소비자 효용 $<$ 기준연도 소비자 효용($u_1 < u_0$)

문제는 현실에서 소비자들의 효용함수나 무차별곡선의 형태를 모르기 때문에 m^c를 정확히 계산하는 것이 불가능하다는 것이다. 그래서 현실적인 대안으로 (관찰이 불가능한) 무차별곡선 u_0를 달성하는 지출액 m^c 대신 (관찰이 가능한) 원래의 소비묶음 A를 구매하는 데 필요한 지출액을 비교하는 방식을 사용한다.

〈그림 6-10〉에서, (p_1^1, p_2^1)에서 (x_1^0, x_2^0)를 구매할 수 있는 예산선은 파란선으로 나타나는데 이때에 필요한 지출액을 m^L이라고 부르기로 하자. 즉, $m^L = p_1^1 x_1^0 + p_2^1 x_2^0$ 인데, m^L은 m^c보다 더 크다.[4] 왜냐하면 m^c는 (p_1^1, p_2^1)에서 원래 생활수준(u_0)을 달성하는 데 필요한 '최소한'의 지출액이고 (x_1^0, x_2^0)도 u_0의 무차별곡선에 포함되기 때문이다.

바뀐 가격(비교연도 가격)에서 원래의 소비묶음(기준연도 소비자 균형)을 구매하는 데 필요한 소득: $m^L = p_1^1 x_1^0 + p_2^1 x_2^0 > m^c$

---

4 완전 보완재와 같이 무차별곡선이 꺾이는 경우 예외적으로 같을 수도 있다. 그러나 한계대체율이 확실하게 체감하면 같아지는 경우는 발생하지 않는다. 본 절에서는 암묵적으로 한계대체율이 확실하게 체감한다고 가정한다.

m_0에 비해 m^L이 얼마나 큰지를 비교하면 실제 계산가능한 물가지수가 되는데, 이런 방식으로 계산된 물가지수를 라스파이에(Laspayers) 물가지수라고 부른다. 이 물가지수는 결과적으로 기준연도의 소비량인 (x_1^0, x_2^0)를 기준연도와 비교연도의 가격으로 각각 구매하는 데에 필요한 금액을 비교하는 것으로 요약될 수 있다. 그러나 이렇게 계산된 물가지수는 이론적으로 정확한 물가지수인 $\dfrac{m^c}{m_0}$에 비해서 분자가 과대평가되어 물가변화를 과대평가한다는 불가피한 문제점을 안고 있다.

라스파이에(Laspayers) 물가지수: $\quad P_L = \dfrac{m^L}{m_0} = \dfrac{p_1^1 x_1^0 + p_2^1 x_2^0}{p_1^0 x_1^0 + p_2^0 x_2^0} > \dfrac{m^c}{m_0}$

라스파이에 물가지수가 물가변화를 과대평가한다는 사실은 물가하락 시 반대로 표현될 수 있으므로 조심할 필요가 있다. 예를 들어, m^c를 사용한 정확한 물가지수가 110인데 라스파이에 물가지수가 115로 계산된다면, 라스파이에 물가지수는 물가상승을 10%에서 15%로 과대평가한다. 반대로 정확한 물가지수가 80인데, 라스파이에 물가지수가 85로 계산된다면, 라스파이에 물가지수는 물가하락을 20%에서 15%로 과소평가한다.

라스파이에 물가지수와 소득변화율을 비교하면 다음과 같은 생활수준 변화 평가가 가능하다.

라스파이에 물가지수($\dfrac{m^L}{m_0}$)와 소득변화율($\dfrac{m_1}{m_0}$)의 비교에 의한 소비자 후생변화 평가

(1) $\dfrac{m_1}{m_0} \geq P_L$: $m_1 \geq m^L > m^c$이므로 $u_1 > u_0$(소비자 효용은 증대)

(2) $\dfrac{m_1}{m_0} < P_L$: 아래 두 경우가 모두 가능하므로 소비자 효용 변화는 불확실

$\quad m^L > m_1 > m^c$이면 $u_1 > u_0$(소비자 효용 증대)

$\quad m^L \geq m^c \geq m_1$이면 $u_1 \leq u_0$(소비자 감소나 불변)

---

(1)의 경우 〈그림 6-10〉에서 비교연도의 예산선이 파란선보다 더 바깥에 위치하게 되므로, 소비자는 비교연도에 기준연도의 소비묶음을 선택할 수도 있고 기준연도에는 구매할 수 없던 새로운 소비묶음들을 구매할 수 있는 기회도 갖게 된다. 따라서 소비자의 효용은 비교연도에 더 높거나 최소한 동일하다(Box 6-2 참조). (2)의 경우 비교연도 예산선이 파란선 아래에 위치하는데, 후생변화의 기준이 되는 초록선(m^c)에 비해 더 아래인지 위인지 확실하지 않으므로 효용의 변화 방향도 불확실하다.

우리가 알고 있는 소비자 물가지수, 생산자 물가지수 등 대부분의 물가지수는 라스파이에 방식에 의해 계산된다. 즉, 기준연도의 물량을 가중치로 사용해 평균적인 물가의 변화율을 보여 준다. 차이는 기준연도 소비량에 어떤 재화들이 포함되느냐이다.

4.2 파쉐 물가지수

파쉐 물가지수는 비교연도의 생활수준을 원래 가격 대비 바뀐 가격에서 달성하기 위해 돈이 얼마나 더 또는 덜 드는지를 비교해 물가변화의 평균적인 효과를 계산한다. 〈그림 6-11〉은 검은 실선은 비교연도의 예산선(m_1), $B(x_1^1, x_2^1)$는 비교연도의 소비자 선택, 주황색 실선은 비교연도의 무차별곡선(u_1)을 보여주는데, m_1은 바뀐 가격(p_1^1, p_2^1)에서 바뀐 생활수준을 달성하는 데 필요한 최소 지출액으로 해석할 수도 있다. 초록선은 원래 가격(p_1^0, p_2^0)에서 동일한 생활수준 u_1을 달성하는 데 필요한 예산선을 보여 주는데, 이때에 필요한 소득수준을 m^e로 부르기로 하자. m^e의 크기는 다음과 같이 지출함수를 이용해 계산할 수 있는데, 이는 대등변화를 계산할 때 이용한 방식과 유사하다.

원래 가격(기준연도 가격)에서 새로운 생활수준(비교연도 효용)을 달성하는 데에 필요한 최소한의 소득: $m^e = e(p_1^0, p_2^0, u_1)$

● 그림 6-11 정확한 지출액 비교와 파쉐 물가지수

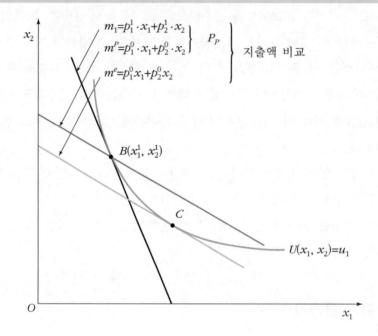

m^e에 비해 m_1이 얼마나 큰지(즉, $\dfrac{m_1}{m^e}$)를 계산하면, 물가변화로 인해 동일한 생활수준(u_1)을 유지하기 위해 소비자 부담이 얼마나 변화했는지 측정할 수 있다. 예를 들어, 물가변화 이후 110만원 소득으로 누리고 있는 생활수준을 변화 이전의 가격으로 동일하게 유지하려면 100만원이 들었을 것이라면, 평균적인 물가변화율을 나타내는 물가지수를 110으로 보는 것이 적절할 것이다. 또한 실제 기준연도의 소득 m_0를 m^e과 비교하면 기준연도의 실제 생활수준이 비교연도보다 높았는지 낮았는지도 알 수 있다.

$m_0 > m^e$: 비교연도 소비자 효용 < 기준연도 소비자 효용($u_1 < u_0$)

$m_0 \leq m^e$: 비교연도 소비자 효용 ≥ 기준연도 소비자 효용($u_1 \geq u_0$)

이번에도 역시 현실에서 소비자들의 효용함수나 무차별곡선의 형태를 모르기 때문에 m^e를 정확히 계산하는 것이 불가능하다. 그래서 현실적인 대안으로 (관찰

이 불가능한) 무차별곡선 u_1를 달성하는 지출액 m^e 대신 (관찰이 가능한) 비교연도 소비묶음 B를 구매하는 데에 필요한 지출액을 비교하는 방식을 사용한다.

〈그림 6-11〉에서, (p_1^0, p_2^0)에서 (x_1^1, x_2^1)를 구매할 수 있는 예산선은 파란선으로 나타나는데 이때에 필요한 지출액을 m^P라고 부르기로 하자. 즉, $m^P = p_1^0 x_1^1 + p_2^0 x_2^1$ 인데, m^P는 m^e보다 더 크다. 왜냐하면 m^e은 (p_1^0, p_2^0)에서 원래 생활 수준(u_1)을 달성하는 데 필요한 '최소한'의 지출액이고 (x_1^1, x_2^1)도 u_1의 무차별곡선에 포함되기 때문이다.

> **원래 가격(기준년도 가격)에서 새로운 소비묶음(비교년도 소비자균형점)을 구매하는 데 필요한 소득:** $m^P = p_1^0 x_1^1 + p_2^0 x_2^1 > m^e$

m^P에 비해 m_1이 얼마나 큰지를 계산하면 실제 계산가능한 물가지수가 되는데, 이런 방식으로 계산된 물가지수를 **파쉐(Paasche) 물가지수**라고 한다. 이 물가지수는 결국 비교연도의 소비량인 (x_1^1, x_2^1)를 기준연도와 비교연도의 가격으로 각각 구매하는 데 필요한 금액을 비교하는 것으로 요약될 수 있다. 그러나 이렇게 계산된 물가지수는 이론적으로 정확한 물가지수인 $\dfrac{m_1}{m^e}$에 비해 분모가 과대평가되어 물가변화를 과소평가한다는 불가피한 문제점을 안고 있다.

> **파쉐(Paasche) 물가지수:** $P_P = \dfrac{m_1}{m^P} = \dfrac{p_1^1 x_1^1 + p_2^1 x_2^1}{p_1^0 x_1^1 + p_2^0 x_2^1} < \dfrac{m_1}{m^e}$

파쉐 물가지수가 물가변화를 과소평가한다는 사실은 물가하락 시 반대로 표현될 수 있으므로 역시 조심할 필요가 있다. 예를 들어, m^e를 사용한 정확한 물가지수가 110인데 파쉐 물가지수가 107로 계산된다면, 파쉐 물가지수는 물가**상승**을 10%에서 7%로 **과소평가**한다. 반대로 정확한 물가지수가 90인데, 파쉐 물가지수가 85로 계산된다면, 파쉐 물가지수는 물가하락을 10%에서 15%로 **과대평가**한다.

파쉐 물가지수와 소득변화율을 비교하면 다음과 같은 생활수준 변화 평가가 가능하다.

파쉐 물가지수($\frac{m_1}{m^P}$)와 소득변화율($\frac{m_1}{m_0}$)의 비교에 의한 소비자 후생변화 평가

(1) $\frac{m_1}{m_0} \leq P_P$: $m_0 \geq m^P > m^e$ 이므로 $u_1 < u_0$(소비자 효용 감소)

(2) $\frac{m_1}{m_0} > P_P$: 아래 두 경우가 모두 가능하므로 소비자 효용 변화는 불확실

$m^P > m_0 > m^e$ 이면 $u_1 < u_0$(소비자 효용 감소)

$m^P \geq m^e \geq m_0$ 이면 $u_1 \geq u_0$(소비자 효용 증대나 불변)

---

(1)의 경우 〈그림 6-11〉에서 기준연도의 예산선이 파란선보다 더 바깥에 위치하므로, 소비자는 기준연도에 비교연도의 소비묶음을 선택할 수도 있고 비교연도에는 구매할 수 없는 소비묶음들을 구매할 수 있는 기회도 갖고 있다. 따라서 효용은 기준연도에 더 높거나 비교연도와 최소한 동일하다(Box 6-2 참조). (2)의 경우 기준연도 예산선이 파란선 아래에 위치하는데, 후생변화의 기준이 되는 초록선(m^e)에 비해 더 아래인지 위인지 확실하지 않으므로 소비자 효용의 변화 방향도 불확실하다. 물가지수 중에서 파쉐 방식으로 계산되는 물가지수로는 GDP 디플레이터(deflator)가 있다.

Box 6-2 현시선호이론과 물가지수

주어진 여러 선택들 중에서 자신이 가장 좋아하는 x를 선택해 막 소비하려고 하는 소비자가 있다. 이 소비자에게 이전에 없던 새로운 선택 y를 한 번 더 보고, 원한다면 x 대신 y를 선택할 수 있는 기회를 제안한다면, 소비자는 이 제안을 받아들일까? 그리고 소비자가 이 제안을 받아들인 후에 실제로 y를 선택했다면, 소비자의 효용은 증가했을까?

우선 소비자가 y를 원치 않으면 여전히 x를 소비할 수 있기 때문에, 이 제안으

로 인해 절대로 손해 볼 일은 없다. 그러므로 소비자는 이 제안을 기꺼이 받아들일 것이다. 더구나 소비자가 x 대신 y를 선택했다면 분명히 소비자는 y를 x보다 선호하며, 따라서 그의 효용도 증가한다는 것을 알 수 있다.

이처럼 소비자들이 선택이라는 행동을 통해 자신의 선호를 드러내므로 이를 이용해 소비자의 선호를 분석하고 예측할 수 있다는 경제학 이론을 **현시선호이론** (Revealed Preference Theory)이라고 한다.

이 이론을 응용하면, 라스파이에 지수가 왜 물가상승 효과를 과대평가하는지 쉽게 알 수 있다. 실제로 라스파이에 물가지수만큼 소득이 상승하면, 소비자는 원래 자신이 선택했던 소비묶음을 '포함해' 이전에 구매할 수 없던 새로운 소비묶음들 중에서도 선택할 수 있는 기회가 생기게 된다. 따라서 소비자의 만족도는 절대로 하락할 수 없고, 대부분의 경우 상승한다. 즉, 라스파이에 물가지수는 물가상승으로 인한 소비자 부담의 증가를 과대평가하는 것이다. 파쉐 물가지수는 반대의 이유로 물가상승으로 인한 소비자 부담의 증가를 과소평가하게 된다.

현시선호이론에 대한 보다 자세한 설명은 본 장의 부록(부록은 954쪽 QR코드를 통해 확인하거나 박영사 홈페이지의 도서자료실에서 확인)에 수록되어 있다.

Section 5 조세의 후생효과

경제활동을 하면서 사람들은 다양한 형태의 세금을 납부한다. 본 절에서는 동일한 금액의 세금을 납부한다고 하더라도, 어떤 형태로 납부하느냐에 따라 소비자 후생이 달라질 수 있음을 알아본다.

간접세(excise tax)는 재화를 구입할 때 지불하는 세금이다. 간접세는 크게 개당 얼마씩 부과하는 **종량세**(quantity tax)와 현재 가격에 일정 %를 부과하는 **종가세** (ad valorem tax)가 있다. 현재 한 재화의 가격이 p라고 하자. 개당 t원의 종량세를 부과하면, 소비자가 지불하는 가격은 $p+t$이다. 반면에 t%의 종가세를 부과하면, 소비자가 지불하는 가격은 $p\left(1+\dfrac{t}{100}\right)$이다. 종가세의 대표적인 경우가 부가가치세(value added tax: VAT)이다. 우리나라의 부가가치세율은 10%이다. 소비자 입장에서는 종량세든 종가세든 세금이 붙으면 그 재화의 가격이 상승함을 의미한다. 본 절의 논의에서는 종량세와 종가세 간에 차이가 없으므로 편의상 종량세의 경우를 알아본다.

먼저 아무런 세금이 없는 경우를 살펴보자. 예산선은 $p_1 x_1 + p_2 x_2 = m$이다. 그러므로 소비자는 $p_1 x_1 + p_2 x_2 = m$하에서 $U(x_1, x_2)$를 극대화하는 소비묶음을 선택할 것이다.

이제 정부가 재화1에 개당 t원의 종량세를 부과한 경우를 살펴보자. 새로운 예산선은 $(p_1 + t)x_1 + p_2 x_2 = m$이다. 그러므로 소비자는 $(p_1 + t)x_1 + p_2 x_2 = m$하에서 $U(x_1, x_2)$를 극대화하는 소비묶음을 선택할 것이다. 종량세하에서 소비자가 선택하는 소비묶음을 $Q^0 = (x_1^0, x_2^0)$라고 표시하자. 〈그림 6-12〉는 예산선과 무차별곡선을 이용해 $Q^0 = (x_1^0, x_2^0)$가 어떻게 결정되는가를 보여준다. $Q^0 = (x_1^0, x_2^0)$를 선택했을 때 소비자가 얻는 효용을 u_0로 표시하자. u_0는 당연히 세금이 없는 경우 얻는 효용보다는 작다. 재화1을 x_1^0만큼 소비함으로써 소비자는 $(p_1 + t)x_1^0$을 지불하는데, 이 가운데 $p_1 x_1^0$은 재화1을 파는 사람에게, $T^0 = t x_1^0 (> 0$이라고 가정함$)$은 조세수입으로 정부에게 지불한다.

다음으로 소득세에 대해 알아보자. 소득세(income tax)는 소득에서 직접 원천징수하는 것이다. 간접세는 없고, 정부가 소득세로 T를 징수하면, 가격은 변화가

• 그림 6-12 간접세의 경우 소비자 선택

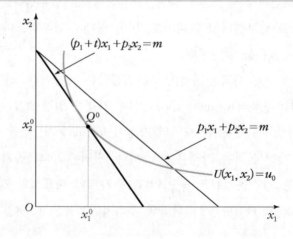

없고 소득만 $m-T$로 감소한다. 그러므로 소비자의 예산선은 $p_1x_1 + p_2x_2 = m-T$가 된다. 물론 T가 클수록 소비자 후생은 감소한다.

위에서 정부가 t원의 종량세를 부과하면, 소비자는 $Q^0 = (x_1^0, x_2^0)$를 선택함으로써 세금으로 $T^0 = tx_1^0$를 정부에 지불한다. 이제 정부가 종량세 대신에 동일한 금액 T^0만큼을 소득세로 징수하는 경우를 살펴보자. 간접세로 지불하나 소득세로 지불하나, 소비자는 동일하게 T^0만큼을 정부에 지불한다. 독자들에게 동일한 금액 T^0를 간접세와 소득세 가운데 선택하라고 하면, 독자들은 어떤 방식으로 세금을 지불하고자 할 것인가? 저자들의 경험에 의하면, 미시경제학 강의시간에 이 질문을 학생들에게 하면, 많은 학생들이 간접세로 내겠다고 한다. 그 이유를 물으면, 대부분의 학생들이 소득세는 바로 지갑에서 빼앗아 가는 것이므로 회피할 수 있는 방법이 없지만, 간접세는 재화를 구매할 때에 한해 지불하는 것이므로 회피할 수 있을 것 같아 간접세를 선호한다고 대답한다.

결론부터 말하면, 소비자 입장에서는 동일한 세금을 낼 때 소득세로 지불하는 것이 간접세로 지불하는 것보다 더 유리하다. 그 이유를 Box 6-2 또는 부록에서 설명한 현시선호이론을 통해 알아보자.

종량세의 경우 소비자는 $Q^0 = (x_1^0, x_2^0)$를 선택함으로써 세금으로 $T^0 = tx_1^0$를 지불한다. 동일한 금액 T^0를 소득세로 지불하면 소비자의 예산선은 $p_1x_1 + p_2x_2 = m - T^0$이다. 소득세로 지불할 때 소비자의 선택점을 $Q^1 = (x_1^1, x_2^1)$으로 표시하자. $Q^0 = Q^1$이면, 두 경우 효용이 모두 동일하므로 비교할 것이 없다. 효용함수에 따라 $Q^0 = Q^1$일 수 있다.[5] 이후로는 $Q^0 \neq Q^1$인 경우를 알아본다. 소비자의 효용함수를 알고 있으면, u_0와 $U(x_1^1, x_2^1)$을 비교해 소비자가 어떤 세금을 더 선호하는가를 판단할 수 있다. 그러나 제3자가 소비자의 효용함수를 알 수는 없다. 또한 $Q^0 \neq Q^1$인 경우 소득세로 지불하는 것이 간접세로 지불하는 것보다 더 유리한 것은 효용함수의 형태와는 상관없다. 이제 그 이유를 살펴보자.

$Q^0 = (x_1^0, x_2^0)$는 간접세로 지불할 때 소비자가 가장 선호하는 소비묶음이다. 당연히 $Q^0 = (x_1^0, x_2^0)$는 간접세로 지불할 때의 예산선인 $(p_1 + t)x_1 + p_2x_2 = m$을

---

5 효용함수가 $U(x_1, x_2) = min\{ax_1, bx_2\}$인 완전 보완재일 경우 $Q^0 = Q^1$이다.

충족해야 한다. 즉, $(p_1+t)x_1^0+p_2x_2^0=m$이 성립한다. 이를 풀어 쓰면 $p_1x_1^0+tx_1^0+p_2x_2^0=m$이 된다. $T^0=tx_1^0$을 우변으로 옮기면 다음과 같다.

$$p_1x_1^0+p_2x_2^0=m-T^0 \tag{6}$$

소득세로 지불할 때의 예산선은 $p_1x_1+p_2x_2=m-T^0$이다. 그러므로 (6)식이 보여주는 것은 간접세로 지불할 때 소비자가 가장 선호하는 소비묶음인 $Q^0=(x_1^0, x_2^0)$가 소득세로 지불할 때의 예산선상에 있다는 것이다. 이는 소득세로 지불할 때, 소비자가 원하면 $Q^0=(x_1^0, x_2^0)$를 선택할 수 있음을 의미한다. 그러나 소비자가 실제로 선택한 소비묶음은 $Q^0=(x_1^0, x_2^0)$가 아닌 $Q^1=(x_1^1, x_2^1)$이다.

독자들의 이해를 돕기 위해 이 결과를 Box 6-2에서 설명한 현시선호이론의 기본원리로 설명해 보도록 한다.

소비자가 간접세와 동일한 금액을 대신 소득세로 지불하면, 간접세 하에서 선택한 $x=Q^0$뿐만 아니라 이전에 선택할 수 없던 새로운 소비묶음들이 선택 가능해지고, 소비자는 실제로 이 중에서 $y=Q^1$을 선택했다. 이로부터 내릴 수 있는 결론은 이 소비자는 $y=Q^1$을 $x=Q^0$보다 선호한다는 것이다.

그러므로 소비자는 동일한 금액을 세금으로 지불할 때, 소득세로 지불하는 것이 더 유리하다. 〈그림 6-13〉은 이 같은 결과를 보여준다.

● 그림 6-13 간접세와 소득세의 효용 비교

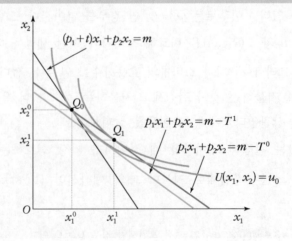

저자들의 경험에 의하면, 이 결과를 설명하면 어떤 학생들은 고개를 끄떡거리기도 하지만, 아직도 고개를 갸우뚱하는 많은 학생들이 꽤 있다. 재화1에 간접세가 부과되면, $\left(0, \dfrac{m}{p_2}\right)$을 선택함으로써 간접세를 완벽하게 회피할 수 있다. 그러나 간접세의 경우, 소비자가 가장 선호하는 점은 $\left(0, \dfrac{m}{p_2}\right)$이 아니라 $Q^0 = (x_1^0, x_2^0)$이다. 비록 $T^0 = tx_1^0$를 세금으로 지불하지만, 그래도 소비자는 $Q^0 = (x_1^0, x_2^0)$를 소비하는 것이 간접세를 하나도 안 내고 $\left(0, \dfrac{m}{p_2}\right)$을 소비하는 것보다 낫다. 물론 우연히 코너해가 발생해 $Q^0 = \left(0, \dfrac{m}{p_2}\right)$이면, $T^0 = 0$이고 소득세도 없다. 이 경우, 간접세나 소득세 모두 처음부터 존재하지 않는 상황과 동일하다. 이 경우를 제외하고는 $\left(Q^0 \neq \left(0, \dfrac{m}{p_2}\right)\right)$, 소득세로 지불하는 것이 간접세로 지불하는 것보다 항상 유리하다.

〈그림 6-13〉을 보면, 간접세로 지불할 때의 효용과 동일한 효용을 얻기 위해 소비자는 소득세로 $T^1(>T^0)$까지 지불할 용의가 있다. 소득세가 T^1보다 작은 한, 소비자는 더 많은 세금을 소득세로 낸다고 하더라도 소득세로 지불하는 것이 간접세로 지불하는 것보다 더 유리하다. 눈치빠른 독자들은 $-T^1$가 다름아닌 간접세로 인해 재화1 가격이 p_1에서 $p_1 + t$로 상승했을 때의 대등변화임을 알았을 것이다.

예 4 소비자의 효용함수가 $U(x_1, x_2) = x_1 x_2$, $p_1 = 1$, $p_2 = 1$, $m = 80$이다. 정부가 재화1에 단위당 1의 종량세를 부과했을 때와 동일한 효용을 얻기 위해 소비자가 내고자 하는 최대의 소득세 수준은 얼마인가?

종량세가 부과되면 재화1의 가격은 2가 되어 예산선은 $2x_1 + x_2 = 80$이다. $MRS = \dfrac{x_2}{x_1}$이므로, $\dfrac{x_2}{x_1} = 2$와 예산선을 연립해 풀면 $x_1 = 20$, $x_2 = 40$을 얻는다. 이 때 조세수입은 20, 효용은 800이다. 이제 소득세로 T를 지불하면 새로운 예산선은 $x_1 + x_2 = 80 - T$이다. $\dfrac{x_2}{x_1} = 1$과 새로운 예산선을 연립해 풀면 $x_1 = x_2 = \dfrac{80 - T}{2}$이다. 이 때 효용은 $\dfrac{(80-T)^2}{4}$이다. 그러므로 소비자가 내고자 하는 최대의 소득세 수준은 $\dfrac{(80-T)^2}{4} = 800$이 되야 한다. 이를 풀면, $T = 80 - 40\sqrt{2}$이다. $80 - 40\sqrt{2} > 20$이므로 소득세가 종량세보다 더 많다. ■

정부 입장에서는 동일한 세금을 징수하면, 소득세로 징수하나 간접세로 징수하나 무차별하다. 반면에 소비자 입장에서는 앞에서 보았듯이 소득세로 지불하는 것이 유리하다. 경제학적으로 보면, 간접세보다는 소득세가 더 효율적이다. 그러나 사회 전체적으로 보면, 소득세로 징수하는 것이 더 유리함에도 불구하고 간접세로 징수하는 경우를 많이 본다. 간접세의 경우 많은 사람들이 소비하지 않으면 안 내도 된다는 생각을 한다. 반면에 소득세로 징수하면 바로 자신들의 지갑에서 돈을 빼앗아 간다는 생각이 든다. 많은 경우 간접세로 징수하는 것이 소득세로 징수하는 것보다 조세 저항이 적다. 또한 똑같은 금액을 소득세로 징수하려면, 간접세의 경우 소비자가 지불하는 금액을 알아야 하는데 간접세를 시행하지 않고서는 이 금액을 알기 힘들다. 각 소비자가 간접세로 얼마를 지불할 것인가를 알지 못하는 상태에서 소득세로 임의 징수하면 형평성의 문제도 발생될 수 있다. 이 같은 이유로 소득세가 더 효율적이기는 하나, 간접세의 형태로 조세를 징수하는 경우가 발생한다.

　　여기까지 설명하면, 독자들 가운데 다음과 같은 의문을 가질 수 있다. 이제까지의 설명은 간접세로부터 시작해서 소득세로 옮겨가는 것이었다. 그 과정을 거꾸로 하면, 동일한 금액을 지불할 때, 소득세보다 간접세로 지불하는 것이 유리하지 않은가 하고 생각할 수 있는데, 그렇지 않다. 이 점에 대해서는 연습문제 12를 참고하기 바란다.

6장 부록 〈수요의 법칙과 소비자 후생〉은 ❶ 본서 954쪽의 QR코드를 스캔하거나, ❷ 박영사 홈페이지의 도서자료실(http://www.pybook.co.kr/mall/customer/bookpds?seq=1162&page=1&scate=&skey=&sword=)에서도 참고할 수 있습니다.

연습문제

1 다음 문장의 진위를 판별하라.

1) 소비자가 동조적 효용함수(homothetic utility function)를 가지면, 모든 재화의 수요곡선은 우하향한다.

2) 소비자가 예산제약하에서 효용을 극대화한다. 소득은 변화가 없이 다만 가격 만이 변했는데 그 결과 소비자의 효용은 감소했다. 그러면 가격이 변한 후 소 비자가 소비하는 소비조합은 변화 전 가격에서도 구매할 수 있었다.

3) 소비자가 두 재화를 소비한다. 소득은 세 배 증가하고, 두 재화의 가격이 모두 두 배로 올랐을 때, 이 소비자는 첫 번째 재화의 소비는 늘리고, 두 번째 재화 의 소비는 줄인 것으로 관측되었다. 이 경우, 이 소비자에게 첫 번째 재화는 정상재이고 두 번째 재화는 기펜재이다.

4) 소비자가 재화1과 2의 가격이 각각 2와 1일 때 (50, 20)을 선택하고, 재화1과 2의 가격이 각각 1과 2일 때 (30, 45)를 선택하는 것이 관측되었다. 소비자가 언제 더 큰 효용을 누리고 있는지 말할 수 있다.

5) 소비자가 1기에 (3, 7), 2기에 (5, 5)를 소비하고 있다. 2기의 두 재화의 가격 을 p_1과 p_2라고 하자. 이 소비자가 1기에 더 큰 효용을 얻고 있다면, 반드시 $p_2 > p_1$이다.

6) 기펜재(Giffen's good)의 가격이 오르면 소비자의 효용은 증가한다.

7) 1기와 2기를 비교해보니 재화1의 가격만 p_1^0에서 p_1^1으로 바뀌었고, 재화2의 가 격은 변화가 없었다. 1기와 2기의 소비자 선택은 각각 (x_1^0, x_2^0)와 (x_1^1, x_2^1)이 다. 1기 가격에서 (x_1^1, x_2^1)를 구매할 수 없고, 2기 가격에서 (x_1^0, x_2^0)를 구매할 수 없다. 이 때 $p_1^0 > p_1^1$이면 $x_1^0 < x_1^1$이다.

2 효용극대화하는 소비자가 1기에서 예산선이 $3x_1 + x_2 = 120$이고 (10, 90)을 선택 했다. 2기에서 예산선이 $x_1 + 2x_2 = 100$이고 (60, 20)을 선택했다.

1) 1기와 2기의 효용을 비교해 어느 쪽이 더 높다고 말할 수 있는가?

2) 추가적으로 3기에서 예산선이 $x_1 + x_2 = 80$이고 (20, 60)을 선택했다. 세 기의 효용을 비교하라.

3 소비자가 재화1과 2를 각각 10단위씩 소비하고 있다. 그런데 재화1의 가격이 5만큼 오르고 동시에 소득도 50 증가했다. 이 때 두 재화의 소비에 어떤 변화가 발생할 것인지 그래프를 이용해 설명하라.

4 10년 전 소비자의 소득은 100만원이었다. 지난 10년 동안 물가가 많이 올라 현재 소득이 150만원은 되어야 10년 전의 생활수준을 유지할 수 있으나, 소득은 실제로 하나도 오르지 않았다. 그 결과 소비자의 현재의 생활수준은 10년 전에 소득이 60만원이었을 경우와 같게 되어 버렸다. 이때 보상변화나 대등변화의 개념을 이용해 이 소비자의 후생 변화의 크기를 나타내어라.

5 소비자가 두 재화를 소비한다. 2017년에서 2018년 사이에 재화1의 가격이 20% 상승했으나, 재화2의 가격은 불변이다. 한편 소득도 어느 정도 상승해 결과적으로 소비자는 2018년에도 2017년과 같은 생활수준(즉, 효용)을 유지할 수 있게 되었다고 한다. 2018년에 각 재화에 대한 소비량은 2017년과 비교해 어떻게 변하는지를 그래프를 이용해 설명하라.

6 두 재화를 소비하는 소비자에게, 재화2의 소득 탄력성은 1이다. 소비자의 소득이 120원일 때, 재화1과 재화2의 수요는 각각 60과 60이다. 재화1의 가격이 p_1에서 $p_1{}'$으로 하락하면 재화1의 수요는 84로 증가하며, 이때의 후생변화를 보상변화로 계산하면 20원이라고 한다. 이 가격변화에 의한 재화1 수요의 변화(즉, +24)를 대체효과와 소득효과로 나누면 각각 얼마씩인가?

7 두 재화를 소비하는 소비자가 매년 자신의 소득을 전부 지출한다. 기준연도에 재화1, 2의 가격은 각각 10원, 10원이었고, 소득은 120원이었으며, 두 재화의 소비량은 동일했다. 비교연도에는 재화1의 가격이 20원으로 오르고 재화2의 가격과 소득은 불변이다. 소비자의 지출함수는 $e = 2\sqrt{p_1 p_2}\, u$이며, 재화1 수요의 가격탄력성은 항상 1이다.
1) 라스파이에 물가지수와 파쉐 물가지수를 구하라.
2) 위 물가상승이 소비자 후생에 미친 영향을 보상변화로 계산하라.
   (힌트: 소비자는 매년 자신의 소득을 전부 '지출'한다.)
3) 소비자의 비교연도 소득이 기준연도에 비해 1.4배(즉, 40%) 증가했다면, 소비

자 후생은 기준연도에 비해 비교연도에 더 높은가? 설명하라.

8 소비자의 효용함수가 다음과 같다; $U(x_1, x_2) = 20\ln x_1 + x_2$.

재화2의 가격은 $p_2 = 1$로 고정되어 있다. 재화1의 가격과 소득을 각각 p_1와 m으로 표시하자.

1) $p_1 = 2$인 경우 소득소비곡선을 그려라.

2) $m = 40$인 경우 재화1의 가격소비곡선을 그려라.

3) $p_1 = 2$, $p_2 = 1$, $m = 40$에서 재화1의 가격이 4로 증가할 때, 각 재화의 대체효과와 소득효과를 계산하라.

9 소비자의 효용함수가 $U(x_1, x_2) = 2\sqrt{x_1 x_2} + min\{x_1, x_2\}$이다.

1) 소비자의 효용함수는 동조적 효용함수인가?

2) 효용 극대화의 2계 조건은 충족되는가?

3) 소비자가 두 재화를 같은 수량으로 소비할 $\dfrac{p_1}{p_2}$의 범위, 즉 $x_1 = x_2$일 $\dfrac{p_1}{p_2}$의 범위를 구하라.

4) 재화2의 가격은 $p_2 = 1$이고 소득은 $m(>0)$이다. 재화1의 가격이 $p_1 = 20$에서 $p_1 = \dfrac{1}{20}$로 하락할 때 각 재화의 대체효과와 소득효과를 구하라.

5) 4)에서 보상변화와 대등변화를 구하라.

10 소비자의 효용함수가 $U(x_1, x_2) = \sqrt{x_1} + \sqrt{x_2}$이다.

1) $p_1 = 1$, $p_2 = 1$, $m = 120$일 경우, 소비자 균형을 구하라.

2) 정부가 재화1에 대해 종량세 1을 부과했다. 새로운 소비자 균형을 구하라. 재화1에 대한 가격효과의 크기와 조세의 크기는 각각 얼마인가?

3) 종량세를 부과하지 않고 2)에서 얻어진 조세를 소득세로 지불할 때 소비자 균형을 구하라. 종량세로 지불하는 경우와 비교해 효용은 증가하는가 혹은 감소하는가?

4) 소비자가 종량세 대신 소득세로 세금을 낼 때, 내고자 하는 최대의 소득세 수준을 구하라.

11 두 재화의 가격이 각각 p_1, p_2, 소득이 m이다. 정부가 재화1에 대해 단위당 s만큼 가격보조를 제공할 때, 소비자는 (x_1^*, x_2^*)를 선택한다.

1) 가격보조하에서 예산선의 식을 써라.

2) 가격보조 대신 소비자에게 정부가 $s \times x_1^*$만큼을 현금으로 지급해도 소비자가 여전히 (x_1^*, x_2^*)를 구매할 수 있음을 보여라.

3) 소비자가 현금지급을 더 선호하는 이유를 설명하라.

12 두 재화를 소비하는 소비자가 한계대체율이 체감하는 효용함수 $U(x_1, x_2)$를 가지고 있다. 두 재화의 가격과 소득이 각각 p_1, p_2, m이다. 정부가 재화1에 종량세 t를 부과했을 때, 소비자는 (x_1^*, x_2^*)를 선택했다. 따라서 정부의 조세수입은 $T = t\, x_1^*$이다.

1) 정부가 재화1에 종량세를 부과하는 대신 소득세로 $T = t\, x_1^*$을 징수할 때, (x_1^*, x_2^*)는 새로운 예산선 위에 있음을 보여라.

이후의 문제에서는 정부가 소득세를 먼저 부과하는 경우를 살펴본다. 정부가 소득세 T $(0 < T < m)$를 부과했을 때 소비자는 (x_1^0, x_2^0)를 선택했다. $x_1^0 > 0$, $x_2^0 > 0$을 가정한다.

2) 소득세 대신 재화1에 종량세 t를 부과하고자 한다. 새로운 예산선이 (x_1^0, x_2^0)를 지나도록 하는 t의 크기를 x_1^0와 T을 이용해 표시하라.

3) 2)에서와 같이 종량세를 부과했을 때, 그래프를 이용해서 정부의 조세수입이 소득세로 걷어들이는 T보다 작음을 보여라.

Microeconomics

Chapter

07 / 실물부존 모형

★ 베커(Gary Becker): 미국, 1930~2014

베커는 미시경제학의 대상을 시장 이외의 다양한 부문의 인간 행동으로 확장한 공로를 인정받아 1992년에 노벨 경제학상을 수상했다.

베커는 미국 동부의 작은 광산촌에서 자영업자의 아들로 태어났으며, 5살 무렵에 뉴욕으로 이사해 브루클린에서 고등학교까지 졸업했다. 프린스턴 대학에 진학해 경제학과 수학을 전공했다. 사회적 문제에 관심이 많아 한때 사회학으로 전공을 바꿀 생각도 했으나, 시카고 대학 경제학과 대학원에 진학해 특히 프리드만(Friedman)의 영향을 받아 경제학에 대한 열정을 되살렸다. 베커는 1955년에 차별에 대한 경제학적 분석으로 박사논문을 작성해 경제학을 사회적 문제에 적용하는 연구를 본격적으로 시작했으며 이 분야 연구의 선구자가 되었다. 베커는 1957년부터 1970년까지 컬럼비아 대학에서 근무한 것을 제외하고는 평생을 모교인 시카고 대학에서 교수로 근무했으며, 경제학과 사회학 교수를 겸임했다.

베커는 시카고 대학교의 슐츠(Schultz)와 함께 인적자본(human capital)이라는 개념을 처음 도입해 노동경제학 분야에도 많은 기여를 했는데, 인적자본을 형성하기 위한 교육을 투자의 관점에서 분석했다. 또한 베커는 가족과 가정 문제들도 경제학적으로 분석해 결혼, 이혼, 출산, 자녀교육 등의 의사결정에서도 경제적 고려가 중요하게 작용함을 보였다. 이외에도 정치경제, 범죄 등의 문제들에도 경제학을 적용해 새로운 시각과 통찰을 이끌어 냄으로써 경제학의 지평을 획기적으로 확장했다는 평을 듣는다.

소비자 행동을 분석하면서 이제까지는 소비자의 구매력이 화폐소득으로 주어진다고 가정했다. 그러므로 예산선의 형태가 $p_1 x_1 + p_2 x_2 = m$이었다. 본 장에서는 소비자의 구매력이 화폐소득이 아닌 **실물부존**(real endowment)으로 주어지는 경우를 살펴본다. 소비자가 사과와 배, 두 가지 재화를 소비하는 경우를 살펴보자. 구매력이 화폐소득으로 주어지면, 예를 들어, 100만원을 가지고 있다고 가정하면, 소비자는 이 소득을 사과와 배의 소비에 어떻게 배분할 것인가를 결정해야 한다. 반면에 실물부존으로 주어지면 소비자는 화폐소득 대신에 처음부터, 예를 들어, 사과 10개, 배 20개를 가지고 있다고 가정한다. 이 경우 소비자는 시장에서 상대가격이 주어졌을 때 사과와 배를 얼마나 교환할 것인가를 결정한다.

 구매력이 화폐소득이 아닌 실물부존으로 주어지는 경우, 앞으로 살펴보겠지만 소비자 선택의 문제는 크게 달라지지는 않는다. 그러나 경제학에서 실물부존 모형이 적용되는 경우가 생각보다 많다. 특히 기대효용이론의 응용을 다루는 제8장과 일반균형이론을 다루는 제19장에서 실물부존 모형이 이용된다. 또한 화폐소득으로 주어지는 경우와 다소 다른 결과가 성립하는 경우가 있으므로 별도의 장으로 분석한다.

Section 1 실물부존 모형의 예산선

 소비자가 두 개의 재화를 소비하는데, 재화1을 ω_1, 재화2를 ω_2만큼 가지고 있다고 가정하자. 소비자가 가지고 있는 실물부존을 $\omega = (\omega_1, \omega_2)$로 표시하고, 그래프상에서 이를 **실물부존점**(real endowment point)이라고 부른다. 두 재화의 가격은 각각 p_1과 p_2이다. 실물부존 모형의 예산선은 이미 제3장 4절에서 살펴보았다. 예산선을 다시 살펴보면 다음과 같다. 재화1 한 단위는 시장에서 재화2 $\dfrac{p_1}{p_2}$단위와 교환된다. 소비자가 재화1을 x_1만큼 소비하면 $(\omega_1 - x_1)$만큼 재화1이 남는다. 이것을 시장에서 재화2와 교환하면 $\dfrac{p_1}{p_2} \times (\omega_1 - x_1)$를 얻을 수 있다. 원래 재화2를 ω_2만큼 가지고 있으므로 소비할 수 있는 재화2의 양은 $x_2 = \omega_2 + \dfrac{p_1}{p_2} \times (\omega_1 - x_1)$이다. 이를 정리하면 예산선은 다음과 같다.

실물부존 모형의 예산선: $p_1 x_1 + p_2 x_2 = p_1 \omega_1 + p_2 \omega_2$ (1)

(1)식의 의미를 살펴보자. (1)식을 화폐소득으로 주어진 경우의 예산선과 비교해 보면, $p_1\omega_1 + p_2\omega_2$가 소득의 역할을 하고 있음을 알 수 있다. 두 재화의 가격이 각각 p_1과 p_2일 때, $p_1\omega_1 + p_2\omega_2$를 실물부존의 시장가치(market value)라고 부른다. 각 재화의 가격이 변하면 주어진 실물부존의 시장가치도 같이 변한다. 예산선 $p_1x_1 + p_2x_2 = p_1\omega_1 + p_2\omega_2$를 이해하기 위한 가장 간단한 방법은 다음과 같다. 먼저 주어진 가격 p_1과 p_2에서 실물부존을 팔면 시장가치인 $p_1\omega_1 + p_2\omega_2$를 얻는다. 두 재화를 x_1과 x_2만큼 구매하려면 $p_1x_2 + p_2x_2$의 금액이 필요하다. $p_1\omega_1 + p_2\omega_2$를 모두 사용해 구매할 수 있는 소비묶음의 조건은 다름 아닌 $p_1x_1 + p_2x_2 = p_1\omega_1 + p_2\omega_2$이다. 그러므로 두 재화의 가격이 p_1과 p_2이고, 실물부존 $\omega = (\omega_1, \omega_2)$를 가지고 있으면 예산선은 (1)식의 형태를 가진다. (1)식은 다음과 같이 다시 쓸 수 있다.

$$p_1(x_1 - \omega_1) + p_2(x_2 - \omega_2) = 0 \tag{2}$$

(2)식을 보면, 두 재화의 가격이 무엇이든 간에 관계없이 실물부존점은 예산선을 충족시킴을 알 수 있다. 그러므로 모든 가격체계에서 실물부존점은 항상 예산선상에 있다.

다음으로 가격이 변할 때 예산선이 어떻게 변하는지 알아보자. 화폐소득인 경우와 마찬가지로 예산선의 기울기는 $-\dfrac{p_1}{p_2}$이다. p_1이 $p_1{}'$으로 증가하면 예산선의 기울기는 $-\dfrac{p_1{}'}{p_2}$이 되어 가파르게 변한다. 그런데 예산선은 항상 실물부존점을 지나므로 p_1이 증가하면, 예산선은 실물부존점을 중심으로 시계방향으로 회전한다. 이를 그림으로 보면 〈그림 7-1〉과 같다.

구매력이 화폐소득으로 주어진 경우와 비교해 예산선의 변화가 다른데, 그 이유는 다음과 같다. 소득이 $m = p_1\omega_1 + p_2\omega_2$로 고정된 상태에서 p_1이 $p_1{}'$으로 증가하면, 화폐소득으로 주어진 경우와 동일하게 예산선이 $\left(0, \dfrac{m}{p_2}\right)$를 중심으로 시계방향으로 회전한다. 이 때의 예산선은 $p_1{}'x_2 + p_2x_2 = p_1\omega_1 + p_2\omega_2$로, 〈그림 7-1〉에서 초록선으로 표시되어 있다. 그러나 p_1이 $p_1{}'$으로 증가하면, 소득이 $m = p_1\omega_1 + p_2\omega_2$로 고정되어 있는 것이 아니라 $m' = p_1{}'\omega_1 + p_2\omega_2$로 증가한다. 소득이 증가했으므로, 최종적으로 예산선은 $p_1{}'x_2 + p_2x_2 = p_1{}'\omega_1 + p_2\omega_2$가 되어 초록선에서 바깥

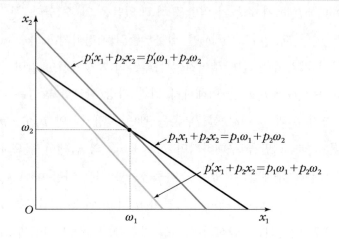

• 그림 7-1 p_1의 증가에 따른 예산선의 변화($p_1{}' > p_1$)

쪽으로 평행이동해 다시 실물부존점을 지나는 파란선이 된다.

p_2가 감소해도 동일하게 예산선의 기울기가 가파르게 변하므로, 예산선은 실물부존점을 중심으로 시계방향으로 회전한다. 같은 이유로, p_1이 감소하거나 p_2가 증가하면 예산선의 기울기는 완만해지고, 예산선은 실물부존점을 중심으로 시계반대방향으로 회전한다.

생각하기 1 $p_1 = 1$, $p_2 = 1$, $(\omega_1, \omega_2) = (10, 10)$일 경우 예산선을 그려라. 재화 1의 가격이 1에서 2로 상승하면 예산선은 어떻게 변하는가?

Section 2   소비자 균형

구매력이 화폐소득이 아닌 실물부존으로 주어져도 별도의 효용극대화 문제를 풀 필요는 없다. 구매력이 화폐소득으로 주어지면 다음과 같은 효용극대화 문제를 풀었다.

$Max\ U(x_1, x_2)$

제약조건: $p_1 x_1 + p_2 x_2 = m$

효용극대화의 결과로 (마샬적) 수요함수인 $x_1(p_1, p_2, m)$과 $x_2(p_1, p_2, m)$를 얻는다. 구매력이 실물부존으로 주어지면, 앞에서 얻어진 수요함수에서 소득인 m자리에 소득의 역할을 하는 $p_1\omega_1 + p_2\omega_2$를 대입하면 된다. 그러므로 구매력이 실물부존으로 주어지면 수요함수는 $x_1(p_1, p_2, p_1\omega_1 + p_2\omega_2)$, $x_2(p_1, p_2, p_1\omega_1 + p_2\omega_2)$가 된다. 이를 간단히 x_1^*와 x_2^*로 표시하기로 하자.

구매력이 화폐소득이 아닌 실물부존으로 주어지면 **총수요**(gross demand)와 **순수요**(net demand)를 구별한다. 순수요와 구별하기 위해 x_1^*와 x_2^*를 총수요라고 부른다. 총수요는 최종적으로 소비자가 소비하는 두 재화의 수량을 의미한다. 반면에 순수요는 총수요에서 자신이 원래 가지고 있는 재화의 양을 뺀 것으로 정의한다. $x_1^* - \omega_1$을 재화1의 순수요, $x_2^* - \omega_2$를 재화2의 순수요라고 부른다.

총수요: 소비자가 최종적으로 소비하는 재화의 양으로 x_1^*와 x_2^*이다.

순수요: 총수요에서 자신이 원래 가지고 있는 재화의 양을 뺀 것으로 $x_1^* - \omega_1$와 $x_2^* - \omega_2$이다.

총수요는 음이 될 수 없지만, 순수요는 음이 될 수 있다. 예를 들어, $x_1^* - \omega_1 > 0$이면, 소비자는 자신이 가지고 있는 재화1의 양인 ω_1보다 더 많은 x_1^*을 소비하고자 한다. 그러므로 순수요인 $x_1^* - \omega_1 > 0$만큼을 시장에서 더 구매하고자 한다. 이 경우 소비자를 재화1의 구매자(buyer)라고 부른다. $x_1^* - \omega_1 < 0$이면, 소비자는 자신이 가지고 있는 재화1의 양인 ω_1보다 더 적은 x_1^*만큼을 소비하고자 한다. 그러므로 $\omega_1 - x_1^* > 0$만큼을 시장에서 판매하고자 한다. 이 경우 소비자를 재화1의 판매자(seller)라고 부른다.

재화2에 대해서도 동일하게, 순수요가 0보다 크면 재화2의 구매자, 0보다 작으면 판매자라고 부른다. (2)식을 보면 $p_1(x_1 - \omega_1) + p_2(x_2 - \omega_2) = 0$이어야 한다. 따라서 $x_1^* - \omega_1 > 0 (x_1^* - \omega_1 < 0)$이면 반드시 $x_2^* - \omega_2 < 0 (x_2^* - \omega_2 > 0)$이어야 한다. 그러므로 한 재화에 대해 구매자이면 반드시 다른 재화에 대해서는 판매자임을 알 수 있다.

어떤 재화에 대해 판매자가 되는지는 실물부존점 $\omega = (\omega_1, \omega_2)$에서의 한계대체율과 상대가격의 크기에 의존한다. 〈그림 7-2〉에서 보다시피 $MRS(\omega_1, \omega_2) > \dfrac{p_1}{p_2}$ 이면 재화1을 얻기 위해 포기하고자 하는 재화2의 양(한계대체율)이 실제로 포기해야 하는 재화2의 양(상대가격)보다 크다. 그러므로 소비자는 현재 자신이 가지고 있는 재화1의 양(ω_1)보다 더 많이 소비하고자 한다. 즉, 재화1에 대한 구매자가 된다. 재화1에 대해 구매자이므로 반드시 재화2에 대해서는 판매자이다. 반대로 $MRS(\omega_1, \omega_2) < \dfrac{p_1}{p_2}$이면, 현재 가지고 있는 재화1의 양($\omega_1$)보다 덜 소비하고자 한다. 즉, 재화1에 대한 판매자, 재화2에 대한 구매자가 된다. $MRS(\omega_1, \omega_2) = \dfrac{p_1}{p_2}$이면, 소비자는 현재 자신이 가지고 있는 실물부존으로 만족한다. 그러므로 추가적인 거래를 하고자 하지 않는다. 이 경우를 자급자족(autarky)이라고 부른다.

실물부존 모형에서 소비자의 선택:

$MRS(\omega_1, \omega_2) > \dfrac{p_1}{p_2}$: 재화1의 구매자, 재화2의 판매자

$MRS(\omega_1, \omega_2) = \dfrac{p_1}{p_2}$: 자급자족

$MRS(\omega_1, \omega_2) < \dfrac{p_1}{p_2}$: 재화1의 판매자, 재화2의 구매자

예 1 효용함수가 $U(x_1, x_2) = x_1 x_2$이고, $p_1 = p_2 = 1$이다. $\omega = (\omega_1, \omega_2)$의 위치에 따라 소비자가 어떤 재화에 대해 판매자 혹은 구매자가 되는가?

$U(x_1, x_2) = x_1 x_2$일 때, $MRS(\omega_1, \omega_2) = \dfrac{x_2}{x_1}$이므로 $MRS(\omega_1, \omega_2) = \dfrac{\omega_2}{\omega_1}$이다. $\dfrac{p_1}{p_2} = 1$이므로 $\dfrac{\omega_2}{\omega_1} > 1$, 즉 $\omega_2 > \omega_1$이면 재화1의 구매자(재화2의 판매자)이다. 반대로 $\omega_2 < \omega_1$이면 재화1의 판매자(재화2의 구매자)이다. $\omega_2 = \omega_1$이면 소비자는 자급자족을 선택한다.

● **그림 7-2 실물부존 모형에서 소비자의 선택**

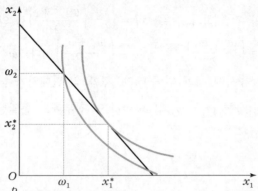

(a) $MRS(\omega_1, \omega_2) > \dfrac{p_1}{p_2}$: 재화1의 구매자 $(x_1^* - \omega_1 > 0)$, 재화2의 판매자 $(x_2^* - \omega_2 < 0)$

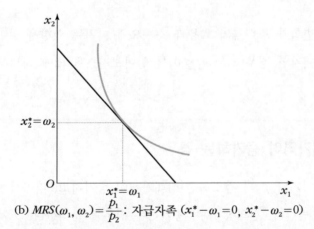

(b) $MRS(\omega_1, \omega_2) = \dfrac{p_1}{p_2}$: 자급자족 $(x_1^* - \omega_1 = 0, \ x_2^* - \omega_2 = 0)$

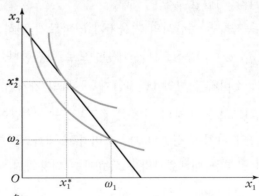

(c) $MRS(\omega_1, \omega_2) < \dfrac{p_1}{p_2}$: 재화1의 판매자 $(x_1^* - \omega_1 < 0)$, 재화2의 구매자 $(x_2^* - \omega_2 > 0)$

효용극대화 문제를 풀어 총수요와 순수요를 구해 보자. $\dfrac{x_2}{x_1} = 1$과 예산선 $x_1 + x_2 = \omega_1 + \omega_2$를 풀면, 각 재화의 총수요 $x_1^* = x_2^* = \left(\dfrac{\omega_1 + \omega_2}{2}\right)$를 얻는다. 따라서 순수요는 각각 $x_1^* - \omega_1 = \left(\dfrac{\omega_2 - \omega_1}{2}\right)$, $x_2^* - \omega_2 = \left(\dfrac{\omega_1 - \omega_2}{2}\right)$이다. $\omega_2 > \omega_1$면 $x_1^* - \omega_1 > 0$, $x_2^* - \omega_2 < 0$인 동시에 재화1의 구매자, 재화2의 판매자가 되어 앞에서 설명한 결과와 동일하다. 물론 $\omega_2 < \omega_1$와 $\omega_2 = \omega_1$인 경우에도 동일한 결과가 성립한다. ∎

Section 3 가격변화에 따른 효용 및 순수요의 변화

이제 가격변화가 소비자의 효용과 순수요에 미치는 영향을 살펴보자. 소비자가 재화1의 판매자인 경우($x_1^* - \omega_1 < 0$)를 알아보자. 재화2에 대해서는 물론 구매자이다.

3.1 상대가격이 증가하는 경우

p_1이 증가하거나 p_2가 감소하면 상대가격이 증가하고, 따라서 예산선의 기울기도 가파르게 변한다. 편의상 p_1이 증가하는 경우를 분석한다. p_2가 감소하는 경우에도 동일한 결과가 성립한다.

p_1이 p_1'으로 증가하면 예산선의 기울기가 가파르게 변하므로, 앞에서 보았듯이 예산선은 $\omega = (\omega_1, \omega_2)$을 중심으로 시계방향으로 회전한다. 이 경우 재화1의 가격이 상승하기 전의 소비자 균형인 (x_1^*, x_2^*)가 재화1의 가격이 상승한 후의 예산집합에 포함된다. 그러므로 소비자의 효용은 〈그림 7-3〉과 같이 반드시 증가한다.

그렇다면 재화1의 가격이 상승할 때, 소비자는 재화1을 더 많이 팔려고 하는가? 제6장 1절에서 공부한 대체효과와 소득효과를 적용하면 이 질문에 대한 답을 알 수 있다.

〈그림 7-4〉에서 재화1의 가격이 변하기 전 소비자 균형이 A로 표시되어 있다. 이제 재화1의 가격이 p_1'으로 상승했을 때 새로운 소비자 균형은 B이다. B는

● 그림 7-3 재화1 가격이 상승하면 효용은 항상 증가한다 $(p_1' > p_1)$

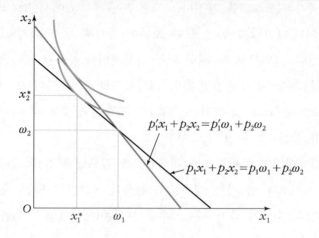

A의 왼쪽에 위치하므로 재화1의 가격상승으로 인해 소비자는 이전보다 재화1을 더 많이 팔고자 한다. 대체효과를 보기 위해 원래의 소비자 균형 A를 지나는 무차별곡선에 접하고 기울기가 $-\dfrac{p_1'}{p_2}$인 예산선이 초록선으로 그려져 있다. 이 예산선은 C에서 무차별곡선과 접한다. A에서 C까지의 변화가 바로 대체효과이다. 무차별곡선이 원점을 향해 볼록하므로, C는 A의 왼쪽에 위치한다. 대체효과에 의해 소비자는 재화1의 소비를 줄이고, 재화2의 소비를 늘린다. 즉, 재화1을 더 팔고자 한다.

● 그림 7-4 재화1의 가격상승시 판매량이 증가하는 경우 $(p_1' > p_1)$

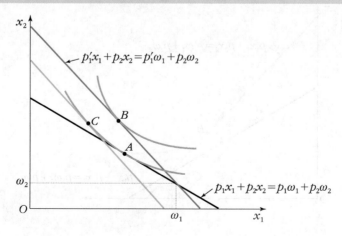

다음으로 소득효과를 살펴보자. 재화1의 판매자 입장에서 재화1 가격의 상승은 곧 소득이 증가하는 효과를 가진다. 〈그림 7-4〉에서 C에서 B로의 변화가 다름 아닌 소득효과이다. 〈그림 7-4〉를 보면 소득이 증가해 두 재화의 소비 모두 증가했음을 알 수 있다. 그러므로 두 재화 모두 정상재이다. 〈그림 7-4〉의 경우 소득효과로 인해 재화1의 소비가 증가했지만, 대체효과로 인해 재화1의 소비가 감소한 폭이 더 크므로 최종적으로 소비자는 재화1의 가격이 상승할 때 이전보다 재화1을 더 많이 팔고자 함을 알 수 있다.

재화1이 정상재이면 소득효과가 대체효과를 압도해 재화1의 가격상승시 소비자가 재화1을 이전보다 덜 파는 경우도 가능하다. 〈그림 7-5〉는 재화1의 가격이 상승할 때 재화1의 수요가 증가하는 경우를 보여준다. 〈그림 7-5〉를 보면 대체효과에 의해 소비자 선택이 A에서 C로 이동한다. 재화1의 가격이 상승할 때 대체효과에 의해 항상 재화1의 소비가 감소한다. 그러나 소득효과에 의해 C에서 B로 이동한다. 최종적으로 재화1의 소비는 가격이 상승하기 전보다 더 증가했다. 이는 재화1의 가격이 상승했을 때 재화1의 판매량이 오히려 감소함을 보여준다.

재화1이 열등재이면 재화1의 가격이 상승할 때 예외 없이 판매량이 증가한다. 〈그림 7-6〉은 열등재의 경우를 보여준다. 재화1의 가격이 상승할 때 대체효과에 의해 재화1의 소비는 A에서 C로 감소한다. 앞에서 언급했듯이, 소비자가 재화1의 판매자이면 재화1 가격의 상승은 소득이 증가한 경우에 해당된다. 재화1이 열등재

● 그림 7-5 재화1의 가격상승시 판매량이 감소하는 경우 $(p_1{}' > p_1)$

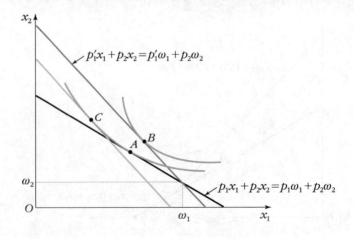

이면 소득이 증가할 때 소비는 감소한다. 〈그림 7-6〉을 보면, B가 C의 왼쪽에 위치한다. 이는 재화1이 다름 아닌 열등재임을 보여준다. 열등재는 소득효과에 의해서도 재화1의 소비는 감소하므로, 판매량은 반드시 증가한다.

이 결과는 제6장에서와 같이 구매력이 화폐소득으로 주어질 때의 슬러츠키 분해와는 다소 다른 결과이다. 구매력이 화폐소득으로 주어질 때, 정상재는 대체효과와 소득효과는 같은 방향으로 작용하는 반면에, 열등재는 대체효과와 소득효과는 반대방향으로 작용했다. 그러나 실물부존 모형에서 가격이 변한 재화의 판매자의 경우에는 그 반대이다. 정상재는 대체효과와 소득효과가 반대방향으로 작용하고, 열등재는 오히려 대체효과와 소득효과가 같은 방향으로 작용한다.

이 두 결과가 서로 모순되는 것처럼 보이나 실제로는 그렇지 않다. 구매력이 화폐소득으로 주어지면 예를 들어, 재화1의 가격 상승 시 상대가격이 높아지며 또한 실질 구매력도 감소한다. 반면에 구매력이 실물부존이면 재화1 가격 상승 시 상대가격은 여전히 높아진다. 그러나 소비자가 재화1의 판매자이면 재화1 가격 상승은 실질 구매력의 감소가 아니라 증가로 이어진다. 그러므로 소비자가 재화1의 판매자이면 재화1 가격 상승 시 상대가격의 변화와 실질 구매력의 변화는 서로 같은 방향으로 작용한다. 따라서 열등재가 아닌 정상재의 경우 대체효과와 소득효과가 서로 반대방향으로 작용하는 것이다. 그러므로 오히려 정상재는 가격이 상승할 때 소비가 줄 수도 있고 늘 수도 있는 것이다. 따라서 판매량이 증가할 수도 있고

● 그림 7-6 열등재의 경우 재화1의 가격이 상승하면 판매량은 항상 증가한다 $(p_1' > p_1)$

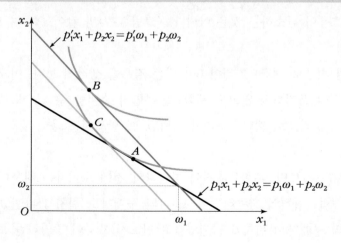

(〈그림 7-4〉), 감소할 수도 있다(〈그림 7-5〉). 반면에 열등재는 가격이 상승하면 예외없이 소비가 감소해 판매량이 증가한다(〈그림 7-6〉).

예 2 효용함수가 $U(x_1, x_2) = x_1 x_2$, $p_1 = p_2 = 1$, $(\omega_1, \omega_2) = (12, 8)$이다. 재화 1 가격이 2로 상승할 때, 소비자의 효용과 선택에 어떤 변화가 발생하는가?

$MRS = \dfrac{x_2}{x_1}$이고, 재화1 가격이 상승하기 이전의 예산선은 $x_1 + x_2 = 20$이다. $\dfrac{x_2}{x_1} = 1$ 과 예산선을 연립해 풀면 $x_1 = x_2 = 10$을 얻는다. 이 때 효용은 100이다. 따라서 소비자는 재화1의 판매자, 재화2의 구매자이다. 이제 재화1 가격이 2가 되면 예산 선은 $2x_1 + x_2 = 32(= 2 \times 12 + 1 \times 8)$이다. $\dfrac{x_2}{x_1} = 2$와 예산선을 연립해 풀면, $x_1 = 8$, $x_2 = 16$을 얻는다. 이 때 효용은 128이다. 그러므로 효용은 증가하고, 소비자는 재화1을 더 많이 팔고자 한다. ▪

3.2 상대가격이 감소하는 경우

앞에서와 마찬가지로 편의상 p_1이 감소하는 경우를 분석한다. p_2가 증가하는 경우에도 결과는 동일하다. p_1이 $p_1{}'$으로 감소하면 예산선의 기울기가 완만해지므로, 앞에서 보았듯이 예산선은 $\omega = (\omega_1, \omega_2)$를 중심으로 시계 반대방향으로 회전한다. 이 경우 재화1 가격 하락 전의 소비자 균형인 (x_1^*, x_2^*)가 더 이상 재화1 가격 하락 후의 예산집합에 포함되지 않는다. 그렇다면 소비자의 효용은 항상 감소하는 가? 반드시 효용이 감소하는 것은 아니다. 〈그림 7-7〉과 같이 오히려 효용이 증가할 수도 있다.

극단적인 경우로 재화1 가격이 0이 되는 경우를 생각해 보자. 이 경우 소비자는 재화2를 전혀 포기하지 않고도 재화1을 무한히 소비할 수 있으므로 효용은 증가할 수 있다. 그러므로 재화1 가격이 하락할 때 반드시 효용이 감소한다고는 할 수 없다.

〈그림 7-7〉을 보면, 재화1 가격이 하락하기 전에 소비자는 재화1의 판매자였다. 그런데 재화1 가격이 하락하면서 재화1의 구매자로 위치가 바뀌었음을 알 수 있다. 재화1의 구매자로 위치가 바뀌었다고 반드시 효용이 증가하란 보장은 없다.

● 그림 7-7 재화1 가격의 하락으로 인해 효용이 증가하는 경우$(p_1{'} < p_1)$

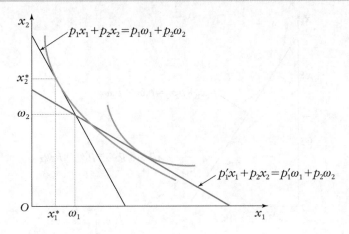

독자들은 재화1의 가격 하락으로 인해 재화1의 판매자에서 구매자로 바뀌었을 때 효용이 감소하는 경우를 그려보기 바란다.

예3 효용함수가 $U(x_1, x_2) = x_1 x_2$, $p_1 = 4$, $p_2 = 1$, $(\omega_1, \omega_2) = (8, 8)$이다. 재화1의 가격이 $\frac{1}{8}$로 하락하면 소비자의 효용과 선택에 어떤 변화가 발생하는가?

$MRS = \dfrac{x_2}{x_1}$ 이고, 재화1 가격이 하락하기 이전의 예산선은 $4x_1 + x_2 = 40$이다. $\dfrac{x_2}{x_1} = 4$ 와 예산선을 연립해 풀면 $x_1 = 5$, $x_2 = 20$을 얻는다. 이 때 효용은 100이다. 따라서 소비자는 재화1의 판매자, 재화2의 구매자이다. 이제 재화1 가격이 $\dfrac{1}{8}$이 되면 예산선은 $\dfrac{x_1}{8} + x_2 = 9$이다. $\dfrac{x_2}{x_1} = \dfrac{1}{8}$과 예산선을 연립해 풀면, $x_1 = 36$, $x_2 = \dfrac{9}{2}$를 얻는다. $x_1 = 36 > 8$이므로, 소비자는 재화1의 구매자가 된다. 이 때 효용은 162 이다. ■

재화1의 가격이 하락한 이후, 소비자가 계속해 재화1의 판매자로 남아 있는 경우를 살펴보자. 이 경우 반드시 소비자의 효용은 감소한다. 그 이유를 〈그림 7-8〉을 통해 알아보자.

〈그림 7-8〉에서 보듯이, 재화1의 가격이 p_1에서 $p_1{'}$으로 감소하면, 새로운 예

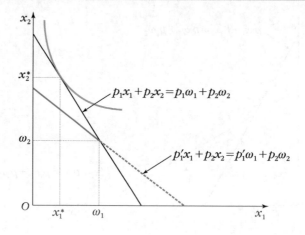

● 그림 7-8 재화1 가격의 하락시 판매자로 남아 있으면 반드시 효용은 감소한다($p_1' < p_1$)

산선은 $p_1'x_1 + p_2x_2 = p_1'\omega_1 + p_2\omega_2$가 된다. 이전의 예산선과 비교하면, 파란 실선으로 된 부분은 가격 하락 이전에는 선택 가능한 점이었다. 반면에 파란 점선으로 표시된 부분은 가격 하락 이전에는 선택 불가능한 점이었다. 가격이 하락할 때, 소비자 균형이 점선으로 표시된 부분에 존재하면, 원래의 균형과 비교하기 힘들다. 그런데 가격이 하락한 후에도 소비자가 판매자로 남아 있다면, 새로운 균형은 새로운 예산선의 실선 부분에 위치한다는 의미이다. 실선 부분은 가격이 하락하기 이전에도 선택 가능했지만, 가격이 하락하기 이전에 소비자는 (x_1^*, x_2^*)을 선택했다. 그러므로 (x_1^*, x_2^*)은 새로운 예산선의 실선 부분에 있는 어떤 소비묶음보다도 선호된다. 따라서 가격하락 후 계속해 판매자로 남아 있으면 소비자의 효용은 반드시 감소한다.

가격이 하락한 후에도 판매자로 남아 있는 경우, 소비자가 팔고자 하는 재화1의 판매량은 감소하는가? 가격이 상승할 때 판매량이 반드시 증가하지는 않는 것과 동일한 이유로 가격이 하락할 때 판매자로 남아있다고 하더라도 판매량이 반드시 감소하지는 않는다.

생각하기 2 ▶ 소비자가 재화1의 판매자일 때, 재화1의 가격이 하락했다. 대체효과와 소득효과를 이용해, 재화1이 정상재이면 판매량은 증가할 수도 있고 감소할 수도 있지만, 열등재이면 반드시 판매량은 감소함을 보여라.

소비자가 재화1에 대해 구매자이면 위의 결과가 정확하게 반대로 성립한다. 상대가격이 하락하면 소비자의 효용은 반드시 증가한다. 그러나 반드시 재화1을 더 많이 구매한다고 말할 수는 없다. 상대가격이 상승할 때에도 반드시 효용이 감소한다고 말할 수는 없다. 구매자에서 판매자로 위치가 바뀌게 되면 효용이 증가할 수도 있다. 그러나 상대가격이 상승할 때 계속해 구매자로 남아 있으면, 소비자의 효용은 반드시 감소한다. 그러나 이 경우에도 구매량이 반드시 감소한다고 말할 수는 없다.

> **생각하기 3** 대체효과와 소득효과를 이용해 소비자가 재화1의 구매자인 경우, 재화1의 가격이 상승할 때와 하락할 때 재화1의 순수요가 어떻게 변하는지 설명하라.

Section 4   다기간 소비선택 모형

실물부존 모형의 응용으로 **다기간 소비선택 모형**(intertemporal consumption choice model)을 살펴본다. 거시경제학의 **생애주기가설**(life-cycle hypothesis)을 보면, 일반적으로 소득이 발생하는 시기와 소비가 발생하는 시기가 일치하지 않는다. 경제활동을 시작하기 전이나 막 시작한 경우, 일반적으로 소비가 소득보다 많다. 이 경우 금융기관으로부터 돈을 빌려 소비를 한다. 시간이 지나면서 직장에서 지위가 올라감에 따라 소득이 증가해, 이제까지의 빚을 갚고, 은퇴 후를 대비해 저축을 하기도 한다. 이 시기는 소득이 소비보다 더 큰 시기이다. 은퇴 후에 별도의 소득이 없으면 그 동안 저축한 것으로 소비활동을 영위한다. 이와 같이 시기별로 소득과 소비 간에 괴리가 발생한다. 본 절에서는 편의상 소비자가 오늘인 $t = 1$기와 내일인 $t = 2$기만 생존하는 2기간의 소비선택 모형을 살펴본다.

소비자가 1기에 y_1, 2기에 y_2라는 소득을 얻을 때 이를 이 소비자의 소득흐름 (income stream)이라고 부르고, (y_1, y_2)로 표시한다. 이 같은 소득흐름에 근거해, 소비자는 1기의 소비 c_1과 2기의 소비 c_2를 결정한다. 이런 소비결정을 소비흐름 (consumption stream)이라고 부르고 (c_1, c_2)로 표시한다. 2기간 소비선택 모형은

(y_1, y_2)의 실물부존을 가진 소비자가 최적 (c_1, c_2)를 선택하는 실물부존 모형으로 분석할 수 있다. 소비자가 1기에 돈을 빌려오거나 빌려줄 수 있는 금융기관이 없는 경우와 있는 경우를 나누어 살펴보자. 편의상 이후의 설명에서는 금융기관을 은행이라고 부르기로 한다.

4.1 은행이 없는 경우

은행이 없으면 대출을 받을 수 없으므로 1기의 소비는 1기의 소득을 초과할 수 없다. 즉, $c_1 \leq y_1$이다. 소비자는 대출을 할 수 없지만, 스스로에게 저축은 할 수 있다. 1기의 저축은 $s_1 = y_1 - c_1$이다. 2기는 마지막 기간이므로 2기에 소비자는 가지고 있는 모든 것을 다 소비한다. 그러므로 2기의 소비는 2기의 소득과 1기에 저축한 것을 더한 것이다. 즉, $c_2 = s_1 + y_2 = y_1 - c_1 + y_2$이다. 따라서 2기간에 걸친 소비선택의 예산선은 다음과 같다.

$$c_1 + c_2 = y_1 + y_2, \ 단 \ c_1 \leq y_1 \tag{3}$$

(3)식을 (1)식인 $p_1 x_1 + p_2 x_2 = p_1 \omega_1 + p_2 \omega_2$와 비교해 보면, $x_1 = c_1$, $x_2 = c_2$, $\omega_1 = y_1$, $\omega_2 = y_2$, 그리고 $p_1 = p_2 = 1$임을 알 수 있다. 따라서 예산선의 기울기는 (-1)이다. $c_1 \leq y_1$인 조건은 다기간 소비선택 모형에서 은행이 존재하지 않기 때

● **그림 7-9 은행이 없는 경우의 예산선**

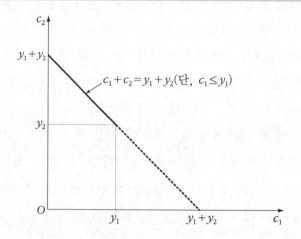

문에, 저축은 할 수 있지만 은행에서 대출은 받을 수 없는 조건을 의미한다. (3)식의 예산선을 그리면 〈그림 7-9〉와 같다. 〈그림 7-9〉에서 점선으로 된 부분은 은행이 존재하지 않기 때문에 선택이 불가능한 부분을 의미한다.

소비자의 효용함수를 $U(c_1, c_2)$로 표시하자. 앞에서와 마찬가지로, 단조성과 한계대체율체감을 충족한다고 가정한다. 효용함수의 형태에 따라 〈그림 7-10〉처럼 1기에 저축하는 소비자와 저축하지 않는 두 가지 경우의 균형이 가능하다.

〈그림 7-10〉에 소비자 균형이 (c_1^*, c_2^*)로 표시되어 있다. $y_1 > c_1^*$이면 소비자는 1기에 $s_1 = y_1 - c_1^*$만큼 저축을 한다. $y_1 = c_1^*$이면 저축을 하지 않는다. 2절의 용어로 표시하면, c_1^*와 c_2^*는 각각 재화1(오늘의 소비)과 재화2(내일의 소비)의 총수요이고, 1기의 저축 $s_1 = y_1 - c_1^*$은 다름 아닌 재화1의 순수요에 $(-)$부호를 붙인 것이다. 소비자가 1기에 저축을 한다는 것은 재화1의 순수요가 0보다 작다는 것으로, 재화1의 판매자가 된다는 의미이다.

2절에서 보았듯이 소비자가 재화1의 판매자가 될 조건은 $MRS(\omega_1, \omega_2) < \frac{p_1}{p_2}$이다. 다기간 소비선택 모형에서는 $\omega_1 = y_1$, $\omega_2 = y_2$, $p_1 = p_2 = 1$이므로, 소비자가 저축을 할 조건은 $MRS(y_1, y_2) < 1$이다. 〈그림 7-10(a)〉가 이에 해당한다. 반면에

● 그림 7-10 두 종류의 소비자 균형

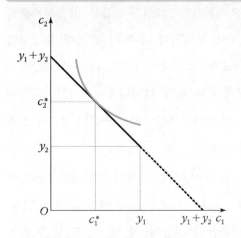

(a) 저축하는 소비자: $MRS(y_1, y_2) < 1$

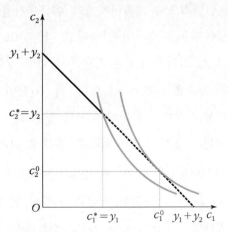

(b) 저축하지 않는 소비자: $MRS(y_1, y_2) \geq 1$

〈그림 7-10(b)〉에서 보듯이 $MRS(y_1, y_2) \geq 1$이면 $y_1 = c_1^*$이므로, 1기에 저축을 하지 않는다. 〈그림 7-10(b)〉를 보면 2기 소득을 담보로 1기에 은행에서 무이자로 대출을 받을 수 있으면, 소비자는 (c_1^0, c_2^0)를 선택하고자 한다. $c_1^0 - y_1 > 0$만큼의 마이너스 저축, 즉 대출을 받고자 한다. 그러나 은행이 존재하지 않으므로, 점선상에 있는 (c_1^0, c_2^0)를 선택하지 못한다. 선택 가능한 예산선 가운데 가장 선호하는 점은 (y_1, y_2)이다. 그러므로 1기에 얻은 소득 전부를 소비하고 저축은 하지 않는다. 2기에도 2기 소득만을 소비한다.

〈그림 7-10(b)〉를 보면 은행의 존재 이유 가운데 한 가지를 발견할 수 있다. (a)의 경우, 은행이 존재하더라도 처음부터 저축을 하려고 하기 때문에 은행에서 대출을 받으려 하지 않는다. 그러나 (b)의 경우, 은행에서 대출을 받을 수 있으면, 선택이 (y_1, y_2)에서 (c_1^0, c_2^0)로 바뀌며, 이로 인해 효용이 증가한다. 은행이 존재함으로써 (b)의 소비자는 이득을 볼 수 있다.

4.2 은행이 있는 경우

이제 은행이 존재하는 경우를 알아보자. 은행이 존재하면, 대출도 받을 수 있고 예금도 할 수 있다. 두 경우 모두 이자가 개입된다. 대출을 받으면 나중에 원금과 이자를 지불해야 한다. 반대로 저축하면 나중에 원금과 이자를 돌려받을 수 있다. 일반적으로 대출이자율과 예금이자율은 다르다. 그러나 편의상 대출이자율과 예금이자율은 모두 동일하다고 가정하고, r로 표시한다. 은행이 존재해 대출이나 예금 시 이자율이 r인 경우 예산선을 알아보자. 소비자가 1기에 c_1을 선택하면 1기의 저축은 $s_1 = y_1 - c_1$이다. $s_1 > 0$이면 '저축'의 원래 의미대로 s_1만큼을 은행에 예금하고, 2기에 원금에 이자를 합친 $(1+r)s_1$만큼을 받는다. 그러므로 2기의 소비는 2기의 소득에 1기 저축액 원금에 이자를 합한 금액인 $c_2 = y_2 + (1+r)s_1$이 된다. 반면에 $s_1 < 0$이면 마이너스 저축, 즉 $-s_1 > 0$만큼을 은행에서 대출을 받는 것이다. 2기에 소비자는 원금과 이자를 합친 $-s_1(1+r)$만큼을 은행에 갚아야 한다. 그러므로 2기의 소비는 2기의 소득에서 대출금의 원금과 이자를 갚고 남은 것이 된다. 따라서 $c_2 = y_2 - \{-(1+r)s_1\} = y_2 + (1+r)s_1$이 된다. 그러므로 s_1이 양이든

음이든 관계없이 2기의 소비는 $c_2 = y_2 + (1+r)s_1$이다. 여기에 $s_1 = y_1 - c_1$을 대입해 정리하면, 은행이 있는 경우의 예산선을 다음과 같이 얻는다.

$$(1+r)c_1 + c_2 = (1+r)y_1 + y_2 \qquad (4)$$

은행에서 대출을 받을 수 있으므로, 4.1절과 달리 $c_1 \le y_1$이라는 제약이 없다. (4)식의 양변을 $(1+r)$로 나누면 (5)식을 얻는다.

$$c_1 + \frac{c_2}{1+r} = y_1 + \frac{y_2}{1+r} \qquad (5)$$

(4)식과 (5)식을 (1)식과 비교해 보자. (4)식은, $x_1 = c_1$, $x_2 = c_2$, $\omega_1 = y_1$, $\omega_2 = y_2$, 그리고 $p_1 = (1+r)$, $p_2 = 1$임을 알 수 있다. (5)식은, 다른 것은 동일하고 다만 $p_1 = 1$, $p_2 = \frac{1}{(1+r)}$이라는 것만 다르다. 그러나 두 경우 모두 $p_1 x_1 + p_2 x_2 = p_1 \omega_1 + p_2 \omega_2$의 특별한 경우임을 알 수 있다. 두 경우 모두 예산선의 기울기는 $-\frac{p_1}{p_2} = -(1+r)$로 동일하다.

예산선 기울기의 절대값 $\frac{p_1}{p_2}$은 재화1 한 단위와 교환되는 재화2의 양을 의미한다. 1기의 소비인 c_1을 한 단위 늘리면, 저축 한 단위를 줄여야 한다. 저축을 한 단위 줄이면 1기가 지난 후 이자를 포함하여 $(1+r)$를 포기해야 하므로 2기의 소

● 그림 7-11 은행이 존재하는 경우의 예산선

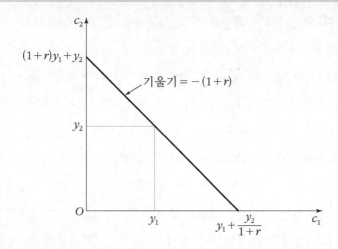

비를 $(1+r)$만큼 줄여야 한다. 따라서 c_1 한 단위는 $(1+r)$단위의 c_2와 교환된다. 그러므로 예산선의 기울기가 다름 아닌 $-\dfrac{p_1}{p_2}=-(1+r)$이 되는 것이다.

　(4)식 혹은 (5)식으로 표시되는 예산선을 그려보면 〈그림 7-11〉과 같다. (4)식과 (5)식은 기본적으로 동일한 식이다. 다만 기준 시점이 다를 뿐이다. (4)식과 (5)식의 차이를 이해하려면, **현재가치**(present value)와 **미래가치**(future value)의 차이를 이해해야 한다. 한 기간 동안의 이자율이 r이라고 하자. 그러면 1기에 1원을 예금하면, 한 기간 이후에는 원금과 이자를 포함해 $(1+r)$원을 얻는다. 이때 $(1+r)$원을 현재 1원의 한 기간 이후의 미래가치라고 부른다. 1원이 한 기간 이후 $(1+r)$원이 되므로, 한 기간 이후에는 $(1+r)$원이 원금이 된다. 그러므로 1원의 두 기간 이후의 미래가치는 원금 $(1+r)$에 $(1+r)$을 곱한 값인 $(1+r)^2$이 된다. 같은 방식으로 1원의 t기간 이후의 미래가치는 $(1+r)^t$이다. 현재 y원의 t기간 이후의 미래가치는 $y(1+r)^t$이다.

　이제 질문을 반대로 해 보자. 한 기간 이후에 1원의 소득을 얻는다. 이 1원의 가치를 현재의 시점에서 평가하면 얼마가 되겠는가? 은행에 y를 지금 예금하면 한 기간 이후에는 원리금이 $y(1+r)$이 된다. 그러므로 한 기간 이후의 1원의 가치를 현재 시점에서 평가하려면, $y(1+r)=1$이 되어야 한다. 즉, $y=\dfrac{1}{1+r}$이다. 한 기간 이후의 1원을 현재의 가치로 환산하면 다름 아닌 $\dfrac{1}{1+r}$이 된다. $\dfrac{1}{1+r}$을 한 기간 이후에 얻는 1원의 현재가치라고 부른다. 같은 방법으로 t기간 이후에 얻는 1원의 현재가치는 $\dfrac{1}{(1+r)^t}$이다.

　현재가치와 미래가치를 기준으로 (4)식과 (5)식을 평가해 보자. 먼저 (4)식을 살펴보자. 소비자는 1기에 y_1, 2기에 y_2를 얻는다. 1기에 얻는 y_1을 2기에서 평가한 미래가치는 $(1+r)y_1$이다. y_2는 2기에 얻어지므로 미래가치는 y_2이다. 그러므로 (4)식의 우변은 소득흐름 (y_1, y_2)의 미래가치이다. 소비흐름 (c_1, c_2)를 소비하려면, 1기에 c_1만큼이 필요한데, c_1을 2기에서 평가한 미래가치는 $(1+r)c_1$이다. c_2는 2기의 소비이므로 미래가치는 c_2이다. 그러므로 (4)식의 좌변은 소비흐름 (c_1, c_2)의 미래가치이다. 따라서 (4)식이 의미하는 것은 2기간 모형에서 소득흐름이 (y_1, y_2)인 소비자가 선택할 수 있는 소비흐름 (c_1, c_2)는 그 미래가치가 정확하게 소득흐름의 미래가치와 일치해야 한다는 것이다. 그러므로 (4)식은 예산선을 미래가치의 관점에서 표시한 것이다.

다음으로 (5)식을 살펴보자. 소득흐름 (y_1, y_2)의 경우 y_1은 1기의 소득이므로 현재가치는 y_1이다. 그러나 y_2는 2기의 소득이므로 현재가치는 $\dfrac{y_2}{(1+r)}$이다. 그러므로 (5)식의 우변은 소득흐름 (y_1, y_2)의 현재가치이다. 같은 방법으로 (5)식의 좌변은 소비흐름 (c_1, c_2)의 현재가치임을 알 수 있다. (5)식은 소득흐름이 (y_1, y_2)인 소비자가 선택할 수 있는 소비흐름 (c_1, c_2)는 그 현재가치가 정확하게 소득흐름의 현재가치와 일치해야 함을 의미한다. 즉, (5)식은 예산선을 현재가치의 관점에서 표시한 것이다. (4)식과 (5)식은 기본적으로 동일한 식이므로, 이후의 설명에서는 편의상 (5)식을 예산선으로 생각한다.

소비자의 효용함수에 따라 다음과 같은 두 가지 균형이 가능하다. 4.1절에서 설명했듯이, $c_1^* < y_1$인 소비자는 양의 저축을 하는 소비자로, 재화1의 판매자이다. $c_1^* < y_1$이면 소비자는 1기에 $s_1 = y_1 - c_1^* > 0$을 은행에 저축한다. 은행은 소비자가 예금한 돈으로 다른 사람에게 대출하기 때문에, $c_1^* < y_1$인 소비자를 돈을 빌려주는 사람이라는 의미에서 **대부자**(lender)라고 부른다. 반대로 $y_1 < c_1^*$이면 음의 저축을 하며, 따라서 재화1의 구매자이다. 이 경우 소비자는 은행으로부터 $c_1^* - y_1$을

● 그림 7-12 두 종류의 소비자 균형

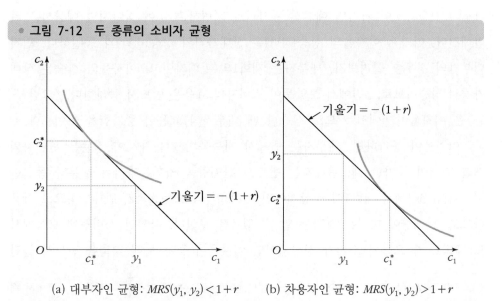

(a) 대부자인 균형: $MRS(y_1, y_2) < 1 + r$ (b) 차용자인 균형: $MRS(y_1, y_2) > 1 + r$

대출받는다. 이 같은 소비자를 **차용자**(borrower)라고 부른다.

대부자는 곧 재화1의 판매자이고, 예산선의 기울기가 $-(1+r)$이므로, 2절에서 보았듯이 대부자가 될 조건은 $MRS(y_1, y_2) < 1+r$이다. 〈그림 7-12〉의 (a)는 대부자의 경우를 보여준다. 반대로 $MRS(y_1, y_2) > 1+r$이면, 재화1의 구매자, 즉 차용자가 된다. 〈그림 7-12〉의 (b)는 차용자의 경우를 보여준다.[1]

> **예 4** 효용함수가 $U(c_1, c_2) = c_1 c_2$, $y_1 = 100$, $y_2 = 220$, $r = 10\%$일 때 소비자 균형을 구해 보자.
>
> $MRS = \dfrac{c_2}{c_1}$이므로 $(100, 220)$에서 한계대체율은 $\dfrac{220}{100} = 2.2$이다. 반면에 $r = 10\%$이므로 $1+r = 1.1$이다. $MRS(100, 220) > 1+r$이므로 소비자는 차용자가 됨을 알 수 있다. 이 경우 예산선은 $c_1 + \dfrac{c_2}{1.1} = 100 + \dfrac{220}{1.1} = 300$이다. $\dfrac{c_2}{c_1} = 1.1$과 예산선을 연립해 풀면, $c_1 = 150$, $c_2 = 165$를 얻는다. 따라서 소비자는 1기에 은행에서 50만큼 대출을 받는다. 물론 2기에 은행에 원금과 이자로 $50 \times 1.1 = 55$를 갚는다. ∎

이제 이자율의 변화가 소비에 미치는 영향을 살펴보자. 예산선의 기울기가 $(1+r)$이므로, r이 커지면 예산선은 가파르게 변하고, r이 작아지면 예산선은 완만해진다. 따라서 이자율의 상승(하락)은 상대가격의 상승(하락)과 동일하다. 먼저 대부자의 경우를 살펴보자. 대부자는 재화1의 판매자이고, 이자율의 상승은 상대가격의 상승이므로, 3절에서 보았듯이 소비자의 효용은 반드시 증가한다. 〈그림 7-13〉은 이자율이 r에서 r'으로 상승할 때 대부자의 효용이 증가함을 보여준다.

이자율이 증가하면, 대부자는 반드시 저축을 늘리는가? 이 질문은 판매자의 재화 가격이 증가할 때, 판매자는 반드시 판매량을 늘리는가라는 질문과 동일한 질문이다. 3절에서 재화1이 정상재이면 대체효과와 소득효과가 반대방향으로 작용하므로, 판매량에 미치는 효과는 알 수 없음을 보았다. 다기간 소비선택 모형에서도 재화1, 즉 오늘의 소비가 정상재이면 이자율이 증가할 때 저축을 반드시 늘린

---

1 〈그림 7-12〉에는 없지만 $MRS(y_1, y_2) = 1+r$이면, 소비자는 은행에 저축도 하지 않고, 은행에서 대출도 받지 않는다. 즉, 자급자족이 소비자 균형이다.

● **그림 7-13 이자율이 상승하면, 대부자의 효용은 반드시 증가한다**$(r' > r)$

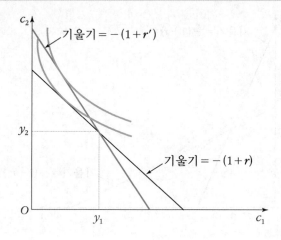

다는 보장은 없다. 저축은 증가할 수도 있고, 감소할 수도 있다. 거의 그런 일은
없겠지만 오늘의 소비가 열등재이면 이자율이 증가할 때 저축은 항상 증가한다.
　〈그림 7-14〉는 이자율이 증가할 때 저축이 증가하는 경우와 감소하는 두 경
우를 각각 보여주고 있다. (a)의 경우 이자율이 상승할 때 1기 소비가 c_1^*에서 c_1^0로
감소하므로, 저축은 $y_1 - c_1^*$에서 $y_1 - c_1^0$로 증가한다. 반면에 (b)의 경우 1기 소비

● **그림 7-14 이자율 증가가 저축에 미치는 영향**$(r' > r)$

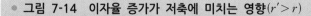

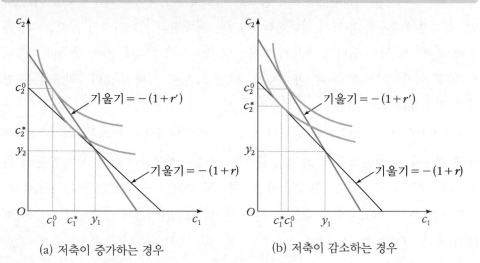

(a) 저축이 증가하는 경우　　　　　(b) 저축이 감소하는 경우

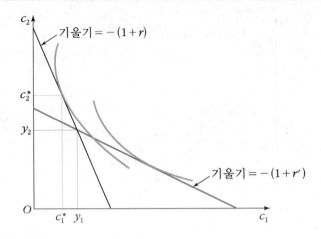

● 그림 7-15 　이자율이 하락시, 대부자의 효용이 증가되는 경우 $(r' < r)$

가 c_1^*에서 c_1^0로 증가하므로, 저축은 $y_1 - c_1^*$에서 $y_1 - c_1^0$로 감소한다.

다음으로 이자율이 하락하는 경우를 살펴보자. 이 경우도 상대가격이 하락하는 경우와 동일하다. 판매자의 재화 가격이 하락할 때, 판매자에서 구매자로 위치를 바꿀 경우 효용이 증가할 가능성이 있음을 3절에서 보았다. 마찬가지로 이자율이 하락하면, 대부자에서 차용자로 위치를 바꿈으로써 효용이 증가할 수도 있다. 〈그림 7-15〉는 이자율이 r에서 r'으로 하락할 때, 대부자에서 차용자로 위치를 바꾸어 효용이 증가되는 경우를 보여주고 있다.

그러나 이자율이 하락했음에도 불구하고 소비자가 계속해 대부자로 남아 있다면, 소비자의 효용은 반드시 감소한다. 이것은 판매자의 재화가격이 하락할 때, 계속해 판매자로 남아 있다면 반드시 효용이 감소하는 3절의 한 가지 예이다. 〈그림 7-16〉은 이자율이 하락할 때, 계속해서 대부자로 남아 있다면 소비자의 효용은 반드시 감소함을 보여준다.

이자율이 r일 때 소비자 균형이 (c_1^*, c_2^*)이다. 이자율이 r'으로 감소할 때 계속해 대부자로 남아 있다면, 새로운 균형은 새로운 예산선의 파란 실선 부분에 위치한다. 그런데 이 부분은 원래의 예산선에서도 선택할 수 있었던 부분이다. 그러므로 새로운 균형이 실선의 어느 부분에 위치하고 있든 간에 상관없이 (c_1^*, c_2^*)보다 효용이 낮음을 알 수 있다.

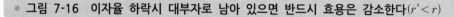

• 그림 7-16 이자율 하락시 대부자로 남아 있으면 반드시 효용은 감소한다($r' < r$)

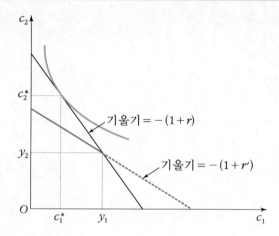

가격이 하락하면 판매자가 계속해 판매자로 남아 있다고 하더라도, 판매량은 증가할 수도 있고 감소할 수도 있다. 마찬가지로 이자율 하락 시 계속해서 대부자로 남아 있다고 하더라도, 저축액은 증가할 수도 있고 감소할 수도 있다. 독자들은 그림을 그려 두 경우를 확인해 보기 바란다.

차용자는 대부자와 정확하게 반대이다. 이자율이 하락하면 차용자의 효용은 반드시 증가한다. 그러나 차용액에 미치는 영향은 일반적으로 알 수 없다. 반대로 이자율이 증가하면, 차용자에서 대부자로 위치를 바꿈으로써 효용이 증가할 수도 있다. 그러나 계속해서 차용자로 남아 있으면, 효용은 반드시 감소한다. 그러나 이 경우에도 차용액에 미치는 영향은 일반적으로 알 수 없다. 독자들은 차용자의 경우, 대부자의 경우와 마찬가지의 그림을 그려봄으로써 위의 사실들이 성립함을 확인하기 바란다.

예5 예 4에서와 같이 효용함수가 $U(c_1, c_2) = c_1 c_2$, $y_1 = 100$, $y_2 = 220$이다. 이자율이 20%로 증가할 때 새로운 소비자 균형을 구해 보자.

$r = 20\%$이므로 $1 + r = 1.2$이다. 이 경우 예산선은 $c_1 + \dfrac{c_2}{1.2} = 100 + \dfrac{220}{1.2} = \dfrac{850}{3}$ 이다. $\dfrac{c_2}{c_1} = 1.2$와 예산선을 연립해 풀면, $c_1 = 425/3$, $c_2 = 170$을 얻는다. $\dfrac{425}{3} > 100$

이므로 여전히 차용자이다. 그러나 $\dfrac{425}{3} < 150$이므로 1기에 은행에서 대출받는 금액은 감소한다.

Microeconomics

연습문제

1 다음 문장의 진위를 판단하라.

1) 실물부존 모형에서 소비자가 재화1의 판매자이다. 재화1 가격이 하락했음에도 불구하고 소비자의 효용이 증가했으면 소비자는 틀림없이 판매자에서 구매자로 입장이 바뀌었다.

2) 실물부존 모형에서 소비자가 재화1의 판매자이다. 재화2 가격이 하락하면 소비자의 효용은 증가한다.

3) 실물부존 모형에서 소비자가 재화2의 판매자일 경우, 재화2가 정상재이면 재화1 가격이 상승할 때 재화2의 소비가 증가한다.

4) 실물부존 모형에서 소비자가 현재의 가격에서 재화1의 구매자이다. 재화2 가격이 떨어질 때 재화2의 소비가 감소하면 재화2는 열등재이다.

5) 소비자들의 소비를 늘리기 위해 정부가 이자율을 내리기로 결정했다. 하지만 이자율이 하락한 이후에 현재 소비가 감소했다(즉, 저축이 증가했다). 그러면 현재 소비는 열등재이다.

6) 두 재화를 소비하는 소비자가 있다. 주어진 소득에서 소비자의 재화1 수요의 가격탄력성은 항상 1이라고 한다. 그런데, 소비자에게 소득 대신 실물부존이 주어지고, 균형에서 소비자는 재화1의 구매자(즉, 순수요가 +)라고 한다. 이 상황에서 재화1 가격변화에 따라 소비자의 소비묶음이 변하는 것을 연결한 '가격소비곡선'은 그 기울기가 항상 수평이 된다.

2 "이자율이 떨어지면, 젊을 때 저축한 돈으로 말년에 부족한 소득을 보전해 생활하려고 계획하던 사람의 후생은 반드시 감소한다." 이 명제의 옳고 그름을 2기간 소비선택 모형을 이용해 설명하라.

3 실물부존 모형을 생각하자. 소비자가 두 재화를 각각 $\omega_1(>0)$, $\omega_2(>0)$ 만큼 가지고 있다. 두 재화의 가격은 각각 p_1과 p_2이다. 소비자의 효용함수는 $U(x_1, x_2)$이다.

1) 소비자가 재화1의 판매자가 되는 경우를 그래프로 그리고, 그 조건을 찾아라.

이후의 문제에서는 효용함수가 $U(x_1, x_2) = x_1 x_2$라고 가정한다.

2) 각 재화에 대한 총수요와 순수요를 구하라.

3) 2)번 답을 이용해 소비자가 재화1의 판매자가 될 조건을 구하고, 그 조건이 1) 의 일반적인 조건과 일치하는지 설명하라.

4) 재화1 가격이 증가할 때 소비자의 효용도 증가할 조건을 찾아라.

5) 현재의 가격에서 소비자는 재화1의 판매자이다. 그런데 재화1 가격이 하락해 구매자가 되었다. 이 때 소비자의 효용은 반드시 증가하는가?

4 실물부존 모형을 생각하자. 소비자의 효용함수는 $U(x_1, x_2) = \ln x_1 + \ln x_2$이다. 소비자는 재화1을 재화2보다 2배 더 많이 가지고 있다. 효용을 극대화하는 소비 자의 선택을 x_1^*, x_2^*로 표시하자.

1) 소비자가 재화1의 판매자가 되는 상대가격 $\dfrac{p_1}{p_2}$의 범위를 구하라.

2) 현재 $\dfrac{p_1}{p_2} = 1$이다. 이 소비자가 구매자가 되어 현재보다 효용이 더 커지는 $\dfrac{p_1}{p_2}$ 의 범위를 구하라.

3) x_1^*의 p_1에 대한 탄력성을 구하라. 탄력적인가 비탄력적인가?

4) x_1^*의 p_2에 대한 탄력성을 구하라. 두 재화는 보완재인가 대체재인가?

5 두 재화를 소비하는 소비자가 있다. 두 재화의 가격은 각각 p_1, p_2이고, 소비자는 돈을 m원, 재화1을 ω_1만큼 가지고 있다.

1) 소비자가 재화1 실물을 팔 수 없을 때 소비자의 예산집합을 정확히 그려라(절 편 등 중요 포인트 명시할 것).

2) 소비자가 재화1 실물을 팔 수 있을 때 소비자의 예산집합을 정확히 그려라. 그 린 후, 재화2 가격이 상승하면 예산집합이 어떻게 변하는지 설명하라.

3) 소비자가 재화1을 팔 수 있을 경우, 실제로 소비자가 선택한 재화1의 소비량은 ω_1보다 작았다고 한다. 이때, 재화1의 가격이 오르면 이 소비자의 효용이 증 가할지 감소할지 확실히 예측할 수 있는지 설명하라.

6 실물부존 모형을 생각한다. 소비자의 효용함수는 $U(x_1, x_2) = \sqrt{x_1} + \sqrt{x_2}$이다. 소비자는 두 재화를 동일하게 $\omega(>0)$만큼 가지고 있다. 재화2의 가격은 1로 고정 시킨다.

1) 소비자가 재화1의 구매자가 되는 p_1의 범위를 구하라.

2) 각 재화의 총수요와 순수요를 구하라.

3) 재화1 수요의 가격탄력성과 재화2 수요의 교차탄력성을 구하라.

4) 현재 $p_1 = 1/4$이다. 이 소비자가 입장을 바꾸어 현재보다 효용이 더 커지는 p_1의 범위를 구하라.

7 2기간 소비선택 모형을 생각하자. 효용함수는 $U(c_1, c_2) = c_1 c_2$이다.

1) 소비자의 효용을 극대화하는 c_1^*, c_2^*를 구하라(c_1^*, c_2^*는 y_1, y_2, r에 의존한다).

2) 소비자가 대부자가 될 조건은 무엇인가?

3) 이자율의 증가는 저축에 어떤 영향을 미치는가?

4) 미래소득 y_2가 감소하면 저축에 어떤 영향을 미치는가?

8 2기간 소비선택 모형을 생각하자. 소비자의 효용함수는 $U(c_1, c_2) = \sqrt{c_1} + \dfrac{\sqrt{c_2}}{1+\rho}$ 이다. 여기서 ρ는 0보다 큰 상수이다. 소비자의 효용을 극대화하는 각 기의 소비를 c_1^*, c_2^*라고 하자.

1) $c_2 = c_1$일 때의 한계대체율을 구하라. ρ가 증가할 때 한계대체율이 증가하는가 감소하는가? 그 이유를 설명하라.

2) $c_1^* > c_2^*$일 조건을 구하라.

3) c_1^*, c_2^*를 구하라.

4) ρ가 증가할 때 c_1^*, c_2^*는 각각 어떻게 변하는가?

5) 이자율의 증가는 저축에 어떤 영향을 미치는가?

6) 미래소득 y_2의 증가는 저축에 어떤 영향을 미치는가?

9 2기간 소비선택 모형을 생각하자. 소비자의 효용함수는 $U(c_1, c_2) = \ln c_1 + \rho \ln c_2$ 이다. 여기서 ρ는 0과 1 사이의 상수이다.

1) 한계대체율을 구하라. ρ가 증가할 때 한계대체율이 증가하는가 감소하는가? 그 이유를 설명하라.

2) ρ가 증가할 때 저축은 어떻게 변하는가?

3) 이자율 r의 증가는 저축에 어떤 영향을 미치는가?

4) y_1과 y_2가 동시에 한 단위씩 증가하면 저축에 어떤 영향을 미치는가?

Chapter

08 / 불확실성과 소비자 선택

⭐ 폰 노이만(John von Neumann)∶ 헝가리-미국, 1903~1957

폰 노이만은 경제학 전공학생들은 경제학자로, 수학 전공학생들은 수학자로, 물리학 전공학생들은 물리학자로, 컴퓨터 공학 전공학생들은 컴퓨터 공학자로 생각할 만큼 여러 분야에서 많은 업적을 남긴 다방면의 천재이다. 아인슈타인과 닐스 보어의 전기를 썼으며 자신도 유명한 이론 물리학자인 아브라함 파이스(Abraham Pais)는 폰 노이만보다 더 위대한 사람은 있을 수 있지만, 그보다 더 똑똑한 사람은 없다는 평가를 남기기도 했다.

합스부르크 왕가가 지배했던 오스트리아-헝가리 제국에서 태어난 폰 노이만은 이미 8세에 미적분학을 공부한 천재였다. 수학을 공부하고 싶었던 폰 노이만은, 취업을 위해 화학을 공부하라는 아버지의 요청에 따라 23세에 부다페스트 대학에서 수학박사와 스위스 취리히 대학에서 화공학 박사를 동시에 취득했다. 그 후 나치의 유대인 박해가 시작되어 유대인인 폰 노이만은 미국으로 귀화하면서 야노시 러요시 노이만이라는 헝가리 이름을 오늘날 우리가 알고 있는 존 폰 노이만으로 개명했다.

폰 노이만의 경제학 관련 업적 가운데 가장 큰 것은 모르겐스턴(Oskar Morgenstern)과 공저하여 1944년에 출간한 명저 *The Theory of Games and Economic Bebavior*이다. 이 저서는 게임이론의 고전으로 게임이론을 하나의 학문 분야로 확고하게 확립했다는 평가를 받는다.

본 장에서 공부할 기대효용이론도 사실은 게임이론을 연구하는 과정에서 개발된 것으로, 처음부터 불확실성하에서 의사결정이론으로 개발된 것은 아니다. 그러나 나중에 사람들이 기대효용이론을 불확실성하에서의 의사결정이론으로 발전시킨 것이다. 오늘날에는 경제학을 공부하는 많은 학생들이 기대효용이론은 알거나 들어봤지만, 그것이 게임이론의 일부로 개발되었다는 사실을 아는 학생들은 드물다. 배보다 배꼽이 더 큰 경우라고 할 수 있다.

천재성에 비추어 폰 노이만은 상복은 많지 않았다. 노벨 물리학상을 받을 수도 있었을 터인데 받지 못한 이유 가운데 하나는 아마도 54세라는 비교적 젊은 나이에 타계했기 때문일 것이다. 참고로 노벨상은 죽은 사람에게는 수여하지 않는다. 또한 게임이론에 대한 기여로 충분히 노벨 경제학상을 수상할 수 있었겠지만, 노벨 경제학상이 만들어진 것은 한참 후인 1969년이고, 게임이론에 노벨 경제학상이 수상된 것은 그보다 또 한참 후인 1994년이다. 1994년에 게임이론으로 노벨상을 받은 사람들이 폰 노이만의 연구에 큰 영향을 받은 것은 너무도 당연한 일이다.

이제까지 소비자는 그 결과가 확정되어 있는 소비묶음 중에서 선택을 한다고 가정했다. 그러나 우리 주변에는 결과가 확정적이지 않은 소비묶음들이 많이 있다. 예를 들어, 소비자가 여행보험을 구입하면 그 대가로 그가 어떤 서비스를 얻게 될 것인지는 사전에 알 수 없다. 만약 여행 중에 아무런 사고를 당하지 않는다면, 소비자는 아무런 서비스도 얻지 못한다. 그러나 만약 여행 중 사고를 당해 응급처치를 받게 된다면 그만큼의 서비스를 받게 된다. 이처럼 여행보험은 어떤 정해진 서비스를 '확정적'으로 받는 것이 아니라, 상황에 따라 특정 서비스들을 '확률적으로' 받게 된다.

이와 같이 소비자가 받을 재화나 서비스의 내용이 사전에 확정되지 않고 확률적으로만 지정되는 경우를 흔히 불확실성(uncertainty)이라고 부른다. 불확실성은 특히 투자에서 많이 보게 된다. 주식을 사면 1년 뒤에 그 가치가 얼마가 될지는 불확실하다. 정도의 차이는 있지만, 채권을 사더라도 채권발행 기업이 파산할 가능성이 있는 이상, 그 수익은 역시 불확실하다.

이런 불확실성에 대한 소비자 혹은 투자자들의 성향은 어떤가? 그리고 그들은 불확실성 하에서 어떻게 의사결정을 하는가? 본 장에서는 이런 문제들을 논의한다.

Section 1   기대효용이론

1.1 불확실성과 위험

투자를 할 때 1년 뒤에 얼마나 큰 수익이 발생될지 사전에 확정적으로 알 수 없고 확률적으로 결정될 때, 우리는 흔히 그 투자의 수익이 불확실하다고 말한다. 그런데 엄밀히 말하면 미래의 수익을 정확히 알 수 없는 경우에도 두 종류가 있다.

첫째, 미래의 수익률이 특정한 확률분포를 따르는 확률변수이고, 투자가는 이 확률분포를 알고 있는 경우가 있다. 이 경우에도 투자가는 이 확률분포 중에서 어떤 값이 실현될지는 미리 알 수 없다. 예를 들어, 투자에 대한 수익이 공평한 주사위에 의해 결정된다면, 투자가는 그 확률분포를 미리 알 수 있다. 그러나 주사위가 실제로 어떤 값이 나올지는 미리 알 수 없다. 둘째, 미래의 수익률이 어떤 확률분포를 따르는지조차 모르는 경우가 있다. 잘 모르는 비상장 기업의 주식에 투자한다면, 그 주식의 수익이 어떤 분포를 따를 것인지를 미리 안다는 것은 매우 힘든 일일 것이다. 엄밀히 말하자면 이 두 경우는 종류가 다르다. 경제학에서는 첫 번째 경우를 위험(risk), 두 번째 경우를 불확실성(uncertainty)이라고 부른다. 이 구분은 미국의 경제학자 나이트(Frank Knight)가 1921년에 처음으로 제기했다.

경제학에서 체계적인 분석의 대상이 되는 경우는 확률분포가 알려진 상황들이다. 확률분포를 모르는 상황에서는 체계적인 분석이 불가능하기 때문이다. 이런 의미에서 본 장의 제목을 위험과 소비자 선택이라고 해야만 정확한 표현이다. 그러나 많은 문헌에서 불확실성과 위험을 구별하지 않고 사용하고 있으며, 본서에서도 위험과 불확실성을 구별하지 않고 사용한다. 다만 어느 경우에나 미래의 불확실한 상황에 대한 확률분포가 알려진 경우를 분석 대상으로 한다는 점을 명심해 주기 바란다.

Box 8-1 위험(risk)의 경제학적 의미

영어 단어 risk는 일반적으로 신체적으로 위험하거나(danger) 혹은 금전적으로 손해를 볼 수 있는 가능성이 있음을 의미한다. 그러나 경제학에서 사용되는 위험의 의미는 이 같은 일상생활에서의 위험의 의미와 다소 다르다. 예를 들어, 어떤 사람들이 여러분에게 동전을 던져 앞면이 나오면 100만원, 뒷면이 나오면 50만원을 주겠다고 했다고 가정하자. 여러분은 이 같은 위험(?)을 감당할 용의가 있는가? 이 경우, 여러분은 못해도 50만원, 잘 되면 100만원을 얻는다. 이것은 위험이 아니라 횡재이다! 이번에는 똑같이 동전을 던지는데 그 대가로 70만원을 지불해야 한다고 가정하자. 그러면 앞면이 나올 때 30만원을 얻지만, 뒷면이 나오면 20만원을 손해 본다. 그러면 뒷면이 나오면 손해를 보기 때문에 위험이 존재한다. 그러나 경제학에서는 두 경우 모두 위험이 있다고 말한다. 경제학에서 말하는 위험이란 금전적 손해를 볼 가능성이 있는 경우만을 의미하지 않는다. 처음의 예처럼 금전적 손실이 발생할 가능성은 없다고 하더라도, 결과가 확정되어 있지 않으면 경제학에서는 위험이 있다고 말한다. 경제학에서 사용되는 risky, uncertain, probabilistic, stochastic, random 등과 같은 영어 단어는 모두 동일하게 결과가 확정되어 있지 않다는 의미이지, 반드시 금전적인 손실을 볼 수도 있음을 의미하는 것은 아니다.

1.2 불확실성의 표현: 복권

본 장에서 소개할 이론은 불확실성하에서의 소비자 선택에 대한 이론이다. 먼저 미시경제학에서 불확실성을 어떻게 표시하는지를 알아보자. 독자들이 잘 알고 있는 복권의 개념을 이용해 불확실성을 설명한다.

n개의 경품 가운데 하나를 주는 복권을 생각해보자. i번째 경품을 z_i, 경품을 다 모아놓은 집합을 $Z = \{z_1, z_2, \cdots, z_n\}$로 표시하자. Z를 경품집합이라고 부른다. 경품집합은 이 복권이 가져다 줄 수 있는 모든 결과를 포함하므로, 아무 것도 얻지 못하는 소위 '꽝'의 가능성이 있으면 그것도 포함한다. 예를 들어, $Z = \{$자동차, 9박 10일 유럽여행, 10만원 상품권, 꽝$\}$은 네 가지 경품으로 이루어진 경품집합이다. 경품 z_i에 당첨될 확률을 p_i라고 하면, $L = (p_1, p_2, \cdots, p_n)$은 각 경품의 당첨 확률들을 나타내는 확률분포이다. p_i는 확률이므로, $0 \le p_i \le 1\,(i = 1, 2, \cdots, n)$이고, $p_1 + p_2 + \cdots + p_n = 1$이다. $Z = \{$자동차, 9박 10일 유럽여행, 10만원 상품권, 꽝$\}$일 경우, 예를 들어, $L = \left(\dfrac{1}{2}, 0, 0, \dfrac{1}{2}\right)$은 자동차와 꽝을 각각 $\dfrac{1}{2}$의 확률로, 9박 10일 유럽여행과 10만원 상품권을 0의 확률로 얻는 복권이다. $L' = (1, 0, 0, 0)$은 자동차를 1의 확률로 얻는 복권이므로, 확정적인 상품에 해당한다. 이처럼 본 장에서 논의되는 복권은 확정적인 상품까지 포함한다.

경품들이 미리 정해져 있으면 경품들에 대한 확률분포가 바로 소비자가 처한 불확실성을 표시한다. 이처럼 소비자가 처한 불확실성을 표시하는 확률분포를 때로는 복권(lottery), 도박(gamble), 확률변수(random variable)라고도 부른다. 복권, 도박, 확률변수 모두 위험을 수반한다는 의미에서 불확실성을 표시한다. 본 절에서

● **그림 8-1 복권의 시각적 표현**

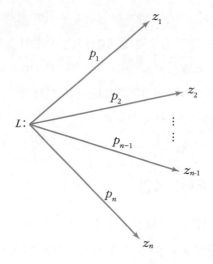

는 확률변수와 복권을 같은 의미로 사용한다. 때로는 $L = (p_1, p_2, \cdots, p_n)$인 복권을 시각적으로 표시하는 것이 편리할 때가 있다. 시각적으로 $L = (p_1, p_2, \cdots, p_n)$을 〈그림 8-1〉과 같이 표시한다.

주어진 경품집합 Z에 대해 생각할 수 있는 모든 확률분포, 즉 복권들의 집합을 흔히 수학에서 $\Delta(Z)$로 표시한다. $\Delta(Z)$는 Z가 주어졌을 때 생각할 수 있는 모든 불확실성을 다 모아놓은 집합이다. Z를 모든 확정적 소비묶음의 집합, 즉 불확실성이 없는 상태에서의 소비공간(consumption space)이라고 한다면, $\Delta(Z)$는 우리가 생각할 수 있는 모든 불확실성들은 다 모아놓은 집합이다. 앞에서 언급한 것처럼 이 집합은 확정적인 소비묶음들도 포함한다. 이 집합이 바로 불확실성하에서 소비자 선호가 정의되는 대상이다.

Box 8-2 확률변수에 대한 한 가지 오해

불확실성을 가르치다 보면, 복권 혹은 확률변수에 대한 이야기를 많이 하게 된다. 강의를 할 때 저자들은 꼭 학생들에게 '상수(constant)가 확률변수인가?'라는 질문을 한다. 예를 들어, $X = 10$인 상수는 확률변수인가라고 질문하면, 저자들의 경험에 의하면 상수는 확률변수가 아니라고 생각하는 학생들이 의외로 많다. 그 이유는 확률 변수라면 적어도 두 개의 값을 양의 확률로 가져야 한다고 생각하기 때문이다. 그러나 상수도 확률변수이다. $X = 10$은 10을 확률 1로 가지는 훌륭한 확률변수이다. 상수가 확률변수가 아니라는 말은 특정한 결과에 확률 1을 부여하는 것이 확률분포가 아니라 는 것과 동일한 말이다. 다만 상수는 확률 1로 특정한 값을 갖기 때문에 위에서 설명 한 위험이 없다. 상수는 위험이 없기 때문에 분산(variance)이 0인 확률변수이다. 이 를 **퇴화된**(degenerate) 확률변수라고 부른다.

1.3 불확실성하에서의 선호와 기대효용이론

경품집합이 $Z = \{$자동차, 9박 10일 유럽여행, 10만원 상품권, 꽝$\}$이라고 하자. 각 경품에 대해 아마도 모든 사람들이 자동차, 9박 10일 유럽여행, 10만원 상품권, 꽝 순으로 선호할 것이다. 이제 다음과 같은 두 가지 복권을 비교해보자:

$$L = \left(\frac{1}{2}, 0, 0, \frac{1}{2}\right) \quad vs. \quad L' = \left(\frac{1}{4}, \frac{1}{4}, \frac{1}{4}, \frac{1}{4}\right)$$

L은 말 그대로 '모' 아니면 '도'인 복권이다. 가장 좋은 경품과 가장 나쁜 경품 이 각각 $\frac{1}{2}$의 확률로 선택되고, 중간 것이 선택될 확률은 0이다. 반면에 L'은 모 든 경품이 동일한 확률로 선택되는 복권이다. 두 개의 복권 가운데 하나를 선택하 라고 하면, 독자들은 어떤 복권을 어떤 기준에서 선택하겠는가? 독자들마다 선택 이 다를 것이다. 영화의 주인공 인디아나 존스처럼 모험을 좋아하는 독자들은 아 마도 L을, 보다 평탄한 것을 좋아하는 독자들은 L'을 선택할 것이다. 소비자의 선 호에 따라 선택은 달라질 것이다.

제4장에서 소비자의 선호관계가 적절한 조건을 만족하면 그 선호관계를 효용 함수로 표시할 수 있음을 보았다. 폰 노이만(von Neumann)과 모르겐스턴(Oskar Morgen-stern)은 1944년 자신들의 저서 *Theory of Games and Economic Behavior* 에서 불확실성하에서도 선호관계가 적절한 조건을 충족하면, 확실성하에서와 비슷 하게 효용함수로 표시될 수 있음을 보였다. 이 이론을 **기대효용이론**(expected utility theory)이라고 부른다. 이제 기대효용이론을 좀 더 자세하게 살펴보자.

경품집합 Z가 주어졌을 때, Z 위에 정의된 모든 복권을 모아놓은 $\Delta(Z)$가 선호의 비교대상이다. $\Delta(Z)$에 속한 두 개의 복권 L과 L'이 주어졌을 때, 제4장에서와 같이 소비자가 L을 L'보다 약선호하면 $L \gtrsim L'$, 강선호하면 $L > L'$, 무차별하면 $L \sim L'$으로 표시한다. 폰 노이만과 모르겐스턴은 소비자의 약선호가 완전성과 이행성 및 추가적으로 독립성(independence)과 연속성(continuity)의 조건을 충족하면, 소비자의 선호를 다음과 같이 표시할 수 있음을 보였다. 독립성과 연속성은 다소 기술적인 설명이므로 부록을 참고하기 바란다.

폰 노이만-모르겐스턴의 기대효용이론(expected utility theory):

(1) 경품집합 Z에서 실수로 가는 효용함수 $u: Z \to R$이 존재한다. $u(z_i)$는 경품 z_i를 받았을 때의 효용으로, 아래의 특성을 지닌다.

(2) 복권 $L = (p_1, p_2, \cdots, p_n)$이 주어졌을 때 위에서 주어진 효용함수를 이용해 $u(z_1) \times p_1 + u(z_2) \times p_2 + \cdots + u(z_n) \times p_n$을 계산하고, 이를 $EU(L)$로 표시한다.[1] $EU(L)$을 복권 $L = (p_1, p_2, \cdots, p_n)$의 기대효용(expected utility)이라고 부른다. $EU(L)$를 기대효용이라고 부르는 이유는 자명하다. 소비자는 경품 z_i를 받으면 $u(z_i)$의 효용을 얻는다. 그런데 복권 $L = (p_1, p_2, \cdots, p_n)$하에서 경품 z_i를 받을 확률이 p_i이다. $EU(L)$은 각 경품을 받았을 때의 효용에 확률을 곱해서 더한 값이므로, 효용의 기댓값, 즉 기대효용이다.

(3) 두 복권 $L = (p_1, p_2, \cdots, p_n)$와 $L' = (q_1, q_2, \cdots, q_n)$에 대한 소비자의 선호가 L와 L'의 기대효용인 $EU(L)$와 $EU(L')$의 크기에 의해 결정된다. 즉 $L \gtrsim L'$일 필요충분조건이 $EU(L) \geq EU(L')$이다.

두 복권의 선호가 궁극적으로 기대효용에 의해 결정되므로, 폰 노이만과 모르겐스턴의 이론을 기대효용이론이라고 부르는 것이다. 기대효용이론 덕분에 불확실성하에서 소비자 선호를 기대효용을 이용해 표현할 수 있다. 본서는 기대효용을 이용해 표현할 수 있는 선호관계만을 논의 대상으로 한다.[2]

---

1 확률분포가 연속이어서 확률밀도함수 $f(z)$가 주어지면, 기대효용은 $EU(L) = \int u(z)f(z)\,dz$와 같이 적분으로 계산한다.

2 본서 제9장에서는 행동 경제학자들이 기대효용이론의 대안으로 제시하는 **전망이론**(prospect theory)

예1 $Z=\{$자동차, 9박 10일 유럽여행, 10만원 상품권, 꽝$\}$일 때, $u($자동차$)=$ 100, $u($유럽여행$)=80$, $u($10만원 상품권$)=30$, $u($꽝$)=0$이다. $L=\left(\dfrac{1}{2}, 0, 0, \dfrac{1}{2}\right)$ 이고 $L'=\left(\dfrac{1}{4}, \dfrac{1}{4}, \dfrac{1}{4}, \dfrac{1}{4}\right)$일 때 기대효용이론에 의하면 어느 복권을 더 선호하는가?

$EU(L)=100\times\dfrac{1}{2}+0\times\dfrac{1}{2}=50$이다. $EU(L')=(100+80+30+0)\times\dfrac{1}{4}=52.5$ 이다. $EU(L)<EU(L')$이므로 이 소비자는 L'을 L보다 강선호한다. ▪

Section 2 위험에 대한 태도

기대효용이론에서 경품은 무엇이든지 상관없다. 그러나 경제학의 여러 분야에 서 경품이 돈(money)으로 주어지는 경우가 많다. 돈은 한 가지 액수만으로 표현되 므로 일차원적이다. 그만큼 기대효용이론을 적용하기 편리하다. 이제부터는 모든 경품이 돈이라고 가정하고 그 금액에 대한 효용함수를 $u(w)$로 표기한다. 곧 보게 되겠지만 $u(w)$의 형태에 따라 소비자의 위험에 대한 태도를 말할 수 있다. 경품이 돈으로 주어지면 복권의 기대효용뿐 아니라 복권금액의 기댓값도 구할 수 있다.

> **복권 L의 기대효용($EU(L)$):** 경품 금액의 효용의 기댓값
> **복권 L의 기댓값($E(L)$)** 경품 금액의 기댓값

복권의 기대효용과 기댓값은 앞으로 자주 등장하므로 이 둘의 차이를 잘 기억 하기 바란다.

2.1 위험에 대한 태도와 효용함수의 형태

위험에 대한 태도를 알아보기 위해 〈그림 8-2〉의 세 가지 복권 L, L', L''을 생각해 보자.

_____

이 소개된다.

● 그림 8-2 위험의 정도가 다른 세 가지 복권

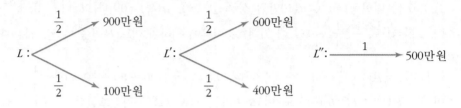

세 가지 복권은 공통점이 있다. 이들 복권의 기댓값이 모두 500만원으로 같다는 사실이다. 다만 첫 번째 복권은 실제로 받는 금액이 100만원이 될 확률이 $\frac{1}{2}$이고 900만원이 될 확률이 나머지 $\frac{1}{2}$이다. 반면에 세 번째 복권은 확률 1로 500만원을 받을 수 있다. 즉, 첫 번째 복권의 위험이 가장 크고, 두 번째 복권의 위험은 중간이며, 세 번째 복권은 위험이 전혀 없다. 과연 소비자들은 이 세 가지 중에서 어느 것을 가장 선호할까? 물론 이 질문에 대한 답은 '사람에 따라 다르다'이다. 특히 소비자들의 위험에 대한 성향에 따라, 일관성 있게 위험을 추구하는 사람은 L을 가장 선호할 것이며, 일관성 있게 위험을 기피하는 사람은 L''을 가장 선호할 것이다. 적당한 위험을 좋아하는 사람은 L'을 택할 것이다. 반면에 위험에 대해 아무런 성향이 없는 사람, 즉 위험이 크고 작고가 효용에 영향을 미치지 못하는 사람은 L이나 L'이나 L''이 모두 같다고 여길 것이다.

경제학에서는 일관성 있게 위험을 기피하는 성향을 **위험 기피적**(risk averse), 일관성 있게 위험을 추구하는 성향을 **위험 애호적**(risk loving)이라고 부른다. 반면 위험에 의해 아무런 영향을 받지 않는 성향을 **위험 중립적**(risk neutral)이라고 한다. 적당한 위험을 좋아하는 성향에 대해서는 특별한 이름이 없다. 왜냐하면 위험에 대한 성향에 일관성이 없기 때문이다.

이제 위험에 대한 태도를 보다 엄밀하게 정의해 보자. 〈그림 8-3〉과 같은 L과 L', 두 복권을 생각해 보자. 여기서 $a \neq b$이고 $0 < t < 1$이다. 복권 L은 $0 < t < 1$이므로 a를 얻을 수도 있고, b를 얻을 수도 있다. 그런데 $a \neq b$이므로 L의 경우 위험이 있다. $ta + (1-t)b$는 다름 아닌 L의 기댓값으로, $E(L)$로 표시한다. 그러므로 L'은 확률 1로 L의 기댓값을 얻는 복권이다. 따라서 L'에는 위험이 없다. 효용함수가 $u(w)$인 경우, L의 기대효용은 $EU(L) = t\,u(a) + (1-t)\,u(b)$이다. 반면에 L'의

● **그림 8-3 위험에 대한 태도 비교**

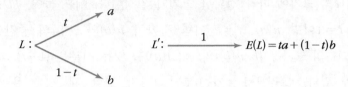

(기대)효용은 $EU(L') = u(ta + (1-t)b) = u(E(L))$이다(위험이 없으면 '기대'를 빼도 상관없다). $EU(L)$과 $u(E(L))$의 크기에 따라 복권의 선택이 달라진다.

$EU(L) < u(E(L))$이면 위험이 없는 L' 복권을 더 선호한다. 이 같은 소비자는 **위험 기피적**이다. $EU(L) > u(E(L))$이면 비록 위험이 있어도 L를 더 선호한다. 이 같은 소비자는 **위험 애호적**이다. $EU(L) = u(E(L))$이면 위험 여부는 관심이 없고, 오직 기댓값에만 관심이 있다. 이런 소비자는 **위험 중립적**이다.

위험에 대한 태도 I(정의):
t의 확률로 a, $(1-t)$의 확률로 b를 얻는 모든 복권 L에 대해서($0 < t < 1$, $a \neq b$),
위험 기피적 선호: $EU(L) < u(E(L))$
위험 애호적 선호: $EU(L) > u(E(L))$
위험 중립적 선호: $EU(L) = u(E(L))$

위의 구분에 의해 소비자의 위험에 대한 태도를 알려면, 위험이 있는 복권의 기대효용과 그 복권의 기댓값을 확률 1로 받을 때의 기대효용을 비교해야 한다. 그러나 이 계산을 하지 않고도, 효용함수의 형태를 보면 위험에 대한 태도를 알 수 있다. 이를 위해 t가 0부터 1까지 변할 때 $EU(L) = t\,u(a) + (1-t)u(b)$와 $u(E(L)) = u(ta + (1-t)b)$를 그래프 상에서 살펴보자. 편의상 $a > b$라고 하자. 위험에 대한 태도와 무관하게 모든 소비자는 더 많은 소득을 선호한다. $a > b$이므로 $u(a) > u(b)$이다. $ta + (1-t)b$는 $t = 0$일 때 b, $t = 1$일 때 a이다. 그러므로 t가 0부터 1까지 변할 때 $ta + (1-t)b$는 b부터 a까지 변한다. 따라서 t가 0부터 1까지 변할 때 $u(E(L))$은 $[b, a]$구간에서 $u(w)$의 그래프 그 자체이다.

다음으로 $EU(L)$를 살펴보자. $EU(L) = t\,u(a) + (1-t)\,u(b)$는 $u(b)$와 $u(a)$ 사이에 있으며 t의 크기에 따라 정확한 크기가 결정된다. 예를 들어, $EU(L)$은 $t=0$이면 $u(b)$, $t=1$이면 $u(a)$, $t=\frac{1}{2}$이면 정확히 $u(b)$와 $u(a)$의 중간이다. 그래프상으로 $EU(L)$의 크기는 $(b, u(b))$와 $(a, u(a))$를 잇는 선분을 $(1-t) : t$로 나누는 점의 높이와 같다. 그러므로 t가 0부터 1까지 변할 때 $EU(L)$은 $(b, u(b))$와 $(a, u(a))$를 잇는 직선의 높이이다.

따라서 $EU(L)$와 $u(E(L))$의 비교는 $[b, a]$ 구간에서 $u(w)$의 그래프와 $(b, u(b))$와 $(a, u(a))$를 잇는 직선의 그래프 가운데 어느 쪽이 위에 있는가를 비교하는 것과 동일하다. a와 b는 임의의 값이므로, 임의의 구간에서 효용함수가 두 끝점을 잇는 직선보다 더 위에 있는 것이 위험 기피적 효용함수이다. 반면에 효용함수가 더 아래 있으면 위험 애호적 효용함수다. 두 그래프가 일치하면 위험 중립적 효용함수이다. 이를 그래프로 그리면 〈그림 8-4〉와 같다.

〈그림 8-4(a)〉와 〈그림 8-4(b)〉를 보면 a와 b를 어떻게 선택하든 상관없이 항상 효용함수가 두 끝점을 잇는 직선보다 각각 위쪽에 혹은 아래쪽에 위치한다. 〈그림 8-4(c)〉의 효용함수는 항상 두 끝점을 잇는 직선과 일치한다. 그러므로 효용함수의 형태를 보면 위험에 대한 태도를 알 수 있다.

〈그림 8-4(a)〉처럼 함수가 두 끝점을 잇는 직선보다 항상 더 위쪽에 있으면, 그 함수를 **강오목함수**(strictly concave function)라고 부른다. 반면에 〈그림 8-4(b)〉처럼 함수가 두 끝점을 잇는 직선보다 항상 아래에 있으면 그 함수를 **강볼록함수**

● **그림 8-4 위험에 대한 태도에 따른 효용함수의 형태**

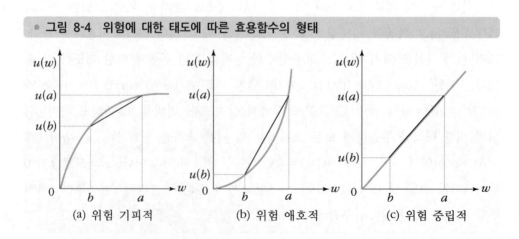

(a) 위험 기피적   (b) 위험 애호적   (c) 위험 중립적

(strictly convex function)라고 부른다. 강오목함수는 아래에서 봤을 때 그래프가 오목한 형태를 갖는 함수이고, 강볼록함수는 아래에서 봤을 때 반대로 그래프가 볼록한 형태를 갖는 함수이다. 이를 이용하면 위험에 대한 태도를 다음과 같이 확인할 수 있다.[3]

위험에 대한 태도 II:

위험 기피적 선호: $u(w)$이 강오목함수.

위험 애호적 선호: $u(w)$이 강볼록함수.

위험 중립적 선호: $u(w)$이 직선.

독자들의 이해를 돕기 위해 이런 함수 형태가 어떻게 위험에 대한 태도와 연관이 되는지 앞 절에서 다룬 예 중에서 복권 L과 L''의 비교를 통해 알아보자. L과 L''은 다음과 같다.

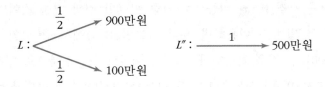

L을 〈그림 8-4〉와 비교하면, $t = 0.5$, $a =$900만원, $b =$100만원이다. L의 기댓값은 $\frac{1}{2} \times$900만원$+ \frac{1}{2} \times$100만원$=$500만원이다. 〈그림 8-5〉에는 효용함수가 위험 기피적인 강오목함수인 경우와 위험 애호적인 강볼록함수가 그려져 있다. 〈그림 8-5〉를 통해 효용함수의 형태에 따라 L의 기대효용인 $EU(L) = \frac{1}{2} \times u(900) + \frac{1}{2} \times u(100)$의 높이와 L''의 효용인 $u(E(L)) = u(500)$의 높이를 비교해 보자(숫자는 만원 단위임).

〈그림 8-5〉는 효용함수의 형태에 따라 100만원과 900만원이 제공하는 효용인 $u(100)$과 $u(900)$의 크기를 각각 보여 준다. L의 기대효용은 $EU(L) = \frac{1}{2} \times u(900) +$

---

3 수학적으로는 $0<t<1$인 모든 t와 $a \neq b$인 모든 a와 b에 대해 $tu(a)+(1-t)u(b)<u(ta+(1-t)b)$인 함수를 강오목함수, $tu(a)+(1-t)u(b)>u(ta+(1-t)b)$인 함수를 강볼록함수라고 부른다.

● 그림 8-5 강볼록함수와 강오목함수

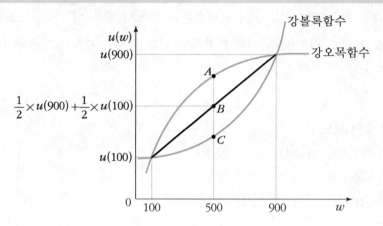

$\frac{1}{2} \times u(100)$이다. 〈그림 8-5〉에서 $EU(L)$의 높이를 어떻게 표시할 수 있을까? 〈그림 8-5〉에 $u(100)$와 $u(900)$의 높이가 주어져 있다. 그런데 $EU(L)$는 이 둘의 높이에 각각 0.5의 비중으로 가중 평균한 것과 같다. 그렇다면 그 높이는 $u(100)$와 $u(900)$의 높이를 각각 0.5의 비중으로 가중 평균한 것과 같을 것이다. 이 높이를 찾으려면 다음의 방법을 이용하면 된다. 〈그림 8-5〉에서 $u(w)$의 그래프 상에 $u(100)$와 $u(900)$ 두 점을 확인한다. 그리고 이 두 점을 선분으로 연결한다(그림의 검은 실선으로 표시됨). 이 선분을 1 : 1로 나누는 지점(B점)의 높이가 바로 $EU(L)$의 높이이다.[4] 그런데 이 지점은 높이가 $u(100)$와 $u(900)$의 정중앙일 뿐 아니라, 가로축에서도 100과 900의 정중앙이다. 다시 말하면, 이 지점은 $w = 500$일 때 검은 실선 상의 높이이다.

〈그림 8-5〉에서 보다시피 효용함수의 형태에 따라 $u(500)$의 높이는 $EU(L)$의 높이보다 높기도 하고 낮기도 하다. 효용함수가 강오목함수이면 $u(500)$의 높이(A점)가 $EU(L)$의 높이보다 높다. 따라서 강오목 효용함수를 가진 소비자는 위험이 있는 L보다 위험이 없는 L''을 더 선호한다. 그러므로 강오목 효용함수를 가진 소비자는 위험 기피적이다.

반대로 효용함수가 강볼록함수이면, $u(500)$의 높이(C점)가 $EU(L)$의 높이보다

---

4 만약 L에 포함된 확률들이 1 : 1가 아니라 4 : 6이었다면, $EU(L)$은 $u(100)$과 $u(900)$을 잇는 선분을 왼쪽에서부터 4 : 6으로 나누는 지점의 높이와 같다.

낮다. 따라서 강볼록인 효용함수를 가진 소비자는 위험이 없는 L''보다 위험이 있는 L을 더 선호한다. 그러므로 강볼록인 효용함수를 가진 소비자는 위험 애호적이다.

마지막으로 $u(w)$가 직선이면 $u(100)$과 $u(900)$을 잇는 선분과 효용함수가 일치한다. 그러므로 $EU(L)$의 높이와 $u(500)$의 높이가 같다. 이 경우 소비자는 두 복권 사이에 무차별하므로 위험 중립적이다. 위험 중립적인 소비자는 복권의 기댓값에만 관심이 있고, 확률분포에는 관심을 보이지 않는다.

효용함수가 $u(w)$인 소비자의 위험에 대한 태도를 확인하려면 $0 < t < 1$인 모든 t와 $a \neq b$인 모든 a와 b에 대해 $tu(a) + (1-t)u(b)$와 $u(ta + (1-t)b)$의 크기를 비교해야 한다. 그러나 〈그림 8-4〉를 다른 관점에서 보면, 위험에 대한 태도를 판단하는 데 적용하기 쉬운 한 가지 방법을 제시해 준다. 〈그림 8-6〉에 강오목함수와 강볼록함수가 그려져 있다. 먼저 강오목함수를 보면, 〈그림 8-6(a)〉에서 보다시피, w가 증가할 때 접선의 기울기가 점점 작아짐을 알 수 있다. 접선의 기울기는 다름 아닌 효용함수의 도함수 $u'(w)$이다. 그러므로 강오목함수는 $u'(w)$가 감소함수임을 알 수 있다. 어떤 함수의 도함수가 0보다 작으면 그 함수는 감소함수이다. 따라서 $u'(w)$의 도함수, 즉 $u''(w) < 0$이면 $u'(w)$는 감소함수이고, 그러므로 $u(w)$는 강오목함수이다.

강볼록함수는 〈그림 8-6(b)〉에서 보다시피 w가 증가할 때 접선의 기울기가 점점 커짐을 알 수 있다. 즉, 모든 영역에서 $u''(w) > 0$이면 $u'(w)$는 증가함수이고, 따라서 $u(w)$는 강볼록함수이다. 위험 중립적이면 효용함수가 직선이므로 당연히

● 그림 8-6 2차 도함수를 이용한 위험에 대한 태도 판별법

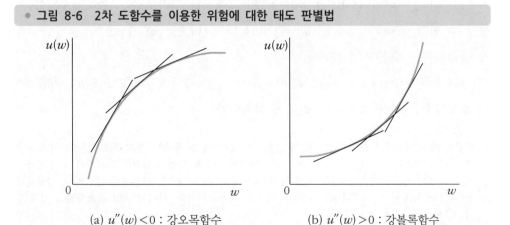

(a) $u''(w) < 0$: 강오목함수   (b) $u''(w) > 0$: 강볼록함수

$u''(w) = 0$이다.

실제로 많은 경우, 주어진 효용함수의 위험에 대한 태도를 확인할 때 이 방법을 적용한다. 몇 가지 예를 들어보자.

(1) $u(w) = \sqrt{w}\ (w \geq 0)$: $u(w) = \sqrt{w}$ 의 그래프를 그려보면, 강오목함수임을 예상할 수 있다. $u'(w) = \dfrac{1}{2\sqrt{w}}$이다. 2차 도함수를 구하기에 앞서 $u'(w) = \dfrac{1}{2\sqrt{w}}$이 w의 감소함수이므로 $u''(w) < 0$을 예상할 수 있다. 실제로 $u''(w) = -\dfrac{1}{4w\sqrt{w}} < 0$이다. 그러므로 $u(w) = \sqrt{w}$ 인 효용함수를 가진 소비자는 위험 기피적이다.

(2) $u(w) = \ln w\ (w \geq 0)$: $u(w) = \ln w$의 그래프를 그려보면, 강오목함수임을 예상할 수 있다. $u'(w) = \dfrac{1}{w}$, $u''(w) = -\dfrac{1}{w^2} < 0$이다. 그러므로 $u(w) = \ln w$인 효용함수를 가진 소비자는 위험 기피적이다.

(3) $u(w) = w^2 (w \geq 0)$[6]: $u(w) = w^2$의 그래프를 그려보면, 강볼록함수임을 예상할 수 있다. $u'(w) = 2w$, $u''(w) = 2 > 0$이다. 그러므로 $u(w) = w^2$인 효용함수를 가진 소비자는 위험 애호적이다.

(4) $u(w) = aw + b(a > 0)$: $u'(w) = a$, $u''(w) = 0$이다. 그러므로 $u(w) = aw + b$인 효용함수를 가진 소비자는 위험 중립적이다.

---

5 위험에 대한 태도에 관한 다른 조건들과 달리 2차 도함수를 사용하는 것은 필요충분조건이 아님을 독자들은 주의하기 바란다. $u''(w) < 0(u''(w) > 0)$이면 반드시 위험 기피적(애호적)이므로 충분조건이다. 그러나 필요조건은 아니다. 예를 들어, $u(w) = w^4$은, 그래프를 그려보면 알겠지만, 강볼록함수(위험 애호적)이다. 그러나 $u''(w) = 12w^2$이므로, $u''(0) = 0$이다. 따라서 위험 애호자라고 해서 항상 $u''(w) > 0$인 것은 아니다.

6 $w < 0$인 영역에서 $u(w) = w^2$는 감소함수이므로 소득에 대한 효용함수가 될 수 없다.

효용함수 $u(w)$의 도함수 $u'(w)$은 다름 아닌 한계효용이다. 따라서 한계효용의 체감, 체증 및 불변 여부로 위험에 대한 태도를 알 수 있다.

> **위험에 대한 태도 IV:**
> 위험 기피적 선호: 한계효용체감
> 위험 애호적 선호: 한계효용체증
> 위험 중립적 선호: 한계효용불변

한계효용이 체감하면 $u(500)$이 $\frac{1}{2} \times u(900) + \frac{1}{2} \times u(100)$보다 큰 것을 다음과 같이 보일 수 있다. $u(500) - \left\{ \frac{1}{2} \times u(900) + \frac{1}{2} \times u(100) \right\} = \frac{1}{2} \times \{u(500) - u(100)\} - \frac{1}{2} \times \{u(900) - u(500)\}$이다. $u(500) - u(100)$은 소득이 100만원에서 400만원 증가할 때 효용의 증가분이다. $u(900) - u(500)$은 소득이 500만원에서 400만원 증가할 때의 효용의 증가분이다. 한계효용이 체감하면, 동일한 금액이 증가할 때, 소득이 높을 때보다 소득이 낮을 때 효용의 증가분이 더 크다. 그러므로 $u(500) - u(100) > u(900) - u(500)$이 성립한다. 따라서 한계효용이 체감하면 $u(500)$이 $\frac{1}{2} \times u(900) + \frac{1}{2} \times u(100)$보다 크다.

한계효용이 체증하면, 동일한 금액이 증가할 때, 소득이 낮을 때보다 소득이 높을 때 효용의 증가분이 더 크다. 그러므로 위험 애호적이다. 한계효용이 불변이면, 소득 수준과 상관없이, 동일한 금액이 증가할 때 효용의 증가분은 동일하다. 그러므로 위험 중립적이다.

예 2 효용함수가 $u(w) = \sqrt{w}$인 소비자가 있다. 소비자의 재산은 사고가 없으면 100이지만 사고가 나면 0이 된다. 사고가 날 가능성은 10%이다. 이 경우 소비자의 기대효용은 얼마인가? 만약 어느 보험회사가 소비자에게 p원을 보험료로 내면 그 대가로 사고 시 보험금을 지급해 재산이 최종적으로 81이 되게 해주겠다고 한다. 이 소비자는 최대한 얼마까지 p를 낼 용의가 있는가?

보험계약 이전의 소비자의 기대효용은 $0.9 \times \sqrt{100} + 0.1 \times \sqrt{0} = 9$이다. 보험계

약을 맺으면 사고 시 재산이 81억이 되고, 사고가 없을 경우의 재산은 $100-p$가 된다. 보험을 들었을 때의 기대효용이 보험 이전의 기대효용인 9보다 작지 않으면 보험을 들 것이다. 즉, $0.9 \times \sqrt{100-p} + 0.1 \times \sqrt{81} = 9$의 등식을 충족하는 p를 찾으면 된다. 이를 풀면 $p=19$이다. 이 소비자는 19까지 지불할 용의가 있다. ▪

Box 8-3 일반적인 위험에 대한 태도

앞에서 결과가 두 개인 복권을 이용해 위험에 대한 태도를 정의했다. 그러나 위험에 대한 태도는 결과가 두 개보다 많은 복권에 대해서도 일반적으로 성립한다.

$0 < t < 1$인 모든 t와 $a \neq b$인 모든 a와 b에 대해, $tu(a) + (1-t)u(b) < (>) u(ta + (1-t)b)$이 성립하면, 위험이 있는 모든 복권에 대해, 즉 분산이 0이 아닌 모든 복권 L에 대해서도, $EU(L) < (>) u(E(L))$이 성립한다. 이 결과를 젠슨의 부등식 (Jensen's inequality)이라고 부른다.

젠슨의 부등식 덕분에 일반적인 복권이 아닌, 결과가 두 개인 복권을 이용해 위험에 대한 태도를 정의해도 충분하다. 젠슨의 부등식의 증명은 본서의 범위를 넘으므로 생략한다. 관심 있는 독자들은 수리통계학에 관한 책을 찾아보면, 젠슨의 부등식에 대한 증명을 찾을 수 있을 것이다.

2.2 기대효용이론에서 효용함수의 서수성

제4장 1.5절에서 효용함수의 서수성을 설명했다. 효용함수에서 중요한 것은 상대적인 크기이지 절대적인 크기가 아니므로, 어떤 효용함수에 단조증가변환을 적용하더라도 여전히 동일한 선호관계를 대표한다는 내용이다. 예를 들어, 세 개의 효용함수 $U = \sqrt{x_1 x_2}$, $U = x_1 x_2$, $U = x_1^2 x_2^2$는 모두 동일한 선호관계를 대표한다.

그렇다면 불확실성하에서 소비자의 선호를 대표하는 효용함수에도 같은 결과가 성립할까? 불확실성하에서 소비자의 선호가 효용함수 $u = \sqrt{w}$의 기대효용으로 대표된다면, $u = w$이나 $u = w^2$의 기대효용으로도 대표될 수 있을까? 만약 이 질문에 대한 대답이 '그렇다'라면 이상한 일이 발생한다. $u = \sqrt{w}$은 강오목함수이므로 소비자는 위험 기피적이다. 그러나 $u = w$은 직선이므로 소비자는 위험 중립적이다. $u = w^2$은 강볼록함수이므로 소비자는 위험 애호적이다. 위험 기피적인 소비자가 동시에 위험 중립적이고, 위험 애호적이 될 수는 없다. 따라서 확실성하에서와 같은 효용함수의 서수성은 성립하지 않음을 알 수 있다.

그렇다면 효용함수의 서수성이 불확실성 하에서는 전혀 적용되지 않는 것일까? 두 효용함수 $u(w)$와 $v(w)$가 주어졌을 때, $u(w)$와 $v(w)$를 이용해 복권 L의 기대효용을 계산한 것을 각각 $EU_u(L)$과 $EU_v(L)$로 표시하자. 불확실성하에서 두 효용함수가 동일한 선호관계를 대표하려면, 임의의 두 복권 L과 L'에 대해 $u(w)$를 이용한 기대효용의 순서와 $v(w)$를 이용한 기대효용의 순서가 동일해야 한다. 즉, $EU_u(L) \geq EU_u(L')$가 성립할 필요충분조건이 $EU_v(L) \geq EU_v(L')$이 되어야 한다. 불확실성하에서 $u = w$와 $v = \sqrt{w}$가 동일한 선호관계를 표시하지 못하는 이유는 일반적으로 $EU_u(L) \geq EU_u(L')$라 하더라도 $EU_v(L) \geq EU_v(L')$이 성립하지 않기 때문이다.

확률변수의 기댓값에 대해 $E(aX + b) = aE(X) + b$이 성립한다는 사실을 독자들은 잘 알고 있을 것이다. 만일 $v(w) = au(w) + b\,(a > 0)$이면, $EU_v(L) = aEU_u(L) + b$가 성립한다. $a > 0$이므로, 이 경우 $EU_u(L) \geq EU_u(L')$가 성립할 필요충분조건이 $EU_v(L) \geq EU_v(L')$이다. 따라서 $u(w)$와 $v(w)$는 불확실성하에서 동일한 선호관계를 대표한다. 실제로 $v(w) = au(w) + b\,(a > 0)$인 경우에 한해 두 효용함수는 불확실성하에서 동일한 선호관계를 대표한다.

> **기대효용이론에서 효용함수의 서수성**: 기대효용이론에서의 효용함수는 $v(w) = au(w) + b\,(a > 0)$ 형태의 변환에 한해 서수적이다.[7]

즉, 불확실성하에서 $u(w)$ 대신에 $5u(w) + 100$을 써도 여전히 같은 선호관계를 대표한다. 그러나 $u(w)$의 효용함수 대신에 $\sqrt{u(w)}$을 쓰게 되면 선호가 바뀐다. 앞에서 보았듯이 효용함수의 곡선형태가 바뀌면 소비자의 위험에 대한 태도가 달라지므로, 같은 선호관계를 대표할 수 없다. 반면에 양의 상수를 곱하거나, 상수를 더하는 정도의 변환은 효용함수 그래프의 곡선 형태에 영향을 미치지 않으므로

---

7 이런 변환을 동족변환(affine transformation)이라고 한다.

소비자의 위험기피 정도에 영향을 미치지 않는다. 이런 의미에서 기대효용도 서수성을 갖는다고 볼 수 있다. 위의 변화 형태에서 a의 크기에 따라 기대효용의 크기가 얼마든지 달라지기 때문이다. 단순히 어떤 사람의 기대효용이 500이라고 말하는 것은 아무런 정보도 제공하지 않는다. 다만 불확실성이 없는 상황하에서의 효용함수처럼 그 함수의 곡선 형태까지 변화시키는 함수변환은 허용되지 않는다. 그러므로 기대효용은 '제한된 의미의' 서수성을 갖는다고 말할 수 있다.

위험 중립적 효용함수는 직선임을 앞에서 보았다. 직선의 경우 기울기(a)와 절편(b)을 조절하면 $u(w) = w$로 표시할 수 있다. 위험 중립적인 경우, 특별히 효용함수가 주어지지 않으면, 자동적으로 $u(w) = w$로 가정한다.

생각하기 1   다음과 같은 두 개의 복권이 있다.

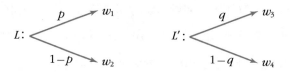

두 효용함수 $u(w)$와 $v(w)$가 $v(w) = au(w) + b\,(a > 0)$인 관계가 있다. $EU_u(L) \geq EU_u(L')$이면 반드시 $EU_v(L) \geq EU_v(L')$임을 보여라. 그리고 그 역도 성립함을 보여라. 이 결과는 왜 $v(w) = au(w) + b\,(a > 0)$의 변환이 기대효용의 상대적 크기를 유지하는지 보여준다.

2.3 확실성 등가와 위험 프리미엄

다음과 같은 두 개의 복권이 주어져 있다.

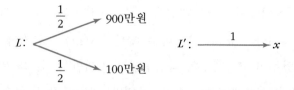

두 복권 가운데 어떤 것을 선택할 것인가? L'에서 x의 크기에 따라 선택이 달라질 것이다. x가 900만원보다 크면, 모든 사람들이 L'을 선택할 것이다. 반면에

x가 100만원보다 작으면, 모든 사람들이 L을 선택할 것이다. x가 100만원과 900만원 사이에 있으면, 사람마다 선택은 달라질 것이다. L과 L'을 무차별하게 만드는 x의 크기를 생각할 수 있다. 이 x를 L의 **확실성 등가**(certainty equivalent)라고 부르고, $ce(L)$로 표시한다. 효용함수가 $u(w)$인 경우, L의 기대효용은 $EU(L) = \frac{1}{2} \times u(900) + \frac{1}{2} \times u(100)$이다. 반면에 L' 효용은 $u(x)$이다. $EU(L) = u(x)$를 만족하는 x의 크기가 바로 L의 확실성 등가이다.

일반적인 경우에도 확실성 등가는 동일하게 정의된다. 복권 L이 주어지면, L의 기대효용 $EU(L)$을 계산한다. $EU(L)$과 동일한 효용을 주는 확정적인 금액이 바로 L의 확실성 등가이다. x만큼을 위험 없이 얻을 때 효용이 $u(x)$이므로, L의 확실성 등가는 $EU(L) = u(x)$에 의해 결정된다.

확실성 등가($ce(L)$):
주어진 복권의 기대효용과 동일한 효용을 주는 금액으로 $EU(L) = u(x)$를 충족하는 x의 크기.

복권 L의 기댓값을 $E(L)$로 표시했다. $E(L)$에서 확실성 등가 $ce(L)$을 뺀 것을 **위험프리미엄**(risk premium)이라고 부르고 $rp(L)$로 표시한다.

위험프리미엄($rp(L)$):
복권의 기댓값에서 확실성 등가를 뺀 크기: $rp(L) = E(L) - ce(L)$

위험프리미엄은 그 복권이 가지고 있는 위험 때문에 그 가치가 얼마나 낮게 평가되는지를 확정적인 금액 기준으로 나타낸 것이다. 그러므로 위험프리미엄은 위험 기피적인 성향이 큰 소비자일수록 더 큰 값을 갖는다. 위험 기피자는 그 정의상 위험이 존재하는 모든 복권에 대해 $EU(L) < u(E(L))$이 성립한다. 확실성 등가는 그 정의가 $EU(L) = u(ce(L))$이다. 그러므로 위험 기피자는 $u(ce(L)) < u(E(L))$이 성립함을 알 수 있다. 효용함수는 소득의 증가함수이므로, 위험 기피자는 $E(L) > ce(L)$이 성립한다. 또한 $rp(L) = E(L) - ce(L)$이므로, 위험 기피자는 모든 위험이 있는 복

권에 대해 $rp(L) > 0$이다. 위험 애호자는 위의 부등식이 모두 반대 방향으로 성립한다. 그러므로 $E(L) < ce(L)$이고, $rp(L) < 0$이다. 위험 중립자는 위의 모든 부등식이 등식으로 성립한다. 그러므로 $E(L) = ce(L)$이고, $rp(L) = 0$이다.

위험에 대한 태도와 위험 프리미엄의 크기:

위험 기피자: $rp(L) = E(L) - ce(L) > 0$

위험 애호자: $rp(L) = E(L) - ce(L) < 0$

위험 중립자: $rp(L) = E(L) - ce(L) = 0$

위험 기피자는 위험을 싫어하는 사람이다. 앞으로 논의할 보험시장에서 보겠지만, 위험프리미엄은 위험 기피자가 위험을 회피하기 위해 지불할 용의가 있는 최대금액을 의미한다. 반대로 위험 애호자는 위험을 즐기는 사람이다. 위험 애호자가 위험을 없애는 대가로 받아야 하는 최소한의 금액이 또한 위험프리미엄이기도 하다.

복권의 경품(즉, 결과)이 두 가지인 경우, 그래프를 이용해 확실성 등가와 위험프리미엄을 표시할 수 있다. 앞에서 살펴본 〈그림 8-5〉를 이용해 위의 복권 L의 확실성 등가를 찾아보자. 먼저 위험 기피자의 경우를 알아보자. L의 기댓값은 $E(L) = 500$만원이다. 그러므로 L의 기대효용 $EU(L)$은 〈그림 8-7(a)〉의 $w = 500$에서 검은 실선의 높이이다. $EU(L)$의 높이로 수평선을 그어 $u(w)$와 만나는 점의 w의 크기가 다름 아닌 $ce(L)$이다. 위험 기피자는 효용함수가 강오목함수이므로, 그림에서 보다시피 $ce(L)$이 기댓값인 500보다 작음을 알 수 있다.

반면에 위험 애호자는 〈그림 8-7(b)〉와 같이 효용함수가 강볼록함수이므로, $EU(L)$의 높이로 수평선을 그어 $u(w)$와 만나는 점의 w의 크기인 $ce(L)$가 기댓값인 500보다 큼을 알 수 있다.

● 그림 8-7 위험에 대한 태도에 따른 확실성 등가

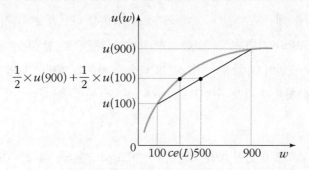

(a) 위험 기피자의 확실성 등가: $E(L) > ce(L)$

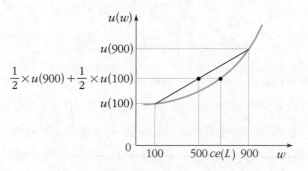

(b) 위험 애호자의 확실성 등가: $E(L) < ce(L)$

예 3 예 2에서 효용함수가 $u(w) = \sqrt{w}$ 인 소비자가, 사고가 날 확률이 10%일 때, 사고가 없으면 100이지만 사고가 나면 0이 되는 위험에 처해있다. 이 위험의 확실성 등가와 위험프리미엄은 얼마인가?

사고 확률이 10%이므로, 기댓값은 $0.9 \times 100 + 0.1 \times 0 = 90$이다. 기대효용은 $0.9 \times \sqrt{100} + 0.1 \times \sqrt{0} = 9$이다. $\sqrt{w} = 9$를 풀면 확실성 등가는 81임을 알 수 있다. 위험프리미엄은 $90 - 81 = 9$이다. ■

Box 8-4 상트 페테르부르크의 역설(St. Petersburg paradox)

상트 페테르부르크의 역설은 18세기의 수학자 베르누이(Nicholas Bernoulli)가 제기한 문제이다. 베르누이가 초청을 받아 상트 페테르부르크에서 연구생활을 할 때 제시한 문제이기 때문에 오늘날 상트 페테르부르크의 역설이라고 불린다.

다음과 같은 도박 게임을 생각해보자: 앞면과 뒷면이 나올 확률이 각각 $\frac{1}{2}$인 동전을 앞면이 나올 때까지 던진다. n째 처음으로 앞면이 나오면 2^n을 상금으로 준다.

먼저 이 도박의 기댓값을 계산해보자. n번째 처음으로 앞면이 나오려면, 이전까지 $(n-1)$번 뒷면이 계속해서 나오고 그 다음에 비로소 앞면이 나와야 한다. 앞면과 뒷면이 나올 확률이 각각 $\frac{1}{2}$이므로, $(n-1)$번의 뒷면과 그 다음에 앞면이 나올 확률은 $\frac{1}{2^n}$이다.

n번째 처음으로 앞면이 나올 확률이 $\frac{1}{2^n}$이고, 그 때 상금이 2^n이므로 기댓값은 다음과 같다:

$$2 \times \frac{1}{2} + 2^2 \times \frac{1}{2^2} + \cdots + 2^n \times \frac{1}{2^n} + \cdots = 1 + 1 + \cdots = \infty.$$

이 도박의 기댓값은 무한대이다. 그런데 이 도박을 한 번 하려면, 예를 들어, 2,000루블을 지불해야 한다고 가정하자(러시아이므로 루블(rouble)이라는 화폐단위를 사용했다). 그러면 여러분은 이 도박을 하겠는가? 이 도박을 하면 순 기댓값은 무한대에서 2,000루블을 뺀 것이므로 역시 무한대이다. 그럼에도 불구하고 아마도 많은 사람들이 이 도박을 하지 않을 것이다. $2^{10} = 1,024$이므로 이 도박에서 돈을 따려면 n이 적어도 11 이상은 되어야 한다. 그 확률은 $\frac{1}{2^{11}} + \frac{1}{2^{12}} + \cdots = \frac{1}{2^{10}} = \frac{1}{1,024}$이다(등비수열 합의 공식인 $\frac{a_1}{1-r}$을 기억하라!). 그러므로 딸 확률이 0.001도 채 되지 않는다. 아마도 이 정도의 승리확률을 가지고 도박을 할 사람은 많지 않을 것이다.

기댓값이 무한대이므로 이 도박을 한 번 하는 데 드는 비용이 유한하면, 순 기댓값이 무한대임에도 불구하고 이 도박을 하려고 하는 사람들이 많지 않은 것을 상트페테르부르크의 역설이라고 부른다.

상트 페테르부르크의 역설이 발생하는 이유는 사람들이 도박을 하는 기준이 순 기댓값이 0보다 큰 것이라고 생각하기 때문이다. 이는 모든 사람이 위험 중립적이라고 가정하는 것과 동일하다. 사람들이 위험 기피적이라면 2,000루블을 지불하고 이 도박을 하지 않는 것이 지극히 합리적인 선택일 수 있다. 예를 들어, 어떤 사람이 효용함수가 $u(w) = \sqrt{w}$인 위험 기피자라고 가정하자. 이 경우, 이 도박의 기대효용은 다음과 같다:

$$\sqrt{2}\times\frac{1}{2}+\sqrt{2^2}\times\frac{1}{2^2}+\cdots+\sqrt{2^n}\times\frac{1}{2^n}+\cdots=\sum_{n=1}^{\infty}\left(\frac{1}{\sqrt{2}}\right)^n$$

$$=\frac{\frac{1}{\sqrt{2}}}{1-\frac{1}{\sqrt{2}}}=\frac{1}{\sqrt{2}-1}=\sqrt{2}+1.$$

이 도박의 확실성 등가는 $\sqrt{w}=\sqrt{2}+1$를 만족하는 w이다. 이를 풀면 $ce=3+2\sqrt{2}$로 6보다 작다. 따라서 위의 도박을 하기 위해 6루블 이상을 지불하지 않을 것이다. 당연히 2,000루블을 지불하고 이 도박을 하려고 하지 않는다.

상트 페테르부르크의 역설의 본질은 사람들이 위험 중립적이라는 가정이다. 사람들이 위험 기피적이면 상트 페테르부르크의 역설은 더 이상 역설이 아니다!

조건부 상품과 위험관리: 보험의 예

위험에 당면해 있는 소비자는 다양한 방법으로 자신의 위험을 관리할 수 있다. 보험가입이 한 예이다. 본 절에서는 조건부 상품의 개념을 도입해 소비자가 보험을 통해 어떻게 위험을 관리할 수 있는지 설명한다.

3.1 조건부 상품과 보험

다음과 같은 상황을 생각해 보자. 싯가 w_2의 건물을 소유하고 있는 소비자가 화재의 위험에 당면하고 있다. 화재 발생 확률은 $\pi(0<\pi<1)$이고, 화재 발생시 건물가치가 w_1으로 하락하게 된다$(w_1<w_2)$. 이 상황은 소비자가 π의 확률로 w_1, $1-\pi$의 확률로 w_2를 얻는 복권을 가지고 있는 것과 동일하다.

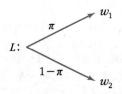

이제 보험을 구매할 기회가 주어졌을 때, 이 소비자가 어떤 보험을 구매하는지 알아보자. 이를 위해 **조건부 상품**(contingent commodity)의 개념을 도입하는 것이 편리하다.[8] 독자들은 제 3장에서 상품의 개념을 설명할 때, 물리적 특성, 장소 및 시간도 구별할 뿐 아니라, 각주 3)에서 동일한 재화라도 **상황**(contingency)에 따라서 다른 상품으로 구별한다고 언급했음을 기억할 것이다. 상황에 따라 상품을 구별하는 것이 바로 조건부 상품이다. 조건부 상품을 도입하면, 불확실성하에서의 의사결정을 위해 별도의 분석 방법을 도입할 필요없이 이미 앞에서 배운 확실성하에서의 소비자 선택의 문제로 쉽게 설명할 수 있다. 기본적으로 조건부 상품은 복권의 또 다른 표현인데, 확률을 강조하는 복권과 달리, 조건부 상품은 특정 결과가 제공되는 상황 또는 조건을 명시적으로 표시하고, 확률은 암묵적으로 표시한다.

> **조건부 상품**: 상황에 따라 조건부로 다른 내용의 재화나 용역을 제공하는 상품.

화재가 발생하는 상황을 상황1, 화재가 발생하지 않는 상황을 상황2라고 부른다면, 이 건물은 상황에 따라 가치가 변하는 일종의 조건부 상품으로 볼 수 있다.

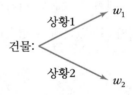

이 조건부 상품은 두 상황에서 서로 다른 가치를 갖는데, 이를 한 상황에서만 가치를 갖는 기본적인 조건부 상품들의 조합으로 해석할 수 있다. 구체적으로, 다음과 같은 두 가지 조건부 상품을 도입한다.[9]

조건부 상품1: 상황1 발생시 1원, 상황2 발생시 0원을 제공하는 상품

---

8 조건부 상품을 때로는 조건부 **청구권**(contingent claim)이라고 부르기도 한다.
9 본 절에서는 화재가 발생하는지 또는 아닌지 두 가지 상황만 있다고 가정하므로, 조건부 상품도 두 개면 충분하다. 그러나 예를 들어, 화재가 발생해도 피해가 작은 경우(d의 피해 발생)와 피해가 큰 경우($D(>d)$의 피해발생)가 있을 수 있다. 이 경우, 세 가지 상황이 발생하므로, 조건부 상품도 세 개가 필요하다. 즉, 발생하는 상황의 숫자만큼 조건부 상품의 개수가 필요하다.

조건부 상품2: 상황1 발생시 0원, 상황 2 발생시 1원을 제공하는 상품

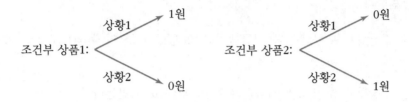

이 두 가지 조건부 상품을 어떻게 조합하면 소비자가 보유하고 있는 건물과 동일한 효과를 낼 수 있을까? 조건부 상품1은 화재 발생시 1원을 제공하므로, 화재 발생 시 w_1만큼의 가치를 가지려면 조건부 상품1이 w_1단위 필요하다. 마찬가지로 화재가 발생하지 않을 시 w_2만큼의 가치를 가지려면 조건부 상품2가 w_2단위 필요하다. 조건부 상품1과 상품2의 수량을 각각 x_1, x_2로 표기하면 이 두 조건부 상품으로 구성된 소비묶음은 (x_1, x_2)로 표기할 수 있다. 소비자가 보유하고 있는 '건물'이라는 하나의 상품은 두 가지 조건부 상품들의 묶음 (w_1, w_2)으로 표시될 수 있으며, 이를 통해 소비자의 상황(contingency)별 위험상태를 완벽하게 표시할 수 있다. 즉, 2차원 공간을 이용해 소비자의 자산의 크기뿐만 아니라 위험상황까지 표현이 가능해지는 것이다. 물론 소비묶음 뒤에는 상황1과 2가 발생할 확률 π와 $1-\pi$가 숨어있다. 현 위험상황의 기댓값은 $E(L) = \pi w_1 + (1-\pi) w_2$이다.

소비자가 화재보험을 들을 수 있다고 하자. 보험을 표시하는 방법은 다양하다. 그러나 본질적으로 모든 보험은 보험금과 보험료로 구성되어 있다. 보험회사가 사고 발생시에 보상해 주는 금액을 '**보험금**'(coverage)이라고 부른다. 그 대신 보험가입자는 미리 소정의 금액을 보험회사에 지급한다. 이를 '**보험료**'(premium)라고 부른다. 보통 가입자는 보험금의 크기를 선택할 수 있고, 보험료는 보험금의 일정 비율로 산정된다.

보험금: 사고시에 보험회사가 지급하는 금액
보험료: 보험가입자가 보험회사에 미리 내는 금액
보험료율: 보험료/보험금

보험료가 p, 보험금이 C인 보험을 구매하면, 소비자의 상황별 재산은 아래와 같이 변한다.

상황1: 보험료 p를 지급했지만, 보험금 C를 타게 되므로 $w_1 + C - p$를 얻는다.

상황2: 보험료만 지불하게 되어 $w_2 - p$를 얻는다.

보험 구매 후의 소비자의 상황을 조건부 상품1, 상품2의 소비묶음으로 표시하면 $(w_1 + C - p, w_2 - p)$이다. 이를 보험 구매 전의 상황인 (w_1, w_2)와 비교하면, 소비자 입장에서 보험이란 보험회사에게 조건부 상품2를 p만큼 주고, 대신 조건부 상품1을 $C - p$만큼 받는 거래임을 알 수 있다. 현실에서 조건부 상품1과 2와 같은 재화는 존재하지 않는다. 그러나 경제학적으로 보면, 보험의 구매는 소비자와 보험회사 간의 두 조건부 상품의 교환인 것이다. 이를 〈그림 8-8〉에서 보면 최초 상태인 $E = (w_1, w_2)$점에서 $-\dfrac{p}{C-p}$의 기울기로 우하향 방향으로 이동한 것이다. C와 p의 크기가 클수록 새로운 점은 E점에서 멀리 떨어지게 된다.

이제 소비자가 보험을 통해 선택할 수 있는 소비묶음의 집합을 알아보자. 이 집합은 소비자 이론의 예산선에 해당하는데, 여기에서는 '보험선'이라고 부르기로 한다. 보험선의 형태는 보험료율인 $\dfrac{p}{C}$의 크기에 의존한다. 소비자가 보험료율 $\dfrac{p}{C}$가 α로 항상 동일한 상황에서 보험금 C를 마음대로 정할 수 있다고 가정한다.

● 그림 8-8 보험선(E: 최초 상태, α: 보험료율)

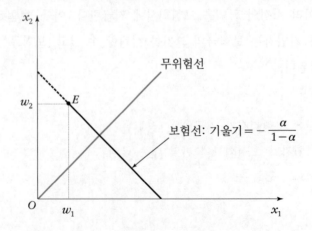

C가 정해지면 $\frac{p}{C}=\alpha$이므로 보험료는 $p=\alpha C$이며, 이때 소비자의 조건부 상품묶음은 $x_1=w_1+C-p$, $x_2=w_2-p$이 된다. 여기에 $p=\alpha C$를 대입하면 다음과 같다.

$$x_1=w_1+(1-\alpha)C, \ x_2=w_2-\alpha C$$

이제 C를 소거해 x_1과 x_2의 관계식을 구해보자. 이를 위해 $x_1=w_1+(1-\alpha)C$ 양변에 α를, $x_2=w_2-\alpha C$ 양변에 $1-\alpha$를 각각 곱하면, $\alpha x_1=\alpha w_1+\alpha(1-\alpha)C$, $(1-\alpha)x_2=(1-\alpha)w_2-\alpha(1-\alpha)C$이다. 두 식의 양변을 더하면 다음과 같은 보험선을 얻는다.

$$\alpha x_1+(1-\alpha)x_2=\alpha w_1+(1-\alpha)w_2 \tag{1}$$

이 보험선 가운데 〈그림 8-8〉에서 보듯이 E점을 포함해 우하향하는 부분 ($x_1\ge w_1, x_2\le w_2$)이 소비자가 보험을 통해 선택할 수 있는 소비묶음이다.[10] 아래의 설명에서 보험선은 자동적으로 E점을 포함한 우하향하는 부분만을 의미하도록 한다.

눈치 빠른 독자들은 (1)식을 이미 다른 곳에서 보았음을 알 것이다. (1)식을 제7장 실물부존의 예산선 $p_1 x_1+p_2 x_2=p_1\omega_1+p_2\omega_2$과 비교하면, 조건부 상품1과 2는 재화1과 2, (w_1, w_2)는 실물부존점, p_1, p_2는 α, $(1-\alpha)$에 상응함을 알 수 있다. 예산선에서 $\frac{p_1}{p_2}$는 재화1 한 단위와 교환되는 재화2의 양이다. 보험 구매 소비자는 조건부 상품1 $C-p(=(1-\alpha)C)$를 얻기 위해 조건부 상품2 $p(=\alpha C)$를 포기한 것이다. 즉, 조건부 상품1 한 단위를 조건부 상품2 $\frac{p}{C-p}\left(=\frac{\alpha}{1-\alpha}\right)$ 단위와 교환한 것이다. (1)식의 기울기 $\frac{\alpha}{1-\alpha}$가 정확하게 조건부 상품1과 2의 교환비율이다.

$x_1\ne x_2$인 소비묶음 (x_1, x_2)에서는 상황에 따라 얻는 금액이 달라진다. 따라서 $x_1\ne x_2$인 소비묶음에는 위험이 존재한다. 반면에 $x_1=x_2$이면 어떤 상황이 발생해도 동일한 금액을 얻는다. 따라서 $x_1=x_2$인 소비묶음에는 위험이 존재하지 않는

---

10 이 조건은 $p\ge 0, C\ge 0$인 조건으로 발생한다. 즉, 소비자가 보험회사로부터 보험을 '살 수는 있어도 팔 수는 없다'는 조건이다. 만일 $p\le 0, C\le 0$인 보험도 허용하면, 이는 소비자가 보험회사에게 보험을 팔 수도 있음을 의미한다. $p\le 0, C\le 0$인 보험도 허용하면, 보험선 전체가 소비자가 선택 가능한 소비묶음이 된다.

다. 위험이 존재하지 않는다는 의미에서 $x_1 = x_2$인 소비묶음들의 집합, 즉 $x_2 = x_1$인 직선(45°선)을 무위험선(certainty line)이라고 부른다.

생각하기 2 위의 보험의 예에서 E점에서 좌상향 방향으로 이동하는 것은 가능한가? 이렇게 이동하려면 보험회사와 어떤 보험계약을 맺어야 하는지 생각해 보라.

생각하기 3 독자들의 이해를 확실히 하기 위해 조건부 상품을 다음과 같이 약간 다르게 정의한다.

조건부 상품1: 상황1 발생시 2원, 상황2 발생시 0원을 제공하는 상품
조건부 상품2: 상황1 발생시 0원, 상황2 발생시 1원을 제공하는 상품

이 같은 조건부 상품을 이용해, 실물부존점, 무위험선, 보험료율이 일정한 경우 보험선을 구하고, 〈그림 8-8〉과 같이 표시하라.

3.2 기대효용과 무차별 곡선

앞 절에서 예산선에 해당하는 보험선을 도출했다. 본 절에서는 기대효용이론을 이용해, 조건부 상품1, 2로 정의되는 효용함수와 무차별곡선을 도출한다.

소비묶음 (x_1, x_2)은 π의 확률로 x_1, $1 - \pi$의 확률로 x_2를 얻는 복권과 동일하다. 소비자의 소득에 대한 효용함수가 $u(w)$일 때 소비묶음 (x_1, x_2)의 기대효용을 $U(x_1, x_2)$라고 하면, $U(x_1, x_2)$는 다음과 같다.

$$U(x_1, x_2) = \pi u(x_1) + (1 - \pi)u(x_2) \tag{2}$$

제4장에서는 효용함수 $U(x_1, x_2)$에 대해 특정한 형태를 가정하지 않았다. 그러나 기대효용이론을 적용하면 효용함수는 (2)식과 같이 특수한 형태로 주어진다. 이는 $U(x_1, x_2)$가 $g(x_1) + h(x_2)$의 형태로 주어진 것과 동일하다.

1) 무차별곡선의 기울기

먼저 두 조건부 상품이 재화(goods)인가, 비재화(bads)인가를 확인하자. 두 상

품 모두 특정 상황(각각 화재상황과 비화재상황)에서 1원을 주는 상품이다. 그러므로 이들을 가지고 있으면 좋으면 좋았지 손해 볼 일은 없을 것이므로 재화임을 알 수 있다. 이를 확인하기 위해 두 조건부 상품의 한계효용을 구해보면 다음과 같다.

$$\frac{\partial U(x_1, x_2)}{\partial x_1} = \pi u'(x_1) > 0, \quad \frac{\partial U(x_1, x_2)}{\partial x_2} = (1-\pi)u'(x_2) > 0$$

두 상품 모두 한계효용이 0보다 크므로 제4장 3.2절에서와 같이, 단조성의 가정이 충족된다. 따라서 무차별곡선은 기울기가 (−)이며, 원점에서 멀어질수록 더 높은 (기대)효용을 나타낸다. 이는 일반적인 무차별 곡선과 마찬가지이다.

다음으로 소비묶음 (x_1, x_2)에서의 한계대체율을 알아보자. 한계대체율은 두 재화의 한계효용의 비율이므로 다음과 같다.

$$MRS(x_1, x_2) = \frac{\pi\, u'(x_1)}{(1-\pi)u'(x_2)} \tag{3}$$

2) 위험에 대한 태도와 무차별곡선의 형태

(3)식으로부터 무차별곡선이 가지는 중요한 성질 몇 가지를 알 수 있다.

(1) 무위험선과 만나는 점에서 무차별곡선의 기울기

무위험선은 $x_2 = x_1$이므로 $u'(x_1) = u'(x_2)$이다. 따라서 $x_2 = x_1$일 때 한계대체율은 항상 $\frac{\pi}{1-\pi}$로 일정함을 알 수 있다. 무차별곡선의 기울기는 한계대체율의 (−)값이므로 무차별곡선이 무위험선과 만날 때의 기울기는 항상 $-\frac{\pi}{1-\pi}$이다.

독자들은 이 결과가 위험에 대한 태도와 무관하게 성립하는 성질임을 이해하기 바란다. 위험에 대한 태도와 무관하게 모든 소비자들은 더 많은 소득을 선호한다. 즉, $u' > 0$이다. 위험에 대한 태도는 효용함수의 2차 도함수의 부호에 대한 가정이다. (3)식에서 보다시피 $u' > 0$이면 $x_2 = x_1$일 때 $u'(x_1) = u'(x_2) > 0$이므로 (3)식의 분자, 분모에서 약분된다. 위험에 대한 태도는 무차별곡선의 형태, 즉 한계대체율체감 여부와 밀접한 관계가 있다.

(2) 위험에 대한 태도와 한계대체율 변화

위험 기피자의 한계효용은 체감한다($u'' < 0$). (3)식을 보면, x_1이 증가하고 x_2가 감소하면 분자의 $u'(x_1)$은 감소하고, 분모의 $u'(x_2)$는 증가한다. 그러므로 한계대체율이 체감한다. 따라서 위험 기피자의 무차별곡선은 원점을 향해 볼록하다. 제4장에서 무차별곡선이 원점을 향해 볼록하면, 소비자는 두 재화의 소비량에 큰 차이가 없는 소비묶음을 선호한다는 것을 배웠다. 이를 조건부 상품묶음에 적용하면 소비자는 상황별로 소득에 큰 차이가 나지 않는 것을 선호한다는 의미이다. 이는 다름 아닌 위험을 싫어한다는 의미이다.

위험 애호자의 한계효용은 체증한다($u'' > 0$). 그러므로 x_1이 증가하고 x_2가 감소할 때 한계대체율은 체증한다. 따라서 위험애호자의 무차별 곡선은 원점을 향해 오목하다.

위험 중립적이면 한계효용이 일정하다($u'' = 0$). 그러므로 $u'(x_1)$과 $u'(x_2)$ 모두 x_1, x_2에 무관하게 동일한 상수이다. 따라서 한계대체율도 일정하다. 그러므로 위험 중립적이면 무차별 곡선은 직선이다. 제4장의 경우와 비교하면, x_1, x_2는 위험 중립적인 소비자에게 완전 대체재이다.

(1)에서 위험에 대한 태도와 무관하게 무차별곡선의 기울기가 무위험선인 45°선상에서 $-\dfrac{\pi}{1-\pi}$임을 확인했다. 위험 기피적이면 한계대체율이 체감하므로, 무차별곡선의 기울기는 무위험선 위쪽에서는 $-\dfrac{\pi}{1-\pi}$보다 작고(가파르다), 아래쪽에서는 $-\dfrac{\pi}{1-\pi}$보다 크다(완만하다).

반대로 위험 애호적이면 한계대체율은 체증하므로, 무차별곡선의 기울기는 무위험선 위쪽에서는 $-\dfrac{\pi}{1-\pi}$보다 크고(완만하다), 아래쪽에서는 $-\dfrac{\pi}{1-\pi}$보다 작다(가파르다).

위험 중립적이면 한계대체율은 일정하다. 그러므로 무차별곡선의 기울기는 항상 $-\dfrac{\pi}{1-\pi}$로 일정하다.

● 그림 8-9 위험에 대한 태도와 무차별 곡선의 형태

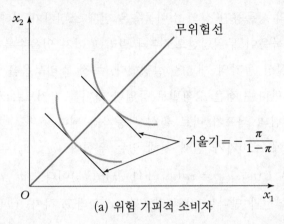

(a) 위험 기피적 소비자

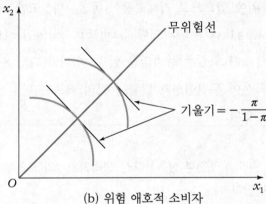

(b) 위험 애호적 소비자

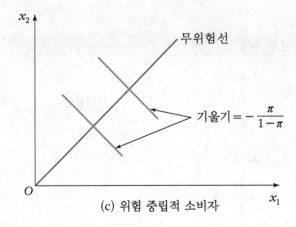

(c) 위험 중립적 소비자

3) 확실성등가

조건부 상품의 상품공간 상의 소비묶음은 현재 소비자가 처해있는 위험상황도 알려주는데, 소비묶음이 무위험선으로부터 멀리 떨어져 있을수록 위험이 크다. 앞의 2.3절에서 확실성 등가의 개념을 설명했다. 특정 소비묶음을 지나는 무차별곡선이 무위험선과 만나는 점은 상황별로 동일한 가치를 가지므로 위험이 없는 확실한 상황이다. 이 점의 좌표가 바로 확실성 등가가 된다.

〈그림 8-10〉에 소비자가 현재 처해 있는 위험이 (w_1, w_2)로 표시되어 있다. 이 때 기대효용은 $U(w_1, w_2) = \pi u(w_1) + (1-\pi)u(w_2)$이다. (w_1, w_2)을 지나는 무차별곡선이 무위험선과 만나는 점의 좌표를 (x, x)라고 하자. (w_1, w_2)와 (x, x)이 동일한 무차별곡선 위에 있으므로 기대효용이 동일하다. 또한 (x, x)의 기대효용은 $U(x, x) = \pi u(x) + (1-\pi)u(x) = u(x)$이다. 그러므로 $\pi u(w_1) + (1-\pi)u(w_2) = u(x)$가 성립한다. 따라서 x가 확실성 등가임을 알 수 있다. 〈그림 8-10〉에서 (w_1, w_2)를 지나는 무차별 곡선이 무위험선과 만나는 점의 좌표가 확실성 등가를 의미하는 (ce, ce)로 표시되어 있다.

> **생각하기 4**   원래의 조건부 상품1 대신 생각하기 7의 조건부 상품1을 이용할 때, 다음의 질문들에 답하라.

● **그림 8-10 확실성 등가**

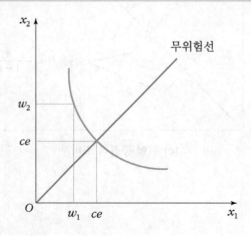

1) 소비묶음 (x_1, x_2)의 기대효용인 $U(x_1, x_2)$를 구하라.

2) 각 재화의 한계효용과 한계대체율을 구하라.

3) 위험에 대한 태도에 따라서 무차별곡선이 어떤 형태를 띠는지를 설명하라.

3.3 최적 보험

보험과 관련된 소비자의 선택문제는 예산선인 (1)식의 보험선 제약하에서 효용함수 (2)식을 극대화하는 문제로 표시할 수 있다. 보험은 소비자에게 위험을 회피할 수 있는 수단이지, 그 자체가 목적이 아니다. 소비자의 최종 목적은 보험을 통해 최적의 소비묶음에 도달하는 것이다. 본 절에서는 최적의 소비묶음, 즉 소비자 균형점을 찾아본다. 소비자 균형점을 찾으면 그 점으로 이동하기 위한 최적 보험을 찾을 수 있다.

(1)식의 보험선을 다시 쓰면 $\alpha x_1 + (1-\alpha)x_2 = \alpha w_1 + (1-\alpha)w_2$이다. 여기서 α는 다름 아닌 보험료율 $\dfrac{p}{C}$이다. 아래서 보겠지만 소비자 균형점은 α의 크기에 따라 달라진다. α가 크면 동일한 보험금을 얻기 위해 더 많은 보험료를 지불해야 한다는 의미이다. 따라서 α가 클수록 소비자에게 불리하고, 보험회사에게는 유리한 보험이다.

기준이 되는 α의 크기가 바로 사고 발생 확률 π이다. $\alpha = \pi$이면 (1)식은 $\pi x_1 + (1-\pi)x_2 = \pi w_1 + (1-\pi)w_2$이다. 이 식의 우변은 다름 아닌 원래 위험 상황의 기댓값이다. 그러므로 (1)식이 보여주는 것은 $\alpha = \pi$일 때, 어떤 보험을 통해 옮겨 가더라도 옮겨진 소비묶음의 기댓값은 원래의 위험의 기댓값과 동일하다는 것이다. 이런 의미에서 $\alpha = \pi$를 **공정한**(fair) **보험료율**이라고 부른다. 공정한 보험료율의 의미는 보험회사의 입장에서 보면 더욱 명확하다. 보험회사의 기대이윤은 화재 발생 여부와 관계없이 p를 받는 반면에 화재가 날 경우에만 C를 지급하므로 $p - \pi C$이다. $\alpha = \pi$이면 $p = \pi C$이므로, 보험회사의 기대이윤은 0이다. 즉, 보험을 파나 안파나 기대이윤은 0으로 동일하다.

> **공정한 보험료율**: 보험가입자와 보험회사 재산의 기댓값을 변경시키지 않는 보험
> 료율＝사고 발생 확률.

공정한 보험료율은 다음과 같이 생각해 볼 수도 있다. 조건부 상품1과 2 각각 한 단위의 기댓값은 얼마일까? 조건부 상품1은 화재가 나면 1원을 주는데, 그 확률이 π이므로, 기댓값은 1원$\times\pi$, 즉 π원이다. 같은 이유로 조건부 상품2의 기댓값은 $1-\pi$원이다. 이제 이 두 재화를 교환할 때, 조건부 상품1 한 개당 조건부 상품2 몇 개를 교환하면 거래 당사자들의 재산의 기댓값이 불변일까? 당연히 기댓값의 비율인 $\frac{\pi}{1-\pi}$이다. 보험료율 α가 π와 같으면 보험선의 기울기(절대값)가 정확히 $\frac{\pi}{1-\pi}$이 된다.

소비자를 기준으로 $\alpha > \pi$이면 **불리한**(unfavorable) 보험료율, $\alpha < \pi$이면 유리한 (favorable) **보험료율**이라고 부른다. 불리한 보험은 많이 들수록 소비자 재산의 기댓값이 줄어들고, 유리한 보험은 반대이다. 이제 위험 기피적인 소비자가 어떤 보험을 선택하는지를 알아보자.

1) 공정한 보험료율: $\alpha = \pi$

원래 소비자의 상황은 보험선 상의 $E = (w_1, w_2)$점이다. 보험선은 다음과 같다.

$$\text{보험선: } \pi x_1 + (1-\pi)x_2 = \pi w_1 + (1-\pi)w_2 \tag{4}$$

보험선의 기울기는 $\frac{\pi}{1-\pi}$(절대값)이다. 소비자 균형 조건은 한계대체율이 예산선의 기울기와 동일해야 한다는 것이다.

$$MRS(x_1, x_2) = \frac{\pi\, u'(x_1)}{(1-\pi)u'(x_2)} = \frac{\pi}{1-\pi} \tag{5}$$

그러므로 $x_1 = x_2$가 되어야 한다. 이는 당연한 결과이다. 앞에서 $x_1 = x_2$일 때 한계대체율이 $\frac{\pi}{1-\pi}$임을 보았다. 보험료율이 공평하면 보험선의 기울기가 $\frac{\pi}{1-\pi}$이므로 $x_1 = x_2$에서 $MRS = \frac{\pi}{1-\pi}$가 성립한다. 즉, 소비자 균형점은 보험선과 무

● 그림 8-11 보험료율이 공정할 때 소비자의 선택: 완전보험

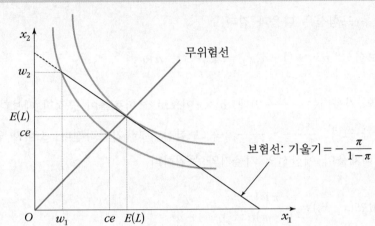

위험선이 만나는 점이다. (4)식과 $x_1 = x_2$을 연립해 풀면 $x_1 = x_2 = \pi w_1 + (1-\pi)w_2$ 임을 알 수 있다. $\pi w_1 + (1-\pi)w_2 = E(L)$이므로 위험의 기댓값으로 표시하면 $x_1 = x_2 = E(L)$이다.

그러므로 보험료율이 공정하면, 보험을 통해 소비자는 $E = (w_1, w_2)$점에서 $(E(L), E(L))$로 이동한다. $x_1 = x_2$이므로, 보험에 가입하면 화재 발생 여부와 무관하게 소비자의 재산에는 차이가 없어진다. 이처럼 완전히 위험을 제거하는 보험을 '완전보험'(full insurance)이라고 부른다. 공정한 보험료율하에서는 보험선상의 모든 소비묶음들의 기댓값은 동일한 반면에 위험의 크기만 달라진다. 위험 기피적인 소비자가 그 중에서 위험이 가장 작은 소비묶음을 선택하는 것은 당연한 결과이다.

보험 전 상황에 대한 확실성 등가를 ce로 표시하면, 앞에서 설명했듯이 E점을 지나는 무차별곡선이 무위험선과 만나는 점이 바로 (ce, ce)이다. 보험 전 상황인 E 점과 (ce, ce)의 기대효용이 동일하다. 그런데 보험을 통해 소비자는 $(E(L), E(L))$로 이동한다. $E(L) - ce$는 다름 아닌 위험 프리미엄인 rp이다. 따라서 보험을 통해 소비자는 위험을 완전히 회피할 뿐 아니라, 금전적으로 보면 위험 프리미엄만큼의 이득을 얻음을 알 수 있다.

2) 불리한 보험료율: $\alpha > \pi$

이 경우 보험선은 다음과 같다.

$$\text{보험선: } \alpha x_1 + (1-\alpha)x_2 = \alpha w_1 + (1-\alpha)w_2 \tag{6}$$

(6)식의 기울기는 $\dfrac{\alpha}{1-\alpha}$인데, $\alpha > \pi$이므로 보험료율이 공정할 때보다 보험선의 기울기가 크다: $\dfrac{\alpha}{1-\alpha} > \dfrac{\pi}{1-\pi}$. 즉, 보험선이 더 가팔라진다. 소비자 균형점에서는 한계대체율이 예산선의 기울기와 동일하다.

$$MRS(x_1, x_2) = \frac{\pi u'(x_1)}{(1-\pi)u'(x_2)} = \frac{\alpha}{1-\alpha} \tag{7}$$

$\dfrac{\alpha}{1-\alpha} > \dfrac{\pi}{1-\pi}$이므로 $u'(x_1) > u'(x_2)$이어야 한다. 위험 기피자는 한계효용이 체감하므로, $u'(x_1) > u'(x_2)$이려면 $x_1 < x_2$가 되어야 한다. 소비자 균형점 (x_1^*, x_2^*)는 반드시 무위험선 위쪽에 위치한다. $x_1^* < x_2^*$이므로 보험을 구입했더라도 화재시의 재산이 화재가 나지 않을 때의 재산보다 더 작다. 이런 보험을 '불완전보험'(under insurance)이라고 부른다.

● 그림 8-12 보험료율이 불리한 경우 소비자의 선택: 불완전 보험

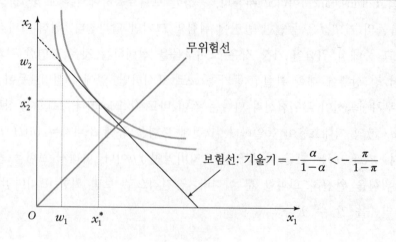

생각하기 5 ▶ α가 얼마 이상이면 소비자는 보험에 전혀 가입하지 않는지 그림으로 설명하라.

3) 유리한 보험료율: $\alpha < \pi$

이 경우, 보험선과 균형조건은 앞서 (6)식과 (7)식으로 동일하다. 다만 $\alpha < \pi$ 이므로 $\dfrac{\alpha}{1-\alpha} < \dfrac{\pi}{1-\pi}$이다. 따라서 (7)식이 성립하려면 $u'(x_1) < u'(x_2)$이어야 한다. 그러므로 $x_1 > x_2$이 성립한다. 이는 소비자 균형점 (x_1^*, x_2^*)이 반드시 무위험 선 아래쪽에 위치함을 의미한다. $x_1^* > x_2^*$이므로 보험을 통해 화재 발생 시 보험금을 받아 화재가 나지 않을 때의 재산보다 더 커진다. 이런 보험을 '초과보험'(over insurance)이라고 부른다.

보험료율에 따른 보험 선택:

불리한 보험료율: 보험료율>공정보험료율 → 불완전 보험

공정한 보험료율: 보험료율=공정보험료율 → 완전 보험

유리한 보험료율: 보험료율<공정보험료율 → 초과 보험

● 그림 8-13 보험료율이 유리한 경우 소비자의 선택: 초과보험

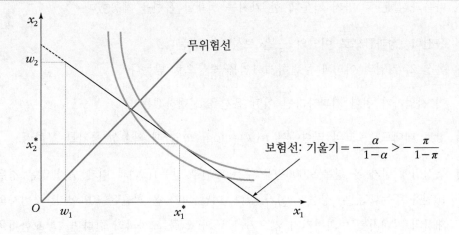

8장 부록 〈불확실성과 소비자 선택〉은 ❶ 본서 954쪽의 QR코드를 스캔하거나, ❷ 박영사 홈페이지의 도서자료실(http://www.pybook.co.kr/mall/customer/bookpds?seq=1162&page=1&scate=&skey=&sword=)에서도 참고할 수 있습니다.

연습문제

1 다음 문장의 진위를 판별하라.

1) 다음과 같은 두 복권이 있다.

p: 0일 확률 1/4, 2일 확률 1/4, 4일 확률 1/2.

q: 0일 확률 1/3, 1일 확률 1/4, 3일 확률 1/12, 4일 확률 1/3.

모든 소비자는 위험에 대한 태도와 무관하게 p를 q보다 강선호한다.

2) 다음과 같은 두 복권이 있다.

p: 1일 확률 1/2, 3일 확률 1/2.

q: 0일 확률 1/4, 2일 확률 1/2, 4일 확률 1/4.

모든 위험 기피자는 p를 q보다 강선호한다.

2 벤처기업에서 한 사업가를 CEO로 초빙하고자 한다. 이 벤처 기업의 이익은 $\frac{1}{10}$ 의 확률로 50억, $\frac{9}{10}$의 확률로 0이다. 이제 CEO인 사업가에게 보상으로 회사가 다음과 같은 두 가지 가운데 한 가지를 선택할 옵션을 제공했다.

옵션 1: 성과급으로 이익의 $\frac{1}{5}$을 보상으로 받는다.

옵션 2: 기업의 이익과 무관하게 1억을 보상으로 받는다.

이 사업가가 위험 기피자라면 어떤 옵션을 선택하겠는가?

3 상트 페테르부르크의 역설에서 $u(w) = \log_{10} w$일 때 확실성 등가를 구하라.

4 특정일에 비가 올 경우 9,000원을 주는 조건부 상품1(x_1)과 비가 오지 않은 경우 10원을 주는 조건부 상품2(x_2)가 있다. 이날 비가 올 확률은 10%이다. 소비자의 재산의 기대치를 변화시키지 않으면서 x_1과 x_2를 교환하려 한다면 그 교환비율은 얼마인가(x_1 한 단위당 x_2 몇 단위)?

5 소비자의 소득에 대한 효용함수가 다음과 같으며, 소비자는 기대효용을 극대화한다.

$u(w) = 2w \, (w \leq 40), \; u(w) = w + 40 \; (w > 40).$

1) 소비자의 위험에 대한 태도는 어떤가?

2) 50%의 확률로 20원, 50%의 확률로 60원을 얻는 복권이 있다. 이 복권의 기대 효용은 얼마인가?

3) 이 복권의 확실성 등가와 위험 프리미엄은 얼마인가?

6 어떤 투자자의 재산은 영국이 EU를 탈퇴(Brexit)하지 않으면 64, 탈퇴하면 16이라고 한다. 투자자의 효용함수는 $u(w) = \sqrt{w}$ 이고, 영국이 EU에서 탈퇴할 확률은 25%이다. 투자자는 기대효용 극대화를 추구한다.

1) 위험의 확실성 등가와 위험 프리미엄을 구하라.

2) 'Brexit 보험'이 등장해 보험료 p를 내면 Brexit 경우에 보험금 C를 지급한다. 보험료율 $\dfrac{p}{C}$는 일정하며, 보험가입자가 C를 정할 수 있다고 한다. 공정한 보험료율은 몇 %인가?

3) 보험료율이 얼마 이상이면 투자자는 보험에 가입하지 않는가?

4) 보험료율이 $\dfrac{1}{7}$이면, 투자자는 얼마짜리 보험에 가입하는가(즉, C의 크기는)?

7 월드컵 한국-러시아전에서 한국이 이기거나 비길 확률이 $\dfrac{2}{3}$, 러시아가 이길 확률이 $\dfrac{1}{3}$이다. 1원을 걸었을 때, 러시아가 이기면 원금을 모두 잃고, 한국이 이기거나 비기면 원금에 더하여 r원을 되돌려 주는 도박이 있다. 베팅 금액은 자유로 정할 수 있다. 한국 승리 또는 비길 시 1원을 주는 조건부 상품1(x_1)과 러시아 승리 시 1원을 주는 조건부 상품2(x_2)을 이용해 그림과 수식으로 다음 질문에 답하라.

1) 위험 기피적인 소비자가 이 도박에 투자하려면 r은 어떤 범위에 있어야 하는가?

2) 재산이 100이고 효용함수가 $u(w) = \ln w$인 소비자가 이 도박에 x원을 베팅하는 경우, 소비자의 재산 상황의 변화를 그래프 상에 표시하라.

3) 이때 소비자의 기대효용을 극대화하는 x를 계산하고, 그 극대화 결과를 위 그래프 상에서 표현하라(1)의 조건이 충족된다고 가정한다).

4) 3)에서 선택한 결과의 위험프리미엄의 크기를 위 그래프 상에서 시각적으로 표현하라(실제 계산은 하지 말 것).

8 소비자가 다음과 같은 불확실한 상황에 직면해 있다. $\frac{1}{2}$의 확률로 사고가 발생하지 않아 소득이 16, $\frac{1}{2}$의 확률로 사고가 발생해 12만큼의 손실을 입어 소득이 4가 된다. 소비자의 효용함수는 $u(w) = \sqrt{w}$이다. 조건부 상품1을 사고가 나지 않을 경우 1을 주는 상품, 조건부 상품 2를 사고시 1을 주는 상품이라고 하자. 두 조건부 상품의 조합을 (x_1, x_2)로 표시하면, 현재의 상황은 (16, 4)이다.

1) 현 상황에서 소비자의 기대효용, 불확실성의 기대치, 확실성 등가 그리고 위험 프리미엄을 구하라. 소비자의 위험에 대한 태도는 어떠한가?

이제 보험이 가능하다고 하자. p는 보험료, C는 보험금을 의미한다. 소비자가 보험을 구입하면, (16, 4)에서 $(16-p, 4-p+C)$으로 이동한다.

2) 보험료율이 공정하려면 $\frac{p}{C}$가 얼마가 되어야 하는가?

3) $x_1 = 16-p$, $x_2 = 4-p+C$로 표시하자. 보험료율이 공정할 때, x_1과 x_2 사이의 관계식(보험선)을 구하라.

4) 보험료율이 공정할 때, 소비자의 기대효용을 극대화하는 (x_1, x_2)를 구하고, 그 때의 기대효용을 계산하라. 이 기대효용을 얻기 위해 소비자는 어떤 보험을 구매하는가?

9 소비자가 문제 8번과 동일한 상황에 처해있다. 다만 효용함수가 $u(w) = \ln w$이다.

1) 현 상황에서 소비자의 기대 효용과 불확실성의 기대치, 확실성 등가 및 위험 프리미엄을 구하라. 소비자의 위험에 대한 태도는 어떠한가?

이제 보험이 가능하다고 하자. 보험을 (γ, K)로 표시한다. γ는 보험료율이고, K는 보험금이다. 소비자가 (γ, K)라는 보험을 구입하면 이 소비자는 (16, 4)에서 $(16-\gamma K, 4-\gamma K+K)$로 이동한다.

2) 보험료율이 공정하려면 γ는 얼마가 되어야 하는가?

3) $x_1 = 16-\gamma K$, $x_2 = 4-\gamma K+K$로 표시하자. 보험료율이 공정할 때, x_1과 x_2 사이의 관계식(보험선)을 구하라.

4) 보험료율이 공정할 때, 소비자의 기대효용을 극대화하는 (x_1, x_2)를 구하고, 그 때의 기대효용을 계산하라. 이 기대효용을 얻기 위해 소비자는 어떤 보험을 구매하는가?

(γ, K)를 판매하면, 보험회사는 보험료로 γK를 받고, 사고가 발생했을 경우 K를 보험료로 지불한다. 사고발생 확률이 $\frac{1}{2}$이므로, 보험회사의 기대이윤은 $\Pi = rK - \frac{K}{2}$이다. 보험회사가 γ를 선택할 수 있는 경우를 고려한다. 즉, 보험회사가 γ를 선택하면, K는 소비자가 결정한다.

5) 보험회사가 γ를 선택했을 때, 소비자의 효용을 극대화하는 K를 구하라(K는 γ의 크기에 의존한다).

6) 기대이윤을 극대화하기 위해 보험회사는 어떤 γ를 선택하는가?

10 재산 100을 가지고 있고, 효용함수가 $u(w) = \sqrt{w}$인 소비자에게 다음과 같은 투자기회가 주어졌다. "투자액 x원을 낸 뒤에($0 \le x \le 100$), 주사위를 던져 1이 나오면 $6x$를 돌려받는다. 다른 값이 나오면 투자액(x원)을 모두 잃는다."

1) 조건부 상품의 개념을 이용해 소비자의 원래 위치와 x원 투자 이후의 위치를 그래프로 보이고, 소비자가 최종 선택할 x의 크기가 무엇인지 설명하라.

2) 이 투자 상품에 대한 보험이 있어, 투자액 중의 일부(y원)에 대해 보험을 들면($y \le x$), y원만큼의 투자손실에 대해 4배, 즉 $4y$를 돌려준다고 하자. 단 보험료는 $3y$원이다. 이 경우에는 소비자는 x, y를 각각 얼마로 할 것인가?

11 소비자가 현금 100을 가지고 있다. 이 가운데 일부를 다음과 같은 프로젝트에 투자하고 싶다. 이 프로젝트에 1을 투자할 때, 성공하면 2를 얻는다. 반면에 실패하면 $\frac{1}{2}$을 얻는다. 이 프로젝트가 성공할 확률은 π, 실패할 확률은 $1-\pi$이다. 소비자의 소득에 대한 효용함수는 $u(w) = \ln w$이다. 조건부 상품1과 2는 각각 프로젝트가 성공했을 때와 실패했을 때 1을 주는 상품이다.

1) 투자금액이 $z(0 \le z \le 100)$일 때, 소비자가 얻는 조건부 상품1과 2의 크기를 각각 x_1과 x_2라고 하자. x_1과 x_2를 z로 표시하라. x_1과 x_2의 관계식을 구하라.

2) $0 < z < 100$, 즉 소비자가 이 프로젝트에 양의 금액을 투자하되, 재산 전부는 투자하지 않는 π의 범위를 구하라.

이후의 문제에서는 $\pi = \frac{1}{2}$이라고 가정한다.

3) 소비자가 투자하는 금액을 구하라.

소비자가 3)에서 투자한 금액을 z_0라고 하자. 투자 결과는 모르는 상황에서 보험회사와 투자 실패에 대한 보험거래를 하고자 한다. p는 보험료, C는 보험금이다.

4) 소비자가 완전보험을 구매할 때의 보험료율 $\dfrac{p}{C}$를 구하라.

5) 소비자는 투자 후 보험료율 $\dfrac{p}{C}$가 α로 일정한 보험에 가입할 수 있다.

   그림을 이용해 $\dfrac{p}{C} < \dfrac{2}{3}$이면 소비자는 이 프로젝트에 전액을 투자함을 보여라.

12 소비자가 현금 120을 가지고 있다. 이 가운데 일부를 다음과 같은 프로젝트에 투자하고 싶다. 이 프로젝트에 1을 투자할 때, 성공하면 2를 얻는다. 반면에 실패하면 0을 얻는다. 이 프로젝트가 성공할 확률은 π, 실패할 확률은 $1-\pi$이다. 성공했을 때와 실패했을 때의 소득이 각각 x_1과 x_2일 때 소비자의 효용함수는 $U(x_1, x_2) = min\{x_1, x_2\}$이다.

1) 투자금액이 $0 \le z \le 120$일 때, x_1과 x_2의 관계식을 구하라.

2) $\pi < 1$이면 소비자는 전혀 투자하지 않음을 보여라.

이후의 문제에서는 $0 < \pi < 1$이라고 가정한다.

3) 소비자가 투자를 한 후 투자 결과를 모르는 상황에서 보험회사와 투자실패에 대한 보험거래를 할 수 있다. p는 보험료, C는 보험금이다. $\dfrac{p}{C} = \alpha$로 일정할 때 소비자가 양의 투자를 하는 α의 범위를 구하라. 이 때 소비자는 얼마를 투자하고, 어떤 보험에 가입하는가?

4) 보험회사가 $\dfrac{p}{C} = \alpha$로 일정한 보험을 팔 때 양의 이윤을 얻는 α의 범위를 구하라(힌트: 이 범위는 π의 크기에 의존한다).

Chapter
09 / 행동 경제학

★ 세일러(Richard Thaler)： 미국, 1945~현재

세일러는 2017년에 현실적인 심리학에 근거한 가정을 경제학적 의사결정 분석에 도입해 행동 경제학 분야에서 커다란 기여를 한 업적으로 노벨 경제학상을 수상했다. 스웨덴 왕립학술원은 세일러의 업적이 개인의 의사결정분야에서 경제학과 심리학을 잇는 교량역할을 했다고 평가했다. 노벨 경제학상 선정 위원회의 위원이었던 가든포스(Peter Gardenfors) 교수는 세일러가 경제학을 보다 인간적(more human)으로 만들었다고 언급했다.

미국 뉴저지주에서 태어난 세일러는 1974년에 로체스터 대학(University of Rochester)에서 경제학 박사학위를 받고 졸업 후 모교에 교수로 임용되었다. 1977-78년에 스탠포드 대학(Stanford University)에서 2002년 노벨 경제학상 수상자인 심리학자인 캐너먼(Daniel Kahneman) 교수와, 살아 있었으면 틀림없이 2002년도에 노벨 경제학상을 공동으로 수상했을 것으로 모든 사람이 믿는 트벌스키(Amos Tversky) 교수와의 공동 작업을 통해 행동 경제학 분야에 경제학적 분석과 심리학적 분석을 융합하는 시도를 하게 된다. 이때 캐너먼과 트벌스키는 세일러가 찾아낸 부존효과(endowment effect)(본장 Box 9-1 참조)에 대한 이론적 분석의 틀을 제공했다.

1995년 이후로 지금까지 시카고 대학 부스 경영대학원(University of Chicago, Booth School of Business)의 석좌교수로 재직 중이다. 세일러는 학술적 연구 뿐 아니라 2008년에 출간된 넛지(Nudge)를 포함해 대중을 상대로 한 저서도 많이 출간했고, 뉴욕타임스의 칼럼리스트로서도 활동했다.

많은 사람들이 세일러의 수상으로 인해 행동 경제학 분야가 주류 경제학의 한 분야로 인정받는 계기가 되었다고 말한다. 그러나 2013년도 노벨 경제학상 수상자 가운데 한 사람인 쉴러(Robert Shiller) 교수는 아직도 많은 경제학자들이 경제학 분석에 세일러가 도입한 심리학적 관점을 의심스러운 눈초리로 바라보고 있다고 언급했다.

Section 1   행동 경제학이란

행동 경제학 또는 행태 경제학으로 번역되는 behavioral economics라는 용어는 1950년대 말부터 사용된 것으로 알려져 있다. 본서에서는 행동 경제학으로 통일해 사용한다. 한 연구에 의하면 볼딩(Kenneth Boulding)과 존슨(Harold Johnson)이 1958년 연구에서 이 용어를 최초로 사용했다고 한다. 그러나 다른 연구에 의하면 이 용어는 미국 미시간 대학교에 재직하고 있던 심리학자 조지 카토나(George Katona) 교수가 만든 것이라고 한다. 1960-70년대의 행동 경제학을 오늘날의 행동 경제학과 구별해 '구행동 경제학'(old behavioral economics)이라고 부른다. 카토나 교수는 1978년에 노벨 경제학상을 수상한 허버트 사이먼(Herbert Simon) 교수와 함께 구행동 경제학의 초석을 놓은 학자로 평가받고 있다.

기존의 경제학 이론은 독자들도 잘 알고 있듯이 경제주체의 합리성에 근거하고 있다. 합리적 인간은 자신의 목적함수—예를 들어, 소비자의 경우 효용함수—를 잘 인지하고 있고, 자신이 현재 선택할 수 있는 대안들의 집합이 무엇인지를 잘 알고 있다. 또한 각 대안을 선택할 때 어떤 결과가 발생할지도 정확하게 알고 있다. 정보는 완전하지 않을 수 있지만, 새로운 정보가 주어지면 베이스 법칙(Bayes' rule)을 이용해, 그 정보의 내용을 100% 활용한다. 이 같은 가정하에서 기존의 경제학이론은 합리적인 경제주체는 자신의 목적함수를 최적화하는 대안을 선택한다고 생각한다.[1]

행동 경제학은 실험 등을 통해 관찰되는 사람들의 실제 행동이 기존의 경제학 이론의 예측과 매우 다르다는 점에서 출발한다. 그러므로 기존의 경제학과는 다른 전제를 가정한다.

기존의 경제학 이론이 오랜 시간에 걸쳐 발전해 오면서 오늘날과 같이 통합된

---

1 실제적으로 경제주체가 경제학에서 가정하는 것처럼 이상적으로 합리적인 의사결정을 하지는 않을 수 있다. 소비자를 예로 들면, 소비자들은 아무 생각 없이 즉흥적으로 눈에 보이는 대로 소비활동을 할 수 있다. 그런데 이 같은 소비자들의 행동이 소비자이론에서 공부했듯이 마치 자신의 효용함수를 잘 알고 있고, 예산집합도 정확하게 인식하고 있는 상황에서 효용극대화 문제를 풀었을 때의 행동과 동일하다면 소비자가 합리적이라고 가정해도 큰 문제가 되지 않을 것이다. 기존의 경제학 이론은 이 같은 입장에서 합리성을 근거로 이론을 전개한다. 이 같은 입장을 실증주의 (positivism)라고 부른다.

형태를 가진 반면에, 행동 경제학은 역사가 그리 길지 않기 때문에 기존의 경제학과 같이 잘 정리된 체계는 갖고 있지 못하다. 상당히 이질적인 부분들이 행동 경제학이라는 이름하에 공존하고 있다. 예를 들어, 기존 경제학은 사람들이 사익을 추구한다고 가정한다. 즉, 사람들이 자신이 얻는 것에만 관심 있다고 전제한다. 두 사람이 주어진 잉여를 나누어 갖는 상황을 상정해보자. 소비자 1의 몫을 x라고 하면 기존의 경제학 이론은 소비자 1의 효용함수가 $U_1 = x$라고 가정한다. 반면에 행동 경제학에서는 사람들이 자신의 몫뿐만 아니라 다른 사람들과의 공평성(fairness)도 중요하게 여긴다고 생각한다. 상대방의 몫을 y라고 하면, 행동 경제학은 소비자 1의 효용함수가 $U_1 = x - k|x - y|$라는 형태를 가질 수도 있다고 생각한다. $|x - y|$는 내 몫과 상대방 몫의 차이이다. $|x - y|$이 커지면 두 사람 사이의 분배가 공평하지 않다. 반대로 $x = y$이면 두 사람의 몫이 동일하므로 공평하다. $|x - y|$가 커질수록 효용은 감소한다. 이 같은 공평성의 고려가 효용함수에 명시적으로 들어가 있다. k는 공평성에 얼마나 민감하게 반응하는가를 재는 척도이다. 일단 효용함수가 주어지면, 기존의 경제학 이론에서 가정하듯이 사람들은 자신의 효용을 극대화하기 위해 최선의 노력을 한다.

반면에 행동 경제학의 고전으로 불리는 사이먼 교수는 완전한 합리성에 대한 대안으로 **제한된 합리성**(bounded rationality)을 전제로, 사람들이 마지막 1원까지도 얻고자 하는 최적화 행동을 하는 것이 아니라, 어느 정도 정해진 목표 수준만 달성하는 **만족하는 행동**(satisficing)을 선택한다고 주장했다.[2] 이 같은 상반된 행동들이 동일한 행동 경제학이라는 영역 속에 공존하고 있다.

오늘날 행동 경제학이 무엇인가라는 질문에 많은 사람들이 행동 경제학은 기존의 경제이론에 보다 현실적인 심리학적 근거를 제공함으로써, 경제학의 설명력을 확대시키고자 하는 노력이라고 대답한다. 즉, 행동 경제학은 기존의 경제이론을 대체하고자 하는 것이 아니라, 기존 모형을 더욱 확대하고자 하는 시도라고 보는 것이다.

---

2 가장 극단의 비합리성은, 진화론적 게임이론(evolutionary game theory)에서 가정하듯이, 경제주체는 입력된 유전인자가 지시하는 한 가지 행동만을 한다고 가정하는 것이다. 그러나 진화론적 게임이론이 행동 경제학의 일부라고 생각하는 학자들은 거의 없다. 진화론적 게임이론은 적자생존(survival of the fittest)의 원리에 의해 균형에 도달한다고 본다.

앞에서 언급했듯이, 상당히 다양한 형태의 이론이 행동 경제학의 분야에 공존하고 있다. 학부 수준의 본서에서 행동 경제학의 모든 부분을 자세하게 살핀다는 것은 지면의 제약상 어렵다. 본서에서는 행동 경제학의 여러 분야 가운데 저자들 판단으로 나름 잘 정리되어 있고, 현실에 시사점이 많다고 판단되는 '전망이론', '심적 회계' 및 '쌍곡선적 할인', 세 분야를 소개하는 정도로 만족하고자 한다.

Section 2   전망이론

행동 경제학의 많은 연구들은 현실의 실제 사례나 또는 실험을 통해 얻어진 사람들의 선택이 합리성에 근거한 기존의 경제학이론의 예측과 일치하지 않는다는 사실을 보여준다. 그런데 단지 기존 이론과 배치된다는 사실을 넘어 기존 이론에 대안이 될 만큼 체계적이고 일관성 있는 이론을 제시하는 경우는 많지 않다. 그 많지 않은 경우 가운데 하나가 **전망이론**(Prospect Theory)이다.

제8장 부록에서 살펴본 알레의 역설은 사람들의 선택이 기대효용이론의 예측과 일치하지 않음을 보여준다. 심리학자인 캐너먼(Daniel Kahneman)과 트벌스키(Amos Tversky)는 기대효용이론과 상반된 여러 가지 실험 결과를 보여주면서, 기대효용이론에 대한 대안으로 전망이론을 제시했다.[3,4]

기대효용이론에서 선택의 대상은 **복권**(lottery)이었다. 전망이론에서도 동일하게 선택의 대상은 복권이다. 그런데 전망이론에서는 복권 대신 '**전망**'(prospect)이라는 용어를 사용하므로 **전망이론**이라고 부른다. '전망=복권'이므로, 전망도 복권과 동일하게, 나올 수 있는 결과와 그 확률로 표시된다. $q = (w_1, p_1; \cdots ; w_n, p_n)$는 w_i를 p_i의 확률로 얻는 전망이다. 전망이론에서는 전망을 간단하게 표시하기 위해

---

3 캐너먼은 심리학을 경제학에 접목시킨 공로로 2002년에 실험경제학자인 버논 스미스(Vernon Smith)와 공동으로 노벨 경제학상을 수상했다. 많은 사람들이 1996년에 타계한 트벌스키가 그때까지 생존했더라면 틀림없이 같이 노벨 경제학상을 수상했을 것이라고 말한다.

4 캐너먼과 트벌스키는 1979년 *Econometrica* 논문과 1992년 *Journal of Risk and Uncertainty* 논문을 통해 전망이론을 소개했는데, 흔히 1979년 이론을 제1세대 전망이론, 1992년 이론을 제2세대 전망이론이라고 부른다. 두 이론의 가장 큰 차이는 가중치함수에 대한 부분이다. 관심있는 독자들은 두 논문을 비교해 보기 바란다. 본서에는 1979년 논문을 기준으로 전망이론을 설명한다.

관례적으로 $w = 0$의 경우는 포함시키지 않는다. 따라서 $q = (w_1, p_1; \cdots ; w_n, p_n)$ 가 주어졌을 때 $p_1 + \cdots + p_n < 1$이면 $1 - (p_1 + \cdots + p_n) > 0$의 확률로 0을 얻음을 의미한다. 예를 들어, $q = (100, \frac{1}{3})$은 100을 $\frac{1}{3}$, 0을 $\frac{2}{3}$로 얻는 전망을 의미한다. 또한 w를 확률 1로 얻는 경우, $(w, 1)$ 대신 간단히 (w)로 표시한다. 2.1절에서 보다 자세하게 설명하겠지만, 기대효용이론에서 각 w_i는 최종적으로 얻는 금액을 의미한다. 반면에 전망이론에서는 준거점이라고 부르는 비교의 기준이 되는 소득 대비 변화분을 의미한다. 예를 들어, 준거점을 w_0라고 할 때, 최종 소득이 w이면 전망이론에서는 $w - w_0$를 얻었다라고 생각한다.

기대효용이론은 q로부터 얻는 (기대)효용을 $V(q) = p_1 u(w_1) + \cdots + p_n u(w_n)$으로 계산해 그 값이 더 큰 전망을 사람들이 선호한다고 생각한다. 반면에 전망이론에서는 다음과 같이 계산한다.

$$V(q) = \pi(p_1) v(w_1) + \cdots + \pi(p_n) v(w_n)$$

기대효용이론과 달리 전망이론에서는 $v(\cdot)$와 $\pi(\cdot)$, 두 개의 함수가 나타나는데 $v(\cdot)$를 **가치함수**(value function), $\pi(\cdot)$를 **의사결정가중치**(decision weight)함수, 간단히 가중치함수라고 부른다. 이제 가치함수와 가중치함수의 의미와, 여러 실험 결과를 통해 얻어진 결과를 토대로 전망이론이 두 함수에 대해 어떤 가정을 하고 있는지 알아본다.

2.1 가치함수

〈그림 9-1〉은 전망이론에서 가정하고 있는 가치함수가 어떻게 생겼는지를 잘 보여준다. 가치함수가 이 같은 형태를 가지는 근거를 하나씩 알아본다.

1) 준거점의 존재

가치함수 $v(w)$는 w의 소득이 발생했을 때 소비자가 느끼는 주관적인 만족도를 의미한다. 전망이론에서는 이를 w의 가치(value)라고 부르고, $v(w)$로 표시한다. 이는 기대효용이론에서 효용함수 $u(w)$에 해당한다. 기대효용이론에서는 최종

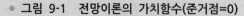

• 그림 9-1 전망이론의 가치함수(준거점=0)

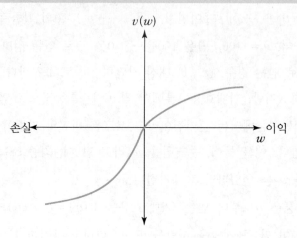

적으로 2만원을 얻게 되면, 원래 3만원을 가지고 있었는데 1만원 손실이 발생해 2만원이 되었는지, 원래 1만원을 가지고 있었는데 1만원의 이익을 얻어 2만원이 되었는지를 구별하지 않는다. 두 경우 모두 동일하게 u(2만원)의 효용을 얻는다고 가정한다. 그러나 현실에서는 동일한 사람이 상황에 따라 동일한 결과를 달리 느낄 수 있다. 예를 들어, 동일한 날씨에도 적도 근방을 다녀 온 뒤에는 서늘하다고 느끼는 반면에, 극지방을 다녀온 뒤에는 덥다고 느낄 수 있다. 이는 비교 대상이 다르기 때문이다.

준거점과 관련해 캐너먼과 트벌스키는 다음과 같은 두 실험 결과를 제시하고 있다. 각 전망의 괄호에 있는 숫자는 그 전망을 선택한 사람의 비율이다.

실험 1: 피실험자가 현재 가지고 있는 돈에 1,000을 더 주고 다음의 두 전망을 비교하라고 했다. $A = (1000, \ 0.5)$(16% 선택) vs. $B = (500)$(84% 선택)

실험 1′: 피실험자가 현재 가지고 있는 돈에 2,000을 더 주고 다음의 두 전망을 비교하라고 했다. $C = (-1000, \ 0.5)$(69% 선택) vs. $D = (-500)$(31% 선택)

피실험자가 현재 가지고 있는 돈을 $\overline{w}$라고 하고, 각 전망을 최종적으로 얻는 돈으로 표시하면 $A = C = (\overline{w} + 2000, \ 0.5; \ \overline{w} + 1000, \ 0.5)$, $B = D = (\overline{w} + 1500)$이

다. 따라서 기대효용이론에 의하면 A와 B 사이의 선호는 C와 D 사이의 선호와 동일해야 한다. 그러나 실험 1에서는 B, 실험 1′에서는 C를 선택한 사람이 압도적으로 많았다. 전망이론은 그 이유를 피실험자들이 실험 1에서는 $\overline{w}+1000$, 실험 1′에서는 $\overline{w}+2000$을 기준으로 생각해, 실험 1에서는 이득을 얻는다고 생각한 반면에 실험 1′에서는 손실을 본다고 생각하기 때문이라고 설명한다.

전망이론은 **준거점**(reference point)을 이용해 이 같은 상황을 이론에 반영하고 있다. 준거점을 w_0로 표시하면, 전망이론은 w_0를 기준으로 이익을 얻는 상황$(w-w_0>0)$과 손실을 입는 상황$(w-w_0<0)$을 달리 취급한다. 준거점은 과거로부터 누려온 소득 수준일 수도 있고, 현재의 소득 수준일 수도 있다. 현재의 소득이 동일하더라도, 과거에 높은 수준의 삶을 누려 준거점이 높은 사람에게 현재의 소득은 손실로 느껴질 수 있다. 반면에 과거의 삶이 어려워 준거점이 낮은 사람에게 현재의 소득이 이익으로 느껴질 수 있다. 위의 예에서 $\overline{w}+1000$와 $\overline{w}+2000$이 각각 준거점으로 작용한 것으로 볼 수 있다.

예를 들어, 기대효용이론에서 효용함수가 $u(w)=w^a\ (a>0)$이면, 이는 소득이 w일 때 소비자가 얻는 효용을 의미한다. 전망이론에서 소비자가 얻는 가치는 절대적인 소득의 크기가 아니라 준거점과의 차이에 의존한다. w_0가 준거점일 때, 가치함수는 이익이 발생하면$(w>w_0)$ $v(w)=(w-w_0)^a$, 손실이 발생하면 $(w<w_0)$ $v(w)=-(w_0-w)^a$의 형태가 된다. 전망이론에서는 편의상 준거점을 0으로 설정해 소득을 절대적 크기가 아닌 준거점과의 차이로 표시한다. 그리고 추가적으로 $v(0)=0$을 가정한다. 그러면 앞의 가치함수는 $w>0$이면 $v(w)=w^a$, $w<0$이면 $v(w)=-(-w)^a$이다.[5] 〈그림 9-1〉도 준거점을 0으로 놓고 그린 것이다.

2) 손실 기피

전망이론은 소비자가 동일한 크기의 이익과 손실에 대해 비대칭적으로 반응할 수 있다고 가정한다. 이는 동일한 크기의 이익과 손실을 비교할 때 소비자들은 이익을 얻었을 때의 즐거움보다 손실이 발생할 때의 괴로움이 더 크다는 가정으로,

---

5 $w<0$이므로 $(-w)>0$이다. $(-w)$는 손실의 크기를 의미한다. 이익과 손실에 대한 가치함수의 형태는 꼭 대칭적일 필요는 없다.

손실 기피(loss aversion)라고 부른다. 즉, 사람들이 이익을 얻는 것도 중요하지만 그보다 손실을 피하는 것을 더 중요하게 여긴다는 의미이다.

손실 기피를 가치함수를 이용해 표현하면 다음과 같다. $w > 0$일 때, w의 이익으로부터 얻는 가치는 $v(w)$이다. 반면에 동일한 크기의 손실 $-w$의 (음의) 가치는 $v(-w)$이다. 손실 기피는 $v(w) < -v(-w)$이 성립한다는 것을 의미한다.

준거점을 설명할 때 예로 사용한 가치함수($w > 0$이면 $v(w) = w^a$, $w < 0$이면 $v(w) = -(-w)^a$)는 $w_1 > 0$인 이익의 가치($v(w_1) = w_1^a$)와 $-w_1$인 손실의 가치 $(v(-w_1) = -[-(-w_1)]^a) = -v(w_1))$의 절대값이 같으므로 손실 기피를 충족하지 않는다. 손실 기피를 반영하기 위해 1보다 큰 상수 λ를 도입하여, $w < 0$일 때 $v(w) = -\lambda(-w)^a$를 사용한다. $\lambda > 1$이므로 $v(w_1) = w_1^a < \lambda w_1^a = -\lambda(-w_1^a) = -v(-w_1)$이 성립하여 손실 기피를 충족한다. λ는 소비자가 동일한 손실에 대해 얼마나 크게 고통을 느끼는지를 재는 척도로 손실기피계수(loss-aversion coefficient)라고 부른다. 예를 들어, $\lambda = 2$라고 가정하자. 이는 손실이 발생할 때 느끼는 가치의 감소분이 동일한 크기의 이익이 발생할 때 얻는 가치의 증가분의 두 배라는 뜻이다. λ가 클수록 동일한 손실에 대해 더 큰 가치의 감소를 느낀다. 〈그림 9-1〉을 보면 가치함수가 준거점인 0을 기준으로 $w > 0$인 영역에서는 완만히 증가하나, $w < 0$인 영역에서는 동일한 크기의 이익과 비교해서 훨씬 크게 감소하고 있다. 이것이 바로 손실 기피를 반영한 특성이다.

Box 9-1 부존효과(endowment effect)

가치함수의 손실 기피 특성과 관련해서 부존효과라는 용어가 있다. 어떤 상품을 얻기 위해 한 소비자가 지불할 용의가 있는 최대금액을 그 소비자의 지불의사(willingness to pay, WTP)라고 부른다. 반대로 그 물건을 이미 가지고 있는데, 그 물건을 포기할 때 받고자 하는 최소금액을 수용의사(willingness to accept, WTA)라고 부른다. 어떤 물건이나 대상을 오래 소유하게 되면, 그 물건에 큰 애착을 느낄 수 있고, 그래서 WTP와 WAT가 크게 다를 수 있다. 반려견을 예로 들면, 처음에 강아지를 사기 위한 WTP가 50만원이었지만, 같이 살다보면 정도 들고 애착도 가지게 되어 아무리 큰 돈을 주어도 팔지 않겠다는 사람들이 많다. 그러나 이 경우 모르는 강아지와 자신이 키워 온 강아지는 동일한 대상이 아니므로, 그 가치를 비교하는 것이 적합하지 않을 수 있다. 특별히 애착을 가져야 할 이유가 없고, 더구나 소유 기간이 짧아 애착을 가질 만한 시간적 여유가 없는 경우 기존의 경제이론은 두 금액에 차이가 있어서는 안 된다고 생각한다. 그러나 여러 실험에서 의외로 두 금액 사이에 큰 차이를 보인다. 이 차이를 부존효과라고 한다. 즉, 돈을 기준으로 하면, 살 때 지불하는 금액은 손실이 되고, 팔 때 받는 금액은 이익이 된다. 반면에 대상을 기준으로 하면, 팔 때는 그 물건을 포기해야 하므로 손실이 되고, 살 때는 그 물건을 얻는 것이 되므로 이익이 된다.

캐너먼, 네치, 세일러(Kahneman, Knetsch and Thaler)의 1990년 연구는 코넬 대학교 재학생 44명을 대상으로 한 실험 결과를 보여준다. 네 차례에 걸쳐 44명을 반으로 나누어 한 그룹은 머그잔과 펜을 주고 WTA를, 머그잔과 펜을 받지 못한 다른 그룹은 WTP를 적어 내도록 했다. 솔직한 금액을 적어내도록 유도하기 위해 각 실험당 머그잔과 펜에 대해 수요와 공급을 일치시키는 시장청산가격을 계산해 WTA가 이 가격보다 낮은 사람은 시장청산가격에 팔도록 했고, 시장청산가격보다 WTP가 높은 사람은 시장청산가격으로 해당 재화를 구매하도록 했다. 따라서 WTA를 실제 가치보다 높게 쓴 학생은 돈을 벌 수 있는 기회를 상실하고, 반대로 WTP를 실제 가치보다 낮게 쓴 학생은 싼 값에 원하는 물건을 살 수 있는 기회를 박탈함으로써 전략적으로 쓰지 못하도록 하는 유인을 제시했다. 실험 결과는 다음과 같았다.

머그잔: 첫 실험 이후 WTP의 중간값은 $2.25로 일정한 반면에, WTA의 중간값은 첫 실험부터 끝까지 $5.25로 동일했다. 실험당 평균 거래량은 2.25개였다.

펜: WTP의 중간값은 시종 $1.25로 동일했으나, WTA의 중간값은 $1.75와 $2.5 사이에서 변동했다. 실험당 평균 거래량은 4.5개였다.

머그잔이나 펜은 사람들이 특별히 애착을 가질 만한 대상이라고 보기 어렵고, 또한 짧은 시간에 실험이 진행되었으므로 애착을 가질 만한 충분한 시간이 주어졌다고 보기도 어렵다.

머그잔이나 펜을 소유한 쪽의 수용의사가 소유하지 못한 쪽의 지불의사보다 낮으면 거래가 성립되어야 한다. 두 그룹이 랜덤하게 섞였다는 전제하에서, 지불의사와 수용의사의 확률분포가 동일하면, 소유 그룹의 학생 수가 22명이므로 거래량의 기댓값은 11개가 된다. 그러나 실험 결과가 보여주듯이, 거래량은 기댓값인 11개보다 훨씬 적음을 알 수 있다. 즉, 지불의사=수용의사라는 등식이 성립한다고 보기 어렵다. 위의 결과를 보면 중간값을 비교해 볼 때, 머그잔은 WTA가 WTP의 약 2.3배 (5.25/2.25), 펜은 1.4배(1.75/1.25)에서 2배(2.5/1.25) 사이이다. 대상에 따라 이 차이가 16.5배에 달하는 실험 결과도 있다.

3) 이익 및 손실에 대한 한계민감도체감

위험에 대한 태도와 관련하여 캐너먼과 트벌스키는 다음과 같은 두 실험 결과를 제시하고 있다.

실험 2: $A = (4000, 0.8)$(20% 선택) vs. $B = (3000)$(80% 선택)

실험 2′: $A' = (-4000, 0.8)$(92% 선택) vs. $B' = (-3000)$(8% 선택)

결과에서 보다시피, 절대 다수가 B와 A'을 선호하고 있다. A의 기댓값은 $4,000 \times 0.8 = 3,200$으로 3,000보다 크다. 그럼에도 80%의 사람들이 B를 선호했다는 것은 이익에 대해서는 위험 기피자임을 보여주는 것이다. 두 실험에서 금방 알 수 있듯이, 실험 2′의 전망들은 실험 2의 전망들에서 이익을 모두 손실로 바꾼 것이다. 따라서 A'의 기대손실(3200)이 B'의 손실(3000)보다 큼에도 절대 다수가 A'를 선호하는 것은 손실에 대해 사람들이 위험 애호가임을 보여주는 것이다.[6]

이 실험 결과는 사람들이 이익을 보는 영역과 손해를 보는 영역에서의 위험에 대한 태도가 정반대임을 보여준다. 전망이론은 이 같은 상반된 위험에 대한 태도를 이익과 손실 모두에 대해 민감도가 체감하는 **한계민감도체감**(diminishing marginal sensitivity) 가정으로 반영한다. 먼저 이익이 발생하는 $w \geq 0$인 영역을 보면, 한계민감도체감은 w가 증가하면 가치도 증가하지만($v' > 0$), 그 증가분은 감소한다 ($v'' < 0$)는 가정이다. 즉, 기대효용이론에서 한계효용이 체감한다는 가정과 동일한 가정이다. 그러므로 한계민감도체감 가정은 $w \geq 0$인 영역에서 가치함수가 강오목

---

6 캐머넌과 트벌스키는 실험 2와 2′ 이외에 이익과 손실의 크기가 동일한 여러 가지 다른 실험에서도 많은 사람들이 일관성 있게 이익일 경우 선택하는 전망과 손실일 경우 선택하는 전망이 반대인 결과를 보여준다.

함수이고, 따라서 위험 기피자임을 가정하는 것이다.

한계민감도체감 가정은 $w \geq 0$인 영역 뿐 아니라 손실이 발생하는 $w \leq 0$인 영역에서도, 손실이 증가하면 고통도 같이 증가하지만($v' > 0$), 그 증가분은 감소한다($v'' > 0$)는 가정이다.[7] 그러므로 $w \leq 0$인 영역에서 가치함수는 강볼록함수이고, 따라서 위험 애호자임을 가정하는 것이다. 그러므로 한계민감도체감 가정은 w의 크기에 따라 소비자가 위험 기피자 또는 위험 애호자가 될 수 있도록 허용하는 가정이다. 〈그림 9-1〉의 가치함수는 이 같은 특성을 반영해, $w \geq 0$인 영역에서는 위험 기피자인 강오목함수로, $w \leq 0$인 영역에서는 위험 애호자인 강볼록함수로 그려져 있다.

w의 크기에 따라 $w > 0$이면 $v(w) = w^a$, $w < 0$이면 $v(w) = -(-w)^a$인 가치함수를 보면, $w > 0$에서 $v' = aw^{a-1}$이므로 $v' > 0$이려면 $a > 0$이어야 한다. 추가적으로 한계민감도체감을 충족하려면 $v'' = a(a-1)w^{a-2}$이므로 $v'' < 0$이려면 $a < 1$이어야 한다. 그러므로 $0 < a < 1$가 충족되어야 한다. $w > 0$영역에서 한계민감도체감은 바로 한계효용체감, 즉 위험 기피자를 의미한다. 기대효용이론에서 보았듯이 $0 < a < 1$은 다름 아닌 위험 기피자가 되기 위한 조건이다. $0 < a < 1$일 때 $w < 0$이면 $v(w) = -(-w)^a$이므로 $v' = a(-w)^{a-1} > 0$, $v'' = -a(a-1)(-w)^{a-2} > 0$이 되어 한계민감도체감을 충족한다.

$w > 0$이면 $v(w) = w^a$, $w < 0$이면 $v(w) = -\lambda(-w)^a$ $(0 < a < 1, \ \lambda > 1)$인 가치함수는 위의 세 조건 모두를 충족한다. 위의 세 조건을 충족하는 가치함수의 기본적인 형태가 바로 〈그림 9-1〉에 그려져 있다.

2.2 (의사결정) 가중치함수

가치함수와 더불어 전망이론의 또 다른 중요한 구성요소가 바로 가중치함수이다. 기대효용이론에서 주어지는 확률분포는 객관적인 확률분포이다. 예를 들어, 공평한 동전은 누가 던져도 앞면과 뒷면이 나올 확률은 각각 $\frac{1}{2}$이다. A와 B가 공평한

---

7 손실이 증가한다는 말은 w가 감소한다는 말이다. w가 감소할 때 v도 감소하므로(이는 w가 증가할 때 v가 증가한다는 것과 동일한 의미이다) $v' > 0$이다. 또한 w가 감소할 때 v'도 감소하므로 $v'' > 0$이다.

동전을 던지면, A는 앞면, B는 뒷면, 또는 그 반대가 나올 수 있다. 그러나 이는 동전을 던진 후에 발생하는 결과가 다르다는 것이지, 누가 던지는가에 따라서 앞면과 뒷면이 나올 확률이 달라진다는 의미는 아니다. 두 사람 모두에게 앞면과 뒷면이 나올 확률은 동일하게 $\frac{1}{2}$이다. 기대효용이론은 w가 일어날 확률이 p이면, 이것은 기대효용에 $p \times u(w)$의 형태로 기여한다. 그러나 전망이론은 한 전망에서 w가 나올 객관적인 확률이 p이지만, 소비자는 그 확률이 전망의 전체 가치에 미치는 영향을 주관적으로 $\pi(p)$로 간주한다고 가정한다. 이 함수를 가중치함수라고 부른다.

가중치함수는 기대효용이론의 객관적 확률을 소비자가 주관적으로 생각하는 가중치로 바꾸어 주는 역할을 한다.[8] 여러 실험을 통해 얻는 결과를 토대로 전망이론은 〈그림 9-2〉에 그려진 $\pi(p)$의 형태를 가정한다. 이제 이런 가정을 하게 된 실험 결과들을 알아보자.

1) $\pi(p)$는 p의 증가함수이고, $\pi(0) = 0$, $\pi(1) = 1$이다

전망이론에서 사람들은 가능성이 높은 사건에 대해 높은 가중치를 부여한다고 가정한다. 이는 $\pi(p)$가 p의 증가함수라는 의미이다. 〈그림 9-2〉에서도 가중치함수는 p의 증가함수로 그려져 있다.

$\pi(0) = 0$은 객관적으로 발생할 확률이 0인 사건에 대한 가중치는 0이다. 이는 처음부터 불가능한 사건은 무시한다는 의미이다.

$\pi(1) = 1$은 표준화의 가정으로, 엄밀하게 말하면, 발생 확률이 p인 사건에 대한 가중치는 확실하게 발생하는 사건($p = 1$)과 비교한 상대적인 가중치 $\frac{\pi(p)}{\pi(1)}$를 의미한다. 편의상 $\pi(1) = 1$로 표준화하여 비율 대신에 $\pi(p)$로 표시한다는 의미이다.

8　사람들이 특정 사건에 대한 정확한 확률을 알지 못해 그 가능성에 대해 과다추정(over-estimation) 또는 과소추정(under-estimation)하는 경우가 있을 수 있다. 예를 들어, 1부터 51까지의 숫자 가운데 6개를 맞추는 캘리포니아 복권의 당첨 확률은 약 1800만분의 1($1/_{51}C_6$) 정도이다. 그러나 캐너먼, 슬로빅, 트벌스키의 연구에 의하면 사람들은 당첨 가능성을 10배 이상으로 과대평가한다고 한다. 그러나 전망이론은 각 전망에 객관적인 확률이 주어지므로, 일반적으로 $\pi(p) \neq p$인 것을 사람들이 객관적인 확률을 몰라서 그런 것은 아니라고 생각한다. 객관적인 확률은 인지하면서도, 그 확률을 전망의 전반적인 가치에 기여하는 바가 p가 아닌, 주관적인 가중치인 $\pi(p)$로 생각한다는 것이다. 현실에서는 두 가지 효과 모두가 섞여 있을 수 있다.

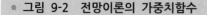

● 그림 9-2 전망이론의 가중치함수

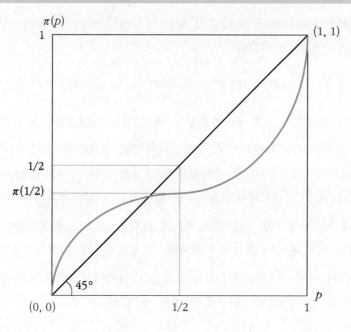

2) p가 작은 영역에서 $\pi(p) > p$

이 가정은 다음과 같은 실험 결과를 반영한다.

실험 3: $A = (5000, 0.001)$(72% 선택) vs. $B = (5)$(28% 선택)

대다수의 사람이 A를 더 선호했다. 전망 A의 기댓값이 5이고, 이익의 영역에서 위험 기피를 가정했으므로 $\pi(p) = p$라면, 즉 기대효용이론에 따르면, 사람들은 B를 더 선호해야 한다. 그런데 실험 결과는 반대이다. 가중치함수를 사용하면, $\pi(0.001)v(5,000) > v(5)$, 즉 $\pi(0.001) > v(5)/v(5,000)$이 성립한다는 의미이다. 이익의 영역에서 $v(\cdot)$가 강오목함수이므로 $v(5)/v(5,000) > 0.001$이다. 두 부등식을 결합하면 $\pi(0.001) > 0.001$임을 알 수 있다. p가 작은 영역에서 $\pi(p) > p$인 가정은 이 같은 실험 결과를 반영한 가정이다. 이를 〈그림 9-2〉에서 보면, p가 작은 영역에서는 $\pi(p)$가 $45°$보다 높은 쪽에 위치한다.

3) 준가법성: p가 작은 영역에서 $\pi(rp) > r\pi(p)\,(0 < r < 1)$

준가법성(subadditivity)은 또한 p가 작은 영역에서 $\pi(p)$가 가지는 성질로, 다음과 같은 실험 결과를 반영한다.

실험 4: $A = (6000,\ 0.001)$(73% 선택) vs. $B = (3000,\ 0.002)$(27% 선택)

실험 4는 대다수가 A를 더 선호함을 보여준다. 기대효용이론에 의하면 이는 $0.001v(6,000) > 0.002v(3,000)$이다. 이를 정리하면 $v(6,000) - v(3,000) > v(3,000)$이다. 이는 w가 0에서 3,000으로 증가했을 때의 효용 또는 가치의 증가분($v(3,000) - v(0)(= 0)$)보다 w가 3,000에서 6,000으로 동일하게 3,000 증가했을 때의 효용 또는 가치의 증가분($v(6,000) - v(3,000)$)이 더 크다는 것으로 효용함수 또는 가치함수가 $w \geq 0$인 영역에서 강오목함수가 아닌 강볼록함수, 즉 한계효용체감이나 한계민감도체감이 아닌 체증이 발생하고 있다는 의미이다. 그러므로 위험 기피나 한계민감도체감으로는 이 같은 선택을 설명할 수 없다.

가중치함수 이용시 A를 B보다 더 선호하면 $\pi(0.001)v(6,000) > \pi(0.002)v(3,000)$, 즉 $\dfrac{\pi(0.001)}{\pi(0.002)} > \dfrac{v(3,000)}{v(6,000)}$이 성립한다는 의미이다. 이익의 영역에서 $v(\cdot)$가 강오목함수이므로 $\dfrac{v(3,000)}{v(6,000)} > \dfrac{1}{2}$이다. 두 부등식을 결합하면 $\pi(0.001) = \pi(0.5 \times 0.002) > 0.5 \times \pi(0.002)$임을 알 수 있다. 이를 일반화한 가정이 $0 < r < 1$인 모든 r에 대해 $\pi(rp) > r\pi(p)$이다. 양변을 rp로 나누면, $\dfrac{\pi(rp)}{rp} > \dfrac{\pi(p)}{p}$을 얻는다. $\dfrac{\pi(rp)}{rp}$와 $\dfrac{\pi(p)}{p}$은 각각 rp와 p에서 원점과 가중치함수상의 점을 잇는 기울기이다. $r < 1$이므로 $rp < p$이다. 이는 p가 작은 영역에서 $\pi(p)$가 〈그림 9-2〉와 같이 오목함수임을 의미한다.

그런데 이 성질은 p가 큰 경우에는 잘 성립하지 않는다. 다음의 실험을 보자.

실험 5: $A = (6000,\ 0.45)$(14% 선택) vs. $B = (3000,\ 0.9)$(86% 선택)

B를 A보다 더 선호하면 $\pi(0.45)v(6,000) < \pi(0.9)v(3,000)$, 즉 $\dfrac{\pi(0.45)}{\pi(0.9)} < \dfrac{v(3,000)}{v(6,000)}$이 성립한다. 여기서 $p = 0.9$, $r = 0.5$인데 부등호가 실험 4와는 반대 방향이므로 $v(\cdot)$가 강오목함수면, $\pi(0.5 \times 0.9) > 0.5 \times \pi(0.9)$가 성립하리라는 보장이 없다.

4) 준확실성: $\pi(p)+\pi(1-p)<1(0<p<1)$

준확실성(subcertainty)은 다음과 같은 실험의 결과를 반영한 가정이다.

> 실험 6: $A=(2500, \ 0.33; \ 2400, \ 0.66)(18\% \ 선택)$ vs. $B=(2400)(82\% \ 선택)$
>
> 실험 7: $C=(2500, \ 0.33)(83\% \ 선택)$ vs. $D=(2400, \ 0.34)(17\% \ 선택)$

두 실험은 다름 아닌 제8장의 부록에서 설명한 알레의 역설을 보여주는 바로 그 실험이다. 실험 6에서는 B를 더 선호하고, 실험 7에서는 C를 더 선호하는 선택이 일관성이 있으려면 다음의 부등식이 동시에 성립해야 한다.

> (i) $v(2,400) > \pi(0.33)v(2,500) + \pi(0.66)v(2,400)$
>
> 즉 $[1-\pi(0.66)]v(2,400) > \pi(0.33)v(2,500)$,
>
> (ii) $\pi(0.33)v(2,500) > \pi(0.34)v(2,400)$

두 부등식을 결합하면 $[1-\pi(0.66)]v(2,400) > \pi(0.34)v(2,400)$이고 양변에서 $v(2,400)$을 소거하면 $1-\pi(0.66) > \pi(0.34)$, 즉, $\pi(0.34)+\pi(0.66) < 1$이 성립한다. 이를 일반화한 가정이 $\pi(p)+\pi(1-p) < 1$이고, 이를 준확실성이라고 부른다.

확률이론에서는 한 사건과 그 여사건[9] 가운데 하나가 발생할 확률을 1이라고 생각한다. 그러나 전망이론에서 준확실성의 가정은 사람들이 한 사건과 그 여사건에 부여하는 가중치의 합이 1보다 작다고 생각한다는 것이다.

준확실성 가정은 $p=\frac{1}{2}$일 때 $\pi\left(\frac{1}{2}\right)<\frac{1}{2}$임을 의미한다. 즉, 사람들이 공평한 동전과 같이 앞과 뒤가 나올 확률이 대칭적으로 $\frac{1}{2}$인 경우에도 각 경우에 대한 주관적 가중치는 $\frac{1}{2}$보다 작게 부여한다. 〈그림 9-2〉를 보면 $p=\frac{1}{2}$에서 $\pi\left(\frac{1}{2}\right)$의 높이가 45°선 아래에 위치한다.

준확실성 가정과 p가 0에 가까운 영역에서 $\pi(p)>p$인 성질을 결합하면, p가 1에 가까운 큰 영역에서는 $1-p$가 0에 가까우므로, $\pi(1-p)>1-p$이다. 따라서 다음의 식이 성립한다.

> $\pi(p) < 1-\pi(1-p) < 1-(1-p) = p$

---

9 여사건(餘事件, complementary event)은 어떠한 사건이 발생하지 않는 사건을 의미한다.

이는 p가 0에 가까운 경우, 실제 확률보다 가중치를 높게 적용하는 반면에, p가 1에 가까운 영역에서는 실제 확률보다 주관적 가능성을 낮게 적용한다는 의미이다.

p가 1에 가까운 영역에서는 〈그림 9-2〉와 같이 $\pi(p)$의 그래프가 45°선 아래에 위치한다. p가 큰 영역에서 $\pi(p) < p$이 성립하면 $\pi(1) - \pi(p) = 1 - \pi(p) > 1 - p$가 성립한다. 이는 p가 1에 가깝지만 1이 아닌 경우에 비해 $p = 1$인 경우 상대적으로 가중치의 변화가 더 크다는 것을 의미한다. 즉, $p = 1$인 경우를 p가 1에 가깝지만 1이 아닌 경우와 비교하면 전자가 상대적으로 전망을 평가하는 데 더 크게 영향을 미친다는 의미이다. 이 같은 효과를 캐너먼과 트벌스키는 **확실성 효과**(certainty effect)라고 불렀다. 실험 6과 7의 차이는 실험 7은 실험 6의 두 전망들에서 0.66의 확률로 2,400을 얻을 가능성을 동시에 제거한 것이다. 따라서 두 실험의 상대적 차이는 동일하다. 확실성 효과에 의하면 그 결과 실험 6의 B는 확률 1로 2,400을 얻는다는 확실성에 기인한 우월성을 상실하게 되었고, 그로 인해 사람들의 선택이 실험 7에서는 C로 바뀌게 된다.

5) 준비례성: $\dfrac{\pi(pq)}{\pi(p)} \leq \dfrac{\pi(pqr)}{\pi(pr)}$ $(0 < p, q, r < 1)$

준비례성(subproportionality)은 다음과 같은 실험의 결과를 반영한 가정이다.

실험 8: $A = (6000, 0.45)$(14% 선택) vs. $B = (3000, 0.9)$(86% 선택)

실험 9: $C = (6000, 0.001)$(73% 선택) vs. $D = (3000, 0.002)$(27% 선택)

실험 8, 9에서 A와 C의 이익은 6,000, B와 D의 이익은 3,000으로 동일하다. 두 실험의 확률의 비율을 비교하면, $\dfrac{0.45}{0.9} = \dfrac{1}{2}$이고, $\dfrac{0.001}{0.002} = \dfrac{1}{2}$로 동일하다. 다만 실험 9의 확률은 실험 8의 확률을 동일하게 $\dfrac{1}{450}$로 감소시킨 것이다. 많은 사람이 A보다 B, D보다 C를 더 선호했다. $\pi(0.9)v(3,000) > \pi(0.45)v(6,000)$, 즉 $\dfrac{v(3,000)}{v(6,000)} > \dfrac{\pi(0.45)}{\pi(0.9)}$인 동시에 $\pi(0.001)v(6,000) > \pi(0.002)v(3,000)$, 즉 $\dfrac{\pi(0.001)}{\pi(0.002)} > \dfrac{v(3,000)}{v(6,000)}$이므로 $\dfrac{\pi(0.001)}{\pi(0.002)} > \dfrac{\pi(0.45)}{\pi(0.9)}$이다. 여기서 $p = 0.9$, $q = 0.5$, $r = \dfrac{1}{450}$이다.

준비례성은 위의 결과를 약간 일반화해 (y, pq)가 (x, p)와 무차별하면, (y, pqr)

가 (x, pr)보다 강선호된다는 조건이다. 이를 다시 쓰면, $\pi(p)v(x) = \pi(pq)v(y)$, 즉 $\frac{\pi(pq)}{\pi(q)} = \frac{v(x)}{v(y)}$이면, $\pi(pqr)v(y) > \pi(pr)v(x)$, 즉 $\frac{\pi(pqr)}{\pi(qr)} > \frac{v(x)}{v(y)}$이 성립할 조건이다. $\frac{\pi(pq)}{\pi(q)} = \frac{v(x)}{v(y)}$이므로 $\frac{\pi(pqr)}{\pi(qr)} > \frac{\pi(pq)}{\pi(q)}$이 성립한다. 이 가정은 기대효용이론의 독립성(대체성)의 가정을 대체하는 가정이다.

폰 노이만과 모르겐스턴의 기대효용이론은 오랫동안 불확실성하에서의 의사결정의 대표적 이론으로 자리 잡아 왔다. 그러나 알레의 역설을 필두로 여러 가지 실험 결과는 사람들의 선택이 꼭 기대효용이론의 예측과 일치하지 않음을 보여준다.

그러면 당연히 이를 보완하고자 하는 노력이 뒤따르게 된다. 전망이론은 이같은 노력의 한 결과이다. 가중치함수를 사용하면 알레의 역설은 쉽게 설명된다. 그렇다고 기대효용이론의 효용성이 무력화되는 것은 아니다. 어떤 면에서 알레의 역설을 포함해 기대효용이론이 설명하지 못하는 여러 결과를 전망이론이 잘 설명하는 것은 너무나 당연한 일이기도 하다. 기대효용이론에서는 위험 기피자, 즉 강오목한 효용함수로 모든 것을 설명하고자 한다. 반면에 전망이론은 준거점의 위치, 손실 기피, 이익과 손실에 따른 상반된 위험에 대한 태도, 무엇보다도 가중치함수를 자유롭게 선택할 수 있다. 따라서 전망이론은 기대효용이론과 비교해 설명수단을 더 많이 가지고 있다. 그러므로 더 많은 것을 설명할 수 있다는 것은 어떤면에서 놀랄만한 일은 아니다. 경제학은 효율성을 강조한다. 따라서 보다 적은 가정으로 많은 사실을 설명할 수 있는 이론을 선호한다. 뿐만 아니라 전망이론은 여러 실험 결과를 근거로 만들어진 기술적인 이론(descriptive theory)인 반면에, 기대효용이론은 합리적 선호에 대한 공리(axiom)를 근거로 선호관계를 효용함수로 표시할 수 있다는 이론이다.

이 같은 측면에서 기대효용이론은 여전히 현대 경제학에서 중심적인 위치를 차지하고 있다.

Section 3 심적 회계

심적 회계(mental accounting)는 2017년도 노벨 경제학상 수상자인 세일러 교수가 처음으로 제시한 개념이다. 원래 세일러 교수는 1980년 연구에서 'psychological accounting'이라는 용어를 사용했다. 이를 이어 캐너먼과 트벌스키도 1981년 연구에서 동일한 용어를 사용했으나, 이들이 1984년 연구에서 'psychological accounting' 대신 'mental accounting'이라는 용어를 사용한 후, 이 표현이 더 적절하다고 여겨져 오늘날에는 'mental accounting'으로 통일해 사용하고 있다. 우리말로는 심적 회계 또는 정신적 회계라고 번역되고 있다.

1999년 연구에서 세일러 교수는 그 당시까지 이루어진 본인의 연구와 기존 연구들을 정리하면서 심적 회계를 "개인 또는 가계가 본인들의 금융행위를 기록하고, 평가하며 지속적인 파악을 위해 사용하는 인지활동의 집합"이라고 정의하고 있다(Mental accounting is the set of cognitive operations used by individuals and households to organize, evaluate, and keep track of financial activities.).

세일러 교수는 기업이나 기관들이 회계 시스템을 통해 상거래나 금융거래로부터 발생하는 수입과 지출을 여러 계정으로 나누어 관리하는 것과 같이 개인이나 가계도 동일한 행동을 하고 있다고 주장한다. 다만 차이는 기업이나 기관들의 회계는 명시화된 규정에 의해 시행되는 반면에 개인이나 가계는 대개 암묵적으로, 즉 머릿속으로 이 같은 활동을 한다는 것이다. 기업의 회계 활동과 유사하게 개인이나 가계가 암묵적으로 시행하는 행동이 바로 심적 회계이다. 여타 행동 경제학의 분야와 동일하게 심적 회계 또한 기존의 경제이론, 특히 소비자 이론으로 설명하기 힘든 소비자 선택 행동을 보다 잘 설명하는 것을 그 목적으로 하고 있다. 본 절에서는 심적 회계의 여러 측면을 살펴본다.

3.1 헤도닉 프레이밍

2절 전망이론에서 가치함수에 대해 자세히 살펴보았다. 기대효용이론의 대안으로 캐머넌과 트벌스키가 제시한 전망이론에서 $v(x)$는 준거점으로부터 x만큼 차이가 나는 결과가 발생할 때 경제주체가 부여하는 가치를 나타낸다. 따라서 가치함수는 결과가 한 가지일 경우에 부여하는 가치의 크기를 의미한다. 세일러 교수는 심적 회계를 설명하면서 먼저 결과가 하나가 아니라 여러 가지인 경우로 그 분석을 확장할 필요가 있음을 지적한다. 예를 들어, 한 상품을 구매하는 간단한 행위라도 거기에는 그 상품으로부터 얻는 이익과 동시에 그 상품을 얻기 위해 지불해야 하는 손실이 동시에 발생한다. 상품의 특성이 복잡할수록 여러 결과를 동시에 고려할 필요가 발생한다.

심적 회계는 x라는 단일 결과에 $v(x)$를 부여하는 가치함수를 이용해, x와 y라는 결과가 동시에 주어지는 **결합결과**(joint outcome)를 사람들이 어떻게 평가하는가로부터 시작한다. 결합결과는 (x, y)로 표시하는데, 평가하는 두 가지 방식이 있다. 하나는 둘을 합쳐 $v(x+y)$로 평가할 수 있는데, 이를 **합산**(aggregation)이라고 부른다. 또 다른 방식은 둘을 나누어 $v(x)+v(y)$로 평가할 수 있다. 이를 **분리**(separation)라고 부른다. 심적 회계에서는 사람들이 두 방식 가운데 큰 쪽으로 평가한다고 가정한다. 이 가정을 **헤도닉 프레이밍**(hedonic framing)이라고 부른다.

가치함수의 성질을 이용하면 $x > 0, y > 0$일 경우 다음과 같이 네 경우로 나누어 볼 수 있다.

1) (x, y): 두 결과 모두 이익을 얻는 경우, $v(\cdot)$가 이익의 영역에서는 한계효용이 체감하는 강오목함수이므로 $v(x) > v(x+y) - v(y)$, 즉 $v(x) + v(y) > v(x+y)$가 성립한다. 따라서 이 경우 분리가 최선이다 ─ **이익은 분리할 것.**

2) $(-x, -y)$: 두 결과 모두 손실을 얻는 경우, $v(\cdot)$가 손실의 영역에서는 한계효용이 체증하는 강볼록함수이므로 $v(-x) < v(-(x+y)) - v(-y)$, 즉 $v(-x) + v(-y) < v(-(x+y))$가 성립한다. 따라서 이 경우 합산이 최선이다 ─ **손실은 합산할 것.**[10]

3) $(x, -y)$ & $x - y > 0$: 두 결과가 섞여 있으나, 순이익이 0보다 큰 경우이다. 합산하면 $v(x-y)$, 분리하면 $v(x) + v(-y)$를 얻는다. 그런데 가치함수는 손실 기피를 보이므로 $-v(-y) > v(y)$, 즉 $v(-y) < -v(y)$이다. 따라서 $v(x) + v(-y) < v(x) - v(y)$가 성립하는데, $x > y > 0$이므로 $v(x) - v(y) <$

---

10 신용카드 사용은 작은 손실을 모아 한 번에 크게 손실을 지불하는 행위로 볼 수 있다.

$v(x-y)$이다. $v(x)+v(-y)<v(x-y)$이므로, 합산이 최선이다－작은 손실은 큰 이익에 합산할 것.

4) $(x, -y)$ & $x-y<0$: 두 결과가 섞여 있으나, 순이익이 0보다 작은 경우이다. 합산하면 $v(x-y)$, 분리하면 $v(x)+v(-y)$를 얻는다. $x-y>0$인 경우와 달리 $x-y<0$이면 두 가지 경우 모두 가능하다. 〈그림 9-3(a)〉와 〈그림 9-3(b)〉는 x와 y의 크기에 따라 $v(x-y)>v(x)+v(-y)$와

● 그림 9-3 $(x, -y)$ & $x-y<0$인 경우의 선택

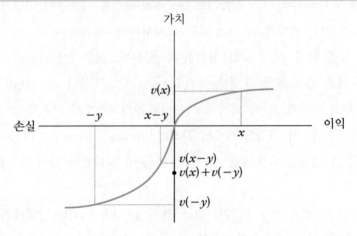

(a) $v(x-y) > v(x)+v(-y)$; 합산

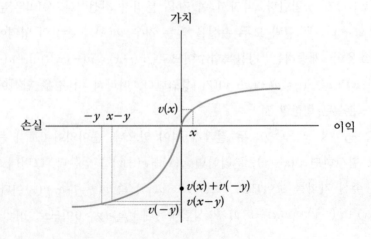

(b) $v(x)+v(-y) > v(x-y)$; 분리(silver lining)

$v(x-y) < v(x) + v(-y)$ 모두 가능함을 보여준다. 따라서 이 경우, 항상 합산 또는 분리가 최선이라고 말할 수 없다. 그런데 y가 매우 크고, x가 작으면, 한계민감도체감에 의해 $v(-y+x) - v(-y)$ 차이가 크지 않으므로 $v(x)$보다 적을 가능성이 매우 크다. 예를 들어, $x = 20$, $y = -1,000$이면 $v(-980) - v(-1,000) < v(20)$일 가능성이 높다. 분리가 최선이다[11] — 작은 이익을 큰 손실과 분리할 것(silver lining).

헤도닉 프레이밍과 관련해 세일러 교수는 코넬 대학교 통계학과 학부생 87명을 대상으로 각 원리와 관련된 질문을 주고, A와 B 두 사람 가운데 누가 더 행복할지 아니면 더 열 받을지 아니면 두 사람 모두 무차별할지를 묻는 다음과 같은 실험 결과를 제시하고 있다.

1. A: 각각 $50와 $25에 당첨된 두 개의 복권을 가지고 있다.

   B: $75에 당첨된 한 개의 복권을 가지고 있다.

   누가 더 행복하겠는가? A 선택 56명, B 선택 16명, 무차별 선택 15명

2. A: 국세청으로부터 작년도 세금 정산을 잘 못해 $100를 더 지불해야 한다는 통지서를 받았다. 동시에 지방자치단체로부터도 $50를 더 지불해야 한다는 비슷한 내용의 통지서를 받았다.

   B: 국세청으로부터 작년도 세금 정산이 잘못되어 $150를 더 지불해야 한다는 통지서를 받았다.

   누가 더 열 받겠는가? A 선택 66명, B 선택 14명, 무차별 선택 7명[12]

3. A: 복권으로 $100를 벌었다. 동시에 실수로 세들어 사는 아파트 카펫을 손상시켜 주인에게 $80를 물어내야 한다.

   B: 복권으로 $20를 벌었다.

   누가 더 행복하겠는가? A 선택 22명, B 선택 61명, 무차별 선택 4명

---

11 silver lining은 햇빛이 구름 뒤에 있을 때 구름 가장자리에 생기는 은색 선을 가리키는 용어로, 힘들지만 희망은 여전히 있다는 의미로 사용된다. 여기서는 비록 큰 손해는 보았지만, 작게 얻은 이득을 의미한다. 영어 속담으로 'every cloud has a silver lining'는 흔히 우리말 속담 '쥐구멍에도 볕들 날 있다'로 번역된다.

12 사람들이 손실도 합산하는 것보다 분리하는 것을 더 좋아한다는 다른 실험 결과가 있기도 하다.

4. A: 주차하다 실수로 차를 긁어 수리비로 $200를 지불해야 한다. 같은 날 사무실 직원들 간의 축구경기 내기로 $25를 벌었다.

   B: 주차하다 실수로 차를 긁혀 수리비로 $175를 지불해야 한다.

   누가 더 열 받겠는가? A 선택 19명, B 선택 63명, 무차별 선택 5명

실험 결과는 많은 학생들이 헤도닉 프레이밍의 원리에 동조하고 있음을 보여준다.

다음 절에서 필요한 내용 하나를 더 소개한다. 어떤 사람이 x라는 것을 예상하고 있었는데, 실제로는 $x + \Delta x$가 발생한 상황을 $(x + \Delta x : x)$로 표시하고, 이를 준거점 대비 결과라고 부르자. 이 사람은 이 상황에 대해 어떤 가치를 부여하겠는가? $v(x + \Delta x : x)$는 x와 Δx를 별도의 상황으로 인식하면 $v(x) + v(\Delta x) - v(x) = v(\Delta x)$(분리)로 계산되고, 연결된 상황으로 인식하면 $v(x + \Delta x) - v(x)$(합산)로 계산된다. 이제 다음의 예에서 $\Delta x \neq 0$인 상황에 대한 반응을 살펴보자.

> 상황 1: A는 크리스마스 보너스로 $300를 기대하고 있다. 예상대로 $300를 받았는데, 1주일 후 회계부서에서 원래 크리스마스 보너스는 $250인데, 잘못 지불되었으니 $50를 환불하라는 통지를 받았다.
>
> 상황 2: B는 크리스마스 보너스로 $300를 기대했는데, 예상과 달리 $250를 받았다.

앞의 예에서 $x = 300$, $\Delta x = -50$이다. 어느 상황에서 A가 더 열을 받았겠는가? 아마도 많은 사람들이 상황 1일 것이라고 대답할 것이다. 그 이유는 1주일의 시차가 있으므로, A는 환불금 $50를 별도의 손실이라고 생각할 것이고 따라서 $v(-50)$의 손실을 보았다고 생각했을 것이다(분리). 반면에 상황 2에서 A는 아마도 $-[v(300) - v(250)]$의 손실을 보았다고 생각할 것이다(합산). 한계민감도체감과 손실 기피 성질을 생각하면 $v(300) - v(250) < v(50)$이고 $v(-50) < -v(50)$이므로, $v(-50) < -[v(300) - v(250)]$이 되어 상황 1에서 A가 더 열을 받았을 개연성이 높다.

위의 예는 의도적으로 하나는 분리, 하나는 합산이 비교적 명확하게 적용되는

두 상황을 상정해 $v(x+\Delta x : x)$를 각각의 상황에 따라 계산할 수 있다. 반면에 분리 또는 합산 어느 쪽을 적용해야 하는지가 애매하게 주어진 상황이면 결합결과에서와 동일하게 $v(x+\Delta x : x)$에도 헤도닉 프레이밍이 적용될 가능성이 높을 것이다.

3.2 획득 효용과 거래 효용

기존의 소비자이론은 소비자가 소비묶음 $z = (z_1, \cdots, z_n)$을 소비할 때 얻는 효용을 $U(z)$로 표시하면, 소비자는 주어진 각 재화의 가격과 예산 제약하에서 $U(z)$를 극대화하는 선택을 한다고 본다. 반면에 심적 회계는 소비자가 얻는 효용을 **획득 효용**(acquisition utility)과 **거래 효용**(transaction utility), 두 개로 나누어 생각한다. 획득 효용은 한 재화의 구매로부터 얻어지는 편익과 그것을 얻기 위한 지출 간의 차이에 의존하며, 거래 효용은 그 거래 자체가 얼마나 가치 있는가에 의존한다.

먼저 획득 효용에 대해 알아보자. z라는 재화를 구매하는 데 지불해야 하는 실제 가격을 p, z와 동등한 화폐가치(value equivalent)를 $\bar{p}$로 표시하자. 즉, 소비자는 z를 얻는 것과 돈으로 $\bar{p}$를 받는 것과 무차별하다. 이 거래가 이루어지면, 소비자 입장에서는 $(\bar{p}, -p)$, 즉 $\bar{p}$의 이득과 함께 p의 손실이 발생한다. 이 결합결과 $(\bar{p}, -p)$로부터 소비자가 얻는 가치인 $v(\bar{p}, -p)$가 바로 획득 효용이다.[13] 이는 기존 소비자이론에서 소비자 잉여와 매우 유사한 개념이다.

거래 효용은 실제 가격 p와 소비자가 적당하다고 생각하는 준거가격인 p^*의 차이에 의존한다. 이를 앞의 용어로 설명하면 $(-p : -p^*)$이다. 즉, p^*가 적당하다고 생각하는 준거가격인데, 실제로 지불해야 하는 금액은 p인 것이다. 이 상황에 소비자가 부여하는 가치는 $v(-p : -p^*)$이고 이것을 거래 효용이라고 부른다. p^*에 영향을 미치는 요인은 여러 가지가 있을 수 있는데, 아마도 가장 큰 요인으로는 '공평성'(fairness)을 꼽는다. 즉, 소비자가 생각하기에 이 거래는 '공평하다'(fair)고 느끼는 가격이라는 것이다. 준거가격은 대개 생산자의 생산비용의 크기에 영향을 받는다고 여겨진다.

---

13 일반적으로 $\bar{p} > p$일 것이므로 헤도닉 프레이밍의 원리 3에 따르면 $v(\bar{p}, -p) = v(\bar{p} - p)$일 것이다.

심적 회계에서는 거래로부터 발생하는 효용을 획득 효용과 거래 효용의 합으로 간주한다.

$$w(z,\, p,\, p^*) = v(\overline{p},\, -p) + v(-p\,{:}{-}p^*)$$

3.3 구매 결정

재화가 n개 있고, 각 재화의 가격이 p_i이다. 심적 회계는 각 재화별로 구매량에 따라 획득 효용과 거래 효용의 합이 정의되어 있다. i번째 재화를 z_i만큼 구매할 때의 효용은 $w(z_i,\, p_i,\, p_i^*)$이다. 기존의 소비자이론에서 예산집합은 $p_1 z_1 + \cdots + p_n z_n \le m$이다. 이 예산집합에는 너무나 당연한 사실이 숨겨져 있다. 바로 소비자가 주어진 소득 범위 내에서 어느 용도로든 자유롭게 사용할 수 있다는 것이다. 즉, 돈을 특정 재화의 소비에만 사용해야만 한다는 꼬리표가 붙어 있지 않다는 것이다. 주어진 소득을 어떤 용도이든지 자유롭게 사용할 수 있다는 가정을 **완전 대체 가능성**(fungibility)이라고 부른다. 기존의 소비자이론에서는 너무도 당연한 가정이기에 특별히 언급하지도 않는다. 그러나 심적 회계에서는 다르게 생각한다. 이 점에 대해서는 아래에서 다시 설명한다.

심적 회계는 기존의 소비자이론과 다르게, 각 재화는 연속적이 아닌 최소 단위의 배수로만 소비가 가능하다고 가정한다. 완전 대체가능성의 가정하에서 소비자 균형 조건은 다음과 같다.

$$\frac{w(z_i,\, p_i,\, p_i^*)}{p_i} \ge k^*$$

여기서 k^*는 가격과 소득에는 의존하지만 각 재화의 구매량에는 의존하지 않는 상수로, 소비자의 최적화 문제를 풀 때 각 재화의 소비량과 함께 동시에 결정되는 내생변수이다. 균형 조건은 구매의 기준이 되는 k^*가 주어진 가격과 소득을 반영해 최적으로 결정되면, 한 재화의 1원당 효용이 k^*보다는 작지 않아야 그 재화의 구매가 최적이라는 의미이다.[14] 균형 조건이 의미하는 바는 완전 대체 가능성의

---

14 이 식은 기존의 소비자 이론의 균형조건인 $MRS = \dfrac{p_1}{p_2}$와 유사한 조건이다. $MRS = \dfrac{MU_1}{MU_2}$이므로, 균형

가정하에서 한 재화의 구매 기준이 되는 k^*는 모든 재화에게 동일하게 적용된다는 것이다.

앞에서 기업들이 명시적인 규정에 따라 회계 시스템을 운영하듯이, 개인이나 가계도 적어도 암묵적으로는 내적으로 유사한 회계 시스템을 운영하는 것이 심적 회계의 출발점임을 언급했다. 기업들의 회계 시스템은 먼저 큰 범주별로, 예를 들어, 인건비, 복지후생비, 사무용품비 등의 계정을 정해 일정 예산을 부여한 후, 동일 계정의 세부 항목에 대해서는 어느 정도 지출 변경을 용인하지만, 큰 계정 사이에는 지출의 변경을 원칙적으로 금하고 있다. 예를 들어, 사무용품비가 부족한 경우, 복지후생비에 예산이 남았더라도 사무용품비로 사용하는 것을 금한다. 그 이유는 계정간 변경을 쉽게 용인하면, 특정 계정의 지출이 예산을 초과하는 일이 쉽게 벌어져 예산을 짜는 이유 자체가 무력화되기 때문이다.

심적 회계는 기업의 회계 시스템과 동일하게 사람들도 사전에 큰 범주별로, 예를 들면, 식비, 교육비, 문화비, 세금 및 공과금 등의 계정을 설정하고 일정 금액을 각 계정으로 분배하고, 그 금액 한도 내로 해당 계정의 지출을 억제하려고 노력한다고 보고 있다. 따라서 심적 회계는 기존 이론이 당연시 여기고 있는 완전 대체 가능성이 일반적으로 성립하지 않는다고 보고 있다. 심적 회계는 사람들이 앞의 소비자 균형 조건에서 각 항목별로, 또한 어느 시점인가에 따라 다른 k^*를 적용한다고 생각한다. 즉, 동일한 k^*가 아니라 k_{it}^*가 적용된다는 점이다(i는 계정, t는 시점). 예를 들어, 심적 회계에 따르면 술을 너무 좋아해 본인의 선호대로 술을 소비하면 건강을 해칠 것을 우려하는 소비자는 술 소비를 줄이기 위해 주류에 대한 지출이 포함된 계정에는 다른 계정과 비교해 높은 k_{it}^*를 적용함으로써 술에 대한 소비를 줄이려고 한다는 것이다.

이제 기존 이론이 설명하지 못하는 소비자 선택을 심적 회계가 설명하는 몇 가지 예를 통해 살펴보자.

조건을 다시 쓰면 $\frac{MU_1}{p_1}=\frac{MU_2}{p_2}=\lambda$(가격과 소득에는 의존하지만, 소비량과는 무관한 상수)이다. 기존 이론에서는 재화가 연속적으로 변하므로, (내부해에서는) 각 재화의 1원당 한계효용이 동일해야 한다. 그러나 심적 회계에서는 재화의 소비가 최소 단위의 배수로 이루어지므로, 균형조건이 등호 대신 부등호로 성립한다. 또한 k^*는 λ와 유사한 역할을 한다.

1. 매몰비용: 기존의 경제학 이론은 매몰비용(sunk cost)은 기회비용이 0이므로 의사결정 시 고려해서는 안 된다고 강조하고 있다. 다음의 예를 보자. 미리 티켓을 준비해 뮤지컬을 보러 왔는데, 도착해 보니 티켓을 잃어 버렸음을 알았다. 현장에서도 티켓을 구매해 뮤지컬을 관람할 수 있다. 기존 이론에 의하면 잃어버린 티켓은 이미 매몰비용이므로, 어떻게 티켓을 얻게 되었는가는 티켓 재구매에 영향을 미치지 않는다고 본다. 그러나 심적 회계는 선물로 받은 사람의 재구매율이 높을 것으로 본다. 왜냐하면, 티켓을 구매한 사람은 이미 자신의 문화비 항목에서 티켓 가격만큼 지출을 했으므로, 재구매를 하면 동일한 항목에서 같은 금액을 또 지불하기 때문이다. 반면에 선물로 받은 사람은 문화비 항목에서 아무런 지출이 발생하지 않았다. 그러므로 심적 회계는 후자의 재구매 의사가 높을 것으로 예측한다. 매몰비용과 관련된 캐너먼과 트벌스키의 한 연구는 구매한 연극표를 잃어버린 사람과 동일한 금액의 현금을 잃어버린 사람들 가운데 후자의 재구매 의사가 높다는 결과를 보이고 있다. 뮤지컬의 예와 동일하게, 심적 회계는 그 이유를 사람들이 연극표 항목과 잃어버린 현금은 서로 다른 항목으로 판단하고 있기 때문이라고 생각한다.

2. 인기 프로 스포츠 결승전 티켓 가격 결정: 프로 스포츠의 천국인 미국에서도 메이저리그 베이스볼(Major League Baseball, MLB) 결승전인 월드 시리즈나 미식축구리그(National Football League, NFL)의 단판 결승전인 슈퍼볼(Super Bowl, Super Ball이 아님!)은 프로 스포츠의 백미이다. 당연히 수많은 사람이 경기 관람을 위해 티켓을 구하고자 하며, 암표의 가격은 하늘 높은 줄 모르게 올라간다. 다시 말하면, 엄청난 크기의 초과 수요가 존재하는 것이다. 기존의 경제이론에 따르면 가격이 상승하는 것이 지극히 당연한 현상이다. MLB나 NFL 모두 결승전 티켓 가격은 사무국에서 결정한다. 그런데 티켓 가격을 보면 터무니없이 낮게 책정된다. 예를 들어, 1983년 월드시리즈 가격은 위치에 따라 \$25-\$30였고, 1984년 슈퍼볼의 가격은 전 좌석이 동일하게 \$60였다.[15] 그동안의 물가 상승을 고려하더라도 당시

15 1984-1985년도 시즌의 슈퍼볼이 본서의 저자 중 한 사람이 공부한 대학에서 개최되었다. 그 당시를 기억하면, 그 대학 재학생들에게 추첨으로 \$50에 판매했다. 더욱이 아무리 재미있는 게임이라도 혼자 가서 보면 재미가 없을 수 있어 암표로 팔고자 하는 유인을 억제하기 위해 두 장씩 판매했다. 추첨이 끝나고 캠퍼스 여기저기에 두 장에 \$400에 구매하겠다는 전단지가 붙었다. 결승전이

에 매우 낮은 가격이었음에 틀림없다. 그러면 왜 NFL 사무국은 슈퍼볼 가격을 높게 책정해 더 높은 수입을 창출하지 않는가? 이 질문에 대해 세일러 교수는 심적 회계를 이용해 다음과 같이 대답하고 있다. 실제로 사무국이 가격을 훨씬 높게 책정하더라도 그 가격에 다 매진되었을 것이고, 더 큰 수입을 챙길 수 있었을 것이다. 그러나 슈퍼볼의 판매 수입은 중계료, 광고 등 리그 전체 수입과 비교하면 미미한 수준이다. 더욱이 슈퍼볼 티켓의 일정량은 NFL 구단주에게 미리 배분된다. 각 구단은 이 티켓들을 슈퍼볼을 관광 상품으로 파는 관광사 등에 거의 실거래가의 수준으로 판매해 꽤 높은 수입을 얻고 있다. 따라서 개별 구매자들에게까지 실거래가와 비슷한 가격으로 판매하면, 구매자들은 MLB나 NFL 전체에 대한 반감을 가질 수 있다. 심적 회계 용어를 빌면 준거가격인 p^*에 비해 실제 가격이 너무 높아 거래 효용이 크게 감소할 수 있다는 것이다. 그러면 사람들이 MLB나 NFL의 시즌 경기의 구매 동기가 약해져 전체 리그의 흥행에 악영향을 미칠 수 있음을 사무국이 고려하고 있다는 것이다. 반면에 저렴한 가격에 팔면 소비자들은 실거래가와의 차이를 사무국이 아닌 암표상(scalper)들이 가지고 간다고 생각한다. 따라서 준거가격과 실거래가 사이에 큰 차이가 있지만, 그 차이가 NFL 사무국의 선택에 기인하는 것이 아니라고 생각하므로, 거래 효용에 미치는 나쁜 영향은 제한적이거나 오히려 긍정적인 효과를 얻을 수 있다고 사무국이 생각한다는 것이다. 한마디로 인기 프로 스포츠 사무국이 지혜롭게 소탐대실(小貪大失)의 우를 범하지 않는다는 것이다.

3. **선물의 경제학**: 기존 경제이론은 상품권이나 특정 재화보다 현금으로 선물을 하는 것이 받는 사람의 효용을 높인다고 생각한다. 상품권이나 특정 재화는 사용 용도가 제한되어 있지만, 현금은 그렇지 않다는 이유에서이다. 예산집합에서 설명한 완전 대체 가능성에 근거한 설명이다. 그러나 돈이 없어 못 사는 것은 아님에도, 가지고 싶었지만 자신들이 직접 구매하지 않은 상품을 받았을 때 사람들이 매우 기뻐하는 경우가 많다. 이런 경우, 이 사람들에게 해당 상품의 가격에 해당하는 금액을 현금으로 주어도, 그 상품을 구매하지 않는 경우가 많다. 예를 들어, 선

가까워지면서 이 금액은 $1000까지 올라갔다.

물로 받으면 기분 좋은 상품 가운데 하나가 아마도 꽃일텐데, 꽃값이 터무니없이 비싸 못사는 경우는 드물다. 직접 구매 대신 선물로 받으면 많은 사람들이 좋아한다. 또 다른 예는 70년대에 서구 사회에서 유행했던 반려 동물처럼 생긴 돌(pet rock)을 들 수 있다. 이 상품은 반려 동물을 키우고 싶은데 여러 사정으로 인해 키우지 못하는 사람들에게는 매우 좋은 선물이었지만, 정작 본인이 가지고 싶어 사는 사람은 거의 없었다.

심적 회계에서 사람들이 항목에 따라 다른 k^*를 적용할 수 있음을 보았다. 특히 사치품에 대해 지나친 소비를 스스로 억제하는 자기 억제(self-control)의 수단으로 특히 높은 k^*를 적용할 수 있다. 예를 들어, 와인을 좋아하는 소비자가 있는데, 지나친 탐닉으로 인한 건강 악화 및 가정 경제의 건전성을 위해 일정 금액만 주류 항목에 할당하고, 또한 병당 $10 정도의 아주 비싸지 않은 와인만을 소비하고 있는 상황을 생각할 수 있다. 이 소비자에게 $100짜리 좋은 와인은 마시고 싶은 생각은 굴뚝같지만 구매해 소비할 수 없는 일종의 금단의 열매(forbidden fruit)이다. 심적 회계는 이 소비자에게는 $100 현금이나, 평소에 마시는 $10 와인 10병보다 $100짜리 와인 한 병을 선물하는 것이 더욱 큰 효용을 제공하리라고 생각한다.[16]

Section 4	**쌍곡선적 시간 할인**

의사결정이 이루어지는 시점에서 편익과 비용이 동시에 발생하는 경우도 있지만, 때로는 의사결정 시점과 다른 시점에서 편익과 비용이 달리 발생하는 경우도 있다. 예를 들어, 다이어트 또는 헬스는 원하는 음식을 먹지 못하거나, 재미없는 운동을 지속적으로 해야 하는 비용을 먼저 치루고, 편익은 그 이후에 건강한 몸으

---

16 특정 사치품은 소비자들이 가지고 싶으나 여러 가지 이유로 살 수 없는 금단의 열매가 되는 경우가 있다. 때로 이 같은 속성을 이용해, 고가의 물건의 경우 받는 사람보다 그 물건을 사 선물로 주고자 하는 사람들을 대상으로 마케팅하는 경우가 있다. 화장품 회사 랑방(Lanvin)의 "Promise her anything but give her Arpege"는 가장 자극적인 향수 광고 가운데 여겨진다. Arpege는 랑방이 1927년에 출시한 제품으로, 가장 클래식한 향수 가운데 하나로 평가받는 향수이다. 이 광고의 대상은 향수를 실제로 사용하는 여성들이 아니라, 사랑하는 여자 친구에게 자사의 고가 향수를 선물하고자 하는 남자들이다.

로 발생한다. 반대로 건강에 안 좋은 정크푸드는 먹을 때는 좋은데, 그에 따른 고혈압, 비만 등과 같은 비용은 나중에 발생한다.

이 같은 선택을 편익 측면에서 보면, 단기에 작은 편익을 얻을 것인가(당장 먹는 즐거움), 아니면 장기에 더 큰 편익(건강해진 몸)을 얻을 것인가 하는 상충관계(trade-off)가 성립한다. 비용 측면에서 보아도 단기에 작은 비용을 치를 것인가(일정 기간 열심히 다이어트 또는 운동 하는 것), 아니면 장기적으로 큰 비용(망가진 건강)을 치를 것인가 하는 상충관계가 존재한다. 에인슬리(Ainslie)와 하슬람(Haslam)의 연구에 의하면, 이 같이 시간에 대한 상충관계가 있을 경우, 사람들의 선택이 시간적 일관성이 결여되어 있다. A: 현재 \$100 vs. B: 2년 후 \$200 사이에 선택에서 대다수가 전자인 A를 선호했다. 반면에 C: 6년 후의 \$100 vs. D: 8년 후의 \$200 사이의 선택에서는 동일한 사람들이 D를 더 선호했다. 이 같은 사람들의 선택은 이후에서 살펴보겠지만, 기존의 이론으로는 설명하기 힘든 현상이다.

이들 선택을 다시 해석하면 C와 D 사이의 선택에서는 단기 이익인 \$100를 얻으려면 6년을 기다려야 한다. 반면에 장기 이득인 \$200를 얻으려면 8년을 기다려야 한다. 이 경우 현재의 시점에서 선택하라고 하면, 많은 사람들이 6년이나 8년이나 큰 차이가 없다고 생각해 장기 이득이 더 큰 D를 선택한다. 그런데 6년의 시간이 흐르면, C는 당장에 \$100를 얻는 A로, D는 2년 후의 \$200를 얻는 B로 바뀐다. 이 시점에서 갑자기 현재의 \$100가 더 크게 느껴지면서, 추가적으로 \$100를 더 얻기 위해 2년을 더 기다려야 한다는 것이 너무 큰 비용이라는 생각이 들어, 선택을 A로 바꾸는 사람들이 꽤 많다는 것이다. 즉, 단기 이익이 실현되는 그 순간에 이전과 비교해 바로 얻을 수 있는 것에 대한 선호가 갑자기 증가해 선택이 뒤바뀌는 일이 발생하는 것이다.

이 같이 사람들이 현재 시점에서 단기의 작은 이익보다 장기의 더 큰 이익을 선호했는데, 막상 단기의 이익이 바로 실현되는 시점에서는 선호가 바뀌어 단기의 이익을 선택하는 것을 '유혹에 넘어간다'(yielding to temptation)라고 표현하고 이를 **시간적 비일관성**(time-inconsistency)이라고 부른다.

비용의 측면에서는 반대로 현재의 시점에서 작은 단기 손실을 지불하는 것이 장기의 더 큰 대가를 치르는 것보다 나은 선택임에도, 막상 단기 손실을 지불하는 시점이 되면, 눈앞의 비용이 더 크게 보여 일단 단기 손실을 피하고, 결국은 더 큰 장기 손실을 지불하는 것을 '**지연**'(procrastination)이라고 표현하고, 이를 **역의 시간적 비일관성**(reverse time-inconsistency)이라고 부른다.[17]

시간적 일관성의 결여이든 역의 시간적 일관성 결여이든 두 현상 모두 기존의 경제이론으로는 잘 설명되지 않는데, 행동 경제학에서는 **쌍곡선적 할인**(hyperbolic discounting)의 개념을 통해 이 같은 모순된 행동이 가능할 수도 있다고 설명한다.

이제 기존의 이론과 쌍곡선적 할인에 대해 알아보자. 이를 위해 (시간) **할인율**(discount rate), (기간당) **할인인자**((per-period) discount factor) 및 **할인함수**(discount function)라는 용어를 명확하게 이해하고 갈 필요가 있다.

할인율이 필요한 이유는 동일한 이익(손실)이라도 어느 시점에서 발생하는가에 따라 사람들의 선호가 다르기 때문이다. 이익이 동일하면 대부분의 사람들은 미래보다 현재를, 손실은 현재보다 미래를 더 선호한다. 따라서 서로 다른 시점에서 발생하는 이익이나 손실을 비교하기 위해 동일한 시점에서의 가치로 평가할 필요가 발생한다. 이때 사용되는 것이 '할인율'로, $\rho(\geq 0)$로 표시하자. 많은 경제 모형에서 이자율을 할인율로 사용하지만 반드시 그럴 필요는 없다.[18] 현재 1인 이익(손실)의 1기 이후 가치는 $1+\rho$이다, 반대로 1기 후의 1인 이익(손실)의 현재가치는 $0 \leq \dfrac{1}{(1+\rho)} \leq 1$이다. $\dfrac{1}{(1+\rho)}$을 (기간당) '할인인자'로 부르고 δ로 표시한다. 따라서 할인인자 δ와 할인율 ρ는 서로 역의 관계에 있음을 독자들은 유의하기 바란다. '할인함수' $D(t)$는 t기에 발생하는 이익 또는 손실에 적용되는 할인인자의 크기를 말한다. 현재를 1기라고 하고, 미래를 2기, 3기 등으로 부를 때, 기존의 경제이론은 대개 기간에 무관하게 ρ가 일정하고, 따라서 δ가 일정하다고 가정한다. 그러므로 기존 이론은 $D(t) = \delta^{t-1}$의 형태를 가정한다. 이는 이익 또는 손실이 매기당 동일하게 δ의 비율로 감소됨을 의미한다. $D(t) = \delta^{t-1}$를 **지수형 할인**(exponential discounting)이라고 부른다.

---

17 우리말에 '호미로 막을 것 가래로도 못 막는다'라는 속담이 있다. 이는 호미라는 작은 비용을 치루면 바로 문제가 해결될 것을 그것이 귀찮아서 뒤로 미루다가 결국은 가래라는 더 큰 비용을 치르고서도 문제를 해결하지 못하는 사람들의 행동을 꼬집는 속담이다.

18 기간당 이자율을 r이라고 하면 부(wealth)는 한 기간당 객관적 크기인 $(1+r)$만큼 변한다. 예를 들어, 1을 은행에 1기간 은행에 저축하면 1기 후의 가치는 $(1+r)$이다. 소비자는 $(1+r)$의 현재가치를 $\dfrac{1+r}{1+\rho}$라고 생각한다. 이 크기가 꼭 1이 될 필요는 없다. $\rho > r$이면 1보다 작다고 주관적으로 생각한다.

지수형 할인이 가지는 가장 큰 특징은 시간에 대한 선호가 **안정적**(stationary)이라는 의미이다. 지수형 할인을 따를 때 서로 다른 t와 t'에 대해 한 기 먼저 x를 얻는 것이 한 기 후에 y를 얻는 것보다 더 선호될 조건은 $\delta^{t-1}x > \delta^{t}y$와 $\delta^{t'-1}x > \delta^{t'}y$로 동일하다. 즉, t기와 $t+1$기 사이의 선호는 t'기와 $t'+1$ 사이의 선호와 동일하다. 1기와 2기 사이의 선호가 이후의 모든 t에 대해 동일하게 반복된다는 점에서 안정적이라고 부른다.[19]

지수형 할인의 경우, 앞에서 살펴본 (역의) 시간적 일관성 결여와 같은 선택은 발생할 수 없다. 에인슬리(Ainslie)와 하슬람(Haslam)의 예에서 A를 B보다 더 선호할 조건은 $100 > 200 \times \delta^2$이고, C를 D보다 더 선호할 조건은 $100 \times \delta^6 > 200 \times \delta^8$, 즉 $100 > 200 \times \delta^2$로, 두 조건이 동일하다. 따라서 D를 선호하다가 6년의 시간이 지난 시점에서 그 선호가 바뀌어 A를 더 선호하는 일은 발생할 수 없다.

행동 경제학은 지수형 할인 대신에 **쌍곡선적 할인**(hyperbolic discounting)을 주창한다. 쌍곡선적 할인의 원형은 청(Chung)과 헌스타인(Hernstein)이 동물과 관련된 1967년 연구에서 사용한 $D(t) = \dfrac{1}{t}$이다.[20] 1981년 연구에서 헌스타인은 $D(t) = \dfrac{1}{1+\alpha t}$라는 유사한 형태의 쌍곡선적 할인함수를 사용하기도 했다.

$D(t) = \dfrac{1}{t}$의 특징은 t가 작을수록 두 기간 사이의 할인인자의 비율인 $\left(\dfrac{1}{t+1}\right) \div \left(\dfrac{1}{t}\right) = \dfrac{t}{t+1} = 1 - \dfrac{1}{t+1}$가 작아 더 많이 할인한다는 특징이 있다. 예를 들어, 1기의 1의 현재가치는 $D(1) = 1$인 반면에, 2기의 1의 현재가치는 $D(2) = \dfrac{1}{2}$로, 한 기가 지나면서 가치가 절반으로 감소한다. 즉, 1기와 2기 사이의 할인인자의 크기가 0.5이다. 반면에 100기와 101기를 보면 100기 후 1의 현재가치는 $D(100) = \dfrac{1}{100}$인 반면에 101기 후 1의 현재가치는 $D(101) = \dfrac{1}{101}$로, 100기와 101기 사이의 할인인자의 크기는 $\left(\dfrac{1}{101}\right) \div \left(\dfrac{1}{100}\right) = \dfrac{100}{101} \approx 0.99$로 거의 1에 가까움을 알 수 있다.

---

19 기존 이론이 선호가 안정적이라고 가정하는 것은 두 가지 이유가 있을 수 있다. 먼저 실제로 사람들의 선호가 안정적이라는 믿음을 가질 수 있다. 두 번째는 실제로 항상 안정적이지 않을 수는 있지만, 안정적임을 가정하면 여러 가지 다양한 결론을 도출하기 쉽기 때문이다. 안정성을 가정하면, 동태적 프로그래밍(dynamic programing)의 기법을 잘 적용할 수 있는 큰 장점이 있다.

20 $f(x) = \dfrac{a}{x}$인 모양의 함수를 (직각) 쌍곡선((rectangular) hyperbola)이라고 부른다. 할인함수가 쌍곡선의 모양을 가져서 쌍곡선적 할인이라고 부른다.

이 말은 가치가 거의 줄지 않았다는 의미이다.

실제로 많이 사용되는 쌍곡선적 할인은 펠프스(Phelps)와 폴락(Pollak)이 제안한 **준쌍곡선적 할인**(quasi-hyperbolic discounting)이다. 이 방식은 1기와 2기 사이의 할인인자는 $\beta\delta(0 \le \beta \le 1, 0 \le \delta \le 1)$, 그 이외 기간 사이의 할인인자는 δ를 적용하는 방식이다. 이 방식에 의한 할인함수는, $D(1) = 1$, $D(2) = \beta\delta$, $D(t) = \beta\delta^{t-1}$, $t \ge 3$이다.

준쌍곡선적 할인의 특징은 1기와 2기 사이를 제외한 모든 기간에서는 지수형 할인과 같이 동일한 δ를 적용하는 반면에, 1기와 2기 사이에만 그보다 작은 $\beta\delta$를 적용한다는 것이다.

$\beta = 1$이면 준쌍곡선 할인은 지수적 할인과 동일하다. 준쌍곡선적 할인은 β와 δ로 구성되어 있어 흔히 (β, δ)모형이라고 불린다. 본서에서도 이후로는 (β, δ)모형이라고 부르기로 한다.

(β, δ)모형을 이용하면, 에인슬리(Ainslie)와 하슬람(Haslam)의 연구가 보여준 시간 비일관성을 설명할 수 있다. $\beta = 0.6, \delta = 0.9$로 놓자. 각 선택의 현재가치를 구하면 다음과 같다. $V(A) = 100$, $V(B) = 0.6 \times 0.9^2 \times 200 = 97.2$이므로 A를 더 선호한다. 반면에 $V(C) = 0.6 \times (0.9)^6 \times 100 \approx 31.9$, $V(D) = 0.6 \times (0.9)^8 \times 200 \approx 51.7$이 되어 D를 더 선호한다. 따라서 시간의 비일관성은 더 이상 발생하지 않는다.

사람들이 유혹에 얼마나 잘 넘어갈 수 있는지를 보여준 호(Ho), 림(Lim) 그리고 캐머러(Camerer)의 연구에서 제시된 예를 통해 $\beta = 0.5, \delta = 1$인 사람들의 선택을 살펴보자. 위의 세 사람의 연구는 다음과 같은 3단계로 구성된 가상적인 수치 예를 분석하고 있다.

1단계 - 구매단계: 건강에는 안 좋지만 맛은 좋은 정크푸드를 작은 봉지와 큰 봉지 가운데 어느 것을 살 것인지를 결정한다. 큰 봉지에는 작은 봉지 두 개가 들어 있다. 작은 봉지의 가격은 1.5이고, 큰 봉지의 가격은 2이다. 따라서 큰 봉지의 개당 가격이 더 저렴하다.

2단계 - 소비단계: 작은 봉지를 구매했으면 이번 단계에서 소비한다. 큰 봉지를 구매했으면, 두 봉지 모두 지금 소비하거나 아니면 지금 한 봉지만 소비하고, 한 봉지를 남겨 다음 기에 소비할 수 있다. 한 봉지 소비시 효용은 6, 두 봉지 모두 소비시 효용은 11이다.

　　3단계 - 건강에 미치는 효과: 정크푸드를 소비한 그 다음 기에 건강에 대한 적신호가 발생한다. 한 봉지를 먹었으면 −3, 두 봉지를 먹었으면 −9의 나쁜 효과가 발생한다.

　　비교를 위해 먼저 $\beta = 1$인 지수형 할인을 하는 사람의 선택을 살펴본다.

1) 구매단계에서 1.5를 지불하고 작은 봉지 구입: 소비단계에서 6을 얻고, 3단계에서 −3의 손실을 얻어 총이득은 1.5이다.

2) 구매단계에서 2를 지불하고 큰 봉지를 구입: 소비단계에서 두 가지 선택을 비교해야 한다.

　　a) 두 봉지를 두 번에 걸쳐 나누어 소비: 첫 봉지로부터 6을 얻는다. 다음 단계에서 나머지 한 봉지를 소비하면, 건강에 미치는 손실 3과 추가적 소비로 인한 이득 6을 더해 순수한 이득은 3이다. 마지막 단계에서는 나머지 한 봉지의 소비로 인해 −3을 얻는다. 따라서 총이득은 4이다.

　　b) 두 봉지를 한 번에 소비: 11을 얻지만, 다음 단계에서 9의 손실이 발생하여 총 이득은 0이다.

　　이상의 비교를 통해 지수형 할인을 하는 사람에게 최선의 선택은 큰 봉지를 구입해 한 봉지씩 나누어 소비하는 것이다. 다음으로 쌍곡선적 할인을 하는 사람의 선택을 살펴보자.

1) 구매단계에서 1.5를 지불하고 작은 봉지 구입: 소비단계에서 6을 얻는데, $\beta = 0.5$를 적용하면 현재가치는 3이다. 3단계에서 −3의 손실을 얻는데, 현재가치는 −1.5이므로 총이득의 현재가치는 0이다.

2) 구매단계에서 2를 지불하고 큰 봉지를 구입: 소비단계에서 2가지 선택을 비교해야 한다.

　　a) 두 봉지를 두 번에 걸쳐 나누어 소비: 첫 봉지로부터 6을 얻으므로 현재가치는 3이다. 다음 단계에서 나머지 한 봉지를 소비하면, 건강에 미치는 손실 3의 현재가치는 −1.5이고, 추가적 소비로 인한 이득 6의 현재가치는 3으로 순수한 이득은 현재가치로 1.5이다. 마지막 단계에서는

나머지 한 봉지의 소비로 인해 손실 3의 현재가치는 -1.5이므로 총이
득의 현재가치는 1이다.

b) 두 봉지를 한 번에 소비: 얻는 이득 11의 현재가치는 5.5이다. 다음 단계
에서 손실 9의 현재가치는 -4.5이므로 총이득의 현재가치는 -1이다.

이상의 비교를 통해 쌍곡선적 할인을 하는 사람에게 현재 시점을 기준으로 최
선의 선택은 큰 봉지를 구입해 두 번에 나누어 소비하는 것이다. 최악의 선택은 두
봉지를 구매하고, 한 번에 소비하는 것이다. 따라서 구매단계를 기준으로 하면 이
소비자는 두 번에 나누어 먹을 예정으로 큰 봉지를 구매한다. 그러나 이것이 이야
기의 끝이 아니다. 소비단계에서 이 사람의 선택이 바뀐다. 소비단계를 기준으로
두 봉지를 나누어 먹을지 한 번에 먹을지를 다시 한 번 비교해보자.

a) 나누어 소비: 첫 봉지로부터 6을 얻고 기준 시점이 소비단계이므로 현재가
치는 6이다. 다음 단계에서 나머지 한 봉지를 소비하면, 건강에 미치는 손실 3의
현재가치는 -1.5이고, 추가적 소비로 인한 이득 6의 현재가치는 3으로 순수한 이
득은 현재가치로 1.5이다. 마지막 단계에서는 나머지 한 봉지의 소비로 인해 손실
3의 현재가치는 -1.5이므로 총이득의 현재가치는 6이다.

b) 한 번에 소비: 얻는 이득 11의 현재가치는 11이다. 다음 단계에서 손실 9
의 현재가치는 -4.5이므로 총이득의 현재가치는 6.5이다.

따라서 소비단계에 이르게 되면, 두 봉지를 한 번에 소비하는 것이 최선의 선
택이 되어 원래의 계획과는 달리 두 봉지를 한 번에 소비하는 유혹에 빠지게 된다.
그 결과 구매단계를 기준으로 최악의 결과가 발생하는 아이러니가 벌어진다.

Section 5 행동 경제학의 기여

행동 경제학은 기존의 경제학으로 설명될 수 없는 행동들이 있음을 보여줌으
로써 기존 경제학의 한계를 인식시키고, 나름대로 이런 행동들을 설명하는 틀을

제시하고 있다. 그러나 행동 경제학이 기존의 경제학을 대체하는 완전히 새로운 경제학 패러다임을 열고 있다고 보기는 어렵다. 행동 경제학은 기존 경제학의 엄밀하고 일관된 이론적 체계가 결여되어 있으며 실증분석의 역사도 짧다. 그런 의미에서 행동 경제학은 당장 기존 경제학을 대체하기보다는 심리학적 요인을 추가적으로 도입하여 기존 경제학을 보완하여 그 지평을 넓히고 현실 설명력을 강화하는 데 기여한다고 볼 수 있다.

행동 경제학은 경제주체들이 기존 경제학으로 설명되지 않는 비합리적인 행동을 실제로 한다는 점을 입증함으로써 경제정책, 금융 등의 실제 경제의 효과적인 운용에 기여하게 되었으며, 또한 비합리적인 행동으로 인한 경제주체들의 손실을 줄일 수 있는 방안을 강구할 필요성을 강조하는 역할을 하기도 한다.

연습문제

1 위험 기피자인 소비자가 현재 소득이 w인데, p의 확률로 x의 손해가 발생하고 $1-p$의 확률로 손해가 발생하지 않는 상황과 보험료 y를 내면 사고가 나도 전액 보상받는 보험, 즉 확률 1로 $(w-y)$를 얻는 것이 무차별하다. 이제 보험회사가 이 사람에게 다음과 같은 확률적 보험을 제시했다: 먼저 이 사람이 보험료의 절반인 $\frac{y}{2}$를 보험회사에 지불한다. 만일 사고가 나지 않으면, 보험료만 날린다. 사고가 나면, $\frac{1}{2}$의 확률로 나머지 보험료 $\frac{y}{2}$를 더 내고 보험회사가 손해 전액을 보상한다. 나머지 $\frac{1}{2}$의 확률로 이 사람은 이미 지불한 보험료 $\frac{y}{2}$를 돌려받고, 대신 본인이 손해 전액을 담당한다. 예를 들어, 한 달이 30일이라고 가정하면, 홀수 날에 사고가 나면 전자가 적용되고, 짝수 날에 사고가 나면 후자가 적용된다고 가정하자.

1) 확률적 보험을 복권으로 표시하고, 그 기댓값을 구하라.

2) 기대효용이론에 따르면 소비자는 반드시 확률적 보험에 가입해야 함을 보여라.

이 같은 확률적 보험을 선택하겠냐고 95명에게 물었더니 80%가 구매하지 않겠다고 대답했다. 이 같은 대답은 2)의 결과와 위배된다.

3) $\pi(p) + \pi(1-p) = 1$이 성립한다고 가정한다. 전망이론에서 w를 준거점으로 사용하고, 가치함수가 손실의 영역에서 강볼록함수이고, 가중치함수가 준가법성을 충족하면, 이 소비자는 확률적 보험이 확실한 보험보다 더 나은 선택이 아님을 보여라.

2 세일러 교수는 1985년 논문 서론에서 다음과 같은 네 가지 행동을 소개하고 있다. 이 같은 행동을 심적 회계를 이용해 설명하라.

1) A씨 부부와 B씨 부부가 같이 낚시여행을 가서 큰 연어를 잡아 항공편으로 집으로 보냈는데, 중간에 분실되어 항공사로부터 $300의 보상금을 받았다. 두 부부는 이 돈으로 좋은 식당에서 저녁을 먹는데 $225를 지불했다. 이들 부부는 이전에는 이 정도 금액을 식당에서 써 본 적이 없다.

2) A가 친구들과 카드 게임을 하는데, 현재 $50를 따고 있다. 손에 퀸 플러시 (queen flush)를 들고 다른 사람이 베팅한 $10를 받았다. B는 어떤 기업의 주식 100주를 가지고 있는데, 이 기업의 주가가 오늘 $0.5 상승했다. B는 카드 게임에서 현재까지 본전이다. 그는 손에 킹 플러시(king flush)를 들고 있었는데, 베팅을 받지 않고 죽었다. 그러면서 혼잣말로 '나도 $50를 따고 있었으면 $10을 받았을텐데'라고 말했다.

3) A씨 부부는 별장을 마련하기 위해 이제까지 $15,000를 저축했는데, 이 돈은 연 10%의 수익을 내고 있다. 그런데 A씨 부부는 차가 필요해서 연이자율 15%로 $11,000짜리 자동차를 구입했다.

4) A씨는 $125 캐시미어 스웨터를 사고 싶으나, 너무 과하다는 생각이 들어 구매하지 않았다. 그런데 몇 달 후 부인이 남편 생일 선물로 A씨에게 그 캐시미어 스웨터를 선물했고, A씨는 그 선물을 받고 매우 기뻤다. 두 사람은 공동계좌를 사용하고 있다.

3 본문에서 쌍곡선적 할인을 설명하면서 $\beta = 0.5$, $\delta = 1$일 때 쌍곡선적 할인을 하는 사람이 어떤 선택을 하는지를 보았다. 정확하게 말하자면 이 사람은 쌍곡선적 할인을 하면서도 본인은 정작 쌍곡선적 할인을 한다는 것을 인지하고 있지 못한 사람이다. 이 사람이 자신이 쌍곡선적 할인을 한다는 것을 인지한다면 어떤 선택을 할 것인지 설명하라.

4 쌍곡선적 할인을 하는 사람에게 다음과 같은 세 가지의 선택이 있다. 이 사람은 세 가지 가운데 하나만 선택할 수 있다.

A) 오늘 매우 보고 싶었던 영화를 본다. 오늘 기준으로 20의 효용을 얻는다.

B) 다음 주에 보고 싶었던 연극을 본다. 다음 주를 기준으로 40의 효용을 얻는다.

C) 2주 후에 보고 싶었던 뮤지컬을 본다. 2주 후를 기준으로 60의 효용을 얻는다.

1) δ를 가로축, β를 세로축(모두 0과 1 사이의 범위)에 놓고, A, B, C가 선택되는 영역을 표시하라.

2) $\beta = \dfrac{4}{5}$, $\delta = \dfrac{2}{3}$일 때 최선의 선택을 구하라.

3) 2)에서 구한 선택이 그 다음 주를 기준으로 할 때 최선의 선택인가? 설명하라.

Microeconomics

Part 03

생산자이론

Chapter

10 기업이론 입문

★ 코즈(Ronald Coase): 영국, 1910~2013

코즈는 1991년에 거래비용(transaction costs)과 재산권(property right)이 경제의 조직적 구조와 기능에 미치는 영향의 중요성을 발견하고 명확히 한 공로로 노벨 경제학상을 수상했다.

영국에서 출생한 코즈는 런던정경대 학부를 졸업하고 영국과 미국의 여러 대학에서 교수로 근무했으며, 법과 경제(Law and Economics) 분야의 대표적 학자로 1964년 이후에는 시카고 대학 법대 교수로 근무했다.

코즈는 독창적인 아이디어로 당대 경제학의 허를 찌르는 질문을 던지고는 그에 대한 해답을 제시함으로써 경제학의 지평을 넓힌 학자이다. 특히 시장경제에서 시장의 영역이 아닌 제도(institution)나 조직(organization)의 중요성을 강조했는데, 1937년에 발표한 논문 "The Nature of the Firm"에서는 시장경제에서 기업이라는 조직이 존재하는 이유를 묻고, 그에 대한 답으로 거래비용의 존재를 제시했다. 이 논문은 30년이 지난 70~80년대부터 폭발적인 관심을 받기 시작해 기업조직이론과 거래비용의 경제학이라는 새로운 분야를 개척한 기념비적인 논문이 되었다. 또한 1964년에 발표한 논문 "The Problem of Social Cost"에서는 재산권이 명확히 정의되고 거래비용이 너무 크지 않으면, 재산권의 향방에 관계없이 외부성 문제가 효율적으로 해결될 수 있음을 설명함으로써 외부성 문제의 근원을 재조명했다. 이 이론은 '코즈의 정리'라고 불린다. 이밖에도 1972년 발표한 "Durability and Monopoly"에서는 내구성이 아주 큰 재화의 독점기업은 독점력을 제대로 발휘할 수 없을 것이라는 역설적인 가설을 제시했는데, 이를 "코즈의 추측"이라고 부르며 이후 여러 학자들이 그 가능성을 이론적으로 입증했다.

★ 윌리암슨(Oliver Williamson): 미국, 1932~현재

윌리암슨은 2009년에 경제적 지배구조(economic governance), 특히 기업의 경계에 대한 연구의 공로로 노벨 경제학상을 수상했다(엘리노어 오스트롬(Elinor Ostrom)과 공동수상).

미국에서 출생한 윌리암슨은 MIT 경영대학 학부를 졸업하고 1963년에 카네기멜론 대학에서 박사학위를 취득했다. 이후 펜실베니아 대학, 예일 대학을 거쳐 버클리 캘리포니아 주립대학에서 경제학, 경영학, 법학 등의 교수로 근무했다.

윌리암슨은 코즈의 거래비용 경제학을 계승해 기업조직이론을 확장시킨 학자로, 시장과 기업의 경계를 결정짓는 요인들에 대한 연구로 잘 알려져 있다. 윌리암슨은 특히 특정 거래관계에서만 가치를 가지는 소위 관계 특유적(relation-specific) 자산의 존재가 시장거래에서 기회주의적 행동을 유발함으로써 시장의 거래비용을 증대시켜 기업조직을 선호하게 만든다는 점을 강조했다. 윌리암슨은 자신이나 코즈처럼 거래비용, 재산권, 조직, 계약 등 제도와 조직을 중시하는 경제학 분야를 일컬어 "신 제도주의 경제학"(new institutional economics)이라는 용어를 만들었다.

Section 1 기업의 정의

시장경제에서 소비의 주체가 소비자이면, 생산의 주체는 기업이다. 이제까지 시장의 수요측면을 분석하기 위해 소비자의 행동원칙을 논의했다. 지금부터는 시장의 공급측면을 분석하기 위해 기업의 행동원칙을 논의한다. 소비자이론과 마찬가지로 생산자이론은 기업의 행동을 간단하면서도 명확하게 분석할 수 있는 모형을 설립하고, 이 모형을 이용해 여러 가지 상황에서 기업의 행동을 체계적으로 설명하고 예측한다. 대부분의 기업은 규모가 크고 다양한 조직형태를 가지고 있으므로, 기업의 행동을 모형화한다는 것은 간단한 일이 아니다. 특히 기업 구성원들 사이의 상호작용들, 즉 기업 내부조직의 문제까지 분석에 포함하려면, 엄청나게 복잡한 모형을 이용해야 한다. 그러나 전통적인 미시경제학에서는 기업의 내부조직 문제는 분석의 대상에서 제외하고, 대신에 기업 전체를 하나의 경제주체로 간주한다. 그리고 이 경제주체가 어떤 생산기술을 가지고 어떻게 시장에 참여하는지를 생산함수나 비용함수의 개념을 이용해 분석한다. 특히 학부 수준에서는 생산함수나 비용함수를 대부분 그래프를 통해 표현하고 설명한다.

본 장에서는 전통적 미시이론에 입각한 기업이론을 시작하기 이전에 '기업은 무엇인가?'라는 보다 근본적인 문제와 기업조직과 기업지배구조라는 보다 현실적인 문제들을 개관하고자 한다. 이런 문제들은 학부 수준에서 분석이 쉽지 않아 비록 본서의 나머지 부분에서 더 자세히 다루지는 않지만, 현실 경제에서는 중요한 문제이다. 본 장은 경제학에 관심을 갖고 향후 기업에 관련된 분야를 더 공부하고자 하는 독자들에게 기업의 여러 측면에 대한 소개를 하는 데 그 의미를 두고자 한다. 비록 엄밀한 분석은 아니지만 관심있는 독자들은 일독하기 바란다.

기업(firm)이란 무엇인가? 사전(辭典)적 의미에서 기업은 아래와 같이 비교적 간단하게 정의된다.

> **기업**: 판매를 목적으로 재화나 서비스를 생산하는 경제주체

여기에서 몇 가지 중요한 키워드들을 확인해 보자. 첫 번째 중요한 요건은 시장에 참여해 재화나 용역을 '판매'한다는 점이다. 아무리 훌륭한 기술을 가지고 아무리 많은 재화나 용역을 생산해도 판매가 목적이 아니면 기업이 아니다. 어떤 사람이 도자기에 엄청난 조예가 있어 세상에서 가장 훌륭한 도자기를 만들 수 있으며 실제로 깨어 있는 거의 모든 시간을 도자기 만드는 일에 보낸다고 해도, 그가 도자기들을 시장에 판매하지 않고 자기가 모두 소장한다거나 아니면 다른 사람에게 선물한다면, 그것은 기업 활동이 아니다.

많은 사람들이 '영리추구'를 기업의 가장 핵심적인 요건으로 생각하고 있다. 대부분의 기업들이 영리를 추구하는 것은 사실이다. 그러나 이것이 기업의 '요건'이 되지는 않는다. 왜냐하면 영리를 추구하지 않는 기업도 있기 때문이다. 국가에서 경영하는 공기업은 영리가 목적이 아닌 경우가 얼마든지 있다. 국가에서 운영하는 수도사업은 수돗물을 공급하고 그에 대한 대가를 받아 가지만, 이는 경비를 충당하기 위한 것이지 이윤을 얻기 위한 것이 아니다. 심지어 개인이 운영하는 기업도 영리추구가 목적이 아닌 경우가 있다. 아무리 보아도 가게 수입이 은행 이자에도 미치지 못하는데도 주인이 계속 가게를 지키는 경우를 많이 본다. 주인에게 왜 그러냐고 물으면, 주인은 자기가 좋아 하는 일이니 상관하지 말라고 한다. 이런 경우에도 그 가게라는 기업의 목적은 이윤이 아니다.

두 번째 중요한 키워드는 '생산'이다. 생산은 생산요소들을 투입해 '새로운'

상품을 만들어 내는 것이다. 수만 가지 부속과 수만 명의 노동을 투입해 자동차를 만드는 활동은 분명히 생산활동이다. 부속들과 노동력은 생산요소이고 완성된 자동차는 새로운 상품이다. 어떤 상인이 새벽에 가락시장에서 상추를 한 박스 사, 그것을 그대로 아침시간에 여의도 아파트 단지 입구에 펼쳐놓고 팔면, 그것도 또한 기업이다. 생산요소는 가락시장에서의 상추와 가락시장에서부터 여의도까지의 교통 서비스, 상추를 운반하고 신선하게 유지하는 상인의 노력이다. 새로운 상품은 아침시간에 여의도 아파트 입구에 있는 상추이다. 이 상추는 분명히 새벽에 가락시장에 있는 상추와는 다른 새로운 상품이다. 미용실에서 머리 손질 서비스를 제공한다면, 투입은 미용사의 기술, 시간, 미용실 시설이며 새로운 상품은 변화된 머리 모양이다. 따라서 미용실도 기업이다.

　대부분 기업의 생산은 여러 가지의 생산요소들을 복합적으로 투입해 새로운 상품을 만들어 낸다. 이 때 생산요소들을 새로운 상품으로 변화시키는 기술을 **생산기술**(production technology)이라고 부른다. 그러면 한 가지 생산요소만을 포함하는 활동은 생산이 될 수 없는가? 즉, 다른 생산요소의 투입이 전혀 없이 노동투입 하나만으로도 무언가 새로운 재화나 용역을 생산하는 기업이 있을까? 날품팔이의 경우는 오직 몸 하나만 가지고 고객에게 서비스를 제공하므로 이에 해당하는 것처럼 보인다. 그러나 날품팔이는 생산된 상품으로서의 서비스를 파는 것이 아니라 노동력 그 자체를 판매하는 것이므로 기업에 해당하지 않는다. 그는 누구든지 자신의 노동력을 사는 사람의 지시에 따라 수동적으로 그의 노동을 제공할 뿐이다. 이것은 생산에 해당하지 않는다. 반면에 다음과 같은 다소 가상적인 예를 생각해 보자. 다른 사람을 위해 노래를 불러주고 돈을 받는 가수가 있다. 그런데 그는 소위 요즘의 가수들과는 달리, 아무런 반주도 없고 무대도 없고 물론 백댄서들도 없이, 고객들을 찾아가 고객이 원하는 노래를 부른다. 따라서 목소리 이외의 다른 생산요소는 없다. 그는 자신의 노래 기술과 목소리를 내는 힘을 결합해 노래라는 상품을 생산해 판매하는 1인 기업이며, 그의 유일한 투입은 목소리를 내는 노동력이다. 그러나 그는 노동력을 직접 팔지 않고 그것을 통해 노래라는 새로운 상품을 생산해 판매한다. 이런 의미에서 날품팔이와는 다르다. 그런데 이 가수가 어떤 대부호와 전속계약을 맺어 매달 일정 금액을 받고 하루에 일정한 시간만큼 그 집 대문 앞에서 주인이 주문하는 대로 노래를 부르기로 했다고 하자. 아직도 이 가수는 1인 기업인가 아니면 그는 대부호에 고용된 직원인가? 이처럼 서비스의 경우, 특히 그것이 1인에 의해 제공될 때, 그것이 1인 기업인지, 아니면 그 서비스를 구매하는 고객에게 고용된 것인지를 구별하기 어려운 경우가 많다. 이 문제는 기업의 경계를 결정하는 문제에서 이론적 논쟁의 대상이 된다.

> **생각하기 1** ▶ 박인비 선수는 미국 LPGA에 참가하며 상금과 광고수입 등으로 엄청난 수입을 얻는다. 박인비 선수를 1인 기업이라고 볼 수 있는가? 류현진 선수나 추신수 선수는 1인 기업인가 아니면 구단에 고용되어 고도로 숙련된 노동력을 제공하는 사람들인가(아니면 이런 구분 자체가 무의미한가)?

Section 2   기업의 내부조직

기업에는 야채행상과 같은 1인 기업도 있을 수 있고, 현대나 삼성처럼 수만 명의 임직원이 있는 초대형 기업도 있을 수 있다. 그러나 '기업'이라고 하면 대부분의 사람들은 여러 명의 사람들과 많은 자산을 포함하는 하나의 조직체를 연상한다. 1인 기업은 예외적이며, 대부분의 기업은 여러 명의 직원을 고용하고 많은 설비를 가지고 있으며, 여러 업체들과 계약을 맺고 있다.

이처럼 대부분의 기업들이 조직체라는 사실은 일반 사람들에게는 매우 자연스러운 현상이다. 그러나 경제학을 오랫동안 공부해 온 사람들에게는 이 같은 사실이 하나의 수수께끼이다. 경제학에서는 시장경제의 효율성을 강조한다. 시장기구야말로 사회구성원들 사이의 경제활동을 가장 효율적으로 조직할 수 있는 기구라는 것이다. 그렇다면 기업이라는 조직체가 왜 필요할까? 이것이 경제학자들이 갖는 질문이다. 이 질문의 의미를 잘 이해하려면, 우선 기업이라는 조직체를 어떻게 정의하느냐를 명확히 할 필요가 있다. 기업의 내부조직이론을 경제학에 도입한 유명한 경제학자들의 논리에 의거해 이 문제를 간략히 살펴보자.

2.1 코즈와 거래비용의 경제학

기업의 내부조직 문제를 처음으로 제기한 경제학자는 1991년도 노벨 경제학상을 수상한 시카고 대학의 코즈(Ronald Coase) 교수이다. 코즈는 1937년 짧은 논문에서 누구도 생각하지 않았던 이 문제를 제기했다. 즉, 시장기구가 효율적이라면 왜 기업조직이 필요한가라는 질문이다. 이 질문을 잘 이해하려면 우선 코즈가 '기업조직'을 어떻게 정의했는지를 알 필요가 있다. 코즈는 기업조직을 정의할 때, 어떤 사람이 기업에 속하는 사람인지 아닌지의 구별을 중요시했다. 기업에 속하는 사람은 기업과 고용관계에 있는 사람으로, 그는 기업의 경계(boundary of the firm) 내에 있다. 반면에 기업과 거래를 하는 사람 중에서 기업과 고용계약을 맺지 않은 사람은 기업의 경계 밖에 있는 사람이며, 이 사람과 기업의 거래는 시장거래이다. 예를 들어, 기업에 고용된 변호사는 기업 내부 사람이며, 기업과 자문계약을 맺고 있는 변호사는 고용관계가 아니므로 기업 외부 사람이다. 대학에서 강의를 하는 사람 중에서 대학과 고용관계에 있는 전임교원들은 내부 사람이고, 강의 단위로 계약을 맺어 강의를 하는 강사는 외부 사람이다. 이들과 대학의 관계는 고용관계가 아니고 시장거래 관계라고 보기 때문이다.

이제 코즈의 질문은 다음과 같이 보다 구체적으로 표현될 수 있다. 기업은 왜 직원들을 고용해 조직화하는가? 기업조직은 관료적이고 중앙집권적인 계획에 의존하는데, 경제학에서는 이런 방식을 비효율적이라고 강조하지 않는가? 필요한 모든 인원을 시장거래 관계로 구해 쓰면, 효율적인 시장기구가 언제나 작용하므로 더 좋지 않을까? 예를 들어, 대학에서 모든 강의는 외부강사를 그때그때 섭외해서 맡기면 될 터인데 왜 전임교원을 고용하는가(실제로 학원은 이런 식으로 운영하기도 한다)? 다른 예로 출판 업무를 생각해 보자. 이론적으로는 사장 한 사람이 직원 전혀 없이(때로는 사무실도 없이) 모든 출판활동을 조직할 수 있다. 작가와 계약을 맺어 원고를 받고(작가와 만날 때에는 카페에서 만난다), 디자이너와 계약해 표지 디자인을 하고(인터넷으로 디자인 샘플을 주고받는다), 인쇄소와 계약해 인쇄하고, 택배업체와 계약해 각 서점에 배달하면 된다. 이런 업무가 너무 바쁠 때에는 비서업무를 제공하는 업체와 계약해 계약제 비서를 쓰기도 한다. 그러나 실제로 대부분의 출판사들은 사무직원들과 그래픽 디자이너를 고용하며, 자체적으로 트럭 등 운송수단을 운용하기도 한다. 물론 트럭 기사를 고용한다. 코즈의 질문은 왜 첫 번째 경우처럼 하지 않고 두 번째와 같은 조직체로 기업을 운용하는가라는 것이다.

코즈는 이 질문에 대해 스스로 다음과 같은 답을 제시했다. 시장거래라고 해서 아무런 비용이 들지 않고 100% 효율성만 있는 것이 아니다. 시장거래에도 비용이 들고 나름대로 비효율성이 있다. 물론 기업 내부조직에도 비용이 들고 비효율성이 따른다. 이렇게 경제활동을 위해 서로 다른 경제주체들이 관계를 맺는 데 드는 직접적인 비용이나 또는 그 거래에 동반되는 비효율성을 통틀어 **거래비용**(transaction cost)이라고 부른다. 시장거래에도 거래비용이 있고, 기업 내부조직에도 거래비용이 있다. 생산활동에 관련된 주체들은 여러 상황을 고려해 거래비용이 낮은 쪽의 거래방식을 선택한다. 따라서 기업조직의 거래비용이 시장거래의 거래비용보다 더 낮으면 기업조직을 선택한다.

> **거래비용**: 경제활동을 위해 서로 다른 경제주체들이 관계를 맺는 데 발생하는 직접적인 비용이나 또는 그 거래에 동반되는 비효율성

코즈가 제시한 시장거래의 비용과 기업조직의 비용은 각각 다음과 같다.

1. 시장거래의 비용
   1) 가격에 대한 정보를 얻는 비용
   2) 협상과 복잡한 계약체결에 드는 비용
   3) 장기계약의 경직성
2. 기업조직의 비용
   1) 기업가 능력의 수확체감
   2) 경영능력의 한계로 인한 실수
   3) 생산요소 구매가격의 상승[1]

고용관계는 시장거래에 비해 정보비용이나 계약의 복잡성과 경직성을 크게 줄일 수 있다. 예를 들어, 피고용인이 해야 하는 직무를 일일이 계약에 명기하는 대

---

1 기업이 커질수록 그 기업이 구매하는 생산요소의 가격이 높아진다는 주장은 설득력이 낮다.

신, 고용주의 지시에 따른다는 조건만 명시하면 되므로 고용관계의 계약이 더 간단하다. 반면 피고용인이 너무 많아져 기업이 비대해지면 경영상의 비효율이 발생할 가능성이 크므로, 기업이 너무 커지는 것도 바람직하지 않다. 이와 같은 코즈의 설명은 매우 설득력이 있고, 심지어 너무 당연해 보이기도 한다. 그러나 좀더 깊이 생각해 보면 문제는 그렇게 간단하지 않다. 고용관계와 시장거래의 구분이 칼로 나눈 것처럼 분명하지 않기 때문이다. 코즈는 고용관계의 특징을 '지시'(direction)에 따라 행동하는 것이라고 했다. 피고용인은 기업의 지시에 따라 행동하며, 독립적인 계약관계에 있는 사람은 독립적으로 행동한다는 것이다. 그렇다면 상관의 지시대로 일하는 일용직이나 주인의 지시대로 집안일을 하는 일용직 파출부는 고용관계에 있는가? 건설현장에서 현장감독의 지시대로 시멘트를 운반하는 레미콘 기사들은 레미콘 트럭을 자신이 소유하고 있다. 이들은 건설회사의 직원인가 아닌가? 한 대학에서 오랫동안 시간강사를 해 온 사람과 대학의 관계는 고용관계인가 아닌가? 이에 대한 대답은 간단하지 않다. 실제로 이 문제 때문에 우리나라에서는 대법원까지 가는 법정논쟁이 벌어지기도 했다.[2]

이런 애매함이 있음에도 불구하고, 코즈의 접근방법은 최근 경제학에서 광범위하게 수용되어 **거래비용의 경제학**(transaction cost economics)이라는 새로운 분야를 낳게 되었다.

2.2 관계 특유적 자산과 아웃소싱

코즈의 논문은 한동안 경제학계에서 잊혀져 있다가 70년대 말 이후에 기업조직에 대한 관심이 폭증하면서 새롭게 각광을 받게 되었다. 특히 2009년 노벨 경제학상 수상자인 윌리암슨(Oliver Williamson)으로 대표되는 새로운 학자들이 코즈의 이론을 더욱 발전시키면서 거래비용의 경제학은 주류 경제학의 한 분야로 자리 잡았다. 윌리암슨 등의 학자들은 특히 시장거래에 수반되는 주요한 비효율성으로 **관계 특유적 자산**(relation specific asset)과 **기회주의적 행동**(opportunistic behavior)이라

---

2 골프장 경기보조원, 학습지 교사, 레미콘 기사, 보험모집원 등이 회사에 고용된 근로자인지 아닌지의 여부는 이들이 노조를 조직할 수 있는가의 문제와 건강보험 등 4대 보험 가입 여부 때문에 사회적인 논란거리가 되었다. 최근에는 이런 직종을 '특수형태 근로종사자'라고 부른다.

는 새로운 개념을 도입했다. 예를 들어, A라는 자동차 회사에 승용차 문짝을 제작해 납품하는 B회사를 생각해 보자. 문짝을 만들려면 철판을 특정 자동차 모양에 맞추어 눌러 찍어내는 거대한 장비가 필요하다. 따라서 B회사는 이 기계에 막대한 금액의 투자를 해야 한다. 그런데 이 장비는 오직 A회사의 특정 자동차 모양에만 맞추어 제작되었으므로 다른 자동차 문짝을 만드는 데에는 아무런 가치가 없다. 이런 자산을 '관계 특유적 자산'이라고 부르고 이에 대한 투자를 관계 특유적 투자(relation specific investment)라고 부른다. 이 자산은 A회사와의 납품관계 내에서만 가치가 있다는 의미이다.

B회사가 A회사에 납품하기 위해 위의 장비에 일단 투자를 하고 나면, B회사는 A회사에 대해 매우 취약한 위치에 놓이게 된다. 만약 A회사가 무슨 이유에서든 납품계약을 취소하면 이 장비는 아무런 쓸모가 없어지기 때문이다. A회사는 이런 상황을 이용해 기회주의적으로 행동할 수 있다. 예를 들어, 납품단가를 터무니없이 낮추어 장비 투자비용을 절반밖에 반영해 주지 않더라도 B회사는 납품을 계속할 수밖에 없다. 물론 B회사가 장비에 투자하기 전에 두 회사 사이에 계약을 철저하게 잘 맺으면 이런 기회주의적 행동을 방지할 수 있겠지만, 미래의 상황을 100% 예측할 수 없는 상황에서 100% 확실한 계약을 맺는 것은 불가능하다. 때문에 기회주의적 행동의 여지는 언제나 남는다. 이런 문제가 심각해지면 납품회사는 아무도 관계 특유적 자산에 투자하지 않으려 할 것이므로, A회사는 문짝 만드는 작업을 외부에 주문, 즉 아웃소싱(outsourcing)하기보다는, 자체 내에서 생산하는 형태를 취하게 된다.

이처럼 거래비용의 경제학은 기업이 특정 생산활동을 내부에서 직접 할 것인지 아니면 외부에 아웃소싱할 것인지의 결정을 설명하는 데에 많이 이용되며, 이때 관계 특유적 자산의 유무가 중요한 관건이 된다. 나이키와 같은 회사는 제품 디자인이나 마케팅만을 직접 담당하고 신발을 실제로 만드는 일은 모두 외국의 회사들에 아웃소싱한다. 이것이 가능한 이유 중의 하나는 신발 제조에 관계 특유적 자산이 거의 이용되지 않는다는 점이다. 나이키 신발을 만들던 공장은 바로 아디다스 신발 생산으로 전환될 수 있기 때문이다.

2.3 계약의 연결고리로서의 기업

코즈의 접근법에서 고용관계와 시장거래의 구분이 모호한 문제를 처음 지적한 학자들은 알시안(Armen Alchian)과 뎀세츠(Harold Demsetz)이다. 이들은 1972년 논문에서 기업조직을 정의하고 설명함에 있어 코즈처럼 고용 여부에 따라 기업의 경계 내부와 외부를 확실히 구별하는 것은 가능하지도 않고 또 그럴 필요도 없다고 주장했다. 그러면서 이들은 기업조직에 대해 다음과 같은 새로운 정의를 제시한다. 기업은 **계약들의 연결고리**(nexus of contracts)이다. 예를 들어, 대형 출판사는 여러 명의 직원들과 고용계약을 맺고 있고, 인쇄소와 인쇄계약을 맺고 있으며, 건물주와는 건물임대계약을, 신문사들과는 광고계약을, 번역사와는 번역계약을 맺고 있다. 이들 계약을 그림의 선으로 나타내면 〈그림 10-1〉과 같은 모양이 된다. 이때 자전거 살처럼 뻗어나는 여러 계약의 중심에서 연결고리 역할을 하는 것이 바로 기업인 것이다. 이 정의의 한 가지 장점은 각 계약이 고용계약인지 시장거래인지 구별할 필요가 없다는 것이다. 번역사와의 계약이 고용계약이어서 번역사가 이 출판사의 직원인지 아니면 프리랜서인지 구별할 필요가 없다. 손흥민 선수가 구단의 피고용인인지 아닌지 따질 필요도 없다. 따라서 누가 기업 내부에 있고 누가 외부에 있는지의 구분도 없어진다. 대신 기업이 맺은 계약의 수에 따라 기업조직이 큰지 작은지가 결정된다. 더 많은 선수들과 계약을 맺고 있는 구단이 더 큰

● **그림 10-1 계약의 연결고리로서의 기업**

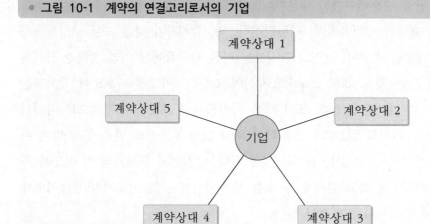

구단이다.

이런 정의 하에서는 왜 기업조직이 존재하는가라는 질문은 다음과 같은 형태를 띠게 된다. 왜 많은 계약이 하나의 연결고리(즉, 기업)와 계약을 맺는 〈그림 10-1〉과 같은 형태로 생겨나는가? 왜 앞에서 언급한 사장 1인 출판사처럼 계약 없이 모든 것을 그때그때 시장에서 처리하지 않는가? 또는 계약을 한다고 하더라도 왜 여러 계약이 한 개의 중심점 주위에 몰리게 되는가? 알시안과 뎀세츠가 제시한 답은 다음과 같다.

생산활동 중에서 여러 명이 함께 팀을 이루어 같이 일을 하면 따로 일하는 것보다 훨씬 효율적인 경우들이 많이 있다. 소위 **팀워크**(team work)가 중요한 경우이다. 그런데 이런 상황에서 팀에 참여한 개개인이 얼마나 일을 많이 하는지 객관적으로 평가하기가 어렵다. 예를 들어, 여러 사공들이 함께 노를 저어 가는 배는 사공들이 한 명씩 각자 노를 젓는 것보다는 사공들이 호흡을 잘 맞추어 노를 젓는 것이 훨씬 효율적이다. 그런데 이들 중 누군가가 노에 힘을 들이지 않고 노젓는 시늉만 한다고 하면 이를 객관적으로 입증하기 어렵다. 소위 **무임승차**(free riding)가 발생할 수 있는 것이다. 이 때 무임승차를 방지하고 모두가 노를 열심히 젓게 하려면 어떻게 해야 할까? 알시안과 뎀세츠의 답은 **감시자**(monitor)를 두어 그가 다른 사공들을 감시해 누가 열심히 하는지 가려내게 하는 것이다. 그런데 감시자가 일을 제대로 하려면 다음과 같은 요건들이 필요하다. 첫째, 감시자 자신이 열심히 일할 유인이 있어야 한다. 둘째, 감시자에게 권위가 주어져야 한다. 다른 사람들이 감시자의 판단을 수용해야하기 때문이다. 이 요건들을 충족하는 조직형태가 바로 그 감시자를 계약의 연결고리에 놓는 것이다. 즉, 감시자가 다른 모든 구성원들과 개별적으로 계약을 맺는다. 그리고 감시자는 다른 사람들에게 미리 정해진 급여를 지불한 뒤에 남는 것(residual claim)을 자신이 갖는다. 이렇게 함으로써 감시자는 열심히 일할 유인을 갖게 된다. 또한 다른 사람들과의 계약을 개별적으로 파기할 수 있는 권한을 가지고 있으므로 열심히 일하지 않거나 자신의 말을 듣지 않는 사람들은 팀에서 축출할 수 있는 권위를 갖게 된다. 알시안과 뎀세츠의 이 설명은 사장이 모든 직원을 잘 알고 감시할 수 있는 중소기업에는 잘 적용되지만 대기업에는 잘 적용되지 않는다는 단점이 있다.

Section 3 기업의 지배구조

기업에서 여러 사람이 관련되어 조직이 형성되는 것은 비단 생산활동 뿐만이 아니다. 기업의 규모가 커지면서 기업을 한 개인이 소유하지 않고 여러 사람이 공동으로 소유하는 경우가 많아진다. 여러 명의 주주들이 주식을 보유하는 주식회사 (corporation)가 대표적인 경우이다. 여러 경제주체들이 공동으로 기업을 보유하게 되면서, 이들이 어떻게 기업에 대한 의사결정을 내리고 그 과실을 나누어 가질 것인지가 중요한 문제로 대두되었다. 이런 문제들을 기업의 **지배구조**(corporate governance)문제라고 한다. 기업의 지배구조문제는 기업에 자본을 제공하는 문제, 즉 기업금융(corporate finance)과도 밀접한 관계를 갖는다. 기업의 소유권은 대부분 기업에 자금을 투자하면서 발생하기 때문이다.

우리나라의 경우 소위 재벌의 지배주주 일가들이 자신들의 지분보다 훨씬 강력한 영향력을 행사해 재벌 그룹 전체를 지배함에 따라 지배구조의 문제가 매우 심각한 정치적 문제로까지 비화하고 있다. 본 절에서는 이런 기업 지배구조문제의 핵심 이슈들을 개관한다.

3.1 주식회사와 주주

복수의 주체들이 한 기업에 대한 소유권을 공동으로 보유하는 가장 보편적인 형태는 주식회사이다. 따라서 본서에서는 주식회사를 중심으로 기업 지배구조문제를 논의하기로 한다. 그래서 '기업'이라는 명칭과 '회사'라는 명칭을 혼용해 사용한다. 주식회사의 소유권은 복수의 주식(stock)으로 세분되며, 주식을 보유한 **주주**(shareholder)들은 자신의 주식 보유비율, 즉 지분(share)에 비례해 소유권을 행사하게 된다. 주주들은 회사의 채무에 대해서는 자신의 주식의 가치까지만 책임을 지는 소위 **유한책임**(limited liability)을 진다. 즉, 아무리 회사가 큰 손실을 보고 큰 채무를 지더라도, 주주들은 자신의 주식이 가치가 제로가 되는 이상의 책임은 없다. 물론 회사의 주식 가치가 제로까지 떨어지고도 회사의 채무가 더 남아있게 되면 채무를 전액 변제할 수 없게 되므로 그 회사는 파산하게 된다.

주주들은 회사의 운영에 대한 최종 의사결정과 이윤에 대한 권리를 갖는데, 기업의 운영에 대한 최종 의사결정이 주주들만의 전유물이 되어야 하는지에 대해서는 이견이 있다. 이런 이견이 존재하는 이유는 기업의 운영이 주식가치에만 영향을 미치는 것이 아니라, 다른 이해관계자들에게도 영향을 미치기 때문이다. 회사에 오랫동안 근무한 직원들은 회사의 운영 방향에 직접적인 영향을 받는다. 예를 들어, 회사가 공장을 해외로 대부분 옮겨버리고 국내 직원 수를 대폭 줄인다면, 대규모 퇴직 사태가 발생할 것이기 때문이다. 이 때문에 회사의 직원들이 경영에 관여해야 된다는 주장도 있으며, 일부 국가에서는 실제로 직원들의 대표가 회사 의사결정에 공식적으로 관여하기도 한다.[3] 직원들 이외에 그 회사와 협력관계에 있는 회사들이나 채권자들도 그 회사의 경영 방향이나 성과에 영향을 받는다. 예를 들어, 은행의 입장에서 대출을 받아간 회사가 위험한 사업에 무리한 투자를 감행하고 담보물의 가치를 훼손하는 행위를 한다면 대출 상환의 가능성이 떨어져 손해를 보게 된다. 이처럼 기업의 경영과 성과에 영향을 받는 **이해관계자들**을 stakeholder라고 부르는데, 이는 shareholder보다 더 광범위한 개념이다. shareholder가 아닌 stakeholder에게 기업의 경영에 대해 얼마나 많은 권리를 부여해야 하는가에 대해서는 다양한 주장들이 있다. 그러나 회사를 위해 자본을 투자하고 그 투자의 수익이 순전히 회사의 성과에 의존하는 주주들에게 가장 큰 권리가 주어져야 한다는 데에는 이견이 없다. 본서에서는 주주들을 중심으로 하는 기업 지배구조문제만을 논의하기로 한다.

3.2 주식회사의 소유구조와 지배구조문제

만약 모든 주식을 한 사람 또는 소수의 사람들이 보유하고 있다면, 기업의 지배구조문제는 별로 중요한 이슈가 되지 않을 것이다. 이들 주주들은 기업에 큰 이해가 걸려 있으므로 자신의 권리를 보호하기 위해 적극적으로 회사 일에 관여할 것이고 또 그럴 수 있는 영향력을 갖추고 있다. 문제는 회사의 주식이 수많은 소액

---

3 대표적 예로 독일의 공동결정제도가 있다. 이 제도에서는 일정 규모 이상의 주식회사나 유한회사에 대해 감사(역)회(Aufsichsrat, supervisory board)를 두게 하고 이 감사회의 절반을 근로자 대표로 구성하게 한다. 감사회는 이사회를 감독하는 역할을 한다.

주주들에게 분산되어 있는 경우이다. 사실 주식회사라는 형태가 등장한 주된 이유가 바로 수많은 투자자들로부터의 대규모 자본 동원을 위해서이다. 결과적으로 수많은 주주들이 존재하는 경우가 흔하고 특히 대기업은 대부분 이에 해당한다. 이런 경우 수많은 주주들의 이해를 공정하게 반영하고 그들의 주식가치를 보호해 줄 수 있는 기업 지배구조를 확립하는 것은 간단한 일이 아니다. 소액주주들은 자신들의 지분이 작기 때문에 개별적으로 영향력을 행사할 수 없고, 또한 그 회사에 대해 많은 시간과 노력을 투입할 유인도 작다. 주주들은 주주총회에 참석해 자신의 지분에 비례하는 의결권을 행사해 회사의 주요 의사결정과 이사회 선임에 참여함으로써 자신의 권리를 행사한다. 그러나 기업의 일상적 경영은 이사회와 경영진이 담당하기 때문에, 이들이 실제적인 영향력을 행사한다. 이는 마치 민주국가에서 국민들에게 주권이 있지만 실질적으로 정치적 영향력을 행사하는 세력은 국회의원과 행정부인 것과 유사하다. 분산된 소유구조 하에서의 기업 지배구조는 정치의 영역에 가까워지게 된다.[4]

> **기업의 소유구조**: 주식회사 형태의 기업의 소유구조는 그 회사의 지분이 주주들 사이에 어떻게 분포되어 있으며, 그 주주들이 어떤 경제주체로 구성되어 있는가를 의미한다.

주식회사의 소유구조에서 가장 중요한 요소는 주식 소유의 분산 정도이다. 일부 대주주들이 주식의 상당 부분을 소유하는지 아니면 대주주의 비중은 낮고 소액주주가 대부분의 주식을 보유하는지의 차이가 매우 중요하다. 그 다음으로 중요한 것은 주주들, 특히 대주주들의 구성이다. 대주주들은 우선 개인인지 혹은 기관인지로 크게 구분된다. 개인의 경우 기업의 경영에 직접 참여하는 임원인지 아니면 단순 투자 목적으로 주식을 보유한 투자가인지의 구별이 중요하다. 그러나 우리나라 재벌처럼 공식적으로 기업의 경영진에 포함되지 않으면서도 회사 경영에 깊이 개입하는 소위 '오너(owner)'들도 있다. 기관의 경우 뮤추얼 펀드와 같이 투자 목

---

4 Berle과 Means의 저서 *The Modern Corporation and Private Property*(1932)는 분산된 소유구조로 인한 기업의 소유(ownership)와 경영(control)의 분리가 사회에 미치는 영향에 대한 획기적인 연구로 잘 알려져 있다.

적으로 주식을 보유하는 금융기관들이 있고, 금융기관이 아닌 다른 기업이 대주주 지분을 보유하는 경우도 있다. 국민연금, 사학연금, 각종 재단 등이 자산 운용을 목적으로 대규모 주식을 보유하는 경우도 있다. 대주주가 단독으로 그 회사의 경영을 결정할 수 있는 영향력을 가지게 되면 **지배주주**라고 부른다.

주식회사의 지배구조를 구성하는 3대 요소는 주주, 이사회, 경영진이다. 주주는 주주총회에서 의결권을 행사해 주요한 의사결정을 하는데, 특히 이사들을 선임, 해임한다. 보통주의 경우 한 주당 하나의 의결권이 주어진다.[5] 이사회는 일종의 대의기관으로 주요 의사결정을 한다. 특히 최고 경영진을 선임, 해임한다. 경영진은 일상의 경영을 담당한다. 주주총회의 의사결정과 이사회의 의사결정의 범위는 법령과 회사 정관에 따라 차이가 난다. 기본적으로 주주의 의결권은 이사의 선임 및 해임, 회사의 중요한 구조변경에 적용된다.

정치에서 단순히 투표제도가 있다는 것만으로 바로 민주정치가 실현되기 어렵듯이, 주주총회에서 의결권 행사가 이루어진다는 것만으로 이상적인 기업의 지배구조가 보장되지는 않는다. 복수 정당들이 득표를 위해 경쟁하는 정치와 달리, 기업 지배구조에는 평상시에 기존의 경영진과 경쟁하고 견제하는 야당 역할을 하는 세력이 따로 없다. 기존의 경영진만이 주주총회에서 주요 경영정책을 제시하고 이사진들을 추천한다. 따라서 정기적인 국민투표를 통해 정권교체가 수시로 일어나고 국회 내에도 야당 국회의원들이 다수 존재하는 정치에 비해, 주식회사에서 기업의 경영권이 통째로 바뀌는 일은 매우 드물고 경영진의 반대 세력을 대표하는 이사들이 이사회에 상존하는 경우도 별로 없다. 물론 한계상황이나 분쟁상황이 발생하면, 주식 매집을 통한 적대적 인수합병(M&A)이나 주총에서의 위임권 대결을 통해 경영권을 쟁탈하려는 분쟁이 일어나기도 한다. 실제로 영국과 미국에서는 이런 분쟁을 통해 경영권이 뒤바뀌는 경우도 많이 있다. 그러나 우리나라에서는 이런 일들은 드물며, 특히 대기업의 경우에는 더욱 그러하다. 우리나라에서 대기업의 경영권이 교체되는 일은 대부분 기업 파산에 의한 경우들이다.

그러나 기업 지배구조에서 정치와 비교해 경쟁의 정도가 낮다는 점만으로 주식회사 제도 자체를 실패라고 볼 수는 없다. 정치적 유권자들과 달리, 주주들의 이

---

5 자사주의 경우는 의결권이 제한될 수 있다.

해는 거의 대부분 일치한다. 기업 경영을 잘해 이윤을 극대화하는 것이다. 이는 진보-보수 등 다양한 성향이 혼재하는 정치와의 근본적인 차이이다. 따라서 다양한 성향을 대표하는 세력들이 상존할 필요는 없으며, 경영진과 이사회가 자신에게 신탁된 의무(fiduciary duty)를 성실히 잘 수행하는지를 감시할 수만 있다면 현 제도를 잘 운용해 만족스러운 결과를 얻을 수도 있다.

주식회사에서 주주들의 이윤극대화에 맞지 않게 회사 운영이 이루어질 수 있는 가능성은 주로 다음의 두 가지 문제에서 발생한다.

1) 대리인 문제

본서 제21장에서 상세히 논의되겠지만, 주주와 경영진의 관계는 전형적인 **주인-대리인 관계**이다. 대리인(agent)인 경영진은 주인(principal)인 주주들을 대신해 주주의 이익을 위해 일하고 그 대가를 받는다. 그러나 주주들이 정보 부족으로 경영진을 잘 감시하지 못하면, 경영진은 충분한 노력을 경주하지 않거나 아니면 주주들의 이익이 아니라 자신의 이익을 극대화시키는 방향으로 회사를 운영할 수 있다. 소위 **도덕적 해이**(moral hazard)가 발생하는 것이다.

이런 대리인 문제는 소유구조가 분산된 경우 더 심각하게 나타난다. 소액주주들은 경영진을 철저히 감시할 유인과 능력이 모두 부족하기 때문이다. 따라서 대리인 문제를 완화하기 위해 지분율이 높은 대주주들의 존재가 도움이 될 수 있다. 대리인 문제를 해결하는 또 다른 방법은 경영진에게 이윤극대화의 유인을 제공하는 것이다. 만약 경영진들의 지분 보유율이 높으면 다른 주주들의 감시가 없어도 스스로 주식 가치를 극대화하려고 노력할 것이다. 그러나 경영진의 지분을 높이려면 대주주 중에서 경영진을 선발해야 하는데, 이렇게 되면 능력있는 경영자를 선발하는 데 제약이 생긴다. 경영진에게 무상으로 많은 주식을 공여하는 것 역시 경영진에 대한 과도한 보상의 문제를 낳는다. 지분이 높지 않은 경영자들에게 높은 유인을 제공하려면 강력한 성과급을 도입하는 방법이 있다. 실제로 보너스나 스톡옵션을 이용해 최고 경영자들에게 강력한 유인을 제공하는 경우가 많다. 그러나 이 방법 역시 나름대로의 문제를 안고 있다. 제21장에서 설명하겠지만, 위험 기피적인 대리인의 도덕적 해이를 막기 위해 강력한 성과급을 도입할 경우 그에 따른 위험에 대해 보상을 해주어야 하기 때문에 평균적인 급여액이 증가한다. 뿐만 아니라 성과급 제도를 남용해 최고 경영자들의 실질 급여 수준을 대폭 인상시킬 가능성이 있다. 실제로 미국에서 스톡옵션을 이용한 성과급 제도가 본격적으로 도입된 80년대 이후에 최고 경영자들의 급여 수준이 폭등했다는 것은 잘 알려진 사실이다.

2) 터널링(tunneling)

기업 지배구조에서 대리인 문제만큼 중요한 이슈는 지배주주에 의한 소액주주의 이익 침해 문제이다. 이 문제를 터널링(tunneling)이라고 부른다. 소액주주의 부(富)가 땅굴(tunnel)을 통해 지배주주에게 몰래 흘러간다는 의미에서 이런 이름이 붙었다. 지배주주는 기업의 경영권을 장악한 주주를 의미하는데, 터널링은 이 경영권을 이용해 회사 전체에는 손해가 되지만 지배주주에게는 유리한 방향으로 기업을 운영하는 것을 의미한다. 예를 들어, 지배주주가 따로 회사를 설립한 이후 자신이 지배주주로 있는 회사로 하여금 이 회사를 시가보다 훨씬 비싼 가격에 인수하게 한다면, 결과적으로 다른 주주들에게 피해를 주면서 지배주주의 배를 불리게 된다. 소액주주들은 영향력을 행사하지 못하므로 이런 손해를 감수할 수밖에 없다. 지배주주가 설립한 회사에게 일감을 몰아주는 행위 역시 이에 해당한다.

이처럼 지배주주가 자신의 경영권을 남용해 회사 전체에게 피해를 주면서 자신의 사리를 채울 수 있는 가능성은 다양하다. 터널링의 측면에서는 경영권을 장악하는 대주주가 있다는 사실이 소액주주에게 손해가 될 수 있다. 대주주의 존재는 앞서 말한 대리인 문제를 완화하는 데에는 도움이 될지 모르지만, 터널링 문제는 오히려 악화시킬 가능성이 있다. 따라서 대주주의 존재가 기업 지배구조 문제에 좋은 영향을 미칠지 나쁜 영향을 미칠지는 불분명하다.

재벌, 즉 대규모 기업집단들에게 경제력이 집중되어 있는 우리나라에서는 터널링 문제가 특히 중요한 문제이다. 소위 '오너' 또는 '총수'라고 불리는 지배주주 일가는 실제 지분이 1~2%에 불과하면서도 복잡한 지분소유 구조를 통해 그룹 전체에 대해 100% 경영권을 행사한다. 뿐만 아니라 이들 지배주주의 통제하에 다양한 부문의 기업들이 있다. 이런 구조는 터널링을 위한 이상적인 환경을 조성한다.

지배주주의 최종적 지분이 낮기 때문에 터널링의 유인이 더 크며, 많은 기업들을 절대적으로 통제하므로 다양한 방법의 터널링을 쉽게 실행할 수 있다. 실제로 우리나라에서 재벌 오너들이 다른 주주들에게 피해를 끼치면서 자신들의 이익을 증대시킨 사례들이 많이 알려져 있다.

3.3 경영권에 대한 견제와 경쟁

앞에서 말한 것처럼 기업의 경영권에 대한 경쟁[6]은 정치나 상품시장에서의 경쟁에 비해 상대적으로 약하다. 그래도 기존의 경영진을 견제하고 심지어 경영진을 교체할 수 있는 제도적 장치들이 있다. 물론 이런 장치들이 얼마나 잘 작동하는지는 제도의 발전 정도나 문화, 전통 등에 따라 국가마다 차이가 난다.

1) 사외이사 제도

이사회가 모두 기업의 내부 임원들로 구성된다면, 이사회에서 경영진을 제대로 감시·감독하기 어려울 것이다. 자기가 자신을 감시·감독하는 셈이 되기 때문이다. 이런 문제점을 보완하기 위해 많은 국가에서 법령 또는 정관을 통해 일정 수의 이사를 외부 인사로 선임할 것을 의무화하고 있다. 우리나라에도 외환위기를 겪은 직후인 1998년에 이 제도가 처음 도입되어 시행되고 있다. 그러나 사외이사를 추천하는 것도 결국 기존의 이사회이고 또한 사외이사들이 회사 상황에 대한 정보와 전문성이 떨어지기 때문에 사외이사들이 경영진에 대한 견제 역할을 제대로 하지 못한다는 회의론도 있다.

2) 위임장 대결(proxy fight)

주주들은 주주총회에서 자신의 의결권을 직접 행사하는 대신 제3자에게 위임하는 경우가 많다. 이때 위임한다는 증서를 **위임장**(proxy)이라고 한다. 기존의 주주들로부터 지지를 받아 경영권을 교체하려는 주체는 되도록 많은 위임장을 모으려

---

6 우리나라에서는 경영권에 대한 경쟁을 주로 '경영권 분쟁'이라고 부른다. 경쟁에 비해 분쟁이라는 표현이 부정적 인상이 강한 만큼 강제적 수단으로 경영권을 획득하는 것을 부정적으로 보는 시각이 많음을 반영한다.

고 한다. 물론 기존의 경영진도 경영권 방어를 위해 위임장을 모을 것이다. 결국 어느 쪽이 더 많은 위임장을 모으느냐에 따라 주주총회에서 경영권의 향방이 결정된다. 이런 형태의 경쟁을 위임장 대결이라고 한다. 위임장 대결은 직접 주식을 매집하지 않고도 경영권을 획득 또는 방어할 수 있다는 특징이 있다. 정치에서의 표 대결과 가장 유사한 형태의 경영권 분쟁이다.

3) 적대적 인수합병(hostile Merger & Aquisition(M&A))

지분을 매집함으로써 대상기업을 인수합병하는 방법이다. '적대적'이라는 단어는 인수기업과 대상기업의 합의를 통해 이루어지는 **우호적 합병**(friendly M&A)과 대비하기 위해 쓰인다. 지분을 매집하는 방법으로는 장내에서 시장가격으로 매집하는 방법과 **공개매수**(tender offer, take over bid)를 통해 장외에서 정해진 가격을 제시해 일시에 목표 수량을 매집하는 방법이 있다.

4) 경영권 방어 장치

기존의 경영권을 가진 경영진이나 지배주주는 당연히 자신의 경영권을 지키려 할 것이다. 물론 가장 간단한 방법은 경영권 방어에 충분한 지분을 확보하는 것이지만, 이는 막대한 자금이 필요하다. 그러다 보니 주식을 매집하지 않고 경영권을 방어할 수 있는 다양한 장치들이 고안되었다. 물론 이런 장치들은 법령에서 허가된 경우에만 사용이 가능하다.

적대적 인수합병 자체를 어렵게 만드는 방법으로 적대적 인수합병으로 인한 경영권 변동에 관한 사항의 주주총회 정족수를 일반적인 다수결보다 아주 높게 만드는 방법(super majority provision), 이사회 임기에 시차를 두어 한 번에 교체할 수 있는 이사수를 제한하는 방법(시차임기제, staggered boards) 등이 있다. 또한 인수합병에 성공한 이후 인수기업에게 큰 비용이 들게 만듦으로써 사전에 인수합병 의지를 꺾는 방법도 있다. 인수합병에 의해 기존의 경영진이 임기 전에 퇴진할 경우 막대한 퇴직금을 주도록 정관에 규정하는 방법(golden parachute), 인수합병시 대상기업의 주주들이 특수한 권리를 행사할 수 있는 독소증권을 발행하여 인수기업의 비용을 증대시키는 방법(신주인수선택권, poison pill) 등이 있다. 예를 들어, 대상기업의 주주들이 합병 후 인수기업의 주식을 염가로 매입할 수 있는 권리를 부여하면, 대상기업을 인수한 기업에게 큰 손실을 입힐 수 있다(flip-over). 이 밖에도 적대적 인수합병 세력에 대항해 기존의 경영진에 우호적인 세력을 끌어들이는 백기사 (white knight) 전략도 있다.

주식 매집을 통한 경영권의 획득 또는 방어는 일종의 경영권에 대한 시장 (market for corporate control)이라고도 볼 수 있다. 그러므로 기업 지배구조는 순전히 정치의 영역이라기보다는 시장 경쟁의 영역도 일부 해당된다. 그러나 주식 매집을 통한 경영권 획득이나 방어는 국가마다 제도, 문화, 전통, 대규모 자본을 동원할 수 있는 자본가의 존재 여부, 자본 동원에 이용될 수 있는 금융시장의 발달 정도에 따라 그 용이성에 큰 차이가 있기 때문에, 경영권에 대한 시장이 모든 자본주의 경제에서 똑같이 잘 발달되어 있다고 볼 수는 없다. 오히려 이런 시장이 비교적 잘 발달된 국가는 영국과 미국에 한정되어 있고, 나머지 국가에서는 경영권 시장이 활성화되어 있지 않다. 심지어 경영권 경쟁의 폐해를 강조해 법적으로 억제하거나 경영권 방어를 쉽게 만드는 제도를 적극 도입하는 경우도 있다. 우리나라에도 경영권 분쟁을 비생산적이거나 비도덕적인 것으로 여겨 경영권 방어수단 도입을 옹호하는 주장이 특히 재계를 중심으로 강력히 제기되고 있다. 반면에 경영권 시장에 대한 장애요인들을 제거해 기업 지배구조를 개선해야 한다는 주장들도 있다.

3.4 재벌의 소유구조와 지배구조 문제

우리나라에서 재벌이라고 불리는 기업집단은 우리나라에만 있는 현상은 아니다. 대부분의 시장경제에서 여러 계열사를 거느린 기업집단들이 있다. 그럼에도 우리나라의 재벌이 특히 문제가 되는 것은 두 가지 이유로 요약될 수 있다. 첫째, 극히 작은 지분을 보유한 총수일가가 계열사들 사이의 복잡한 주식출자 관계를 통해 수많은 기업들을 완전 통제한다는 점이다. 소위 소유와 지배 사이의 괴리가 발생하는 것이다. 기업 지배구조의 허점을 100퍼센트 활용한 결과이다.[7] 둘째, 이런

---

7 미국에도 많은 자회사들을 거느린 대기업이 있지만, 이들은 대부분 모회사가 자회사의 지분 100%

상황하에서 국가의 경제력이 점점 더 소수 재벌들의 손에 집중된다는 점이다. 재벌 구조가 터널링에 이상적인 환경을 제공한다는 점은 이미 앞에서 언급했다. 지배주주들이 소액주주들의 이익을 침해하면서 자신들의 부를 축적하면, 부의 집중이 점점 더 악화될 뿐 아니라 터널링이 편법 상속에 이용되기도 한다. 소액주주에게 돌아가야 할 부를 총수 자신이 아니라 자신의 후손들에게 이전시킴으로써 상속세를 내지 않고도 후손들의 부를 키워줄 수 있기 때문이다.

본 절에서는 재벌에서 계열사들 사이의 주식출자를 통한 지분 소유구조가 어떻게 실질적인 지분 소유율과 실제적인 영향력 사이에 괴리를 발생시키는지를 분석한다. 이런 문제를 일으키는 대표적인 두 가지 지분 소유구조는 피라미드형 출자와 순환출자이다. 우선 논의의 편의를 위해 실질적인 지분 소유를 아래와 같이 공식적으로 정의한다.

> **실질 소유권**: 실질적인 지분 소유에 따라 그 회사의 이윤이나 청산가치에 대해 갖는 권리[8]

1) 피라미드형 출자

피라미드형 출자는 모회사가 자회사에 출자해 지분을 소유하고, 자회사는 다시 손자회사의 지분을 소유하며, 손자회사는 증손자회사의 지분을 소유하는 식의 지분 소유구조이다. 자회사, 손자회사로 내려가면서 회사수가 증가해 피라미드 형태를 띠기 때문에 피라미드형이라고 부른다(〈그림 10-2(a)〉 참조).

모회사에 대해서는 주주들의 실질 소유권과 의결권이 모두 주식 지분과 일치한다. 예를 들어, '갑'이라는 주주가 모회사 A의 지분 50%를 보유하고 있다면, 그는 50%의 의결권을 가지며 A의 이윤에 대해 50%의 권리를 갖는다. 그런데 A가 자회사인 B에 대해 40%의 지분을 소유하고 있으며, 갑은 또 직접 B의 지분 10%를 가지고 있다고 하자. 이때 갑의 B에 대한 직접 주식 소유는 10%이다. 그러나

를 보유하고 있어 소유와 지배의 괴리 문제가 심각하지 않다.

8 이 권리를 현금흐름권 또는 배당권이라고도 부른다. 자세한 정의와 논의는 서울대 경제연구소에서 발간한 '출자총액제한제도의 바람직한 개선방향'(2003)을 참조하기 바란다.

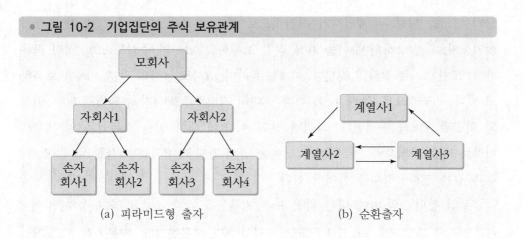

● 그림 10-2 기업집단의 주식 보유관계

(a) 피라미드형 출자　　　　　(b) 순환출자

모회사 A를 실질적으로 지배하고 있으므로, A의 지분 40% 역시 갑의 통제 하에 있다. 따라서 갑은 B의 의결권 50%를 통제한다. 그러면, 갑의 B에 대한 실질 소유권은 얼마인가? 다시 말해서 B가 100원의 이윤을 주주들에게 배당한다면 궁극적으로 갑에게 얼마가 배당될 것인가? 갑은 B에 대한 직접 보유 지분으로부터 10%인 10원을 얻는다. 이에 더하여 A에 배당된 40%, 즉 40원에 대해 다시 50%의 권리가 있으므로, 결과적으로 A를 통해 간접적으로 40%×50%＝20%의 실질 소유권을 갖는다. 이를 합치면 30%의 실질 소유권을 갖는다. 갑이 B에 대해 통제하는 의결권이 50%이므로, 실질 소유권에 비해 20% 더 많은 의결권을 행사할 수 있다. 이처럼 다단계의 지분 소유관계를 거치면, 작은 소유권으로 큰 의결권을 행사할 수 있게 된다.

2) 순환출자

　순환출자는 〈그림 10-2(b)〉와 같이 지분 소유관계가 순환 형태를 갖는 것이다. 이 경우 서로가 서로의 지분을 보유하기 때문에 누가 모회사이고 누가 자회사인지 구별할 수 없다. 순환출자 관계는 극단적으로 그림의 계열사2와 계열사3과 같이 직접적으로 서로의 지분을 소유하는 상호출자의 경우도 있지만, 계열사1과 계열사2, 3 사이의 관계처럼 다른 계열사를 통해 간접적으로 서로의 지분을 소유할 수도 있다. 실제 현실에서 많이 관찰되는 경우는 후자의 경우이다.

　순환출자의 경우 지배주주의 실질 소유권을 계산하기가 좀 더 복잡해진다. 계산의 편의를 위해 두 계열사가 직접적으로 상호 주식을 보유하는 간단한 경우를 살펴보자. 갑은 A사의 주식을 10% 직접 보유하고, B사의 주식도 20% 직접 보유한다. 또한 A사는 B사의 지분을 30% 보유하며, B사도 A사의 지분 40%를 보유하고 있다. 결과적으로 갑은 A, B 각각에 대해 지배주주로 A사의 의결권 50%, B사의 의결권 50%를 통제한다. 그러면 갑의 A, B에 대한 실질 소유권은 얼마인가? 이제는 단순 자회사의 경우처럼 지분율을 곱해 간단히 결과를 계산할 수 없고, 다음과 같은 연립방정식을 풀어야 한다.

우선 갑의 A와 B에 대한 직접 보유 지분율을 각각 d_A, d_B라고 하자(위 예에서는 이들이 각각 10%, 20%였다.) 또한 계열사 A가 보유한 B의 지분율을 S_{AB}, 계열사 B가 보유한 A의 지분율을 S_{BA}라고 하자(위 예에서는 각각 30%, 40%였다). 갑의 A, B에 대한 실질 소유권을 각각 x_A, x_B라고 하면, 이들 변수들은 다음과 같은 관계를 갖는다.

$$x_A = d_A + S_{BA} \cdot x_B$$
$$x_B = d_B + S_{AB} \cdot x_A$$

이는 x_A, x_B에 대한 연립 방정식이 되는데, 여기에 d_A, d_B와 S_{AB}, S_{BA}의 실제 값들을 대입하면 아래와 같이 된다.

$$x_A = 0.1 + 0.4x_B$$
$$x_B = 0.2 + 0.3x_A$$

이를 x_A, x_B에 대해 풀면, $x_A = 20.5$, $x_B = 26.15$를 얻을 수 있다. 여기에서도 갑의 실질 소유권은 그가 통제하는 의결권 50%에 비해 훨씬 낮음을 알 수 있다.

계열사가 1부터 N까지 있으면, 위 연립 방정식은 다음과 같은 행렬로 표현될 수 있으며,

$$\begin{bmatrix} x_1 \\ x_2 \\ \vdots \\ x_N \end{bmatrix} = \begin{bmatrix} d_1 \\ d_2 \\ \vdots \\ d_N \end{bmatrix} + \begin{bmatrix} S_{11} & S_{12} & \cdots & S_{1N} \\ S_{21} & S_{22} & \cdots & S_{2N} \\ \vdots & \vdots & \vdots & \vdots \\ S_{N1} & S_{N2} & \cdots & S_{NN} \end{bmatrix} \begin{bmatrix} x_1 \\ x_2 \\ \vdots \\ x_N \end{bmatrix}$$

이는 행렬과 벡터를 사용하면 $x = d + S \cdot x$로 나타낼 수 있다. 이때 S 행렬은

계열사들 사이의 지분 소유구조를 종합적으로 나타내는 '출자행렬'이라고 부를 수 있다. 이 식은 이항을 거치면 $(I-S) \cdot x = d$로 표현되므로, 실질 소유권 벡터에 대해 $x = (I-S)^{-1} \cdot d$와 같이 풀 수 있다.

계열사들은 순환출자들을 이용해 실제 자본을 투입하지 않고도 허구로 계열사 간의 지분 관계를 만들어 낼 수 있다. 예를 들어, 위의 예에서 A와 B 상호간의 지분 보유가 없는 상태에서 출발해 보자. 즉, 갑이 A와 B에 대해 각각 10%, 20%만의 지분을 가지고 있다. 이 상태에서 A의 자본금은 45억원이고 B는 70억원이라고 하자. 이제 A사가 은행에서 30억원을 대출받아 이를 전부 B사 지분에 투자하면, B사의 자본금은 100억으로 증가하고 이 중 A사의 지분은 30%가 된다. 그런데 B가 A로부터 투자받은 돈 30억을 몽땅 다시 A에 투자한다고 하자. 그러면 A사의 자본금은 75억이 되고, 이 가운데 B의 지분은 30억/75억 = 40%가 된다. A사는 B사로부터 받은 투자금 30억원으로 은행 대출을 갚아 버리면, 실제 A, B 전체로 볼 때, 외부로부터 어떤 형태의 자금의 유입이나 유출도 일어나지 않는다. 그럼에도 불구하고 두 회사의 자본금은 각각 45억 원, 70억 원에서 75억 원, 100억 원으로 증가하고 서로에 대해 각각 30%, 40%의 지분을 보유하게 되어 지배주주의 통제를 강화시켜 준다. 이런 이유 때문에 재벌 계열사들 사이의 지분 소유구조에서 순환 출자가 가장 심각한 문제로 인식되고 있다.

미시경제학에서의 기업

최근에는 게임이론을 이용해 기업 내부조직 문제를 수리적 모형으로 설명하는 연구들이 급속히 발전하고 있다. 이 연구들은 크게는 미시경제학에 포함되며, 그 중에서도 산업조직론의 일부로 취급되고 있다. 최근에는 기업 내부조직이론 자체가 하나의 독립적 분야로 정립되어 가고 있다. 또한 기업 지배구조도 하나의 독립적인 연구분야로 자리 잡으면서 활발히 연구가 진행되고 있다.

그러나 아직까지도 전통적인 미시경제학은 기업 내부조직보다는 시장기구를 주요 관심 대상으로 하고 있으며, 본서도 이런 전통을 따른다. 따라서 본서에서는 기업 내부조직이나 기업 지배구조에 대해 더 이상 논의하지 않는다. 기업은 여러 생산요소들을 시장에서 구매한 뒤 이들을 조합해 새로운 상품을 생산하고 판매하는 하나의 단일 경제주체이며, 기업의 의사결정 역시 동일한 단일 주체에 의해 이루어진다고 가정한다. 달리 말하면, 기업을 생산요소들로부터 상품을 만들어 내는 생산기술 그 자체로 보는 것이다.

본서에는 기업의 행동을 분석하기 위해 다음과 같은 가정들을 한다. 물론 현실이 언제나 이들 가정에 정확히 맞는 것은 아니지만, 경제학에서는 시장기구에 대한 논의의 출발점으로 적당한 가정들로 받아들여지고 있다.

1. 기업은 모든 생산요소들을 요소시장에서 구매하고, 이들에 생산기술을 적용해 상품을 생산해 산출물시장에 판매하는 하나의 경제주체이다.

    이 가정은 앞에서 설명한 것처럼 기업의 내부조직 문제를 고려하지 않고 기업을 하나의 단일 의사결정 주체로 취급한다는 것을 의미한다.

2. 기업의 목적은 이윤극대화이다.

    역시 앞에서 언급한 대로 이윤추구가 모든 기업의 존재 이유일 필요는 없다. 그러나 시장경제에서 대부분의 기업이 이윤을 추구하고 있다는 점을 고려할 때, 이 가정 역시 크게 무리한 가정은 아니다. 이 가정은 또한 모든 기업이 완벽한 기업 지배구조를 갖는다고 가정하는 셈이다.

다음 장부터는 이런 가정들하에서 기업들이 시장경제에서 어떤 원칙하에 행동하는지를 설명하고 예측하는 모형을 만든다. 우선 기업이 가지고 있는 생산기술을 생산함수나 비용함수를 통해 표현하고, 이들을 이용해 시장상황의 변화에 대해 기업들이 어떻게 반응하는지를 분석한다.

Microeconomics

Chapter

11 / 생산기술

★ 레온티에프(Wassily Leontief) : 러시아-미국, 1906~1999

♦ 레온티에프는 1973년에 산업연관분석모형(input-output model)을 개발해 중요한 경제문제들에 적용한 연구로 노벨 경제학상을 수상했다.

레온티에프는 러시아의 상트 페테르부르크에서 출생해 레닌그라드대학을 졸업했다. 당시 소련 당국의 학문에 대한 억압에 반대하던 레온티에프는 대학 졸업 이후 고국을 떠나 독일의 베를린 대학(당시는 Frederick William University, 현재는 Humbolt University of Berlin)에서 1928년에 경제학 박사학위를 취득했다. 1931년에 미국으로 건너가 1932년부터 1975년까지 하버드 대학에서 경제학 교수로 근무했고, 이후에는 뉴욕 대학에 근무했다.

레온티에프가 개발한 산업연관모형은 경제의 각 부문의 생산(output)에 필요한 생산요소와 중간재들의 투입(input) 비율이 일정하다는 가정하에 모든 투입물과 모든 산출물 사이의 관계를 투입-산출 행렬로 모형화한 것으로, 산업단위 또는 상품단위로 세분화된 경제 모형을 구축할 수 있다. 이런 모형을 이용해 경제 내의 한 부문의 변화가 경제 전체에 미치는 영향을 계산할 수 있는데, 현재와 같이 컴퓨터가 발달하지 않았던 시대에 실제 경제현상을 산업단위로 계산하고 예측할 수 있는 방법론을 제공했다. 이 모형을 이용해 국가 내 또는 국가 간의 재화와 용역의 흐름을 분석할 수 있는데, 레온티에프 본인은 국제무역에 이 모형을 주로 적용했다. 레온티에프가 사용한 생산함수는 생산요소들의 투입비율이 고정되어 있어 생산요소들 사이의 대체가 불가능하다는 면에서 매우 제한적인 특성을 갖는데, 이런 생산함수를 레온티에프 생산함수라고 부른다.

제10장에서 언급했다시피, 전통적으로 미시경제학은 기업을 그 기업이 가지고 있는 생산기술(production technology)과 동일시한다. 따라서 한 기업을 표현하는 것은 곧 그 기업의 생산기술을 표현하는 것과 동일하다. 본 장에서는 미시경제학에서 기업의 생산기술을 어떻게 표시하는가를 알아보고 생산기술의 여러 가지 성

질에 관해 살펴본다.

Section 1 생산기술의 표현: 생산함수

생산기술이란 **생산요소**(production factor) 혹은 **투입**(input)이라고 부르는 기존의 재화와 서비스를 이용해 **산출**(output)이라고 부르는 새로운 재화 혹은 서비스를 창출해 내는 노하우(know-how)를 의미한다. 따라서 생산기술을 표시하려면 어느 정도의 투입을 할 때 얼마만큼의 산출이 나오는가 하는 관계를 명시적으로 표현해야 한다. 그런데 이 관계를 표시하는 것이 그리 간단하지 않은 이유 중에 한 가지는 많은 경우 기업이 여러 가지의 생산요소를 사용해 다양한 종류의 재화를 동시에 생산한다는 것이다. 그러므로 가장 일반적인 경우를 고려한다면 다투입-다산출 (multi-inputs, multi-outputs)의 경우를 표시할 수 있는 방법을 찾아야 한다. 산출이 여러 개인 경우는 분석하기 복잡하다. 미시경제학의 고급과정에서는 산출이 여러 개인 경우를 다룬다. 그러나 본서에서는 편의상 각 기업들이 한 개의 재화만을 생산한다고 가정한다.[1]

1.1 생산함수

기업이 한 종류의 산출물만을 생산하면 생산기술은 **생산함수**(production function)를 이용해 표시할 수 있다. 생산함수는 여러 가지 투입을 사용해 생산해 낼 수 있는 최대의 산출량을 나타낸다. 기업이 한 재화 혹은 서비스를 생산하는 데 필요한 투입의 종류는 무척 많다. 자동차는 2만여 종류에 가까운 부품이 필요하다고 한다. 그러나 소비자이론에서와 같이 그림을 통한 분석을 위해 생산요소는 2개만 있다고 가정한다. 소비자이론에서와 마찬가지로 생산요소가 두 가지인 경우에 성립하는 분석의 결과 대부분이 생산요소가 n가지인 경우에도 성립함을 고급 미시과정에서

---

1 예를 들어, 자동차 회사가 한 가지 모델의 자동차를 생산한다고 하더라도, 부산물로 공해물질을 방출하면 이 회사는 2개의 산출물을 생산하고 있는 것이다.

보일 수 있다. 더욱이 생산자이론에서는 소비자이론과 달리 여러 종류의 생산요소가 있다고 하더라도 크게 **노동**(labor)과 **자본**(capital), 두 종류로 묶어 생각하므로 두 가지 생산요소만을 분석하는 것이 크게 제한적인 것은 아니다. 그러므로 이후에서는 생산요소는 노동과 자본만 있다고 가정하고, 생산함수를 $q = F(L, K)$로 표시한다. 생산함수에 대해 독자들은 다음과 같은 두 가지 점에 유의하기 바란다.

(1) $q = F(L, K)$이라고 쓸 때, 노동과 자본을 (L, K)만큼 투입해 항상 q만큼의 산출을 자동적으로 생산한다는 것을 의미하는 것은 아니다. (L, K)만큼의 투입을 가지고도 생산요소를 낭비하거나 혹은 비효율적으로 사용한다면 q를 생산해 낼 수 없다. 즉, 현재 가지고 있는 기술수준으로는 (L, K)만큼의 생산요소를 가지고 q보다 많이는 절대로 생산해 낼 수 없지만, 비효율적으로 사용하면 얼마든지 q 이하로 생산할 수 있다. 따라서 q는 (L, K)만큼의 생산요소를 가장 효율적으로 사용한다는 전제하에서 현재의 생산기술이 허용하는 최대의 양(maximum)이라는 뜻이다(인간의 경제생활 모든 부문에 걸쳐 암묵적으로 개입되어 있는 극대화 혹은 극소화의 최적화 가정이 생산함수 속에도 들어 있음을 기억하라).

(2) 생산함수에서 투입량이나 산출량 모두 일정 기간을 염두에 둔 유량변수라는 것이다. 예를 들어, 노동의 경우 물리적으로 사람 자체가 생산과정에 투입됨을 의미하는 것이 아니라 사람이 제공하는 노동력이라는 서비스가 생산과정에 투입된다는 것이다. 9시부터 5시까지 일한다는 것은 하루를 기준으로 8시간의 노동력을 생산과정에 투입한다는 뜻이다. 이렇게 노동이라는 생산요소의 양은 일정 기간에 투입된 노동시간으로 표시하는데, 이것은 노동이라는 생산요소가 바로 유량변수임을 의미한다. 자본도 자본 자체는 저량변수이지만 생산과정에 참여하는 것은 자본 자체가 아니라 자본으로부터 나오는 서비스라는 것이다. 예를 들어, 운송회사의 생산함수를 보면 산출량은 운송량이고, 중요한 생산요소 중 하나는 트럭일 것이다. 생산과정에 참여하는 것은 트럭 자체가 아니라 트럭이 제공하는 신속한 대량 수송 서비스이다. 이 서비스가 노동력과 결합되어 운송량이라는 산출물을 생산하는 것이다. 또한 운송량이라는 산출을 측정할 때에도 일정 기간, 예를 들면 하루 동안 옮겨진 물량을 재는 것이지, 어느 한 시점, 예를 들어 정오 정각에 옮겨진 물량이 얼마인가 하는 질문은 의미가 없다. 생산은 시간이 필요한 과정이므로 투입

량, 산출량 모두 일정 기간에 투입되는 양과 산출되는 양을 나타내는 유량변수임을 이해해야 한다.

> **생산함수**: 일정 기간에 생산요소를 가장 효율적으로 사용할 때, 생산요소의 투입량과 그에 상응해 생산할 수 있는 최대한의 산출량과의 관계를 나타내는 함수. 생산요소가 노동과 자본일 경우 $q = F(L, K)$로 표시한다.

1.2 장기와 단기: 가변요소와 고정요소

생산과정에 투입되는 생산요소는 다양하다. 철강을 예로 들면, 아무리 자동화되었다 하더라도 어느 정도의 노동은 투입되어야 한다. 또한 여러 가지 기계설비가 필요한데, 그 중에서 가장 중요한 설비 중에 하나가 용광로이다. 철강을 생산하려면 원광석도 필요하며 용광로를 가열할 석탄 혹은 전기와 같은 에너지도 필요로 할 것이다. 이렇게 다양한 생산요소들이 투입되는데, 이 중에서 용광로는 다른 생산요소와 다소 성격이 다르다. 노동, 원광석, 에너지 등은 철강 생산량의 변화에 따라 사용량을 늘이거나 줄이기가 비교적 용이한 반면, 용광로는 일단 설치하면 일정 기간 동안에는 바꾸기가 용이하지 않다. 따라서 용광로가 생산활동에 제공하는 서비스도 변화시키기가 쉽지 않다. 예를 들면, 철강을 50만 톤만 생산한다고 해서 100만 톤급 용광로를 하루 아침에 50만 톤급으로 대체할 수는 없다. 반대로 철강생산을 200만 톤으로 늘리는 경우라도 갑작스레 용광로를 200만 톤급으로 대체하기는 힘들다. 이렇게 생산요소의 성격에 따라 일단 투입하면 그 크기를 일정 기간 바꾸기 힘든 경우가 발생하는데, 그 일정 기간을 생산자이론에서는 **단기**(short-run)라고 한다. 단기에 크기를 바꾸기 힘든 생산요소를 **고정요소**(fixed factor), 그리고 투입량을 쉽게 바꿀 수 있는 생산요소를 **가변요소**(variable factor)라고 한다. 따라서 단기라고 이야기할 때는 반드시 투입량을 변화시킬 수 없는 고정요소의 존재를 전제로 한다. 모든 생산요소의 양을 자유로이 변화시킬 수 있으면, 이를 **장기**(long-run)라고 한다.

단기: 일부 생산요소의 투입량을 변화시킬 수 없는 기간
장기: 모든 생산요소의 투입량을 변화시킬 수 있는 기간
고정요소: 단기에서 투입량을 변화시킬 수 없는 생산요소
가변요소: 단기에서도 투입량을 변화시킬 수 있는 생산요소

단기와 장기의 구별은 물리적인 시간단위는 아니다. 즉, 어떤 절대적인 시간단위, 예를 들면 5년을 기준으로 그보다 짧으면 단기, 그보다 길면 장기라고 구별하는 것은 아니다. 철강생산의 예에서, 정상적으로 용광로를 설치했을 때, 이를 바꾸기 위해 주문 제작하여 도입·설치하는 과정이 5년이면 5년이 단기가 된다. 그러나 용광로 제작기술 및 운송, 설치기술의 발전으로 이 모든 것이 1년으로 단축된다면, 이제는 1년은 단기이고 5년은 장기가 된다.

전통적으로 산업혁명 이전에는 토지와 노동이 양대 생산요소였고, 그 중에서 토지가 고정요소로 간주돼 왔다. 산업혁명 이후에는 자본과 노동이 양대 생산요소가 되었고, 자본이 고정요소로 간주돼 왔다. 그러나 항상 노동이 자본이나 토지에 비해 투입량을 쉽게 바꿀 수 있는 가변요소가 된다고는 할 수 없다. 서구에서 발전된 경제학에서 노동이 가변요소로 간주되는 주된 이유는 노동시장이 신축적이어서 불황 시 쉽게 인원을 감축할 수 있고 호황 시 인원을 쉽게 충원할 수 있었기 때문이다. 반대로 노동시장이 경직되어 있고 한 번 고용하면 특별한 문제가 없는 한 정년 때까지 해직 혹은 감원을 할 수 없는 상황이라면 오히려 노동이 자본이나 토지에 비해 고정요소로서 작용할 수 있다. 따라서 어떤 요소가 고정요소이고 어떤 요소가 가변요소인가 하는 것은 그 생산요소의 물리적 속성뿐 아니라 그 생산요소가 거래되는 시장구조에도 크게 영향을 받는다고 하겠다. 단기에서 생산량의 조정은 가변요소를 통해서만 가능한데, 이 경우를 **단기생산함수**(short-run production function), 모든 생산요소를 변화시킬 수 있는 경우를 **장기생산함수**(long-run production function)라고 부른다. 위에서 생산함수를 설명할 때 이미 암묵적으로 모든 생산요소를 자유롭게 변화시키는 장기생산함수를 가정했음을 독자들은 주의하기 바란다.

> **단기생산함수**: 고정요소가 있는 단기에서 가변요소와 산출량과의 관계를 나타내는 함수
>
> **장기생산함수**: 모든 생산요소가 가변요소인 장기에서 생산요소와 산출량과의 관계를 나타내는 함수

1.3 생산요소가 한 개인 생산함수

생산요소가 두 가지인 경우에 앞서 먼저 한 가지만 있는 경우를 고려해 보자. 생산요소가 한 가지만 있다고 가정하는 것은 실제로 생산요소가 딱 한 가지만 있다는 것은 아니다. 다만 생산요소가 한 가지인 생산함수를 고려하면 생산자이론에서 학습해야 할 많은 개념을 보다 명확하게 설명할 수 있는 장점이 있다. 또한 생산요소가 두 가지라도, 한 생산요소가 고정되는 단기생산함수는 생산요소가 한 가지인 경우와 동일하다. 장기생산함수에서도 다른 생산요소의 양을 고정시키고, 한 생산요소의 양을 변화시킬 때 산출량의 변화를 살펴봐야 할 때가 많으므로 생산요소가 한 가지인 경우를 먼저 살펴보는 것이 생산요소가 두 개 이상인 경우를 이해하는 데 많은 도움이 된다.

기업이 노동을 사용해 생산할 경우, 생산함수를 $q = F(L)$로 표시하자. 투입과 산출 사이의 구체적 관계는 생산기술에 따라 다르다. 그러나 다음의 두 가지는 모든 생산함수가 다 충족하리라고 기대되는 일반적인 성질이다.

(1) $F(0) = 0$: 이 조건은 두 가지 의미를 지닌다. 첫째, 투입이 없으면 산출도 없다는 것이다. 이는 "세상에 공짜 점심은 없다"(There is no free lunch in the world)의 또 다른 표현이다. 투입이 있다고 해서 반드시 산출이 있으란 법은 없으나, 산출이 있으려면 반드시 투입이 있어야 한다. 둘째, 기업은 항상 한 가지 옵션은 갖는데 그것은 생산을 하지 않을 수 있는, 즉 조업중단(shut down)을 할 수 있다는 것이다. 이것이 의미하는 바는 적어도 장기에서 손해를 볼 것이라고 생각이 들면 기업은 조업중단을 통해 최소한 손해는 보지 않을 수 있다는 것이다. 즉, 장기에서 기업의 이윤은 음이 될 수 없다는 것이다.

(2) $L' > L$이면 $F(L') > F(L)$이다: 이는 더 많은 생산요소를 투입하면 더 많은

산출이 나온다는 것으로, 소비자이론에서와 같이 생산의 **단조성**(monotonicity)이라고 부른다. 더 많은 산출을 얻으려면 틀림없이 더 많은 투입이 요구된다. 그러나 더 많은 투입을 하면 반드시 산출은 늘어나는가? 현실에서는 반드시 꼭 그렇지 않을 수도 있다. 제한된 크기의 논에 지나치게 많은 노동력을 투입하면 복잡해 오히려 쌀 생산량이 감소할 수도 있다. 이 경우 단조성이 성립하지 않을 수도 있다. 그러면 단조성은 현실의 경우를 제대로 반영하지 못하는 제한적 가정인가? 대답은 그렇지 않다는 것이다. 현실에서는 투입을 늘려도 산출이 변하지 않거나 혹은 오히려 감소하는 경우가 있을 수 있다. 그러나 투입을 늘리는 데 비용이 수반되므로 비용을 지불하고라도 산출이 변하지 않거나 오히려 감소하면 합리적인 기업은 결코 그와 같은 의사결정을 내리지 않을 것이며, 투입을 증가시켜도 산출이 변화가 없거나 감소하는 영역에서는 결코 생산을 하지 않을 것이다. 따라서 경제학의 관점에서 보면 이 같은 영역은 관심의 대상이 아니다. 그러므로 경제학적으로 의미 있는 영역에서는 단조성의 가정이 성립한다고 생각해도 무방하다.

1) 총생산·평균생산·한계생산

생산함수 $q = F(L)$로부터 여러 가지 생산의 개념을 도출할 수 있다. 먼저 q는 L을 투입할 때 얻어지는 **총생산**(total product: TP)이다. 소비자이론에서 총효용을 그냥 효용이라고 불렀던 것처럼 경제학에서는 많은 경우에 앞에 '총'(total)이란 말을 굳이 붙이지 않는다. 따라서 생산이라고 할 때는 총생산을 의미한다.

평균생산(average product: AP)은 생산요소 한 단위가 생산해 내는 산출량을 나타낸다. 노동을 L만큼 투입했을 때 평균생산은 아래와 같이 정의된다.

노동의 평균생산: $AP(L) = \dfrac{F(L)}{L}$

제2장 2.1절에서 설명했듯이, 그래프상으로 노동의 평균생산인 $\dfrac{F(L)}{L}$은 원점과 $(L, F(L))$을 잇는 직선의 기울기이다. 일반적으로 투입량이 변하면 평균생산도 같이 변함에 독자들은 유의하기 바란다.[2] 정의에 의해, 평균생산 $AP(L)$이 주어지

---

2 소비자이론에서는 평균효용을 정의하지 않았다. 그 이유는 효용이 주관적이고 관측할 수 없으며,

● 그림 11-1 평균생산과 한계생산

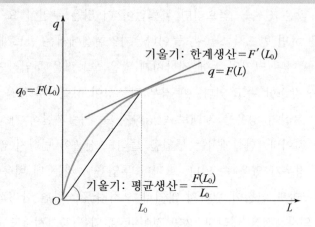

면 총생산을 $q = F(L) = AP(L) \times L$의 관계식으로부터 얻을 수 있다.

　　한계생산(marginal product: MP)이란 생산요소 한 단위를 더 늘렸을 때 발생하는 산출량의 변화분을 의미한다.

> **노동의 한계생산**: $MP(L) = \dfrac{dF(L)}{dL} = F'(L)$

　　한계생산은 소비자이론의 한계효용과 동일한 개념이다. 기하학적으로 한계생산은 $(L, F(L))$을 지나는 접선의 기울기이다. 평균생산과 마찬가지로 한계생산의 크기 역시 일반적으로 L의 크기에 따라 변한다. 한계생산의 개념을 이용하면 생산함수의 단조성은 한계생산이 항상 0보다 크다는 조건으로 표시할 수 있다.

> **생산함수의 단조성**: 한계생산이 항상 0보다 크다, $F'(L) > 0$

　　또한 효용의 절대적 크기가 의미가 없기 때문에 평균효용이란 개념은 무의미하다. 그러나 생산자이론에서 산출은 객관적인 양이면서 관측할 수 있고, 또한 절대적인 크기가 중요하므로 평균생산의 개념이 의미를 지닌다.

2) 한계생산체감·체증·불변

생산함수의 한계생산은 효용함수의 한계효용과 완전하게 동일한 개념이다. 그러므로 한계생산체감과 체증은 소비자이론에서 한계효용체감 및 체증과 동일하다. 다른 재화의 소비를 모두 고정시키고, 한 재화의 소비를 증가시킬 때 그 재화의 한계효용이 감소(증가)하는 것을 한계효용체감(체증)이라고 불렀다. 마찬가지로 생산요소의 투입을 증가시킬 때(생산요소를 한 가지만 고려하고 있으므로 고정시킬 다른 생산요소가 존재하지 않는다), 한계생산이 감소하면 **한계생산체감**(diminishing marginal product), 증가하면 **한계생산체증**(increasing marginal product)이라고 부른다.[3] 〈그림 11-2〉에 한계생산이 체감하는 경우와 체증하는 경우, 그리고 불변인 경우가 그려져 있다.[4]

생산함수가 항상 한계생산체감만을 보인다든지 혹은 항상 한계생산체증만 보인다든지 해야 할 물리적 법칙이나 이유는 없다. 〈그림 11-3(a)〉는 처음에는 한계생산체증을 보이다가 궁극적으로 한계생산체감을 보이는 경우이고, 〈그림 11-3(b)〉는 처음에는 한계생산체감을 보이다가 궁극적으로 한계생산체증을 보이는 경우이다.

● **그림 11-2 한계생산체감·체증·불변**

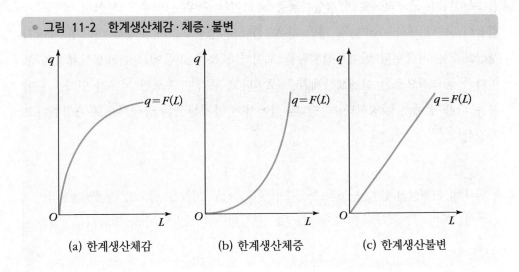

(a) 한계생산체감   (b) 한계생산체증   (c) 한계생산불변

---

3 한계생산체감(체증)을 수확체감(체증)이라고 부르기도 한다.
4 한계생산체감은 소비자이론에서의 한계효용체감과 동일한 개념이다. 제4장 4.4절에서 설명했듯이, 생산함수의 2차 도함수 $F''(L)<0$이면 한계생산체감, $F''(L)>0$이면 한계생산체증, $F''(L)=0$이면 한계생산불변이다.

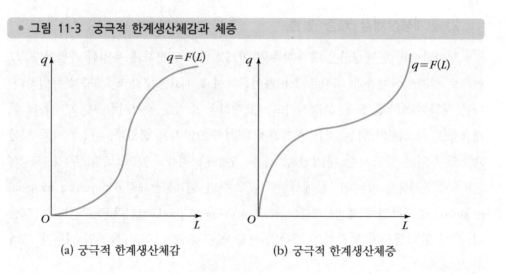

● 그림 11-3 궁극적 한계생산체감과 체증

(a) 궁극적 한계생산체감 (b) 궁극적 한계생산체증

그러나 경험적으로 보면, 〈그림 11-2(a)〉처럼 처음부터 한계생산체감을 보이거나, 또는 〈그림 11-3(a)〉처럼 처음에는 한계생산체증을 보이다가 궁극적으로는 한계생산체감을 보이는 경우가 일반적이다. 〈그림 11-3(a)〉와 같은 형태의 생산함수를 S자형 생산곡선이라고 한다. 〈그림 11-3(b)〉와 같이 처음에는 한계생산체감을 보이다가 궁극적으로 한계생산체증을 보이는 경우는 아주 드물거나 찾아보기 힘들다. 특히 생산요소가 두 개인 경우, 하나의 생산요소가 고정돼 있으면 나머지 생산요소는 처음부터 한계생산체감을 보이거나 혹은 처음에는 한계생산체증을 보이다가 궁극적으로는 한계생산체감을 보인다고 생각할 중요한 이유가 있다. 그 이유는 다음 절에서 설명한다. 다만 본 절에서는 한계생산은 궁극적으로 체감한다고 가정한다.

(궁극적) 한계생산체감: 노동의 투입량이 어느 정도 이상을 넘으면 한계생산체감이 성립한다. 그 이하의 수준에서는 한계생산체증이 성립할 수도 있다.

이제 〈그림 11-2(a)〉와 〈그림 11-3(a)〉에 대해 각각 평균생산과 한계생산을 그려보면 〈그림 11-4〉와 같다. 제2장 2.3절에서 평균과 한계와의 관계를 설명했다. 평균과 한계 사이에는 항상, 평균이 증가하면 한계는 평균보다 크고, 평균이

감소하면 한계는 평균보다 작다는 관계가 성립한다. 이 관계가 평균생산과 한계생
산 사이에도 동일하게 적용된다.

〈그림 11-4(a)〉의 경우 노동의 투입이 증가할수록 평균생산은 감소한다. 그러
므로 항상 평균생산(AP)곡선은 한계생산(MP)곡선보다 위쪽에 위치한다. 〈그림
11-4(b)〉의 경우 먼저 평균생산은 L_3까지 증가하다가 그 이후에는 감소한다. 따라
서 평균생산은 L_3에서 극대화된다. 한계생산은 변곡점인 L_2까지 증가하다가 그 이
후에 감소한다. 그림에서 보다시피 $L_2 < L_3$이므로 MP곡선은 AP곡선보다 먼저 극
대값에 도달한다. L_3까지는 평균생산이 증가하므로, MP곡선은 AP곡선보다 위에

● 그림 11-4 평균생산곡선과 한계생산곡선

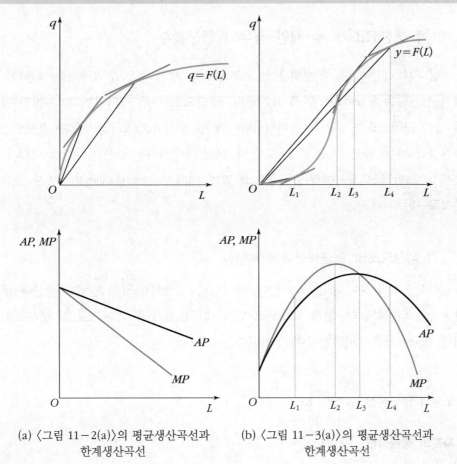

(a) 〈그림 11−2(a)〉의 평균생산곡선과
한계생산곡선

(b) 〈그림 11−3(a)〉의 평균생산곡선과
한계생산곡선

위치한다. 반면에 L_3가 넘어서면 평균생산이 감소하므로, MP곡선은 AP곡선보다 아래에 위치한다. L_3에서는 AP곡선의 기울기가 0이 되므로, MP곡선과 AP곡선이 교차한다.

예 1 생산함수가 각각 $q=\sqrt{L}$인 경우와 $q=L^2$인 경우, 평균생산과 한계생산을 구하라. 평균생산과 한계생산 중에서 어느 쪽이 큰가?

$q=\sqrt{L}$의 경우 $AP=\dfrac{\sqrt{L}}{L}=\dfrac{1}{\sqrt{L}}$, $MP=\dfrac{d\sqrt{L}}{dL}=\dfrac{1}{2\sqrt{L}}$ 이다. L이 증가할 때 평균생산이 감소하므로, 평균생산이 한계생산보다 크다.

$q=L^2$의 경우 $AP=\dfrac{L^2}{L}=L$, $MP=\dfrac{dL^2}{dL}=2L$이다. L이 증가할 때 평균생산이 증가하므로, 평균생산이 한계생산보다 작다.

1.4 생산요소가 두 개인 경우의 생산함수

본 절에서는 1.3절의 설명을 생산요소가 두 개인 경우로 확장해 설명한다. 따라서 생산함수를 $q=F(L, K)$로 표시한다. 생산요소가 두 가지이면 한 가지인 경우와 달리 고정요소가 생기는 단기생산함수와 두 생산요소 모두를 변화시킬 수 있는 장기생산함수로 구별할 수 있다. 또한 장기생산함수에서는 생산요소 간의 대체가 가능해진다. 따라서 장기에서는 생산요소 간의 대체성(substitutability) 여부가 중요한 문제로 대두된다.

각 생산요소의 평균생산과 한계생산

생산요소가 하나인 경우와 같이, 평균생산은 생산요소 한 단위가 생산해 내는 산출량을 의미하는데, 현재 고려하고 있는 생산요소가 두 개이므로 각 생산요소에 대한 평균생산은 다음과 같이 정의된다.

노동의 평균생산: $AP_L(L, K)=\dfrac{F(L, K)}{L}$

자본의 평균생산: $AP_K(L, K)=\dfrac{F(L, K)}{L}$

여기서 주의해야 할 점은 두 생산요소를 결합해 생산을 하므로, 각 생산요소의 평균생산은 그 생산요소의 투입량뿐 아니라, 다른 생산요소의 투입량에도 의존한다는 것이다. 각 생산요소의 평균생산은 현재 각 생산요소의 투입량(L, K)에 의존한다.

각 생산요소의 한계생산은 다른 생산요소의 투입량을 고정시키고, 그 생산요소를 한 단위 증가시킬 때 발생하는 산출량의 변화분이다. 각 생산요소에 대한 한계생산은 다음과 같이 해당 생산요소 투입량에 대한 편미분으로 정의된다.

노동의 한계생산: $MP_L(L, K) = \dfrac{\partial F(L, K)}{\partial L}$

자본의 한계생산: $MP_K(L, K) = \dfrac{\partial F(L, K)}{\partial K}$

평균생산과 마찬가지로 각 생산요소의 한계생산은 다른 생산요소의 투입량에도 의존한다.

눈치 빠른 독자들은 생산함수를 소비자이론의 효용함수로 생각하면, 각 생산요소의 한계생산은 소비자이론에서 각 재화의 한계효용과 동일한 개념임을 알아챘을 것이다. 소비자이론에서 설명한 효용함수의 여러 개념과 생산함수의 개념은 용어만 다를 뿐 거의 비슷하다. 이 같은 유사성을 염두에 두고 본 장을 읽어 가면 이해가 용이할 뿐 아니라, 소비자이론과 생산자이론을 통합적으로 이해하는 데 큰 도움이 된다. 이후의 설명에서도 가능하면, 소비자이론에 해당되는 개념들을 언급하면서 설명한다.

생산요소가 한 가지인 경우와 마찬가지로 두 가지인 경우에도 생산함수는 다음과 같은 성질을 갖는 것으로 기대된다.

(1) $F(0, 0) = 0$: 투입이 없으면 산출도 없다. 또한 기업은 항상 생산하지 않을 옵션이 있다.

(2) 단조성: 어떤 생산요소이든 투입을 늘리면 산출도 증가한다. 즉, $MP_L > 0$, $MP_K > 0$이다.

이제 각 생산요소의 한계생산체감 혹은 체증에 관하여 알아보자. 생산요소가 두 가지인 경우도 개별 생산요소의 평균생산과 한계생산 간의 관계는 생산요소가 한 가지인 경우와 동일하다. 다만 개별 생산요소의 평균생산이나 한계생산을 논할 때에는 반드시 다른 생산요소의 투입량은 같은 수준에서 고정시켜야 함을 잊지 말아야 한다.

생산요소가 두 가지이면 다른 생산요소의 투입량이 고정되어 있으므로 각 생산요소별로 한계생산체감이 성립할 가능성이 높다. 다음의 예를 생각하여 보자. 기업에서 비서들이 사용할 수 있는 메인 컴퓨터 한 대를 설치하고 비서들은 모니터로 메인 컴퓨터에 연결해 문서작성을 한다고 하자. 메인 컴퓨터의 용량에 따라 다르겠지만, 처음 몇몇 비서들이 연결해 쓸 경우 용량에 비해 사용자가 그리 많지 않아 한 명의 비서가 더 추가되면 업무분담을 통해 더욱 효율적으로 문서작성을 할 수 있을 것이다. 또한 업무를 분담하다 보면, 자기 분야에 대한 전문성이 높아져 효율성이 더욱 증대할 수 있으며, 마지막으로 여러 명이 작업하게 되면, 서로 협동하면서 힘든 작업을 수행할 수 있다는 장점도 있다. 따라서 비서 한 명이 더 추가될 경우의 기여분, 즉 한계생산이 증가할 수 있다. 그러나 비서의 수가 컴퓨터의 용량에 비해 지나치게 많아지면, 컴퓨터가 돌아가는 속도는 현저히 느려질 것이고 따라서 문서작성의 속도 또한 느려질 것이므로, 문서작성의 양이 늘어나는 속도도 느려질 것이다. 다시 말하면, 추가적으로 투입된 비서가 동일한 문서작성 능력을 지닐지라도, 한 명이 더 늘어남으로써 컴퓨터의 속도는 더욱 느려지고, 따라서 그 비서의 기여분은 이전의 비서에 비해 작을 것이라고 생각할 수 있다. 이것은 고정되어 있는 컴퓨터의 용량이 궁극적으로 노동의 한계생산을 늘리는 데 병목(bottleneck)으로 작용하기 때문이다. 즉, 고정돼 있는 다른 생산요소의 크기에 비해 한 생산요소의 양을 일정 수준 이상으로 투입하면 고정되어 있는 다른 생산요소가 궁극적으로 병목으로 작용하여, 한계생산이 감소하리라고 볼 수 있다. 생산기술에 따라 상당히 큰 영역에서 한 생산요소의 한계생산이 점점 늘어날 수 있으나, 어느 수준 이상이 되면 한계생산은 감소하는 것이 보편적인 경험적 사실이다. 따라서 한계생산이 궁극적으로 체감한다는 가정이 크게 무리한 가정은 아니라고 생각되므로 생산요소가 두 개인 경우에도 이 가정을 받아들이도록 한다.

(궁극적) 한계생산체감: 모든 생산요소의 한계생산은 궁극적으로 체감한다.

Section 2   단기생산함수 vs. 장기생산함수

2.1 단기생산함수

단기와 장기의 구별은 일정 기간 투입량을 변경시킬 수 없는 고정요소가 있는 가에 달려 있다. 두 생산요소 가운데 자본이 K_0로 고정되어 일정 기간 쉽게 바꾸기 어렵다고 가정하자. 생산함수 $q = F(L, K)$에서 단기에 자본의 투입량이 K_0로 고정되면, 산출량은 노동의 투입량에 따라 결정된다. 이 관계를 $q = F(L: K_0)$로 표시하고, 자본의 투입량이 K_0일 때의 단기생산함수라고 부른다. 단기생산함수는 자본의 투입량이 고정되어 있기 때문에 생산요소가 한 가지만 있는 생산함수와 동일하다. 이 점을 강조하기 위해 $q = F(L, K_0)$ 대신 보통 $q = F(L: K_0)$로 표시한다. (궁극적) 한계생산체감 가정하에서 단기생산함수는 〈그림 11-2(a)〉 또는 〈그림 11-3(a)〉와 같이 그려진다. 단기생산함수에서 노동의 평균생산인 AP_L과 한계생산인 MP_L 사이의 관계는 자본이 고정되어 있기 때문에 앞에서 살펴본 생산요소가 한 개인 경우와 동일하다.

단기생산함수 $q = F(L: K_0)$는 자본이 K_0로 고정되었을 때 노동과 산출량과의 관계를 나타낸다. 자본이 K_0가 아닌 K_1으로 고정되면, 또 다른 단기생산함수 $q = F(L: K_1)$을 얻는다. 자본의 크기에 따라 노동과 산출의 관계는 물론 다를 것이다. 이제 자본의 변화가 단기생산함수에 미치는 영향에 대해 알아보자. 단조성하에서 모든 생산요소의 한계생산은 (+)이다. 이는 다른 모든 생산요소의 투입량을 고정시키고 한 요소의 투입량만을 늘렸을 때 생산이 증가함을 의미한다. 즉, 동일한 노동이 보다 많은 자본과 결합했을 때 더 많은 산출을 생산한다는 것이다. 따라서 $K_1 > K_0$이면 $F(L: K_1) > F(L: K_0)$이다. 그러므로 $K_1 > K_0$일 경우, $F(L: K_1)$의 그래프는 $F(L: K_0)$의 그래프보다 위에 위치한다. 즉, 자본이 증가하면(감소하면), 단기

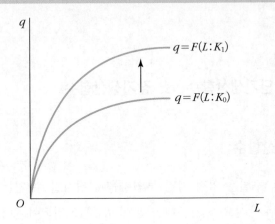

● 그림 11-5 자본의 변화가 단기생산함수에 미치는 영향($K_1 > K_0$)

생산함수 자체가 위로(아래로) 이동함을 알 수 있다. 이 사실로부터 우리는 자본의 증가가 노동의 평균생산에 어떠한 영향을 미치는가도 쉽게 알 수 있다. $K_1 > K_0$이면 $F(L:K_1) > F(L, K_0)$이므로 양변을 L로 나누면, $\dfrac{F(L:K_1)}{L} > \dfrac{F(L:K_0)}{L}$이 성립한다. 그러므로 자본이 증가하면, 주어진 노동의 투입에서 노동의 평균생산은 증가한다. 이는 노동의 투입량이 고정되어 있어도, 자본의 투입량이 증가하면 산출이 증가함에 기인한다. 〈그림 11-5〉는 이 같은 사실을 보여주고 있다.

자본의 증가가 노동의 한계생산에 미치는 영향은 평균생산과는 달리 다소 미묘하다. 즉, 자본의 증가가 반드시 노동의 한계생산을 증가시킨다고는 이야기할 수 없다. 다음의 두 가지 예를 살펴보자.

예2 $F(L, K) = \sqrt{LK}$인 생산함수의 노동의 평균생산은 $\dfrac{\sqrt{LK}}{L} = \dfrac{\sqrt{K}}{\sqrt{L}}$, 한계생산은 $\dfrac{\partial(\sqrt{LK})}{\partial L} = \dfrac{\sqrt{K}}{2\sqrt{L}}$이다. 그러므로 K가 증가할 때 노동의 평균생산과 한계생산 모두 증가한다. ■

예3 $F(L, K) = \sqrt{L} + \sqrt{K}$인 생산함수의 노동의 평균생산은 $\dfrac{\sqrt{L} + \sqrt{K}}{L}$, 한계생산은 $\dfrac{\partial(\sqrt{L} + \sqrt{K})}{\partial L} = \dfrac{1}{2\sqrt{L}}$이다. 그러므로 K가 증가할 때 노동의 평균생산은 증가하나, 한계생산은 변하지 않는다. 이 경우 자본의 증가는 단기생산함수를 수

직으로 평행이동시킨다. 따라서 접선의 기울기는 변하지 않으므로 노동의 한계생
산은 자본의 변화에 영향을 받지 않는다. ∎

2.2 장기생산함수

단기에서는 자본이 고정되어 있어 산출량의 변화는 노동의 투입에 의해서만
가능하다. 그러나 장기에서는 모든 생산요소의 투입을 변화시킬 수 있으므로 일반
적으로 생산요소들 사이에 대체가 가능하다. 즉, 동일한 산출물을 여러 가지 생산
요소의 결합으로 생산할 수 있다. 생산요소 간의 대체는 단기에서는 나타날 수 없
는 성질이며 장기에서만 가능한 현상이다. 이제 장기생산함수의 여러 가지 측면을
살펴보자.

먼저 장기생산함수를 그리려면 3차원의 그림이 필요하다. 〈그림 11-6〉은
장기생산함수를 3차원의 그래프로 보여준다. 각 생산요소의 결합에서의 높이는 그
생산요소의 결합을 사용할 때 생산되는 산출량을 보여준다. 3차원의 그래프는 그
리기도 쉽지 않고, 보기도 쉽지 않다. 이를 극복하기 위해 등량곡선을 이용해 2차

● **그림 11-6 장기생산함수**

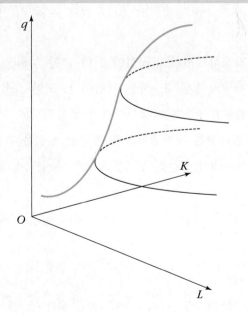

원의 그래프를 그리는 것이 장기생산함수를 보는 데 더 편리하다.

1) 생산요소 간의 대체성: 등량곡선

장기에서 현재 노동을 L만큼, 자본을 K만큼 투입해 $q = F(L, K)$만큼 생산을 하고 있다고 하자. 만일 노동을 더 투입하면 현재보다 자본을 덜 투입하여도 동일한 q를 생산할 수 있을 것이고, 반대로 자본을 더 많이 투입하면, 현재보다 노동을 덜 투입하여도 동일한 q를 생산할 수 있을 것이다. 일반적으로 주어진 산출량을 생산할 수 있는 생산요소의 결합은 다양하다. 산출량이 주어졌을 때 **등량곡선**(isoquant curve)은 그 산출량을 생산하는 생산요소들의 조합을 모아 놓은 것이다.[5]

등량곡선: 주어진 산출량 q를 생산할 수 있는 (L, K)의 조합을 모아놓은 곡선

등량곡선을 집합으로 표시하면 다음과 같다.

$$등량곡선(q) = \{(L, K) \mid q = F(L, K)\}$$

각 산출량 수준에 대해 하나의 등량곡선이 존재한다. $F(L_0, K_0) = F(L_1, K_1) = q$ 이면 두 생산요소의 조합 (L_0, K_0)와 (L_1, K_1)은 q를 생산하는 동일한 등량곡선상에 위치한다.

이제 단조성의 가정하에서 등량곡선이 지녀야 할 성질을 살펴보자. 등량곡선은 소비자이론의 무차별곡선에 대응하는 개념이다. 또한 효용함수의 단조성과 생산함수의 단조성은 한계효용과 한계생산이라는 용어의 차이만을 제외하면 동일한 가정이다. 따라서 등량곡선은 무차별곡선과 동일한 성질을 가진다. 이미 무차별곡선의 성질은 소비자이론에서 충분히 설명했으므로, 등량곡선에 대해서는 간단하게 설명한다.

---

5 iso는 '같다'(equal)는 영어의 접두사이고, quant는 '양'을 나타내는 quantity를 줄인 말이다.

● **그림 11-7 등량곡선이 교차하지 않는 이유**

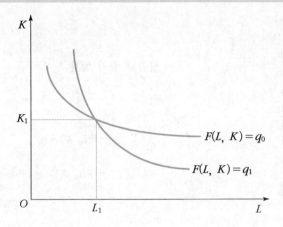

(1) 등량곡선은 우하향한다

등량곡선이 우하향하는 성질은 동일한 산출량을 생산하기 위해 한 생산요소를 늘리면 다른 생산요소를 줄일 수 있고, 반대로 한 생산요소를 줄이면 다른 생산요소를 늘려야 하는 당연한 사실을 표현하고 있다.

(2) 서로 다른 등량곡선은 교차하지 않는다

〈그림 11-7〉과 같이 서로 다른 산출량 q_0와 q_1의 두 등량곡선이 교차할 때, 두 등량곡선상의 점에 있는 (L_1, K_1)에 대해 $F(L_1, K_1) = q_0$와 $F(L_1, K_1) = q_1$이 성립하는데, $q_0 \neq q_1$이므로 동시에 성립할 수 없는 조건이다. 따라서 서로 다른 등량곡선은 교차하지 않는다.

(3) 원점에서 멀리 떨어질수록 높은 산출량을 표시하는 등량곡선이다

단조성 가정하에서 생산요소의 투입량이 많을수록 산출량은 증가한다. 그러므로 원점에서 멀리 떨어질수록 산출량이 큰 등량곡선이다.

● 그림 11-8 다른 두 등량곡선($q_1 > q_0$)

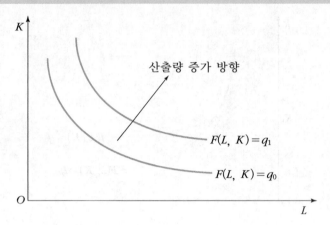

2) 기술적 한계대체율

소비자이론에서 무차별곡선의 접선의 기울기인 한계대체율은 재화1 한 단위를 더 얻기 위해 소비자가 포기할 용의가 있는 재화2의 양을 보여준다. 등량곡선의 접선의 기울기인 기술적 한계대체율은 노동 한 단위가 대체할 수 있는 자본의 양을 보여준다. 〈그림 11-9〉를 통해 등량곡선의 접선의 기울기가 가지는 의미를 살펴보자.

〈그림 11-9〉에서 (L_0, K_0)로 생산할 수 있는 산출량은 $q_0 = F(L_0, K_0)$이다. 그

● 그림 11-9 기술적 한계대체율

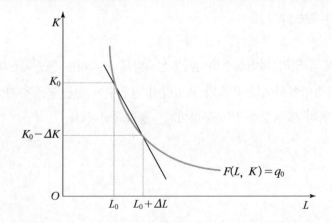

림에서 보다시피 (L_0, K_0)에서 노동을 ΔL만큼 더 투입하면, 산출량을 q_0로 유지하기 위해 자본을 ΔK만큼 절약할 수 있다. 즉, 동일한 산출량을 생산할 때, ΔL만큼의 노동은 ΔK만큼의 자본을 대체할 수 있다. 이를 노동 한 단위가 대체하는 자본의 양으로 계산하면 $\frac{\Delta K}{\Delta L}$가 된다. 이는 다름 아닌 (L_0, K_0)와 $(L_0 + \Delta L, K_0 - \Delta K)$를 잇는 직선의 기울기의 $(-)$값과 같다. 이제 ΔL을 무한히 작게 만들면 $\frac{\Delta K}{\Delta L}$는 q_0를 생산하는 등량곡선상의 한 점인 (L_0, K_0)에서의 접선의 기울기의 $(-)$값이 된다. 따라서 등량곡선상의 한 점에서 접선의 기울기의 절대값은 노동 한 단위가 대체할 수 있는 자본의 양을 의미함을 알 수 있고, 이를 **기술적 한계대체율**(marginal rate of technical substitution: $MRTS$) 혹은 **기술적 대체율**(technical rate of substitution: TRS)이라고 부른다.[6] 소비자이론에서 한계대체율이 두 재화의 한계효용의 비율로 주어진 것과 마찬가지로, 기술적 한계대체율도 노동과 자본의 한계생산의 비율로 주어진다.

기술적 한계대체율=등량곡선의 접선의 기울기의 절대값

　　　　　　　　=동일한 산출량을 생산할 때, 노동 한 단위가 대체할 수 있는 최대한의 자본량

$$= \frac{MP_L}{MP_K} \text{[7]}$$

　　명시적으로 쓰지는 않았지만, 소비자이론과 동일하게 기술적 한계대체율의 크기는 일반적으로 (L, K)의 크기에 의존함에 독자들은 유의하기 바란다. 소비자이론에서 한계대체율은 소비자의 두 재화간 주관적 교환비율을 의미했지만, 생산자이론에서는 산출량이 관측할 수 있는 객관적인 양이므로 기술적 한계대체율은 두 생

6　소비자이론에서는 무차별곡선의 접선의 기울기의 절대값을 한계대체율이라고 부르는 데는 모든 경제학자들이 동의한다(저자들이 아는 한). 그러나 등량곡선의 접선의 기울기의 절대값은 기술적 한계대체율과 기술적 대체율 양자 모두를 사용한다(저자들의 개인적 견해는 기술적 한계대체율이라고 부르는 비율이 다소 높다고 생각한다). 본서에서는 소비자이론과 용어를 통일하기 위하여, 기술적 한계대체율이라고 부르기로 한다.

7　엄밀히 이야기하면, 이는 노동의 자본에 대한 기술적 한계대체율이다. 자본의 노동에 대한 기술적 한계대체율은 노동의 자본에 대한 기술적 한계대체율의 역수로 주어진다. 별도의 언급이 없으면, 기술적 한계대체율은 노동의 자본에 대한 기술적 한계대체율을 의미한다.

● 그림 11-10 기술적 한계대체율 체감과 체증

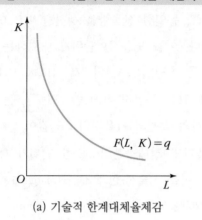 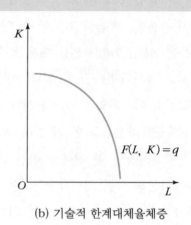

(a) 기술적 한계대체율체감   (b) 기술적 한계대체율체증

산요소 간의 기술적 대체비율을 나타낸다. 기술적 한계대체율은 동일한 산출량을 생산하기 위해 노동을 한 단위 더 늘릴 때는 절약할 수 있는 최대한의 자본의 양을, 또한 노동을 한 단위 더 줄일 때는 투입해야 할 최소한의 자본의 양을 의미한다.

소비자이론에서 무차별곡선이 원점을 향해 볼록함을 가정했다. 이는 한계대체율이 체감한다는 가정이다. 생산자이론에서도 마찬가지로 등량곡선이 원점을 향해 볼록하다고 가정한다. 이를 위해 기술적 한계대체율이 체감한다고 가정한다. 등량곡선이 원점을 향해 볼록할지 오목할지는 생산함수, 근본적으로는 생산기술의 성질에 달려 있다. 소비자이론에서와 마찬가지로 세상에 존재하는 모든 생산기술이 기술적 한계대체율이 체감하는 성질을 가져야 할 필연적인 물리법칙이나 이유는 없다. 다만, 소비자이론에서와 같이 기술적 한계대체율체감을 가정하면, 기업의 생산활동에 관한 현상을 더 잘 설명할 수 있으므로, 기술적 한계대체율이 체감한다고 가정한다.

기술적 한계대체율체감: 등량곡선은 원점에 대해 볼록하다.

기술적 한계대체율이 체감하면, 등량곡선을 따라 아래쪽으로 이동할 때(L 증가, K 감소), 접선의 기울기가 완만해진다. 소비자이론과 마찬가지로 등량곡선이 원점을 향해 볼록하다는 것은 두 생산요소 중에서 한 가지만 집중적으로 많이 사용하는 것보다 두 생산요소를 적당한 비율로 섞어 사용하는 것이 더 효율적임을 의미한다.

한계생산체감과 기술적 한계대체율체감은 소비자이론의 한계효용체감과 한계대체율체감과 동일하다. 소비자이론에서 한계효용체감과 한계대체율체감 사이에 일반적으로 아무런 관계가 없음을 보았다. 마찬가지로, 생산함수의 경우에도 한계생산체감과 기술적 한계대체율체감 사이에는 아무런 관계가 없다.

3) 규모에 대한 보수

투입량의 변화에 따른 산출량의 변화를 살펴보는 한 가지 방법이 한계생산체감 혹은 체증이 성립하는가를 보는 것이었다. 그러나 이 방법은 다른 생산요소의 투입량을 고정시킨 채 한 가지 생산요소의 투입량만을 변화시킬 때의 산출량 변화를 대상으로 하기 때문에, 모든 생산요소가 가변적인 상황에서의 투입량과 산출량의 관계를 나타내기는 적절하지 않다. 이에 대한 대안으로 투입량의 변화에 따른 산출량을 보는 방법은 모든 투입을 같은 비율로 늘릴 때, 산출량이 투입량의 증가와 비교해 어떤 비율로 증가하는가를 보는 것이다. 이를 **규모에 대한 보수**(returns to scale)를 측정한다고 부른다.

생산요소가 두 가지인 경우, 규모에 대한 보수에 관한 성질은 (L, K)를 모두 $t(>1)$배만큼 같은 비율로 늘렸을 때의 산출량인 $F(tL, tK)$와 원래 산출량의 t배인 $tF(L, K)$의 크기에 관한 비교이다. 따라서 규모에 대한 보수는 필연적으로 장기의 성질이지 단기의 성질은 아니다.

규모에 대한 보수체증(increasing returns to scale: *IRS*): 1보다 큰 모든 t에 대해,
$F(tL, tK) > tF(L, K)$

규모에 대한 보수체감(decreasing returns to scale: *DRS*): 1보다 큰 모든 t에 대해,
$F(tL, tK) < tF(L, K)$

규모에 대한 보수불변(constant returns to scale: *CRS*): 0보다 큰 모든 t에 대해,
$F(tL, tK) = tF(L, K)$

문서작성을 예로 들어 규모에 대한 보수를 설명해 보자. 한 명의 매우 숙달된

비서가 최고급 사양의 컴퓨터로 2시간 동안 작업한 문서 작성량($=F(2L, 2K)$)과 평범한 비서 둘이 저사양의 컴퓨터 두 대로 각각 1시간 동안 작업해 작성한 문서 작성량($=2F(L, K)$)을 비교해 볼 때, 전자가 후자보다 많으면 규모에 대한 보수체증이고, 반대의 경우는 규모에 대한 보수체감, 양자가 같으면 규모에 대한 보수불변인 것이다.

다른 예를 들면, 위의 정의에서 $t=2$인 경우를 보면 $F(2L, 2K)$는 (L, K)의 두 배 크기 규모를 갖는 공장에서 생산되는 산출량이고, $2F(L, K)$는 (L, K) 규모의 공장 두 군데서 생산되는 산출량이다. 역시 전자가 후자보다 크면 규모에 대한 보수체증이고, 반대면 규모에 대한 보수체감, 양자가 동일하면 규모에 대한 보수불변이다.

규모에 대한 보수체증(체감, 불변)이 이야기하는 바는 모든 투입을 같은 비율로 증가시킬 때, 산출이 투입의 증가 속도와 비교해 더 빠르게(느리게, 동일하게) 증가한다는 것이다. 생산함수의 규모에 대한 보수에 관한 특성은 이후에 살펴볼 시장구조에 지대한 영향을 미치므로 상당히 중요하게 눈여겨 봐야 할 성질이다. 규모에 대한 보수체증이면, 동일한 양을 생산할 때 큰 기업 하나가 모든 것을 생산하는 것이 생산측면에서는 효율적일 것이다. 반면에 규모에 대한 보수체감이면, 동일한 양을 여러 개의 기업이 나누어 생산하는 것이 효율적일 것이고, 규모에 대한 보수불변이면 동일한 생산량을 몇 개의 기업이 어떻게 나누어 생산해도 무관하다.

생산함수의 규모에 대한 보수의 성질을 등량곡선을 이용해 표현해 보자. 〈그림 11-11〉에 규모에 대한 보수불변, 체감, 체증의 경우가 각각 (a), (b), (c)에 그려져 있다. 각각의 경우에 산출량이 10, 20, 30의 등량곡선과 자본-노동의 비율이 1인 45°선이 그려져 있다.[8] (a)는 노동과 자본이 같은 비율로 증가하면 산출량도 동일 비율로 증가함을 보여준다. (b)는 산출량이 늘어날수록, 등량곡선의 간격이 점점 벌어짐을 볼 수 있다. 이는 그림에서 보다시피 노동과 자본을 같은 비율로 늘렸을 때 산출량은 그보다 느리게 증가함을 보여준다. (c)는 산출량이 늘어날수록, 등량곡선의 간격이 가까워짐을 볼 수 있다. 이는 노동과 자본을 같은 비율로 늘렸을 때 산출량은 그보다 빠르게 증가함을 보여준다.

---

8 자본-노동의 비율은 꼭 1이 아니어도 무방하다.

● **그림 11-11 규모에 대한 보수**

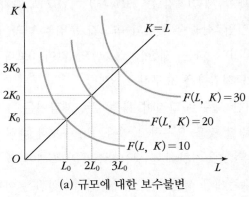

(a) 규모에 대한 보수불변

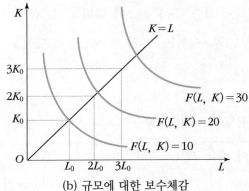

(b) 규모에 대한 보수체감

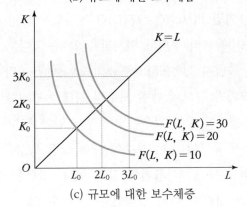

(c) 규모에 대한 보수체증

규모에 대한 보수를 정의할 때 주의해야 할 점이 두 가지 있다. 첫째, 투입을 늘릴 때 산출의 증가속도를 보는 것이므로, 규모에 대한 보수체증이나 체감시 t가 1보다 커야 한다는 것이다. t가 1보다 작으면 투입을 줄이는 것이므로, 규모에 대한 체증(체감)이면 산출량은 투입보다 빠르게(느리게) 감소해야 한다. 즉, t가 1보다 작다면, 규모에 대한 체증(체감)은 $F(tL, tK) < (>) tF(L, K)$가 성립해야 한다. 규모에 대한 보수불변이면, 산출량의 변화 속도가 투입의 변화 속도와 동일하므로 t가 1보다 크거나 작아야 하는 제한을 둘 필요 없이 0보다 큰 모든 t에 대해 $F(tL, tK) = tF(L, K)$가 성립함을 요구하고 있다.

둘째, 규모에 대한 보수는 그것이 체증이든, 체감이든, 불변이든 관계없이 모든 요소결합에서 성립할 것을 요구하고 있다. 즉, 규모에 대한 보수는 어느 특정한 요소결합이 아닌 모든 요소결합에서 생산함수가 만족해야 할 전방적(global) 성질이지, 특정한 투입 수준에서 성립하는 국지적(local) 성질은 아니라는 것이다. 특정 요소결합 (L_0, K_0)에서는 1보다 큰 모든 t에 대해 $F(tL_0, tK_0) > tF(L_0, K_0)$가 성립하지만, 다른 요소결합 (L_1, K_1)에서는 1보다 큰 모든 t에 대해 $F(tL_1, tK_1) < tF(L_1, K_1)$이 성립하면 규모에 대한 체증도 아니고 체감도 아니다.

4) 동차함수와 규모에 대한 보수

0보다 큰 모든 t에 대해 $F(tL, tK) = t^r F(L, K)$가 성립하면 $F(L, K)$를 r차 동차함수(homogeneous function of degree r)라고 부른다. 동차함수의 성질은 Box 11-1을 참고하기 바란다. $r = 1$이면 $F(tL, tK) = tF(L, K)$가 성립함을 알 수 있는데, 이것은 정확히 규모에 대한 보수불변의 정의와 일치함을 알 수 있다. $r = 1$이면 1차 동차가 되는데, 이 경우를 특별히 **선형동차**(linearly homogeneous)라고도 부른다.

동차함수는 r의 크기가 규모에 대한 보수의 형태를 결정한다. $r = 1$인 1차 동차가 규모에 대한 보수불변이 되는 경우는 지금부터 알아보고자 하는 관계의 특수한 경우이다. 생산함수가 규모에 대한 보수에 대해 어떤 특성을 보이는지는 t가 1보다 클 때 $F(tL, tK)$와 $tF(L, K)$의 크기에 달려 있다. 정확한 생산함수의 형태를 알지 못하면 $F(tL, tK)$가 정확히 어떤 형태인가를 알 수 없다. 그러나 생산함수가 r차 동차함수라면 $F(tL, tK) = t^r F(L, K)$이므로, 규모에 대한 보수는 $tF(L, K)$와 $t^r F(L, K)$의 크기에 달려 있다. 양쪽에 $F(L, K)$가 공통으로 들어 있으므로, $tF(L, K)$와 $t^r F(L, K)$의 상대적 크기는 t와 t^r의 크기에 달려 있다. $t > 1$인 영역에서는 $r > 1$이면 $t^r > t$이다. 반면에 $0 < r < 1$이면 $t^r < t$이다. $r = 1$이면 물론 $t^r = t$이다.

이 결과를 정리하면 생산함수가 r차 동차함수일 경우 다음의 관계가 성립한다.

r차 동차 생산함수와 규모에 대한 보수

$0 < r < 1$: $t > 1$인 영역에서 $F(tL, tK) = t^r F(L, K) < tF(L, K)$이므로 규모에 대한 보수체감이다.

$r = 1$: $t > 0$인 영역에서 $F(tL, tK) = tF(L, K)$이므로 규모에 대한 보수불변이다.

$r > 1$: $t > 1$인 영역에서 $F(tL, tK) = t^r F(L, K) > tF(L, K)$이므로 규모에 대한 보수체증이다.

한 가지 유의할 점은 규모에 대한 보수체증(체감)이라고 해서 반드시 $r > 1$ $(0 < r < 1)$인 r차 동차함수일 필요는 없다는 것이다. 다른 형태의 생산함수들도 규모에 대한 보수체증(체감)을 보일 수 있다.

이제까지 생산자이론의 여러 측면을 살펴보았는데, 독자들은 소비자이론과 매우 유사함을 느꼈을 것이다. 독자들의 편의를 위해 소비자이론과 생산자이론의 유사점과 차이점을 정리하면 다음과 같다. 독자들은 두 이론 간의 유사점과 차이점을 잘 이해하기 바란다.

표 11-1 소비자이론과 생산자이론의 비교

소비자이론	생산자이론
효용함수	생산함수
재화	생산요소
효용: 서수적	산출량: 기수적
무차별곡선	등량곡선
한계효용	한계생산
한계대체율	기술적 한계대체율

Box 11-1 동차함수와 오일러 정리

동차함수는 비단 생산함수뿐만 아니라 다른 함수에도 동일하게 적용되므로, 일반적인 동차함수를 살펴본다. 함수 $y = f(x_1, x_2)$가 모든 t에 대해 다음과 같은 성질이 성립하면 r차 동차함수(homogeneous function of degree r)라고 부른다.[9]

$$f(tx_1, tx_2) = t^r f(x_1, x_2) \tag{1}$$

동차함수의 가장 중요한 성질은 오일러 정리(Euler's theorem)이다. 오일러 정리는 (1)식의 양변을 t로 미분하고, $t = 1$을 대입해 얻어진다. (1)식의 좌변을 t로 미분하고, $t = 1$을 대입하면 $\frac{df(tx_1, tx_2)}{dt}\big|_{t=1} = \frac{\partial f}{\partial x_1}x_1 + \frac{\partial f}{\partial x_2}x_2$를 얻는다. 반면에 우변을 t로 미분하고, $t = 1$을 대입하면 $\frac{d}{dt}t^r f(x_1, x_2)\big|_{t=1} = rt^{r-1}f(x_1, x_2)\big|_{t=1} = rf(x_1, x_2)$을 얻는다. 양변의 결과가 같아야 하므로 다음의 결과를 얻는다.

오일러 정리: $y = f(x_1, x_2)$가 r차 동차함수일 경우 다음의 결과가 성립한다.

$$\frac{\partial f}{\partial x_1}x_1 + \frac{\partial f}{\partial x_2}x_2 = rf(x_1, x_2)$$

$f(x_1, x_2) = x_1 x_2$를 예로 들어 오일러 정리를 확인해 보자. $f(tx_1, tx_2) = (tx_1)(tx_2) = t^2 x_1 x_2$이므로, 2차 동차이다. $\frac{\partial f}{\partial x_1} = x_2$, $\frac{\partial f}{\partial x_2} = x_1$이므로 $\frac{\partial f}{\partial x_1}x_1 + \frac{\partial f}{\partial x_2}x_2 = 2x_1 x_2 = 2f(x_1, x_2)$이다.

변수가 n개인 동차함수의 경우 $\frac{\partial f}{\partial x_1}x_1 + \frac{\partial f}{\partial x_2}x_2 + \cdots + \frac{\partial f}{\partial x_n}x_n = rf(x_1, x_2, \cdots, x_n)$이 성립한다.

---

9 경제학의 경우 대부분의 변수가 0보다 크므로 $t > 0$인 경우만을 고려한다. 변수가 3개 이상인 경우에도 동차함수는 동일하게 정의된다: $f(tx_1, tx_2, \cdots, tx_n) = t^r f(x_1, x_2, \cdots, x_n)$.

Section 3   여러 가지 생산함수

소비자이론에서 여러 가지 효용함수를 살펴보았다. 동일한 형태의 함수가 생산자이론에서는 생산함수로 이용된다.

3.1 콥-더글러스 생산함수

다음과 같은 생산함수의 형태를 **콥-더글러스 생산함수**(Cobb-Douglas production function)라고 부른다.

$$F(L, K) = AL^a K^b, A > 0, a > 0, b > 0$$

소비자이론에서는 이를 콥-더글러스 효용함수라고 불렀다. 미국의 경제학자 콥(Cobb)과 더글러스(Douglas)가 이 같은 형태의 생산함수를 처음으로 사용해 기업의 행동을 분석했다. 따라서 실제로는 콥-더글러스 생산함수가 먼저이고 동일한 형태가 소비자이론에 나중에 적용되어 콥-더글러스 효용함수라는 이름이 붙여진 것이다.

소비자이론에서는 서수적인 효용함수를 가정했으므로 $U(x_1, x_2) = x_1^a x_2^b$와 $U(x_1, x_2) = a\ln x_1 + b\ln x_2$를 모두 콥-더글러스 효용함수라고 불렀다. 그러나 생산자이론에서 생산함수는 기수적이므로 $F(L, K) = AL^a K^b$와 $F(L, K) = a\ln L + b\ln K$는 전혀 다른 생산함수이다. 전자만을 콥-더글러스 생산함수라고 부른다. 생산자이론에서는 산출량의 크기가 중요하므로 A의 크기도 중요하다.

콥-더글러스 생산함수의 노동과 자본의 평균생산과 한계생산은 각각 다음과 같다.

$$AP_L = \frac{AL^a K^b}{L} = AL^{a-1} K^b, AP_K = \frac{AL^a K^b}{K} = AL^a K^{b-1}$$

$$MP_L = \frac{\partial F}{\partial L} = aAL^{a-1} K^b, MP_K = \frac{\partial F}{\partial K} = bAL^a K^{b-1}$$

노동의 한계생산체감 및 체증은 a가 1보다 큰지 혹은 작은지에, 자본은 b가

1보다 큰지 혹은 작은지에 의존한다. 따라서 콥-더글러스 생산함수는 노동과 자본의 지수인 a와 b를 보면 각 생산요소의 한계생산체감 여부를 쉽게 알 수 있다.

다음으로 각 생산요소의 평균생산과 한계생산과의 관계를 살펴보자. 노동의 경우, $AP_L = AL^{a-1}K^b$이므로, $a > 1$이면 L이 증가할 때 AP_L도 증가한다. 그러므로 $a > 1$이면 $MP_L > AP_L$이다. 반대로 $a < 1$이면 L이 증가할 때 AP_L는 감소한다. 따라서 $MP_L < AP_L$이다. 자본의 경우 동일한 결과가 b에 대해 적용된다. $b > 1$이면 $MP_K > AP_K$, $b < 1$이면 $MP_K < AP_K$이다.

한 생산요소가 다른 생산요소의 한계생산에 미치는 영향을 보기 위해 $\frac{\partial MP_K}{\partial L} = \frac{\partial^2 F}{\partial K \partial L}$과 $\frac{\partial MP_L}{\partial K} = \frac{\partial^2 F}{\partial L \partial K}$를 계산하면, $\frac{\partial^2 F}{\partial K \partial L} = \frac{\partial^2 F}{\partial L \partial K} = abAL^{a-1}K^{b-1} > 0$임을 알 수 있다.[10] 그러므로 한 생산요소의 증가는 항상 다른 생산요소의 한계생산을 증가시킴을 알 수 있다.

다음으로 기술적 한계대체율에 대해 알아보자. $MRTS = \frac{MP_L}{MP_K}$이므로 $MRTS = \frac{aAL^{a-1}K^b}{bAL^a K^{b-1}} = \frac{aK}{bL}$이 된다. 이는 콥-더글러스 효용함수의 한계대체율인 $MRS = \frac{ax_2}{bx_1}$와 동일한 형태이다. 등량곡선을 따라 L이 증가하고 K가 감소하면, $MRTS$는 감소한다. 이미 소비자이론에서 보았지만, a와 b의 크기에 관계없이 기술적 한계대체율은 항상 체감한다. 콥-더글러스 생산함수의 등량곡선은 콥-더글러스 효용함수의 무차별곡선과 동일한 형태를 가진다.

$F(tL, tK) = A(tL)^a (tK)^b = t^{a+b} AL^a K^b = t^{a+b} F(L, K)$가 성립한다. 따라서 콥-더글러스 생산함수는 $a + b$차 동차함수임을 알 수 있다. 그러므로 $a + b > 1$이면 규모에 대한 보수체증, $a + b = 1$이면 규모에 대한 보수불변, $a + b < 1$이면 규모에 대한 보수체감임을 알 수 있다.

---

10 $\frac{\partial^2 F}{\partial K \partial L} = \frac{\partial^2 F}{\partial L \partial K}$는 콥-더글러스 생산함수인 경우만 아니라 일반적으로 모두 성립한다. 이를 영의 정리(Young's rule)라고 한다.

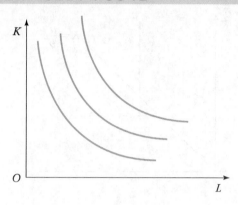

● 그림 11-12 콥-더글러스 생산함수의 등량곡선

3.2 레온티에프 생산함수

다음과 같은 생산함수를 레온티에프 생산함수(Leontief production function)라고 부른다.

$$F(L, K) = min\{aL, bK\}, a > 0, b > 0$$

이는 소비자이론에서 두 재화가 완전 보완재인 효용함수에 대응된다. 이 형태의 생산함수는 1973년 노벨 경제학상을 수상한 경제학자 레온티에프(Wassily Leontief)가 **투입-산출모형**(input-output model)이라고 불리는 산업연관분석에서 사용한 생산함수의 형태로, 그의 이름을 따서 레온티에프 생산함수라고 부른다. 레온티에프 생산함수는 생산요소 간에 대체가 불가능한 생산함수이다. 레온티에프 생산함수가 적용될 수 있는 경우로 다음과 같은 상황을 생각해 보자. 땅에 구멍을 파려고 하는데 사용할 수 있는 도구는 삽밖에 없다. 한 사람이 삽 한 자루로 한 시간에 구멍 한 개를 팔 수 있다고 한다면 이 때 한 시간에 L명을 투입하고 삽 K자루로 팔 수 있는 구멍의 개수를 q라고 하면, 이 때의 생산함수는 $q = min\{L, K\}$가 될 것이다. 예를 들어, 열 명이 땅을 파는데, 지금 있는 삽의 개수는 12개이다. 그러면 한 사람이 삽 두 개를 다룰 수 없는 한, 2개의 삽은 사용되지 않을 것이며 한 시간에 팔 수 있는 구멍의 개수는 $min\{10, 12\} = 10$이 될 것이다. 반대로 사람은 10명인데 삽은 8개이고, 사람이 맨손으로 땅을 팔 수 없다면, 2명은 그냥 놀고 있을 수밖에

● 그림 11-13   레온티에프 생산함수의 등량곡선

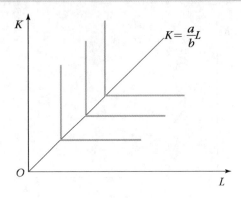

없다. 따라서 한 시간에 팔 수 있는 구멍의 개수는 $min\{10, 8\} = 8$이 된다.

이 예에서는 정확히 노동 한 단위가 삽 한 단위와 결합해 생산을 한다. 즉, $a = b = 1$인 경우이다. 남은 생산요소는 생산에 전혀 기여를 하지 못한다. 노동과 삽 사이에는 전혀 대체가 이루어질 수 없는 것이다. 일반적인 레온티에프 생산함수 $q = min\{aL, bK\}$에서는 노동과 자본이 정확히 $\frac{b}{a}$의 비율로 결합해 생산하며, 남은 생산요소는 전혀 생산에 기여하지 못하므로 노동과 자본 사이에 전혀 대체가 불가능한 생산함수이다. 레온티에프 생산함수의 등량곡선은 L자 형태이며 $K = \frac{a}{b}L$ 선을 따라 꺾인다.

$F(tL, tK) = min\{a(tL), b(tK)\} = t \, min\{aL, bK\} = tF(L, K)$이다. 따라서 레온티에프 생산함수는 1차 동차함수이며, 규모에 대한 보수불변임을 알 수 있다.

3.3 선형생산함수

다음과 같은 생산함수를 **선형생산함수**(linear production function)라고 부른다.

$$F(L, K) = aL + bK, \quad a > 0, b > 0$$

이는 소비자이론에서 완전 대체재인 효용함수에 대응된다. 선형생산함수의 노동과 자본의 평균생산은 각각 $AP_L = a + b\frac{K}{L}$, $AP_K = a\frac{L}{K} + b$이다. 한계생산은 각각 $MP_L = \frac{\partial F}{\partial L} = a$, $MP_K = \frac{\partial F}{\partial K} = b$이다. 따라서 노동과 자본의 한계생산은 항상 일정함을 알 수 있다.

● 그림 11-14 선형생산함수의 등량곡선

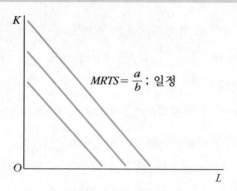

노동의 경우 L이 증가할 때 AP_L는 감소한다. 따라서 $AP_L > MP_L$이다. 자본에 대해서도 동일하게 K가 증가할 때 AP_K는 감소하므로 $AP_K > MP_K$이다.

기술적 한계대체율은 $MRTS = \dfrac{MP_L}{MP_K} = \dfrac{a}{b}$이다. 소비자이론에서 한계대체율이 항상 일정했던 것 같이, 기술적 한계대체율도 항상 일정하다. 선형생산함수의 등량곡선은 완전 대체재의 효용함수의 무차별곡선과 동일하게, 항상 기울기가 $-\dfrac{a}{b}$로 일정한 직선이 된다.

$F(tL, tK) = atL + btK = t(aL + bK) = tF(L, K)$이다. 따라서 선형생산함수는 1차 동차함수이므로, 규모에 대한 보수불변임을 알 수 있다.

3.4 *CES* 생산함수

다음과 같은 생산함수를 *CES* 생산함수(constant elasticity of substitution)라고 부른다.

$$F(L, K) = (aL^\rho + bK^\rho)^{\frac{1}{\rho}}, \quad a > 0, b > 0, \rho \leq 1$$

*CES*는 대체탄력성(elasticity of substitution)이 일정(constant)하다는 의미이다. 대체탄력성은 다음 절에서 설명한다. *CES* 생산함수가 많이 쓰이는 가장 주된 이유는 이 생산함수가 앞서 고려한 콥-더글러스 생산함수, 선형생산함수, 그리고 레온티에프 생산함수를 모두 포괄하는 가장 일반적인 형태이기 때문이다. *CES* 생산함수의 기술적 한계대체율을 알아보자.

각 생산요소의 한계생산은 $MP_L = (aL^\rho + bK^\rho)^{\frac{1}{\rho}-1} aL^{\rho-1}$, $MP_K = (aL^\rho + bK^\rho)^{\frac{1}{\rho}-1}$ $bK^{\rho-1}$이다. 따라서 기술적 한계대체율은 $MRTS = \dfrac{MP_L}{MP_K} = \dfrac{a}{b}\left(\dfrac{K}{L}\right)^{1-\rho}$이다. 기술적 한계대체율이 체감하려면 지수인 $1-\rho$가 0보다 작아서는 안 된다. 따라서 $\rho \leq 1$이라는 조건이 필요하다.

ρ의 크기에 따라 CES 생산함수가 어떻게 바뀌는지 알아보자.

(1) ρ가 0으로 수렴하는 경우: 한계대체율 $\dfrac{a}{b}\left(\dfrac{K}{L}\right)^{1-\rho}$는 $\dfrac{aK}{bL}$로 수렴한다. $\dfrac{aK}{bL}$는 다름 아닌 콥-더글러스 생산함수의 기술적 한계대체율이다. 따라서 ρ가 0으로 가면, CES 생산함수는 콥-더글러스 생산함수가 된다.[11]

(2) $\rho = 1$인 경우: 한계대체율 $\dfrac{a}{b}\left(\dfrac{K}{L}\right)^{1-\rho}$는 $\dfrac{a}{b}$가 되는데, 이는 다름 아닌 선형생산함수의 기술적 한계대체율이다. 따라서 ρ가 1이면 CES 생산함수는 선형 생산함수가 된다.[12]

(3) ρ가 $-\infty$로 수렴하는 경우: $K > L$이면 $\dfrac{K}{L} > 1$이므로 $\left(\dfrac{K}{L}\right)^{1-\rho}$는 ∞가 되는 반에, $K < L$이면 $\dfrac{K}{L} < 1$이므로 $\left(\dfrac{K}{L}\right)^{1-\rho}$는 0이 된다. 따라서 ρ가 $-\infty$로 가면 CES 생산함수는 레온티에프 생산함수가 된다.

$$F(tL, tK) = (a(tL)^\rho + b(tK)^\rho)^{\frac{1}{\rho}} = t(aL^\rho + bK^\rho)^{\frac{1}{\rho}} = tF(L, K)$$이다. 따라서 CES 생산함수도 1차 동차함수이며, 규모에 대한 보수불변이다.

Section 4   여러 가지 탄력성의 개념*

소비자이론에서 여러 가지 탄력성의 개념을 살펴보았다. 생산자이론에서도 여러 가지 탄력성이 존재한다. 각각의 탄력성의 개념을 살펴보자.

---

11 엄밀하게 말하면, 이 경우 $a+b=1$이라는 조건이 필요하다.

12 $F(L, K) = (aL^\rho + bK^\rho)^{\frac{1}{\rho}}$에 $\rho=1$을 대입하면 선형생산함수인 $F(L, K) = aL + bK$가 됨을 바로 알 수 있다.

4.1 생산요소의 산출탄력성

각 생산요소를 증가시키면 산출도 증가하는데, 한 생산요소를 1%를 증가시킬 때 산출이 몇 % 증가시키는가를 그 생산요소의 **산출탄력성**(output elasticity)이라고 한다. 노동과 자본의 산출탄력성은 각각 다음과 같이 정의된다.

$$\text{노동의 산출탄력성} = \frac{\text{산출량의 변화율}}{\text{노동투입량의 변화율}} : e_L = \frac{\partial F(L,K)}{\partial L}\frac{L}{F(L,K)} = \frac{MP_L}{AP_L}$$

$$\text{자본의 산출탄력성} = \frac{\text{산출량의 변화율}}{\text{자본투입량의 변화율}} : e_K = \frac{\partial F(L,K)}{\partial K}\frac{K}{F(L,K)} = \frac{MP_K}{AP_K}$$

노동의 산출탄력성에서 $\frac{\partial F(L,K)}{\partial L}$ 은 노동의 한계생산, $\frac{F(L,K)}{L}$ 은 노동의 평균생산이다. 그러므로 노동의 산출탄력성은 노동의 한계생산과 평균생산의 비율로 표시된다. 같은 이유로 자본의 산출탄력성도 자본의 한계생산과 평균생산의 비율로 표시된다.

노동의 산출탄력성과 자본의 산출탄력성을 더하면 $e_L + e_K = \frac{\frac{\partial F}{\partial L}L + \frac{\partial F}{\partial K}K}{F(L,K)}$ 이다. 생산함수가 r차 동차함수이면, Box 11-1에서 설명한 오일러의 정리에 의해 $\frac{\partial F}{\partial L}L + \frac{\partial F}{\partial K}K = rF(L,K)$ 가 성립한다. 따라서 r차 동차함수는 $e_L + e_K = r$ 이 성립함을 알 수 있다.

4.2 규모의 탄력성

본 장 2절에서 강조했듯이 규모에 대한 보수는 생산함수가 모든 생산요소의 결합에서 만족해야 할 전방적(global) 성질이다. 그러나 생산함수가 어떤 생산요소의 결합에서는 규모에 대한 보수체증을 보이는 반면에, 다른 생산요소의 결합에서는 반대로 규모에 대한 보수체감을 보일 수 있다. 이렇게 국지적(local)으로 특정 생산요소의 결합에서 생산함수의 규모에 대한 보수가 어떤 성질을 보이는가를 나타내기 위해 고안된 개념이 **규모의 탄력성**(elasticity of scale)이다.

규모의 탄력성은 모든 생산요소의 투입량을 똑같은 비율로 증가시킬 때, 산출량의 증가율이 투입량의 증가율에 비해 얼마나 큰가를 계산한다. 보다 엄밀하게, 현재 투입량 (L, K)에서 규모의 탄력성을 $\eta(L, K)$라고 표시하면, 이는 다음과 같이 정의된다.

$$\text{규모의 탄력성} = \frac{\text{산출량의 변화율}}{\text{모든 투입량의 공통 변화율}}:$$

$$\eta(L, K) = \frac{dF(tL, tK)}{dt} \frac{t}{F(tL, tK)} \,(t = 1\text{에서 계산한 값})$$

$$= \frac{\dfrac{dF(L, K)}{dL}L + \dfrac{dF(L, K)}{dK}K}{F(L, K)} = \frac{MP_L}{AP_L} + \frac{MP_K}{AP_K}$$

위 식은 모든 생산요소의 투입을 동시에 같은 비율로 증가시키기 위해 생산요소의 투입량에 t를 곱한 뒤 t를 증가시키는 방법을 이용하고 있다. 그리고는 t의 증가율과 산출량의 증가율을 비교하는데, 현재의 투입량에서 비교하기 위해 $t = 1$을 대입해 최종 계산을 한다.[13] 규모의 탄력성이 1보다 크다(작다)는 것은 모든 생산요소를 1% 증가시킬 경우 산출량은 1%보다 많이(적게) 증가한다는 의미이다. 규모의 탄력성을 이용해 국지적 규모에 대한 보수를 다음과 같이 정의한다.

규모의 탄력성(η)과 규모에 대한 보수:
$\eta(L, K) > 1$: 국지적으로 규모에 대한 보수체증
$\eta(L, K) < 1$: 국지적으로 규모에 대한 보수체감
$\eta(L, K) = 1$: 국지적으로 규모에 대한 보수불변

r차 동차함수는 r이 1보다 큰가, 작은가, 혹은 같은가에 따라 규모에 대한 보수체증, 체감 혹은 불변임을 보았다. 오일러 정리에 의해 r차 동차함수인 경우 $\frac{\partial F}{\partial L}L + \frac{\partial F}{\partial K}K = rF(L, K)$이다. 따라서 규모의 탄력성은 모든 (L, K)에서 항상 r로

---

13 수학적 표현이 잘 이해되지 않는 독자는 규모의 탄력성의 의미와 규모의 탄력성이 각 생산요소들의 산출탄력성의 합이라는 결론만을 잘 이해하여도 지장이 없다.

일정함을 알 수 있다.

생산함수가 규모에 대한 보수체증(체감)을 보이면, 모든 요소결합에서 규모의 탄력성 $\eta(L, K)$이 1보다는 큰(작은) 것은 알지만, $\eta(L, K)$이 항상 일정한 값을 가지란 보장은 없다. 반면에 동차함수는 규모의 탄력성이 항상 일정하며 또한 그 값이 차수와 같다는 중요한 성질을 갖는다.

영민한 독자들은 규모의 탄력성이 두 생산요소의 산출탄력성의 합이라는 사실을 눈치 챘을 것이다. 앞에서 산출탄력성을 설명할 때, r차 동차함수는 노동과 자본의 산출탄력성의 합이 r이 됨을 보았다. 규모의 탄력성이 노동과 자본의 산출탄력성의 합이므로, r차 동차함수의 규모의 탄력성은 r이 된다.

규모의 탄력성 = 각 생산요소들의 산출탄력성들의 합: $\eta = e_L + e_K$

위 식은 생산요소의 종류가 두 가지보다 많은 경우에도 항상 성립한다.

4.3 대체탄력성

기술적 한계대체율의 의미는 노동 한 단위가 대체할 수 있는 자본의 양이다. 그러나 기술적 한계대체율이 크다고 반드시 생산요소 간의 대체가 용이하고, 작다고 대체가 어렵다는 뜻은 아니다. 문제는 기술적 한계대체율의 체감속도이다. 〈그림 11-15〉를 통해 생산요소 간의 대체가 용이한가를 어떻게 말할 수 있는지 알아보자.

(a)와 (b)의 두 그래프를 비교하면, A와 C에서의 기술적 한계대체율은 서로 같고, B와 D에서의 기술적 한계대체율도 서로 같다. B에서 A로 이동할 때의 $\frac{K}{L}$의 변화는 D에서 C로 이동할 때의 $\frac{K}{L}$의 변화보다 더 크다. 그러므로 생산함수 2보다 생산함수 1에서 동일한 기술적 한계대체율의 변화가 더 많은 요소의 대체를 가져온다. 따라서 생산함수 1이 훨씬 생산요소의 대체성이 높다고 할 수 있다. 이와 같은 차이는 생산함수 2의 등량곡선이 생산함수 1의 등량곡선보다 '휘어짐'(곡률; curvature)이 더 크다는 데 기인한다. 휘어짐이 큰 등량곡선은 두 생산요소 간

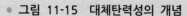

● 그림 11-15 대체탄력성의 개념

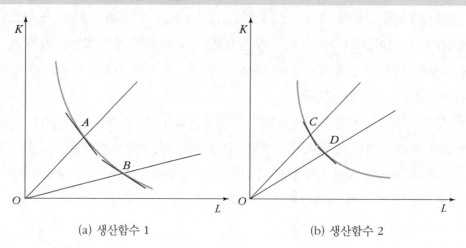

(a) 생산함수 1   (b) 생산함수 2

의 대체가 어렵다.

대체탄력성(elasticity of substitution)은 등량곡선상에서 기술적 한계대체율이 1% 변할 때 $\frac{K}{L}$ 비율이 몇 % 변하는지를 측정하는 척도로, 생산요소 간의 대체가 얼마나 용이한지를 측정한다. 대체탄력성은 다음과 같이 정의된다.

대체탄력성: $\sigma = \dfrac{d\left(\dfrac{K}{L}\right)}{d(MRTS)}\dfrac{MRTS}{\dfrac{K}{L}}$

σ값이 크면 1%의 $MRTS$의 변화가 유발하는 $\frac{K}{L}$의 변화율이 크므로 자본과 노동 간의 대체가 용이하다고 볼 수 있다. $\sigma = 0$이면 두 생산요소 간의 대체가 불가능함을 의미하고, $\sigma = \infty$이면 두 생산요소 간의 대체가 완전함을 의미한다. 등량곡선의 휘어짐이 클수록 두 생산요소 간의 대체는 힘들어지며 따라서 σ는 작은 값을 갖고, 휘어짐이 작을수록 대체는 용이하며 따라서 σ는 큰 값을 갖는다.

예4　$F(L, K) = L^a K^b$인 콥–더글러스 생산함수의 대체탄력성을 구해 보자.

$MRTS = \dfrac{a}{b}\dfrac{K}{L}$이므로 $\dfrac{K}{L} = \dfrac{b}{a}MRTS$이다. 따라서 $\dfrac{d(K/L)}{dMRTS} = \dfrac{b}{a}$이다. 대체탄력성의 정의에 $\dfrac{d(K/L)}{dMRTS} = \dfrac{b}{a}$, $MRTS = \dfrac{aK}{bL}$를 대입하면 $\sigma = 1$을 얻는다. 그러므로 대체탄력성은 모든 요소결합에서 항상 1이다. ▪

예 5 $F(L, K) = (aL^{\rho} + bK^{\rho})^{\frac{1}{\rho}}$인 CES 생산함수의 경우 $MRTS = \dfrac{a}{b}\left(\dfrac{K}{L}\right)^{1-\rho}$이므로 $\dfrac{K}{L} = \left(\dfrac{b}{a}\right)^{\frac{1}{1-\rho}} MRTS^{\frac{1}{1-\rho}}$이다. $d(\dfrac{K}{L})/d(MRTS) = \left(\dfrac{b}{a}\right)^{\frac{1}{1-\rho}} \dfrac{1}{1-\rho} MRTS^{\frac{\rho}{1-\rho}}$이므로 이를 대체탄력성의 정의에 대입해 정리하면 $\sigma = \dfrac{d\ln(K/L)}{d\ln(MRTS)} = \dfrac{1}{1-\rho}$이다. ▪

CES(Constant Elasticity of Substitution) 생산함수라고 부르는 이유는 대체탄력성이 항상 $\dfrac{1}{1-\rho}$로 일정하기 때문이다. 위에서 레온티에프 생산함수는 ρ가 $-\infty$로 갈 경우 CES 생산함수의 특수한 형태임을 보았다. $\sigma = \dfrac{1}{1-\rho}$이므로 ρ가 $-\infty$로 갈 경우 σ는 0이 됨을 알 수 있다. 레온티에프 생산함수의 기본적인 성질이 노동과 자본 간의 대체가 불가능한 것인데, 이는 대체탄력성이 0이라는 데에서도 다시 확인할 수 있다. CES 생산함수는 ρ값에 따라 다양한 대체탄력성을 가질 수 있다.

Section 5 기술진보

생산함수 $q = F(L, K)$는 (L, K)를 사용해 생산할 수 있는 최대의 산출량이 q임을 뜻한다. 그것은 현재의 생산기술이 (L, K)로 생산가능한 최대의 산출량은 q라는 것이다. 생산함수는 현재의 기업이 지닌 기술에 관한 지식을 반영하고 있다. 그러나 시간이 지남에 따라서 보다 나은 기계설비가 개발되거나 혹은 노동력이 숙달되거나 혹은 물리법칙에 관한 인간의 지식이 발전됨으로써 생산기술은 변한다. 이같은 변화는 모두 동일한 생산요소의 양으로 더 많은 산출을 생산함을 의미하는데, 이를 기술진보(technological progress)라고 부른다.

기술진보는 한 경제의 물질적 생산력이 그만큼 커짐을 의미하므로, 경제성장

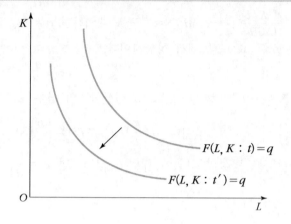

그림 11-16 기술진보$(t' > t)$

혹은 발전의 중요한 원천이며 또한 기업, 넓게는 그 기업이 속한 경제의 국제적 경쟁력이 더 높아짐을 뜻하므로 그 중요성은 아무리 강조해도 지나치지 않다. 지금 이 시간에도 생산기술은 빠르게 발전하고 있다. 명시적으로 기술진보의 효과를 표시하는 방법은 시간의 경과에 따라 기술이 진보한다는 전제하에 생산함수에 시간 (t)의 변수를 도입하는 것이다. $q = F(L, K : t)$는 t라는 시점에서 (L, K)로 생산할 수 있는 최대의 산출량을 의미한다. 기술진보는 t가 커져 동일한 (L, K)로써 생산할 수 있는 산출량이 커짐을 의미한다. 즉, $t' > t$이면 $F(L, K : t') > F(L, K : t)$가 성립한다. 이를 등량곡선으로 표시하여 보자. 〈그림 11-16〉은 t와 t'에서 q를 생산할 수 있는 등량곡선을 보여준다. 주어진 생산요소의 양으로 더 많은 산출을 생산할 수 있음은 동일한 산출을 더 적은 생산요소로써 생산할 수 있음과 동일하다. 따라서 기술진보는 동일한 양을 생산하는 등량곡선을 원점 가까이 이동시킴을 알 수 있다.

기술진보는 동일한 생산요소를 투입할 때 과거보다 산출이 늘어나도록 하므로 각 생산요소의 평균생산은 증가하게 된다. 그러나 기술진보 없이 동일한 등량곡선 상에서 노동을 적게 쓰는 생산요소의 결합으로 이동해도 노동의 평균생산은 증가한다. 이는 단지 노동을 자본으로 대체함으로써 얻어지는 노동의 평균생산성 증가이지, 기술진보에 기인하는 바는 아니다. 실제의 생산성 증가에 관한 연구에서는 생산성의 변화가 기술진보에 기인하는 것인지 단지 생산요소 간의 대체에 기인하는 것인지에 대한 세심한 주의가 필요하다.

기술진보가 생산요소의 상대적 생산성에 어떻게 영향을 미치는가에 따라서 보통 다음과 같이 세 가지로 구별한다.

(1) 중립적 기술진보(neutral technological progress)

$$q = F(L, K : t) = A(t)F(L, K)$$

기술진보를 표현하는 $A(t)$는 시간이 지남에 따라 증가하는데, 기술진보가 노동과 자본의 생산성에 동일하게 영향을 주는 경우이다.

(2) 자본확장적 기술진보(capital augmenting technological progress)

$$q = F(L, A(t)K)$$

이는 기술진보가 새로운 기계설비의 개발 등, 자본에만 영향을 미치는 경우이다.

(3) 노동확장적 기술진보(labor augmenting technological progress)

$$q = F(A(t)L, K)$$

이는 기술진보가 노동의 생산성에 영향을 미치는 경우이다. 기술진보의 결과 노동의 숙련도가 증가하는 경우에 해당한다.

Box 11-2 성장회계방정식

기술진보의 크기는 역사적 자료를 통해 산출량의 증가율과 생산요소 투입량의 증가율을 측정·비교함으로써 추정할 수 있다. 시간이 경과함에 따라 기술, 노동, 자본의 양이 모두 변한다면, 중립적 기술진보 가정하에서 $q = A(t)F(L(t), K(t))$로 생산함수를 표시할 수 있다. 양변을 t로 미분하면 $\dfrac{dq}{dt} = \dfrac{dA}{dt}F(L, K) + A(t)\left(\dfrac{\partial F}{\partial K}\dfrac{dK}{dt} + \dfrac{\partial F}{\partial L}\dfrac{dL}{dt}\right)$을 얻는다. 양변을 $q = A(t)F(L, K)$로 나누어 정리하면 다음과 같다.

$$\frac{\dfrac{dq}{dt}}{q} = \frac{dA}{dt}\frac{1}{A(t)} + \frac{\partial F}{\partial K}\frac{1}{F(L,K)}\frac{dK}{dt} + \frac{\partial F}{\partial L}\frac{1}{F(L,K)}\frac{dL}{dt}$$

$$= \frac{dA}{dt}\frac{1}{A(t)} + \frac{\partial F}{\partial K}\frac{K}{F(L,K)}\frac{\dfrac{dK}{dt}}{K} + \frac{\partial F}{\partial L}\frac{L}{F(L,K)}\frac{\dfrac{dL}{dt}}{L}$$

$\dfrac{\partial F}{\partial L}\dfrac{L}{F(L,K)}$ 과 $\dfrac{\partial F}{\partial K}\dfrac{K}{F(L,K)}$ 는 각각 노동과 자본의 산출탄력성 e_L 과 e_K 이다. 또한 $\dfrac{dq/dt}{q}$, $\dfrac{dK/dt}{K}$, $\dfrac{dL/dt}{L}$, $\dfrac{dA/dt}{A}$ 는 각각 산출량, 자본, 노동의 증가율과 기술진보율을 나타낸다. 이를 각각 G_q, G_K, G_L, G_A 로 표시하면 다음의 관계식을 얻는다.

$$G_q = G_A + e_K G_K + e_L G_L$$

이 관계식은 산출물의 증가율이 자본의 증가에 기인하는 부분인 $e_K G_K$, 노동의 증가에 기인하는 부분인 $e_L G_L$, 그리고 기술진보에 기인하는 부분인 G_A, 세 부분으로 나누어짐을 보여준다. 이를 **성장회계방정식**(growth accounting equation)이라고 부른다. 이를 기술진보가 기여하는 부분으로 표시하면 $G_A = G_q - e_K G_K - e_L G_L$ 이 된다.

1987년 노벨 경제학상 수상자인 솔로우(Robert Solow) 교수는 1909년부터 1949년에 걸친 미국 경제에 관한 자료를 검토한 결과 매년 $G_q = 2.75\%$, $G_L = 1\%$, $G_K = 1.75\%$, $e_L = 0.65$, $e_K = 0.35$ 라는 추정치를 얻었다. 이를 성장회계방정식에 대입해 보면 $G_A = 2.75 - 0.65 \times 1 - 0.35 \times 1.75 = 1.5$ 를 얻어 동 기간 동안 매년 1.5%율로 기술진보가 이루어졌음을 알 수 있다.

2008년 노벨 경제학상 수상자인 미국 경제학자 크루그만(Paul Krugman)은 1990년대 중반에 아시아의 경제성장에 대해 기술진보가 기여하는 부분은 거의 없고, 모두 생산요소의 투입을 증가시켜 이루어진 것이며 따라서 생산요소의 투입의 증가율이 둔화되면 경제성장도 둔화될 것이라는 견해를 밝혀 경제학계에 큰 논란을 불러일으켰다. 이를 성장회계방정식에서 보면, G_A 가 거의 0에 가깝다는 주장이고, 또한 G_L 과 G_K 가 0에 가까우면 경제성장률 G_q 또한 0에 가까울 것이므로 아시아 경제성장은 조만간 그 한계에 도달한다는 주장임을 알 수 있다. 크루그만의 이 같은 주장은 흔히 우리나라에서 IMF 사태라고 불리는 당시 동남아시아의 외환위기와 맞물려 많은 주목을 받았다.

연습문제

1 모든 생산요소의 한계생산이 체감하면 생산함수는 규모에 대한 보수 체감인가?

2 가변생산요소가 하나뿐인 단기에서 생산함수가 일반적으로 S자 형태를 띠는 이유는 무엇인가?

3 $q = LK - \frac{4}{5}K^2 - \frac{1}{5}L^2$인 생산함수를 생각하자.

  1) 각 생산요소의 한계생산을 구하라.

  2) 기술적 한계대체율을 구하고, 각 생산요소의 한계생산이 0보다 큰 영역에서 기술적 한계대체율이 체감함을 보여라.

  $K = 10$인 단기생산함수를 생각한다.

  3) 노동의 평균생산을 구하라. 언제 노동의 평균생산이 극대화되는가? 이 때 산출량은 얼마인가?

  4) 노동의 한계생산을 구하라.

  5) 노동의 평균생산곡선과 한계생산곡선을 그려라.

  이후의 문제에서는 $K = 20$인 단기생산함수를 생각한다.

  6) 3)~5) 문제를 반복하라.

4 생산함수가 $q = \sqrt{L + K}$ 이다.

  1) 기술적 한계대체율을 구하라.

  2) 전형적인 등량곡선의 형태를 그려라.

  3) 이 생산함수는 규모에 대한 보수는 체증인가, 체감인가, 불변인가?

  4) 이 생산함수는 동차함수인가? 동차함수이면 차수는 얼마인가?

5 생산함수가 $q = \sqrt{min\{L, K\}}$ 이다.

  1) 전형적인 등량곡선의 형태를 그려라.

2) 이 생산함수는 규모에 대한 보수는 체증인가, 체감인가, 불변인가?

3) 이 생산함수는 동차함수인가? 동차함수이면 차수는 얼마인가?

6 생산함수가 $q = [aL^\rho + bK^\rho]^{\frac{1}{2\rho}}$ $(-\infty < \rho \leq 1)$이다.

1) 기술적 한계대체율을 구하라.

2) 대체탄력성을 구하라.

3) 이 생산함수는 규모에 대한 보수는 체증인가, 체감인가, 불변인가?

4) 이 생산함수는 동차함수인가? 동차함수이면 차수는 얼마인가?

7 다음과 같은 생산함수들이 주어져 있다.

$$q = aL + bK, \quad q = (aL + bK)^2, \quad q = L^a K^b, \quad q = [aL^\rho + bK^\rho]^{\frac{1}{\rho}} \ (-\infty < \rho \leq 1)$$

1) 각 생산함수의 L의 산출탄력성을 구하라.

2) 각 생산함수의 K의 산출탄력성을 구하라.

3) 각 생산함수의 규모탄력성을 구하라.

8 기업의 생산함수가 $q = A\left(\dfrac{LK}{1+LK}\right)$이다. A는 0보다 큰 상수이고, $0 \leq q < A$이다.

1) 생산함수가 동차함수인가?

2) (L, K)에서 규모의 탄력성 $\eta(L, K)$를 구하라.

3) 규모의 탄력성을 산출량 q의 함수로 표시하라.

9 자본확장적 기술진보와 노동확장적 기술진보는 각각 기술적 한계대체율에 어떤 영향을 미치는지 그래프를 통해 설명하라.

Chapter 12 / 비용이론

슘페터(Joseph Schumpeter) : 오스트리아, 1883~1950

슘페터는 기술혁신(innovation)과 기업가정신(entrepreneurship)의 중요성을 강조한 경제학자로, 전통적으로 시장의 가격기능을 강조하는 경제학계에서 독보적인 자리를 차지하고 있다. "창조적 파괴"(destructive creation)라는 유명한 문구를 처음 사용한 학자이다.

슘페터는 1883년 지금의 체코 땅인 트리쉬에서 출생했으나 10살 때 비엔나로 이주해 비엔나 대학에서 정치경제학으로 박사학위를 취득했다. 이후 유럽의 여러 대학들에서 강의를 했고 은행장, 오스트리아 정부 고위관리 등으로 근무하기도 했으나, 1932년 이후에는 미국 하버드 대학의 교수로 계속 봉직했다.

슘페터의 대표적 업적인 저서 *History of Economic Analysis*에서 당시까지 경제학의 발전을 독특한 시각으로 평가했고, 저서 *The Theory of Economic Development*에서는 혁신과 경제성장, 경기변동의 관계를 다루었다. 저서 *Capitalism, Socialism, and Democracy*에서는 자본주의가 발전할수록 혁신과 기업가정신에 대한 사회적 평가가 줄어들고 지식인들이 사회주의적 가치에 경도되면서 점진적으로 사회주의로 이행될 것이라는 예측을 제시하기도 했다.

슘페터는 혁신과 기업가정신을 강조함으로써 독창적인 경제학 영역을 개척했고, 오늘날에도 자본주의 경제의 핵심 가치를 혁신과 기업가정신에서 찾으려는 수많은 후학들에게 지대한 영향을 미치고 있다.

미시경제학에서 비용(cost)이라고 하면, 주로 비용함수(cost function)를 의미한다. 비용함수는 주어진 산출량을 생산하는 데 필요한 최소한의 비용이 얼마인가를 보여준다. 비용함수는 결국 기업이 가지고 있는 생산기술에 의해 결정된다. 비용은 생산요소의 사용에 대한 대가로 발생하므로, 기업의 생산기술이 좋으면 같은 산출량을 생산하는 데 필요한 생산요소의 투입량이 줄어들고 따라서 비용도 줄어든다. 반면 생산기술이 나쁘면 같은 양을 생산하는 데 비용이 더 많이 들어간다. 즉, 비용함수는 생산함수와 역의 관계에 있다. 비용함수를 이용하면 산출량과 비용 간의 관계를 쉽게 그래프로 나타낼 수 있으며, 이를 비용곡선이라고 부른다. 본 장부터는 수많은 비용곡선들이 등장할 것이며, 이들은 모두 가로축에는 산출량, 세로축에는 비용(또는 평균비용, 한계비용)을 나타낸다(지금쯤 한 번 페이지를 넘겨, 본 장의 그래프들을 구경해 보는 것도 좋을 것이다).

Section 1   비용: 기본개념

제11장에서 생산함수를 이용해 생산기술을 표현하고 분석했다. 본 장에서는 생산기술과 동전의 앞뒤 관계에 있는 비용을 논의한다. 비용은 생산기술을 반영하며, 기업이 시장상황에 대처해 어떻게 행동할 것인지를 결정한다. 앞으로 보게 될 비용함수 또는 비용곡선들은 신고전파적 의미에서 기업 그 자체라고 볼 수 있다. 본 절에서는 비용에 대한 기본적인 개념들을 소개한다.

1.1 생산기술과 비용함수

비용함수는 주어진 산출량과 이를 생산하기 위해 필요한 비용과의 관계이다. 이 때 기업은 자신이 가지고 있는 기술을 가장 효율적으로 이용한다는 것을 전제로 한다. 따라서 비용함수는 결국 기업이 가지고 있는 생산기술에 의해 결정된다. 기업의 생산기술이 좋으면 같은 산출량을 생산하는 데 비용이 적게 든다. 반면에 생산기술이 나쁘면 같은 양을 생산하는 데 비용이 더 많이 든다. 그러므로 생산함수를 정확히 알고 있으면 비용함수는 저절로 알게 된다. 생산함수와 비용함수는 같은 생산기술에 대한 두 가지의 다른 표현 방법이라고 볼 수도 있는 것이다.

비용함수: 주어진 산출량을 생산하기 위해 필요한 최소한의 금액을 나타내는 함수, 즉 기업이 자신의 기술을 가장 효율적으로 이용해 주어진 산출량을 생산할 때의 비용을 나타내며, $C = C(q)$으로 표시한다(C: 비용, q: 산출량).

엄밀히 이야기하면 비용은 산출량 외에도 생산요소들의 가격의 영향도 받으며, 단기적으로는 고정요소의 크기의 영향도 받는다. 그러나 이들은 기업의 입장에서는 외생변수들이므로 꼭 필요하지 않을 때에는 표기에서 생략되는 경우가 많다.

생산함수와 비용함수가 모두 생산기술을 반영한다면, 이 둘 중에서 한 가지, 즉 생산함수만 알면 충분한데 왜 굳이 비용함수를 또 다시 공부해야 할까? 사실 대부분의 미시경제학 이론들은 비용함수의 도움 없이 생산함수만 이용해 충분히 설명이 가능하다.[1] 그러나 비용함수를 이용해 생산기술을 표현하고 이를 이용해 미시경제이론을 설명하면 많은 이점이 따른다.

첫째, 비용이라는 개념은 생산함수라는 개념보다 우리들에게 훨씬 익숙하다. 기업회계에서 비용이 차지하는 비중은 매우 크다. 반면에 현실 경제에서 생산함수를 직접 논의하는 경우는 매우 드물다.

둘째, 비용함수는 생산함수에 비해 훨씬 다루기 쉽고 그래프로 쉽게 표현할 수 있다. 생산함수 $q = F(L, K)$를 그래프로 그리려면 3차원 그래프가 필요하다(제11장 2.2절의 〈그림 11-6〉 참조). 2차원의 종이에 3차원 그래프를 그리기는 쉽지 않다. 생산요소가 3가지이면 생산함수 그래프는 4차원이 되어 그림으로 나타내는 것이 아예 불가능하다. 그러나 비용함수는 $C = C(q)$의 형태로 항상 2차원 그래프로 표현할 수 있다(C와 q의 두 변수가 있으므로). 이것은 여러 가지의 생산요소에 소요되

• 그림 12-1 생산함수와 비용함수의 관계

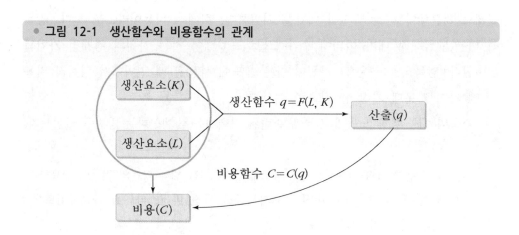

는 비용을 합해 하나의 비용 C로 나타냈기 때문이다. 물론 생산요소들이 여러 개이면 이들 각각의 비용을 하나의 비용으로 묶는 별개의 과정이 필요하며, 이 때 어떤 생산요소를 얼마나 쓸 것인지를 판단하는 다소 복잡한 과정이 포함된다. 이 과정은 본 장에서 엄밀하게 논의된다.

마지막으로, 비용은 순전히 기업의 생산기술에 의해 결정되므로 산출물시장의 상황(산출물의 가격수준, 산출물시장의 시장구조 등)과 무관하게 설명이 가능하다. 실제로 본 장의 설명들을 보면 산출물시장에 대한 언급이 전혀 없다는 것을 깨닫게 될 것이다. 산출물시장에 대한 언급은 비용에 대한 논의가 다 끝나고 제4부 시장구조에서 기업의 행동을 논의할 때 비로소 등장한다.

1.2 경제적 비용의 개념: 기회비용

경제학에서 비용은 기회비용이다. 기회비용에 대해서는 이미 제2장 4절에서 자세하게 살펴보았다. 본 절에서는 기회비용에 대한 개념을 간단히 복습한다. 기회비용에 대한 이해가 완전하지 않은 독자들은 제2장 4절을 다시 한 번 읽어보기 바란다.

기회비용은 선택 시 포기해야 하는 모든 자원의 가치이다. 기회비용은 명시적 비용과 암묵적 비용의 합으로, 경제적 비용이라고도 한다. 명시적 비용은 선택 시 실제로 지불해야 하는 금전적 대가를 의미하며, 회계적 비용이라고도 한다. 암묵적 비용은 금전적 대가 이외에 추가적으로 포기해야 하는 자원의 경제적 가치를 의미한다. 암묵적 비용은 그 자원이 다른 용도에 사용될 때 편익에서 명시적 비용을 뺀 차이 가운데 가장 큰 값으로 계산한다.

다음의 예를 통해 노동과 자본에 관련된 기회비용을 계산하는 방법을 알아보자.

> **예 1** 철수가 커피 전문점을 운영하고자 한다. 이를 위해 다음의 것들이 필요하다.
> 1) 30평 점포 2) 커피 머신 3) 자격증을 가진 바리스타 4) 아르바이트생
> 5) 커피 원두 및 기타 재료

30평 점포의 연간 임대료는 1,000만원이다. 커피 머신의 가격은 400만원인데, 연간 임대료는 50만원이다. 바리스타의 연봉은 1,500만원이다. 그런데 철수는 바

리스타 자격증을 가지고 있다. 아르바이트생의 연간 인건비는 500만원이다. 연간 커피 원두 및 기타 재료비는 700만원이다. 이 경우 연간 비용을 계산해보자.

어떤 방식으로 계산하든 기회비용은 동일하다. 그러나 장부에 기록하는지에 따라서 명시적 비용과 암묵적 비용의 크기는 달라진다. 먼저 점포 임대료를 살펴보자. 철수가 점포를 소유하고 있지 않으면 임대해야 하고, 건물 주인에게 임대료로 1,000만원을 지불해야 한다. 따라서 1,000만원은 명시적 비용에 포함된다. 만일 철수가 건물을 소유하고 있으면 어떻게 바뀌는가? 자신의 건물을 임대하면 철수는 연간 임대료로 1,000만원을 얻을 수 있다. 따라서 이 건물을 자신의 가게로 사용하면 임대료 1000만원을 포기하는 것이다. 그렇다고 포기한 1,000만원이 자동적으로 암묵적 비용이 되는 것은 아니다. 철수가 포기한 임대료를 장부에 비용으로 기록하면 1,000만원은 암묵적 비용이 아닌 명시적 비용이 된다. 장부에 기록하지 않으면 암묵적 비용이 된다.

커피 머신도 굳이 살 필요는 없다. 따라서 구입 가격이 아닌 연간 임대료가 연간 비용에 포함된다. 커피 머신이 없으면 당연히 임대해야 하므로 50만원이 명시적 비용이다. 철수가 커피 머신을 가지고 있으면, 타인에게 임대하여 50만원을 벌 수 있다. 이 경우 건물과 마찬가지로 장부에 기록하면 명시적 비용, 그렇지 않으면 암묵적 비용이 된다.

바리스타의 경우 타인을 고용하면 당연히 연봉 1500만원을 지불해야 한다. 반면에 스스로 바리스타로 일하면 이 금액을 지불하지 않아도 된다. 앞에서와 같이 스스로 바리스타로 일하는 경우에도 장부에 기록하면 명시적 비용, 그렇지 않으면 암묵적 비용이 된다.

아르바이트생의 인건비 500만원과 커피 원두 및 기타 재료비 700만원은 철수가 대체할 수 없는 비용이므로 명시적 비용이다.

명시적 비용과 암묵적 비용을 어떻게 계산하든 상관없이 기회비용 또는 경제적 비용은 1,000만원＋50만원＋1,500만원＋500만원＋700만원＝3,750만원이다. 철수가 건물 및 커피 머신도 없고, 바리스타도 고용하면 3,750만원 전부가 명시적 비용이다. 철수가 건물 및 커피 머신도 소유하고 있고, 스스로 바리스타로 일하면서 관련 비용을 장부에 기록하지 않으면 암묵적 비용은 2,550만원(1,000만원＋50만원＋1,500만원), 명시적 비용은 1,200만원이다.

계산 방식에 따라 명시적 비용과 암묵적 비용의 크기는 달라지지만 그 합인 기회비용은 동일하다. ◾

Box 12-1 자본비용을 계산하는 두 가지 방법

앞에서 자본에 대한 비용은 자본의 구매비용이 아니라 자본이 제공하는 서비스에 대한 비용이므로 임대비용으로 계산한다고 설명했다. 자본의 한 단위 구입가격이 p일 때, K단위의 자본을 구입(임대가 아님)하면 총지출이 pK이다. 교재에 따라, pK라는 금액을 자본을 구입하는 데 쓰지 않으면 저금해 이자를 얻을 수 있으므로, 기회비용의 측면에서 자본비용을 pK에 이자율 ρ를 곱한 금액인 ρpK로 계산하는 경우가 있다. 두 가지 방법 가운데 어느 것이 옳은 방법인가? 답은 두 방법 모두 옳다는 것이다. 그 이유는 임대가격인 r과 구입가격인 p 사이의 관계에 숨어 있다.

자본의 가격은 자본의 수명이 다하는 동안 매기에 지불하는 임대비용의 합의 현재가치와 같아야 한다. 자본가격이 임대비용의 합의 현재가치보다 크다면, 매기 임대해 사용하는 것이 더 유리하다. 반대로 자본가격이 더 싸면, 사서 매기에 임대비용을 받고 빌려주면 된다. 그러므로 자본가격은 정확하게 임대비용의 합의 현재가치가 되어야 한다. 편의상 자본의 수명이 무한대라고 가정하고, 매기의 임대비용이 r이라고 하자. 그리고 임대비용은 매기 말에 지불한다. 이자율이 ρ이면 다음의 관계가 성립한다.[2]

$$p = \frac{r}{1+\rho} + \frac{r}{(1+\rho)^2} + \cdots + \frac{r}{(1+\rho)^n} + \cdots$$

이 식의 우변은 초항이 $\dfrac{r}{1+\rho}$이고 공비가 $\dfrac{1}{1+\rho}$인 무한등비급수의 합이다.

그러므로 $p = \dfrac{\dfrac{r}{1+\rho}}{1-\dfrac{1}{1+\rho}} = \dfrac{\dfrac{r}{1+\rho}}{\dfrac{\rho}{1+\rho}} = \dfrac{r}{\rho}$ 된다. 따라서 $r = \rho p$가 성립한다. 즉, 임대비용과 자본가격의 이자비용은 같다.

모든 종류의 자본에 대해 임대시장이 존재하면 임대비용으로 자본비용을 계산하는 것이 편리하다. 그러나 많은 경우 임대시장이 존재하지 않는다. 따라서 임대비용을

---

2 임대비용의 합의 현재가치를 계산하는 방법에 대한 자세한 논의는 본서 제18장을 참조하기 바란다.

관찰할 수 없다. 이 경우 자본의 기회비용으로 자본비용을 계산한다. 본서에서는 편의상 임대시장이 존재한다고 가정하고 자본비용을 임대비용으로 계산한다.

생각하기 1 ▶ A씨는 자신이 이미 보유하고 있던 100달러를 이용해 외국에서 물건을 하나 구매했다. 100달러를 환전할 당시 환율은 1,000원/$이었다. 그러나 물건을 살 당시의 환율은 950원/$이었고, 연말정산 당시 환율은 970원/$이었다. 이 물건 구매의 기회비용은 원화로 얼마인가?

Section 2   **단기비용**

제11장 생산자이론에서 고정요소가 있는 단기와 모든 생산요소가 가변요소인 장기를 구분해 설명했다. 비용 문제도 단기와 장기로 나누어 설명한다. 본 절에서는 가변요소가 하나인 단기의 문제를 분석한다. 단기에서는 노동과 자본 가운데 자본이 크기가 고정된 고정요소이고, 노동이 투입량을 변화시킬 수 있는 가변요소라고 가정한다. 자본과 노동이 모두 가변요소인 장기의 문제는 다음 절에서 논의한다. 가변요소가 하나인 경우에는 매우 쉽고 직관적으로 비용함수를 논의할 수 있으며, 여기에서 습득한 원리들은 가변요소가 복수인 경우에도 대부분 그대로 적용된다. 그러므로 본 절의 내용을 충분히 잘 이해하기 바란다.

2.1 가변요소 투입량의 결정: 단기비용극소화

노동의 가격인 임금을 w, 자본의 가격을 r로 표시한다. 예 1에서 설명했듯이, 자본비용은 자본을 구입하는 비용이 아니라 일정 기간 임대하는 임대비용(rental cost)임에 독자들은 주의하기 바란다. 이후에서 자본가격은 곧 자본의 임대가격을 의미한다. 이제 단기에 자본이 $\overline{K}$로 고정되어 있다고 가정하자. 노동이 유일한 가변요소인 경우, 주어진 산출량을 생산하기 위한 노동의 투입량은 어떻게 결정되는가? 제11장 2.1절에서 본 바와 같이, 노동이 유일한 가변요소이면 노동의 투입량

● 그림 12-2 단기생산함수

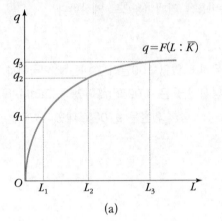 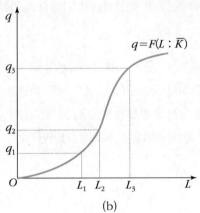

(a)   (b)

과 산출량 사이에는 일대일 관계가 성립한다. 이 관계가 바로 단기생산함수 $q = F(L : \overline{K})$이다. 〈그림 12-2〉는 제11장 1.4절에서 가정한 (궁극적) 한계생산체감의 조건을 충족하는 두 가지 형태의 단기생산함수를 보여준다.

단기생산함수에 의하면 노동을 각각 L_1, L_2, L_3만큼 투입할 때 산출량은 각각 q_1, q_2, q_3이다. 이를 역으로 이야기하면, q_1, q_2, q_3를 생산하기 위해 노동이 각각 L_1, L_2, L_3만큼 필요하다는 것을 의미한다. 〈그림 12-2〉에서 세로축과 가로축을 서로 바꾸어(즉, 가로축에 산출량, 세로축에 노동을 표시함) 그리면 주어진 산출량을 생산하기 위해 필요한 노동의 크기를 보여주는 그래프가 된다. 이 때 산출량과 노동의 관계를 나타내는 곡선의 형태는 원래의 단기생산함수의 형태가 뒤집어진 형태(즉, 역함수)를 띠게 된다. 단기생산함수가 〈그림 12-2(b)〉처럼 S자형이었으면, 새로운 곡선은 역S자형이 된다.

〈그림 12-3〉은 생산함수를 뒤집은 형태로, 주어진 산출량을 생산하는 데 필요한 노동의 투입량을 보여준다. 이를 **단기조건부노동수요**(short run conditional labor demand)라는 다소 긴 이름으로 부른다. 이제 각 용어의 의미를 알아보자.

(1) '단기'는 현재 우리가 풀고 있는 문제가 고정요소가 있는 단기비용극소화 문제임을 의미한다.

(2) '수요'는 생산을 위해 노동이라는 생산요소를 기업이 구입하고자 한다는

● **그림 12-3   단기조건부요소수요함수**

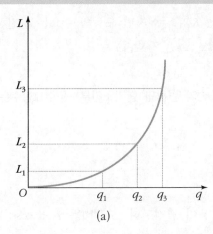
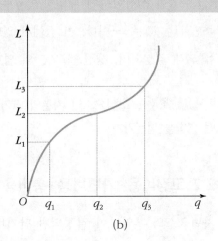

(a)   (b)

의미이다. 소비자가 아니더라도 어떤 재화를 구입하고 싶으면 모두 '수요'이다.

(3) '노동'의 의미는 수요의 대상이 최종 소비재가 아니라 생산에 필요한 노동이라는 의미이다.

(4) '조건부'는 주어진 산출량을 생산한다는 조건하에서 선택된다는 의미이다.

노동이 유일한 가변요소일 때, 노동투입량과 산출량 사이에는 일대일 관계가 있으므로, 단기조건부노동수요는 단기생산함수인 $q = F(L : \overline{K})$를 L에 대해 풀어, L을 q와 $\overline{K}$의 함수인 $L(q : \overline{K})$로 표시하면 된다. 이 경우에는 요소가격이 조건부노동수요에 아무런 영향을 미치지 못한다. 임금의 크기와 무관하게 주어진 산출량을 생산하기 위해 필요한 노동의 투입량이 정해져 있기 때문이다.

> **단기조건부요소수요함수**: 가변요소가 한 가지인 경우, 고정요소의 크기가 주어지면, 가변요소의 단기조건부요소수요는 산출량에 의해 완전히 결정되며 요소가격들의 영향을 받지 않는다: $L^* = L(q : \overline{K})$.

예2 $q = \sqrt{LK}$인 콥-더글러스 생산함수의 경우 단기에서 $K = \overline{K}$로 고정되어 있을 때 단기조건부노동수요함수를 구해 보자.

$K = \overline{K}$를 생산함수에 대입하면 $q = \sqrt{L\overline{K}}$를 얻는다. 양변을 제곱해 L에 대해 풀면 $L(q:\overline{K}) = \dfrac{q^2}{\overline{K}}$이다. 이 식에서 일단 $\overline{K}$가 주어지면 노동의 수요는 완전히 q에 의해 결정되며, 생산요소가격의 영향을 받지 않는다. ■

생각하기 2 고정요소인 자본의 크기($\overline{K}$)가 변하면 단기조건부노동수요함수는 어떤 영향을 받는가?

2.2 고정비용·가변비용·총비용

가변요소의 투입량이 결정되면 단기비용이 결정된다. **고정비용**(fixed cost: FC)은 산출량에 따라 변하지 않는 비용이다. 고정비용은 단기에서 고정요소 때문에 발생한다. 그러므로 고정비용은 단기에만 있는 개념이다. 고정요소인 자본의 크기를 $\overline{K}$라고 하면, 고정비용은 $\overline{K}$에 자본가격인 임대비용(r)을 곱한 $r\overline{K}$이다. 산출량과 비용의 관계를 그래프로 나타내기 위해 가로축에 산출량을 놓았을 때 고정비용곡선은 높이가 일정한 수평선인 그래프가 된다. 〈그림 12-4〉에서 FC는 고정비용을 나타낸다.

단기가변비용(short-run variable cost: SVC)은 산출량에 따라 변하는 비용을 의

● **그림 12-4 가변비용·고정비용·총비용**

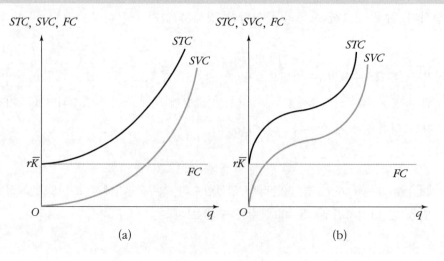

(a)　　　　　　　　(b)

미한다. 단기에서는 산출량에 따라 고용해야 하는 노동의 크기가 달라진다. 그러므로 단기가변비용은 단기조건부노동수요에 임금(w)을 곱한 $wL(q:\overline{K})$가 된다. 개별 기업의 입장에 임금은 노동시장에서 결정되는 외생변수이므로 w는 상수이다. 따라서 단기가변비용곡선은 〈그림 12-3〉의 단기조건부노동수요함수와 동일한 형태를 갖게 된다. 다만 w의 크기에 따라 곡선이 위 아래로 늘어나거나 줄어들 뿐이다. 〈그림 12-4〉에서 SVC곡선은 단기가변비용곡선을 나타낸다.

　　단기총비용(short-run total cost: STC, 간단히 단기비용)은 가변비용과 고정비용의 합이다. 단기비용곡선은 단기가변비용곡선과 고정비용곡선을 수직으로 합한 것으로, 단기가변비용곡선을 고정비용의 크기만큼 위로 이동시킨 것이다. 달리 표현하면, 단기가변비용곡선의 시작점을 고정비용만큼 위로 이동시키면 된다. 단기비용곡선과 단기가변비용곡선은 서로 평행하며, 정확히 같은 형태를 지닌다. 따라서 같은 산출량에서 두 곡선의 기울기도 같다. 물론 두 곡선의 높이 차이는 고정비용의 크기와 같다.

> **고정비용**: 고정된 자본 투입량 $\overline{K}$에 자본의 가격, 즉 임대비용을 곱한 것.
> $FC = r\overline{K}$
> **단기가변비용**: 노동의 단기조건부노동수요에 노동의 가격, 즉 임금을 곱한 것.
> $SVC = wL(q:\overline{K})$
> **단기(총)비용**: 단기가변비용과 고정비용의 합. $STC = wL(q:\overline{K}) + r\overline{K}$

　　단기비용은 산출량과 생산요소들의 가격, 고정생산요소의 투입량에 의해 결정된다. 이런 관계를 **단기비용함수**(short-run cost function)라고 부른다. 비용함수에서 가장 중요한 변수가 기업의 의사결정 대상인 산출량이므로, 단기비용함수를 간단히 $C_s(q)$로도 표시한다. 하첨자 s는 단기(short-run)를 뜻한다.

> **단기비용함수**: 단기비용을 산출량과 요소가격, 그리고 고정요소의 함수로 표현한 것. $C = C(q:w, r, \overline{K})$

Box 12-2 매몰비용 vs. 회피가능비용

경제학의 여러 비용 개념 가운데 매몰비용(sunk cost)이라는 것이 있다. 예를 들어, 어떤 사람이 콘서트에 가기 위해 3만원짜리 티켓을 구입했다. 그런데 이 티켓은 환불이 불가능하고(non-refundable), 또한 입구에서 신분증을 확인하므로 다른 사람에게 양도할 수도 없다(non-transferable). 일단 콘서트 티켓을 구입하면, 환불이나 양도가 불가능하기 때문에, 오로지 콘서트 가는 것 이외에 다른 용도로는 사용할 수 없다. 이 경우 티켓 값으로 지불한 3만원은 매몰비용이 된다. 매몰비용이란 다른 용도로 사용할 수 없어 기회비용이 0인 비용을 의미한다. 앞의 예에서 80%만 환불받을 수 있다면, 3만원의 20%인 6천원이 매몰비용이 된다. 혹은 다른 사람에게 3만원에 팔 수 있으면 매몰비용은 0이다.

매몰비용의 반대 개념이 회피가능비용(avoidable cost)이다. 회피가능비용은 의사결정을 되돌이킬 때 회수할 수 있는 금액을 의미한다. 위의 콘서트 티켓의 예에서 80%만 환불받을 수 있으면 회피가능비용은 2만 4천원이고, 6천원만 매몰비용이다.

기업들이 지불하는 비용 가운데 다른 용도로 사용할 수 없는 비용이 매몰비용에 해당된다. 예를 들어, 광고비로 지출한 금액은 다른 용도로 사용할 수 없으므로 전액이 매몰비용이다. 또 다른 예를 들면, 어떤 사람이 중국집을 하기 위해 중국집에 맞는 인테리어를 설치했고, 홀에 테이블과 의자를 마련했다고 가정하자. 이 경우 테이블과 의자는 꼭 그 중국집에서만 사용할 수 있는 것은 아니므로, 적절한 가격에 다른 사람에게 팔 수 있다. 그러므로 테이블과 의자에 지불된 금액은 회피가능비용이다. 그러나 인테리어는 오직 그 중국집 분위기에만 적합한 것이므로 다른 용도로 사용할 수 없다. 그러므로 인테리어 비용은 매몰비용이다.

매몰비용은 일단 지불되면 그 선택을 번복해도 회수할 수 없는 비용이다. 그러므로 합리적인 선택은 매몰비용에 의존하면 안 된다. 앞의 콘서트의 예를 들면, 콘서트의 효용이 2만원이라고 가정하자. 그러면 합리적인 선택은 처음부터 콘서트 티켓을 구매하지 않는 것이다. 그러나 어떤 이유에선가 콘서트 티켓을 이미 구입했다면, 회피가능비용이 2만원보다 작은 한, 즉 매몰비용이 1만원보다 큰 한 콘서트를 가는 것이 합리적인 선택이다.

2.3 평균비용·한계비용

단기비용(STC)은 단기가변비용(SVC)과 고정비용(FC)의 합이다.

$$STC = SVC + FC \tag{1}$$

평균비용은 개당 비용, 즉 산출물 한 단위당 비용을 의미한다. 이를 위해 (1)
식의 양변을 q로 나누면 다음과 같다.

$$\frac{STC}{q} = \frac{SVC}{q} + \frac{FC}{q} \tag{2}$$

● 그림 12-5 평균고정비용(AFC)곡선

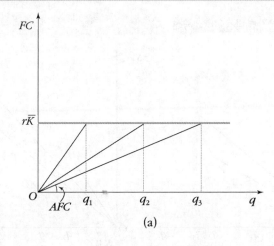

(a)

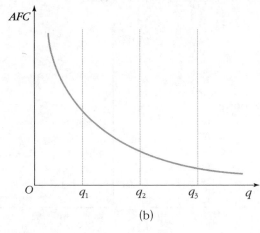

(b)

    (2)식의 좌변을 **단기평균비용**(short-run average cost: SAC)이라고 부른다. 우변의 $\frac{SVC}{q}$를 **단기평균가변비용**(short-run average variable cost: $SAVC$), $\frac{FC}{q}$를 **평균고정비용**(average fixed cost: AFC)이라고 부른다(고정비용은 단기에만 발생하므로 굳이 앞에 단기란 말을 붙이지 않는다). 총비용이 가변비용과 고정비용의 합이므로, 평균비용도 평균가변비용과 평균고정비용의 합이다.

단기평균비용: 단기비용을 산출량으로 나눈 것. $SAC = \dfrac{STC}{q}$

단기평균가변비용: 단기가변비용을 산출량으로 나눈 것. $SAVC = \dfrac{SVC}{q}$

평균고정비용: 고정비용을 산출량으로 나눈 것. $AFC = \dfrac{FC}{q}$

● **그림 12-6 평균가변비용(SVC)곡선**

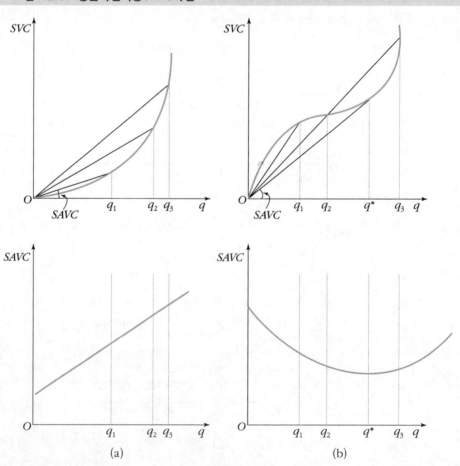

(a)   (b)

이제 산출량이 변할 때 여러 평균비용들이 어떻게 변하는지 살펴보자. 먼저 평균고정비용(AFC)을 보자. $AFC = \dfrac{FC}{q}$이고, $FC = r\overline{K}$는 q와 무관한 상수이므로, q가 증가할 때 AFC는 감소한다. 그러므로 AFC곡선은 우하향한다(〈그림 12-5(b)〉).

다음으로 단기평균가변비용($SAVC$)을 보자. 먼저 SVC곡선이 〈그림 12-4(a)〉와 같은 경우를 보자. 〈그림 12-6(a)〉에서 보듯이 q가 늘어남에 따라 SVC곡선상의 점과 원점을 잇는 직선의 기울기가 계속 증가함을 알 수 있다. 이처럼 q에 따른 $SAVC$의 변화를 따로 그래프로 나타내면, 〈그림 12-6(a)〉 하단에서 보듯이 $SAVC$곡선은 우상향한다.

SVC곡선이 〈그림 12-4(b)〉와 같은 경우, 〈그림 12-6(b)〉에서 보면 q가 q^*까

그림 12-7 단기비용(STC)곡선과 단기평균비용(SAC)곡선

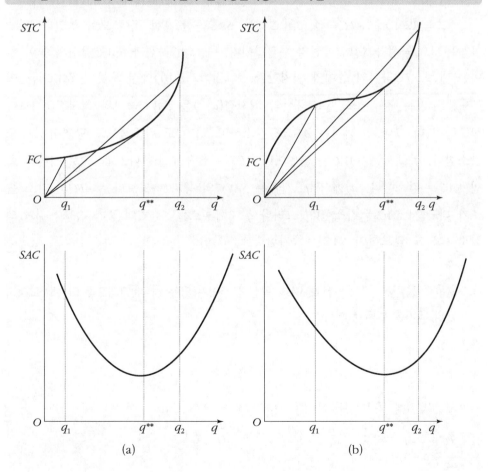

(a)   (b)

지 증가할 때 원점과 SVC곡선상의 점을 잇는 직선의 기울기는 계속 감소한다. 그러나 q^*를 지나면서 그 기울기가 증가함을 볼 수 있다. 그대로 $SAVC$곡선은 q^*까지는 감소하다가 그 이후에는 증가한다.

이제 단기평균비용(SAC)을 살펴보자. 단기비용(STC)곡선이 〈그림 12-4(a)〉처럼 그려지면 〈그림 12-7(a)〉에서 보듯이 STC곡선상의 점과 원점을 잇는 직선의 기울기가 q^{**}까지 감소하다 그 이후부터는 다시 증가한다. 그러므로 SAC곡선은 q^{**}까지는 감소하다가 그 이후에는 증가한다. STC곡선이 〈그림 12-4(b)〉처럼 그려지는 경우에도 〈그림 12-7(b)〉에서 보듯이 STC곡선상의 점과 원점을 잇는 직선의 기울기가 q^{**}까지 감소하다 그 이후에는 증가한다. 그러므로 SAC곡선은 q^{**}까지는 감소하다 그 이후에는 증가한다. 두 경우 모두 산출량이 0에 가까우면 SAC가 무한대로 커진다.

〈그림 12-8〉은 AFC곡선, $SAVC$곡선, SAC곡선을 한 곳에 모아 놓았다. SAC곡선은 AFC곡선과 $SAVC$곡선의 수직합이다. 즉, SAC곡선과 $SAVC$곡선의 높이 차이는 바로 AFC곡선의 높이와 일치한다. 〈그림 12-8(b)〉에서 보듯이 $SAVC$곡선이 U자형을 띠는 경우에도, SAC곡선의 최저점(q^{**})은 $SAVC$곡선의 최저점(q^*)보다 산출량이 더 크다. q^*까지는 AFC도 감소하고 $SAVC$도 감소하므로 당연히 SAC도 감소한다. q^*에서는 $SAVC$는 불변이나 AFC는 계속 감소한다. 그러므로 이들의 합인 SAC는 감소한다. q^*에서 q^{**}까지는 $SAVC$의 증가 속도보다는 AFC의 감소 속도가 더 커서 SAC는 감소한다. 그러나 q^{**} 이후로는 $SAVC$의 증가 속도가 AFC의 감소 속도를 압도하여 SAC는 증가한다.[3]

생각하기 3 SAC곡선과 $SAVC$곡선만 주어져 있을 경우, 그래프를 이용해 고정비용의 크기를 나타내 보라.

---

3 이를 엄밀하게 보이면 다음과 같다. $SAC = SAVC + AFC$의 양변을 q에 대해 미분하면 $\dfrac{dSAC}{dq} = \dfrac{dSAVC}{dq} + \dfrac{dAFC}{dq}$을 얻는다. 모든 산출수준에서 $\dfrac{dAFC}{dq} < 0$이고 q^*에서 $\dfrac{dSAVC}{dq} = 0$이므로, q^*에서 $\dfrac{dSAC}{dq} < 0$이다. 따라서 $q^{**} > q^*$가 성립한다.

• 그림 12-8 여러 가지 평균비용곡선

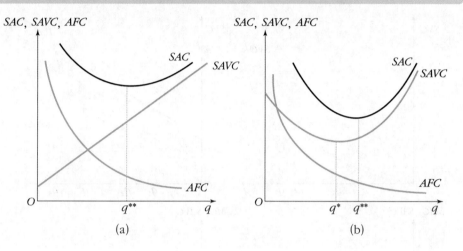

(a)

(b)

단기한계비용(short-run marginal cost: SMC)은 산출량 한 단위를 더 늘릴 때 발생하는 단기비용의 증가분이다. 다른 한계의 개념과 마찬가지로, SMC는 단기비용함수를 산출량에 대해 미분한 것으로, SMC의 크기는 단기비용함수의 접선의 기울기이다. 앞에서 설명한 바와 같이 STC곡선과 SVC곡선은 기울기가 같으므로 두 곡선 중에서 어느 것을 이용해도 된다. 〈그림 12-9〉는 두 가지 형태의 SVC곡선에 상응하는 SMC곡선의 형태를 보여준다. 특히 역S자형인 SVC곡선의 경우 한계비용이 변곡점에서 최소가 되므로 SMC곡선은 U자 형태를 지니게 된다.

마지막으로 단기평균비용과 단기한계비용과의 관계를 살펴보자. 제2장 2.3절에서 설명했고, 제11장 1.3절에서 살펴본 평균생산과 한계생산과의 관계와 동일한 관계가 단기평균비용과 단기한계비용 간에 성립한다. 여러 번 강조했다시피 평균이 증가하면 평균은 한계보다 작고, 평균이 감소하면 평균은 한계보다 크다. 이를 비용에 적용하면 산출량을 늘릴 때 SAC가 감소하면 $SAC > SMC$이고, 반대로 SAC가 증가하면 $SAC < SMC$이다. 이를 그림을 통해 다시 한 번 확인하여 보자.

〈그림 12-10〉의 (a)와 (b) 모두 SAC는 q^{**}까지는 감소하다가 q^{**}를 지나면서 증가한다. 산출량이 q^{**}보다 작으면 그림에서 보듯이 $SAC > SMC$임을 알 수 있다. 반면에 산출량이 q^{**}보다 크면 $SMC > SAC$이다. 또한 SAC가 가장 작아지는 q^{**}에서는 SAC와 SMC가 일치한다. SAC가 감소추세에서 증가추세로 바뀌는 점은

그림 12-9 한계비용(*SMC*)곡선

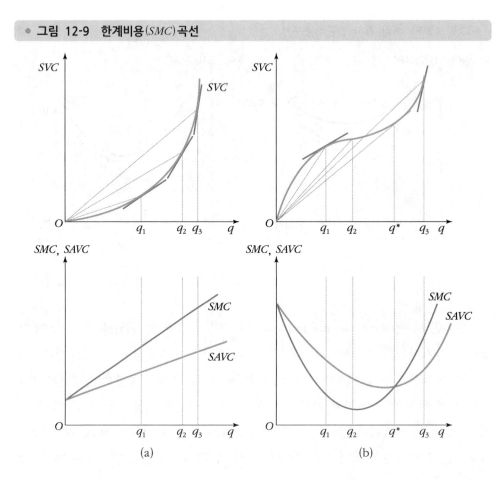

(a)

(b)

단기평균비용의 최저점이며 이 점에서 *SMC*는 *SAC*의 아래에서 위로 위치를 바꾸게 된다. 다시 말하면, *SMC*곡선은 *SAC*곡선의 최저점을 왼쪽 아래에서 오른쪽 위로 관통한다.

　*SAC*와 *SMC* 간의 이러한 관계는 *SAVC*와 *SMC* 사이에도 그대로 적용된다. 그 이유는 *SMC*는 *STC*곡선의 접선의 기울기일 뿐 아니라, *SVC*곡선의 접선의 기울기이기도 하기 때문이다(*STC*곡선과 *SVC*곡선은 평행하므로 같은 산출량에서 그 기울기들이 같음을 상기하기 바란다). 따라서 *SMC*곡선은 *SAC*곡선과 *SAVC*곡선의 최저점을 모두 통과한다. 이 때 *SMC*곡선은 *SAC*곡선과 *SAVC*곡선의 왼쪽 아래에서 오른쪽 위로 관통한다. 〈그림 12-10〉은 이러한 관계를 보여준다.

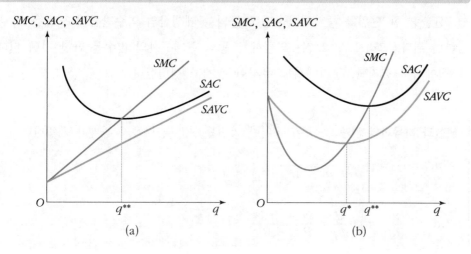

● 그림 12-10   *SMC*곡선은 *SAC*곡선과 *SAVC*곡선의 최저점을 통과한다

(a)   (b)

평균비용과 한계비용과의 관계:

산출량이 증가할 때 평균비용이 증가 ↔ 평균비용 < 한계비용

산출량이 증가할 때 평균비용이 감소 ↔ 평균비용 > 한계비용

산출량이 증가할 때 평균비용이 불변 ↔ 평균비용 = 한계비용

2.4 단기에서 생산과 비용과의 관계

　생산기술과 비용함수가 동전의 양면과 같은 관계라는 것은 이미 언급했다. 생산성과 비용 사이에는 언제나 역의 관계가 성립한다. 즉, 노동이 유일한 가변요소일 때, 노동의 평균생산이 높으면 평균가변비용이 낮아지고, 노동의 한계생산이 높으면 한계비용이 낮아진다.

　먼저 *SAVC*를 살펴보자. *SVC*가 wL이므로 *SAVC*는 $\dfrac{wL}{q}$이다. 이를 다시 쓰면 $\dfrac{w}{(q/L)}$이 되는데, 분모의 $\dfrac{q}{L}$는 다름 아닌 노동의 평균생산이다. 그러므로 $SAVC = \dfrac{w}{AP_L}$의 관계가 성립함을 알 수 있다.

　다음으로 *SMC*를 알아보자. 노동의 한계생산이 예를 들어 2라고 하자. 이는 노동 한 단위를 더 투입할 때 산출량이 두 단위 더 늘어난다는 의미이다. 그러므로 산출량 한 단위를 증가시키려면 노동 $\frac{1}{2}$ 단위만 더 투입하면 된다. 이를 일반화하면, 산출량 한 단위를 증가시키려면 노동의 한계생산의 역수만큼의 노동을 더 투입하면 된다. 그러므로 SMC는 임금에 노동의 한계생산의 역수를 곱한 것이 된다. 제3절에서 보겠지만, 장기에서도 유사한 관계가 성립한다.

생산과 비용과의 관계: 노동이 유일한 가변요소일 때 다음의 관계가 성립한다.

$$SAVC = \frac{wL}{q} = w\frac{L}{q} = \frac{w}{\dfrac{q}{L}} = \frac{w}{AP_L}$$

$$SMC = \frac{d(wL)}{dq} = w\frac{dL}{dq} = \frac{w}{\dfrac{dq}{dL}} = \frac{w}{MP_L}$$

2.5 고정요소가 비용에 미치는 영향

고정요소인 자본의 투입량이 $\overline{K}$보다 큰 $\overline{K}'$이면 비용은 어떻게 달라질까? 우선 자본량이 $\overline{K}'$일 때 단기조건부노동수요에 어떤 변화가 생기는지 살펴보자. 자본의 투입량이 크므로 같은 양의 노동을 투입하면 산출량이 더 커진다. 따라서 〈그림 12-11〉과 같이 단기생산함수는 위로 이동한다. 단기조건부노동수요곡선은 단기생산함수를 뒤집은 형태이므로 단기생산함수가 위로 이동하면 단기조건부노동수요곡선은 아래로 이동한다. 즉, 자본 투입량이 크므로 같은 산출량을 생산하기 위해 필요한 노동의 투입량은 감소한다. 당연히 가변비용은 감소한다. 그 대신 자본의 투입량이 크기 때문에 자본비용, 즉 고정비용은 더 크다. 따라서 총비용은 더 커질 수도 있고 더 작아질 수도 있다. 사실 총비용이 최소가 되는 고정요소의 크기를 구하는 것은 바로 다음 절에서 다루게 될 주제이다. 특정한 산출량을 생산하고자 할 때, 자본의 크기를 얼마로 할 것인가의 문제는 자본을 가변요소로 보는 장기적 의사결정에 속하는 문제이기 때문이다.

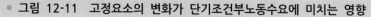

• 그림 12-11   고정요소의 변화가 단기조건부노동수요에 미치는 영향

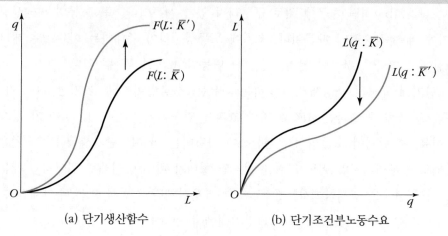

(a) 단기생산함수   (b) 단기조건부노동수요

2.6 단기에서의 규모의 경제와 규모의 불(비)경제

규모의 경제(economies of scale)와 규모의 불(비)경제(diseconomies of scale)는 산출량이 변할 때 평균비용이 어떻게 변하는가를 의미한다. 산출량이 증가할 때 평균비용이 감소하면 규모의 경제가, 평균비용이 증가하면 규모의 불경제가 있다고 말한다. 단기비용곡선들의 형태를 규모의 경제와 불경제 측면에서 살펴보자.

기업들의 단기비용곡선들이 실제로 어떤 형태를 띠는지는 산업에 따라, 그리고 기술발전의 단계에 따라 달라지기 때문에 일률적으로 말할 수는 없다. 그러나 경험적으로 볼 때, 기업의 가장 전형적인 SVC곡선은 〈그림 12-6(b)〉와 같이 역S자형을 띠고 있다고 본다. 앞에서 논의한 바와 같이 SVC곡선이 역S자형을 띨 때, $SAVC$곡선은 U자 형태를 띠며 SAC곡선 역시 U자 형태를 띤다. 이는 평균비용이 처음에는 산출량의 증대와 함께 감소하다가 어느 수준의 산출량을 지나면 다시 상승한다는 것을 의미한다. 즉, 처음에는 규모의 경제가 작용하다가 나중에는 규모의 불경제가 작용한다는 것을 의미한다.

단기에서 규모의 경제와 불경제가 발생하는 이유를 알아보자. 먼저 처음에 규모의 경제가 발생하는 이유는 크게 두 가지로 나눌 수 있다. 첫째는 AFC가 계속 감소하기 때문이다. 산출량이 늘어나면서 고정비용이 분산되기 때문에 AFC는 줄어든다. 두 번째 이유는 $SAVC$의 하락이다. $SAVC$가 하락하는 이유는 〈그림 12-6(b)〉처럼

SVC곡선이 처음에 아래로 구부러져 있기 때문이며, 이는 다시 단기생산함수가 〈그림 12-2(b)〉처럼 처음에 위로 구부러져 있기 때문이다. 즉, 노동의 평균생산이 초기에 계속 상승하기 때문이다. 초기에 노동생산성이 증대하는 이유로는 제11장 1.4절에서 언급한 것처럼 분업, 전문화, 협동의 효과를 들 수 있다.

단기에 규모의 불경제가 발생하는 이유는, 산출량이 너무 커지면 $SAVC$가 지속적으로 상승해 결국은 AFC의 하락 효과를 압도하기 때문이다. $SAVC$가 상승하는 이유, 즉 단기에 노동의 평균생산성이 하락하는 이유는 단기생산함수가 처음에는 위로 구부러지지만 어느 지점을 지나면 형태가 바뀌어 아래로 휘어지기 때문이다. 이런 현상을 경제학에서는 (궁극적) 한계생산체감의 법칙 또는 수확체감의 법칙이라고 부른다는 것을 이미 제11장 1절에서 언급했다.

Section 3 장기비용

본 절에서는 모든 생산요소가 가변인 장기비용함수를 논의한다. 앞 절의 논의를 이어 자본과 노동의 두 가지 투입을 상정하고 이들이 모두 가변인 경우를 분석한다. 가변요소가 두 개이면, 주어진 산출량을 생산할 수 있는 방법이 하나만 있는 것이 아니라 여러 가지가 있다. 노동을 많이 쓰고 자본을 적게 쓰는 방법도 있고, 반대로 노동을 적게 쓰고 자본을 많이 쓰는 방법도 있다. 이들 중에서 어떤 방법을 선택하느냐에 따라 비용도 달라진다. 그러므로 우선 주어진 산출량을 생산하기 위해 어떤 방법을 쓰는 것이 가장 좋은지를 결정해야 한다. 같은 산출량을 생산하면서 가장 비용이 적게 드는 (L, K)의 조합을 선택하는 것이 장기비용극소화 문제이다.

3.1 등량곡선과 등비용선

자본과 노동의 두 가지 가변요소가 있는 경우를 생각해 보자. 그래프상으로 노동의 투입량(L)과 자본의 투입량(K)을 각각 가로축과 세로축에 나타내면, 각 점

(L, K)는 노동과 자본의 특정 조합을 나타낸다. 이 때 산출량은 생산함수에 의해 $q = F(K, L)$이고, 비용은 $C = wL + rK$이다. $C = wL + rK$를 **비용식**(cost equation)이라고 부른다.

같은 산출량을 생산하는 생산요소의 조합을 등량곡선이라고 부르고, 그 성질에 대해서는 이미 제11장 2.2절에서 설명했다. 그렇다면 비용이 같은 점들을 연결하면 어떤 형태의 선이 될까? 비용식 $C = wL + rK$에서 C를 일정한 상수로 놓으면 된다. 예를 들어, C를 100으로 고정하면, 비용식은 $wL + rK = 100$이 된다. 이 식은 L과 K에 대한 직선의 식이다. 가로축 절편은 $\dfrac{100}{w}$, 세로축 절편은 $\dfrac{100}{r}$이다. 기울기는 $-\dfrac{w}{r}$로서 노동가격과 자본가격의 비율이다. 물론 비용의 크기가 클수록 이 직선은 바깥으로 이동하게 된다. 이 직선을 **등비용선**(iso-cost line)이라고 부른다.

> **등비용선**: 요소가격이 각각 w와 r일 때, 비용이 동일한 (L, K) 점들을 연결시켜 놓은 선. 수식으로 표현하면 $\overline{C} = wL + rK$이다. 이 식은 $K = -\dfrac{w}{r}L + \dfrac{\overline{C}}{r}$이 되므로, 세로축 절편이 $\dfrac{\overline{C}}{r}$이고 기울기가 $-\dfrac{w}{r}$인 직선이다.

등비용선은 소비자이론의 예산선과 유사하다. 예산선에서 소득(m)에 해당하는 것이 C이고, 각 상품의 가격에 해당하는 것이 각 요소가격이 된다. 예산선의 기울기가 $-\dfrac{p_1}{p_2}$이었던 것을 상기하면 등비용선의 기울기와 유사하다는 것을 알 수 있을 것이다.

3.2 가변요소 투입량의 결정: 장기비용극소화

장기에서 산출량과 비용의 관계를 분석하려면 우선 각 산출량을 가장 효율적으로 생산하는 방법을 찾아야 한다. 장기비용극소화 문제는 주어진 산출량을 최소한의 비용으로 생산하는 생산요소의 조합을 찾는 것이다. 우선 그래프상에 주어진 산출량에 해당하는 등량곡선을 찾는다. 〈그림 12-12〉의 등량곡선이 이에 해당한다고 하자. 이 곡선상에 있는 모든 점들은 같은 산출량을 생산할 수 있다. 주어진

● 그림 12-12 장기비용극소화 조건

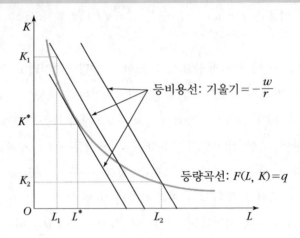

산출량을 생산할 수 있는 (L, K)의 조합은 무수히 많다. 이렇게 많은 조합들 중에서 가장 비용이 낮은 점을 고르기 위해서는 등비용선의 도움을 받아야 한다. 그래프상의 각 점의 비용이 얼마나 높은지를 알려면 그 점을 지나는 등비용선이 얼마나 바깥쪽에 있는지를 보면 된다. 주어진 등량곡선에 포함된 점들 중에서 어떤 점은 바깥쪽 등비용선에 속하고, 어떤 점은 안쪽의 등비용선에 속한다. 이 중 가장 안쪽의 등비용선에 속한 점을 찾으면 바로 그 점이 주어진 생산량을 최소의 비용으로 생산하는 점이 된다. 이 점을 (L^*, K^*)로 표기하면, 그래프상으로 이 점은 바로 등량곡선과 등비용선이 접하는 점이다. 이 점에서는 등량곡선의 기울기가 등비용선의 기울기와 같게 된다. 제11장에서 본 바와 같이, 등량곡선의 기울기(절대값)는 기술적 한계대체율로, 노동과 자본의 한계생산의 비율이다. 또한 등비용선의 기울기(절대값)는 $\frac{w}{r}$이다. 그러므로 비용극소화의 조건은 다음과 같이 정리된다.

장기비용극소화의 1계 조건:

1. 주어진 산출량을 생산해야 한다: $F(L, K) = q$

2. 등량곡선과 등비용선이 접해야 한다: $MRTS \left(= \dfrac{MP_L}{MP_K} \right) = \dfrac{w}{r}$

소비자이론과 마찬가지로 위의 조건이 충족되는데도 비용극소화가 아니라 거꾸로 비용극대화가 달성될 수도 있다. 바로 등량곡선이 원점을 향해 볼록하지 않고 오목한 경우이다. 이런 결과를 방지하는 조건이 바로 기술적 한계대체율체감의 가정이다.

장기비용극소화의 2계 조건: 등량곡선이 원점을 향하여 볼록하다. 즉, 기술적 한계대체율이 체감한다.

장기비용극소화 문제의 1계 조건인 $F(L, K) = q$와 $MRTS\left(= \dfrac{MP_L}{MP_K}\right) = \dfrac{w}{r}$를 풀어서 얻은 노동과 자본의 투입량을 각각 노동과 자본의 **장기조건부요소수요**(long-run conditional factor demand)라고 부른다. 조건부요소수요의 의미는 이미 앞 절에서 설명했다. 차이점은 현재 장기의 문제를 다루고 있으므로, 단기 대신 장기라는 용어를 사용하는 것뿐이다.

장기조건부요소수요함수: 장기에 주어진 산출량을 최소의 비용으로 생산할 수 있는 생산요소의 투입량으로, 산출량과 요소가격의 함수이다:
$$L^* = L(q, w, r), \ K^* = K(p, w, r)$$

예3 생산함수가 $q = LK$이고 생산요소들의 가격이 $w = 5$, $r = 10$일 때, $q = 128$을 생산하기 위한 장기조건부노동수요와 장기조건부자본수요를 구하라.

$q = 128$이려면 $LK = 128$이 되어야 한다. 이 조건은 (L, K)가 산출량 128에 해당하는 등량곡선상에 있다는 의미이다. 이제 비용이 최소가 되려면 기술적 한계대체율과 투입요소의 상대가격이 같다는 조건이 추가로 필요하다. 기술적 한계대체율이 $\dfrac{K}{L}$이므로 $\dfrac{K}{L} = \dfrac{5}{10}$가 되어야 한다. 이를 정리하면 $L = 2K$이다. $LK = 128$과 $L = 2K$를 풀면 $L^* = 16$, $K^* = 8$을 얻는다. ∎

비용극소화 문제에서 주어진 산출량을 최소비용으로 생산하는 노동과 자본의 조합은 노동과 자본의 상대가격인 $\frac{w}{r}$에 의해 결정된다는 점에 유의하기 바란다. w와 r이 같은 비율로 변화하면 노동과 자본의 조건부요소수요에는 아무런 변화가 생기지 않는다. 반면 $\frac{w}{r}$에 변화가 생기면 같은 등량곡선상의 점들 중에서 최소비용점이 변하게 된다. 예를 들어, 임금이 상대적으로 더 비싸게 되면, 등비용선의 기울기가 가파르게 변하여 비용극소화 점이 왼쪽으로 이동하게 된다. 즉, 같은 산출량을 생산하더라도 노동을 덜 쓰고 자본을 더 쓰게 되는 것이다.

장기조건부요소수요가 결정되면 장기비용은 결국 이들을 구매하는 비용으로 계산된다. 즉, 장기조건부요소수요가 각각 $L(q, w, r)$과 $K(q, w, r)$이면 장기비용은 $wL(q, w, r) + rK(q, w, r)$이다. 장기비용은 산출량과 각 생산요소들의 가격에 의존하므로 $C(q, w, r)$로 표시될 수 있다. 이를 **장기비용함수**(long-run cost function)라고 부른다.

> **장기비용함수**: 장기비용을 산출량과 요소가격의 함수로 표현한 것. $C(q, w, r) = wL(q, w, r) + rK(q, w, r)$

이들 변수들 중에서 w, r은 요소시장에서 결정되는 변수이지만, 산출량 q는 기업이 결정하는 변수이므로 특별히 중요한 의미를 갖는다. 때로는 장기비용함수를 간단히 q만의 함수인 $C(q)$로 표시한다.

눈치 빠른 독자들은 장기비용극소화 문제가 소비자이론의 지출극소화 문제와 동일한 구조임을 인지했을 것이다. 지출극소화 문제와 장기비용극소화 문제를 비교하면 효용이 산출량으로, 보상수요함수가 장기조건부요소수요함수로, 그리고 지출함수가 장기비용함수로 바뀌었음을 알 수 있다.

단기비용함수에서와 동일하게 장기비용함수에서도 **장기평균비용**(long-run average cost: LAC)과 **장기한계비용**(long-run marginal cost: LMC)을 정의한다. 장기에서는 고정비용이 없으므로, 모든 비용이 가변비용이다. 그러므로 평균비용과 평균가변비용을 구별할 필요가 없다.

장기평균비용: 장기비용을 산출량으로 나눈 것. $LAC = \dfrac{C(q)}{q}$

장기한계비용: 장기에서 산출량 한 단위를 더 생산할 때 발생하는 비용.

$LMC = \dfrac{dC(q)}{dq}$

장기에서도 평균비용과 한계비용 간의 관계는 단기에서와 동일하다. 평균비용이 증가하면, 한계비용이 평균비용보다 크고, 반대로 평균비용이 감소하면 한계비용은 평균비용보다 작다. 한계비용곡선은 평균비용곡선의 최저점을 지난다. 장기평균비용곡선과 장기한계비용곡선의 형태에 대해서는 아래에서 보다 자세하게 설명한다.

3.3 비용극소화 조건의 의미와 한계비용

비용극소화 1계 조건인 $\dfrac{MP_L}{MP_K} = \dfrac{w}{r}$를 다르게 표현하면 $\dfrac{w}{MP_L} = \dfrac{r}{MP_K}$이다. 이 등식의 의미를 이해하려면 각 항목들의 의미를 이해하는 것이 중요하다. 자본 투입량이 고정되어 노동만을 조절할 수 있을 때, $SMC = \dfrac{w}{MP_L}$이 성립함을 보았다. 이 관계를 잘 이해하려면 다음 예를 보면 된다. 노동의 한계생산이 2이고 $w = 10$이라고 하자. 노동을 한 단위 더 투입하면 산출이 2단위 늘어난다. 산출을 1단위만 증대시키고자 한다면 노동은 $\dfrac{1}{2}$단위$\left(즉, \dfrac{1}{MP_L}\right)$만 더 투입하면 된다. 이 때의 추가비용은 여기에 w를 곱한 $10 \times \dfrac{1}{2} = \dfrac{w}{MP_L} = 5$이다.

이 논리를 장기에도 적용하면 다음과 같다. 장기에 자본을 고정한 채 오직 노동만을 조절하여 산출을 한 단위 증가시키려면 추가비용이 얼마나 들까? 이에 대한 답은 위와 같이 $\dfrac{w}{MP_L}$이다(이를 LMC_L이라고 표시하자). 이번에는 반대로 장기에 노동을 고정한 채 오직 자본만을 조절하여 산출을 한 단위 증가시키려면 추가비용이 얼마나 들까? 이에 대한 답은 위에서 노동과 자본의 역할만 바꾸면 되므로 $\dfrac{r}{MP_K}$이다(이를 LMC_K라고 표기하자). 그런데 비용극소화 조건은 이 둘이 같다는 것이다. 따라서 비용극소화 조건하에서는 노동을 조절해 산출을 한 단위 늘리든, 자본을 조절해 산출을 한 단위 늘리든 추가비용은 같다. 만약 이 조건이 충족되지 않으면, 똑같은 산출량을 더 낮은 비용으로 생산할 수 있는 기회가 존재한다. 예를 들어, LMC_L이 5이고 LMC_K가 3이라고 하자. 그러면 노동을 줄여 산출을 한 단위 줄이면 비용을 5만큼 줄일 수 있다. 동시에 자본을 늘려 산출을 한 단위 늘리면 비용이 3만큼 증대한다. 결과적으로 산출은 한 단위 줄어들고 다시 한 단위 늘어났기 때문에 불변이지만, 비용은 5만큼 줄었다 다시 3만큼 늘어났기 때문에 2만큼 줄어든다.

$LMC_L = LMC_K$인 상황에서, 노동과 자본을 어떤 비율로든 섞어 산출을 한 단위 늘리면 그때의 추가비용도 LMC_L나 LMC_K와 같다. 예를 들어, 노동을 조절하여 산출을 한 단위 늘릴 때 추가비용이 5이고 자본을 조절하여 산출을 한 단위 늘릴 때의 추가비용도 5라면, 노동과 자본을 어떤 비율로 증대시키든 산출을 한 단위 늘리는 추가비용은 5가 될 수밖에 없다. 그리고 이 상황에서 장기한계비용 역시 5가 될 수밖에 없다. 왜냐하면 장기한계비용은 노동과 자본을 최적의 비율로 증대시켜 산출을 한 단위 늘릴 때의 추가비용이기 때문이다.

장기비용극소화 조건과 장기한계비용과의 관계: $LMC = \dfrac{w}{MP_L} = \dfrac{r}{MP_K}$

3.4 장기조건부요소수요의 특성

1) 요소가격 변화의 영향

가변요소가 복수인 경우 요소가격의 변화는 장기조건부요소수요에 영향을 미친다. 이는 비용극소화의 1계 조건인 $MRTS = \dfrac{w}{r}$에 요소가격이 포함되기 때문이다. 예를 들어, w가 상승하고 다른 조건들은 그대로라면, 장기조건부요소수요는 어떻게 변할까? w가 상승하면 $\dfrac{w}{r}$가 커지기 때문에 1계 조건을 충족시키려면 같은 등량곡선상에서 $MRTS$가 큰 쪽으로 반드시 이동해야 한다. 등량곡선이 원점을 향해 볼록한 형태를 가지면, 노동의 사용을 줄이고 자본의 사용을 늘리는 방향으로 이동해야 한다(〈그림 12-13〉). 즉, 가변요소가 복수인 경우 모든 생산요소의 장

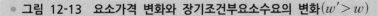

● 그림 12-13 요소가격 변화와 장기조건부요소수요의 변화$(w' > w)$

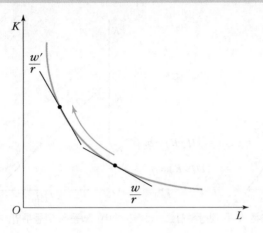

기조건부요소수요는 자신의 가격의 변화와 반대 방향으로 움직인다. 앞에서 설명했듯이, 장기조건부요소수요의 이런 특성은 소비자 이론의 보상수요함수의 특성과 일치한다.

2) 산출량 변화의 영향

산출량이 달라지면 장기조건부요소수요의 크기도 변한다. 대부분의 경우 산출량이 증가하면 생산요소의 투입량은 증가한다. 〈그림 12-14(a)〉를 보면 산출량이 q_1에서 q_2로 증가해 등량곡선이 바깥으로 이동할 때, 비용을 극소화하는 노동과 자본 모두 동시에 증가함을 볼 수 있다. 이와 같이 산출량이 증가할 때 장기조건부요소수요가 증가하는 생산요소를 **정상투입**(normal input) 또는 **정상생산요소**(normal production factor)라고 부른다. 그러나 소비자이론에서 열등재가 있듯이, 비용이론에서도 예외가 있을 수 있다. 〈그림 12-14(b)〉를 보면 등량곡선이 바깥으로 이동할 때, 자본의 투입량은 크게 증가하는 반면, 노동의 투입량은 오히려 감소했다. 이 경우에 노동을 **열등투입**(inferior input) 또는 **열등생산요소**(inferior production factor)라고 부른다. 예를 들어, 생산규모가 커져 자동화가 이루어짐에 따라서 노동이 자본으로 대체되면 노동이 열등투입이 된다. 열등재와 마찬가지로 열등투입도 예외적인 경우에 속한다.

• 그림 12-14 정상투입과 열등투입$(q_1 < q_2)$

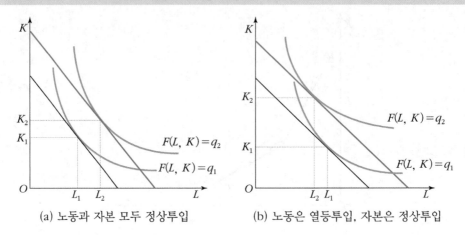

(a) 노동과 자본 모두 정상투입   (b) 노동은 열등투입, 자본은 정상투입

정상투입: 산출량이 증가할 때 조건부요소수요가 증가하는 생산요소
열등투입: 산출량이 증가할 때 조건부요소수요가 줄어드는 생산요소

　산출량이 증가할 때, 정상투입 또는 열등투입의 여부에 따라 조건부요소수요는 증가할 수도 있고 감소할 수도 있다. 그러나 생산비용은 반드시 증가한다. 이는 단조성의 가정하에서 더 높은 산출량에 해당하는 등량곡선이 원점으로부터 멀리 있는 한 반드시 성립한다.

　정상투입의 요소가격이 상승하면, 한계비용도 증가한다. 그러나 열등투입의 요소가격이 상승하면, 한계비용은 오히려 감소한다. 이에 대한 설명은 본 장 부록을 참고하기 바란다.

Section 4 여러 가지 생산함수의 장기조건부요소수요함수와 장기비용함수

　본 절에서는 제11장에서 소개한 몇 가지 생산함수의 장기조건부요소수요함수와 장기비용함수를 구해 본다.

4.1 콥-더글러스 생산함수

$F(L, K) = L^a K^b$인 콥-더글러스 생산함수의 기술적 한계대체율은 $MRTS = \dfrac{aK}{bL}$ 이고, $MRTS$는 체감하므로 비용극소화의 2계 조건을 충족한다. $MRTS\left(=\dfrac{aK}{bL}\right) = \dfrac{w}{r}$ 와 $L^a K^b = q$를 연립해 풀면 장기조건부요소수요함수를 얻을 수 있다.

$\dfrac{aK}{bL} = \dfrac{w}{r}$를 정리하면 $K = \left(\dfrac{b}{a}\right)\left(\dfrac{w}{r}\right)L$을 얻는다. 이를 $L^a K^b = q$에 대입해 정리 하면 $\left(\dfrac{b}{a}\right)^b \left(\dfrac{w}{r}\right)^b L^{a+b} = q$가 된다. 이를 L에 대해 풀면 장기조건부노동수요함수는 $L^* = \left(\dfrac{a}{b}\right)^{\frac{b}{a+b}}\left(\dfrac{r}{w}\right)^{\frac{b}{a+b}} q^{\frac{1}{a+b}}$이다. 이를 $K = \left(\dfrac{b}{a}\right)\left(\dfrac{w}{r}\right)L$에 대입하면, 장기조건부자본 수요함수는 $K^* = \left(\dfrac{b}{a}\right)^{\frac{a}{a+b}}\left(\dfrac{w}{r}\right)^{\frac{a}{a+b}} q^{\frac{1}{a+b}}$이다.

장기비용함수는 $wL^* + rK^*$이므로 $C(q, w, r) = \left[\left(\dfrac{b}{a}\right)^{\frac{a}{a+b}} + \left(\dfrac{a}{b}\right)^{\frac{b}{a+b}}\right] w^{\frac{a}{a+b}}$ $r^{\frac{b}{a+b}} q^{\frac{1}{a+b}}$이다. 개별 기업의 입장에서 $\left[\left(\dfrac{b}{a}\right)^{\frac{a}{a+b}} + \left(\dfrac{a}{b}\right)^{\frac{b}{a+b}}\right] w^{\frac{a}{a+b}} r^{\frac{b}{a+b}}$는 상수이 므로 A로 표시하면, 장기비용함수는 간단하게 $C(q) = A q^{\frac{1}{a+b}}$로 표시된다. 장기평균비 용은 $LAC(q) = \dfrac{C(q)}{q} = A q^{\frac{1}{a+b} - 1}$, 장기한계비용은 $LMC(q) = \dfrac{dC(q)}{dq} = \dfrac{A}{a+b} q^{\frac{1}{a+b} - 1}$ 이다.

콥-더글러스 생산함수는 $r = a + b$인 동차함수이다. 제11장에서 동차함수의 경우 r이 1보다 크면 IRS, 1이면 CRS, 1보다 작으면 DRS임을 보았다. 또한 본 장 6절에서 살펴보듯이, 규모에 대한 보수와 장기비용 간의 밀접한 관계가 성립한다. 콥-더글러스 생산함수의 경우 $a + b > 1$이면 IRS이다. $a + b > 1$이면 $\dfrac{1}{a+b} < 1$이므 로 장기평균비용은 산출량의 감소함수이다. 즉, 규모의 경제가 발생한다. 장기평균 비용이 산출량의 감소함수이므로 장기평균비용은 장기한계비용보다 크다. $a + b = 1$ 이면 CRS이고 이 경우 장기평균비용은 A로, 생산량과 무관하게 항상 일정하다. 또한 장기한계비용 역시 A로 일정하다. $a + b < 1$이면 DRS로, 장기평균비용은 산 출량의 증가함수이다. 즉, 규모의 불경제가 발생한다. 장기평균비용이 산출량의 증 가함수이므로 장기평균비용은 장기한계비용보다 작다.

4.2 레온티에프 생산함수

$F(L, K) = min\{aL, bK\}$인 레온티에프 생산함수의 등량곡선은 $K = \dfrac{a}{b}L$인 직선 상에서 L자로 꺾이는 형태를 지닌다. 소비자이론에서와 같이 등량곡선이 꺾이는 점에서는 기술적 한계대체율이 정의되지 않는다. 그러므로 $MRTS = \dfrac{w}{r}$을 적용할 수 없다. 그러나 소비자이론에서와 같이 노동과 자본의 비율이 $\dfrac{L}{K} = \dfrac{b}{a}$가 아니면 남은 생산요소는 생산에 기여하지 않는다. 그러므로 비용을 극소화하려면 $aL = bK = q$가 되어야 한다. 그러므로 노동과 자본의 장기조건부요소수요함수는 각각 $L^* = \dfrac{q}{a}$, $K^* = \dfrac{q}{b}$이다. 레온티에프 생산함수는 생산요소 간의 대체가 불가능 하므로, 장기조건부요소수요가 요소가격에 의존하지 않는다. 장기비용함수는 $C(q) = \left(\dfrac{w}{a} + \dfrac{r}{b}\right)q$이다. 장기평균비용과 장기한계비용은 동일하게 $LAC(q) = LMC(q) = \left(\dfrac{w}{a} + \dfrac{r}{b}\right)$로 산출량과 무관하게 일정하다. 이것은 레온티에프 생산함수가 1차 동차함수이기 때문이다.

4.3 선형생산함수

$F(L, K) = aL + bK$인 선형생산함수의 기술적 한계대체율은 $MRTS = \dfrac{a}{b}$로 항상 일정하다. 상대가격 또한 $\dfrac{w}{r}$로 일정하다. 그러므로 $\dfrac{a}{b} > \dfrac{w}{r}$, 즉 $\dfrac{r}{b} > \dfrac{w}{a}$이면 노동 만을 이용해 생산하는 것이 유리하다. 이 경우 $L^* = \dfrac{q}{a}$, $K^* = 0$인 코너해가 발생한 다. 이 때 장기비용함수는 $C(q) = \dfrac{w}{a}q$이다. 반대로 $\dfrac{a}{b} < \dfrac{w}{r}$, 즉 $\dfrac{r}{b} < \dfrac{w}{a}$이면 자본 만을 이용해 생산하는 것이 유리하다. 이 경우 $L^* = 0$, $K^* = \dfrac{q}{b}$인 코너해가 발생 한다. 이 때 장기비용함수는 $C(q) = \dfrac{r}{b}q$이다. 마지막으로 $\dfrac{a}{b} = \dfrac{w}{r}$, 즉 $\dfrac{r}{b} = \dfrac{w}{a}$이면 등비용선과 등량곡선 $aL + bK = q$가 완전히 일치한다. 이 경우 등량곡선상의 모든 요소결합에서 비용은 동일하게 $\dfrac{r}{b}q = \dfrac{w}{a}q$이다.

모든 경우를 다 종합하면 선형생산함수의 장기비용함수는 $C(q) = min\left\{\dfrac{w}{a}, \dfrac{r}{b}\right\}q$ 로 표시할 수 있다. 장기평균비용과 장기한계비용은 동일하게 $LAC(q) = LMC(q) = min\left\{\dfrac{w}{a}, \dfrac{r}{b}\right\}$로 산출량과 무관하게 일정하다. 이것은 선형생산함수가 1차 동차함수이기 때문이다.

단기비용과 장기비용의 관계

5.1 장기비용곡선: 단기비용곡선의 포락선

단기에서는 자본이 고정되어 있고 노동만 조정할 수 있다. 반면 장기에서는 자본과 노동을 모두 자유롭게 조정할 수 있다. 그러므로 모든 산출량 수준에서 단기비용은 장기비용보다 작을 수 없다.

$$C(q) \leq C_s(q)$$

이 관계를 이용해 단기비용곡선들로부터 장기비용곡선을 유도할 수 있다.

장기에 선택할 수 있는 자본 투입량이 K_0, K_1, $K_2 (K_0 < K_1 < K_2)$ 세 가지뿐이라고 가정하고 단기비용과 장기비용의 관계를 살펴보자. 〈그림 12-15〉는 세 개의 단기비용곡선, STC_0, STC_1, STC_2를 보여주는데, 이들은 각각 자본이 K_0, K_1, K_2로 고정되었을 때의 단기비용곡선들이다. 이 세 곡선을 비교해 보면 각각의 곡선이 다른 곡선들과 비교해 비용상의 우위가 있는 산출량이 있다. 산출량이 q_0 이하일 경우 STC_0, q_0와 q_1 사이일 경우 STC_1, q_1 이상일 때는 STC_2가 가장 낮게 위치한다.

장기비용함수는 STC_0, STC_1, STC_2를 이용해 완전히 표현할 수 있다. q_0 이하로 생산하려면 STC_0의 높이가 가장 낮으므로 K_0를 선택해 STC_0를 따라서 생산하는 것이 최선이다. q_0와 q_1 사이에서 생산하려면 STC_1의 높이가 가장 낮으므로, K_1을 선택해 STC_1을 따라서 생산하는 것이 최선이다. 같은 방법으로 q_1 이상을 생산하려면 K_2를 선택해 STC_2를 따라서 생산하는 것이 최선이다. 그러므로 장기비용은 선택 가능한 단기비용 중에서 가장 낮은 비용이고, 장기비용곡선은 선택 가능한 단기비용곡선들 중에서 가장 낮은 위치에 있는 부분만 선택해 연결한 검은색 곡선이다. 이 곡선은 마치 모든 단기비용을 아래에서 감싸고 있는 모양과 같다

● **그림 12-15 단기비용곡선 vs. 장기비용곡선**

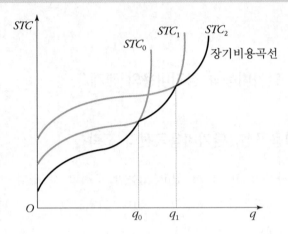

고 하여 **포락선**(envelope curve)이라고 부른다.

자본이 K_0, K_1, K_2의 세 가지에 제한되지 않고, 연속적으로 선택할 수 있다면, 〈그림 12-15〉에서 단기비용곡선들이 무수히 많게 되며 이들의 포락선은 보다 부드러운 형태를 띠게 된다. 그리고 각각의 단기비용곡선이 포락선과 겹치는 영역은 하나의 점으로 줄어든다. 즉, 산출량을 조금만 바꾸어도 최적 자본량이 바뀌게 되는 것이다.

단기비용곡선과 장기비용곡선의 관계는 평균비용곡선에도 적용된다. 〈그림 12-16〉은 STC_0, STC_1, STC_2에서 유도된 세 개의 단기평균비용곡선 SAC_0, SAC_1, SAC_2를 보여준다. 이들이 교차하는 산출량은 STC_0, STC_1, STC_2가 교차하는 산출량과 같다. 같은 산출량에서 단기비용이 같으면 단기평균비용도 같기 때문이다. 장기평균비용(LAC)곡선은 단기평균비용곡선들 중에서 가장 낮은 위치에 있는 부분만을 선택하여 연결한 검은색 곡선으로, 역시 단기평균비용곡선들의 포락선이다.

마지막으로 장기한계비용은 어떻게 될까? 장기한계비용도 단기한계비용들의 포락선인가? 이에 대한 대답은 '아니오'이다. 〈그림 12-16(b)〉에 세 개의 단기한계비용곡선 SMC_0, SMC_1 및 SMC_2가 그려져 있다. 장기비용곡선은 단기비용곡선의 포락선이므로 각 단기비용곡선이 장기비용곡선에 포함된 구간에서의 SMC곡선을 연결한 것이 장기한계비용(LMC)곡선이 된다. 그러므로 q_0 이하에서는 SMC_0,

● **그림 12-16 단기평균비용 vs. 장기평균비용, 단기한계비용 vs. 장기한계비용**

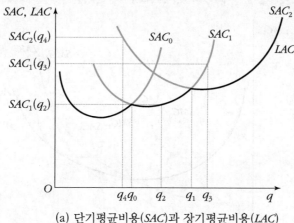

(a) 단기평균비용(SAC)과 장기평균비용(LAC)

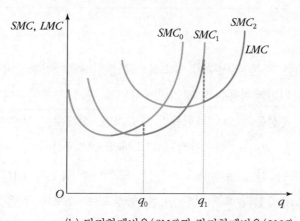

(b) 단기한계비용(SMC)과 장기한계비용(LMC)

q_0와 q_1 사이에는 SMC_1, q_1 이상에서는 SMC_2가 장기한계비용이 된다. 〈그림 12-16(b)〉에서 보듯이 LMC곡선은 SMC곡선의 포락선이 아님을 알 수 있다. 또한 LMC곡선은 연속적이지 않고 끊어져 있다. 이는 STC_0, STC_1, STC_2의 포락선의 기울기가 각 단기곡선들의 교차점에서 급격히 변하기 때문이다. 만약 자본을 연속적으로 변화시킬 수 있다면, 포락선의 모양이 더 부드러워지기 때문에 기울기가 급격히 변하지 않을 것이고, LMC곡선도 연속적인 형태를 띨 것이다. 단기비용곡선이 장기비용곡선과 겹치는 부분은 그 단기총비용이 장기비용극소화 조건을 충족해 다른 어떤 요소조합에서보다 비용이 낮은 부분이다.

● **그림 12-17** 자본이 연속적인 경우 단기평균비용 vs. 장기평균비용, 단기한계비용 vs. 장기한계비용

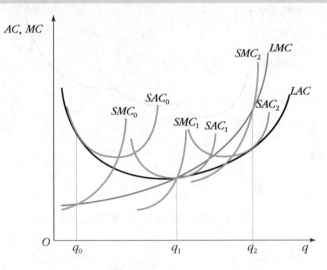

〈그림 12-17〉은 자본 투입량이 연속적으로 변할 때 단기평균비용들과 장기평균비용, 그리고 단기한계비용들과 장기한계비용의 관계를 보여준다. 그림에는 편의상 세 개의 SAC곡선들과 SMC곡선들만 그렸지만, 실제로는 무수히 많은 단기곡선들이 존재한다. q_0, q_1, q_2에서 각각 SAC곡선과 LAC곡선이 접하고, SMC곡선과 LMC곡선이 만난다는 점에 유의하기 바란다. 또한 SAC곡선과 LAC곡선이 접하는 점의 기울기가 LAC곡선의 최저점인 q_1을 중심으로 그보다 작은 산출량에서는 ($-$)의 기울기로 접하고, 그보다 큰 산출량에서는 ($+$)의 기울기로 접한다는 점에도 유의하기 바란다.

Box 12-3 장기-계획단계

〈그림 12-16〉을 보면 장기와 단기의 개념을 좀 더 잘 이해할 수 있다. 장기에서 기업은 K_0, K_1, K_2 세 가지 가운데 선택할 수 있다. 이 기업이 현재의 상황에서 q_2를 생산하는 것이 가장 유리하다고 생각해 q_2를 생산하고자 한다. 〈그림 12-16(a)〉를 보면 q_2에서 SAC_1의 높이가 가장 낮음을 알 수 있다. 따라서 q_2를 최소의 비용으로 생산하기 위해 기업은 K_1을 선택한다. 기업이 K_1을 선택하는 순간 기업은 단기로 들어

가게 된다. 그러므로 기업이 당면하는 평균비용곡선은 장기평균비용곡선이 아니라 SAC_1이다. 그런데 경기가 좋아 기업이 산출량을 q_3로 늘리고자 한다. 단기에서 기업은 SAC_1을 따라 생산해야 한다. 그러므로 평균비용은 $SAC_1(q_3)$이다. 이제 자본도 교체할 수 있는 장기가 되었다고 하자. 그리고 기업은 여전히 q_3를 생산하고자 한다. 그러면 이번에는 장기비용곡선을 따라 K_2를 선택한다. 기업이 K_2를 선택하는 순간 기업은 다시 단기로 들어가게 되고, SAC_2가 평균비용곡선이다. 이제 세계적으로 경기가 나빠져 기업이 산출량을 q_4로 줄이고자 한다. 이 때 평균비용은 $SAC_2(q_4)$이다. 다시 자본도 교체할 수 있는 장기가 되었다면 기업은 K_0를 선택하고, 선택하는 순간 기업은 다시 단기로 들어가게 된다.

이와 같이 장기에서는 자본의 선택이 가능하므로 비용곡선은 단기비용곡선의 가장 낮은 부분을 연결한 포락선인 장기비용곡선이 되는 것이다. 그러나 일단 자본의 크기를 선택하면, 그 자본을 교체할 수 있기 전까지는 단기가 되어, 단기비용곡선을 따라서 생산을 해야 한다. 이런 의미에서 장기를 아직 실제적인 자본규모의 선택이 이루어지기 이전인 계획단계(planning stage)라고 부르기도 한다.

5.2 장기비용곡선의 형태

앞에서 단기비용곡선들은 그 형태가 매우 중요한 의미를 갖는다는 점을 공부했다. 역S자형 비용곡선은 U자형 평균비용곡선을 갖기 때문이다. 그렇다면 장기비용곡선이 단기비용곡선들의 포락선이라는 사실이 장기비용곡선들의 형태를 결정하는 데에 어떤 단서를 제공할까? 단기비용곡선들이 모두 역S자형이면 이들의 포락선인 장기비용곡선도 반드시 역S자이어야 하나? 실망스럽게도 단기비용곡선들이 역S자형이라는 사실은 장기비용곡선의 형태에 아무런 제약을 가하지 않는다. 즉, 단기비용곡선들이 모두 역S자형이면 장기비용곡선은 이론적으로 어떤 모양도 가능하다. 이는 평균비용으로 설명하면 더욱 분명해진다. 단기평균비용곡선은 U자형이다. 그러면 이들 곡선의 포락선은 어떤 형태를 지닐까? 〈그림 12-18〉에서 보듯이 거의 모든 경우가 가능하다. 자본이 늘어날수록 단기평균비용곡선이 점차 낮아질 수도 있고(a), 수평이동할 수도 있으며(b), 점차 높아질 수도 있다(c). 이론적으로는 모든 경우가 다 가능하다.

그렇다면 실제로 기업들의 장기평균비용곡선은 어떤 형태를 띠고 있을까? 이론적으로는 모든 경우가 다 가능하지만, 경험적으로는 장기에도 단기와 마찬가지로 U자 형태가 가장 일반적인 것으로 알려져 있다. 즉, 처음에는 산출량을 늘릴 때 평균비용이 하락하다가 일정한 지점을 지나면 다시 평균비용이 상승하는 것이다. 장기평균비용곡선이 U자형이면 장기총비용곡선은 역S자형이 된다. 이 경우 한계비용곡선은 U자형 평균비용곡선의 최저점을 왼편 아래에서 오른편 위로 교차하는 형태를 갖게 된다. 왜 U자형 장기비용곡선이 보편적인가에 대한 설명은 6.3절에서 하도록 한다.

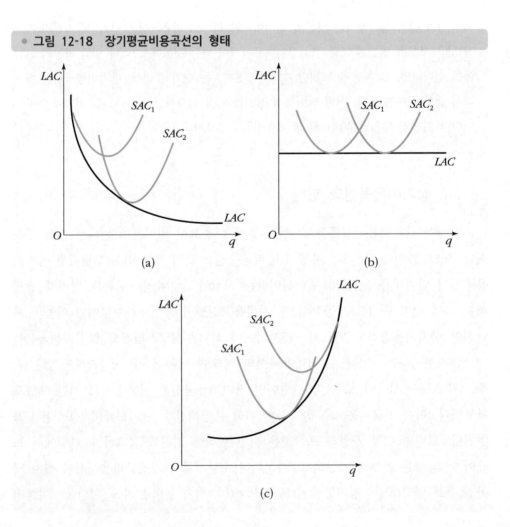

● 그림 12-18 장기평균비용곡선의 형태

5.3 준고정비용

$q > 0$이면 $C(q) = cq + F$이고, $C(0) = 0$인 비용함수를 생각해 보자. 이 비용함수가 단기비용함수인가 혹은 장기비용함수인가? $C(q) = cq + F$를 보면 F가 마치 고정비용인 것처럼 보여 단기비용함수인 것처럼 보인다. 그러나 $C(0) = 0$은 생산이 없으면 비용도 없다는 의미이다. 고정비용은 산출량이 0일 때에도 지불하는 비용이다. $C(0) = 0$이므로 F는 고정비용도 아니다. 따라서 장기비용함수인 것처럼 보인다. 어느 쪽이 옳은가? 결론부터 말하면 $C(0) = 0$이므로 장기비용함수가 옳다. 장기에서는 당연히 고정비용은 존재하지 않는다. 그러면 F는 무슨 비용인가? F와 같은 비용을 **준고정비용**(quasi-fixed cost), **시작비용**(start-up cost) 혹은 **설치비용**(set-up cost)이라고 부른다.

준고정비용은 특히 대규모의 초기투자비용이 큰 네트워크 산업에서 많이 찾아볼 수 있다. 예를 들어, 지하철 서비스를 생각해 보자. 지하철 서비스를 제공하지 않으면($q = 0$), 처음부터 철로를 가설하지 않아도 된다. 따라서 철로가설 비용이 발생하지 않는다($C(0) = 0$). 그러나 일단 지하철 서비스를 제공하려고 하면($q > 0$), 예를 들어 이용객이 1명이라고 해서 철도를 매우 가늘게 가설해 비용을 적게 지불할 수 있는 것은 아니다. 이용객 수에 관계없이 일정 규모의 철도를 가설해야 한다. 예를 들어, 최소한도의 철도가 하루에 10만 명을 운송할 수 있다고 하자. 그러면 이에 해당하는 철도에 대한 초기투자비용($F > 0$)이 발생한다. 그리고 그 이후에는 지하철 이용 고객이 적어도 10만 명까지는 그 이외의 가변비용이 추가적으로 발생한다. 위의 예의 경우 일단 초기투자비용이 지불되면, 그 이후에는 비용이 산출량에 비례(cq)해서 증가한다.

지하철뿐 아니라, 통신서비스의 경우도 비슷한 일이 발생한다. 통신의 경우 일정 수준 이상의 네트워크에 대한 초기투자비용을 투자해야 한다. 전기 생산의 경우에도 비슷한 일이 발생한다. 예를 들어, 수력발전을 위해 댐을 짓는데, 발전량이 작다고 댐을 아주 작은 소규모로 지을 수는 없다. 발전량과 관계없이, 수압을 이길만한 최소한도 규모의 댐을 건설해야 한다. 이 같은 비용은 생산하지 않을 경우에는 지불하지 않아도 되는 비용이므로 고정비용은 아니다. 그러나 생산을 하면 고정비용과 비슷한 역할을 하므로 앞에 '준'(quasi)이라는 용어를 붙여서 준고정비용이라고 부른다.

특정 산업의 경우 특성상 초기에 사업을 하기 위해 일정 규모 이상의 지출이 필요한 경우가 발생한다. 이에 해당하는 것이 바로 준고정비용이다. 엄밀한 의미에서 준고정비용이 없는 경우는 없다. 예를 들어, 독자들이 어떤 사업을 하기 위해 사무실을 얻고자 하는데, 필요한 평수가 1평이다. 그러나 사무실 임대의 최소 평수가 5평일 경우, 사업을 하려면 할 수 없이 5평의 사무실을 얻어야 한다. 이 때 5평 사무실의 임대료가 바로 준고정비용이다. 어떤 경우에나 생산요소가 최소 단위로 사용되어야 할 때 준고정비용은 발생한다. 이와 같이 생산요소의 최소 단위가 있을 경우 불가분성(indivisibility)이 존재한다고 말한다. 세상에 엄밀한 의미에서 불가분성이 없는 생산요소는 없다. 그러나 많은 경우 장기에서는 이 같은 불가분성에 의한 준고정비용의 크기가 그리 크지 않으므로 이를 무시하고, 모든 비용이 산출량에 의존한다고 가정한다. 그러나 산업에 따라 불가분성이 매우 크게 작용해 준고정비용의 크기가 무시하기에는 너무 큰 경우가 있다. 대부분 국가 기간산업의 준고정비용의 크기는 무시하기에는 너무 크다. 이런 경우 명시적으로 장기에서 준고정비용을 고려하는 것이 더 정확하다.

준고정비용이 있으면, 선택할 수 있는 고정투입의 규모가 연속적이지 않고 〈그림 12-16〉처럼 단속적이다. 이 경우에 장기평균비용은 어느 정도 단기평균비용곡선들의 형태를 반영하게 된다. 뒤에 설명하겠지만 준고정비용의 존재는 장기에서 규모의 경제를 낳는 중요한 이유가 된다.

Section 6 장기에서 생산과 비용과의 관계

본 장 2.4절에서 단기에 생산과 비용 사이에 밀접한 관계가 있음을 보았다. 그러면 장기에도 이런 관계가 존재하는가? 결론부터 이야기하자면 장기에도 그런 관계가 존재한다. 그러나 장기에는 가변요소가 여러 가지이므로 이런 관계를 설명하기가 좀 더 복잡하다. 지금부터의 설명을 잘 이해하면 미시경제학을 이해하는 데 많은 도움이 될 것이다. 그렇지만 너무 어렵다고 생각되면 최소한 그 결론은 숙지하기 바란다.

6.1 규모에 대한 보수와 규모의 경제

제11장 2.2절에서 규모에 대한 보수를 설명했다. 규모에 대한 보수는 모든 생산요소를 동일한 비율로 증가시킬 때 산출량의 변화를 보는 것이므로 장기의 성질임을 강조했다. 생산함수가 규모에 대한 보수에 대해 특정한 성질을 가지면 그 특성은 장기비용, 특히 장기평균비용에 영향을 미친다. 독자들의 편의를 위해 규모에 대한 보수의 정의를 다시 쓰면 다음과 같다.

> **규모에 대한 보수 체증(IRS)**: 1보다 큰 모든 t에 대해 $F(tL, tK) > tF(L, K)$
> **규모에 대한 보수 체감(DRS)**: 1보다 큰 모든 t에 대해 $F(tL, tK) < tF(L, K)$
> **규모에 대한 보수 불변(CRS)**: 0보다 큰 모든 t에 대해 $F(tL, tK) = tF(L, K)$

결론부터 알아보면 IRS일 경우, 산출량이 증가할 때 장기평균비용은 하락한다. 반대로 DRS인 경우, 산출량이 증가할 때 장기평균비용은 상승한다. CRS이면 산출량에 관계없이 장기평균비용은 항상 일정하다. 본 절에서는 IRS인 경우 장기평균비용이 하락하는 경우를 그림을 통해 알아본다. DRS와 CRS인 경우에도 동일한 방법이 적용된다.

요소가격이 각각 w와 r이고, q_0를 생산할 때 장기비용을 극소화하는 요소결합을 (L_0, K_0)로 표시하자. (L_0, K_0)는 〈그림 12-19〉에 A로 표시되어 있다. 이 때 총비용은 $C(q_0) = wL_0 + rK_0$이고, 장기평균비용은 $LAC(q_0) = \dfrac{wL_0 + rK_0}{q_0}$이다. 이제 산출량을 두 배로 늘려 $2q_0$를 생산할 때의 장기평균비용을 생각해 보기로 하자. IRS이므로 $F(2L_0, 2K_0) > 2F(L_0, K_0) = 2q_0$이다. 즉, (L_0, K_0)를 두 배로 늘리면 산출량은 $2q_0$보다 크다. 따라서 〈그림 12-19〉에서 $B = (2L_0, 2K_0)$는 $F(L, K) = 2q_0$인 등량곡선 위쪽에 위치한다. 원점과 (L_0, K_0)를 잇는 직선과 등량곡선 $F(L, K) = 2q_0$가 만나는 점을 D라고 하자. D는 (L_0, K_0)와 비교해 노동-자본비율이 동일하므로 $D = (tL_0, tK_0)$로 표시할 수 있다. D는 B보다 아래쪽에 위치하므로 $t < 2$이다. D의

● **그림 12-19 규모에 대한 보수 체증이면 장기평균비용은 감소한다**

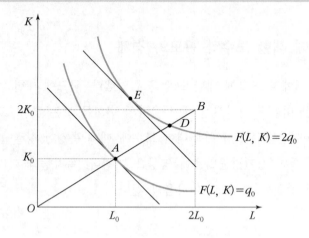

비용은 $w(tL_0) + r(tK_0) = t(wL_0 + rK_0)$이다. D가 등량곡선 $F(L, K) = 2q_0$상에 위치하나, 요소가격 w와 r에서 $2q_0$를 생산하는 데 장기비용을 극소화하는 점이 아닐수 있다. 〈그림 12-19〉에서는 $2q_0$를 생산할 때의 비용극소화 요소결합은 E이다. 그러므로 $2q_0$를 생산할 때의 장기비용은 D의 비용보다 커서는 안 된다. 따라서 $C(2q_0) \leq t(wL_0 + rK_0)$가 성립한다. $2q_0$를 생산할 때의 장기평균비용은 $LAC(2q_0) = \dfrac{C(2q_0)}{2q_0}$이다. $C(2q_0) \leq t(wL_0 + rK_0)$이므로 $LAC(2q_0) \leq \dfrac{t(wL_0 + rK_0)}{2q_0}$가 성립한다. 그런데 $t < 2$이므로 $\dfrac{t(wL_0 + rK_0)}{2q_0} < \dfrac{wL_0 + rK_0}{q_0} = LAC(q_0)$이다. 따라서 $LAC(2q_0) < LAC(q_0)$임을 알 수 있다. 그러므로 IRS면 산출량이 증가할 때 장기평균비용은 감소함을 알 수 있다.

규모에 대한 보수와 장기평균비용과의 관계:

규모에 대한 보수체증: 산출량이 증가할 때 장기평균비용은 감소함.

규모에 대한 보수체감: 산출량이 증가할 때 장기평균비용은 증가함.

규모에 대한 보수불변: 산출량과 관계없이 장기평균비용은 일정함.

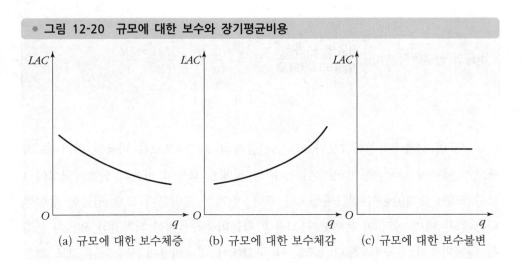

• 그림 12-20 규모에 대한 보수와 장기평균비용

(a) 규모에 대한 보수체증   (b) 규모에 대한 보수체감   (c) 규모에 대한 보수불변

6.2 규모의 탄력성과 규모의 경제*

제11장 4.1절과 4.2절에서 생산요소의 산출탄력성과 규모의 탄력성을 설명했다. 생산요소의 산출탄력성은 한 생산요소를 1% 증가시킬 때 산출량의 % 변화이며, 규모의 탄력성은 모든 생산요소를 1% 증가시킬 때 산출량의 % 변화로 개별 생산요소의 산출탄력성들의 합과 같다. 규모의 탄력성은 규모에 대한 보수를 탄력성의 개념으로 나타낸 것으로, 국지적으로 정의된다는 점은 앞 장에서 이미 설명했다.

노동의 산출탄력성: $e_L = \dfrac{\partial F(L,\ K)}{\partial L}\dfrac{L}{F(L,\ K)} = \dfrac{MP_L}{AP_L}$

자본의 산출탄력성: $e_K = \dfrac{\partial F(L,\ K)}{\partial K}\dfrac{K}{F(L,\ K)} = \dfrac{MP_K}{AP_K}$

규모의 탄력성: $\eta = e_L + e_K = \dfrac{\dfrac{\partial F(L,\ K)}{L}L + \dfrac{\partial F(L,\ K)}{K}K}{F(L,\ K)} = \dfrac{MP_L}{AP_L} + \dfrac{MP_K}{AP_K}$

다음으로 비용의 산출탄력성(output elasticity of cost)을 알아본다. 비용의 산출탄력성은 산출량 1% 변화 시 발생하는 비용의 % 변화이다.

$$\text{비용의 산출탄력성} = \frac{\text{비용의 변화율}}{\text{산출량의 변화율}} : V = \frac{dC}{dq}\frac{q}{C} = \frac{\frac{dC}{dq}}{\frac{C}{q}} = \frac{MC}{AC}$$

비용의 산출탄력성이 1보다 크면, 산출량의 증가속도보다 비용의 증가속도가 빠르기 때문에 평균비용이 상승한다. 위의 식에서 보듯이 비용의 산출탄력성이 1보다 크면, 한계비용이 평균비용보다 크다. 한계가 평균보다 크면 평균이 상승한다는 점은 이미 여러 번 논의했다. U자형 평균비용곡선에서 최저점의 오른쪽 구간은 한계비용이 평균비용보다 높고, 이 구간에서 평균비용이 상승하는 것도 같은 이유에서이다. 비용의 산출탄력성은 단기와 장기에 모두 적용된다. 비용의 산출탄력성은 규모의 경제를 탄력성 형태로 나타낸 것으로 아래와 같이 규모의 경제와 역의 관계에 있다.

비용의 산출탄력성과 규모의 경제와의 관계:
비용의 산출탄력성>1 ↔ 산출량을 늘리면 평균비용이 상승: 규모의 불경제
비용의 산출탄력성<1 ↔ 산출량을 늘리면 평균비용이 하락: 규모의 경제
비용의 산출탄력성=1 ↔ 산출량을 늘리면 평균비용이 불변: 규모의 경제도 아니
고 불경제도 아님

규모의 탄력성과 비용의 산출탄력성을 비교해 보면, 이들은 모두 한계와 평균의 비율로 되어 있다. 가변요소가 하나뿐이면 가변요소의 산출탄력성이 바로 규모의 탄력성이고, 한계비용-한계생산, 평균비용-평균생산 사이에 직접적으로 역의 관계에 있었기 때문에 이 두 탄력성 사이의 역의 관계가 바로 성립한다. 그러나 가변요소가 여러 가지인 장기에는 규모의 탄력성이 여러 생산요소의 산출탄력성의 합이기 때문에 문제가 복잡해진다. 그런데 장기에 비용극소화 조건이 충족되면 규모의 탄력성이 생산성이 아닌 비용의 형태로 간단하게 표시된다.

$F(L, K) = q$를 규모의 탄력성에 대입하여 정리하면, $\eta = \frac{1}{q}(MP_L L + MP_K K)$이

다. 여기에 장기비용극소화 조건인 $\frac{w}{MP_L} = \frac{r}{MP_K} = LMC$을 이용해 $MP_L = \frac{w}{LMC}$, $MP_K = \frac{r}{LMC}$의 관계를 구하고, 이를 규모의 탄력성에 대입하면 다음과 같다.

$$\eta = e_L + e_K = \frac{1}{LMC}\frac{wL}{q} + \frac{1}{LMC}\frac{rK}{q} = \frac{1}{LMC}\left(\frac{wL}{q} + \frac{rK}{q}\right)$$

이 식에서 $\frac{wL}{q}$와 $\frac{rK}{q}$는 각각 평균노동비용과 평균자본비용이고 이들의 합은 장기평균비용(LAC)이므로 다음이 성립한다.[4]

$$\eta = \frac{LAC}{LMC}$$

이 식의 우변은 바로 장기비용의 산출탄력성의 역수이다. 유의할 점은 이 등식은 반드시 장기비용극소화 조건이 충족되는 점에서만 성립한다는 사실이다.

장기비용극소화 조건이 성립하면 규모의 탄력성과 비용의 산출탄력성은 서로 역수의 관계이다. 즉, 다음의 관계가 성립한다.

규모의 탄력성 > 1(< 1) ↔ 규모의 경제(불경제)

경제학에서는 장기에서 비용극소화 조건이 항상 충족된다고 보기 때문에, 규모의 탄력성이 1보다 크다는(작다는) 것이 바로 규모의 경제(불경제)와 같다고 하여도 큰 무리는 아니다.

6.3 장기에서의 규모의 경제와 규모의 불경제

일반적으로 기업의 장기평균비용곡선은 U자형을 띤다. 이는 기업이 장기적으로 산출량을 늘려감에 따라 처음에는 규모의 경제가 작용하지만 어느 수준을 지나면 오히려 규모의 불경제가 작용한다는 것이다. 장기에는 노동의 투입량뿐 아니라 자본 등 모든 요소의 투입량을 조절할 수 있으므로, 규모의 경제나 불경제가 작용

---

4 이 식들로부터 $\frac{e_L}{\eta}$과 $\frac{e_K}{\eta}$은 각각 전체 비용 중에서 노동비용과 자본비용의 비중임을 알 수 있다.

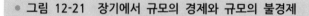

● 그림 12-21 장기에서 규모의 경제와 규모의 불경제

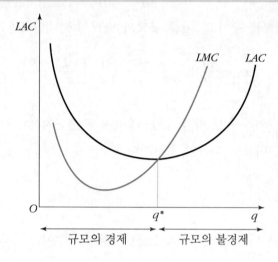

하는 이유도 단기와는 다르다. 먼저 장기에서 규모의 경제가 작용하는 이유를 살펴본다.

1) 규모의 경제

장기에 규모의 경제가 작용하는 이유로 다음과 같은 설명들이 제시된다.

(1) 준고정비용의 존재

본 장 5.3절에서 생산요소의 불가분성으로 인해 장기에서도 준고정비용이 존재할 수 있음을 설명했다. 단기에서 고정비용 때문에 산출량이 증가할 때, 고정비용이 분산되어 규모의 경제가 발생할 수 있음을 보았다. 장기에서도 준고정비용이 고정비용과 유사한 역할을 하므로, 산출량이 증가할 때 규모의 경제가 발생한다. 앞에서 살펴본 $C(q) = cq + F(q > 0)$, $C(0) = 0$인 비용함수를 보자. 준고정비용인 F가 존재하지 않으면, 비용은 산출량에 정비례하므로 평균비용은 일정하고, 따라서 규모의 경제는 존재하지 않는다. 그러나 준고정비용이 존재하므로 장기평균비용은 $LAC(q) = c + \dfrac{F}{q}$이다. 산출량이 증가할 때 평균비용이 감소하므로 규모의 경제가 발생한다. 실제로 많은 네트워크 산업의 생산함수가 규모에 대한 보수 체증의 성질을 갖지 않는다고 하더라도, 준고정비용이 존재하므로 규모의 경제가 발생하는 경우가 많다.

〈그림 12-16(a)〉에서 SAC_0가 선택할 수 있는 최소 규모의 고정투입을 반영한다면, SAC_0 최저점 이하의 산출량에서는 SAC_0곡선에 따라 규모의 경제가 발생한다. 이 규모의 경제는 SAC_0에 포함된 고정비용의 분산효과를 반영한다.

(2) 대규모 설비의 비용상의 효율성

큰 설비를 만드는 것이 작은 설비를 만드는 것보다 비용측면에서 더 효율적인 경우가 많다. 특히 창고나 물탱크처럼 내부 용적이 중요한 설비는, 용적을 크게 할수록 용적 대비 제작비용이 줄어든다. 그 이유는 아래와 같다. 예를 들어, 정육면체 물탱크를 생각해 보자. 이 탱크의 한 모서리의 길이를 x라고 하면, 탱크의 용적은 x^3이다. 반면에 탱크의 표면적은 $6x^2$이다. 대개 탱크의 제작비용은 표면적과 비례하므로, 탱크의 용적은 세제곱으로 증가하는 데 반해 제작비용은 제곱으로 증대한다. 용적이 제작비용보다 훨씬 빨리 증대하므로 용적을 크게 할수록 비용측면에서 효율적이다. 이런 관계를 '세제곱-제곱'의 법칙(cube-square law)이라고 부른다.

(3) 기술적 선택의 가능성 확대

같은 재화나 서비스를 생산하는 데에도 여러 가지 기술이 있을 수 있다. 예를 들어, 항공 여객서비스의 경우, 25인승 프로펠러기를 이용할 수도 있고, 100인승 소형여객기를 이용할 수도 있으며, 200인승 중형 제트기를 이용할 수도 있고, 점보기나 에어버스 A380처럼 500인 이상을 수용할 수 있는 초대형 여객기를 이용할 수도 있다. 이들 중에서 어느 것이 비용측면에서 더 효율적인지는 기술에 따라 다르다. 소형여객기가 더 효율적일 수도 있고, 대형여객기가 더 효율적일 수도 있다. 어떤 노선에 편당 100명 정도의 승객을 취급하는 A항공사와 500명의 승객을 취급하는 B항공사를 비교해 보자. A항공사가 이용할 수 있는 여객기는 25인승 프로펠러기 아니면, 100인승 소형여객기뿐이다. 다른 중대형 여객기들은 승객 수에 비해 너무 크기 때문에 경제성이 없다. 그러나 B항공사는 25인승 프로펠러기로부터 A380까지 모두 선택 가능하다. 이 중에서 비용측면에서 가장 효율적인 기종을 고르면 된다. 초대형이 유리하면 초대형기 한 대를 띄우면 되고, 초소형이 유리하면 25인승을 20대 띄우면 된다. A사에 비해 훨씬 넓은 선택폭을 갖게 되는 것이다. 이처럼 규모가 큰 기업이 기술 선택의 폭이 넓은 이유는 대형기술들을 쪼개 소규모 생산에 적용할 수 없기 때문이다. 100인의 승객을 수송하기 위해 A380기 $\frac{1}{5}$ 대만 주문하여 운영할 수 없다. 이를 **기술의 불가분성**(indivisibility)이라고 부른다.

(4) 연구개발의 효율성

연구개발의 효율성면에서도 대규모 회사가 유리할 수 있다. 특히 기초적인 연구의 경우, 원래 의도했던 결과를 얻기도 하지만 예상하지 못했던 새로운 결과들을 많이 얻게 된다. 이런 효과를 소위 연구개발의 **파급효과**(spill-over effect)라고 부른다. 연구개발을 수행하는 기업의 규모가 크고 취급하는 상품의 종류가 광범위할수록 파급효과를 더 잘 이용할 가능성이 크다. 반면에 매우 제한된 종류의 상품만을 취급하는 기업은 자신들이 의도하지 않은 연구결과의 가치를 인식하지 못하거나 이용 방안을 찾지 못할 가능성이 높다. 예를 들어, 대규모 다국적 제약회사는 기초적인 R&D에서 발견한 결과들을 광범위하게 이용할 수 있는 반면에 제한된 종류의 약품만을 만드는 소형 제약회사의 경우에는 기초적인 R&D로부터 큰 수확을 기대하기는 힘들 것이다. Box 12-4는 대규모 다국적 제약회사들이 개발한 의약품 중에서 예상 밖의 효능이 밝혀져 성공한 경우들의 예들이다.

그러나 대기업이 모든 면에서 연구개발에 유리한 것은 아니다. 생명공학이나 소프트웨어 산업은 전문적인 인력으로 구성된 소규모 기업들이 더 효율적으로 기초연구를 수행하는 경우가 많이 있으며, 이들은 어느 정도 성공을 거두고 나면 대기업에 자신들의 연구결과를 팔거나 아니면 대기업과 연계해 상품개발을 계속하기도 한다.

Box 12-4 부작용 덕에 빛 본 대박 의약품들

세기의 신약인 비아그라는 원래 협심증 등 순환계질환 치료제로 개발되었으나 임상실험 과정에서 뜻하지 않게 발기촉진 기능이 밝혀지면서 발기부전 치료제로 개발되었다. 비만 치료제 제니칼은 우울증 치료제로 개발되던 중 임상실험 대상 환자들의

체중이 감소하는 현상이 발견되어 비만치료제로 연구방향을 선회해 성공했다.

탈모증 치료제 중에서 효과가 입증된 몇 안 되는 약품 중의 하나인 프로페시아의 주성분은 원래 전립선 비대증 치료제인 프로스카에 사용되어 출시되었으나, 탈모증이 있는 환자들의 머리카락이 자라는 부작용이 발견되면서 탈모치료제로 예상 밖의 성공을 거두었다.

(5) 광고의 효율성

광고에서도 대기업들은 광고 방식에 대한 선택의 폭이 넓다. 전국을 대상으로 하는 대기업들은 고객의 숫자가 많고 지리적으로도 널리 분포되어 있기 때문에, TV나 라디오, 전국적 일간지 등에 고가의 광고비를 내고 광고를 해도 충분히 경제성이 있다. 물론 원한다면 전단지를 돌리거나 광고 포스터를 게시하는 등의 방법을 취할 수도 있다. 그러나 작은 수의 고객을 상대로 영업하는 기업은 TV나 전국적 일간지 등에 광고하는 것이 불가능하다. 이처럼 대기업들은 광고에서도 선택의 폭이 넓기 때문에 목적에 맞추어 보다 효율적인 광고를 할 수 있다.

(6) 대규모 구매의 이점

대기업들은 원자재나 중간재 등을 대규모로 구매하기 때문에 소규모 구매자들보다 유리한 조건으로 구매할 수 있으며, 이는 비용절감으로 직결된다. 이마트 등의 대형 할인점들이 소규모 동네 마트에 비해 낮은 가격과 유리한 조건으로 납품을 받을 수 있다는 것은 잘 알려진 사실이다.

2) 규모의 불경제

이상에서 설명한 규모의 경제는 무한정 작용하지는 않는다. 반면에 기업의 규모가 너무 커지면 오히려 효율성이 떨어지는 측면이 있으며, 이것이 규모의 경제효과보다 커지면 규모의 불경제가 발생하게 된다. 이런 규모의 불경제를 일으키는 요인으로 가장 많이 거론되는 것이 경영상의 비효율이다. 기업의 규모가 커지면서 경영진의 규모도 늘어나게 된다. 그러나 최고의사결정은 이사회와 회장, CEO 등 고위 임원들에 의해 이루어지며, 기업의 규모가 아무리 커져도 회장, CEO의 숫자를 늘릴 수는 없다. 결국 제한된 경영진으로 너무 큰 회사를 경영하게 되면 경영상에 무리가 발생하게 되어 효율성이 떨어진다.

경영상의 비효율을 다른 각도로 논의하면 다음과 같이 설명할 수도 있다. 단기에서 고정요소가 있을 때 가변요소의 투입량을 계속 증대시키면 결국 효율성이 떨어지는 현상이 있다고 했다. 장기에는 모든 생산요소들이 가변이기 때문에 이런 논리가 적용되지 않는다고 말할 수 있다. 그런데 '경영능력'이라는 요소를 하나의 생산요소로 보면, 아무리 장기라 하더라도 경영능력의 투입량을 조정할 수 없기 때문에 경영능력은 고정요소와 유사한 성격을 갖게 된다. 경영능력이라는 고정요소를 그대로 두고 다른 모든 요소의 투입량을 계속 증대시키면 결국 수확체감 또는 한계생산체감 현상이 발생하게 되는 것이다.

3) 효율적 규모와 최소효율규모

U자형 평균비용곡선에서 평균비용이 최저가 되는 산출량을 **효율적 규모**(efficient scale)라고 부른다. 이는 규모의 경제가 모두 소진되었으며, 규모의 불경제가 아직 시작되지 않아 평균비용이 가장 낮아지는 산출 규모라는 의미이다. 만약 〈그림 12-22〉처럼 평균비용곡선의 바닥이 한동안 수평이면 효율적 규모는 하나의 산출량이 아니라 하나의 구간이 된다. 이 때 이 중에서 가장 작은 규모를 **최소효율규모**(minimum

---

• **그림 12-22 효율적 규모와 최소효율규모**

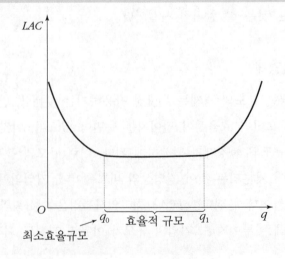

efficient scale: *MES*)라고 부른다. 어떤 기업이 다른 기업에 비해 비용상 불이익을 갖지 않고 영업하려면 규모가 최소효율규모는 되어야 한다는 의미이다.

4) 규모의 경제/불경제의 중요성

장기평균비용곡선이 *U*자형을 띤다는 것은 처음에는 규모의 경제가 작용하다가 나중에는 결국 규모의 불경제가 작용하여 평균비용이 상승한다는 것을 의미한다. 물론 기업이나 산업에 따라 규모의 경제가 지속되는 정도에 차이가 날 수 있다. 자동차 산업처럼 수백만 대의 생산규모까지 규모의 경제가 작용할 수도 있고, 식당처럼 초대형 식당이나 소규모 식당이나 효율성면에서 별 차이가 나지 않는 경

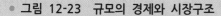

그림 12-23 규모의 경제와 시장구조

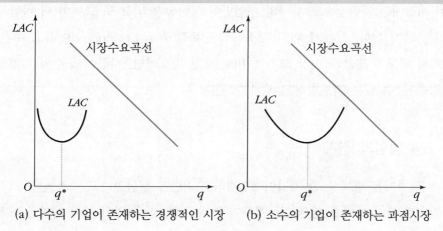

(a) 다수의 기업이 존재하는 경쟁적인 시장   (b) 소수의 기업이 존재하는 과점시장

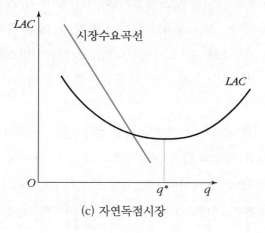

(c) 자연독점시장

우도 있다. 또한 규모의 경제가 끝난 뒤에 바로 규모의 불경제가 시작되어 평균비용곡선의 최저점이 정확히 하나의 점이 될 수도 있지만, 규모의 경제가 끝난 뒤 한동안 평균비용곡선이 수평을 이루다가 나중에 상승하는 형태를 가질 수도 있다.

시장 전체 크기에 비해 규모의 경제가 작용하는 정도가 얼마나 큰가는 그 시장이 얼마나 경쟁적인 구조를 가질 것인가에 결정적인 영향을 미친다. 〈그림 12-23〉에서 보듯이 시장(즉, 수요곡선)에 비해 규모의 경제가 아주 작은 경우(a) 이 시장에 수많은 기업들이 공존해도 모두 최저비용으로 상품을 생산할 수 있다. 그러므로 매우 경쟁적인 시장이 형성된다. 그러나 (c)처럼 규모의 경제가 시장 전체 크기 이상으로 지속되면 시장에 여러 기업이 공존할 수 없다. 시장에 여러 개의 기업이 있으려면 각자의 생산규모가 작아야 하는데, 이 경우 생산비용이 크게 높아진다. 그보다는 하나의 기업이 모든 생산을 담당하는 것이 비용면에서 훨씬 효율적이다. 이런 시장에는 자연적으로 하나의 기업만이 살아남게 되고 또 그것이 더 바람직한 결과를 낳게 된다. 그래서 이런 시장을 **자연독점**(natural monopoly)이라고 부른다. (b)처럼 규모의 경제가 시장 크기에 비해 중간 정도이면, 시장에 소수의 기업들만이 공존할 수 있는 과점시장의 형태가 된다.

6.4 범위의 경제

이제까지는 편의상 한 기업이 한 개의 재화만을 생산한다고 가정했다. 그러나 한 기업이 여러 재화를 생산하는 경우가 적지 않다. 한 기업이 여러 재화를 동시에 생산할 때의 비용이 각각을 별도의 기업이 생산할 때의 비용의 합보다 작은 경우, **범위의 경제**(economies of scope)가 있다고 말한다. 예를 들어, 고속버스 회사나 항공회사가 택배 서비스를 같이 제공한다면, 각각의 서비스를 따로 제공할 때보다 비용이 저렴할 것이다. 이 경우 두 서비스를 동시에 제공하면 범위의 경제가 존재한다.

범위의 경제를 설명하기 위해 편의상 한 기업이 두 개의 재화를 생산할 수 있다고 가정하자. 재화1과 2의 산출량이 각각 q_1과 q_2일 경우의 비용함수를 $C(q_1, q_2)$로 표시하자. 명시적으로 표시하지 않았지만 당연히 $C(q_1, q_2)$는 q_1과 q_2를 동시에 생산할 때 최소비용을 의미한다. $C(q_1, q_2)$가 주어지면, 개별 재화만을 생산할 때의 비용함수를 다음과 같이 쉽게 구할 수 있다. q_1만 생산한다는 것은 $q_2 = 0$임을 의미한다. 따라서 $C(q_1, q_2)$에 $q_2 = 0$를 대입하면 q_1만을 생산할 때의 비용함수를 얻는다. 이를 $C_1(q_1)$이라고 표시하면 $C_1(q_1) = C(q_1, 0)$이다. 마찬가지로 재화2만을 생산할 때의 비용함수를 $C_2(q_2)$라고 하면 $C_2(q_2) = C(0, q_2)$이다. $C_1(q_1)$과 $C_2(q_2)$를 각 재화의 **개별비용함수**(stand-alone cost function)라고 부른다.

앞에서 설명했듯이, 범위의 경제란 여러 재화를 동시에 생산할 때의 비용이 각각을 별도로 생산하는 비용의 합보다 작은 경우를 의미한다. 반면에 동시 생산의 비용이 개별 생산비용의 합보다 크면 **범위의 불경제**(diseconomies of scope)가 성립한다. 비용함수를 이용해 범위의 경제를 표현하면 다음과 같다.

> **범위의 경제:** $q_1 > 0$과 $q_2 > 0$일 때 $C_1(q_1) + C_2(q_2) > C(q_1, q_2)$이면 범위의 경제가 존재한다.
>
> **범위의 불경제:** $q_1 > 0$과 $q_2 > 0$일 때 $C_1(q_1) + C_2(q_2) < C(q_1, q_2)$이면 범위의 불경제가 존재한다.

$C_1(q_1) + C_2(q_2)$는 두 재화를 개별적으로 생산할 때의 비용이고 $C(q_1, q_2)$는 동시에 생산할 때의 비용이다. 개별 생산과 비교하여 동시 생산시의 비용절약 비율을 범위의 경제를 재는 척도로 사용한다.

> **범위의 경제의 척도:** $\dfrac{C_1(q_1) + C_2(q_2) - C(q_1, q_2)}{C(q_1, q_2)}$

이 척도가 0보다 크면 범위의 경제가 존재하며, 그 크기가 클수록 비용의 절감분이 크므로 범위의 경제가 크게 작용함을 의미한다. 반대로 0보다 작으면 범위의 불경제가 존재한다.

범위의 경제가 발생하는 이유로는 아래의 설명들이 제시된다.

1) 한 재화 생산의 부산물로 다른 재화가 생산되는 경우

쇠고기를 생산하기 위해 소를 도축하면, 고기와 함께 가죽이 생산된다. 그러 므로 쇠고기와 소가죽은 도살장에서 동시에 생산되는 것이 최적이다. 열병합 발전 소에서 전기를 생산하기 위해 물을 끓이면서 근처 주택단지에 보급할 더운 물이 낮은 비용으로 생산된다. 따라서 전기와 더운 물을 동시에 생산하면 효율성을 높 일 수 있다.

2) 고정요소가 두 재화의 생산에 공동으로 이용되는 경우

인터넷 네트워크는 인터넷 서비스뿐만 아니라 음성전화, TV서비스(즉, IPTV) 를 위해서도 이용될 수 있다. 그러므로 하나의 네트워크를 이용해 이들 서비스를 동시에 제공하면 각각의 서비스를 개별적으로 제공할 때보다 비용을 크게 낮출 수 있다. 항공회사는 비행기라는 공동설비를 이용해 승객을 실어 나를 뿐 아니라 화 물이나 우편물 등도 운송할 수 있으므로 항공회사는 승객서비스와 항공운송 서비 스를 같이 제공한다. 이처럼 고정요소를 공동으로 이용함으로써 발생하는 범위의 경제는 하나의 고정비용을 이용해 같은 재화를 더 많이 생산할 때 나타나는 규모 의 경제와 그 원리가 거의 같다. 즉, 고정비용이 있으면 한 재화를 많이 생산하여 이 고정비용을 분산시킬 수도 있지만, 이 고정요소를 공동으로 이용하는 여러 종 류의 재화를 생산해 고정비용을 분산시킬 수도 있다. 대규모 설비의 비용상의 효 율성이나 기술적 선택 가능성의 확대 등의 이유도 마찬가지로 적용된다. 인터넷, 전화, IPTV 서비스를 하나의 케이블로 제공하기 위해 대용량 케이블들을 포설하는 것이 각각의 서비스를 별도로 제공하기 위해 낮은 용량의 케이블들을 따로 포설하 는 것보다 비용이 덜 든다. 물론 그 반대인 경우라도 세 서비스를 동시에 제공하는 사업자는 각각의 서비스를 위한 케이블을 따로 포설하면 되기 때문에 비용상 불이 익을 겪지 않는다.

예 4 다음과 같은 비용함수를 생각하자.

$q_1 > 0$, $q_2 > 0$이면, $C(q_1, q_2) = c_1 q_1 + c_2 q_2 + F_{12}$

$q_1 > 0$, $q_2 = 0$이면, $C(q_1) = c_1 q_1 + F_1$

$q_1 = 0$, $q_2 > 0$이면, $C(q_2) = c_2q_2 + F_2$

여기서 F_1과 F_2는 재화1과 2를 개별 생산할 때의 준고정비용이다. 반면에 F_{12}는 두 재화를 동시에 생산할 때의 준고정비용이다. 동시에 생산하는 경우 개별 생산시와 비교해 가변비용상 우위는 없다. 다만 $F_{12} < F_1 + F_2$이면 동시에 생산할 때 준고정비용의 크기가 개별 생산 시 준고정비용의 크기의 합보다 작으므로 범위의 경제가 존재한다. 이 경우, 범위의 경제는 준고정비용을 절약하는 형태로 나타난다.

Section 7 　다공장기업의 비용극소화

많은 다국적 기업들은 세계 여러 곳에 공장을 가지고 있다. 각 공장별로 설치된 연도가 다르므로 동일한 제품을 생산한다고 하더라도 일반적으로 생산기술이 다를 것이다. 최근에 설립된 공장일수록 새로운 기술이 도입되었을 것이다. 또한 각 지역별로 요소가격이 다르다. 그러므로 공장별로 비용함수가 다르다. 기업이 여러 개의 공장을 가지고 있을 경우, 비용을 극소화하기 위해 주어진 산출량을 여러 공장에 어떻게 배분하는 것이 최선인지, 그리고 각 공장의 한계비용곡선으로부터 기업 전체의 한계비용곡선을 어떻게 구하는지를 알아본다.

간단하게 두 개의 공장이 있는 경우의 예를 통해 다공장의 비용극소화 문제를 알아보자. 공장 1과 2의 비용함수가 각각 $C_1(q) = q^2 + q$, $C_2(q) = 2q^2 + 2q$이다. 따라서 주어진 산출량을 생산하는 데 공장 2의 경우 공장 1 비용의 두 배가 발생한다. 이는 공장 2의 생산기술이 낙후되어 동일한 양을 생산하는 데 생산요소가 더 많이 필요하기 때문일 수도 있고, 공장 2가 위치한 지역의 요소가격이 공장 1의 지역보다 많이 비싸기 때문일 수도 있다. 이 경우, 기업은 공장 2를 이용해 생산을 할 필요가 있는가? 공장 2를 이용할 필요가 없다고 대답한 독자들은 아직도 '한계'의 개념을 완전하게 이해하지 못한 독자들이다.

두 공장의 한계비용은 각각 $MC_1(q) = 2q + 1$, $MC_2(q) = 4q + 2$이다. 이 기업이

첫 단위를 생산한다면 어느 공장을 이용하겠는가? $q=0$에서 공장 1과 2의 한계비용은 생산하고 있지 않다가 첫 단위를 생산했을 때 각 공장이 지불해야 할 비용이다. 공장 1과 2의 한계비용이 각각 $MC_1(0)=1$과 $MC_2(0)=2$이므로, 첫 단위는 공장 1에서 생산하는 것이 더 유리하다. 이제 두 번째 단위를 어디서 생산할지를 알아보자. 이미 공장 1에서 첫 단위를 생산하고 있으므로, 두 번째 단위를 공장 1에서 생산하면 한계비용은 $MC_1(1)=3$이다. 공장 2에서는 아직 생산을 하고 있지 않으므로 두 번째 단위를 공장 2에서 생산할 때 한계비용은 여전히 $MC_2(0)=2$이다. 공장 2의 한계비용이 더 낮으므로 두 번째 단위는 공장 2에서 생산해야 한다. 세 번째 단위의 경우 공장 1과 2에서 한계비용은 각각 $MC_1(1)=3$, $MC_2(1)=6$이므로 공장 1에서 생산해야 한다. 네 번째 단위의 경우 두 공장의 한계비용은 각각 $MC_1(2)=5$, $MC_2(1)=6$이므로 여전히 공장 1에서 생산해야 한다. 그러나 다섯 번째 단위는 공장 2에서 생산하는 것이 유리하다. 이와 같이 비록 공장 2의 생산비용이 공장 1보다 크다고 하더라도 공장 2를 이용하지 않는 것이 최선은 아니다.

이제 일반적인 경우 주어진 산출량 q의 생산비용을 극소화하기 위해 두 공장에 어떻게 배분하는 것이 최선인지를 알아보자. 두 공장의 산출량을 각각 q_1과 q_2라고 하자. q를 생산해야 하므로 먼저 $q_1+q_2=q$가 성립해야 한다. 각각의 산출량에서 두 공장의 한계비용은 $MC_1(q_1)$과 $MC_2(q_2)$이다. 만일 두 공장의 한계비용이 다르다고 하자. 구체적으로 $MC_1(q_1)=10$, $MC_2(q_2)=7$이라고 가정하자. 이 경우 공장 1에서 한 단위의 생산을 줄이면 비용을 10만큼 절약할 수 있다. 이 한 단위를 공장 2에서 추가적으로 생산할 때 비용은 7만큼 발생한다. 따라서 공장 1의 산출량을 줄이고, 공장 2의 산출량을 늘리면 비용은 3만큼 감소함을 알 수 있다. 물론 총산출량은 불변이다. 그러므로 두 공장의 한계비용이 일치하지 않으면, 한계비용이 높은 공장의 생산을 줄이고, 낮은 공장의 생산을 늘리면 비용이 감소함을 알 수 있다. 따라서 비용이 극소화되려면 두 공장 간의 한계비용이 일치해야 한다. 그러므로 비용극소화의 두 번째 조건은 $MC_1(q_1)=MC_2(q_2)$이다.

다공장기업의 비용극소화 조건: 주어진 산출량 q의 생산비용을 극소화하기 위해 두 공장에 각각 q_1과 q_2를 배분할 조건은 다음과 같다.

(1) $q_1 + q_2 = q$

(2) $MC_1(q_1) = MC_2(q_2)$[5]

n개의 공장이 있는 비용극소화 조건:

(1) $q_1 + \cdots + q_n = q$

(2) $MC_1(q_1) = MC_2(q_2) = \cdots = MC_n(q_n)$

예5 공장 1과 2의 비용함수가 각각 $C_1(q) = q^2$, $C_2(q) = 2q^2$일 경우, 주어진 q의 생산비용을 극소화하려면 두 공장에 어떻게 배분해야 하는가?

$MC_1(q) = 2q$, $MC_2(q) = 4q$이다. 따라서 $MC_1(q_1) = MC_2(q_2)$가 성립하려면 $q_1 = 2q_2$가 되어야 한다. $q_1 = 2q_2$와 $q_1 + q_2 = q$를 연립해 풀면, $q_1 = \dfrac{2q}{3}$, $q_2 = \dfrac{q}{3}$가 된다. 즉, 공장 1의 산출량이 공장 2의 산출량보다 두 배 많아야 한다. 이 때 총비용은 $C(q) = \left(\dfrac{2q}{3}\right)^2 + 2\left(\dfrac{q}{3}\right)^2 = \dfrac{2q^2}{3}$이다. 공장 2가 공장 1보다 동일한 양을 생산할 때 비용이 두 배 더 들더라도, 공장 2를 활용할 때 공장 1에서만 생산할 때보다 비용이 $\dfrac{1}{3}$만큼 절감됨을 알 수 있다. 이 때 한계비용은 $MC(q) = \dfrac{4q}{3}$이다. ∎

다공장의 비용극소화 조건을 그림으로 살펴보면 〈그림 12-24〉와 같다. (a), (b)에 두 공장의 한계비용곡선이 그려져 있다. 먼저 두 공장의 한계비용곡선을 수평으로 더한다. 수평으로 더한 곡선은 (c)에 $MC(q)$로 표시되어 있다. (c)의 가로축에 생산하고자 하는 산출량을 표시한다. q를 생산하고 싶으면, 먼저 $MC(q)$의 높이를 찾아, 그 높이대로 수평선을 그어 각 공장의 한계비용곡선과 만나는 산출량을 찾는다. 〈그림 12-24〉에 두 산출량이 각각 q_1과 q_2로 표시되어 있다. 이 q_1과 q_2가 바로 다공장의 비용극소화를 충족시키는 각 공장의 산출량이다.

먼저 $MC(q)$가 두 공장의 한계비용곡선의 수평합이므로 $q_1 + q_2 = q$가 성립한

---

5 엄밀히 말하면 $MC_1(q_1) = MC_2(q_2)$는 $q_1 > 0$, $q_2 > 0$일 경우의 조건이다. 즉, 내부해를 가질 때의 조건이다. $q_1 = 0$ 혹은 $q_2 = 0$이면, 즉 코너해이면 $MC_1(q_1) = MC_2(q_2)$가 성립하지 않을 수 있다. 예를 들어, $MC_1 = 1$, $MC_2 = 2$이면 공장 1의 한계비용이 공장 2의 한계비용보다 항상 낮으므로 공장 2를 사용해서는 안 된다. 그러므로 항상 $q_1 = q$, $q_2 = 0$이다. 이 경우에는 $MC_1(q_1) = MC_2(q_2)$가 성립하지 않는다. 공장이 n개 있는 경우에도 동일하다.

● 그림 12-24 다공장의 비용극소화 조건

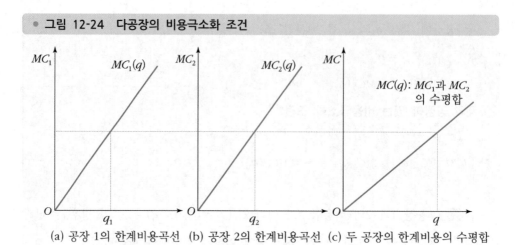

(a) 공장 1의 한계비용곡선 (b) 공장 2의 한계비용곡선 (c) 두 공장의 한계비용의 수평합

다. 또한 그림에서 보듯이 q_1과 q_2에서 각 공장의 한계비용은 $MC_1(q_1) = MC_2(q_2)$로 일치한다. 그러므로 q_1과 q_2가 바로 다공장의 비용극소화를 충족시키는 각 공장의 산출량임을 알 수 있다. 이제 q에서 한 단위를 더 생산한다고 가정하자. 현재 $MC_1(q_1) = MC_2(q_2)$이므로 어느 공장에서 생산하여도 한계비용은 동일하다. 또한 $MC_1(q_1) = MC_2(q_2) = MC(q)$이므로 $MC(q)$가 바로 q에서 한 단위를 더 생산할 때의 한계비용임을 알 수 있다. 즉, $MC(q)$곡선이 바로 기업 전체의 한계비용곡선이다. 예 5와 비교하면, $MC(q) = \dfrac{4q}{3}$가 바로 두 공장의 한계비용인 $MC_1(q) = q$와 $MC_2(q) = 2q$의 수평합이다.

경제학에서 여러 함수가 주어졌을 경우 수평합을 구하는 경우가 많다. 첫 번째 본 경우가 바로 개별수요함수에서 시장수요함수를 구하는 것이었다. 다공장의 비용극소화 문제에서도 각 공장의 한계비용곡선의 수평합이 기업 전체의 한계비용곡선이 되는 것을 보았다. 저자들의 경험에 의하면 식을 주고 실제로 수평합을 구하라고 하면 독자들이 잘 못하는 경우가 많다. 이는 수평합을 구하는 방법을 잘 이해하지 못했기 때문이다. 의외로 수평합을 구하는 방법이 쉽지 않다. Box 12-5는 주어진 함수의 수평합을 구하는 방법을 제시하고 있다. 독자들은 이 방법을 이해하고 잘 숙지하기 바란다.

Box 12-5 주어진 함수들의 수평합 구하는 법

$y = f(x)$와 $y = g(x)$라는 두 함수가 주어져 있고 x, y가 각각 가로축과 세로축에 표현되어 있을 때 수평합을 구하는 방법을 알아보자. 만일 새로운 함수 $y = f(x) + g(x)$를 구하면, 이는 $y = f(x)$와 $y = g(x)$를 수직으로 합한 것이지 수평으로 합한 것은 아니다. 그 이유는 가로축에 x, 세로축에 y를 놓았기 때문이다. 이 경우 두 함수의 수평합을 구하려면 다음의 절차를 거쳐야 한다.

(1) 먼저 두 함수의 역함수를 구한다. 역함수를 $x = h(y)$와 $x = k(y)$로 표시하자.

(2) 다음으로 두 역함수를 더한다. 더한 것을 $n(y)$로 표시하면 $x = n(y) = h(y) + k(y)$이다.

(3) 최종적으로 $x = n(y)$의 역함수를 구한다. 역함수인 $y = m(x)$가 바로 처음 주어진 $y = f(x)$와 $y = g(x)$의 수평합이다.

이 방법을 예 5에 적용해 두 공장의 한계비용의 수평합을 구해 보자. 두 공장의 한계비용은 각각 $MC = 2q$와 $MC = 4q$이다. 위의 설명과 비교하면 x는 q, y는 MC이다. 두 한계비용을 그냥 더하면 $MC = 6q$가 되어서 앞에서 구한 한계비용과 일치하지 않는다. $MC = 6q$는 두 한계비용곡선을 수직으로 더한 것이다. 수평합을 구하려면 먼저 두 한계비용함수의 역함수를 구한다. 역함수는 각각 $q = \dfrac{MC}{2}$와 $q = \dfrac{MC}{4}$이다. 이를 더하면 $q = \dfrac{3MC}{4}$를 얻는다. 마지막으로 $q = \dfrac{3MC}{4}$의 역함수를 구하면, $MC = \dfrac{4q}{3}$가 된다. $MC = \dfrac{4q}{3}$가 바로 위에서 구한 한계비용과 일치한다.

독자들이 위의 방법과 시장수요함수를 구하기 위해 개별수요함수의 수평합을 구하는 것을 혼동할지 모른다는 혹시나 하는 우려에서 사족을 더한다. 두 소비자의 개별수요함수가 각각 $q = D_1(p)$와 $q = D_2(p)$일 경우, 시장수요함수는 $q = D(p) = D_1(p) + D_2(p)$가 되어 위의 방법과 모순되는 것처럼 보인다. 그러나 이 방법과 위의 방법이 모순되지 않는다. 수요함수를 그릴 때는 가로축에 q, 세로축에 p를 놓는다. 그러므로 위의 방법은 $q = D_1(p)$와 $q = D_2(p)$가 아닌 역수요함수인 $p = P_1(q)$와 $p = P_2(q)$로 주어졌을 때 적용하는 방법이다. $q = D_1(p)$와 $q = D_2(p)$는 이미 (1)단계가 적용되어 역함수의 형태로 표시된 것이다. (2)단계에서 두 역함수를 더한 것이 바로 시장수요함수 $q = D(p)$이다. (3)단계에서 $q = D(p)$의 역함수를 구해 $p = P(q)$

로 표시하면, $p=P(q)$는 $p=P_1(q)$와 $p=P_2(q)$의 수평합이 된다. 그러나 수요함수는 수량이 가격의 함수이므로 (3)단계를 적용하지 않고, $q=D(p)$로 표시한다. 다만 독자들이 조심할 것은 앞에서 언급했듯이 수요함수를 그릴 때에는 가로축에 q, 세로축에 p를 놓는다는 것이다.

12장 부록 〈비용이론〉은 ❶ 본서 954쪽의 QR코드를 스캔하거나, ❷ 박영사 홈페이지의 도서자료실 (http://www.pybook.co.kr/mall/customer/bookpds?seq=1162&page=1&scate=&skey=&sword=) 에서도 참고할 수 있습니다.

Microeconomics

연습문제

1 토요일 저녁에 가고 싶은 콘서트가 있다. 콘서트에 가기 위해 철수는 60,000원을 지불할 용의가 있다. 그런데 콘서트 티켓 가격은 50,000원이다. 막 표를 사고자 했을 때, 친구가 철수에게 같은 시간에 시간당 1만원의 4시간짜리 아르바이트가 있는데 하지 않겠냐고 제의를 해왔다. 철수는 그 시간에 시간당 5,000원만 받으면 아르바이트를 할 용의가 있다.

1) 콘서트의 기회비용은 얼마인가? 철수는 어떤 선택을 해야 하는가?

2) 철수가 이미 콘서트 티켓을 구매한 후에 친구가 위와 같은 제안을 해왔다면 철수는 콘서트를 가야 하는가 아니면 아르바이트를 해야 하는가? 단, 콘서트 티켓은 환불 및 양도가 불가능하다.

3) 상황은 2)와 동일하다. 다만 철수는 콘서트 티켓을 반환하면, $x\%$만큼만을 환불받을 수 있다. x가 얼마 이상이면 철수는 아르바이트를 선택하는가?

2 한 회사의 엔지니어가 2017년 초에 새로운 기술을 개발하고자 2억원의 예산을 사장의 허가를 얻어 사용했다. 그러나 2018년 초까지 2억원을 다 썼으나 신기술을 개발하지 못했다. 이 엔지니어는 추가적으로 1억원을 사장에게 요청했다.

1) 2017년 초와 2018년 초에 각각 매몰비용은 얼마인가?

2) 신기술로부터의 수입이 얼마 이상이면 사장은 엔지니어가 추가적으로 요청한 1억원을 승인하는가?

3) 2017년도 초에 사장이 신기술 개발을 승인한 사실로부터 사장이 신기술로부터의 수입이 얼마 이상이라고 생각했는가?

3 경제학자 바이너(Jacob Viner)는 출판사가 *LAC*곡선이 *U*자 형태일 때, *SAC*곡선의 최저점이 *LAC*곡선과 접하지 않게 그렸다고 출판사를 야단쳤다. 그러나 출판사는 바이너가 원하는 방식으로 그림을 그리는 것은 불가능하다고 반박했다. 누구의 주장이 옳은가?

4 김 교수와 왕 교수가 공저하여 미시경제학 교재를 저술하고 있다. 미시경제학의

생산함수는 $q = \sqrt{L_k L_w}$ 이다. 여기서 q는 미시경제학 최종본의 페이지 숫자이고, L_k와 L_w는 각각 김 교수와 왕 교수가 저술에 투입하고 있는 시간이다. 두 사람 모두 한 시간의 기회비용은 1만원이다. 이미 왕 교수가 900시간을 저술하는 데 사용했다.

1) 최종본이 300페이지가 되려면 김 교수가 얼마의 시간을 투입해야 하는가? 900페이지일 경우는 어떠한가?

2) 가변비용, 평균가변비용 및 한계비용을 구하라.

5 $q = L^a K^b$인 콥-더글러스 생산함수가 있다.

1) 이 생산함수가 규모에 대한 보수 체증이 될 조건을 구하라.

이제 장기비용 극소화 문제를 풀고자 한다. 두 생산요소의 가격은 각각 1이다.

2) 장기조건부요소수요함수를 구하라.

3) 장기비용함수를 구하고, 평균비용, 한계비용을 구하라.

4) 장기비용함수에서 규모의 경제가 성립할 조건을 구하라.

6 생산함수가 $q = \sqrt{LK}$ 이다. 그런데 생산을 하려면 K를 최소한 한 단위 이상을 사용해야 한다. 즉, $K \geq 1$이어야 한다. 두 생산요소의 가격은 동일하게 1이다.

1) $K = \bar{K}(\geq 1)$로 고정되어 있는 경우, 단기비용함수를 구하고, 평균비용, 평균고정비용, 평균가변비용, 그리고 한계비용을 구하라.

2) 장기비용함수를 구하고, 준고정비용, 평균비용과 한계비용을 구하라.

7 기업이 두 개의 공장을 가지고 있다. 공장 1의 생산함수는 $q = L^{\frac{1}{3}} K^{\frac{2}{3}}$, 공장 2의 생산함수는 $q = 4\, min\{\sqrt{L}, \sqrt{K}\}$ 이다. 노동의 요소가격은 1, 자본의 요소가격은 2이다.

1) 각 공장 생산함수의 규모에 대한 보수(returns to scale)가 어떤지 설명하라.

2) 각 공장의 장기비용함수를 구하라.

3) 이 기업이 q를 생산하고자 한다. 비용을 극소화하기 위해 각 공장에 산출량을 어떻게 할당해야 하는가? 최적으로 할당했을 때의 비용함수와 한계비용을 구하라.

8 기업이 세 가지 생산요소를 사용해서 생산하고 있다. 생산함수는 $q = min\{\sqrt{x_1 x_2}, \sqrt{x_3}\}$ 이다. 모든 생산요소가격은 1이다.

1) 생산함수는 동차함수인가?

2) 생산함수는 규모에 대한 보수가 어떠한가?

3) 단기에서 x_3가 $\overline{x_3}$로 고정되어 있는 경우, x_1과 x_2의 단기조건부요소 수요함수, 단기비용함수, 단기평균가변비용, 단기평균비용을 구하라.

4) 장기조건부요소수요함수, 장기비용함수, 장기평균비용, 장기한계비용을 구하라. 규모의 경제인가 불경제인가?

9 생산함수가 $q = \sqrt{L+K}$이고, 생산요소의 가격은 각각 w와 r이다.

1) 각 생산요소의 장기조건부요소수요함수를 구하라.

2) 장기비용함수를 구하라.

3) 비용함수는 규모의 경제와 불경제 중에서 어느 쪽인가?

10 기업이 선택할 수 있는 단기비용함수는 다음과 같이 세 가지가 있다.

① $C_1 = 4 + 4q^2$, ② $C_2 = 12 + 2q^2$, ③ $C_3 = 28 + q^2$.

기업이 위 세 가지 비용함수 중에서 하나를 선택하면 단기에는 변경이 불가능하지만, 장기에는 변경이 가능하며 아예 퇴출하는 것도 가능하다.

1) 이 기업의 장기(총)비용곡선과 장기한계비용곡선을 정확히 그려라.

2) 이 제품의 시장가격이 단위당 20원일 때, 이 기업의 장기 생산량과 장기 이윤의 크기를 구하라.

3) 2)에서부터 가격이 단위당 4원으로 하락할 때, 단기 생산량과 장기 생산량을 각각 구하라.

11 기업의 노동의 산출탄력성이 0.4, 자본의 산출탄력성은 0.8이라고 한다. 기업은 노동과 자본만을 사용해 생산하며, 항상 장기적인 비용극소화를 달성한다고 한다.

1) 이 기업의 현재 규모의 탄력성은 얼마인가?

2) 전체 비용 중에서 노동비용이 차지하는 비중은 얼마인가(본 장의 각주 4) 참조)

12 기업이 세 가지 생산요소를 사용해 생산하고 있다. 생산함수는 $q = x_1^{\frac{1}{4}} x_2^{\frac{1}{4}} x_3^{\frac{1}{2}}$이다. x_1과 x_2의 요소가격은 동일하게 $\frac{1}{2}$이고, x_3의 요소가격은 w이다.

1) 단기에서 x_3가 $\overline{x_3}$로 고정되어 있는 경우, x_1과 x_2의 단기조건부요소수요함수를 구하라.

2) 단기비용함수를 구하라. 단기가변비용, 고정비용, 단기평균가변비용, 단기평균

비용, 단기한계비용을 구하라.

3) 장기비용함수를 구하라. 장기평균비용, 장기한계비용을 구하라.

13 기업의 생산함수가 $q = A\left(\dfrac{LK}{1+LK}\right)$ 이다. A는 0보다 큰 상수이고, $0 \le q < A$이다.

1) L과 K의 요소가격이 각각 w와 r이다. 장기비용함수 $C(q, w, r)$를 구하라.

2) 11장 연습문제 8번의 3)에서 구한 규모의 탄력성은 평균비용, 한계비용과 어떤 관계가 있는가?

14 기업이 두 개의 공장에서 동일한 제품을 생산하고 있다. 공장1은 가변요소만 사용하며 그 장기비용함수는 $C_1(q_1) = \dfrac{q_1^2}{4}$ 이고 단기비용함수도 동일한 형태를 갖는다. 공장2는 고정요소만 사용하며 장기비용함수는 $C_2(q_2) = \dfrac{q_2^2}{4}$ 인데, 이 공장은 단기에는 산출량을 전혀 변동시킬 수 없다.

1) 이 회사 전체의 장기한계비용곡선을 정확히 그려라(절편과 기울기 표시). 그리고 총산출량(q)이 20일 때, 이 산출량이 장기적으로 두 공장 사이에 어떻게 배분되는 것이 최적인지 구하라.

2) 현재 1)의 답과 같은 상태에 있을 때, 이 회사의 단기한계비용 함수를 구하고 1) 문제와 같은 그래프상에 그 곡선을 그려라(단, $q \ge 10$). (힌트: 단기에서 q와 q_1의 관계는?)

15 기업이 노동만을 사용해 생산한다. 그런데 정규직 수가 고정되어 낮에는 단기적으로 노동투입량을 변화시킬 수 없고 장기적으로만 변화시킬 수 있다. 그러나 저녁에는 초과근무를 원하는 사람이나 비정규직을 써 단기적으로도 노동투입량을 마음대로 바꿀 수 있다. 이 공장의 총산출량은 낮 산출량과 밤 산출량의 합이다. 이 공장의 생산함수는 낮밤 모두 $q = 2\sqrt{L}$ (즉, 낮과 밤이 동일)이나, 노동의 단위당 가격은 낮에는 1, 밤에는 2이다.

1) 회사가 15개의 산출량을 최소의 비용으로 생산하려면 장기적으로 밤과 낮 사이에 산출량을 어떻게 배분해야 하나?

2) 현재 회사의 정규직 수가 25인이고, 밤에는 생산을 하나도 하지 않고 있을 경우 회사의 단기한계비용 곡선을 그려라.

16 기업이 공장1과 공장2를 운영하고 있으며 두 공장에서 동일한 재화를 생산한다. 공장1은 노동(L)만을 투입하는데 투입량과 산출량의 관계는 $q = \sqrt{L}$ 이다. 공장2

는 자본(K)만을 투입하는데 투입-산출 관계는 $q = \sqrt{K}$이다. 노동과 자본의 단위
당 시장가격은 각각 w, r이다.

1) 두 공장 각각의 한계비용함수를 구하라(주의: 한계비용함수는 산출량의 함수이다).

2) 이 기업 전체의 생산함수와 한계비용함수를 구하라.

3) 비용극소화를 달성하려면 두 공장의 한계비용들과 전체 한계비용은 어떤 관계
   를 유지해야 하며, 이때 두 공장의 산출량들은 어떤 비율로 유지해야 하는가?

Microeconomics

Part 04

시장구조

Chapter

13 / 완전경쟁시장

★ 마샬(Alfred Marshall) : 영국, 1842~1924

마샬은 신고전파 경제학의 창시자 한 명으로 경제학이 하나의 독립적인 학문 분야로 정립되는 데 결정적인 역할을 했으며, 특히 현대 미시경제학의 기본적 구조를 완성한 학자이다.

영국 런던에서 태어난 마샬은 1862년에 케임브리지 대학에 입학해 수학을 전공했으나 졸업 이후에 철학으로 관심이 바뀌면서 경제학을 공부하기 시작했다. 당시는 경제학이 하나의 독립적인 전공으로 자리 잡지 못하고 철학이나 윤리학 등에 포함되어 있었다. 마샬은 1865년에 케임브리지에서 도덕학을 강의하면서 학자로서의 커리어를 시작했으며, 이후 브리스톨 대학, 옥스퍼드 대학을 거쳐 1885년에 다시 모교인 케임브리지 대학으로 돌아와 정치경제학 정교수가 되었다. 마샬은 이 자리를 1908년 퇴임 시까지 유지했다.

마샬의 연구 업적은 1890년에 출간한 저서 『경제학 원론』에 집대성되어 있다. 마샬은 이 책에서 현대 미시경제학에서 사용하는 개념들의 상당 부분을 처음으로 고안해 내거나 기존의 개념들을 발전시켜 포함시켰으며, 그래프를 이용해 이런 개념들을 설명하는 전통을 시작했다. 그 중 가장 중요한 것은 수요–공급 곡선을 이용한 개별시장분석으로, 이 분석을 통해 가격이론이 경제학의 핵심적인 위치에 오르게 되었다. 소비자잉여, 생산자잉여, 수요의 가격 탄력성 등의 개념들도 함께 도입했다. 마샬은 시장분석을 넘어 개별 경제주체들의 행동 분석까지 경제학의 영역을 확장했는데, 기업이론에서 기간을 장기와 단기로 나누고, 고정비용, 가변비용을 구별한 것도 마샬이다. 이밖에도 수확체증·체감, 한계효용 등의 개념들도 마샬을 통해 경제학의 중심 개념으로 자리 잡게 되었다.

마샬은 아담 스미스, 리카르도, 멜더스 등의 고전파 경제학을 계승·발전시켜 신고전파 경제학의 시대를 열었으며, 당대뿐만 아니라 이후 상당 기간 동안 가장 영향력 있는 경제학자로, 케인즈, 피구 등의 유명한 제자들을 배출하며 케임브리지 학파를 창시했다. 마샬은 수학적 엄밀성을 경제학에 적용했으나 수학이 경제학을 지배하면 안 된다는 생각으로 막상 자신의 저서에서는 일반인들이 이해할 수 있는 수준의 설명을 위주로 하고 수학적 표현들은 각주나 부록에 첨부했다.

이제까지 제2부에서 소비자 행동을, 제3부에서는 생산자 행동을 분석했다. 제4부에서는 소비자와 생산자가 만나 거래가 이루어지는 시장의 작동원리에 대해 설명한다. 시장을 분석하기 위해 시장 참여자들인 구매자와 판매자의 행동을 모형(model)으로 만드는 과정이 필요하다. 일단 모형이 만들어지면 그 모형을 이용해 다양한 분석을 할 수 있다. 마치 기상학자들이 기상모형을 만들어 일기예보를 하는 것처럼 경제학에서도 시장모형을 만들어 시장을 분석한다. 그런데 시장 참여자들의 행동과 시장의 특성은 시장에 참여하는 구매자와 판매자의 숫자와 규모에 따라서 달라진다. 예를 들어, 시장에 무수히 많은 소규모 판매자가 있는 경우와 판매자가 하나뿐인 경우에 판매자들의 행동양식이나 시장가격 및 거래량 등은 다르다.

시장구조: 시장의 구매자와 판매자의 숫자와 규모 및 특성

경제학에서는 구매자와 판매자의 숫자와 규모 및 특성을 **시장구조**(market structure)라고 부르며, 시장을 논의하기 전에 반드시 시장구조에 대한 논의를 선행한다. 왜냐하면 시장구조에 따라 시장 참여자들의 행동이 달라지고 따라서 시장의 분석 방법도 달라지기 때문이다. 제4부에서 미시경제학이 시장구조를 어떻게 구분하며 시장구조에 따라서 어떤 모형과 분석방법을 이용하는지를 자세히 공부한다.

제13장에서는 무수히 많은 판매자가 경쟁하는 **완전경쟁시장**(perfectly competitive market)에 대해 논의한다. 완전경쟁시장을 정확히 정의하고 그에 맞는 모형을 개발하고 응용한다. 완전경쟁시장 모형은 그 이후의 다른 모든 시장모형을 비교하고 평가하는 기준(benchmark)이 된다. 또한 아담 스미스가 말한 '보이지 않는 손'(invisible hand)이 가장 잘 작동하는 시장이기도 하다. 제14장에서는 완전경쟁시장의 정반대인 **독점**(monopoly)시장을 공부하며, 특히 완전경쟁시장과 비교해 독점의 문제점들을 이론적으로 파악한다. 완전경쟁시장모형과 독점모형은 정반대의 시장구조를 분석하지만, 기업들의 행동을 최적화 모형으로 설명할 수 있다는 점에서 유사성을 갖는다.

완전경쟁과 독점의 중간에 있는 시장구조를 **과점**(oligopoly)시장이라고 부르는

데, 영향력 있는 몇 개의 기업이 지배하는 시장구조이다. 실제 우리 주변에 가장 흔하게 관찰되는 시장구조가 과점인데, 막상 이 시장을 분석하는 것은 매우 어렵다. 이제까지의 최적화 모형을 더 이상 이용할 수 없기 때문이다. 영향력 있는 몇 개의 기업들이 서로 눈치를 보면서 의사결정을 하는 상황은 게임이론을 이용하지 않고는 분석할 수 없다. 그래서 제15장에서 기본적인 게임이론을 소개한 뒤에, 제 16장에서 과점모형을 소개한다. 제17장과 18장에서는 관심의 대상을 산출물에서 생산요소로 바꿔 생산요소 시장을 분석한다.

Section 1   완전경쟁시장의 정의와 특성

1.1 가격수용자

시장 참여자들의 행동은 시장의 구조에 따라 큰 차이가 난다. 따라서 시장을 논의하기 전에 반드시 그 시장의 구조에 대한 논의를 명확히 해야 한다. 미시경제학에서 시장구조를 논의할 때 매우 중요한 역할을 하는 개념으로 **가격수용자** (price taker)라는 개념이 있다. 규모가 시장 전체에 비해 아주 작은 개별 시장 참여자들은 전체 시장가격에 거의 영향을 미칠 수 없으며, 따라서 이들은 시장가격에 대해 매우 수동적인 태도를 갖게 된다. 즉, 시장가격을 바꾸려 하기 보다는 가격을 주어진 것으로 받아들인다. 자신이 개별적으로 시장가격에 미칠 수 있는 영향력이 없다고 믿고 그 믿음에 따라 행동하는 시장참여자를 경제학에서는 가격수용자라고 부른다. 가격수용자들은 시장가격을 자신들의 의지와 무관하게 시장에서 결정되는 변수로 취급한다. 전체 시장에 비해 상대적인 규모가 너무 작아 개별적으로 시장가격에 미치는 영향이 지극히 작은 참여자들이 가격수용자가 될 가능성이 높다.

> **가격수용자**: 자신이 개별적으로 시장가격에 미칠 수 있는 영향력이 없다고 믿고 그 믿음에 따라 행동하는 시장참여자

위 정의는 구매자와 판매자에게 모두 적용된다. 구매자가 무수히 많으면 개별 구매자가 가격수용자가 될 가능성이 높고, 판매자가 무수히 많으면 개별 판매자가 가격수용자가 될 가능성이 높다.[1]

그러나 실제로 위의 정의에 정확히 부합하는 구매자나 판매자가 과연 있을지는 따져봐야 할 문제이다. 아무리 규모가 작은 구매자나 판매자라도 시장에 미치는 영향이 완전히 0은 아니기 때문이다. 하나의 제품을 팔아도 시장 전체에 미세한 변화가 발생한다. 하지만 그 변화가 너무 작아 거의 의미가 없다면 의사결정과정에서 무시될 수 있다. 예를 들어, 한 사람의 자동차 운전자가 자신이 휘발유를 좀 더 쓰거나 덜 씀으로 해서 전 세계 석유 가격에 조금이라도 영향을 미칠 수 있다고 생각하지는 않을 것이다. 따라서 미시경제학에서는 시장 참여자의 규모가 전체 시장규모에 비해 아주 작으면 그 참여자는 가격수용자로서 행동한다고 '가정'한다. 이 가정은 미시경제학의 논의를 전개하는 데 매우 중요한 역할을 한다. 이 가정이 과연 현실적인가에 대해 다음과 같은 비유를 들어 판단할 수 있다. 현대인들은 모두 지구가 둥글다는 것을 알고 있다. 그러나 평소 길을 걷거나 심지어 자동차를 운전할 때에도 바닥면이 둥글다는 것을 의식하고 이에 맞춰 걸음이나 운전을 조절하는 사람은 없을 것이다. 마찬가지로 가격수용자들은 수요곡선이 우하향한다는 것을 알면서도 자신이 움직이는 영역이 너무 좁기 때문에 그 기울기를 무시한다고 볼 수 있다. 반면에 제트기를 타고 수천 킬로를 여행하는 사람들은 자신이 이동함에 따라 시간대가 변하고 기후가 변한다는 사실을 인지하고 이를 여행계획에 반영한다. 마찬가지로 수요곡선의 전 영역을 염두에 두고 행동하는 판매자는 자신의 결정에 따라 가격이 변한다는 사실을 의사결정에 반영할 것이다. 이런 판매자들은 더 이상 가격수용자가 아니다.

가격수용자와 유사한 표현을 주변에서 찾자면 증시(證市)에서 흔히 말하는 '개미'를 들 수 있다. 소위 개인투자자들을 일컫는 이 표현은 이들이 개별적으로는 증시 전체나 심지어 한 종목의 주식가격에도 영향을 미칠 수 없음을 시사한다. 한 가지 유의할 점은 가격수용자들은 개별적으로는 시장에 영향을 미치지 못하지만 그 수가 무수히 많기 때문에 집단으로는 시장가격을 충분히 움직일 수 있다는 점이

---

1 제2부에서 소비자이론을 논의할 때, 모든 소비자들을 가격수용자로 가정했다. 이는 대부분의 소비자들이 시장에서 차지하는 비중이 매우 작기 때문이다.

다. 모든 구매자가 한 상품에 대한 수요를 증가시키면 그 상품의 시장가격은 상승한다. 증시에서 개미들이 한꺼번에 사거나 팔면 주가가 오르내리는 것과 마찬가지이다. 다만 가격수용자들이나 증시 개미들은 그 숫자가 너무 많아 시장가격을 조작할 수 있을 만큼 전체가 합심하는 것이 거의 불가능하다. 만에 하나 모든 가격수용자들이 합심해 시장가격을 움직인다면 그들은 더 이상 가격수용자가 아니다.

그렇다면 가격수용자가 아닌 시장참여자(이들을 '비가격수용자'라고 부르자)는 어떤 참여자들일까? 우선 비가격수용자는 시장가격에 영향을 미칠 수 있을 만큼 상당히 큰 규모를 가지고 있어야 한다. 그리고 이런 영향력을 행사해 자신의 이익을 증대시키려는 의사가 있어야 한다. 시장 점유율이 상당히 높은 판매자들이 이런 부류에 속하며, 시장 거래량 중의 상당 부분을 혼자 구매하는 사람이 있다면 그도 비가격수용자가 될 가능성이 높다. 수동적으로 시장가격을 받아들이기보다는 자신이 구매량을 변경할 때 시장가격이 어떻게 변하는지를 계산에 포함해 행동할 것이기 때문이다. 시장 참여자들이 모두 가격수용자인지, 아니면 일부 비가격수용자가 있는지, 만약 있다면 그 수가 얼마인지는 시장구조를 구분하는 중요한 기준이 된다.

1.2 완전경쟁시장의 조건

구매자와 판매자가 모두 가격수용자가 될 정도로 구매자와 판매자의 수가 많을 때, 그 시장을 경쟁시장(competitive market)이라고 부른다. 구매자나 판매자가 모두 수많은 개미들로 구성된 시장인 것이다. 여기에다가 누구든지 이 시장에 진입하여 동일한 조건으로 경쟁할 수 있고, 원할 때 언제든지 퇴출할 수 있다는 조건까지 추가하면, 완전경쟁시장(perfectly competitive market)이 된다. 완전경쟁시장은 가장 이상적인 결과를 가져오는 시장구조로, 미시경제학에서 모든 시장의 벤치마크가 되는 중요한 시장이다.

완전경쟁시장이 될 수 있는 조건들은 다음의 네 가지로 정리될 수 있다.

1) 다수의 소규모 소비자와 생산자

시장 내에 구매하는 소비자도 다수이고, 생산하는 생산자도 다수이다. 다수의 소비자와 생산자가 궁극적으로 의미하는 바는 개별 소비자 혹은 생산자가 시장에 영향력을 행사하지 못한다는 의미이다. 소비자나 생산자가 소수이면 나름대로 시장에 영향력을 행사할 수 있다. 그러나 숫자가 많으면 개별 소비자나 생산자가 가지는 영향력은 무시할 만하다. 예를 들어, 쌀을 소비하는 한 소비자가 아침에 밥을 한 공기 먹다가 두 공기로 그 양을 늘렸다고 하자. 이 소비자 입장에서는 쌀의 소비량을 두 배로 늘린 것이다. 그렇다고 전체 시장에서 쌀의 수요가 크게 증가하여 쌀의 가격이 상승할 것이라고 기대할 수 있는가? 이 소비자의 행동은 시장가격에 거의 아무런 영향을 미치지 못할 것이다. 반대로 쌀농사를 짓던 한 농부가 올해에는 쌀농사를 짓지 않기로 했다고 생각해 보자. 이 농부가 이전에 경작하던 논이 엄청나게 넓지 않는 한, 쌀 가격에 거의 아무런 영향을 미치지 못할 것이다.

2) 동질적인 재화

둘째 조건은 생산자들이 생산하는 재화들이 모두 **동질적인 재화**(homogeneous goods)라는 것이다. '동질적'이라는 문자적 의미는 완벽하게 동일하다는 의미이다. 그러나 세상에 문자적 의미에서 동질적인 재화는 존재하지 않는다. 적어도 제품의 브랜드나 디자인은 다르기 마련이다. 브랜드나 디자인이 동일하면 상표권 위반으로 처벌을 받는다. 그러면 재화가 동질적이라는 의미가 무엇인가? 두 종류의 라면이 있다고 가정하자. 하나는 S라면이고, 다른 하나는 K라면이다. 두 라면은 다른 모든 면에서는 동일하다. S라면의 가격은 600원이고, K라면은 500원이다. 이 때 독자들은 스스로에게 100원을 더 주고 S라면을 먹을 용의가 있는지를 질문해 보기 바란다. 만일 100원 더 주고 S라면을 먹을 용의가 있으면, 그 독자에게 S라면과 K라면은 동질적인 재화가 아닌, **차별화된 재화**(differentiated goods)이다. 반면에 S라면이 조금이라도 비싸면, 그보다 싼 다른 라면을 먹겠다는 독자들에게 이 두 라면은 동질적인 재화이다. 소비자에게 두 재화가 동질적이라는 것은 두 재화가 완전대체재라는 의미이다. 그러므로 두 재화가 동질적이면 소비자는 브랜드 이름이나 디자인 등의 차이에 구애받지 않고, 오로지 가격에만 신경을 쓴다. 완전경쟁시장에서 다수의 생산자들은 각기 나름대로의 브랜드를 갖고 재화를 생산한다. 그러나 소비자들은 이런 브랜드에 구애받지 않고 모든 재화를 완전 대체재로 생각한다. 따라서 조금이라도 다른 재화보다 비싼 재화의 수요는 0이다. 그러므로 완전경쟁시장에서는 개별 생산자들의 재화에 대한 수요곡선이 별도로 존재하는 것이 아니라, 시장 전체에 대한 수요곡선 하나만 존재한다. 앞의 라면을 예로 들면, 라면 시장이 완전경쟁시장이면 S라면 같은 개별 브랜드에 대한 수요곡선이 따로 존재하는 것이 아니라 '라면'이라는 재화에 대한 수요곡선만이 존재한다. 반면에 차별화된 재화는 각 재화별 수요곡선이 존재한다. 아무리 생산자가 많더라도 이들이 판매하는 제품이 나름대로 차별화되어 있으면, 완전경쟁시장이라고 볼 수 없다.[2]

3) 완전 정보

완전경쟁시장의 또 다른 요건은 **완전 정보**(perfect information)이다. 완전 정보는 소비자의 가격에 대한 정보와 생산자의 생산기술에 대한 정보를 의미한다. 완전경쟁시장의 둘째 조건이 동질적인 재화였다. 소비자들에게 여러 생산자가 생산하는 동질적인 재화는 완전 대체재이다. 그러므로 소비자는 오로지 가격에만 관심을 가진다. 소비자 측면에서 완전 정보는 소비자가 시장 내 여러 생산자가 생산하는 재화의 존재와 가격에 대해 완전한 정보를 가짐을 의미한다. 소비자가 재화의 가격에 대해 완전한 정보를 가지므로, 동질적인 재화의 가격은 모두 동일하게 결정된다. 조금이라도 비싼 재화는 소비자가 구매하지 않는다. 소비자가 재화의 가격에 대해 완전 정보를 가지면, 모든 동질적인 재화의 가격이 동일해지는 **일물일가의 법칙**(law of one price)이 성립한다. 만약 소비자들이 한 생산자가 생산하는 재화의 가격 이외의 다른 생산자들이 생산하는 재화의 가격에 대한 정보가 없다면, 이 시장은 독점시장이 되어 버릴 것이다.

생산자 측면에서 완전 정보는 모든 생산자들이 생산기술에 대해 동일한 정보를 가진다는 것이다. 따라서 모든 생산자는 동일한 (장기)생산함수를 가진다.

이상의 세 가지 조건이 충족되면, 시장에는 수많은 소비자와 생산자들이 서로

---

2 이런 시장을 독점적 경쟁시장이라고 부르며, 제16장에서 논의한다.

경쟁하게 되고, 아무도 시장가격에 영향을 미칠 수 없게 된다. 즉, 모든 참여자들이 가격수용자(price taker)이다. 기업의 규모가 시장규모에 비해 지극히 작아 자신이 무엇을 하든 시장가격에 영향을 미칠 수 없다고 생각하면 이 기업은 가격수용자가 된다. 엄밀히 말하자면, 아무리 작은 기업도 시장에 영향을 전혀 미치지 않을수는 없다. 가격수용자는 실제로 어떤 경제주체가 시장에 영향을 미치는지의 여부보다는 그 경제주체가 스스로 시장에 영향을 미친다고 생각하는지의 여부에 따라 결정된다. 물론 어떤 경제주체가 가격수용자라고 가정할 때에는 그 경제주체가 자신이 시장에 영향을 미치지 않는다고 믿는 것이 논리적으로 적절한지를 따져봐야한다. 시장에 유일하게 존재하는 초대형 판매기업이 가격수용자라고 가정하는 것은 적절하지 않다. 반면에 시장에 무수히 많은 기업이 있고 개별 기업의 규모가 아주 작을 때에는 이들을 모두 가격수용자라고 가정하는 것이 크게 무리는 아닐 것이다.

4) 자유로운 진입과 퇴출

모든 참여자들이 가격수용자인 시장은 약한 의미에서의 경쟁시장이 된다. 아무도 시장가격을 좌지우지 못하기 때문이다. 그러나 완전경쟁시장이 되기 위해 한가지 조건이 더 필요하다. 바로 모든 생산자에게 **자유로운 진입과 퇴출**(free entry and exit)이 보장된다는 점이다. 모든 시장에서 자유로운 진입이 보장되어 있는 것은 아니다. 이동통신 시장을 예로 들면, 이동통신 서비스 제공을 위해서는 국가로부터 적절한 주파수 대역을 받아야 한다. 그러나 이동통신에 사용할 수 있는 주파수 대역은 한정되어 있으므로 국가가 원하는 모든 사람에게 주파수를 제공할 수 없다. 주파수 없이는 이동통신 시장에 진입할 수 없다. 그러므로 이동통신 시장은 진입이 자유로운 시장이 아니다. 반면에 완전경쟁시장은 진입장벽이 존재하지 않아 원하는 사람들은 모두 자유롭게 진입할 수 있는 시장이다. 시장에 진입하기 어렵게 만드는 모든 요인을 **진입장벽**(entry barrier)이라고 부른다. 완전경쟁시장은 진입장벽이 없는 시장이다.

다음으로 자유로운 퇴출에 대해 알아보자. 진입이 자유롭다고 해서 생산이 공짜로 이루어지는 것은 아니다. 생산을 위한 자원이 투입되어야 한다. 자유로운 퇴출이란 더 큰 이윤을 얻을 수 있는 시장이 있으면, 현재의 시장에서 자원을 빼내어 그 시장으로 이동시킬 수 있음을 의미한다. 나중에 보게 되겠지만 자유로운 진입과 퇴출은 장기균형에서 기업들의 이윤이 0이 되는 결과를 낳는다. 자유로운 진입과 퇴출을 **자원의 완전 이동성**(perfect mobility of resource)이라고 부르기도 한다.

완전경쟁시장의 네 가지 조건을 충족하는 시장이 현실에서는 그리 많지 않다. 보통 숙련되지 않은 노동시장, 농산물시장, 주식시장 등을 완전경쟁시장의 예로 든다. 여러 사람이 가지지 못한 특별한 기술에 대한 노동시장은 그 특성상 완전경쟁시장이 되기 힘들다. 독자들은 완전경쟁시장이 현실에서 그리 많지 않음에도 불구하고, 제일 먼저 완전경쟁시장을 공부하는 이유가 무엇인지 궁금할 것이다. 첫 번째 이유는, 현실에 근사적으로 완전경쟁시장으로 볼 수 있는 시장이 존재한다는 것이다. 더 중요한 두 번째 이유는, 뒤에서 자세히 설명하겠지만, 완전경쟁시장의 균형이 매우 이상적인 성질을 가지기 때문이다. 완전경쟁시장의 균형에서의 자원배분은 거래를 통해 얻을 수 있는 사회적 이득을 극대화시킨다. 이 같은 성질 때문에 완전경쟁시장은 다른 시장들의 성과를 비교하는 벤치마크로서의 역할을 한다. 특정 시장구조의 성과를 비교하려면 기준이 있어야 한다. 그 기준의 역할을 하는 시장이 바로 완전경쟁시장이다.

Section 2 완전경쟁시장 모형

완전경쟁시장의 가격수용자들은 가격을 외부에서 주어지는 외생변수로 취급하므로 가격에 대해 매우 수동적인 자세를 취한다. 시장가격이 주어지면 그에 대해 자신들이 어떻게 행동할 것인지를 결정한다. 이런 시장은 전형적으로 '최적화 → 균형'의 2단계적 접근법으로 분석한다. 우선 최적화 모형을 통해 개별 경제주체의 행동을 분석한다. 이미 소비자이론에서 보았듯이, 구매자는 자신의 만족을 극대화하기 위해 주어진 시장가격에서 그 상품을 얼마나 구매하기 원하는지를 결정한다. 각 가격에서 소비자들이 구매하기 원하는 수량을 **수요량**(quantity demanded)라고 부르고, 가격과 수요량의 관계를 **수요함수**(demand function)라고 부른다. 일반

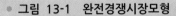

● 그림 13-1 완전경쟁시장모형

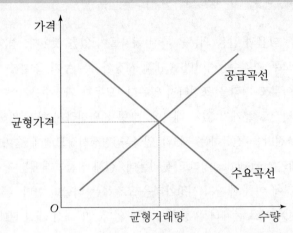

적으로 수요량은 가격과 반대방향으로 움직이는데, 이런 관계를 그래프로 표현한 것이 **수요곡선**(demand curve)이다(제5장 참조). 〈그림 13-1〉에서 시장 전체의 수요 곡선은 우하향하는 그래프로 나타난다.

본 장에서는 완전경쟁시장에서의 판매자들의 행동을 먼저 분석하고, 그 다음 에 시장균형을 논의한다. 미리 간단히 소개하자면, 가격수용자인 판매자들은 주어 진 시장가격에서 이윤을 극대화하기 위해 그 상품을 얼마나 판매하기를 원하는지 를 결정한다. 이때 물론 자신의 비용을 고려한다. 각 가격에서 판매자들이 판매하 기 원하는 수량을 **공급량**(quantity supplied)이라고 부르고, 가격과 공급량의 관계를 **공급함수**(supply function)라고 부른다. 일반적으로 가격과 공급량은 같은 방향으로 움직이는데, 이런 관계를 그래프로 표현한 것이 **공급곡선**(supply curve)이다. 공급 곡선 역시 가격을 세로축에 표시하고 수량을 가로축에 표시하는데, 〈그림 13-1〉에 서 시장 전체의 공급곡선은 우상향하는 그래프로 나타난다. 완전경쟁시장의 **균형 가격**(equilibrium price)은 수요곡선과 공급곡선이 교차하는 곳에서 결정된다.

Box 13-1 완전경쟁시장에서 가격은 누가 조절하나

독자 중에는 다음과 같은 의문을 가진 독자들이 있을 것이다. 경쟁시장에서 구매자나 판매자가 모두 가격수용자이면 도대체 시장가격은 누가 조절하나? 모형을 엄밀하게 따르자면 아무도 가격을 조절하지 않는다. 모두가 가격수용자이기 때문이다. 이렇게 되면 논리적으로 문제가 있기 때문에, 모형을 완전하게 하기 위해 미시경제학이론에서는 가격조절만을 전담하는 제3의 인물을 경쟁시장모형에 슬며시 포함시킨다. 이 제3자는 경매인(auctioneer)이라고 불리는데, 실제 상품거래에는 전혀 관여하지 않고 다만 균형가격에 이를 때까지 시장가격을 조정하는 역할만 한다. 물론 현실에서 경쟁시장에 경매인이 따로 존재하는 경우는 거의 없다. 그 대신 개별 판매자와 구매자들이 자신이 원하는 만큼의 상품을 구매 또는 판매하지 못할 때에 시장가격보다 약간씩 높거나 낮은 가격을 제시하면서 전체적으로 시장가격 수준이 조절되어 간다. 그러나 이런 과정을 모형화하기는 매우 복잡하므로 조금 어색하지만 경매인 모형을 이용한다. 학부수준의 미시경제학에서는 경쟁시장모형에서 경매인의 존재를 언급하지 않는 경우가 많다.

Section 3   이윤극대화와 공급함수

완전경쟁시장에서 개별 생산자는 가격수용자이다. 그러므로 개별 생산자는 시장가격을 주어진 것으로 받아들이고, 주어진 가격하에서 이윤을 극대화하는 산출량을 결정한다. 시장가격이 바뀌면 이윤을 극대화하는 산출량도 바뀐다. 시장가격과 이윤극대화 산출량과의 관계가 다름 아닌 그 기업의 공급함수(supply function)이다. 본 절에서는 이윤극대화를 통해 개별 기업들의 공급함수를 도출한다.

3.1 가격수용자인 개별 기업이 직면하는 수요곡선

제5장에서 보았듯이, 개별 소비자의 수요곡선은 거의 예외 없이 우하향하므로 이들의 수평합인 시장수요곡선도 우하향한다. 즉, 가격이 하락하면 수요량이 증가

하고, 반대로 가격이 상승하면 수요량이 감소한다. 그러나 완전경쟁시장에서 가격수용자인 개별 기업이 직면하는 수요곡선은 현재의 시장가격에서 수평이 된다. 즉, 자신의 판매량에 관계없이 자신이 받을 수 있는 가격은 현재의 시장가격이다.

현실에서 각 기업들은 자신의 제품가격을 스스로 결정한다. 그런데 완전경쟁시장에서 각 기업들이 자신의 제품가격을 주어진 것으로 받아들인다는 것이 독자들에게 혼란을 줄 수 있다. 완전경쟁시장에서 개별 기업들이 시장가격을 주어진 것으로 받아들인다는 의미는 다음과 같다. 완전경쟁시장에서 기업들이 생산하는 재화는 완전 대체재이다. 그러므로 한 재화의 가격이 현재의 시장가격보다 높으면, 모든 소비자는 그 재화를 외면한다. 즉, 시장가격보다 가격이 높으면 수요는 0이다. 따라서 개별 기업은 시장가격보다 높게 가격을 책정할 수 없다. 또한 개별 기업은 현재의 시장가격에 영향을 미치지 않으면서 얼마든지 팔 수 있다고 믿기 때문에 현재의 시장가격보다 낮게 가격을 책정할 이유가 없다. 그러므로 개별 기업은 가격을 시장가격과 동일하게 책정한다. 이것을 개별 기업들이 시장가격을 주어진 것으로 받아들인다고 표현하는 것이다.

이와 비슷한 것을 이미 소비자이론에서 보았다. 가격이 p인 재화를 x만큼 소비하려면 소비자는 $p \times x$를 지불해야 한다. 그런데 여기서 가격 p는 재화의 소비량과 무관하게 일정하다. 다시 말하면, 소비자는 자신이 얼마만큼을 소비하든 간에 상관없이 재화의 가격이 p로 고정되어 있다고 믿고 있는 것이다. 즉, 소비자는

● 그림 13-2   시장수요곡선과 개별 기업의 수요곡선

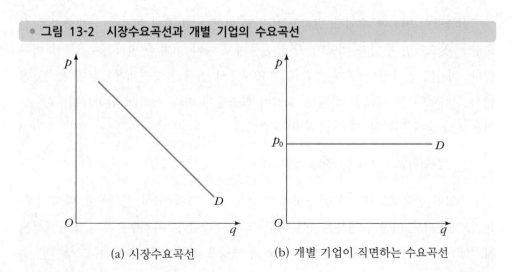

(a) 시장수요곡선   (b) 개별 기업이 직면하는 수요곡선

자신이 직면하는 이 재화의 공급곡선이 p에서 수평이라고 믿고 있는 것이다. 그 이유는 물론 개별 소비자가 자신의 소비량이 가격에 영향을 미치지 못한다고 믿기 때문이다. 그러므로 시장력이 없는 가격수용자인 소비자도 위에서 설명한 가격수용자인 개별 기업과 같이, 현재의 시장가격을 주어진 것으로 받아들이는 것이다.

3.2 단기이윤극대화 조건

1) 수입과 비용

개별 기업은 시장가격을 주어진 것으로 받아들이므로, 주어진 가격에서 이윤을 극대화하는 산출량을 선택한다. 생산 및 비용이론에서 단기와 장기를 구별했듯이, 이윤극대화에도 단기와 장기의 구별이 있다. 본 절에서는 단기의 이윤극대화와 단기공급함수를 살펴본다. 단기이윤극대화 문제이므로 당연히 비용함수도 단기비용함수를 사용한다.

단기나 장기나 기업의 목표는 이윤극대화이다. 이윤은 매출액에서 비용을 뺀 액수이다. 매출액은 소위 매상이라고도 하는데, 상품을 팔아 고객으로부터 받은 금액의 총합이다. 그런데 경제학에서는 매출액이나 매상이라는 표현 대신에 (총)수입(total revenue: TR)이라는 표현을 쓴다. 이윤을 Π로 표기하면 다음과 같다.

$$이윤 = 수입 - 비용; \ \Pi = TR - C$$

산출량이 변하면 수입도 변하고 비용도 변한다. 따라서 이윤을 극대화하는 산출량을 찾으려면 수입과 비용이 각각 산출량에 따라 어떻게 변하는지 알아보아야 한다. 비용과 산출량의 관계는 바로 제12장에서 설명한 단기비용곡선이다. 본 절에서 다루어야 할 새로운 문제는 수입이 산출량에 따라 어떻게 변하는가이다. 수입은 산출량에 단위당 가격을 곱한 액수이다.

$$수입(TR) = 가격(p) \times 산출량(q)$$

수입이 산출량(q)에 따라 어떻게 변하는지는, 가격(p)이 산출량에 따라 변하는지, 변한다면 어떻게 변하는지에 따라 크게 달라진다. 가격수용자의 입장에서는 가격(p)은 주어진 것으로 자신의 산출량의 영향을 전혀 받지 않는다. 그렇다면 수

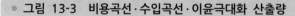

● 그림 13-3 비용곡선·수입곡선·이윤극대화 산출량

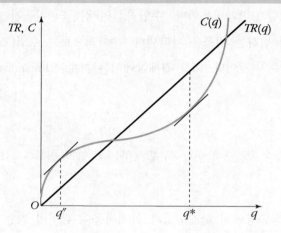

입은 산출량의 변화에 비례해 변한다. 예를 들어, 가격이 1,000원일 때, 산출량이 1이면 수입은 1,000원, 산출량이 10이면 수입은 10,000원, 산출량이 100이면 수입은 100,000원이 된다. 그래프로 수입곡선을 그리면 〈그림 13-3〉처럼 기울기가 가격(p)인 직선이 된다. 비용곡선은 제12장에서 본 것처럼 역S자형이다.

이제 수입과 비용을 모두 그래프로 나타냈으니, 이 둘의 높이의 차이가 가장 커지는 산출량을 찾으면 그것이 바로 이윤극대화 산출량이 된다. 〈그림 13-3〉에서 q^*가 이에 해당한다. 즉, 이윤극대화를 추구하는 기업은 q^*만큼을 생산하리라는 것을 예상할 수 있다. 그런데 그림상으로 수입곡선과 비용곡선의 높이의 차이가 극대화되는 q를 찾기가 쉽지 않다. 자를 이용해 높이 차이를 일일이 확인하지 않는 이상 특정 산출량에서 높이 차이가 가장 크다는 것은 눈대중으로는 알기 힘들다. 한 가지 도움이 되는 사실은 q^*에서 수입곡선과 비용곡선의 기울기가 같아진다는 점이다. 즉, q^*에서 두 곡선이 평행이다. 사실 두 곡선이 평행인 산출량은 q^* 이외에도 q''이 있다. 그러나 이 산출량은 비용이 수입보다 크므로, 이윤이 극대화되는 것이 아니라 극소화되는 점이다.

2) 한계수입과 한계비용

이윤극대화 산출량에서 수입곡선과 비용곡선이 평행하다는 사실을 이용하면 이윤극대화 산출량을 보다 쉽게 찾을 수 있다. (단기)비용곡선의 접선의 기울기는

산출량 한 단위를 더 생산할 때 발생하는 비용의 증가분으로, 비용함수를 산출량
에 대해 미분한 (단기)한계비용이다. 수입곡선의 접선의 기울기 역시 산출량의 변
화에 따라 수입이 변하는 비율을 나타낸다. 수학적으로는 수입(TR)을 산출량(q)에
대해 미분한 도함수인 것이다. 이를 경제학에서는 **한계수입**(marginal revenue: MR)이
라고 부른다.

> **한계수입**: 산출량이 한 단위 변할 때 발생하는 수입의 변화분. $MR(q) = \dfrac{dTR(q)}{dq}$

이윤극대화 산출량에서 한계수입과 한계비용이 같아야 하는 경제학적 이유를
알아보자. 현재의 산출량 q에서 $MR(q) > MC(q)$라고 가정하자. q에서 산출량 한
단위를 더 늘리면 수입은 $MR(q)$만큼 증가한다. 반면에 비용은 $MC(q)$만큼 증가한
다. $MR(q) > MC(q)$이므로 산출량을 한 단위 더 늘리면 이윤은 $MR(q) - MC(q)$만
큼 증가한다. 그러므로 $MR(q) > MC(q)$이면 이윤극대화가 이루어지지 않는다. 반
대로 $MR(q) < MC(q)$라고 가정하자. 이번에는 q에서 산출량 한 단위를 덜 생산하
는 경우를 생각해 보자. 이 때 수입은 $MR(q)$만큼 감소한다. 반면에 비용은 $MC(q)$
만큼 감소한다. $MC(q) > MR(q)$이므로 산출량 한 단위를 줄이면 이윤은 $MC(q) -$
$MR(q)$만큼 증가한다. 그러므로 $MR(q) < MC(q)$일 경우에도 이윤극대화가 이루어
지지 않는다. 따라서 이윤극대화가 이루어지려면 $MR(q) = MC(q)$가 성립해야 한
다. 이를 이윤극대화 1계 조건이라고 부른다.

$MR(q) = MC(q)$라는 조건은 다름 아닌 제2장 5.1절에서 설명한 비용-편익의
원리2인 한계편익=한계비용이 적용된 결과이다. 기업은 이윤극대화에 관심이 있
으므로, 기업 입장에서 보면 수입이 바로 편익에 해당된다. 그러므로 이윤극대화
에서는 한계수입이 바로 한계편익이다.

가격수용자의 수입곡선은 그 기울기가 바로 시장가격(p)이다. 이는 현재 산출
량 수준이 1이든 10이든 100이든 상관없이 일정하다. 그러므로 한계수입은 산출량
에 무관하게 p로 일정하다. 따라서 가격수용자의 이윤극대화의 1계 조건을
$p = MC$로 표시한다.

가격수용자의 이윤극대화 1계 조건: $p = MC$

이윤극대화의 1계 조건인 $p = MC$를 충족하는 산출량이 이윤극대화가 아닌 이윤극소화 산출량이 되는 것을 막기 위해 이윤극대화의 2계 조건도 필요하다. 앞절에서 설명했듯이 수입곡선과 비용곡선의 기울기가 같더라도 q''처럼 이윤이 극소화될 수 있다. q^*와 q'' 모두 $p = MC$가 성립한다. 차이점은 q^*의 경우 q^* 왼쪽에서는 한계수입이 한계비용보다 크고, 오른쪽에서는 한계수입이 한계비용보다 작다. 반면에 q''의 경우 반대로 q'' 왼쪽에서는 한계수입이 한계비용보다 작고, 오른쪽에서는 한계수입이 한계비용보다 크다는 것이다. 이윤극대화의 2계 조건은 이윤의 산출량에 대한 2차 미분값이 (−)가 되는 것이다. 그러므로 이윤극대화의 2계 조건은 이윤극대화 산출량에서 한계비용의 기울기가 한계수입의 기울기보다 커야 한다는 것이다. 그런데 완전경쟁시장의 한계수입은 p로 일정하므로 한계수입의 기울기는 0이다. 그러므로 가격수용자의 이윤극대화 2계 조건은 이윤극대화 산출량에서 한계비용곡선의 기울기가 0보다 커야 한다는 것이다.

가격수용자의 이윤극대화 2계 조건: 이윤극대화 산출량에서 한계비용곡선의 기울기가 0보다 크다.

이제 수입곡선과 비용곡선 대신에 한계수입곡선과 한계비용곡선을 그래프로 그려보자. 〈그림 13-4〉에서 보듯이 한계비용곡선은 U자 형태이고, 한계수입곡선은 높이가 p에서 일정한 수평선이 된다. 이윤극대화 산출량은 한계비용곡선과 한계수입곡선이 만나는 점 중에서 한계비용곡선의 기울기가 (+)인 q^*이다. 직관적으로도 산출량이 q^*보다 작다면, 한 단위 더 생산할 때 생기는 추가수입(한계수입)이 추가비용(한계비용)보다 크기 때문에 이윤이 증가한다. 따라서 이 상황에서는 계속 생산을 늘려야 한다. 반대로 q^*보다 큰 산출량에서는 한계비용이 한계수입보다 크므로, 생산을 늘릴수록 비용이 수입보다 빨리 증가해 이윤이 줄어든다. 오히려 생산을 줄이면 비용이 수입보다 빨리 감소해 이윤이 증가하게 된다. 유의할 점은 한계수입곡선과 한계비용곡선이 만나는 점이라도 한계비용곡선의 기울기가

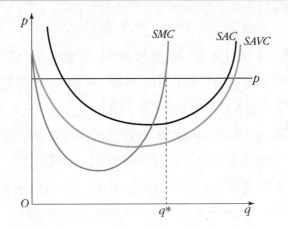

• 그림 13-4 한계비용곡선·한계수입곡선·이윤극대화 산출량

(−)이면 2계 조건이 위배되어 이윤극소화점이 된다는 사실이다.

Box 13-2 이윤극대화 조건의 수학적 도출

이윤극대화 산출량에서 $MR = MC$가 성립한다는 것은 수학적으로 매우 간단하게 보일 수 있다. 이윤극대화 산출량을 찾으려면 이윤을 산출량에 대해 미분한 값이 0이 되는 점을 찾아야 한다.

$\Pi(q) = TR(q) - C(q)$이므로 이윤이 극대화되려면 $\dfrac{d\Pi}{dq} = \dfrac{dTR}{dq} - \dfrac{dC}{dq} = 0$이 되어야 한다. 그런데 $\dfrac{dTR}{dq} = MR$, $\dfrac{dC}{dq} = MC$이므로 $MR = MC$가 성립해야 한다. $MR = p$이므로 $p = MC$가 이윤극대화의 1계 조건이 된다.

이윤극대화의 2계 조건 $\dfrac{d^2\Pi}{dq^2} = \dfrac{dMR}{dq} - \dfrac{dMC}{dq} < 0$로, $\dfrac{dMR}{dq}$(한계수입곡선의 기울기)$< \dfrac{dMC}{dq}$(한계비용곡선의 기울기)의 의미이다. $\dfrac{dMR}{dq} = 0$이므로, 2계 조건은 $\dfrac{dMC}{dq} > 0$이다.

3.3 개별 기업의 공급곡선

1) 공급량의 결정

〈그림 13-4〉에서 시장가격(p)이 상승하거나 하락하면 $p = MC$인 산출량은 한계비용곡선을 따라 변화하게 된다. 즉, 주어진 가격수준에서 수평으로 한계비용까지의 거리가 바로 이 기업의 이윤극대화 산출량이 되는 것이다. 이 산출량은 이 기업의 공급량이 된다.

가격이 주어질 때 한계비용곡선이 기업의 공급량을 결정하기 때문에 한계비용곡선은 기업의 공급곡선이 된다. 그러나 유의할 점은 공급곡선은 세로축으로부터 한계비용곡선까지의 수평거리를 공급량으로 표시한다는 점이다.

2) 생산중단 조건: 공급곡선의 시작점

2계 조건이 충족된다는 가정하에서 이윤이 극대화되려면 $p = MC$의 조건이 충족되어야 한다. 그런데 실제로는 여기에 한 가지 조건이 더 추가되어야 한다. 극대화된 이윤이 생산을 아예 하지 않을 때의 이윤보다 커야 한다는 것이다. $p = MC$를 충족하는 이윤극대화 산출량에서 기업의 이윤의 크기는 얼마인가? 〈그림 13-5〉에서 이윤의 크기를 알아보자. 단기평균비용(SAC)곡선과 단기평균가변비용($SAVC$)곡선이 주어지면 간단하게 이윤의 크기를 알 수 있다. 이윤극대화 산출량에서 평균비용의 크기를 알게 되면, 판매 한 단위당 이윤이 (가격－평균비용)으로 주어진다(〈그림 13-5(a)〉에서 p의 높이와 SAC 높이의 차이). 단위당 이윤에 산출량을 곱하면 전체 이윤의 크기가 된다. 〈그림 13-5(a)〉에 표시된 직사각형의 면적이 이에 해당한다. 이 직사각형의 높이는 단위당 이윤이고 밑변의 길이는 산출량이다. 〈그림 13-5(a)〉에서 보듯이, 가격이 SAC곡선의 최저점보다 높으면, 기업은 양의 이윤을 얻는다.

만약에 가격이 SAC곡선의 최저점보다 낮은 수준에서 형성되면 어떻게 될까? 이 때에도 기업이 이윤을 극대화(또는 손실을 극소화)하는 길은 $p = MC$의 원칙을 따르는 것이다. 그러나 이렇게 해도 결과적으로는 손실을 볼 수밖에 없다. 가격이 평균비용보다 아래에 있기 때문이다. 〈그림 13-5(b), (c)〉는 이런 상황을 나타낸다.

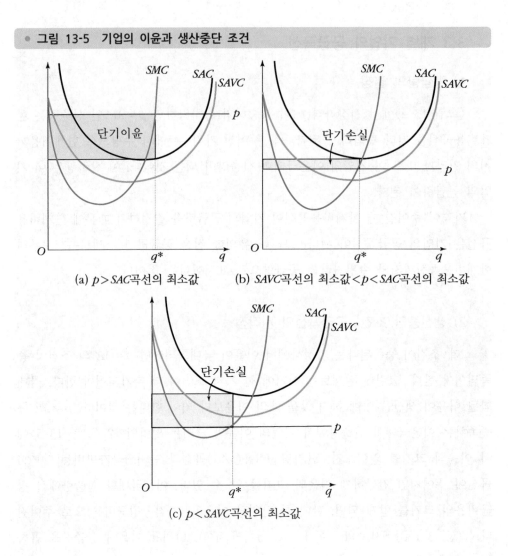

• 그림 13-5 기업의 이윤과 생산중단 조건

(a) $p > SAC$곡선의 최소값

(b) $SAVC$곡선의 최소값 $< p < SAC$곡선의 최소값

(c) $p < SAVC$곡선의 최소값

그러면 이 상황에서도 여전히 q^*를 생산하면서 시장에 참여해야 하는가, 아니면 당장 생산을 중단하고 기업 문을 닫아야 하는가? 혹시 생산을 하지 않는 것이 최선이라고 생각하는 독자들이 있을 수 있지만, 꼭 그렇지는 않다. 그 이유는 생산하지 않을 때의 이윤이 0이 아니기 때문이다. 생산하지 않으면 수입도 없고, '가변비용'도 발생하지 않는다. 그러나 고정비용은 생산과 무관하게 지불해야 하는 비용이다. 따라서 생산하지 않을 때 기업은 고정비용만큼의 손실을 본다. 그러므로 손실이 고정비용보다 크지 않으면 기업들은 생산하는 것이 유리하다.

이 사실을 보다 직관적으로 설명하면 다음과 같다. 생산을 할 때의 이윤은 수입에서 비용을 뺀 것이다. 그런데 비용은 가변비용과 고정비용의 합이므로 생산할 때의 이윤은 $pq-C=pq-VC-FC$이다. 만일 기업이 생산하지 않는다면 수입은 0이고 가변비용도 0이다. 그러나 고정비용은 여전히 지불해야 한다. 그러므로 생산하지 않을 때의 이윤은 0이 아니라 $-FC$이다. 따라서 생산할지 말지의 선택은 생산할 때의 이윤인 $pq-VC-FC$와 생산하지 않을 때의 이윤인 $-FC$를 비교해야 한다. 즉, 수입인 pq와 가변비용인 VC를 비교해야 한다. pq와 VC를 q로 나누면 시장가격 p와 단기평균가변비용인 $SAVC$가 된다. 따라서 생산할지 혹은 말지의 결정은 p와 SAC가 아닌 p와 $SAVC$의 상대적 크기에 의존한다.

〈그림 13-5(b)〉에서 보듯이 가격이 SAC곡선의 최저점보다 낮지만 $SAVC$곡선의 최저점보다 높으면 생산 시 손실이 발생한다. 그러나 그 손실은 고정비용보다 작다. 이 경우 생산을 계속함으로써 가변비용 전체와 고정비용의 일부를 만회하고 있다. 만약 이 때 생산을 중단해 버리면, 손실의 크기는 고정비용과 같아지므로 손실이 커진다. 그러므로 가격이 SAC곡선의 최저점보다 낮다고 하더라도 꼭 생산을 중단하는 것이 합리적인 선택은 아니다. 그러나 가격이 $SAVC$곡선의 최저점보다 낮으면 그때는 생산을 중단해야 한다. 독자들은 단기한계비용(SMC)곡선은 SAC곡선과 $SAVC$곡선의 최저점을 모두 통과한다는 사실을 기억하기 바란다. 이 경우 〈그림 13-5(c)〉에서 보듯이, 생산의 손실이 고정비용보다 크다. 즉, 생산으로부터 발생하는 수입이 가변비용조차도 회수하지 못하고 있다. 그러므로 단기에서 생산 중단조건은 가격이 SAC곡선의 최저점이 아니라 $SAVC$곡선의 최저점보다 낮아야 한다는 것을 독자들은 꼭 기억하기 바란다.

Box 13-3 장사꾼이 밑지고 판다는 말이 정말인가

장사꾼이 밑지고 판다는 것을 세상의 3대 거짓말 중의 하나라고 한다. 그러나 이 말은 거짓말이 아닐 수 있다. 위에서 보았듯이, 적어도 단기에서는, 가격이 평균비용보다 낮지만 평균가변비용보다 높으면 손해를 보면서도 파는 것이 생산을 중단하는 것보다 유리하다. 그러므로 밑지고 판다는 말이 항상 거짓말인 것은 아니다. 그러나 종종 장사꾼들이 인건비도 못 건지고 판다고 말할 때가 있다. 이는 명백한 거짓말이다. 인건비는 가변비용의 일부이다. 그러므로 인건비도 못 건진다는 것은 수입이 가변비용보다 낮다는 것이다. 수입이 가변비용보다도 낮을 때에는 생산을 하지 않는 것이 합리적인 선택이다. 그러므로 밑지고 파는 경우는 있을지 모르지만, 인건비도 못 건지고 판다는 것은 명백한 거짓말이다.

이상의 논의들을 요약하면 아래와 같다.

> **기업의 공급량**: 가격수용자인 기업이 주어진 가격에서 시장에 판매하려고 생산하는 산출량. 한계비용이 시장가격과 일치하는 곳에서 결정된다.
> **기업의 단기공급곡선**: 가격을 세로축에, 수량을 가로축에 놓고 가격과 공급량의 관계를 표시하는 곡선. 기업의 SMC곡선 중에서 $SAVC$곡선의 최저점 이상의 부분이며, 그 이하에서는 공급량이 0이 되므로 세로축과 일치한다.

단기에서 기업의 공급량은 결국 시장가격(p)과 단기한계비용에 의해 결정되는데, 단기한계비용은 다시 노동의 가격인 임금(w)(다른 가변요소가 있을 경우 그 가격도 포함)과 단기에 고정되어 있는 자본의 크기($\overline{K}$)에 의존한다. 이들 요인들이 단기에 기업의 공급량을 결정하게 되는데, 이 관계를 기업의 **단기공급함수**(short-run supply function)라고 부른다.

> **기업의 단기공급함수**: 단기에서 기업의 공급량과 시장가격, 요소가격 및 고정요소와의 관계를 보여주는 함수. $q = S(p:w, \overline{K})$로 표시한다. 임금과 자본이 고정되어 있으면, 간단히 $q = S(p)$로 표시한다.

단기의 경우 기업마다 고정되어 있는 자본의 크기가 다를 수 있다. 그러므로 기업의 단기공급함수는 자본의 크기에 따라 그 형태가 다르다.

Box 13-4 한계비용곡선이 기업의 공급곡선인가?

앞에서 기업의 공급곡선이 한계비용곡선과 일치한다고 말했다. 흔히 미시경제학 교과서나 경제학자들은 한계비용곡선이 기업의 공급곡선이라고 말한다. 그런데 이렇게 말할 때는 두 가지 암묵적인 조건이 있다. 경제학자들은 이 같은 암묵적 가정을 서로 잘 알고 있기 때문에 그 조건을 명시적으로 말하지 않는다. 그러나 독자들은 배우는 입장에서 이 두 조건을 잘 이해하기 바란다. 이해를 한 후에는 한계비용곡선이 공급곡선이라고 말해도 좋다. 그러나 이 조건을 이해하지 못할 때 혼동이 발생할 수 있다.

첫째, 모든 가격에서 기업이 $p = MC$라는 조건을 충족시키는 것은 아니라는 것이다. 기업이 생산하는 한 $p = MC$라는 조건을 충족시키는 산출량을 선택한다. 그러나 가격이 단기평균가변비용 이하로 떨어지면 기업들은 생산하지 않는 편이 유리하다. 그러므로 가격이 단기평균가변비용보다 낮지 않은 영역의 한계비용곡선만이 공급곡선이다.

둘째, 수요곡선과 마찬가지로 공급곡선도 가격을 세로축, 수량을 가로축에 놓는다. 한계비용곡선은 가로축에 수량을 놓고, 각 산출량에서의 높이가 한계비용의 크기를 의미한다. 그러므로 한계비용곡선은 그림을 수직 방향으로 보는 것이다. 반면에 공급곡선은 가격을 세로축에 놓고, 주어진 가격과 한계비용이 일치하는 수량을 보여준다. 그러므로 공급곡선은 한계비용곡선을 수평 방향으로 본 것이다. 따라서 엄밀하게 말하면 한계비용곡선은 공급함수가 아닌 **역공급함수**(inverse supply function)를 나타낸다.

공급함수는 수량이 가격의 함수이다. 그러나 이윤극대화 조건인 $p = MC(q)$를 보면, 가격이 수량의 함수로 해석될 수 있다. 따라서 $p = MC(q)$ 그 자체가 공급함수가 아니라, $p = MC(q)$를 풀어 q를 p의 함수로 표시해야 공급함수가 되는 것이다. 그러나 $p = MC(q)$를 풀어 q를 p의 함수로 표시하는 것이 번거롭기 때문에 $p = MC(q)$로 놓고, 한계비용곡선을 공급곡선이라고 부르는 것이다.

독자들은 한계비용곡선을 공급곡선이라고 부를 때에는 이 두 가지 조건이 암묵적으로 전제되고 있음에 유의하기 바란다.

예 1 단기비용함수가 $C_s(q) = q^2 + 4$일 때 단기공급함수를 찾아보자.

이 경우 고정비용은 4, 가변비용은 q^2, 한계비용은 $MC = 2q$이다. $MC = p$를 풀면 $q = \dfrac{p}{2}$를 얻는다. 단기평균가변비용은 $SAVC = q$로 그 최소값은 0이다. 그러므로 0보다 낮지 않은 모든 p에 대해 단기공급함수는 $q = \dfrac{p}{2}$이다.

저자들의 경험에 의하면, 예 1과 같은 문제에서 많은 독자들이 $p = MC$를 적용해 $p = 2q$로 적어놓고, 이것이 공급함수라고 답하는 경우를 많이 본다. 공급함수는 수량이 가격의 함수이다. $p = 2q$를 보면 수량이 가격의 함수가 아닌, 가격이 수량의 함수로 되어 있다. 공급함수를 구하려면 $p = MC$ 조건을 q를 p의 함수로 풀어야 한다. 예 1에서 보듯이, $p = 2q$에서 멈추면 안 되고 $q = \dfrac{p}{2}$까지 풀어야 정확한 공급함수가 된다는 점을 독자들은 유의하기 바란다.

3.4 장기이윤극대화 조건

단기와 달리 장기의 경우 고정비용이 없으므로, 이윤극대화 조건이 오히려 더 간단한다. 장기이윤극대화의 비용함수는 물론 장기비용함수이다. 단기와 마찬가지로, 생산을 하려면 시장가격과 (장기)한계비용이 일치하는 산출량을 선택해야 한다. 장기에서는 고정비용이 없으므로, 평균비용과 평균가변비용의 구별이 없다. 그러므로 장기의 생산중단 조건은 가격이 장기평균비용(LAC)곡선의 최저점보다 낮은 것이다. 즉, 기업의 장기공급곡선은 장기한계비용(LMC)곡선 중에서 LAC곡선의 최저점 이상의 부분이며, 그 이하에서는 공급량이 0이 되므로 세로축과 일치한다. 장기에서의 생산중단은 더 이상 고정비용도 부담하지 않는 것을 의미하므로 '퇴출'을 의미한다.

장기한계비용은 노동의 가격인 임금(w)과 자본의 가격(r)의 크기에 의존한다. 그러므로 **장기공급함수**(long-run supply function)는 재화의 가격과 임금 및 자본가격에 의존한다.

> **기업의 장기공급함수**: 장기에서 기업의 공급량과 시장가격 및 요소가격과의 관계를 보여주는 함수. $q = S(p : w, r)$로 표시한다. 요소가격이 고정되어 있으면, 간단히 $q = S(p)$로 표시한다.

예 2 $q > 0$이면 $C(q) = q^2 + 4$, $C(0) = 0$인 장기비용함수의 장기공급함수를 찾아보자.

● 그림 13-6 기업의 장기공급곡선

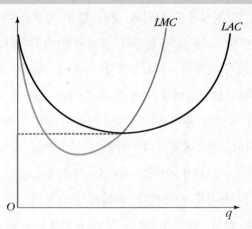

$C(0) = 0$이므로 이 비용함수는 장기비용함수이다. $q > 0$일 때의 상수 4는 제12장 5.3절에서 설명한 준고정비용이다. 이 경우 평균비용은 $q + \dfrac{4}{q}$, 한계비용은 $MC = 2q$이다. $MC = p$를 풀면 $q = \dfrac{p}{2}$를 얻는다. 그런데 평균비용을 q에 대해 다시 한번 미분하면 $1 - \dfrac{4}{q^2}$이다. 그러므로 평균비용은 $q = 2$에서 수평이 되면서 최소값인 4에 도달한다. 즉, 평균비용의 최소값은 4이다. 그러므로 $p \geq 4$이면 장기공급함수는 $q = \dfrac{p}{2}$이다. $p < 4$이면 $q = 0$이다.

3.5 이윤·고정비용·생산자잉여

이윤은 정의상 수입에서 비용을 뺀 것인데, 비용을 다시 가변비용과 고정비용으로 나눌 수 있으므로 아래와 같이 쓸 수 있다.

이윤＝수입－비용
＝수입－(가변비용＋고정비용)
＝(수입－가변비용)－고정비용

앞의 식에서 (수입－가변비용)은 기업이 생산활동을 계속할 때에만 발생하는 항목들로 구성되어 있고 산출량에 따라 변한다. 회계항목에서 (수입－가변비용)에 가장 가까운 항목을 찾으면 '영업이익'에 해당하므로 당분간 이를 영업이익이라고 부르기로 하자. 반면 고정비용은 기업의 생산 활동 여부와 관계없이 고정된 비용이다. 만약 기업이 당장 모든 생산 활동을 중지하면 영업이익은 0이 된다. 그러나 고정비용은 그대로 있기 때문에 이윤은 고정비용만큼 (−)가 되어 적자를 보게 된다. 영업이익이 양이라도 고정비용의 크기에 미치지 못하면 기업은 역시 적자를 보게 되지만 적자의 크기는 줄어들 것이다. 영업이익이 정확히 고정비용과 일치하면 이윤이 0이 되며, 영업이익이 더 커지면 본격적인 흑자가 된다.

사실 경제학에서는 영업이익이라는 용어는 사용하지 않고, 그 대신 **생산자잉여**(producer surplus)라는 용어를 사용한다. 따라서 지금부터는 공식적인 용어인 생산자잉여를 사용하기로 한다. 생산자잉여는 '수입−가변비용'으로 정의되므로, 단기에서는 이윤에 고정비용을 더한 것이다. 고정비용이 없는 장기에서는 이윤과 같다. 생산자잉여는 거래를 통해 생산자가 얻는 이득을 의미한다. 독자들은 생산자가 거래를 통해 얻은 이득이 바로 이윤이 아닌가라고 생각할 수 있다. 그러나 거래를 통한 생산자의 이득은 이윤이 아닌 생산자잉여이다. 고정비용이 100이고 이윤이 50인 예를 생각해 보자. 거래를 통해 생산자가 얻는 이득은 생산하지 않았을 때의 이윤과 비교해야 한다. 생산할 때 생산자는 이윤인 50을 얻는다. 그러나 생산하지 않을 때 생산자의 이윤은 0이 아니라 고정비용만큼 손해를 보므로 −100인 것이다. 그러므로 거래로부터의 이득은 이윤인 50이 아니라, 이윤인 50에서 (−100)을 뺀, 즉 고정비용을 더한 150이 되는 것이다.

> **생산자잉여**: 거래를 통해 생산자가 얻는 이득으로 (수입−가변비용)으로 정의된다. 생산자잉여는 단기에서는 (이윤+고정비용)이며, 장기에서는 고정비용이 없으므로 이윤과 같다.

그래프상으로 생산자잉여의 크기는 가격에서 평균가변비용을 뺀 높이를 산출량으로 곱한 직사각형의 면적으로 표시할 수 있다. 그러나 평균가변비용곡선의 도움이 없이 한계비용곡선만 있어도 생산자잉여를 알 수 있다. 제6장 3.3절에서 소비자잉여를 설명할 때 소비자가 한 단위를 더 얻기 위해 지불하고자 하는 최대 금

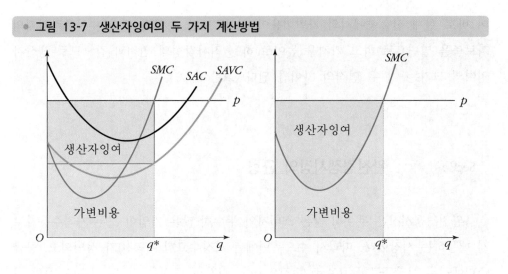

● 그림 13-7 생산자잉여의 두 가지 계산방법

액이 소비자 유보가격이라는 것과 소비자 유보가격은 바로 현재의 수량에서 수요 곡선의 높이임을 설명했다. 생산자의 경우 한 단위를 더 생산하기 위해 받아야 할 최소 금액을 **생산자 유보가격**이라고 부른다. 한계비용은 생산자가 한 단위를 더 생산할 때 추가적으로 발생하는 비용이다. 그러므로 한 단위를 더 생산할 때 생산자가 받아야 할 최소한의 금액은 바로 한계비용이다. 따라서 한계비용이 바로 생산자의 유보가격이 된다.

소비자이론에서, 현재의 수량까지 소비자 유보가격을 다 더하면 그 크기는 그 수량을 소비하기 위해 소비자가 지불할 의사가 있는 최대 금액, 즉 총지불의사를 의미한다. 마찬가지로 현재의 수량까지 한계비용을 다 더하면 그 수량을 생산하기 위해 생산자가 받아야 하는 최소 금액이 된다. 한계비용은 산출량 증대에 따른 비용의 변화를 나타낸다. 이를 뒤집어 이야기하면 한계비용을 처음부터 계속 더하면, 생산을 시작하면서부터 투입된 비용의 크기를 알게 되는데, 이것이 바로 가변비용이다. 수학적으로 이야기하면 가변비용은 한계비용의 적분이다.[3] 그래프상으로 원점에서부터 현재 산출량까지 한계비용곡선 아래 부분의 면적을 구하면 그것

---

3 $C(q)$가 비용함수이면 $MC(q) = \dfrac{dC}{dq}$이다. 미적분학의 기본정리에 의해 $\int_0^q MC(x)dx = C(q) - C(0)$이다. 그런데 $C(0)$는 $q=0$일 때의 비용이므로 다름 아닌 고정비용이다. 그러므로 $C(q) - C(0)$는 q를 생산할 때의 가변비용이다. 따라서 한계비용곡선을 0부터 q까지 적분하면 q를 생산할 때의 가변비용이 된다.

이 바로 현재 산출량에서의 가변비용이 된다. 또한 수입의 크기는 산출량까지의 가로축을 밑변으로 하고 가격을 높이로 하는 직사각형의 면적과 같으므로 생산자잉여의 크기는 이 두 면적의 차이가 된다(〈그림 13-7〉).

Section 4	완전경쟁시장의 균형

완전경쟁시장은 무수히 많은 소비자와 무수히 많은 기업이 모두 가격수용자로서 행동하는 시장이다. 따라서 수요측면에는 시장수요함수(곡선)가 정의되고, 공급측면에서는 시장공급함수(곡선)가 정의된다. 시장의 균형은 이 두 함수(곡선)의 상호작용에 의해 결정된다. 본 장에서는 우선 시장공급함수의 유도과정을 설명한 뒤에, 시장균형에 대해 논의한다.

4.1 시장공급함수

1) 단기시장공급함수

기본적으로 시장공급함수는 개별공급함수의 합이다. 특히 단기시장공급함수는 이미 시장에 진입해 있는 기업들의 개별공급함수를 더한 것이다. 공급곡선으로 표현하자면 시장의 공급곡선은 개별 기업의 공급곡선들의 수평합이다. 공급곡선은 주어진 가격에 대해 기업들의 공급량을 수평적인 거리로 표현하기 때문이다. 예 3은 두 개의 개별공급곡선을 수평으로 합하는 예를 보여준다.

예 3 시장에 두 개의 기업 1과 2가 있고, 각각의 단기공급함수가 각각 $q_1 = -12 + 2p(p \geq 6)$, $q_2 = -8 + 2p(p \geq 4)$일 때 시장공급함수를 구해 보자.

시장공급량을 q로 표기하면 $p < 4$이면 $q = 0$, $4 \leq p < 6$이면 $q = q_2 = -8 + 2p$, $p \geq 6$이면 $q = q_1 + q_2 = -20 + 4p$이다. 이를 그림으로 보면 〈그림 13-8〉과 같다. 만약 개별 기업의 공급곡선들이 $p = 6 + \frac{1}{2}q_1$, $p = 4 + \frac{1}{2}q_2$의 형태(즉, 위 함수들

● 그림 13-8 개별공급곡선과 시장공급곡선

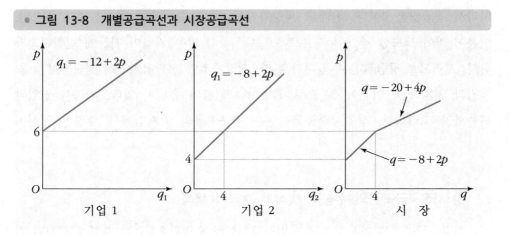

의 역함수 형태)로 주어진다면, 반드시 이들을 $q_1 = -12 + 2p \, (p \geq 6)$, $q_2 = -8 + 2p$ $(p \geq 4)$의 형태로 먼저 바꾼 뒤에 더해야 된다는 것을 명심하기 바란다. ▪

2) 장기시장공급함수

단기시장공급은 이미 시장에 들어와 있는 기업들만을 고려한다. 반면에 장기 시장공급은 진입과 퇴출까지도 고려한다. 시장가격이 장기평균비용의 최저점보다 낮으면, 모든 기업은 손실을 입는다. 그러므로 장기적으로 모든 기업이 퇴출한다.

● 그림 13-9 장기시장공급곡선

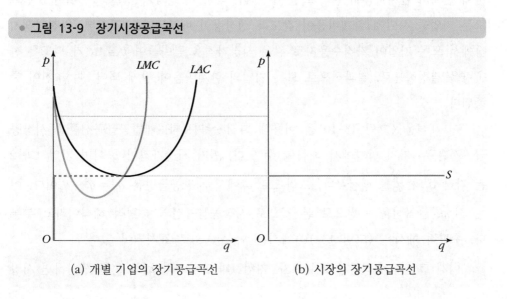

(a) 개별 기업의 장기공급곡선   (b) 시장의 장기공급곡선

따라서 공급량은 0이다. 반대로 시장가격이 장기평균비용의 최저점보다 높으면, 이윤이 양이고 또한 진입이 자유로우므로 무한히 많은 기업이 시장에 진입하고자 한다. 그러므로 공급량은 무한대가 된다. 시장가격이 정확하게 장기평균비용의 최저점과 일치하면, 이윤이 0이므로 진입이나 퇴출의 유인이 없다. 따라서 진입과 퇴출까지 고려하면, 장기시장공급곡선은 평균비용의 최저점에서 수평인 직선이 된다.

3) 시장공급곡선의 수평적 해석과 수직적 해석

시장공급곡선은 기본적으로 개별공급곡선의 수평합으로, 각 가격에서 개별 기업들의 공급을 합한 시장 전체의 공급을 알려주는 의미를 갖는다. 가격을 세로축에, 수량을 가로축에 표시하므로, 이는 시장공급곡선을 수평으로 보았을 때의 의미이다. 그런데 시장공급곡선은 해당 상품에 대한 사회 전체의 한계비용이라는 의미도 갖는다. 개별 기업의 공급곡선이 개별 기업의 한계비용에서 유도되었다는 것은 이미 잘 알고 있다. 그런데 제12장 7절에서 논의한 것처럼, 한 기업이 여러 개의 공장을 가지고 있을 때, 각 공장의 한계비용을 모두 수평으로 합하면 기업 전체의 한계비용이 된다. 이 때 조건은 모든 공장에서 한계비용이 같도록 생산량이 배분된다는 것이었다. 동일한 이유로 각 기업의 한계비용을 모두 수평으로 합하면, 사회 전체의 한계비용이 된다고 볼 수 있다. 역시 이 명제가 성립하기 위한 조건은 모든 기업들 사이에 한계비용이 같도록 생산량이 배분된다는 것인데, 완전경쟁시장에서 모든 기업이 가격수용자로 같은 시장가격을 받아들여 $p = MC$가 되도록 산출량을 결정하므로, 결과적으로 모든 기업의 한계비용이 같게 되어, 이 조건이 충족된다.

이 해석을 〈그림 13-10〉을 이용해 다시 살펴보자. 개별공급곡선들과 시장공급곡선은 두 가지 방향에서 해석할 수 있다. 먼저 시장가격이 p_0이면 기업 1과 2는 각각 q_1^0와 q_2^0를 생산한다. 그러므로 p_0에서 시장공급량은 $q_0 = q_1^0 + q_2^0$이다. 이는 시장공급곡선을 수평으로 본 것으로 시장공급곡선의 수평적 해석이라고 부른다. 수평적 해석은 〈그림 13-10〉에서는 $S = S_1 + S_2$로 표시되어 있다.

이제 그림을 수직방향에서 보자. 기업 1과 2가 각각 q_1^0와 q_2^0를 생산하면 시장

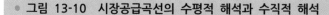

● 그림 13-10 시장공급곡선의 수평적 해석과 수직적 해석

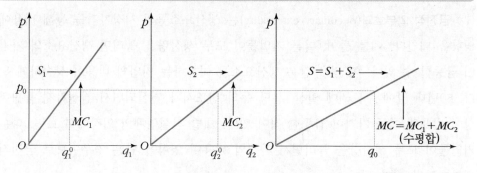

공급량은 q_0이고, 두 기업의 한계비용은 p_0로 동일하다. 이 때 사회가 한 단위를 더 생산하려면, 두 기업의 한계비용이 p_0로 동일하므로 어느 기업이 한 단위를 더 생산하든지 무관하게 p_0의 추가비용으로 이 상품을 생산해 낼 수 있다. 이는 사회 전체의 생산량이 q_0일 때, 한 단위를 더 생산할 때 사회가 지불해야 하는 한계비용이 p_0임을 보여주는 것이다. 다시 말하면, 시장공급곡선을 수직방향에서 보면, 주어진 산출량에서 시장공급곡선의 높이가 바로 재화를 한 단위 더 생산할 때 사회가 지불해야 하는 한계비용이다. 이를 시장공급곡선의 수직적 해석이라고 부른다. 수직적 해석은 〈그림 13-10〉에 $MC = MC_1 + MC_2$(수평합)로 표시되어 있다.

시장공급곡선의 수직적 해석: 주어진 산출량에서 시장공급곡선의 높이는 재화를 한 단위 더 생산할 때 사회가 지불해야 하는 한계비용이다.

4.2 시장공급곡선과 외부효과

때로는 시장공급곡선이 개별공급곡선의 수평합과 약간의 괴리가 생기는 경우가 있다. 시장수요곡선에서와 같이 외부효과가 작용하는 경우이다. 여기에는 다음과 같이 크게 두 가지 경로가 있다.

1) 금전적 외부효과

금전적 외부효과(pecuniary externality)는 생산요소들의 시장가격을 통해 비용에 영향을 미친다. 예를 들어, 다른 기업들이 모두 생산량을 늘리면 생산요소의 가격이 급등할 수 있다. 이 경우 같은 생산요소를 이용하는 기업의 비용이 상승하게 된다. 80년대 말에 수도권에 일산, 분당 등의 신도시가 건설되면서 건설자재 품귀현상이 발생해 이들 가격이 급등한 적이 있다. 개별 건설업체의 입장에서 보면, 다른 기업들이 모두 생산량을 늘리면서 자신의 비용이 영향을 받은 경우이므로 금전적 외부효과의 예가 된다.[4]

2) 기술적 외부효과

때로는 다른 기업들의 활동이 생산요소들의 시장가격을 거치지 않고 직접 비용에 영향을 미칠 수 있는데, 이를 **기술적 외부효과**(technological externality)라고 부른다. 예를 들어, 주변에 양계장이 많이 생겨 닭 사육수가 늘어나면서 조류독감 등 전염병 발병 가능성이 증가한다면, 이는 시장가격을 거치지 않고 직접 비용에 영향을 미치는 예가 된다.

금전적이든 기술적이든 외부효과로 인해 기업의 비용이 악영향을 받으면, 이를 음의 외부성(외부효과)(negative externality) 또는 **외부불경제**(external diseconomy)라고 부른다. 반면 외부효과로 인해 비용 저감효과가 발생하면 이를 양의 외부성(외부효과)(positive externality) 또는 **외부경제**(external economy)라고 부른다. 신도시 건설이 대규모로 이루어지면서 도로망이 미리 확장되어 건설자재 운반이 쉬워졌다면, 이는 개별 건설업체의 입장에서 외부경제의 예가 된다.

수요곡선을 논의할 때와 마찬가지로 외부효과가 있으면, 시장공급곡선은 개별 공급곡선의 단순 합과 약간 차이가 나게 된다. 〈그림 13-11〉을 보자. n개의 개별 기업들이 있고 이들 사이에 외부경제가 작용하고 있다고 하자. 처음에 시장가격이

---

4 금전적 외부효과는 시장을 통하기 때문에, 모든 시장을 모형에 포함하는 일반균형분석에서는 더 이상 외부효과가 아니다. 요소시장에서의 요소가격 변화가 모형 내에서 설명되기 때문이다. 그러나 개별 산출물시장만을 분석하는 부분균형분석에서 요소가격의 변화는 모형 밖에서 일어나는 현상으로 외부효과로 볼 수 있다.

p'이고, 이 가격에서 각각의 기업은 q'만큼의 수량을 공급한다. 시장공급량은 q'을 n으로 곱한 $n \cdot q'$이다. 그리고 이 상태에서 각자의 개별공급곡선은 〈그림 13-11(a)〉의 s'으로 나타난 바와 같다. 유의할 점은 이들 공급곡선은 다른 모든 기업들의 산출량이 q'수준에 있다는 전제하에 그려졌다는 점이다. 이 개별공급곡선들의 수평합은 〈그림 13-11(b)〉의 S'으로 표시된 곡선이다. 이제 시장가격이 p''로 상승한다고 하자. 외부효과가 없다면 주어진 개별공급곡선을 따라 개별 기업들의 공급이 증가하고 이를 합한 것이 새로운 시장공급이 될 것이다. 즉, 시장공급은 S'곡선을 따라 증가할 것이다.

그러나 양의 외부효과가 있으면 사정은 달라진다. 모든 기업들의 공급이 증대하면 외부효과 때문에 개별 기업의 비용이 감소해 개별 공급이 증대한다. 이 효과는 개별공급곡선이 우측으로 이동하는 형태로 반영된다. 즉, 개별기업의 공급곡선은 s''이 되고, 개별 기업의 공급은 q''이 된다. 새로운 개별공급곡선의 수평합은 S''이며, 새로운 시장공급은 $n \cdot q''$이 된다. 따라서 시장공급곡선은 최초의 개별공급곡선을 수평으로 합한 S'이 아니라 A와 B를 잇는 검은색 곡선이 된다. 이 곡선은 개별공급곡선의 단순합인 S'나 S''보다 기울기가 더 완만하다. 다시 말해 공급의 가격탄력성이 더 크다. 반대로 음의 외부효과가 있으면 시장공급곡선은 개별공급곡선의 수평합보다 기울기가 더 가파르고 가격탄력성은 더 작다.

● **그림 13-11 외부효과**

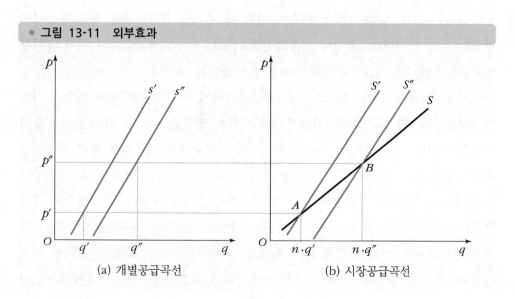

(a) 개별공급곡선   (b) 시장공급곡선

예4 완전경쟁시장에 100개의 기업이 있다. 각 기업의 비용함수는 $C(q) = q^2 + wq$이다. 여기서 w는 임금이다. 임금이 이 시장 전체의 산출량에 의존하는 금전적 외부효과가 존재한다. 구체적으로 시장의 산출량이 q일 경우 임금은 $w = \frac{1}{50}q$이다. 금전적 외부효과를 고려한 시장공급곡선을 구해 보자.

개별 기업의 경우 $MC = 2q + w$이다. 이윤극대화조건 $p = 2q + w$를 풀면 개별 기업의 공급곡선인 $q = \frac{p-w}{2}$를 얻는다. 100개의 기업이 있으므로 시장공급곡선은 $q = \frac{p-w}{2} \times 100 = 50(p-w)$이다. 임금이 $w = \frac{1}{50}q$이므로 $q = 50(p-w)$를 대입하면 $w = \frac{1}{50} \times 50(p-w) = p - w$이다. 따라서 $w = \frac{p}{2}$이다. 이를 다시 시장 공급곡선에 대입하면 최종적으로 $q = 50\left(p - \frac{p}{2}\right) = 25p$를 얻는다. $q = 25p$가 산출량이 임금에 미치는 영향까지를 고려한 시장공급곡선이다. ■

4.3 공급량의 변화·공급의 변화·공급의 가격탄력성

1) 공급량의 변화와 공급의 변화

제5장 3.6절에서 수요량의 변화와 수요의 변화를 설명했다. 수요량의 변화는 가격이 변할 때 주어진 수요곡선을 따라 수요량이 변하는 것을 의미하는 반면에, 수요의 변화는 가격 이외의 다른 변수가 변함으로 인해 수요곡선 자체가 이동하는 것을 의미한다. 공급곡선에 대해서도 동일한 개념이 적용된다. **공급량의 변화**(change in quantity supplied)는 가격이 변할 때 주어진 공급곡선을 따라 공급량이 변하는 것을 의미한다. 반면에 **공급의 변화**(change in supply)는 가격 이외의 다른 변수들이 변함으로 인해 공급곡선 자체가 이동하는 것이다.

시장공급곡선은 기본적으로 개별공급곡선의 합이고, 개별공급곡선은 기업의 한계비용곡선이다. 그러므로 기업의 한계비용에 영향을 미치는 요인들은 공급에 영향을 미친다. 대표적으로 가변요소의 가격이 상승하면 대부분의 경우 한계비용곡선이 왼쪽으로 이동하게 되므로 공급곡선도 왼쪽으로 이동하게 된다. 즉, 공급이 감소하는 것이다. 기술변화 역시 한계비용에 영향을 미친다. 전반적으로 기술 수준이 상승해 한계비용이 낮아지면, 공급곡선이 오른쪽으로 이동한다. 개별 기업의 공급곡선에는 변화가 없더라도, 시장에 참여하는 기업의 숫자가 변하면 역시 시장공급곡선이 변한다. 기업의 숫자가 증가하면 시장공급곡선은 오른쪽으로, 기

● 그림 13-12 공급량의 변화와 공급의 변화

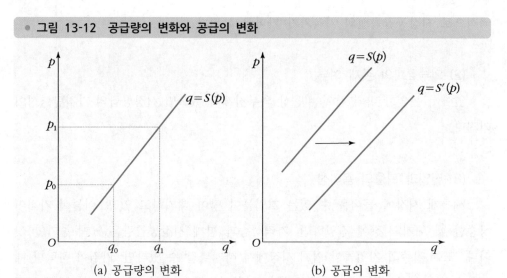

(a) 공급량의 변화   (b) 공급의 변화

업의 숫자가 감소하면 왼쪽으로 이동한다.

2) 공급의 가격탄력성

공급의 가격탄력성의 정의는 아래와 같으며, 기본적으로 수요의 가격탄력성과 같으나 공급곡선의 기울기가 (+)이므로 따로 (−) 부호를 추가하지 않는다는 차이가 있다. 시장공급함수를 $q = S(p)$로 표시하면 공급의 가격탄력성은 다음과 같이 정의된다.

공급의 가격탄력성: $\varepsilon_p = \dfrac{\text{공급의 변화율}}{\text{가격의 변화율}} = \dfrac{dS(p)}{dp}\dfrac{p}{S(p)}$

구체적인 계산방법 역시 수요의 가격탄력성의 계산방법과 같으므로, 추가적인 설명은 생략한다.

공급의 가격탄력성에 영향을 미치는 요인들은 아래와 같다.

(1) 개별 기업들의 한계비용곡선의 기울기

개별 기업의 한계비용곡선의 기울기가 가파르면, 개별공급곡선의 기울기와 궁극적으로 시장공급곡선의 기울기가 가파르게 된다.

(2) 외부효과의 존재 여부

앞에서 논의한 바와 같이 비용상 외부경제가 있으면 시장공급의 가격탄력성이 커진다.

(3) 진입과 퇴출의 용이성

새롭게 시장에 들어올 수 있는 기업들이 많이 대기하고 있고, 이들이 가격이 상승할 때 대거 시장에 진입하면, 가격상승과 함께 시장공급량은 크게 증가할 것이다. 또한 기존의 기업들이 쉽게 시장에서 빠져나갈 수 있다면, 가격이 하락할 때 상당수의 기업이 퇴출해 시장공급량이 크게 감소할 것이다. 즉, 진입과 퇴출이 쉬울수록 공급의 가격탄력성은 커진다. 장기에서 완전히 자유로운 진입과 퇴출을 허용하면 시장공급곡선이 수평이 된다는 것은 이미 논의했다.

(4) 가격변화 이후의 시간의 경과

개별 기업의 경우, 단기한계비용곡선보다 장기한계비용곡선의 기울기가 더 완만하다는 것은 이미 논의했다. 이를 바꾸어 말하면, 개별 기업 공급의 가격탄력성은 단기보다 장기가 크다는 것이다. 기업들이 가격변화에 대응해 공급을 조정하는 데 시간이 소요되기 때문이다. 또한 새로운 기업이 시장에 진입하거나 기존 기업이 시장에서 퇴출하는 데 시간이 소요되기 때문에 장기에 진입이나 퇴출이 더 용이하다. 이 두 가지 원인을 결합하면, 가격변화 직후에 공급량변화를 측정하는 것보다 가격변화 후 많은 시간이 경과한 뒤에 공급량변화를 측정하면 탄력성이 더 커진다는 것을 알 수 있다.

4.4 완전경쟁시장의 단기균형

균형(equilibrium)이란 제2장 5.2절에서 설명했듯이, 외부적인 충격이 주어지지 않는 한 현재의 상황이 계속 유지되는 상태를 의미한다. 완전경쟁시장의 균형은 시장수요곡선과 시장공급곡선이 교차하는 가격과 수량에서 형성된다. 이 상황에서는 모든 소비자의 수요가 충족되고 모든 공급자들도 자신이 원하는 만큼 판매하고 있으므로 내부로부터의 변화에 대한 압력이 없다. 먼저 **단기균형**(short-run equilibrium)에 대해 알아보자.

단기균형: 단기시장공급곡선과 시장수요곡선이 교차하는 가격과 수량

〈그림 13-13〉에 단기시장공급곡선과 시장수요곡선이 그려져 있다. 수요와 공급이 일치하는 가격은 p_e, 수량은 q_e이다. 시장가격이 p_e보다 높으면 공급량이 수요량을 초과한다. 이 같이 공급이 수요를 초과하면, **초과공급**(excess supply)이 존재한다고 말한다. 반대로 시장가격이 p_e보다 낮으면 수요량이 공급량을 초과한다. 이 같이 수요가 공급을 초과하면, **초과수요**(excess demand)가 존재한다고 말한다.

초과공급이 존재하면, 주어진 시장가격에서 생산자들이 원하는 만큼을 팔 수 없다. 따라서 재고가 증가할 것이며, 생산자 입장에서는 약간 가격을 낮추더라도 더 많이 파는 것이 유리할 것이다. 그러므로 초과공급이 존재하면 가격을 하락시키는 압력이 존재한다. 반대로 초과수요가 존재하면, 주어진 시장가격에서 소비자들이 원하는 만큼을 살 수 없다. 따라서 소비자 입장에서는 약간 높은 가격을 지불하고라도 더 많이 소비하고자 할 것이다. 그러므로 초과수요가 존재하면 가격을

● 그림 13-13 단기균형

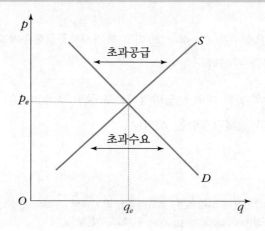

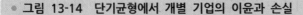

그림 13-14 단기균형에서 개별 기업의 이윤과 손실

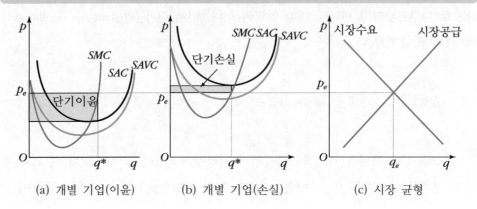

(a) 개별 기업(이윤)   (b) 개별 기업(손실)   (c) 시장 균형

상승시키는 압력이 존재한다.[5]

초과공급이나 초과수요가 있으면, 시장가격이 현재의 수준에서 머물러 있을 수가 없으므로 균형이 될 수 없다. 초과공급과 초과수요 모두 없으면, 즉 수요와 공급이 일치하면 팔고 싶은 양과 사고 싶은 양이 일치한다. 따라서 생산자와 소비자 모두 원하는 바를 달성할 수 있다. 이 같은 이유에서 완전경쟁시장의 경우 수요와 공급이 일치하는 경우를 균형이라고 부른다. 〈그림 13-13〉에서 수요와 공급이 일치하는 가격 p_e와 수량 q_e를 각각 (단기)**균형가격**(equilibrium price)과 (단기)**균형거래량**(equilibrium quantity)이라고 부른다.

단기시장공급함수와 시장수요함수가 식으로 주어지면 두 식을 가격과 수량에 대해 연립방정식으로 풀어 균형가격과 균형거래량을 구할 수 있다.

예 5 시장수요함수가 $q = 60 - 2p$이고 단기시장공급함수가 $q = -20 + 2p$일 때, 이 시장의 균형을 구하라.

위 두 식을 q와 p에 대해 연립방정식으로 풀면, $p = 20$, $q = 20$이 된다. 즉, 균형가격은 20이고 균형거래량은 20이다. ∎

---

5 초과공급이 존재하면 가격이 하락하고, 초과수요가 존재하면 가격이 상승하여 균형가격으로 돌아가는 과정을 모색과정(tatonnement process)이라고 부른다.

　　단기의 경우, 현재 시장에서 생산하는 기업들의 고정요소의 크기가 일반적으로 다르다. 그러므로 단기비용함수의 형태도 다르다. 단기균형가격에서 개별 기업은 초과이윤을 볼 수도 있고, 손실을 볼 수도 있다. 〈그림 13-14〉는 단기균형과 개별 기업에서의 이윤상황을 보여준다. (a)는 균형가격에서 이윤을 보는 기업의 상황을 나타내고, (b)는 같은 가격에서 손실을 보는 기업의 상황이다. (c)는 시장 균형을 나타낸다.

4.5 완전경쟁시장의 장기균형

　　완전경쟁시장의 **장기균형**(long-run equilibrium) 역시 단기균형과 마찬가지로 수요와 공급이 일치하는 가격과 수량이다. 앞의 4.1절에서 장기시장공급곡선을 설명할 때 강조했듯이, 단기와 달리 장기에서는 진입과 퇴출을 고려한다. 진입과 퇴출까지를 고려하면, 장기시장공급곡선은 장기평균비용(LAC)곡선의 최저점에서 수평이 됨을 설명했다. 그러므로 장기균형은 수평인 장기시장공급곡선과 우하향하는 수요곡선이 만나는 점에서 결정된다.

　　완전경쟁시장의 장기균형가격은 진입과 퇴출에 의해 LAC곡선의 최소값으로 결정된다. 비용은 생산기술에서부터 나온다. 그러므로 장기균형가격은 완전히 공급측면, 즉 생산기술에 의해 결정된다. 반면에 장기균형거래량은 가격이 LAC곡선의 최소값일 때의 수요량이다. 따라서 수량은 수요측에 의해 결정된다. 이와 같이 장기균형가격은 공급측에서, 장기균형거래량은 수요측에서 결정되는 것을 **장기균형의 이분성**(dichotomy)이라고 부른다.

　　장기균형에서 또 하나 눈여겨 볼 것은 실제로 시장에 진입해 생산하는 기업의 숫자이다. 진입과 퇴출이 자유롭기는 하지만, 실제로 시장에 진입하여 생산하는 기업의 숫자가 무한대는 아니다. 장기균형가격이 LAC곡선의 최소값이므로, 개별 기업들이 손해 보지 않고 생산할 수 있는 유일한 산출량은 〈그림 13-15〉에서 보다시피 q^*이다. q^*보다 적게 혹은 많이 생산하면 기업들은 손해를 입는다. 따라서 시장에 진입한 기업들은 모두 정확하게 개별적으로 q^*를 생산한다. 그런데 수요곡선이 D이면 장기균형거래량은 q_e이다. 시장에 진입한 기업의 숫자를 n이라고 하면, 총산출량은 nq^*이다. 시장수요가 q_e이므로 이 시장에 진입해 생산할 수 있는

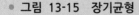

• 그림 13-15 장기균형

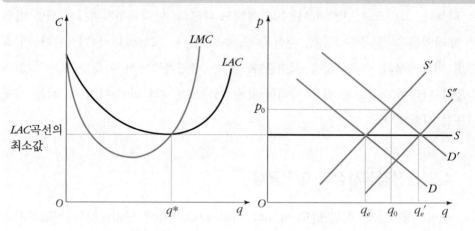

기업의 숫자는 $nq^* = q_e$에 의해 결정된다. 따라서 $n^* = \dfrac{q_e}{q^*}$ 가 실제로 시장에 진입하는 기업의 숫자이다. 〈그림 13-15〉에서 S'은 실제로 시장에 진입하는 n^*개 기업의 공급곡선을 수평으로 더한 단기시장공급곡선이다. 이 단기시장공급곡선은 장기균형점을 통과한다.

독자들은 〈그림 13-15〉에서 S로 표시된 수평의 공급곡선과 S'으로 표시된 우상향하는 공급곡선의 차이를 잘 구별하기 바란다. S로 표시된 수평의 공급곡선은 진입과 퇴출까지를 고려한 공급곡선이다. 실제로 시장에 진입하지 않았지만, 시장가격이 LAC곡선의 최소값보다 크면 언제든지 진입하고자 하는 기업들이 많이 대기하고 있다. 또한 시장가격이 LAC곡선의 최소값보다 작으면, 이미 진입해 있는 기업들은 차례로 퇴출한다. 이 같은 진입과 퇴출을 고려했을 때 장기시장공급곡선이 수평으로 그려진다. 그러나 장기시장공급곡선은 실제로 진입한 기업을 고려한 것은 아니다. 장기균형에서 시장에 실제로 진입하는 기업의 숫자는 위에서 보았듯이 수요에 의해 결정된다. 시장이 허용하는 기업의 수는 $n^* = \dfrac{q_e}{q^*}$이고, 생산도 이들 기업들에 의해 이루어진다. 실제로 진입하는 기업들에 의한 단기시장공급곡선이 바로 S'이다. S'과 D가 만나는 점은 단기균형인데, 이 단기균형은 물론 장기균형과 일치한다.

시장이 〈그림 13-15〉와 같이 장·단기균형 상태에 있다가 무슨 이유에서인지

이 재화에 대한 수요가 D에서 D'으로 증가했다고 가정하자. 단기에서 생산은 이미 진입해 있는 n^*개의 기업들에 의해 이루어지므로, 단기균형은 S'과 D'이 만나는 p_0와 q_0이다. 그런데 p_0가 LAC곡선의 최소값보다 크므로, 진입이 발생한다. 진입으로 인해 공급곡선은 오른쪽으로 이동한다. 궁극적으로 시장가격이 다시 LAC곡선의 최소값이 될 때까지 진입이 발생한다. 새로운 장기균형에서 균형가격은 여전히 LAC곡선의 최소값이고, 균형거래량은 q_e'로 증가한다. 따라서 장기균형에서 시장에 실제로 진입하는 기업의 숫자는 $n^* = \dfrac{q_e}{q^*}$에서 $n^{**} = \dfrac{q_e'}{q^*}$로 증가한다. n^{**}개의 기업이 진입할 때의 단기시장공급곡선이 S''이다. S''과 D'이 만나는 단기균형은 새로운 장기균형과 일치한다.

장기균형조건을 또 다른 관점에서 이해할 수 있다. 시장가격이 LAC곡선의 최소값이면 시장에 진입한 기업들은 〈그림 13-15〉에서 q^*를 생산함으로써 이윤은 0이 된다. 반면에 진입하지 않는 기업들의 이윤은 물론 0이다. 진입하나 진입하지 않으나 상관없이 이윤이 0이 되는 것이 장기균형의 특징이다. 각 기업들의 이윤극대화 조건이 $p = MC$이다. 또한 기업들의 이윤이 0이 되려면 $p = AC$가 성립해야 한다. 그러므로 이윤극대화 조건과 이윤이 0이 되는 조건이 동시에 성립하려면 $p = AC = MC$가 성립해야 한다. 〈그림 13-15〉에서 보다시피, LAC곡선의 최저점에서만 $LAC = LMC$가 성립한다. 따라서 장기균형가격이 LAC곡선의 최소값이 되어야 함을 알 수 있다.

> **완전경쟁시장의 장기균형조건**: 자유로운 진입과 퇴출에 의해, 완전경쟁시장의 장기균형에서는 $p = LAC = LMC$가 성립한다. LAC곡선의 최저점에서 $LAC = LMC$이므로 장기균형가격은 LAC곡선의 최소값이다.

예 6 장기비용함수가 $q > 0$이면 $C(q) = q^2 + 4$, $C(0) = 0$이다. 시장수요곡선은 $D(p) = 200 - 10p$이다. 이 시장의 장기균형을 찾아보자.

예 2에서 보았듯이, 장기평균비용은 $LAC = q + \dfrac{4}{q}$, 장기한계비용은 $LMC = 2q$이다. 장기평균비용은 $q = 2$일 때 최소값 4를 가진다. 그러므로 장기균형가격은

$p = 4$이다. 시장수요곡선이 $D(p) = 200 - 10p$이므로, $p = 4$일 때 수요는 $D(4) =$ 160이다. 개별 기업들은 $q = 2$를 생산해야 하므로, 시장에 진입하는 기업의 수는 $\frac{160}{2} = 80$개다.

Box 13-5 미시경제학의 장기균형 vs. 거시경제학의 장기균형

앞에서 설명했듯이, 완전경쟁시장의 장기균형은 우하향하는 수요곡선과 수평인 공급곡선이 만나는 점이다. 거시경제학을 공부한 독자들은 잘 알듯이 거시경제학에서 장기 총공급(AS)곡선은 그 경제의 모든 자원이 자연 실업률 수준으로 사용되었을 때 얻어지는 잠재적 국내총생산 수준에서 수직선이다. 거시경제학의 장기균형은 우하향하는 총수요(AD)곡선과 수직인 총공급곡선이 만나는 점이다.

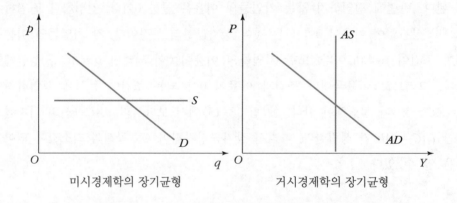

미시경제학의 장기균형　　　　거시경제학의 장기균형

미시경제학과 거시경제학, 그 이름은 달라도 같은 경제학 분야인데 그 결론이 이렇게 다를 수 있나 하고 독자들은 생각할 수 있다. 그러나 앞의 두 그림이 미시경제학과 거시경제학의 차이를 가장 잘 보여준다고 할 수 있다. 미시경제학은 기본적으로 개별 시장을 분석한다.[6] 한 시장이 아무리 크더라도 경제 전체와 비교하면 그리 크다고 할 수 없다. 따라서 한 시장에 진입해 초과이윤을 얻을 수 있다면, 다른 시장에 있던 기업들이 얼마든지 이 시장에 진입할 여지가 남아 있다. 그래서 미시경제학, 보다 정확하게는 완전경쟁시장의 장기균형에서 공급곡선을 수평으로 그린다. 반면에 거시경제학은 한 경제 전체를 분석의 대상으로 한다. 이미 자연실업률 수준에서 자원이 가동

6　제19장에서는 경제 내의 모든 시장을 한꺼번에 분석하는 일반균형이론을 살펴본다.

된다면, 그 경제에는 추가적으로 더 이상 생산에 투입될 자원이 남아있지 않다. 따라서 자원이 이동될 다른 부분이 없다. 그러므로 장기균형에서 총공급곡선이 수직이 된다. 독자들은 미시경제학과 거시경제학의 이 같은 차이를 잘 이해하기 바란다.

Section 5   완전경쟁시장 균형의 후생적 특성

균형의 의미는 그 상태에 도달하면, 외부의 충격이 없는 한 그 상태가 계속해서 유지됨을 의미한다. 그러므로 일반적으로 균형 자체가 좋다 혹은 나쁘다고 말하기는 힘들다. 본 절에서는 완전경쟁시장 균형의 효율성을 논의한다.

수요곡선과 공급곡선의 교차점에서 형성되는 완전경쟁시장의 균형은 다른 모든 시장을 평가하는 기준이 된다. 미리 말하자면, 완전경쟁시장의 균형은 독점시장이나 과점시장, 독점적 경쟁시장 등 어떤 다른 시장의 결과와 비교해도, 가격이 가장 낮고 거래량은 가장 크다. 뿐만 아니라 효율성의 측면에서 보더라도 다른 어떤 시장보다 효율적인 결과를 낳는다. 제19장에서 논의하는 후생경제학의 기준에서 보더라도 완전경쟁시장의 결과보다 더 효율적인 결과를 기대하기 힘들다.[7]

시장의 효율성을 판단하는 기준은 무엇일까? 단순히 가격이 낮다는 사실 자체는 시장의 효율성을 판단하는 기준이 되지 못한다. 왜냐하면 낮은 가격은 소비자들에게는 유리하지만, 기업들에게는 불리하기 때문이다. 거래량이 많다는 것 자체도 효율성의 기준이 되지는 못한다. 무조건 많이 만들어 사용하는 것이 최선은 아니기 때문이다. 가격이든 거래량이든 적절할 수준이 있기 마련이다. 그러면 어떤 기준을 사용할 수 있을까? 시장은 소비자와 생산자가 만나 거래가 이루어지는 곳이다. 그러므로 시장의 효율성을 측정하는 기준은 반드시 소비자와 생산자의 입장을 모두 반영해야 한다. 소비자잉여와 생산자잉여는 시장에서 거래가 이루어질 때, 각각 소비자와 생산자가 거래를 통해 얻는 이득을 의미한다. 경제학에서는 소비자잉여와 생산자잉여의 합인 **사회적 후생**(social welfare)의 크기를 단일시장의 효

---

7   완전경쟁시장이 가장 효율적이라는 결론에는 예외가 있다. 소위 시장실패가 발생하는 경우인데, 공공재의 경우나 정보의 비대칭성이 있을 경우 등이 이에 해당한다. 시장실패는 제5부에서 다룬다.

율성을 평가하는 기준으로 이용한다. 소비자잉여는 제6장 3.3절에서, 생산자잉여는 본 장 3.5절에서 소개했으므로, 잘 기억나지 않는 독자들은 다시 확인하기 바란다.

5.1 단기균형의 특성

완전경쟁시장의 단기균형에서 소비자잉여와 생산자잉여의 크기는 〈그림 13-16〉과 같이 결정된다. 소비자잉여는 수요곡선의 높이와 시장가격의 높이의 차이를 거래량만큼 모두 합한 것이므로 그림에서 삼각형 Ap_eE에 해당한다. 생산자잉여는 생산자의 수입에서 가변비용을 뺀 크기이다. 시장에서 모든 기업들의 수입을 합하면 사각형 p_eOq_eE가 되고, 모든 기업의 가변비용의 합은 공급곡선으로부터 구할 수 있다. 앞에서 시장공급곡선은 사회 전체의 한계비용곡선으로도 해석될 수 있음을 보였다. 이 개념을 이용해 기업의 공급곡선 아래 부분의 면적을 산출량까지 계산하면 바로 사회 전체의 가변비용이 된다. 즉, 모든 기업들의 가변비용의 합이 되는 것이다. 그림에서 이는 BOq_eE의 면적이다. 그러므로 단기균형에서 창출되는 생산자잉여는 그림에서 삼각형 p_eBE의 면적이 된다. 소비자잉여와 생산자잉여의 합은 이 두 면적의 합으로서 삼각형 ABE의 면적이 된다.

이 시장에서 달성할 수 있는 소비자잉여와 생산자잉여의 합은 다른 어떤 가

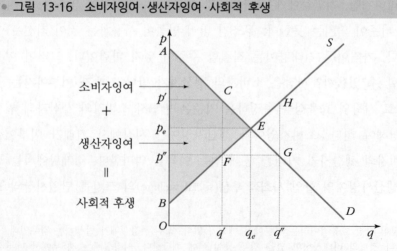

● 그림 13-16 소비자잉여·생산자잉여·사회적 후생

격, 어떤 거래량에서도 ABE의 면적보다 클 수 없다. 예를 들어, 가격이 p_e보다 높은 p'이면 잉여의 합은 사각형 $ABFC$의 면적이 되어, 완전경쟁시장의 단기균형에서보다 FEC만큼 줄어든다. 가격이 p_e보다 낮은 p''이면 초과수요가 발생한다. 이때 높은 가격을 낼 용의가 있는 소비자부터 물건을 구매하는 경우에도 잉여의 합은 $ABFC$이다. 만약 어떤 이유에서이든 거래량이 q_e보다 커지면 어떻게 될까? 이경우에는 과다 생산으로 사회적 후생은 오히려 줄어든다. 정부가 p''의 가격에서 강제로 q''만큼 생산해 판매할 것을 요구하는 경우를 생각해 보자. 이 때 소비자잉여는 $Ap''G$로 상당히 커진다. 그러나 생산자잉여는 크게 감소한다. 생산자잉여는 $p''Oq''G$ 면적에서 $BOq''H$의 면적을 뺀 크기가 된다. 이는 다시 $p''BF$의 면적에 FGH의 면적을 뺀 크기이다. 이렇게 구한 소비자잉여와 생산자잉여의 합은 완전경쟁시장의 단기균형보다 삼각형 EGH만큼 더 작아진다(왜 그런지에 대해서는 독자들에게 간단한 연습문제로 남겨 둔다).

완전경쟁시장의 효율성: 완전경쟁시장의 단기균형에서 소비자잉여와 생산자잉여의 합인 사회적 후생이 극대화된다.

완전경쟁시장의 단기균형에서 사회적 후생이 극대화되는 것을 수요곡선과 공급곡선의 수직적 해석을 이용하면 보다 분명해진다. 소비자잉여에서 설명했듯이, 주어진 수량에서 수요곡선의 높이 $P(q)$는 소비자들의 한계편익을 의미한다. 반면에 주어진 수량에서 공급곡선의 높이는 생산자들의 한계비용, $MC(q)$를 의미한다. 제2장 5.1절의 비용-편익의 원리 2에서 설명했듯이, 한계편익이 한계비용보다 크면 그 수준을 늘릴 경우 순편익이 증가한다. 반대로 한계편익이 한계비용보다 작으면 그 수준을 줄일 경우 순편익이 증가한다. 그러므로 한계편익과 한계비용이 일치할 때 순편익은 극대화된다.

완전경쟁시장의 순편익은 바로 소비자잉여와 생산자잉여의 합인 사회적 후생이다. 그러므로 수요곡선의 높이와 공급곡선의 높이가 일치하는 산출량에서 사회적 후생이 극대화된다. 사회적 후생이 극대화되는 산출량을 **사회적 최적 산출량**(socially optimal quantity)이라고 부르고, 사회적 최적 산출량이 생산될 때 **자원배분**

의 효율성(allocative efficiency)이 달성된다고 말한다. 주어진 수량에서 수요곡선의 높이는 $p = P(q)$, 공급곡선의 높이는 $MC(q)$로 표시가 되므로, $p = MC$를 자원배분의 효율성 조건이라고 부른다.

> **자원배분의 효율성 조건**: 수요곡선의 높이와 공급곡선의 높이가 일치하는 산출량인 사회적 최적 산출량이 생산될 때 자원배분의 효율성이 달성된다. 그 조건은 $p = MC$이다.

독자들은 미시경제학에서 $p = MC$의 두 가지 의미에 유의하기 바란다. 첫째는 완전경쟁시장에서 개별 기업의 이윤극대화 (1계)조건이다. 둘째는 자원배분의 효율성 조건이다. 완전경쟁시장이 아니더라도, 두 번째 의미에서 $p = MC$가 성립하면 그 시장은 자원배분의 효율성을 달성한다.

자원배분의 효율성 조건인 $p = MC$를 이용하면, 완전경쟁시장의 균형이 왜 효율적인지를 보다 분명하게 알 수 있다. 완전경쟁시장의 균형조건인 $D(p) = S(p)$에 의해 균형가격 p_e가 결정되고, p_e를 수요나 공급곡선에 대입하면 균형거래량 $D(p_e) = S(p_e) = q_e$를 얻는다. 당연히 q_e에서 수요곡선의 높이와 공급곡선의 높이는 p_e로 일치한다. $P(q_e) = MC(q_e)(= p_e)$가 성립하므로, 균형거래량이 바로 사회적 최적 산출량이 되고, 자원배분의 효율성이 달성되는 것이다.

완전경쟁시장의 균형조건과 자원배분의 효율성 조건을 비교해 보면, 완전경쟁시장의 균형조건은 수요와 공급곡선을 수평 방향에서, 자원배분의 효율성 조건은 수요와 공급곡선을 수직 방향에서 본 것임을 알 수 있다. 바라보는 방향은 다르지만, 기본적으로 두 조건은 동일한 조건이다. 이 같은 이유 때문에 완전경쟁시장이 효율적이다. 사회적 최적 산출량은 사회적 후생을 극대화할 뿐, 창출된 사회적 후생이 소비자와 생산자에게 어떻게 배분되는지를 알려주지는 않는다. 완전경쟁시장은 사회적 후생을 극대화하면서, 이 사회적 후생을 소비자와 생산자에게 균형가격을 통해 배분하는 기능도 수행한다.

5.2 장기균형의 특성

장기균형도 수요와 공급곡선의 교차점에서 발생하므로, 자원배분의 효율성이 달성된다. 장기균형에서는 추가적으로 다음과 같은 성질이 성립한다.

(1) 생산이 가장 낮은 평균비용(즉, 장기평균비용곡선의 최저점)에서 이루어진다. 단기균형에서는 개별 기업의 고정요소의 크기가 일반적으로 각각 다르고, 예외적으로 다 같다고 하더라도 장기평균비용의 최저점에서 생산이 이루어진다고 볼 수 없다. 그러나 장기균형에서는 자유로운 진입과 퇴출에 의해 시장에 진입한 모든 개별 기업들이 장기평균비용곡선의 최저점에서 생산을 한다. 따라서 장기균형에서는 가능한 가장 낮은 비용으로 생산이 이루어진다.

(2) 기업들의 이윤이 0이므로, 비용을 극소화하지 않는 기업들은 손해를 입는다. 그러므로 기업들이 최대한 비용을 절감하기 위해 노력한다.[8]

Section 6 완전경쟁시장 분석의 응용

6.1 시장환경의 변화와 시장균형의 변화

완전경쟁시장에서는 수요곡선과 공급곡선이 교차하는 시장균형에서 가격과 수량이 결정된다. 이 때 외적인 요인이 변해 수요곡선이나 공급곡선에 변화가 발생하면 균형이 변한다. 이들 외적 요인들은 시장수요함수나 시장공급함수에 포함된 변수들 중에서 내생변수인 가격과 수량을 제외한 다른 모든 변수들이다. 예를 들어, 소비자들의 소득이 증가하면, 정상재는 수요가 증가해 시장수요곡선이 오른쪽으로 이동한다. 이 경우 균형가격은 상승하고 균형거래량은 증대한다. 자본이나 원자재의 가격이 상승하면 생산자들의 한계비용이 상승하고 이는 시장공급곡선을 왼쪽으로 이동시켜, 균형가격이 상승하고 거래량은 감소한다. 이처럼 시장에 영향

---

8 기업들이 비용절감을 위해 최선을 다하지 않음으로 인하여 생기는 비효율성을 X-비효율성이라고 부른다.

● 그림 13-17 수요·공급의 변화에 따른 균형의 변화

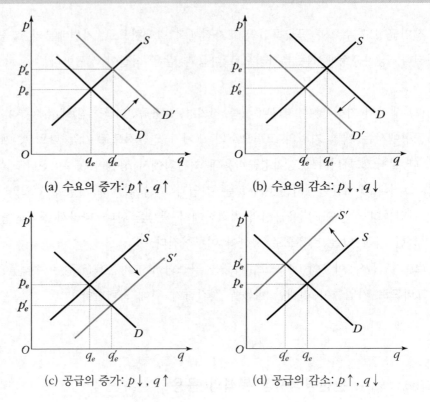

(a) 수요의 증가: $p\uparrow$, $q\uparrow$　　(b) 수요의 감소: $p\downarrow$, $q\downarrow$

(c) 공급의 증가: $p\downarrow$, $q\uparrow$　　(d) 공급의 감소: $p\uparrow$, $q\downarrow$

을 미치는 외적 요인들은 모두 수요함수나 공급함수의 외생변수의 변화를 통해 수요곡선이나 공급곡선을 이동시키고 결과적으로 균형 가격과 거래량을 변화시킨다. 〈그림 13-17〉은 수요곡선과 공급곡선의 변화로 인한 균형의 변화를 보여준다.

6.2 조세의 귀착

　　정부는 여러 가지 방법으로 시장에 개입할 수 있다. 세금을 통해 수요나 공급에 영향을 미쳐 시장의 결과에 간접적으로 영향을 미치기도 하고, 직접 시장가격이나 거래량을 규제하기도 한다. 먼저 정부가 세금을 통해 시장에 영향을 미치는 경우를 보기로 하자. 가장 간단한 경우는 정부가 특정 상품의 거래에 대해 세금을 부과하는 경우이다. 이런 세금을 **간접세**(excise tax)라고 부른다. 간접세는 특정 상

품을 소비할 때에 한해 적용된다. 휘발유 구매 시 1리터당 일정액의 세금이 부과되며, 담배 등에도 한 갑당 일정액의 세금이 부과되는데, 이들이 간접세의 예에 해당한다. 간접세는 크게 개당 일정한 금액을 부과하는 **종량세**(quantity tax)와 가격에 일정 퍼센트를 부과하는 **종가세**(ad valorem tax)로 나뉜다. 원래의 가격을 p라고 할 때, 개당 t원의 종량세가 부과되면 개당 세액은 t원이다. 반면에 $t\%$의 종가세가 부과되면 개당 세액은 $p \times \dfrac{t}{100}$가 된다. 종가세의 가장 대표적인 예가 10%의 세금이 부과되는 부가가치세(value added tax: VAT)이다. 종량세나 종가세 모두 시장균형에 미치는 영향이 기본적으로 동일하므로, 편의상 이후에는 종량세가 부과되었을 경우를 설명한다.

정부가 개당 t원의 종량세를 부과한다고 하자. 종량세가 부과되면 시장균형가격이 달라진다. 그 결과 소비자와 생산자가 각각 세금을 얼마나 부담하는가 하는 문제를 조세의 **귀착**(incidence of tax)이라고 부른다. 완전경쟁시장 모형을 이용해 조세의 귀착에 대해 알아보자.

먼저 독자들은 세금을 소비자에게 부과하는 것과 생산자에게 부과하는 것이 동일한 효과를 갖는다는 사실을 이해하기 바란다. 세금을 소비자에게 부과하면 세금 전체를 소비자가 부담하고, 생산자에게 부과하면 세금 전체를 생산자가 부담한다고 생각하는 독자가 있을 수 있다. 그러나 어느 쪽이든 간에 그 결과는 동일하다. 먼저 그 이유를 알아보자. 소비자가 지불하는 가격을 **수요가격**(demand price)이라고 부르고 p_D로 표시하자. 생산자가 받는 가격을 **공급가격**(supply price)이라고 부르고 p_S로 표시하자. 수요는 수요가격에, 공급은 공급가격에 의존한다. 세금이 없으면 소비자가 지불하는 가격이 바로 생산자가 받는 가격이므로 $p_D = p_S$이므로 두 가격을 구별하지 않고 p로 표시한다. 이 때 균형조건은 $D(p) = S(p)$이다.

반면에 종량세가 부과되면 수요가격과 공급가격은 동일하지 않다. 종량세가 소비자에게 부과되면, 소비자는 개당 생산자에게 p_S 그리고 정부에 t를 지불한다. 그러므로 $p_D = p_S + t$의 관계가 성립한다. 반대로 종량세가 생산자에게 부과되면, 생산자는 소비자로부터 p_D를 받고, 이 가운데 t를 정부에 지불한다. 그러므로 $p_S = p_D - t$의 관계가 성립한다. $p_D = p_S + t$와 $p_S = p_D - t$를 비교하면 동일한 식임을 알 수 있다. 그러므로 조세의 귀착은 누구에게 세금이 부과되는가와는 무관함을 알 수 있다. 생산자에게 세금이 부과되는 것을, 소비자에게 부과된 세금을 일단 생산자에게 맡기고 다시 생산자가 소비자를 대신해 그 세금을 정부에 납입하는 것으로 해석하면, 두 방식 사이에 차이가 없음을 알 수 있다. 소비자 혹은 생산자에게 세금이 부과된다는 것은 그 경제주체가 세금을 다 부담한다는 것이 아니라, 다만 세금을 걷어 정부에 갖다 내는 역할을 수행함을 의미한다. 개별 소비자가 내는 것보다 생산자가 모아 세금을 내는 것이 다소 편리하므로, 일반적으로 생산자에게 세금을 부과한다. 그러나 자동차나 주택을 구입하면 취득세를 내는데, 이는 구입자에게 부과된다.

종량세가 부과되면 수요량은 수요가격에 반응하므로 $D(p_D)$이고, 공급량은 공급가격에 반응하므로 $S(p_S)$이다. 그러므로 새로운 균형조건은 $D(p_D) = S(p_S)$이다. 새로운 균형조건을 보면, 식은 하나인데 미지수는 p_D와 p_S 두 개이다. 따라서 한 가지 식이 더 필요하다. 그 식이 바로 $p_D = p_S + t$ 혹은 $p_S = p_D - t$이다. 그러므로 종량세가 부과되면 새로운 균형은 $D(p_D) = S(p_S)$와 $p_D = p_S + t$ 혹은 $p_S = p_D - t$를 연립해 풀면 된다. 이 때 얻어진 p_D를 수요함수에 혹은 p_S를 공급함수에 대입하면 균형거래량을 구할 수 있다.

조세의 귀착 문제를 그림으로 보면 좀 더 직관적으로 쉽게 이해할 수 있다. 먼저 단기균형의 변화를 살펴보자. 먼저 정부가 생산자에게 상품 한 단위당 t원의 세금을 부과하는 경우를 생각해 보자. 생산자에게 세금이 부과되었으므로, 수요가격(P_D)을 기준으로 생각할 때 수요측면에는 아무런 변화가 없고 공급측면을 통해 변화가 발생한다. 생산자 입장에서 볼 때 물건 한 단위를 판매할 때마다 정부에 t원을 내야 하므로 q만큼을 생산할 때 총비용이 tq만큼 증가한 것과 동일하다. 그러므로 평균비용과 한계비용이 모두 t만큼 상승한다. 따라서 개별 기업의 공급곡선도 t만큼 상승하고 시장공급곡선도 역시 t만큼 위쪽으로 이동한다. 〈그림 13-18〉은 새로운 균형을 보여준다. p_D^*와 p_S^*는 각각 새로운 균형에서 수요가격과 공급가격이다. 균형거래량은 q^{**}이다. 그림에서 보다시피 공급곡선이 t만큼 위로 이동하면, 이전의 균형가격과 비교하면 수요가격은 상승하고 공급가격은 하락한다. 균형거래량은 줄어든다. 수요가격이 이전의 균형가격보다 상승하는 만큼 판매자에게 부과된 세금이 소비자에게 전가되는 셈이다. 그러나 균형가격의 상승폭이 세금의 크기인 t보다는 작기 때문에, 세금 t에 대한 부담이 모두 소비자에게 전가되지는

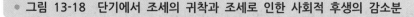

• 그림 13-18 단기에서 조세의 귀착과 조세로 인한 사회적 후생의 감소분

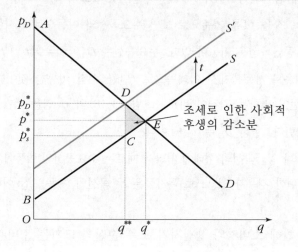

않는다는 것을 알 수 있다. 〈그림 13-18〉에서 소비자의 부담은 $p_D^* - p^*$, 생산자의 부담은 $p^* - p_S^*$이다.

Box 13-6 종량세로 인한 수요곡선과 공급곡선의 이동

독자들은 고등학교 수학에서 $y = f(x-a)$ $(y = f(x+a))$의 그래프는 $y = f(x)$의 그래프를 가로축 방향으로 a만큼 오른쪽(왼쪽)으로 수평 이동한 것이라는 사실을 배웠을 것이다. 이 같은 사실을 이용하면 종량세가 부과되었을 때 수요곡선 또는 공급곡선의 이동을 좀 더 쉽게 이해할 수 있다. t만큼 종량세가 부과되었을 때, 수요량과 공급량은 각각 p_D와 p_S에 의존하고, $p_D = p_S + t$ 또는 $p_S = p_D - t$의 관계가 있음을 앞에서 보았다. 앞에서 조세의 귀착 설명은 수요곡선은 이동하지 않고, 공급곡선이 위로 t만큼 이동하는 것으로 설명했다. 이는 엄밀하게 말하면, 세로축인 가격을 p_D로 놓았기 때문이다. 가격을 p_D로 보았기에 수요곡선은 이동할 필요가 없다. 반면에 $S(p_S)$에 $p_S = p_D - t$를 대입하면, $S(p_D - t)$가 된다. 그러므로 $S(p_S)$를 p_S가 아닌 p_D를 기준으로 보면 $S(p_D - t)$이 된다. 그런데 여기서 한 가지 조심할 사항은 가격이 가로축이 아닌 세로축이라는 점이다. 따라서 $S(p_D - t)$의 그래프는 원래의 그래프를 세로축에서 위쪽(가로축 기준으로 오른쪽)으로 t만큼 수직 이동한 것이다. 이때 수요곡선과 새로운 공급곡선이 만나는 가격이 〈그림 13-18〉의 p_D^*이고 $p_S^* = p_D^* - t$이다. 반대로 조세의 귀착을 p_S를 기준으로 보면 수요곡선의 이동으로 표시할 수 있다. 기준이 p_S이므로 공급곡선은 이동이 없다. 수요곡선은 $D(p_D) = D(p_S + t)$가 되어 앞에서와 동일한 이유로 세로축에서 아래쪽으로 t만큼 수직 이동한 것이다. 공급곡선과 새로운 수요곡선이 만나는 가격이 바로 〈그림 13-18〉의 p_S^*임을 독자들은 그림으로 확인해 보기 바란다. 물론 $p_D^* = p_S^* + t$이다.

수요곡선이나 공급곡선의 형태에 따라서 때로는 수요곡선의 이동이 편하거나 공급곡선의 이동이 편한 경우가 있으므로 독자들은 두 곡선의 이동을 잘 이해하기 바란다.

세금부과로 인해 소비자와 생산자가 보는 손실의 크기는 소비자잉여와 생산자잉여의 감소로 측정할 수 있다. 〈그림 13-18〉에서 세금부과로 인해 소비자잉여는 Ap^*E에서 Ap_D^*D로 감소했으므로 $p_D^*p^*ED$만큼 감소한다. 한편 생산자잉여는 p^*BE에서 p_S^*BC로 줄어드는데, 그 차이는 $p^*p_S^*CE$와 같다. 그러므로 시장 전체에서 잉여의 감소는 오각형 $p_D^*p_S^*CED$ 면적과 같다. 그렇다면 이렇게 줄어든 잉여는 도대체 어디로 간 것일까? 오각형 $p_D^*p_S^*CED$ 중에서 사각형 $p_D^*p_S^*CD$는 정부가 가져가는 세금의 크기와 같다. 이는 한 단위당 t원이 부과되고 거래량이 q^{**}이기 때문이다. 정부는 이 세금으로 무언가 유용한 일을 했을 것이므로, 이 부분은 손실에 해당하지 않는다. 이 사각형의 크기를 제외한 삼각형 DCE만큼의 잉여는 그야말로 사라져 버리게 된다. 이런 손실을 경제학에서는 **사회적 후생의 감소분**(social welfare loss) 혹은 **자중손실**(deadweight loss)이라고 부른다. 바로 앞 절에서 완전경쟁시장의 균형의 특성을 논의하면서 완전경쟁시장의 균형에서 소비자잉여와 생산자잉여의 합인 사회적 후생이 극대화되며, 어떤 이유에서든 균형에서 벗어나면 사회적 후생의 크기가 줄어든다고 했다. 간접세도 마찬가지이다. 간접세를 통한 정부 개입으로 시장균형이 원래 균형에서 벗어나 자중손실 만큼의 사회적 후생이 줄어들게 된 것이다.

이상의 논의는 시장에 진입한 기업의 숫자가 고정되어 있는 단기에서 조세의 귀착을 설명한 것이다. 진입과 퇴출이 자유로운 장기에서는 조세의 귀착이 달라진

● 그림 13-19 장기에서 조세의 귀착과 조세로 인한 사회적 후생의 감소분

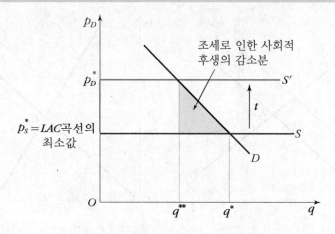

다. 장기시장공급곡선은 장기평균비용(LAC)곡선의 최소값에서 수평인 직선이다. 그러므로 종량세가 부과되면, 종량세만큼 장기시장공급곡선은 위로 이동한다. 그러므로 〈그림 13-19〉와 같이 모든 세금은 소비자에게 귀착된다. 장기균형에서 수요가격은 LAC곡선의 최소값에 세금을 더한 것이 된다. 균형거래량은 q^*에서 q^{**}로 감소한다. 원래의 장기균형과의 차이는 가격이 오르고 수요량이 감소하므로 시장에 진입하는 기업의 숫자가 감소한다는 점이다.

〈그림 13-18〉과 〈그림 13-19〉를 보면 정부가 부과한 세금액 t 중에서 소비자와 생산자가 부담하는 크기가 다르다. 그렇다면 이 두 부담액의 비율은 어떻게 결정되나? 결론부터 미리 말하자면, 수요와 공급의 가격탄력성의 상대적인 크기에 의해 결정된다. 탄력성이 큰 쪽이 더 적게 부담하고, 탄력성이 작은 쪽이 더 많이 부담한다. 극단적으로 탄력성이 무한대인 쪽이 있으면 부담은 0이 되고, 반대로 탄력성이 0인 쪽이 있다면 세금 전액을 자신이 부담한다.

이러한 결론은 매우 직관적이다. 탄력성이 크다는 것은 소비자는 가격조건에 따라 많이 살 수도 있고 적게 살 수도 있으며, 판매자 역시 가격이 좋으면 많이 팔고 나쁘면 적게 판다는 것을 의미한다. 한 마디로 가격에 따라 구매량이나 판매량을 융통성 있게 조절할 수 있으며, 외부 충격에 융통성 있게 대처할 수 있는 주체일수록 피해를 덜 보게 된다. 〈그림 13-20〉은 동일한 공급곡선에 대해 수요의 가격탄력성이 다른 두 경우에 세금이 얼마나 가격에 전가되는지를 비교해 보여준다.

● **그림 13-20 수요와 공급의 가격탄력성에 따른 조세의 귀착**

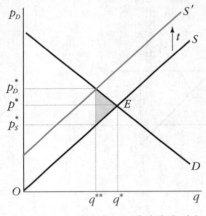
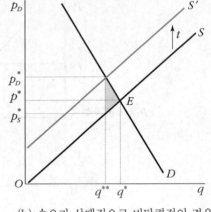

(a) 수요가 상대적으로 탄력적인 경우   (b) 수요가 상대적으로 비탄력적인 경우

수요곡선이 동일하고 공급곡선의 탄력성이 다른 경우도 마찬가지로 비교해 볼 수 있다.

6.3 가격통제

정부가 소비자나 생산자를 보호하기 위해 특정 상품의 가격에 상한이나 또는 하한을 정하는 경우가 있다. 전자를 **가격상한제**(price ceiling), 후자를 **가격하한제**(price floor)라고 부른다. 물론 이러한 정책의 효과가 있으려면 상한은 균형가격보다 낮게, 하한은 균형가격보다 높게 설정될 것이다. 따라서 가격은 균형가격보다 더 낮게 형성되거나(가격상한제), 더 높게 형성된다(가격하한제).

〈그림 13-21〉은 가격상한제의 경우를 보여준다. 가격상한($\bar{p}$)이 균형가격보다 낮기 때문에 $q' - q''$만큼의 초과수요가 발생한다. 가격상한은 정부가 무슨 이유에서 이든 균형가격이 너무 높다고 판단할 때 적용된다. 그러나 완전경쟁시장에서는 가격이 원래 낮게 형성되고, 그 결과가 효율적이기 때문에 구태여 정부가 개입할 이유를 찾기 힘들다. 가격상한제는 독점이나 과점 등 정부의 개입이 없으면 가격이 너무 높게 설정될 염려가 있을 때 효과적으로 이용될 수 있다. 우리나라는 80년대 초까지는 정부가 직접적으로 일부 상품의 가격의 상한을 지정했다. 예를 들면, 짜

● 그림 13-21 가격상한제의 효과

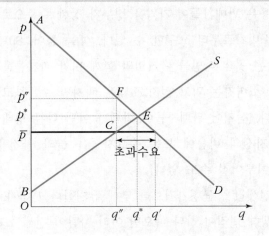

장면은 500원, 커피는 200원, 이런 식이었다. 그러나 우리나라 경제가 선진화되고 규모도 커지면서 이런 식의 직접적 가격규제는 거의 쓰이지 않고 있다. 다만 부동산 시장에서 아파트 분양가격에 대한 상한제가 폐지되었다가 부동산 가격이 폭등하자 2007년에 다시 부활했다. 인기 지역에서 택지공급이 매우 제한되어 있다는 점을 고려하면, 아파트 시장이 완전경쟁시장이라고 보기는 어렵다.

완전경쟁시장에서는 가격상한제가 여러 가지 역효과를 낳을 수 있다. 대표적으로 암시장이 발달해 결과적으로 실제 가격이 〈그림 13-21〉에서 p'' 수준으로 올라 갈 수 있다. $\bar{p}$ 에 상품을 구매한 소비자 중에서 자신이 원래 내고자 했던 가격이 p'' 보다 낮은 소비자는 기회만 있으면 이 상품을 p'' 가격에 되팔려 할 것이다. 물론 이런 거래는 정부가 정한 상한선보다 높은 가격에 상품을 거래하므로 불법이고 따라서 암거래로 이루어진다. 만약 직접 생산을 담당하는 기업들은 여전히 가격상한선을 지키지만 유통과정에서 암거래가 성행하면 최악의 결과를 낳게 된다. 생산자들은 낮은 가격으로 공급량을 q'' 수준으로 낮추는 반면, 유통상의 암거래로 가격이 p'' 수준으로 올라간다면, 결과적으로 소비자가 지불하는 가격이 균형가격보다 더 높아질 수 있다. 만약 모든 소비자가 암거래상으로부터 p'' 의 가격에 구매하면, 소비자잉여는 $Ap''F$ 로 줄어들고, 생산자잉여 역시 $\bar{p}BC$ 로 줄어든다. 암거래상의 이윤은 $p''\bar{p}CF$ 가 된다. 그러나 이들을 다 합쳐도 원래 균형에서의 총잉여보다 삼각형 FCE 만큼 잉여가 줄어든다. 그만큼 사회적 후생의 손실이 발생하는 것이다.

또 다른 부작용은 판매자들이 가격을 정부가 정한 수준으로 낮게 유지하는 대신, 다른 보상을 소비자로부터 요구할 수 있다. 예를 들어, 80년대 이전에 커피값을 규제하자 목 좋은 곳의 다방들은 커피와 함께 비싼 과자들을 반드시 사먹을 것을 요구했다. 결국 소비자는 먹고 싶지도 않은 과자만 주문하고 가격은 비싸게 지불하는 결과가 된다. 심지어 판매자들이 화폐가 아닌 다른 형태의 보상을 바랄 수도 있고, 아니면 자신의 마음에 드는 수요자들을 골라 물건을 파는 소위 차별(discrimination)이 이루어질 수도 있다.

만약 정부가 전셋값을 균형가격보다 낮게 유지한다고 하자. 그러면 전세에 대한 초과수요가 발생해 빈집이 하나 나오면 여러 사람이 전세 들려고 할 것이다. 이 경우 집주인은 전세 들어 올 사람과 지연, 학연 등을 따져가며 세입자를 고를 수 있다. 또한 일단 전세를 들어 온 뒤에도 계약 만기 후 재계약을 위해 세입자는 주인에게 여러 가지로 잘 보여야 할 것이다. 어떻게 보면, 차라리 높은 가격을 치르는 것보다 더 피곤해질 수 있다.

마지막으로 상품의 품질이 낮아지면서, 시간의 경과와 함께 균형가격 자체가 규제가격으로 하락할 수도 있다. 다시 전세의 예를 들면, 집 주인은 어차피 들어오고 싶은 사람들이 줄을 섰으니까, 집에 문제가 생겨도 수리해 주지 않고 싫으면 나가라는 식으로 배짱을 부릴 수 있다. 결국 전셋집의 품질이 떨어져 규제가 없어도 균형가격이 현 수준이 되는 상황이 될 수 있다.

가격하한제는 일반적인 상품에서 예를 찾아보기 힘들다. 간혹 정부가 농산물의 가격을 높은 수준에서 유지하기 위해 균형가격보다 높은 가격으로 수매하는 경우는 있지만, 낮은 가격에 거래하는 것 자체를 금지하지는 않는다. 가격하한제의 예로서 가장 많이 언급되는 것이 **최저임금제**(minimum wage)이다. 노동시장에서 특정 수준 이하의 임금으로 고용하는 것을 금지하는 제도로 우리나라와 미국 등 여러 나라에서 이용되고 있다.

최저임금제는 보통 임금이 매우 낮은 비숙련공 시장에 적용되며, 전문직이나 숙련공 시장에서는 이미 균형임금이 최저임금보다 높으므로 의미가 없다. 〈그림 13-22〉는 최저임금제의 효과를 보여준다. 최저임금($\underline{p}$)이 균형임금(p^*)보다 높기 때문에 초과공급이 발생하는데, 노동시장에서의 초과공급은 바로 실업을 의미한

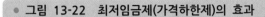

● 그림 13-22   최저임금제(가격하한제)의 효과

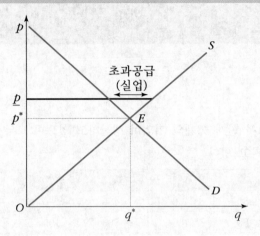

다. 운 좋게 고용된 사람들은 높은 임금을 받아 좋지만, 고용되지 못한 사람들은
실업자가 되고, 더 낮은 임금에 일하고 싶어도 불법이기 때문에 그럴 수 없는 상황
이 된다. 이 때문에 최저임금제의 장단점에 대해서는 아직도 많은 논란이 계속되
고 있다.

연습문제

1   완전경쟁시장에서 현재 30개의 기업이 생산하고 있으며 모두 다음과 같은 동일한
    비용구조를 가지고 있다.

산출량	FC	VC	TC	AVC	AC	MC
0	480	0	480	–	–	
1	480	100	580	100	580	
2	480	150	630	75	315	60
3						
4	480	290	770	73	193	
5	480	400	880	80	176	
6	480	540	1,020	90	170	
7	480	720	1,200	103	171	

장기에서 기업들이 선택할 수 있는 고정요소의 크기는 0 또는 480, 두 가지이다.
즉, 기업들의 가능한 선택은 계속 조업을 하느냐 아니면 문을 닫느냐 하는 두 가
지뿐이다. 한편 이 시장의 수요는 다음과 같다.

가격	시장 수요량
50	300
70	270
100	240
130	210
170	180
220	150

1) 위의 비용을 나타내는 표에서 빈 곳을 채워라.
2) 개별 기업의 공급곡선을 구하라. 기업들은 0, 1, 2, 3, 4, 5, 6, 7 중에 산출량
   을 선택할 수 있다. 만일 두 가지 산출량에 대해 무차별하다면 더 큰 산출량을
   생산한다고 가정한다.

3) 이 시장의 균형가격과 거래량을 구하라.

정부가 이 시장을 부분적으로 외국 기업들에게 개방하기로 결정하고 120단위 한도 내에서 수입을 허가했다. 외국 기업들은 시장가격이 100 이상이면 120단위를 팔겠다고 발표했다.

4) 단기에서 균형가격과 거래량을 구하라.

5) 장기균형에서 몇 개의 국내 기업이 생산하는가?

2 완전경쟁시장을 생각하자. 시장수요곡선은 $q = 1,200 - 100p$이다. 모든 기업은 동일하게 $q = \sqrt{LK}$의 생산함수를 가지고 있다. L과 K의 요소가격은 각각 1과 $\frac{1}{4}$이다.

1) 단기에서 $K = 2$일 때, q를 생산할 때의 총비용, 가변비용, 고정비용, 평균비용, 평균가변비용, 그리고 한계비용을 구하라.

2) $K = 2$인 기업의 단기공급함수와 $K = 4$인 기업의 단기공급함수를 구하라.

3) 현재 $K = 2$인 기업 100개, $K = 4$인 기업 50개가 시장에서 생산하고 있다. 진입과 퇴출이 없는 단기에서 균형가격과 거래량을 구하라.

4) 정부가 개당 3의 종량세를 부과할 때, 단기에서 소비자가 지불하는 가격, 생산자가 받는 가격, 그리고 거래량을 구하라.

5) 아무런 조세가 없고, 진입과 퇴출이 자유로운 장기에서 균형가격과 거래량을 구하라.

3 완전경쟁시장에서 6개의 기업이 시장에서 생산하고 있다. 개별 기업의 단기비용함수는 동일하게 $C(q) = q^3 - 2q^2 + 3q + 5$이다. 시장수요곡선은 $P = 19 - q$이다.

1) 평균가변비용과 한계비용을 구하고, 그래프를 그려라. 평균가변비용은 산출량이 얼마일 때 최소가 되는가?

2) 개별 기업의 공급곡선을 구하라.

3) 시장 전체의 공급곡선을 구하라.

4) 시장 균형가격과 거래량을 구하라(힌트: 수량을 먼저 결정할 것).

5) 장기비용함수가 $C(q) = q^3 - 2q^2 + 3q$이다. 진입과 퇴출이 자유로운 장기균형에서 가격, 거래량 및 기업의 숫자를 구하라.

4 한 기업의 한계비용곡선과 평균가변비용곡선이 아래와 같다.

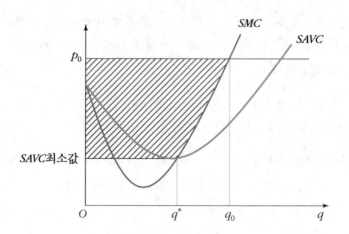

재화의 가격이 p_0일 때 q_0를 생산함으로써 얻는 생산자잉여가 $SAVC$의 최소값과 p_0 사이의 한계비용곡선의 넓이(빗금친 부분)임을 보여라.

5 핸드폰 단말기 시장이 완전경쟁시장이며, 모든 단말기는 표준화된 배터리를 사용한다고 가정하자. 현재 모든 단말기에 1개의 배터리가 포함되어 있는데, 앞으로는 배터리를 단말기에 끼워 파는 것을 금지하고 소비자들이 배터리를 직접 구매해서 쓰도록 제도가 바뀔 예정이라고 한다(배터리 가격은 소비자가 구매하든 판매자가 구매하든 동일하다고 한다). 수요-공급 모형을 이용해 이 제도의 도입이 단말기 수요와 공급 및 가격에 어떤 영향을 미치는지, 그리고 판매자와 소비자의 부담에 어떤 변화가 생기는지를 분석하라.

6 완전경쟁시장에서 모든 기업의 비용함수는 동일하다. 장기평균비용은 $q = 20$일 때 최소값 10을 가진다. 시장수요곡선은 $q = 1,500 - 50p$이다.

1) 장기균형가격과 거래량을 구하라. 장기균형에서 몇 개의 기업이 생산하는가?

2) 장기균형에서 생산하고 있는 기업들의 단기비용함수가 $C(q) = \frac{1}{2}q^2 - 10q + 200$이다. 단기균형가격과 거래량을 구하고, 이것이 장기균형가격 및 거래량과 일치함을 보여라.

이제 수요가 증가해 시장수요곡선이 $q = 2,000 - 50p$가 되었다.

3) 기업들이 산출량을 조절하지 못하는 초단기에 시장가격은 얼마가 되는가?

4) 새로운 단기균형가격과 거래량을 구하라.

5) 새로운 장기균형가격과 거래량을 구하라.

7 완전경쟁시장을 생각하자. 시장수요곡선은 $q = 160 - p$이다. 현재 100개의 기업이 생산을 하고 있다. 그 가운데 40개 기업은 각각 $C(q) = 10 + 5q^2$인 비용함수를, 60개 기업은 각각 $C(q) = 20 + 10q^2$인 비용함수를 가지고 있다.

1) $C(q) = 10 + 5q^2$인 기업과 $C(q) = 20 + 10q^2$인 기업의 개별공급곡선을 구하라.
2) 단기시장공급곡선을 구하고, 단기시장균형가격과 거래량을 계산하라.
3) 정부가 개당 8원의 종량세를 부과했을 때, 새로운 균형에서의 거래량, 소비자가 지불하는 가격, 기업이 받는 가격을 구하라.

다음으로 진입과 퇴출이 자유로운 장기균형을 생각하자. 장기비용함수가 $C(q) = q^2 + 4$, $q > 0$, $C(0) = 0$이다. 시장수요곡선은 동일하게 $q = 160 - p$이다.

4) 아무런 세금이 없는 경우, 장기균형에서의 가격과 거래량, 그리고 생산하는 기업의 개수를 구하라.
5) 정부가 2원을 종량세로 부과했을 때, 장기균형에서의 가격, 거래량, 그리고 생산하는 기업의 개수를 구하라.

8 완전경쟁시장을 생각하자. 모든 기업의 생산함수는 $q = \sqrt{LK}$로 동일하다. 그런데 K는 1 또는 4의 크기만을 갖고, 다른 값을 가질 수 없다. 생산요소의 가격은 $w = r = 1$이다. 시장의 수요함수는 $D(p) = 500 - 50p$이다.

1) $K = 1$과 $K = 4$인 경우 각각, 단기비용함수, 평균비용, 한계비용을 구하라.
2) 장기비용함수, 평균비용함수, 한계비용함수를 구하고, 그려라.
3) 장기 균형가격과 거래량을 구하라. 장기균형에서 생산하는 기업의 최대 숫자와 최소 숫자를 구하라.
4) 현재의 상태에서 정부가 개당 5원의 종량세를 부과한다. 3)에서 구한 기업의 개수가 최대인 경우와 최소인 경우 각각 새로운 단기균형에서 소비자가 지불하는 금액, 기업이 받는 금액, 세금으로 인한 사회적 후생의 감소분을 계산하라.

9 완전경쟁시장의 수요곡선이 $p = 110 - q$이다. 기업들의 생산기술은 다음과 같다. 먼저 생산을 하려면 설비투자를 해야 한다. 산출물 한 단위당 설비투자 금액은 20으로 일정하다. 따라서 $\bar{q}$만큼의 설비투자를 하려면 $20\bar{q}$를 지불해야 한다. $\bar{q}$만큼 설비투자가 이루어졌으면 $q \le \bar{q}$까지 한계비용은 10으로 일정하다. $\bar{q}$를 초과하는 생산은 불가능하다(힌트: 장기한계비용과 단기한계비용이 얼마인지 생각하라).

1) 현재 각각 생산설비가 20인 6개 기업이 생산하고 있다. 단기균형가격과 거래량을 구하라.

2) 현재 각각 생산설비가 10인 7개 기업이 생산하고 있다. 단기균형가격과 거래량을 구하라.

3) 진입과 퇴출이 자유로운 장기균형가격과 거래량을 구하라.

10 완전경쟁시장을 생각하자. 장기평균비용이 $LAC_1(q) = q + \dfrac{1}{q}$인 기업은 20개만 있다. 다른 모든 기업들의 장기평균비용은 $LAC_2(q) = q + \dfrac{4}{q}$이다. 시장수요곡선은 $D(p) = 100 - 10p$이다.

1) 장기평균비용이 $LAC_1(q)$인 경우 장기한계비용을 구하라. 장기평균비용이 $LAC_1(q)$인 기업 20개의 공급곡선을 다 더한 식을 구하라.

2) 장기균형에서 가격과 거래량을 구하라. 장기평균비용이 $LAC_2(q)$인 기업은 몇 개가 시장에 진입하는가?

3) 장기균형에서 장기평균비용이 $LAC_1(q)$인 기업의 이윤은 얼마인가? 장기균형에서도 장기평균비용이 $LAC_1(q)$인 기업의 이윤이 0보다 크다면 그 이유는 무엇인가?

4) 정부가 개당 3의 보조금을 지불한다. 장기균형가격과 거래량을 구하라. $LAC_2(q)$인 기업은 몇 개가 시장에 진입하는가?

11 제과점에서 파는 빵시장이 완전경쟁시장이다. 각 제과점의 비용함수는 $C(q) = q^2 + 10q$이다. 이 비용함수에는 빵기술자의 인건비가 포함되어 있지 않다. 빵기술자의 인건비를 w라고 하면, 인건비를 포함한 비용함수는 $C(q) = q^2 + 10q + w$이다. 수요함수는 $D(p) = 1600 - 50p$이다. 현재 100개의 제과점이 빵기술자를 고용해 생산하고 있다.

1) 각 제과점의 단기공급함수를 구하라.

2) 단기시장균형가격과 거래량을 구하라.

3) $w = 25$일 때 장기균형가격과 거래량 및 제과점의 개수를 구하라.

이후의 문제에서는 빵기술자의 공급곡선이 $S(w) = \sqrt{w}$라고 가정한다.

4) 빵기술자의 임금이 w인 경우, 장기균형에서 개별기업의 산출량, 균형가격, 거래량 및 제과점의 개수를 구하라.

5) 장기균형에서 빵기술자의 인건비, 빵의 가격, 거래량 및 제과점의 개수를 구하라.

12 정부가 휘발유 소비에 새로운 세금을 부과하려 한다. 정부의 목적은 (1) 휘발유 소비를 줄여 대기오염을 완화하고, (2) 실업자구제의 재원마련이라고 한다. 위 두 가지 목적을 달성하기 위해 세금을 부과할 때 그 효과가 휘발유 수요와 공급의 가격탄력성에 의해 각각 어떻게 영향을 받는지를 그림을 통해 설명하라.

13 정부가 중고차 시장에 새로운 세금을 도입해, 중고차 1대가 매매될 때 파는 사람과 사는 사람이 각각 5만원씩 세금을 정부에 납부해야 된다고 하자. "이 세금제도는 판매자와 구매자가 같은 금액을 납부하므로 판매자, 구매자에게 공평하게 세금을 부담한다"라는 설명이 옳은지 평가하라.

14 어느 해에 제주도에서 감귤의 과다 생산으로 감귤가격이 폭락했다고 한다. 감귤 생산업자들이 가격폭락을 막고 수입(즉, 매출액)을 늘리기 위해, 각자가 이미 생산된 자신의 감귤 중에서 10%를 폐기처분하기로 약속했다고 하자. 모든 생산자들이 이 약속대로 행동했을 때, 예상대로 수입이 증대할 조건은 무엇인가? 또한 이런 약속이 실제로 잘 지켜지지 않을 가능성이 높은 이유는 무엇인지 설명하라.

15 전국 양계업자들이 계란값이 너무 낮아 모두 겨우 본전만 건지는 장사를 하고 있었다. 그런데 이들이 정부를 상대로 단체 협상을 한 결과, 정부가 모든 양계업자에게 사료비용의 일부를 지원해 주기로 했다. 이 결과 계란생산의 한계비용과 평균비용이 일괄적으로 20원씩 하락하게 되었다. 양계시장이 전형적인 완전경쟁시장이라는 전제하에 이러한 정책이 계란시장에 미칠 영향을 단기, 장기로 나누어 설명하라.

16 "완전경쟁시장에서 정부가 판매자에게 개당 s원의 보조금을 주면 수요의 가격탄력성이(공급의 가격탄력성에 비해) 상대적으로 작을수록 구매자가 부담하는 가격이 상대적으로 덜 줄어든다"라는 주장은 옳은가?

Microeconomics

Chapter

14 독점시장

⭐ 티롤(Jean Tirole): 프랑스, 1953~현재

🔯 티롤은 2014년에 시장력(market power)과 규제에 대한 이론적 분석으로 노벨 경제학상을 수상했다.

프랑스에서 출생한 티롤은 프랑스 에콜 폴리테크니크(Ecole Polytechnic)에서 공학을 공부한 뒤 관심을 경제학과 수학으로 돌려 1981년 미국 MIT 대학에서 경제학 박사학위를 취득했다. 이후 MIT 대학에서 교수로 근무하다가 1992년 이후에는 고국인 프랑스의 툴루스(Toulouse) 대학에서 교수로 재직하고 있다.

티롤은 게임이론이 본격적으로 경제학에 도입되기 시작하던 1980년대에 게임이론을 독과점 이론과 규제 이론에 접목해 많은 성과를 남겼다. 티롤은 독과점 규제에서 각 산업의 특성에 맞는 규제를 설계해야 함을 보이고, 이런 규제들을 설계할 수 있는 기본적인 틀을 제시했다. 뿐만 아니라 티롤은 자신의 이론들을 실제로 금융, 통신, 에너지 등 여러 분야의 산업에 실제로 적용하는 연구도 수행했다.

티롤이 1988년에 저술한 산업조직론 교과서 *The Theory of Industrial Organization*는 오랜 기간 동안 이 분야를 공부하는 대학원생들과 학자들의 필독서로 여겨져 왔다.

Section 1 독점과 가격설정자

1.1 가격설정자

모든 시장참여자들이 가격수용자인 경쟁시장과 정반대의 시장은 딱 한 명만 가격수용자가 아니고 나머지는 모두 가격수용자인 시장이다. 이 경우 그 한 명의 비가격수용자는 시장에서 막강한 영향력을 가지며, 아무도 그 영향력에 도전할 수 없다. 결과적으로 그는 가격을 마음대로 조절할 수 있는데 이런 참여자를 **가격설정자**(price setter)라고 부른다.

> **가격설정자(price setter):** 시장에서 유일한 비가격수용자로 시장가격을 자신이 원하는 수준으로 유지시킬 수 있을 정도의 영향력을 가지고 있고, 이런 영향력을 실제로 행사하는 시장 참여자

가격설정자 역시 판매자와 구매자 모두에게 적용된다. 어떤 판매자가 시장가격을 좌지우지하면 그가 가격설정자이며, 어떤 구매자가 시장가격을 마음대로 정할 수 있으면 그 역시 가격설정자이다. 가격설정자는 다음의 조건을 충족해야 한다.

1) 시장전체에서 차지하는 비중이 상당해야 한다

시장가격을 원하는 수준에서 유지할 수 있으려면 시장 물량을 조절할 수 있는 능력이 있어야 한다. 가격설정자가 시장가격을 조절할 수 있는 범위는 결국 자신이 조절할 수 있는 물량의 크기에 따라 달라진다.

2) 다른 모든 시장 참여자들이 가격수용자이어야 한다

만약 다른 대규모 참여자가 있어 시장가격에 영향을 미치려 한다면, 한 시장 참여자가 임의로 시장가격을 조절할 수 없다.

가격설정자가 있는 시장의 예는 아래와 같다.

> **독점시장(monopoly):** 유일한 판매자가 가격설정자 역할을 하고 수많은 구매자들이 모두 가격수용자인 시장
> **수요독점시장(monopsony):** 유일한 구매자가 가격설정자 역할을 하고 수많은 판매자들이 모두 가격수용자인 시장[1]

---

1 수요독점 모형은 제17장의 요소시장에서 논의한다.

가격설정자는 반드시 유일한 판매자나 유일한 구매자일 필요는 없다. 아래의 예와 같이 판매자가 많더라도 다른 판매자가 모두 가격수용자이고 한 판매자만 상당한 규모를 가지고 있다면 그 판매자가 가격설정자가 될 수 있다. 구매자의 경우도 마찬가지이다.

> **가격리더십(price leadership):** 구매자와 다른 판매자들은 모두 가격수용자이고 오직 한 판매자만 가격설정자가 될 만큼 영향력이 있는 경우
> **수요가격리더십:** 판매자와 다른 구매자들은 모두 가격수용자이고 오직 한 구매자만 가격설정자가 될 만큼 영향력이 있는 경우

이 네 가지 시장에서 가격설정자가 행동하는 원칙은 매우 유사하다. 다른 가격수용자들이 수동적으로 반응할 것을 예상하고 자신에게 가장 유리한 가격을 설정한다. 따라서 이들 중에서 가장 대표적인 독점시장 모형을 공부하면 나머지 시장은 쉽게 이해할 수 있다. 본 장은 독점시장 모형을 먼저 공부하고 이를 응용해 마지막에 가격리더십 모형을 간단히 소개한다.

1.2 시장지배력

가격수용자가 아닌 시장참여자는 자신의 행동으로 시장에 영향을 미칠 수 있다. 이런 영향력을 **시장력**(market power)이라고 부른다. 시장력을 지닌 참여자는 의사결정을 할 때, 자신의 행동이 시장에 미치는 영향을 고려해 결정한다. 시장력이 매우 강해 가격설정자 정도의 영향력을 갖게 되면 그것을 **시장지배력**(market dominance 또는 significant market power)이라고 부른다. 우리나라 공정거래법에서는 시장지배력을 가진 기업들을 시장지배적 사업자라고 부른다. 시장지배력이 있는 판매업자는 가격을 상당히 높게 유지할 수 있다.

시장력: 가격수용자가 아닌 참여자가 시장에 미치는 영향력

시장지배력: 시장력이 매우 강해 시장가격을 상당히 높게 유지할 수 있는 능력

1.3 독점시장모형

가격설정자 시장에서 중요한 점은 한 명의 가격설정자를 제외하고는 다른 모든 참여자들이 가격수용자라는 점이다. 그렇기 때문에 이들 시장에서는 누가 가격을 결정하는지 그리고 누가 가격을 수동적으로 받아들이는지가 명확하다. 가격설정자들은 시장가격을 마음대로 정할 수 있지만 그렇다고 자신이 정한 가격에 대해 가격수용자인 다른 참여자들이 어떻게 반응하는지까지 마음대로 정할 수는 없다. 예를 들어, 사과의 독점 판매자는 사과 가격을 얼마든지 높게 정할 수 있다. 그러나 그 가격에 사과가 얼마나 많이 팔리는지까지 마음대로 정할 수는 없다. 가격을 너무 높이 정하면 사과 판매량이 급감할 수도 있다. 물론 독점 판매자는 가격수용자인 구매자들의 반응을 고려해 자신에게 가장 유리한 사과 가격을 결정할 것이다.

독점시장에서 구매자들은 모두 가격수용자이므로 경쟁시장과 마찬가지로 수

● **그림 14-1 독점기업의 행동**

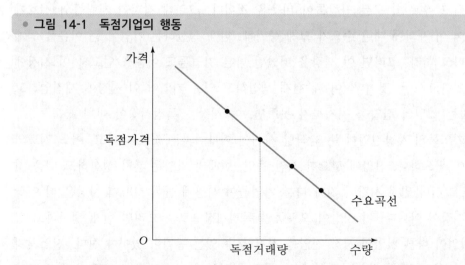

독점기업은 수요곡선상의 점들 중에서 자신의 이윤을 극대화하는 점을 선택한다.

요함수를 이용해 이들의 행동을 모형화할 수 있다. 그러나 독점기업은 가격설정자이기 때문에 주어진 가격에 대해 수동적으로 반응하는 식의 공급함수는 존재하지 않는다. 대신 독점기업의 행동은 구매자들의 수요함수와 자신의 비용을 고려해 가장 유리한 판매량을 선택하는 이윤극대화 문제로 모형화할 수 있다. 〈그림 14-1〉과 같이 독점기업은 자신에게 주어진 수요곡선(즉, 수요함수)상에서 자신에게 가장 유리한 점을 선택한다. 그림의 굵은 점들은 독점기업이 고려하는 점들을 예시적으로 표현한 것이고, 실제로는 수요곡선상의 모든 점이 고려대상이 된다. 이 점들 중에서 이윤을 극대화하는 점을 선택하는 원칙이 본 장의 주요 내용이다.

Section 2 시장지배력의 원천

독점시장은 생산자가 한 명인 것은 틀림없으나, 독점의 본질은 생산자가 한 명인 것 이외에, 이 생산자가 다른 기업의 시장 진입을 저지할 수 있는 능력이 있어야 한다는 것이다. 예를 들어, 어떤 재화의 시장이 사양길에 접어들고 있어 모든 기업들이 다 시장에서 퇴출하고, 오직 한 기업만 생산을 하고 있다고 가정하자. 현재 이 기업이 손해를 보고 있으면서도 혼자만 생산하고 있기 때문에 스스로를 독점이라고 부르면, 모든 사람들이 비웃을 것이다. 그런데 갑자기 사람들의 선호가 바뀌어 이 재화에 대한 수요가 크게 증가해, 현재 생산하는 기업이 큰 이윤을 얻게 되었다고 하자. 그러면 이 시장을 떠났던 다른 기업들도 이윤을 얻고자 이 시장에 재진입하고자 할 것이다. 이 때 현재 생산하고 있는 기업이 이 시장에 재진입하고자 하는 기업의 진입을 저지하지 못하면, 이 시장은 독점시장이 아니다.

기업들의 시장진입이 눈 깜짝할 사이에 이루어지는 것은 아니고, 어느 정도의 시간이 필요하다. 진입에 필요한 시간 동안, 현재의 기업은 혼자 생산하고 있을 것이다. 그러나 일정 시간이 지나 다른 기업들이 시장에 들어오면 이 시장은 더 이상 독점시장이 아니다. 이 시장이 오랫동안 독점시장으로 남으려면 현재 생산하고 있는 기업이 다른 기업의 시장 진입을 저지할 수 있는 능력이 있어야 한다. 진입저지 능력이 없으면, 경제적 이윤을 찾아 다른 기업들이 자유롭게 진입해 오래지 않아이 시장은 매우 경쟁적인 시장이 될 것이다. 그러므로 독점의 본질은 한 기업이 시장 전체의 생산을 담당하고 있을 뿐 아니라, 다른 기업의 시장 진입을 저지할 수 있는 능력을 갖추고 있어야 한다는 것이다.

다음과 같은 몇 가지 이유로 인해 독점기업은 다른 기업의 진입을 저지할 수 있다.

1) 특허 · 저작권 · 지적재산권

시장경제에서는 개인이나 회사의 새로운 아이디어나 창작물을 법적으로 보호한다. 이 같은 법적 보호는 그 형태에 따라 특허(patent), 저작권(copyright) 혹은 지적재산권(intellectual property right) 등의 다양한 모습으로 나타난다. 한 기업이 이같은 권리를 정부로부터 얻게 되면, 그 기업은 적어도 일정 기간 동안 독점적 권리를 보장받는다. 다른 기업들이 이 권리를 사용하려면 독점적 권리를 가진 기업으로부터 허가를 받아야 한다. 그러므로 이 권리를 가진 기업이 다른 기업에게 이 권리를 사용할 수 있는 허가를 해 주지 않으면 적어도 일정 기간 동안 자연스럽게 독점으로 행동할 수 있다.

이후의 논의에서 보다 분명해지겠지만, 완전경쟁시장과 비교해 독점시장은 비효율적이다. 특허, 저작권 혹은 지적재산권 등은 법에 의해 인위적으로 독점을 인정해 주는 것이다. 독점이 비효율적이라면 시장경제는 왜 이 같은 조항에 의해 독점을 인정해 주는가? 그 이유는 이런 법적 보장 없이는 사람들이 새로운 아이디어나 창작물을 개발해 낼 아무런 유인을 갖지 못하기 때문이다.

블록버스터 영화를 생각해 보자. 영화 제작 시 대부분의 비용은 첫 카피를 만들기 위한 고정비용이다.[2] 일단 첫 카피가 만들어지면, 그 다음 카피를 만드는 비용은 거의 발생하지 않는다. 컴퓨터 소프트웨어도 유사하다. 비용의 대부분은 첫 카피를 만들기 위한 개발비용이다. 일단 만들어지면 추가적인 카피본을 만들 때

---

2 아마도 많은 독자들이 관람했을 영화인 반지의 제왕(The Lords of Rings)은 고정비가 워낙 커 제작사는 1-3편을 동시에 제작했다. 반지의 제왕을 본 독자들이라면 알겠지만, 1-3편을 각각 촬영했더라면 매번 배경이 되는 세트를 다시 제작했을 것이며, 오르크 등으로 나오는 사람들의 분장도 매번 다시 해야 했을 것이다. 1-3편을 동시에 제작함으로써 고정비용이 중복해 발생하는 것을 피할 수 있다. 제작사는 1-3편을 동시에 완성시켜 놓고, 시장에서는 시차를 두고 1-3편을 차례로 개봉했다.

발생하는 비용, 즉 한계비용은 매우 작다. 완전경쟁시장에서 보았듯이 자원배분의 효율성이 달성되려면 '가격＝한계비용'이 성립해야 한다. 만일 가격＝한계비용이 성립하면, 영화 제작사나 소프트웨어 개발회사는 고정비용을 회수할 수 없을 것이다. 그러므로 이들 회사는 영화나 소프트웨어를 개발할 아무런 유인을 갖지 못한다.

영화나 소프트웨어의 개발을 촉진하기 위해 제품이 개발되면, 가격을 한계비용으로 책정하고 그 대신 정부가 고정비용을 지불한다고 가정하자. 그러면 이들 제품을 개발하는 기업의 경제적 이윤은 0이 되어 손해는 보지 않을 것이다. 그러나 많은 영화 제작사들이 영화를 제작하는 것은 0의 경제적 이윤을 얻기 위한 것이 아니다. 많은 영화 제작사들은 소위 말하는 대박을 노리고 영화를 제작한다. 소프트웨어 개발회사도 마찬가지이다. 설사 정부가 제품개발비용을 지불한다고 하더라도 가격을 한계비용으로 책정하면, 많은 기업들이 제품개발을 포기할 것이다. 많은 기업들이 법적 보호를 받은 제품이 시장에서 성공하면 얻을 수 있는 막대한 경제적 이윤 때문에 신제품을 개발한다. 그러므로 자신들이 개발한 제품에 대한 독점적 권리가 보장되지 못하면 처음부터 제품을 개발할 유인을 갖지 못한다.

right라는 영어 단어는 '권리'라는 뜻 이외에 '오른쪽'이라는 의미를 지닌다. 독점적 권리를 의미하는 카피라이트에 빗대어 카피레프트(copy left)라는 용어가 있다. 이는 자신들이 개발한 소프트웨어를 모든 사람들이 무료로 사용할 수 있도록 하는 것을 의미한다. 카피레프트에 충실한 사람들도 있으나, 대부분 사람들은 자신들이 개발한 제품에 대한 보상이 없으면 제품 개발을 하지 않으려 한다. 이런 인간의 본성에 비추어, 차라리 일정 기간 동안 독점권을 보장해 주는 것이 그렇지 않은 경우보다 인간 생활에 유용한 재화를 개발하려는 유인을 더 크게 제공해 준다. 이 같은 이유에서 사후적으로는 독점이 비효율적이지만, 사전적으로는 유용한 재화를 개발하려는 유인을 제공하기 위해 일정 기간 독점적인 권리를 인정하는 것이다.

2) 핵심 생산요소의 독점적 지배

재화를 생산하려면 생산요소가 필요하기 마련이다. 특정 재화 생산에 필수불가결한 생산요소를 독점적으로 지배를 할 수 있으면, 그 생산요소를 이용해 생산하는 재화 또한 독점할 수 있다. '다이아몬드는 영원하다(Diamonds are forever)'라는 광고 문구로 유명한 드비어스(De Beers)가 오랫동안 다이아몬드 시장에서 독점적 지위를 누릴 수 있는 가장 중요한 이유는 보츠나와와 남아프리카 공화국의 다이아몬드 광산 대부분을 소유함으로써 다이아몬드 원광석을 거의 독점할 수 있었기 때문이다. 그러나 다이아몬드 시장에서 이 같은 드비어스의 독점적 지위도 천연 다이아몬드와 거의 구별할 수 없는 인조 다이아몬드가 만들어지기 시작하면서 위협을 받고 있다. 독점을 유지할 수 있었던 가장 큰 원천인 핵심 생산요소의 독점적 지배가 흔들리기 때문이다.

코카콜라 회사는 코카콜라를 만드는 비법에 대한 특허를 신청하지 않았다. 특허를 신청하면 일정 기간 동안 코카콜라 제조의 독점적 권리를 보장받지만, 특허 유효기간이 지나면 코카콜라의 제조방법은 모든 사람들에게 다 알려지게 된다. 그러면 더 이상 청량음료 시장에서 독점적 지위를 유지하기가 어려울 것을 염려해 코카콜라 회사는 코카콜라 제조비법에 대한 특허를 신청하지 않았다. 그 대신 콜라 원액을 만드는 공식에 대한 비밀을 철저히 유지해 특허가 보호하는 기간보다 훨씬 오랜 기간 동안 콜라 시장에서 거의 실질적인 독점의 위치를 유지해 왔다. 코카콜라라는 독특한 맛을 내기 위한 핵심 생산요소인 원액에 대한 독점이 코카콜라 독점의 원천이다.

3) 정부의 독점 또는 프랜차이즈 계약

특정 재화를 정부가 직접 공급하는 경우가 있다. 과거에 우리나라는 전매청이라는 정부기관이 직접 담배와 인삼을 독점공급했다. 당시 전매청의 영문이름은 다름 아닌 Department of Monopoly였다. 전매청은 그 이후 담배인삼공사로 공사화되었다 오늘날에는 완전히 민영화되었다.

우리나라에서는 정부가 직접적으로 독점공급하는 경우 이외에 독점권을 인정해 주는 경우를 별로 찾아볼 수 없지만, 미국은 국립공원의 관리나 시의 쓰레기 청소에 대한 독점권을 일정 기간 동안 프랜차이즈 계약을 한다. 이 경우에도 정부와의 독점적인 계약을 통해 일정 기간 독점적 지위를 얻을 수 있다.

4) 규모의 경제

비용이론에서 설명했듯이, 규모의 경제란 산출량이 증가할수록 평균비용이 감소하는 것을 의미한다. 규모의 경제가 존재하면 주어진 산출량을 한 기업이 모두 생산하는 것이 적어도 비용측면에서는 효율적이다. 여러 기업이 나누어 생산할수록 전체 비용은 증가한다. 평균비용이 감소하면 항상 한계비용이 평균비용보다 작다. 그러므로 '가격=한계비용'이 성립하는 완전경쟁시장에서 기업은 항상 손해를 보므로, 규모의 경제와 완전경쟁시장은 양립할 수 없다.

규모의 경제가 강하게 존재하면 시장이 자연스럽게 한 기업이 모든 산출량을 생산하는 독점의 시장구조를 가지게 되는 경우가 많은데, 이를 **자연독점**(natural monopoly)이라고 부른다. 규모의 경제가 존재하는 경우, 잠재적 경쟁기업이 시장에 진입할 때 기존 기업보다 경쟁력을 가질 수 있는 방법은 기존 기업보다 더 큰 규모로 진입해 평균비용을 낮추는 것이다. 대규모로 진입할수록 그만큼 큰 자본규모가 필요하다. 진입에 필요한 자본규모가 클수록 진입하기 어렵다. 또한 진입한다고 하더라도, 기존 기업 역시 생산규모를 확대하면 더 낮은 평균비용으로 생산할 수 있으므로, 생산규모를 확장할 유인을 가진다. 이에 대응해 진입기업도 생산규모를 더 확장할 유인을 가진다. 이 같은 생산규모의 확장은 결국 시장가격을 평균비용 이하로 떨어지게 하여 모든 기업이 손해를 보며, 결국에는 여러 기업이 시장에서 평화롭게 공존하기가 힘들다. 그러므로 규모의 경제가 존재하면 시장은 한 기업이 모든 산출량을 생산하는 독점의 시장구조를 가질 가능성이 매우 높다.

규모의 경제가 존재하는 산업의 경우, 많은 나라에서 독점의 시장구조를 유지해 왔다. 전통적으로 네트워크 산업은 초기 망투자 비용이 매우 크므로 규모의 경제가 크게 존재한다. 통신, 전력, 철도, 수도, 가스산업 등과 같은 네트워크 산업들이 많은 나라에서 국가 독점이나 또는 규제를 받는 민간 독점의 시장구조를 갖는 이유가 바로 규모의 경제를 활용하기 위해이다.

5) 네트워크 외부성(외부효과)

제5장에서 소개한 네트워크 외부성도 진입 장벽으로 작용한다. 전통적으로 통신 서비스가 네트워크 외부성이 존재하는 가장 대표적인 예이지만, 통신 서비스

이외에 소프트웨어도 네트워크 외부성이 매우 강하게 작용한다. 많은 사람들이 동일한 소프트웨어를 사용하면, 공동작업을 할 때 파일의 교환이나 공유 등이 매우 쉽다.

많은 사람들이 마이크로소프트사의 윈도우즈가 운영체계(operating system) 시장에서 성공한 이유로 기술적인 우월성보다는 네트워크 외부성을 꼽는다. 윈도우즈를 사용하는 사람들의 숫자가 일정 수준에 도달하면, 아직까지 운영체계를 결정하지 못한 소비자들은 보다 많은 사람들이 사용하는 윈도우즈를 운영체계로 선택하는 것이 유리하다. 또한 응용 소프트웨어 프로그램 개발자의 입장에서도 많은 사람들이 사용하는 운영체계에서 작동하는 소프트웨어를 개발하는 것이 더 유리하다. 마이크로소프트가 초기 판매에서 다소 우월했으므로, 소프트웨어 개발자들은 윈도우즈 포맷으로 소프트웨어를 개발할 강력한 유인을 가지게 되었다. 그 결과 윈도우즈에서 돌아가는 소프트웨어의 종류는 다른 경쟁 운영체제보다 훨씬 많고 다양하다. 워드프로세서나 스프레드쉬트(spread sheet)와 같은 범용성 소프트웨어는 다양한 운영체계에서 돌아가나, 특수한 전문가용 소프트웨어나 게임들은 최우선적으로 윈도우즈용으로만 개발되었다.

애플 매킨토시 사용자들은 대부분 매킨토시 운영체계가 윈도우보다 더 우월하다고 믿지만, 소프트웨어의 다양성과 다른 사람들과의 파일 호환성 때문에 많은 사람들은 윈도우즈를 선택한다. 다른 운영체계와 비교해, 윈도우즈가 일정 수준의 소비자를 선점함으로써 그 이후에는 기술적인 우위보다는 네트워크 외부성에 의해 운영체계 시장의 독점적 지위를 획득한다.

네트워크 외부성은 칼의 양날과 같은 성격을 지닌다. 일정 수준의 소비자를 선점하면 그 이후에는 스스로 그 사용자의 수가 늘어나는 선순환(virtuous cycle)이 지속되는 반면에, 일정 수준의 소비자를 확보하지 못하면 기존의 소비자조차 네트워크 외부성에 의해 보다 많은 소비자를 확보한 재화 쪽으로 빼앗기는 악순환(vicious cycle)이 발생한다. 이런 현상을 **쏠림현상**(tipping)이라고 한다. 네트워크 외부성이 매우 크게 작동하는 재화의 경우, 기업의 가장 중요한 전략은 일정 부분의 시장을 선점하는 것이다. 하드웨어에 비해 소프트웨어의 비중이 점점 커져갈수록 기업 입장에서 네트워크 외부성에 대한 고려는 필수적이다.

Section 3   독점시장의 이윤극대화 조건

3.1 독점기업의 수요곡선

독점기업은 자신이 생산하는 산출량이 시장 전체의 산출량이다. 독점기업의 산출량이 두 배가 되면, 시장 전체의 산출량도 두 배가 된다. 따라서 자신의 산출량이 시장가격에 영향을 미치지 않는다는 가격수용자의 가정은 독점시장에는 적합하지 않다. 독점기업은 자신의 산출량이 시장가격에 영향을 미치므로 가격수용자가 아니다. 뿐만 아니라 자신이 유일한 판매자이므로 가격과 산출량을 결정하는 가격설정자(price setter)이다. 완전경쟁시장에서 각 기업은 가격수용자이므로, 수요곡선이 현재의 시장가격에서 수평인 형태를 지닌다. 그러나 독점기업은 자신의 산출량이 시장 전체의 산출량이므로 독점이 당면하고 있는 수요곡선은 우하향하는 시장 전체의 수요곡선이다.

독점은 가격설정자이므로 주어진 가격에서 수량을 결정하는 것이 아니라, 수량과 가격을 동시에 결정한다. 그러나 독점기업이라도 수량과 가격을 임의로 결정할 수 있는 것은 아니다. 독점기업이 선택할 수 있는 가격-수량의 조합은 반드시 시장수요곡선상에 있어야 한다.

〈그림 14-3〉을 보면 (p_0, q_0)는 수요곡선보다 위쪽에 있는데, 독점기업은 이

● 그림 14-2 독점기업과 완전경쟁기업의 수요곡선

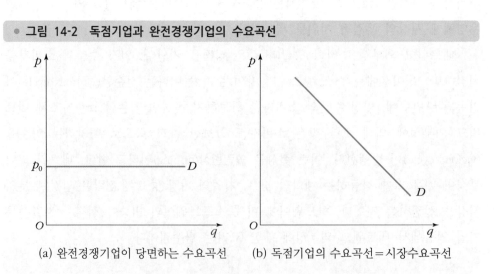

(a) 완전경쟁기업이 당면하는 수요곡선   (b) 독점기업의 수요곡선＝시장수요곡선

그림 14-3 독점기업이 선택할 수 있는 가격-수량의 조합

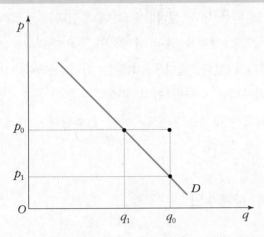

조합을 선택할 수 없다. p_0를 받고 싶으면, p_0에서의 수요량인 q_1만큼만 팔 수 있다. 아무리 독점이라도 소비자들에게 강제적으로 자신의 재화를 팔수는 없다. 반대로 q_0만큼 팔고 싶으면 p_1을 받아야 한다. 반면에 (p_1, q_1)은 수요곡선 아래쪽에 있으므로 독점기업이 원하면 선택할 수 있다. 그러나 q_1을 팔려고 하면 가격을 p_0까지 받을 수 있으므로 p_1을 받을 이유가 없다. 그러므로 독점기업은 수요곡선 아래쪽에 있는 가격-수량 조합을 선택할 수는 있지만, 선택할 이유가 없다. 결론적으로 독점기업은 수요곡선상에 있는 점들 중에서 가격-수량 조합을 선택한다.

독점기업이 가격과 수량을 동시에 결정하지만, 선택할 수 있는 가격-수량 조합이 반드시 수요곡선상에 있어야 하므로, 가격과 수량을 따로 결정할 수 없다. 가격 p를 선택하면, 수량은 수요함수에 의해 $q = D(p)$로 결정된다. 반대로, 수량 q를 선택하면 가격은 역수요함수에 의해 $p = P(q)$로 결정된다. 독점기업이 가격을 먼저 결정할 때와 수량을 먼저 결정할 때의 이윤은 각각 다음과 같이 표현된다.

가격선택: $\Pi(p) = p \times D(p) - C(D(p))$

수량선택: $\Pi(q) = q \times P(q) - C(q)$

(1)

p를 먼저 선택하면 수요량은 $q = D(p)$이므로 수입은 $p \times D(p)$이다. $q = D(p)$만큼을 생산하므로 비용은 $C(D(p))$가 된다. 그러므로 이윤은 $\Pi(p) = p \times D(p) - C(D(p))$가 된다. q를 먼저 선택하면, 가격은 $p = P(q)$이므로 수입은 $q \times P(q)$이다.

q 생산비용은 $C(q)$이므로 이윤은 $\Pi(q)=q \times P(q)-C(q)$가 된다.

독점기업이 어느 쪽을 먼저 선택한다고 해도 결과는 동일하다. 그러나 비용함수가 수량의 함수이므로, 가격을 먼저 선택하면 수요함수 $q=D(p)$를 통해 비용함수는 $C(D(p))$의 형태를 띤다. 반면에, 수량을 먼저 선택하면 비용함수는 $C(q)$가된다. 그러므로 가격보다는 수량을 먼저 선택하는 것이 독점기업의 행동을 분석하는 데 다소 용이하다. 이후로는 수량을 먼저 선택한다는 가정하에서 독점기업의 이윤극대화 조건을 살펴본다.

3.2 총수입과 한계수입

독점기업이 수량을 먼저 선택한다고 가정했으므로, 수요함수보다는 역수요함수를 이용하는 것이 더 편리하다. 시장수요함수가 $q=D(p)$일 때, 역수요함수를 $p=P(q)$로 표시하자. (1)식에서 보았듯이, 독점기업이 q를 선택하면 이윤은 $\Pi(q)=q \times P(q)-C(q)$이다. 여기서 $q \times P(q)$를 완전경쟁시장에서와 같이 기업의 **총수입**(total revenue: TR), 혹은 간단히 수입이라고 부르고 $TR(q)$로 표시한다. 일반적으로 q의 크기에 따라 총수입 $TR(q)$는 달라진다.

> (총)수입: $TR(q)=q \times P(q)$

가격수용자인 완전경쟁시장과 달리 독점기업은 가격설정자이므로, 수량에 따라서 가격이 변한다는 것을 인식하고 있다.

다음으로 한계수입을 알아보자. 다른 모든 "한계"의 개념과 동일하게, 한계수입(marginal revenue: MR)은 산출량 한 단위 증가 시 발생하는 총수입의 변화분을 의미한다. 한계수입은 총수입을 수량에 대해 미분한 것으로, $MR(q)$로 표시한다.

> 한계수입: $MR(q) = \dfrac{dTR(q)}{dq} = P(q)+qP'(q)$ \hfill (2)

총수입과 마찬가지로 한계수입의 크기는 일반적으로 q에 의존한다. 독자들은 한계수입이 수량의 함수임을 반드시 기억하기 바란다. 현재의 산출량에서 한계수입이 0보다 크면, 산출량을 증가시킬 때 총수입은 증가한다. 반면에 한계수입이 0보다 작으면 산출량을 증가시킬 때 총수입은 감소한다.

1) 한계수입과 가격의 비교

주어진 산출량 q에서 가격과 한계수입의 크기를 비교해 보자. 한계수입은 $MR(q) = P(q) + qP'(q)$이다. 여기서 $P'(q) = \dfrac{dP(q)}{dq}$는 수요곡선을 아래서 보았을 때의 기울기이다. 수요곡선은 우하향하므로 $P'(q) < 0$이다. 그러므로 다음의 관계가 성립함을 알 수 있다.

$$MR(q) = P(q) + qP'(q) < P(q) \quad (q > 0) \tag{3}$$

즉, 0보다 큰 모든 q에 대해 $MR(q) < P(q)$이 성립하고, $q = 0$이면 $MR(0) = P(0)$이다.

한계수입이 가격보다 작은 이유를 직관적으로 설명하면 다음과 같다. 독점기업이 현재 q를 생산하고 있다고 가정하자. 그러면 가격은 $p = P(q)$이다. 이제 독점기업이 산출량을 한 단위 증가시킨다고 가정하자. 만일 가격이 변하지 않으면 수입은 $P(q)$만큼 증가한다. 그러나 독점기업의 수요곡선은 우하향하므로, 한 단위를 더 팔려면 가격을 낮추어야 한다. 한 단위를 더 팔기 위해 가격은 $P'(q)$만큼 하락해야 한다. 그런데 하락된 가격은 최종 한 단위에만 적용되는 것이 아니라, 기존의 모든 산출량에도 적용된다. 그러므로 가격하락으로 인해 수입은 $qP'(q)$만큼 하락한다. 그러므로 한 단위를 더 생산할 때 한계수입은 두 효과의 합인 $P(q) + qP'(q)$

● **그림 14-4 한계수입과 가격의 비교**

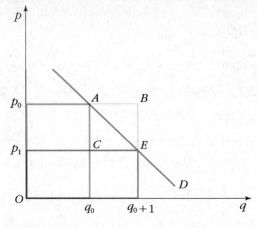

한계수입 $= \square Cq_0(q_0+1)E - \square p_0p_1CA < p_0$

가 되는 것이다. 따라서 한계수입은 가격보다 항상 낮다. 0보다 큰 모든 q에 대해 $MR(q) < P(q)$이므로, 한계수입곡선은 수요곡선보다 아래에 위치한다. 이를 그림으로 보면 〈그림 14-4〉와 같다.

〈그림 14-4〉에서 q_0일 때 총수입은 $TR(q_0) = p_0 \times q_0$이고, 산출량을 한 단위 더 늘릴 때 총수입은 $TR(q_0+1) = p_1 \times (q_0+1)$이다. 그러므로 q_0에서 한계수입 $MR(q_0)$는 $p_1 \times (q_0+1) - p_0 \times q_0$이다. 그런데 사각형 $p_1 O q_0 C$가 공통이므로, 한계수입은 사각형 $C q_0 (q_0+1) E$에서 사각형 $p_0 p_1 CA$를 뺀 것과 동일하다. 사각형 $C q_0 (q_0+1) E$의 면적은 사각형 $A q_0 (q_0+1) B$의 면적보다 작다. 사각형 $A q_0 (q_0+1) B$는 밑변이 $(q_0+1) - q_0 = 1$이고, 높이가 $p_0 = P(q_0)$이므로 면적이 p_0이다. 한계수입은 사각형 $C q_0 (q_0+1) E$에서 사각형 $p_0 p_1 CA$를 뺀 것인데, 사각형 $C q_0 (q_0+1) E$의 면적이 사각형 $A q_0 (q_0+1) B$의 면적인 p_0보다 작으므로 한계수입 $MR(q_0)$는 $p_0 = P(q_0)$보다 작다.

Box 14-1 한계수입곡선이 우하향할 조건

앞의 설명에서 수요곡선이 우하향하는 한 0보다 큰 모든 q에 대해 $MR(q) < P(q)$가 성립함을 보았다. 그러나 수요곡선이 우하향한다고 하더라도 반드시 한계수입곡선이 우하향하지는 않는다. 한계수입곡선이 우하향하는 조건을 찾기 위해 $MR(q)$를 q에 대해 미분하면 다음의 결과를 얻는다.

$$MR'(q) = 2P'(q) + qP''(q)$$

수요곡선이 우하향하므로 항상 $P'(q) < 0$이다. 만일 $P''(q) \leq 0$이면 $MR'(q) < 0$이므로 한계수입곡선은 우하향한다. 설사 $P''(q) > 0$이라 하더라도, $P'(q)$의 크기가 $P''(q)$의 크기를 압도하면, 한계수입곡선은 우하향한다. 반대로 $P''(q)$의 크기가 $P'(q)$의 크기를 압도하면 한계수입곡선은 우상향할 수도 있다. 이론적으로는 한계수입곡선이 우상향할 수 있으나, 현실적으로 그런 경우를 찾아보기 힘들므로, 이후의 논의에서는 한계수입곡선이 우하향한다고 가정한다.

2) 수요의 가격탄력성을 이용한 한계수입의 표현

수요의 가격탄력성을 이용하면, (2)식으로 주어진 한계수입을 탄력성과 가격으로 표시할 수 있다. $MR(q) = P(q) + qP'(q)$이므로 $P(q)$로 묶어내면 $MR(q) = P(q)\left[1 + \dfrac{q}{P(q)}P'(q)\right]$이다. $P'(q) = \dfrac{dP(q)}{dq}$이므로 $\dfrac{q}{P(q)}P'(q)$를 다시 쓰면 $\dfrac{q}{P(q)}\dfrac{dP(q)}{dq}$가 된다. 수요의 가격탄력성은 $\varepsilon = -\dfrac{p}{q}\dfrac{dq}{dp}$이므로 $\dfrac{q}{P(q)}\dfrac{dP(q)}{dq} = -\dfrac{1}{\varepsilon}$이 성립함을 알 수 있다. 그러므로 한계수입은 다음과 같이 쓸 수 있다.

$$MR(q) = P(q) + qP'(q) = P(q)\left(1 - \frac{1}{\varepsilon}\right) \tag{4}$$

(4)식으로부터 몇 가지 재미있는 사실을 바로 알 수 있다. 먼저 일반적으로 $\varepsilon > 0$이므로 $1 - \dfrac{1}{\varepsilon} < 1$이다. $MR(q) = P(q)\left(1 - \dfrac{1}{\varepsilon}\right)$이므로 $MR(q) < P(q)$이 성립함을 (4)식으로부터 바로 알 수 있다. 다음으로 $\varepsilon > 1$이면 $1 - \dfrac{1}{\varepsilon} > 0$이므로 $MR(q) = P(q)\left(1 - \dfrac{1}{\varepsilon}\right) > 0$이다. 따라서 $\varepsilon > 1$이면 산출량이 증가할 때 총수입은 증가한다. 반대로 $\varepsilon < 1$이면 $1 - \dfrac{1}{\varepsilon} < 0$이므로 $MR(q) < 0$이다. 따라서 $\varepsilon < 1$이면 산출량이 감소할 때 총수입은 증가한다. 수요의 가격탄력성이 1이 아니면 산출량을 증가시키거나 감소시킴으로써 총수입을 증가시킬 수 있다. 그러므로 총수입은 수요곡선상

● 그림 14-5 수요곡선과 총수입 및 한계수입곡선

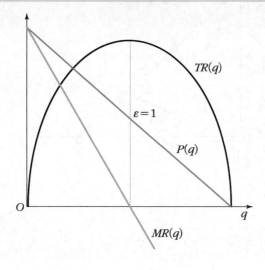

에서 $\varepsilon = 1$인 점에서 극대화됨을 알 수 있다. 〈그림 14-5〉는 이 같은 사실을 보여 준다.

예 1 선형수요곡선의 한계수입곡선

$P(q) = a - bq$인 선형수요곡선의 한계수입곡선을 구해 보자. 총수입은 $TR(q) = q \times P(q) = q(a - bq) = aq - bq^2$이 된다. $MR(q) = \dfrac{dTR}{dq}$이므로, $TR(q)$를 q에 대해 미분하면, $MR(q) = a - 2bq$를 얻는다. $MR(q) = a - 2bq$와 $P(q) = a - bq$를 비교하면, $q = 0$일 때의 값은 a로 동일하다. 그러나 수요곡선의 기울기는 $-b$인 반면에 한계수입곡선의 기울기는 그 두 배인 $-2b$가 되어, 한계수입곡선의 기울기가 더 가파름을 알 수 있다.

〈그림 14-6〉에서 $q < \dfrac{a}{2b}$이면 한계수입은 0보다 크므로, 산출량이 증가하면 총수입은 증가한다. 반대로 $q > \dfrac{a}{2b}$이면 한계수입은 0보다 작으므로, 산출량이 감소하면 총수입은 증가한다. 그러므로 한계수입이 0이 되는 $q = \dfrac{a}{2b}$에서 총수입은 극대화된다. ■

• 그림 14-6 선형수요곡선의 한계수입곡선

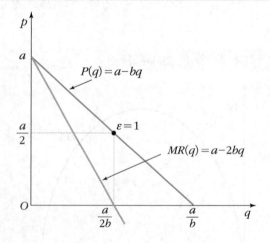

3.3 이윤극대화 조건: 한계수입 = 한계비용

독점기업이 q를 생산할 때의 이윤은 $\Pi(q) = TR(q) - C(q)$이다. 현재의 산출량에서 이윤이 극대화되는 조건을 알아보자.

현재의 산출량에서 한 단위를 더 생산하면, 총수입은 한계수입만큼, 총비용은 한계비용만큼 증가한다. $MR(q) > MC(q)$이면 한 단위를 더 생산할 때 총수입의 증가분이 총비용의 증가분보다 크다. 따라서 한 단위를 더 생산하면 이윤은 $MR(q) - MC(q) > 0$만큼 증가한다.

현재의 산출량에서 한 단위를 덜 생산하면, 총수입은 한계수입만큼, 총비용은 한계비용만큼 감소한다. $MR(q) < MC(q)$이면 한 단위를 덜 생산하면 총비용의 감소분이 총수입의 감소분보다 크다. 따라서 한 단위를 덜 생산하면 이윤은 $MR(q) - MC(q) > 0$만큼 증가한다.

그러므로 한계수입과 한계비용이 일치하지 않으면, 산출량을 늘리거나 줄임으로써 이윤을 증가시킬 수 있다. 따라서 이윤이 극대화되려면 $MR(q) = MC(q)$가 성립해야 한다.

독점기업의 이윤극대화 1계 조건:

$$\frac{d\Pi}{dq} = MR(q) - MC(q) = 0. \text{ 즉, } MR(q) = MC(q) \tag{5}$$

완전경쟁기업의 이윤극대화 조건도 역시 $MR(q) = MC(q)$이었음에 유의하기 바란다. 단, 완전경쟁기업은 $MR = p$이기 때문에 이 조건이 $p = MC$로 바뀐 것이다. 반면에 독점기업은 $p > MR$이므로 $p > MR = MC$가 성립한다. 독점기업의 이윤극대화 2계 조건은 완전경쟁시장과 동일하게 한계비용곡선의 기울기가 한계수입곡선의 기울기보다 커야 한다는 것이다.

독점기업의 이윤극대화 2계 조건:

$$\frac{d^2\Pi}{dq^2} = \frac{dMR}{dq} - \frac{dMC}{dq} < 0$$

즉, $\dfrac{dMR}{dq}$ (한계수입곡선의 기울기) $< \dfrac{dMC}{dq}$ (한계비용곡선의 기울기)

한계수입곡선이 우하향하고, 한계비용곡선이 수평이거나 우상향하면 독점기업의 이윤극대화 2계 조건은 항상 충족된다.

2계 조건이 충족된다는 가정하에서 (5)식을 만족하는 독점기업의 이윤극대화 산출량(간단히 독점수량)을 q^m으로 표시하자. 독점가격은 역수요함수에 의해 $p^m = P(q^m)$으로 결정된다. 〈그림 14-7〉은 독점기업의 산출량과 가격결정을 보여준다.

〈그림 14-7〉에서 보다시피, 한계수입곡선과 한계비용곡선이 만나는 점에서 독점수량인 q^m이 결정되고, 독점가격 p^m은 q^m에서 수요곡선의 높이로 결정된다. 독점기업의 이윤을 알려면 평균비용(AC)곡선에 대한 정보가 필요하다. 〈그림 14-7〉에서 q^m을 생산할 때 평균비용은 $AC(q^m)$이므로 개당 $p^m - AC(q^m)$의 이윤을 얻는다. 독점기업의 이윤은 $\Pi^m = (p^m - AC(q^m)) \times q^m$이다.

(4)식에서 한계수입을 가격과 탄력성을 이용해 표시했다. (4)식을 (5)식과 결합하면 다음의 식을 얻는다.

$$MR = p\left(1 - \frac{1}{\varepsilon}\right) = MC \tag{6}$$

• 그림 14-7 독점수량과 독점가격의 결정

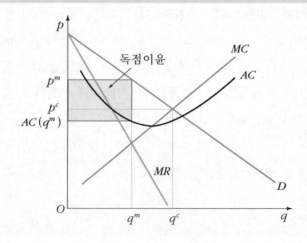

1) 독점수량에서 수요의 가격탄력성

(6)식으로부터 몇 가지 재미있는 사실을 알 수 있다. 산출량이 증가할 때 총비용은 증가하기 마련이므로, 한계비용은 반드시 0보다 크다. $MC > 0$이므로, $MR = p\left(1 - \dfrac{1}{\varepsilon}\right) > 0$이다. $MR = p\left(1 - \dfrac{1}{\varepsilon}\right) > 0$이려면 $\varepsilon > 1$이어야 한다. 다시 말하면, 독점기업이 수요곡선상에서 선택하는 가격-수량의 조합에서 가격탄력성은 반드시 1보다 크다. 수요곡선상의 한 점에서 가격탄력성이 1보다 작거나 같으면, 앞에서 설명했듯이 산출량이 감소할 때 총수입은 증가하거나($\varepsilon < 1$), 또는 변하지 않는다 ($\varepsilon = 1$). 그러나 산출량이 감소하면 총비용은 감소한다. 그러므로 현재의 가격-수량 조합에서 가격탄력성이 1보다 작거나 같으면, 산출량을 감소시킴으로써 이윤을 증가시킬 수 있다. 그러므로 독점기업이 선택하는 가격-수량 조합에서 가격탄력성은 반드시 1보다 크다.

2) 역탄력성의 공식

(6)식을 풀어서 다시 쓰면 $p - \dfrac{p}{\varepsilon} = MC$를 얻는데, 이를 다시 정리하면 $p - MC = \dfrac{p}{\varepsilon}$가 된다. 마지막으로 양변을 p로 나누면 다음의 식을 얻는다.

$$\frac{p - MC}{p} = \frac{1}{\varepsilon} \tag{7}$$

(7)식을 흔히 **역탄력성의 공식**(inverse elasticity formula)이라고 부른다. (7)식의 좌변인 $\dfrac{p - MC}{p}$는 경제학에서 **러너지수**(Lerner index)라고 부르는 것으로, 시장의 성과를 측정하는 지수 가운데 하나이다. 러너지수가 어떤 의미에서 시장의 성과를 측정하는지는 나중에 독점의 비효율성을 설명하는 절에서 더 자세히 설명하기로 한다. (7)식은 독점의 이윤극대화 조건이 러너지수가 가격탄력성의 역수와 일치해야 한다는 것을 보여준다. 우변에 수요의 가격탄력성의 역수가 나타나므로, (7)식을 흔히 독점에 있어 역탄력성의 공식이라고 부른다.

3) 시장지배력이 기업에게 유리한가?

독점기업은 시장지배력을 가지므로 가격수용자가 아닌 가격설정자로 행동한다. 시장지배력을 갖는 것이 좋은 것인가? 만일 독점기업이 시장지배력을 행사하지 않고 가격수용자로 행동하면, 완전경쟁시장에서와 동일하게 $p = MC$가 되도록 산출량을 결정한다. 그러므로 한계비용곡선이 공급곡선이 되고, 시장균형은 공급곡선과 수요곡선이 만나는 점에서 결정된다.

〈그림 14-7〉에서 독점기업이 가격수용자로 행동할 때 균형가격과 산출량이 각각 p^c와 q^c로 표시되어 있다. 이 경우 독점기업의 이윤은 $\Pi^c = (p^c - AC(q^c)) \times q^c$이다. 독점기업이 시장지배력을 행사할 때의 이윤인 Π^m과 시장지배력을 행사하지 않을 경우의 이윤인 Π^c 사이에 어느 쪽의 이윤이 더 큰가? 〈그림 14-7〉에 그려진 수요곡선과 평균비용곡선의 경우 눈으로 어느 쪽의 이윤이 더 큰가를 판단하기는 어렵다. 그러나 쉽게 Π^m과 Π^c의 크기를 비교할 수 있는 방법이 있다.

독점기업이 시장지배력을 행사하면 수요곡선상에 있는 어떠한 가격-수량 조합도 선택할 수 있다. 독점기업이 시장지배력을 행사하지 않을 때 선택되는 가격-수량 조합인 (p^c, q^c)는 물론 수요곡선상에 있다. 시장지배력을 행사할 때 독점기업은 원하면 (p^c, q^c)를 선택할 수 있다. 그러나 독점기업의 선택은 (p^c, q^c)가 아닌 (p^m, q^m)이다. 독점기업의 목표는 이윤극대화이다. (p^c, q^c)를 선택할 수 있음에도 불구하고, (p^m, q^m)을 선택했다는 것은 다름 아닌 Π^m이 Π^c보다 크다는 것을 의미한다. 그러므로 〈그림 14-7〉에서 시각적으로 Π^m이 Π^c보다 크다는 것을 보일 수는 없지만, Π^m이 Π^c보다 크다는 것을 알 수 있다. 독점기업은 절대로 자신이 가지고 있는 시장지배력을 포기하지 않는다.

독점기업이 시장지배력을 행사한다는 것으로부터 도출할 수 있는 한 가지 사실은 독점시장에는 공급곡선이라는 개념이 존재하지 않는다는 것이다. 공급곡선이 무엇을 나타내는 곡선인가를 다시 한 번 생각해 보자. 공급곡선을 $q = S(p)$로 표시하면, 이는 주어진 가격하에서 기업이 얼마를 생산할 것인가를 보여준다. 예를 들어, $S(10) = 20$, $S(20) = 30$이라면, 개당 가격이 10일 경우에는 20개, 20일 경우에는 30개를 공급하겠다는 의미이다.

공급곡선만 알면 기업이 얼마를 생산할 것인가를 알 수 있는가? 공급곡선뿐만 아니라 가격을 알아야 기업의 공급량을 알 수 있다. 공급곡선은 다만 가격이 주어지면, 그 가격에서 얼마를 생산하는지를 보여준다. 그러므로 본질적으로 공급곡선이라는 개념은 가격을 주어진 것으로 받아들인다는 것이 전제되어 있다. 다시 말하면, 기업이 가격수용자일 경우에 한해 공급곡선이라는 개념이 존재한다. 앞에서 보았듯이, 독점기업은 자신이 가지고 있는 시장지배력을 포기하지 않는다. 독점기업은 가격을 주어진 것으로 받아들이는 것이 아니라, 수요곡선상의 가격과 수량을 동시에 결정한다. 그러므로 독점시장에서는 공급곡선이라는 개념이 존재하지 않는다. 독점시장에서 한계비용곡선은 한계비용곡선일 뿐 공급곡선이 아니라는 점을 독자들은 유의하기 바란다. 공급곡선은 기업들이 가격수용자로 행동하는 완전경쟁시장에서만 존재하는 개념이다. 만약 누군가가 독점기업의 공급곡선에 대해 묻는다면, 그 사람은 경제학을 잘 모르거나 아니면 함정질문을 하고 있는 것이다.

예 2 수요곡선이 $p = a - bq$이고, 한계비용이 c로 일정할 때, 독점수량과 가격을 구해 보자.

앞에서 보았듯이, 수요곡선이 $p = a - bq$이면 총수입은 $TR = aq - bq^2$, 한계수입은 $MR = a - 2bq$이다. 독점수량은 $MR = MC$, 즉 $a - 2bq = c$에 의해 결정된다. $a - 2bq = c$를 풀면 $q^m = \dfrac{a-c}{2b}$를 얻는다.[3] $q^m = \dfrac{a-c}{2b}$를 수요곡선 $p = a - bq$에 대입하면 독점가격은 $p^m = \dfrac{a+c}{2}$이다. 이 때 독점이윤은 $\varPi^m = \dfrac{(a-c)^2}{4b}$이다.

독점기업이 가격수용자로 행동하면 이윤극대화 조건은 $p = MC$, 즉 $a - bq = c$이다. 이를 풀면 $q^c = \dfrac{a-c}{b}$가 된다. 물론 $p^c = c$가 된다. $p^c = c$이므로 가격수용자로 행동할 때의 이윤은 $\varPi^c = 0$이다. 이 예에서도 알 수 있듯이, 독점기업은 결코 가격수용자로 행동하지 않는다.

예 3 소비자 1과 2의 수요함수는 각각 $D_1(p) = 1 - p$와 $D_2(p) = 2 - p$이다. 독점기업의 한계비용은 $MC(q) = \dfrac{3}{4}$이다. 독점기업이 책정하는 수량과 책정하는 가격을 구해 보자.

두 소비자의 수요함수를 수평으로 합친 시장수요함수는 $0 \le p \le 1$에서는 $D(p) =$

---

3 $a \le c$이면 0보다 큰 모든 산출량 수준에서 가격이 한계(평균)비용인 c보다 작다. 그러므로 아무리 독점이라도 양의 산출량을 생산하지 않는다. 독점기업이 양의 산출량을 생산하기 위해 $a > c$라고 가정한다.

$3-2p$, $1\leq p \leq 2$에서는 $D(p)=2-p$이다. 독자들은 $p=1$을 중심으로 시장수요함수의 기울기가 바뀜에 유의하기 바란다. $p=1$일 때 시장수요가 1이므로, 시장수요곡선은 $0\leq q \leq 1$이면 $P(q)=2-q$, $1\leq q \leq 3$이면 $P(q)=\dfrac{3}{2}-\dfrac{q}{2}$이다. 시장수요곡선 역시 $q=1$을 중심으로 기울기가 바뀐다.

각 구간별 한계수입곡선을 구해 보면 $0\leq q \leq 1$에서는 $MR(q)=2-2q$, $1\leq q \leq 3$에서는 $MR(q)=\dfrac{3}{2}-q$이다. $MR(q)=2-2q$에 $q=1$을 대입하면 $MR(1)=0$을 얻는다. 반면에 $MR(q)=\dfrac{3}{2}-q$에 $q=1$을 대입하면 $MR(1)=\dfrac{1}{2}$이다. $q=1$에서의 한계수입은 수요곡선의 왼쪽($0\leq q \leq 1$)에서 계산할 때의 크기와 오른쪽 ($1\leq q \leq 3$)에서 계산할 때의 크기가 다르므로, $q=1$에서 한계수입곡선이 점프가 일어남을 알 수 있다. 시장수요곡선과 한계수입곡선을 그려보면 〈그림 14-8〉과 같다.

〈그림 14-8〉에서 알 수 있듯이, 시장수요곡선은 $p=1$에서 꺾인다. 그러나 한계수입곡선은 가격이 아닌 수량의 함수이므로, $p=1$이 아니라 $p=1$에서의 시장수요량인 $q=1$에서 점프가 일어남을 독자들은 주의하기 바란다. 이제 시장의 한계수입곡선과 독점기업의 한계비용곡선인 $MC=\dfrac{3}{4}$은 $q=\dfrac{5}{8}$에서 만난다. 〈그림 14-8〉을 보면 한계수입곡선과 한계비용곡선이 만나는 점이 시장수요곡선상의 왼쪽 부분임을 알 수 있다. 이 부분은 다름 아닌 소비자 2만 구매하는 영역이다. 그러므로 이 경우 독점수량 $q^m = \dfrac{5}{8}$를 팔기 위해 독점기업은 $p^m = \dfrac{11}{8}$을 책정하고,

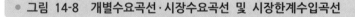

● 그림 14-8 개별수요곡선·시장수요곡선 및 시장한계수입곡선

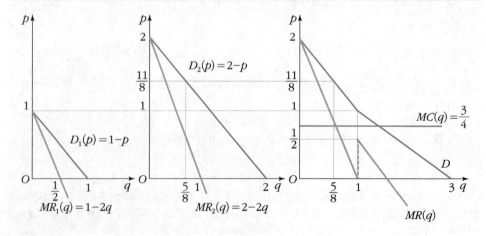

이 가격에서 소비자 2만 $q^m = \dfrac{5}{8}$를 구매한다.　　■

Section 4　독점시장의 비효율성

독점시장은 완전경쟁시장과 비교해 여러 면에서 비효율성이 발생한다. 본 절에서는 독점시장에서 발생하는 여러 가지 비효율성에 대해 알아본다.

4.1 자원배분의 비효율성

완전경쟁시장의 가장 중요한 특성이 시장균형에서 소비자잉여와 생산자잉여의 합으로 정의된 사회적 후생이 극대화되는 것이었다. 즉, 완전경쟁시장에서는 자원배분의 효율성이 달성된다. 자원배분의 효율성 조건은 $p = MC$이다. 그러나 독점시장에서는 $p = MC$가 성립하지 않는다. 독점시장의 이윤극대화 조건은 $MR = MC$이다. 그런데 앞에서 이미 $p > MR$이 성립함을 보았다. 그러므로 독점시장의 균형에서는 $p > MC$가 성립해 자원배분의 효율성이 달성되지 못한다.

〈그림 14-9〉를 보면 독점수량은 한계수입곡선과 한계비용곡선이 만나는 점인 q^m이고, 독점가격 p^m은 q^m에서의 한계비용보다 큼을 알 수 있다. 자원배분의 효율성이 달성되려면 q^c만큼 생산되어 $p = MC$가 성립해야 한다. 그러나 독점은 q^c보다 적은 q^m까지 생산을 하므로 비효율적이다. 왜 q^m을 생산하면 비효율적인가? q^m에서 수요곡선의 높이인 p^m은, 현재의 산출량이 q^m일 때 한 단위를 더 소비하기 위해 소비자가 지불할 용의가 있는 금액, 즉 소비자의 유보가격을 의미한다. 다시 말하면, 이 시장의 어디엔가 재화 한 단위를 얻기 위해 p^m만큼을 지불할 용의가 있는 소비자가 있다는 의미이다. 현재 산출량 q^m에서 한 단위를 더 생산할 때 독점기업이 지불하는 한계비용은 $MC(q^m)$이다. 예를 들어, $p^m = 10$, $MC(q^m) = 4$라고 가정하자. 독점기업이 한계비용인 4를 지불하고 한 단위를 더 생산해 유보가격이 10인 소비자와, 예를 들어, $p = 7$에 거래를 한다고 가정하자. 이전의 모든 소비자들은 독점가격인 $p^m = 10$에서 q^m을 소비하므로 손해 보는 것이 없다. 이 소

● 그림 14-9 독점시장의 자원배분의 비효율성

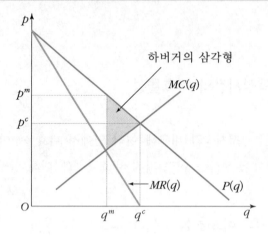

비자는 재화 한 단위를 얻기 위해 10을 지불할 용의가 있으나, 실제로 7만큼을 지불하므로 이 거래를 통해 3의 소비자잉여를 얻는다. 독점기업도 이 소비자와의 거래를 통해 4의 비용으로 생산해서 7의 가격을 받으므로 추가적으로 3의 이윤을 얻는다. 그러므로 독점기업과 이 소비자 모두 이전보다 더 큰 이득을 얻을 수 있다. 새로운 거래가 이루어지면 아무도 이전보다 손해 보지 않고 독점기업과 이 소비자는 이전보다 더 나아진다. 그러나 모든 소비자에게 동일한 가격을 적용하는 독점균형에서는 이 같은 거래가 발생하지 않으므로 비효율적인 것이다.

자원배분의 효율성이 달성되려면 q^m이 아닌 q^c가 생산되어야 한다. 완전경쟁시장이면 산출량은 q^c이고 사회적 후생은 0부터 q^c까지 수요곡선과 한계비용곡선 사이의 면적이다. 반면에 독점기업은 q^m을 생산하므로, 사회적 후생은 0부터 q^m까지 수요곡선과 한계비용곡선 사이의 면적이다. 그러므로 완전경쟁시장이 아닌 독점이기 때문에 실현되지 못한 사회적 후생의 크기는 q^m부터 q^c까지 수요곡선과 한계비용곡선 사이의 면적으로, 〈그림 14-9〉에 노란색으로 표시되어 있다. 이 손실도 제13장, 5.2절에서 언급된 자중손실의 일종이다.

독점에 기인한 사회적 후생의 감소분을 하버거의 삼각형(Harberger's triangle)이라고 부른다. 그 이유는 미국의 경제학자 하버거(Arnold Harberger)가 처음으로 미국 경제에서 시장이 완전경쟁이 아니기 때문에 발생하는 사회적 후생의 감소분을 계산했기 때문이다.[4] 〈그림 14-9〉에서 보듯이, 독점은 필연적으로 사회적 후생의 감소분인 하버거의 삼각형이 발생한다. 그런데 하버거의 삼각형의 크기는 수요의 가격탄력성에 크게 의존한다. 앞에서 독점의 이윤극대화 조건인 $MR = MC$를 다시 쓰면 역탄력성의 공식이라고 부른 (7)식과 같이 됨을 보았다.

$$\frac{p - MC}{p} = \frac{1}{\varepsilon} \tag{7}$$

(7)식의 좌변인 $\frac{p - MC}{p}$를 러너지수라고 부르며, 시장의 성과를 재는 척도로 사용됨을 앞에서 언급했다. 러너지수의 범위는 0과 1 사이이다. 자원배분의 효율성 조건이 $p = MC$이다. $p = MC$가 성립하면 러너지수의 크기는 0이다. 반면에 가격과 한계비용 간의 괴리가 커질수록 러너지수의 크기는 1에 가깝게 된다.

가격과 한계비용 간의 괴리가 커진다는 것은 그만큼 자원배분의 비효율성이 크다는 의미이며, 시장이 자원배분을 효율적으로 하지 못하고 있다는 의미이다. 가격과 한계비용 간의 괴리를 가격 대비 비율로 측정하는 러너지수는 이 같은 의미에서 시장의 성과를 재는 척도라고 볼 수 있다. 즉, 러너지수가 0에 가까울수록 시장의 성과는 좋은 것이고, 1에 가까울수록 안 좋은 것이다.

역탄력성의 공식에서 보듯이, 독점균형에서는 러너지수가 탄력성의 역수와 일치한다. 수요의 가격탄력성이 클수록 독점균형에서 러너지수는 작아진다. 그러므로 수요의 가격탄력성이 큰 시장일수록 독점에 기인하는 사회적 후생의 감소분은 작아짐을 알 수 있다. 그 이유는 다음과 같다. 독점기업은 시장지배력을 갖기 때문에 가격을 주어진 것으로 받아들이지 않고, 자신이 받고 싶은 가격을 결정한다. 수요의 가격탄력성이 높다는 것은 가격이 오를 때 수요의 감소폭이 매우 크다는 의미이다. 따라서 독점기업이 한계비용 이상으로 가격을 올려 받으려고 하지만, 수요의 가격탄력성이 클 경우 가격을 많이 올리면 수요가 대폭으로 감소한다. 그러므로 아무리 독점기업이라고 하더라도 수요의 가격탄력성이 클 경우, 가격을 한계비용보다 많이 높게 설정할 수 없다.

수요의 가격탄력성이 크면, 가격이 한계비용보다 크기는 하지만 그리 크지 않

---

4 하버거의 계산에 의하면 미국 경제에서 독과점으로 인해 발생하는 사회적 후생의 감소분은 GDP 대비 약 0.5%를 넘지 않는다.

• 그림 14-10 선형수요곡선과 한계비용이 일정할 때 하버거의 삼각형

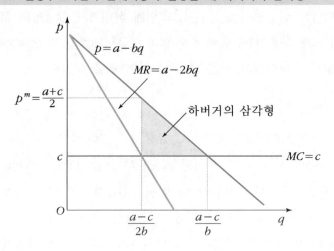

으로, 독점에 기인한 사회적 후생의 감소분은 그리 크지 않을 것이다. 이것이 역탄력성의 공식인 (7)식의 경제학적 의미이다.

(7)식을 보면 $\varepsilon = \infty$일 때, 우변이 0이므로 좌변도 0이 되어야 한다. 좌변이 0이면 $p = MC$이 성립해야 한다. 이 경우 사회적 후생의 감소는 발생하지 않는다. $\varepsilon = \infty$이라는 것은 수요곡선이 현재의 가격에서 수평이라는 의미이다. 즉, 독점기업이 현재의 가격보다 조금이라도 가격을 올리면, 수요가 0이 된다는 의미이다. 이 경우, 독점기업은 현재의 가격 이상으로 올릴 수 없고, 현재의 가격과 한계비용이 일치하는 수량을 생산한다. $p = MC$이므로 비록 독점이라고 하더라도 $\varepsilon = \infty$이면 자원배분의 효율성이 달성된다. 완전경쟁시장이 효율성을 달성하는 이유는 각 기업들이 시장지배력이 없기 때문에 수요곡선을 현재의 가격에서 수평선으로 인식한다는 것이다. 수요곡선이 수평선이라는 것은 다시 말하면, $\varepsilon = \infty$라는 의미이다. $\varepsilon = \infty$이기 때문에 완전경쟁시장의 경우 자원배분의 효율성이 달성되는 것이다.

예 4 예 2에서와 같이 수요곡선이 $p = a - bq$이고, 한계비용이 c로 일정할 때, 하버거의 삼각형의 크기를 구해 보자.

예 2에서 보았듯이, 이 경우 독점수량은 $q^m = \dfrac{a-c}{2b}$, 독점가격은 $p^m = \dfrac{a+c}{2}$이다.

자원배분의 효율성이 달성되려면 $q^c = \dfrac{a-c}{b}$가 생산되어야 한다. 그러므로 〈그림 15-9〉에서 보듯이, 하버거의 삼각형의 크기는 $\dfrac{(p^m-c)(q^c-q^m)}{2} = \dfrac{(a-c)^2}{8b}$이다.

4.2 생산의 비효율성

완전경쟁시장이 가지고 있는 또 다른 장점은 장기시장균형가격이 평균비용의 최소값과 일치하며, 모든 기업이 평균비용의 최소값에서 생산하는 것이었다. 그러므로 완전경쟁시장에서는 주어진 생산기술하에서 개당 비용이 가장 싸게 생산이 이루어진다. 그러나 독점시장의 경우 $MR = MC$에 의해 결정되는 독점수량에서 평균비용이 최소화되리라는 보장이 없다. 그러므로 독점시장의 경우 일반적으로 생산의 비효율성이 발생한다.

4.3 X-비효율성

독점기업도 경쟁으로부터 완전히 자유로울 수는 없으나, 적어도 눈에 보이는 경쟁기업은 존재하지 않는다. 독점기업이 완전경쟁시장의 기업보다 더 큰 이윤을 누리는 것은 독점의 중요한 매력이다. 그러나 1982년 노벨 경제학상 수상자인 시카고 대학의 스티글러(George Stigler) 교수는 독점의 가장 큰 매력은 경쟁의 압력으로부터 비교적 자유롭다는 것이라고 설파한 바 있다. 경쟁의 압력이 작기 때문에 때로 독점기업은 경쟁상황이면 하지 않을 수익성이 낮은 투자를 하기도 하고, 비용극소화를 위해 최대한 노력하지도 않는 경향이 있다. 비용극소화를 하려면 그만큼 노력이 수반되는데, 이 노력은 행하는 사람 입장에서는 귀찮은 일일 수 있다. 예를 들어, 비용절감을 위해 이면지를 활용하는 것은 한 면만을 이용할 때보다 귀찮은 일이다. 독점은 이윤이 크므로, 굳이 이면지를 활용하려는 노력을 하지 않을 수 있다. 이와 같이 여러 가지 이유에서 독점기업이 비용 극소화를 위해 노력하지 않음으로써 실제 비용이 평균비용보다 높게 이루어지는 비효율성을 통칭해 X-비효율성(X-inefficiency)이라고 부른다. X-비효율성은 미국의 경제학자 라이벤슈타인(Harvy Leibenstein)이 고안한 용어이다. 이 같은 비효율성은 독점기업이 비용극소

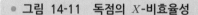

• 그림 14-11 독점의 X-비효율성

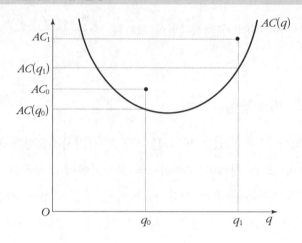

화를 위해 최선의 노력을 하지 않기 때문에 발생하지만, 정확하게 한 가지 이유라고 꼬집어서 말하기 힘들어서 X-비효율성이라고 부른다.

〈그림 14-11〉에서 평균비용곡선 $AC(q)$는 주어진 산출량을 최소의 비용으로 생산할 때의 평균비용을 의미한다. 독점기업이 q_0를 생산할 때 평균비용이 $AC(q_0)$이면 X-비효율성은 존재하지 않는다. 그러나 개당 생산비용이 AC_0이면 비용을 $AC(q_0)$까지 줄일 수 있음에도 불구하고 더 높은 비용으로 생산하고 있으므로 X-비효율성이 존재한다. q_1을 생산할 때에도 동일하다. 독점기업의 개당 생산비용이 평균비용인 $AC(q_1)$보다 높으면 X-비효율성이 존재한다.

X-비효율성이 가장 극단적으로 나타날 수 있는 조직이 정부이다. 정부는 적어도 일시적으로 중앙은행을 통해 필요한 모든 금액을 조달할 수 있다. 정부 정책의 실패로 인해 큰 규모의 손실이 발생하더라도 중앙은행을 통한 화폐공급이나 국채발행을 통해 그 손실을 보전할 수 있다. 이 같은 가능성 때문에 신중하게 의사결정을 하지 않으면 정부의 X-비효율성은 매우 클 수 있다. 세상에 공짜 점심은 존재하지 않는다. 현재의 정부정책의 실패를 중앙은행의 화폐공급이나 국채발행으로 보전하면, 이후에 인플레이션이라든가 이자지급 등으로 인한 대가를 지불한다. 그러나 이는 차기 정부의 문제로, 현 정부의 관심사가 아닐 수 있다.

4.4 지대추구행위

독점이 유지되는 몇 가지 이유 가운데 정부로부터 독점권을 얻는 경우가 있음을 앞에서 보았다. 정부가 효율성을 기준으로 가장 효율적인 기업에게 독점권을 부여하면 큰 문제가 되지 않는다. 그러나 때로 로비의 결과로 독점권이 부여되는 경우가 있다. 자주 언론을 통해 막대한 이익이 달린 사업권이 업자들의 로비에 의해 특정 사업자에게 돌아갔다는 보도를 볼 수 있다. 로비에 의해 독점적 지위를 확보할 수 있으면, 각 기업들은 독점적 지위로부터 얻을 수 있는 이윤에 해당하는 금액까지 로비비용으로 사용할 용의가 있을 것이다.

예를 들어, 독점적 지위를 확보하면 기대할 수 있는 독점이윤이 1억원이면, 로비비용으로 1억원까지 사용할 용의가 있을 것이다. 일반적으로 로비에 사용되는 자원은 사회적 관점에서 볼 때 생산적이라고 보기 힘들다. 시카고 대학의 포즈너 (Richard Posner) 교수와 같은 경제법학자는 정부에 의해 독점권이 부여될 때 그 독점권을 얻기 위한 로비가 치열하면, 독점에 기인한 비효율성의 크기를 하버거의 삼각형과 로비에 사용되는 금액인 독점이윤까지를 더한 것으로 보아야 한다고 주장한다. 이와 같이 독점이윤을 획득하는 데 자원이 낭비되는 것을 **지대추구행위** (rent seeking behavior)라고 부른다.

선거철이 지난 후 흔히 언론에서 여러 후보자들이 선거비용을 법정 상한 이상으로 불법 지불하여 당선이 취소되었다는 보도를 접할 수 있다. 여러 후보자들이 당선을 위해 불법으로 선거비용을 지불하는 이유는 당선되었을 때 그 자리에 귀속되는 유형·무형의 이권이 있기 때문이다. 이 같은 이권을 얻기 위한 불법 선거비용도 일종의 지대추구행위이다.

Section 5	**가격리더십: 지배적 기업과 경쟁적 주변기업**

시장에 규모가 매우 커 가격설정자 역할을 하는 기업이 하나 존재하고, 나머지 기업들은 매우 규모가 작아 가격수용자로 행동하는 경우가 있다. 이런 경우 규

모가 매우 큰 기업을 **지배적 기업**(dominant firm), 가격수용자인 나머지 개별 기업들을 **경쟁적 주변기업**(competitive fringe firms)이라고 부른다.

　이런 시장에서 경쟁적 주변기업들은 일반적으로 지배적 기업들의 눈치를 보게 마련이다. 경쟁적 주변기업들은 지배적 기업이 어떤 결정을 하는가를 보고, 나중에 의사결정을 한다. 따라서 지배적 기업은 자신의 행동이 경쟁적 주변기업들에게 어떤 영향을 미치는지를 염두에 두고 행동한다.

　경쟁적 주변기업들은 가격수용자이므로 $p = MC$가 되도록 산출량을 결정한다. 즉, 가격이 주어지면 공급함수를 따라 수동적으로 산출량을 결정한다. 경쟁적 주변기업들의 공급함수를 $q = S(p)$로 표시하자. 시장수요함수를 $q = D(p)$라고 하면, 시장가격이 p일 때 경쟁적 주변기업들이 $q = S(p)$만큼을 공급하므로, 지배적 기업은 $D(p) - S(p)$만큼을 판매할 수 있다. $RD(p) = D(p) - S(p)$를 지배적 기업의 **잔여수요함수**(residual demand function)라고 부른다. 지배적 기업은 잔여수요함수에 대해 독점기업이 된다.

　지배적 기업은 잔여수요함수의 한계수입과 자신의 한계비용이 일치하는 수량을 생산한다. 〈그림 14-12〉는 지배적 기업의 결정과 그에 따른 경쟁적 주변기업의 결정을 보여준다.

　〈그림 14-12〉에서 파란선이 잔여수요곡선이다. $D(p_0) = S(p_0)$이므로 p_0 이상의 가격에서 지배적 기업의 잔여수요는 0이다. MR은 잔여수요곡선의 한계수입곡

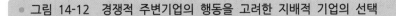
● 그림 14-12 경쟁적 주변기업의 행동을 고려한 지배적 기업의 선택

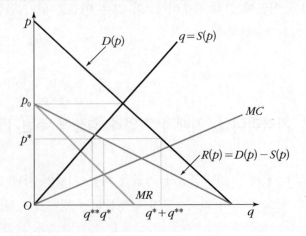

선이고, MC는 지배적 기업의 한계비용곡선이다. 지배적 기업은 잔여수요함수에 대해 독점이므로, $MR=MC$가 성립하는 이윤극대화 산출량 q^*를 선택한다. 가격은 잔여수요곡선의 높이인 p^*로 결정된다. p^*에서 경쟁적 주변기업의 산출량은 $q^{**}=S(p^*)$이다. $q^*=D(p^*)-S(p^*)$이고, $q^{**}=S(p^*)$이므로 $D(p^*)=q^*+q^{**}$이다. 그러므로 p^*에서 수요는 지배적 기업의 산출량과 경쟁적 주변기업의 공급의 합과 일치한다. 이처럼 지배적 기업이 가격을 정하고 주변기업들이 따르는 형태의 시장구조를 가격리더십이라고 부른다.

예 5 시장수요함수가 $D(p)=12-p$, 지배적 기업의 한계비용은 2, 경쟁적 주변기업의 공급함수가 $S(p)=p$일 때, 균형을 찾아보자.

$D(p)=12-p$, $S(p)=p$이므로, 잔여수요함수는 $RD(p)=12-p-p=12-2p$이다($p \le 6$). 잔여수요곡선은 $p=6-\frac{q}{2}$이므로, 한계수입곡선은 $MR=6-q$이다. $MC=2$이므로, $6-q=2$를 풀면 $q=4$를 얻는다. 그러므로 지배적 기업은 $q=4$를 생산하고, 가격은 $p=4$로 결정된다. $p=4$이면 경쟁적 주변기업은 $S(4)=4$를 생산한다. $D(4)=8$이므로, 지배적 기업과 경쟁적 주변기업의 산출량의 합은 수요와 일치한다.

Section 6 가격차별

3절에서 독점기업의 수량 및 가격 결정과정을 알아보았다. 독점기업은 한계수입과 한계비용이 일치하는 독점수량 q^m을 선택하고, 그 수량에서 수요곡선의 높이를 독점가격 p^m으로 선택한다. 독점기업이 개당 가격으로 p^m을 선택하면, 이 가격은 모든 소비자들에게 공통적으로 적용된다. 어떤 소비자이든 간에 독점기업으로부터 q만큼을 구매하려면 $T(q)=p^m q$만큼을 총금액으로 지불해야 한다. 이 경우, 누가 얼마를 구매하든 간에 상관없이 개당 가격은 $\frac{T(q)}{q}=p^m$으로 일정하다. 이와 같이 누가, 얼마를 소비하든 간에 상관없이 개당 평균가격이 항상 일정한 경우를 단일가격체계(uniform pricing) 혹은 **선형가격체계**(linear pricing)라고 부른다.

3절에서는 암묵적으로 독점기업이 모든 소비자에게 얼마를 구매하든 관계없이 동일한 가격을 적용한다는 가정하에서 독점의 행동을 분석했다. 그러나 독점기업이 동일한 재화를 소비자별로 다른 가격으로 파는 경우를 볼 수 있다. 예를 들어, 동일한 영화이지만 아침에 오는 소비자들에게는 조조할인이라는 명목으로 그 외의 시간대보다 싼 가격으로 제공한다. 다른 예로 사과가 개당 100원인데, 1,000원어치 사면 11개를 주는 경우를 생각해 보자. 9개까지는 몇 개를 사든 간에 관계없이 개당 평균가격은 100원이다. 그러나 1,000원어치를 사면 개당 평균가격은 $\frac{1,000원}{11}$, 약 91원 정도이다. 그러므로 몇 개를 사느냐에 따라 개당 평균가격이 달라진다. 이와 같이 동일한 등급(grade)이나 품질(quality)의 재화를 구매자에 따라, 혹은 동일 구매자라도 구매량에 따라 각기 다른 개당 평균가격을 책정하는 독점기업의 행동을 **가격차별**(price discrimination)이라고 부른다. 앞의 예에서 보다시피, 가격차별은 현실에서 자주 볼 수 있는 현상으로 독점기업의 입장에서도 매우 중요한 의사결정 사항이다.

독점기업의 입장에서 가격차별을 할 수 있으면, 단일가격을 책정할 때보다 더 유리하다. 그러므로 독점기업은 가능하면 가격차별을 하려고 시도한다. 그러나 가격차별을 하려면 다음의 두 조건이 충족되어야 한다.

(1) 개별 또는 그룹별 수요에 대한 정보

가격차별은 기본적으로 지불의사가 높은 소비자에게는 비싼 가격을, 낮은 소비자에게는 낮은 가격을 책정하는 것이다. 이를 위해서는 각 소비자의 지불의사에 대한 정보가 필요하다. 개별수요곡선은 각 소비자의 지불의사에 대한 정보를 담고 있다. 그러므로 가격차별을 하려면 독점기업은 전체 시장수요곡선뿐 아니라 개별수요곡선 또는 최소한 그룹별 수요곡선에 대한 정보를 가지고 있어야 한다.

(2) 소비자 간의 전매 불가(no arbitrage)

독점기업이 한 소비자는 지불의사가 높고, 다른 소비자는 낮다는 사실을 알고 있다고 가정하자. 개별 소비자의 지불의사에 대한 정보가 있다고 하더라도 성공적으로 가격차별을 할 수 있는 것은 아니다. 예를 들어, 지불의사가 높은 소비자에게 개당 100원을, 낮은 소비자에게 개당 40원을 책정한다고 가정하자. 지불의사가 낮은 소비자가 독점기업으로부터 40원에 사서 지불의사가 높은 소비자에게 100원 미만의 가격으로 팔면, 지불의사가 높은 소비자는 독점기업이 아닌 지불의사가 낮은 소비자로부터 구매하고자 할 것이다. 이 경우 독점기업이 의도한 가격차별이 이루어지지 못한다. 그러므로 가격차별이 성공적이려면 개별수요곡선에 대한 정보뿐만 아니라 소비자 간의 전매를 막을 수 있어야 한다. 앞에서 가격차별의 예로 조조할인을 들었다. 낮은 가격으로 영화를 보려면 물리적으로 아침 시간에 영화관으로 나와야 한다. 아침 시간의 표를 다른 시간대에 팔 수 없으므로, 이 경우 소비자 간의 전매가 원천적으로 불가능하다.

이후의 논의에서는 가격차별을 위한 위의 두 가지 조건이 충족된다고 가정한다.

6.1 가격차별의 종류

영국의 경제학자 피구(Arthur Pigou)는 가격차별을 다음과 같이 세 종류로 분류하고 있다.

(1) 1급 가격차별(first degree price discrimination)

1급 가격차별은 각각의 소비자들에게 그 소비자의 유보가격(한계지불의사)만큼의 가격을 책정하는 것이다. 소비자들마다 유보가격이 다르고, 같은 소비자도 구매량에 따라 유보가격이 다르기 때문에, 독점기업은 판매하는 상품 각각에 대해 다른 가격을 책정한다. 즉, 소비자에 따라, 그리고 동일한 소비자에 대해서도 몇 개를 사느냐에 따라 각기 다른 가격을 책정하는 것이다. 그래서 1급 가격차별은 완전가격차별(perfect price discrimination)이라고도 부른다.

예를 들어, 두 소비자 1과 2에게 독점기업이 몇 개를 사느냐에 따라 다음과 같이 가격을 책정한다고 가정하자. 〈표 14-1〉의 제1열은 각 소비자의 각 단위 소비에 대한 유보가격을 보여준다. 소비자 1은 첫 번째 단위에 10, 두 번째 단위에 8만큼의 지불의사가 있고, 소비자 2는 첫 번째 단위에 16, 두 번째 단위에 14만큼 지불의사가 있다. 제2열은 독점기업이 각 단위에 대해 책정하는 가격으로 각 소비자의 유보가격과 같다. 제3열은 각 소비자가 구매하는 총량에 대해 지불해야 하는

● 표 14-1 1급 가격차별의 예

개수	유보가격	추가가격	총금액	개당 평균가격	개수	유보가격	추가가격	총금액	개당 평균가격
1	10	10	10	10	1	16	16	16	16
2	8	8	18	9	2	14	14	30	15
3	6	6	24	8	3	9	9	39	13
4	4	4	28	7	4	9	9	48	12
5	2	2	30	6	5	5	5	55	11

〈소비자 1에 적용되는 가격체계〉　　〈소비자 2에 적용되는 가격체계〉

총금액을, 제4열은 각 소비자의 구매량에 따른 개당 평균가격을 각각 표시하고 있다. 〈표 14-1〉에서 보다시피 소비자별로, 그리고 동일한 소비자에 대해서도 몇 개를 구매하는가에 따라 개당 가격이 다름을 알 수 있다.

1급 가격차별은 독점기업의 입장에서는 가장 이상적인 가격차별이다. 그러나 실제로 1급 가격차별을 시행하기는 거의 불가능하다. 개별 소비자의 유보가격에 대한 완전한 정보를 얻고, 소비자들 사이의 전매를 완전히 차단하는 것이 불가능하기 때문이다.

(2) 2급 가격차별(second degree price discrimination)

2급 가격차별은 소비자를 차별할 수 없지만, 수량에 따라 개당 가격을 달리 책정하는 경우이다. 예를 들어, 같은 품질의 사과를 낱개로 사면 개당 1,000원에 팔지만 10개 묶음으로 사면 한 묶음에 9,000원이며, 이 가격체계는 모든 소비자들에게 동일하게 적용된다고 하자. 이제 사과를 10개 미만을 사면 개당 평균가격이 1,000원이지만, 10개를 사면 개당 평균가격이 900원이 된다. 이 선택은 소비자에게 달려 있다. 이 예에서 개당 평균가격이 구매량에 따라 다르므로 이런 가격체계를 비선형가격체계(non-linear pricing) 또는 구간가격체계(block pricing)라고도 부른다. 이동통신사들은 여러 종류의 선택가격제를 제시하고 소비자들이 자유롭게 선택하게 한다. 이 때 어떤 가격제를 선택하고 얼마나 많은 통화를 하느냐에 따라 통화시간당 평균가격은 달라진다. 이 역시 2급 가격차별의 예이다.

(3) 3급 가격차별(third degree price discrimination)

3급 가격차별은 소비자들을 객관적으로 드러나는 특징에 따라 몇 개의 그룹으로 구분하고 각 그룹에 대해 다른 가격을 책정하는 것이다. 2급 가격차별과 달리 3급 가격차별에서는 소비자들이 가격을 선택할 자유가 없다. 예를 들어, 성별에 따라 다른 가격을 책정하면, 남성은 남성에게 적용된 가격, 여성은 여성에게 적용된 가격을 낼 수밖에 없다. 소비자를 구분하는 객관적 특징으로 많이 쓰이는 것은 성별, 국적, 거주지, 나이, 학생인지의 여부, 소비시간대 등이다. 이들은 모두 소비자의 가격탄력성의 크기와 밀접한 관계를 갖는데, 그룹 간에 가격탄력성의 차이가 클수록 가격차별이 효과적이기 때문이다. 이에 대해서는 아래에서 보다 구체적으로 논의한다. 3급 가격차별은 현실에서 다양한 예를 찾아볼 수 있다. 앞에서 예를 든 영화관의 조조할인이 3급 가격차별의 예이다. 아침 시간에 영화관에 오는 모든 소비자들에게 조조할인가격이 적용된다. 비행기표의 경우 언제 예약하는가에 따라, 혹은 주말 포함 여부에 따라 각기 다른 가격이 적용된다. 공공요금의 경우, 어린이 및 노약자 요금이 일반 소비자와 다른 것도 3급 가격차별의 한 예이다.

6.2 가격차별시 독점기업의 가격결정

1) 1급 가격차별

〈그림 14-13〉은 1급 가격차별의 결과를 보여준다. 1급 가격차별에서는 독점기업이 항상 소비자의 유보가격만큼의 가격에 판매하므로, 한계수입은 마지막 구매 소비자의 유보가격이 된다. 즉, 현 판매량에서 수요곡선의 높이는 마지막 구매 소비자의 유보가격이며 동시에 마지막 판매단위의 가격이고, 동시에 그 판매량에서의 한계수입이 되는 것이다. 이는 판매량을 늘리기 위해 유보가격이 높은 수요에 대해 가격을 똑같이 낮출 필요가 없기 때문에 생긴 결과이다. 그러므로 한계수입곡선이 수요곡선과 일치하며, 독점기업의 이윤극대화는 수요곡선과 한계비용곡선이 만나는 곳에서 형성된다. 이 때의 총판매량은 완전경쟁시장과 동일하다. 그러나 판매가격은 완전히 다르다. 완전경쟁시장에서는 가격이 수요곡선과 한계비용곡선이 만나는 높이에서 형성되어 모든 소비자들에게 동일하게 적용되지만, 1급 가격차별에서는 최초 단위는 수요곡선의 세로축 절편 높이와 같은 가격으로 판매

• 그림 14-13   1급 가격차별의 결과

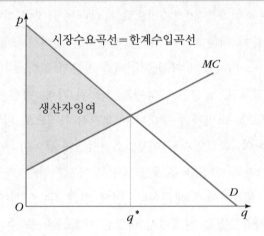

되며, 그 다음부터 계속 수요곡선의 높이와 같은 가격으로 판매된다. 그러므로 소비자잉여는 전혀 발생하지 않으며, 생산자잉여는 완전경쟁시장에서의 소비자잉여와 생산자잉여의 합과 같다. 즉, 모든 잉여를 생산자가 가져간다.

예 6   예 3과 같이 소비자 1의 수요함수가 $D_1(p) = 1 - p$이고 소비자 2의 수요함수가 $D_2(p) = 2 - p$이다. 독점기업의 한계비용은 $MC(q) = \dfrac{3}{4}$이다. 독점기업이 1급 가격차별을 할 때, 독점기업이 각 소비자에게 파는 수량과 책정하는 금액을

• 그림 14-14   1급 가격차별

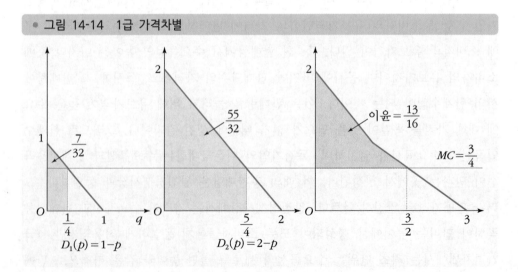

구해 보자.

예 3에서 보았듯이, 시장수요곡선은 $0 \leq q \leq 1$이면 $P(q) = 2 - q$, $1 \leq q \leq 3$이면 $P(q) = \frac{3}{2} - \frac{q}{2}$이다. 〈그림 14-14〉를 보면 $q = \frac{3}{2}$에서 수요곡선과 한계비용곡선이 만남을 알 수 있다.

소비자 1에게 $\frac{1}{4}$, 소비자 2에게 $\frac{5}{4}$를 판매한다. 소비자 1에게는 0부터 $\frac{1}{4}$까지 수요곡선의 면적인 $\frac{7}{32}$만큼을 책정한다. 소비자 2에게는 0부터 $\frac{5}{4}$까지 수요곡선의 면적인 $\frac{55}{32}$를 책정한다. 독점기업의 이윤은 $q = \frac{3}{2}$일 때의 사회적 후생인 $\frac{13}{16}$이다. ∎

2) 3급 가격차별

1급 가격차별은 현실에서는 거의 관찰되지 않는 반면에, 3급 가격차별은 주위에서 흔하게 발견된다. 그래서 2급 가격차별에 앞서 3급 가격차별을 먼저 설명한다. 3급 가격차별은 객관적 특징에 따라 소비자들을 그룹별로 나누고 서로 다른 가격을 책정하는 경우이다. 편의상 소비자들이 어떤 객관적 특징에 따라 두 그룹으로 나누어진다고 하고(그룹 1과 그룹 2), 각 그룹의 수요곡선을 각각 $p = P_1(q)$와 $p = P_2(q)$로 표시한다. 독점기업이 각 그룹에게 팔고자 하는 수량을 각각 q_1과 q_2라고 하면, 가격은 각각 $P_1(q_1)$과 $P_2(q_2)$이다. 그러므로 각 그룹으로부터의 수입은 $q_1 P_1(q_1)$과 $q_2 P_2(q_2)$이다. 전체 산출량은 $q_1 + q_2$이므로 독점기업의 이윤은 다음과 같다.

$$\Pi(q_1, \ q_2) = q_1 P_1(q_1) + q_2 P_2(q_2) - C(q_1 + q_2) \tag{8}$$

(8)식을 극대화하는 q_1과 q_2를 두 단계로 나누어 찾도록 한다. 먼저 팔고자 하는 총판매량이 q_0로 고정되어 있을 때 이윤을 극대화하는 방법을 알아보자. 산출량이 q_0로 고정되어 있으므로, 비용 역시 $C(q_0)$로 고정되어 있다. 그러므로 산출량이 고정되어 있으면 이윤극대화는 수입극대화와 동일하다. 독점기업이 수입을 극대화하기 위해 두 그룹 사이에 판매량을 어떻게 나누어 팔 것인가 하는 문제를 살펴보자.

그룹 1과 2에게 각각 q_1과 q_2를 팔려고 하면 $q_1 + q_2 = q_0$이어야 한다. 그룹 1

의 수요곡선이 $P_1(q)$이므로 그룹 1의 한계수입곡선은 $MR_1(q) = P_1(q) + qP_1'(q)$가 된다. 같은 이유로 그룹 2의 한계수입곡선은 $MR_2(q) = P_2(q) + qP_2'(q)$이다. $MR_1(q_1)$은 그룹 1에게 현재 q_1에서 한 단위를 더 팔 때 발생하는 수입의 변화분이다. 마찬가지로 $MR_2(q_2)$는 그룹 2에게 현재 q_2에서 한 단위를 더 팔 때 발생하는 수입의 변화분이다.

이제 $MR_1(q_1) \neq MR_2(q_2)$라고 가정하자. 구체적으로 $MR_1(q_1) > MR_2(q_2)$라고 가정하자. 이 경우 q_2에서 한 단위를 줄이는 대신 q_1을 한 단위 더 늘리는 변화를 생각해 보자. 그룹 1에게 한 단위를 더 팔면 그룹 1로부터 수입은 $MR_1(q_1)$만큼 증가한다. 반면에 그룹 2에게는 한 단위만큼 덜 파는 것이므로 수입은 $MR_2(q_2)$만큼 감소한다. q_1과 q_2에서 $q_1 + 1$과 $q_2 - 1$로 바꾸면 총판매량은 $(q_1 + 1) + (q_2 - 1) = q_1 + q_2 = q_0$로 동일하다. 그러나 수입은 $MR_1(q_1) - MR_2(q_2) > 0$만큼 증가하므로 q_1과 q_2는 이윤을 극대화하고 있지 못하다. 반대로 $MR_1(q_1) < MR_2(q_2)$이면 같은 이유로 q_1을 한 단위 줄이고 q_2를 한 단위 늘리면 이윤은 $MR_2(q_2) - MR_1(q_1) > 0$만큼 늘어난다. 따라서 $MR_1(q_1) \neq MR_2(q_2)$이면, 한계수입이 낮은 그룹의 판매량을 줄이고 한계수입이 높은 그룹의 판매량을 늘림으로써 이윤을 증가시킬 수 있다. 그러므로 주어진 산출량 q_0를 이윤극대화하도록 두 그룹 간에 배분하려면 $q_1 + q_2 = q_0$와 $MR_1(q_1) = MR_2(q_2)$가 성립해야 함을 알 수 있다. 이를 그림으로 보면 〈그림 14-15〉와 같다.

● 그림 14-15 3급 가격차별시 주어진 산출량의 배분

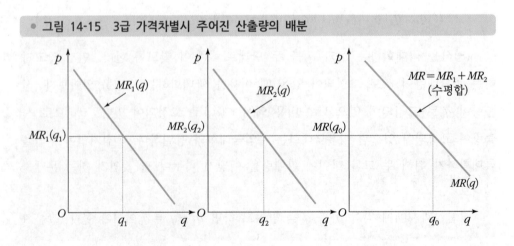

〈그림 14-15〉의 왼쪽 두 그림의 두 그룹의 개별 한계수입곡선이다. 오른쪽의 $MR(q)$는 개별 한계수입곡선을 수평으로 합친 것이다. 산출량 q_0가 주어지면, 먼저 q_0에서 $MR(q)$의 높이인 $MR(q_0)$를 찾는다. 다음으로 이 높이에서 수평선을 그어 $MR_1(q)$ 및 $MR_2(q)$와 만나는 수량을 찾아 각각 q_1과 q_2라고 하면, 이 q_1과 q_2가 바로 찾는 수량이다. 먼저 $MR(q)$가 $MR_1(q)$와 $MR_2(q)$의 수평합이므로, $q_1 + q_2 = q_0$가 성립한다. 다음으로 q_1과 q_2가 개별 한계수입곡선이 $MR(q_0)$의 높이와 만나는 점이므로 〈그림 14-15〉에서 보다시피 $MR_1(q_1) = MR_2(q_2) = MR(q_0)$가 성립함을 알 수 있다. 이 같은 방법으로 총수입을 극대화하기 위해 주어진 산출량을 두 그룹 사이에 어떻게 배분해야 하는지를 알 수 있다.

두 개별 한계수입곡선의 수평합인 $MR(q)$가 어떤 의미를 갖는지를 알아보자. 독점기업이 현재 q_0를 생산하면, 총수입을 극대화하기 위해 〈그림 14-15〉처럼 두 그룹에게 각각 q_1과 q_2만큼을 팔고 있다. 이제 독점기업이 한 단위를 더 생산해 팔려고 한다. $MR_1(q_1) = MR_2(q_2)$이므로 새로운 한 단위를 어느 그룹에 팔든지 상관없이 수입은 $MR_1(q_1) = MR_2(q_2)$만큼 증가한다. 그러므로 q_0에서 한 단위를 더 생산할 때 총수입의 증가분, 즉 한계수입이 다름 아닌 $MR_1(q_1) = MR_2(q_2)$이다. 그런데 $MR_1(q_1) = MR_2(q_2) = MR(q_0)$이므로 q_0에서 $MR(q)$의 높이인 $MR(q_0)$가 전체 산출량이 q_0일 때의 한계수입임을 알 수 있다. $MR_1(q)$는 그룹 1의 한계수입곡선인데, 여기서 q는 독점기업의 전체 생산량이 아닌, 그룹 1에게 판매하는 수량이다. $MR_2(q)$도 마찬가지로 그룹 2에게 판매량이 q일 때 한계수입이다. 반면에 $MR(q)$는 전체 생산량이 q일 때, 총수입을 극대화하도록 q가 두 그룹 간에 배분되었을 때의 한계수입을 의미한다.

영민한 독자들은 두 한계수입곡선의 수평합을 구하는 것과 매우 비슷한 것을 이전에 어디선가 본 적이 있다는 것을 기억할 것이다. 제12장 7절에서 다공장 비용극소화 조건을 살펴보았다. 그 조건은 각 공장의 한계비용을 일치시키는 것이었다. 또한 각 공장의 한계비용곡선을 수평으로 더한 것이 기업 전체의 한계비용곡선이 됨을 보았다. 여기서는 개별 그룹의 한계수입곡선이 각 공장의 한계비용곡선 역할을 하고 있다. 개별 그룹의 한계수입곡선을 수평으로 더한 것이 바로 3급 가격차별에서 독점기업이 당면하고 있는 시장 전체의 한계수입곡선이다.

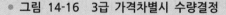

● 그림 14-16 3급 가격차별시 수량결정

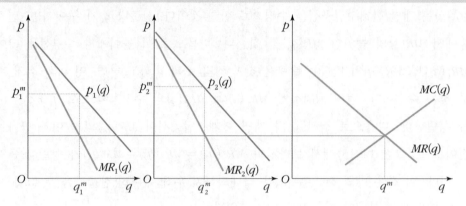

$MR_1(q_1) = MR_2(q_2)$는 주어진 q를 어떻게 두 그룹 간에 배분할 것인가에 대한 대답이기는 하지만, q를 얼마로 선택해야 하는지에 대한 답을 주지는 못한다. 두 번째 단계로 q를 어떻게 결정할지를 알아보자. 일단 전체 산출량이 q일 때 한계수입인 $MR(q)$를 도출했으면, q의 결정은 일반 독점기업의 산출량 결정방식과 동일하게 $MR(q) = MC(q)$에 의해 결정된다.

3급 가격차별에서 독점기업이 이윤을 극대화하기 위해 두 소비자에게 팔고자 하는 수량을 각각 q_1^m과 q_2^m이라고 하자. 총산출량은 $q_1^m + q_2^m$이므로 3급 가격차별의 이윤극대화 조건은 다음과 같다.

$$MR_1(q_1^m) = MR_2(q_2^m) = MC(q_1^m + q_2^m) [5]$$

(9)

(9)식을 만족하는 q_1^m과 q_2^m을 그림을 이용해서 찾으면 〈그림 14-16〉과 같다. 〈그림 14-16〉 왼쪽의 두 그림에 그룹 1과 그룹 2의 수요곡선과 한계수입곡선이 그려져 있다. 오른쪽 그림에서 $MR(q)$와 $MC(q)$가 만나는 점에서 독점기업의 총산출량 q^m이 결정된다. 그룹별 판매량인 q_1^m과 q_2^m은 〈그림 14-15〉와 같이 찾으면 된다. 물론 $q^m = q_1^m + q_2^m$이 성립한다.

〈그림 14-16〉을 통해 찾은 q_1^m과 q_2^m이 (9)식의 조건을 만족하는지를 알아보자.

---

5 $q_1^m > 0$, $q_2^m > 0$인 내부해의 경우에 (9)식이 성립한다. $q_1^m = 0$ 또는 $q_2^m = 0$인 코너해인 경우 (9)식이 성립하지 않을 수 있다.

먼저 q^m에서 $MR(q^m)=MC(q^m)$이 성립한다. 또한 q_1^m과 q_2^m은 두 그룹의 한계수입 곡선이 $MR(q^m)$의 높이와 만나는 점이다. 따라서 $MR_1(q_1^m)=MR_2(q_2^m)=MR(q^m)=MC(q^m)$이 성립한다. 여기에 $q^m=q_1^m+q_2^m$를 대입하면 최종적으로 $MR_1(q_1^m)=MR_2(q_2^m)=MC(q_1^m+q_2^m)$이 성립함을 알 수 있다. 〈그림 14-16〉에서 보다시피, 독점기업이 그룹 1에게 q_1^m을 팔면서 개당 가격으로 $p_1^m=P_1(q_1^m)$을, 그룹 2에게 q_2^m을 팔면서 개당 가격으로 $p_2^m=P_2(q_2^m)$를 책정한다.

예 7　예 3에서와 같이 그룹 1의 수요함수가 $D_1(p)=1-p$이고 그룹 2의 수요함수가 $D_2(p)=2-p$이다. 독점기업의 한계비용은 $MC(q)=\dfrac{3}{4}$이다. 독점기업이 3급 가격차별을 할 때 독점기업이 각 그룹에게 파는 수량과 책정하는 가격을 구해 보자.

　두 그룹의 수요함수로부터 역수요함수를 구하면 $P_1(q)=1-q$, $P_2(q)=2-q$이다. 따라서 $MR_1(q)=1-2q$, $MR_2(q)=2-2q$를 얻는다. 그러므로 (9)식에 의해서 $1-2q_1=2-2q_2=\dfrac{3}{4}$이 성립해야 한다. 이를 풀면 $q_1^m=\dfrac{1}{8}$, $q_2^m=\dfrac{5}{8}$를 얻는다. 독점기업은 그룹 1에게는 $p_1^m=P_1\left(\dfrac{1}{8}\right)=\dfrac{7}{8}$, 그룹 2에게는 $p_2^m=P_2\left(\dfrac{5}{8}\right)=\dfrac{11}{8}$을 책정한다. 예 3에서 가격차별을 할 수 없으면, 독점기업은 그룹 2에게만 판매했다. 그러나 3급 가격차별을 하면 그룹 2에게는 동일한 가격과 수량을 파는 반면에, 그룹 1에게도 추가적으로 판매함을 알 수 있다. ▪

이윤극대화 조건인 (9)식을 이용하면 두 그룹이 지불하는 가격을 비교할 수 있다. 2절에서 한계수입이 $MR=p\left(1-\dfrac{1}{\varepsilon}\right)$로 표시됨을 보았다. 그러므로 두 그룹에 대해 $MR_1=p_1^m\left(1-\dfrac{1}{\varepsilon_1}\right)$ 및 $MR_2=p_2^m\left(1-\dfrac{1}{\varepsilon_2}\right)$이 성립한다. 여기서 ε_1과 ε_2는 각각 p_1^m과 p_2^m에서 각 그룹의 수요의 가격탄력성이다. (9)식에 의해 다음의 식이 성립한다.

$$p_1^m\left(1-\frac{1}{\varepsilon_1}\right)=p_2^m\left(1-\frac{1}{\varepsilon_2}\right) \tag{10}$$

(10)식을 보면 $\varepsilon_1 > \varepsilon_2$이면 $p_1^m < p_2^m$이 성립함을 알 수 있다. 즉, 수요의 가격탄력성이 높은 그룹이 지불하는 가격이 수요의 가격탄력성이 낮은 그룹이 지불하는 가격보다 낮음을 알 수 있다. 2절에서 수요의 가격탄력성이 높으면 독점가격도 낮아지는 역탄력성의 공식을 살펴보았다. 3급 가격차별의 경우, 독점기업이 각 그룹별로 다른 가격을 책정할 수 있지만, 여전히 수요의 가격탄력성이 높은 그룹에게 낮은 가격을 책정해야 한다.

> **예 8** 일부 명품 상품들은 후진국에서의 판매가격이 미국이나 유럽 등 선진국에서 판매하는 가격보다 더 높다고 한다. 선형수요곡선($p = a - bq$ 형태)과 3급 가격차별을 이용해 이 현상을 설명해 보자.
>
> 선진국의 수요가 후진국에서의 수요보다 더 크다고 설명하는 것이 상식에 부합한다. 그러나 모든 가격에서 선진국의 수요가 더 크면, 위의 결과가 절대 성립하지 않는다. a와 b를 잘 선택해, 선진국의 수요가 대부분의 가격에서 더 크지만 아주 높은 가격에서는 후진국의 수요가 더 큰 경우 위의 결과가 성립함을 보일 수 있다. 예를 들어, 선진국의 수요곡선이 $p = 100 - 0.5q$이고 후진국의 수요곡선이 $p = 120 - 3q$라고 하자. 그리고 한계비용은 편의상 0이라고 하자. 이 경우 가격이 96원보다 낮은 영역에서는 선진국의 수요가 후진국보다 크다. 그러나 3급 가격차별의 결과는 선진국의 가격이 50, 후진국의 가격이 60이다.

3) 2급 가격차별

단일가격체계 혹은 선형가격체계 이외의 다른 가격체계를 비선형가격체계(non-linear pricing)라고 부른다. 비선형가격체계의 특징은 구매량에 따라 개당 가격이 달라진다는 것이다. 소비자가 q를 구매할 때 지불해야 하는 총금액을 $T(q)$로로 표시하자. 비선형가격체계의 경우 개당 가격인 $\frac{T(q)}{q}$가 일반적으로 q의 크기에 따라 달라진다. 예를 들어, $T(q) = \sqrt{q}$라고 하면, 개당 가격은 $\frac{T(q)}{q} = \frac{1}{\sqrt{q}}$이다. 그러므로 이 경우 구매량이 많아지면 개당 가격은 감소한다. 일반적인 2급 가격차별의 경우는 복잡하므로, 특별한 경우인 이부요금제를 이용한 2급 가격차별의 경우를 알아본다.

비선형가격체계 가운데 현실에서 가장 많이 볼 수 있는 것이 이부요금제이다. $T(q) = A + pq$의 가격체계를 **이부요금제**(two-part tariff)라고 부른다. 이부요금제란 말 그대로 가격체계가 두 개의 부분으로 구성되어 있다는 의미이다. A는 구매량에 무관하게 지불하는 금액이고, p는 단위당 가격이다. 이동통신의 경우, A는 통화시간과 무관하게 지불하는 금액, 즉 기본료에 해당하고, p는 단위 시간당(예를 들어, 분당) 통화료에 해당한다. 놀이동산의 경우, A는 입장료, p는 놀이기구 1회당 이용료에 해당한다. 어떤 대형 할인점은 먼저 가입비를 지불하고 회원카드를 만들 것을 요구하는 경우가 있다. 이 경우 A는 가입비에 해당하고, p는 단위당 가격에 해당한다. 이부요금제의 개당 가격은 $\dfrac{A + pq}{q}$ 또는 $p + \dfrac{A}{q}$이므로, q가 증가하면 개당 가격은 감소한다.

이부요금제는 여러 가지 이유로 쓰이지만, 독점기업이 소비자잉여를 최대한 뺏어오기 위한 수단으로도 이용된다. 소비자들이 동질적인 경우와 이질적인 경우 독점기업이 이부요금제를 어떻게 이용하는지를 살펴보자.

(1) 동질적인 소비자

소비자들이 동질적이어서 개별 소비자의 수요곡선이 모두 동일하다고 가정하자. 독점기업의 한계비용도 편의상 c로 일정하다고 가정한다. 〈그림 14-17〉의 수

● 그림 14-17 동질적인 소비자의 경우 이부요금제

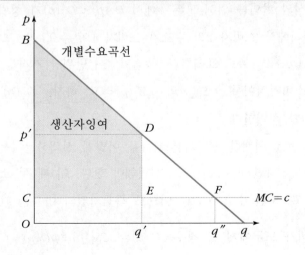

요곡선은 개별 소비자의 수요곡선이다. 독점기업이 단위당 가격을 p'로 책정하고, 기본요금(A)이 없으면 개별소비자는 q'만큼을 소비할 것이다. 이 때 소비자잉여의 크기는 삼각형 $Bp'D$의 크기와 같고, 생산자잉여의 크기는 사각형 $p'CED$의 크기이다. 그런데 이제 독점기업이 소비자잉여의 크기에 해당하는 금액을 기본료로 책정한다고 하자. 소비자입장에서는 이제 이 재화를 소비함으로써 아무런 소비자잉여도 얻을 수 없다. 따라서 소비자는 기본료를 내지 않고 아예 이 상품을 소비하지 않거나, 아니면 기본료를 내고 q'만큼을 소비하는 것에 차이가 없다. 만약 독점기업이 기본료를 $Bp'D$보다 아주 조금 싸게 해 준다면, 소비자는 울며 겨자 먹기로 기본료를 내고 소비에 참여할 것이다. 소비자잉여는 거의 없어지고, 생산자잉여는 $Bp'D$와 $p'CED$를 합한 것이 된다. 즉, 모든 잉여를 생산자가 독차지하게 되는 것이다.

이부요금제 사용시 독점기업은 p'를 결정함에 있어 $Bp'D$와 $p'CED$의 합의 극대화를 목표로 한다. 이는 p'를 한계비용까지 내리는 것임을 금방 알 수 있다. 이 경우 개별 소비자는 q''만큼 소비하고 기본료의 크기는 삼각형 BCF가 된다. 이 삼각형의 크기는 또한 기본료가 없을 경우의 소비자잉여의 크기이기도 하다. 따라서 이부요금제를 이용하면 독점기업은 소비자잉여 전부를 이윤으로 얻을 수 있다.

(2) 이질적인 소비자

두 종류의 소비자가 시장에 있다. $D_1(p)$와 $D_2(p)$는 각각 소비자 1과 2의 수요곡선이다. 분석의 편의를 위해 모든 p에서 $D_1(p) < D_2(p)$가 성립한다고 가정한다. 즉, 모든 가격에서 소비자 2의 수요가 소비자 1의 수요보다 크다. 시장수요함수는 $D(p) = D_1(p) + D_2(p)$로 표시한다. 독점기업이 단위당 가격을 p로 선택할 때 각 소비자의 소비자잉여를 $CS_1(p)$와 $CS_2(p)$라고 하자. $D_1(p) < D_2(p)$이므로 $CS_1(p) < CS_2(p)$가 성립한다.

독점기업이 p를 선택한 후, 기본료 A를 어떻게 선택하는지를 알아보자. 두 소비자 모두에게 팔려면 $A = CS_1(p)$로 선택해야 한다. 이 때 두 소비자 모두에게서 가입비를 받고, 또한 수요가 $D(p)$이므로 독점기업의 이윤은 다음과 같다.

두 소비자 모두에게 팔 경우: $\Pi(p) = 2CS_1(p) + pD(p) - C(D(p))$ (11)

• 그림 14-18 두 소비자의 소비자잉여

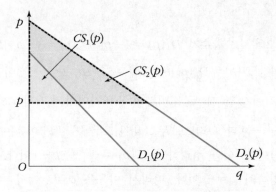

반면에 소비자 2에게만 팔려면 $A = CS_2(p)$로 선택한다. 이 때 수요가 $D_2(p)$이다. 그러므로 소비자 2에게만 팔면 독점기업의 이윤은 다음과 같다.

소비자 2에게만 팔 경우: $\Pi(p) = CS_2(p) + pD_2(p) - C(D_2(p))$　　　(12)

독점기업은 두 소비자 모두에게 팔지 혹은 소비자 2에게만 팔지를 결정할 때 다음과 같은 상충관계에 직면한다. 모든 p에서 $CS_1(p) < CS_2(p)$이다. 소비자 1에게 팔려면 $A = CS_1(p)$로 선택해야 한다. 이 경우 소비자 2로부터 $CS_2(p)$까지 얻어낼 수 있으나, 소비자 1에게 팔기 위해 소비자 2에게 $CS_2(p) - CS_1(p)$만큼의 잉여를 양보해야 한다. 그러나 두 소비자 모두에게서 A를 받을 수 있으므로 $2CS_1(p)$를 얻을 수 있다. 이 때 수요는 $D_1(p) + D_2(p)$이다. 반면에 소비자 2에게만 팔려면 $A = CS_2(p)$로 책정한다. 이 경우 소비자 1은 구매하지 않으므로 소비자 2로부터 $CS_2(p)$만을 받을 수 있다. 이 때 수요는 $D_2(p)$이다.

$D_1(p) < D_2(p)$의 가정만으로는 일반적으로 어느 쪽이 독점기업에게 유리한지 판단할 수 없다. (11)식을 극대화해 얻어지는 이윤과 (12)식을 극대화해 얻어지는 이윤을 비교해 독점기업은 큰 쪽을 선택한다. 일반적으로 두 소비자의 수요의 차이가 클수록 독점기업은 소비자 1을 포기하고 소비자 2로부터 소비자잉여 전부를 얻어내는 것을 선호한다.

예9　소비자 1의 수요함수가 $D_1(p) = 2 - p$, 소비자 2의 수요함수가 $D_2(p) =$

$3-p$, $MC = 1$이다. 독점기업이 이부요금제를 이용할 경우, A와 p 그리고 각 소비자의 수요량을 구하라.

소비자 1과 2의 수요함수가 $D_1(p) = 2-p$, $D_2(p) = 3-p$이므로 시장수요함수는 $0 \le p \le 2$이면 $D(p) = D_1(p) + D_2(p) = 5 - 2p$, $2 < p \le 3$이면 $D(p) = D_2(p) = 3 - p$이다. 가격이 p일 때 두 소비자의 소비자잉여는 각각 $CS_1(p) = \dfrac{(2-p)^2}{2}$와 $CS_2(p) = \dfrac{(3-p)^2}{2}$이다. 그러므로 두 소비자 모두에게 팔면 이윤은 $\Pi(p) = (2-p)^2 + (p-1)(5-2p)$이다. 이를 정리하면 $\Pi(p) = -p^2 + 3p - 1$이다. $\Pi(p)$는 p의 2차 함수이고, 대칭축이 $p = \dfrac{3}{2}$이다. 따라서 이윤은 $p = \dfrac{3}{2}$에서 극대화된다. 그러므로 두 소비자 모두에게 팔 때 이윤은 $\Pi\left(\dfrac{3}{2}\right) = \dfrac{5}{4}$이다.

소비자 2에게만 팔면 이윤은 $\Pi(p) = \dfrac{(3-p)^2}{2} + (p-1)(3-p)$이다. 이를 정리하면 $\Pi(p) = -\dfrac{1}{2}(p^2 - 2p - 3)$이다. 대칭축이 $p = 1$이므로 이윤은 $p = 1$에서 극대화된다. 따라서 소비자 2에게만 팔면 이윤은 $\Pi(1) = 2$이다. $\dfrac{5}{4} < 2$이므로 독점기업은 소비자 2에게만 팔려고 한다. 그러므로 $A = CS_2(1) = 2$이다. 소비자 2의 수요는 $D_2(1) = 2$이다.

6.3 가격차별은 나쁜 것인가?

어려서부터 '인종차별'이나 '성차별' 같이 '차별'이라면 나쁜 것이라고 배웠기 때문에 '가격차별'이라고 하면 무조건 나쁜 것이라고 생각할 수 있다. 그러나 가격차별이 항상 나쁜 것은 아니다. 경제학적 관점에서 가장 중요한 기준 가운데 하나가 효율성이다. 3절에서 살펴본 독점의 여러 가지 비효율성 가운데 첫 번째 비효율성이 자원배분의 비효율성이었다. 독점은 가격이 한계비용보다 크므로 자원배분이 비효율적이다. 즉, 소비자잉여와 생산자잉여의 합인 사회적 후생이 극대화되지 못한다. 그러나 여기에는 한 가지 전제가 있다. 그것은 독점기업이 모든 소비자에게 모든 단위에 대해 동일한 가격을 책정하는 단일가격체계를 사용한다는 것이다. 독점기업이 가격차별을 할 수 있으면 이 결과는 달라질 수 있다. 가격차별을 할 수 있으면, 생산자잉여는 항상 증가한다. 반면에 소비자잉여는 증가할 수도 있고, 감소할 수도 있다. 가격차별을 통해 사회적 후생이 증가한다면, 적어도 효율성은 증가하는 것이다.

먼저 1급 가격차별을 보자. 앞에서 살펴본 것처럼, 1급 가격차별에서 독점기업의 산출량은 완전경쟁시장의 산출량과 동일하다. 그러므로 사회적 후생은 완전경쟁시장과 동일하게 극대화된다. 다만 차이점은 완전경쟁시장에서는 소비자가 소비자잉여를 얻으나, 1급 가격차별에서는 독점기업이 가격차별을 통해 소비자잉여 전체를 이윤으로 가지고 간다는 점이다. 1급 가격차별 시 독점기업이 선택하는 산출량에서 $p = MC$라는 자원배분의 효율성은 달성되고 있다. 그러나 모든 거래를 통한 이득을 독점기업이 가지고 간다는 것은 형평성의 차원에서 받아들여지기 힘들다. 현실에서 실제적으로 1급 가격차별의 예는 찾아보기 힘들다.

3급 가격차별 시 효율성이 감소할 가능성이 높다. 3급 가격차별의 결과 전체적인 판매량은 거의 변하지 않으면서, 두 시장 사이의 수량 배분만 달라지는 경우가 있다. 이 경우 두 시장의 가격에 괴리가 생기면서 한 시장에서는 유보가격이 더 높은데도 상품을 사지 못하고, 다른 시장에서는 유보가격이 더 낮은 소비자가 상품을 구매하는 경우가 발생하는데, 이는 비효율적인 자원의 배분이 된다. 예 7처럼 두 시장의 수요곡선이 직선인 경우 가격차별을 하는 경우와 하지 않는 경우 사이에 총판매량에는 차이가 없으며, 다만 두 시장 사이의 배분에만 차이가 난다. 그 결과 총잉여의 합은 반드시 감소한다는 것을 확인할 수 있다. 그러나 가격차별이 없는 경우와 비교해 효율성이 증가할 수도 있다. 앞에서 살펴본 예 3과 예 6을 비교해 보자. 가격차별을 할 수 없는 예 3에서 독점기업은 소비자 2에게만 판매했다. 반면에 3급 가격차별이 허용된 예 6에서는 예 3과 동일한 가격으로 동일한 수량을 소비자 2에게 팔았을 뿐 아니라, 보다 낮은 가격으로 소비자 1에게도 판매했다. 그러므로 소비자 2는 손해를 본 것이 없는 반면에, 독점기업과 소비자 1은 3급 가격차별을 통해 이익을 얻었다. 그러므로 이 경우 3급 가격차별은 사회적으로도 바람직하다. 3급 가격차별을 통해 효율성이 제고되는 경우는 가격차별이 없었다면 독점기업이 판매하지 않았을 소비자 집단에게 가격차별이 가능함으로써 새로 판매가 이루어지는 경우이다.

2급 가격차별의 경우 위에서 논의한 이부요금제의 경우에는 단위당 가격이 낮아지므로 효율성이 향상된다. 그러나 이런 결론이 모든 2급 가격차별에 적용되지는 않는다.

Section 7 자연독점의 규제*

독점이 정당화되는 유일한 경우가 규모의 경제가 존재하는 자연독점이다. 자연독점은 여러 기업이 나누어 생산하는 것보다 한 기업이 전체를 생산하는 것이 비용측면에서 효율적이다.

〈그림 14-19〉는 산출량이 증가할 때 평균비용(AC)이 계속 감소하는 경우를 나타낸다. 즉, 규모의 경제가 존재한다. q_0를 생산할 때, 한 기업이 다 생산하면 평균비용은 $AC(q_0)$이다. 그러므로 이 경우 총비용은 $AC(q_0) \times q_0$이다. 이제 두 기업이 q_0를 반반씩 나누어 생산한다고 하자. 그러면 각 기업의 평균비용은 $AC\left(\dfrac{q_0}{2}\right)$이다. 각 기업의 총비용이 $AC\left(\dfrac{q_0}{2}\right) \times \left(\dfrac{q_0}{2}\right)$이므로, 경제 전체의 비용은 $2 \times AC\left(\dfrac{q_0}{2}\right) \times \left(\dfrac{q_0}{2}\right) = AC\left(\dfrac{q_0}{2}\right) \times q_0$이다. 규모의 경제가 존재하므로 $AC\left(\dfrac{q_0}{2}\right) > AC(q_0)$이다. 따라서 한 기업이 전부 생산할 때의 비용이 두 기업이 나누어 생산할 때보다 작음을 알 수 있다. 규모의 경제가 존재하면 주어진 산출량을 여러 기업이 나누어 생산할수록 비용 측면에서는 비효율적이다.

또한 규모의 경제는 완전경쟁시장과 양립할 수 없다. 규모의 경제가 존재해 평균비용곡선이 우하향하면, 항상 평균비용이 한계비용보다 크다. 완전경쟁시장에

● **그림 14-19 자연독점**

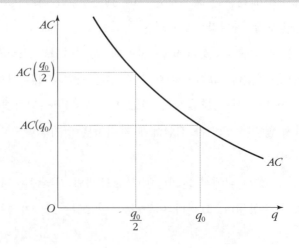

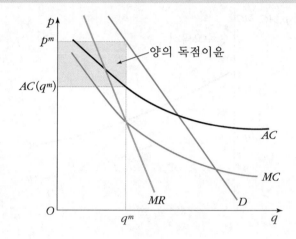

● 그림 14-20 양의 이윤을 얻는 자연독점

서는 '가격=한계비용'이 성립하므로, 규모의 경제가 존재하면 평균비용이 가격보다 높아 기업은 손실을 입게 된다. 그러므로 규모의 경제는 완전경쟁시장과 양립할 수 없다.

규모의 경제가 있을 때 독점은 양의 이윤을 얻을 수 있다. 〈그림 14-20〉을 보면 독점기업은 한계수입과 한계비용이 일치하는 독점수량인 q^m을 선택한다. q^m에서 가격이 평균비용보다 크므로 양의 이윤을 얻는다.

규모의 경제가 존재해 평균비용이 한계비용보다 크다고 하더라도 독점이 낮은 비용과 높은 이윤을 동시에 얻는 것이 가능하다. 그러나 독점의 비효율성 또한 발생한다. 그러므로 자연독점의 경우, 생산의 효율성을 살리면서 동시에 독점의 비효율성이 발생하지 않도록 규제의 필요성이 발생한다. 이후에는 자연독점을 규제하는 몇 가지 방법을 알아본다.

7.1 한계비용 가격설정

자원배분의 측면에서 가장 바람직한 결과는 '가격=한계비용'이 되도록 하는 것이다. 가격을 한계비용과 같게 책정하는 것을 **한계비용 가격설정**(marginal cost pricing)이라고 부른다. 그러나 자연독점은 평균비용이 한계비용보다 크므로 손실이 발생한다. 그러므로 한계비용으로 가격을 설정하면 자연독점의 손실분만큼을 보전해

● 그림 14-21 한계비용 가격설정

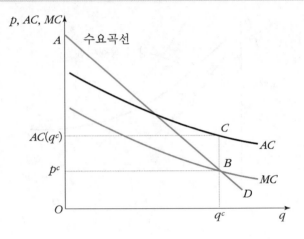

주어야 한다.

〈그림 14-21〉을 보면, 산출량이 q^c일 때 수요곡선의 높이와 한계비용곡선의 높이가 p^c로 일치한다. 그러므로 한계비용 가격설정은 가격을 p^c로 책정하는 것이다. 이 때 산출량이 q^c이므로 소비자잉여는 그림에서 삼각형 Ap^cB의 넓이이다. 반면에 q^c에서 평균비용은 $AC(q^c)$이므로 자연독점기업은 사각형 $AC(q^c)p^cBC$만큼의 손실을 입는다.

자원배분 측면에서 가장 바람직한 경우는 '가격＝한계비용'이 되도록 설정하는 것이다. 다만 기업의 손실은 정부 보조금 지급을 통해 보상해 주어야 한다. 그러나 기업의 손실이 소비자잉여보다 크면 생산을 할 이유가 없다. 이 경우 생산을 하지 않는 것이 최선의 선택이다.

7.2 평균비용 가격설정

한계비용 가격설정이 자원배분의 측면에서는 가장 바람직하나, 반드시 손실 보전이 필요하다. 그러나 때로 정부 보조금 지급이 불가능한 경우가 있다. 예를 들어, 정부 보조금 지급이 국제협약에 위반되면 한계비용 가격설정은 불가능하다. 한계비용 가격설정이 불가능하면, 기업이 손실을 입지 않도록 가격을 책정해야 한다. 기업의 이윤이 0이 되기 위해 '가격＝평균비용'이 되도록 가격을 책정하는 것

● **그림 14-22 평균비용 가격설정**

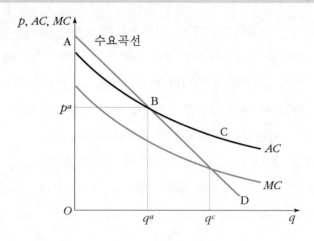

을 **평균비용 가격설정**(average cost pricing)이라고 부른다.

〈그림 14-22〉에서 산출량이 q^a일 때 수요곡선의 높이와 평균비용곡선의 높이가 p^a로 일치한다. 그러므로 평균비용 가격설정은 가격을 p^a로 책정하는 것이다. 이 때 산출량이 q^a이므로 소비자잉여는 그림에서 삼각형 Ap^aB의 넓이이다. '가격=평균비용'이므로 이윤은 0이다. 그러므로 사회 전체의 후생은 소비자잉여와 일치한다.[6]

평균비용 가격설정의 사회적 후생은 한계비용 가격설정의 사회적 후생보다 작다. 이런 의미에서 평균비용 가격설정은 최선(first best)이 아닌 차선(second best)이다. 그러나 직접적인 정부 보조금이 불가능하면 기업이 손실을 입어서는 안 된다는 제약조건하에서 평균비용 가격설정은 최선의 가격설정이다. 평균비용 가격설정은 그 아이디어를 처음 제공한 영국의 경제학자 램지(Frank Ramsey)의 이름을 따서 **램지 가격설정**(Ramsey pricing)이라고도 부른다.

생각하기 1 〈그림 14-22〉에서 한계비용 가격설정과 비교해 평균비용 가격설정 시 q^a부터 q^c까지 수요곡선과 한계비용곡선 사이의 면적만큼 사회적 후생이 감소함을 설명하라.

---

6 엄밀히 말하면 이 명제는 이윤과 생산자잉여가 일치하는 장기에만 적용된다.

7.3 보수율 규제

규모의 경제가 존재하는 산업들은 일반적으로 막대한 초기투자를 필요로 한다. 막대한 초기투자를 집행하려면 대규모 자본을 조달해야 하는데, 일정한 수익률이 보장되지 않고는 자본을 투자하려고 하지 않는다. 보수율 규제(rate of return regulation)란 투자자본에 대해 일정한 수익률을 넘지 못하도록 하는 규제를 의미한다.[7] 보수율 규제는 전통적인 자연독점의 규제방식이다.

보수율 규제를 알아보기 위해 먼저 자본 한 단위당 보수율을 계산하는 방법을 알아보자. 수입에서 자본을 제외한 다른 생산요소를 구입하는 데 들어간 비용을 뺀 금액을 자본으로 나눈 것을 자본의 보수율 또는 수익률이라고 부른다. 생산요소가 노동과 자본만 있으면, 수입(R)에서 노동비용(wL)을 뺀 것을 자본(K)으로 나눈 것이 자본의 보수율이다. 자본의 보수율을 ρ로 표시하면, ρ는 다음과 같이 정의된다.

$$\text{자본의 보수율: } \rho = \frac{R - wL}{K}$$

보수율 규제는 ρ가 사전에 결정된 수준을 넘지 못하도록 하는 규제이다. 사전에 결정된 보수율 수준을 s로 표시하면, 자연독점은 $\rho = \frac{R - wL}{K} \leq s$인 제약조건하에서 가격을 결정할 수 있다. 자연독점이 아무런 규제를 받지 않을 때 이윤을 극대화하는 노동과 자본의 양을 각각 L^*와 K^*로, 독점수량과 가격을 각각 q^m과 p^m으로 표시하자. 그러면 q^m은 (L^*, K^*)를 고용했을 때의 산출량, 즉 $q^m = F(L^*, K^*)$이다. $p = P(q)$가 시장수요곡선이면 $p^m = P(q^m)$이다. 이 때 자본의 보수율은 $\rho^m = \frac{p^m q^m - wL^*}{K^*}$이다. 만일 $s > \rho^m$이면 $\rho = \frac{R - wL}{K} \leq s$는 자연독점기업이 이윤극대화를 하는 데 아무런 제약조건이 되지 못한다. 그러므로 일반적으로 $s < \rho^m$이 되도록 s를 결정한다. 또한 자본비용이 r이므로 $s < r$이면 자본비용도 회수할 수 없다. 그러므로 자본비용 이상은 허용하도록 해야 하므로 일반적으로 $s > r$이 되도록 결정한다.

$r < s < \rho^m$일 때, 보수율 규제하에서 자연독점기업이 어떤 선택을 하는지 알

---

7 보수율 규제를 때로 수익률 규제라고도 부른다.

아보자. 자연독점은 제약조건하에서 이윤을 극대화하고자 한다.

$$Max_{L,K}\Pi = p(F(L,K))F(L,K) - wL - rK$$

제약조건 $\dfrac{p(F(L,K))F(L,K) - wL}{K} \le s$

아무런 제약조건이 없으면 자연독점은 독점이윤을 얻을 수 있다. 그러나 $s < \rho^m$이므로 독점이윤시 자본의 보수율은 제약조건을 위배한다. 독점이윤에 가까울수록 이윤이 커지므로 자연독점은 제약식이 등호가 되도록 L과 K를 선택한다. 즉, $\dfrac{p(F(L,K))F(L,K) - wL}{K} = s$가 성립한다. 이를 다시 쓰면 $p(F(L,K))F(L,K) - wL = sK$이다. 이윤식인 $\Pi = p(F(L,K))F(L,K) - wL - rK$에 $p(F(L,K))F(L,K) - wL = sK$를 대입하면 $\Pi = sK - rK = (s-r)K$가 성립한다. $s > r$이므로 이윤은 자본에 비례함을 알 수 있다. 그러므로 보수율 규제 시 자연독점은 과다하게 자본을 늘리고자 하는 유인을 가지는데, 이를 **애버취-존슨 효과**(Averch-Johnson effect)라고 부른다.

7.4 $RPI-X$ 규제

7.3절에서 보았듯이 보수율 규제가 자본에 대한 과도한 투자를 유발하는 단점이 있다. 또한 일정한 보수율을 보장하기 때문에 자연독점은 비용을 굳이 절약하려는 유인을 갖지 못한다. 이 같은 단점을 보완하기 위해 고안된 규제가 **$RPI-X$ 규제**이다. RPI는 소매물가지수(retail price index)를 의미한다. 예를 들어, 물가상승률이 5%일 때 자연독점이 제공하는 재화의 가격이 5% 올랐으면 실질적인 가격상승은 없다. $RPI-X$에서 X는 독점기업이 생산성 향상 등을 통해 달성해야 할 가격의 실질적인 하락분이다. 예를 들어, RPI 상승률이 5%이고, X가 2%이면 $RPI-X = 3\%$이다. 이 경우 자연독점은 3% 내에서 가격을 인상할 수 있다. 물가상승률이 5%일 때 한 재화의 가격상승률이 3%이면 실제적으로 가격이 2% 하락한 것과 동일한 효과를 지닌다. $RPI-X$ 규제는 자연독점에게 X만큼의 실질가격 하락분을 달성할 것을 요구하는 규제이다. 만일 X보다 더 많이 비용을 절감할 수 있으면 그 절감분 모두가 자연독점의 이윤으로 귀속된다. 이와 같이 $RPI-X$ 규제는 자연독점에게 비용절감의 유인을 제공하므로 **유인규제**(incentive regulation)라고 부르기도

한다. *RPI-X* 규제는 영국 통신산업의 시장 지배적 사업자인 BT(British Telcom)를 규제하는 데 가장 처음으로 사용된 이후 많은 나라에서 사용되고 있는 규제방식이다.

연습문제

1 수요곡선이 오른쪽(위쪽)으로 이동하면, "독점기업의 이윤은 항상 증가하고, 독점 가격도 항상 증가한다"라는 주장이 참인가 혹은 거짓인가?

2 "1급 가격차별을 하는 독점기업은 '소비자잉여와 생산자잉여의 합'이라는 관점에서 볼 때, 가격차별을 하지 않는 독점보다 더 비효율적이다." 이 명제는 옳은가?

3 수요함수가 $q = \dfrac{400}{p^2}$ 인 독점기업이 있다. 이 기업의 한계비용은 항상 일정한 값 (c)을 갖는다. 한계비용이 1% 오르면, 가격은 몇 % 상승하는가?

4 독점기업이 100원에 100개를 팔고 있다. 이 점에서 수요곡선의 기울기, 즉 $\dfrac{dq}{dp}$ 는 -2이다. 100개를 생산하고 있을 때 독점기업의 한계비용은 얼마인가?

5 3급 가격차별이 이루어지고 있는 두 시장에서 시장 1의 가격탄력성은 현재 2이고 시장 2의 가격탄력성은 현재 3이라고 한다. 이 두 시장의 가격의 상대적 크기는 얼마인가?

6 한 프린터 제조회사가 프린터 보상판매를 하면서, 고장난 프린터는 받아 주지 않고 정상적으로 작동하는 프린터만 받아 준다고 한다. 그런데 막상 회수한 프린터는 모두 폐기처분한다고 한다. 어차피 쓰지 않을 프린터를 받으면서 정상 작동 여부를 따지는 이유를 "가격차별"이라는 개념을 이용해 설명해 보아라.

7 시장수요함수가 $q = 120 - p$인 독점기업이 있다. 이 기업의 고정비용은 500이고 가변비용은 $VC(q) = q^2$이다.
1) 한계비용을 구하라.
2) 이윤극대화 산출량은 얼마인가?
3) 생산자잉여와 이윤은 각각 얼마인가?
4) 고정비용이 500이 아니라 600이면 이윤극대화 산출량이 변하는가? 생산자잉여와 이윤은 각각 얼마인가?

8 독점기업이 다음과 같은 시장수요함수에 직면해 있다.

$$100 \geq p \geq 60; \quad q = 50 - \frac{p}{2}, \qquad p < 60; \quad q = 140 - 2p$$

독점기업의 한계비용은 15로 일정하다.

1) 한계수입곡선을 도출하고 그려라.

2) 독점기업이 선택하는 가격과 수량을 구하라.

3) 정부가 이 시장에 개당 30의 종량세를 부과했다. 독점기업이 선택하는 가격과 수량을 구하라.

9 시장 수요함수는 $D(p) = a - p$이고 독점기업의 비용함수는 $C(q) = cq(c > 0)$이다.

1) 독점의 시장가격과 거래량을 구하라. 이 때 독점으로 인한 사회적 후생의 감소분은 얼마인가? (단, $a > c$이다.)

2) 정부가 이 시장에 생산량 한 단위당 t만큼의 종량세(quantity tax)를 부과한다. 소비자가 지불하는 가격, 생산자가 받는 가격, 거래량, 조세수입 및 세금으로 인한 추가적인 사회적 후생의 감소분을 구하라. (단, $a > c + t$이다.)

3) 정부가 종량세 대신 가격에 종가세(Ad Valorem tax)를 부과한다. 100τ%의 종가세를 부과하면, 기업이 받는 가격은 $\frac{p}{1+\tau}$이다. 종가세 부과 후의 거래량이 2)에서의 거래량과 동일하게 되도록 하려면 τ의 크기는 얼마가 되어야 하는가? 또한 이때의 조세수입을 2)의 경우와 비교하라. 어느 쪽이 더 큰가? 여전히 $a > c + t$를 가정한다.

4) 정부가 동일한 금액을 세금으로 걷고자 할 때 종량세와 종가세 가운데 어떤 세금을 부과하는 것이 바람직한가?

10 시장수요곡선이 $p = 100 - q$인 독점기업이 있다. 이 기업의 한계비용은 10으로 일정하고 고정비용은 없다. 이 기업은 각 소비자들이 이 제품에 대해 얼마까지 지불할 용의가 있는지를 꿰뚫어 볼 수 있으며, 또 그에 따라서 각각 상이한 가격을 책정할 수 있다고 한다(소비자들 사이의 전매는 불가능하다).

1) 이윤극대화 산출량과 이윤은 얼마인가?

2) 정부에서 독점기업에 대해 환불보장제도를 도입하도록 지시했다. 즉, 누구든지 다른 사람보다 비싼 가격에 산 사람은 그 차이를 환불받는 것이다. 이 제도하에서 이 기업의 이윤극대화 산출량과 이윤을 구하라.

11 한 기업이 $q = \sqrt{min\{L, K\}}$라는 생산기술에 대한 특허를 가지고 있다. 이 기업은 직접 생산하지 않고, 특허를 팔아 이윤을 얻는다. 다른 기업은 이 기업에 특

허료를 지불하면 기술을 사용할 수 있다. 특허료를 제외하고는 이 시장은 완전경쟁시장의 조건을 모두 충족한다. L과 K의 요소가격은 동일하게 $\frac{1}{2}$이다. 시장수요곡선은 $q = 40 - p$이다.

1) 특허료가 25일 때, 특허료를 지불하고 이 기술을 산 기업의 장기비용함수를 구하라(특허료를 포함시킬 것).
2) 특허료가 25일 때, 장기시장균형에서 가격과 개별 기업의 산출량, 시장거래량, 시장에 존재하는 기업 수를 계산하라. 이 기업은 특허료로 얼마를 버는가?
3) 특허료가 R일 때, 장기시장균형에서 가격과 개별 기업의 산출량, 시장거래량, 시장에 존재하는 기업 수를 계산하라(기업의 수를 계산할 때, 자연수의 문제는 무시하라. 모든 답이 R의 크기에 의존한다).
4) 특허료 수입을 극대화하기 위해 특허를 가진 기업은 R을 얼마로 책정하는가?
5) 특허를 가진 기업이 특허를 단 한 기업에게만 팔고자 한다. 특허를 얻은 기업은 시장에서 독점기업이 된다. 특허를 얻고자 하는 기업이 지불하고자 하는 최대한의 특허료는 얼마인가?

12 독점기업이 두 개의 분리된 시장을 가지고 있다. 각 시장의 수요곡선은 각각 $p = 8 - q$, $p = 6 - q$이다. 그런데 이 기업은 이 제품을 5단위만을 0의 비용으로 생산할 수 있고 그 이상은 아예 생산이 불가능하다고 한다.

1) 가격차별을 할 수 없으면, 가격을 얼마로 책정하는가?
2) 1급 가격차별을 하면, 각 시장에 얼마씩 파는가? 각 시장으로부터 얻는 이윤을 구하라.
3) 3급 가격차별을 하면, 각 시장에서 어떤 가격에 몇 개씩 판매하는가?

13 독점기업의 비용함수가 $C(q) = \frac{1}{2}q^2$이다. 독점기업은 두 소비자에게 판매할 수 있다. 각 소비자의 수요함수는 다음과 같다.

소비자 1: $D_1(p) = 50 - p$,   소비자 2: $D_2(p) = 70 - p$

1) 가격차별을 할 수 없을 때, 독점가격과 수량, 기업의 이윤 및 러너지수를 구하라.
2) 1)에서 얻은 균형에서 각 소비자의 소비자잉여와 수요의 가격탄력성을 계산하라.
3) 1급 가격차별을 할 때, 각 소비자에게 파는 거래량과 그로부터 얻는 수입을 계산하라.
4) 3급 가격차별을 할 때, 각 소비자에게 책정하는 가격과 거래량을 구하라.

5) 정부가 종량세 12원을 부과했다. 계속해서 3급 가격차별을 할 때, 각 소비자에게 책정하는 가격과 거래량을 구하라.

6) 이부요금제를 이용할 때, 이윤을 극대화하는 이부요금제를 구하라.

14 독점기업의 비용함수는 $C(q) = q$이다. 즉, 한계비용이 항상 1로 일정하다. 독점기업은 두 그룹의 소비자에게 판매할 수 있다. 그룹 1과 2의 수요함수는 다음과 같다.

그룹 1: $q_1 = p^{-3}$,   그룹 2: $q_2 = p^{-2}$

1) 각 그룹의 수요의 가격탄력성을 구하라.

2) 가격차별을 할 수 없을 때, 독점가격과 수량 및 러너지수를 구하라(힌트: 수량보다는 가격을 결정할 것).

3) 3급 가격차별을 할 때, 각 소비자 그룹에 책정하는 가격과 거래량을 구하라.

4) 정부가 종량세 1원을 부과했다. 계속해서 3급 가격차별을 할 때, 각 소비자 그룹에 책정하는 가격과 거래량을 구하라.

15 독점기업은 지역적으로 분리된 두 소비자에게 판매할 수 있다. 각 소비자의 수요함수는 다음과 같다.

지역 1: $q_1 = 24 - p$,   지역 2: $q_2 = 24 - 2p$

비용함수는 $C(q) = 6q$이다. 즉, 한계비용=평균비용=6이다.

1) 시장수요곡선과 한계수입곡선을 구하고 그려라.

2) 가격차별을 할 수 없을 때, 독점가격과 수량을 구하라.

3) 1급 가격차별을 할 때, 각 소비자에게 파는 거래량과 그로부터 얻는 수입을 계산하라.

4) 3급 가격차별을 할 때, 각 소비자에게 책정하는 가격과 거래량을 구하라.

5) 이제 두 지역 간에 고속도로가 건설되어 한 지역에서 다른 지역으로 단위당 3만큼 운송비용을 지불하면 운송할 수 있다. 따라서 두 지역 간의 가격차이가 3보다 크면, 싼 지역에서 비싼 지역으로 운송해서 팔 수 있다. 계속해서 3급 가격차별을 할 때, 각 소비자에게 책정하는 가격과 거래량을 구하라.

6) 이부요금제를 이용할 때, 이윤을 극대화하는 이부요금제를 구하라.

16 독점기업이 두 소비자에게 판매하고 있다. 두 소비자의 수요곡선은 각각 다음과 같다.

소비자 1: $q = 24 - p$,   소비자 2: $q = 24 - 2p$

현재 독점기업의 한계비용은 10으로 일정하다. 독점기업은 $F(c) = 3(10-c)^2$의 연구투자비를 지출하면 한계비용을 $c(\leq 10)$로 낮출 수 있다.

1) 1급 가격차별을 할 때 기업은 한계비용을 얼마로 결정하는가?(힌트: 한계비용이 $c(\leq 10)$일 경우 기업의 이윤을 계산하라.)

2) 3급 가격차별을 할 때 기업은 한계비용을 얼마로 결정하는가?

17 시장수요가 가격뿐 아니라 독점기업이 지출하는 광고액에도 다음과 같이 의존한다.

$$D(p, A) = (20-p)\left(1 + \frac{1}{10}A - \frac{1}{100}A^2\right)$$

여기서 A는 광고액이다. 독점기업의 비용함수는 $C(q, A) = 10q + A$이다.

1) $A = 0$일 때, 독점가격과 수량을 구하라(힌트: 수량 대신 가격을 먼저 구하라).

2) A가 0이 아닐 때, 이윤을 가격과 광고액의 함수로 표시하라.

3) 독점이윤을 극대화하는 가격은 광고액에 의존하지 않음을 보여라.

4) 이윤을 극대화하는 광고액은 얼마인가?

18 독점기업이 두 개의 공장을 운영하고 있다. 각 공장의 비용함수는 다음과 같다.

공장 1: $C_1(q) = 2q^2$,   공장 2: $C_2(q) = 2q^2/3$.

1) 최소의 비용으로 주어진 산출량 q를 생산하려면 각 공장에서 얼마씩을 생산해야 하는가? 이 때 비용함수와 한계 비용을 구하라.

이후의 문제에서는 1)에서 구한 비용함수를 이용하라. 독점기업은 두 지역의 소비자에게 판매할 수 있다. 각 지역의 수요함수는 다음과 같다.

지역 1: $D_1(p) = 50 - p$,   지역 2: $D_2(p) = 70 - p$

2) 가격차별을 할 수 없을 때, 독점가격과 거래량 및 러너지수를 구하라.

3) 3급 가격차별을 할 때, 각 지역에 책정하는 가격과 거래량을 구하라.

이제 지역 2에 경쟁적 주변기업이 존재한다. 이들의 공급함수는 $S(p) = 2p$이다.

4) 가격차별을 할 수 없을 때, 독점가격과 거래량 및 경쟁적 주변기업의 산출량을 구하라.

5) 3급 가격차별을 할 때, 각 지역에 책정하는 가격과 거래량 및 경쟁적 주변기업
   의 산출량을 구하라.

19 독점기업의 비용함수는 $C(q) = 120 + 2q$이며, 수요함수는 $p = 45 - q$이다. 규제
당국이 독점기업의 가격을 규제하려고 한다.
1) 한계비용 가격설정을 할 때 규제가격은 얼마이며 기업의 손익은 얼마인가?
2) 평균비용 가격설정을 할 때 규제가격이 얼마인가?(규제기관은 되도록 낮은 가
   격을 선호한다.)

20 한 재화의 시장수요곡선이 $p = 41 - q$이다. 비용함수는 $q > 0$일 때 $C(q) = q + F$
이다. 여기서 F는 준고정비용이다. 한계비용이 1로 일정하고, 준고정비용이 있으
므로 규모의 경제가 발생한다.
1) 한계비용 가격설정을 할 때, F의 크기가 얼마이면 이 재화를 생산하는 것이 안
   하는 것보다 더 효율적인가?
2) $F = 300$이다. 어떤 이유에서인지 한계비용 가격설정을 할 수 없어, 평균비용
   가격설정을 하고자 한다. 이 경우, 가격과 사회적 후생의 크기를 구하라.

21 "독점기업에게 상품 판매량에 비례해 보조금을 지급하는 것이 사회적으로 바람직
하다." 그래프를 이용해, 보조금 지급 시 소비자, 판매자, 정부의 후생 또는 재정
에 각각 어떤 변화가 발생하는지를 보이고, 이 명제를 효율성과 형평성의 입장에
서 비평하라(수요곡선과 한계비용곡선은 모두 직선임을 가정하라).

22 우리나라의 자동차 회사가 외국 시장에 자동차를 판매하는데, 국내가격보다 싸게
판매한다고 덤핑 혐의를 받고 처벌을 받을 위험에 처해있다. 여러분이 경제학자
로 우리나라 자동차 회사를 위해 변호를 한다면, 어떤 근거로 우리나라 자동차 회
사가 국내가격보다 싸게 판 것이 덤핑이 아니라고 주장할 수 있는가?

23 어느 마을에서 특정 상품을 독점하는 기업이 있다. 마을 사람들이 이 기업에게 매
기간 일정 금액을 모아 바칠테니, 가격을 완전경쟁가격 수준으로 내려달라고 했
다. 그러자 독점기업은 마을 사람들에게 "우리 기업을 만족시킬 만한 액수를 모아
주고 나면 마을 사람들은 독점 가격 하에서보다 더 손해를 볼 것"이라고 말하며
사양했다. 이 독점기업의 주장이 맞는지 설명하라.

24 시장수요함수가 $q = 40 - p$이다. 경쟁적 주변기업의 공급함수는 $S(p) = p$이고, 지
배적 기업의 한계비용은 2로 일정하다.

1) 지배적 기업의 잔여수요함수를 구하고, 잔여수요함수의 한계수입곡선을 구하라.
2) 지배적 기업은 얼마를 생산하는가? 이 때 가격은 얼마인가?

이제 지배적 기업이 F를 투자하면 한계비용을 2에서 1로 낮출 수 있는 기회가 있다.

3) 한계비용이 1이면 지배적 기업의 이윤은 얼마인가?
4) F가 얼마이면 지배적 기업은 F를 투자해 한계비용을 낮추고자 하는가?

Chapter

15 / 게임이론 입문

★ 내쉬(John Forbes Nash Jr.)：미국, 1928~2015

내쉬는 1994년에 비협조적 게임의 균형 분석에 대한 선구자적 업적으로 노벨 경제학상을 수상했다(미국 경제학자 존 하사니(John C. Harsanyi), 독일 경제학자 라인하르트 젤튼(Reinhard Selten)과 공동 수상).

내쉬의 가장 큰 기여는 프린스턴 대학 수학박사 학위논문에서 제시한 균형개념이다. 이 개념이 비협조적 게임이론에서 매우 중요한 역할을 하게 됨에 따라 이후에 자연스럽게 내쉬 균형으로 불리게 되었다. 내쉬는 2년 만에 프린스턴 대학에서 박사학위를 취득한 조숙한 천재로, 프린스턴 대학 수학과 박사과정에 입학할 때 내쉬의 학부 모교인 카네기 공대(Carnegie Institute of Technology)의 지도교수 더핀(Duffin) 교수는 실질적으로 "He is a mathematical genius."라는 한 줄의 전설적인 추천서를 써 준 것으로 유명하다.

내쉬는 프린스턴 대학을 졸업한 후 MIT 수학과 교수로 재직하면서 수학에 커다란 기여를 했다. 그러나 30대 초반부터 정신분열증(schizophrenia)으로 고생하면서, 슬그머니 학계에서 자취를 감추게 된다. 그 이후 게임이론이 경제학에서 중요한 분야로 자리 잡게 됨에 따라 노벨상 위원회는 게임이론분야에 노벨 경제학상을 줄 때가 되었다고 결정했을 때 많은 고민을 했다고 한다. 노벨상은 죽은 사람에게는 수여되지 않는다. 노벨상 위원회의 고민은 폰 노이만이 고인이 된 상황에서, 내쉬가 살아있는 한 내쉬를 포함해 공동수상을 할 수는 있지만 내쉬를 빼고 줄 수 없다는 것이었다. 노벨상을 수상하면, 수상식에서 자신의 학문분야를 회고하면서 향후 중요한 연구주제에 대한 강연을 하는 것이 관례이다. 당시 내쉬의 상태로 보아 이 같은 강연 자체가 불가능한 상황이었다. 고민 끝에 노벨상 위원회는 1994년에 내쉬, 하사니 및 젤튼에게 노벨 경제학상을 공동으로 수여했다.

내쉬의 삶도 극적이지만 그 죽음 또한 드라마틱했다. 2015년 노르웨이 학술원이 수여하는 수학의 노벨상이라고 불리는 아벨 상(Abel Prize)을 수상하고 귀국하는 길에 뉴저지 고속도로에서 비극적인 교통사고로 인해 부인과 함께 사망했다. 내쉬의 이 같은 극적인 삶은 2001년에 뷰티플 마인드(A Beautiful Mind)라는 영화로 제작되었다.

Section 1 입문

　제13장과 제14장에서 완전경쟁시장과 독점시장의 작동원리를 살펴보았다. 독점은 그 정의상 경쟁기업이 없으므로 다른 기업이 어떤 선택을 할 것인가를 고려할 필요가 없다. 완전경쟁시장에서는 역설적으로 너무 많은 경쟁기업이 존재해, 다른 기업이 무엇을 할 것인가를 역시 고려할 필요가 없다. 완전경쟁시장에서 가격 수용자인 개별기업은 자신의 한계비용과 주어진 시장가격이 일치하도록 산출량을 생산함으로써 이윤극대화를 한다. 이 과정에서 다른 기업이 얼마나 생산할 것인가를 고려할 필요가 전혀 없다. 반면에 다음 장에서 고려할 과점시장은 소수의 기업이 생산하는 시장구조를 의미한다. 과점시장의 기업들은 완전경쟁시장과 같이 가격을 주어진 것으로 받아들이는 가격수용자가 아니다. 독점기업처럼 전체 시장을 가지고 있지는 못하지만, 각 기업들은 나름대로의 시장력을 가지고 있어 시장의 결과에 일정 부분 영향력을 행사한다. 그러므로 각 기업은 의사결정 시 다른 기업들이 어떤 결정을 하는가를 고려해야 할 필요성에 당면한다.

　과점시장과 같이 여러 경제주체가 모여 의사결정을 하는 상황을 경제학에서는 **게임상황**(game situation)이라고 부른다. 게임상황에서 각 경제주체는 자신의 의사결정이 자신의 효용뿐 아니라 다른 경제주체의 효용에도 영향을 미치며, 동시에 다른 경제주체의 의사결정도 자신의 효용에 영향을 미친다는 사실을 잘 알고 있다. 게임상황의 본질은 바로 경제주체들 사이에 **상호의존성**(interdependence)이 있다는 사실이며, 게임상황에 있는 경제주체는 이 같은 상호의존성을 잘 인식하고 있다. 게임상황에서 모든 경제주체는 다른 경제주체의 의사결정이 자신의 효용에 미치는 영향까지 생각한 **전략적 고려**(strategic consideration)를 해야 한다. **게임이론**(game theory)은 경제주체 간에 상호의존성이 존재해 전략적 고려가 필요한 게임상황에서, 합리적인 경제주체가 어떤 의사결정을 하는가를 연구하는 학문이다.

　독점시장이나 완전경쟁시장과 달리 과점시장의 본질은 기업들 간에 상호의존성이 존재한다는 점이다. 그러므로 과점시장을 이해하기 위해 게임이론에 대한 이해는 필수적이라 하겠다. 소수의 기업에 의해 생산이 이루어지는 과점시장은 현실에서 가장 많이 찾아볼 수 있는 시장구조이다. 완전경쟁시장이나 독점시장에 대한 경제학적 분석의 역사는 매우 오래되었다. 그러나 현실에서 가장 흔히 볼 수 있는 과점시장에 대한 경제학적 분석이 제시된 것은 그리 오래지 않다. 그 이유는 과점시장의 특징인 상호의존성에 기인한 전략적 고려를 다룰 만한 분석의 틀이 없었기 때문이다. 그러나 게임이론이 개발되고 경제학 분야에 적용되기 시작하면서 과점시장에 대한 다양한 경제학적 분석이 제시되고 있다. 본 장에서는 다음 장의 과점시장 이론을 이해하는 데 필요한 게임이론을 살펴본다.[1]

게임은 크게 모든 사람들이 동시에 선택을 하는 상황을 분석하는 전략형 게임과 순차적으로 선택하는 상황을 분석하는 전개형 게임으로 나뉜다. 먼저 전략형 게임부터 살펴본다.

Section 2   전략형 게임: 동시선택게임

전략형 게임(strategic form game)은 게임에 참여하는 모든 사람들(경기자라고 부름)이 동시에 자신들의 선택(전략이라고 부름)을 결정하는 상황을 표시하는 게임이다. 전략형 게임을 엄밀하게 정의하기 앞서 게임이론에서 유명한 몇 가지 전략형 게임의 예를 먼저 살펴본다.

2.1 전략형 게임의 예

먼저 게임이론에서 잘 알려진 전략형 게임의 예와 배경을 알아본다.

1) 죄수의 딜레마 게임(prisoners' dilemma game)과 강우월전략

아마도 전략형 게임의 예 가운데 가장 잘 알려져 있는 게임이 바로 죄수의 딜

---

1 본서는 게임이론에 대한 전문적인 저서가 아니며, 또한 오늘날까지 개발된 게임이론을 한 개의 장에서 소개하는 것은 불가능하다. 따라서 본 장에서 게임이론에 대한 소개는 다음 장에서 살펴볼 과점시장을 이해하는 데 충분할 정도만 소개한다. 게임이론에 대해 보다 포괄적이고 엄밀한 접근을 보고자 하는 독자들은 왕규호 · 조인구 저, 「게임이론」(박영사, 2004)을 참고하기 바란다. 본 장의 많은 내용은 왕규호 · 조인구 저, 「게임이론」을 참조했다.

레마 게임일 것이다. 죄수(罪囚) 혹은 수인(囚人)의 딜레마 게임이라고 불리는 이 게임은 원래 드레셔(Melvin Dresher)와 플러드(Merril Flood)가 1950년 1월에 고안한 게임이다. 그러나 내쉬의 지도교수인 프린스턴 대학의 수학자 터커(Albert Tucker)가 스탠퍼드 대학 심리학과에서 개최된 게임이론 세미나에서 이 게임을 오늘날 우리가 알고 있는 방식으로 설명하면서 죄수의 딜레마 게임이라고 부르게 되었다. 정확히 말하면, 아직은 법원의 판결이 나기 이전이므로 죄수보다는 용의자의 딜레마(suspects' dilemma)라고 부르는 편이 더 적절하나, 흔히 죄수의 딜레마 게임으로 더 잘 알려져 있으므로 본서에서도 죄수의 딜레마 게임으로 부른다. 터커는 죄수의 딜레마 게임을 다음과 같은 상황으로 설명했다.

두 사람이 범죄를 저지르다 현장에서 체포됐다. 검사가 취조하다 이 사람들이 이제껏 미제로 남아있던 과거의 중대한 범죄, 예를 들어 살인죄를 저질렀다는 심증을 갖게 되었다. 그러나 심증뿐이지 과거의 범죄에 대한 물증은 없다. 과거 범죄에 대한 증거를 확보하기 위해 두 사람을 따로따로 가두어 놓고 심문을 한다. 두 사람은 다른 사람이 어떤 대답을 할지를 모른다. 이 때 각자가 선택할 수 있는 것은, '묵비권'을 행사함으로써 범죄 사실을 부인하는 것과, 과거의 범죄에 대한 증거를 제공하는 '자백'을 하는 것이다.

사람들은 아무런 반대급부 없이 자신들이 저지른 과거의 범죄를 자백하려 들지는 않는다. 검사는 이들에게 자백하면 그만큼 형량 구형시 참작하겠다는 제안을 한다. 구체적으로 한 사람이 자백하고 다른 사람은 묵비권을 행사하면 자백한 사람은 정상이 참작되어 석방되고, 묵비권을 행사한 사람은 괘씸죄까지 더해져서 10년을 교도소에서 있어야 한다고 가정한다. 두 사람이 동시에 자백하면, 정상이 참작이 되긴 하지만 한 사람만 자백하는 것에 비해 그만큼 약효가 떨어진다. 이 경우 두 사람 모두 3년을 교도소에 있어야 한다고 가정한다. 마지막으로 두 사람 다 검사에 묵비권을 행사하면, 검사는 과거의 범죄에 대해 심증만 있고 물증은 없으므로, 현재의 범죄에 대해서만 기소할 수 있다. 이 경우 두 사람 모두 1년을 교도소에 있어야 한다. 이 같은 상황을 전략형 게임으로 나타내면 〈표 15-1〉과 같다. 숫자는 각자 교도소에 수감되는 기간을 의미한다.

왜 〈표 15-1〉에서와 같은 게임을 죄수의 딜레마 게임이라고 부르는가를 살펴보자. 〈표 15-1〉에서 첫 번째 사람은 두 번째 사람의 선택을 알지 못한 상태에서

● 표 15-1 죄수의 딜레마 게임

2 1	자백	묵비권
자백	$-3, -3$	$0, -10$
묵비권	$-10, 0$	$-1, -1$

선택을 해야 한다. 두 번째 사람이 자백한다고 가정해 보자. 이 때 첫 번째 사람은 자백하면 3년, 묵비권을 선택하면 10년을 교도소에 수감되어야 한다. 따라서 자백이 더 나은 선택이다. 다음으로 두 번째 사람이 묵비권을 선택한다고 가정해 보자. 이 경우 자백하면 바로 석방되는 반면에, 묵비권을 선택하면 1년 동안 수감생활을 한다. 그러므로 이 경우에도 자백이 더 나은 선택이다. 따라서 첫 번째 사람 입장에서는 두 번째 사람이 어떤 선택을 하든 항상 자백이 더 나은 선택이다.

이와 같이 다른 사람이 어떤 선택을 하든 간에 상관없이 자신의 다른 모든 선택보다 더 나은 선택을 그 사람의 **강우월전략**(strictly dominant strategy)이라고 부른다. 그러므로 첫 번째 사람에게 자백이 강우월전략이다. 상황이 두 사람 모두에게 동일하므로, 두 번째 사람에게도 자백이 강우월전략이다. 따라서 죄수의 딜레마 게임의 경우, 두 사람 모두 합리적이면 둘 다 자백을 선택한다. 그 결과 두 사람 모두 3년 동안 복역한다.

이 게임을 '죄수의 딜레마'라고 부르는 이유는 두 사람 다 묵비권을 선택하면 두 사람 모두 1년 동안만 복역하면 됨에도 불구하고 이 같은 결과가 나오지 못하기 때문이다. 두 사람이 모두 묵비권을 선택하자고 사전에 약속하더라도 자백함으로써 교도소에 수감되지 않는 더 나은 결과를 얻을 수 있다. 두 사람 모두 각자 이런 유인을 가지고 있다는 것을 잘 알고 있다. 결과적으로 모두가 묵비권이 아닌 자백을 선택함으로써 1년보다 더 긴 기간인 3년 동안을 복역하는 것을 피할 수 없기 때문에 이 게임을 죄수의 딜레마 게임이라고 부른다.

게임이론에 대한 기여로 2005년 노벨 경제학상을 수상한 오만(Robert Aumann)이라는 게임이론의 대가는 죄수의 딜레마를 다음과 같이 묘사하고 있다. 두 사람이 각각 하나님에게 다음의 두 가지 선택 가운데 한 가지를 요청할 수 있고, 전지전능한 하나님은 이들이 선택한 요청을 들어준다. 한 가지 선택(a로 표시)은 '자

표 15-2 오만 버전의 죄수의 딜레마 게임

1 ＼ 2	a	b
a	1, 1	4, 0
b	0, 4	3, 3

신에게 100만원을 달라'라는 것이다. 다른 하나(b로 표시)는 '자신은 아무 것도 안 가져도 좋으니, 다른 사람에게 300만원을 주라'라는 것이다. 이 상황을 전략형 게임으로 나타내면 다음과 같다. 예를 들어, 경기자 1과 2가 각각 a와 b를 택하면, 경기자 1은 400만원(자신이 선택한 100만원과 경기자 2가 경기자 1에게 주라고 한 300만원)을 얻는 반면, 경기자 2는 아무 것도 얻지 못한다.

〈표 15-2〉는 죄수의 딜레마 게임과 동일한 구조를 가진다. 상대방이 어떤 선택을 하든 두 사람 모두에게 a가 강우월전략이다. 둘 다 a를 선택하면, 두 사람은 각각 100만원을 얻는다. 둘 다 b를 선택하면 각각 300만원을 얻을 수 있다. 그러나 문제는 〈표 15-1〉과 마찬가지로 둘 다 b를 선택하자고 약속하더라도 각자 돌아서서 a를 선택함으로써 더 큰 이득을 얻을 수 있다는 것이다. 그러므로 〈표 15-2〉에서도 〈표 15-1〉과 같이 두 사람 모두 강우월전략을 선택함에도 불구하고, 두 사람 모두에게 더 나은 기회를 활용하지 못하게 한다.

죄수의 딜레마 게임의 본질은 단순히 죄수들 간의 이야기가 아니다. 죄수의 딜레마 게임은 두 경제주체 모두에 이익이 되는 선택이 있음에도 불구하고, 자신이 그 약속을 지킬 때 상대방이 그 약속으로부터 이탈할 유인이 있고, 또한 상대방이 그 약속을 지킬 때 자신도 그 약속으로부터 이탈할 유인이 있으므로, 그 약속이 지켜지지 못할 것임을 서로 알고 있는 상황을 묘사하고 있는 것이다. 그로 인해 결과적으로 서로에게 손해가 되는 선택을 한다는 것이 죄수의 딜레마 게임의 본질인 것이다.

터커가 이 게임에 대한 설명을 제시했을 때 경제학계는 경악을 금치 못했다. 경제학의 오랜 전통 가운데 하나가 인간의 합리성에 대한 존중이다. 또한 인간이 합리적이라면, 현재의 상황에서 서로에게 이익이 되는 방향이 있으면 당연히 그 방향으로 이전해 나갈 것이라는 것 또한 경제학계의 오랜 신념 가운데 하나이다.

그러나 죄수의 딜레마 게임이 보여주는 것은 역설적으로 합리성 때문에 두 사람 모두에게 유리한 (묵비권, 묵비권)의 선택이 이루어지지 못하고, 오히려 두 사람 모두에게 불리한 (자백, 자백)의 선택이 이루어진다는 것이다. 차라리 사람들이 비합리적(?)이어서 순순히 서로 약속한 바를 그대로 믿으면, (묵비권, 묵비권)의 선택이 나올 수 있다. 그러나 죄수의 딜레마 게임에서 합리적인 두 사람의 선택은 (자백, 자백)뿐이다.

2) 성대결 게임(battle of sexes)

두 청춘 남녀가 저녁에 데이트를 하면서 즐거운 시간을 갖고자 한다. 시간을 보낼 수 있는 장소는 두 군데이다. 하나는 야구장이고 다른 하나는 발레공연장이다. 남자는 야구장에 가서 데이트를 하고 싶어 한다. 반면에 여자는 발레 공연을 보면서 데이트를 하고 싶어 한다. 각자 가고 싶은 장소는 다르다. 하지만 더욱 중요한 것은 두 사람이 같은 장소에서 함께 시간을 보내고 싶다는 것이다. 남자는 혼자 야구를 보러 가는 것보다 여자와 발레공연을 보는 것을 선호한다. 여자도 혼자 발레를 구경하는 것보다 남자와 야구장을 가기를 더 선호한다. 두 사람이 각각 상대방의 선택을 모르는 상황에서 선택하는 상황을 전략형 게임으로 표현하면 다음과 같다. 〈표 15-3〉의 숫자는 각자가 얻는 효용을 표시한다. 클수록 더 나은 선택이다.

성대결 게임에서 각 사람은 강우월전략을 가지고 있지 않다. 다른 사람의 선택에 대해 각 사람은 다른 사람의 선택과 동일한 선택을 하는 것이 최적의 선택이다. 즉, 두 사람 모두에게 상대방이 야구를 선택하면 야구가, 발레를 선택하면 발레가 각각 최선의 선택이다. 그러므로 상대방 선택과 무관하게 자신의 다른 선택과 비교해 항상 더 좋은 결과를 주는 강우월전략은 존재하지 않는다. 성대결 게임

● 표 15-3 성대결 게임

남자 \ 여자	야구	발레
야구	2, 1	0, 0
발레	0, 0	1, 2

을 포함해 이후에 설명하는 모든 게임에는 강우월전략이 존재하지 않는다. 각 게임에서 어떤 결과가 나오는가 하는 것은 다음 절에서 내쉬균형을 설명한 후에 알아본다.

3) 겁쟁이 게임(game of chicken)

제임스 딘이 출연한 영화, '이유 없는 반항'(Rebel without cause)에 두 젊은이가 절벽을 향해 차를 돌진해 가는 장면이 있다. 두 젊은이(경기자 1과 2)의 선택은 절벽을 향해 '계속 돌진하든가'(고집) 또는 '멈추든가'(양보) 하는 두 가지이다. 한 사람이 계속 돌진하고 다른 사람이 멈추면, 멈춘 사람은 겁쟁이(chicken)가 된다. 둘 다 계속 돌진하면 두 사람 모두에게 치명적인 결과를 초래한다. 반면에 둘이 동시에 멈추면, 멋쩍기는 하지만 서로의 생명은 보존할 수 있고, 둘 다 같이 멈추었기에 겁쟁이라는 소리는 듣지 않는다. 이를 전략형 게임으로 표현하면 〈표 15-4〉와 같다.

● 표 15-4 겁쟁이 게임

1 \ 2	고집	양보
고집	−10, −10	10, 0
양보	0, 10	1, 1

4) 동전 맞추기 게임(matching pennies)

두 사람이 각자 동전의 앞면(head) 혹은 뒷면(tail)을 잡기로 한다. 두 사람이 잡은 동전의 면이 일치하면, 즉 앞-앞 혹은 뒤-뒤가 나오면 경기자 1이 이기고, 반대로 엇갈려 나오면 경기자 2가 이기는 게임이다. 진 사람은 이긴 사람에게 1을 주어야 한다.[2]

---

2 동전 맞추기 게임은 우리나라의 홀짝게임과 기본적으로 동일한 게임이다.

표 15-5 동전 맞추기 게임		
1 　　　　2	H	T
H	1, −1	−1, 1
T	−1, 1	1, −1

5) 가위-바위-보 게임(rock-paper-scissors game)

아이들이 어렸을 때 흔히 하는 게임인 가위(scissors) 바위(rock) 보(paper) 게임을 전략형 게임으로 표현하면 다음과 같다.

표 15-6 가위-바위-보 게임			
1 　　　　2	S	R	P
S	0, 0	−1, 1	1, −1
R	1, −1	0, 0	−1, 1
P	−1, 1	1, −1	0, 0

2.2 전략형 게임의 표현

앞에서 전략형 게임의 몇 가지 예를 살펴보았다. 본 절에서는 전략형 게임을 엄밀하게 정의한다. 먼저 게임을 하려면 무엇보다도 게임에 참여하는 주체가 있어야 한다. 게임에 참여하는 주체는 개별적인 자연인일 수도 있고, 가족이나 기업같이 조직일 수도 있다. 게임에 참여하는 주체를 통칭해 **경기자**(player)라고 부른다. 따라서 게임이 성립하려면 경기자가 누구인가가 먼저 정해져야 한다. 게임이론에서 경기자의 이름이나 정체는 중요하지 않다. 따라서 간단하게 경기자 1, 경기자 2와 같이 부른다. n명의 경기자가 참가하면 경기자 집합은 다음과 같다.

$$I = \{1, \ 2, \ \cdots, \ n\}$$

게임에 참여하는 경기자의 수에 따라 $n = 2$이면 2인 게임(two person game), $n = 3$이면 3인 게임(three person game), 일반적으로 n명이면 n인 게임(n person game)이라고 부른다. 2인 전략형 게임은 쉽게 n인 전략형 게임으로 확장될 수 있으므로, 이후에서는 2인 전략형 게임을 중심으로 전략형 게임을 설명한다.

경기자가 게임에 참여한다면 어느 시점에선가 선택할 기회가 주어져야 한다. 선택할 기회가 없는 경기자는 실제로는 게임에 참여하는 것이 아니다. 경기자가 선택할 수 있는 여러 가지 대안을 게임이론에서는 통칭해 **전략**(strategy)이라고 부른다. 예를 들어, 가위-바위-보 게임에서 각 경기자가 선택할 수 있는 전략은 가위, 바위, 보, 세 가지이다. 경기자 1과 2가 선택할 수 있는 전략들의 집합을 각각 S_1과 S_2로 나타낸다. 각각 S_1과 S_2를 경기자 1과 2의 **전략집합**(strategy set)이라고 부른다. 각 경기자가 선택을 하려면 전략집합에 속한 전략의 개수가 둘 이상은 되어야 한다. $s_i \in S_i$ $(i=1, 2)$는 s_i가 경기자 i가 선택할 수 있는 전략 중 하나라는 것을 의미한다. 각 경기자가 자신의 전략집합에서 하나의 전략을 선택해 나열한 것을 $s=(s_1, \ s_2)$로 표시하고, **전략프로필**(strategy profile)이라고 부른다.

전략형 게임을 구성하는 마지막 요소는 각 경기자의 **보수함수**(payoff function)이다. 각 경기자의 전략선택이 이루어지면 그로부터 하나의 전략프로필 $s=(s_1, s_2)$가 결정된다. $u_1(s_1, s_2)$와 $u_2(s_1, s_2)$는 각 경기자의 선택에 의해 전략프로필 $s=(s_1, s_2)$가 결정될 때 경기자 1과 2가 얻는 보수를 나타난다.[3] 예를 들어, 〈표 15-7〉의 가위-바위-보 게임에서 $s=$ (바위, 가위)이면 경기자 1이 이기고 경기자 2가 지는 경우이므로, u_1 (바위, 가위) $=1$, u_2 (바위, 가위) $=-1$이 된다. 각 경기자의 보수함수는 가능한 모든 전략프로필에 대해 그 경기자가 얻는 보수를 나타낸다. 경기자 1의 보수함수 $u_1(s_1, s_2)$를 보면 경기자 1이 얻는 보수는 자신이 선택하는 s_1뿐만 아니라, 경기자 2가 선택하는 s_2에도 의존함을 알 수 있다. 마찬가지로 경기자 2의 보수함수 $u_2(s_1, s_2)$도 자신이 선택하는 s_2뿐만 아니라 경기자 1이 선택하는 s_1에 의존한다. 이와 같이, 경기자의 보수가 자신의 선택뿐 아니라 다른 경기자의 선택에도 의존하는 것이 게임의 본질이다. 경기자의 보수함수가 자신의 선택에만 의존하는 상황을 분석하는 이론은 **의사결정이론**(decision theory)이라고 부른다. 때로는 의사결정이론을 **1인 게임이론**(single person game theory), 게임이론을 **다자간 의사결정이론**(multi-person decision theory)이라고 부르기도 한다.[4]

---

3 경제학의 다른 분야에서 한 경제주체가 얻는 만족도를 효용(utility)이란 용어로 표시하나, 게임이론에서는 이를 보수(payoff)라는 용어로 표시한다.
4 여러 사람이 식당에 식사를 하러 간 상황을 생각하자. 각자가 자신이 주문한 음식값을 지불하면

> **전략형 게임의 3요소**: 경기에 참여하는 경기자 집합 I, 각 경기자의 전략집합 S_i, 그리고 각 경기자의 보수함수 u_i를 전략형 게임의 3요소라고 부른다.

　　전략형 게임에 참여하는 모든 경기자들은 누가 게임에 참여하고 있는지, 각 경기자의 전략집합과 보수함수는 물론 모든 경기자들이 합리적이라는 사실 또한 알고 있다고 가정한다. 전략형 게임은 모든 경기자가 동시에 전략을 선택하는 **동시선택게임**(simultaneous move game)이다. 여기서 동시에 선택한다는 의미는 문자 그대로 모든 경기자가 정확히 같은 시간에 전략을 선택한다는 의미가 아니다. 동시선택은 한 경기자가 전략을 선택할 때, 다른 경기자들의 선택을 알지 못한다는 의미이다. 순차적으로 전략을 선택해도, 앞선 경기자들의 선택을 모르고 뒤에 선택하는 경기자가 자신의 전략을 선택하면 모든 경기자가 동시에 전략을 선택하는 것과 동일하다.

　　일반적으로 전략형 게임은 **보수행렬**(payoff matrix)을 이용해 표시한다. 경기자 1과 2가 각각 n개와 m개의 전략을 가지고 있는 전략형 게임을 보수행렬로 표시하면 다음과 같다. 경기자 1의 n개의 전략을 s_1, s_2, $\cdots$, s_n, 경기자 2의 m개의 전략을 t_1, t_2, $\cdots$, t_m으로 표시하자. 그리고 경기자 1과 2의 전략을 각각 세로와 가로로 나열하면 2인 전략형 게임은 〈표 15-7〉과 같은 보수행렬로 표시된다. a_{ij}와 b_{ij}는 경기자 1과 2가 각각 전략 s_i와 t_j를 선택했을 때, 경기자 1과 2가 얻는

● 표 15-7 보수행렬을 이용한 2인 전략형 게임의 표현

1＼2	t_1	$\cdots$	t_j	$\cdots$	t_m
s_1	a_{11}, b_{11}	$\cdots$	a_{1j}, b_{1j}	$\cdots$	a_{1m}, b_{1m}
$\vdots$	$\vdots$		$\vdots$		$\vdots$
s_i	a_{il}, b_{il}	$\cdots$	a_{ij}, b_{ij}	$\cdots$	a_{im}, b_{im}
$\vdots$	$\vdots$		$\vdots$		$\vdots$
s_n	a_{nl}, b_{nl}	$\cdots$	a_{nj}, b_{nj}	$\cdots$	a_{nm}, b_{nm}

이는 의사결정이론이 적용되는 상황이고, 누가 무엇을 주문하든 관계없이 모든 사람이 동일하게 나누어 내면 이는 게임이론이 적용되는 상황이다.

보수를 나타낸다.

앞에서 살펴본 〈표 15-1〉부터 〈표 15-6〉까지의 여러 예들은 바로 보수행렬을 이용해 전략형 게임을 표시한 것이었다.

2.3 내쉬균형

앞에서 죄수의 딜레마 게임을 설명하면서 강우월전략을 간략하게 설명했다. 내쉬균형을 설명하기에 앞서 먼저 강우월전략을 엄밀하게 정의하도록 한다.

> **강우월전략**: 경기자 1의 전략 s_1이, 자신이 선택할 수 있는 다른 모든 전략 s_1'에 대해, 그리고 경기자 2의 모든 전략 s_2에 대해 $u_1(s_1,\ s_2) > u_1(s_1',\ s_2)$가 성립하면 s_1은 경기자 1의 강우월전략이다.

경기자 2가 s_2를 선택할 때, 다른 모든 전략 s_1'에 대해 $u_1(s_1, s_2) > u_1(s_1', s_2)$가 성립하면 경기자 1에게 s_1이 유일한 최선의 선택이다. 따라서 경기자 2가 s_2를 선택한다면 합리적인 경기자 1은 반드시 s_1을 선택해야 한다. s_2에 대해 $u_1(s_1, s_2) > u_1(s_1', s_2)$가 성립하더라도, 일반적으로 경기자 2가 선택할 수 있는 다른 전략인 s_2'에 대해서도 다른 모든 전략 s_1'에 비해 $u_1(s_1, s_2') > u_1(s_1', s_2')$이 성립하리라는 보장은 없다. 만일 다른 s_1'에 대해 $u_1(s_1, s_2') < u_1(s_1', s_2')$이 성립하면, s_2'에 대해 s_1은 경기자 1의 최선의 선택이 아니다. s_1이 경기자 1의 강우월전략이라는 것은 상대방의 모든 전략에 대해 s_1이 유일한 최선의 선택임을 의미한다.

경기자 2의 강우월전략도 동일하게 정의된다. 경기자 2의 전략 s_2가 자신이 선택할 수 있는 다른 모든 전략 s_2'에 대해, 그리고 경기자 1의 모든 전략 s_1에 대해 $u_2(s_1, s_2) > u_2(s_1, s_2')$가 성립하면 s_2는 경기자 2의 강우월전략이다.

죄수의 딜레마 게임에서 '자백'이 다른 경기자가 어떤 선택을 하든 각 경기자의 유일한 최선의 선택이었다. 그러므로 '자백'이 각 경기자의 강우월전략이다.

강우월전략이 존재하면, 합리적인 경기자는 반드시 강우월전략을 선택해야 한다. 주어진 전략형 게임에서 어떤 결과가 나올지를 예측하기 위해 죄수의 딜레마 게임과 같이 두 경기자 모두 강우월전략을 가질 필요는 없다. 다음의 예를 보자.

● 표 15-8 한 경기자만 강우월전략이 있는 게임

1　　　　　　　　　　2	c	d
a	10, 0	0, 1
b	0, 1	10, 2

예 1 〈표 15-8〉과 같은 전략형 게임이 주어졌다. 어떤 결과가 나올 것이라고 예측할 수 있는가?

경기자 1에게, 경기자 2가 c를 선택하면 a가, d를 선택하면 b가 최선의 선택이다. 경기자 2의 선택에 따라서 경기자 1의 최선의 선택이 달라지므로, 경기자 1은 강우월전략을 갖지 못한다. 그러므로 현재의 상황에서 경기자 1이 어떤 선택을 할지 예측하기 힘들다. 그러나 경기자 2를 보면, 경기자 1이 어떤 선택을 하든 항상 d가 더 나은 선택이다. 그러므로 d가 경기자 2의 강우월전략이다. 모든 경기자가 다른 경기자들이 합리적이라는 사실을 알고 있으므로, 경기자 1은 경기자 2가 d를 선택할 것임을 예측할 수 있다. 이 경우 b가 경기자 1의 최선의 선택이다. 따라서 이 게임에서 비록 경기자 2만 강우월전략을 가지고 있지만, (b, d)의 전략프로필이 선택될 것이라고 예측할 수 있다.

예 1에서 보았듯이, 적어도 한 명의 경기자가 강우월전략을 가지면, 어떤 결과가 발생할 것인지를 비교적 쉽게 예측할 수 있다. 그러나 한 명의 경기자라도 강우월전략을 가지는 경우는 매우 드물다. 앞에서 살펴본 전략형 게임의 예에서 죄수의 딜레마 게임을 제외하고는, 어떤 게임에서도 강우월전략을 가지고 있는 경기자가 없다. 아무도 강우월전략을 가지고 있지 않은 경우, 합리적인 경기자들이 어떤 선택을 할 것인가의 대답으로 사용하는 것이 바로 **내쉬균형**(Nash equilibrium)이다. 먼저 내쉬균형의 정의를 살펴보자.

> **내쉬균형**: 주어진 2인 전략형 게임에서 전략프로필 (s_1^*, s_2^*)가, 경기자 1의 모든 전략 s_1에 대해 $u_1(s_1^*, s_2^*) \geq u_1(s_1, s_2^*)$, 경기자 2의 모든 전략 s_2에 대해 $u_2(s_1^*, s_2^*) \geq u_2(s_1^*, s_2)$가 성립하면 (s_1^*, s_2^*)를 내쉬균형이라고 부른다.

먼저 내쉬균형에 대해 강조할 것은 내쉬균형인지 아닌지를 판단하는 대상은 전략프로필이지, 경기자들이 선택한 개별 전략이 아니라는 것이다. 경기자 1의 특정 전략 s_1^0이 경기자 2의 전략 s_2^0와 함께 하는 (s_1^0, s_2^0)는 내쉬균형이지만, 다른 전략 s_2'과 함께하는 (s_1^0, s_2')는 내쉬균형이 아닐 수도 있다. 항상 내쉬균형은 전략프로필임을 잊지 말기 바란다.

다음으로 내쉬균형의 특징과 찾는 방법을 알아보자. 경기자 2의 전략 s_2에 대해 경기자 1의 특정 전략 s_1이 자신이 선택할 수 있는 다른 모든 전략 s_1'에 대해 $u_1(s_1, s_2) \geq u_1(s_1', s_2)$가 성립한다고 가정하자. 이는 경기자 2가 s_2를 선택하면, 경기자 1은 s_1을 선택함으로써 최대한의 보수를 얻는다는 의미이다. 각 경기자의 목적이 가능한 한 큰 보수를 얻고자 하는 것이므로, 위의 조건이 성립할 때 s_1을 s_2에 대한 **최적대응**(best response)이라고 부른다.

최적대응을 정의한 부등식이 약부등식이므로 s_2에 대한 최적대응은 여러 개 있을 수 있다. s_2에 대한 경기자 1의 최적대응을 다 모아놓은 집합을 $BR^1(s_2)$로 표시하자. 같은 방법으로 경기자 1의 전략 s_1에 대한 경기자 2의 최적대응을 다 모아놓은 집합을 $BR^2(s_1)$으로 표시한다. 주어진 전략프로필 (s_1^*, s_2^*)가 내쉬균형일 조건이 바로 경기자 1의 모든 전략 s_1에 대해 $u_1(s_1^*, s_2^*) \geq u_1(s_1, s_2^*)$, 경기자 2의 모든 전략 s_2에 대해 $u_2(s_1^*, s_2^*) \geq u_2(s_1^*, s_2)$가 성립하는 것이었다. 풀어서 쓰면 내쉬균형의 조건은 다름 아닌 s_1^*가 s_2^*에 대한 최적대응이며, 동시에 s_2^*가 s_1^*에 대한 최적대응이라는 것을 알 수 있다. 이를 $BR^1(s_2)$와 $BR^2(s_1)$을 이용해 표시하면 다음과 같다.

내쉬균형의 조건: (s_1^*, s_2^*)이 내쉬균형일 조건은 s_1^*가 s_2^*에 대한 최적대응이며, 동시에 s_2^*가 s_1^*에 대한 최적대응이라는 것이다. 즉, $s_1^* \in BR^1(s_2^*)$이고 $s_2^* \in BR^2(s_1^*)$이다.

주어진 전략프로필이 내쉬균형이 아니면 적어도 한 경기자가 자신의 선택을 바꿀 용의가 있다. 따라서 그 전략프로필이 실현될 것이라고 기대하기 어렵다. 그러므로 게임이론에서는 각 경기자의 선택으로 이루어진 전략프로필이 내쉬균형일 것이라고 생각하므로 내쉬균형을 찾는다.

Box 15-1 일반적인 n인 게임의 내쉬균형

위에서는 독자들의 편의를 위해 2인 게임에 대해 내쉬균형을 정의했다. 2인 게임의 내쉬균형은 쉽게 n인 게임의 내쉬균형으로 확장될 수 있다.

경기자가 n명이면 경기자 집합은 $I = \{1, 2, \cdots, n\}$이다. 각 경기자들에 대해 S_i은 경기자 i가 선택할 수 있는 전략들의 집합이다($i = 1, \cdots, n$). 2인 게임에서와 같이 각 경기자가 자신의 전략집합에서 하나의 전략을 선택해 나열한 것을 전략프로필이라고 하고 $s = (s_1, \cdots, s_n)$으로 표시한다. $u_i(s)$은 $s = (s_1, \cdots, s_n)$이라는 전략프로필이 선택되었을 때 경기자 i가 얻는 보수이다($i = 1, \cdots, n$).

전략프로필 $s^* = (s_1^*, \cdots, s_n^*)$가, 모든 경기자 i와, 경기자 i의 모든 전략 s_i에 대해 $u_i(s^*) \geq u_i(s_{-i}^*, s_i)$이 성립하면 $s^* = (s_1^*, \cdots, s_n^*)$를 내쉬균형이라고 부른다. 여기서 s_{-i}^*는 $s^* = (s_1^*, \cdots, s_n^*)$에서 경기자 i의 전략만을 뺀 것이다. 즉, $s_{-i}^* = (s_1^*, \cdots, s_{i-1}^*, s_{i+1}^*, \cdots, s_n^*)$이고, (s_{-i}^*, s_i)는 $s^* = (s_1^*, \cdots, s_n^*)$에서 경기자 i의 전략만 s_i^* 대신 s_i로 바꾼 전략프로필이다.

2인 게임에서와 같이, $BR^i(s_{-i})$는 경기자 i를 제외한 다른 경기자들이 s_{-i}를 선택했을 때, 경기자 i의 보수함수를 극대화하는 경기자 i의 전략, 즉, s_{-i}에 대한 경기자 i의 최적대응을 모아놓은 집합이다. $s^* = (s_1^*, \cdots, s_n^*)$가 내쉬균형일 조건은 2인 게임에서와 같이 모든 경기자 i에 대해, $s_i^* \in BR^i(s_{-i}^*)$이다($i = 1, \cdots, n$).

이제 이 방법을 이용해 앞에서 살펴본 죄수의 딜레마 게임을 제외한 다른 전략형 게임에서 내쉬균형을 찾는 방법을 알아보자.

1) 성대결 게임

● 표 15-9 성대결 게임의 내쉬균형

1＼2	야구	발레
야구	2*, 1*	0, 0
발레	0, 0	1*, 2*

내쉬균형을 찾기 위해 전략형 게임에 경기자 1의 최적대응은 *, 경기자 2의 최적대응은 *로 표시한다. 이후의 전략형 게임에도 동일하게 표시한다. 경기자 2가 야구를 선택하면, 경기자 1의 최적대응은 야구이다. 따라서 야구로 표시된 열에 대해서는 야구로 표시된 제1행에 경기자 1의 최적대응인 * 표시가 되어 있다. 경기자 2가 발레를 선택하면, 경기자 1의 최적대응 또한 발레이다. 따라서 발레로 표시된 열에 대해서는 발레로 표시된 제2행에 경기자 1의 최적대응인 * 표시가 되어 있다. 경기자 2에 대해서도 같은 방법으로 최적대응이 표시되어 있다. 내쉬균형에서는 최적대응이 동시에 성립해야 하므로 *와 *가 동시에 들어간 전략프로필이 바로 내쉬균형이다. 따라서 성대결 게임에는 (야구, 야구)와 (발레, 발레), 두 개의 내쉬균형이 존재한다.

2) 겁쟁이 게임

〈표 15-10〉에는 겁쟁이 게임의 최적대응이 표시되어 있다. 이 게임에서는 (고집, 양보)와 (양보, 고집) 모두 내쉬균형이다. 따라서 내쉬균형은 어느 한 쪽이 양보할 것으로 예측한다.

● 표 15-10 겁쟁이 게임의 내쉬균형

1 ＼ 2	고집	양보
고집	−10, −10	10*, 0*
양보	0*, 10*	1, 1

3) 동전 맞추기 게임

● 표 15-11 내쉬균형이 없는 동전 맞추기 게임

1 ＼ 2	앞면	뒷면
앞면	1*, −1	−1, 1*
뒷면	−1, 1*	1*, −1

〈표 15-11〉에 각 경기자의 최적대응이 표시되어 있다. 표에서 보다시피 두 경기자의 최적대응이 동시에 나타나는 부분이 없다. 그러므로 이 게임에는 내쉬균형이 존재하지 않는다.[5]

4) 가위-바위-보 게임

● 표 15-12 내쉬균형이 없는 가위-바위-보 게임

1 ＼ 2	가위	바위	보
가위	0, 0	−1, 1*	1*, −1
바위	1*, −1	0, 0	−1, 1*
보	−1, 1*	1*, −1	0, 0

---

5 게임이론을 공부한 학생들은 동전 맞추기 게임의 경우 각 경기자가 앞면과 뒷면을 각각 $\frac{1}{2}$의 확률로 선택하는 혼합전략이 내쉬균형이 됨을 알고 있을 것이다. 본서에는 명시적으로 **혼합전략** (mixed strategy)에 대해 설명하지 않았으므로, 내쉬균형은 순수전략 내쉬균형을 의미한다. 동전 맞추기 게임에는 순수전략 내쉬균형이 존재하지 않는다는 것이 보다 정확한 표현이다. 이는 그 다음의 가위-바위-보 게임에도 동일하게 적용된다. 혼합전략에 대해서는 왕규호·조인구의 「게임이론」 제2장을 참고하기 바란다.

이 게임도 가위에 대한 최적대응은 바위, 바위에 대한 최적대응은 보, 보에 대한 최적대응은 가위이므로 내쉬균형은 존재하지 않는다.

동전 맞추기 게임이나 가위-바위-보 게임이 보여주듯이, 내쉬균형이 항상 존재하리라는 보장은 없다.[6]

Section 3 전개형 게임: 순서가 중요한 게임

이제까지 살펴본 전략형 게임은 경기자들의 순차적인(sequential) 의사결정 과정을 명시적으로 보여주지 않고 있다. 본 절에서는 순차적 의사결정 과정을 명시적으로 보여주는 **전개형 게임**(extensive form game)을 알아본다. 전략형 게임과 마찬가지로 먼저 전개형 게임의 예를 몇 가지 알아본다.

3.1 전개형 게임의 예

1) 진입 게임(entry game)

이 게임은 기존의 독점기업(경기자 2)이 있는 시장에 잠재적 진입기업(경기자 1)이 시장에 진입할 것인가를 결정하는 게임이다. 경기자 1이 먼저 진입할 것인가 혹은 진입하지 않을 것인가를 결정한다. 진입하지 않으면 게임은 종료되고, 경기자 1과 2는 각각 0과 2를 보수로 얻는다. 경기자 1이 진입을 하면, 경기자 2는 경기자 1이 진입했음을 알고, 수용을 할 것인가 혹은 보복을 할 것인가를 결정한다. 수용하면 게임은 종료되고 경기자 1과 2는 각각 1을 얻는다. 만일 경기자 2가 보복을 선택하면 게임은 역시 종료되고, 경기자 1과 2는 각각 −1을 얻는다.

전개형 게임은 〈그림 15-1〉과 같이 순차적으로 줄기가 뻗어나가는 형태의 그림으로 표현하는데, 이런 그림을 **게임트리**(game tree)라고 부른다.

---

6 내쉬가 1994년 노벨 경제학상을 수상한 가장 큰 기여는 혼합전략까지 고려하면 내쉬균형이 항상 존재한다는 것을 보였다는 것이다.

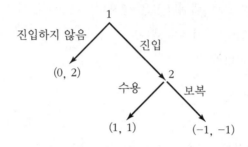

2) 센티피드 게임(centipede game)[7]

센티피드 게임은 미국의 경제학자 로젠탈(Robert Rosenthal)이 고안한 게임이다. 다음은 각 경기자가 두 번의 선택기회를 가지는 센티피드 게임의 한 예이다.

이 게임은 경기자 1이 D 또는 R을 선택함으로써 시작된다. D를 선택하면, 게임은 종료되며 경기자 1과 2는 각각 1을 얻는다. R을 선택하면, 경기자 2는 경기자 1이 R을 선택했음을 알고, d 또는 r을 선택한다. d를 선택하면 게임은 종료되고 경기자 1과 2는 각각 0과 3을 얻는다. r을 선택하면, 경기자 1은 경기자 2가 r을 선택했다는 것을 알고, D 또는 R을 선택한다. D를 선택하면 게임은 종료되고 경기자 1과 2는 각각 2를 얻는다. R을 선택하면 다시 경기자 2의 순서가 되고, 경기자 2는 d 또는 r을 선택한다. d를 선택하면 게임은 종료되고 경기자 1과 2는 각각 1과 4를 얻는다. r을 선택해도 게임은 종료되고 경기자 1과 2는 각각 3을 얻는다.

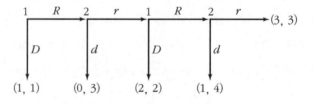

---

7 centipede는 지네를 의미하는 영어 단어이다. 전개형 모양이 마치 지네의 다리 형태를 닮아서 붙여진 이름이다. '지네'의 어감이 별로 좋지 않으므로 그냥 센티피드 게임이라고 부르기로 한다.

3) 달렉 게임(Dalek game)[8]

달렉 게임은 크렙스(David Kreps)와 윌슨(Robert Wilson)이 고안한 게임으로, 경기자 1이 A, L, 또는 R을 선택함으로써 시작된다. A를 선택하면 게임은 종료되고, 각 경기자는 2를 얻는다. 경기자 1이 L 또는 R을 선택하면 경기자 2의 순서가 된다. 그런데 게임의 규칙이 자신의 순서가 되었을 때, 경기자 2는 경기자 1이 L을 선택했는지, R을 선택했는지 알 수 없도록 되어 있다. 이 사실은 L과 R을 표시한 화살표 끝이 점선으로 묶여 있는 것으로 표시되어 있다.[9]

자신의 순서가 되었을 때 경기자 2는 경기자 1이 A를 선택하지 않았다는 것은 알고 있다. 왜냐하면, A를 선택했다면 게임은 종료되어 자신에게 기회가 주어지지 않았을 것이기 때문이다. 그러나 경기자 1이 L을 선택했는지 혹은 R을 선택했는지 모르는 상황에서 경기자 2는 l 또는 r을 선택할 수 있다.

l을 선택할 경우, 경기자 1이 앞에서 L을 선택했다면, 경기자 1과 2 모두 3을 보수로 얻는다. 만일 경기자 1이 R을 선택했다면 둘 다 0을 보수로 얻는다. r을 선택할 때, 경기자 1이 L을 선택했다면, 둘 다 0을, R을 선택했다면 둘 다 1을 얻는다.

● **그림 15-3 달렉 게임**

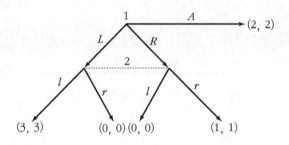

---

8 달렉은 영국의 공영방송인 BBC 방송의 공상과학 시리즈로 우리나라에서도 방영된 적이 있는 '닥터 후'(Dr. Who)에 나오는 로봇의 이름이다. 빈모어(Ken Binmore)가 이 전개형 게임의 모양이 달렉의 모습과 비슷하다고 붙인 이름이다.

9 점선으로 묶여있는 것을 게임이론의 용어로 정보집합(information set)이라고 부른다.

4) 젤튼의 말 게임(Selten's horse game)

이 게임은 1994년 내쉬, 하사니와 더불어 노벨 경제학상을 공동 수상한 젤튼이 고안한 3인 전개형 게임으로, 그 형태가 마치 말(horse)처럼 생겼다고 해서 붙여진 이름이다. 이 게임은 경기자 1이 A 또는 D를 선택함으로써 시작된다. A를 선택하면, 경기자 2의 순서가 된다. 경기자 2는 경기자 1이 A를 선택했음을 알고, a 또는 d를 선택한다. a를 선택하면 게임은 종료되며, 세 경기자 모두 각각 1을 얻는다.

경기자 1이 D를 선택하거나, A를 선택하고 다음으로 경기자 2가 d를 선택하면, 경기자 3의 순서가 된다. D의 화살표와 A를 거친 d의 화살표가 점선으로 묶여 있다는 것은 달렉 게임에서와 같이, 경기자 3은 자신의 순서가 경기자 1의 선택으로부터 바로 온 것인지, 경기자 2를 거쳐서 온 것인지를 구별할 수 없다는 의미이다. 자신의 순서에서 경기자 3은 l 또는 r을 선택할 수 있다.

l을 선택할 때, 경기자 1이 앞에서 D를 선택했다면 경기자 1, 2, 3은 각각 3, 2, 2를 얻는다. 반면에 경기자 1이 A, 경기자 2가 d를 선택했다면, 경기자 1, 2, 3은 각각 4, 4, 0을 얻는다. r을 선택할 때, 경기자 1이 앞에서 D를 선택했다면 경기자 1, 2, 3은 모두 0을 얻는다. 반면에 경기자 1이 A, 경기자 2가 d를 선택했다면, 경기자 1, 2, 3은 각각 0, 0, 1을 얻는다.

● **그림 15-4 젤튼의 말 게임**

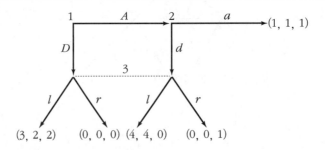

5) 죄수의 딜레마 게임

죄수의 딜레마 게임은 전략형 게임이다. 전략형 게임에서는 전략을 '동시'에 선택한다. '동시'라는 것은 각 경기자가 다른 경기자의 선택을 모르는 상태에서 자신의 전략을 선택한다는 의미이다. 전략형 게임인 죄수의 딜레마 게임을 전개형 게임으로 그리면 〈그림 15-5〉와 같다. 먼저 경기자 1이 묵비권 또는 자백을 선택한다. 다음으로 경기자 2의 순서가 된다. 그러나 경기자 2는 경기자 1의 선택을 모른다. 이 사실은 경기자 1의 두 선택을 의미하는 화살표가 점선으로 연결되어 있는 것으로부터 알 수 있다.

경기자 2는 경기자 1의 선택을 모르는 상황에서 묵비권 또는 자백을 선택한다.[10] 예를 들어, 경기자 2가 묵비권을 선택할 때, 경기자 1도 묵비권을 선택했다면 둘 다 −1을 얻는다. 다른 보수도 동일하게 얻어진다.

이와 같이 모든 전략형 게임은 전개형 게임으로 표시할 수 있다.

● 그림 15-5 죄수의 딜레마 게임의 전개형 게임

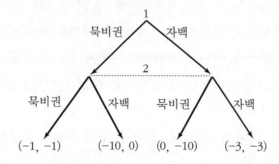

3.2 완전정보게임: 후방귀납

일반적인 전개형 게임의 균형에 대한 설명은 본서의 범위를 넘어선다. 그러나 전개형 게임의 특수한 형태인 완전정보게임은 비교적 간단한 방법을 통해 균형을 찾을 수 있다. 그러므로 본 절에서의 설명은 완전정보게임에 국한한다.

모든 경기자가 자신의 순서에서, 자신을 포함한 모든 경기자들이 이제까지 어떤 선택을 했는가를 다 알고 있는 게임을 **완전정보게임**(games with perfect information)이라고 부른다. 그렇지 않은 게임은 **불완전정보게임**(games with imperfect information)이

---

10 경기자 1과 2의 순서를 바꾸어 전개형 게임을 그려도 결과는 동일하다.

라고 부른다. 불완전정보게임에서는 적어도 한 경기자가 자신의 순서에서, 과거에 경기자들이 어떠한 선택을 했는가를 알지 못한다. 3.1절에서 살펴본 게임 가운데 진입 게임과 센티피드 게임이 완전정보게임이다. 많은 독자들이 매우 익숙해 있을 바둑과 장기 및 체스 게임도 앞 사람의 모든 선택을 다 볼 수 있으므로 완전정보 게임에 해당된다. 반면에 달렉과 젤튼의 말 그리고 죄수의 딜레마 게임의 전개형 게임은 나중에 의사결정을 하는 경기자가 이전 경기자의 선택을 보지 못하므로 불완전정보게임이다.

먼저 진입 게임을 통해 완전정보게임의 균형을 찾는 방법을 알아보자. 독자들의 편의를 위해 진입 게임을 〈그림 15-6〉에 다시 그려놓았다. 먼저 경기자 1이 진입을 선택해 경기자 2에게 순서가 주어졌다고 하자. 경기자 2는 어떤 선택을 하겠는가? 경기자 2의 선택은 '수용' 또는 '보복'이다. 어느 쪽을 선택하든 간에 게임은 종료된다. '수용'을 선택하면 경기자 2는 1을 얻는다. 반면에 '보복'을 선택하면 경기자 2는 −1을 얻는다. 합리적인 경기자라면 더 큰 보수를 얻고자 할 것이므로, 당연히 '수용'을 선택할 것이다. 이제 경기자 1의 선택을 살펴보자. 진입하지 않으면 경기자 1은 0을 얻는다. 반면에 진입하면 경기자 2는 '수용'을 선택할 것이므로 경기자 1은 1을 얻는다. 그러므로 경기자 1은 '진입'을 선택할 것이다. 따라서 진입 게임의 균형은, 경기자 1이 진입하고, 이를 보고 경기자 2는 '수용'을 선택하여 두 경기자 모두 각각 1의 보수를 얻는 것이다. 진입 게임의 균형은 〈그림 15-6〉에 파란색으로 표시되어 있다.

진입 게임의 균형을 찾는 방법을 다시 살펴보면, 게임이 끝나기 직전부터 합리적인 경기자들이 어떤 선택을 할 것인가를 찾아내어, 게임이 시작하는 곳으로

● **그림 15-6 진입 게임의 균형**

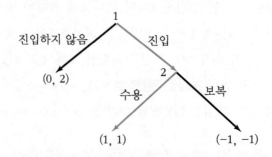

거꾸로 거슬러 올라가는 방식임을 알 수 있다. 이 같은 방법을 뒤에서부터 풀어간 다는 의미에서 **후방귀납**(backward induction)이라고 부른다. 모든 완전정보게임은 후방귀납을 이용해 균형을 찾는다.[11]

이제 후방귀납을 이용해 센티피드 게임의 균형을 찾아보자. 독자들의 편의를 위해 게임을 〈그림 15-7〉에 다시 그려놓았다. 게임이 종료되기 바로 직전, 마지막 선택의 기회에서 경기자 2는 r을 선택하면 3, d를 선택하면 4를 얻는다. 따라서 합리적인 경기자 2는 d를 선택한다. 그 바로 전, 끝에서 두 번째 순서에서 경기자 1은 D를 선택하면 2를 얻는다. 반면에 R을 선택하면 경기자 2의 순서에 d를 선택 하므로 1을 얻는다. 따라서 합리적인 경기자 1은 D를 선택한다. 경기자 2는 끝에 서 세 번째 순서에서 d를 선택하면 3을 얻는다. 반면에 r을 선택하면, 그 다음으로 경기자 1이 D를 선택하므로 2를 얻는다. 따라서 경기자 2는 d를 선택한다. 마지막으로 처음에 경기자 1은 D를 선택하면 1을 얻는다. 그러나 R을 선택하면 경기자 2가 d를 선택하므로 0을 얻는다. 따라서 경기자 1은 D를 선택한다.

후방귀납을 적용해 센티피드 게임의 균형을 구해 보면 각 경기자는 자기 순서에서 각자 D나 d를 선택함을 알 수 있다. 따라서 게임은 경기자 1이 처음에 D를 선택함으로써 바로 종료되고, 두 경기자들은 각각 1을 보수로 얻는다.

● **그림 15-7 센티피드 게임의 균형**

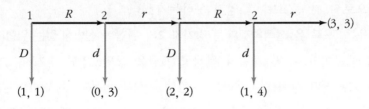

예2 다음과 같이 변형된 진입 게임의 균형을 구하라.

---

11 완전정보게임에서 후방귀납을 이용해서 찾는 균형을 게임이론에서는 **부분게임 완전균형**(subgame perfect Nash equilibrium)이라고 부른다. 부분게임 완전균형은 내쉬균형에 추가적인 조건을 부과한 것이다. 부분게임 완전균형을 엄밀하게 설명하는 것은 본서의 범위를 벗어나므로, 본서에서는 간단하게 '균형'이라고 부르도록 한다. 부분게임 완전균형에 대해 더 알고 싶은 독자들은 왕규호·조인구 「게임이론」 제6장을 참고하기 바란다.

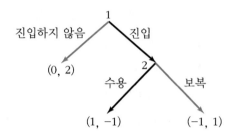

변형된 진입 게임에서 합리적인 경기자 2는 자신의 순서에서 '수용' 대신 '보복'을 선택한다. 그러므로 경기자 1은 진입하면 −1을 얻는다. 따라서 경기자 1은 처음부터 진입하지 않는다.

3.3 맹약의 문제

앞에서 살펴본 진입 게임의 균형을 다시 한 번 살펴보자. 경기자 1이 진입을 하는 이유는 경기자 2가 '수용'을 선택하기 때문이다. 그 결과 경기자 1과 2 모두 균형에서 1의 보수를 얻는다. 만일 경기자 2가 '수용'이 아닌 '보복'을 선택한다고 생각해 보자. 이 경우 경기자 1이 진입하면 −1을 얻는다. 따라서 진입하지 않는 것이 경기자 1의 입장에서는 더 유리하다. 경기자 1이 진입하지 않으면 경기자 2는 균형에서의 보수인 1보다 더 큰 보수인 2를 얻는다. 이 같은 상황에서 왜 경기자 2는 경기자 1에게 "진입할 때 무조건 '보복'을 선택할 것이므로 진입하지 말라"고 위협함으로써 더 큰 보수를 얻지 못하는가?

그 이유는 '보복'을 선택하겠다는 경기자 2의 위협이 **신빙성 없는 위협**(incredible threat)이기 때문이다. 진입 게임의 전개형 게임을 보면, 일단 경기자 1이 진입하면, 경기자 2가 어떤 선택을 하더라도 진입한 사실을 번복할 수 없다. 진입이 발생할 때 '보복'을 선택하겠다는 경기자 2의 위협은 경기자 1이 진입을 못하도록 하는 것이 목적이지, 실제로 진입이 발생할 때 '보복'을 선택하겠다는 것이 아니다. 일단 진입이 발생한 상태에서 어떤 선택을 하더라도 진입 자체를 번복할 수 없으면, 경기자 2가 '보복'을 선택함으로써 유리할 것이 아무 것도 없다. '보복'을 하면 −1, '수용'을 하면 1을 얻으므로 진입이 이루어진 상태에서 경기자 2는 '수용'을 선택해야 한다.

이와 같이 실제로 위협을 시행에 옮겨야 할 상황이 발생했을 때, 그 위협을 시행에 옮기는 것이 불리한 경우 신빙성 없는 위협이라고 부른다. 반면에, 실행에 옮겨야 할 시점에서 실제로 그 위협을 시행하는 것이 유리한 위협을 신빙성 있는 위협(credible threat)이라고 부른다. 진입 게임에서 진입이 이루어지면 '보복'을 선택하겠다는 경기자 2의 위협은 신빙성 없는 위협이다.

　위협뿐만 아니라 약속에 대해서도 동일하게 신빙성 여부를 적용할 수 있다. 진입 게임을 〈그림 15-8〉과 같이 변형한 게임을 생각해 보자. 처음에 경기자 1이 진입하지 않으면, 게임은 바로 종료되고 두 경기자 모두 0을 얻는다. 이제 경기자 2가 3의 보수를 얻기 위해 경기자 1에게 진입을 하면 '수용'을 선택하겠다고 약속하는 경우를 생각해 보자. 만일 경기자 2가 약속대로 '수용'을 선택하면, 경기자 1도 진입하여 3을 얻는 것이 더 유리하다. 그런데 '수용'을 선택하겠다는 경기자 2의 약속을 믿을 수 있는가? 일단 경기자 1이 진입하면, 그 결정을 취소할 수 없다. 경기자 2의 순서에서 약속과 달리 경기자 2는 '수용'이 아닌 '보복'을 선택함으로써 더 큰 보수(4)를 얻을 수 있다. 그러므로 진입 시 '수용'을 선택하겠다는 경기자 2의 약속은 실제로 실행할 목적이 있는 것이 아니라, 경기자 1을 '꼬셔' 진입을 하도록 하는 데 그 목적이 있다. 그러므로 이 약속은 신빙성 없는 약속(incredible promise)이다. 따라서 경기자 1은 신빙성 없는 이 약속을 믿고 진입해서는 안 된다. 실제로 후방귀납을 이용해 〈그림 15-8〉의 전개형 게임의 균형을 찾아보면, 진입시 경기자 2는 '보복'을 선택하고, 그렇기 때문에 경기자 1은 진입하지 않는다.

　〈그림 15-6〉이나 〈그림 15-8〉의 진입 게임에서 경기자 2의 위협이나 약속이 신빙성 없는 이유는 실제로 위협이나 약속을 실행에 옮길 시점에서, 위협이나 약

● **그림 15-8　신빙성 없는 약속**

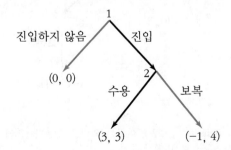

속을 실행에 옮기는 것이 자신에게 불리하기 때문이다. 그러나 경우에 따라 일단 공표한 사항을 실행에 옮길 시점이 되었을 때, 자신에게 유리하든 불리하든 간에 상관없이 무조건 실행에 옮겨야 되는 상황을 만들 수 있다. 이 경우 경기자가 공표한 사항에 대해 **맹약**(commitment)을 한다고 말한다.[12]

경기자가 맹약을 하면, 사후에 그 공표한 사항을 반드시 지켜야 하므로 맹약을 하는 것이 불리하다고 독자들은 생각할 수 있다. 그러나 그 반대로 맹약을 할 수 있으면, 맹약을 하지 못하는 경우보다 더 유리하다. 앞의 예에서 경기자 2가 자신에게 유리한 결과를 얻지 못한 이유는 위협이나 약속이 신빙성이 없었기 때문이다. 만일 경기자 2가 맹약을 할 수 있으면, 설사 위협이나 약속이 자신에게 불리하더라도 반드시 실행해야 하므로, 자신이 원하는 결과를 얻을 수 있다.

〈그림 15-6〉의 진입 게임에서 만일 경기자 2가 경기자 1이 진입 시 '보복'을 선택하겠다고 맹약을 할 수 있는 상황을 생각해 보자. 맹약의 효과는 맹약이 없었다면 가능했던 '수용'의 선택을 제거해 버리는 것이다. 〈그림 15-9〉는 이같은 상황을 보여준다. 경기자 2의 선택이 '보복'밖에 없으면, 경기자 1은 처음부터 진입하지 못한다. 그러므로 맹약을 할 수 있으면, 경기자 2는 더 나은 결과를 얻을 수 있다.

〈그림 15-8〉에서도 경기자 2가 '수용'을 선택하겠다고 맹약할 수 있으면, 진입해도 '보복'을 선택할 수 없음을 알고 경기자 1은 진입한다. 경기자 2는 진입이 발생할 때, '보복'을 선택하는 것이 더 나은 선택이지만, '보복'을 선택해 처음부터 진입이 이루어지지 않는 경우와 비교하면, '수용'을 선택하겠다고 맹약하는 것이

● **그림 15-9 진입 게임에서 맹약의 효과**

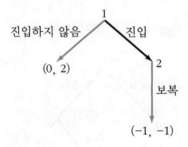

---

12 엄밀히 말하자면 commitment는 '자기구속'이라는 의미를 갖는다. 그러나 이런 의미의 우리말 단어가 없어 맹약 또는 확약 등으로 번역한다.

더 유리하다.

앞에서는 경기자 2가 맹약을 할 수 있다고 가정하고 설명했다. 그러나 맹약 자체가 그냥 말로 되는 것은 아니다. 말로 할 수 있으면 맹약 자체가 신빙성이 없게 되어 맹약이 되지 못한다. 현실에서는 다양한 형태로 맹약을 할 수 있는 방법이 존재한다.

죄수의 딜레마 게임을 다시 생각해 보자. 두 경기자 모두 (묵비권, 묵비권)을 선택하는 것이 더 나은 선택임에도 불구하고 더 나쁜 결과를 낳는 (자백, 자백)이 내쉬균형이 됨을 앞에서 보았다. 그 이유는 두 경기자가 '묵비권'을 선택하기로 약속을 해도, 이 약속이 신빙성이 없기 때문이다. 다른 사람이 '묵비권'을 선택하면 모든 경기자들이 '자백'으로 이탈할 유인을 가진다.

만일 두 경기자 모두 '묵비권'을 선택하기로 맹약할 수 있다면 이야기는 달라진다. 두 경기자 모두 '묵비권'을 선택하기로 '맹약'을 했으면, 이는 죄수의 딜레마 게임에서 원천적으로 '자백'을 선택할 여지를 없애는 것이다. 이 경우 맹약을 할 수 없는 경우와 비교해 두 경기자 모두에게 유리한 결과가 발생한다. 흔히 마피아와 같은 암흑세계에서 조직을 배신하면 죽음뿐이라는 무시무시한(?) 말을 영화 같은 데서 접할 수 있다. 침묵을 뜻하는 단어인 **오메르타**(omerta)는 동료 조직원을 절대 배신하지 않고 침묵한다는 마피아의 침묵의 맹세를 의미한다. 대부(Godfather)와 같이 마피아를 다룬 영화를 보면, 오메르타를 지키지 못한 조직원에 대해서는 잔혹한 조직의 보복이 뒤따름을 알 수 있다. 같은 조직의 두 명이 체포되었을 때, 오메르타는 이들 두 명 사이의 죄수의 딜레마 게임에서 벗어날 수 있는 맹약의 수단으로 작용할 수 있다.

예 3 배수의 진(burning the bridge): 다음과 같은 전개형 게임을 생각해 보자.

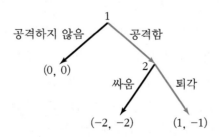

이 전개형 게임은 다음과 같은 상황을 표시하고 있다. 국가 1의 군대가 두 나라 사이에 있는 섬을 지키는 국가 2의 군대를 공격할 것을 고려하고 있다. 섬과 국가 2는 다리로 연결되어 있다. 국가 1의 군대가 먼저 공격할 것인가 또는 말 것인가를 결정한다. 공격하면, 국가 2의 군대는 싸울 것인가 또는 다리를 통해 퇴각할 것인가를 결정한다. 전쟁이 발생하지 않으면 양국의 보수는 각각 0이다. 전쟁이 발생하면 양국의 보수는 −2이다. 국가 1의 군대가 공격했을 때, 국가 2의 군대가 퇴각하면 국가 1은 1, 국가 2는 −1을 얻는다.

이 전개형 게임에 후방귀납을 적용해 보자. 국가 1이 공격을 선택할 때 국가 2는 싸우면 −2, 퇴각하면 −1을 얻는다. 따라서 국가 1이 공격하면 국가 2는 퇴각을 선택한다. 국가 1은 공격하지 않으면 0, 공격하면 국가 2가 퇴각할 것이므로 1을 얻는다. 그러므로 국가 1은 공격을 선택한다. 균형에서의 선택은 전개형 게임에 파란색으로 표시되어 있다.

전쟁 상황에서 흔히 지휘관들이 군사들을 독려하기 위해 자신을 포함한 모든 병사들이 이곳에서 뼈를 묻을 것이니 죽기를 각오하고 싸우자고 하는 경우를 많이 본다. 본 예의 전개형 게임에서도 국가 2가 싸움을 선택하면 국가 1도 −2의 보수를 얻으므로 공격을 하지 않는 것이 더 유리하다. 그러나 문제는 현재의 상황에서 국가 2의 지휘관이 목숨을 걸고 싸우겠다는 말이 신빙성이 없다는 점이다.

본토와 연결된 다리가 남아 있는 한, 상황이 불리하면 싸우다 죽는 것보다 퇴각하는 것이 항상 유리하다. 그러므로 죽기를 각오하고 싸우겠다는 지휘관의 말은 맹약으로 볼 수 없다. 그러나 지휘관이 병사들에게 죽기를 각오하고 싸우겠다는 말과 함께 다리를 불태워 버리는 상황(burning the bridge!)을 생각해 보자. 이 경우 전쟁이 시작되면 국가 2는 퇴각이라는 선택을 더 이상 할 수 없게 된다. 따라서 국가 1이 공격하면, 국가 2의 선택은 오로지 싸움뿐이다. 그러므로 국가 2의 지휘관이 다리를 불태움으로써 공격 시 목숨을 걸고 싸우겠다는 말이 맹약이 된다. 다리를 불태울 것인가를 포함한 전개형 게임을 그리면 〈그림 15-10〉과 같다.

다리를 끊지 않으면 앞에서 살펴본 전개형 게임과 동일하다. 이 경우 국가 2는 −1을 얻는다. 반면에 다리를 끊으면, 국가 1이 공격하지 않으므로 0을 얻는다. 따라서 균형에서 국가 2의 지휘관은 목숨을 걸고 싸운다는 것이 허언이 아님을 보이기 위해 다리를 끊어 버린다. 즉, 다리를 끊음으로써 국가 1이 공격할 때, 싸울 것이라는 위협이 거짓이 아님을 맹약한 것이다.

● 그림 15-10 배수의 진 효과

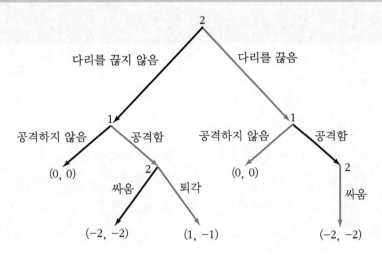

동양의 병법에 보면 배수의 진이라는 용어가 나오는데, 이는 서양의 다리 불태우기에 해당한다. 배수의 진, 혹은 다리 불태우기 모두 현재의 상황에서 목숨을 걸고 싸우겠다는 약속에 대한 맹약의 수단인 것이다.

연습문제

1 다음과 같은 전략형 게임이 주어져 있다.

1 ＼ 2	a'	b'	c'
a	2, 1	3, 0	1, −100
b	1, 0	2, 1	10, −100

1) 각 경기자들은 강우월전략을 가지는가?

2) 합리적인 경기자 2가 c'의 전략을 선택할 이유가 있는가?

3) 경기자 2가 c'을 선택하지 않는다면 경기자 1은 어떤 전략을 선택하는가?

4) 최종적으로 경기자 1과 2는 어떤 선택을 하는가? 이 선택은 내쉬균형인가?

* 강열등전략의 반복적 제거: 위의 게임에서 경기자 1이 어떤 선택을 하더라도 a' 혹은 b'이 c'보다 경기자 2에게 더 큰 보수를 준다. c'과 같은 전략을 **강열등전략** (strictly dominated strategy)이라고 부른다. 위와 같이 강열등전략을 하나씩 제거해 가는 것을 **강열등전략의 반복적 제거**(iterated elimination of strictly dominated strategy)라고 부른다.

2 다음의 전략형 게임에서 강열등전략을 반복해 제거하면 어떤 전략프로필이 남는 가? 최종적으로 남는 전략프로필은 내쉬균형인가?

1 ＼ 2	A	B	C	D
a	0, 6	2, 8	4, 4	10, 5
b	2, 2	3, 0	5, 3	7, 1

〈게임 1〉

1＼2	A	B	C
a	2, 4	1, 3	4, 2
b	3, 2	2, 4	3, 3
c	1, 3	0, 2	3, 5

〈게임 2〉

1＼2	A	B	C	D
a	23, 0	11, 9	3, 5	$-13, -27$
b	25, -2	7, 1	$-5, -7$	$-28, -30$
c	5, 3	2, 11	0, 21	$-4, 3$
d	5, -6	$-15, 10$	$-6, 8$	$-30, 18$

〈게임 3〉

3 다음과 같은 2인 게임을 생각하자. 각 경기자는 0부터 5까지의 정수 가운데 하나를 동시에 선택한다. a_i를 경기자 i가 선택한 숫자라고 하자($i=1, 2$). $a_1+a_2 \leq 5$이면 경기자 i는 a_i를 보수로 얻는다. $a_1+a_2 > 5$일 경우, $a_i < a_j$이면 경기자 i는 a_i를, 경기자 j는 $5-a_i$를 얻는다. $a_1+a_2 > 5$이고 $a_1 = a_2$이면, 두 경기자는 $\frac{5}{2}$를 각각 얻는다.

1) 상황을 전략형 게임으로 표시하라(보수행렬을 그려라).

2) 각 경기자들은 강열등전략을 가지는가? 강열등전략을 반복적으로 제거하면 어떤 전략프로필이 남는가?

4 A와 B 두 사람이 점심시간에 중국집에서 점심을 주문하려 한다. 두 사람 모두 짜장면과 잡탕밥 가운데 하나를 선택한다. 두 사람 모두 짜장면은 6,000원, 잡탕밥은 10,000원을 지불할 용의가 있다. 짜장면은 3,000원이고 잡탕밥은 8,000원이다.

1) 두 사람이 각각 주문하고 자신이 주문한 음식 값은 각자 내면, 두 사람은 무엇을 주문하는가?

2) 만일 주문은 각각 해서 먹되, 전체 비용은 두 사람이 동일하게 나누어 내는 경우를 생각해 보자. 이 경우 보수행렬을 그려라. 두 사람은 무엇을 주문하는가? 1)과 비교해 어떤 일이 발생하는가?

5 두 명의 사람이 동시에 뺑소니가 발생한 것을 보았다. 두 사람 모두 경찰에 이 사

실을 신고할 것을 고려하지만 각자 자신보다 다른 사람들이 경찰에 신고하는 것을 더 선호한다. 구체적으로 각자 다른 사람의 선택을 알지 못한 상태에서 '신고' 또는 '미신고' 가운데 하나를 동시에 선택한다. 각 선택에 대한 각자의 보수는 다음과 같다.

아무도 신고하지 않으면 각자 1을 얻음.
신고하면, 신고한 사람은 다른 사람의 선택과 무관하게 3을 얻음.
자신은 신고하지 않았는데 다른 사람이 신고했으면 4를 얻음.

1) 이 상황을 전략형 게임으로 표시하라(보수행렬을 그려라).
2) 다른 사람의 선택에 대한 각자의 최적대응을 전략형 게임에 표시하라.
3) 내쉬균형을 찾아라.

이제 두 명이 아닌 세 명이 동시에 뺑소니가 발생한 것을 보았다고 가정하자. 각자의 보수는 위와 동일하다.

4) 두 사람 이상이 동시에 신고하는 것이 내쉬균형이 되는가?
5) 아무도 신고하지 않는 것이 내쉬균형이 되는가?
6) 이 경우 내쉬균형은 무엇인가?

6 두 명의 후보 A와 B가 국회의원에 입후보했다. 두 명의 유권자 중에서 유권자 1은 A후보를, 유권자 2는 B후보를 지지한다. 후보 A와 B는 투표하지 않는다. 각 유권자는 투표를 할 수도 있고 기권을 할 수도 있다. 각 유권자는 투표를 하는데 c의 비용이 발생한다. 기권하면 별도의 비용은 없다. 투표를 하면 각 유권자는 물론 자신이 지지하는 후보에게 투표한다. 각 유권자는 자신이 지지하는 후보가 더 많은 표를 얻으면 3, 동일한 표를 얻으면 1, 더 적은 표를 얻으면 0을 얻는다. 따라서 유권자가 투표를 할 때, 자신이 지지하는 후보가 더 많은 표를 얻으면 $3-c$, 동일한 표를 얻으면 $1-c$, 더 적은 표를 얻으면 $-c$를 얻는다.

1) 현재의 상황을 전략형 게임으로 표시하라(보수행렬을 그려라).
2) $0<c<1$인 경우 내쉬균형을 구하라. 이 상황은 어떤 게임과 동일한가?
3) $1<c<2$인 경우 내쉬균형을 구하라.
4) $1<c<2$인 경우를 고려한다. 유권자 1이 먼저 투표할지 말지를 결정한다. 그리고 유권자 1의 선택을 보고, 유권자 2가 투표할지 말지를 결정한다. 이 상황을 전개형 게임으로 표시하라. 균형에서 어떤 결과가 나오겠는가?

7 후방귀납을 이용해서 다음의 전개형 게임의 균형을 구하라.

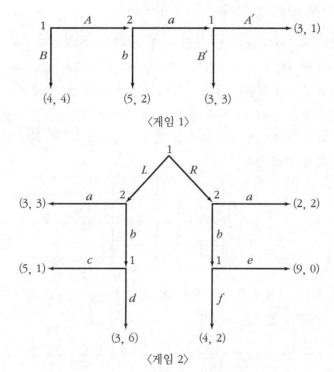

〈게임 1〉

〈게임 2〉

8 남매 사이인 철수와 영희가 삼촌이 용돈으로 준 4만원을 나누어 가지려 한다. 철수가 영희 몫으로 1만원, 2만원, 3만원 가운데 한 가지를 제안한다. 철수의 제안에 대해 영희가 yes를 하면, 그대로 나누어 가진다. 영희가 no를 하면 철수, 영희 모두 용돈을 전혀 갖지 못하고 부모님이 4만원 전액을 몰수해 버린다.

1) 현재의 상황을 전개형 게임으로 표시하라.
2) 균형에서 어떤 결과가 나오는지를 설명하라.
3) 영희가 철수에게 3만원을 제시하지 않으면 'no'를 선택해 아무도 용돈을 갖지 못하도록 위협을 한다고 하자. 철수는 이 같은 영희의 위협을 심각하게 받아들여, 3만원을 제시해야 하는가? 설명하라.

9 4조각으로 나누어진 피자를 두 사람(A, B)이 나누어 먹으려 한다. 둘 다 모두 배가 상당히 고프다. A가 먼저 4조각 피자를 두 부분으로 나누고(조각 단위로 나누며, 한 조각을 더 자를 수는 없음. 각 조각들은 정확히 같으므로, 결국 나누는 방법은 0 : 4, 1 : 3, 2 : 2의 세 가지 가능성이 있음), B가 이 두 부분 중에서 자신의 몫을 먼저 선택하면, 나머지를 A가 가진다.

1) 이 상황을 전개형 게임으로 표시하라.

2) 이 게임의 균형을 찾고 왜 그런지 설명하라.

10 다음과 같은 $m \times n$의 표가 있다. 맨 아래 오른쪽에 있는 칸을 (m, n), 맨 위 왼쪽에 있는 칸을 $(1, 1)$로 표시한다. 게임의 규칙은 다음과 같다. 돌이 (i, j)에 있으면 현재의 순서인 사람이 돌을 한 칸 위로$(i-1, j)$, 왼쪽으로$(i, j-1)$, 또는 위쪽 대각선 방향$(i-1, j-1)$으로 옮길 수 있다(아래 그림 참조). 번갈아 돌을 움직이되, $(1, 1)$에 도달하는 사람이 진다. 현재 돌은 (m, n)에 위치하고 있으며, 경기자 1이 먼저 움직인다.

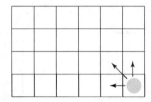

1) 다음과 같은 3×5의 경우를 생각하자. 후방귀납을 이용해 경기자 2가 항상 승리하는 전략이 있음을 보여라.

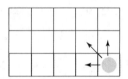

2) 다음과 같은 4×6 경우를 생각하자. 경기자 1이 항상 승리하는 전략이 있음을 보여라.

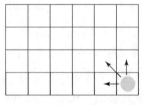

3) 다음과 같은 5×7의 경우에는 어떠한가?

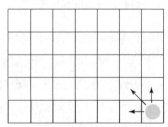

11 두 사람 앞에 공기돌이 20개 있다. 한 사람씩 번갈아 가면서 최대한 3개씩 가지고 갈 수 있다. 마지막 남은 돌을 가지고 가는 사람이 이긴다. 누가 어떤 방법을 이용해 이기는지 설명하라. 일반적인 $n(\geq 4)$의 경우에 대해 설명하라.

12 (배스킨라빈스 31게임) 두 사람이 번갈아 가면서 1부터 31까지 숫자를 부르는 게임을 생각하자. 자기 순서에 각 사람은 최대 3개의 연속된 숫자를 부를 수 있다. 즉, 먼저 시작하는 사람은 1, 혹은 1, 2, 혹은 1, 2, 3을 부를 수 있고, 다음 사람은 이를 이어서 최대 3개의 숫자를 부를 수 있다. 31을 부르는 사람이 지는 게임이다.

1) 먼저 부르는 사람이 항상 이김을 보여라. 구체적으로 어떻게 불러야 항상 이기는가?

2) 31이 아니고 33이면 어떤가?

3) 일반적인 n인 경우는 어떠한가?

13 두 기업이 의회를 상대로 보조금을 받기 위해 로비를 하고 있다. $e_i \geq 0$, $i = 1, 2$는 기업 1과 2의 로비 수준이다. 이 때 각 기업들은 $(e_1 + e_2) + \alpha(e_1 \times e_2)$의 보조금을 얻는다. α는 주어진 상수이다. 로비 수준이 e일 때 각 기업이 지불하는 비용은 $\dfrac{e^2}{2}$이다.

1) 현재의 상황을 전략형 게임으로 표시하라.

2) 각 기업의 최적대응함수를 구하라.

3) α가 어느 값을 가질 때 각 기업은 강우월전략을 갖는가? 그 때의 강우월전략은 무엇인가?

4) 내쉬균형이 존재할 α의 범위를 구하고, 의미를 설명하라.

Microeconomics

Chapter

16 / 과점시장과 독점적 경쟁시장

★ 스티글러(George Stigler) : 미국, 1911~1991

스티글러는 1982년에 산업구조(industrial structure)와 시장의 기능, 그리고 공공 규제의
원인과 결과에 관한 연구로 노벨 경제학상을 수상했다.

독일 이민 후손으로 미국 시애틀에서 출생한 스티글러는 워싱턴 주립대학 학부와 노스웨
스턴 대학 MBA를 졸업한 뒤, 시카고 대학에서 경제학 박사 학위를 취득했다. 컬럼비아 대
학 교수를 거쳐 시카고 대학에서 30년 이상을 재직했으며, 프리드만과 평생을 절친한 친구
로 지냈다.

스티글러는 명쾌한 논리와 탄탄한 자료분석으로 독과점 문제를 다루는 산업조직론을 한
단계 높은 수준으로 발전시켰을 뿐 아니라, 규제에 대한 깊은 통찰을 통해 규제가 경제를
왜곡시키는 수단으로 이용될 수 있음을 지적하고 이를 방지하기 위해 규제의 효과를 철저히
검증할 것을 주장했다. 그는 1971년에 발표한 논문 "The Theory of Economic Regulation"
에서 규제 책임자들이 규제 대상에 포획(capture)되어 오히려 규제 대상에 유리하게 경
쟁을 제한하는 결과를 낳는다는 '포획이론'을 제시했다. 스티글러는 또한 경제학에서 정보
(information)의 중요성을 인식한 최초의 경제학자 중의 한 명으로, 1961년에 발표한 논문
"The Economics of Information"과 1962년에 발표한 논문 "Information in the Labor Market"
은 정보경제학 분야의 선구적인 연구로 알려져 있다.

완전경쟁시장은 모든 시장참여자들이 가격수용자들이고, 독점시장에는 혼자
막강한 영향력을 가지는 가격설정자가 있다. 그런데, 현실적으로 시장참여자들 중
에서 이들 양 극단의 중간 정도의 영향력을 가진 참여자가 있는 경우가 많이 있다.
시장에서 상당한 정도의 영향력을 가진 비가격수용자가 유일하지 않고 복수인 경
우가 이에 해당한다. 이들은 자신이 시장에 영향을 미칠 수 있다는 것을 알기 때문
에 완전한 가격수용자로 행동하지는 않는다. 그렇다고 자기 혼자서 시장가격을 완

전히 결정할 수 있는 것도 아니다. 왜냐하면 자기 이외에도 영향력이 큰 참여자들이 있기 때문이다. 이런 경우는 아래와 같은 시장구조에서 발생한다.

> **과점시장(oligopoly):** 구매자는 모두 가격수용자이고 판매자 중에서 일부 소수의 판매자들이 시장가격에 영향력을 미칠 정도로 규모가 큰 시장
> **수요과점시장(oligopsony):** 판매자는 모두 가격수용자이고 구매자 중에서 일부 소수의 구매자들이 시장가격에 영향력을 미칠 정도로 규모가 큰 시장
> **쌍방과점시장(bilateral oligopoly):** 소수의 영향력 있는 대형 구매자와 소수의 영향력 있는 대형 판매자가 있는 시장
> **쌍방독점시장(bilateral monopoly):** 구매자와 판매자가 각각 한 명인 시장

이런 시장에서는 소수의 영향력 있는 판매자나 구매자들은 서로가 서로에게 영향을 미치는 소위 상호의존적(interdependent) 관계에 있게 되며, 따라서 서로의 눈치를 보면서 전략적인 행동(strategic behavior)을 한다. 바로 전 장에서 공부한 게임상황이 형성되는 것이다. 따라서 앞서 열거된 시장을 분석하기 위해서는 게임이론을 적용해야 하며, 이때에 영향력 있는 비가격수용자들이 게임의 경기자(player)가 된다. 본 장에서는 이들 시장 중에서 가장 잘 알려진 과점시장을 게임이론을 이용해 분석한다.[1]

완전경쟁시장이나 독점시장과는 달리 과점시장에는 기업들이 어떤 환경에서 어떤 방식으로 경쟁하느냐에 따라서 다양한 이론이 존재한다. 환경에 따라 동질적 재화(homogeneous goods)시장과 차별화된 재화(differentiated goods)시장으로 크게 대별된다. 경쟁방식에 따라 수량으로 경쟁하는 **쿠르노경쟁**(Cournot competition)과 가격으로 경쟁하는 **버트란드경쟁**(Bertrand competition)으로 나뉜다. 또한 기업들이 동시에 선택을 하는 경우와 순차적으로 선택을 하는 경우도 그 결과가 다르다. 기업들

---

1 구매자와 판매자가 둘 다 소수인 경우에는 과점시장에서 언급한 상호의존적 관계가 구매자와 판매자 사이에까지 적용된다. 사실 구매자와 판매자가 모두 소수이면 시장이 제대로 형성되었다고 볼 수도 없으며, 복잡한 상호의존 관계로 인해 분석이 매우 어려워진다. 역시 이런 상황에 대한 연구는 게임이론이 도입되면서부터 본격적으로 시작되었다. 게임이론을 이용한 경매이론(auction theory), 계약이론(contract theory), 협상이론(bargaining theory) 등이 이런 상황의 분석에 이용된다.

이 순차적으로 선택을 하는 경우를 스타켈버그 선도자-추종자(Stackelberg leader-follower) 모형이라고 부른다. 이들 경우를 조합하면 총 여덟 가지의 조합이 나온다. 각각의 경우에 대한 과점시장이론을 알아보자. 게임이론이 개발되기 이전에도 과점시장에 대한 이론이 있었다. 게임이론 이전의 과점이론인 굴절수요이론은 본 장의 부록을 참조하기 바란다.

과점시장을 살펴본 후, 독점, 과점 및 완전경쟁시장의 특성의 일부를 모두 가지고 있는 독특한 시장인 독점적 경쟁시장 모형도 소개한다.

Section 1   동질적인 재화시장

완전경쟁시장에서 설명했듯이, 각 기업이 생산하는 재화 가운데 모든 점에서 완벽하게 동일한 재화는 없다. 최소한 상표(brand)는 다르고, 포장도 다르다. 동질적 재화라는 것은 소비자가 재화의 상표나 포장과 같은 차이를 전혀 개의치 않고 완전 대체재로 생각한다는 것이다. 동질적 재화의 경우 소비자는 오직 가격에만 반응하며 조금이라도 비싼 재화의 수요는 0이 된다. 개별 재화의 수요함수는 존재하지 않고, 시장 전체의 수요함수만 존재한다. 먼저 두 기업이 수량으로 경쟁하는 모형을 살펴보고, 그 다음으로 가격으로 경쟁하는 모형을 살펴본다. 두 경우 모두 두 기업이 수량 또는 가격을 동시에 선택한다고 가정한다. 한 기업이 먼저 선택하고, 다른 기업이 이전 기업의 선택을 본 후 선택하는 모형은 이후에 설명한다.

1.1 간단한 수치 예

먼저 다음의 간단한 예를 통해 기본 개념을 살펴보자. 두 기업(기업 1, 2)이 수량으로 경쟁하는 시장이 있다. 각 기업은 자신의 산출량인 q_1과 q_2를 각각 결정한다. 시장 전체 산출량은 $q = q_1 + q_2$가 된다. 시장수요곡선은 $p = 130 - q$이다. 한계비용은 두 기업 모두 10으로 일정하며 고정비용은 없다. 만약 이 시장이 독점이면, 이윤을 극대화하는 산출량은 60이며, 그때의 가격은 70이 된다. 독점기업의 이윤은 3,600이 된다. 반대로 이 시장이 완전경쟁시장이면(또는 현재의 두 기업이 모두 가격수용자로 행동하면), 가격은 한계비용으로 결정되므로 10이 되고, 그때의 시장 수요는 120이 된다. 물론 기업들의 이윤은 모두 0이다.

이제 두 기업이 경쟁하는 상황(이런 상황을 복점(duopoly)이라고 한다)에서 각 기업의 산출량은 얼마가 되고 시장가격은 얼마가 될 것인가? 이에 대한 답을 얻기 위해, 다음과 같이 매우 간단한 경우를 생각해 보자. 즉, 각 기업이 산출량을 임의로 정할 수 있는 것이 아니라, 30, 40, 60 가운데 한 가지만 고를 수 있다. 게임이론의 용어를 빌리자면, 각 기업이 선택할 수 있는 전략이 산출량 30, 40, 60의 세 가지뿐이다.

〈표 16-1〉은 각 기업의 선택에 따른 이윤들을 보여준다. 이 표는 복점의 전략형 게임을 보수행렬로 표현한 것이다. 각 칸에 표시된 두 개의 숫자 가운데 첫 번째 숫자는 기업 1의 이윤, 두 번째 숫자는 기업 2의 이윤이다. 예를 들어, 기업 1과 2가 각각 30, 40을 생산하면 총산출량은 70이 되고 시장가격은 60이 된다. 이때 각 기업은 한 단위당 (60 − 10)의 이윤이 발생하는데, 기업 1은 30단위를 판매하므로 이윤이 1,500이 되고, 기업 2는 40단위를 판매하므로 이윤이 2,000이 된다.

〈표 16-1〉에서 두 기업이 모두 30씩 생산하면 총산출량이 60이 되어 독점과 같으며, 이 때 각 기업의 이윤은 정확히 독점이윤의 절반이다. 반대로 두 기업이 모두 60씩 생산하면 총산출량이 120이 되어 완전경쟁과 같은 결과가 되며, 이 때 각 기업의 이윤은 0이다.

표에서 *는 기업 1의 최적대응(best response)을 나타내고, *는 기업 2의 최적대응을 나타낸다. 상대방의 산출량이 30이나 40이면, 각 기업은 40을 생산하는 것이 최선이다. 너무 작게 생산하면, 시장가격을 높일 수 있지만 자신의 판매량이 작아 이윤이 작다. 반면에 너무 많이 생산하면, 시장가격이 너무 낮아 역시 이윤이

● 표 16-1 각 기업의 산출량과 이윤

1 \ 2	30	40	60
30	1,800, 1,800	1,500, 2,000*	900*, 1,800
40	2,000*, 1,500	1,600*, 1,600*	800, 1,200
60	1,800, 900*	1,200, 800	0, 0

낮다. 상대방의 산출량이 60이면, 자신은 산출량을 최대한 줄여 가격을 높이는 것이 최선의 대응임을 알 수 있다.

1) 내쉬균형

이 게임에서 내쉬균형은 두 기업의 최적대응이 동시에 성립하는 (40, 40)이다. 이것이 이 상황에서 예측 가능한 유일한 결과이다. 다른 선택은 모두 두 기업 중에서 적어도 한 기업에게 최적대응이 아니기 때문에 그 결과로부터 이탈하려는 유인이 존재한다. 다음 절에 자세히 소개하겠지만, 이 모형처럼 기업들이 산출량을 전략변수로 사용해 경쟁하는 모형을 **쿠르노경쟁** 모형이라고 부르며, 이때의 내쉬균형을 수량경쟁을 한다는 것을 강조하기 위해 **쿠르노-내쉬균형**(Cournot Nash equilibrium)이라고 부른다. 쿠르노-내쉬균형에서는 총산출량이나 시장가격이 모두 독점과 완전경쟁의 중간 수준이다. 과점이라는 시장구조가 독점과 완전경쟁의 중간에 위치한 것인 만큼 당연한 결과이다. 두 기업의 입장에서 이 결과는 이상적인 결과는 아니다. (30, 30)과 비교해 보면, 두 기업 모두 이윤이 더 낮다. (30, 30)은 독점의 산출량이나 가격과 일치하기 때문에, 이 시장에서 얻을 수 있는 최대한의 이윤이 창출된다.

2) 담합의 가능성

쿠르노-내쉬균형은 두 기업이 독립적으로 산출량을 결정한 결과이다. 그런데 이보다 더 좋은 결과가 따로 있다는 사실은 두 기업으로 하여금 **담합**(collusion)하려는 동기를 제공한다. 즉, 두 기업이 서로 담합해 각자 30씩만 생산하기로 약속한다면, 두 기업 모두 이윤을 1,800으로 높일 수 있다.

그러나 〈표 16-1〉의 분석은 (30, 30)의 담합이 쉽게 성공하지 못한다는 것을 또한 보여준다. 그 이유는 간단하다. 바로 (30, 30)은 내쉬균형이 아니며, 따라서 예측 가능한 결과가 아니기 때문이다. 상대방 기업이 30을 생산하면 각 기업은 30 대신 40을 생산해 이윤을 2,000으로 높이고자 하는 유인이 존재한다. 물론 상대방 모르게 생산을 늘려야 될 것이고, 상대방 기업은 이윤이 1,500으로 줄어든다. 다른 말로 하면 두 기업 모두 상대방을 배신하려는 유인이 존재하기 때문에 담합이 유지되기 힘들다. 〈표 16-1〉에서 두 기업이 30과 40 사이에서 선택하는 부분만을 보면(이 경우 보수행렬은 전체 표의 일부인 좌측 상단의 2×2의 표가 된다), 그 구조는 죄수의 딜레마 게임과 정확히 일치한다. 40을 생산하는 것이 죄수의 딜레마 게임에서 자백과 유사한 강우월전략이다.

3) 한 기업이 산출량을 먼저 결정할 수 있을 때

이제까지는 두 기업이 동시에 자신의 전략을 선택하는 경우를 생각했다. 그런데 만약 무슨 이유에서든, 두 기업 중의 한 기업(기업 1이라고 하자)이 산출량을 먼저 결정하고, 기업 2는 그것을 보고 난 뒤에 산출량을 결정하는 식으로 게임의 구조를 바꾸면, 그 결과는 어떻게 될까? 이 게임은 다음 절에서 보듯이 **스타켈버그 선도자-추종자 모형**, 간단히 **스타켈버그 모형**이라고 부른다. 스타켈버그 모형은 제15장에서 논의한 후방귀납의 방법으로 균형을 찾을 수 있다.

후방귀납은 시간적으로 가장 나중 시점의 결정부터 확인해 나간다. 따라서 기업 1이 이미 산출량을 정해 기업 2의 결정만 남은 시점부터 분석해 보자. 우선 기업 1이 30을 미리 선택하면 기업 2의 선택은 무엇일까? 〈표 16-1〉은 이에 대한 답을 이미 제공하고 있다. 기업 2는 이 상황에서 자신의 이윤이 가장 높은 산출량을 선택할 것이고, 그것은 바로 자신의 최적대응인 40이다. 기업 1이 40을 미리 선택하면 기업 2에게는 역시 40이 최적대응이므로 기업 2는 40을 선택할 것이다. 기업 1이 60을 선택하면 기업 2는 30을 선택할 것이다. 이러한 기업 2의 선택은 〈표 16-1〉에서 *로 나타나 있다.

이제 시간을 거슬러 기업 1이 최초에 자신의 생산량을 결정하는 시점에서 생각해 보자. 기업 1은 기업 2의 반응을 미리 예측할 수 있다. 그러므로 최종적인 결과가 무엇이 될지 알 수 있다. 자신이 30을 선택하면 기업 2의 최적대응은 40이므로 (30, 40)이 최종결과가 될 것이며, 자신이 40을 선택하면 (40, 40), 자신이 60을 선택하면 (60, 30)이 각각 최종결과가 될 것임을 예측한다. 이 결과들은 모두 *를 포함하는 결과들이다. 그렇다면, 기업 1은 (30, 40), (40, 40), (60, 30) 가운데 어떤 결과를 선택할까? 당연히 자신의 이윤이 가장 높은 (60, 30)을 선택한다. 자신이 먼저 60을 선택하고 기업 2는 30으로 따라 오는 것이다. 이 결과를 **스타켈버그 균형**이라고 한다.

스타켈버그 균형을 쿠르노-내쉬균형과 비교해 다음과 같은 차이가 있다. 첫째, 스타켈버그 균형에서는 쿠르노-내쉬균형에서와 비교해, 기업 1의 산출량은 더 크고, 기업 2의 산출량은 더 작다. 둘째, 스타켈버그 균형에서 기업 1의 이윤은 더 크고, 기업 2의 이윤은 더 작다. 이렇게 먼저 결정하는 측이 유리한 경우를 **선행자 우위**(first mover advantage)라고 한다. 셋째, 총산출량은 쿠르노-내쉬균형에서보다 더 많고, 따라서 시장가격은 더 낮다. 그러므로 소비자들 역시 이득을 본다.

이처럼 과점기업들의 선택이 제한적이면 게임이론의 보수행렬을 이용해 간단히 분석할 수 있다. 그러나 실제로는 기업들이 산출량이나 가격을 무수히 많은 숫자 중에서 고를 수 있기 때문에, 연속적인 전략변수를 갖는 모형을 이용해야 한다. 이하에서는 이런 모형들을 이용한 보다 일반적인 분석들을 소개한다. 연속적인 전략변수는 표로 나타낼 수 없기 때문에, 이 모형들은 보수행렬 대신에 수식이나 그래프를 통해 균형을 찾아낸다. 그러므로 조금 더 어려워 보일지 모르지만, 기본적인 개념은 〈표 16-1〉의 분석과 같다. 따라서 앞의 수치 예를 잘 이해하면 많은 도움이 될 것이다.

1.2 수량경쟁 모형

과점기업이 수량, 즉 산출량으로 경쟁하는 경우를 **쿠르노경쟁**(Cournot competition)이라고 부른다. 이는 1838년에 프랑스의 수학자이자 경제학자인 **쿠르노**(Auguste Cournot)가 처음으로 수량경쟁 모형을 분석했기 때문에 붙여진 이름이다. 두 개의 기업이 경쟁하는 복점(duopoly)시장의 결과가 여러 개의 기업이 존재하는 일반적인 과점시장에서도 대부분 그대로 성립한다. 그러므로 편의상 기업이 두 개만 존재하는 복점시장을 분석한다.

시장에서 두 기업이 동질적인 재화를 생산하고 있다. 시장수요함수는 $q = D(p)$ 이다. 수량경쟁은 수요함수보다 가격을 수량으로 표시한 역수요함수, 즉 수요곡선의 식이 더 편리하다. 수요곡선을 $p = P(q)$로 표시한다. 편의상 가장 간단한 선형 수요곡선인 $p = P(q) = a - q$를 가정한다. $C_1(q)$와 $C_2(q)$는 각각 두 기업의 비용함수이다. 역시 가장 간단한 경우로 한계비용이 일정하고, 두 기업 모두 동일하다고 가정한다. 즉, $C_1(q) = C_1(q) = cq$이다. 내쉬균형에서 두 기업이 양의 수량을 생산하기 위해 $a > c$를 가정한다.

두 기업은 각각 수량을 동시에 선택한다. 두 기업이 선택하는 수량을 각각 q_1과 q_2로 표시한다. 이 경우 총산출량은 $q_1 + q_2$가 된다. 이 때 시장가격은 수요곡선에 의해 $p = a - (q_1 + q_2)$로 결정된다. 기업의 경우 이윤극대화가 목적이므로 이윤을 보수함수로 사용한다. 두 기업의 이윤함수는 다음과 같다.

$$\Pi_1(q_1, \ q_2) = [a - (q_1 + q_2)]q_1 - cq_1 = [a - c - (q_1 + q_2)]q_1$$
$$\Pi_2(q_1, \ q_2) = [a - (q_1 + q_2)]q_2 - cq_2 = [a - c - (q_1 + q_2)]q_2$$
$$(1)$$

(q_1^*, q_2^*)가 내쉬균형이려면, 기업 2가 q_2^*를 선택했을 때 q_1^*는 $\Pi_1(q_1, q_2^*)$를 극대화해야 한다. 동시에 기업 1이 q_1^*를 선택했을 때 q_2^*는 $\Pi_2(q_1^*, q_2)$를 극대화해야 한다. 이제 내쉬균형을 찾는 방법을 알아보자.

$\Pi_1(q_1, q_2)$는 q_1에 대한 2차함수이고, 대칭축이 $q_1 = \dfrac{a - c - q_2}{2}$이다. 그러므로 $\Pi_1(q_1, q_2)$는 $q_1 = \dfrac{a - c - q_2}{2}$에서 극대화된다.[2] $\Pi_1(q_1, q_2)$를 극대화하는 q_1의 크기는 다음 식과 같이 q_2에 따라 달라진다.

$$q_1 = BR(q_2) = \frac{a - c - q_2}{2}$$
$$(2)$$

(2)식에서 BR은 최적대응을 의미하는 best response의 머리글자이다. $BR^1(q_2) = \dfrac{a - c - q_2}{2}$는 주어진 q_2에 대해 기업 1의 이윤을 극대화하는 기업 1의 최적대응인 q_1을 뜻한다. q_2가 변하면 그에 대응하는 최적대응 또한 변한다. q_2의 함수인 $BR^1(q_2) = \dfrac{a - c - q_2}{2}$를 기업 1의 **최적대응함수**(best response function)라고 부른다.[3] $BR^1(q_2)$는 다음과 같은 특성을 가진다.

(1) $BR^1(0) = \dfrac{a - c}{2}$: $q_2 = 0$이면 기업 2는 생산하지 않으므로, 기업 1이 독점이다. 따라서 $\dfrac{a - c}{2}$는 다름 아닌 독점기업의 산출량이다.

---

2 $\Pi_1(q_1, q_2)$를 q_1에 대해 미분해 0으로 놓고, q_1에 대해 풀어도 동일한 결과를 얻는다.

3 보통 이것을 반응함수(reaction function)라고 부른다. 그러나 부록에서 설명하듯이 반응함수는 오해의 여지가 있을 수 있기 때문에 저자들은 반응함수 대신 최적대응함수라고 부른다.

(2) $BR^1(q_2) = \dfrac{a-c-q_2}{2}$는 q_2의 감소함수이다: $BR^1(q_2) = \dfrac{a-c-q_2}{2}$의 기울기는 $-\dfrac{1}{2}$이다. 기업 2가 산출량을 증가시킬 때 기업 1도 산출량을 증가시키면, 가격이 많이 하락해 기업 1의 이윤은 감소한다. 따라서 이 경우 기업 1은 산출량을 감소시켜야 한다. 기업 2가 한 단위 늘릴 때마다, 반 단위씩 줄이는 것이 기업 1의 최적대응이다. 이와 같이 한 기업의 최적대응이 경쟁기업의 전략에 대해 감소함수이면, 이를 **전략적 대체재**(strategic substitute)라고 부른다.

(3) $BR^1(a-c) = 0$: $q_2 = a-c$이면 $q_1 = 0$이어도 이미 가격은 $p = a-(a-c) = c$이다. 즉, 기업 2의 산출량에서 이미 가격은 한계비용(=평균비용)인 c까지 떨어져 있다. 기업 1이 더 생산하면 가격은 c 이하로 떨어지므로 손해를 본다. 그러므로 $q_2 = a-c$에 대한 기업 1의 최적대응은 $q_1 = 0$이다. q_2가 $a-c$보다 크면, q_2에 대한 기업 1의 최적대응은 당연히 $q_1 = 0$이다.

엄밀하게 말하면 '$BR^1(q_2) = \dfrac{a-c-q_2}{2}$는 $q_2 \leq a-c$인 경우 q_2에 대한 최적대응이고, $q_2 > a-c$이면 q_2에 대한 최적대응은 $q_1 = 0$이다'라고 하는 것이 옳다. 그러나 관례적으로 $BR^1(q_2) = \dfrac{a-c-q_2}{2}$를 기업 1의 최적대응이라고 말한다. 이 때 $BR^1(q_2)$가 $(-)$이 되는 경우에는 0으로 보는 것이 암묵적으로 전제되어 있다.

같은 방법으로 $\Pi_2(q_1, q_2)$도 q_2에 대한 2차함수이고, 대칭축이 $q_2 = \dfrac{a-c-q_1}{2}$이므로 기업 2의 최적대응함수는 다음과 같다.

$$q_2 = BR^2(q_1) = \frac{a-c-q_1}{2} \tag{3}$$

(q_1^*, q_2^*)가 내쉬균형이려면, q_1^*는 q_2^*에 대해 그리고 q_2^*는 q_1^*에 대해 최적대응이어야 한다. 따라서 $q_1^* = BR^1(q_2^*)$와 $q_2^* = BR^2(q_1^*)$가 동시에 성립해야 한다. 그러므로 내쉬균형 (q_1^*, q_2^*)은 두 최적대응함수를 연립방정식으로 풀어 얻어진다. 구체적으로 내쉬균형 (q_1^*, q_2^*)은 $q_1 = \dfrac{a-c-q_2}{2}$와 $q_2 = \dfrac{a-c-q_1}{2}$을 연립해 풀어서 얻어진다. 이 두 식을 풀어보면 $q_1^* = q_2^* = \dfrac{a-c}{3}$를 얻는다. $a > c$라고 가정했으므로 $q_1^* = q_2^* = \dfrac{a-c}{3} > 0$이다. 즉, 쿠르노경쟁 복점시장의 유일한 내쉬균형은 $\left(\dfrac{a-c}{3}, \right.$

$\frac{a-c}{3}$)이다. 이 때 총산출량은 $q^d = \frac{2(a-c)}{3}$, 시장가격은 $p^d = a - \frac{2(a-c)}{3} = \frac{a+2c}{3}$이다(상첨자 d는 복점(duopoly)을 의미한다). 내쉬균형에서 각 기업이 얻는 이윤을 계산해 보면 $\Pi^d = \frac{(a-c)^2}{9}$가 된다.

〈그림 16-1〉은 그림을 통해 내쉬균형을 찾는 방법을 보여준다. 〈그림 16-1〉에 두 기업의 최적대응함수가 그래프로 그려져 있다. 이들을 **최적대응곡선**이라고 부른다. 앞 절의 〈표 16-1〉에서 각 기업의 최적대응을 *와 *를 이용해 나타냈는데, 이들의 궤적이 〈그림 16-1〉의 두 곡선과 유사함을 알 수 있다. (q_1^*, q_2^*)가 내쉬균형이려면 q_1^*가 q_2^*에 대해, 동시에 q_2^*가 q_1^*에 대해 최적대응이어야 한다. 이는 (q_1^*, q_2^*)가 두 최적대응곡선의 교점으로 주어진다는 의미이다. 〈그림 16-1〉에서 보듯이 내쉬균형은 두 최적대응함수의 교점으로 결정된다. 〈표 16-1〉에서 *와 *이 동시에 포함된 칸을 찾는 것과 같은 원리이다. 물론 그 실제 크기는 두 최적대응함수를 연립해 풀어 얻어진다.

복점시장의 내쉬균형과 완전경쟁시장 및 독점시장의 균형을 비교해 보자. 완전경쟁시장의 균형조건은 '가격=한계비용'이다. $a-q=c$를 풀면, 완전경쟁시장의 산출량 $q^c = a-c$를 얻는다. 가격은 물론 한계비용 c이다. 독점시장의 균형조건은 '한계수입=한계비용'이다. $a-2q=c$를 풀면, 독점시장의 산출량 $q^m = \frac{a-c}{2}$를

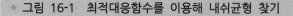

● **그림 16-1 최적대응함수를 이용해 내쉬균형 찾기**

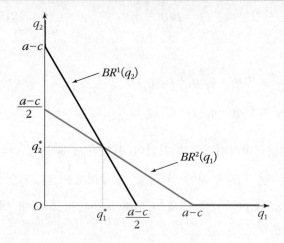

얻고, 가격은 $p^m = a - \dfrac{a-c}{2} = \dfrac{a+c}{2}$ 가 된다. 수량과 가격을 비교하면 다음과 같다.

$$q^m\left(= \frac{a-c}{2}\right) < q^d\left(= \frac{2(a-c)}{3}\right) < q^c (= a-c)$$

$$p^c(=c) < p^d\left(= \frac{a+2c}{3}\right) < p^m\left(= \frac{a+c}{2}\right)$$

예 1 수요곡선이 $p = 15 - q$, 기업 1의 한계비용은 1, 기업 2의 한계비용은 2로 일정할 때, 내쉬균형을 구해 보자.

이 경우 두 기업의 이윤은 각각 다음과 같다.

$$\Pi_1(q_1, q_2) = (15 - (q_1 + q_2))q_1 - q_1 = (14 - (q_1 + q_2))q_1$$
$$\Pi_2(q_1, q_2) = (15 - (q_1 + q_2))q_2 - 2q_2 = (13 - (q_1 + q_2))q_2$$

$\Pi_1(q_1, q_2)$ 가 q_1 의 2차함수이므로 기업 1의 최적대응함수는 대칭축인 $q_1 = \dfrac{14 - q_2}{2}$ 이다. 같은 방법으로 기업 2의 최적대응함수는 $q_2 = \dfrac{13 - q_1}{2}$ 이다. 두 최적대응함수를 연립해 풀면 내쉬균형인 $q_1^* = 5$, $q_2^* = 4$ 를 얻는다. 내쉬균형에서 기업 1의 이윤은 25, 기업 2의 이윤은 16이다.

이제 일반적인 경우를 알아보자. 시장수요곡선이 $p = P(q)$ 이고, 두 기업의 비용함수가 각각 $C_1(q)$, $C_2(q)$ 라고 하자. 두 기업 각각 q_1 과 q_2 를 선택하면, 총산출량은 $q_1 + q_2$ 이고, 시장가격은 $p = P(q_1 + q_2)$ 이다. 이 때 두 기업의 이윤함수는 다음과 같다.

$$\Pi_1(q_1, q_2) = P(q_1 + q_2)q_1 - C_1(q_1)$$
$$\Pi_2(q_1, q_2) = P(q_1 + q_2)q_2 - C_2(q_2)$$

(4)

(q_1^*, q_2^*) 가 내쉬균형이려면, 각 기업이 선택한 산출량이 다른 기업이 선택한 산출량에 대해 이윤을 극대화해야 한다. q_2 가 주어졌을 때, 기업 1의 이윤을 극대화하는 q_1 은 $\Pi_1(q_1, q_2)$ 를 q_1 에 대해 미분해 0으로 놓고 풀어 얻는다.

$$\frac{\partial \Pi_1(q_1, q_2)}{\partial q_1} = P(q_1 + q_2) + q_1 P'(q_1 + q_2) - C_1'(q_1) = 0 \tag{5}$$

같은 방법으로 q_1이 주어졌을 때 기업 2의 이윤을 극대화하는 q_2도 $\Pi_2(q_1, q_2)$를 q_2에 대해 미분해 0으로 놓고 풀어 얻는다.

$$\frac{\partial \Pi_2(q_1, q_2)}{\partial q_2} = P(q_1 + q_2) + q_2 P'(q_1 + q_2) - C_2'(q_2) = 0 \tag{6}$$

내쉬균형 (q_1^*, q_2^*)는 (5)식과 (6)식을 연립해 풀어 얻는다. 구체적으로 내쉬균형의 크기를 알려면 수요곡선 $p = P(q)$와 각 기업의 비용함수 $C_i(q)\,(i=1, 2)$가 주어져야 한다.

1.3 가격경쟁 모형

과점기업이 가격으로 경쟁하는 경우를 버트란드경쟁(Bertrand competition)이라고 한다. 버트란드(Joseph Bertrand)는 1883년에 쿠르노경쟁 모형을 비판하면서, 산출량의 변화는 생산용량(capacity)의 변화가 수반되어야 함을 지적했다.[4] 버트란드는 생산용량의 변화는 시간이 걸리므로 수량경쟁은 장기에서의 경쟁수단은 될지언정, 단기에서 기업이 경쟁하는 수단은 아님을 주장했다. 버트란드는 적어도 단기에는 생산용량의 제한 때문에 기업이 수량경쟁보다는 가격경쟁을 하는 것이 보다 자연스러운 모형임을 주장했다. 예를 들어, 호텔 간의 경쟁을 보면 단기에 새 건물을 건설하기는 힘들다. 단기에는 가격으로 수요를 조절하고 장기에는 새 호텔을 더 건설한다면, 단기에는 가격경쟁을, 장기에는 수량경쟁을 한다고 보는 편이 적절할 것이다.

쿠르노경쟁과 마찬가지로 복점시장을 고려한다. 가격경쟁 모형에서는 수요함수를 이용하는 것이 더 편리하다. 수요함수가 $q = D(p)$이고 두 기업의 비용함수는 한계비용이 c로 일정한 경우를 살펴본다.

쿠르노경쟁과 달리 버트란드경쟁 시 두 기업은 수량 대신 가격을 선택한다.

---

4 버트란드가 프랑스 사람이므로 '베르뜨랑'이라고 읽기도 한다.

기업 1과 2가 선택한 가격을 각각 p_1과 p_2로 표시한다. 동질적인 재화이기 때문에 소비자는 더 싼 가격을 선택한 기업에게서 구매한다. 두 기업이 동일한 가격을 선택하면, 소비자는 어느 쪽에서 구매해도 무차별하다. 이 경우 편의상 각 기업은 동일한 가격에서 수요의 $\frac{1}{2}$을 생산한다고 가정한다.

두 기업이 선택한 가격을 (p_1, p_2)로 표시한다. 쿠르노경쟁과 마찬가지로 (p_1^*, p_2^*)가 내쉬균형이면, p_1^*는 p_2^*에 대해, 동시에 p_2^*가 p_1^*에 대해 최적대응이어야 한다. 동질적인 재화시장에서 가격경쟁 시에는 기업들의 판매량과 이윤이 가격들에 대해 연속적으로 반응하지 않으므로 수량경쟁과 같이 미분을 통해 내쉬균형을 찾는 것이 불가능하다. 다만 두 기업의 한계비용이 모두 c로 일정한 경우 예외적으로 유일한 내쉬균형이 (c, c), 즉 두 기업이 동일하게 $p_1 = p_2 = c$를 선택하는 것임을 다음의 몇 단계를 통해 보일 수 있다.

(1) $p_1 < c$이면, 판매할 때 기업 1은 손해를 본다. 그러므로 기업 1은 절대 c보다 낮게 가격을 책정하지 않는다. 이는 기업 2에 대해서도 동일하게 성립한다. 그러므로 $p_1 \geq c$, $p_2 \geq c$이다.

(2) $p_1 > c$, $p_2 > c$이면서 $p_1 \neq p_2$인 경우를 살펴보자. 구체적으로 $p_1 > p_2 > c$가 성립하는 경우를 살펴보자. $p_1 > p_2$이므로 기업 1은 아무에게도 팔 수 없으므로 기업 1의 이윤은 0이다. 기업 1이 p_1을 p_2수준으로 내리면, 두 기업 모두 p_2를 선택하므로 기업 1은 p_2에서의 수요인 $D(p_2)$의 절반을 생산한다. 그런데 $p_2 > c$이므로 기업 1의 이윤은 양이다. 따라서 $p_1 > p_2 > c$이면, 기업 1이 이탈할 유인을 가지므로 이 경우는 내쉬균형이 되지 못한다. 동일한 이유로, $p_2 > p_1 > c$이면 기업 2가 이탈할 유인을 갖기 때문에 이 경우 역시 내쉬균형이 되지 못한다.

(3) 이제 남아 있는 경우는 $p_1 = p_2 \geq c$이다. 먼저 $p_1 = p_2 > c$인 경우를 살펴보자. $p_1 = p_2 = p^0$라고 하면, 이 경우 두 기업은 각각 $D(p^0)$의 절반씩을 생산한다. $p^0 > c$이므로 두 기업의 이윤은 동일하게 $\frac{(p^0 - c)D(p^0)}{2}$로 0보다 크다. 이제 기업 1이 현재의 가격에서 아주 작게 $\varepsilon > 0$만큼 가격을 인하한다고 가정하자. 그러면 $p^0 - \varepsilon$의 가격에서 수요량 전체를 다 차지할 수 있다. 이 경우 기업 1의 이윤은 $(p^0 - \varepsilon - c)D(p^0 - \varepsilon)$이 되어, ε이 충분히 작으면, 현재의 이윤보다 두 배 정도 크

● **그림 16-2** $p_1 = p_2 > c$가 내쉬균형이 안 되는 이유

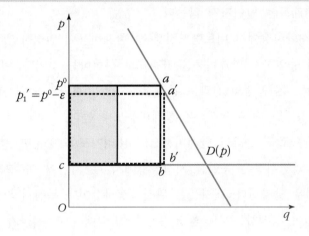

다. 이를 그림으로 보면 〈그림 16-2〉와 같다.

〈그림 16-2〉에서 $p_1 = p_2 = p^0 > c$이면 기업 1의 이윤은 사각형 p^0cba 넓이의 절반이다. 반면에 기업 1이 가격을 $p_1' = p^0 - \varepsilon$로 책정하면 사각형 $p_1'cb'a'$의 넓이를 이윤으로 얻는다. ε이 충분히 작으면 $p_1'cb'a'$의 넓이가 p^0cba 넓이의 반보다 크므로 기업 1은 p^0보다 약간 낮게 가격을 책정해 시장 전체를 가져가는 것이 유리하다. 기업 2도 동일하게 가격을 약간 낮춰 시장 전체를 가져가는 것이 유리하다. 그러므로 $p_1 = p_2 = p^0 > c$이면, 두 기업 모두 이탈할 유인을 가지므로 내쉬균형이 아니다.

마지막으로 $p_1 = p_2 = c$인 경우를 살펴보자. 현재의 상황에서 두 기업의 이윤은 0이다. 한 기업이 가격을 올리면, 판매를 전혀 할 수 없으므로 이윤은 0이다. 가격을 낮추면 시장 전체를 가지고 갈 수 있으나, 가격이 c보다 낮으므로 손해를 본다. 그러므로 어느 기업도 현재의 상황에서 가격을 올리거나 낮춤으로써 이윤을 증가시킬 수 없다. 따라서 $p_1 = p_2 = c$인 경우가 유일한 내쉬균형이다.

설명이 다소 길었지만, 보다 직관적으로 설명하면 다음과 같다. 가격이 한계비용보다 높은 한, 각 기업들은 경쟁기업보다 가격을 약간 낮춤으로써 시장 전체를 가질 수 있다. 각 기업들이 서로 가격을 낮추어 시장 전체를 갖고자 하기 때문

에 가격이 한계비용까지 떨어진다. 한계비용보다 작으면 손해를 보기 때문에 가격이 한계비용 아래로는 떨어지지 않는다.

　동질적인 재화시장에서 버트란드경쟁 시 한계비용이 일정하면, 유일한 내쉬균형은 두 기업이 동일하게 한계비용을 가격으로 선택하는 것이다. 이 경우, '가격=한계비용'이므로 내쉬균형의 결과는 완전경쟁시장의 결과와 동일하다. 쿠르노경쟁 시, 두 기업이 경쟁할 때 시장가격은 한계비용보다 높다. 그러나 버트란드경쟁 시, 두 개의 기업만으로도 가격이 한계비용으로 내려가도록 충분한 경쟁이 이루어진다. 이와 같이 과점시장은 동일한 시장상황에서 두 기업이 어떻게 경쟁하는가에 따라 결과가 매우 달라진다. 독자들은 완전경쟁시장이나 독점시장과는 달리, 과점시장은 두 기업이 경쟁하는 시장환경 및 경쟁방식에 따라 결과가 매우 달라짐에 유의하기 바란다.

　두 기업의 한계비용이 다르면, 버트란드경쟁 시 두 기업의 가격이 동일할 때 소비자가 어느 기업에서 구매하는가에 따라, 내쉬균형은 존재할 수도 있고 존재하지 않을 수도 있다. 독자들은 **생각하기 1**을 풀어보기 바란다.

　생각하기 1 　수요함수가 $D(p) = 15 - p$, 기업 1의 한계비용은 1, 기업 2의 한계비용은 2로 일정하고, 기업들은 버트란드경쟁을 한다. 두 기업이 동일한 가격을 책정할 때, 소비자들이 기업 2로부터 구매하는 소비자가 일부라도 있으면 내쉬균형은 존재하지 않음을 설명하라. 동일 가격시 모든 소비자들이 기업 1로부터 구매할 때, 내쉬균형을 구하라. 내쉬균형이 유일한가(힌트: 각 기업의 최적대응을 구하라)?

Section 2　차별화된 재화시장

　차별화된 재화시장과 동질적 재화시장의 가장 큰 차이는 가격 이외의 상표나 디자인 및 포장과 같은 요소도 소비자들의 구매에 영향을 미친다는 것이다. 차별화된 재화는 동질적인 재화와 달리 각 재화마다 자체적인 수요곡선이 따로 존재한다. 단, 이들 사이에 대체성이 크기 때문에 서로의 가격에 영향을 받는다. 그러므로 가격이 조금 차이 난다고 해서 수요가 모두 한 쪽으로 몰리지는 않는다. 앞에서와 마찬가지로 두 기업이 존재하는 복점시장을 분석한다.

2.1 가격경쟁 모형

먼저 두 기업이 가격으로 경쟁하는 버트란드경쟁을 살펴본다. 각 기업의 수요함수가 선형이고, 편의상 생산비용이 없는 경우의 내쉬균형을 구해 보자. 두 재화의 수요함수는 다음과 같다고 하자.

$$D_1(p_1, p_2) = a - p_1 + bp_2, \qquad D_2(p_1, p_2) = a - p_2 + bp_1$$

$b > 0$이라고 가정한다. 두 재화 모두 상대방 기업의 가격이 상승하면 수요가 증가하므로, 두 재화는 대체재 관계이다. 생산비용은 없다고 가정했으므로 두 기업의 이윤함수는 다음과 같다.

$$\Pi_1(p_1, p_2) = p_1(a - p_1 + bp_2), \qquad \Pi_2(p_1, p_2) = p_2(a - p_2 + bp_1)$$

동질적인 재화와 달리, 이윤함수들은 가격에 대해 미분가능한 함수이므로 미분을 이용해 내쉬균형을 구할 수 있다. 우선 각 기업의 최적대응함수를 구하여 보자. 기업 1의 이윤함수는 p_1에 대해 2차함수이고, 대칭축이 $p_1 = \dfrac{a + bp_2}{2}$이다. 그러므로 기업 1의 최적대응함수는 $p_1 = BR^1(p_2) = \dfrac{a + bp_2}{2}$이다. 같은 방법으로 기업 2의 최적대응함수를 구해 보면 $p_2 = BR^2(p_1) = \dfrac{a + bp_1}{2}$이 된다.

$b > 0$이므로 최적대응함수는 우상향한다. 이는 한 기업이 가격을 올리면 다른 기업도 같이 가격을 올린다는 것을 의미한다. 경쟁기업이 가격을 올리면, 대체재 관계에 있는 기업이 생산하는 재화의 수요는 증가하고, 따라서 이 기업도 이전보다 높은 가격을 책정한다. 이와 같이 기업의 최적대응이 경쟁기업의 전략에 대해 증가함수이면, 이를 **전략적 보완재**(strategic complement)라고 부른다. $b > 0$이므로 두 재화는 대체재이지만, 두 재화의 가격은 전략적 보완재이다.

내쉬균형은 $p_1 = \dfrac{a + bp_2}{2}$와 $p_2 = \dfrac{a + bp_1}{2}$을 연립해 풀어 얻어진다. 두 방정식을 연립해 풀면 $p_1^* = p_2^* = \dfrac{a}{2 - b}$를 얻는다. 그런데 가격이 0보다 크기 위해서는 $b < 2$인 조건이 필요함을 알 수 있다. 이 조건이 왜 필요한지를 알아보자.

● **그림 16-3** $b > 2$이면 내쉬균형이 존재하지 않음

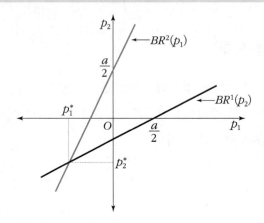

(1) $b > 2$: 이 경우 두 기업의 최적대응함수는 〈그림 16-3〉과 같다. $b > 2$이면 $\dfrac{a}{2-b} < 0$이므로 두 최적대응함수는 가격이 음의 값을 갖는 영역(3사분면)에서 교차하고, 양의 값을 갖는 영역(1사분면)에서는 만나지 않는다. 따라서 이 경우 내쉬균형이 존재하지 않는다.

(2) $b = 2$: 이 경우 두 기업의 최적대응함수는 〈그림 16-4〉와 같다.

$b = 2$이면 $\dfrac{a}{2-b}$는 무한대가 된다. 이것은 두 최적대응함수가 평행함을 의미한다. 이 경우에도 내쉬균형은 존재하지 않는다.

(3) $0 < b < 2$: 이 경우 두 기업의 최적대응함수는 〈그림 16-5〉와 같다. $0 < b < 2$인 경우 $\dfrac{a}{2-b} > 0$이므로 두 최적대응함수는 1사분면에서 교차하고 $p_1^* = p_2^* = \dfrac{a}{2-b}$가 유일한 내쉬균형이다.

$b \geq 2$이면 내쉬균형이 존재하지 않는데, 그 이유는 다음과 같다. 대체재의 경우, 한 재화의 수요는 다른 재화의 가격이 상승할 때 증가한다. 기업 1이 가격을 올리면 재화 1의 수요는 감소한다. 그러나 대체재 관계에 있는 재화 2의 수요가 증가하므로, 기업 2는 재화 2의 가격을 올린다. 재화 2의 가격이 오르면 재화 1의 수요는 증가한다. 따라서 기업 1은 가격을 더 올린다. 그러면 재화 2의 수요가 증가해 기업 2는 가격을 더 올린다.

$b \geq 2$이면 이런 상호 가격상승 과정이 계속 발생해 두 가격 모두 무한대로 가는 일이 벌어지는 것이다. $0 < b < 2$이면 자신의 가격상승에 따른 수요 감소효과가

• 그림 16-4 $b = 2$이면 내쉬균형이 존재하지 않음

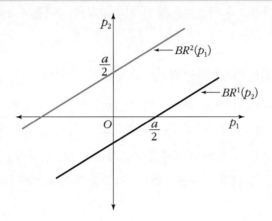

상대방 가격을 상승시킴으로써 발생하는 수요 증가효과보다 커 두 재화의 가격상승이 무한대로 가는 일이 일어나지 않는다. 따라서 $0 < b < 2$인 경우에 한해 내쉬균형이 존재한다.

• 그림 16-5 $0 < b < 2$인 경우의 내쉬균형

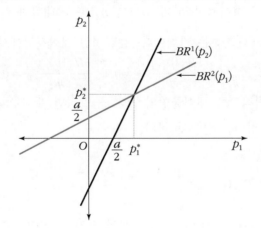

예2 두 재화의 수요함수가 각각 $D_1(p_1, p_2) = 14 - p_1 + p_2$, $D_2(p_1, p_2) = 16 - p_2 + p_1$, 기업 1의 한계비용은 1, 기업 2의 한계비용은 2로 일정할 때, 내쉬균형을 구하라.

이 경우 두 기업의 이윤은 각각 $\Pi_1(p_1, p_2) = (p_1 - 1)(14 - p_1 + p_2)$, $\Pi_2(p_1, p_2) = (p_2 - 2)(16 - p_2 + p_1)$이다. 그러므로 $\Pi_1(p_1, p_2)$의 대칭축인 $p_1 = \dfrac{15 + p_2}{2}$가 기업 1의 최적대응함수이다. 같은 방법으로 기업 2의 최적대응함수를 구하면 $p_2 = \dfrac{18 + p_1}{2}$이다. 두 최적대응함수를 연립해 풀면 내쉬균형인 $p_1^* = 16$, $p_2^* = 17$을 얻는다. 이 때 기업 1의 이윤은 225, 기업 2의 이윤도 225이다. ∎

이제 보다 일반적인 경우를 알아보자. 두 재화의 수요함수를 각각 $q_1 = D_1(p_1, p_2)$와 $q_2 = D_2(p_1, p_2)$로 표시한다. $C_i(q)$는 두 기업의 비용함수이다($i = 1, 2$). 기업 1과 2가 각각 p_1과 p_2를 선택한 경우 각 기업의 이윤은 다음과 같다.

$$\Pi_1(p_1, p_2) = p_1 D_1(p_1, p_2) - C_1(D_1(p_1, p_2))$$
$$\Pi_2(p_1, p_2) = p_2 D_2(p_1, p_2) - C_2(D_2(p_1, p_2))$$

(p_1^*, p_2^*)가 내쉬균형이려면 p_1^*가 $\Pi_1(p_1, p_2^*)$를 극대화하는 가격이고, 동시에 p_2^*가 $\Pi_2(p_1^*, p_2)$를 극대화하는 가격이다. 동질적인 재화시장에서 쿠르노경쟁과 유사하게, 내쉬균형 (p_1^*, p_2^*)은 $\dfrac{\partial \Pi_1(p_1, p_2)}{\partial p_1} = 0$과 $\dfrac{\partial \Pi_2(p_1, p_2)}{\partial p_2} = 0$, 두 연립방정식의 해로 주어진다. 구체적으로 내쉬균형의 크기를 알려면 두 재화의 수요함수와 두 기업의 비용함수의 형태를 알아야 한다.

2.2 호텔링의 입지모형*

3.1절에서 차별화된 두 재화의 수요곡선이 단지 '주어졌다고' 가정하고 내쉬균형을 찾았다. 호텔링의 입지모형은 차별화된 재화의 수요곡선을 찾는 중요한 한 가지 방법을 제시한다. 경제학에서 제품차별화(product differentiation)는 **수직적 차별화**(vertical differentiation)와 **수평적 차별화**(horizontal differentiation) 두 가지가 있다.

수직적 차별화는 품질과 같이 모든 소비자들의 선호가 동일한 방향성을 가지는 경우를 말한다. 모든 소비자는 고품질의 제품을 저품질의 제품보다 선호한다. 이 같은 차별화를 수직적 차별화라고 부른다. 그러나 색상을 예로 들면, 모든 소비자의 선호가 동일하지 않다. 어떤 소비자는 파란색을, 다른 소비자는 빨간색을 더 선호할 수 있다. 색상이나 디자인 같이, 소비자들이 가장 선호하는 제품의 특성이 각각 다른 경우를 수평적 차별화라고 부른다.

　수평적 차별화는 주로 **입지모형**(location model)을 이용해 분석한다. 본 절에서는 입지모형의 효시인 호텔링(Harold Hotelling)의 **선형도시**(linear city) **모형**을 이용해 수평적 차별화를 분석한다.

　제품의 특성을 길이가 1인 [0, 1] 구간으로 나타낸다. [0, 1] 사이의 구간을 길이가 1인 선형도시라고 부른다. 예를 들어, 각 소비자마다 청량음료의 단맛에 대해 나름의 선호를 가지고 있다. 이 경우 [0, 1] 사이의 값은 청량음료의 단 정도를 표시한다. 0은 전혀 달지 않은 것을, 1은 매우 단 것을 의미한다. 이 선형도시에 소비자들이 균일하게 위치하고 있다고 가정한다. 각 소비자들의 위치는 그 소비자가 가장 좋아하는 제품의 특성을 나타낸다. 소비자의 위치가 x면 이 소비자는 x만큼 단 것을 가장 선호한다는 의미이다($0 \le x \le 1$). 선형도시 양 끝에 두 기업이 위치한다고 가정한다. 왼쪽 끝에 위치하고 있는 기업(기업 1)은 $x = 0$의 특성을 지닌 제품을(청량음료를 예로 들면, 가장 달지 않은 음료), 오른쪽 끝에 위치하고 있는 기업(기업 2)은 $x = 1$의 특성을 지닌 제품(청량음료를 예로 들면, 가장 단 음료)을 생산하고 있다. 각 기업의 제품들은 입지 이외의 측면에서는 완전히 동질적이며, 각 기업의 한계비용은 c로 동일하다.

　x에 위치한 소비자는 x라는 특성을 가진 제품을 가장 선호한다. 제품의 특성이 x로부터 멀어질수록, 이 소비자의 효용은 감소한다. 예를 들어, $x = 0$에 위치한 소비자는 $x = 0$의 특성을 지닌 제품, 즉 $x = 0$에 위치한 기업의 제품을 가장 선호하고, $x = 1$에 위치한 기업의 제품을 가장 덜 선호한다. 제품의 특성이 자신이 가장 선호하는 특성으로부터 멀어질수록 소비자의 효용이 감소하는 것을 호텔링의 입지모형에서는 **이동비용**(transportation cost)으로 표시한다.

　소비자들은 단위 거리당 t만큼의 이동비용을 지불한다고 가정한다. x에 위치한 소비자는 x의 특성을 지닌 제품을 가장 선호한다. 그러나 기업 1은 $x = 0$의 특성을 지닌 제품을 판매한다. 이로부터 나오는 효용의 감소를 x에 위치한 소비자가 $x=0$까지 이동하는 비용, tx로 표시한다. 같은 방법으로, 기업 2의 제품을 구매할 때의 효용의 감소는 x에 위치한 소비자가 $x=1$까지 이동하는 비용, $t(1-x)$로 표시한다. 각 소비자는 제품가격에 이동비용을 더한 금액을 지출한다.

각 소비자는 한 단위만을 소비하고, 이동비용을 포함한 가격이 싼 기업의 제품을 구매한다. 두 기업은 버트란드경쟁을 한다고 가정한다. 기업 1과 2가 각각 p_1과 p_2를 선택할 때, 기업 i의 시장수요를 $D_i(p_1, p_2)$로 표시하자. x에 위치한 소비자가 기업 1로부터 구매하려면 p_1+tx를, 기업 2로부터 구매하려면 $p_2+t(1-x)$를 지불한다. $p_1+tx=p_2+t(1-x)$를 만족하는 x를 x^*로 표시하자. $p_1+tx= p_2+t(1-x)$를 풀면 $x^*=\dfrac{p_2-p_1+t}{2t}$를 얻는다. $x<x^*$이면 $p_1+tx<p_2+t(1-x)$이므로, x^*보다 왼쪽에 위치한 소비자는 모두 기업 1에서 구매한다. 반대로 $x>x^*$이면 $p_1+tx>p_2+t(1-x)$이므로, x^*보다 오른쪽에 위치한 소비자는 모두 기업 2에서 구매한다. 이를 그림으로 그리면 〈그림 16-6〉과 같다.

소비자가 $[0, 1]$ 사이에 균일하게 위치하고 있으므로, 기업 1의 수요는 x^*이고, 기업 2의 수요는 $1-x^*$가 된다. 따라서 각 기업의 수요함수는 다음과 같다.

$$D_1(p_1, \ p_2)=\frac{p_2-p_1+t}{2t}, \qquad D_2(p_1, \ p_2)=\frac{p_1-p_2+t}{2t}$$

이처럼 입지모형을 이용해 유도한 수요함수의 형태가 3.1절에서 가정한 수요함수의 형태와 유사함을 볼 수 있다. 한계비용이 c이므로 각 기업의 이윤은 다음과 같다.

$$\Pi_1(p_1, p_2)=\frac{(p_1-c)(p_2-p_1+t)}{2t}, \quad \Pi_2(p_1, p_2)=\frac{(p_2-c)(p_1-p_2+t)}{2t}$$

● 그림 16-6 호텔링의 입지모형에서 각 소비자의 선택

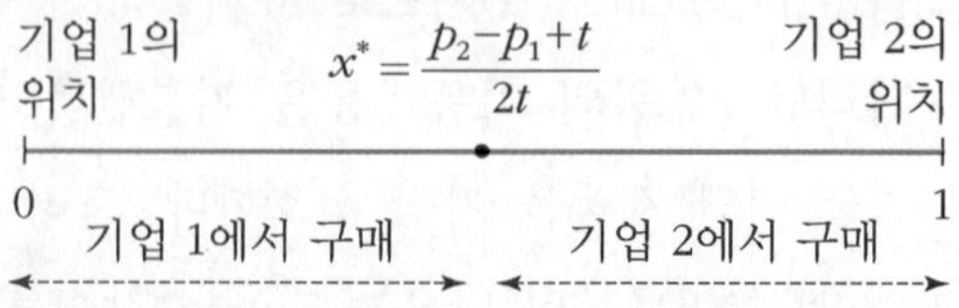

기업 1의 위치 $x^*=\dfrac{p_2-p_1+t}{2t}$ 기업 2의 위치

0 ———————————●——————————— 1

기업 1에서 구매   기업 2에서 구매

내쉬균형을 구하기 위해 각 기업의 최적대응함수를 구해 보자. $\Pi_1(p_1, p_2)$는 p_1에 대한 2차함수이고, 대칭축은 $p_1 = \dfrac{p_2 + t + c}{2}$이므로, 기업 1의 최적대응함수는 $p_1 = BR^1(p_2) = \dfrac{p_2 + t + c}{2}$이다. 같은 방법으로 기업 2의 최적대응함수를 구하면 $p_2 = BR^2(p_1) = \dfrac{p_1 + t + c}{2}$이다. 이를 연립해 풀면, 내쉬균형 $p_1^* = p_2^* = t + c$를 얻는다.

균형가격 $p_1^* = p_2^* = t + c$는 t의 증가함수이다. 이동비용 t는 제품의 대체성 정도를 나타낸다. t가 증가할수록, 두 기업의 제품은 별개의 상품이 되어 각 기업의 독점력은 증가한다. 따라서 t가 클수록 각 기업은 높은 가격을 책정하는 것이다. $t = 0$이면 이동비용은 항상 0이다. 이는 소비자는 제품의 입지에 관심이 없음을 의미한다. 즉, 두 기업의 제품은 모든 소비자에게 동질적인 재화가 됨을 의미한다. $t = 0$이면 $p_1^* = p_2^* = c$이다. 이 결과는 동질적인 재화시장에서 두 기업이 버트란드 경쟁을 할 때, 유일한 내쉬균형은 두 기업 모두 한계비용을 책정하는 것임을 다시 한 번 보여준다.

2.3 수량경쟁 모형

차별화된 재화시장에서도 기업은 수량경쟁을 할 수 있다. 기업들이 수량경쟁을 하면, 동질적인 재화와 마찬가지로 역수요함수로 표시하는 것이 더 유용하다. 두 재화의 수요곡선이 $p_1 = a - q_1 - bq_2$, $p_2 = a - q_2 - bq_1$이라고 가정한다. 두 재화가 대체재이려면 $b > 0$이어야 한다. 또한 $b = 1$이면 두 재화의 가격은 모두 $q_1 + q_2$에 의존하므로, 두 재화는 동질적인 재화가 된다. 따라서 $b < 1$이라고 가정한다. 두 기업의 한계비용은 c로 일정하다고 가정한다. 기업 1과 2가 각각 q_1과 q_2를 선택했을 때 각 기업의 이윤은 다음과 같다.

$$\Pi_1(q_1, q_2) = (a - q_1 - bq_2)q_1 - cq_1 = (a - c - q_1 - bq_2)q_1$$

$$\Pi_2(q_1, q_2) = (a - q_2 - bq_1)q_2 - cq_2 = (a - c - q_2 - bq_1)q_2$$

내쉬균형을 찾기 위해 먼저 각 기업의 최적대응함수를 찾아보자. $\Pi_1(q_1, q_2)$는

q_1에 대한 2차함수이고, 대칭축은 $q_1 = \dfrac{a-c-bq_2}{2}$이므로, 기업 1의 최적대응함수는 $q_1 = BR^1(q_2) = \dfrac{a-c-bq_2}{2}$이다. 같은 방법으로 기업 2의 최적대응함수를 구하면, $q_2 = BR^2(q_1) = \dfrac{a-c-bq_1}{2}$이다. 두 최적대응함수를 연립해 풀면, 내쉬균형 $q_1^* = q_2^* = \dfrac{a-c}{2+b}$를 얻는다. 앞에서 $b=1$이면 동질적인 재화가 됨을 언급했다. $b=1$이면 내쉬균형은 $q_1^* = q_2^* = \dfrac{a-c}{3}$가 된다. 이는 동질적인 재화시장의 내쉬균형과 일치함을 알 수 있다.

이제 보다 일반적인 경우를 알아보자. 두 재화의 수요함수가 각각 $q_1 = D_1(p_1, p_2)$와 $q_2 = D_1(p_1, p_2)$로 주어지면, 먼저 역수요함수 $p_1 = P_1(q_1, q_2)$, $p_2 = P_2(q_1, q_2)$를 계산한다. $C_i(q)$는 두 기업의 비용함수이다($i=1, 2$). 기업 1과 2가 각각 q_1과 q_2를 선택할 때 각 기업의 이윤은 다음과 같다.

$$\Pi_1(q_1, q_2) = q_1 P_1(q_1, q_2) - C_1(q_1), \qquad \Pi_2(q_1, q_2) = q_2 P_2(q_1, q_2) - C_2(q_2)$$

이 경우 내쉬균형을 찾는 것은 동질적 재화시장의 쿠르노경쟁에서 내쉬균형을 찾는 것과 기본적으로 동일하다. 내쉬균형 (q_1^*, q_2^*)은 $\dfrac{\partial \Pi_1}{\partial q_1} = 0$과 $\dfrac{\partial \Pi_2}{\partial q_2} = 0$을 연립해 풀어 얻는다.

차별화된 재화시장에서 독자들이 조심해야 할 것이 하나 있다. 버트란드경쟁의 내쉬균형 (p_1^*, p_2^*)을 수요함수에 대입하면 $q_1^* = D_1(p_1^*, p_2^*)$와 $q_2^* = D_2(p_1^*, p_2^*)$를 얻는다. (p_1^*, p_2^*)가 버트란드경쟁의 내쉬균형이라 하더라도 일반적으로 (q_1^*, q_2^*)는 쿠르노경쟁의 내쉬균형이 아니라는 것이다. 마찬가지로 (q_1^0, q_2^0)를 쿠르노경쟁의 내쉬균형일 때, 이를 역수요함수에 대입하면 $p_1^0 = P_1(q_1^0, q_2^0)$와 $p_2^0 = P_2(q_1^0, q_2^0)$를 얻는데, 일반적으로 (p_1^0, p_2^0)는 버트란드경쟁의 내쉬균형이 아니다. 이 점에 대해서는 연습문제 3을 참조하기 바란다.

Section 3	스타켈버그 선도자-추종자 모형

2절과 3절을 통해 동질적인 재화시장과 차별화된 재화시장에서 두 기업이 수량으로 경쟁할 때와 가격으로 경쟁할 때를 살펴보았다. 두 경우의 공통된 가정은 두 기업이 동시에 선택한다는 것이었다. 앞 장에서 살펴본 게임이론의 용어를 빌면, 모두 전략형 게임에 해당된다. 본 절에서는 한 기업이 먼저 선택을 하고, 그 선택을 본 후에 다른 기업이 선택을 하는 모형을 살펴본다. 두 기업이 순차적으로 의사결정을 하므로, 이 경우는 게임이론의 용어를 빌면 전개형 게임에 해당된다.

과점시장에서 한 기업이 먼저 선택을 하고 다른 기업이 나중에 선택하는 모형을, 그 모형을 처음으로 분석한 사람인 스타켈버그(von Stackelberg)의 이름을 따서, **스타켈버그 선도자-추종자**(Stackelberg leader-follower) **모형**, 간단히 줄여서 **스타켈버그 모형**이라고 부른다. 본 절에서는 선형수요곡선과 한계비용이 일정할 때, 동질적인 재화시장에서 수량경쟁을 하는 경우와 차별화된 재화시장에서 가격경쟁을 하는 두 가지 경우의 스타켈버그 모형을 고려한다.

3.1 동질적인 재화시장에서 수량경쟁 스타켈버그 모형

2절에서와 같이 시장의 수요곡선은 $p = P(q) = a - q$이고, 두 기업의 한계비용은 c로 일정하다고 가정하자. 스타켈버그 모형에서 먼저 선택을 하는 기업을 **선도자**(leader), 뒤에 선택을 하는 기업을 **추종자**(follower)라고 부른다. 편의상 기업 1이 선도자, 기업 2가 추종자인 상황을 생각하자. 스타켈버그 모형은 다음과 같이 두 단계로 진행된다. 1단계에서 선도자인 기업 1이 먼저 산출량 q_1을 결정한다. 다음으로 2단계에서 추종자인 기업 2가 q_1을 보고, q_2를 결정한다. 그러면 총산출량은 $q_1 + q_2$가 되고, 시장가격은 $p = a - (q_1 + q_2)$가 된다. 이 때 두 기업의 이윤은 다음과 같다.

$$\Pi_1(q_1, q_2) = [a - c - (q_1 + q_2)]q_1, \qquad \Pi_2(q_1, q_2) = [a - c - (q_1 + q_2)]q_2$$

이 식을 2.1절의 (1)식과 비교하면 동일한 식임을 알 수 있다. 그러나 2.1절에서 살펴본 동시선택 모형과 스타켈버그 모형은 '정보'라는 측면에서 매우 큰 차이가 있다. 2.1절에서 살펴본 모형에서는 각 기업이 다른 기업의 선택을 모르는 상태에서 자신의 수량을 선택한다. 그러나 스타켈버그 모형에서 기업 2는 기업 1의 선택을 알고 자신의 선택을 한다.

스타켈버그 모형은 제15장에서 살펴본 전개형 게임 가운데 완전정보게임에 해당된다. 제15장 3.2절에서 완전정보게임을 후방귀납을 이용해 풀었듯이, 스타켈버그 모형도 후방귀납을 이용해 풀 수 있다. 〈표 16-1〉의 예를 이용한 스타켈버그 모형 분석을 상기하면서 아래의 설명을 읽으면 이해에 도움이 될 것이다.

먼저 1단계에서 기업 1이 q_1을 선택한 것을 보고, 기업 2가 어떤 선택을 할 것인가를 알아보자. 기업 1이 q_1을 선택했을 때, q_2를 선택하면 기업 2의 이윤은 $\Pi_2 = [a-c-(q_1+q_2)]q_2$이다. 기업 2가 q_2를 선택할 때에는 이미 기업 1은 q_1을 선택했고, 기업 2의 선택이 달라진다고 해서 q_1이 달라지지는 않는다. 그러므로 기업 2는 q_1을 주어진 것으로 보고, $\Pi_2 = [a-c-(q_1+q_2)]q_2$를 극대화하는 q_2를 선택한다. q_1이 주어졌을 때, $\Pi_2(q_1, q_2)$를 극대화하는 q_2는 다름 아닌 q_1에 대한 최적대응이다. q_1에 대한 최적대응은 2.1절의 (4)식에서와 같이 $q_2 = BR^2(q_1) = \dfrac{a-c-q_1}{2}$이다.

다음으로 1단계에서 기업 1의 q_1선택을 알아보자. 기업 1은 자신이 q_1을 선택하면, 이를 보고 기업 2가 $q_2 = BR^2(q_1) = \dfrac{a-c-q_1}{2}$으로 선택한다는 것을 알고 있다. 그러므로 q_1을 선택하면 총산출량은 $q_1 + \dfrac{a-c-q_1}{2}$이다. 따라서 기업 2의 선택까지를 고려하면 기업 1이 q_1을 선택할 때의 이윤은 다음과 같다.

$$\Pi_1(q_1) = \left[a-c-\left\{ q_1 + \frac{(a-c-q_1)}{2} \right\} \right] q_1 = \frac{(a-c-q_1)q_1}{2} \tag{7}$$

(7)식의 분자인 $(a-c-q_1)q_1$은 다름 아닌 독점기업이 q_1을 선택할 때의 독점이윤이다. 그러므로 1단계에서 기업 1이 q_1을 선택할 때, 기업 2의 선택까지를 고려한 기업 1의 이윤은 독점이윤의 절반임을 알 수 있다. 따라서 $\Pi_1(q_1)$을 극대화하는 산출량은 다름 아닌 독점수량인 $\dfrac{a-c}{2}$이다. 그러므로 스타켈버그 모형에서

기업 1은 기업 2의 선택까지를 고려해 1단계에서 $q_1^S = \dfrac{a-c}{2}$를 선택한다(상첨자 S는 스타켈버그의 머리글자를 뜻한다). 2단계에서 기업 2는 기업 1이 $q_1^S = \dfrac{a-c}{2}$를 선택한 것을 보고, 자신의 최적대응함수인 $BR^2(q_1) = \dfrac{a-c-q_1}{2}$에 $q_1 = \dfrac{a-c}{2}$를 대입한 값인 $q_2^S = \dfrac{a-c}{4}$를 선택한다. 따라서 총생산량은 $\dfrac{3(a-c)}{4}$, 시장가격은 $\dfrac{a+3c}{4}$, 기업 1과 2의 이윤은 각각 $\dfrac{(a-c)^2}{8}$, $\dfrac{(a-c)^2}{16}$이다. 동시선택게임의 내쉬균형과 비교해 보면 〈표 16-2〉와 같다.

● **표 16-2 동시선택게임과 선도자-추종자게임의 비교**

	동시선택게임	선도자-추종자게임
기업 1의 산출량	$\dfrac{a-c}{3}$	$\dfrac{a-c}{2}$
기업 2의 산출량	$\dfrac{a-c}{3}$	$\dfrac{a-c}{4}$
총산출량	$\dfrac{2(a-c)}{3}$	$\dfrac{3(a-c)}{4}$
시장가격	$\dfrac{a+2c}{3}$	$\dfrac{a+3c}{4}$
기업 1의 이윤	$\dfrac{(a-c)^2}{9}$	$\dfrac{(a-c)^2}{8}$
기업 2의 이윤	$\dfrac{(a-c)^2}{9}$	$\dfrac{(a-c)^2}{16}$

〈표 16-2〉에서 보듯이 스타켈버그균형을 동시선택의 내쉬균형과 비교하면 선도자의 산출량은 늘고, 추종자의 산출량은 줄었다. 그러나 총산출량은 증가했고 시장가격은 하락했다. 선도자의 이윤은 $\dfrac{(a-c)^2}{9}$에서 $\dfrac{(a-c)^2}{8}$로 증가한 반면, 추종자의 이윤은 $\dfrac{(a-c)^2}{9}$에서 $\dfrac{(a-c)^2}{16}$으로 감소했다. 소위 선행자의 우위가 작용하는 것이다. 〈그림 16-1〉에서 스타켈버그균형은 기업 2의 최적대응곡선상에 존재한다. 왜냐하면 기업 1이 먼저 선택하면, 기업 2는 그에 대해 항상 최적대응을 하기 때문이다. 그러나 스타켈버그균형은 내쉬균형에 비해 더 오른쪽 하단에 존재한다. 이는 〈표 16-1〉에서 스타켈버그균형이 $(60, 30)$으로, 동시선택시의 내쉬균형인 $(40, 40)$보다 오른쪽 하단에 있는 것과 같은 이유에서이다.

이것은 수량경쟁에서 수량이 전략적 대체재라는 사실에 기인한다. 경쟁기업의 산출량이 늘어나면, 한 기업의 최적대응 산출량과 이윤은 감소한다. 동시선택게임과 비교해 선도자의 산출량이 증가하므로 추종자의 산출량과 이윤은 감소한다. 그러나 항상 추종자의 이윤이 감소하는 것은 아니다. 가격경쟁처럼 전략적 보완재이면 추종자의 이윤도 늘어날 수 있다.

예 3 예 1과 같이 수요곡선이 $p = 15 - q$, 기업 1의 한계비용은 1, 기업 2의 한계비용은 2로 일정할 때, 기업 1이 선도자, 기업 2가 추종자인 스타켈버그 모형의 균형을 구해 보자.

예 1에서 기업 2의 최적대응함수가 $q_2 = \dfrac{13 - q_1}{2}$ 임을 보았다. 이를 기업 1의 이윤에 대입하면 $\Pi_1(q_1) = \left[14 - \left\{q_1 + \dfrac{13 - q_1}{2}\right\}\right]q_1 = \dfrac{(15 - q_1)q_1}{2}$ 이다. $\Pi_1(q_1)$은 $q_1 = \dfrac{15}{2}$ 에서 극대화되므로, $q_1^s = \dfrac{15}{2}$ 이다. $q_1^s = \dfrac{15}{2}$ 를 $q_2 = \dfrac{13 - q_1}{2}$ 에 대입하면 $q_2^s = \dfrac{11}{4}$ 을 얻는다. 이 때 기업 1의 이윤은 $\dfrac{225}{8}$, 기업 2의 이윤은 $\dfrac{121}{16}$ 이다. 동시에 선택하는 경우와 비교하면 기업 1의 이윤은 25에서 $\dfrac{225}{8}$ 로 증가했다. 반면에 기업 2의 이윤은 16에서 $\dfrac{121}{16}$ 로 감소했다.

3.2 차별적인 재화시장에서 가격경쟁 스타켈버그 모형

3.1절에서와 같이 $D_1(p_1, p_2) = a - p_1 + bp_2$, $D_2(p_1, p_2) = a - p_2 + bp_1$ 이고, 생산비용은 없다고 가정한다. 대체재 관계를 가정하므로 $b > 0$ 이다. 앞에서와 같이 기업 1이 선도자, 기업 2가 추종자인 상황을 생각하자. 1단계에서 선도자인 기업 1이 먼저 가격 p_1을 결정한다. 다음으로 2단계에서 추종자인 기업 2가 p_1을 보고, p_2를 결정한다. 이 때 두 기업의 이윤은 다음과 같다.

$$\Pi_1(p_1, p_2) = p_1(a - p_1 + bp_2), \qquad \Pi_2(p_1, p_2) = p_2(a - p_2 + bp_1)$$

기업 2의 최적대응은 3절에서 구한 바와 같이 $BR^2(p_1) = \dfrac{a + bp_1}{2}$ 이다. 따라서

1단계에서 기업 1이 p_1을 선택하면, 2단계에서 기업 2는 자신의 이윤을 극대화하는 가격을 $BR^2(p_1) = \dfrac{a+bp_1}{2}$으로 선택한다. 그러므로 기업 1은 1단계에서 자신이 p_1을 선택하면, 기업 2가 $p_2 = \dfrac{a+bp_1}{2}$으로 선택할 것임을 안다. 따라서 기업 2의 선택까지를 고려한 기업 1의 이윤은 다음과 같다.

$$\Pi_1(p_1) = p_1\left(a - p_1 + \frac{b(a+bp_1)}{2}\right) = \frac{p_1[a(2+b) - (2-b^2)p_1]}{2}$$

$\Pi_1(p_1)$은 2차항의 계수가 $-\dfrac{2-b^2}{2}$인 p_1에 대한 2차함수이다. $\Pi_1(p_1)$를 극대화하려면 2차항의 계수가 0보다 작아야 한다. 따라서 $-\dfrac{2-b^2}{2} < 0$, 즉 $b < \sqrt{2}$인 조건이 필요하다(동시선택게임에서 내쉬균형이 존재하기 위한 조건은 $b < 2$이었다). $b < \sqrt{2}$ 하에서 $\Pi_1(p_1)$을 극대화하는 가격은 $p_1 = \dfrac{a(2+b)}{4-2b^2}$이다. 그러므로 1단계에서 기업 1은 $p_1^S = \dfrac{a(2+b)}{4-2b^2}$를 선택한다. p_1^S를 보고, 기업 2는 $p_2^S = BR^2(p_1^S) = \dfrac{2a(2-b^2) + ab(2+b)}{4(2-b^2)}$을 선택한다. 스타켈버그균형에서 각 기업이 얻는 이윤은 독자들에게 연습으로 남겨 둔다.

예 4 예 2와 같이 두 재화의 수요함수가 각각 $D_1(p_1, p_2) = 14 - p_1 + p_2$, $D_2(p_1, p_2) = 16 - p_2 + p_1$, 기업 1의 한계비용은 1, 기업 2의 한계비용은 2로 일정할 때, 기업 1이 선도자, 기업 2가 추종자인 스타켈버그 모형의 균형을 구해 보자.

예 2에서 기업 2의 최적대응함수가 $p_2 = \dfrac{18+p_1}{2}$임을 보았다. 이를 기업 1의 이윤에 대입하면 $\Pi_1(p_1) = (p_1 - 1)\left\{14 - p_1 + \dfrac{18+p_1}{2}\right\} = \dfrac{(p_1-1)(46-p_1)}{2}$이다. $\Pi_1(p_1)$이 $p_1 = \dfrac{47}{2}$에서 극대화되므로, $p_1^S = \dfrac{47}{2}$이다. $p_1^S = \dfrac{47}{2}$을 기업 2의 최적대응함수에 대입하면 $p_2^S = \dfrac{83}{4}$을 얻는다. 이 때 기업 1의 이윤은 $\dfrac{2,025}{8}$, 기업 2의 이윤은 $\dfrac{5,625}{16}$이다. 동시에 선택하면 두 기업의 이윤은 모두 225였다. 그러므로 스타켈버그 모형에서 두 기업의 이윤이 모두 증가하고, 더욱이 추종자의 이윤

이 더 크게 증가함을 알 수 있다. ▪

Section 4 **담합**

4.1 담합의 유인

담합(collusion)이란 기업들이 독립적으로 의사결정을 하지 않고, 공동으로 의사결정을 하는 행위를 의미한다. 기업들이 담합을 하는 이유는 담합을 통해 더 높은 이윤을 얻을 수 있기 때문이다. 어떤 경우에나 기업들은 담합을 할 유인이 있는데, 동질적인 재화시장에서 쿠르노경쟁 시 기업들이 담합을 통해 어떻게 더 높은 이윤을 얻을 수 있는가를 살펴보자.

구체적으로 시장의 수요곡선이 $p = P(q) = a - q$이고, 두 기업의 한계비용은 동일하게 c로 일정하다고 가정하자. 2.2절에서 보았듯이, 이 경우 내쉬균형은 $q_1^* = q_2^* = \dfrac{a-c}{3}$이고, 총산출량은 $\dfrac{2(a-c)}{3}$, 시장가격은 $\dfrac{a+2c}{3}$이다. 내쉬균형에서 각 기업의 이윤은 $\dfrac{(a-c)^2}{9}$이다.

두 기업이 담합을 한다는 의미는 두 기업이 마치 독점처럼 행동한다는 의미이다. 독점의 산출량은 $\dfrac{a-c}{2}$, 가격은 $\dfrac{a+c}{2}$, 이윤은 $\dfrac{(a-c)^2}{4}$이다. 따라서 기업들이 담합하면 산출량을 $\dfrac{a-c}{3}$ 대신 $\dfrac{a-c}{4}$를 선택하고, 총산출량은 독점수량인 $\dfrac{a-c}{2}$가 되어, 각 기업은 독점이윤의 절반인 $\dfrac{(a-c)^2}{8}$을 얻는다. $\dfrac{(a-c)^2}{8}$이 내쉬균형의 이윤인 $\dfrac{(a-c)^2}{9}$보다 크므로 두 기업은 담합할 유인을 가진다.

기업들이 담합할 유인을 가지는 것은 선형수요함수와 한계비용이 일정한 특수한 경우뿐만 아니라, 일반적인 수요-비용함수, 그리고 여러 개의 기업이 있는 경우에도 성립한다. 그 이유는 담합을 하면 항상 개별적으로 의사결정을 할 때의 결과를 얻을 수 있을 뿐 아니라 추가적으로 개별적인 의사결정을 할 때 얻을 수 없는 결과까지도 얻을 수 있기 때문이다. 그러므로 담합을 하면 기업들의 이윤은 항상 증가하기 마련이다. 따라서 기업들은 항상 담합을 하려는 유인을 가진다. 〈표 16-1〉에서도 두 기업이 각자의 산출량을 감소시키는 담합을 이용해 이윤의 합을 극대화시킬 수 있음을 보았다.

4.2 담합이 실제로 이루어지는가

기업들이 담합을 할 유인을 가진다고 해서 반드시 담합이 성립하는 것은 아니다. 왜냐하면 한 기업이 담합의 약속을 지키면, 다른 기업은 담합으로부터 이탈해 더 큰 이윤을 얻을 수 있기 때문이다.

수요곡선이 $p = P(q) = a - q$이고, 두 기업의 한계비용은 동일하게 c일 때, 각 기업이 담합으로부터 이탈할 유인이 있음을 살펴보자. 두 기업의 최적대응함수는 동일하게 $BR(q) = \dfrac{a-c-q}{2}$이다. 담합하면 두 기업의 산출량은 $q_1^c = q_2^c = \dfrac{a-c}{4}$(상첨자 c는 담합을 의미하는 collusion의 머리글자임)이고 이윤은 각각 $\dfrac{(a-c)^2}{8}$이다. 그런데 $\dfrac{a-c}{4}$에 대한 최적대응은 $\dfrac{a-c}{4}$가 아닌 $BR\left(\dfrac{a-c}{4}\right) = \dfrac{3(a-c)}{8}$이다. 이는 한 기업이 $\dfrac{a-c}{4}$를 생산할 때, 다른 기업은 $\dfrac{a-c}{4}$가 아닌 $\dfrac{3(a-c)}{8}$를 생산함으로써 더 큰 이윤인 $\dfrac{9(a-c)^2}{64}$를 얻을 수 있다는 의미이다. 반면에 다른 기업이 $\dfrac{a-c}{4}$가 아닌 $\dfrac{3(a-c)}{8}$를 생산할 때, $\dfrac{a-c}{4}$를 생산하는 기업의 이윤은 $\dfrac{3(a-c)^2}{32}$이다. 이는 내쉬균형에서의 이윤인 $\dfrac{(a-c)^2}{9}$보다 작다.

그러므로 담합시, 담합에서 이탈한 기업은 담합의 이윤보다 더 큰 이윤을 얻는 반면에, 담합의 약속을 지킨 기업은 내쉬균형의 이윤보다 더 적은 이윤을 얻게 된다. 담합의 약속을 지킬 것인지 또는 이탈할 것인지 하는 것은 기업이 내쉬균형의 산출량인 $q^* = \dfrac{a-c}{3}$와 담합의 산출량인 $q^c = \dfrac{a-c}{4}$, 두 산출량 가운데 한 가지를 선택하는 전략형 게임으로 보면 더욱 분명해진다. 이 경우 전략형 게임은 〈표 16-3〉과 같다.

〈표 16-3〉을 보면 $\dfrac{(a-c)^2}{9} > \dfrac{5(a-c)^2}{48}$, $\dfrac{5(a-c)^2}{36} > \dfrac{(a-c)^2}{8}$이므로 $q^* = \dfrac{a-c}{3}$가 강우월전략임을 알 수 있다. 그러므로 두 기업 모두 $q^* = \dfrac{a-c}{3}$를 선택해 $\dfrac{(a-c)^2}{9}$을 이윤으로 얻는다. 그러나 만일 담합을 해 $q^c = \dfrac{a-c}{4}$를 선택하면 $\dfrac{(a-c)^2}{9}$보다 더 큰 $\dfrac{(a-c)^2}{8}$을 이윤으로 얻는다.

〈표 16-3〉을 보면 기업들이 담합을 할 것인가 하는 게임이 바로 제15장에서

● 표 16-3 죄수의 딜레마 게임의 구조를 가지는 기업 간의 담합

1 ＼ 2	$q^* = \dfrac{a-c}{3}$	$q^c = \dfrac{a-c}{4}$
$q^* = \dfrac{a-c}{3}$	$\dfrac{(a-c)^2}{9}$, $\dfrac{(a-c)^2}{9}$	$\dfrac{5(a-c)^2}{36}$, $\dfrac{5(a-c)^2}{48}$
$q^c = \dfrac{a-c}{4}$	$\dfrac{5(a-c)^2}{48}$, $\dfrac{5(a-c)^2}{36}$	$\dfrac{(a-c)^2}{8}$, $\dfrac{(a-c)^2}{8}$

살펴본 죄수의 딜레마 게임과 동일한 구조를 가짐을 알 수 있다. 죄수의 딜레마 게임과 비교해 보면 $q^* = \dfrac{a-c}{3}$가 '자백', $q^c = \dfrac{a-c}{4}$가 '묵비권'에 해당함을 알 수 있다. 죄수의 딜레마 게임에서 두 경기자 모두, '묵비권'을 선택하는 것이 '자백'을 선택할 때보다 더 큰 보수를 얻는다는 것을 알고 있다. 그러나 '자백'이 강우월전략이므로 '묵비권' 대신 '자백'을 선택한다.

기업 간의 담합에 있어서도 기업들이 담합을 하는 것이 유리하다. 그러나 두 기업 모두, 상대 기업이 담합의 약속을 지킬 때, 자신은 담합으로부터 이탈해 더 큰 이윤을 얻고자 하는 유인을 지닌다. 그러므로 담합에서 이탈할 때 이를 처벌할 수단이 없으면 담합은 유지되기 힘들다.

Section 5 독점적 경쟁시장

독점적 경쟁시장(monopolistically competitive market)은 시장에 무수히 많은 판매자가 있고 진입이 자유롭지만, 생산자들이 생산하는 재화들은 조금씩 차별화되어 어떤 두 생산자의 재화도 동질적인 재화가 아닌 시장을 일컫는다. 이런 시장은 생산자가 무수히 많다는 점에서는 완전경쟁시장에 가까우나, 각각의 생산자 입장에서 자신과 똑같은 상품을 파는 다른 생산자가 없다는 점에서는 독점과도 유사한 면이 있다. 독점적 경쟁이라는 이름이 붙은 이유가 여기에 있다. 독점적 경쟁의 예로 식당, 미용실 등의 서비스업을 들 수 있다. 우리 주변에는 무수히 많은 식당들이 손님을 끌기 위해 경쟁하고 있다. 그러나 어느 두 식당도 음식 맛이 똑같은 식당은 없다. 심지어 같은 프랜차이즈 점들 사이에도 음식 맛에 차이가 난다. 미용실 등도 마찬가지이다. 본 절에서는 이런 구조를 갖는 시장이 어떤 균형에 이를 것인지를 논의한다.

5.1 독점적 경쟁의 의미

독점적 경쟁시장은 차별화된 상품의 생산자가 무수히 많은 시장이다. 단, 상품의 차별화 정도가 너무 커 완전히 다른 상품이 되면 시장 자체가 분리되어 서로 경쟁이 되지 않기 때문에 독점적 경쟁에 포함되지 않는다. 차별화된 상품들이 하나의 시장에 포함되려면 서로 간에 대체성이 있어 경쟁관계가 있어야 한다. 사실 어느 정도까지 차별화되면 같은 시장에 포함될 수 있는지는 '정도의 문제'이기 때문에 분명한 경계선을 긋기 힘들다. 콜라와 사이다는 다른 상품이지만 서로 간에 대체성이 크기 때문에 청량음료라는 하나의 시장에 포함될 수 있다. 그러면 과일주스는 어떨까? 녹차 음료는? 이런 질문에 명확히 답하려면 실제로 소비자들이 이들을 유사한 상품으로 보는지를 실증적으로 분석해야 할 것이다. 어쨌든 개념적으로 독점적 경쟁시장은 같은 시장에 포함될 만큼 충분히 유사하면서도 차별화된 상품을 판매하는 기업이 무수히 많으며, 기업의 진입이나 퇴출이 완전히 자유로운 시장으로 정의된다.

인구 밀집지역이 있는 식당이나 미용실 등이 독점적 경쟁의 정의에 비교적 근접한 시장이다. 그런데 식당 중에서도 일부 식당은 맛이 좋기로 소문이 나서 전국에서 손님이 찾아와 장사진을 치고 기다리는 경우가 있다. 이런 식당은 주변의 여느 식당과는 경쟁이 되지 않기 때문에 거의 독점에 가까운 경우라고 보아야 한다. 세계적으로 유명한 미용사가 운영하는 미용실도 마찬가지이다. 독점적 경쟁시장은 이렇게 다른 판매자들과 경쟁이 되지 않을 정도로 특출하게 차별화된 생산자는 포함하지 않는다. 독점적 경쟁시장이 상정하는 차별화는 누구든지 별 어려움 없이 유사한 상품을 만들어 경쟁할 수 있는 정도의 차별화이다. 즉, 다른 판매자와 똑같지 않고 다르기는 하지만, 다른 생산자들과 유사한 정도의 품질을 갖는 상품들 사이의 경쟁을 의미한다. 독점적 경쟁시장은 차별화된 경쟁시장으로 이해하면 된다.

5.2 독점적 경쟁시장에 대한 접근법

독점적 경쟁시장의 기업들의 행동은 완전경쟁시장에 포함된 기업들의 행동과 여러 가지 면에서 차이가 난다. 첫째, 완전경쟁시장의 기업들은 가격수용자로 행동한다고 가정하지만, 독점적 경쟁시장의 기업들은 가격수용자가 아니라 가격설정자이다. 각 기업은 자신의 상품이 다른 기업들의 상품과 조금씩 다르기 때문에, 자신만이 가격을 결정할 수 있다. 상품이 차별화되었기 때문에 다른 기업들과 가격을 똑같이 책정할 필요도 없다. 다른 기업들보다 가격이 조금 높다고 해서 수요가 0이 되지 않으며, 조금 낮다고 해서 수요가 무한히 증대하지도 않는다. 각 기업은 자신이 책정할 수 있는 여러 가격에서 수요량을 비교해 이윤을 극대화하는 가격을 선택할 것이다. 달리 표현하자면 독점적 경쟁은 차별화된 과점시장에서 기업의 숫자가 엄청나게 많고 진입과 퇴출이 자유로운 경우라고 보면 된다.

둘째, 독점적 경쟁시장의 기업들은 가격과 수량의 결정 못지않게 중요한 또 다른 결정을 해야 한다. 바로 자신의 상품을 어떻게 차별화할 것인가, 즉 어떤 특징의 상품을 만들어 시장에 내어 놓을 것인가의 결정이다. 예를 들어, 식당을 차리기로 했다면 양념을 어떻게 할 것인지, 고기는 어떤 고기를 쓸 것인지, 인테리어는 어떻게 할 것인지, 심지어 위치는 어디로 할 것인지 등 수많은 사항들을 결정해야 할 것이다.

이처럼 독점적 경쟁시장의 기업들이 당면한 문제가 여러 가지인 만큼 독점적 경쟁시장을 분석하는 모형도 여러 가지이다. 가격과 수량에 대한 의사결정을 주로 취급하는 모형이 있는가 하면, 차별화 의사결정을 주로 취급하는 모형도 있다. 최근에는 게임이론의 발전으로 독점적 경쟁시장의 기업들의 차별화 전략에 대한 매우 정교한 모형들이 개발되고 있다.

본 절에서 소개할 모형은 이들 중에서 챔벌린(Edward Chamberlin)에 의해 개발된 가장 전통적인 모형으로, 대표적인 한 기업이 가격과 판매량을 어떻게 결정하며, 장기적으로는 어떤 균형에 도달하는지를 분석한다. 챔벌린의 모형은 게임이론이 나오기 전에 개발된 모형으로 기업들 사이의 전략적 행동은 분석대상에 포함하지 않는다. 물론 차별화 전략도 포함하지 않는다. 그러나 챔벌린의 모형은 장기적으로 독점적 경쟁시장이 어떤 균형에 이르는지에 대해 매우 간단하고 직관적인 설명을 제공하기 때문에, 대부분의 학부 수준 미시교과서에서 널리 소개되고 있다.

5.3 독점적 경쟁시장의 균형

독점적 경쟁시장의 특성은 다음과 같다. 첫째, 앞에서 여러 번 설명한 것처럼, 수많은 기업들이 조금씩 차별화된 상품들을 판매하고 있다. 어떤 기업도 다른 기업에 비해 절대적으로 우수한 품질을 제공하지는 않으며, 소비자의 취향에 따라 선호하는 상품이 달라질 수 있다. 둘째, 장기적으로 진입과 퇴출이 자유로이 일어난다. 기존 기업들이 초과이윤을 얻으면 계속 진입이 발생하고, 손실이 발생하는 기업들은 퇴출한다. 이런 시장에서 대표적인 한 기업이 단기와 장기에 어떤 결정을 하고 어떤 균형에 이르게 되는지를 분석해 보자.

1) 단기균형

독점적 경쟁시장에서 각 기업은 차별화된 상품을 판매하기 때문에 자신의 상품에 대한 개별 수요곡선을 갖는다. 이 점에서 독점적 경쟁시장의 개별 기업은 독점기업과 유사하며, 개별 기업의 단기균형은 독점기업의 단기균형과 거의 유사하다. 한 가지 중요한 차이점은 시장에 유사한 상품이 많이 있기 때문에 개별 기업이 당면하는 수요곡선의 탄력성이 매우 크다는 것이다. 가격을 조금 높게 책정하면 대부분의 소비자들이 다른 상품으로 대체해 버리기 때문에 수요가 크게 줄어든다. 그러나 완전경쟁시장에서와 달리 수요가 완전히 없어지지는 않는다. 일부 소비자들은 이 기업의 상품이 자신의 취향에 특별히 잘 맞기 때문에 가격이 조금 높더라도 여전히 이 상품을 구매하기 때문이다.

〈그림 16-7〉은 이처럼 탄력성이 매우 큰 수요곡선을 갖고 있는 독점적 경쟁시장의 단기균형을 보여준다. 독점과 마찬가지로 독점적 경쟁시장의 기업의 이윤극대화는 한계수입곡선과 한계비용곡선이 교차하는 곳에서 이루어진다. 개별 기업은 이 점에 해당하는 수량(q^*)을 생산하고 이 수량이 모두 판매될 수 있는 가격(p^*)을 설정한다. 이 가격은 개별수요곡선에서 찾을 수 있다. 이 수량과 가격에서 개별 기업의 이윤이 얼마가 될 것인지는 기업의 평균비용곡선을 보면 알 수 있다.

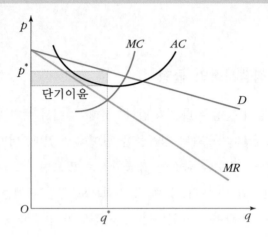

● 그림 16-7 독점적 경쟁시장의 단기균형

〈그림 16-7〉에서는 q^*에서의 평균비용이 가격(p^*)보다 낮기 때문에 이윤이 발생한다. 물론 그 반대의 경우도 가능하다.

2) 장기균형

독점적 경쟁시장에서 개별 기업은 단기적으로 초과이윤을 볼 수도 있고 손실을 볼 수도 있다. 그러나 장기적으로는 진입과 퇴출이 작용해 초과이윤이나 손실이 없어지는 방향으로 시장이 움직인다. 특정 기업이 초과이윤을 얻고 있다면 그 기업과 유사한 상품을 생산하는 새로운 기업들이 시장에 진입한다. 진입 기업들은 시장에 새로 진입하는 기업들일 수도 있고, 기존 기업들이 자신의 상품특성을 바꾸어 유사한 상품으로 진입할 수도 있다. 반대로 손실을 보는 기업들은 시장에서 퇴출하거나 자신의 상품특성을 바꿀 것이다.

〈그림 16-7〉과 같이 단기에 초과이윤을 얻고 있는 기업의 경우, 장기적으로는 많은 기업들이 유사한 상품으로 진입할 것이라고 기대할 수 있다. 이 때 이 기업의 수요에 변화가 생긴다. 주변에 유사한 경쟁기업이 많아진 만큼, 이 기업의 수요는 감소하며 가격탄력성은 더 커진다. 즉, 수요곡선이 좌측으로 이동하고 기울기는 더욱 완만해진다. 이런 변화는 초과이윤이 없어질 때까지 계속될 것이다.

장기적으로 진입이나 퇴출이 멈추고 균형이 이루어지는 상태는 어떤 상태일

● 그림 16-8 독점적 경쟁시장의 장기균형

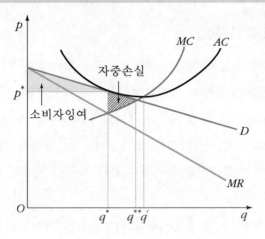

까? 〈그림 16-8〉은 장기균형 상태를 보여준다. 수요곡선은 기업의 평균비용곡선과 접할 때까지 이동한다. 재미있는 일은 평균비용과 수요곡선이 접하는 산출량(q^*)에서 한계수입곡선과 한계비용곡선이 반드시 교차한다는 사실이다. 이 점은 우리가 이미 배운 내용들로부터 쉽게 확인할 수 있다.

먼저 제14장 3.2절에서 한계수입을 논의할 때 $MR = p + \dfrac{dp}{dq}q$가 성립함을 보았다. 또한 제2장 2.3절에서 평균비용과 한계비용 간에 $\dfrac{d(AC)}{dq} = \dfrac{1}{q}(MC - AC)$가 성립함을 보았다. 이 식을 MC에 대해 다시 쓰면 $MC = AC + \dfrac{dAC}{dq}q$가 된다. 그런데 수요곡선과 평균비용이 접하는 점에서는 가격(p)와 평균비용(AC)이 같고, 수요선의 기울기$\left(\dfrac{dp}{dq}\right)$와 평균비용곡선의 기울기$\left(\dfrac{dAC}{dq}\right)$가 같다. 결과적으로 $MR = MC$가 성립함을 알 수 있다.

q^*에서 $MR = MC$이므로 q^*은 이윤을 극대화하는 생산량이다. 그리고 이 생산량에서 평균비용과 가격은 같다. 그러므로 이 기업은 장기균형에서 이윤극대화를 추구하긴 하지만 결과적으로 실현되는 이윤은 0이다. 이처럼 독점적 경쟁에서는 초과이윤이 발생하는 곳마다 유사한 기업들이 진입해 결국 장기에서는 모든 기업의 이윤이 0이 된다. 독점적 경쟁은 독점적인 측면과 경쟁적인 측면을 모두 가지고 있지만 장기적으로는 경쟁적인 측면의 효과가 우세해 모든 기업의 초과이윤이 사라지게 되는 것이다.

5.4 독점적 경쟁시장의 효율성

1) 균형산출량의 효율성

이상에서 분석한 독점적 경쟁의 장기균형산출량이 효율적인지에 대해서는 여러 가지 논란이 있었다. 독점적 경쟁균형의 비효율성에 대한 초기의 지적은 소위 초과설비(excess capacity)에 대한 것이다. 〈그림 16-8〉에서 보듯이, 균형산출량(q^*)은 평균비용이 최저가 되는 생산량(q')보다 작다. 이 때문에 각 기업의 생산량이 설비에 비해 너무 작아 평균비용이 높기 때문에 독점적 경쟁의 균형이 비효율적이라는 비판이 제기되었다.

이 논리에 반대하는 주장은, q'과 q^*의 차이가 불가피한 것으로 비효율성과 관계가 없다는 것이다. q^*가 q'보다 작은 것은 개별 기업이 당면하는 수요곡선의 기울기가 ($-$)이기 때문이며, 이는 상품이 차별화되었기 때문이다. 소비자들이 차별화된 상품들을 즐기기 위해 생산비용이 약간씩 높아지는 것은 어쩔 수 없이 감수해야 하는 희생이므로, 이를 비효율성으로 볼 수 없다는 것이다. 주변 식당들의 음식 맛이 모두 똑같다면 얼마나 밋밋하고 재미없을까?

이상의 논의는 소비자잉여와 생산자잉여와는 무관하게 생산비용의 고저에만 초점을 두고 있으므로 경제학적으로 엄밀한 논의가 아니다. 소비자잉여와 생산자잉여라는 관점에서 독점적 경쟁시장의 장기균형을 평가하면 어떨까? 그 답은 역시 생산량이 너무 작다는 것이다. 앞에서 논의한 바와 같이 사회적 잉여가 극대화되는 생산량은 항상 수요곡선과 한계비용곡선(즉, 완전경쟁시장에서의 공급곡선)이 교차하는 생산량(q^{**})이다. q^*는 q^{**}보다 작으므로 그림에서 빗금 친 부분에 해당하는 사회적 후생의 손실이 발생한다. 그렇지만 실제로 기업들이 q^{**}를 생산하도록 유도하기는 힘들다. 기업들이 q^{**}를 생산하려면 손실을 보기 때문이다. q^*가 이윤 극대화 산출량이며 이 때 이윤이 0이므로, 다른 산출량에서의 이윤은 0보다 크지 않다. 달리 표현하면, 현재 수요에서 손실을 보지 않는 유일한 생산량이 q^*이다. 이렇게 보면, q^{**}의 실현 가능성이 문제가 된다.

2) 균형기업 숫자의 효율성

독점적 경쟁시장의 장기균형을 평가하는 데 있어 또 한 가지 관심사는 장기에 시장에 들어와 있는 기업의 수가 충분한가이다. 예를 들어, 장기균형에서 100개의 기업이 시장에 진입해 있다면 소비자들은 100가지 다른 상품 중에서 고를 수 있게 된다. 그런데 100개의 기업이 있는 현재의 상황이 이상적인 상황인가, 아니면 기업들이 너무 많거나 혹은 너무 적은가? 만약 기업이 하나 더 진입하면 소비자들은 101개의 상품에서 고를 수 있고 가격도 하락할 것이므로 소비자들은 분명히 더 좋아진다. 그러나 기업들은 수요곡선이 더욱 왼편으로 이동하여 이제는 손실을 보게 된다. 수요곡선이 평균비용보다 아래에 있으므로 손실을 피할 방법이 없다. 이 두 가지 효과를 합해 보면 기업의 숫자가 늘어나는 것이 반드시 사회적으로 바람직하다고 볼 수 없다. 기업의 수가 줄어들면 그 반대가 된다.

〈그림 16-8〉을 이용해 설명하면, 장기균형에서 개별 기업이 만들어 내는 시장에서 사회적 잉여의 크기는 그림에서 삼각형의 크기와 같으며, 이는 모두 소비자잉여가 된다. 장기에서 생산자잉여는 기업이윤과 같으므로 0이다. 시장에 이런 기업이 100개 있으면 개별 삼각형 면적 곱하기 100만큼의 사회적 잉여가 창출되는 것이다. 그렇다면 기업이 하나 더 진입하면 사회적 잉여가 더 늘어나지 않을까? 앞에서 설명한 것처럼 분명히 소비자들의 잉여의 합은 늘어난다. 선택의 폭이 넓어지고 판매자들 간의 경쟁이 더 심해지므로 소비자에게 더 나빠질 수는 없다. 그러나 수요곡선이 더욱 왼편으로 이동하면서 모든 기업들은 손실을 보게 되므로, 이 두 효과를 합쳤을 때 사회적 후생이 반드시 늘어난다고는 볼 수 없다. 또 설혹 사회적 후생이 늘어난다고 해도 어떻게 기업들이 손실을 감수하면서 시장에 남아 있도록 유도할 것인지가 여전히 문제가 된다.

16장 부록 〈과점시장과 독점적 경쟁시장〉은 ❶ 본서 954쪽의 QR코드를 스캔하거나, ❷ 박영사 홈페이지의 도서자료실(http://www.pybook.co.kr/mall/customer/bookpds?seq=1162&page=1&scate=&skey=&sword=)에서도 참고할 수 있습니다.

연습문제

1 동질적인 재화시장에서 두 기업이 쿠르노경쟁을 하고 있다. 두 기업(기업 1, 2) 가운데 한 기업(기업 1)의 한계비용이 감소하면 쿠르노-내쉬균형은 어떻게 변하는지 그래프로 설명하라. 또한 시장가격이 어떻게 변하는지, 그리고 기업 2의 이윤이 어떻게 변하는지 설명하라.

2 동질적인 재화시장에서 두 기업이 쿠르노경쟁을 하고 있다. 내쉬균형에서 기업 1의 한계비용은 200원으로 일정하고 산출량은 1,000이다. 기업 1이 한계비용을 100으로 줄이는 데에 10만원의 투자비용이 필요하다고 한다. 기업 1이 이 투자를 해야 하는지를 설명하라.

3 기업 1과 2가 차별화된 상품으로 경쟁하는 시장에서, 각 기업의 수요함수가 각각 다음과 같다.

$$q_1 = 14 - 2p_1 + p_2, \qquad q_2 = 16 - 2p_2 + p_1$$

기업 1의 한계비용은 1, 기업 2의 한계비용은 2로 일정하다.
1) 두 기업이 쿠르노경쟁 시 내쉬균형에서 각 시장의 산출량과 가격을 구하라.
2) 두 기업이 버트란드경쟁 시 내쉬균형에서 각 시장의 산출량과 가격을 구하라.
3) 쿠르노경쟁의 내쉬균형 가격이 버트란드경쟁의 내쉬균형이 되는가? 반대로 버트란드경쟁의 내쉬균형 산출량이 쿠르노경쟁의 내쉬균형이 되는가?

4 시장수요곡선이 $p = 140 - q$이고, 한계비용이 20인 네 개의 기업 A, B, C, D가 있다고 하자. 기업들은 쿠르노경쟁을 한다. 어느 날 이 네 기업의 회장들이 모여 A와 B가 합병하고 동시에 C와 D가 합병하기로 비밀리에 약속했다. 각 기업들은 이 약속을 지킬 유인이 있는가? 구체적인 숫자를 이용해 논의하라(단, 합병으로 인한 비용 절감효과나 다른 효과는 없다).

5 시장수요곡선이 $p = a - bq$일 때, 쿠르노경쟁에 참여한 기업의 수가 N이고 각 기업의 한계비용이 모두 c로 동일할 때, 내쉬균형에서의 가격을 구하라. 그리고 N

이 무한대로 수렴할 때, 균형가격이 어떻게 변하는지 확인하라(힌트: 모든 기업들의 조건이 동일하므로 균형에서 모든 기업들의 산출량은 같다. 그러므로 한 기업의 이윤극대화 조건을 구한 뒤, 모든 기업들의 산출량이 같다는 조건을 추가하면, 바로 해를 구할 수 있다).

6 동질적인 재화시장에서 두 기업이 쿠르노경쟁을 한다. 기업 $i (i = 1, 2)$의 한계비용이 c_i일 때, 기업 i의 이윤극대화 1계 조건은 $\dfrac{p - c_i}{p} = \dfrac{s_i}{\varepsilon}$임을 보여라. 여기서 p는 시장가격, ε은 시장수요의 가격탄력성, s_i는 기업 i의 시장점유율, 즉 $\dfrac{q_i}{q_1 + q_2}$이다. 동일한 결과가 기업이 n개 있는 경우에도 성립함을 보여라.

7 두 기업이 쿠르노경쟁을 하는 시장에서, 수요함수가 $q = 140 - p$이고, 각 기업의 한계 비용이 모두 20이다. 기업 1이 선도자인 스타켈버그 모형의 균형을 구하라.

8 시장수요곡선이 $p = 100 - q$이고 두 기업의 한계비용이 모두 10인 복점시장에서, 기업 2는 항상 기업 1의 생산량을 지켜본 이후에 정확히 그와 같은 양을 생산한다고 한다. 이 사실을 기업 1이 미리 알고 있다고 하면, 기업 1의 이윤극대화 생산량 결정은 어떻게 이루어지는지 설명하라.

9 차별화된 상품을 판매하는 두 복점기업(기업 1, 2)의 수요함수는 각각 다음과 같다.

$$q_1 = 10 - p_1 + 0.5p_2, \qquad q_2 = 10 - p_2 + 0.5p_1$$

두 기업 모두 생산비용은 0이다.

1) 버트란드경쟁 시 내쉬균형을 구하고, 그때 각 기업의 이윤을 구하라.
2) 기업 1이 먼저 가격을 정하고, 기업 2가 그 가격을 보고 자신의 가격을 정할 때의 균형을 구하고, 역시 각 기업의 이윤을 구하라.
3) 1)과 2)의 균형을 비교해, 어느 기업이 어느 균형에서 더 유리한지 논의하라.

10 동질적인 상품을 취급하는 복점(duopoly) 시장에서, 수요곡선의 식은 $p = 8 - q$이고, 기업 1과 기업 2의 한계비용은 각각 2원, 4원이다. 소비자들은 1원이라도 싼 쪽에서 구매하며, 두 기업 가격이 모두 같으면 수요가 반반씩 갈린다. 두 기업이 모두 가격을 1원 단위로만 정할 수 있고, 최대 8원까지 선택한다.

1) 기업 2의 가격이 0원부터 8원까지 변할 때, 각 가격에 대한 기업 1의 최적대응을 구하라.
2) 내쉬균형을 구하라.

11 동질적인 재화시장의 수요곡선은 $p = 100 - q$이며, 두 기업이 가격경쟁을 하고 있다. 기업 1의 한계비용은 10원이고 기업 2의 한계비용은 20원이다. 이 시장의 소비자들은 가격이 같으면 모두 기업 1에게서만 구매한다. 내쉬균형을 구하라(그림을 이용해도 되고, 그림 없이 논리적으로 설명해도 됨).

12 두 기업이 동질적인 재화시장에서 쿠르노경쟁을 하고 있다. 시장수요곡선은 $p = 20 - q$이고, 기업 1의 한계비용은 4, 기업 2의 한계비용은 8이다.

   1) 기업 1이 선도자인 경우, 균형에서 각 기업의 산출량과 이윤을 구하라. 기업 1의 산출량은 기업 2의 산출량에 대한 최적대응인가?

   2) 기업 1이 여전히 선도자이다. 그런데 추종자인 기업 2가 선택한 산출량에 대해 기업 1이 한 번 더 자신의 산출량을 조정할 수 있는 기회가 주어져 있는 경우를 고려하자. 이 경우 산출량과 이윤을 구하라. 기업 2가 선택한 산출량에 대해 한 번 더 조정할 기회를 가지는 것이 기업 1에게 유리한가 또는 불리한가 그 이유를 설명하라.

13 두 기업이 동질적인 재화시장에서 쿠르노경쟁을 하고 있다. 수요곡선은 $p = 12 - q$이다. 두 기업 모두 생산비용은 없다.

   1) 두 기업의 최적대응함수를 구하고, 내쉬균형을 구하라.

   2) 기업 2의 경우 생산용량에 제약이 있다. 기업 2는 $\bar{q}$를 초과해 생산할 수 없다. 기업 1에는 생산용량 제약이 없다. $\bar{q} = 3$일 경우 내쉬균형을 구하라.

14 동질적인 재화시장의 수요곡선은 $p = 120 - q$이고 두 기업(기업 1, 기업 2)이 수량경쟁을 한다. 이 기업들의 한계비용은 10으로 동일하며 항상 일정하다. 기업 1이 먼저 수량을 정하고, 기업 2가 나중에 정하는 상황이라고 하자. 그런데, 일반적인 스타켈버그 모형과 달리 기업 2의 최고경영자의 성격이 독특해 기업 1이 선택한 수량에 10을 더한 만큼을 생산한다. 기업 1의 최고경영자는 이윤극대화를 추구하며 기업 2 경영자의 성격을 잘 안다. 이때 두 기업의 균형 산출량을 구하라.

Chapter
17 / 요소시장

⭐ **헥크만(James Heckman) : 미국, 1944~현재**

헥크만은 계량경제(econometrics)학자 및 노동경제학자로 2000년에 선택적 표본(selective sample)의 분석 이론과 방법론을 개발한 공로로 노벨 경제학상을 수상했다(다니엘 맥파든(Daniel McFadden)과 공동수상).

미국 시카고에서 출생한 헥크만은 젊은 나이에 당시 미국 남부에 만연하던 인종차별을 목격하고 받은 충격이 평생 차별 문제에 관심을 갖고 연구하는 동기가 되었다고 한다. 콜로라도에서 고등학교와 대학을 다닌 헥크만은 학부에서 수학을 전공했으나 경제학 과목을 수강하면서 경제학에 대한 흥미를 갖게 되었다. 프린스턴 대학교 경제학과 대학원에 진학한 헥크만은 처음에는 경제발전론에 관심을 가졌으나, 곧 노동경제학과 계량경제학에 이끌리게 되어 계량경제학을 전공하게 된다. 1971년 학위를 취득한 이후 컬럼비아 대학에서 잠시 교편을 잡은 뒤 1973년 시카고 대학으로 옮긴 이후에는 현재까지 평생의 대부분을 시카고 대학교수로 근무하고 있다. 헥크만은 시카고 대학의 법대와 공공정책대학의 교수까지 겸임하고 있다.

헥크만은 선택적 표본으로 인한 편의(bias) 문제를 해결하는 방법론을 개발하는 등 계량경제학 이론 발전에 많은 기여를 했을 뿐 아니라, 이런 방법론들을 실제 자료에 적용하는 실증연구에서도 많은 성과를 이루었다. 특히 노동, 교육, 차별, 불평등 관련 문제들을 분석하고 정책효과를 평가하는 많은 연구 성과를 냈다. 그는 2017년 한 인터뷰에서, 실증분석이 결여된 경제학은 이념(ideology)에 불과하며 많은 경제·사회 정책들이 이런 이념의 영향을 받아 결정된다고 지적하면서, 실증경제학이 이에 대한 예방약이 될 수 있다고 주장했다. 헥크만은 2014년 시카고 대학에 인적개발경제학센터(Center for Economics of Human Development)를 창설하고 여러 분야의 융합연구를 주도하고 있으며, 최근에는 특히 조기아동교육의 중요성에 대한 연구에 주력하고 있다.

산출물시장에서 기업들은 재화나 용역을 생산해 판매하고 소비자들이 이를 구매한다. 반면에 요소시장에서는 가계가 공급하는 생산요소들을 기업들이 구매한다. 대표적인 생산요소로 노동, 자본과 토지가 있다. 최근에는 기업가 활동(entrepreneur ship)을 생산요소에 포함하기도 한다. 또한 한 기업이 생산한 재화나 용역이 다른 기업의 생산활동에 투입되는 경우도 생각할 수 있는데, 이들은 **중간재**(intermediate goods)라고 부른다.[1]

생산요소의 수요는 기업들의 선택에 의해 결정되므로, 요소수요를 논의하려면 기업이론으로 다시 돌아가야 한다. 우리는 이미 산출물시장에서 기업들의 행동을 논의했으나, 그때에는 분석의 초점이 산출량의 결정이었다. 본 장에서는 똑같은 기업들의 행동을 생산요소의 사용량에 초점을 맞추어 분석한다. 생산요소의 사용량이 산출량을 결정하므로 이 두 가지 분석은 결국 같은 기업의 행동을 다른 각도에서 관찰하는 것에 불과하다.

생산요소의 공급은 주로 가계에 의해 이루어지므로 요소공급을 논의하려면 소비자이론으로 돌아가야 한다. 여기에서도 마찬가지로, 소비자이론이 주어진 소득하에서 상품의 구매결정에 초점을 맞추었다면, 생산요소의 공급자로서 소비자의 결정은 소비자가 이미 가지고 있는 자원을 자신의 소비에 이용하는 대신 요소시장에 판매하는 결정에 초점을 맞춘다.

요소시장(factor market)은 최종재 생산에 투입되는 생산요소가 거래되는 시장이다. 그러므로 요소시장의 수요는 최종재의 수요와 밀접한 관련을 갖는다. 최종재에 대한 수요가 증가하면, 그의 생산에 투입되는 생산요소들의 수요도 증가하기 때문이다. 따라서 생산요소의 수요를 **유도수요** 또는 **파생수요**(derived demand)라고 부른다.

요소시장의 또 한 가지 특징은 일부 생산요소는 경제 전체에서 차지하는 비중이 매우 커, 그것이 다른 시장들에 미치는 영향을 무시할 수 없다는 사실이다. 예를 들어, 노동은 거의 모든 상품이나 용역의 생산에 투입되기 때문에 노동시장이 다른 시장에 미치는 영향은 지대하다. 자본 역시 마찬가지이다. 이런 생산요소들의 시장을 분석할 때에는 그 시장의 결과가 다른 시장에 미치는 영향을 무시할 수

---

1 노동, 자본, 토지를 중간재들과 구분하여 일차 생산요소(primary production factor)라고 부른다.

없다. 예를 들어, 노동시장을 분석할 때 임금상승은 거의 모든 재화와 용역의 생산비용에 영향을 미쳐 그들의 시장가격을 변화시키고, 또한 자본이나 다른 생산요소들과 대체가 발생해 다른 요소시장에도 영향을 미친다는 점을 고려해야 한다.

산출물시장에서도 한 시장의 변화가 다른 시장에 영향을 미치고 요소시장에도 영향을 미친다. 그러나 그 재화가 경제 전체에서 차지하는 비중이 노동이나 자본만큼 큰 상품을 찾아보기는 힘들다. 그래서 산출물시장의 분석에서는 다른 시장에 관련된 모든 변수들을 고정된 외생변수로 취급했다. 그러나 노동이나 자본 같은 생산요소들에 대해서는 이런 가정을 적용하기 힘들 것이다. 그러므로 생산요소의 시장분석에서는 산출물의 가격이나 다른 생산요소들의 가격 등의 변화까지 분석에 포함시킬 필요가 있다.

Section 1   요소수요

기업들은 요소시장에서 생산요소들을 구입하고 산출물시장에서 자신의 생산물을 판매한다. 이 때 기업이 얼마나 많은 양의 생산요소를 구입하는가는 주어진 시장 환경하에서의 이윤극대화 결정을 통해 결정된다. 물론 이 결정은 산출물시장에 얼마나 많이 팔 것인가의 결정과 동시에 이루어진다. 산출물시장 모형은 이윤극대화 결정 중에서 산출량의 결정에 초점을 맞추었다. 그 때문에 요소수요 부분은 비용함수 속에 모두 포함되어 겉으로 드러나지 않았다. 즉, 제12장의 비용함수 분석에서 이미 생산에 필요한 요소수요를 비용으로 전환했기 때문에 비용이라는 큰 제목 아래에 가려 요소수요는 보이지 않았던 것이다.

이제 논의의 초점을 요소수요로 돌려 보자. 이를 위해 비용함수를 거치지 않고 요소사용량과 요소가격들을 직접 이윤극대화 문제에 포함시켜 요소수요함수를 도출한다. 요소수요함수를 도출함에 있어 독자들이 주의할 점은 기업들이 요소시장에서는 가격수용자라고 가정한다는 점이다. 가격수용자로 행동하지 않으면 요소수요함수는 존재하지 않는다. 요소수요함수를 도출함에 있어 기업들이 요소시장에서 가격수용자임을 독자들은 꼭 기억하기 바란다. 기업들이 요소시장에서 가격수용자인 경우에도 산출물시장에서 완전경쟁시장과 같이 가격수용자인지 또는 독점과 같이 가격설정자인지에 따라 요소수요를 도출하는 방식이 다소 다르다. 두 경우를 나누어 요소수요를 도출한다. 기업이 수요독점으로 요소시장에서 가격설정자로 행동하는 경우도 있을 수 있는데, 이런 경우는 3절에서 논의한다.

1.1 산출물 시장에서 가격수용자인 기업의 요소수요

1) 가변요소가 한 가지인 경우: 단기요소수요함수

산출물시장에서 가격수용자인 완전경쟁기업에게 산출물가격과 요소가격은 고정된 상수로, 자신의 결정에 의해 영향을 받지 않는 외생변수이다. 산출물가격을 p라고 하고 생산요소 중에서 노동(L)과 자본(K)의 가격을 각각 w와 r이라고 하자. 기업의 이윤(Π)은 다음과 같다.

$$\Pi = pq - (wL + rK) \tag{1}$$

이 때 괄호 안의 식은 결국 노동비용과 자본비용의 합이다. 산출물시장의 이윤극대화에서는 $wL + rK$ 대신에 비용함수 $C(q)$를 이용했다. 그러면 (1)식은 다음과 같이 표시된다.

$$\Pi = pq - C(q) \tag{2}$$

기업은 이윤을 극대화하는 산출량 q를 결정하면 된다. 물론 기업의 생산함수 ($q = F(L, K)$)를 이용해 미리 비용함수를 도출했다.[2]

본 장에서는 생산함수를 직접 (1)식에 대입해 (1)식을 다음과 같이 표현한다.

$$\Pi = pF(L, K) - (wL + rK) \tag{3}$$

기업은 (3)식의 이윤을 극대화하는 요소투입량을 결정한다. 요소투입량이 결정되면 산출량이 결정되므로 (3)식에서 이윤을 극대화하는 결정이나, (2)식에서 이윤을 극대화하는 결정은 동일하다. 다만 (2)식을 이용하기 위해서는 비용함수를 유도하는 과정을 따로 거쳐야 하지만 (3)식은 그럴 필요가 없다. 반면에 (2)식에서

---

2 비용은 생산요소들의 가격에도 영향을 받으므로, 비용함수를 보다 정확히 표현하면 $C(q; w, r)$이다.

처럼 산출량(q) 한 가지 변수만을 취급하는 대신 생산요소의 종류만큼 많은 변수를 취급해야 한다. (3)식의 경우 L, K의 두 변수를 취급해야 한다.

이해를 돕기 위해, 가변요소가 L 하나뿐인 단기의 경우를 먼저 보고, 이후에 가변요소가 둘 이상인 경우를 분석하기로 한다. 단기에서 가변요소가 L뿐이고 자본의 양은 $\overline{K}$로 고정되어 있으면 (3)식은 다음과 같다.

$$\Pi = pF(L:\overline{K}) - (wL + r\overline{K}) = [pF(L:\overline{K}) - wL] - r\overline{K} \qquad (4)$$

이 때 $r\overline{K}$은 고정비용이므로 이윤극대화를 위해서는 $pF(L:\overline{K}) - wL$을 극대화하면 된다. $pF(L:\overline{K})$은 기업의 수입(revenue)이고 wL은 가변비용이다. 이 식은 변수가 L 하나뿐이므로 그림으로 설명이 가능하다. 〈그림 17-1〉은 노동 투입량 L의 변화에 따른 수입과 가변비용의 변화를 그래프로 나타낸다. 수입은 생산함수 $F(L:\overline{K})$에 산출물가격 p를 곱한 것이다. p는 상수이므로 $pF(L:\overline{K})$는 생산함수인 $F(L:\overline{K})$을 일정한 비율로 늘인 형태이다. 그러므로 생산함수의 원래 곡선형태는 그대로 유지된다. 가변비용의 변화는 wL이므로 기울기가 w인 직선이다.

수입과 가변비용의 차이가 극대화되는 노동투입량 L^*에서 수입곡선과 가변비용곡선의 기울기가 같아지는데, 이것이 노동투입량에 대한 이윤극대화의 1계 조건이다. 이 조건은 (4)식을 L에 대해 미분한 도함수가 0이 되는 조건과 같다. $F(L:\overline{K})$의 L에 대한 편도함수는 L의 한계생산($MP_L(L:\overline{K})$)이므로 1계 조건은 다음과 같다.

> **산출물시장에서 가격수용자인 기업의 노동투입량에 대한 이윤극대화 1계 조건:**
>
> $pMP_L(L:\overline{K}) = w$ $\qquad (5)$

(5)식의 좌변은 수입곡선의 노동에 대한 기울기로, 산출물가격에 노동의 한계생산을 곱한 것이다. 그런데 〈그림 17-1〉의 수입곡선은 기업의 산출량에 따른 수입의 변화가 아니라 노동투입량에 대한 수입의 변화를 보여준다. 이런 의미에서 이 수입곡선은 산출물시장에서 논의한 수입곡선과 의미가 약간 다르다. 또한 이

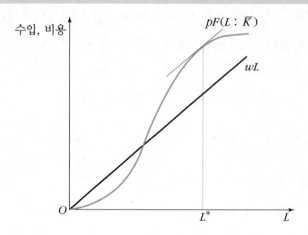

• 그림 17-1   단기노동수요의 결정

수입곡선의 기울기 역시 산출물시장의 한계수입과 다른 의미를 갖는다. 이 기울기는 노동투입이 한 단위 증가해 생산이 증가할 때 기업의 수입이 얼마나 증가하는가를 보여준다. 이를 노동의 **한계수입생산**(marginal revenue product of labor: MRP_L)이라고 부른다.

> **(생산요소의) 한계수입생산**: 생산요소 투입이 한 단위 증가해 생산이 증가할 때 발생하는 수입의 변화분

기업이 산출물시장에서 가격수용자이면 생산요소의 한계수입생산은 위 이윤극대화 조건처럼 산출물가격에 그 생산요소의 한계생산을 곱한 형태를 띠는데, 한계생산에 가격을 곱했으므로 한계생산의 시장가치라는 의미를 갖는다. 이 경우 생산요소의 한계수입생산을 특별히 그 생산요소의 **한계생산가치**(value of marginal product: VMP)라고 부른다. 위 식들에서 $pMP_L(L:\bar{K})$이 바로 노동의 한계생산가치(VMP_L)이다.

> **(생산요소의) 한계생산가치**: 산출물시장에서 가격수용자인 기업의 한계수입생산을 의미하며, 산출물가격에 그 생산요소의 한계생산을 곱한 것

(5)식의 이윤극대화 조건은 노동의 한계생산가치가 노동의 단위비용인 임금과 같아지는 수준에서 노동의 투입량을 결정한다는 것이다. 이윤극대화 노동투입량 (L^*)은 반드시 수입곡선이 오목한 형태를 갖는 영역에 존재한다. 이것이 바로 이윤극대화의 2계 조건이다. 〈그림 17-1〉에서 수입곡선과 가변비용곡선의 기울기가 같아지는 곳이 아래쪽에 한 곳 더 있다. 그러나 이곳은 수입곡선이 볼록하기 때문에 이윤극대화 점이 아닌 이윤극소화 점이다. 수입곡선이 오목하다는 것은 결국 생산함수가 오목하다는 것을 의미하고, 이것은 다시 생산함수의 기울기, 즉 노동의 한계생산이 체감한다는 것을 의미한다. 물론 한계생산에 산출물가격(p)을 곱한 한계생산가치도 체감한다.

〈그림 17-2〉는 이상의 논의를 또 다른 그래프로 보여준다. 가로축은 노동의 투입량(L)을 나타내고 세로축은 노동의 한계생산가치(VMP_L)와 임금을 나타낸다. 2계 조건이 충족되는 영역에서 노동의 한계생산가치는 노동의 투입량에 따라 체감하므로 VMP_L곡선은 우하향한다. 반면에 임금은 기업의 노동투입량에 대해 불변이므로 수평선으로 나타난다. 이윤을 극대화하는 노동의 투입량은 이 두 곡선이 만나는 L^*에서 결정된다. 임금이 상승하거나 하락하면 L^*는 VMP_L곡선을 따라 변한다. 그러므로 VMP_L곡선은 바로 이 기업의 **단기노동수요곡선**(short-run labor demand curve)이 된다.[3]

노동의 한계생산가치(VMP_L)가 노동의 수요를 결정하는 이유를 직관적으로 설명하면 다음과 같다. 노동을 한 단위 더 고용하면 산출량은 노동의 한계생산인 $MP_L(L:\overline{K})$만큼 늘어난다. 이것을 시장에 내다 팔면 수입이 $pMP_L(L:\overline{K})$만큼 늘어난다. 그러므로 기업 입장에서 노동의 한계생산가치인 $pMP_L(L:\overline{K})$는 노동 한 단위를 더 고용했을 때의 한계편익이다. 반면에 소요되는 추가비용은 w이므로, w가 바로 노동 한 단위를 더 고용했을 때의 한계비용이다. 그러므로 $VMP_L > w$이면 한계편익이 한계비용을 초과하므로 노동을 더 투입한다. 반대로 $VMP_L < w$이면 노동투입을 줄인다. 그러므로 $VMP_L = w$이 되도록 노동의 투입량을 결정한다.

---

3 $w = VMP_L$의 모양을 보면 노동의 가격인 임금이 노동투입량의 함수로 되어 있으므로, 엄밀하게 말하면 VMP_L곡선은 노동의 역수요함수를 나타낸다. 이는 완전경쟁시장의 이윤극대화 조건 $p = MC$에서, 한계비용곡선을 공급곡선이라고 부르는 것과 동일하다.

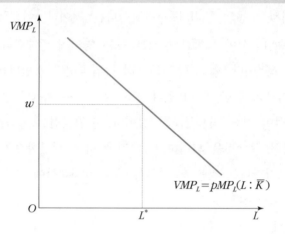

● **그림 17-2 기업의 단기노동수요곡선**

이상의 논의에서, 노동의 수요 L^*을 결정하는 변수들은 크게 임금 w와 VMP_L를 결정하는 요인들임을 알 수 있다. VMP_L을 결정하는 요인들은 다시 산출물가격 p와 고정요소인 $\overline{K}$의 크기, 그리고 마지막으로 생산함수 $F(L:\overline{K})$의 형태이다. 그러므로 $pMP_L(L:\overline{K}) = w$를 L에 대해 풀면, **단기노동수요함수**를 아래와 같이 표현할 수 있다.

$$L^* = L(w, p, \overline{K})$$

생산함수 $F(L:\overline{K})$의 형태는 단기노동수요함수 $L(w, p, \overline{K})$의 형태에 반영된다.

단기노동수요함수에 포함된 변수들이 노동수요에 미치는 영향을 간략히 논의하면 다음과 같다. 우선 L^*는 반드시 w와 반대로 움직인다. 이윤극대화의 2계 조건에 의해 VMP_L곡선의 기울기가 반드시 $(-)$이기 때문이다. p와 $\overline{K}$는 VMP_L곡선의 위치를 변경시킴으로써 L^*에 영향을 미친다. 산출물가격이 오르면 VMP_L곡선이 그만큼 위로 이동한다. 즉, 노동의 수요곡선이 위로 이동한다. 이 때 우리는 노동의 수요가 증가한다고 말한다. 물론 임금이 불변이면 노동의 고용(L^*)도 증가한다. $\overline{K}$의 변화는 어떨까? 대부분의 경우 $\overline{K}$가 증가하면 노동의 한계생산이 증가한다. 자본과 노동 사이에 보완관계가 존재하기 때문이다. 이 역시 VMP_L곡선을 우상향으로 이동시켜 노동의 수요를 증가시킨다. 요소수요함수의 특성에 대한 보다 일반적인 논의는 4)에서 취급한다.

예 1 생산함수가 $q = A\overline{K}L^b(A > 0, b > 0)$인 기업의 단기노동수요함수를 구해 보자. 이 기업은 산출물시장과 요소시장에서 모두 가격수용자이며, 산출물가격과 임금은 각각 p, w이다. 또한 노동수요를 결정함에 있어 2계 조건이 충족되려면 어떤 조건이 필요한가?

노동의 한계생산은 $MP_L = Ab\overline{K}L^{b-1}$이다. $VMP_L = pAb\overline{K}L^{b-1}$이므로 $pAb\overline{K}L^{b-1} = w$를 L에 대해 풀면 $L^* = \left(\dfrac{1}{w}\right)^{\frac{1}{1-b}}(pAb\overline{K})^{\frac{1}{1-b}}$이다. 2계 조건이 충족되려면 노동의 한계생산이 체감해야 하므로 $b < 1$이어야 한다. $b < 1$이면 노동수요는 w의 감소함수이다. ◼

2) 가변요소가 두 가지인 경우: 장기요소수요함수

이제 자본과 노동이 모두 가변인 장기를 고려해 보자. (3)식에서 L과 K가 모두 가변이므로, 그림을 통해 이윤극대화를 표현하기는 어렵다. (3)식을 극대화하는 노동(L)과 자본(K)의 투입량을 찾기 위한 1계 조건은, 이 식을 L과 K에 대해 각각 편미분한 도함수들이 모두 0이 되는 것이다.

$$pMP_L(L, K) - w = 0 \tag{6}$$

$$pMP_K(L, K) - r = 0 \tag{7}$$

생산요소가 한 개인 경우와 마찬가지로 $pMP_L(L, K)$, $pMP_K(L, K)$을 각각 노동의 한계생산가치(VMP_L), 자본의 한계생산가치(VMP_K)라고 부른다. 그러면 (6)식과 (7)식은 각각 $VMP_L = w$, $VMP_K = r$의 의미를 지닌다. 얼핏 보기에는 노동만이 가변요소인 경우와 비교해 (7)식이 하나 더 늘어나서, (6)식은 노동수요를 결정하고 (7)식은 자본수요를 결정하는 것처럼 보인다. 그러나 실제로는 그렇게 간단하지 않다. (6)식과 (7)식 모두 L과 K를 포함하고 있으므로 이윤을 극대화하는 노동투입량(L^*)과 자본투입량(K^*)은 (6)식과 (7)식을 동시에 연립방정식으로 풀어야 한다. 이렇게 결정된 L^*와 K^*가 이 기업의 노동과 자본의 **장기요소수요**(long-run factor demand)가 된다. 이들은 각각 아래와 같이 생산요소들의 가격과 상품의 가격의 함수이다.

$$L^* = L(w, r, p), \qquad K^* = K(w, r, p) \tag{8}$$

생산함수 형태는 각 생산요소의 장기요소수요함수의 형태에 반영된다. 노동의 장기요소수요함수에서는 자본이 고정된 단기와 비교해 $\overline{K}$ 대신에 r이 포함되었음에 유의하기 바란다. 결과적으로 모든 생산요소가 가변인 장기에서 요소수요는 모든 요소가격들과 산출물가격에 의해 결정된다. 가변요소가 한 가지인 경우와 마찬가지로 이윤극대화의 2계 조건은 생산함수 $q = F(L, K)$가 이윤극대화 점인 (L^*, K^*) 근처에서 (L, K)에 대해 오목함수라는 것이다.[4]

생각하기 1 ▶ 생산함수가 $q = AL^{\frac{1}{4}}K^{\frac{1}{2}}(A > 0)$인 기업의 장기노동수요함수를 구하라. 이 기업은 산출물시장과 요소시장에서 모두 가격수용자이며, 산출물가격과 노동 및 자본의 가격은 각각 p, w, r이다.

3) 조건부요소수요와 요소수요 간의 관계

제12장에서 비용극소화 문제를 풀어 얻은 요소수요를 조건부요소수요라고 불렀다. 반면에 본 장에서는 이윤극대화의 결과로 얻어지는 요소수요는 그냥 요소수요라고 불렀다.

둘 다 요소수요이므로, 독자들은 둘 사이에 어떤 관계가 있지 않을까라고 생각할 수 있다. 두 요소수요 사이에는 매우 밀접한 관계가 있다. 장기의 예를 들어 두 요소수요 간의 관계를 알아보자. 장기비용극소화 문제를 풀면 노동과 자본의 장기조건부요소수요함수인 $L(q, w, r)$과 $K(q, w, r)$을 얻는다. 제12장에서 강조했듯이, 조건부란 q를 생산한다는 조건이라는 의미이다. 장기비용극소화 결과로 장기비용함수 $C(q : w, r)$을 얻는다. 비용극소화는 주어진 산출량을 가장 싸게 생산하는 방법을 찾는 것이다. 그러므로 비용극소화 문제에서 얼마를 생산할지는 결정

---

4 $F(L, K)$가 오목함수가 되려면 이 함수의 헤시안행렬 $\begin{bmatrix} F_{LL} & F_{LK} \\ F_{KL} & F_{KK} \end{bmatrix}$이 음정부호(negative definite matrix)이어야 한다(F_{LK}는 $\frac{\partial^2 F}{\partial L \partial K}$을 의미한다). 이 조건은 다시 $F_{LL} < 0$, $F_{KK} < 0$, $F_{LL}F_{KK} - F_{LK}F_{KL} > 0$와 같다. $F_{LL} < 0$, $F_{KK} < 0$은 각각 노동의 한계생산과 자본의 한계생산이 체감함을 의미한다.

되지 않는다. 얼마를 생산할지는 이윤극대화 문제에서 결정된다.

완전경쟁시장에서 가격수용자인 기업은 $pq - C(q : w, r)$을 극대화한다. 극대화 조건은 물론 $p = MC(q : w, r)$이다. 이를 q에 대해 풀면 $q = S(p, w, r)$의 형태가 되는데, 이 함수가 바로 공급함수이다. 공급함수는 요소가격과 산출물가격이 주어져 있을 때, 기업이 이윤을 극대화하기 위해 생산하고자 하는 산출물의 크기를 보여준다.

기업이 $q = S(p, w, r)$만큼을 생산하고 싶으면, 그에 상응하는 생산요소를 투입해야 한다. $q = S(p, w, r)$을 생산할 때 얼마만큼의 노동과 자본이 필요한가? 이 질문에 대답하려면 장기조건부요소수요함수에 q 대신에 $S(p, w, r)$을 대입하면 된다. 예를 들어, 노동의 장기조건부요소수요함수에 $q = S(p, w, r)$을 대입하면 $L(S(p, w, r), w, r)$이 되어, q는 사라지고 p, w, r의 함수가 된다. 이것이 바로 (8)식에서 본 노동의 장기요소수요함수 $L(p, w, r)$이다.

$$L(w, r, p) = L(S(p, w, r), w, r)$$

자본의 장기요소수요함수도 동일한 방식으로, 자본의 장기조건부요소수요함수에 이윤극대화 산출량을 대입해 얻어진다. 단기에서도 동일한 결과가 성립한다. 단기조건부요소수요함수에 이윤극대화 산출량을 대입하면 단기요소수요함수가 얻어진다.

독자들은 조건부요소수요함수는 산출량과 요소가격의 함수인 반면에, 요소수요함수는 산출물가격과 요소가격의 함수라는 점을 기억하기 바란다. 조건부요소수요함수에 이윤극대화 산출량을 대입하면, 산출량은 사라지고 대신 산출물가격이 새로운 변수로 나타난다.

장기요소수요함수인 $L(w, r, p)$와 $K(w, r, p)$를 생산함수인 $q = F(L, K)$에 대입하면, $q = F(L(w, r, p), K(w, r, p))$가 되어 (w, r, p)의 함수로 표시되는데, 이는 다름 아닌 공급함수 $S(p, w, r)$이다.

$$q = F(L(w, r, p), K(w, r, p)) = S(p, w, r)$$

예2 생산함수가 $q = min\{\sqrt{L}, \sqrt{K}\}$일 때 노동과 자본의 장기요소수요함수를 구해 보자. 이 기업은 산출물시장과 요소시장에서 모두 가격수용자이며, 산출물가격과 임금 및 자본가격은 각각 p, w, r이다.

생산함수의 각 생산요소에 대한 한계생산이 잘 정의되지 않으므로, 장기조건부요소수요함수를 이용해 장기요소수요함수를 구하도록 한다. q를 가장 적은 비용으로 생산하려면 장기조건부요소수요함수는 $q = \sqrt{L} = \sqrt{K}$, 즉 $L = q^2$, $K = q^2$가 되어야 한다. 생산함수가 생산요소 간의 대체가 불가능한 레온티에프 생산함수이므로, 노동과 자본의 장기조건부요소수요함수는 산출량에만 의존하지, 요소가격에는 의존하지 않는다. 장기비용함수는 $C = (w+r)q^2$이므로, 한계비용은 $MC = 2(w+r)q$이다. 기업이 산출물시장에서 가격수용자이므로 이윤극대화 조건은 $p = MC$, 즉 $2(w+r)q = p$이다. 이를 q에 대해 풀면, 공급함수 $q = \dfrac{p}{2(w+r)}$를 얻는다. 공급함수를 장기조건부요소수요함수에 대입하면, 노동과 자본의 장기수요함수인 $L = q^2 = \dfrac{p^2}{4(w+r)^2}$, $K = q^2 = \dfrac{p^2}{4(w+r)^2}$을 얻는다. 장기요소수요함수를 생산함수 $q = min\{\sqrt{L}, \sqrt{K}\}$에 대입하면, $q = \dfrac{p}{2(w+r)}$가 되는데, 이는 물론 앞에서 계산한 공급함수와 일치한다.

4) 장기요소수요의 특성

(1) 요소가격의 영향

장기에서 요소가격이 변하면 요소수요는 어떻게 변할까? 몇몇 독자들은 〈그림 17-2〉와 같은 그림을 노동과 자본에 대해 각각 그리면, 이윤극대화의 2계 조건에 의해 두 VMP 곡선이 모두 우하향하므로, 노동과 자본의 수요가 각각 자신의 요소가격과 반대로 움직인다고 결론지으려 할지 모른다. 그러나 이런 설명은 옳지 않다. 〈그림 17-2〉의 VMP_L곡선은 자본의 양이 $\overline{K}$에 고정되어 있다는 전제하에 그린 것이다. VMP_K곡선 역시 노동의 투입량이 일정하다는 전제하에 그려진다. 만약 자본도 가변요소이면 VMP_L곡선의 위치는 〈그림 17-2〉처럼 고정되지 않는다. 예를 들어, 〈그림 17-2〉에서 w가 하락하여 노동투입량이 증대했다고 하자. 이 변화는 자본의 한계생산을 변화시켜 VMP_K곡선의 위치를 변경시키고 자본의 투입량을 변화시킨다. 이는 다시 VMP_L을 움직여 위치를 변화시킨다.

이처럼 모든 생산요소가 가변요소인 장기에서는, 요소가격 변화에 의한 요소수요의 변화를 정확히 논의하려면 모든 요소들의 투입량의 변화를 한꺼번에 고려해야 하므로 좀더 복잡한 분석이 필요하다. 그러므로 요소가격 변화의 효과를 **대체효과**(substitution effect)와 **산출량효과**(scale effect)로 나누어서 생각하는 것이 편리하다.

> **대체효과**: 동일한 산출량을 생산할 때, 요소가격이 변하면 비용을 극소화하는 요소투입량들이 변하는 효과
> **산출량효과**: 요소가격의 변화없이 산출량의 변화로 인해 요소수요가 변하는 효과

이러한 분리는 소비자이론에서 가격효과를 대체효과와 소득효과로 나누어 분석했던 것과 유사하다. 그러나 두 경우가 완전히 동일하지는 않으므로 유의하기 바란다. 대체효과는 비교적 간단하다. 산출량이 고정되어 있을 때의 요소투입량 결정은 제12장에서 장기비용극소화를 논의할 때 이미 설명했다. 〈그림 17-3〉에서 보는 것처럼, 산출량이 정해져 있으면, 등량곡선을 고정하고 요소가격 변화를 반영해 등비용곡선과 접하는 점이 어떻게 변하는지를 보면 된다.

제12장에서는 주어진 산출량을 생산하기 위한 비용을 극소화하는 요소수요를 조건부요소수요라고 불렀다. 요소수요의 대체효과는 요소가격의 변화에 의한 조건부요소수요의 변화를 의미한다. 예를 들어, 임금이 상승하면, 등비용선의 기울기가 가팔라지기 때문에 조건부요소수요는 원래보다 더 왼쪽 위에서 위치한다(〈그림 17-3〉에서 A에서 B로 이동). 같은 산출량을 생산하지만 노동이 상대적으로 비싸졌기 때문에 노동 대신 자본을 더 많이 이용(즉, 자본으로 노동을 대체)하는 것이다. 이처럼 대체효과의 방향은 항상 일정하다. 즉, 요소가격이 오르면, 그 요소의 수요가 감소하는 방향으로 변한다.

요소가격이 변하면 기업의 비용함수에 영향을 미치기 때문에 한계비용이 변한다. 한계비용곡선이 이동하므로, 기업의 이윤극대화 산출량도 변한다. 대체효과는 이러한 산출량 변화의 효과를 반영하지 않기 때문에, 추가적으로 산출량 변화의 효과를 고려해야 한다. 이 효과를 산출량효과라고 한다. 산출량효과를 논의하려면 생산요소를 제12장 3.4절에 설명한 정상투입과 열등투입으로 나누어 설명하는 것

이 편리하다. 정상투입은 조건부요소수요가 산출량과 같은 방향으로 움직인다. 즉, 산출량이 증가하면 정상투입의 사용량도 증가한다. 그러나 열등투입은 그 투입량이 산출량과 반대로 움직인다. 즉, 산출량이 증가하면 열등투입의 사용량은 감소한다.

제12장 3.4절과 제12장 부록에서 설명했듯이, 정상투입의 요소가격이 상승하면 한계비용은 증가한다. 반면에 열등투입의 요소가격이 상승하면 한계비용은 감소하는 특징을 지닌다. 이 성질을 이용해 요소가격이 상승하면 정상투입과 열등투입 모두 산출량효과에 의해 요소수요가 감소함을 보일 수 있다.

〈그림 17-3(a)〉와 〈그림 17-3(b)〉는 각각 정상투입과 열등투입의 경우, 임금이 상승할 때 산출량효과에 의해 노동의 요소수요가 감소함을 보여준다. 먼저 〈그림 17-3(a)〉를 살펴보자. 대체효과에 의해 노동의 요소수요는 A에서 B로 감소한다. 노동이 정상투입일 때, 임금이 상승하면 한계비용이 증가한다. 그러므로 산출물가격이 고정되었을 때, 이윤극대화 산출량은 q_0에서 q_1으로 감소한다. 노동이 정상투입이므로, 산출량이 감소하면 노동의 요소수요 또한 감소한다. 그러므로 산출량이 q_1인 등량곡선의 비용극소화 점인 C는 산출량이 q_0인 등량곡선의 비용극소화 점인 B의 왼쪽에 위치한다. 정상투입은 대체효과뿐 아니라 산출량효과에 의해서도 임금상승시 노동의 요소수요는 감소함을 알 수 있다.

다음으로 열등투입을 살펴보자. 열등투입도 〈그림 17-3(b)〉에서 보듯이, 대체효과에 의해 노동의 수요는 감소한다. 노동이 열등투입이면, 임금상승 시 한계비용은 오히려 감소한다. 그러므로 산출물가격이 고정되었을 때, 이윤극대화 산출량은 q_0에서 q_1으로 증가한다. 노동이 열등투입이므로, 산출량이 증가하면 노동의 요소수요는 감소한다. 그러므로 산출량이 q_1인 등량곡선의 비용극소화 점인 C는 산출량이 q_0인 등량곡선의 비용극소화 점은 B의 왼쪽에 위치한다. 이처럼 열등투입도 대체효과뿐 아니라 산출량효과에 의해서도 임금상승 시 노동의 요소수요는 감소함을 알 수 있다. 임금상승 시 노동의 요소수요가 항상 감소하는 사실은 자본의 장기요소수요에도 동일하게 적용된다. 이 점에서 요소수요는 일반 재화의 수요와 차이가 난다. 요소수요는 일반 재화의 수요처럼 가격과 수요량이 같은 방향으로 움직이는 소위 기펜재의 가능성은 존재하지 않는다.

● 그림 17-3 요소가격 상승 시 대체효과와 산출량효과

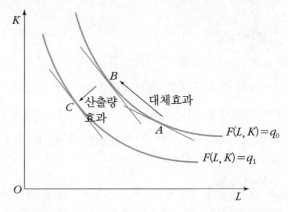

(a) 임금상승 시 노동의 요소수요는 감소함: 정상투입

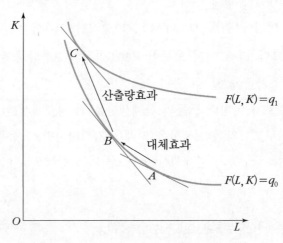

(b) 임금상승 시 노동의 요소수요는 감소함: 열등투입

(2) 산출물가격의 영향

산출물가격의 효과 역시 산출량의 변화를 통해 분석하면 편리하다. 특히 이 경우에는 요소가격의 변화가 없으므로 대체효과는 없으며, 산출량효과만 있다. 산출물가격이 상승하면 $p = MC$에 의해 이윤극대화 산출량이 증대한다. 이 때 생산 요소가 정상투입인지 열등투입인지에 따라 요소수요의 변화 방향이 달라진다. 정상투입이면 산출량의 증가와 함께 그 수요가 증가하지만, 열등투입은 그 수요가

감소한다.

(3) 생산기술 진보의 영향

생산기술의 진보는 일반적으로 생산요소들의 한계생산을 상승시키고 한계비용을 감소시킨다. 그 결과 이윤극대화 생산량이 늘어나고 요소의 수요량도 늘어난다. 그러나 기술진보의 성격에 따라 생산요소의 수요가 전반적으로 줄어들 수도 있고, 아니면 일부 생산요소의 수요는 증대하지만 다른 요소들의 수요는 감소할 수도 있다.

먼저 가변요소가 한 가지인 경우부터 논의해 보자. 원래 생산함수가 $q = F(L : \overline{K})$인 기업에 기술개발이 이루어져 생산함수가 $q = AF(L : \overline{K})(A > 1)$로 바뀌었다고 가정하자. 이런 기술개발은 항상 일정한 비율인 A배만큼 산출량을 증대시킨다. 노동수요는 기술개발 이전에는 $pF_L(L : \overline{K}) = w$, 기술개발 이후에는 $pAF_L(L : \overline{K}) = w$에 의해 결정된다. 〈그림 17-4〉에서 보듯이 VMP_L곡선이 A배만큼 위로 이동하기 때문에 노동수요도 증가함을 알 수 있다.

그런데 기술진보가 이처럼 노동의 한계생산을 전 영역에서 일정하게 증가시키는 대신에 초기에는 노동의 한계생산을 크게 증가시키지만, 노동투입량이 일정 수준을 초과하면 오히려 노동의 한계생산을 감소시키는 방향으로 이루어지는 경우를

● **그림 17-4 기술발전과 노동의 요소수요의 증가**

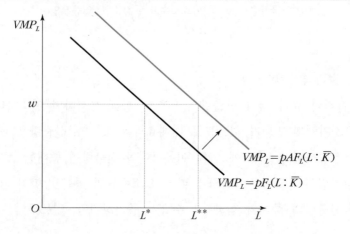

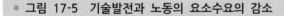

● 그림 17-5 기술발전과 노동의 요소수요의 감소

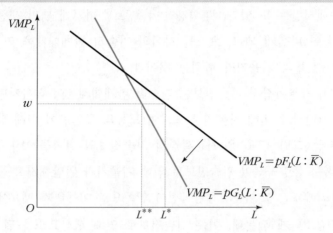

생각할 수 있다. 이 때 초기 한계생산의 증대효과가 아주 크면 전반적으로 같은 투입량에 대해 생산량이 증대할 수 있다. 〈그림 17-5〉는 이런 경우를 보여준다. 그림에서 보듯이 새로운 노동의 VMP곡선($VMP_L = pG_L(L:\overline{K})$)은 원래의 노동의 VMP곡선($VMP_L = pF_L(L:\overline{K})$)과 비교해 처음에는 아주 높은 곳에서 출발하지만 급하게 우하향해 내려오기 때문에 결국 $VMP_L = w$가 성립하는 노동투입량은 이전보다 작아진다. 기술진보가 노동의 수요를 감소시키는 효과를 낳을 수 있는 것이다.

가변요소가 둘인 장기의 경우 기술진보는 생산요소의 전반적인 수요뿐만 아니라 생산요소들 사이의 상대적 수요 비율에도 영향을 미칠 수 있다. 원래 생산함수가 $q = F(L, K)$인 경우 기술개발이 이루어져 생산함수가 $q = AF(L, K)(A > 1)$로 바뀌면(제11장 5절의 용어를 빌면, 중립적 기술진보), 가변요소가 하나인 경우와 유사하게 모든 생산요소들의 한계생산이 같은 비율로 증대되며, 그 결과 모든 생산요소들의 수요가 골고루 증대한다.

생각하기 2 ▶ 기술개발로 인해 생산함수가 $q = F(L, K)$에서 $q = AF(L, K)(A > 1)$로 바뀐 경우와 산출물가격이 p에서 Ap로 바뀐 경우를 비교하라.

그러나 기술진보가 언제나 위의 경우처럼 모든 생산요소의 생산성을 모든 상황에서 동일하게 증대시키는 것은 아니다. 경우에 따라 노동의 생산성을 자본의 생산성보다 더 많이 증대시킬 수도 있고(노동확장적 기술진보), 그 반대로 자본의 생산성을 더 증대시킬 수도 있다(자본확장적 기술진보). 이렇게 되면 생산요소들의 한계생산의 비율이 바뀌게 되고, 요소들 사이의 기술적 한계대체율 역시 바뀌게 된다. 즉, 등량곡선들의 기울기가 바뀌는 것이다.

예를 들어, 자본확장적 기술진보는 기술적 한계대체율이 작아지면서 등량곡선의 기울기가 완만하게 변해 자본의 투입량이 노동의 투입량에 비해 상대적으로 더 많아지게 된다. 〈그림 17-6〉은 자본확장적 기술진보의 결과를 보여준다. 같은 산출량에 해당하는 등량곡선이 기술진보로 인해 기울기가 완만해지고 동시에 안쪽으로 이동한다(q_0에서 q_0'로 이동). 등량곡선이 안쪽으로 이동하기 때문에 생산요소들의 투입량이 감소하게 되는데, 이는 기술진보로 인해 생산요소를 덜 쓰고도 같은 산출량을 생산할 수 있음을 의미한다. 그러나 자본의 생산성이 상대적으로 더 증가하므로, 자본 투입량은 상대적으로 덜 감소하거나 오히려 늘어날 수도 있다(A에서 B로 이동). 그런데 기술진보의 결과 한계비용이 하락하면서 산출량이 증대하게 된다($q_0 \rightarrow q_1$). 즉, 산출량효과까지 고려하면, 자본의 수요는 더욱 더 증대할 것이다(B에서 C로 이동). 산출량효과에서는 노동의 수요 역시 증대하므로 최종적인 노동수요의 변화는 불확실하다.

가변투입이 하나뿐인 경우와 마찬가지로 기술진보가 요소투입 초기의 생산성을 크게 증대시키는 대신 생산성이 나중에 더 빨리 체감하는 방향으로 변한다면,

● 그림 17-6 자본확장적 기술진보와 요소수요의 변화

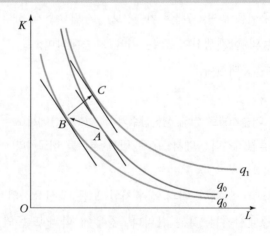

기술개발에도 불구하고 생산요소의 수요가 줄어들 가능성도 있다.

5) 시장 요소수요

(1) 시장요소수요의 도출

앞 절에서는 산출물시장에서 가격수용자인 개별 기업들의 요소수요를 논의했다. 그러면 이러한 기업들이 모인 요소시장에서의 시장수요는 어떻게 결정될까? 산출물시장의 수요를 논의할 때에는 시장수요곡선은 기본적으로 개별수요곡선의 합이었다. 그러나 요소시장에서는 문제가 이렇게 간단하지 않다. 이미 언급한 것처럼 생산요소들은 그 자체가 최종 소비를 위한 것이 아니라 다른 재화를 생산하기 위한 중간재이기 때문이다. 그러므로 생산요소의 수요는 그 요소를 이용해 생산되는 재화의 수요에 영향을 받는 파생수요이다.

예를 들어, 어떤 생산요소의 가격이 하락했다고 하자. 이 요소를 사용하는 개별기업의 입장에서는 앞 절에서 논의한 개별 기업의 요소수요곡선에 따라 이 요소의 수요를 증대시킬 것이다. 이 때 가격수용자인 이 기업에게 산출물가격은 고정된 상수로 취급되었다. 그런데 문제는 이 생산요소를 사용하는 기업이 하나뿐이 아니라는 점이다. 예를 들어, 철강의 가격이 하락하면 특정 자동차 회사만의 철강수요가 증가하는 것이 아니라 모든 자동차회사들, 모든 조선회사들, 모든 건설회사들 등등 철강을 사용하는 모든 기업들이 철강수요를 증대시킨다. 이는 자동차시장, 선박 시장, 건설 시장에서 모두 산출물공급을 증대시켜, 결과적으로 이들 시장에서의 산출물가격을 하락시킨다.

개별 기업의 요소수요는 그 요소의 한계생산가치(VMP)에 의해 결정되며, VMP는 산출물가격 p와 요소의 한계생산(MP)의 곱이다. 여러 기업들이 동시에 요소투입량을 늘려 생산을 늘리면 산출물가격 p가 하락하는 것이다. 이 생산요소가 여러 산업에 동시에 사용된다면(예를 들어, 전기, 노동 등), 여러 상품의 가격들이 동시에 하락한다. 생산요소의 시장수요를 논의할 때에는 이런 산출물가격의 변화를 고려해야 한다.

〈그림 17-7〉은 이상의 설명을 그래프로 보여준다. 곡선 1은 요소가격이 높은 수준인 w^0일 때의 개별 기업들의 요소수요곡선의 수평합이다. 이 때 개별 수요곡

선들은 모두 산출물가격이 p^0일 때를 기준으로 유도된 것들이다. 이 때 시장의 요소수요는 L_0^*이다. 요소가격이 w^1으로 하락하면 개별 기업들은 자신들의 수요곡선을 따라 요소투입량을 증대시킨다. 그러면 산출물 생산이 증가해 산출물가격이 p^1으로 하락하고, 이는 개별 기업들의 요소수요곡선들을 그만큼 하락시킨다. 그림에서 곡선 2는 산출물가격이 p^1일 때의 개별 요소수요들의 합이다. 이 곡선에 의하면, 요소가격이 w^1이고 산출물가격이 p^1일 때, 시장의 요소수요는 L_1^*이다. 그러므로 요소가격이 w^0에서 w^1으로 변할 때, 시장의 요소수요는 L_0^*에서 L_1^*으로 변하고, 시장요소수요곡선은 이런 변화를 보여주는 검은색 곡선이다. 그림에서 보듯이 이 곡선은 곡선 1이나 곡선 2에 비해 가격에 대한 탄력성이 더 낮음을 알 수 있다.

한 생산요소 가격의 변화는 그 요소를 사용해 생산하는 재화의 가격을 변화시킬 뿐 아니라, 다른 생산요소들의 투입량에도 영향을 미쳐 그들의 가격도 변화시킨다. 예를 들어, 노동의 가격이 전반적으로 하락하면, 노동의 수요가 증대하면서 동시에 자본의 수요가 감소한다. 이는 자본시장에 영향을 미쳐 자본의 가격을 하락시킬 것이며, 이런 변화는 노동과 자본의 대체효과를 약화시키는 반면에, 기업의 한계비용을 더욱 하락시켜 각 기업의 생산을 더 늘리게 된다. 그러므로 산출량효과는 증폭된다. 정확한 분석을 위해서는 이런 변화들도 모두 고려해야 한다.

● **그림 17-7 요소가격의 변화로 인한 산출물가격 변화를 반영한 시장요소수요**

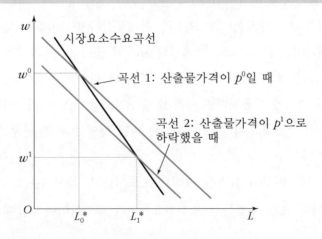

산출물시장의 논의에서 이용한 개념을 빌려 설명하자면, 요소시장은 외부효과가 매우 크다고 볼 수 있다. 이 때 외부효과는 주로 그 요소를 이용해 생산하는 산출물시장과 그 요소와 대체 또는 보완관계에 있는 다른 요소시장들에 적용된다. 특히 노동과 같이 경제 전체에서 차지하는 비중이 높은 생산요소의 시장을 분석할 때에는 그 요소의 가격변화가 산출물가격뿐 아니라 다른 요소들의 가격에도 영향을 미칠 수 있음을 염두에 두어야 한다.

(2) 시장요소수요의 가격탄력성

이처럼 시장요소수요는 파생수요이기 때문에 일반적인 재화의 수요에 비해 고려해야 할 사항들이 더 많다. 따라서 시장요소수요의 가격탄력성은 개별 기업들의 요소수요의 가격탄력성 이외에 다른 시장들의 특성들을 반영하는 여러 가지 요인들에 의해 결정된다. 이런 관계는 아래와 같이 정리되는데, 이들을 **힉스-마샬의 파생수요의 법칙**(Hicks-Marshall's laws of derived demand)이라고 부른다.

(a) 그 요소를 사용하여 생산하는 상품들의 수요가 더 탄력적일수록 요소수요의 탄력성도 크다: 산출물수요의 탄력성이 크면 판매량의 증대에 따른 산출물가격 하락속도가 느려 요소의 한계생산가치(VMP)의 하락속도가 낮다.

(b) 다른 생산요소들과의 대체관계가 클수록 요소수요의 가격탄력성이 크다: 대체관계에 있는 요소가 많을수록 요소가격 하락 시 대체효과에 의한 수요증가가 크다.

(c) 그 요소비용이 전체 비용에서 차지하는 비중이 클수록 요소수요의 가격탄력성이 크다: 전체 비용에서 차지하는 비중이 크면, 그 요소의 가격변화가 비용의 변화에 미치는 영향이 크다. 따라서 요소가격 변화로 인한 산출량의 변화가 크기 때문에 산출량효과가 더 커지고 결과적으로 요소수요의 변화도 더 커진다.

(d) 대체관계에 있는 다른 생산요소의 공급탄력성이 클수록 가격탄력성이 크다: 만약 대체관계에 있는 생산요소의 공급탄력성이 작으면, 요소 간 대체가 발생할 때 대체관계에 있는 요소의 가격이 크게 변하면서 요소 간 대체효과를 축소시킨다. 예를 들어, A요소의 가격이 내려 B요소로부터 A요소로 대체가 발생할 때, B요소의 공급이 비탄력적이면 B요소의 가격이 크게 하락하면서 B에서 A로의 대

체를 억제한다.

1.2 산출물 시장에서 가격설정자인 기업의 요소수요

본 절에서는 기업이 산출물시장에서 유일한 판매자인 (공급)독점기업(monopoly)
인 경우를 분석한다. 기업이 산출물시장에서 독점이지만, 여전히 요소시장에서는
가격수용자임을 독자들은 기억하기 바란다.

독점기업의 이윤 역시 가격수용자인 기업과 마찬가지로 $\Pi = pF(L, K) - (wL + rK)$
이다. 그러나 독점기업은 산출물시장에서 가격설정자라는 점에서 수입인 $pF(L, K)$
를 계산하는 방식에서 가격수용자인 기업과 차이가 발생한다. 독점기업의 경우,
산출물가격 p가 고정된 상수가 아니고 산출량의 크기에 따라 시장수요곡선인
$p = P(q)$를 따라 변한다.

논의를 간단히 하기 위해 노동만이 가변투입인 단기를 생각해 보자. $q = F(L:\overline{K})$를
$P(q)$에 대입하면 독점기업의 이윤은 다음과 같다.

$$\Pi = P(F(L:\overline{K}))F(L:\overline{K}) - (wL + r\overline{K}) \tag{9}$$

노동에 대한 이윤극대화 1계 조건은 (9)식의 L에 대한 미분값이 0이 되는 것
이다. 즉, 노동 한 단위를 더 투입했을 때의 한계편익인 한계수입생산(MRP_L)이 노
동 한 단위를 더 투입할 때의 한계비용과 같아지는 것이다. 기업이 산출물시장에
서는 독점이지만, 요소시장에서는 가격수용자이므로 노동의 한계비용은 가격수용
자인 기업과 마찬가지로 w이다. 그러나 한계수입생산은 다른 형태를 지닌다. 기업
의 산출량 $F(L:\overline{K})$가 변할 때 산출물가격 $P(F(L:\overline{K}))$가 변한다. 노동 한 단위를 더
투입했을 때 수입의 변화를 알기 위해 $P(F(L:\overline{K}))F(L:\overline{K})$를 L에 대해 미분하면 아
래와 같다.

$$MRP_L = P(F(L:\overline{K}))F_L(L:\overline{K}) + \frac{dp}{dq}F_L(L:\overline{K})F(L:\overline{K}) \tag{10}$$

첫째 항은 가격수용자의 경우처럼 산출물가격의 변화 없이 산출량만 변하는 효
과를 반영한다. 두 번째 항은 산출량변화에 따른 가격변화의 효과를 반영한다.

$\dfrac{dp}{dq}$는 산출량 한 단위 변화 시 산출물가격의 변화를 반영하고(독점기업의 경우 기업의 산출량 $F(L:\overline{K})$가 바로 시장 판매량 q와 같음에 유의할 것), $F_L(L:\overline{K})$은 노동 한 단위를 더 투입할 때 산출량의 변화를 나타내는 것이다. 따라서 $\dfrac{dp}{dq}F_L(L:\overline{K})$은 노동 한 단위를 더 투입할 때 발생하는 산출물가격의 하락분을 의미한다. 그런데 이 하락분이 전체 산출량에 모두 적용되므로 그 크기가 바로 $\dfrac{dp}{dq}F_L(L:\overline{K})F(L:\overline{K})$이다. (10)식에서 $F_L(L:\overline{K})$을 묶어내 정리하면 다음과 같이 (11)식을 얻는다.

$$MRP_L = p\left(1 + \frac{dp}{dq}\frac{q}{p}\right)F_L(L:\overline{K}) \tag{11}$$

(11)식에서 $p\left(1 + \dfrac{dp}{dq}\dfrac{q}{p}\right)$는 다름 아닌 독점기업의 산출량에 대한 한계수입(MR)이다. $F_L(L:\overline{K})$는 노동의 한계생산(MP_L)이므로 (11)식은 $MRP_L = MR \cdot MP_L$로 표시됨을 알 수 있다. 산출물시장에서 독점기업과 가격수용자인 기업의 차이는 p 대신에 MR이 이용되었다는 점이다. 제13장과 제14장에서 가격수용자인 기업과 독점기업의 이윤극대화 조건의 차이가 $p = MC$와 $MR = MC$의 차이였음을 상기하면, 요소시장에서도 가격수용자인 기업과 독점기업의 차이가 p와 MR의 차이로 나타남을 쉽게 기억할 수 있다. 산출물시장에서 독점인 기업의 노동의 한계수입생산은 $MRP_L = MR \cdot MP_L$인 것이다. 이윤을 극대화하는 노동투입량은 한계수입생산과 노동의 단위당 비용인 w가 일치하는 수준에서 결정된다.

산출물시장 독점기업의 노동투입량에 대한 이윤극대화 조건:
$MRP_L (= MR \cdot MP_L) = w$

한계수입생산(MRP_L)이 노동투입량에 따라 변화하는 내용을 그래프로 그려보면 다음과 같다. MRP_L은 MR과 MP_L의 곱으로 구성되어 있다. MP_L은 노동의 한계생산 체감을 반영해 L이 증가할 때 감소한다. 독점기업의 경우 제14장에서 논의한 대로 MR 역시 산출량에 따라 감소한다고 가정한다. 노동투입량이 증가하면 산출량도 증가하므로, MR 역시 L이 증가할 때 감소한다. 임금이 변하면 산출물시장의

● 그림 17-8 MRP_L곡선과 독점기업의 노동수요

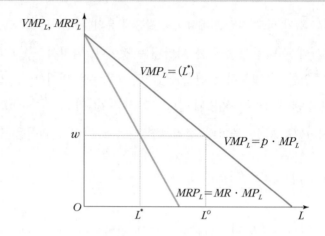

독점기업은 MRP_L곡선을 따라 노동의 투입량을 결정하므로, MRP_L곡선이 바로 산출물시장에서 독점기업의 노동수요곡선이 된다.[5]

만약 독점기업이 산출물시장에서 가격설정자가 아닌 가격수용자로 행동한다면 그 기업의 노동수요는 $VMP_L = p \cdot MP_L$에 의해 결정될 것이다. 독점기업이 노동투입량을 늘려 생산을 증대시키면 p는 산출물시장의 수요곡선을 따라 하락하고, MP_L 역시 하락한다. 제14장에서 설명했듯이, 한계수입곡선은 시장수요곡선보다 아래에 위치한다. 독점기업에게 MRP_L과 VMP_L의 차이는 MR과 p의 차이인데, 한계수입(MR)은 항상 산출물가격(p)보다 작기 때문에, MRP_L곡선은 VMP_L곡선보다 아래에 위치한다. 〈그림 17-8〉은 MRP_L곡선과 VMP_L곡선의 상대적인 위치와 고용량의 차이를 보여준다.

독점기업은 산출물시장에서 가격설정자로 행동하기 때문에 가격수용자로 행동하는 경우(L^o)와 비교해 생산요소를 덜 사용한다(L^*). 이는 가격설정자로 행동하는 독점기업이 가격수용자로 행동할 때에 비해 산출량이 작다는 사실과도 일치한다. 또한 MRP_L이 VMP_L보다 작기 때문에 독점기업은 노동의 한계생산가치(VMP_L)가 임금(w)보다 높은 곳에서 노동의 투입량을 결정한다는 점에도 유의하

---

5 $w = MRP_L$의 모양을 보면 1.1절에서와 같이 가격인 임금이 수량인 노동투입량의 함수로 되어 있으므로 엄밀하게 말하면 MRL_P곡선은 노동의 역수요함수를 나타낸다.

기 바란다.

Section 2 **요소 공급: 노동의 공급**

생산요소 중에서 중간재가 아닌 1차 생산요소는 그것을 보유하고 있는 가계들이 공급을 결정한다. 전형적인 생산요소인 노동은 노동력을 보유한 개인이 소득과 여가 사이의 선택에 의해 공급을 결정한다. 본 장에서는 노동의 공급에 대해 공부하고 자본의 공급은 다음 장에서 취급한다. 노동 공급에 대한 개인의 결정은 제7장에서 공부한 실물부존 모형을 이용해 설명할 수 있다.

2.1 돈과 여가시간 사이의 선택

개인이 소비할 수 있는 재화가 크게 돈과 여가시간으로 나누어진다고 하자. 돈은 y, 여가시간은 R로 표기한다. 두 가지 재화 모두 개인의 행복을 높이기 때문에 재화들(goods)이다. 물론 돈을 직접 소비할 수는 없지만 돈을 사용해 누릴 수 있는 물질적인 소비를 대표한다고 볼 수 있다. 돈의 단위는 원이고 단위당 가격은 당연히 1원이다. 여가시간의 소비는 일반 재화와는 좀 다르다. 사람들은 누구든지 하루 24시간씩 같은 양의 시간을 가지고 있다. 이 중에서 수면 등 생존에 꼭 필요한 활동에 들어가는 시간을 뺀 나머지 시간이 여가시간이 될 수 있다. 그러나 이 시간을 모두 반드시 자신을 위해 소비하지 않아도 된다. 이 중의 일부를 소득을 얻기 위해 일하면, 여가시간은 그만큼 줄어들고 그 대신 소득이 발생해 돈이 더 많아진다. 즉, 자신이 결정할 수 있는 시간 중에서 노동 공급시간을 빼고 나면 나머지가 자신이 소비하는 여가시간이 되는 것이다.

그렇다면 여가시간의 가격은 얼마일까? 여가시간을 시장에서 구입할 수 없는데 무슨 가격이 있겠냐고 물을지 모르지만, 기회비용의 개념을 이용하면 여가시간의 소비를 위해 포기해야 하는 소득이 여가시간의 가격임을 알 수 있다. 어떤 개인이 제공하는 노동의 시간당 임금을 w라고 하면, w가 바로 여가시간의 가격이 되는 것이다.

실물부존 모형을 이용하기 위해 초기에 돈과 여가시간을 각각 y_0, h_0만큼 가지고 있는 경우를 생각해 보자. 여가시간과 돈의 가격을 각각 w와 1이라고 하면 이 소비자의 예산제약은 다음과 같다.

$$wR + y = wh_0 + y_0 \tag{12}$$

(12)식을 그대로 해석하면, 이 소비자가 가지고 있는 부존자원의 시장가치는 $wh_0 + y_0$이고 이 금액으로 구매할 수 있는 R과 y를 소비한다는 것이다. 그러나 이 식을 $y = y_0 + w(h_0 - R)$로 쓰면, 보다 현실적인 해석이 가능하다. 이 식의 좌변은 최종적으로 사용하는 돈의 크기이다. 우변에 의하면 이 금액은 원래 가지고 있던 금액(y_0)에 $(h_0 - R)$시간 동안 노동을 해 버는 금액 $w(h_0 - R)$을 더한 것이 된다. y_0를 원래 있던 금액이라고 보아 '불로소득'이라고 한다면, $w(h_0 - R)$은 일해 버는 '근로소득'이라고 할 수 있다. (12)의 예산제약을 (R, y) 평면에 그래프로 그리면, 〈그림 17-9〉와 같이 실물부존점 (h_0, y_0)를 지나고, 기울기가 $-\dfrac{w}{1}$인 직선의 예산선이 된다. 다만 유의할 점은, 주어진 시간 h_0보다 많은 여가를 소비할 수 없으므로 h_0 우측에서는 예산선이 점선으로 표시되어 있다. $L = h_0 - R$이므로 h_0를 기준으로 재면 노동시간을 표시할 수 있다. 예를 들어, 예산선 위에 있는 (R_1, y_1)

· 그림 17-9 노동공급 모형의 예산선

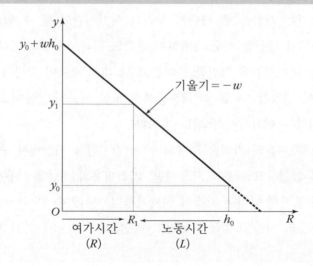

을 생각해 보자. 여가인 R_1은 가로축에서 원점을 기준으로 잰 크기이다. h_0를 기준으로 재면 $h_0 - R_1$인데, 이 크기는 소비자가 (R_1, y_1)을 선택했을 때 공급하는 노동시간이 된다.

다음으로 효용함수를 생각해 보자. 여가시간과 돈에 대한 효용함수를 $U(R, y)$로 표시하자. R과 y가 재화(goods)이고 한계대체율 $MRS(R, y)$이 체감한다고 가정하면, 무차별곡선은 이제까지 그려온 무차별곡선과 동일하게 원점을 향해 볼록한 형태를 가진다. 돈에 비해 여가시간에 얼마나 더 가치를 부여하는가에 따라 무차별곡선의 기울기가 달라진다. 소비자 균형을 (R^*, y^*)로 표시하면 〈그림 17-10〉에서 보다시피 두 가지 경우가 가능하다. R^*는 재화 1(여가시간)의 최종수요이다. $R^* - h_0$는 최종수요와 원래 가지고 있던 여가시간의 차이인 순수요이다. $R^* \leq h_0$이어야 하므로 여가의 순수요가 양이 되는 것은 불가능하다. $R^* = h_0$이면 노동공급을 전혀 하지 않는다는 의미이다. 반면에 $R^* < h_0$이면 $h_0 - R^*$만큼 노동공급을 한다는 의미이다. 노동공급을 한다는 것은 곧 재화 1의 판매자가 됨을 의미한다.

〈그림 17-10(a)〉에서는 소비자가 모든 시간을 여가로 사용하고, 노동공급을 전혀 하지 않는 코너해가 발생한다. 이는 임금이 너무 낮아 일을 하려고 하지 않는 경우에 발생한다. (a)가 발생하려면 (h_0, y_0)에서의 한계대체율이 예산선의 기울기

● **그림 17-10 두 종류의 소비자 균형**

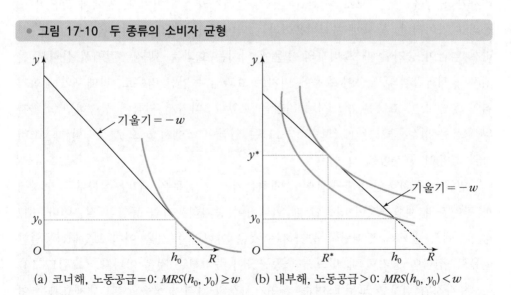

(a) 코너해, 노동공급＝0: $MRS(h_0, y_0) \geq w$ (b) 내부해, 노동공급＞0: $MRS(h_0, y_0) < w$

인 w보다 작지 않아야 한다. 즉, 코너해가 발생할 조건은 $MRS(h_0, y_0) \geq w$이다. $MRS(h_0, y_0)$는 (h_0, y_0)에서 여가 한 단위를 줄일 때 보상받아야 하는 최소한의 금액이다. 그런데 여가 한 단위를 줄여 일을 하면 w만큼의 돈을 얻는다. 보상받아야 하는 금액이 실제로 보상받는 금액보다 크므로 소비자는 여가를 줄이려고 하지 않는다. 즉, 노동을 공급하려고 하지 않는다. 반면에 (b)와 같이 노동공급을 하려면 $MRS(h_0, y_0) < w$이 되어야 한다. (b)의 경우 소비자는 $R^*(< h_0)$를 여가로 사용하고, 나머지 시간인 $L^* = h_0 - R^*$만큼의 노동을 공급하고자 한다. 이후의 설명에서는 현재의 임금에서 노동을 공급하는 (b)를 가정한다.

예 3 효용함수가 $U(R, y) = R^2 y$, $y_0 = 0$, $h_0 = 24$이다. 즉, 소비자는 노동공급을 해야 돈이 생긴다. 임금이 w인 경우, 얼마나 노동공급을 하는가?

이 경우 예산선은 $wR + y = 24w$이다. 한계대체율은 $MRS = \dfrac{2y}{R}$이다. $\dfrac{2y}{R} = w$와 예산선을 연립해 풀면, $R = 16$, $y = 8w$을 얻는다. 그러므로 이 소비자는 임금에 관계없이 항상 8시간 일한다.

이제 임금의 변화가 소비자의 효용과 노동공급에 미치는 영향을 알아보자. 소비자가 노동을 공급하므로, 재화1(여가)의 판매자라는 의미이다. 앞에서 임금이 노동의 대가이지만, 동시에 기회비용이라는 의미에서 여가의 가격임을 언급했다. 따라서 임금이 증가할 때 소비자의 효용에 미치는 효과는 제7장 3절에서 살펴본 판매자의 재화가격의 상승이 효용에 미치는 효과의 특별한 경우로, 판매자의 재화가격이 상승하면, 효용은 반드시 증가함을 보았다. 따라서 임금이 상승하면 소비자의 효용은 항상 증가한다. 〈그림 17-11〉은 임금이 w에서 w'으로 상승할 때, 소비자의 효용이 증가함을 보여준다.

임금이 증가하면 노동공급이 증가하는가? 이 질문은 제7장 실물부존 모형에서 판매자의 재화가격이 상승할 때 판매량이 증가하는가와 동일한 질문이다. 제7장 3절에서 반드시 판매량이 증가하는 것은 아니라는 것을 이미 보았다. 동일한 이유로, 임금이 증가할 때 반드시 노동공급이 증가하는 것은 아니다. 〈그림17-12〉는 두 가지의 경우를 모두 보여준다. 여가시간의 가격이 상승할 때, 대체효과는 여

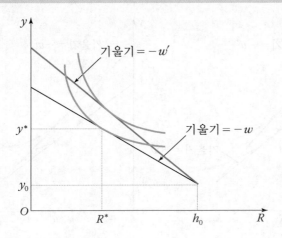

● 그림 17-11 임금이 상승하면 효용은 증가한다

가시간을 줄이고 노동을 늘리는 방향으로 작용하지만, 소득효과는 반대로 여가의 소비를 늘리는 방향으로 작용하기 때문에 이 두 효과의 상대적인 크기에 따라 결과가 달라질 수 있다.

임금이 하락하면 소비자 효용은 어떻게 변하는가? 제7장 3절에서 판매자의 재화가격이 하락하면, 판매자에서 구매자로 위치를 바꾸어 효용이 증가할 수 있음을 보았다. 그러나 노동공급 모형에서 여가는 소비자가 가지고 있는 시간을 초과할 수 없으므로 여가의 구매자가 되는 것은 불가능하다. 즉, 모든 임금수준에서 소비자는 여가의 판매자이므로, 임금이 하락하면 소비자의 효용은 반드시 감소한다. 노동공급 모형에서는 임금이 하락하면 효용이 증가하는 경우는 발생하지 않는다. 그러나 위에서와 같은 이유로, 임금이 하락하더라도 노동공급이 반드시 감소하는 것은 아니다.

2.2 초과 임금제

〈그림 17-12〉에서 보다시피 임금이 상승할 때, 반드시 노동공급이 증가하는 것은 아니다. 그러나 **초과 임금제**(overtime wage scheme)를 사용하면 확실히 노동공급을 증가시킬 수 있다. 초과 임금제는 특정 시간 이상을 일할 때, 초과분에 대해 현재의 임금수준보다 더 높은 임금을 제공하는 것이다. 예를 들어, 근로 시간이

● 그림 17-12 임금상승이 노동공급에 미치는 영향

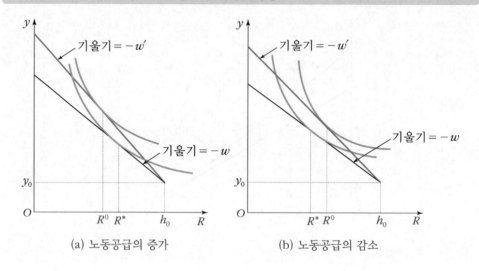

(a) 노동공급의 증가   (b) 노동공급의 감소

$L \leq \overline{L}$이면 w의 임금을 제공하나, $L > \overline{L}$이면 $L - \overline{L}$에 대해서는 w보다 높은 임금을 제공하는 방식이다. $\overline{L}$를 적절하게 선택하면, 초과 임금제를 사용해 노동공급을 증가시킬 수 있다. 〈그림 17-13〉은 초과 임금제가 어떻게 작용하는가를 보여준다.

〈그림 17-13(a)〉를 보면, 임금이 w일 때 소비자는 R^*를 선택해 $L^* = h_0 - R^*$ 만큼 노동을 공급하고 있다. 임금이 w'으로 상승하면, 소비자는 오히려 여가를 R^* 에서 R^0로 증가시켜, 임금이 오르기 이전보다 노동공급을 감소시킨다. 이 경우, 임금 상승은 노동공급의 증가를 가져오지 못한다. 이제 초과 임금제를 사용해 보자. 기준이 되는 시간을 현재의 근로 시간인 L^*로 선택한다. 그러면 $L \leq L^*$이면 임금이 w이지만, $L > L^*$이면 $(L - L^*)$에 대해서는 초과 임금인 w'이 적용된다. 초과 임금제를 이 같이 적용하면, 예산선이 〈그림 17-13(b)〉의 $R = R^*$에서 꺾이게 된다. $R < R^*$이면 초과로 일을 하는 것이므로 초과분에 대한 임금은 w'이 되어 예산선의 기울기가 $-w'$이다. 반면에 $R > R^*$이면 초과 근무를 하지 않는 것이므로 임금은 w이고, $L - L^*$ 예산선의 기울기는 $-w$이다. 임금이 w이면, 무차별곡선이 $R = R^*$에서 접하고 있었다. 초과 임금제를 이 같이 적용하면, 〈그림 17-13(b)〉에서 보듯이, 새로운 예산선에서 무차별곡선은 기울기가 $-w'$인 부분에서 접하게 된다. 무차별곡선의 접점은 반드시 $R = R^*$보다 왼쪽에 위치한다. 〈그림 17-13(b)〉에

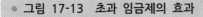
그림 17-13 초과 임금제의 효과

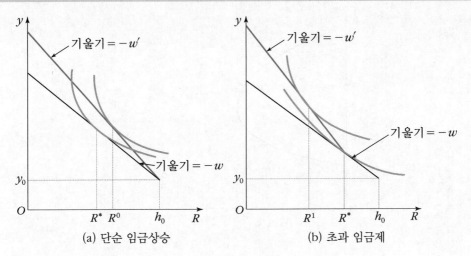

(a) 단순 임금상승   (b) 초과 임금제

서는 $R = R^1$에서 접한 것으로 그려져 있는데, $R^1 < R^*$이므로 초과 임금제로 인해 노동공급은 $L^* = h_0 - R^*$에서 $L^1 = h_0 - R^1$로 증가했음을 알 수 있다.

예 4 예 3과 같이 효용함수가 $U(R, y) = R^2 y$, $y_0 = 0$, $h_0 = 24$이다. 예 3에서 소비자는 w에 무관하게 8시간 일한다는 것을 보았다. 8시간까지 $w = 1$, 8시간 초과시 $w' = 2$인 초과 임금제 하에서 소비자는 몇 시간 일하는가?

$w = 1$일 때 소비자는 8시간 일하고 16시간을 여가로 선택한다. 또한 $y = 8$을 선택한다. 그러므로 초과 임금제가 적용되면 새로운 예산선은 $(16, 8)$을 지나고 기울기는 -2이다. 따라서 새로운 예산선은 $2(R - 16) + (y - 8) = 0$, 즉, $2R + y = 40$이다. $\dfrac{2y}{R} = 2$와 예산선을 연립해 풀면, $R = \dfrac{40}{3}$, $y = \dfrac{40}{3}$을 얻는다. 그러므로 이 소비자는 초과 임금제하에서 $16 - \dfrac{40}{3}$시간 더 일한다. ∎

2.3 개별 노동공급곡선

노동공급 모형에서 임금이 변할 때 소비자가 선택하는 노동공급이 변하는 관계를 (L, w)평면에 그리면 노동공급곡선을 얻는다. 노동경제학 분야에서 실증적으로 노동의 공급곡선을 추정해 보면 일반적으로 다음과 같은 형태를 지닌다.

● 그림 17-14 후방굴절 노동공급곡선

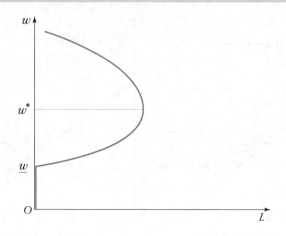

〈그림 17-14〉를 보면, 임금이 w^*까지 상승하면 노동공급은 증가하나, w^*를 넘어서면 임금이 상승할 때 노동공급은 오히려 감소한다. 임금이 너무 낮으면 〈그림 17-10(a)〉에서 보듯이 노동을 전혀 공급하지 않는다. 그러다가 임금이 어느 수준(즉 $\underline{w}$) 이상으로 올라가면 노동을 시작한다. 따라서 처음에는 임금이 상승하면서 노동의 공급이 증가하는 국면이 반드시 있다. 그러나 임금이 계속 올라가면 궁극적으로는 노동시간이 감소하게 된다. 시간당 1억원을 벌 수 있다면 대부분의 사람들은 근로시간을 줄이고 여가를 즐길 것이다. 이 같은 모양의 노동공급곡선을 **후방굴절 노동공급곡선**(backward bending labor supply curve)이라고 부른다.

노동공급곡선이 후방으로 향한다는 것은 임금이 상승할 때, 노동시간이 오히려 줄어들고 여가시간이 늘어난다는 것을 의미한다. 임금은 여가시간의 가격이므로, 이는 여가시간의 가격이 상승할 때 여가시간의 수요가 오히려 증가한다는 것을 의미한다. 어떤 재화의 가격이 상승할 때 수요가 증가하면 그 재화는 기펜재라고 하며, 기펜재는 열등재 중에서 발생할 수 있다는 것을 이미 배웠다. 그렇다면, 여가시간은 기펜재이고 따라서 열등재인가?

기펜재의 정의를 다시 한 번 생각해 보자. 가격이 증가할 때 수요도 증가하는 재화가 기펜재이다. 그러나 이때 다른 재화의 가격과 소득은 변해서는 안 된다. 노동공급 모형의 예산선은 (9)식에서 주어진 바와 같이 $wR+y = wh_0+y_0$이다. y_0가 있는 것과 없는 것이 설명하는 데 아무런 차이가 없으므로, 편의상 $y_0 = 0$이라고 가정한다. 그러면 예산선은 $wR+y=wh_0$이다. 예산선을 보면 여가의 가격인 임금이 변할 때 동시에 소득에 해당하는 wh_0도 같이 변함을 알 수 있다. 〈그림 17 -13〉에서 보듯이 여가시간의 가격인 임금이 상승하면 예산선이 안으로 밀려 들어 오는 대신에 오히려 밖으로 확장되어 나간다. 따라서 실질소득이 증대하는 효과가 발생한다. 이는 소비자가 최초에 h_0라는 여가시간을 가지고 있기 때문이다. 이런 결과는 최초에 실물이 아닌 화폐 소득만 가지고 있는 일반적인 경우와 다르다. 따라서 임금이 상승할 때 여가시간의 수요가 증가한다고 해서 여가시간이 기펜재라고 볼 수 없다. 제6장에 공부했듯이, 기펜재가 되려면 반드시 열등재이어야 한다. 그러나 여가는 독특한 상품이고 대체재가 없기 때문에 열등재가 될 가능성이 거의 없다.

2.4 시장 노동공급곡선

노동시장의 노동공급곡선은 개인들의 노동공급곡선의 합이다. 시장노동공급곡선은 임금이 상승함에 따라 시장 전체의 노동공급량의 변화를 보여 주는데, 이 전체 노동공급량의 변화는 다음의 두 가지 요인에 의해 결정된다.

(1) 임금 상승에 따른 기존 노동자들의 노동시간 변화
(2) 임금 상승에 따른 새로운 노동자들의 시장 진입

앞 절에서 보았듯이 첫 번째 효과는 그 방향이 분명하지 않다. 현재의 임금 수준에서 노동공급곡선이 후방굴절하는 노동자들이 얼마나 많은가에 따라 전체 노동공급의 변화 방향이 결정된다. 반면에 두 번째 효과는 반드시 (+) 방향으로 작용한다. 〈그림 17-10〉에서 본 것처럼 사람들마다 노동을 공급하기 시작하는 임금수준이 다르다. 실물부존점에서의 여가-소득의 한계대체율의 크기가 다르기 때문인데, 이 한계대체율의 크기는 개인적인 성향과 실물부존점의 위치에 영향을 받는다. 개인적으로 여가를 더 중시하는 사람은 임금이 상대적으로 높아야만 노동을 시작할 것이다. 또한 초기에 이미 소득이 많으면, 실물부존점에서의 한계대체율이 높을 가능성이 크고, 따라서 노동공급을 시장하는 임금수준도 높아진다. 이처럼 사람들마다 노동공급을 시작하는 임금수준이 다르기 때문에, 임금이 상승하면서

더 많은 사람들이 노동을 공급하기 시작한다. 따라서 이 두 번째 효과는 시장 노동
공급곡선이 우상향할 가능성을 더 크게 만든다.

수요독점

요소시장이 완전경쟁시장이면 산출물시장과 동일하게 수요곡선과 공급곡선이
교차하는 점에서 시장균형이 이루어진다. 완전경쟁시장의 균형에 대해서는 이미
제13장에서 충분히 논의했다. 요소시장은 거래 대상이 최종재가 아닌 생산요소라
는 점을 제외하고는 특별히 다른 점은 없다.

한 기업이 모든 것을 생산해 판매하는 시장을 공급독점이라고 불렀다. 반면에
구매자가 한 명(또는 한 기업)만 있는 시장을 **수요독점**(monopsony)이라고 부른다.
산출물시장에서 구매자가 한 명만 있는 경우를 찾기는 쉽지 않다. 여러 명의 판매
자들이 한 명의 소비자를 위해 상품을 생산해 판매하는 경우가 많지 않기 때문이
다. 그 정도로 막강한 구매력을 가진 소비자가 있기도 힘들 뿐 아니라, 만약 그런
소비자가 존재한다면 그는 그 제품을 시장에서 구매하기보다 개별적으로 주문하거
나 입찰 등 다른 방식으로 조달할 것이기 때문이다. 반면에 요소시장에서는 수요
독점기업이 존재할 가능성이 훨씬 높다. 예를 들어, 특정 지역에 노동자를 고용하
는 기업이 하나만 있으면 그 기업은 그 지역 노동시장에서 수요독점에 가까운 지
위를 갖게 된다. 그래서 수요독점이론은 주로 요소시장에 적용된다.

산출물시장에서 독점기업은 산출물가격이 시장수요곡선을 따라 움직인다는
점을 인지하고, 시장수요곡선상의 점들 중에서 자신의 이윤을 극대화시키는 점을
선택한다. 독점기업이라고 가격과 수량을 둘 다 마음대로 정할 수 있는 것이 아니
다. 가격이나 수량 중에서 하나를 선택하면, 나머지는 수요곡선에 의해 결정된다.
제14장에서 독점기업의 행동을 논의할 때, 이윤극대화 원리는 $MR = MC$가 되는
수량을 선택하는 것이었다. 그러면 가격은 이 수량에서 시장수요곡선의 높이로 결
정된다.

수요독점기업의 행동원칙도 이와 유사하다. 수요독점기업은 자신이 구매하는

재화 또는 생산요소의 가격을 결정할 수 있다. 노동시장에서 수요독점인 기업은 임금을 결정할 수 있다. 산출물독점과 마찬가지로 노동수요를 독점하는 기업도 임금과 고용량을 둘 다 마음대로 정할 수는 없다. 기업은 임금이 노동의 공급곡선을 따라 변한다는 점을 인지하고, 노동공급곡선상의 점 중에서 자신의 이윤을 극대화하는 점을 선택하는 것이다. 즉, 노동의 투입량을 결정하면, 임금은 노동공급곡선에 의해 결정된다. 독점기업이 가격을 결정하기 때문에 공급함수가 존재하지 않았던 것처럼, 수요독점도 요소가격을 결정하므로 요소수요함수라는 개념이 존재하지 않음에 독자들은 유의하기 바란다.

이제 노동의 수요독점기업이 노동공급곡선상의 점들 중에서 자신에게 가장 유리한 점을 어떤 원칙으로 선택하는지 알아보자. 이번에도 노동만이 가변요소인 단기를 대상으로 한다. 수요독점기업의 이윤은 다음과 같다.

$$\Pi = pF(L:\overline{K}) - (wL + r\overline{K}) = [pF(L:\overline{K}) - wL] - r\overline{K}$$

이윤극대화하려면 $pF(L:\overline{K}) - wL$을 극대화하는 노동투입량을 찾아야 한다. 그런데 이 기업은 수요독점으로 임금인 w가 고정된 숫자가 아니라 노동공급곡선에 따라 변한다는 사실을 인지하고 있다. 노동공급곡선이 우상향한다면, 수요독점기업이 더 많은 노동을 투입하면 임금은 노동공급곡선에 따라 상승한다. 이 관계를 노동공급곡선의 식인 $w = w(L)$로 나타낸다.[6] 이제 기업이 노동의 투입량을 늘림에 따라 수입($pF(L:\overline{K})$)과 비용($w(L)L$)이 어떻게 변하는지를 분석해 이윤을 극대화하는 노동의 투입량을 알아보자.

3.1 한계노동비용

우선 수입측면을 보면, 노동의 한계수입생산은 이 기업이 산출물시장에서 가격수용자인지 독점기업인지에 따라 $p \cdot MP_L$이 될 수도 있고 $MR \cdot MP_L$이 될 수도 있다. 이 점은 수요독점이 아닌 일반 기업과 차이가 없다. 차이는 비용측면인 $w(L)L$의 변화에서 발생한다. 수요독점이 아닌 기업에게는 w가 고정된 상수이었으므로 노동 한 단위를 더 투입할 때의 한계비용은 단순히 w이었다. 그러나 임금이

---

6 $w = w(L)$은 임금이 수량인 고용의 함수이므로 엄밀하게 말하면 노동의 역공급함수이다.

L에 따라 변한다면, 사정은 조금 더 복잡해진다. L의 변화에 따른 $w(L)L$의 변화는 아래와 같다.

$$\frac{dw(L)L}{dL} = w(L) + w'(L)L = w(L)\left\{1 + w'(L)\frac{L}{w(L)}\right\} \tag{13}$$

$$= w(L)\left\{1 + \frac{dw(L)}{dL}\frac{L}{w(L)}\right\} = w(L)\left(1 + \frac{1}{\varepsilon_L}\right)$$

(13)식에서 만약 $w(L)$이 상수라면, $w'(L) = 0$이므로 수요독점이 아닌 경우와 동일하다. 그러나 노동공급곡선의 우상향함을 인지하고 있는 수요독점기업에게 $w'(L)$은 0이 아니고 (+)의 값을 갖는다. 따라서 $w(L) + w'(L)L$은 $w(L)$보다 더 큰 값을 갖는다. 그래서 이 값에 대한 이름 또한 따로 붙여야 할 필요가 생긴다. 미시경제학에서는 이를 한계노동비용(marginal labor cost: MLC)이라고 부른다. 만약 수요독점이 자본에 대해 발생한다면 이 이름은 한계자본비용(marginal capital cost: MCC)이 될 것이다. 일반적으로는 이를 한계요소비용(marginal factor cost: MFC)이라고 부른다.[7]

수요독점기업에게 한계노동비용은 임금인 $w(L)$보다 높은데, 그 차이인 $w'(L)L$은 노동공급곡선의 기울기($w'(L)$)가 클수록, 그리고 노동의 현재 투입량(L)이 클수록 큰 값을 갖는다. (13)식의 마지막 항은 한계노동비용을 임금과 노동공급의 가격탄력성(ε_L)을 이용해 나타내고 있다. 독자들은 그 형태가 독점기업의 한계수입(MR)과 매우 흡사함을 쉽게 눈치 챌 것이다. 두 개념의 논리가 거의 같기 때문이다.

노동의 투입량이 변함에 따라 한계노동비용이 변하는 상황을 그래프로 나타내면 한계노동비용(MLC)곡선이 되는데, 〈그림 17-15〉는 MLC곡선과 노동공급곡선을 함께 보여준다. MLC곡선은 노동의 공급곡선보다 더 높은 위치에 있다. MLC곡선과 노동공급곡선의 높이의 차이는 한계노동비용과 임금의 차이인 $w'(L)L$로, 일반적으로 L에 따라 변한다.[8]

---

7 한계투입비용(marginal input expense: MIE)이라고 부르기도 한다.
8 MLC곡선이 노동의 공급곡선보다 높은 곳에 위치하는 이유는 공급독점기업에서 한계수입곡선이 수요곡선보다 낮은 곳에 위치하는 이유와 매우 유사하다.

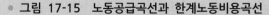

그림 17-15 노동공급곡선과 한계노동비용곡선

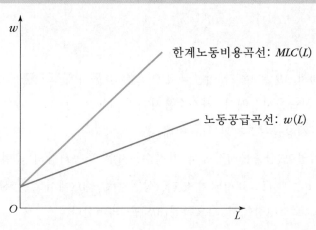

> **한계노동비용**: 수요독점기업의 노동투입량 증가에 따른 노동비용의 증가분으로, 노동공급곡선이 우상향하면 임금보다 높다.

예5 노동공급곡선이 $w = a + bL$이다. 이 때 한계노동비용의 식을 구해 보자.

$w(L)L = (a + bL)L = aL + bL^2$이다. 이 식을 L에 대해 미분하면 MLC가 된다. 즉, $MLC = a + 2bL$이다(노동공급곡선이 직선이면 MLC곡선은 항상 같은 절편에 기울기가 2배가 된다. 이는 직선의 수요곡선과 한계수입곡선의 관계와 유사하다). ∎

3.2 수요독점기업의 이윤극대화

수요독점기업의 이윤극대화 조건을 알아보자. 이윤극대화 조건은 수요독점기업이 산출물시장에서 가격수용자일 경우와 독점기업일 경우가 다르다. 가격수용자이면, 노동 한 단위를 더 고용했을 때의 한계편익은 노동의 한계생산가치(VMP_L)이다. 그러므로 수요독점기업이 산출물시장에서 가격수용자이면, 이윤극대화 조건은 $VMP_L(L) = MLC(L)$이다.

> **산출물시장에서 가격수용자인 수요독점기업의 이윤극대화 조건:**
> $$VMP_L(L) = MLC(L)$$

공급독점에서 $MR = MC$가 이윤극대화 조건인 동시에 독점균형 조건이었듯이, 수요독점에도 산출물시장에서 가격수용자이면 $VMP_L(L) = MLC(L)$이 이윤극대화 조건인 동시에 시장균형조건이기도 하다.

수요독점기업이 산출물시장에서 가격수용자인 노동시장의 균형은 〈그림 17-16〉에 (L^{C-MS}, w^{C-MS})로 표시되어 있다. 상첨자 $C-MS$에서 C는 산출물시장에서 가격수용자(C), 요소시장에서 수요독점(MS)을 의미한다.

수요독점기업이 산출물시장에서 독점이면 노동 한 단위를 더 고용했을 때의 한계편익은 노동의 한계수입생산(MRP_L)이다. 그러므로 이윤극대화 조건은 $MRP_L(L) = MLC(L)$이다. 이 경우에도 $MRP_L(L) = MLC(L)$은 이윤극대화 조건인 동시에 시장균형 조건이기도 하다.

> **산출물시장에서 독점인 수요독점기업의 이윤극대화 조건:**
> $$MRP_L(L) = MLC(L)$$

수요독점기업이 산출물시장에서 독점인 노동시장의 균형은 〈그림 17-16〉에 (L^{M-MS}, w^{M-MS})로 표시되어 있다. MRP_L곡선과 MLC곡선이 교차하는 L^{M-MS}가 이윤극대화 노동투입량이다. 물론 이 때의 임금은 노동공급곡선에 의해 w^{M-MS}로 결정된다. 여기서 주의할 점은 수요독점기업은 임금과 노동의 크기를 동시에 결정하므로 MRP_L곡선은 수요독점기업의 노동의 수요곡선이 아니라는 것이다. 독점시장에서 공급곡선이 존재하지 않았듯이, 수요독점시장에도 생산요소에 대한 수요곡선은 존재하지 않는다.

위의 두 결과를 수요독점기업이 요소시장에서 가격설정자로 행동하지 않고 가격수용자로 행동하는 경우와 비교해 보자. 먼저 산출물시장에서 가격수용자이면 VMP_L곡선이 바로 이 기업의 노동수요곡선이다. 이 경우 시장균형은 수요곡선인

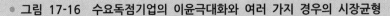

● 그림 17-16 수요독점기업의 이윤극대화와 여러 가지 경우의 시장균형

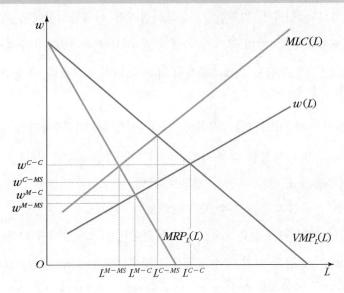

VMP_L곡선과 노동공급곡선($w(L)$)이 교차하는 곳에서 얻어진다. 즉, 시장균형조건
은 $VMP_L(L) = w(L)$이다.

> **산출물시장과 요소시장 모두에서 가격수용자인 경우 시장균형조건:**
>
> $$VMP_L(L) = w(L)$$

　　이 경우 노동시장의 균형은 〈그림 17-16〉에 (L^{C-C}, w^{C-C})로 표시되어 있다.
　　마지막으로 기업이 산출물시장에서만 독점인 경우를 알아보자. 이 경우 MRP_L곡
선이 바로 이 기업의 노동수요곡선이다. 이 경우 시장균형은 수요곡선인 MRP_L곡선
과 노동공급곡선이 교차하는 곳에서 얻어진다. 즉, 시장균형조건은 $MRP_L(L) = w(L)$이
다. 이 경우 노동시장의 균형은 〈그림 17-16〉에 (L^{M-C}, w^{M-C})로 표시되어 있다.

> **산출물시장에서 독점, 요소시장 가격수용자인 경우 시장균형조건:**
>
> $$MRP_L(L) = w(L)$$

이제 네 경우를 비교해 보자. 먼저 요소시장을 기준으로 살펴보자. VMP_L곡선은 MRP_L곡선보다 위쪽에 위치한다. 수요독점이면 산출물시장에서 가격수용자인 경우($VMP_L = MLC$)의 노동의 크기가 독점일 경우($MRP_L = MLC$)보다 큼을 알 수 있다: $L^{C-MS} > L^{M-MS}$. 임금도 가격수용자일 때가 독점일 경우보다 더 높다: $w^{C-MS} > w^{M-MS}$.

요소시장에서 가격수용자일 경우에도, 산출물시장에서 가격수용자인 경우($VMP_L = w$)의 노동의 크기가 독점일 경우($MRP_L = w$)보다 큼을 알 수 있다: $L^{C-C} > L^{M-C}$. 임금도 가격수용자일 때가 독점일 경우보다 더 높다: $w^{C-C} > w^{M-C}$.

다음으로 산출물시장을 기준으로 살펴보자. 한계노동비용곡선이 노동공급곡선보다 위쪽에 위치한다. 산출물시장에서 독점이면 요소시장에서 가격수용자일 경우($MRP_L = w$)의 노동의 크기가 수요독점일 경우($MRP_L = MLC$)보다 크다: $L^{M-C} > L^{M-MS}$. 임금도 가격수용자일 때가 수요독점일 경우보다 더 높다: $w^{M-C} > w^{M-MS}$.

산출물시장에서 가격수용자이면 요소시장에서 가격수용자일 경우($VMP_L = w$)의 노동의 크기가 수요독점일 경우($VMP_L = MLC$)보다 크다: $L^{C-C} > L^{C-MS}$. 임금도 가격수용자일 때가 수요독점일 경우보다 더 높다: $w^{C-C} > w^{C-MS}$.

기업이 산출물시장에서 독점, 요소시장에서 수요독점일 때, 노동의 크기가 가장 작으며, 균형임금도 가장 낮다. 반면에 기업이 산출물시장과 요소시장에서 모두 가격수용자로 행동할 때, 노동의 크기가 가장 크고, 임금도 가장 높다. 〈그림 17-16〉에서는 산출물시장에서 가격수용자, 요소시장에서 수요독점인 $(C-MS)$의 노동의 크기가 산출물시장에서 독점, 요소시장에서 가격수용자인 $(M-C)$의 경우보다 크게 그려져 있다. 그러나 그 반대의 경우도 가능하다.

〈그림 17-17〉은 $L^{M-C} > L^{C-MS}$인 경우를 보여준다. 일반적으로 산출물시장에서 가격수용자, 요소시장에서 수요독점인 경우와 산출량시장에서 독점, 요소시장에서 가격수용자인 경우는 명확하게 비교하기 힘들다.

예6 산출물시장의 수요곡선은 $p = 20 - q$, 생산함수는 $F(L, K) = LK$인데 단기에 $K = 2$로 고정되어 있고, 노동의 공급곡선은 $w = L$이다. 위의 네 가지 경우 노

● **그림 17-17** $L^{M-C} > L^{C-MS}$인 경우

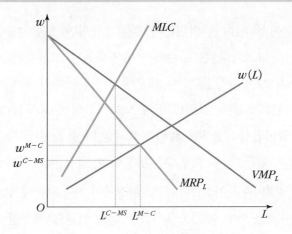

동시장의 균형을 구해 보자.

산출물시장의 수요곡선이 $p = 20 - q$이므로, $MR = 20 - 2q$이다. 또한 단기에 $K = 2$로 고정되어 있으므로 단기생산함수는 $q = F(L) = 2L$이다. 그러므로 노동의 한계생산은 $MP_L = 2$이다. 따라서 $VMP_L = (20 - 2L) \times 2 = 40 - 4L$, $MRP_L = (20 - 4L) \times 2 = 40 - 8L$이다. 노동의 공급곡선이 $w(L) = L$이므로, L을 고용할 때 비용은 $w(L) \times L = L^2$이다. 따라서 $MLC = 2L$이다.

(1) 산출물시장 가격수용자-요소시장 가격수용자: 균형조건이 $VMP_L = w$이므로 $40 - 4L = L$을 풀면 $L^{C-C} = 8$이다. 임금 또한 $w^{C-C} = 8$이다.

(2) 산출물시장 가격수용자-요소시장 수요독점: 균형조건이 $VMP_L = MLC$이므로 $40 - 4L = 2L$을 풀면 $L^{C-MS} = \dfrac{20}{3}$이다. 임금 또한 $w^{C-MS} = \dfrac{20}{3}$이다.

(3) 산출물시장 독점-요소시장 가격수용자: 균형조건이 $MRP_L = w$이므로 $40 - 8L = L$을 풀면 $L^{M-C} = 40/9$이다. 임금 또한 $w^{M-C} = 40/9$이다.

(4) 산출물시장 독점-요소시장 수요독점: 균형조건이 $MRP_L = MLC$이므로 $40 - 8L = 2L$을 풀면 $L^{C-MS} = 4$이다. 임금 또한 $w^{C-MS} = 4$이다.

3.3 최저임금제와 수요독점

제13장 6.3절에서 이미 논의했듯이 완전경쟁적인 노동시장에 최저임금제를 적용하면 임금은 균형보다 높은 수준에서 유지되지만 고용량은 오히려 줄어들고 노동의 초과공급(실업)이 발생한다. 이 때문에 최저임금제의 시행이 과연 노동자들에게 유리한지가 불분명했다. 그런데 만약 노동시장이 수요독점 상황이라면, 최저임금제는 임금을 높이면서 고용량도 늘리는 효과를 가져 올 수 있다. 〈그림 17-18〉을 보면 최저임금제가 없는 경우 고용량은 L^{MS}이고 임금은 w^{MS}이다(수요독점기업이 산출물시장에서도 독점이라고 가정한다). 이 때 정부가 w^C 수준에서 최저임금제를 시행한다고 하자. 이제는 어떤 기업도 w^C보다 낮은 임금을 책정할 수 없다. 그러므로 기업의 입장에서 본다면 새로운 노동의 공급곡선은 L^C까지는 w^C인 수평선이 되고, 그 이후에는 이전의 노동공급곡선이 된다. 새로운 노동공급곡선은 〈그림 17-18〉에 $w^C - E^C - w(L)$을 잇는 선으로 표시된다.

이 새로운 공급곡선에 대한 MLC곡선은 어떤 형태를 띨까? 노동공급곡선이 수평인 구간에서는 고용량과 무관하게 임금수준이 w^C에서 불변이다. 그러므로 이 구간에서의 한계노동비용 역시 w^C이다. 그러나 고용량이 L^C를 넘어서면 노동공급곡선은 이전의 형태로 되돌아가게 된다. MLC곡선 역시 원래의 형태로 되돌아간다. 그러므로 새로운 MLC곡선은 E^C점까지는 수평을 유지하다가 E^C점에서 원래

● 그림 17-18 수요독점시 최저임금제의 효과

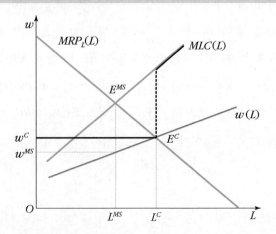

의 MLC곡선으로 점프하여 돌아간다. 그림에서의 검은선이 바로 새로운 MLC곡선이다.

이제 노동의 MRP곡선과 MLC곡선이 만나는 고용량을 찾으면 정확히 L^C가 되고, 이 때의 임금은 w^C이다. 이 결과를 최저임금제가 없는 경우와 비교하면 임금수준과 고용량이 동시에 증대했음을 알 수 있다.[9] 그러므로 최저임금제를 이용하면, 요소시장의 수요독점력을 제거할 수 있다.

생각하기 3▶ 수요독점시장에서 최저임금제를 이용해 임금과 고용량을 동시에 완전경쟁시장 균형수준, 즉 w^C와 L^C보다 높이는 것은 가능한가?

3.4 쌍방독점

앞에서는 요소시장에서 산출물시장의 공급독점과 요소시장의 수요독점의 시장균형을 살펴보았다. 만일 공급독점과 수요독점이 같은 시장에서 만나는 상황에서는 어떤 일이 발생할 것인가? 이 같은 상황을 **쌍방독점**(bilateral monopoly)이라고 부른다. 쌍방독점의 상황에서 판매자는 자신 이외에는 다른 기업으로부터 수요자가 구매할 수 없으므로 높은 가격을 받고자 한다. 반대로 수요자는 자신 이외에 다른 소비자에게 판매자가 팔 수 없으므로 낮은 가격을 지불하고자 한다. 일반적으로 쌍방독점의 경우 정확하게 시장균형이 어떻게 결정되는지를 설명하기 힘들다. 요소시장의 예를 들어, 수요자가 산출물시장에서 독점이지만 요소시장에서 가격수용자이면, MRP곡선이 요소에 대한 수요곡선이 된다.[10] 판매자가 독점이면, 〈그림 17-19〉에서 보듯이 MRP곡선으로부터 한계수입곡선을 도출해 한계수입과 한계비용이 일치하는 수량(L^M)을 판매하고, (공급)독점가격(w^M)을 책정한다.

반면에 판매자가 요소시장에서 가격수용자이고 수요자가 수요독점이면, 판매자의 한계비용곡선이 공급곡선이 된다. 수요독점은 〈그림 17-19〉에서 보듯이, 공급곡선으로부터 한계요소비용곡선을 도출해 한계요소비용과 한계생산가치가 일치

---

9 이런 분석결과는 산출물시장이 독점이면 가격상한제를 적용해 가격을 내리면서 동시에 거래량을 늘리는 효과를 볼 수 있는 것과 유사하다.
10 수요자가 산출물시장에서 가격수용자이면 VMP곡선이 요소에 대한 수요곡선이 된다.

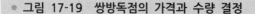

그림 17-19 쌍방독점의 가격과 수량 결정

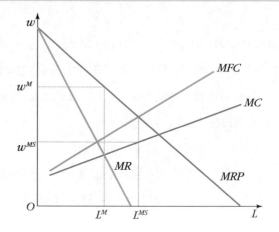

하는 수요독점수량(L^{MS})을 선택하고, 수요독점가격(w^{MS})을 선택한다.

그러므로 쌍방독점의 요소가격은 w^{MS}와 w^{M} 사이에, 거래량은 L^{MS}와 L^{M} 사이에 있으리라는 정도밖에 예상하기 힘들다. 일반적으로 쌍방독점의 경우, 공급독점은 공급독점대로, 수요독점은 수요독점대로 자신들의 독점력을 행사하려고 하므로, 시장에서 어떤 결과가 발생하리라고 정확하게 예측하기는 어렵다. 쌍방독점의 경우, 시장보다는 공급독점과 수요독점의 협상력에 의해 가격과 거래량이 결정된다.

Section 4　경제적 지대와 준지대

4.1 차액지대론

지대(地代, rent)의 고전적인 의미는 토지의 소유자에게 귀속되는 이윤을 의미한다. 비교우위론으로 유명한 영국의 경제학자 리카르도(David Ricardo)는 **차액지대론**(theory of differential rent)을 통해 왜 비옥한 토지의 주인이 양의 이윤을 얻는지를 설명했다. 먼저 리카르도의 차액지대론의 내용을 알아보자.

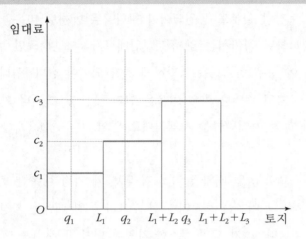

● 그림 17-20 차액지대

한 경제 내에 존재하는 토지는 그 비옥도가 다르다. 어떤 토지는 그냥 볍씨만 뿌려놓아도 저절로 자랄 정도로 비옥한 반면에, 다른 토지는 많은 양의 비료와 사람의 손이 필요하기도 하다. 편의상 세 종류의 토지가 있다고 가정하자. 첫 번째 토지가 가장 비옥하고, 두 번째 토지가 그 다음으로, 세 번째 토지가 가장 덜 비옥하다. 경작에 적합한 토지를 공급하려면 $1m^2$당 첫 번째 토지는 c_1, 두 번째 토지는 c_2, 그리고 마지막 토지는 c_3의 비용이 필요하다. 물론 $c_1 < c_2 < c_3$이며, 이 비용은 지주가 부담한다. 각 토지의 양은 각각 L_1, L_2, $L_3(m^2)$이며, 토지 임대시장은 완전경쟁적이다. 토지의 양과 비용을 그려보면 〈그림 17-20〉과 같다.

현재 쌀의 수요를 충족시키기 위해 경작해야 할 토지의 크기가 q_1이라고 하자. $q_1 < L_1$이므로 가장 비옥한 토지만 경작해도 쌀의 수요를 충족시킬 수 있다. 이 때 토지에 대한 임대료는 $1m^2$당 c_1이 된다. 임대료가 c_1보다 작으면, 아무도 땅을 공급하려고 하지 않는다. c_1보다 크면, L_1만큼의 땅을 공급하려고 할 것이다. 이는 필요한 토지의 양인 q_1보다 크므로 초과공급이 발생한다. 따라서 임대료는 c_1으로 하락한다. 그러므로 균형 임대료는 $1m^2$당 c_1이 된다. 이 때 비옥한 토지의 주인은 정확하게 공급에 필요한 비용만을 임대료로 받으므로 양의 이윤을 얻지는 못한다.

이제 쌀의 수요가 증가해 필요한 토지의 크기가 q_2라고 하자. $q_2 > L_1$이므로 가장 비옥한 토지만으로는 쌀의 수요를 충족시킬 수 없다. $q_1 < L_1 + L_2$이므로, 두 번째로 비옥한 토지의 일부도 동원되어야 한다. 두 번째로 비옥한 토지가 경작되려면 임대료는 c_2보다 작아서는 안 된다. 임대료가 c_2보다 크면 토지의 초과공급이 발생하므로, 이 경우 임대료는 정확하게 c_2가 되어야 한다. 임대료가 c_2이면 두 번째로 비옥한 토지의 주인은 양의 이윤을 얻지 못한다. 그러나 가장 비옥한 토지의 주인은 c_2와 c_1의 차이만큼을 차액지대로 얻어, $(c_2 - c_1) \times L_1$만큼의 양의 이윤을 얻는다.

땅에 대한 수요가 q_1일 때와 달리 q_2가 되면 왜 가장 비옥한 토지의 주인은 양의 이윤을 얻는가? 그 이유는 토지에 대한 수요가 q_1일 때에는 가장 비옥한 토지가 희소한 자원이 아니나, q_2가 되면 희소한 자원이 되기 때문이다. $(c_2 - c_1) \times L_1$은 가장 비옥한 토지가 희소한 자원이기 때문에 그 희소한 자원을 소유한 토지의 주인에게 귀속되는 이윤이다. 반면에 두 번째로 비옥한 토지는 희소한 자원이 아니므로, 그 토지의 주인에게는 양의 이윤이 발생하지 않는다.

이제 쌀의 수요가 더 증가해 토지에 대한 수요가 q_3라고 하자. 이 경우 〈그림 17-20〉에서 보듯이 가장 덜 비옥한 토지의 일부도 동원되어야 한다. 그러므로 임대료는 정확하게 c_3가 되어야 한다. 임대료가 c_3이면 가장 덜 비옥한 토지의 주인은 양의 이윤을 얻지 못한다. 그러나 가장 비옥한 토지의 주인은 $(c_3 - c_1) \times L_1$, 두 번째로 비옥한 토지의 주인은 $(c_2 - c_1) \times L_1$만큼의 양의 이윤을 얻는다. 그 이유는 앞에서와 같이, 두 종류의 토지 모두 현재 상황에서 희소하기 때문이다.

리카르도 당시에 많은 사람들이 임대료가 높아 곡물의 가격이 높다고 주장했다. 그러나 리카르도는 차액지대론을 이용해 그 반대로 곡물의 수요가 그 수요를 충족시키기 위해 비옥하지 않은 토지까지도 경작되어야 하므로 임대료가 높아진다고 설명했다. 그 결과 비옥한 토지라는 희소한 자원을 가진 주인들에게 차액지대의 형태로 양의 이윤이 발생한다. 그러므로 차액지대가 발생하는 가장 근본적인 이유는 바로 비옥한 토지가 희소한 자원이기 때문이다.

4.2 경제적 지대

4.1절에서 땅이 희소해지면 차액지대가 발생해 그 땅의 주인은 양의 이윤을 얻음을 보았다. **경제적 지대**(economic rent)는 리카르도의 차액지대의 개념을 토지뿐 아니라 모든 자원에 확장시킨 것이다. 차액지대가 토지의 주인이 받아야 할 임대료를 초과한 부분을 의미했듯이, 경제적 지대는 자원의 주인이 그 자원을 제공하기 위해 받아야 하는 최소한의 금액을 초과해서 받는 부분을 의미한다. 경제적 지대의 크기는 그 자원의 희소성을 반영한다. 자원이 희소하지 않으면 경제적 지대는 0이다. 즉, 그 자원의 주인은 자원을 제공하기 위해 반드시 받아야 하는 최소한의 금액만을 정확하게 받고 추가적으로 받는 부분은 없다.

반면에 자원이 희소하면 경제적 지대는 0보다 크다. 희소성이 높을수록 경제적 지대는 크다. 이따금 신문에 많은 스포츠 스타들이나 유명 연예인이 천문학적인 금액을 소득으로 벌고 있다는 기사를 접하게 된다. 왜 이 사람들의 소득이 이렇게 높은가? 그 이유는 스포츠 스타나 유명 연예인이 희소하기 때문이다. 이들 소득의 대부분이 희소성에 기인하는 경제적 지대이다. 스포츠 스타나 유명 연예인 가운데에서도 특히 재능이 더 뛰어나 희소성이 더 높은 사람일수록 경제적 지대는 더 크다. 왜냐하면 그만한 재능을 가진 사람들이 더욱 희소하기 때문이다. 다음의 예를 통해 경제적 지대를 계산하는 방법을 알아보자.

예 7 유명 가수인 A가 콘서트를 하면, 10만 관중이 10만원의 공연료를 지불하고 콘서트에 참석할 의사가 있다. A는 15억원을 받으면 콘서트를 할 용의가 있다. 수많은 기획사들이 A의 콘서트를 위해 경쟁을 하고 있고, 가수에게 주는 공연비를 제외한 기타 경비는 20억원이다. A가 콘서트하면 A의 경제적 지대는 얼마인가?

A가 콘서트를 하면 수입은 10만명 × 10만원 = 100억원이다. 콘서트 비용이 20억원이므로 A가 콘서트를 하면 80억원의 순수입이 발생한다. 그런데 여러 기획사에서 A를 잡기 위해 경쟁하므로, A에게 제공되는 공연비는 80억원이 된다. 예를 들어, 어떤 기획사에서 60억원을 제시했다고 하자. 만일 계약이 성립하면 그 기획사는 A에 제공하는 공연비와 기타 공연비를 제외하고도 20억원의 이익을 얻는다.

반면에 다른 기획사들의 이득은 0이다. 다른 기획사가 65억원을 제공해 A와 계약을 맺으면 15억원의 이익을 얻을 수 있다. 그러므로 그 기획사는 65억원을 제시할 용의가 있다. 이와 같이 기획사들의 경쟁으로 인해 A에게 제공되는 공연비는 정확하게 80억원이 된다. 이 가운데 콘서트를 하기 위해 A가 받고자 하는 금액이 15억원이므로, 80억원에서 15억원을 초과한 65억원이 A의 경제적 지대가 된다.

완전경쟁시장의 장기균형에서 각 기업의 이윤은 0이다. 즉, 수입이 정확하게 비용만을 충당할 뿐 그 이상의 이득은 얻지 못한다. 그 이유는 장기에서는 진입과 퇴출이 자유롭기 때문에 완전경쟁시장에 진입해 생산을 한다는 것의 희소성이 없기 때문이다. 반면에 독점기업은 장기에도 양의 이윤을 누릴 수 있다. 그 이유는 다른 기업들이 그 시장에 진입할 수 없기 때문이다. 그러므로 독점기업은 그 자신만이 그 시장에서 생산할 수 있다는 희소성을 가진다. 독점이윤이란 바로 이 같은 희소성 때문에 발생하는 경제적 지대이다. 독점까지는 아니지만, 변호사나 의사와 같이 정부에서 주는 면허(license)가 필요한 직업들이 있다. 면허의 숫자를 통제함으로써 변호사나 의사의 숫자를 조정할 수 있다. 원하는 사람의 숫자보다 면허의 숫자를 적게 함으로써 인위적으로 진입을 저지할 수 있으며, 이에 따라 희소성이 발생한다. 일반적으로 면허를 필요로 하는 직종에 종사하는 사람들의 소득이 높은 경향이 있는데, 이 역시 희소성에 기인한 경제적 지대라고 볼 수 있다.

이제 경제적 지대의 개념을 요소시장에 적용해 보자. 요소시장의 공급곡선은 주인이 그 생산요소를 제공하기 위해 받아야 하는 금액을 나타내므로 요소제공의 한계비용곡선으로 해석할 수 있다. 요소를 제공하기 위한 한계비용은 그 요소를 생산에 한 단위 더 투입하기 위한 기회비용으로 생각할 수 있다. 현재의 수준에서 생산요소를 한 단위 더 공급하려면, 현재의 한계비용만큼은 제공해야 한다. 〈그림 17-21〉에서 0부터 x_0까지 요소공급곡선 아래 부분의 넓이는 x_0만큼 생산요소를 공급할 때 그 주인이 받아야 하는 최소한의 금액을 의미하는데, 이 금액을 **전용수입**(transfer earnings)이라고 부른다. 전용수입을 초과하는 부분이 바로 그 요소의 주인에게 귀속되는 경제적 지대이다.

〈그림 17-21〉에서 요소가격이 w_0이면 생산요소의 주인은 x_0만큼을 공급하고

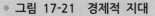

● 그림 17-21 경제적 지대

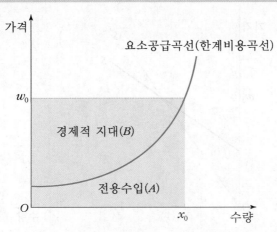

자 한다. 뒤집어 표현하면 x_0만큼 공급하도록 하려면 요소가격이 w_0가 되어야 한다. 이 때 이 생산요소의 주인이 얻는 수입은 $w_0 \times x_0$이다. 이 가운데 0부터 x_0까지 요소공급곡선 아래 부분의 넓이인 A는 전용수입을 의미한다. $w_0 \times x_0$에서 전용수입인 A를 제외한 부분인 B가 다름 아닌 경제적 지대이다.

경제적 지대의 의미는 4.1절에서 살펴본 차액지대와 다를 바가 없다. 토지에 대한 수요가 커 가장 덜 비옥한 토지까지도 경작되어야 한다면 〈그림 17-20〉에서 보듯이 임대료(요소가격)가 c_3가 되어야 한다. 그러므로 그보다 더 비옥한 토지는 차액지대를 얻는다. 〈그림 17-21〉에서 x_0만큼의 생산요소가 공급되어야 한다면, 요소가격이 w_0가 되어야 한다. 그런데 x_0보다 적은 양에 대해서는 w_0보다 적은 비용으로 공급 가능하므로, 그 차이가 바로 차액지대에 해당된다. 각 요소공급 수준에서 요소가격과 한계비용의 차이인 $w_0 - MC$를 0부터 x_0까지 더하면(적분하면) 바로 그 생산요소의 주인에게 귀속되는 경제적 지대가 되는 것이다.

앞에서 경제적 지대의 크기는 그 생산요소가 얼마나 희소한가에 의존한다고 말했다. 희소성은 공급곡선의 가격탄력성에 반영되어 있다. 공급의 가격탄력성이 낮으면 가격이 올라도 공급이 많이 늘지 않는다. 다시 말하면, 공급의 가격탄력성이 낮으면 요소공급을 늘리기 위해 가격을 많이 올려야 한다는 의미이다. 그러므로 공급의 가격탄력성이 낮으면 경제적 지대는 커진다. 반면에 가격탄력성이 높으

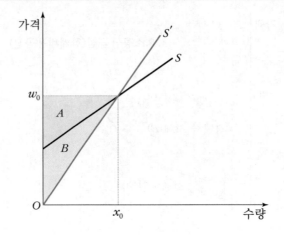

● 그림 17-22 공급의 가격탄력성과 경제적 지대

면 가격이 조금만 올라도 공급이 많이 증가한다. 즉, 요소공급을 늘리기 위해 가격이 조금만 올라도 된다는 의미이다. 따라서 공급의 가격탄력성이 높으면 경제적 지대가 감소한다. 〈그림 17-22〉는 이 같은 사실을 보여준다.

〈그림 17-22〉를 보면, 요소가격이 w_0일 때, 두 공급곡선 모두 공급량이 x_0이다. 두 공급곡선을 비교하면 S의 가격탄력성이 S'보다 더 크다. 공급곡선이 S일 경우 경제적 지대의 크기는 A이다. 그러나 S'일 경우 경제적 지대는 $A+B$이다. 그림에서 보다시피, 공급의 가격탄력성이 낮을수록 경제적 지대는 커진다. 극단적인 경우로 가격탄력성이 무한대인 수평인 공급곡선을 생각해 보자. 공급곡선이 수평이라는 것은 한계비용이 공급량에 무관하게, 예를 들어 w_0로 항상 일정하다는 의미이다. 이는 매단위당 w_0만 제공하면 얼마든지 공급하겠다는 의미이다. 다시 말하면, 이 생산요소는 전혀 희소성이 없음을 의미한다. 그러므로 공급곡선이 수평인 경우 경제적 지대는 0이 된다.

4.3 지대인가 이윤인가?

경제적 지대에 대한 설명을 어디서인가 본 적이 있다고 생각하는 독자들이 있을 것이다. 제13장에서 설명한 생산자잉여가 기본적으로 경제적 지대와 동일한 개념이다. 또한 생산자잉여는 고정비용을 빼기 이전의 이윤으로, 장기에서는 이윤과 같다는 점에서 경제적 지대는 이윤과도 유사한 개념이다. 굳이 차이를 찾자면 생산자잉여나 이윤은 산출물시장에서 생산활동을 하는 기업에게 귀속되는 추가적인 이득을, 경제적 지대는 요소시장에서 생산요소의 주인에게 귀속되는 추가적인 이득을 의미한다는 점이다.

그러나 이 구분도 모호하기는 마찬가지이다. 모든 정보가 공개되는 완전경쟁시장에서는 모든 참여기업의 이윤이 0이 된다는 결과를 이미 논의했다. 그러므로 어떤 기업이 산출물시장에서 초과이윤을 내고 있다면, 그는 다른 기업이 가지고 있지 않은 특별한 기술이나 경영 노하우(know-how)를 보유하고 있다. 문제는 이 특별한 기술이나 노하우도 일종의 생산요소로 볼 수 있는가라는 것이다. 만약 그렇다면, 이 기업의 초과이윤은 바로 특별한 기술이나 노하우라는 생산요소에 귀속되는 보상인 것이다. 이런 의미에서 본다면 모든 기업의 이윤은 그 이윤을 내도록 기여한 희소한 생산요소에 대한 보상으로 해석할 수 있고, 따라서 경제적 지대라고 해석할 수 있다. 이런 맥락에서 독점기업의 이윤을 독점지대라고 부르기도 한다. 독점이윤을 얻기 위해 독점적 지위를 추구하는 행위를 지대추구행위라고 부른다는 것은 제14장에서 이미 소개했다.

4.4 준지대

경제적 지대가 이윤이나 생산자잉여와 유사한 개념이라면, 이윤과 생산자잉여 사이에 차이가 있듯이 지대에도 유사한 구별이 있지 않을까? 이윤과 생산자잉여의 차이는 고정비용을 포함하는지의 여부이다. 고정비용은 생산활동의 계속 여부에 관계없이 지출되고, 생산을 중단하더라도 회수되지 않는다. 경제적 지대의 계산도 고정비용을 포함시킬 수도 있고, 포함시키지 않을 수도 있다. 고정비용을 계산에 포함하면 그냥 경제적 지대라고 부르고, 이를 계산에 포함하지 않으면 **준지대**(quasi rent)라고 부른다. 그러므로 준지대는 생산자잉여와 유사한 개념이다. 다만 생산자잉여라는 용어는 고정비용이 있을 때나 없을 때나 모두 사용되지만, 준지대라는 용어는 고정비용이 있는 경우에만 사용된다. 또한 생산요소의 공급을 위해 투입된 고정비용은 공급을 중단해도 회수되지 않는 매몰비용인 경우가 많다.

예를 들어, 의사가 되기 위해 의대에 다니는 데에 드는 비용이 총 5억원이고, 의사가 일단 되고 나면 평생 30억원을 벌 수 있다고 하자. 그러면 의사라는 직업이 누리는 경제적 지대는 25억원이다. 그러나 일단 의사가 되고 나면 5억원이라는 비용은 다른 직업을 택한다고 해도 회수되지 않는 비용이다. 따라서 일단 의사가 된 이후의 준지대는 30억원이다.

Box 17-1 관계 특유적 자산과 준지대, 그리고 기회주의적 행동

본서의 제10장 기업이론에서 관계 특유적 자산과 기회주의적 행동에 대해 설명했다. 관계 특유적 자산은 바로 고정비용에 의해 발생한다고 볼 수 있으며, 기회주의적 행동은 고정비용에 따른 준지대를 가로채는 행위라고 볼 수 있다. 예를 들어, 납품회사 A가 완성차업체 B에게 차체를 공급하기 위해 10억원을 들여 프레스금형을 제작했다고 하자. A는 B에게 총 50억원 어치의 차체를 공급하기로 했는데, 프레스금형을 제외한 다른 비용으로 40억원이 발생한다. 프레스금형을 제외하면 다른 관계 특유적 자산은 없으며, 그 이외의 다른 고정비용도 없다고 한다. A는 이 거래로부터 이윤을 남길 수 없다(50억 − 10억 − 40억 = 0). 그런데 금형이 완성된 순간부터 A의 준지대는 10억원이다. 생산을 하지 않아도 이미 프레스금형 제작에 투입된 10억원의 고정비용은 회수할 수 없기 때문이다. 만약 이 사실을 인지한 B가 일단 프레스금형이 완성되고 난 이후에 태도를 돌변해, A에게 같은 물량을 50억원이 아니라 41억원에 납품하지 않으면 거래관계를 끊겠다고 한다면, A는 어떻게 해야 할까?

같은 물량을 41억원에 납품하면 A는 9억원의 손실을 보게 된다. 고정비용을 포함한 총비용은 50억원인데, 수입이 41억원밖에 안 되기 때문이다. 그렇다고 A는 그 순간에 거래를 중단해야 할까? 41억원에 납품을 하더라도 1억원의 준지대가 여전히 발생한다. 거래의 계속 여부를 결정하는 것은 이윤이 아니라 준지대이다. 준지대가 0보다 큰 이상 거래를 계속해야 하는 것이다. 만약 당장 거래를 중단하면 10억원의 고정비용이 그대로 손실이 되지만, 거래를 계속하면 1억원의 준지대가 발생해 손실을 9억원으로 줄일 수 있다. 그러므로 A는 울며 겨자 먹기로 거래를 계속해야 하는 것이다. 이는 단기에 수입이 가변비용을 초과하는 이상 조업을 계속해야 하는 것과 같은 원리이다. 반면 B는 원가 이하로 차체를 공급받게 된다.

Microeconomics

연습문제

1 노동공급 모형에서 개인이 노동을 공급하기 시작하는 최소한의 임금(즉, 그 임금 이하에서는 전혀 노동을 공급하지 않음)을 $\underline{w}$ 라고 하자. $\underline{w}$ 는 그 개인이 가지고 있는 소비재의 양으로 표시되는 불로소득의 크기와 어떤 관계가 있다고 여겨지는지 그래프를 이용해 설명하라.

2 생산함수가 $q = \sqrt[3]{LK}$ 인 기업이 있다. 자본과 노동의 요소가격은 각각 10이다.
1) 기업이 100을 생산하면, 자본과 노동의 조건부수요는 각각 얼마씩인가?
2) 산출물 시장은 완전경쟁시장이며 가격은 30,000이라고 한다. 자본과 노동의 수요는 각각 얼마씩인가?

3 문제 2에서 기업이 산출물시장에서 독점기업이며, 시장수요곡선은 $p = 200 - q$ 이다. 자본과 노동의 수요는 각각 얼마인가?

4 기업이 산출물시장에서 독점이며, 이 시장의 수요곡선은 $p = 160 - q$ 이다. 기업의 생산함수는 $q = a\sqrt{L}$ 이다. 이 기업의 노동수요곡선을 구하라. a 가 증가하면 노동수요곡선은 어떻게 변하는가?

5 노동공급곡선이 $w = 10 + 2L$ 인 경우, 노동시장에서 노동수요를 독점하고 있는 기업의 입장에서 한계노동비용을 L 의 함수로 표현하라.

6 산출물시장과 요소시장에서 모두 가격수용자인 기업의 생산함수가 $q = \sqrt{L + K}$ 이고, L 과 K 의 요소가격은 각각 w 와 r, 산출물가격은 p 이다.
1) 각 생산요소의 장기조건부요소수요함수를 구하라.
2) 각 생산요소의 요소수요함수를 구하라(힌트: 상대가격에 따라 결과적으로 한 가지 생산요소만 사용된다).

7 노동공급 모형을 생각하자. 소비자는 24시간을 소유하고 있고, 근로소득 이외의 다른 소득은 없다. 다른 모든 소비재를 y 로 표시하고 그 가격은 1로 가정한다. 소비자의 노동공급(L)과 소비재 y 의 효용함수는 $U(L, y) = (24 - L)^2 y$ 이다.

1) 시간당 임금이 $\frac{1}{2}$이면, 소비자는 몇 시간 일하는가?

2) 소비자의 노동공급을 늘리기 위해 초과 임금을 제공하고자 한다. 1)에서 결정한 노동시간보다 초과하는 시간에 대해 임금을 $\frac{5}{4}$로 지불한다. 이 경우 이 소비자는 추가적으로 몇 시간 더 일하는가?

3) 2)에서 결정된 노동시간보다 2시간 더 노동공급을 증가시키려면, 2)에서 결정된 노동시간을 초과하는 시간에 대해 초과 임금을 얼마로 결정해야 하는가?

8 노동공급 모형을 생각하자. 노동공급을 L, 다른 모든 소비재를 y로 표시하자. y의 가격은 1로 가정한다. 소비자는 24시간을 소유하고 있고, 소비재는 y_0 단위 가지고 있다. 소비자의 효용함수는 $U(L, y) = (24 - L)y$이다.

1) 현재 임금이 1일 때, y_0가 얼마 이상이면 일을 하지 않는가?

이후의 문제에서는 $y_0 = 12$라고 가정한다.

2) 임금이 1이면 소비자는 몇 시간 일하는가?

3) 임금이 2로 상승하면 소비자는 몇 시간 일하는가?

4) 2)에서 구한 노동시간을 초과하면 임금을 2로 지불한다면, 소비자는 몇 시간 일하는가?

9 여가(R)와 돈(y)에 대한 효용함수가 $u = Ry$인 사람에게 매 기간 주어진 시간은 20시간이며, 일하지 않고 쓸 수 있는 돈은 100원이 있다.

1) 이 사람이 일을 하려면 시간당 임금이 최소한 얼마 이상이 되어야 하는가?

2) 이 사람의 노동공급 곡선은 후방굴절하는가?

3) 현재 임금 수준이 시간당 25원이며, 8시간 이상 근무할 때 초과수당을 준다고 한다. 이 경우 이 사람의 근로시간을 최대 얼마까지 증대시킬 수 있나?

10 기업 A의 유일한 생산요소는 광물인 L이며, 생산함수는 $q = L$이다. A는 산출물시장의 독점이며 그 수요곡선의 식은 $p = 120 - q$이다.

1) 생산요소 L을 판매하는 광산기업 B는 L시장의 독점으로 L시장에서 가격설정자이며, A는 이 시장에서는 유일한 구매자이나 가격수용자이다. L의 가격은 w이고, L생산의 한계비용은 $MC = 20 + L$이다. 균형에서 A의 산출량, 산출물시장의 가격 p, L의 가격 w를 각각 구하라.

2) 위 문제에서 기업 A가 L시장에서 가격설정자가 되고, B가 가격수용자가 될 경우 같은 질문에 답하라.

11 기업이 특정한 지역에서 노동에 대해 수요독점이다. 이 지역의 노동공급함수는 $L = 80w$이고, 기업의 한계수입생산은 $MRP = 15 - \dfrac{L}{40}$이다.

1) 기업의 한계노동비용곡선을 구하라.

2) 기업이 고용하는 노동의 크기와 임금을 구하라.

3) 정부가 $w = 4$를 최저임금으로 책정했다. 최저임금제하에서 고용은 얼마인가? 노동시장에 초과공급의 크기는 얼마인가?

12 기업이 특정지역에서 사과과수원을 운영하고 있다. 이 지역의 남자와 여자의 노동공급함수는 각각 $L_m = 24w$와 $L_f = 4w^2$이다. 사과시장은 완전경쟁시장이며, 사과의 개당 가격은 5이다. 사과의 생산함수는 $q = 2L$이다.

1) 노동의 한계가치생산은 얼마인가?

2) 노동시장이 완전경쟁시장이면, 남자와 여자의 임금은 각각 얼마인가? 남자와 여자의 고용량은 얼마인가?

이후의 문제에서는 기업이 노동의 수요독점이라고 가정한다.

3) 남자와 여자의 한계노동비용곡선을 구하라.

4) 기업은 각각 몇 명의 남자와 여자를 고용하는가? 남자와 여자의 임금은 얼마인가? 두 임금이 동일한가?

5) 정부가 남자와 여자의 임금이 동일해야 한다는 규정을 도입했다. 이 경우, 임금 및 남자와 여자의 고용량을 구하라.

13 기업 A는 X라는 상품을 시장에서 구입한 뒤 자기가 독점하는 지역에서 되팔고 있다. 즉, A에게 X가 자신의 상품을 생산에 소요되는 유일한 생산요소이다. 이 지역 소비자들은 A를 통해서만 이 상품을 구매할 수 있으며 시장수요곡선은 $p = 100 - q$이다. 반면에 A는 다른 지역에서 얼마든지 이 상품을 구입할 수 있으며, 이 상품을 다시 자기 독점지역의 소비자들에게 파는 데에는 아무런 추가비용이 들지 않는다고 한다. 다른 지역에서 이 상품의 시장가격이 w이다. w가 변함에 따라 A는 X를 얼마나 구매하여 되팔겠는가? A의 X에 대한 수요를 w의 함수로 표현하라.

14 문제 13에서, X재를 원래 생산해 판매하는 기업들이 모두 합병해 하나의 독점기업 B가 되었다고 하자. B가 X를 생산할 때의 한계비용은 2이다. 이제 A는 B로부터 X재를 구입해 자신의 독점지역에서 소비자들에게 되판다. 만약 B가 A에

대해 판매가격 w를 따로 정할 수 있다면, w를 얼마로 책정하겠는가? 그리고 A는 소비자들에게 얼마에 되팔겠는가? 이때 A가 관할하는 시장의 소비자잉여와 이 시장으로부터의 A와 B, 각각의 생산자잉여는 얼마인가? 만약 B가 A마저 합병해 이 지역에 직접 판매를 하면서 가격을 다른 지역과 달리 정할 수 있다면 상황은 어떻게 변하는가?

15 시장수요가 $p = 40 - q$인 시장의 독점기업의 생산함수는 $q = \sqrt{L}$이다. 또한 이 기업은 노동시장에서 유일한 수요자이다. 노동시장에서 노동공급곡선은 $w = \sqrt{L}$이다.

1) 기업이 산출물시장에서는 가격설정자로 행동하지만 노동시장에서는 가격수용자로 행동할 때 노동수요를 구하라.

2) 기업이 산출물 시장과 노동시장에서 모두 가격설정자로 행동할 때 노동수요를 구하라(힌트: 최종계산에서 $\sqrt{L} \equiv x$로 놓고 계산하면 편리함).

16 모든 시장에서 가격수용자인 기업의 생산함수는 $q = \sqrt{L} + \sqrt{K}$이고 산출물 가격은 120원이다. L, K의 시장가격은 각각 10원, 10원이다.

1) 장기 노동수요, 자본수요, 산출량을 각각 구하라.

2) L의 가격이 5원으로 하락할 때, 노동수요, 자본수요의 변화를 구하고, 그 변화를 대체효과와 산출량효과로 나누어라. 그리고 그림으로 설명하라.
   (힌트: 조건부 요소수요를 구하는 1계조건은 '기술적 한계대체율=요소상대가격'과 '$q = \sqrt{L} + \sqrt{K}$'이다.)

이제 산출물 시장의 가격이 개당 200원이고, 여전히 자본시장에서는 가격수용자로서 단위당 10원의 가격으로 자본을 조달할 수 있다. 그러나 노동시장에서는 수요독점으로 $w = 10L$이라는 노동공급 곡선에 당면한다고 하자.

3) 장기 노동수요, 자본수요, 산출량을 각각 구하라.

4) 기업이 노동시장에서 가격수용자로 행동하면, 위 질문의 답들은 어떻게 달라지는가?

Chapter

18 / 자본시장: 투자와 금융

⭐ **모딜리아니(Franco Modigliani): 이탈리아~미국, 1918~2003**

모딜리아니는 1985년에 저축과 금융시장에 대한 선구적인 연구로 노벨 경제학상을 수상했다.

모딜리아니는 1918년 이탈리아 로마의 유태계 이탈리아인 가정에서 출생해 성장기를 로마에서 보냈으나, 무솔리니의 인종차별 정책으로 21세에 파리를 거쳐 미국으로 이주하게 된다. 1944년에 뉴욕의 New School for Social Research 대학에서 박사학위를 취득하고, 컬럼비아대, 일리노이 주립대, 카네기멜론대 등에서 교편을 잡았으며, 1962년부터는 MIT대에서 교수로 근무했다.

모딜리아니는 생애주기가설(life-cycle hypothesis)의 창시자로 소비자들이 평생의 소득과 소비를 합리적으로 설계해 저축을 통해 안정적인 소비를 달성한다는 이론을 전개했다. 모딜리아니는 경제주체들이 정부정책의 효과를 사전에 예측해 의사결정에 반영한다는 소위 합리적 기대 가설을 최초로 제안한 것으로도 알려져 있다.

모딜리아니는 금융분야에서도 기념비적인 연구를 남겼는데, 밀러(Merton Miller)와 함께 1958년에 발표한 논문에서 완전한 시장에서는 기업의 자본구조, 즉 부채비율이 기업가치에 영향을 미치지 않는다는 이론을 발표했다. 이 이론은 소위 Modiglinai-Miller 정리로 불리며 기업금융(corporate finance) 연구의 효시로 알려져 있다. 이후 자본구조가 기업가치에 영향을 미칠 수 있는 조건들을 찾는 수많은 후속 연구들이 이루어졌다.

모딜리아니와 공동연구를 한 밀러는 5년 뒤인 1990년에 노벨 경제학상을 수상하는데, CAPM이론을 개발한 마코비츠(Markowitz), 샤프(Sharpe)와 공동 수상했다. 이후 재무금융이론은 경제학의 중요 분야로 인정되어 많은 노벨 경제학상 수상자를 배출했다.

자본시장은 노동시장보다 좀 더 복잡한 문제들을 포함한다. 우선 자본이라는 재화가 정확히 무엇인지가 분명하지 않다. 자본이 생산함수에 생산요소로 포함되는 것으로 보아 자본은 자본재(capital goods) 또는 자본설비(capital equipment)라고 볼 수 있다. 공장에서 볼 수 있는 기계들, 공장 건물, 운송수단, 건설 기계 등이 이에 속한다. 이런 자본재에 대한 수요는 제17장에서 본 요소수요의 분석에서 K가 고정투입이 아니라 가변투입인 장기의 요소수요로 설명될 수 있다. 그러나 현실 경제에서 일반적으로 '자본(capital)' 또는 '자본시장(capital market)'이라고 하면 자본재나 자본설비보다는 이러한 장비들을 구입하거나 기타 기업운영에 필요한 '자금'을 의미한다. 미래의 수입을 목표로 자금을 투입하는 행위를 투자라고 하며, 자본시장은 이런 자금을 필요로 하는 수요자들(주로 기업들)과 이를 공급하는 공급자들(주로 가계)이 만나는 곳이다. 이렇게 필요한 곳에 자금을 공급하는 행위를 금융(finance)이라고 부르는데, 현실 경제에서 자본시장은 바로 금융시장(financial market)인 것이다. 본 장에서는 이런 의미의 자본시장과 관련된 투자 및 금융시장에 대해 논의한다.

Section 1   투자

투자(investment)는 미래에 무엇인가를 받기 위해 현재 자신이 가지고 있는 것을 포기하는 것을 의미한다. 그러므로 투자는 기본적으로 현재와 미래 사이의 시간적 선택을 포함하고 있다. 투자에는 상당히 다양한 종류가 있다. 로빈슨 크루소가 당장 물고기 잡는 시간을 아껴 그물을 만든다면, 그는 미래의 더 많은 물고기를 위해 현재의 물고기를 포기한 것이다. 1년 뒤에 이자를 받기로 하고 돈을 빌려주는 것도 투자이고, 집값 상승을 예상하고 집을 사는 것도 투자이다. 지금 놀고 싶은 것을 포기하고 미래를 위해 공부하는 것도 역시 투자이다. 이처럼 다양한 투자는 그 대상에 따라 크게 **금융투자**(financial investment)와 **실물투자**(real investment)로 나눌 수 있다.

> **금융투자**: 미래에 수익을 창출하는 금융상품을 구매하기 위해 돈을 지불하는 행위
> (예: 예금, 주식투자, 채권투자 등)
> **실물투자**: 미래의 수익을 창출하는 실물상품을 구매하기 위해 돈을 지불하는 행위
> (예: 부동산투자, 생산설비투자, 대학교육에의 투자 등)

금융투자를 행하는 투자자들은 금융시장에서 금융상품[1]을 구매함으로써 금융의 공급자가 된다. 반면에 실물투자를 행하는 투자자들은 실물상품을 구매하기 위한 자금을 어디에서 조달하느냐에 따라 금융시장에의 참여 여부가 결정된다. 만약 투자자가 자신의 돈으로 실물상품을 구매한다면, 그는 금융시장에 참여할 필요가 없다. 예를 들어, 순전히 자신이 저축한 돈으로 창업해 비즈니스를 시작한 사람은 금융시장에서 돈을 빌리지 않는다. 그러나 많은 경우 실물투자를 하는 주체들은 자신의 자금만으로 투자를 하기보다는 금융시장에서 자금을 조달해 그 돈으로 투자를 행한다. 기업가들은 은행이나 주식시장에서 자본금을 조달해 공장 등에 투자하는 것이다. 금융시장에서 자금을 조달하는 주체들은 대부분 실물투자자들이다.

1.1 투자의 특성

금융투자나 실물투자 모두 미래의 수익을 위해 현재의 가치를 포기하는 것이므로 투자결정에 있어 현재와 미래 사이의 차이를 이해하는 것이 중요하다. 미래에 발생하는 수익과 현재의 가치 사이에는 다음과 같은 중요한 차이들이 있다.

(1) 시점의 차이

우선 현재와 미래는 시점이 다르다. 지금 당장 쓸 수 있는 10만원과 1년 뒤에야 쓸 수 있는 10만원은 다르다. 대부분의 사람은 전자를 더 선호한다. 이런 선호를 **시간선호**(time preference)라고 부른다. 물론 개인에 따라 시간선호의 정도의 차이는 있다. 그렇지만 시간선호가 전혀 없는 사람은 드물다. 그러므로 미래에 투자하는 투자자들은 현재와 미래의 시간 차이만큼 보상을 기대한다.

---

1 금융상품의 정의는 다음 절에서 설명된다.

(2) 위험

투자자가 포기하는 것은 당장 눈앞에 있는 확실한 액수의 돈이나 현물이다. 그렇지만 그 대신 약속받는 것은 미래의 수익이다. 그러나 미래의 수익은 태생적으로 그 실현 여부가 불확실하다. 채권처럼 미래의 지급액수가 정해진 투자상품도 있고, 주식처럼 지급액수 자체가 불확실한 경우도 있다. 그러나 채권도 돈을 빌려간 기업이 파산하면 돈을 받을 수 없게 된다. 실물투자도 마찬가지로 위험이 존재한다. 부동산 투자는 부동산 가격이 얼마나 오르느냐에 따라 수익률에 차이가 난다. 기업 등 비즈니스에 투자해도 성공 여부가 불확실하다. 이처럼 모든 투자에는 위험이 따른다. 제8장에서 논의한 대로 대부분의 개인은 위험 기피적(risk averse)이다. 그러므로 투자자들은 투자에 동반되는 위험에 대한 보상도 역시 기대한다.

1.2 시점의 차이와 투자결정

투자자들의 의사결정 과정을 논의하기 위해 앞 절에서 언급한 투자의 두 가지 측면들(시점의 차이와 위험)을 한 가지씩 분리해 각각이 투자결정에 미치는 영향을 분석해 보자. 우선 시점의 차이가 투자결정에 미치는 영향을 공부하기 위해, 위험이 전혀 없는 투자상품을 가정하고 그러한 투자상품에 대한 투자결정을 논의한다.

1) 무위험 이자에 대한 투자

우선 위험이 전혀 없는 이자수익에 대한 투자를 생각해 보자. 만약 누구든지 예금을 맡기면 일정한 이자율을 확실하게 보장받을 수 있으며, 반대로 누구든지 돈을 빌리면 반드시 같은 이자율로 이자를 지급해야 된다고 가정하자. 이런 이자는 위험을 전혀 내포하지 않고 순수하게 시점의 차이에 대한 보상이라고 볼 수 있다. 이런 이자를 무위험 이자(risk-free interest)라고 하고 그 이자율을 무위험 이자율이라고 한다.

누구든지 일정한 무위험 이자율로 얼마든지 돈을 빌리거나 빌려줄 수 있다면, 개인들은 과연 얼마나 돈을 빌리거나 빌려 줄까? 이 때 개인의 선택은 각각의 시간선호와 현재 및 미래의 수입의 크기 차이에 따라 이루어진다. 다기간에 걸친 소비자의 선택은 제7장 4절에서 이미 다루었지만 본 절에서 다시 한 번 복습하도록 한다.

〈그림 18-1〉은 오늘과 내일이라는 두 기간만 고려하는 소비자의 선택을 보여준다. $\omega = (y_1, y_2)$는 소비자의 실물부존점으로, 소비자는 오늘 y_1만큼의 돈을 가지고 있고, 내일 y_2만큼의 돈이 더 생긴다. 오늘과 내일 사이의 이자율은 r로, 오늘 1원을 저금하면 내일 $(1+r)$원을 얻는다. 반대로 오늘 1원 빌리고 내일 $(1+r)$원을 갚는다면, 오늘의 소비를 늘릴 수도 있다. 이런 전환 가능성은 ω을 지나는 예산선으로 표현되는데, 이 예산선의 기울기는 오늘의 돈과 내일의 돈의 교환비율을 반영해 $-(1+r)$이 된다. ω로부터 예산선을 따라 오른쪽으로 이동하면 돈을 빌려 오늘의 소비를 더 늘리는 것이고, 왼쪽으로 이동하면 저금을 통해 오늘의 소비를 줄이고 내일의 소비를 늘리는 것이다.

오늘과 내일 사이의 시간선호는 소비자의 무차별곡선에 반영이 되는데, 무차별곡선의 기울기가 가파를수록 현재에 대한 선호가 크다. 실제로 이 소비자의 결정은 〈그림 18-1〉에서와 같이 무차별곡선과 예산선이 접하는 E에서 이루어진다. 그림에서 E는 ω보다 좌측에 있다. 즉, 이 소비자는 $c_1{}^*$만큼 오늘 소비하고 $c_2{}^*$만큼 미래에 소비한다. 그러기 위해 소비자는 $y_1 - c_1{}^*$만큼 오늘 저축해 미래의 소비를 $c_2{}^* - y_2$만큼 증대시킨다.

● 그림 18-1 2기간 소비선택 모형

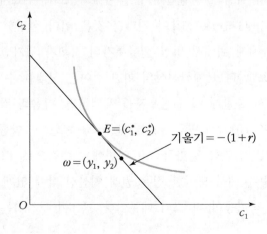

오늘의 소비와 내일의 소비라는 두 가지 재화 사이에 선택하는 소비자는 자신이 처한 상황과 자신의 시간선호의 정도에 따라 오늘의 소비를 줄이는 대신 내일의 소비를 늘리는 거래를 하기도 하고, 반대로 내일의 소비를 줄이는 대신 오늘의 소비를 늘리는 거래를 하기도 한다. 전자의 행위는 금융의 공급에 해당하고, 후자는 금융의 수요에 해당한다. 이런 모형에는 미래에 대한 불확실성이 전혀 고려되지 않는다. 따라서 오늘과 내일의 소비 사이의 교환비율은 무위험 이자율에 의해 결정된다.

2) 다른 무위험 상품에 대한 투자결정

무위험 이자율로 자금을 빌리거나 빌려줄 수 있는 상황에서, 무위험 이자 이외에 다른 형태의 미래 수익을 보장하는 투자에 대한 결정을 어떻게 내리는지, 그리고 고려사항은 무엇인지 알아보자. 예를 들어, 올해 100만원을 투입하면 내년에 121만원 수입을 보장해 주는 실물투자가 있다. 이것은 투자할 가치가 있는가? 우선 알아야 할 사항은 현재의 무위험 이자율이다. 무위험 이자율이 현재 연 10%라고 가정하자. 〈그림 18-2〉는 이 실물투자에 대한 투자결정을 보여준다.

〈그림 18-2〉에서 A는 투자자의 원래 위치를 나타낸다. 투자자는 이 점에서부터 무위험 이자율(10%라고 가정)로 예금을 하거나 대출을 받을 수 있으므로, 그림의 검은선으로 나타난 예산선을 갖게 된다. 이 예산선 중에서 자신이 가장 선호하는 점을 선택하는데, 이 점이 A보다 왼쪽에 있는지 오른쪽에 있는지에 따라 이 투자자는 금융시장에서 자금의 순공급자가 될 수도 있고 순수요자가 될 수도 있다. 예산선의 기울기가 $-(1+r)=-1.1$이 된다는 것은 이미 설명했다.

이제 이 투자자에게 위에서 말한 실물투자의 기회가 생기면 어떻게 될까? 이 투자자가 검은선으로 나타난 예산선상의 어떤 점이든 선택할 수 있다는 것은 이미 알고 있다. 그 점에서 출발해 이 실물투자를 채택하면, 다음과 같은 이동이 일어난다. 우선 현재의 돈이 100만원만큼 줄어들므로, 좌측으로 그만큼 이동한다. 그 대신 내년의 돈이 121만원만큼 증가하므로 이번에는 수직으로 121만원만큼 상향이동한다. 그런데 이렇게 해서 도달한 점은 원래 예산선 밖에 있게 된다. 예산선보다 수평이동에 비해 수직이동이 더 크기 때문이다. 즉, 이 투자자는 실물투자를 통해

● 그림 18-2 투자의 결정

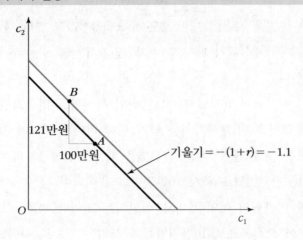

원래 도달할 수 없었던 점에까지 이르게 된다. 출발점을 원래 예산선상의 어떤 점으로 잡아도 되기 때문에, 이 투자자는 그림에서 파란선으로 표시된 선상의 어떤 점에도 이를 수 있게 된다. 결국 이 투자자는 실물투자의 기회로 인해 예산선이 파란선으로 확장 이동하는 효과를 얻게 된다. 그러므로 이 투자자는 반드시 이 실물투자를 채택할 것이며, 이 결론은 그가 원래 자금의 순공급자이든 아니든 상관없이 성립한다. 다시 말해서, 개인적인 성향이나 출발점에 관계없이 누구나 이 실물투자를 채택한다.

3) 현재가치

위와 같은 실물투자의 기회가 있는 투자자가 반드시 투자하는 이유를 다른 각도로 살펴보자. 이 투자는 내년에 121만원의 수익을 보장해 준다. 이 121만원을 현재의 돈으로 가치를 환산하면 얼마의 가치가 있을까? 현재 무위험 이자율이 r이라고 하면, $\dfrac{121만원}{1+r}$의 가치가 있다. 그 이유는, $\dfrac{121만원}{1+r}$을 은행에 예금해 두면 1년 후에 이 액수가 이자율만큼 늘어나서 $\dfrac{121만원}{1+r} \cdot (1+r)$이 되는데, 이는 정확히 121만원이기 때문이다. 즉, 현재 $\dfrac{121만원}{1+r}$을 가지고 있는 것과 1년 뒤에 121만원이 확실한 수입이 있는 것은 동일한 효과이다. 이를 '1년 후의 121만원의 **현재가치** (present value)는 $\dfrac{121만원}{1+r}$이다'라고 표현한다. 만약 현재 이자율이 10%이면,

1년 뒤 121만원의 현재가치는 $\frac{121만원}{1+0.1}=110$만원이다. 이처럼 $(1+r)$로 나누어 현재가치를 구하는 방법을 시간에 대한 **할인**(discount)이라고 한다. 현재가치는 시간에 대한 할인을 통해 계산되기 때문에, **현재할인가치**(present discount value: *PDV*)라고 부르기도 한다.

현재 무위험 이자율이 10%일 때, 1년 뒤의 확실한 수입 121만원의 현재가치는 110만원이다. 그런데 이 현재가치를 얻기 위해 현재 투입해야 되는 액수는 100만원이다. 즉, 모든 것을 현재가치로 환산했을 때, 이 실물투자의 수입은 110만원이고 지출액은 100만원이므로 즉시 10만원만큼의 이익이 남는다. 누구든지 이 투자기회를 잡으면 10만원의 이익이 바로 실현되는 것이다. 이는 〈그림 18-2〉에서 소비자의 예산선이 오른쪽으로 10만원만큼 확장되는 것으로 나타난다.

내년이 아니라 2년 뒤 혹은 그보다 더 나중에 실현되는 수입의 현재가치는 시간에 대한 할인을 반복하면 된다. 예를 들어, 2년 후 200만원의 현재가치를 계산해 보자. 200만원을 한 번 시간할인하면 $\frac{200만원}{1+r}$인데, 이것은 현재가치가 아니라, 지금부터 1년 후의 가치가 된다. 왜냐하면 2년 후부터 시간할인을 한 번만 했기 때문이다. 현재가치를 구하려면 $\frac{200만원}{1+r}$을 한 번 더 시간할인을 해야 하는데, $\frac{200만원}{1+r}$을 다시 $(1+r)$로 나누면 $\frac{200만원}{(1+r)^2}$이 된다. 이것이 2년 후 200만원의 현재가치이다. 마찬가지로 3년 후 200만원의 현재가치는 $\frac{200만원}{(1+r)^3}$이 되고 10년 후 200만원의 현재가치는 $\frac{200만원}{(1+r)^{10}}$이 된다.

> **현재(할인)가치**: 미래에 실현되는 가치를 현재의 가치로 환산한 것으로, 현재 무위험 이자율이 r일 때, n년 이후에 실현되는 W원의 현재가치는 $\frac{W}{(1+r)^n}$이다.

4) 현재가치를 이용한 투자결정: 현재가치법

현재가치를 이용하면 장기적인 투자결정을 내릴 수 있다. 예를 들어, 당장 100만원이 투입되면 1년 후, 2년 후, 3년 후에 각각 40만원씩 수입이 보장되는 투자가 있을 때, 이 투자의 투자가치를 평가하려면 현재가치를 이용해 모든 투입과 수입을 현재가치로 계산하면 된다. 이 때 투입은 $(-)$로, 그리고 수입은 $(+)$로 계산하면 이 투자의 **순현재가치**(net present value: *NPV*)를 계산할 수 있다.

$$NPV = -100 + \frac{40}{(1+r)} + \frac{40}{(1+r)^2} + \frac{40}{(1+r)^3}$$

이 순현재가치가 양이면 이 투자는 채택할 가치가 있는 투자로 누구든지 기회가 되면 이용해야 한다. 〈그림 18-2〉로 설명하면, 이런 투자는 투자자의 예산선을 이전보다 바깥쪽으로 확장시킨다. 이렇게 현재가치를 이용해 투자 여부를 결정하는 방법을 **현재가치법**이라고 한다.

예 1 **영구채**(perpetuity)란 채권의 일종으로 원금을 상환하지 않는 대신 매기간 일정한 금액을 영구히 지급하는 채권을 의미하는데, 영국의 consol bond나 미국의 TVA(Tennessee Valley Authority) 공채 등이 대표적인 예이다. 이런 금융상품의 가치는 어떻게 계산할까?

이자율이 r이고 매기간 지급액이 A라고 하면 이 상품의 지급액의 현재가치 계산식은 아래와 같다.

$$PDV = \frac{A}{(1+r)} + \frac{A}{(1+r)^2} + \frac{A}{(1+r)^3} + \frac{A}{(1+r)^4} + \frac{A}{(1+r)^5} + \cdots$$

위 식은 무한히 계속되는 수열의 합으로서 매번 $\frac{1}{1+r}$만큼이 곱해져 변하는 무한등비수열이다. 무한등비수열의 합을 구하는 공식을 적용해 계산할 수 있다. 초항은 $\frac{A}{1+r}$이고 공비는 $\frac{1}{1+r}$이므로 이들을 대입해 계산하면 위 식은 $\frac{A}{r}$가 된다. ■

> **영구채의 현재가치**: 현재 이자율이 r일 때, 구입 후 1기간이 지난 후부터 매 기간 일정 금액(A)을 지급하는 영구채의 현재가치는 $\frac{A}{r}$이다.

이 영구채의 현재 구입가격이 그 현재가치보다 낮다면 투자할 가치가 있는 상품이 된다. 바꾸어 생각하면, 영구채의 현재가치$\left(\frac{A}{r}\right)$와 같은 돈을 은행에 예금해 놓고 매년 이자만 받고 원금에 손대지 않으면, 투자자는 매년 $\frac{A}{r}$에 이자율을 곱한 금액, 즉 $\dfrac{A}{r} \cdot r = A$를 받게 된다.

5) 이자율과 채권가격의 관계

영구채의 현재가치 공식$\left(\dfrac{A}{r}\right)$을 보면, 이자율 변화가 채권가격에 어떤 영향을 미치는지 쉽게 알 수 있다. 이자율이 분모에 있기 때문에, 이자율이 상승하면 채권의 현재가치는 하락한다. 그만큼 채권시장에서 채권가격은 하락할 것이다. 이렇게 영구채의 가치와 이자율은 반대 방향으로 움직인다. 영구채가 아닌 채권들도 비슷한 원리에 의해 그 가격이 이자율과 반대로 움직인다.

6) 내부수익률

당장 C원을 투입하면, 다음 기부터 n기간 동안 각각 $A_1, A_2, A_3, \cdots, A_n$을 지급하는 투자가 있다고 하자. 이 투자를 할 것인지의 여부를 결정하기 위해 현재가치법을 이용했다. 그런데 현재가치법과 유사하지만 약간 다른 개념으로서 **내부수익률**(internal rate of return: *IRR*)이라는 개념을 이용해 투자 여부를 판단하기도 한다. 우선 내부수익률의 의미는, 당장 C를 투자해서 n기간 동안 $A_1, A_2, A_3, \cdots,$ A_n을 지급하는 투자의 평균적인 수익률을 의미한다. 이 평균적인 수익률을 계산하는 방법이 현재가치법과 매우 유사하다. 내부수익률은 다음의 등식을 충족시키는 ρ값으로 정의된다.

$$C = \frac{A_1}{(1+\rho)} + \frac{A_2}{(1+\rho)^2} + \frac{A_3}{(1+\rho)^3} + \cdots + \frac{A_n}{(1+\rho)^n}$$

만약 현재의 이자율(r)이 정확히 내부수익률 ρ와 같으면, 이 투자의 순현재가치가 정확히 0이다. 그러므로 내부수익률(ρ)과 이자율(r)의 상대적 크기를 보고 어떤 사업에 대한 투자결정을 아래와 같이 내릴 수 있다.

내부수익률(ρ)과 이자율(r)을 이용한 투자결정: $\rho > r$: 투자함, $\rho < r$: 투자 않음

그러나 내부수익률을 실제로 계산하려면 매우 복잡한 n차 방정식을 풀어야 하고 또 이 때 근이 n개까지 다르게 나올 수 있기 때문에 어떤 값을 취할지 혼란이 생기게 된다. 이런 점을 고려할 때, 현재가치법이 더 사용하기 편리한 방법이다.

7) 현재가치법과 내부수익률의 비교

주어진 투자기회에 투자를 할 것인지 말 것인지를 결정할 때 현재가치법을 사용하든 내부수익률을 사용하든 그 결과는 동일하다. 즉, 현재가치가 0보다 크면, 내부수익률은 현재 이자율보다 크다. 반대로 현재가치가 0보다 작으면, 내부수익률은 현재 이자율보다 작다. 그러므로 어떤 기준을 사용하더라도 투자를 할지 말지에 대한 결정은 동일하다. 그러나 서로 다른 투자기회를 비교하는 데 있어 현재가치법과 내부수익률은 서로 다른 결과를 줄 수 있다. 다음의 예를 보자.

예2 A와 B라는 두 가지 투자기회가 있다. A와 B 모두 오늘 100만원을 투자해야 한다. A에 투자하면 1기 후에 111만 3천원을 얻는다. 반면에 B에 투자하면 2기 후에 121만 2,750원을 얻는다. 현재 이자율은 5%이다. A와 B의 현재가치와 내부수익률을 계산해 보자.

A: 현재가치 $= \dfrac{111.3}{1.05} - 100 = 106 - 100 = 6$만원

내부수익률: $\dfrac{111.3}{1+\rho} = 100$을 풀면 $\rho = 11.3\%$이다.

B: 현재가치 $= \dfrac{121.275}{1.05^2} - 100 = 110 - 100 = 10$만원

내부수익률: $\dfrac{121.275}{(1+\rho)^2} = 100$을 풀면 $\rho \approx 10.1\%$이다.

현재가치는 B가 더 높은 반면에 내부수익률은 A가 더 높다. 만일 현재 가지고 있는 금액 100만원으로 A와 B 둘 가운데 하나를 선택해야 한다면 무엇을 선택해야 하는가? 내부수익률은 현재의 이자율과 비교해 이익이 날지 손해가 날지를 판단해 주지만, 그 크기를 결정하지 못한다. 반면에 현재가치는 이익과 손해 여부뿐 아니라 그 크기까지도 제공하므로 현재가치가 올바른 기준이다. 이 경우 B를 선택해야 한다.

1.3 위험과 투자결정

위험이 전혀 없는 투자상품은 없다고 말해도 과언은 아니다. 주식은 원래 디자인 자체가 위험을 내포하고 있다. 이에 비하면 채권은 위험이 작은 편이기는 하지만, 채무자의 채무불이행(default)의 가능성이 있기 때문에 위험이 없다고는 말할 수 없다. 아무리 건전한 채무자라도 채무불이행 가능성이 전무한 경우는 없다. 국가가 채무자인 경우도 마찬가지이다. 우리는 역사적으로 국가가 자신의 채무에 대한 의무를 불이행하는 경우를 많이 보았다. 1997년 외환위기에서 우리나라 정부가 채무불이행의 위기에 봉착했었으며, 러시아는 실제로 1998년에 자국통화로 발행된 국채에 대한 채무불이행을 선언했었다.[2] 세계의 기축통화인 달러를 발행하는 미국 정부가 발행하는 채권이 그나마 위험이 가장 낮은 편이나 그래도 위험이 전혀 없다고 말할 수 없다. 실물투자 역시 예외 없이 위험에 노출되어 있으며, 대개 금융투자보다 더 위험이 크다.

본 절에서는 제8장에서 공부한 조건부 상품을 이용해 위험한 금융상품에 투자하는 결정을 분석해 보자. 설명의 편의를 위해 한 가지 종류의 위험자산, 즉 채권에만 투자가 가능한 소비자를 생각해 보자. 이 채권은 A라는 회사가 발행했으며 이자율은 r이다. A사는 부도가 나지 않으면 원금과 이자를 상환해 준다. 그러나 부도가 나면, 이자뿐만 아니라 원금도 모두 잃게 된다. A사의 부도 확률은 20%이다. 소비자는 이 채권에 자신이 원하는 만큼 투자할 수 있다. 시간의 차이에 대한 보상이라는 측면을 제외하고 순전히 위험에 대한 보상만을 분석하기 위해 이 채권의 만기는 아주 짧은 기간이라고 가정한다.

현재 확실한 현금 m원을 가지고 있는 투자자를 생각해 보자. 그는 위험 기피적이며, 그에게 이 돈을 투자할 수 있는 곳은 위험자산인 A사의 채권과 무위험자산인 현금 두 가지뿐이라고 가정한다. 이 소비자는 자신의 현금 m원 중에서 얼마만큼을 위험자산인 채권에 투자할까?

이 문제를 조건부 상품을 이용해 풀기 위해, 우선 두 가지 조건부 상품을 다음과 같이 정의한다.

2 한 국가의 정부가 채무불이행을 선언할 때, 이를 모라토리움(meoratorimum)이라고 부른다.

W_d: A사가 부도나면 1원을 주는 상품(확률 20%)

W_s: A사가 부도나지 않으면 1원을 주는 상품(확률 80%)

소비자가 채권에 하나도 투자하지 않고 현재의 현금을 그대로 보유한다면, 채권 만기시 그의 재산은 A사 부도 여부와 관계없이 m원이다. 이는 W_d와 W_s를 각각 m씩 보유하고 있는 것과 동등한 효과이다. 이 상황을 $E = (m, m)$으로 표시하자. 가로축과 세로축에 각각 W_d와 W_s의 보유량 w_d, w_s를 나타내면, 그래프상으로 E는 무위험선상에 있는 점이 된다.

이제 소비자가 m 중의 일부인 x원을 채권에 투자한다고 하자. 채권 만기에 A사가 부도가 나지 않으면 그는 $m - x + (1+r)x$, 즉 $m + rx$를 얻는다. 그러나 부도가 나게 되면 그의 재산은 $m - x$가 된다. 다시 말해서, x만큼 채권에 투자하는 것은 W_d를 x만큼 줄이는 대신 W_s를 rx만큼 늘리는 것과 동일한 효과이다. 소비자는 새로운 점 $(m - x, m + rx)$로 이동하게 된다. x가 클수록 이 점은 (m, m)에서 멀리 떨어지게 되므로, 소비자는 x의 크기를 선택함으로써 자신의 새로운 위치를 선택할 수 있다. $w_d = m - x$, $w_s = m + rx$라고 하자. 제8장 3.1절에서 보험선을 구한 것과 마찬가지로, x를 소거하면 소비자가 선택할 수 있는 (w_d, w_s)의 조합을 구할 수 있다. 그 식을 구해 보면 $rw_d + w_s = (1+r)m$이다. 그런데 x의 범위가 0과 m 사이이므로, w_d의 범위는 직선 전부가 아니고, $0 \leq w_d \leq m$인 영역이다. 〈그림 18-3〉에서 E로부터 좌상향 방향으로 뻗은 직선이 x의 크기에 따라 소비자가 선택할 수 있는 점들의 집합이다. 이 선을 '투자선'이라고 부르자. 투자선의 기울기는 $-r$이다.

투자선: $rw_d + w_s = (1+r)m$ (1)

(1)식은 $rw_d + w_s = rm + m$으로 쓸 수 있다. 이를 제7장의 예산선인 $p_1 x_1 + p_2 x_2 = p_1 \omega_1 + p_2 \omega_2$와 비교하면, $x_1 = w_d$, $x_2 = w_s$, $p_1 = r$, $p_2 = 1$, $\omega_1 = \omega_2 = m$임을 알 수 있다(물론 $0 \leq w_d \leq m$이다).

이제 r의 크기에 따라 소비자의 선택이 어떻게 달라지는가를 알아보자. 소비자의 효용함수가 $u(w)$이면, (w_d, w_s)의 기대효용은 $U(w_d, w_s) = 0.2u(w_d) +$

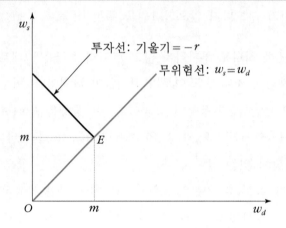

• 그림 18-3 투자선

$0.8u(w_s)$이다. 그러므로 $w_d = w_s$인 무위험선과 만날 때 한계대체율은 $\frac{1}{4}$이다.[3]

만약 투자선의 기울기가 $-\frac{1}{4}$이면(즉, $r = 0.25$)(보험시장의 예에서 공평한 보험요율), $w_d = w_s$에서 한계대체율과 투자선이 접하게 된다. 그러므로 투자선 가운데 기대효용을 극대화하는 점은 (m, m)이 되어, 소비자는 채권에 투자하지 않는다.

이 결과를 직관적으로 설명하면 다음과 같다. $r = 0.25$이면 소비자가 채권을 구입해도 그 재산의 기대금액이 불변이다. 즉, $r = 0.25$이면 투자해 봐야 재산의 기댓값은 늘어나지 않고 위험만 커지기 때문에 위험 기피적인 소비자들은 아무도 위험자산인 채권에 투자하지 않는다. $r < 0.25$이면(불리한 보험료율) 채권에 투자시 재산의 기댓값은 감소하고 위험만 커지므로 더더욱 채권에 투자하지 않는다. 따라서 소비자가 위험자산인 채권에 투자하려면 반드시 $r > 0.25$(유리한 보험료율)이어야 한다.

또한 $r > 0.25$이면 반드시 소비자는 이 채권에 투자한다. 그 이유는 $r > 0.25$이면 $w_d = w_s$일 때의 한계대체율이 투자선의 기울기인 r보다 작다. 따라서 기대이윤을 극대화하는 점은 E보다 왼쪽에 위치하게 된다. 이는 소비자가 채권에 투자함을 의미한다.[4] 물론 이 때 소비자가 얼마나 많이 투자하는지는 소비자의 선호에

---

3 제7장의 보험시장과 비교하면 $\pi = 0.2$이므로 $\frac{\pi}{1-\pi} = \frac{1}{4}$이다.

4 위험자산에 투자한다는 것은 제7장의 용어로 표현하면 재화1의 판매자가 된다는 의미이다. 제7장

● **그림 18-4 소비자의 위험자산 선택**

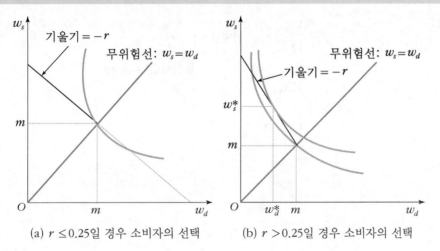

(a) $r \leq 0.25$일 경우 소비자의 선택   (b) $r > 0.25$일 경우 소비자의 선택

따라 달라진다.

이자율의 변화와 투자의 변화

위험자산의 이자율인 r의 크기가 변할 때 위험자산에 대한 투자는 증가할까 혹은 감소할까? $r \leq 0.25$이면 소비자는 위험자산에 전혀 투자하지 않으므로, 이후의 설명에서는 $r > 0.25$라고 가정한다. 앞에서 투자선 $rw_d + w_s = (1+r)m$은 다름 아닌 제7장의 예산식과 동일함을 설명했다. $r > 0.25$이면 소비자 균형은 투자선상에 (m, m) 위쪽에 의존한다. 그러므로 제7장의 용어를 사용하면, 재화1(W_d)의 판매자이며, 재화2(W_s)의 구매자이다. 제7장과 비교하면 $r = \dfrac{p_1}{p_2}$에 해당하므로, r의 증가는 재화1의 상대가격이 증가한 것과 동일하다. 소비자는 재화1의 판매자이므로, r의 증가는 제7장에서 소비자가 재화1의 판매자일 때 재화1의 가격이 증가하는 경우와 동일하다. 이 경우 소비자의 후생은 반드시 증가한다. 그러나 재화1을 반드시 더 많이 공급한다고 말할 수는 없다. r의 상승시 투자금액의 증가 여부는 대체효과와 소득효과의 상대적 크기에 의존한다.

에서 보았듯이 재화1의 판매자가 되려면 실물부존점에서의 한계대체율이 예산선의 기울기보다 완만해야 한다. 현재 모형에서 실물부존점은 (m, m)이고 (m, m)에서 한계대체율은 $\dfrac{1}{4}$이다. 또한 예산선의 기울기(절대값)는 r이다. 따라서 투자를 할 조건이 바로 $r > 0.25$인 것이다.

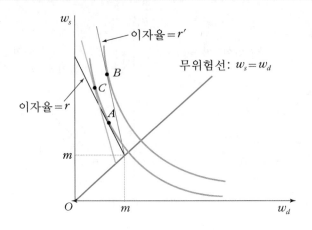

• 그림 18-5 이자율 변화와 투자변화

제7장에서 대체효과와 소득효과가 어떻게 작용하는지를 살펴보았다. 다시 복습하는 의미로 본 절의 상황에서 대체효과와 소득효과가 어떻게 작용하는지를 알아보자. r이 r'로 증가하면 투자선의 기울기가 커지면서 바깥으로 회전 이동한다. 먼저 대체효과를 측정하기 위해 기울기가 r'이면서 원래의 무차별곡선에 접하는 가상의 투자선을 그린다(〈그림 18-5〉에서의 점선). 이 투자선과 원래의 무차별곡선은 C에서 접한다. 무차별곡선이 원점을 향해 볼록하므로 C는 A의 왼쪽에 위치한다. 따라서 대체효과에 의하면 분명히 위험자산에 대한 투자가 늘어난다. 다음으로 소득효과를 알아보자. 소득효과는 C에서 B로의 이동으로 표시되어 있다. 〈그림 18-5〉는 재화1과 재화2가 모두 정상재임을 가정하고 있다. 정상재이므로 소득효과로 인해 두 재화의 소비가 모두 증가했다. 〈그림 18-5〉에서는 B가 A의 오른쪽에 위치한다. 이는 소득효과가 대체효과를 압도해 궁극적으로 r이 상승할 때 투자금액이 감소하는 경우이다. 독자들은 대체효과가 소득효과를 압도해, r이 상승할 때 투자금액이 증가하는 경우를 그려보기 바란다.

이상의 분석을 통해 위험한 투자상품에 대한 투자의 크기는 수익률, 위험의 크기, 그리고 투자자의 위험기피 정도에 따라 달라진다는 것을 보았다. 위험 기피적인 투자자들은 위험이 있는 투자상품에 대해 무위험 이자율에 더해 위험에 대한 보상을 추가적으로 요구하며, 이런 요구가 반영되어 균형에서 위험이 큰 상품들은 더 높은 수익률을 제공한다. 이렇게 위험을 반영한 균형 수익률과 무위험 이자율의 차이를 **위험프리미엄**(risk premium)이라고 부른다.[5] 금융시장에서 각 금융상품들의 위험프리미엄이 어떻게 결정되는지는 다음 절에서 간단히 소개된다.

Section 2 　금융

자금이 필요한 곳에 자금을 대어주는 행위를 **금융**(finance)이라고 하며, 금융을 통해 돈이 오고가는 시장을 **금융시장**(financial market)이라고 부른다. 금융시장에서 자금을 구하는 측은 대개 실물투자를 시행하는 기업들이다. 실물투자는 미래의 수입을 위해 당장 자금을 투입해야 하는데, 자신이 보유하고 있는 현금이 부족한 기업들은 금융시장에서 자금을 구하게 된다. 꼭 기업만 금융을 필요로 하는 것은 아니다. 누구든지 나중에 갚을 예정으로 당장 필요한 자금을 빌리려면 금융시장을 이용한다. 학생들에게 학자금을 융자하는 것도 금융이고, 당장 돈이 필요한 가계에 돈을 대출해 주는 것도 금융이다.

금융시장은 자본주의 경제의 핵심으로 자본주의 경제의 성패를 좌우하는 시장이다. 금융시장이 잘 발달해야 기업들이 활성화될 수 있고 기업이 활성화되어야 시장이 활성화되기 때문이다. 오늘날 선진국들 중에서 금융시장이 낙후된 국가는 거의 없고, 금융이 발달하지 않고서는 진정한 선진국으로 진입할 수 없다. 우리나라는 1997년 외환위기를 겪으면서 금융의 중요성을 뼈저리게 느낀 적이 있다.

2.1 금융의 다양한 형태

금융은 매우 다양한 형태를 띤다. 금융을 공급하는 주체는 당장 자신이 사용할 수 있는 현금을 내어 놓는다. 그리고 그 대가로 미래에 현금을 지급받게 된다. 이 때 미래에 현금을 지급받는 형식이 매우 다양한데, 가장 기본적인 형식이 아래

---

5 만약 시점의 차이는 없고 위험만 있는 투자상품이 있다면 그 수익률은 무위험이자율을 포함하지 않을 것이다. 그러나 실제로 금융상품 중에서 이런 특성을 갖는 상품은 많지 않다. 그런 상품은 투기성이 매우 강하여 도박에 가깝기 때문이다. 카지노에 가서 현금을 모 아니면 도인 도박 상품에 베팅하는 행위가 여기에 속한다. 그런데 도박 상품은 위험 애호자(risk lover)들이 구매하므로 위험에 대한 보상을 요구하지 않고 오히려 위험 자체에 대한 가격을 지불한다.

의 두 가지이다.

(1) 부채

부채(debt)는 미래에 지급받을 액수가 미리 정해져 있다. 예를 들어, 100원을 지금 제공하는 대신에 1년 뒤에 110원을 돌려받기로 약속한다. 이 때 돌려받는 금액이 원래 제공한 금액에 비해 10% 더 큰데, 이 비율을 이자율(interest rate)이라고 하고 10원인 그 차액을 이자(interest)라고 한다. 경우에 따라 이자율이 미리 정해져 있지 않고 변동적인 경우도 있다. 그러나 이런 경우라도 이자율을 정하는 기준은 미리 정해져 있다. 부채를 제공한 쪽을 **채권자**(creditor)라고 하고 부채를 진 쪽을 **채무자**(debtor)라고 한다.

(2) 주식

주식(stock)은 미래에 지급받을 액수가 미리 정해져 있지 않고, 대신에 기업의 이윤의 일정 비율에 대한 청구권을 갖는다. 이 청구권의 크기는 제공한 돈의 액수에 비례하며, 청구권의 크기에 비례해 기업의 경영을 감독할 수 있는 권리도 갖는다. 주식을 보유한 주체를 **주주**(株主, shareholders)라고 부른다.

부채와 주식은 가장 기본적이면서 대표적인 금융방식으로, 실제 금융시장에서는 이 두 가지 방식 이외에도 상상할 수 없을 정도로 다양한 방식들이 이용된다. 예를 들어, **우선주**(preferred stock)는 부채와 주식의 중간 형태를 띠며, **전환사채**(convertible bond)는 처음에는 부채의 형식을 갖지만 나중에 주식으로 전환될 수 있다. 최근에는 소위 파생상품(derivatives)이라는 형태가 등장해 금융의 형식을 더욱 다양하게 만들고 있다.

모든 형태의 금융은 현재의 금액을 제공하는 대신에 미래에 일정 금액을 돌려받는다. 이 때 제공한 금액을 원금(principal)이라고 하고 원금과 돌려받을 금액의 차이를 수익(return)이라고 한다. 원금 대 수익의 비율을 수익률(rate of return)이라고 부른다.

어떤 형태로 금융을 공급 또는 수요할 것인지는 공급자와 수요자의 각각의 취향과 필요에 의해 결정되는데, 많은 경우 두 가지 이상의 형태가 동시에 이용된다.

거의 모든 기업들은 부채를 지고 있는 동시에 주식을 통해 자본금을 조달한다. 또한 거의 모든 가계는 일정한 이자를 지급하는 예금이나 채권에 투자하면서 동시에 주식에도 투자한다.

2.2 금융기관과 금융상품

대개 기업들이 필요로 하는 돈의 액수는 상당히 큰 반면에, 개인이 제공할 수 있는 액수에는 한계가 있다. 그러므로 기업들은 많은 사람들로부터 동시에 금융을 공급받아야 한다. 이처럼 수많은 개인들이 가지고 있는 돈을 모아 기업들에게 공급하고 기업들로부터 받은 수익금을 다시 개인들에게 돌려주는 기능을 담당하는 기관들이 생겨나는데, 이들을 **금융중개기관**(financial intermediaries) 또는 **금융기관**(financial institutes)이라고 한다. 대표적인 금융기관들은 아래와 같다.

(1) 은행
은행은 개인들로부터 정해진 이자율로 예금을 받아 모아 기업들에게 대출을 제공한다. 수많은 개인들의 예금을 모으기 때문에 단기로 예금을 받아 장기로 대출하는 것이 가능하며, 많은 기업들에게 대출을 하므로 위험을 분산시킬 수 있다.

(2) 증권회사
기업들이 발행한 채권이나 주식들을 개인들이 사고파는 업무를 대행해 준다.

(3) 보험회사
보험은 원래 사고위험에 처한 사람들의 돈을 모아 실제로 사고를 당한 사람에게 돈을 몰아주는 기능으로, 위험을 회피하는 수단이다. 그러나 생명보험처럼 미래의 소비를 보장하는 형태의 보험이 도입되면서 금융의 성격을 강하게 띠게 되었다. 보험회사들은 보험가입자로부터 받은 보험료를 기업들에게 투자해 미래의 보험금 지급에 대비한다.

금융기관들은 수많은 개인들을 상대하기 때문에, 많은 사람들이 원하는 형태의 금융거래를 디자인해서 시장에 제시해 금융투자자들이 그 중에서 원하는 것들을 선택하게 한다. 이들을 **금융상품**(financial commodity)이라고 부른다. 대표적인 금융상품으로는 은행에서 제공하는 각종 예금들과 여러 가지 주식에 투자하는 주식형 펀드들, 여러 채권에 투자하는 채권펀드들을 들 수 있다. 이 외에도 보험회사에서 판매하는 각종 보험상품도 금융의 성격을 띤다. 어떤 경우에는 금융기관에서 기존의 금융상품들을 조합해 전혀 새로운 금융상품을 만들어 내기도 한다. 예를 들어, **옵션**(option)은 특정한 금융상품을 특정한 가격에 특정 기간 동안에 사거나 팔 수 있는 권리를 부여한다. 예를 들어, 어떤 주식 1주를 앞으로 한 달 후부터 1년 후까지의 기간 동안 1만원에 살 수 있는 권리를 생각해 보자. 만약 이 기간 동안 이 주식의 가격이 계속해 1만원보다 아래에 머문다면, 이 권리는 아무런 가치가 없다. 시중에서 1만원보다 싸게 팔리는 주식을 1만원에 살 이유가 없기 때문이다. 그러나 만약 이 주식의 가격이 위 기간 동안에 한 번이라도 1만원보다 높아진다면, 이 권리를 보유한 사람은 이 권리를 행사해 주식 1주를 만원에 사 시중 가격에 팔아 차익을 실현할 수 있다. 옵션의 가치는 이런 차익실현의 가능성에 의해 결정된다. 이런 상품은 그 가치가 기존의 금융상품의 가치에 의존해 결정되기 때문에 **파생상품**(derivatives)이라고 부른다.

2.3 금융시장의 균형

금융시장은 수많은 금융공급자들과 금융수요자들 그리고 금융기관들로 구성된다. 뿐만 아니라 금융시장에는 실제로 자금이 필요한 실수요자나 실공급자 이외에, 유사한 금융상품들 사이의 가격 차이를 이용해 단기간에 돈을 벌려는 **재정투자가**(arbitragers)들이나 저평가된 금융상품에 집중 투자해 큰 돈을 벌려는 **투기적 투자가**(speculators)들도 많이 있다. 또한 앞에서 언급한 것처럼 금융시장에는 수많은 다양한 금융상품들이 있다. 이들 상품들은 서로 대체관계에 있기도 하고 보완관계에 있기도 하기 때문에 금융시장은 수많은 관련 시장들이 모여 이루어진 시장이라고 볼 수 있다.

일반적인 상품의 가격에 해당하는 것이 금융상품에서는 수익률이다. 다른 조건들이 일정할 때, 수익률이 높을수록 그 금융상품에 투자하는 금융공급자 입장에서는 유리한 상품이고, 반면에 그 상품으로 자금을 조달하는 금융수요자 입장에서는 불리한 상품이다. 따라서 수익률이 높으면 시장에서 자금의 초과공급이 발생하고(즉, 이 금융상품에 투자하려는 액수가 너무 많음), 수익률이 낮으면 자금의 초과수요가 발생할 것이다(즉, 이 금융상품에 투자하려는 액수가 너무 작음). 균형수익률은 수요와 공급이 일치하는 선에서 결정된다. 그런데 금융시장에는 수많은 재정투자가들이 있기 때문에 개별 금융상품에 대한 금융의 공급탄력성이 매우 크다. 수익률이 균형수익률보다 조금이라도 높으면 재정투자가들이 일시에 몰려들어 자금공급이 급증한다. 반면 수익률이 조금이라도 낮으면 일시에 다른 투자처로 돈이 빠져 나가기 때문에 자금공급이 급감한다. 그러므로 개별 금융상품시장의 금융공급곡선은 탄력성이 거의 무한대에 가깝다고 볼 수 있다(〈그림 18-6〉). 이는 마치 일반상품의 완전경쟁시장에서 개별 판매자의 입장에서 본 수요곡선이 완전탄력적이었던 것과 유사한 논리이다. 이 때에도 개별 판매자의 가격이 균형가격보다 낮으면 모든 시장수요가 몰려들어 수요량이 급증하고, 반대로 가격이 높으면 수요량이 급감했다.

〈그림 18-6〉에서 균형수익률(r^*)은 어떻게 결정될까? 이 균형수익률은 시간에 대한 보상인 무위험 이자율과 위험에 대한 보상인 위험프리미엄의 합이 된다. 다음에서 무위험 이자율과 위험프리미엄이 각각 어떻게 결정되는지를 논의한다.

1) 무위험 이자율의 결정

무위험 이자율은 1.2절에서 소개된 시간선호와 투자결정 모형들을 이용해 설명이 가능하다. 이 모형들은 모두 채무불이행이 발생하는 위험을 고려하지 않기 때문이다. 무위험 금융상품을 통해 금융을 공급하는 소비자들은 현재 시간에 대한 선호가 낮을수록, 그리고 미래에 비해 현재의 자산이 더 많을수록 더 많은 금융을 공급할 것이다. 금융수요자들은 조달한 자금으로 투자할 수 있는 사업의 수익성이 높을수록 더 많은 자금을 조달하려 할 것이지만, 반대로 금융의 대가로 높은 이자율을 보장해 주어야 한다면 금융수요량이 줄어들 것이다. 무위험 이자율은 이러한 수요와 공급의 균형에 의해 결정되므로, 소비자들의 시간선호가 낮거나 미래에 비해 현재 자산이 많으면 무위험 금융상품에 대한 공급이 증대하므로 균형이자율이

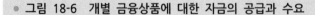

● 그림 18-6 개별 금융상품에 대한 자금의 공급과 수요

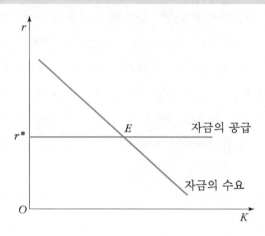

하락한다. 반면에 기업들의 실물투자에 대한 미래수익이 증대하면 무위험 금융상품을 통한 금융수요가 증가해 균형이자율이 상승한다.

2) 위험프리미엄의 결정: CAPM

위험프리미엄은 해당 금융상품이 갖는 위험성에 대한 보상이다. 금융상품의 위험이란 그 수익이 얼마나 불확실한가를 의미한다. 수익이 100% 확실한 금융상품은 무위험 상품이고, 수익이 아주 크거나 아주 작을 가능성(혹은 (−)일 가능성)이 높으면 위험이 크다고 한다. 그런데 금융상품의 위험이 모두 위험프리미엄에 반영되는 것은 아니다. 위험 중의 일부는 분산투자를 통해 개별 투자자들이 스스로 제거할 수 있는 위험도 있다. 개별 투자자들은 이런 위험에 대해서는 신경을 쓰지 않으므로 위험프리미엄을 요구하지 않는다.

예를 들어, A와 B라는 두 가지 금융상품이 있는데, 이들 각각은 1년 뒤에 1억원 아니면 2억원을 돌려준다고 하자. 되돌려 받는 금액이 경우에 따라 두 배까지 차이가 나므로 이들 상품은 매우 위험이 큰 상품들이다. 그런데 이 둘 사이에는 수익이 정확히 반대여서 A가 1억원을 돌려주면 B가 2억원을 돌려주고, A가 2억원을 돌려주면 반대로 B가 1억원을 돌려준다고 하자. A와 B 상품을 따로 놓고 보면, 이들은 위험이 매우 큰 상품이다. 그러나 A와 B에 같이 투자하게 되면, 1년 뒤에 확실하게 3억원을 받게 된다. 그러므로 투자자의 입장에서 이 두 상품은 더 이상 위험한 금융상품이 아니며, 따라서 위험프리미엄을 요구하지도 않는다.

이처럼 개별 투자자들은 자신들이 스스로 제거해 버릴 수 있는 위험에 대해서는 위험프리미엄을 요구하지 않는다. 개별 투자자들이 금융상품의 위험을 제거할 수 있는 수단은 바로 여러 가지 상품에 동시에 투자하는 **분산투자**(diversification)를 통한 **포트폴리오**(portfolio)의 구성이다. 위의 예에서 본 것처럼 여러 금융상품의 수익이 서로 다른 방향으로 움직이면 이들을 포함하는 포트폴리오의 수익은 평준화되는 경향이 있다. 그러나 모든 위험이 분산투자를 통해 제거될 수 있는 것은 아니다. 예를 들어, 모든 금융상품의 수익이 금융시장의 동향에 따라 같은 방향으로 움직이는 경향이 있다면 아무리 분산투자를 해도 포트폴리오의 수익이 금융시장의 동향에 따라 움직이게 되므로, 이런 위험은 분산투자로 제거할 수 없다. 외환위기 시절에 우리나라의 모든 주식들이 폭락했다. 이런 경우 아무리 우리나라의 주식들에 분산투자를 해도 위험을 피할 수 없다. 이런 위험을 **체계적 위험**(systematic risk)이라고 한다. 투자가들은 바로 이 체계적 위험에 대해 보상을 요구한다.

분산투자를 통해 제거할 수 없는 체계적 위험에 대한 프리미엄의 크기를 결정하는 이론으로 **자본자산가격결정모형**(capital asset pricing model: CAPM)이 있다. 이 이론에 대해 구체적으로 논의하는 것은 미시경제학의 범위를 벗어나므로, 본서에서는 간단히 CAPM 이론의 결론만을 소개하도록 한다. 이 이론에 의하면, 개별 금융상품의 위험프리미엄은 다음과 같은 방식으로 결정된다.

CAPM: 개별 금융상품의 위험프리미엄 $= \beta_{im} \times$ (시장 포트폴리오의 위험프리미엄)

시장 포트폴리오(market portfolio)는 위험 금융상품으로 구성된 포트폴리오 중에서 무위험 금융상품과 함께 조합해 위험 대비 최고의 수익률을 낼 수 있는 최적의 포트폴리오를 의미한다. 이론적으로는 모든 투자자들이 이 최적의 포트폴리오를 원하기 때문에, 결과적으로 이 포트폴리오의 구성은 시장에 존재하는 모든 위험자산의 구성과 일치하게 된다.

〈그림 18-7〉은 시장 포트폴리오의 결정원리를 보여준다. 그래프의 가로축은

포트폴리오의 위험, 즉 표준편차를 나타내고 세로축은 포트폴리오의 기대수익률을 나타낸다. 그래프 상의 점은 각 포트폴리오의 기대수익률과 표준편차들을 보여 주는데, 그래프 상에 음영으로 나타난 영역이 모든 포트폴리오들을 나타내는 점들의 집합이라고 하자. 같은 수익률에서는 위험이 가장 작은 포트폴리오가 바람직하기 때문에 이런 포트폴리오들만이 우선 고려의 대상이 된다. 이들을 연결한 선이 음영지역의 좌상측 경계선이 되는데 이를 **효율적 투자선**(efficient frontier)이라고 부른다. 위험자산들로 구성된 포트폴리오들 이외에 무위험 이자를 제공하는 F가 있다고 하자. F는 그래프 상에서 세로축 상의 점으로 표시된다. 기대수익은 플러스이지만 위험이 없기 때문이다. F와 위험자산들의 포트폴리오를 다시 조합하면 위험자산 포트폴리오만으로 도달할 수 없었던 점들까지 도달할 수 있으며, 이런 기회를 극대화할 수 있는 조합이 그림에서와 같이 F와 포트폴리오 M의 조합이다. F와 M을 조합하면 그림의 직선에 속하는 점들에 도달할 수 있는데, 이는 M이 아닌 다른 포트폴리오로서는 도달할 수 없는 점들이다. 따라서 모든 투자자들은 자신의 위험기피 정도에 무관하게 모두 포트폴리오 M을 선택하게 되고, 결과적으로 시장에는 오직 이 포트폴리오만 남게 된다. 따라서 M을 시장 포트폴리오라고 부른다.

CAPM은 시장 포트폴리오를 구성하는 개별 금융상품들의 위험프리미엄을 결정하는 공식으로, β_{im}은 개별 금융상품의 수익률이 시장 포트폴리오의 수익률과

● **그림 18-7 시장 포트폴리오의 결정**

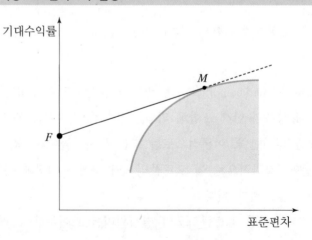

얼마나 밀접한 관계를 갖는지를 나타내는 계수로 $\dfrac{Cov(R_i, R_m)}{Var(R_m)}$ 으로 계산된다 (R_i, R_m은 각각 이 금융상품과 시장 포트폴리오의 실제 수익률이다. Cov는 공분산, Var은 분산을 나타낸다).

위 식은 시장 포트폴리오에 포함된 개별 금융상품 위험프리미엄의 상대적인 크기를 설명한다. 즉, 시장 포트폴리오의 위험프리미엄에 비해 특정 금융상품의 위험프리미엄이 얼마나 큰가를 설명하는 것이다. 예를 들어, 어떤 금융상품의 수익률이 시장 포트폴리오의 수익률과 항상 같다면, β_{im}값은 1이 된다(왜냐하면, 공분산과 분산이 같으므로). 이 금융상품의 위험프리미엄은 시장 포트폴리오의 위험프리미엄과 같다.

반면 수익률이 불확실하더라도 시장 포트폴리오의 수익률과 전혀 무관하게 움직인다면 β_{im}은 0이 되고, 이 상품의 위험프리미엄은 0이다. 즉, 개인 투자자들은 이 금융상품을 위험한 금융상품으로 취급하지 않는다는 것이다. 이 금융상품의 수익률은 불확실하지만 분산투자를 통해 그 위험을 100% 제거할 수 있기 때문이다.

어떤 금융상품의 수익률이 시장 포트폴리오와 반대로 움직인다면, β_{im}이 $(-)$ 값을 갖게 되어 위험프리미엄이 오히려 $(-)$가 된다. 이런 상품을 포트폴리오에 포함시키면 이 상품의 수익률이 시장의 평균적 수익률과 반대로 움직이기 때문에 오히려 포트폴리오의 위험을 감소시킬 수 있다. 위험프리미엄이 $(-)$인 것은 바로 그 이유에서이다.

연습문제

1 다음의 투자에 대한 현재가치를 구하라(이자율은 연간 10%이고 모든 미래 수입은 확실하다고 가정한다).

1) 내년부터 매년 순수입이 500만원씩 영원히 나오는 부동산

2) 내년부터 매년 원리금 합해 1,000만원씩 3년간 상환하는 채권

3) 앞으로 5년 동안은 아무런 수익이 없다가 6년 이후부터 매년 100만원씩 영원히 순수입이 생기는 건물

2 올해 1.8억원을 투자하면 내년에 1.5억원, 내후년에 1.8억원을 확실히 돌려주는 투자의 내부 수익률을 구하라.

3 현재와 미래의 소비에 대한 효용함수가 $U(c_1, c_2) = c_1 c_2$인 소비자가 있다. 이자율은 10%, 현재소득이 100이고, 미래소득은 없다. 소비자는 현재소득 가운데 얼마를 미래 소비를 위해 저축하는가?

4 금리를 인상하면 은행에서 대출을 받은 기업들이나 개인들의 이자부담이 증가하므로 되도록 금리를 낮게 유지해야 된다는 주장이 있다. 과연 금리를 올리면 모든 국민들의 후생이 하락하는가?

5 태희는 대학교 학부를 막 졸업해 취직을 할 것인지, 법학대학원에 진학할 것인지를 결정하려고 한다. 태희는 한 회사에 취직자리를 이미 확보하고 있으며, 또한 모 법학대학원에 입학전형에도 합격한 상태이다. 지금 취직을 하면 앞으로 30년 간 매년 5,000만원을 벌 수 있다. 반면 법학대학원에 진학하면 3년간 학비가 매년 2,000만원씩 들어가며, 졸업 후에는 27년간 매년 1억원씩 벌 수 있다. 비용과 수입만을 고려해 직업을 선택한다면, 태희는 취직과 진학 중에서 어느 쪽을 선택해야 할까? 연이자율을 r이라고 하고, 이 결정을 내리기 위한 식을 아래와 같이 구성해 보아라.

1) 법학대학원 진학 비용의 현재가치는 얼마인가?

2) 법학대학원 졸업후 연봉 인상에서 오는 편익의 현재가치는 얼마인가?

3) 1)과 2)에서 비용과 편익 가운데 어느 쪽이 큰가?

6 동건은 호주에 2년간 체류하려고 한다. 2년 동안 쓸 자동차를 리스하면 당장 4,000달러를 내고, 1년 후에 다시 4,400달러를 내야 한다. 리스가 끝나면 자동차만 돌려주면 된다. 반면 자동차를 사면 구입가가 30,000달러이고, 2년 후 귀국할 때 딜러가 24,200달러에 되사준다고 한다. 동건에게 적용되는 무위험 이자율은 10%이다. 동건은 자동차 리스와 구입 중에서 어느 쪽을 선택해야 할까? 비용의 현재가치를 비교해 판단하라.

7 A사의 채권가격은 1주당 1원이며 1년 후 1.2원을 돌려 준다. 그러나 회사가 부도나면, 1주당 0.5원만 돌려받는다. 소비자는 현재 1,000만원을 가지고 있으며, A사 채권에 투자하거나 아니면 현금으로 가지고 있을 수 있다. A사가 부도확률은 20%이고 소비자는 위험 기피적이다.
1) 조건부 상품을 이용해, 1년 후 상황에 대한 소비자의 선택 가능한 점들의 집합(즉, 예산선)을 그림으로 정확히 표현하라.
2) 소비자가 채권에 전혀 투자하지 않을 가능성이 있는가?
3) 부도가 나지 않을 경우 수익이 1.3으로 증가하면 소비자의 채권 투자액은 반드시 증가하는가?

8 소비자에게 A사가 발행한 채권이나 주식에 자신의 전 재산을 투자할 수 있는 기회가 생겼다(재산의 일부만을 투자할 수는 없다고 가정하자). 채권에 투자하면 1년 뒤에 총 2억원을 받을 수 있다. 그러나 A사가 부도나면 1억원밖에 회수할 수 없다. 반면에 A사의 주식에 투자하면 1년 뒤에 2억 5천만원을 벌 수 있으나 부도나면 1원도 회수할 수 없다. A사의 부도 확률은 20%이다.
1) 채권에 투자한 경우와 주식에 투자한 경우의 1년 뒤의 소비자의 상황을 각각 조건부 상품(부도의 경우 – 부도나지 않을 경우)을 이용해 2차원 평면상의 점으로 표현하라.
2) 위의 그림에서 채권에 투자한 경우에 해당하는 점을 통과하는 등기대금액선을 그려라. 그 기울기가 얼마인가?
3) 소비자가 위험 기피적, 위험 중립적, 그리고 위험 애호적인 경우 각각 채권과 주식 중에서 어느 것에 투자할 것인지 확정적으로 대답할 수 있는가? 있다면 그 답은 무엇인가?
4) 소비자에게 A사가 부도나지 않으면 1원을, 부도나면 4원과 무한정 교환해 주

는 사람이 있다고 하자(즉, 부도가 나지 않으면 1원을 받고, 부도나면 4원을 내어 준다). 소비자가 위험 기피적이면, 소비자는 자신에게 주어진 모든 기회를 최대한 활용해 결국 1년 뒤에 어떤 상황에 있게 될 것인가, 그리고 그는 이 상황을 어떻게 달성하는가?

9 어떤 금융상품의 β값이 1.5이고 시장 포트폴리오의 수익률이 15%이며 무위험 수익률이 5%라고 한다. CAPM에 의하면 이 금융상품의 균형수익률은 얼마인가?

Microeconomics

Part 05

일반균형이론과 시장실패

Chapter

19 / 일반균형이론: 시장경제의 효율성

왈라스(Leon Walras): 프랑스, 1834~1910

프랑스 출신의 수리경제학자 왈라스는 학교 행정가의 아들로 태어났다. 아버지는 전문적인 경제학자는 아니었으나 그의 경제학에 대한 사고는 아들에게 큰 영향을 준 것으로 여겨진다. 오늘날 쿠르노 모형이라고 부르는 수량경쟁모형(제16장 과점시장 참조)을 개발한 아버지의 동창인 쿠르노를 통해 수학이 경제학에 어떻게 사용되는가를 배웠다.

왈라스는 파리국립광업학교(Ecole des Mines de Paris)에 입학했으나, 공학에 큰 흥미를 느끼지 못했다. 그 후 은행 직원, 언론가, 소설가 등을 전전하다 경제학을 공부해 스위스 로잔 대학(University of Lausanne)의 정치경제학과의 교수로 임명된다.

왈라스의 큰 공헌은 두 가지이다. 먼저 왈라스는 본 장에서 다루는 일반균형이론의 아버지라고 불리고 있다. 왈라스는 로잔에서 가까운 레만호에서 사색하며 일반균형이론을 생각했다고 전해진다. 당시의 경제학이 개별 시장에서 수요와 공급을 일치시키는 균형가격에 관심이 있었던 반면에, 왈라스는 모든 시장에서 동시에 수요와 공급을 일치시키는 가격체계가 있는가에 대한 매우 혁신적인 질문을 던지고, 제한적이나 이에 대한 답을 제시했다. 특히 본 장에서 자세히 소개하지만 모든 가격에서 초과수요의 시장가치는 0이라는 왈라스 법칙을 발견해 한 시장에서 초과수요가 있으면 반드시 다른 시장에서는 초과공급이 있음을 설명했다. 왈라스 법칙에 의해 한 시장을 제외한 모든 시장이 균형이면 남은 시장도 반드시 균형이 된다는 사실이 오늘날 일반균형분석에 가장 기본적인 사실로 이용되고 있다. 매우 일반적인 조건하에서 모든 시장에 동시에 균형이 존재한다는 사실은 이후에 제4장에서 소개한 드브루, 제22장에서 소개할 애로우 등에 의해 증명되었고, 이들은 이 공로로 후에 노벨 경제학상을 받았다.

왈라스의 두 번째 공헌은 경제학에 한계효용의 개념을 도입한 것이다. 경제학은 다소 보수적인 학문이라 웬만큼 큰 변화가 있지 않으면 '혁명'(revolution)이라고 표현하지 않는다. 그러나 1860년대에 경제학에 도입된 '한계'(marginal)의 개념은 경제학 사고 자체를 바꾼 혁명적인 생각이므로 이를 오늘날 한계혁명(marginal revolution)이라고 부른다. 한계의 개념은 스위스의 왈라스, 영국의 제본스(Stanley Jevons), 오스트리아의 멩거(Carl Menger)가 비슷한 시기에 독립적으로 제시했다.

이들이 제시한 한계의 개념으로 인해 오늘날 미시경제학은 한계로 시작해 한계를 느끼고 한계로 끝난다는 우스갯소리가 있다. 슘페터는 왈라스를 경제학자 가운데 가장 위대한 경제학자라고 평가하기도 했다.

이제까지 개별 산출물시장이나 요소시장의 균형을 분석했다. 이런 분석을 부분균형분석이라고 한다. 본 장에서는 경제 내에 존재하는 모든 시장의 균형을 동시에 분석하는 일반균형분석을 학습한다. 일반균형분석은 여러 시장을 동시에 분석하는 만큼 훨씬 복잡하고 어렵기 때문에 학부 수준에서 엄밀하게 논의하는 데에는 한계가 있다. 본서에서는 간단한 모형들을 이용해 일반균형에서 자원배분이 효율적이라는 것을 설명한다.

Section 1 　부분균형분석과 일반균형분석

부분균형분석(partial equilibrium analysis)은 개별 산출물시장이나 요소시장을 따로 따로 분석한다. 예를 들어, 자동차 시장을 분석할 때 이 시장에서 결정되는 중요 변수들(즉, 내생변수들)은 자동차의 가격과 거래량이다. 이 외에 이 시장에 영향을 미칠 수 있는 변수들, 즉 소비자들의 소득, 다른 재화들의 가격, 생산요소들의 가격 등은 모두 다른 시장에서 결정되므로, 자동차 시장에서는 이들을 외생변수들로 취급한다. 이들 변수들은 자동차 시장의 영향을 전혀 받지 않는다는 것이다. 그러나 엄밀한 의미에서 이 변수들도 완전한 외생변수는 아니다. 자동차 가격이 다른 재화(예를 들면, 휘발유)의 소비에 영향을 미칠 수 있고, 또한 자동차 업계에 종사하는 소비자들의 소득에도 영향을 미칠 수 있다. 이러한 변화는 다시 자동차 시장에 영향을 미치게 된다. 시장경제 내의 모든 시장들은 유기적으로 연결되어 있는 것이다.

물론 개별 시장을 분석할 때 다른 시장의 반응의 크기는 상대적으로 미미하므로 이를 무시하고 분석을 시행해도 크게 잘못된 결론에 이르지는 않는다. 그렇기 때문에 부분균형분석이 여러 방면에 유용하게 이용되는 것이다. 그러나 "경제 내의 모든 시장이 균형에 이르는 것이 과연 가능한가?"라든지, "시장들 사이에 자원이 과연 효율적으로 배분되는가?" 등의 질문에 답하려면 모든 시장을 동시에 분석하는 **일반균형분석**(general equilibrium analysis)이 불가피하다. 만약 모든 시장이 동시에 균형에 이르는 것이 불가능하다면, 항상 일부 시장이 불균형 상태에 있게 되어 전체 경제가 안정된 상태에 있을 수 없게 된다. 또한 시장들 사이의 자원배분이 효율적이지 않다면, 특정 상품이 과다 생산되고 다른 상품은 과소 생산되는 일이 발생한다. 이런 문제들은 모두 시장경제체제의 본질에 연관된 것이므로 매우 중요한 의미를 갖는다. 일반균형이론은 이런 문제에 대한 해답을 제공한다.

　　모든 시장을 한꺼번에 분석하는 일은 매우 복잡하고 어려운 일이므로 일반균형분석은 모든 시장이 완전경쟁시장인 경우를 가정한다. 즉, 모든 참여자들이 가격 수용자로 행동하는 경제만을 대상으로 한다. 따라서 이하의 모든 논의와 결론들은 모든 시장이 완전경쟁시장인 경우에만 적용됨을 유의하기 바란다.

Section 2　　순수교환경제의 일반균형

2.1 순수교환경제

　　오늘날 일반균형분석은 매우 수리적인 분야이므로, 학부 수준에서 일반적인 모형을 소개하기는 어렵다. 본서에서는 우선 가장 간단한 일반균형모형인 두 명의 소비자가 두 개의 재화를 교환하는 **순수교환경제**(pure exchange economy)를 살펴본다.

　　전체 경제에 두 가지 재화(재화1과 2)만 있고, 소비자도 A, B 두 명만 존재한다. A와 B는 각각 초기에 특정한 수량의 각 재화를 보유하고 있는데, 이 수량을 각 소비자의 **초기 부존**(initial endowments)이라고 부른다. 각 소비자의 초기 부존량을 합하면 이 경제에 존재하는 두 재화의 총부존량이 된다. A, B 중에서 누구도 각 재화를 더 생산할 수 없으며, 재화1을 이용해 재화2를 만들거나, 반대로 재화2를 이용해 재화1을 만드는 기술도 가지고 있지 않다. 단, A와 B는 시장에서(시장이라고 해야 고작 A와 B가 만나는 장소에 불과하지만) 각 재화를 사고 팔 수 있다. 각 재화의 가격은 시장의 균형에 의해 결정된다. 재화1을 사기 위해 재화2를 팔아야 하고, 반대로 재화2를 사기 위해 재화1을 팔아야 하므로, A와 B의 시장활동은 결국 두 재화를 교환하는 활동이 된다. 생산은 이루어지지 않고 순수하게 교환만 이루어지므로 이 경제를 순수교환경제라고 부른다. 이 순수교환경제의 상황을 아래에서처럼 각각의 변수들을 통해 표기하자.

A의 초기 부존: (e_{1A}, e_{2A}) B의 초기 부존: (e_{1B}, e_{2B})

경제 전체의 초기 부존: (e_1, e_2) $e_1 = e_{1A} + e_{1B}$, $e_2 = e_{2A} + e_{2B}$

A의 효용함수: $U_A(x_1, x_2)$ B의 효용함수: $U_B(x_1, x_2)$

두 재화의 가격: p_1, p_2

2.2 개별 소비자의 선택

우선 각 소비자의 행동을 분석해 보자. 먼저 A의 선택을 알아보자. 두 재화의 가격이 각각 p_1, p_2일 때, A의 초기 부존이 (e_{1A}, e_{2A})이므로 예산식은 $p_1 x_1 + p_2 x_2 = p_1 e_{1A} + p_2 e_{2A}$이다. 그러므로 A는 예산선 $p_1 x_1 + p_2 x_2 = p_1 e_{1A} + p_2 e_{2A}$하에서 효용함수인 $U_A(x_1, x_2)$를 극대화하고자 한다. 독자들은 예산선 $p_1 x_1 + p_2 x_2 = p_1 e_{1A} + p_2 e_{2A}$을 제7장에서 본 적이 있음을 기억할 것이다. 제7장에서 예산식은 $p_1 x_1 + p_2 x_2 = p_1 \omega_1 + p_2 \omega_2$이었다. 이를 본 절의 예산식과 비교하면 $\omega_1 = e_{1A}$, $\omega_2 = e_{2A}$로 바뀐 것 이외에는 동일하다. 제7장에서 설명했듯이, A의 예산선은 가격과 무관하게 항상 초기 부존인 (e_{1A}, e_{2A})을 지난다.

〈그림 19-1(a)〉는 A의 선택을 나타낸다. 제7장에서 분석한 바와 같이 A는 초기에 (e_{1A}, e_{2A})를 보유하고 있지만, 두 재화의 상대가격이 $\dfrac{p_1}{p_2}$이면 시장에서 두 재화의 교환을 통해 예산선 $p_1 x_1 + p_2 x_2 = p_1 e_{1A} + p_2 e_{2A}$를 따라서 다른 소비묶음을 소비할 수 있다. $\dfrac{p_1}{p_2}$이 정확히 초기 부존인 (e_{1A}, e_{2A})에서의 한계대체율(MRS)과 같으면, 초기 부존이 효용을 극대화하므로 A는 시장에서 아무런 거래를 하지 않는다. $\dfrac{p_1}{p_2}$이 (e_{1A}, e_{2A})에서의 MRS보다 작으면, A는 재화1을 사고 재화2는 팔고자 한다. 제7장의 용어를 사용하면, A는 재화1 시장에서는 구매자(buyer), 재화2 시장

● 그림 19-1 각 소비자의 초기 부존과 최적 선택

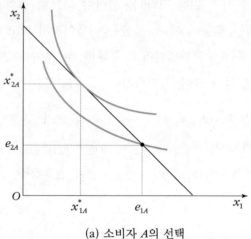

(a) 소비자 A의 선택

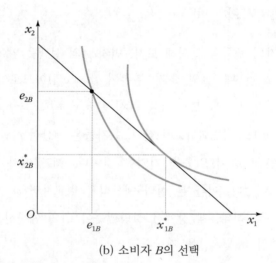

(b) 소비자 B의 선택

에서는 판매자(seller)가 된다. 반대로 $\frac{p_1}{p_2}$이 (e_{1A}, e_{2A})에서의 MRS보다 크면, A는 재화1의 판매자, 재화2의 구매자가 된다.

〈그림 19-1(a)〉에서는 $\frac{p_1}{p_2}$이 (e_{1A}, e_{2A})에서의 MRS보다 크므로 A는 재화1의 판매자, 재화2의 구매자가 된다. 〈그림 19-1(b)〉는 B의 선택을 나타낸다. $\frac{p_1}{p_2}$이 (e_{1B}, e_{2B})에서 B의 MRS보다 작으므로, B는 재화1의 구매자, 재화2의 판매자가 된다.

● **그림 19-2 각 소비자의 가격소비곡선**

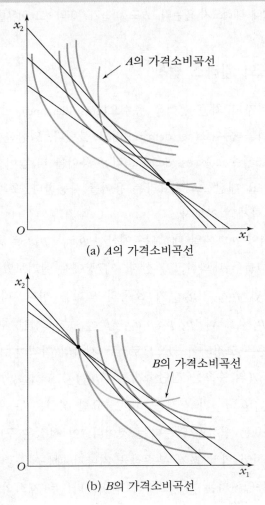

(a) A의 가격소비곡선

(b) B의 가격소비곡선

　　선호와 초기 부존의 차이 때문에 같은 상대가격에서 B는 A와 다른 선택을 한다. 상대가격이 바뀜에 따라 예산선이 변할 때, A의 선택점이 변하는 것을 연속적으로 연결하면 〈그림 19-2(a)〉와 같은 곡선을 얻는다. 이는 제5장 3.4절에서 설명한 가격소비곡선(price consumption curve: PCC)이다. 제5장과 차이점은 구매력이 화폐소득이 아닌, 초기 부존으로 주어졌다는 것이다. B의 가격소비곡선도 동일한 방법으로 구할 수 있다.

A의 가격소비곡선은 초기 부존 (e_{1A}, e_{2A})을 지나는 A의 무차별곡선의 아래쪽으로는 절대 내려오지 않는다. B도 마찬가지이다. 그 이유를 생각해 보아라.

2.3 초과수요와 왈라스 법칙

제7장에서 소비자의 최종 선택을 총수요(gross demand), 그리고 총수요와 초기 부존점과의 차이를 순수요(net demand)라고 불렀다. 일반균형이론에서는 순수요라는 용어 대신 초과수요(excess demand)라는 용어를 더 많이 사용한다. 본 장에서도 이후로는 순수요 대신 초과수요라는 용어를 사용한다. 초과수요의 정의와 그 성질을 좀 더 자세하게 알아보자.

두 재화의 가격이 p_1, p_2일 때, A는 예산선 $p_1 x_1 + p_2 x_2 = p_1 e_{1A} + p_2 e_{2A}$하에서 효용함수 $U_A(x_1, x_2)$를 극대화하고자 한다. 제7장에서 살펴보았듯이, 구매력이 실물부존으로 주어지면 $p_1 e_{1A} + p_2 e_{2A}$가 소득의 역할을 한다. 따라서 A의 수요는 $x_{1A}(p_1, p_2, p_1 e_{1A} + p_2 e_{2A})$, $x_{2A}(p_1, p_2, p_1 e_{1A} + p_2 e_{2A})$로 표시할 수 있다. 그런데 각 소비자의 초기 부존은 고정되어 있으므로, 두 재화의 가격이 A의 선택에 미치는 효과만을 고려하면 A의 수요를 간단하게 $x_{1A}(p_1, p_2)$, $x_{2A}(p_1, p_2)$로 표시한다.

$x_{1A}(p_1, p_2)$, $x_{2A}(p_1, p_2)$가 가지는 가장 중요한 성질은 두 재화의 가격이 같은 비율로 변할 때 수요는 변하지 않는다는 것이다. 이 성질은 구매력이 실물부존으로 주어질 때 예산선이 항상 초기 부존점을 지나기 때문에, 상대가격인 $\frac{p_1}{p_2}$이 동일하면 예산선이 동일하다는 사실로부터 얻어진다. 두 재화의 가격이 p_1, p_2일 때 예산선의 기울기는 $\frac{p_1}{p_2}$이다. 두 재화의 가격이 모두 동일하게 λ의 비율로 바뀌면, 새로운 가격은 λp_1, λp_2이다($\lambda > 0$). 이 때 상대가격은 $\frac{\lambda p_1}{\lambda p_2} = \frac{p_1}{p_2}$으로, 두 경우 모두 예산선의 기울기는 동일하다. 그러므로 A의 선택도 동일하다. 따라서 $x_{1A}(p_1, p_2) = x_{1A}(\lambda p_1, \lambda p_2)$, $x_{2A}(p_1, p_2) = x_{2A}(\lambda p_1, \lambda p_2)$가 성립함을 알 수 있다. 이 성질을 수요함수가 가격에 대해 0차 동차(homogeneous of degree 0)라고 부른다.

> **수요함수의 가격에 대한 0차 동차성**: 두 재화의 가격이 같은 비율로 변할 때 실물부
> 존을 가진 소비자의 선택은 변하지 않는다. 즉, $x_{1A}(p_1, p_2) = x_{1A}(\lambda p_1, \lambda p_2)$,
> $x_{2A}(p_1, p_2) = x_{2A}(\lambda p_1, \lambda p_2)$가 성립한다.

A의 재화1과 2에 대한 초과수요는 각각 $z_{1A}(p_1, p_2) \equiv x_{1A}(p_1, p_2) - e_{1A}$,
$z_{2A}(p_1, p_2) \equiv x_{2A}(p_1, p_2) - e_{2A}$로 표기한다. A의 수요함수가 가격에 대해 0차 동차이
므로, A의 초과수요도 가격에 대해 0차 동차이다. 즉, $z_{1A}(p_1, p_2) \equiv z_{1A}(\lambda p_1, \lambda p_2)$,
$z_{2A}(p_1, p_2) \equiv z_{2A}(\lambda p_1, \lambda p_2)$가 성립한다.

> **초과수요**: 소비자의 수요에서 초기 부존을 뺀 것. A의 각 재화에 대한 초과수요는,
> $z_{1A}(p_1, p_2) \equiv x_{1A}(p_1, p_2) - e_{1A}$, $z_{2A}(p_1, p_2) \equiv x_{2A}(p_1, p_2) - e_{2A}$이다.

두 재화에 대한 B의 수요함수를 $x_{1B}(p_1, p_2)$, $x_{2B}(p_1, p_2)$로 표시하면, 초과수
요는 $z_{1B}(p_1, p_2) \equiv x_{1B}(p_1, p_2) - e_{1B}$, $z_{2B}(p_1, p_2) \equiv x_{2B}(p_1, p_2) - e_{2B}$이다. 소비자 B
의 초과수요도 가격에 대해 0차 동차이다.

두 재화에 대한 A와 B의 수요를 더하면 각 재화에 대한 시장수요를, 초과수
요를 더하면 시장초과수요를 얻는다.

시장수요: $x_1(p_1, p_2) = x_{1A}(p_1, p_2) + x_{1B}(p_1, p_2)$,
$x_2(p_1, p_2) = x_{2A}(p_1, p_2) + x_{2B}(p_1, p_2)$

시장초과수요: $z_1(p_1, p_2) = z_{1A}(p_1, p_2) + z_{1B}(p_1, p_2)$,
$z_2(p_1, p_2) = z_{2A}(p_1, p_2) + z_{2B}(p_1, p_2)$

시장수요와 시장초과수요 모두 가격에 대해 0차 동차이다.

A의 수요 $x_{1A}(p_1, p_2)$, $x_{2A}(p_1, p_2)$는 예산선상에 위치해야 하므로, $p_1 x_{1A}(p_1, p_2)$
$+ p_2 x_{2A}(p_1, p_2) = p_1 e_{1A} + p_2 e_{2A}$가 성립한다. 이를 정리하면, $p_1\{x_{1A}(p_1, p_2) - e_{1A}\} +$
$p_2\{x_{2A}(p_1, p_2) - e_{2A}\} = 0$이다. 그런데 $z_{1A}(p_1, p_2) = x_{1A}(p_1, p_2) - e_{1A}$, $z_{2A}(p_1, p_2) =$
$x_{2A}(p_1, p_2) - e_{2A}$이므로, 이 식을 초과수요를 이용해 다시 쓰면 $p_1 z_{1A}(p_1, p_2) +$

$p_2 z_{2A}(p_1, p_2) = 0$이 된다. B에 대해서도 동일한 식이 성립한다.

$$p_1 z_{1A}(p_1, p_2) + p_2 z_{2A}(p_1, p_2) = 0, \ p_1 z_{1B}(p_1, p_2) + p_2 z_{2B}(p_1, p_2) = 0 \quad (1)$$

(1)의 두 식의 의미는 모든 소비자들에게 모든 가격에서 초과수요의 시장가치의 합은 항상 0이 된다는 의미이다. (1)의 두 식의 양 변을 각각 더하면 다음과 같다.

$$p_1\{z_{1A}(p_1, p_2) + z_{1B}(p_1, p_2)\} + p_2\{z_{2A}(p_1, p_2) + z_{2B}(p_1, p_2)\} = 0$$

그런데 $z_1(p_1, p_2) = z_{1A}(p_1, p_2) + z_{1B}(p_1, p_2), \ z_2(p_1, p_2) = z_{2A}(p_1, p_2) + z_{2B}(p_1, \ p_2)$ 이므로 이를 다시 쓰면 다음과 같다.

$$p_1 z_1(p_1, p_2) + p_2 z_2(p_1, p_2) = 0 \qquad\qquad (2)$$

(2)식의 의미는 시장초과수요의 시장가치의 합이 0이라는 것이다. 각 소비자들에 대해 초과수요의 시장가치의 합이 항상 0이 되므로, 시장초과수요의 시장가치의 합도 역시 0이 된다. 이 사실을 **왈라스의 법칙**(Walras' Law)이라고 부른다. 왈라스 법칙을 달리 '사회적 예산식'이라고 부르기도 한다.

> **왈라스의 법칙** ㅣ: 모든 가격에서 시장초과수요의 시장가치의 합은 항상 0이다.
> $$p_1 z_1(p_1, p_2) + p_2 z_2(p_1, p_2) = 0$$

왈라스 법칙은 재화의 종류나 소비자의 숫자가 셋 이상인 경우에도 마찬가지로 적용된다.

왈라스 법칙은 매우 당연한 식이므로, 독자들은 이를 굳이 법칙이라고 부를 가치가 있을까라는 생각을 할 수도 있다. 왈라스 법칙 자체는 매우 간단하게 유도할 수 있다. 그러나 그 의미하는 바가 매우 중요하므로 법칙이라고 불릴 만하다. 왈라스 법칙의 의미는 다음에 보다 자세하게 설명한다.

2.4 일반균형가격

이제 개별 시장의 균형을 보자. 개별 시장의 균형은 각 재화에 대한 시장수요와 시장공급이 일치할 때 달성된다. 순수교환경제에서는 생산이 이루어지지 않으므로 시장공급은 경제 전체의 각 재화의 부존량과 일치한다. 그러므로 각 시장의 균형조건은 다음과 같다.

$$x_1(p_1, p_2) = e_1, \ x_2(p_1, p_2) = e_2 \tag{3}$$

(3)식을 초과수요를 이용해 표현하면 다음과 같다.

$$z_1(p_1, p_2) = 0, \ z_2(p_1, p_2) = 0 \tag{4}$$

재화1과 2 시장 모두 균형상태에 있으면, 이를 **일반균형**(general equilibrium) 혹은 **왈라스 균형**(Walrasian equilibrium)이라고 부른다. 또 두 시장 모두 균형이 되는 가격을 **일반균형가격**(general equilibrium price) 혹은 **왈라스 균형가격**(Walrasian equilibrium price), 간단히 줄여서 균형가격이라고 부른다.

균형가격을 (p_1^*, p_2^*)로 표시하면, (p_1^*, p_2^*)는 (4)식에 있는 두 연립방정식의 해가 됨을 알 수 있다. (4)식을 보면 미지수도 두 개, 방정식도 두 개인 것처럼 보인다. 그러나 아래에서 설명하겠지만, 실제로는 미지수도 하나, 방정식도 하나이다.

먼저 미지수의 개수에 대해 알아보자. (p_1^*, p_2^*)이 균형가격이면, $z_1(p_1^*, p_2^*) = 0$, $z_2(p_1^*, p_2^*) = 0$이다. 그런데 앞에서 시장초과수요가 가격에 대해 0차 동차임을 설명했다. 즉, 0보다 큰 모든 λ에 대해 $z_1(p_1, p_2) = z_1(\lambda p_1, \lambda p_2)$, $z_2(p_1, p_2) = z_2(\lambda p_1, \lambda p_2)$가 성립한다. 따라서 $z_1(p_1^*, p_2^*) = 0$, $z_2(p_1^*, p_2^*) = 0$이면, $z_1(\lambda p_1^*, \lambda p_2^*) = 0$, $z_2(\lambda p_1^*, \lambda p_2^*) = 0$이다. 즉, (p_1^*, p_2^*)이 균형가격이면, $(\lambda p_1^*, \lambda p_2^*)$도 균형가격이다. 그런데 (p_1^*, p_2^*)와 $(\lambda p_1^*, \lambda p_2^*)$의 공통점은 상대가격이 $\dfrac{p_1^*}{p_2^*} = \dfrac{\lambda p_1^*}{\lambda p_2^*}$으로 동일하다는 점이다. 그러므로 균형에서는 각 재화의 개별 가격이 아니라, 상대가격인 $\dfrac{p_1^*}{p_2^*}$만 결정할 수 있다. 예를 들어, $p_1 = 2$, $p_2 = 1$인 경우와 $p_1 = 4$, $p_2 = 2$인 경우 모두 동일하게 재화1 한 단위는 재화2 두 단위와 교환된다. 따라서 소비자 입장에서는

두 경우가 동일하다.

이 같은 일이 벌어지는 것은 앞에서 보았듯이 시장초과수요가 가격에 대해 0차 동차이기 때문이다. 시장초과수요가 가격에 대해 0차 동차라는 것은 상대가격인 $\frac{p_1}{p_2}$에만 의존한다는 의미이다. 그러므로 왈라스 균형조건인 (4)식을 다음과 같이 쓸 수 있다.

$$z_1\left(\frac{p_1}{p_2}\right)=0, \ z_2\left(\frac{p_1}{p_2}\right)=0 \tag{5}$$

(5)식을 보면 미지수는 $\frac{p_1}{p_2}$ 하나지만, 방정식은 두 개인 것처럼 보인다. 그러나 실제로는 왈라스 법칙에 의해 방정식도 역시 하나가 된다. 왈라스 법칙을 이용하면, 재화1 시장이 균형이면 재화2 시장도 자동적으로 균형이 됨을 보일 수 있다. (p_1^*, p_2^*)에서 재화1 시장이 균형이라고 하자. 즉, $z_1(p_1^*, p_2^*)=0$이다. 왈라스 법칙에 의해 $p_1^* z_1(p_1^*, p_2^*)+p_2^* z_2(p_1^*, p_2^*)=0$이다. $z_1(p_1^*, p_2^*)=0$이므로, $p_2^* z_2(p_1^*, p_2^*)=0$이 되어야 한다. $p_2^*>0$이면 $z_2(p_1^*, p_2^*)=0$이 되어야 한다. 따라서 재화1 시장이 균형이면 재화2 시장도 균형임을 알 수 있다.

왈라스의 법칙 II: 두 시장 가운데 한 시장이 균형이면, 나머지 시장도 자동적으로 균형이다. 이 성질은 재화가 n개 있어 시장이 n개인 경우에도 그대로 성립한다. n개의 시장이 있는 경우, $(n-1)$개의 시장이 균형이면, 나머지 시장도 자동적으로 균형이다.

거시경제학을 공부한 학생들은 *LM*곡선에 익숙해 있을 것이다. *LM*곡선은 화폐시장의 균형조건을 표시한 곡선이다. 거시경제학에서는 경제주체들이 금융자산을 화폐 혹은 채권의 형태로 보유한다고 가정한다. 따라서 화폐시장과 채권시장, 두 개의 시장이 존재한다. 왈라스 법칙에 의해 화폐시장이 균형이면 자동적으로 채권시장도 균형이다. 그러므로 왈라스 법칙에 의해 한 개의 시장균형만을 고려하면 충분하기 때문에 거시경제학에서는 화폐시장의 균형만을 고려해, *LM*곡선을 도출한다.

왈라스 법칙(Ⅱ)에 의해 $z_1\left(\dfrac{p_1^*}{p_2^*}\right)=0$이면 자동적으로 $z_2\left(\dfrac{p_1^*}{p_2^*}\right)=0$이 성립한다 (물론 그 반대도 성립한다). 따라서 두 개의 시장이 동시에 균형인 조건은 실제적으로 $z_1\left(\dfrac{p_1}{p_2}\right)=0$(혹은 $z_2\left(\dfrac{p_1}{p_2}\right)=0$) 하나이다.

> **두 개의 시장이 있는 경우 일반균형 조건:** 시장초과수요가 가격에 대해 0차 동차이므로 왈라스 법칙에 의해 두 개의 시장이 동시에 균형일 조건은 $z_1\left(\dfrac{p_1}{p_2}\right)=0$ (혹은 $z_2\left(\dfrac{p_1}{p_2}\right)=0$)이다.

이와 같이 일반균형이론에서 소비자의 선택과 균형은 모두 상대가격인 $\dfrac{p_1}{p_2}$에 의해 결정된다. 그러므로 두 재화 가운데 한 재화를 기준으로 삼아 다른 재화의 가격을 그 재화 가격에 대한 비율로 나타내도 분석에는 아무런 지장이 없다. 지금부터 재화2를 기준으로 사용하기로 한다. 재화2의 가격인 p_2를 1로 놓으면, $\dfrac{p_1}{p_2}=p_1$이 되어 p_1은 재화1 한 단위와 교환되는 재화2의 양을 의미한다. 따라서 초과수요는 p_1만의 함수로 표시된다. 이처럼 가격을 1로 놓아 상대가격 계산의 기준으로 사용되는 재화를 **단위재**(numeraire)라고 부른다. 여기서는 재화2가 단위재가 된다. 만일 재화1의 가격을 1로 놓으면, 재화1이 단위재가 되고, 상대가격은 $\dfrac{p_1}{p_2}=\dfrac{1}{p_2}$이 된다. $\dfrac{1}{p_2}$보다는 p_1이 다루기 편리하므로 재화1 대신 재화2를 단위재로 선택한 것이다.

〈그림 19-3〉은 p_1의 크기에 따라 재화1 시장에서 A와 B의 초과수요가 어떻게 변하는지를 그래프로 보여준다. A의 경우, 초기 부존점인 (e_{1A}, e_{2A})에서 p_1이 한계대체율과 일치하면 초과수요가 0이다. 이 크기를 그림에서 p_1^A로 표시했다. 따라서 $z_{1A}(p_1^A)=0$이다. $p_1 > p_1^A$이면 $z_{1A}(p_1) < 0$이고, $p_1 < p_1^A$이면 $z_{1A}(p_1) > 0$이다. B 역시 초기 부존점인 (e_{1B}, e_{2B})에서 p_1이 한계대체율과 같을 때 초과수요가 0이 된다. 이 크기를 그림에서 p_1^B로 표시했다(p_1^A와 p_1^B는 일반적으로 다르므로, $p_1^B > p_1^A$을 가정한다). 따라서 A와 마찬가지로, $z_{1B}(p_1^B)=0$, $p_1 > p_1^B$이면 $z_{1B}(p_1) < 0$, $p_1 < p_1^B$이면 $z_{1B}(p_1) > 0$이다.

p_1이 낮을수록 모두가 재화1을 더 소비하려 할 것이므로 초과수요가 (+)방향으로 증가한다. 반면에 p_1이 높으면 재화1을 팔고 대신 재화2를 소비하려 하므로 재화1의 초과수요가 줄어들어 (−)방향으로 움직인다. 재화1의 (−) 초과수요는 초기 부존보다 덜 소비하고 나머지를 시장에 공급하는 수량이므로 순공급(net supply)의 의미를 갖는다.

두 소비자의 초과수요를 수평으로 합하면, 재화1의 시장초과수요 $z_1(p_1)$을 얻는다. $z_{1A}(p_1^A)=0$이므로 p_1^A에서 시장초과수요는 B의 초과수요와 같다. 또한 $p_1^B > p_1^A$이므로, $z_1(p_1^A) = z_{1B}(p_1^A) > 0$이다. 반면에 $z_{1B}(p_1^B)=0$이므로, p_1^B에서 시장초과수요는 A의 초과수요와 같다. $p_1^B > p_1^A$이므로, $z_1(p_1^B) = z_{1A}(p_1^B) < 0$이다. 〈그림 19-3〉을 보면 p_1^*에서 시장초과수요가 0이 됨을 알 수 있다. p_1^*에서 정확하게 A가 팔고자 하는 재화1의 양과 B가 사고자 하는 재화1의 양이 일치한다. p_1^*가 바로 재화1 시장의 균형가격이다.

왈라스 법칙(2)에서 설명했듯이, 한 시장이 균형이면 다른 시장도 자동으로 균형이다. p_1^*에서 재화1 시장이 균형이므로($z_1(p_1^*)=0$), 같은 가격에서 재화2 시장도 균형이다($z_2(p_1^*)=0$). 따라서 p_1^*가 바로 일반균형가격, 왈라스 균형가격이고, 균형에서 재화1 한 단위는 p_1^* 단위의 재화2와 교환된다.

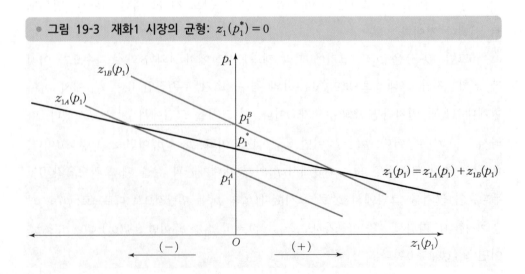

● 그림 19-3   재화1 시장의 균형: $z_1(p_1^*)=0$

생각하기 2 재화가 3개, 소비자도 3명일 경우, 왈라스 법칙이 성립함을 보여라.

2.5 일반균형가격의 존재

〈그림 19-3〉에서 보듯이, 균형가격은 재화1의 시장초과수요곡선이 세로축과 교차하는 곳에서 결정된다. 그런데 시장초과수요곡선은 반드시 세로축과 교차하는가? 만약 교차하지 않는다면 균형가격이 존재하지 않게 되고, 따라서 일반균형이 존재하지 않게 된다. 일반균형이론은 초과수요가 가격에 대해 연속이라는 가정과 왈라스 법칙이 성립한다는 최소한의 가정하에서 재화의 개수와 소비자의 숫자가 유한할 때 균형이 반드시 존재한다는 것을 증명했다. 이 증명에 **부동점**(고정점) 정리(fixed point theorem)라는 수학이론이 이용된다. 부동점 정리를 이용한 일반균형가격의 존재 증명은 본서의 수준을 넘어서는 것이다. 수학적으로 관심이 있는 독자들은 대학원 수준의 미시 교과서를 참고하기 바란다. 본서에는 초과수요가 가격에 대해 연속이고 왈라스 법칙이 성립할 때 그림을 통해 직관적으로 일반균형가격이 항상 존재함을 보인다.

〈그림 19-3〉과 같이 두 소비자의 초기 부존점에서 각 소비자의 한계대체율의 크기를 각각 p_1^A와 p_1^B라고 하고 $p_1^B \geq p_1^A$라고 가정하자($p_1^A \geq p_1^B$이면 두 소비자의 이름을 바꾸어서 부르면 된다). 그러면 $p_1 < p_1^A$이면, 두 소비자 모두 재화1의 구매자가 되어 $z_{1A}(p_1) > 0$, $z_{1B}(p_1) > 0$이다. 그러므로 시장초과수요 역시 $z_1(p_1) > 0$이다. 반면에 $p_1 > p_1^B$이면 두 소비자 모두 재화1의 판매자가 되어 $z_{1A}(p_1) < 0$, $z_{1B}(p_1) < 0$이다. 따라서 $z_1(p_1) < 0$이다. 그러므로 〈그림 19-3〉에서 보다시피, 가격이 p_1^A보다 작은 영역에서 p_1^B보다 큰 영역으로 움직일 때, 재화1의 시장초과수요는 (+)에서 (−)로 변한다.

초과수요가 가격에 대해 연속이라는 의미는 가격이 변할 때 초과수요에 점프가 일어나지 않고, 부드럽게 변한다는 의미이다. 그러므로 재화1의 시장초과수요가 (+)에서 (−)로 변할 때 적어도 한 번은 0이 되어야 한다. 즉, 세로축과 적어도 한 번은 만나야 한다. 시장초과수요함수의 형태에 따라서 세로축과 만나는 횟수가 달라질 수 있다. 〈그림 19-4〉의 시장초과수요함수는 p_1^*, p_1^{**}, p_1^{***}일 때 세로축과 만난다. 그러므로 이 경우 재화1 시장의 균형은 3개 존재한다. 또한 왈라스

● 그림 19-4 복수의 일반균형가격이 존재하는 경우

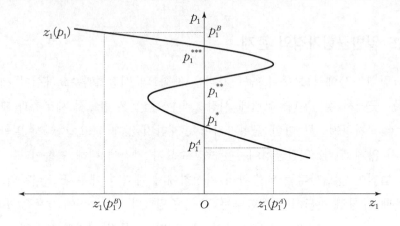

법칙에 의해 재화1의 시장초과수요가 0이 되는 가격 모두가 일반균형가격이다. 재화1의 시장초과수요가 0이 되는 가격이 적어도 하나는 존재하므로, 일반균형가격이 항상 존재함을 알 수 있다.[1]

예 1 다음과 같은 순수교환경제의 일반균형가격을 구해 보자. A의 효용함수는 $U_A = x_1 x_2$, B의 효용함수는 $U_B = x_1^2 x_2$, A의 초기 부존은 $(10, 20)$, B의 초기 부존은 $(30, 15)$이다.

재화2의 가격을 1로 놓으면, A와 B의 예산선은 각각 $p_1 x_1 + x_2 = 10 p_1 + 20$, $p_1 x_1 + x_2 = 30 p_1 + 15$이다. A와 B의 한계대체율은 각각 $MRS_A = \dfrac{x_2}{x_1}$, $MRS_B = \dfrac{2x_2}{x_1}$이다. 각 소비자별로 $MRS = p_1$과 예산식을 연립해 풀면, $x_{1A} = 5 + \dfrac{10}{p_1}$, $x_{2A} = 5p_1 + 10$, $x_{1B} = 20 + \dfrac{10}{p_1}$, $x_{2B} = 10p_1 + 5$를 얻는다. 따라서 각 재화의 시장수요는 각각 $x_1 = x_{1A} + x_{1B} = 25 + \dfrac{20}{p_1}$, $x_2 = x_{2A} + x_{2B} = 15p_1 + 15$이다. 재화1의 총

---

1 소비자 개개인의 무차별곡선이 원점을 향해 볼록하면 개개인의 초과수요가 가격에 대해 연속이고, 따라서 시장초과수요도 가격에 대해 연속이다. 개인 소비자의 초과수요가 가격에 대해 연속적이 아니더라도 시장에 참여하는 소비자가 무수히 많고 개개인의 비중이 지극히 작으면 시장초과수요는 가격에 대해 연속일 수 있다. 일반균형가격의 존재 증명을 위한 조건은 개개인의 초과수요가 아닌 시장초과수요가 가격에 대해 연속이면 된다.

부존량은 40이다. 그러므로 재화1 시장이 균형이려면 $25 + \dfrac{20}{p_1} = 40$이다. 이를 풀면 $p_1^* = \dfrac{4}{3}$를 얻는다. $p_1^* = \dfrac{4}{3}$일 때 재화2의 시장수요는 $x_2 = 15 \times \dfrac{4}{3} + 15 = 35$로 재화2의 총부존량 35와 일치한다. 그러므로 $p_1^* = \dfrac{4}{3}$일 때 두 시장이 모두 균형이다. 따라서 $p_1^* = \dfrac{4}{3}$가 유일한 일반균형가격이다. 일반균형에서 재화1 한 단위는 $\dfrac{4}{3}$ 단위의 재화2와 교환된다.

Section 3 　일반균형의 특성

위에서 논의한 순수교환경제의 일반균형은 아래와 같은 특징을 갖는다.

- 모든 재화는 남김없이 소비된다.
- 각 재화시장에서 공급과 수요가 일치한다.
- 모든 소비자의 한계대체율이 균형상대가격과 같다.
- 균형상대가격은 누구에게나 동일하게 적용되므로 결과적으로 모든 소비자들의 한계대체율은 같다.[2]

일반균형에서 과연 자원은 소비자들 사이에 가장 효율적으로 배분되는가? 이 문제는 개별 경제주체들의 자유로운 시장참여에 바탕을 둔 자유시장경제의 효율성에 관한 문제이므로 매우 중대한 의미를 갖는다. 만약 그 답이 '아니오'라면, 시장경제는 그 근간이 흔들리게 되기 때문이다. 다행히 위 문제에 대한 답은 '예'이다. 먼저 여러 명의 구성원이 있는 사회에서 효율성을 어떻게 정의하는지를 논의한 이후에, 교환경제의 일반균형이 이 효율성 기준에 적합한지의 여부를 분석한다.

2　소비자들이 코너해를 선택하고 있다면 이 조건이 충족되지 않을 수도 있다. 예를 들어, A의 한계대체율이 ∞(즉, A에게 재화2는 중립재)이고, B의 한계대체율은 0(즉, B에게는 재화1이 중립재)이라면 A는 재화1만을 소비하고 B는 재화2만을 소비하는 균형이 성립한다. 그러나 이 경우, 두 사람의 한계대체율은 같지 않을 수 있다.

3.1 파레토 효율성

경제학에서 가장 엄밀한 의미의 효율성은 이탈리아의 경제학자 파레토(Vilfredo Pareto)의 이름을 딴 '**파레토 효율성**'(Pareto efficiency)이다. 파레토 효율성은 일반적으로 경제에 참여하는 구성원 중에서 누군가의 효용을 증대시키려면 반드시 다른 구성원 중의 일부 또는 전부의 효용을 감소시켜야만 하는 상황, 즉 다른 사람들의 피해 없이 그 누구도 추가로 이득을 볼 수 없는 상황으로 정의된다. 예를 들어, $A, B, C, \cdots, Z$의 구성원으로 이루어진 경제에서 B부터 Z까지의 효용을 그대로 둔 채로 A의 효용을 증대시킬 수 있다면 현재의 상황은 파레토 효율적이지 않다. 현재 상황은 생각할 수 있는 최상의 상황이 아니기 때문이다.

이제 일반균형이론에서 파레토 효율성을 좀더 엄밀하게 정의하자. 이를 위해 먼저 **자원배분**(resource allocation)이 무엇인지를 정의한다. 자원배분이란 각 소비자들에게 특정한 소비묶음이 배정된 상황을 의미한다. $X = \{(x_{1A}, x_{2A}), (x_{1B}, x_{2B})\}$라는 자원배분은 A와 B가 각각 $x_A = (x_{1A}, x_{2A})$와 $x_B = (x_{1B}, x_{2B})$라는 소비묶음을 소비하는 자원배분이다. 순수교환경제에서 각 소비자의 초기 부존을 각각 $e_A = (e_{1A}, e_{2A})$와 $e_B = (e_{1B}, e_{2B})$로 표시했다. 이 경우, 이 경제 전체의 초기 부존은 $(e_1 = e_{1A} + e_{1B}, \ e_2 = e_{2A} + e_{2B})$이다. 자원배분 $X = \{(x_{1A}, x_{2A}), (x_{1B}, x_{2B})\}$에서 두 소비자가 소비하는 각 재화의 양은 각각 $x_1 = x_{1A} + x_{1B}, \ x_2 = x_{2A} + x_{2B}$이다. 만일 $x_1 \le e_1$ 그리고 $x_2 \le e_2$이면, (e_1, e_2)를 각 소비자에게 적절하게 배분함으로써 X라는 자원배분을 달성할 수 있다. 이 경우 자원배분 X를 '**실행 가능하다**'(feasible)라고 부른다.

다음으로 두 자원 배분 $X = \{(x_{1A}, x_{2A}), (x_{1B}, x_{2B})\}$와 $Y = \{(y_{1A}, y_{2A}), (y_{1B}, y_{2B})\}$를 비교해 보자. X에서 각 소비자가 얻는 효용은 $U_A(x_{1A}, x_{2A})$, $U_B(x_{1B}, x_{2B})$이고, Y의 경우 $U_A(y_{1A}, y_{2A})$, $U_B(y_{1B}, y_{2B})$이다. 만일 $U_A(x_{1A}, x_{2A}) \ge U_A(y_{1A}, y_{2A})$, $U_B(x_{1B}, x_{2B}) \ge U_B(y_{1B}, y_{2B})$, 그리고 적어도 하나는 강부등호로 성립하면, X가 Y보다 **파레토 우월하다**(Pareto superior), 혹은 Y가 X보다 **파레토 열등하다**(Pareto inferior)라고 부른다.

> **파레토 우월과 열등**: 자원배분 X와 Y를 비교해, 모든 소비자들이 X에서 자신이 소비하는 소비묶음의 효용이 Y에서 소비하는 소비묶음의 효용보다 작지 않고 또한 최소한 한 소비자는 Y보다 X에서 더 큰 효용을 얻을 때, X는 Y보다 파레토 우월하며 Y는 X보다 파레토 열등하다.

이제 파레토 효율적인 자원배분을 정의하자. 자원배분 X가 주어져 있을 때, X보다 파레토 우월하며 동시에 실행 가능한 자원배분이 존재하지 않으면 X는 **파레토 효율적**(Pareto efficient)이라고 부른다. 반대로 X가 파레토 비효율적(Pareto inefficient)이라는 것은 X보다 파레토 우월하며 동시에 실행 가능한 자원배분이 존재한다는 의미이다.

> **파레토 효율적인 자원배분**: 한 자원배분이 주어졌을 때, 그 자원배분보다 파레토 우월하며 동시에 실행 가능한 자원배분이 존재하지 않는 자원배분

파레토 효율성은 파레토 비효율성을 먼저 이해함으로써 더 잘 이해할 수 있다. X가 파레토 비효율적이면, X보다 파레토 우월하며 동시에 실행 가능한 자원배분 Y가 존재한다. Y가 X보다 파레토 우월하면, 모든 소비자는 Y를 X보다 약선호하며, 적어도 한 소비자는 Y를 X보다 강선호한다. 따라서 X에서 Y로 옮겨 가고자 할 때 적극적으로 반대하는 사람은 없고, 적극적으로 찬성하는 사람은 있다. 그런데 Y로 옮겨 가려면, Y가 실행 가능해야 한다. Y가 실행 가능하지 않으면 Y가 X보다 파레토 우월하기는 하지만, 그림의 떡이 된다. Y가 실행 가능하면, 현재의 자원을 재분배함으로써 Y라는 자원배분을 달성할 수 있다. 따라서 X가 파레토 비효율적이라는 것은 있는 자원을 재분배함으로써 모든 사람을 이전보다 못하지 않게 만들어 줄 수 있고, 동시에 적어도 한 명은 이전보다 더 낮게 만들어 줄 수 있음을 의미한다. 파레토 효율적인 자원배분은 한 소비자를 이전보다 더 낮게 만들어 주려면 반드시 누군가가 이전보다 못하게 되는 자원배분을 의미한다.

예 2 예 1에서 살펴본 순수교환경제를 생각해 보자. 초기 자원배분은 $\{(10, 20),$ $(30, 15)\}$)이다. 초기 자원배분에서 A의 효용은 $U_A = 10 \times 20 = 200$, B의 효용은 $U_B = 30^2 \times 15 = 13,500$이다. 이 경제에서 $e_1 = 40$, $e_2 = 35$이다. 이제 자원배분 $X = \left\{ \left(\frac{25}{2}, \frac{50}{3} \right), \left(\frac{55}{2}, \frac{55}{3} \right) \right\}$를 생각해 보자. X에서 재화1의 양은 $\frac{25}{2} + \frac{55}{2} = 40$, 재화2의 양은 $\frac{50}{3} + \frac{55}{3} = 35$이다. 그러므로 X는 실행가능한 자원배분이다. X에서 A의 효용은 $U_A = \frac{25}{2} \times \frac{50}{3} = \frac{625}{3} > 200$, B의 효용은 $U_B = \left(\frac{55}{2} \right)^2 \times \frac{55}{3} = \frac{166,375}{12} > 13,500$이다. 따라서 자원배분 X에서 두 소비자의 효용 모두 초기 자원배분에서의 효용보다 크다. 그러므로 초기 자원배분은 파레토 비효율적이다. 다음 절에서 설명하겠지만, 자원배분 X는 파레토 효율적이다.

다음 절에서는 일반균형의 자원배분이 파레토 효율적이라는 것과, 파레토 효율적인 자원배분을 구하는 방법을 알아본다.

3.2 후생경제학의 제1정리

두 소비자의 효용함수가 $U_A(x_1, x_2)$, $U_B(x_1, x_2)$, 초기 부존은 (e_{1A}, e_{2A}), (e_{1B}, e_{2B}), 따라서 경제 전체의 초기 부존이 $(e_1 = e_{1A} + e_{1B}, \ e_2 = e_{2A} + e_{2B})$인 순수교환경제를 생각하자. 앞에서 설명했듯이, 일반균형이론에서는 상대가격만 의미를 가지므로 재화2의 가격은 1로 놓는다. p_1은 재화1의 가격이다. A의 각 재화에 대한 수요함수를 $x_{1A}(p_1)$, $x_{2A}(p_1)$, B의 각 재화에 대한 수요함수를 $x_{1B}(p_1)$, $x_{2B}(p_1)$로 표시한다. p_1^*를 일반균형가격이라고 하자. 즉, $x_{1A}(p_1^*) + x_{1B}(p_1^*) = e_1$, $x_{2A}(p_1^*) + x_{2B}(p_1^*) = e_2$이다. p_1^*에서 A와 B는 각각 소비묶음 $(x_{1A}(p_1^*), x_{2A}(p_1^*))$와 $(x_{1B}(p_1^*), \ x_{2B}(p_1^*))$를 소비한다. 일반균형에서 각 소비자가 소비하는 소비묶음을 모아 놓은 자원배분 $\{(x_{1A}(p_1^*), x_{2A}(p_1^*)), (x_{1B}(p_1^*), x_{2B}(p_1^*))\}$을 **일반균형의 자원배분**(general equilibrium allocation)이라고 부른다. 경제학 전 분야를 통틀어 가장 중요한 결과를 꼽으라면 아마도 많은 경제학자들은 일반균형의 자원배분이 파레토 효율적이라는 것을 꼽을 것이다. 이 결과를 **후생 경제학의 제1정리**(The First Theorem of Welfare Economics)라고 부른다.

> **후생경제학의 제1정리**: 일반균형의 자원배분은 파레토 효율적이다.

일반균형의 자원배분이 파레토 효율적이라는 것은 매우 일반적인 상황에서 성립한다. 본 절에서는 두 소비자의 효용함수가 미분 가능해 한계대체율이 잘 정의된다는 가정하에서 후생 경제학의 제1정리가 성립하는 이유를 직관적으로 설명한다. 그러나 이 결과는 효용함수에 대한 아무런 가정 없이도 성립한다. 부록 1에 일반적인 경우에 대한 후생경제학의 제1정리에 대한 증명을 수록했다. 그리 어려운 증명은 아니니 관심 있는 독자들은 참고하기 바란다.

후생경제학의 제1정리는 다음과 같이 직관적으로 설명할 수 있다. 첫째, 일반균형에서는 전체 경제에 주어진 재화들이 남김없이 소비된다. A와 B는 초기 부존량을 스스로 소비하든지 아니면 상대방과 교환해 소비한다. 초기 부존량 중에서 버려지는 재화는 없다. 그러므로 소비되지 않고 있는 재화를 찾아 누군가에게 무상으로 나누어 줌으로써 다른 소비자들의 피해 없이 받는 사람의 효용을 증대시킬 방법이 없다.

둘째, 그렇다면 나머지 가능성은 현 상황에서 소비자들이 추가적인 교환을 통해 아무도 피해를 받지 않고 누군가의 효용을 증대시킬 수 있느냐 하는 것이다. 그러나 이에 대한 답도 '아니오'이다. 그 이유는 현 상태에서 모든 소비자들의 한계대체율이 같기 때문이다. 일반균형가격 p_1^*에서 각 소비자가 선택한 소비묶음은 각 소비자의 효용을 극대화하고 있다. 따라서 각 소비자가 선택한 소비묶음에서 한계대체율은 p_1^*와 같아야 한다. 그러므로 두 소비자의 한계대체율은 p_1^*로 일치한다. 두 소비자의 한계대체율이 다르면 교환을 통해 두 사람 모두의 효용을 증대시킬 수 있다. 예를 들어, 현재 한계대체율이 A는 1, B는 2라고 하자. A는 재화1 한 단위를 포기하는 대신 재화2 한 단위를 더 얻으면 효용에 변화가 없다. 그런데 B는 재화1 한 단위를 얻기 위해 재화2 두 단위를 포기할 용의가 있다. 이 둘이 만나서 A가 B에게 재화1 한 단위를 주는 대신에 재화2를 1.5단위 받는 거래를 하면, 두 소비자의 효용은 모두 증가한다. 따라서 현재의 자원배분에서 두 소비자의 한계대체율이 다르면, 교환을 통해 두 소비자의 효용을 증가시킬 수 있다. 그러나 일반균형의 자원배분에서는 모든 소비자들의 한계대체율이 같으므로, 교환을 통한 효율성 증대가 더 이상 불가능하다. 즉, 일반균형의 자원배분은 파레토 효율적인 것이다.

3.3 에지워스 박스를 이용한 일반균형 설명

1) 에지워스 박스

소비자가 두 명이고 재화도 두 개인 순수교환경제의 일반균형은 에지워스 박스라는 2차원의 그림을 통해 설명할 수 있다. 본 절에서는 앞에서 이미 설명한 내용들을 에지워스 박스를 사용해 다시 설명한다. 같은 내용이지만 설명 방법이 다르므로 독자들의 이해를 증진시킬 수 있을 것이다.

우선 두 소비자의 초기 부존을 더하면 경제 전체의 초기부존이 된다. 생산이 불가능한 경제이므로 경제 전체의 부존량은 변하지 않는다. 두 소비자의 초기 부존이 (e_{1A}, e_{2A}), (e_{1B}, e_{2B})이면 경제 전체의 초기 부존은 $(e_1 = e_{1A} + e_{1B},\ e_2 = e_{2A} + e_{2B})$이다. 이제 e_1과 e_2를 각각 가로와 세로로 하는 사각형을 그린다(〈그림 19-5〉). 이 사각형은 경제 전체의 두 재화의 부존량에 의해 그 크기가 결정되는데, 이 사각형을 에지워스 박스(Edgeworth box)라고 부른다.[3]

에지워스 박스의 왼쪽 아래 구석(O_A)을 A의 소비에 대한 원점으로, 오른쪽 위 구석(O_B)을 B의 소비에 대한 원점으로 취급한다. 다만 B는 그림이 상하좌우가 반대로 뒤바뀐 형태를 하고 있다. 이렇게 보면 그림에서 W점은 A와 B의 입장에서 모두 초기 부존을 나타내는 역할을 한다. W는 O_A를 기준으로 가로축으로 e_{1A}, 세로축으로 e_{2A}만큼 떨어져 있으므로 A의 초기 부존을 나타낸다. 마찬가지로 O_B를 기준으로 가로축으로 e_{1B}, 세로축으로 e_{2B}만큼 떨어져 있으므로 B의 초기 부존도 나타낸다.

에지워스 박스 내부의 점들은 경제 전체의 부존량을 A, B 사이에 어떻게 배분하는지를 나타낸다. 즉, 에지워스 박스 내의 한 점은 실행 가능한 자원배분을 의

---

3 이 이름은 이 분석방법을 처음 제시한 영국의 경제학자 에지워스(Francis Edgeworth)의 이름을 딴 것이다.

● **그림 19-5 에지워스 박스**

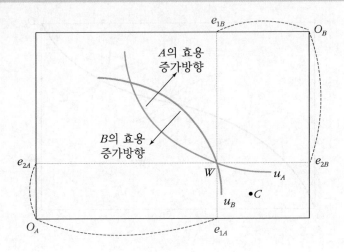

미한다. W는 A, B가 각각 초기 부존을 그대로 소비하는 초기 자원배분을 의미한다. C는 W에 비해 A가 재화1을, B가 재화2를 더 갖는 자원배분을 의미한다. O_A는 A는 아무것도 갖지 않고 모든 것을 B가 갖는 자원배분이다. 이처럼 에지워스 박스 내의 각 점은 실행 가능한 하나의 자원배분을 나타낸다. 에지워스 박스 내의 한 점에서 다른 점으로 이동한다는 것은 한 자원배분에서 다른 자원배분으로 이동함을 의미하는데, 단 어떤 경로를 통해 이동하는지에 대한 설명은 없다. O_A와 O_B를 원점으로 각각 A와 B의 무차별곡선들을 그리면 각 자원배분에서 A, B의 효용을 나타낼 수 있다. 물론 B의 무차별곡선은 상하좌우가 바뀌어 거꾸로 매달린 형태이다. 〈그림 19-5〉의 무차별곡선들은 초기 자원배분에서 각 소비자의 효용을 나타낸다.

2) 계약곡선

〈그림 19-5〉에서 초기 자원배분인 W가 파레토 효율적이지 않다는 것은 쉽게 알 수 있다. W를 지나는 두 무차별곡선은 서로 접하지 않고 교차한다. 이 점에서의 A와 B의 한계대체율이 서로 다르기 때문이다. 이 때 이 두 무차별곡선이 교차하면서 생긴 렌즈모양의 영역이 발생하는데, 이 영역에 있는 모든 자원배분은 W와 비교할 때 A, B의 효용이 모두 높다. 즉, 누구에게도 피해를 주지 않고 모든

● 그림 19-6 파레토 효율적인 자원배분과 계약곡선

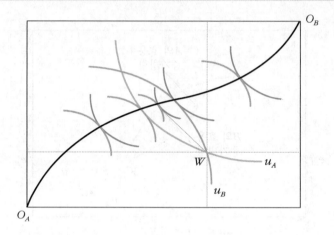

사람의 만족도를 향상시킬 수 있는 대안이 있으므로 W는 파레토 효율적이 아니다. A와 B는 교환을 통해 이 영역에 있는 자원배분으로 이동할 수 있다.

그렇다면 파레토 효율적인 자원배분의 조건은 무엇인가? 바로 두 소비자의 무차별곡선이 서로 접하는 것, 즉 두 소비자의 한계대체율이 같다는 것이다. 두 무차별곡선이 접하면 W에서처럼 무차별곡선이 교차함으로 인해 생기는 렌즈 모양의 영역이 나타나지 않는다. 〈그림 19-6〉처럼 에지워스 박스 내에 두 소비자의 무차별곡선이 접하는 수많은 자원배분이 존재한다. 이런 자원배분들을 연결시키면 하나의 곡선이 되는데, 이 선을 **계약곡선**(contract curve)이라고 부른다. 이 곡선상의 점들은 모두 파레토 효율적이다. 심지어 O_A와 O_B도 포함된다. 이처럼 파레토 효율성의 개념은 구성원들 사이의 형평성(equity)과는 아무런 관련이 없다. O_A와 O_B처럼 극도로 불공평한 배분이라고 하더라도, 현 상황에서 둘 중 한 사람의 피해 없이 다른 사람의 효용을 증대시킬 수 있는 방법이 전혀 없다면, 파레토 효율성을 충족시킨다.

순수교환경제에서 **파레토 효율성 조건**: 실행 가능한 자원배분 $X = \{(x_{1A}, x_{2A}),$ $(x_{1B}, x_{2B})\}$이 파레토 효율적이려면 $MRS_A(x_{1A}, x_{2A}) = MRS_B(x_{1B}, x_{2B})$이 성립해야 한다. 이를 간단히 $MRS_A = MRS_B$로 표시한다. 여러 명이 있는 경우에도 동

일하다. n명의 소비자가 있는 경우, 파레토 효율성 조건은 $MRS_1 = \cdots = MRS_n$ 이다.[4]

예3 예 1에서 살펴본 순수교환경제의 계약곡선을 구해 보자.

경제 전체의 부존량은 $(40, 35)$이다. 주어진 자원배분에서 A의 소비묶음을 (x_1, x_2)로 표시할 때, 이 자원배분이 실행 가능하면 B의 소비묶음은 초기 부존량에서 A의 소비묶음을 뺀 $(40 - x_1, 35 - x_2)$가 된다. 따라서 실행 가능한 자원배분은 A의 소비묶음만 표시하면 된다. A와 B의 한계대체율은 각각 $MRS_A = \dfrac{x_2}{x_1}$, $MRS_B = \dfrac{2x_2}{x_1}$이다. 파레토 효율적이려면 두 소비자의 한계대체율이 같아야 하므로, $\dfrac{x_2}{x_1} = \dfrac{2(35 - x_2)}{40 - x_1}$, 즉 $x_2(40 - x_1) = 2x_1(35 - x_2)$가 성립해야 한다. 이를 x_2에 대해 정리하면 $x_2 = \dfrac{70x_1}{x_1 + 40}$을 얻는데, 이 식이 바로 계약곡선이다. $x_1 = 0$을 이 식에 대입하면 $x_2 = 0$이다. 따라서 B가 모든 것을 다 소비하는 O_A가 계약곡선상에 위치하는 파레토 효율적인 자원배분임을 알 수 있다. 반면에 $x_1 = 40$을 대입하면 $x_2 = 35$를 얻는다. A가 $(40, 35)$, 즉 A가 모든 것을 소비하는 O_B도 계약곡선상에 위치하는 파레토 효율적인 자원배분이다.

예 1에서 이 경제의 일반균형가격이 $p_1^* = \dfrac{4}{3}$임을 보였다. 이를 각 소비자의 수요함수에 대입하면, 일반균형의 자원배분 $X = \left\{ \left(\dfrac{25}{2}, \dfrac{50}{3} \right), \left(\dfrac{55}{2}, \dfrac{55}{3} \right) \right\}$을 얻는다. $x_1 = \dfrac{25}{2}$를 계약곡선의 식에 대입하면 $x_2 = \dfrac{50}{3}$을 얻는다. 따라서 일반균형의 자원배분 역시 계약곡선상에 위치하는 파레토 효율적인 자원배분이다. 이는 물론 후생경제학의 제1정리를 다시 확인해 본 것이다.

---

4 한계대체율을 이용한 파레토 효율성 조건은 효용함수가 미분 가능해 한계대체율이 잘 정의되고, 코너해가 아닌 내부해의 경우를 가정하고 있다. 완전 보완재와 같이 한계대체율이 정의되지 않는 경우나 완전 대체재이면서 한계대체율이 서로 다른 경우에도 파레토 효율성의 정의를 이용해 계약곡선을 찾을 수 있다.

생각하기 3 $U_A = x_1 + x_2$, $U_B = 2x_1 + x_2$, $(e_1, e_2) = (40, 20)$인 순수교환경제에서 계약곡선은 어떤 형태인가? A와 B의 무차별곡선들은 결코 접할 수 없다는 사실에 유의하기 바란다.

3) 일반균형과 파레토 효율성

〈그림 19-6〉에서 보듯이 초기 부존점인 W는 파레토 효율적이지 않다. 그러면 이들은 어떻게 파레토 효율적인 배분으로 이동할 수 있을까? 물론 제일 직접적인 방법은 두 사람이 만나서 담판을 짓고 계약곡선상의 한 점으로 이동해 가는 것이다. 〈그림 19-6〉에서 두 무차별곡선 사이에 있는 점들 중에서 계약곡선상에 있는 점은 어떤 점이든 두 사람 모두의 효용을 높이면서 동시에 파레토 효율적이다. 만약 두 사람이 담판을 통해 결정한다면, 둘 중에 협상력이 좋은 사람에게 더 유리한 점이 선택될 것이다. 어떤 점이든 선택이 되면 두 사람이 재화를 주고받음으로써 그 점으로 이동할 수 있다.

그러나 A, B가 모두 가격수용자로 행동하는 시장경제에서는 이런 식으로 담판을 통해 교환조건을 결정짓지 않는다. 가격수용자들은 가격에 대해 매우 수동적이므로 주어진 가격에 대해 자신의 반응만을 결정할 뿐이다. 이를 위해 누군가 제 3자가 이들 두 사람에게 두 재화의 교환비율, 즉 상대가격 $\frac{p_1}{p_2}$($p_2 = 1$이라고 하면, p_1)을 불러 주고, 이 가격에 대해 A, B가 자신이 원하는 거래량을 제시해 수요-공급이 일치하는 균형가격을 찾아가는 과정을 생각해 보자. 이 과정은 수요-공급을 통해 균형을 찾는 시장경제에 최대한 근접한 과정이다.[5]

$\frac{p_1}{p_2}$이 주어지면 가격수용자인 A와 B는 각자 이 상대가격에 따라 자신이 원하는 거래량을 결정한다. 이 때 초기 부존점을 나타내는 W를 지나고 기울기가 $-\frac{p_1}{p_2}$인 직선을 그리면, 이 선은 A와 B 각자가 거래를 통해 도달할 수 있는 소비가능성을 보여준다. 즉, A와 B 모두의 예산선이 되는 것이다. 〈그림 19-7〉은 A와 B가 각자 주어진 상대가격에서 효용을 극대화해 원하는 소비점이 결정된 상황들을 보여준다. 그러나 예산선이 회색선이면 각 재화의 수요와 공급이 일치하지 않

---

5 이런 제 3자를 경매인(auctioneer)이라고 부른다. 경매인은 이 경제에 전혀 이해관계가 없고 다만 균형가격을 찾는 것을 목적으로 한다고 가정한다.

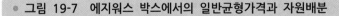

● 그림 19-7 에지워스 박스에서의 일반균형가격과 자원배분

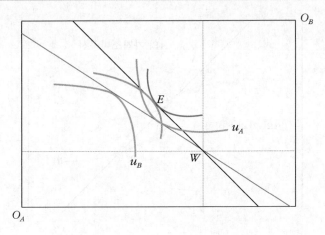

으므로, 균형이 되지 못한다. 예산선이 회색선이면 그림에서 보다시피 A가 팔고 싶은 재화1의 양이 B가 사고 싶은 재화1의 양보다 작고, A가 사고 싶은 재화2의 양이 B가 팔고 싶은 재화2의 양보다 작다. 달리 표현하면, 재화1에 대해서는 초과수요가, 재화2에 대해서는 초과공급이 시장에 존재한다. 두 시장에서 수요-공급이 일치하지 않으므로 시장은 불균형상태에 있다.

균형상태는 A와 B가 원하는 소비점이 일치하는 상태로 〈그림 19-7〉의 E와 같은 상태이다. 검은선으로 주어진 상대가격에서 두 소비자가 원하는 점이 일치하며, 이 점에서 각 소비자의 한계대체율이 상대가격과 같으므로 결과적으로 두 소비자의 무차별곡선의 기울기가 같아져 서로 접하게 된다. 두 재화의 수요와 공급이 일치하므로, 두 시장이 모두 균형에 있게 된다. 이 때의 상대가격이 균형가격이 되는데, 회색선 상대가격에서 재화1은 초과수요가, 재화2는 초과공급이 있었으므로 균형가격은 그보다 재화1이 상대적으로 더 비싸고 재화2가 더 싼 가격이 될 것임을 짐작할 수 있다(예산선의 기울기가 더 급하다). 뿐만 아니라 E는 계약곡선상에 있으므로 파레토 효율적이다(후생경제학의 제1정리).

실제로 〈그림 19-7〉에서와 같은 일반균형가격과 자원배분 E는 어떻게 찾을 수 있을까? 앞에서 상대가격이 변할 때 소비자 균형점의 변화를 연결해 가격소비곡선을 그리는 방법을 설명했다(〈그림 19-2〉). W로부터 A와 B의 가격소비곡선을 각각 그리면 〈그림 19-8〉의 초록선들과 같고, 이 두 곡선이 만나는 점이 바로 E가

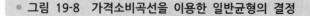

• 그림 19-8 가격소비곡선을 이용한 일반균형의 결정

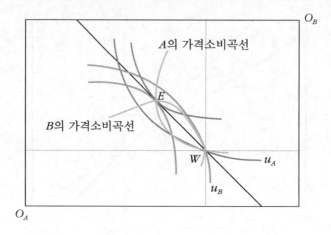

된다. 일반균형가격은 W와 E를 지나가는 직선의 기울기로 나타난다.

참고로 A와 B가 가격수용자가 아니면 위와 다른 결과가 나올 수 있으며, 경우에 따라 파레토 최적이 아닌 결과가 나올 수도 있다. 부록 2에는 이 중 몇 가지 경우가 설명되어 있다.

3.4 후생경제학의 제2정리*

앞에서 일반균형의 자원배분이 파레토 효율적이라는 후생경제학의 제1정리를 설명했다. 독자들은 후생경제학의 제1정리가 있으면, 제2정리도 있지 않을까 하는 생각을 가질 수 있다. 독자들의 예상대로 후생경제학의 제2정리(The Second Theorem of Welfare Economics)가 존재하는데, 그 내용은 제1정리의 역이다. 제1정리는 일반균형의 자원배분이 파레토 효율적이라는 것이다. 그 역은 파레토 효율적인 자원배분은 적절한 상대가격하에서 일반균형의 자원배분이라는 것이다. 그런데 일반적으로 이 역은 성립하지 않는다.

이를 〈그림 19-9〉를 이용해 살펴보자. 〈그림 19-9〉에 계약곡선이 그려져 있다. 초기 부존점 W에서 A와 B는 각각 u_A와 u_B의 효용을 얻고 있다. A와 B는 최소한 각각 u_A와 u_B의 효용을 얻어야 거래를 할 것이다. 그러므로 이들이 거래를 통해 파레토 효율적인 자원배분으로 옮겨가려면, 계약곡선 가운데 A와 B의 효용이 각각 u_A와 u_B보다 작지 않은 부분으로만 옮겨 가지, 다른 부분으로는 절대로 옮겨 가지 않을 것이다. 〈그림 19-9〉에 이 부분이 계약곡선 가운데 회색선으로 표시되어 있다.

이제 계약곡선상에 있는 C라는 자원배분을 생각해 보자. C는 계약곡선상에 있으므로, 파레토 효율적인 자원배분이다. 초기 부존점이 W이고, 적절한 상대가격이 주어졌을 때 A와 B가 교환을 통해 자발적으로 C로 옮겨갈 수 있는가? 그 대답은 물론 '아니다'이다. C에서 A의 효용은 W에서의 효용보다 크다. 그러나 B의 효용은 더 작으므로, B가 교환을 통해 C로 옮겨갈 이유가 없다. 그러므로 초기 부존점이 W이면, 어떤 상대가격에서도 C는 일반균형의 자원배분이 될 수 없다. 따라서 일반적으로 제1정리의 역인 파레토 효율적인 자원배분은 적절한 상대가격에서 일반균형의 자원배분이라는 결과는 성립하지 않는다. 그래서 제2정리를 얻기 위해 한 가지 추가적인 조건을 덧붙인다. 그 조건은 경제 내에 주어진 자원을 재분배해 초기 부존점을 적절하게 선택한다는 것이다.

〈그림 19-9〉에서 C는 계약곡선상에 있으므로 C에서 두 소비자의 무차별곡선이 접한다. C에서의 공통접선이 〈그림 19-9〉에 그려져 있다. 이 접선상에 임의의 한 점, 예를 들어 W'를 선택하자. W'은 에지워스 박스상의 한 점이므로, W를 재분배해서 W'으로 옮겨갈 수 있다. W 대신 W'이 초기 부존점이고, 상대가격이 C에서 두 소비자의 한계대체율로 주어지면, 두 소비자는 이 상대가격에서 교환을

● **그림 19-9 후생경제학의 제2정리**

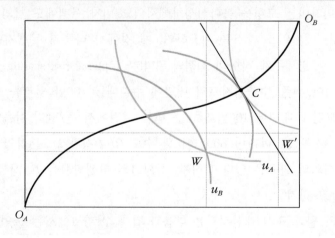

통해 C로 이동한다. 즉, W'이 초기 부존점이면 C에서 두 소비자의 한계대체율이 바로 일반균형가격이고, C가 일반균형의 자원배분이 된다.

> **후생경제학 제2정리**: 초기 부존을 적절하게 선택하면, 모든 파레토 효율적인 자원 배분은 일반균형의 자원배분이 된다.

후생경제학 제2정리는 자원의 재분배가 필요하다는 점에서 비판을 받는다. 자원의 재분배가 가능하다면, 〈그림 19-9〉에서 초기 부존점이 W이면 바로 C로 이동하면 되지, 굳이 W'으로 재분배한 후, 다시 교환에 의해 C로 옮겨가는 것이 무슨 의미가 있는가라는 질문에 대해 설득력 있는 답변을 제시하기 힘들다. 본서에서도 후생경제학의 제2정리가 있다는 것을 독자들에게 소개하는 정도로 그치도록 한다.

Section 4 일반균형의 응용: 불확실성하에서 최적의 위험분담*

4.1 불확실성과 일반균형

제8장 3절에서 설명한 조건부 상품(contingent commodity)의 개념을 이용하면 일반적인 소비자이론 모형을 불확실성하에서의 소비자 선택에도 거의 그대로 적용할 수 있었다. 에지워스 박스를 이용하면, 제8장에서 다루지 못했지만 매우 흥미 있는 주제인 두 경제주체 사이의 **최적의 위험분담**(optimal risk sharing)을 분석할 수 있다. 예를 들어, A는 수출업자로서 내년에 수출대금 100만 달러를 받게 되어 있다고 하자. 그런데 내년에 100만 달러를 받는 시점에서 원/달러 환율이 1,200원이 될 수도 있고(상황 1), 아니면 800원이 될 수도 있다(상황 2). 분석의 편의를 위해 이 두 가지 이외의 환율은 없다고 하자. 상황 1의 발생확률을 p, 상황 2의 발생확률을 $1-p$라고 하자.

내년 A의 원화 표시 재산상황은 다음과 같다. 상황 1에서는 12억원; 상황 2에서는 8억원. 이 상황을 아래의 조건부 상품을 이용해 표현해 보자.

조건부 상품1: 내년에 상황 1에서 1원, 상황 2에서 0원을 지급하는 상품
조건부 상품2: 내년에 상황 1에서 0원, 상황 2에서 1원을 지급하는 상품

A의 재산상황은 마치 12억 단위의 조건부 상품1과 8억 단위의 조건부 상품2를 보유하고 있는 것과 같다.

B는 내년 같은 시기에 외환차입금 100만 달러를 되갚아야 한다. B는 미리 달러를 사 둘 수는 없고, 그 시기에 가서 환전을 해야만 된다고 가정한다. B는 현재 20억원을 보유하고 있다. 그러나 내년에 100만 달러를 지불할 당시 환율에 따라서 내년 B의 재산상황은 상황 1에서는 8억원, 상황 2에서는 12억원이다.

역시 조건부 상품을 이용해 내년 B의 재산상황을 표현하면, 8억 단위의 조건부 상품1과 12억 단위의 조건부 상품2를 가지고 있는 것과 동일하다.

A, B의 조건부 상품 보유 상황을 에지워스 박스로 표현하면 〈그림 19-10〉과 같다. W는 초기 보유상황을 나타내는데, 각 사람이 보유하고 있는 조건부 상품1과 2의 수량이 다르므로, 어떤 상황이 발생하느냐에 따라 얻는 소득이 달라진다. 즉, A와 B는 모두 위험(risk)에 처해 있다. 그런데 사회 전체적으로는 두 조건부 상품의 수량이 모두 20억원으로 같다. 상황 1에서는 A가 이득을 보는 만큼 B가 손해를 보고, 상황 2에서는 B가 이득을 보는 만큼 A가 손해를 보게 되어 A와 B의 손익이 언제나 정확히 상쇄된다. A와 B의 재산을 합하면 상황에 관계없이 항상 20억원이 된다. 그러므로 사회 전체적으로는 위험이 없다고 볼 수 있다.

〈그림 19-10〉에서 에지워스 박스가 가로와 세로의 길이가 같은 정사각형이라는 사실이 이를 보여준다. 그림의 45°선은 제8장에서 설명한, 개인의 입장에서 위험이 없어지는 상태를 나타내는 무위험선(certainty line)이다. 그런데 에지워스 박스가 정사각형이므로 두 사람의 무위험선은 사각형의 대각선과 일치한다.

A와 B의 무차별곡선은 두 사람의 위험에 대한 성향을 반영한다. A와 B의 소득에 대한 효용함수를 각각 $u_A(w)$와 $u_B(w)$로 표시하자. 조건부 상품1을 x_1, 조건부 상품2를 x_2만큼 소유할 때 A와 B의 기대효용은 각각 $U_A(x_1, x_2) = pu_A(x_1) + (1-p)u_A(x_2)$, $U_B(x_1, x_2) = pu_B(x_1) + (1-p)u_B(x_2)$이다. 제8장 3.2절에서 설명했듯이, 소비자가 위험 기피적이면, 동일한 기대효용을 주는 무차별곡선은 원점을

● 그림 19-10   사회적 위험이 없는 경우 파레토 효율적인 자원배분과 최적의 위험분담

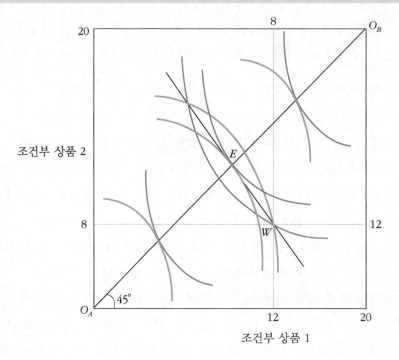

향해 볼록하며(한계대체율 체감), 또한 무위험선상에서(즉, $x_1 = x_2$일 때) 한계대체율
은 항상 두 상황이 발생할 확률의 비율인 $\dfrac{p}{1-p}$ 이다.

현재 두 소비자가 위험에 직면해 있는 상황을 두 명의 소비자와 두 개의 재화
가 존재하는 다음과 같은 순수교환경제로 표시할 수 있다.

> 소비자: A와 B, 재화1: 조건부 상품1, 재화2: 조건부 상품2
> 초기 부존: $e_A = (12, 8)$, $e_B = (8, 12)$,
> 경제 전체의 초기 부존: $e = (20, 20)$(단위 억)
> 효용함수: $U_A(x_1, x_2) = p u_A(x_1) + (1-p) u_A(x_2)$
> $\qquad\qquad U_B(x_1, x_2) = p u_B(x_1) + (1-p) u_B(x_2)$

두 소비자 사이의 위험분담은 다름 아닌 이 순수교환경제에서 A와 B의 거래에
해당된다. 예를 들어, A가 B에게 재화1 두 단위를 주고, 대신 재화2 한 단위를 받는
거래를 한다고 하자. 그러면 두 소비자의 새로운 소비묶음은 각각 $(10, 9)$와 $(10, 11)$

이 된다. 이는 두 사람 사이에 다음과 같이 위험분담을 하는 것과 동일하다.

환율이 1,200원이면, A가 B에게 12억원을 받아야 되는데, 10억원만 받는다. 대신 환율이 800원이면 A는 B에게 8억원만 받아야 하는데, 9억원을 받는다.

A와 B 사이의 위험분담의 결과는 에지워스 박스상의 한 점으로 표시될 수 있다. 위험분담의 결과가 이 순수교환경제의 파레토 효율적인 자원배분이 되는 경우, **최적의 위험분담**(optimal risk sharing)이 달성된다고 말한다. 파레토 효율적인 자원배분이 달성되면, 기존의 자원을 어떻게 재배분하더라도 모든 사람의 효용을 더 증가시킬 수 없다. 마찬가지로 최적의 위험분담이 달성되면, 어떻게 위험을 재배분하더라도, 모든 사람의 기대효용을 동시에 증가시킬 수 없다. 또한 파레토 효율적인 자원배분을 모두 모아 놓은 것을 계약곡선이라고 불렀다. 이 순수교환경제의 계약곡선은 다름 아닌 불확실성하에서 최적의 위험분담이 달성되는 자원배분을 모두 모아 놓은 것이다.

앞의 예에서 언제 최적의 위험분담이 이루어지는지를 알아보자. 최적의 위험분담은 곧 해당 순수교환경제의 파레토 효율적인 자원배분이다. 파레토 효율적인 자원배분은 두 소비자의 무차별곡선이 접하는, 즉 두 소비자의 한계대체율이 일치하는 자원배분이다. 앞의 예에서 에지워스 박스의 대각선이 바로 무위험선이 되는데, 무위험선에서는 두 소비자의 한계대체율이 $\frac{p}{1-p}$로 일치한다. 그러므로 앞의 예에서는 대각선, 즉 무위험선이 바로 계약곡선이 되는 것이다. 다시 말하면, 최적의 위험분담은 두 사람 모두 전혀 위험을 부담하지 않는 것이다.

이 순수교환경제의 일반균형의 자원배분을 E로 표시하면, 후생경제학의 제1정리에 의해 E는 계약곡선상에 위치해야 한다. 계약곡선이 대각선이므로 E는 〈그림 19-10〉에서 보다시피 대각선 위에 위치한다. 또한 일반균형가격은 E에서 두 소비자의 한계대체율과 동일하므로, E점에서 두 재화(조건부 상품1과 2)의 교환비율은 정확하게 두 상황이 발생할 확률의 비율인 $\frac{p}{1-p}$이다.

앞의 예에서 계약곡선이 대각선인 무위험선이 된 이유는 경제 전체적으로 두 재화의 부존량이 같았기 때문이다. 두 재화의 부존량이 같지 않으면 일반적으로 계약곡선은 무위험선이 되지 않는다. 따라서 최적의 위험분담이 이루어져도 누군

● 그림 19-11 사회적 위험이 있는 경우 최적의 위험분담

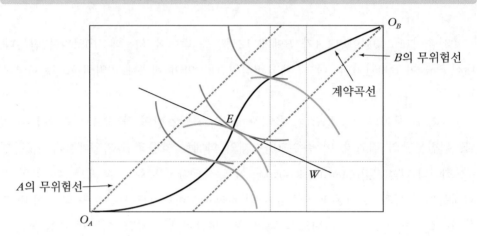

가는 일정 부분의 위험을 분담해야 한다. 〈그림 19-11〉은 조건부 상품1의 양이 조건부 상품2의 양보다 많은 경우 최적의 위험분담과 일반균형을 보여주고 있다.

〈그림 19-11〉은 〈그림 19-10〉과 달리 경제 전체적으로 조건부 상품1의 양이 조건부 상품2의 양보다 많은 경우를 보여준다. 즉, 상황 1에서 경제 전체의 재산이 상황 2에서 보다 크기 때문에 사회 전체적으로도 위험이 있다. 이제 A와 B의 무위험선은 일치하지 않으며, 일반균형은 그림에서처럼 두 무위험선 사이에서 발생한다(E). 이 때 균형상대가격은 무위험선상에서의 무차별곡선의 기울기인 $\dfrac{p}{1-p}$ 보다 분명히 작다. 제8장에서 각 상황이 발생할 확률은 그 상황에 연관된 조건부 상품의 기대금액에 반영됨을 설명했다. 〈그림 19-11〉에서 균형상대가격이 두 상황의 확률비율인 $\dfrac{p}{1-p}$ 보다 작다는 것은 사회적으로 상대적으로 부족한 조건부 상품2의 가격이 그 상품의 기대금액에 비해 상대적으로 고평가된다는 의미이다. 이 원칙은 재무금융에서 시장상황이 안 좋을 때 높은 수익을 내는 금융상품의 가격이 상대적으로 고평가된다는 원칙(제18장 2.3절의 CAPM모형)과 일맥상통한다.

4.2 최적의 위험분담 조건

이제 일반적인 최적의 위험분담 조건을 알아보자. 일반균형의 파레토 효율성 조건이 불확실성하에서의 최적의 위험분담에 대한 조건이다. 3.3절에서 보았듯이,

파레토 효율성 조건은 두 소비자의 한계대체율이 일치하는 것이었다. 그런데 불확실성하에서는 기대효용이 특수한 형태를 지니므로, 두 소비자의 한계대체율이 일치하는 조건으로부터 좀더 많은 의미를 도출할 수 있다.

두 가지 상황이 발생할 수 있고, 상황 1과 2가 발생할 확률을 각각 p와 $1-p$라고 하자. 각 상황에서 두 소비자가 나누어 가질 수 있는 소득은 각각 e_1과 e_2이다. 즉, 조건부 상품1과 조건부 상품2의 초기 부존량이 각각 e_1과 e_2이다. 상황 1에서 x_1, 상황 2에서 x_2를 얻는 경우, 두 소비자의 기대효용은 각각 $U_A(x_1, x_2) = pu_A(x_1) + (1-p)u_A(x_2)$, $U_B(x_1, x_2) = pu_B(x_1) + (1-p)u_B(x_2)$이다. 이제 A가 상황 1에서 x_1, 상황 2에서 x_2를 얻고, B는 상황 1에서 $e_1 - x_1$, 상황 2에서 $e_2 - x_2$를 얻는 위험분담(자원배분)을 생각해 보자. 이 위험분담이 최적이 되려면 두 소비자의 한계대체율이 동일해야 한다.

$$MRS_A(x_1, x_2) = MRS_B(e_1 - x_1, e_2 - x_2)$$

그런데 한계대체율은 두 재화의 한계효용의 비율이므로 한계대체율이 동일한 조건을 다시 쓰면 다음과 같다.

$$\frac{MU_{1A}(x_1, x_2)}{MU_{2A}(x_1, x_2)} = \frac{MU_{1B}(e_1 - x_1, e_2 - x_2)}{MU_{2B}(e_1 - x_1, e_2 - x_2)}$$

최적의 위험분담을 설명하려면, 각 상황에서 두 소비자의 한계효용을 비교하는 것이 더 편리하다. 그러므로 최적의 위험분담의 조건을 설명하기 위한 위 식은 다음과 같이 표시할 수 있다.

$$\frac{MU_{1A}(x_1, x_2)}{MU_{1B}(e_1 - x_1, e_2 - x_2)} = \frac{MU_{2A}(x_1, x_2)}{MU_{2B}(e_1 - x_1, e_2 - x_2)} \tag{6}$$

이제 기대효용함수를 이용해 각 소비자의 한계효용을 구해 보자.
$U_A(x_1, x_2) = pu_A(x_1) + (1-p)u_A(x_2)$, $U_B(x_1, x_2) = pu_B(x_1) + (1-p)u_B(x_2)$이므로 $MU_{1A}(x_1, x_2) = pu'_A(x_1)$, $MU_{2A}(x_1, x_2) = (1-p)u'_A(x_2)$, $MU_{1B}(x_1, x_2) = pu'_B(x_1)$, $MU_{2B}(x_1, x_2) = (1-p)u'_B(x_2)$이다. 이를 (6)식의 좌변과 우변에 대입하면 다음의 결과를 얻는다.

$$\text{좌변: } \frac{MU_{1A}(x_1, x_2)}{MU_{1B}(e_1 - x_1, e_2 - x_2)} = \frac{pu'_A(x_1)}{pu'_B(e_1 - x_1)} = \frac{u'_A(x_1)}{u'_B(e_1 - x_1)}$$

$$\text{우변: } \frac{MU_{2A}(x_1, x_2)}{MU_{2B}(e_1 - x_1, e_2 - x_2)} = \frac{(1-p)u'_A(x_2)}{(1-p)u'_B(e_2 - x_2)} = \frac{u'_A(x_2)}{u'_B(e_2 - x_2)}$$

그러므로 (6)식을 다시 쓰면 최종적으로 (7)식과 같은 최적의 위험분담 조건을 얻는다.

$$\frac{u'_A(x_1)}{u'_B(e_1 - x_1)} = \frac{u'_A(x_2)}{u'_B(e_2 - x_2)} \tag{7}$$

(7)식으로부터 몇 가지 흥미로운 결과를 얻을 수 있다.

(1) 최적의 위험분담 조건은 각 상황이 발생하는 확률에 전혀 의존하지 않는다는 것이다. (6)식의 좌변과 우변을 계산할 때, 좌변에서는 상황 1이 발생할 확률이 분모, 분자에 동시에 나타나 서로 상쇄된다. 우변에서는 상황 2가 발생할 확률이 서로 상쇄된다. 그러므로 각 상황이 발생하는 확률은 현재의 위험분담이 최적인지 아닌지를 결정하는 데에 아무런 영향을 미치지 못함을 알 수 있다.

(2) 두 소비자가 모두 위험 중립적인 경우

어떤 소비자가 위험 중립적이면 소득에 대한 한계효용은 소득수준에 무관하게 항상 일정한 상수이다. 특히 앞에서 위험 중립적인 소비자의 소득에 대한 효용함수는 $u(w) = w$로 표시할 수 있고, 따라서 한계효용은 항상 1임을 보았다. 두 소비자 모두 위험 중립적이면, 현재의 소득에 무관하게 한계효용은 항상 1이다. 그러므로 x_1, x_2의 크기와 무관하게(물론 e_1과 e_2의 크기와도 무관하다) (7)의 좌변과 우변은 항상 1로 일치한다. 따라서 두 소비자 모두 위험 중립적이면, 모든 위험분담이 최적이다. 위험 중립적인 사람은 오로지 위험의 기댓값에만 관심이 있지, 위험의 확률분포에는 관심이 없다. 어떻게 위험을 분담할지는 각자의 위험의 확률분포를 결정한다. 그러므로 두 소비자 모두 위험 중립적이면, 모든 위험분담이 최적이다.

(3) 한 소비자가 위험 기피적이고, 다른 소비자가 위험 중립적인 경우

위의 예에서 A는 위험 중립적, B는 위험 기피적인 경우 최적의 위험분담 조건을 알아보자. 앞에서 설명했듯이, A가 위험 중립적이므로 소득과 무관하게 한계효용은 1로 동일하다. 그러므로 (7)식의 좌변과 우변의 분자가 x_1, x_2의 크기와 무관하게 1로 동일하다. 그러므로 (7)식이 성립하려면, 분모끼리 같아야 한다. 즉, $u'_B(e_1 - x_1) = u'_B(e_2 - x_2)$가 성립해야 한다. 위험 기피적인 사람의 한계효용은 소득에 대한 감소함수이다. 따라서 두 소득에서 한계효용이 동일하려면, 소득이 동일해야 한다. 즉, $u'_B(e_1 - x_1) = u'_B(e_2 - x_2)$이 성립하려면 $e_1 - x_1 = e_2 - x_2$가 되어야 한다. $e_1 - x_1$과 $e_2 - x_2$는 각각 상황 1과 2에서 B가 얻는 소득이다. $e_1 - x_1 = e_2 - x_2$라는 것은 두 상황에서 B가 얻는 소득이 동일하다는 의미이다. 상황에 무관하게 얻는 소득이 동일하므로, B는 전혀 위험을 부담하지 않는다. 모든 위험은 A가 진다. 그러므로 한 소비자가 위험 기피적이고, 다른 소비자가 위험 중립적이면, 최적의 위험분담은 위험 중립적인 소비자가 모든 위험을 부담하는 것이다.

소비자가 위험을 전혀 부담하지 않으려면, 45°선인 무위험선에 위치해야 한다. 그러므로 이 경우 계약곡선은 위험 기피적인 소비자의 무위험선이다. 〈그림 19-12〉는 위험 중립적인 A와 위험 기피적인 B 간의 최적의 위험분담이 이루어지는 계약곡선이 다름 아닌 B의 무위험선임을 보여준다. 또한 〈그림 19-12〉는 균형

● 그림 19-12 위험 중립자(A)와 위험 기피자(B) 간의 최적의 위험분담

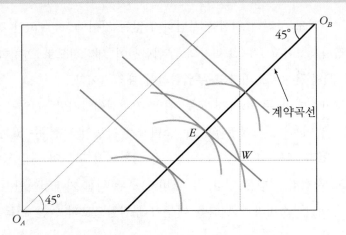

상대가격이 반드시 $\frac{p}{1-p}$가 됨을 보여준다. A가 위험 중립적이므로 한계대체율은 항상 $\frac{p}{1-p}$로 일정하다. 따라서 상대가격이 $\frac{p}{1-p}$가 아니면, A는 항상 코너해를 가진다. 따라서 일반균형이 될 수 없다. 그러므로 균형상대가격은 반드시 $\frac{p}{1-p}$이어야 한다. 〈그림 19-12〉는 일반균형의 자원배분(E)에서 교환의 모든 이득을 위험 기피적인 B가 얻음을 보여준다. 초기 부존점인 W와 균형점인 E를 비교하면, A는 같은 무차별곡선상에 머무는 반면에, B의 효용은 증가함을 알 수 있다.

(4) 두 소비자 모두 위험 기피적일 경우

위의 예에서 A와 B 모두 위험 기피적일 때 최적의 위험분담 조건을 알아보자. $e_1 = e_2$인 예외적인 경우를 제외하고는, 두 소비자 모두 일정 부분 위험을 부담하는 것이 최적이다. 예를 들어, A가 전혀 위험을 부담하지 않는다고 가정하자. 즉, $x_1 = x_2$라고 가정하자. 그러면 (7)식의 좌변과 우변의 분자가 동일하다. 그러므로 (7)식이 성립하면, 분모끼리 같아야 한다. 즉, $u'_B(e_1 - x_1) = u'_B(e_2 - x_2)$가 성립해야 한다. 그런데 $u'_B(e_1 - x_1) = u'_B(e_2 - x_2)$가 성립하려면 $e_1 - x_1 = e_2 - x_2$가 되어야 한다. $e_1 \neq e_2$일 경우, $x_1 = x_2$이면 $e_1 - x_1 = e_2 - x_2$가 성립할 수 없음은 자명하다. 그러므로 $e_1 \neq e_2$이면, B가 모든 위험을 지는 것은 최적의 위험분담이 아니다. 같은 이유로, $e_1 \neq e_2$일 때 $e_1 - x_1 = e_2 - x_2$이면 반드시 $x_1 \neq x_2$이다. 그러므로 A가 모든 위험을 부담하는 것 역시 최적의 위험분담이 아니다. 예외적으로 $e_1 = e_2$인 경우, $x_1 = x_2$이면 $e_1 - x_1 = e_2 - x_2$이다. 그러므로 이 경우, 최적의 위험분담은 두 소비자 모두 전혀 위험을 부담하지 않는 것이다. $e_1 = e_2$인 경우, 에지워스 박스는 정사각형이고, 두 소비자의 무위험선이 대각선으로 일치한다. 따라서 이 경우, 계약곡선은 두 소비자의 무위험선인 대각선이다.

〈그림 19-11〉에서 두 소비자 모두 위험 기피적이었지만, 계약곡선이 대각선임을 보았다. 그 이유는 두 상황에서 두 소비자가 나누어 가질 수 있는 금액이 20억원으로 동일했기 때문이다. $e_1 = e_2$이면, 각 상황에서 나누어 가질 수 있는 금액이 동일하므로 사회적 위험은 없다. 두 소비자 모두 위험 기피적이면, 사회적 위험이 없을 때 굳이 두 소비자가 위험을 나누어 부담함으로써 얻는 이득은 없다. 이

경우, 최적의 위험분담은 두 소비자 모두 위험을 전혀 부담하지 않는 것이다.

그러나 $e_1 \neq e_2$이므로 사회적으로도 위험이 있으면, 한 소비자가 모든 위험을 부담하는 것은 최적의 위험분담이 아니다. 두 소비자 모두 위험의 일부를 나누어 가져야 한다. 그러므로 계약곡선은 두 소비자의 무위험선 사이에 위치한다. 두 소비자가 어떻게 위험을 부담하는 것이 최적인가 하는 것은 두 소비자의 효용함수에 의존하므로 일률적으로 말하기 힘들다.

생각하기 4 B가 〈그림 19-12〉처럼 위험 기피적이고 A는 극단적으로 위험 기피적이어서 무차별곡선이 무위험선에서 L자형으로 꺾이는 경우 최적의 위험분담이 어떻게 이루어지는지(계약곡선)와 일반균형의 자원배분이 어떻게 형성되는지 설명하라.

상황이 2개인 경우의 최적의 위험분담 조건인 (7)식은 상황이 3개 이상인 경우로 쉽게 일반화될 수 있다. 상황이 n개 있으며, 각 상황이 일어날 확률을 $p_i(i=1, \cdots, n)$라고 하자(실제로는 (7)식에서 보듯이, 각 상황이 일어날 확률은 필요 없다). 각 상황에서 두 소비자가 나누어 가질 수 있는 소득은 $e_i(i=1, \cdots, n)$이다. 이제 각 상황에서 A가 $x_i(i=1, \cdots, n)$, 따라서 B가 $e_i - x_i(i=1, \cdots, n)$를 갖는 위험분담을 생각해 보자. 이 위험분담이 최적일 조건은 다음과 같다.

$$\frac{u'_A(x_1)}{u'_B(e_1-x_1)} = \frac{u'_A(x_2)}{u'_B(e_2-x_2)} = \cdots = \frac{u'_A(x_n)}{u'_B(e_n-x_n)} \tag{8}$$

(8)식이 보여주는 것은 (7)식과 동일하게 각 상황에서 두 소비자의 한계효용의 비율이 동일해야 한다는 것이다. 이 사실을 이용해 때로는 (8)식을 간단하게 다음과 같이 표시하기도 한다.

$$모든 \ i = 1, \cdots, n에 \ 대해, \ \frac{u'_A(x_i)}{u'_B(e_i-x_i)} = k(상수) \tag{8'}$$

(7)식에서 도출한 모든 결과가 (8), (8')식에서도 그대로 성립한다. 즉, 일반적인 경우에도 다음과 같은 결과가 성립한다.

(1) 최적의 위험분담은 확률분포에 의존하지 않는다.

(2) 두 소비자 모두 위험 중립적이면 모든 위험분담이 최적이다.

(3) 한 소비자가 위험 중립적이고 다른 소비자는 위험 기피적이면, 위험 중립적인 소비자가 모든 위험을 부담하는 것이 최적이다.

(4) 두 소비자 모두 위험 기피적일 때, 사회적 위험이 존재하면 두 소비자 모두 일정 부분 위험을 부담하는 것이 최적이다.

예 4 A와 B 모두 소득에 대한 효용함수가 동일하게 $u(w) = 2\sqrt{w}$이다. 두 가지 상황이 가능하다. A는 상황 1에서 10, 상황 2에서 0을 얻는다. 반면에 B는 상황 1에서 0, 상황 2에서 20을 얻는다. 두 소비자 간에 최적의 위험분담을 구하라.

각 상황에서 두 소비자가 얻는 소득을 더하면, 상황 1에서는 10, 상황 2에서는 20이다. 상황 1과 2에서 A의 몫을 각각 x_1과 x_2라고 하면, B의 몫은 각각 $10 - x_1$과 $20 - x_2$이다. 두 소비자 모두 한계효용은 $u'(w) = \dfrac{1}{\sqrt{w}}$이므로, 최적의 위험분담 조건은 $\dfrac{1/\sqrt{x_1}}{1/\sqrt{10 - x_1}} = \dfrac{1/\sqrt{x_2}}{1/\sqrt{20 - x_2}}$이다. 양변을 제곱해 정리하면, $x_2 = 2x_1$을 얻는다. 즉, 최적의 위험분담이 이루어지려면 A가 상황 2에서 얻는 소득이 상황 1에서 얻는 소득의 2배가 되어야 한다. ∎

Section 5 생산경제의 일반균형*

교환경제는 이미 주어진 수량의 재화들을 사회 구성원들 사이에 어떻게 배분하는가의 문제를 다루었다. 그러나 1장 3절에서 논의한 것처럼 경제체제가 해결해야 할 문제들 중에는 '무엇을 얼마나 어떻게 생산할 것인가' 하는 문제가 포함되므로, 생산을 빼고 자원배분의 효율성 문제를 논할 수 없다. 이제 생산의 가능성까지 포함한 일반균형 모형에 대해 알아보자. 생산을 고려하면 여러 가지 복잡한 문제들이 대두된다. 생산에 필요한 생산요소들을 고려해야 하므로 모형에 포함되는 재화의 종류가 많아진다. 또한 생산을 담당하는 주체인 기업을 포함해야 되는데, 이 경우 기업의 이윤이 어떻게 소비자에게 전달되어 이것이 다시 소비로 연결되는지도 고려해야 한다. 이렇게 모형이 복잡해지면 그래프를 통한 간단한 설명이 불가능해지므로, 본서에서는 생산을 포함하면서도 최대한 간단한 모형을 이용한다. 이를 위해 앞 절에서 이용한 '두 재화-두 소비자'의 순수교환경제 모형에 아래와 같은 사항들을 추가한다.

(1) A와 B는 각자 자신의 기술과 가지고 있는 부존자원을 이용해 일정한 한도 이내에서 재화1이나 2를 생산할 수 있으며, 재화1을 더 생산하려면 재화2의 생산을 줄여야 하므로 선택의 여지가 있다.

(2) A와 B는 생산활동 이후에 시장에서 재화1이나 2를 시장가격으로 거래할 수 있다.

이제 A와 B는 재화1과 2를 생산하는 생산자의 측면과 재화1과 2를 소비하는 소비자의 측면을 모두 갖고 있으며, 각 재화를 얼마나 생산하고 얼마나 소비할 것인가의 결정을 모두 내리게 된다.

5.1 생산가능곡선

1) 개인의 생산능력과 생산가능곡선

A와 B가 생산할 수 있는 두 재화의 조합은 〈그림 19-13〉과 같이 **생산가능곡선**(Production Possibility Curve, PPC)을 이용해 나타낼 수 있다.[6] 이 곡선들은 각 개인이 자신의 능력을 최대로 발휘할 때 생산할 수 있는 재화1과 2의 조합들을 나타낸다. 자신의 모든 능력을 재화2의 생산에 투입하면 생산가능곡선의 세로축 절편에 해당하는 수량만큼 생산할 수 있고, 반대로 모든 능력을 재화1에 투입하면 가로축 절편만큼 생산할 수 있다. 자신의 능력을 두 재화에 나누어 투입할 때에는 생산가능곡선 상의 점에 도달할 수 있다. 물론 이 곡선 밖의 점들은 도달이 불가능하다. 이런 의미에서 이 곡선의 이름에 frontier라는 단어를 붙이기도 한다. 이 곡선 안의 점들에 도달하는 것은 가능하지만 효율적이지 않다.

---

6 생산가능경계(Production Possibility Frontiner, PPF)라고 부르기도 한다.

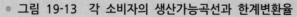

그림 19-13 각 소비자의 생산가능곡선과 한계변환율

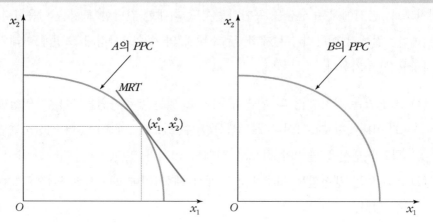

2) 생산가능곡선의 기울기: 한계변환율

생산가능곡선의 기울기는 중요한 의미를 갖기 때문에 자세한 설명이 필요하다. 이 기울기는 한계변환율(Marginal Rate of Transformation, MRT)이라고 부르는데, 재화1을 한 단위 더 생산하기 위해 포기해야 하는 재화2의 수량을 의미한다.[7] 즉, 재화2를 재화1로 변환할 때의 비율을 의미하는 것이다. 기회비용의 개념을 적용하면, 한계변환율은 재화2로 나타낸 재화1의 한계비용이다. 예를 들어, 한계변환율이 1이라면, 재화1을 한 단위 더 생산하기 위해 재화2를 한 단위 포기해야 한다.

> **한계변환율(MRT)의 의미**
> 1) 재화1을 한 단위 더 생산하기 위해 포기해야 하는 재화2의 수량
> 2) 재화2로 나타낸 재화1 생산의 한계비용

따라서 한계변환율이 낮다는 것은 그만큼 저비용으로 재화1의 생산을 늘릴 수 있다는 것을 의미하고, 반대로 한계변환율이 높다는 것은 재화1을 생산하는 비용이 높다는 것을 의미한다. 재화1의 한계비용을 화폐 단위로 표현하려면, 재화2로

---

7 PPC가 우하향하기 때문에, 한계대체율이나 기술적 한계대체율과 동일하게 절대값을 취한다.

나타낸 기회비용인 한계변환율에 재화2의 가격을 곱하면 된다. 그런데 재화2를 단위재(numeraire)로 설정하여 그 가격을 1로 하면 한계변환율 그 자체가 재화1의 한계비용이 된다.

한계변환율과 재화1의 한계비용

재화1의 한계비용$(MC_1) = MRT \times p_2 = MRT(p_2$가 1인 경우$)$

3) 한계변환율 체증

〈그림 19-13〉에서 보듯이 생산가능곡선은 대개 밖으로 볼록한 형태를 지닌다. 한계변환율을 이용해 표현하자면, 재화1의 생산을 늘림에 따라서 한계변환율이 점차 증가한다는 것이다. 이처럼 한계변환율이 체증한다는 것은 각 개인이 재화1을 더 많이 생산함에 따라 한계비용이 체증한다는 것을 의미한다. 한계비용이 체증하는 이유는 다음과 같이 설명될 수 있다. A가 자신의 모든 역량을 투입하여 재화2만을 생산하는 상태에서 시작해 재화2의 생산을 조금 줄이고 재화1을 한 단위 생산하면, A는 자신이 가지고 있는 능력(시간, 기술, 자원 등) 중에서 재화1 생산에 상대적으로 가장 적합한 능력을 우선적으로 투입할 것이다. 따라서 이때에는 재화1 생산의 기회비용이 비교적 낮다. 그러나 재화1의 생산을 점차 늘림에 따라 재화1 생산에 적합하지 않은 능력까지 투입하게 되면서 한계비용은 점차 증가하게 된다. 예를 들어, 로빈슨 크루소가 자신의 하루 시간을 물고기 잡는 일과 과일 따는 일에 배분할 수 있다고 하자. 하루 중에는 상대적으로 과일 따기 좋은 시간이 있고 물고기 잡기 좋은 시간이 있다. 아침저녁으로 햇살이 강하지 않을 때에는 물고기 잡기가 좋으며, 대낮에 햇살이 강할 때에는 숲 속에서 과일을 따는 것이 좋다. 처음에 하루 종일 과일만 따서 과일만 먹던 로빈슨 크루소가 물고기를 잡기로 했다면, 당연히 처음에는 아침저녁 시간을 이용할 것이다. 이때 물고기 한 마리를 잡기 위해 포기해야 하는 과일의 수량은 별로 크지 않다. 그러나 물고기 수량을 늘림에 따라서 점차 물고기 잡기에 부적합하고 과일 따기 좋은 시간까지 할애해야 되고, 과일로 나타낸 물고기의 한계비용은 증가하게 된다. 또한 하루 종일 낚시를 하다보면 햇볕에 노출되는 시간이 점차 늘어나면서 피로감도 급격히 증가해 생산

성도 떨어질 것이다. 이런 이유들 때문에, 개인에 있어 두 재화 사이의 한계변환율은 체증할 가능성이 크다.

4) 사회적 생산가능곡선

    A와 B가 〈그림 19-13〉과 같은 생산가능곡선을 가지고 있다면, 이들의 능력을 합한 사회 전체의 생산가능곡선은 어떤 형태를 지닐까? 우선 분명한 것은 A와 B가 모두 재화2의 생산에 모든 능력을 투입한다면, 사회 전체적으로는 A와 B 각자의 생산량을 합한 것만큼의 재화2를 생산할 수 있다. 따라서 사회 전체 생산가능곡선의 세로축 절편은 A, B 각자의 세로축 절편을 합친 것과 같다. 가로축 절편의 크기도 마찬가지이다. 그러나 이 두 절편 사이의 생산가능곡선의 형태는 어떻게 결정될까? 이 질문에 답하기 위해 〈그림 19-14〉처럼 A와 B의 생산가능곡선이 매우 간단한 형태를 지니고 있는 경우를 생각해 보자. 특히 A의 한계변환율은 항상 1이고 B의 한계변환율은 항상 2라고 가정한다. 이 두 사람의 능력을 합해 사회 전체의 생산가능곡선을 만들어 보자. 모두가 재화2만을 생산하는 점에서부터 출발해 재화1의 생산을 늘려 간다고 하자. 이때 A와 B 중에서 누구를 먼저 재화1의 생산에 투입해야 할까? A는 재화2 한 단위를 희생해 재화1을 생산할 수 있지만, B는 재화2 두 단위를 포기해야 한다. 따라서 비용이 낮게 드는 A부터 먼저 재화1의 생산에 투입되어야 한다. A의 역량이 모두 투입되고 나서도 재화1을 더 생산하

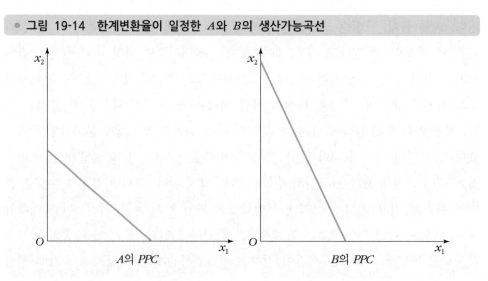

• 그림 19-14 한계변환율이 일정한 A와 B의 생산가능곡선

● 그림 19-15 *A*와 *B*의 능력을 합친 사회적 생산가능곡선

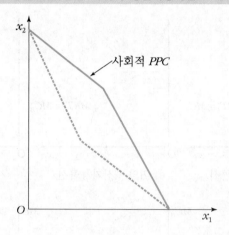

고자 한다면, 그때부터 *B*를 투입하기 시작해야 한다. 이 경우에 사회적 생산가능 곡선은 〈그림 19-15〉의 주황색 실선으로 나타낸 곡선이 된다. 이 곡선의 형태가 바깥을 향하여 볼록하다는 점에 유의하기 바란다. 만약 *B*를 *A*보다 먼저 투입하기 시작한다면 재화1, 2의 생산은 〈그림 19-15〉의 주황색 점선과 같은 경로를 따르게 된다. 이 주황색 점선은 주황색 실선으로 나타난 생산가능곡선보다 훨씬 아래쪽에 있어 사회적인 생산 잠재력을 제대로 발휘되지 못한다는 것을 쉽게 알 수 있다. 사회적으로 볼 때에 *B*를 *A*보다 먼저 재화1의 생산에 투입한다는 것은 로빈슨 크루소가 한낮 햇볕이 가장 강한 시간부터 먼저 고기잡이에 투입하기 시작하는 것과 같은 효과를 갖는다.

*A*와 *B*의 한계변환율이 체감하는 일반적인 경우에도 같은 원리를 적용하면 사회적 생산가능곡선을 도출할 수 있다. 즉, 한계변환율이 낮은 사람부터 재화1의 생산에 투입하는 것이다. 단, 이 경우에는 한계변환율이 체감하기 때문에 처음에 한계변환율이 낮은 사람의 투입을 계속 증대시키면, 그 사람의 한계변환율이 커지면서 다른 사람의 한계변환율보다 커지게 된다. 따라서 두 사람을 번갈아 투입하면서 이들의 한계변환율이 같이 체증하도록 조절해야 한다.

〈그림 19-16〉은 이렇게 개별 생산가능곡선으로부터 사회적 생산가능곡선을 유도하는 과정을 보여준다. 우선 한계변환율로부터 개별 한계비용곡선을 그려내고, *A*, *B* 사이에 한계비용이 같도록 생산량을 배분하는 과정을 통해 사회적 한계

● 그림 19-16 한계변환율과 한계비용

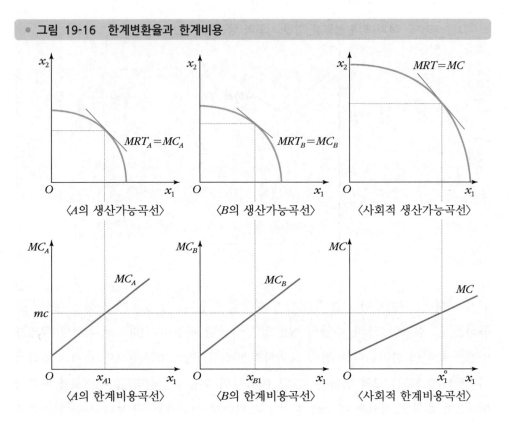

〈A의 생산가능곡선〉 〈B의 생산가능곡선〉 〈사회적 생산가능곡선〉

〈A의 한계비용곡선〉 〈B의 한계비용곡선〉 〈사회적 한계비용곡선〉

비용을 도출한 뒤, 마지막으로 사회적 생산가능곡선을 도출한다. 위의 왼편, 그리
고 가운데 그래프는 각각 A와 B의 생산가능곡선이고, 그 아래 그래프는 생산가능
곡선의 한계변환율로부터 A, B의 (재화1에 대한) 한계비용곡선을 그린 것이다.[8] 그
오른쪽 MC곡선은 개별적 한계비용곡선 MC_A, MC_B를 수평으로 합한 것이다. 생산
량 x_1°을 가장 효율적으로 생산하는 방법은 A, B에서의 한계비용이 같아지도록 생
산량을 x_{1A}와 x_{1B}로 나누는 것이고, 이 때 한계비용은 A, B 모두 mc이므로 사회
전체적으로도 mc이다. 즉, x_1°에서 생산량을 더 늘릴 때, A, B 어디에 맡기더라도
한계비용이 똑같이 mc이므로 어느 쪽을 선택하든지 한계비용은 mc가 된다. 그러
므로 MC는 사회 전체의 한계비용곡선이 된다. 이렇게 만들어진 사회적 한계비용
을 이용해 그 위에 있는 사회적 생산가능곡선을 그릴 수 있다. 세로절편은 두 개별
곡선의 세로절편의 합이고, 그로부터 재화1 생산을 늘릴 때 한계변환율의 변화는

---

8 재화2를 단위재로 취급하여 그 가격이 1이라고 가정한다.

아래의 사회적 한계비용의 변화와 같게 그리면 된다.

독자들은 제12장 7절의 다공장 비용극소화 문제를 기억할 것이다. 주어진 산출량을 생산할 때 비용을 극소화하기 위해 공장들 사이에 각 공장의 한계비용이 같도록 해야 하며, 이 때 기업 전체의 한계비용곡선은 개별 공장의 한계비용곡선을 수평으로 합한 것이라는 것을 기억할 것이다. 본 절의 설명도 기본적으로 다공장 비용극소화 원리와 동일하다.

생산물과 생산요소가 보다 다양한 일반적인 경제에서는 한계변환율과 한계비용의 관계가 조금 더 복잡하다. x_1, x_2, x_3 세 가지 재화가 있는 경제에서, x_2를 x_1으로 변환할 수도 있고 x_3로 변환할 수도 있는 경우를 생각해 보자(이번에도 x_2의 가격을 1로 고정한다). 만약 x_1을 한 단위 추가로 생산하는 데 x_2가 4단위 추가로 필요하면, x_2로 나타낸 x_1의 한계비용은 4이다. 또한 x_3를 한 단위 추가로 생산하는 데 x_2가 2단위 추가로 필요하면, x_2로 나타낸 x_3의 한계비용은 2이다. 이제 x_1과 x_3의 한계변환율, 즉 x_1 대신 x_3를 생산할 때 x_1을 한 단위 포기하는 대신 얻을 수 있는 x_3의 양은 얼마일까? x_1 생산을 1단위 줄이면 x_2가 4단위 절약되므로, 이를 이용해 x_3를 생산하면 x_3를 2단위 더 생산할 수 있다. 즉, 한계변환율은 2이다. 이 비율은 바로 x_1과 x_3의 한계비용의 비율$\left(\text{즉, } \dfrac{4}{2} = 2\right)$인 것이다. 이처럼 다양한 생산물이 있는 경제에서 재화들 사이의 한계변환율은 이들의 한계비용의 비율과 같다.

> **한계변환율과 한계비용**: 두 재화 사이의 한계변환율은 두 재화의 한계비용의 비율과 같다.
>
> $$MRT_{ij} = \frac{MC_i}{MC_j}$$

두 가지 재화만 있는 우리 예에도 사실상 이 원리는 적용된다. 이 경우에 한계변환율(MRT)은 재화2로 나타낸 재화1의 한계비용(MC_1)이었다. 그런데 재화2로 나타낸 재화2의 한계비용(MC_2)은 당연히 1이기 때문에, $MRT = MC_1/MC_2$라고 말할 수 있다.

● 그림 19-17 개인적 생산가능곡선과 사회적 생산가능곡선

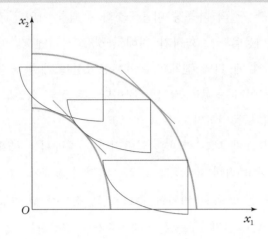

마지막으로, 개인적 생산가능곡선과 사회적 생산가능곡선의 관계를 〈그림 19-17〉처럼 설명할 수도 있다. A의 생산가능곡선을 고정한 채로, B의 생산가능곡선을 $180°$ 거꾸로 뒤집어 서로 접하는 상태를 유지하며 상하좌우로 움직여 보면, B의 원점이 지나는 궤적을 그릴 수 있다. 이 곡선이 바로 사회적 생산가능곡선이 된다. A의 원점에서부터 B의 원점까지의 거리는 A와 B 각각의 재화1, 2의 생산량을 합한 것과 같으므로 사회적인 총생산량이 된다. 게다가 두 생산가능곡선이 접하므로 A와 B의 한계변환율도 일치한다. 그러므로 사회적으로 효율적인 생산의 요건이 저절로 충족된다. 이 때 사회적 생산가능곡선의 기울기는 A, B 개인적 생산가능곡선이 접하는 점에서의 기울기와 일치한다. 즉, 개인적 한계변환율과 사회 전체적 한계변환율이 같다.

5.2 가격수용자들의 최적화

A와 B는 재화1과 2를 각각 얼마나 생산하고 얼마나 소비할까? 먼저 A와 B가 개별적인 가격수용자로 어떻게 행동하는지 살펴보고, 다음 절에서 시장의 균형을 논의하자. A와 B는 생산을 통해 〈그림 19-13〉의 개별 생산가능곡선상의 점들을 선택할 수 있다. 만약 생산만 가능하고 교환이 불가능하다면 개인들은 이 생산가능곡선에 속한 점들 중에서 자신의 효용을 극대화시킬 수 있는 점을 선택할 것

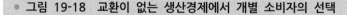

● 그림 19-18 교환이 없는 생산경제에서 개별 소비자의 선택

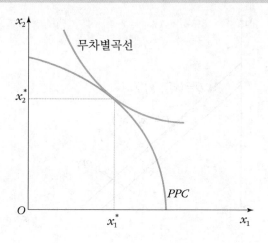

이다. 이런 선택은 〈그림 19-18〉과 같이 이루어진다. 이 때 선택하는 점의 특징은 1) 개인적 생산가능곡선상에 있으며 2) 한계변환율이 한계대체율과 같다는 점이다. 이 경우 A와 B의 결정 사이에는 아무런 연관이 없다. A와 B는 마치 서로 교류가 불가능한 두 섬에 각각 홀로 사는 로빈슨 크루소들처럼, 자신이 생산해 자신이 소비하면서 나름대로 효용을 극대화하는 생산결정을 내린다.

    이제 이 두 사람들 사이에 교환이 가능하다고 하자. 단, A, B 누구도 교환조건인 가격을 설정할 수 없고, 제3의 인물인 경매인이 가격 p_1과 p_2를 제시하면(재화2를 단위재로 할 때 p_1만 제시하면) 각자가 이 가격에서 자신의 생산량과 소비량을 결정한다. 즉, A와 B 모두 가격수용자로 행동한다. 경매인은 시장이 균형에 이를 때까지 가격을 조정한다. 이처럼 주어진 가격에서 거래가 가능하면, A나 B는 더 이상 〈그림 19-18〉처럼 자신의 생산과 소비를 일치시킬 필요가 없다. 이들의 의사결정 과정 역시 생산결정과 소비결정이 분리된다. 먼저 생산이 어떻게 결정되는지 보자. 〈그림 19-19〉에서 보듯이 일단 개별적 생산가능곡선상의 한 점을 결정하여 생산을 하고 나면, 그 점을 출발점으로 하여 다시 교환을 할 수 있게 된다. 예를 들어, 생산을 통해 S를 선택했다고 하자. 교환을 통해 S를 지나고 기울기가 상대가격인 $\dfrac{p_1}{p_2}$(재화2가 단위재이면 p_1)인 예산선을 따라 자신이 소비점을 결정할 수 있다.

● **그림 19-19 교환이 가능한 생산경제에서의 개별 소비자의 생산과 소비선택**

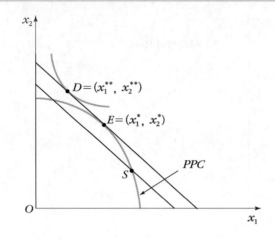

그러면 생산가능곡선상의 어떤 점을 선택해야 할까? 흥미로운 점은 이 결정에 소비자의 무차별곡선의 형태(즉, 선호)는 문제가 되지 않는다는 사실이다. 선호에 관계없이 무조건 예산선을 가장 바깥으로 확장할 수 있도록 하는 것이 중요하다. 그러기 위해서는 〈그림 19-19〉의 E를 선택해야 한다. 이 점의 특징은 생산가능곡선의 기울기, 즉 개별적인 한계변환율이 상대가격과 같다는 것이다.

한계변환율을 재화1의 한계비용으로 해석하면 이 조건은 $p_1 = MC_1$이 되는데, 이는 가격수용자의 이윤극대화 조건과 일치한다. 〈그림 19-16〉의 아래편 그래프들에서 보는 것처럼 한계비용곡선들은 우상향하며, $p_1 = MC_1$의 조건에 따르게 되면 결국 이들 한계비용곡선이 재화1의 공급곡선이 된다. A와 B의 한계비용곡선의 수평합은 경제 전체의 공급곡선이 된다.

> **최적 생산의 조건**: 교환이 가능할 때, 상대가격이 $\dfrac{p_1}{p_2}$이면 최적의 생산은 생산가능곡선상의 점 가운데 한계변환율이 상대가격과 일치하는 점을 선택한다.
>
> $MRT = \dfrac{p_1}{p_2}$ ($= p_1$, 재화2가 단위재일 경우)

일단 생산이 정해지면, A와 B는 교환을 통해 자신의 예산선에서 가장 높은 효용을 주는 점을 선택한다. 〈그림 19-19〉에서 소비자는 D를 선택하는데, 이 때 (x_1^*, x_2^*)는 그의 공급(생산)이 되고, (x_1^{**}, x_2^{**})는 그의 수요(소비)가 된다. 이들 사이의 차이인 $(x_1^{**} - x_1^*, x_2^{**} - x_2^*)$는 각 재화에 대한 초과수요가 된다.

5.3 시장균형

이제 두 재화 시장이 모두 균형이 되는 일반균형을 찾아보자. 균형에서는 A, B가 같은 가격하에서 각자 개별적으로 생산을 결정한 이후에 시장에서 거래하고자 하는 두 재화의 수량이 일치해야 한다. 즉, 두 재화 모두 주어진 시장가격에서 A와 B의 초과수요의 합인 시장초과수요가 0이 되어야 한다. 〈그림 19-20〉은 이런 상황을 보여준다. 첫째, 두 사람의 예산선의 기울기는 상대가격과 동일하다. 둘째, A와 B의 생산점(*)과 소비점(**) 사이의 거리는 서로 같으며, 방향은 반대이다. 따라서 A가 팔고자 하는 재화1의 수량과 B가 사고자 하는 재화1의 수량이 같으며, 동시에 A가 사고자 하는 재화2의 수량과 B가 팔고자 하는 재화2의 수량이 일치한다. 이 조건은 다음과 같이 쓸 수 있다.

$$(x_{1A}^{**} - x_{1A}^*) = (x_{1B}^* - x_{1B}^{**}), \ 즉 \ (x_{1A}^{**} - x_{1A}^*) + (x_{1B}^{**} - x_{1B}^*) = 0$$
$$(x_{2A}^{**} - x_{2A}^*) = (x_{2B}^* - x_{2B}^{**}), \ 즉 \ (x_{2A}^{**} - x_{2A}^*) + (x_{2B}^{**} - x_{2B}^*) = 0$$

● **그림 19-20   일반균형에서 A, B의 생산과 소비**

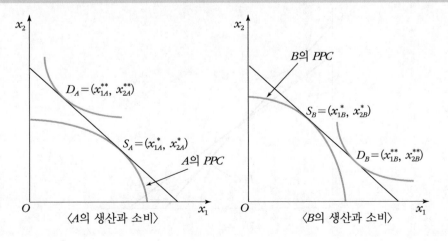

초과수요로 표현된 위의 식들에서 생산과 소비를 등호의 좌변과 우변으로 모아 표현하면 아래와 같이 표현될 수도 있다.

$$(x_{1A}^* + x_{1B}^*) = (x_{1A}^{**} + x_{1B}^{**}), \quad (x_{2A}^* + x_{2B}^*) = (x_{2A}^{**} + x_{2B}^{**})$$

위 식들의 좌변은 사회 전체의 생산량을 나타내므로 공급으로 볼 수 있고, 우변은 사회 전체의 소비량을 나타내므로 수요로 볼 수 있다. 즉, 이 식들은 시장수요와 시장공급이 일치하는 균형조건이 된다. 그러므로 초과수요가 0이 되는 조건은 시장수요와 시장공급이 일치하는 조건과 동일하다.

생산경제에서도 왈라스 법칙이 성립하기 때문에, 두 시장 가운데 한 시장만 균형이면 나머지 시장의 균형은 저절로 성립한다. 재화1의 시장공급과 시장수요가 가격에 어떻게 반응하는지 알아보고 시장균형을 찾아보자.

재화1의 시장공급은 A, B의 개별공급의 합인데, 이들 개별공급곡선들은 각각의 한계비용곡선이므로 모두 우상향한다. 그러므로 시장공급곡선 역시 우상향한다. 재화1의 가격이 상승하면 시장공급이 증가하는 것이다. 〈그림 19-21〉에서도 p_1이 상승하여 예산선이 가팔라지면 재화1의 생산량이 증가하는 것을 볼 수 있다. 그러나 수요는 약간 문제가 복잡해진다. 재화1에 대한 A나 B의 수요가 p_1에 따라서 어떻게 변할 것인지는 그들이 현재 재화1의 판매자인지 구매자인지에 따라서

● 그림 19-21 가격변화에 따른 생산 및 소비의 변화

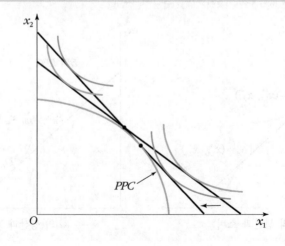

달라진다. 〈그림 19-21〉에서 보듯이 A가 재화1의 구매자이면(오른쪽 아래 무차별곡선들), p_1이 오름에 따라 자신의 예산선이 안으로 축소되는 효과가 지배적이다. 그러므로 소득효과와 대체효과가 모두 재화1의 소비를 줄이는 방향으로 작용해 재화1의 소비가 줄어들 가능성이 높다. 그러나 재화1의 판매자이면(왼쪽 위 무차별곡선들), p_1의 상승에 따라 예산선이 밖으로 확장되는 효과가 지배적이다. 이는 A 자신이 재화1을 소비하는 역할보다 재화1을 만들어 시장에 파는 역할이 중요하므로 p_1의 상승에 따라 소득이 증대하는 효과이다. 이 경우에는 대체효과는 $(-)$이지만 소득효과는 $(+)$가 되어 재화1의 소비량이 최종적으로 어떻게 변할지 예측하기 힘들다. p_1이 아주 낮으면 A, B 모두가 재화1의 구매자가 될 가능성이 높으므로 재화1의 수요곡선의 기울기는 우하향할 가능성이 높다. 그러나 p_1이 높으면 A나 B가 판매자가 될 가능성이 높으므로 수요곡선의 기울기를 예측하기 힘들어진다. 그럼에도 불구하고, 일정한 조건이 충족되면 시장공급곡선과 시장수요곡선이 만나는 재화1 시장의 균형은 반드시 존재한다.[9]

5.4 생산경제 일반균형의 효율성

1) 생산경제 일반균형의 특성

생산경제의 일반균형은 다음과 같은 특성을 갖는다.

- 균형가격에서 모든 재화의 시장이 균형을 이룬다.
- 개별 생산자는 한계비용과 균형가격이 일치하는 곳에서 생산을 한다.
- 따라서 모든 한계변환율은 균형상대가격과 일치한다.
- 각 개인의 한계대체율과 균형상대가격이 일치하는 곳에서 소비가 이루어진다.
- 균형상대가격이 모든 개인에게 동일하게 적용되므로 모든 개인의 한계대체율은 일치하고 이 비율은 재화들 사이의 한계변환율과 일치한다.

2) 생산경제 일반균형의 효율성

이와 같은 균형상태의 효율성을 다음의 순서대로 확인해 보자.

---

9 역시 앞에서 소개한 부동점 정리의 결과이다.

(1) 최종생산이 사회적 생산가능곡선상에서 이루어지는가?

(2) 생산된 재화들이 사회구성원들 사이에 효율적으로 배분되는가?

(3) 생산가능곡선상의 점들 중에서 현재 선택된 점이 가장 효율적인 선택인가?

첫째, 앞 절에서 A와 B 사이에 재화1의 한계비용을 일치시키면서 생산을 늘려 가면, 가장 효율적인 생산이 이루어져 사회적 생산가능곡선상에 있을 수 있다는 점을 논의했다. 균형에서는 각 개인이 '한계비용＝가격'이 충족되도록 생산을 결정하므로 같은 재화를 생산하는 생산자들의 한계비용이 모두 일치한다. 또한 한계비용의 비율인 한계변환율은 상대가격과 같아진다. 그러므로 사회적인 생산은 가장 효율적인 방법으로 이루어지고, 그 결과는 사회적 생산가능곡선상에 있게 된다.

둘째, 각 개인의 소비결정이 '한계대체율＝상대가격'$\left(즉, MRS = \dfrac{p_1}{p_2}\right)$을 충족시키므로, 결과적으로 A와 B의 한계대체율이 모두 상대가격과 일치해 두 사람의 한계대체율이 같아진다. 교환경제의 효율성 조건에서 논의한 것처럼 이 결과는 이미 수량이 정해진 재화들의 배분이 파레토 효율적인 배분이 되는 조건이다.

셋째, 마지막 질문은 현재 생산이 '사회 구성원들의 선호에 비추어' 가장 바람직한가에 대한 질문이다. 이에 대한 해답은 '한계대체율＝한계변환율'이라는 등식에서 나온다. 이 등식은 바로 앞의 두 질문에 대한 논의 과정에서 나온 '한계변환율＝상대가격'과 '한계대체율＝상대가격'의 두 등식으로부터 자동적으로 유도된다. 사회 내의 모든 개별적 한계변환율들이 상대가격과 같으므로 사회적 한계변환율도 상대가격과 같다(〈그림 19-20〉 참조). 또한 모든 한계대체율들이 상대가격과 같으므로 결과적으로 모든 한계변환율은 모든 한계대체율과 같아진다. 이 등식이 생산가능곡선상의 여러 점들 중에서 현재의 생산이 소비자들의 선호를 가장 잘 반영하는 생산이 되기 위한 조건이다. 만약 이 등식이 성립하지 않는다고 하자. 예를 들어, 한계변환율은 2로, 재화1 한 단위를 덜 생산하면 재화2 두 단위를 추가로 얻을 수 있으나, 모든 구성원들의 한계대체율은 1로 이들은 재화1 한 단위를 포기하는 대신에 재화2를 한 단위만 받아도 현재와 같은 효용을 누릴 수 있다고 하자. 그렇다면 A와 B가 각각 재화1을 반 단위씩 포기하는 대신에 재화2를 한 단위씩 추가로 확보하는 것이 가능하고, 이 경우 A와 B의 효용이 모두 상승할 것이다. 이처럼 소비자들의 한계대체율과 생산자들의 한계변환율이 다르면 파레토 효율성이 성취될 수 없다. 완전경쟁시장의 일반균형에서는 '한계변환율＝한계대체율' 조건이 충족된다.

결론은 생산경제의 일반균형도 파레토 효율적이라는 것이다. 이런 결론에 이르기까지의 논의를 다시 한 번 정리해 보면 다음과 같다. 일반균형에서는 소비자들의 주관적 한계대체율들이 서로 모두 같아지고, 동일한 재화의 한계비용들도 서로 모두 같아진다. 한계변환율은 한계비용들의 비율이 된다. 마지막으로 한계대체율과 한계변환율이 모두 상대가격과 일치하므로 모든 개인의 한계대체율은 한계변환율과 같아진다. 이 때문에 파레토 효율성이 달성되는데, 이런 상태가 어떤 치밀한 계획에 의해 달성되는 것이 아니라, 시장기구에 참여하는 개인들의 최적화 행동의 결과로 자연적으로 성취된다. 이 과정에서 가장 중요한 역할을 하는 조건은 모든 참여자들이 가격수용자라는 것이다. 소비자들은 모두 같은 가격들을 보며 상대가격에 자신의 한계대체율을 맞추려 하고, 생산자들 역시 같은 가격들을 보고 가격에 자신의 한계비용을 맞추려 한다. 그 결과 모든 한계대체율과 한계변환율이 일치하게 되는 것이다. 마치 모든 사람이 태양을 바라본다면 저절로 모든 사람이 동일한 방향을 보게 되는 것과 유사하다.

생산경제에서 파레토 효율성의 조건: $MRS_A = MRS_B = MRT_A = MRT_B$

〈그림 19-22〉는 이상의 논의들을 하나의 그래프에 모두 그려 넣어 생산경제의 일반균형 상태를 보여주고 있다. 〈그림 19-17〉에서 설명한 것처럼 사회적 생산가능곡선은 A와 B의 개인적 생산가능곡선을 마주 접하게 움직여서 만들 수 있다. S는 A, B의 개인적 생산가능곡선상에서의 현재 생산을 보여주며, F^*는 이 때의 사회적 총생산으로, A와 B의 각각의 생산의 합이다. 원점과 F^*로 결정되는 사각형은 생산 이후 사회적 총보유량을 보여준다. 에지워스 박스처럼 원점과 F^*를 각각 A와 B의 원점으로 삼으면, A와 B의 무차별곡선도 그려 넣을 수 있다. 앞에서 설명한 것처럼 A, B의 개인적 생산가능곡선은 S에서 접하므로 재화1의 생산자로서 A와 B의 한계비용이 일치한다. 이 때의 기울기는 또한 F^*에서의 한계변환율과

● 그림 19-22 생산경제 일반균형의 효율성

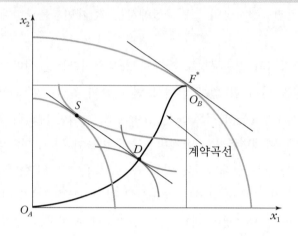

일치한다.

그림에서 SD선의 기울기는 균형상대가격이며, SD선은 소비자 A, B의 입장에서는 생산 이후 교환이 가능할 때의 예산선이 된다. 두 개인은 이 예산선상에서 효용극대화를 추구하고, 그 결과 D에서 두 사람 모두 효용극대화를 성취한다. 두 사람이 최종적으로 소비하기로 한 점이 하나로 일치하기 때문에 사회 전체적으로 두 재화 모두의 수요-공급이 일치하는 일반균형이 달성된다. SD선의 기울기는 소비점 D에서의 두 사람의 한계대체율과 일치하며 생산점 S에서의 개별적 한계변환율과 일치한다. 또한 이 기울기는 F^*에서의 사회적 생산가능곡선의 기울기, 즉 사회적 한계변환율과도 일치한다. 생산경제 일반균형의 수치적 예는 본 장의 연습문제들을 참조하기 바란다.

19장 부록 〈일반균형이론: 시장경제의 효율성〉은 ❶ 본서 954쪽의 QR코드를 스캔하거나, ❷ 박영사 홈페이지의 도서자료실(http://www.pybook.co.kr/mall/customer/bookpds?seq=1162&page=1&scate=&skey&sword=)에서도 참고할 수 있습니다.

연습문제

1 재화1과 2만 존재하는 경제를 가정하자. 두 재화의 가격은 동일하게 10이다. A의 한계대체율이 항상 0.5인 반면에 B의 한계대체율은 항상 2이다.

1) A, B가 모두 소득이 100이면 이들은 두 재화를 각각 몇 개씩 소비할 때 효용이 극대화되는가(힌트: 무차별곡선은 어떤 모양인가)?

2) A, B가 1)과 같이 효용을 극대화하는 소비를 하려는 직전에 서로 만나면, 이들의 한계대체율이 서로 다르기 때문에 교환을 통해 두 사람의 효용을 동시에 더욱 증대시킬 수 있는 방법이 있다. 이 말은 옳은지 설명하라.

2 일반균형에서 사회 모든 구성원들의 한계대체율(MRS)과 그 사회 전체의 한계생산변환율(MRT)이 일치하게 되는 이유를 설명하라.

3 A, B 두 소비자가 재화1과 2만을 소비하는 교환경제를 생각해 보자. A와 B의 초기부존은 각각 (10, 0), (10, 10)이다. A와 B의 효용함수는 동일하게 $U(x_1, x_2) = x_1 x_2$이다.

1) 에지워스 박스를 그리고, A와 B의 부존점을 에지워스 박스 위에 표시하라.

2) 계약곡선을 구하라.

3) 재화2의 가격을 1로 놓고, 일반균형가격과 자원배분을 구하라. 이 자원배분은 파레토 효율적인가?

4 A와 B의 효용함수가 각각 $U_A = min\{x_1, x_2\}$, $U_B = x_1 + x_2$라는 것을 제외하고 모든 조건은 문제 3과 동일하다.

1) 계약곡선을 구하라.

2) 재화2의 가격을 1로 놓고, 일반균형가격과 자원배분을 구하라. 이 자원배분은 파레토 효율적인가?

3) B의 효용함수도 $U_B = min\{x_1, x_2\}$일 때 1), 2)번을 풀라.

5 농부는 1개월에 고기 1단위 또는 감자 4단위를 생산할 수 있다. 목장주인은 1개월에 고기 3단위 또는 감자 6단위를 생산할 수 있다. 농부와 목장주인은 모두 1년

에 8개월 일할 수 있으며, 이 기간 중에 감자와 고기 어느 쪽이나 생산 가능하다.

1) 두 사람의 고기 – 감자 생산가능곡선을 각각 그려라.

2) 두 사람만이 있는 사회의 사회적 생산가능곡선을 그려라.

3) 두 사람만 사는 세상에서, 두 사람이 합쳐 감자를 38단위 생산하고, 나머지 시간에 고기를 생산하기로 했다. 농부와 목장주인은 각각 감자와 고기를 얼마씩 생산하는 것이 가장 효율적인가?

6 농부 A는 3월부터 6월까지는 1개월에 딸기 3톤 또는 포도 1톤을 생산할 수 있지만, 7월부터 10월까지는 1개월에 딸기 2톤 또는 포도 2톤을 생산할 수 있다. 농부 B는 3월부터 6월까지는 1개월에 딸기 2톤 또는 포도 1톤을 생산할 수 있지만, 7월부터 10월까지는 1개월에 딸기 1톤 또는 포도 2톤을 생산할 수 있다. 일년 중 나머지 기간에는 농사가 전혀 안 된다.

1) 두 사람의 개별적 딸기 – 포도 생산가능곡선을 각각 그려라(생산가능곡선이 연속적이라고 가정하고 그릴 것. 딸기를 수평축에 놓을 것. 필요한 숫자들을 정확히 표기할 것).

2) 두 사람만이 있는 사회의 사회적 생산가능곡선을 그려라.

7 A는 자신의 시간과 노력을 모두 동원하면 20개의 재화1을 생산할 수 있으며, 재화1을 한 단위 줄이면 언제든지 재화2를 0.5단위 더 생산할 수 있다. B는 자신의 시간과 노력을 모두 동원하면 10개의 재화1을 생산할 수 있으며, 재화1을 한 단위 줄이면 언제든지 재화2를 1단위 더 생산할 수 있다. 두 사람의 효용함수는 동일하게 $U = x_1 x_2$이다.

1) 두 사람이 사는 사회의 생산가능곡선을 그려라.

2) 생산가능곡선상의 한 점에서 결정되는 에지워스 박스에서 계약곡선의 식을 구하라.

3) 2)에서 계약곡선상의 점들에서 두 소비자의 한계대체율은 일정한지 아니면 가변적인지 확인하라.

4) 생산경제의 일반균형을 구하라. 이 균형에서 $MRS = MRT$ 조건을 확인하라.

8 A가 자신의 시간과 노력을 모두 동원해 60개의 재화1을 생산할 수 있다는 것을 제외하고는 모든 조건이 문제 7과 동일하다. 이 경우 문제 7의 1)~4)를 풀어라.

9 두 개의 재화가 있는 생산경제를 생각하자. 각 재화의 수요와 공급함수는 다음과 같다.

수요: $q_1^D = 20 - p_1 + p_2$, $q_2^D = 60 - 4p_2 + 6p_1$

공급: $q_1^S = 2p_1$, $q_2^S = 3p_2$

1) 일반균형가격을 구하라.

2) 재화1의 공급함수가 $q_1^S = 2p_1$에서 $q_1^S = p_1$으로 이동할 때, 새로운 일반균형가격을 구하라.

10 A는 아이스크림 회사의 주식을, B는 우산회사의 주식을 가지고 있다. 날씨가 맑으면 A의 주식가치는 40, B의 주식가치는 10이다. 반면에 비가 오면 A의 주식가치는 20, B의 주식가치는 20이다. 날씨가 맑을 확률과 비가 올 확률은 각각 $\frac{1}{2}$이다. 조건부 상품1은 날씨가 맑으면 1, 비가 오면 0을 얻는다. 조건부 상품2는 날씨가 맑으면 0, 비가 오면 1을 얻는다. 조건부 상품의 소비조합을 (x_1, x_2)로 표시한다. A와 B 모두 조건부 상품을 추가적으로 발행할 수 없다. 즉, $x_1 \geq 0$, $x_2 \geq 0$이어야 한다.

1) 조건부 상품1과 2를 이용해 현재의 상황을 에지워스 박스로 표시하라.

A는 $u_A(w) = \sqrt{w}$를 효용함수로 갖는 위험 기피자이고, B는 위험 중립적이다.

2) (x_1, x_2)를 얻을 때 A와 B의 기대효용을 구하라.

3) 최적의 위험분담을 나타내는 식을 구하라.

4) A와 B 모두 가격수용자이고, 조건부 상품1과 2를 거래하고자 한다. 조건부 상품 2의 가격을 1로 놓고, 일반균형가격을 구하라. 이 때 최적의 위험분담이 이루어지는가?

이후의 문제에서는 B의 효용함수도 $u_B(w) = \sqrt{w}$라고 가정한다.

5) 최적의 위험분담을 나타내는 식을 구하라.

6) A와 B 모두 가격수용자이고, 조건부 상품1과 2를 거래하고자 한다. 조건부 상품2의 가격을 1로 놓고, 일반균형가격을 구하라. 이 때 최적의 위험분담이 이루어지는가?

11 두 명의 소비자 1, 2가 X와 Y 두 재화를 소비하는 순수교환경제를 생각하자. 각 소비자의 효용함수는 다음과 같다.

$U_1(x_1, y_1) = x_1 y_1$, $U_2(x_2, y_2) = x_2 y_2$

여기서 (x_1, y_1)와 (x_2, y_2)는 각각 소비자 1과 2의 소비묶음이다. 소비자 1과 2의 초기 부존은 각각 $(2, 1)$과 $(4, 1)$이다.

1) 계약곡선을 구하라.

2) Y재의 가격을 1로 놓고, 일반균형가격과 일반균형에서의 자원배분을 구하라. 자원배분은 파레토 효율적인가?

3) 소비자 1이 p_1을 선택할 수 있으면 소비자 1은 어떤 p_1을 선택하는가? 이때의 자원배분은 효율적인가?

이제 소비자 2의 효용함수가 $U_2(x_2, y_2; x_1) = x_2 y_2 (6 - x_1)$이라고 하자.

4) 일반균형가격과 일반균형에서의 자원배분(allocation)을 구하라. 자원배분은 파레토 효율적인가?

5) 소비자 2가 특정 자원배분을 제안하고, 소비자 1이 동의하면 그 자원배분이 실행된다. 소비자 1이 동의하지 않으면 각자 초기 부존점대로 소비한다. 소비자 2는 어떤 자원배분을 제안하는가? 그 자원배분은 파레토 효율적인가?

12 소비자 1의 PPC는 $x_1^2 + x_2^2 = 1$, 소비자 2의 PPC는 $3x_1 + x_2 = 3$이다. 두 소비자의 효용함수는 동일하게 $U(x_1, x_2) = x_1 x_2$이다.

1) 사회 전체의 PPC를 구하고, 그려라.

2) 각 소비자의 각 재화에 대한 수요함수와 공급함수를 구하라.

3) 일반균형가격과 자원배분을 구하라.

4) 3)에서 구한 자원배분은 파레토 효율적인가?

13 A, B 두 소비자가 재화1, 2만을 소비하는 경제를 생각해 보자. A, B 두 사람 모두 초기에 재화2를 10단위씩 가지고 있고 재화2 한 단위로 재화1 한 단위를 생산할 수 있다(단 두 사람 중에서 항상 A가 먼저 재화2 생산을 하며, A 보유 재화2가 모두 재화1로 바뀐 뒤에 B가 생산을 시작한다). 두 사람의 효용함수는 모두 $U = x_1 x_2$이다.

1) A가 먼저 e_1만큼의 재화1을 생산한 뒤($0 \le e_1 \le 10$), 그 상태에서 두 사람이 교환을 시작하는 교환경제를 생각하자. 이 상황을 에지워스 박스로 나타내고, 초기 부존점을 표시하라.

2) 위 에지워스 박스의 계약곡선은 에지워스 박스의 O_A, O_B를 잇는 직선 대각선과 같으며, 그 계약곡선 상에서 두 사람의 한계대체율은 일정함을 보여라.

3) 이 교환경제에서 일반균형가격을 구하라(재화2를 단위재로 놓음).

4) 위에서는 e_1이 주어져 있다고 생각했다. 이제 e_1까지도 균형으로 결정되는 생산경제의 일반균형가격을 찾으려 한다. 생산경제의 일반균형가격이 얼마이고 이때 e_1는 얼마인가?

Chapter

20 외부효과와 공공재

★ 피구(Arthur Pigou) : 영국, 1877~1959

피구는 마샬(Alfred Marshall)의 수제자로 마샬의 이론을 발전시키고 널리 전파했으며, 1908년 마샬의 후임으로 케임브리지 대학의 정치경제학 정교수에 임명되었다.

영국에서 태어난 피구는 1896년에 케임브리지 대학 킹스 컬리지에 역사 전공으로 입학했으나 마샬 아래에서 경제학을 공부하면서 두각을 나타내기 시작했다. 1901년부터는 케임브리지에서 경제학 강의를 시작했는데, 이후 30여 년 동안 수많은 경제학 학생들에게 경제학을 가르치며 소위 케임브리지 경제학파의 중심 역할을 했다. 피구는 현실 경제에도 적극 참여해 20세기 초 영국의 무역정책에 대한 정치적 논쟁에 적극 가담했다.

경제학에서 피구의 가장 중요한 연구업적은 1920년에 발표한 저서 「후생경제학 (*Economics of Welfare*)」이다. 이 저서에서 피구는 마샬이 소개한 외부성(externality)의 개념을 이론적으로 체계화하고, 이 문제를 해결하기 위한 방편으로 피구세(Pigouvian tax)를 제안했다. 혹자는 코즈의 정리로 인해 피구세의 의미가 퇴색되었다고도 하지만, 코즈의 정리의 전제조건들이 실제로 충족되기 매우 어렵다는 점을 고려할 때, 피구세는 오늘날에도 여전히 외부성 문제에 대응하는 중요한 정책수단으로 여겨지고 있다. 특히 최근에 온실가스로 인한 기후변화의 중요성이 부각되면서 피구세는 어느 때보다 더 많은 관심을 받고 있다.

이 외에도 피구는 단체협상, 임금경직성, 인적 자본 등 노동시장 관련 분야에서도 많은 선구적인 연구를 했다. 피구는 케인즈와 동시대인으로 서로 학문적인 이견이 많았음에도 불구하고 평생 절친한 친구로 지냈으며 케인즈의 연구를 재정적으로 지원하기도 했다.

제19장에서 완전경쟁시장의 자원배분은 효율적이라는 후생경제학의 제1정리를 살펴보았다. 그러나 후생경제학의 제1정리가 성립하려면 몇 가지 전제조건이 필요하다. 그 가운데 하나가 외부효과가 없어야 한다는 것이다. 시장을 통한 자원배분이 효율적이지 못하면 **시장실패**(market failure)가 발생한다고 말한다. 본 장에

서는 시장실패가 일어나는 원인 가운데 하나인 외부효과와 그에 대한 대책에 대해
알아본다.

Section 1   외부경제와 외부불경제

외부효과(externality)란 거래의 당사자 이외의 다른 경제주체들에게 대가를 지
불하거나 지불받지 않고 편익이나 비용을 발생시키는 것을 의미한다. 예를 들어,
A가 B에게 대가를 지불하고 사과를 한 개 사서 소비한다고 하자. 이 거래에서 B
는 자신의 사과를 포기한다. 그러나 이 경우 A의 행위가 B에게 외부효과를 발생
시킨다고 말하지는 않는다. 그 이유는 A가 B에게 그 대가를 지불하기 때문이다.
이 때 만일 A가 사과를 먹는 모습을 보고, C가 허기를 느껴 효용의 감소를 느끼
면, A의 사과 먹는 행위는 C에게 외부효과를 창출한 것이 된다.

타인들에게 편익을 창출하는 외부효과를 **외부경제**(external economy)라고 부른
다. 예를 들어, A가 시장에서 B에게 대가를 지불하고 꽃을 사 집 화단을 잘 가꾸
어 놓았다고 하자. C가 지나가면서 A의 화단에 있는 꽃을 보면서 아무런 대가를
지불하지 않고 즐거움을 느꼈다면, A는 C에게 외부경제를 창출한 것이다. 반대로
타인에게 비용을 창출하면 **외부불경제**(external diseconomy)라고 부른다. 흡연으로
인해 주변 사람들에게 폐를 끼치는 것은 외부불경제의 한 예이다. 발전소, 공장,
자동차 등에서 발생하는 미세먼지도 대표적인 외부불경제의 예인데, 흡연보다 훨
씬 광범위한 지역에 영향을 미친다. 온실가스는 지구온난화를 통해 공간적으로는
전 세계에 그리고 시간적으로는 미래 세대에까지 영향을 미치는 외부불경제를 발
생시킨다.[1]

양봉업자인 A가 꿀을 생산하려고 벌을 키우고 있는데, 주위에 B가 과수원을
운영하고 있다. A가 기르는 벌이 B가 생산하는 과일의 수정에 도움이 되지만, B
가 A에게 아무런 대가를 지불하지 않으면 A는 B에게 외부경제를 창출하고 있다.

---

1 외부효과를 외부성이라고 부르기도 한다. 또한 외부경제를 양의 **외부효과(성)**(positive externality),
   외부불경제를 음의 **외부효과(성)**(negative externality)라고 부르기도 한다.

또한 B의 과수원에 있는 나무들이 A의 벌들이 꿀을 만드는 데 도움을 주고 있다면, B 역시 A에게 외부경제를 창출하고 있다. 그런데 A가 기르는 벌이 주위 사람들을 쏘는 벌이라 주위 사람들이 벌의 위협을 느끼고 있다면, A는 주위 사람들에게 외부불경제를 창출하고 있는셈이다.

이와 같이 한 가지 행동이 여러 사람들에게 외부경제와 외부불경제를 동시에 창출할 수 있다.

Section 2 외부효과가 자원배분에 미치는 영향

완전경쟁시장의 균형은 수요와 공급곡선이 교차하는 점에서 발생한다. 제13장의 완전경쟁시장과 제19장의 일반균형이론에서 보았듯이, 외부효과가 없으면 완전경쟁시장은 효율적이다. 그러나 외부효과가 있으면 완전경쟁시장에서도 일반적으로 자원배분이 효율적으로 이루어지지 않는다. 본 절에서는 외부효과가 자원배분에 어떤 영향을 미치는가를 알아보자.

〈그림 20-1〉은 완전경쟁시장에서 수요곡선(D)과 공급곡선(S)이 만나서 균형가격인 p_e와 거래량 q_e가 결정되는 것을 보여준다. 외부효과가 자원배분에 미치는 효과를 분석하려면 수요와 공급곡선을 수평이 아닌 수직 방향에서 보는 것이 더욱

● 그림 20-1 완전경쟁시장의 균형

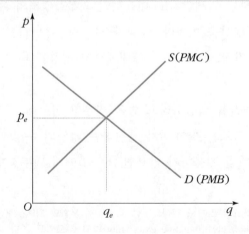

편리하다. 완전경쟁시장의 공급곡선은 한계비용곡선을 수평 방향에서 본 것임을 설명했다. 따라서 공급곡선을 다시 수직 방향에서 보면 한계비용곡선이 된다. 공급곡선을 수직 방향에서 본 것을 **사적 한계비용**(private marginal cost: PMC)곡선이라고 부른다. 여기서 '사적'이라는 의미는 이 재화의 생산에 참여하는 사람들이 지불하는 한계비용이라는 의미이다.

제5장에서 소비자잉여를 설명하면서, 수요곡선을 수직 방향에서 보면 각 수량에서 수요곡선의 높이는 다름 아닌 그 재화 한 단위를 더 얻기 위해 소비자가 지불할 용의가 있는 최대 금액, 즉 유보가격임을 설명했다. 소비자가 수요곡선의 높이만큼을 지불할 용의가 있는 이유는 그 재화를 한 단위 더 소비함으로써 얻는 편익, 즉 한계편익이 그만큼 되기 때문이다. 그러므로 수요곡선을 수직 방향에서 보면 다름 아닌 한계편익곡선임을 제5장에서 설명했다. 수요곡선을 수직 방향에서 본 것을 **사적 한계편익**(private marginal benefit: PMB)곡선이라고 부른다. 공급곡선과 마찬가지로, '사적'이라는 용어는 이 재화를 소비하는 소비자들이 얻는 편익만을 포함하고 있음을 강조하기 위함이다.

'사회적'은 거래의 당사자들만을 포함한 '사적'과 대비되는 개념이다. **사회적 한계비용**(social marginal cost: SMC)과 **사회적 한계편익**(social marginal benefit: SMB)은 사적 한계비용과 한계편익에 그 거래로 인해 발생하는 외부효과까지를 포함한 한계비용과 한계편익이다. 외부효과가 없으면 '사적'과 '사회적'은 동일하다. 그러나 외부효과가 있으면, 사회적 한계비용 및 한계편익은 사적 한계비용 및 한계편익과 동일하지 않다. 외부경제가 있으면, 제3자가 편익을 얻으므로 일반적으로 사회적 한계편익이 사적 한계편익보다 크거나 혹은 사회적 한계비용이 사적 한계비용보다 작다. 반면에 외부불경제가 있으면, 제3자에게 비용이 발생하므로, 일반적으로 사회적 한계편익이 사적 한계편익보다 작거나 혹은 사회적 한계비용이 사적 한계비용보다 크다.

이후의 설명에서는 편의상 외부경제의 경우 사회적 한계비용과 사적 한계비용은 동일하지만, 사회적 한계편익이 사적 한계편익보다 크다고 가정한다. 반대로 외부불경제의 경우 사회적 한계편익과 사적 한계편익은 동일하지만, 사회적 한계비용이 사적 한계비용보다 크다고 가정한다.

이제 외부경제와 외부불경제로 나누어 외부효과가 자원배분에 미치는 영향을 살펴보자. 먼저 외부경제의 경우를 살펴보자.

2.1 외부경제의 효과: 과소생산

앞에서 설명했듯이, 외부경제의 경우 사회적 한계비용과 사적 한계비용은 동일하지만, 사회적 한계편익이 사적 한계편익보다 크다. 따라서 모든 산출량에서 SMB곡선이 PMB곡선보다 위쪽에 위치한다. 이를 그림으로 보면 〈그림 20-2〉와 같다.

사회적 최적 산출량(socially optimal quantity)은 소비자잉여와 생산자잉여를 합한 사회적 후생을 극대화하는 산출량이다. 외부경제가 없으면 PMB곡선(수요곡선)과 PMC곡선(공급곡선)을 이용해 소비자잉여와 생산자잉여를 계산한다. 그러나 외부경제가 있으면 사회 전체가 얻는 편익은 PMB곡선이 아닌 SMB곡선을 이용해 계산해야 한다.

현재의 산출량 q_0에서 $SMB(q_0) > SMC(q_0)(=PMC(q_0))$가 성립하면 한 단위를 더 생산할 때 사회 전체가 얻는 편익은 $SMB(q_0)$만큼 증가한다. 반면에 사회 전체가 지불하는 비용은 $SMC(q_0)$만큼 증가한다. $SMB(q_0) > SMC(q_0)$이므로 한 단위를 더 생산할 때 사회적 후생은 증가한다. 반대로 $SMB(q_0) < SMC(q_0)$이면 한 단위를 덜 생산할 때 사회적 후생이 증가한다. 그러므로 사회적 후생을 극대화하는 사회

● 그림 20-2 외부경제가 자원배분에 미치는 영향: 과소생산

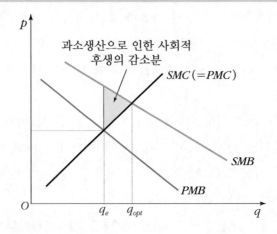

적 최적 산출량은 $SMB(q) = SMC(q)$에서 결정된다. 즉, 사회적 최적 산출량은 SMB곡선과 SMC곡선이 일치하는 수준의 산출량이다.

〈그림 20-2〉에서 사회적 최적 산출량은 SMB곡선과 SMC곡선이 교차하는 산출량인 q_{opt}이다. 그러나 이 시장에서 생산자는 자신이 창출하는 외부효과를 고려하지 않고 가격을 지불하는 고객만을 고려해 생산한다. 따라서 균형거래량은 PMB곡선과 PMC곡선이 일치하는 산출량인 q_e이다. 외부경제 시 모든 산출량 수준에서 사회적 한계편익이 사적 한계편익보다 크므로, 사회적 최적 산출량은 균형거래량보다 큼을 알 수 있다.

외부효과가 없으면 SMB곡선과 PMB곡선은 일치한다. 또한 SMC곡선도 PMC곡선과 동일하다. 그러므로 사회적 최적 산출량과 시장의 균형거래량은 일치한다. 따라서 균형거래량에서 사회적 후생이 극대화된다. 그러나 외부효과가 있으면 일반적으로 두 산출량은 일치하지 않는다. 〈그림 20-2〉에서 보다시피, 외부경제가 있으면 사회적 최적 산출량이 균형거래량보다 크다. 〈그림 20-2〉에서 사회적 후생이 극대화되려면 q_{opt}가 생산되어야 한다. 그러나 균형거래량은 q_e이다. 〈그림 20-2〉와 같이, 외부경제가 존재하면 일반적으로 균형거래량이 사회적 최적 산출량보다 작은 **과소생산**(under-production)이 발생한다.

과소생산으로 인한 사회적 후생의 감소분은 얼마인가? q_e가 아닌 q_{opt}이 생산되었다면 사회적 후생은 0부터 q_{opt}까지의 SMB곡선과 SMC곡선 사이의 면적이다. 그러나 시장에서 q_e가 생산되므로, 실제로 실현되는 사회적 후생은 0부터 q_e까지의 SMB곡선과 SMC곡선 사이의 면적이다. 그러므로 q_e부터 q_{opt}까지의 SMB곡선과 SMC곡선 사이의 면적이 외부경제로 인해 과소생산됨으로써 실현되지 못한 사회적 후생의 크기를 뜻한다.

저자들의 경험에 의하면, 외부경제는 다른 사람들에게 편익을 주는 것인데 왜 사회적 후생이 감소하는지, 즉 왜 비효율적인지를 학생들이 잘 이해하지 못하는 경우를 자주 본다. 이는 사회적 최적 산출량의 의미를 잘 이해하고 있지 못하기 때문이다. 사회적 후생이 극대화되려면 사회적 한계편익과 사회적 한계비용이 일치하는 q_{opt}이 생산되어야 한다. 그러나 시장에서는 사적 한계편익과 사적 한계비용이 일치하는 q_e가 생산된다. 즉, 시장의 생산자와 소비자는 자신들의 한계비용과 한계편익만을 고려하여 q_e만큼을 거래한다. 그러나 시장의 생산자와 소비자가 이 타적이어서 자신들이 얻는 편익뿐만 아니라 다른 사람들이 얻는 편익까지를 고려한다면 q_e가 아닌 q_{opt}만큼을 거래할 것이다. 그러나 실제로 사람들은 시장 밖에 있는 사람들의 편익을 고려하지 않으므로 q_{opt}가 아닌 q_e만큼만 거래가 이루어진다. q_e가 생산될 때의 사회적 후생의 크기는 q_{opt}가 생산될 때의 사회적 후생의 크기보다 작다. q_{opt}가 생산되어 더 큰 사회적 후생을 달성할 수 있음에도 불구하고, 실제적으로는 q_e가 생산됨으로써 달성 가능한 최대한의 사회적 후생이 얻어지지 못한다. 달성 가능한 최대한의 사회적 후생의 크기와 실제로 달성된 사회적 후생의 크기의 차이가 바로 외부경제하에서 과소생산으로 인한 사회적 후생의 감소분이다.

예 1 꽃 생산의 PMB곡선이 $PMB = 20 - q$이고, PMC곡선은 $PMC = q$이다. 그런데 꽃 한 단위가 더 생산될 때마다 이웃주민들이 4만큼의 편익을 얻는다. 사회적 최적 산출량과 균형거래량을 구해 보자. 과소생산으로 인한 사회적 후생의 감소분은 얼마인가?

균형거래량은 $PMB = PMC$에 의해 결정된다. $20 - q = q$를 풀면 $q_e = 10$을 얻는다. 이 경우 SMB곡선은 $SMB = 24 - q$이다. 따라서 $24 - q = q$를 풀면 사회적 최적

● 그림 20-3 외부경제로 인한 사회적 후생의 감소분

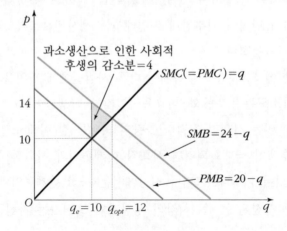

산출량은 $q_{opt}=12$이다. 과소생산으로 인한 사회적 후생의 감소분은 〈그림 20-3〉에서 보듯이 4이다.

2.2 외부불경제의 효과: 과다생산

외부불경제의 경우 사회적 한계편익과 사적 한계편익은 동일하지만, 사회적 한계비용이 사적 한계비용보다 크다. 따라서 모든 산출량에서 SMC곡선이 PMC곡선보다 위쪽에 위치한다. 이를 그림으로 보면 〈그림 20-4〉와 같다.

〈그림 20-4〉에서 사회적 후생을 극대화하는 사회적 최적 산출량은 SMB곡선과 SMC곡선이 교차하는 산출량인 q_{opt}이다. 외부경제와 마찬가지로 시장에서 생산자는 자신이 창출하는 외부효과를 고려하지 않고 생산을 한다. 따라서 균형거래량은 PMB곡선과 PMC곡선이 일치하는 산출량인 q_e이다. 외부불경제 시 모든 산출량 수준에서 사회적 한계비용이 사적 한계비용보다 크므로, 사회적 최적 산출량은 균형거래량보다 작음을 알 수 있다. 그러므로 외부불경제가 존재하면 일반적으로 〈그림 20-4〉와 같이 균형거래량이 사회적 최적 산출량보다 큰 **과다생산**(over-production)이 발생한다.

과다생산으로 인한 사회적 후생의 감소분은 얼마인가? q_e가 q_{opt}보다 크므로 q_{opt}부터 q_e까지의 모든 산출량에 대해 사회적 한계비용이 사회적 한계편익을 초

● 그림 20-4 외부불경제가 자원배분에 미치는 영향: 과다생산

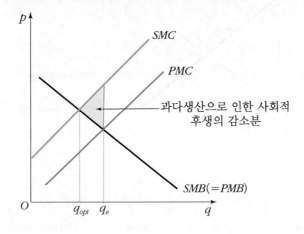

과한다. 따라서 산출량이 q_e가 아닌 q_{opt}이라면 이 구간에 해당하는 SMC곡선과 SMB곡선 사이의 면적만큼을 절약할 수 있다. 그러나 실제 산출량이 q_e이므로, 외부불경제로 인한 과다생산 때문에 q_{opt}부터 q_e까지 SMC곡선과 SMB곡선 사이의 면적만큼을 절약하지 못하고 지불하고 있으므로 이 면적이 과다생산으로 인한 사회적 후생의 감소분을 의미한다.

예 2 어떤 재화의 PMB곡선이 $PMB = 30 - q$이고, PMC곡선은 $PMC = q$이다. 그런데 이 재화가 한 단위 더 생산될 때마다 오염물질로 인해 이웃 주민들에게 6만큼의 비용을 발생시킨다. 사회적 최적 산출량과 균형거래량을 구해보자. 과다생산으로 인한 사회적 후생의 감소분은 얼마인가?

균형거래량은 $PMB = PMC$에 의해 결정된다. $30 - q = q$를 풀면 $q_e = 15$를 얻는다. 이 경우 외부불경제로 인한 사회적 한계비용곡선은 $SMC = q + 6$이다. 따라서 $30 - q = q + 6$를 풀면 사회적 최적 산출량은 $q_{opt} = 12$이다. 외부불경제로 인한 사회적 후생의 감소분은 〈그림 20-5〉에서 보듯이 9이다. ▪

• 그림 20-5 외부불경제로 인한 사회적 후생의 감소분

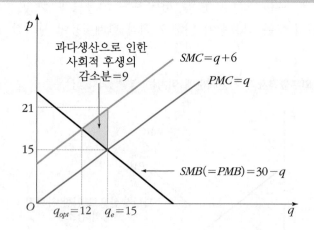

Section 3	외부효과의 해결방법

제2절에서 외부효과가 자원배분에 미치는 효과를 살펴보았다. 외부경제와 외부불경제 모두 시장에서 달성할 수 있는 최대한의 사회적 후생을 달성하지 못한다는 의미에서 비효율적이다. 이 같은 외부효과에 의한 비효율성을 해결할 수 있는 몇 가지 방법이 제시되어 왔다. 본 절에서는 외부효과의 해결방법에 대해 알아본다.

3.1 외부효과 발생 경제활동에 대한 규제

외부효과로 인해 자원배분의 비효율성이 발생하는 이유는 사회적 한계편익 혹은 한계비용이 사적 한계편익 혹은 한계비용과 일치하지 않기 때문이다. 일치하지 않는 이유는 외부효과를 창출하는 경제주체가 외부효과로 인해 발생하는 결과에 대한 대가를 지불하거나(외부불경제) 혹은 보상을 받지(외부경제) 못하기 때문이다. 따라서 자신이 창출하는 외부효과에 대해 적절한 대가를 지불하거나 혹은 보상을 받게 하면 외부효과로 인한 자원배분의 비효율성을 제거할 수 있다. 이런 일을 할 수 있는 주체는 정부밖에 없으므로 결국 정부의 개입이 필요하다. 적절한 대가 혹은 보상을 통해 외부효과의 해결방식을 처음으로 제시한 사람이 영국의 경제학자 피구(Arthur Pigou)이다.

피구는 정부가 외부효과를 창출하는 경제활동에 대해 적절한 세금이나 보조금을 부과함으로써 외부효과로 인한 자원배분의 비효율성을 방지할 수 있음을 보였다. 이와 같이 적절한 보상이나 대가를 통해 사적 이익과 사회적 이익을 일치하도록 만드는 것을 '외부효과를 내부화(internalize)한다'라고 표현한다. 외부효과를 내부화하기 위해 제공되는 세금 혹은 보조금을 피구의 이름을 따서 **피구세**(Pigouvian tax)라고 부른다. 피구세를 통해 외부효과를 어떻게 내부화하는지를 살펴보자. 먼저 외부경제를 살펴본다.

1) 외부경제의 피구세

외부경제가 있으면 피구세가 어떻게 작용하는지 〈그림 20-6〉을 통해 알아보자. 피구세가 적용되기 이전에 균형산출량은 PMB곡선과 $PMC(=SMC)$곡선이 교차하는 q_e이고, 사회적 최적 산출량은 SMB곡선과 $PMC(=SMC)$곡선이 교차하는 q_{opt}이다. 그림에서 보다시피 q_{opt}에서 사회적 한계편익이 사적 한계편익보다 크다. 그 크기를 s라고 하면, $s = SMB(q_{opt}) - PMB(q_{opt}) > 0$이다.

이제 이 재화의 생산자들에게 산출량 한 단위당 s만큼의 보조금을 지불한다고 가정해 보자. 한 단위당 s의 보조금을 받으면, 기업들의 한계비용은 s만큼 감소하는 효과와 동일하다. 따라서 단위당 s의 보조금을 받으면, 새로운 사적 한계비용곡선은 원래의 사적 한계비용곡선을 아래로 s만큼 평행이동한 것이 된다. 새로운 사적 한계비용곡선은 〈그림 20-6〉에서 PMC'으로 표시되어 있다. 사적 한계비용곡선이 PMC'이면, 새로운 균형거래량은 PMB곡선과 PMC'곡선이 만나는 곳에서 결정된다. 그림에서 보듯이 보조금 s는 정확하게 새로운 균형거래량이 q_{opt}이 되도록 하는 크기이다. 따라서 보조금(음의 피구세)을 제공함으로써 균형거래량이 사회적 최적 산출량이 된다. 보조금을 받으면 기업은 자신이 창출하는 외부경제에 대한 적절한 보상을 받는다.

앞에서 살펴본 예 1의 경우, 꽃 한 단위 생산시 4만큼의 편익이 발생한다. 따라

● **그림 20-6 외부경제시 피구세의 효과**

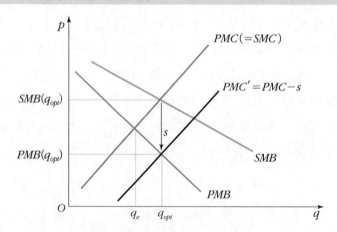

서 생산자에게 꽃 한 단위당 4의 보조금을 지불하면 외부효과를 내부화할 수 있다.
4의 보조금을 지불하면 새로운 사적 한계비용곡선은 $PMC' = q - 4$이다. $q - 4 = 20 - q$를 풀면 새로운 균형거래량은 $q_e' = 12$가 되어 사회적 최적 산출량과 일치함
을 알 수 있다.

2) 외부불경제의 피구세

외부불경제가 있으면 피구세가 어떻게 작용하는지 〈그림 20-7〉을 통해 알아
보자. 피구세가 적용되기 이전에 균형산출량은 $PMB(= SMB)$곡선과 PMC곡선이
교차하는 q_e이고, 사회적 최적 산출량은 SMB곡선과 SMC곡선이 교차하는 q_{opt}이
다. 그림에서 보다시피 q_{opt}에서 사회적 한계비용이 사적 한계비용보다 크다. 그
크기를 t라고 하면, $t = SMC(q_{opt}) - PMC(q_{opt}) > 0$이다.

이제 이 재화의 생산자들에게 산출량 한 단위당 t만큼의 세금을 부과한다고
가정해 보자. 한 단위당 t의 세금을 지불해야 하면, 기업들의 한계비용이 t만큼 증
가하는 효과와 동일하다. 따라서 단위당 t의 세금을 내면, 새로운 사적 한계비용곡
선은 원래의 사적 한계비용곡선을 위로 t만큼 평행이동한 것이 된다. 새로운 사적
한계비용곡선은 〈그림 20-7〉에서 PMC'으로 표시되어 있다. 사적 한계비용곡선이
PMC'이면, 새로운 균형거래량은 PMB곡선과 PMC'곡선이 만나는 곳에서 결정된

● **그림 20-7 외부불경제시 피구세의 효과**

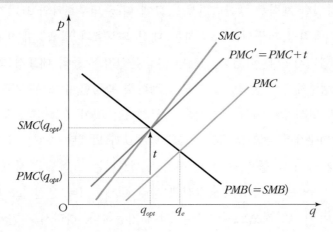

다. 그림에서 보듯이 세금 t는 정확하게 새로운 균형거래량이 q_{opt}이 되도록 하는 크기이다. 따라서 세금을 부과함으로써 균형거래량이 사회적 최적 산출량이 된다. 외부불경제의 경우 기업에 적절한 세금을 부과하면, 기업의 사적 이익의 추구와 사회적 이익의 추구가 일치하게 되어 외부효과를 내부화하게 된다.

앞에서 살펴본 예 2의 경우, 재화 한 단위 생산시 오염물질로 인해 6만큼의 비용이 발생한다. 따라서 생산자에게 재화 한 단위당 6의 세금을 부과하면 외부효과를 내부화할 수 있다. 6의 세금을 부과하면 새로운 사적 한계비용곡선은 $PMC' = q+6$이다. $q+6 = 30-q$를 풀면 새로운 균형거래량은 $q_e' = 12$가 되어 사회적 최적 산출량과 일치한다.

3.2 외부효과 자체에 대한 규제

앞 절에서는 어떤 상품을 생산하려면 반드시 일정한 정도의 외부효과가 발생되는 경우를 상정했다. 예를 들어, 꽃은 항상 일정한 양의 외부효과를 발생시키고, 공해물질을 배출하는 공장의 음의 외부효과도 그 재화를 생산하기 위해서는 불가피한 것을 가정했다. 그러나 실제로는 같은 재화를 생산하면서도 외부효과에 차이가 날 수 있다. 예를 들어, 하천에 공해 물질을 방출하는 공장은 정화시설을 갖추면 외부불경제를 줄일 수 있다. 같은 전기를 생산하더라도 화력발전으로 전기를 발전하는 경우와 태양광으로 발전하는 경우 온실가스라는 음의 외부효과 발생 정도가 현격하게 차이가 난다.

이렇게 동일한 재화를 생산하면서도 그에 따른 외부효과의 크기가 다르면 앞 절에서처럼 일률적인 피구세를 부과하는 대신 외부효과 발생량에 따라서 규제를 가하는 것이 합리적이다. 다행히 미세먼지나 온실가스 등의 대표적 외부불경제는 정부가 그 발생주체별로 발생량을 비교적 정확히 측정할 수 있는 경우가 많다. 이 경우 외부효과 발생량에 따라 차별적으로 규제하는 것이 가능하다. 외부효과 발생량에 비례해 피구세를 부과할 수도 있고, 외부효과 발생량 자체를 규제하는 것도 가능하다. 전기의 예를 들면, 동일한 전기를 생산하는 발전사업 사이에도 석탄발전, 가스발전, 태양광 등의 신재생발전에 따라 미세먼지나 온실가스 발생량에 큰 차이가 나며 이를 객관적으로 측정하는 것이 가능하다. 따라서 전원에 따라 차별

● 그림 20-8 공해물질 감축과 배출에 대한 비용과 편익

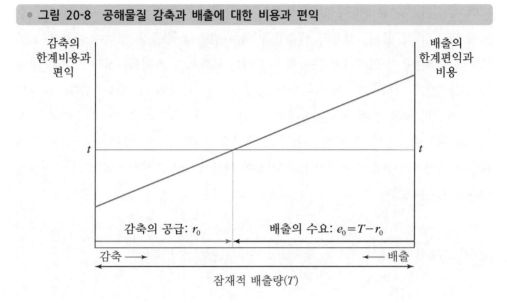

적인 규제를 가할 수 있으며, 그렇게 하는 것이 합리적이다. 뿐만 아니라 이런 차별적인 규제를 통해 경제주체들이 같은 재화를 생산하면서도 되도록 외부불경제를 줄이려는 유인을 제공하게 된다.

　　생산과정에서 **온실가스**인 이산화탄소를 배출하는 상품을 예로 들어 설명해 보자. 우선 온실가스에 대해 정부의 아무런 규제가 없을 때 T만큼의 온실가스를 배출하는 기업이 있다고 하자. T를 이 기업의 **잠재적 배출량**이라고 부르기로 한다.[2] 이 기업은 추가적 비용을 들여 온실가스를 감축할 수 있는데, 그 한계비용은 감축량에 따라 점점 높아질 가능성이 크다.[3] 온실가스를 조금 줄이기는 쉽지만, 많이 줄이기는 어렵기 때문이다. 〈그림 20-8〉은 이런 관계를 보여준다. 가로축의 길이는 잠재적 배출량 T를 나타내고, 왼쪽 원점을 출발점으로 하여 오른쪽 방향으로 감축량을 나타낸다. 따라서 오른쪽 세로축까지의 나머지 길이가 실제 배출량이 된다. 그림의 파란선은 온실가스 감축의 한계비용을 나타내며 한계비용이 체증하기 때문에 우상향하고 있다. 그런데 오른쪽 세로축부터 온실가스 배출량의 시각에서

2　현재의 기술과 제도에서 추가적인 감축노력을 하지 않는 것을 'Business As Usual', 줄여서 BAU라고 한다.

3　온실가스나 미세먼지처럼 대기에 배출되는 물질의 배출과 감축은 영어로 각각 emission과 abatement로 표현한다.

보면, 온실가스를 감축하지 않고 배출을 하게 되면 감축에 드는 비용을 절감할 수 있게 된다. 예를 들어, 잠재적 배출량을 모두 감축해 배출량 제로에 이르게 되면 감축의 한계비용이 엄청나게 높아지는데 이는 감축의 한계비용곡선의 오른쪽 세로축의 절편으로 나타난다. 이 상황에서 온실가스를 한 단위 덜 감축하면(즉, 한 단위 배출하면), 이 높은 한계비용을 절감할 수 있게 된다. 추가로 한 단위 더 배출하면, 처음보다는 조금 낮지만 여전히 높은 한계비용을 절감할 수 있기 때문에 이런 의미에서 온실가스 감축의 한계비용은 뒤집어 이야기하면 온실가스 배출의 한계편익이라고 볼 수 있다.

공해물질 감축의 한계비용은 공해물질 배출의 한계편익이다.

이제 정부가 온실가스 배출 주체별 배출량을 파악할 수 있어 온실가스 단위당 t 원의 피구세를 부과한다고 하자. 피구세는 배출행위를 위해 지불해야 하는 대가라고 볼 수 있다. 온실가스를 감축하면 이 가격을 피할 수 있기 때문에, t는 기업의 감축행위에 대한 보상이라고도 볼 수 있다.

t가 〈그림 20-8〉과 같으면 이 기업의 온실가스 배출량과 감축량은 얼마가 될까? 감축량의 결정을 보기 위해 그래프의 왼쪽 원점에서부터 출발하여 감축의 비용과 편익을 비교해 보자. 처음에는 한계비용이 낮기 때문에 감축이 유리하다. 감축량을 늘려감에 따라 한계비용이 증가하여 결국 감축의 편익인 t와 같아지는데, 이 수준이 최적 감축량이 된다. 이런 의미에서 감축의 한계비용곡선은 감축행위의 공급곡선으로 해석될 수 있다. 감축행위에 대한 보상이 t이면, r_0만큼의 감축행위를 공급하는 것이다. 이는 완전경쟁시장의 상품가격이 p일 때 $p = MC$의 원칙으로 최적생산량이 결정되고, 따라서 한계비용곡선이 공급곡선이 되는 것과 정확히 같은 원리이다.

공해물질 감축의 한계비용곡선을 수평 방향으로 해석하면 감축에 대한 공급곡선이다.

감축량의 결정은 곧 배출량의 결정이다. 동일한 의사결정을 배출량 결정이라는 측면에서 분석해 보자. 이를 위해 가로축의 오른쪽 끝에서부터 왼쪽 방향으로 나아가면서 배출행위의 비용과 편익을 비교해 보자. 배출행위의 편익은 앞에서 말한 것처럼 배출로 인해 절감하게 된 감축비용이다. 즉, 감축비용곡선의 높이가 바로 배출의 편익이다. 배출의 비용은 피구세 t이다. 편익이 비용보다 높은 동안 배출을 계속하게 되면 결국 e_0만큼 배출하게 된다. 이런 의미에서 감축의 한계비용곡선은 오른쪽 세로축에서부터 왼편으로 볼 때, 배출의 수요곡선으로 해석될 수 있다. 배출의 가격이 t이면 e_0만큼의 배출행위를 수요하게 되는 것이다. 배출의 가격이 더 높아지면 배출량은 더 감소한다.

공해물질 배출의 한계편익곡선을 수평 방향으로 해석하면 배출에 대한 수요곡선이다.

개별기업의 온실가스 감축의 공급곡선이 그 한계비용곡선과 같다면, 사회 전체의 온실가스 감축의 공급곡선은 개별 한계비용곡선들을 수평으로 합한 것과 같으며, 그것은 온실가스 감축의 사회적 한계비용으로 해석될 수 있다. 〈그림 20-9〉는 A, B 두 기업의 감축 한계비용곡선을 합해 사회적 감축 한계비용곡선을 유도하는 과정을 보여준다. 배출에 대한 수요도 마찬가지로, 사회적 배출수요곡선은 개별 기업의 배출수요곡선의 수평합이다.

이제 온실가스 배출을 규제하기 위한 정부의 정책들을 논의해 보자.

● 그림 20-9 개별기업 A, B와 사회 전체의 감축공급곡선(배출수요곡선)

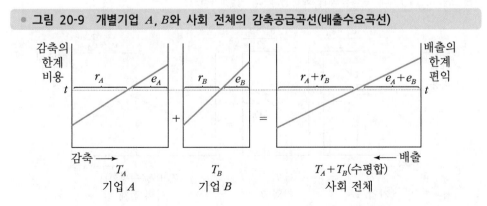

1) 가격규제(피구세)

우선 이미 논의한 것처럼, 피구세를 통해 온실가스 배출에 가격을 부과하는 것이다. 온실가스 배출 한 단위당 t원의 세금을 부과하면, 〈그림 20-9〉에서처럼 A, B 두 기업은 각각 r_A, r_B만큼을 감축하고 e_A, e_B만큼을 배출한다. 따라서 정부의 목표 배출량이 정해지면, 그에 맞추어 t의 크기를 결정하면 된다.

2) 수량규제

다른 한 가지 방법은 온실가스 배출량을 직접적으로 규제하는 것이다. 예를 들어, 앞 절의 피구세와 같은 효과를 얻기 위해 총배출량 $(e_A + e_B)$을 목표로 하는 경우를 생각해 보자. 문제는 이 총배출량을 얼마나 그리고 어떤 방법으로 기업들 사이에 할당하는가이다. 우선 가장 간단한 방법으로 각 기업에 동일한 양의 온실가스 배출만을 허용하는 방법이 있다. A, B 두 기업 모두 균등하게 각각 $\frac{e_A + e_B}{2}$만큼만 배출하게 허용하는 것이다. 배출이 허용된 기업은 '배출권(emission right)'을 갖게 된다.

〈그림 20-10〉에서 보듯이 이 경우 총배출량은 피구세 부과의 경우와 동일하지만, 이 방법은 비효율적이다. 왜냐하면, 사회적으로 배출하는 온실가스의 양은 같지만, 온실가스 감축비용은 더 높기 때문이다. 그 이유는 두 기업의 감축 한계비용이 다르기 때문인데, 그림에서 보듯이 A의 한계비용이 B의 한계비용보다 더 높

● 그림 20-10　배출권 할당과 배출권 거래 방향(화살표)

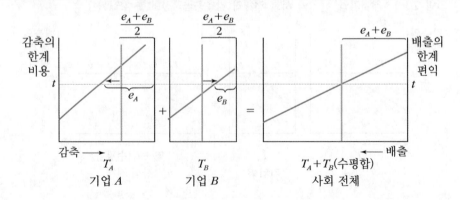

다. 따라서 A의 감축량을 줄이고 대신 B의 감축량을 그만큼 늘리면 전체 감축량은 변하지 않으면서 전체 감축비용은 줄일 수 있다.

이처럼 무조건 기업들에게 특정한 배출량을 할당하는 것은 비효율적이다. 그러나 이런 문제점을 극복할 수 있는 효율적인 수량규제 방법들이 있다. 기본적인 아이디어는 배출권을 배분함에 있어 다음과 같이 시장 원리를 적용하는 것이다.

(1) 배출권의 경매

이 방법은 정부가 목표한 만큼의 배출량에 대한 권리(즉, 배출권)를 기업들에게 경매 형식으로 판매하는 것이다. 즉, 정부가 목표로 한 배출량에 해당하는 배출권을 기업들에게 판매하는 것이다. 앞에서 설명한 것처럼, 온실가스 감축 한계비용은 오른쪽 세로축을 기준으로 해서 보면, 배출권에 대한 수요곡선과 같다. 따라서 각 기업들의 한계비용을 수평으로 합한 곡선은 사회적 배출권 수요곡선이 된다. 정부가 공급하는 배출권 수량은 가격에 대한 탄력성이 제로인 수직 형태의 공급곡선으로 해석하면 된다. 정부가 $(e_A + e_B)$만큼의 배출권을 경매하면, 〈그림 20-10〉의 오른쪽 그래프에서 붉은 수직선이 배출권의 공급곡선이 된다. 이렇게 수요곡선과 공급곡선이 주어지면, 균형가격이 결정되는데, 이 균형가격은 앞 절의 t와 같다. A와 B는 각각 e_A와 e_B의 배출권을 구매하게 되는데, 각각 감축의 한계비용이 균형 배출권 가격과 같아지므로, 결과적으로 기업들 사이의 감축 한계비용이 동일해진다. 따라서 사회적인 감축비용의 최소화도 자동으로 이루어진다. 가격이 t보다 낮거나 높으면 배출권의 수요합이 총공급량인 $(e_A + e_B)$보다 많거나 작아 초과수요나 초과공급이 발생한다.

(2) 배출권 할당후 거래제도(cap and trade)

정부가 직접 배출권을 판매하는 대신 목표로 하는 총배출권 물량을 기업들에게 우선 할당을 하고 이후에 기업들 사이에 배출권 거래를 허용하는 방법도 있다. 이때 초기에 배출권을 할당하는 기준은 여러 가지가 있을 수 있다. 예를 들어서, 앞에서와 같이 A, B 두 기업에 동일한 양의 배출권을 초기에 할당하는 경우를 생각해 보자. 만약 배출권 거래가 불가능하다면 사회적 감축비용의 최소화가 달성되지 않기 때문에 비효율적이라는 것은 이미 논의했다. 이제 A, B 사이에 배출권 거래가 허용이 되면 어떤 일이 벌어질까? 현재 A와 B의 한계비용은 같지 않다. 예를 들어, A의 한계비용은 12원이고, B의 한계비용은 8원이라고 하자. B가 A에게 배출권 한 단위를 10원에 팔게 되면, 두 기업은 모두 이익이다. B는 10원을 받게 되는 대신, 배출권이 한 단위 줄어들기 때문에 8원의 비용으로 온실가스를 한 단위 더 감축해야 한다. 2원만큼의 이익이 남는다. A는 배출권을 한 단위 구매함으로써 감축비용 12원을 절감할 수 있다. 대신에 배출권 구매를 위해 10원을 썼기 때문에 결과적으로 역시 2원의 이익이 남는다. 이렇게 기업들 사이의 감축 한계비용이 다르면 항상 거래를 통해 두 기업 모두 이익을 증대시킬 수 있기 때문에, 한계비용이 같아질 때까지 거래가 계속된다. 결과적으로 배출권 거래 시장에서 가격이 t가 되면, 더 이상의 거래가 발생하지 않는다. 달리 표현하면, 기업들에게 할당된 배출권의 총량만큼 배출권 시장에 공급이 발생하는데 정부가 직접 경매하는 경우와 달리 판매자가 정부가 아니라 배출권을 할당받은 기업들이라는 점이 유일한 차이이다. 그러나 두 경우에 총공급량은 동일하기 때문에 시장에서의 배출권 가격도 동일하게 형성된다.

초기 배출권을 할당하는 방법은 여러 가지가 있을 수 있다. 모든 기업에 동일한 물량을 배정할 수도 있고, 기업의 규모나 특성에 따라 차이를 둘 수도 있다. 초기 할당 물량을 유료로 할당할 수도 있고, 무료로 할당할 수도 있다. 어떤 방법을 쓰든, 초기 할당 조건이 시장 가격보다 유리하면, 기업들은 초기 할당을 많이 받을수록 분명히 유리해진다. 그러나 최종적으로 각 기업이 얼마나 감축하고 배출할 것인지는 초기 할당과 무관하게 결정된다는 점에 유의하기 바란다.

3) 사회적으로 효율적인 배출량의 결정

이제까지는 임의로 정해진 배출량을 기업들 사이에 배분하는 방법을 논의했다. 그러면, 사회적으로 얼마만큼 배출하고 얼마만큼 감축하는 것이 효율적인가? 이 질문에 답하기 위해서는 사회적으로 배출가스가 미치는 피해의 크기를 알아야 한다. 이 피해를 배출가스를 줄이는 비용과 비교할 때에 효율적인 감축량 또는 배출량이 결정되는 것이다.

어떤 공해물질이든지, 그것이 아주 작은 양이 배출되면 사회적인 피해가 거의

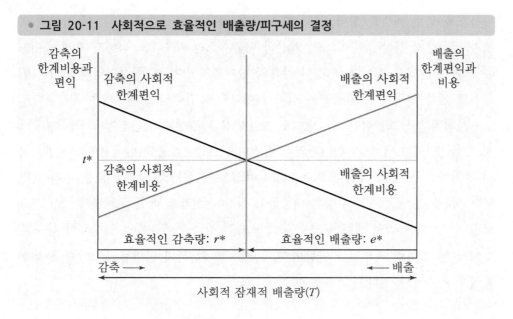

그림 20-11 사회적으로 효율적인 배출량/피구세의 결정

없다. 대기 중에는 어차피 일정량의 이산화탄소가 있기 때문에, 여기에 인위적으로 이산화탄소가 조금 더 추가되더라도 큰 피해는 없다. 그러나 이산화탄소 배출량이 점점 많아지면 기후 변화의 효과가 점점 더 크게 나타난다. 미세먼지나 여타 호흡기 질환을 일으키는 공해물질들도 마찬가지이다. 이들의 배출량이 많아지면 그 피해는 점차 커지게 된다.

〈그림 20-11〉은 이런 배출가스의 사회적 피해를 그래프에 추가했다. 그림은 사회 전체를 대상으로 한 것으로, 우상향하는 파란선은 〈그림 20-10〉에서 본 것처럼 기업들의 감축 한계비용곡선의 수평합이다. 이미 배웠듯이 개별기업의 한계비용곡선의 수평합은 사회적 감축의 공급곡선이면서 동시에 사회적 감축의 한계비용곡선이다. 또한 오른쪽 세로축을 기준으로 해서 보면, 사회적 배출의 수요곡선이면서 사회적 배출의 한계편익곡선이다. 우하향하는 검은선은 배출의 사회적 한계비용곡선이다. 배출이 0인 상태(오른쪽 세로축)에서 처음 배출이 시작될 때의 한계비용은 크지 않다. 사회적 피해가 크지 않기 때문이다. 그러나 배출량이 증가하면서 사회적 피해가 급격히 증가하므로, 사회적 한계비용이 왼쪽으로 상승하는 형태를 갖는다.

배출의 사회적 한계비용은 역으로 해석하면 감축의 한계편익이 된다. 잠재적 배출량을 모두 배출한 상태(왼쪽 세로축)에서 시작하여 생각해 보자. 이 상황은 공해가 엄청나게 심한 상황이므로, 약간의 배출가스만 감축해도 피해가 크게 줄어드는 효과가 발생할 것이다. 이것이 감축의 한계편익이다. 이 한계편익의 크기가 검은선의 왼쪽 절편이다. 감축량이 점차 늘어나면서 감축의 한계편익은 체감한다.

사회적으로 효율적인 감축량(또는 배출량)은 파란선과 검은선이 교차하는 곳에서 찾을 수 있다. 감축의 한계편익과 한계비용, 또는 배출의 한계편익과 한계비용이 일치하는 곳이다. 그런데 외부효과의 특성상, 온실가스 감축 편익을 누리는(즉, 배출 피해를 겪는) 주체인 수많은 대중들이 직접 온실가스 배출 주체에게 보상을 요구할 수 없다. 따라서 정부 규제를 통해 효율적 감축량(배출량)을 달성해야 하는데, 앞에서 본 것처럼 정부는 t^*만큼의 피구세를 부과하든지 e^*만큼의 배출권을 기업들에게 공급하면 된다.

4) 잠재적 배출량이 변할 때

이제까지의 분석에서 사회적인 온실가스의 사회적인 잠재적 배출량은 고정된 것으로 가정했다. 그러나 경제 상황에 따라 잠재적 배출량은 변할 수 있다. 예를 들어, 극심한 불경기가 도래해 전반적인 생산수준이 하락하면, 생산활동이 줄어들기 때문에 잠재적 배출량은 감소한다. 기술의 발전으로 추가적인 비용없이 가스 배출을 줄일 수 있다면, 역시 잠재적 배출량이 줄어든다.

정부가 피구세나 배출권 공급을 이미 결정한 상태에서 잠재적 배출량이 변화하면 어떤 결과가 나타날까? 〈그림 20-12〉는 예상보다 잠재적 배출량이 줄어든 상황을 보여준다. 잠재적 배출량이 T에서 T'으로 줄어들면서 오른쪽 세로축이 왼편으로 이동한다. 배출의 사회적 한계비용곡선도 시작점이 오른쪽 세로축이므로 그만큼 왼편으로 이동한다. 배출량 0에서 시작해 배출량이 증가할 때 그로 인한 사회적 한계비용 체증은 이전과 동일하므로, 이 곡선은 이전의 형태를 유지한 채 왼편으로 평행이동하는 것이다. 이 경우에 사회적 효율성은 E^1에서 달성되므로, 최적 피구세(t^*)나 배출량도 변하게 된다. t^*는 하락하고, 최적 배출량 역시 줄어들게 된다. 만약 상황 변화에도 불구하고 t나 배출 허용량을 이전 그대로 유지한다면 어떤 일이 벌어질까? 두 경우 반대의 효과가 나타난다. t를 이전 수준인 t^*로

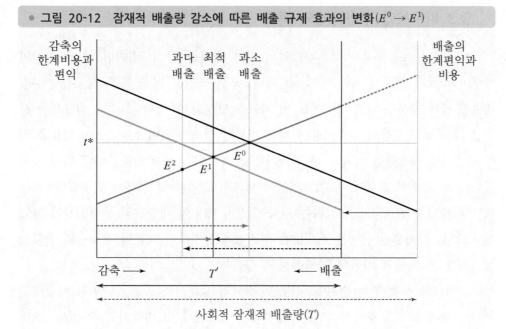

• 그림 20-12 잠재적 배출량 감소에 따른 배출 규제 효과의 변화($E^0 \rightarrow E^1$)

유지한다면, E^0까지 감축이 일어나(초록 점선 화살표) 최적에 비해 배출량이 과다하게 줄어들고, 감축량은 너무 많아지게 된다. 반대로 수량규제를 이용하면서 배출허용량을 과거 수준(검은 점선 화살표) 그대로 유지한다면 최적에 비해 배출량이 너무 많은 결과가 되고, 감축량은 너무 작게 된다. 배출권의 가격은 E^2 높이로 크게 떨어진다. 피구세는 정부가 상황에 따라 단기간에 변경할 수 있지만, 배출권의 경우 이미 민간에 공급한 배출권을 회수하기 어렵기 때문에, 수량규제가 사후 조정이 더 어려울 수 있다. 이를 막기 위해 정부가 배출권 시장에서 배출권을 적극적으로 매입해야 할 것이다.

생각하기 1 〈그림 20-12〉에서 잠재적 배출량 감소의 효과를 설명할 때, 오른쪽 세로축이 왼편으로 이동하는 대신 왼쪽 세로축이 오른편으로 이동하는 것으로 설명할 수도 있다. 이때 동일한 결과가 도출되는가?

3.3 피구세와 수량규제의 비교

피구세와 수량규제는 이론적으로는 같은 효과를 낼 수 있지만, 실제 정책의 실행이나 효과 면에서 차이가 날 수 있다. 우선 특정한 배출 목표량을 설정하면, 배출권 규제 방식은 어떤 경우에도 이 목표를 달성할 수 있다. 그러나 피구세를 사용할 때 우선 기업들의 감축비용에 대한 정확한 정보가 있어야 한다. 이 비용을 잘못 추정하면 예상했던 것과 다른 결과가 나올 수 있다. 잠재적 배출량에 대한 불확실성이 두 정책의 효과에 미치는 영향에 대해서도 이미 앞 절에서 설명했다. 피구세는 감축량을 일정하게 유지하는 경향이 있기 때문에 배출량의 불확실성이 높아진다. 반면에 배출권 규제는 배출량을 일정하게 유지하기 때문에 감축량의 불확실성이 커지고 배출권 가격의 불확실성도 커진다.

그러므로 정책 우선 순위에 따라 두 정책의 선택이 달라질 수 있다. 배출량의 확실한 통제가 가장 중요하다면, 배출권의 수량규제가 더 바람직할 수 있다. 반대로 배출가스 감축기술에 대한 투자 장려가 중요하면, 감축량의 불확실성이 큰 배출권 규제보다는 피구세가 더 바람직할 것이다. 정부와 기업의 세금수입과 부담에 대한 고려도 정책선택에 영향을 미칠 수 있다. 세금을 부과하면 모든 배출량에 대해 세금을 내야 하므로 기업의 부담이 매우 크고, 반대로 정부의 세금 수입도 아주 크다. 배출권을 경매형식으로 판매하는 경우에도 마찬가지이다. 그러나 배출권을 먼저 할당하고 거래를 허용하면 초기 할당에 대해 낮은 가격을 적용하거나 아예 무료로도 할당할 수 있기 때문에 기업의 부담을 줄여줄 수 있다. 경우에 따라 기업들이 배출권 가격을 부담하지 않으면서, 배출권 가격을 상품가격에 전가해 이익이 급등하는 소위 '횡재(windfall profit)'를 누릴 가능성도 있다.[4]

Box 20-1 국내외 온실가스 규제의 실제 사례

실제로 지구 온난화와 함께 최근 가장 큰 문제가 되고 있는 배출가스는 소위 온실가스(Green House Gas, GHG)이며, 온실가스에는 이산화탄소(CO_2), 메탄(CH_4),

---

4 배출권을 무료로 할당하더라도 배출권을 거래할 수 있기 때문에 배출권에 대한 기회비용이 발생해 기업의 한계비용에 영향을 미친다. 이 때문에 상품가격이 상승할 수 있다.

아산화질소(N_2O), 수소화불탄소(HFC), 불화탄소(PFC), 육불화유황(SF_6) 등이 있으나 이산화탄소의 비중이 가장 높다.

온실가스를 규제하는 방법으로 최근 논의되거나 실제로 이용되는 정책들은 본서에서 논의한 방안들로 기본적으로 온실가스 배출에 대해 '가격'을 책정하는 시장 기능을 도입하는 것이다. 우선 온실가스에 대한 피구세로 '탄소세(carbon tax)'가 있다. 탄소세는 세계 여러 국가에서 다양한 형태로 부과되고 있는데, 주로 온실가스를 배출하는 화석연료나 자동차 등의 사용에 세금을 부과하는 형식을 취한다. 배출에 대한 수량 규제로 가장 큰 관심을 받는 정책은 배출권 거래제도이다. 이 제도가 가장 활발히 이용되고 있는 곳은 유럽이다. 유럽은 2005년부터 EU ETS(European Union Emissions Trading System)이라는 배출권 거래제도를 시행하고 있다. 이 제도는 EU 회원 27개국과 아이슬란드, 노르웨이, 리히텐슈타인의 3개국을 합해 모두 30개국이 참여하는 배출권 거래제도이다. EU ETS에서의 CO_2 배출권 가격은 마치 주식가격처럼 등락을 거듭하는데, 2011~12년 유럽의 재정위기에 따른 극심한 불황으로 배출권 가격이 폭락하는 등 가격 변동성이 너무 심해 온실가스 감축에 대한 안정적인 유인을 제공하지 못한다는 문제점이 제기되기도 한다.

우리나라는 2015년부터 배출권 거래제도가 시행 중이다. 배출권 할당은 주로 과거배출량 기반(Grand Fathering)으로 결정되며 초기에 100% 무상할당으로 시작해 점차 무상할당 비중을 줄여갈 예정이다. 배출권 거래는 한국거래소에 설치된 배출권거래소에서 이루어진다. 아래 그림은 우리나라 배출권 거래시장 개설 이래 거래량과 가격 추이를 보여준다.

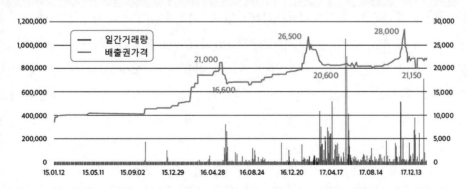

출처: A. Ritche, "The Korean Emission System," 「기후변화와 녹색성장」 2018년, 온실가스정보센터.

지구 온난화는 모든 국가들에게 영향을 미치기 때문에, 이를 해결하기 위해서는 한 국가만의 노력만으로는 부족하고 국가들 간의 협력이 필수적이다. 온실가스 감축을 위한 국제사회의 노력은 1992년 체결된 유엔기후변화협약(United Nations Framework Convention on Climate Change, UNFCCC)을 중심으로 진행되고 있다. 이 협약에 따라서 수많은 회의와 협의를 거친 결과, 2015년 파리에서 개최된 21차 기후변화협약 당사국총회(COP21)에서 2020년 이후 거의 모든 선진국 및 개도국이 참여하는 '신기후체계'에 합의하는 '파리협정'을 채택했다.

파리협정은 지구 평균기온 상승을 산업화 이전 대비 1.5℃ 이내로 제한하는 것을 목표로 하고, 각국은 자발적인 감축목표(Nationally Determined Contribution, NDC)를 정해 5년 단위로 이행을 점검하도록 하고 있다. 국가별 자발적 감축목표는 각국의 사정에 따라 다른데, 선진국들은 주로 현시점 대비 절대적 배출량 감축을 목표로 하는 반면에 개발도상국들은 미래의 잠재적 배출량 대비 상대적 감축비율을 목표로 제시했다. 우리나라도 잠재적 배출량 대비 상대적 감축목표를 제시했는데, 2030년까지 잠재적 배출량 대비 37%를 감축하기로 약속했다. 잠재적 감축량은 'Business As Usual'(BAU) 배출량이라고 부르는데, 지구온난화 문제가 없어 아무런 감축노력을 하지 않을 경우의 배출량을 의미한다.

3.4 코즈의 정리: 자율적 협상에 의한 해결

앞에서 피구세 혹은 경매를 통해 외부효과를 내부화할 수 있음을 살펴봤다. 1991년 노벨 경제학상 수상자인 시카고 대학의 코즈(Ronald Coase) 교수는 당사자들 사이에 재산권이 확실하게 확립되어 있고, 외부효과의 당사자들 사이에 별도의 비용 없이 협상할 수 있으면, 외부효과가 있더라도 효율적인 결과를 얻을 수 있음을 설득력 있게 설명했다. 이와 같이 별도의 비용 없이 협상을 할 수 있으면 사회적으로 효율적인 결과를 얻을 수 있다는 것을 코즈의 이름을 따서 **코즈의 정리** (Coase theorem)라고 부른다. 본 절에서는 코즈의 정리가 무엇이며 어떻게 효율적인 결과가 달성되는가를 알아본다.

다음의 예를 통해 코즈의 정리가 어떻게 적용되는지를 알아보자. A와 B는 매우 친한 친구로 대학 기숙사에서 같은 방을 쓰고 있다. 둘이 친한 사이라 한 가지 문제를 제외하고는 아무런 문제없이 잘 지내고 있다. 문제는 A가 담배를 피는 것

● 표 20-1 A가 담배 필 때와 피지 않을 때 A와 B의 편익

	A의 편익	B의 편익
A가 담배를 핌	10만원	3만원
A가 담배를 피지 않음	6만원	9만원

이다. B는 A가 피는 담배의 연기를 맡는 것을 싫어한다. A가 담배 필 때와 피지 않을 때 A와 B의 편익은 〈표 20-1〉과 같다.

현재 학교 기숙사에서 담배를 금지하는 규정이 없다고 가정하자. 따라서 A는 기숙사 내에서 마음 놓고 담배를 필 수 있는 권리를 가지고 있다. A가 담배를 필 때와 피지 않을 때 B가 얻는 편익이 다르다. 따라서 A의 담배 피는 행위는 B에게 외부효과를 창출하고 있다. A가 담배를 필 때 A와 B의 편익은 각각 10만원과 3만원이다. 따라서 두 사람의 편익의 합은 13만원이다. 반면에 A가 담배를 피지 않으면, A와 B의 편익은 각각 6만원과 9만원으로 합은 15만원이다. 따라서 A가 담배를 피지 않을 때 총편익이 더 크므로, A가 담배를 피지 않는 것이 사회적으로 효율적이다. 그러나 담배를 금지하는 규정이 없으므로 A는 담배를 핀다.

코즈의 정리는 이 같은 상황에서 A와 B가 협상을 하는 데 별도의 비용이 없으면, A가 담배를 피우지 않는 효율적인 상황으로 이동해 갈 수 있음을 보이고 있다. A가 담배를 피지 않을 때의 편익은 6만원으로, 담배를 필 때와 비교해서 4만원이 적다. 그러므로 A는 4만원 이상의 보상만 받으면 담배를 피지 않을 용의가 있다. 반면에 A가 담배를 필 때와 비교해, 피지 않으면 B의 편익은 3만원에서 9만원으로 6만원만큼 증가한다. 따라서 A가 담배를 피지 않으면, B는 6만원까지 지불할 용의가 있다. 예를 들어, B가 A에게 담배를 피지 않는다는 조건으로 5만원을 제시한다고 가정하자. 이 제안을 받아들이면, A의 편익은 10만원에서 11만원으로 증가한다. B의 편익 또한 3만원에서 4만원으로 증가한다. 그러므로 A가 이 제안을 받아들임으로써 두 사람 모두 편익이 증가한다. 따라서 이 같은 협상을 통해 사회적으로 효율적인 상황인 A가 담배를 피지 않는 상황으로 이동할 수 있다는 것이 코즈의 정리이다.

이제 상황이 바뀌어 실내 금연법이 제정되어 룸메이트의 허가를 받지 않고서는 기숙사에서 담배를 필 수 없는 상황이 되었다고 하자. B가 동의하지 않으면 A

는 더 이상 기숙사에서 담배를 피지 못한다. 즉, B는 A가 담배를 피지 못하도록 하는 권리를 가지고 있다. A가 담배를 피면, 피지 않을 때와 비교해 편익은 4만원 증가한다. 따라서 담배를 피기 위해 A는 4만원까지 지불할 용의가 있다. 반면에 A가 담배를 피게 되면, B의 편익은 9만원에서 3만원으로 6만원 감소한다. 따라서 B는 최소한 6만원 이상의 보상이 있어야 A가 담배 피는 것을 허용할 것이다. B가 받아야 하는 최소한의 보상이 A가 지불하고자 하는 최대한의 보상보다 크기 때문에, 이 경우에도 사회적으로 효율적인 결과인 A가 담배를 피지 못하는 상황이 발생한다. 누가 담배를 필 권리를 가지고 있는가에 상관없이 별도의 협상 비용이 없으면, A와 B 사이에 협상을 통해 사회적으로 효율적인 결과인 A가 담배를 피지 않는 상황이 발생한다는 것이 코즈의 정리이다.

이제 A와 B가 얻는 편익을 〈표 20-2〉와 같이 바꾸어 보자. 〈표 20-2〉에서 A가 담배를 피면, 두 사람이 얻는 편익의 합은 16만원이고, 피지 않으면 두 사람이 얻는 편익의 합은 14만원이다. A가 담배를 필 때의 편익의 합이 더 크므로, A가 담배를 피는 것이 사회적으로 효율적인 결과이다. A가 담배를 필 권리가 있을 때, A가 담배를 피지 않도록 하려면 최소한 5만원의 보상이 필요하다. 그러나 A가 담배를 피지 않을 때 B가 얻는 편익의 증가분은 3만원이다. 따라서 B는 3만원 이상을 지불하려고 하지 않을 것이므로, A가 담배를 피는 사회적으로 효율적인 결과가 얻어진다.

반대로 B에게 권리가 있어 A가 담배를 필 수 없으면, A는 B에게 5만원까지 지불할 용의가 있고, B는 3만원 이상만 받으면 A의 흡연을 허용할 용의가 있다. 따라서 별도의 협상 비용이 없으면, 예를 들어 A가 B에게 4만원을 제공하고 담배를 피겠다고 하면, B는 이 제안을 받아들인다. 그로 인해 사회적으로 효율적인 결과가 얻어진다. 이 경우도 누가 권리를 가지고 있든 간에 상관없이 사회적으로 효율적인 결과가 발생한다.

● 표 20-2 A가 담배 필 때와 피지 않을 때 A와 B의 편익

	A의 편익	B의 편익
A가 담배를 핌	10만원	6만원
A가 담배를 피지 않음	5만원	9만원

코즈의 정리는 누가 권리를 가지고 있든 간에 상관없이 사회적으로 효율적인 결과가 발생한다는 것을 보이고 있지만, 누가 권리를 가지는가에 따라 각 사람이 얻는 편익은 달라짐에 독자들은 유의하기 바란다.

코즈의 정리는 피구세와 같이 정부의 개입을 통해서만 외부효과로 인한 비효율성을 억제할 수 있다고 믿었던 경제학계에, 별도의 협상 비용이 없으면 당사자 간의 협상을 통해 효율적인 결과를 얻을 수 있음을 보였다는 점에서 신선한 충격을 주었다. 또한 이 결과는 코즈가 노벨 경제학상을 수상하는 중요한 이유가 되기도 했다. 그러나 코즈의 정리가 현실적으로 적용되는 데는 나름대로 문제점이 있다. 위와 같이 두 명이 외부효과의 당사자이면 비교적 협상이 용이할 수가 있다. 그러나 다수의 사람이 외부효과에 관련되어 있으면, 우선 책임소재를 밝히는 일이 쉽지 않다. 예를 들어, 강 상류에 공장이 하나만 있으면, 누가 오염물질을 방출하는지를 알아내는 것은 그리 어렵지 않다. 그러나 여러 공장이 있으면, 각 공장들은 자신들은 지극히 소량의 오염물질만을 배출하고, 다른 공장들이 대부분의 오염물질을 배출하기 때문에 큰 책임이 없다고 주장할 것이다. 이 경우 오염물질의 배출량을 공장별로 측정하는 것은 쉽지 않다. 또한 강 하류에서 어업을 하는 어부들이 많으면, 각 어부들이 받는 피해 또한 측정하기 쉽지 않다. 따라서 다수의 사람이 관련되어 있으면, 협상 비용이 매우 클 수 있어 코즈의 정리가 적용되기는 쉽지 않다.

누가 권리를 가지는가가 명확하지 않은 것도 현실에서 코즈의 정리가 쉽게 적용되기 힘든 이유 중의 하나이다. 종종 언론 매체에서 아파트의 위, 아래층 사이의 소음 때문에 분쟁이 발생하는 경우를 접한다. 이 경우 분쟁이 발생하는 가장 큰 이유는 위, 아래층 모두 자신들이 권리를 가지고 있다고 생각하기 때문이다. 위층은 위층대로 자신의 집이므로 아이들이 뛸 권리가 있다고 생각한다. 아래층은 아래층대로 조용한 생활을 할 권리가 있다고 생각한다. 양쪽 모두 자신들이 권리를 가지고 있다고 생각하기 때문에 분쟁이 발생하는 것이다. 아래층에 권리가 있을 경우, 위층의 아이들이 집에서 뛰어놀기 위해 지불할 용의가 있는 금액이 아래층이 소음을 참기 위해 보상받아야 할 금액보다 크면, 위층은 아래층으로부터 아이들이 뛰어놀 권리를 사고자 할 것이다. 만일 아래층이 보상받아야 할 금액이 더 크면, 거래는 이루어지지 않는다. 이 경우 위층은 아이들이 뛰지 못하게 하든가 아니면 다른 곳으로 이사를 해야 할 것이다. 반대로 위층이 뛸 권리를 가질 경우, 아래층이 조용한 생활을 위해 지불할 용의가 있는 금액이 위층에서 아이들이 집에서 뛰지 못하게 하기 위해 받아야 할 보상보다 크다면, 아래층은 조용한 생활을 할 권리를 사고자 할 것이다. 만일 아래층이 지불할 용의가 있는 금액이 위층이 보상받아야 할 금액보다 작다면, 아래층은 참고 견디거나 이사를 해야 한다. 그러나 현실에서 이 같은 협상이 발생하지 않는 이유는 누가 권리를 가지는가에 대한 명시적인 규정이 없기 때문이다.

기본적으로 외부효과가 발생하는 이유는 외부효과를 발생시키는 주체가 그에 합당한 보상을 받지 못하거나, 비용을 지불하지 않기 때문이다. 다시 말하면, 외부효과 때문에 발생하는 결과에 대한 소유권이 규정되어 있지 못하기 때문에 외부효과가 발생하는 것이다. 코즈의 정리는 소유권이 명확하면 일반 재화들이 시장에서 거래될 때 효율성이 보장되는 것처럼, 외부효과도 거래를 통해 효율적인 결과를 얻을 수 있음을 의미한다. 일반 재화는 누가 소유권을 가지는가가 명확하다. 그러나 외부효과는 그 소유권이 명확하지 않다. 따라서 코즈의 정리가 현실에서 적용되려면, 먼저 소유권이 누구에게 있는가를 법적으로 명시해야 한다.

현실에서 외부효과가 발생할 때 당사자들 간의 협상을 통해 효율적인 결과를 얻기 힘든 경우가 많다. 예를 들어, 도로에서 한 운전자가 빠른 속도로 운전해 사고가 발생할 가능성이 높아지면, 과속한 운전자뿐만 아니라 다른 운전자에게도 피해가 발생한다. 이 경우 비록 누가 권리를 가지는지가 명확하다고 하더라도, 운전 중에 차를 세워 놓고 운전자들 간에 협상을 통해 효율적인 결과를 얻을 수는 없다. 예를 들어, 스피드 제한이 없어 모든 운전자들이 원하는 속도로 달릴 수 있는 권리가 있을 때, 한 운전자가 옆에서 운전하는 운전자에게 내가 보상을 할 터이니 좀 천천히 달려 달라고 제안한다는 것은 상상하기 어렵다. 이 같이 외부효과가 발생하지만, 개인들 간의 협상을 통해 효율적인 결과가 얻어지기 힘든 상황에는 법이 그 역할을 대신한다. 자동차 운전 시 과속으로 인해 타인에게 피해를 주는 외부효과와 너무 늦게 운전할 때 타인에게 발생하는 지체로 인한 외부효과를 비교하여 법은 적절한 수준에서 스피드 제한을 두고 있는 것이다. 경제학적으로 볼 때 법의 가장 큰 역할은 외부효과가 크지만 개인들 간의 협상을 통해 효율적인 결과를 얻기 힘들 경우, 강제력을 통해 가장 효율적이라고 생각되는 결과가 나오도록 하는 것이다.

Box 20-2 왜 택시기사는 음주단속을 하지 않는가

　　일상생활에서 외부효과, 특히 외부불경제가 큰 행동 가운데 하나가 음주운전으로 인한 피해이다. 술 먹고 운전해 사고가 발생할 때, 본인만 다치고 다른 사람들에게 전혀 피해가 없다면 음주운전은 순전히 당사자의 선택에 맡길 문제이다. 그러나 음주운전으로 사고가 나면 엉뚱한 사람에게도 피해가 발생하기 때문에 외부효과가 발생한다. 음주운전에 코즈의 정리를 적용해 음주운전자가 잠재적 피해자와 협상을 통해 가장 효율적인 결과를 얻는다는 것은 현실적으로 불가능하다. 그러므로 법으로 강제적으로 음주운전을 금하고 있다.

　　모든 사람들이 다 법을 잘 지켜 음주운전을 하지 않으면 외부불경제가 발생하지 않는다. 그러나 일부 몰지각한 사람들이 자신의 운전 실력을 과신한 나머지 음주 후에도 사고가 나지 않을 것이라는 잘못된 확신때문에 음주운전을 감행한다. 이를 막기 위해 이따금 경찰들이 저녁 늦은 시간에 도로를 막고 음주단속을 하는 경우를 종종 본다. 그런데 택시기사들은 대개 음주단속을 하지 않고 그대로 통과시킨다. 왜 경찰은 택시기사의 경우 음주단속을 하지 않는 것인가? 택시기사들이 법을 100 퍼센트 지키는 모두 선량한 사람이기 때문인가? 그렇지는 않을 것이다. 일부 택시기사들이 음주운전을 할 가능성이 있음에도 불구하고 택시기사의 경우 음주단속을 하지 않는 이유는 음주단속의 편익보다 비용이 더 크기 때문이다.

　　음주단속은 아무런 비용 없이 시행되는 행위가 아니다. 먼저 경찰들이 동원되어야 한다. 또한 차들이 음주검사를 받기 위해 길게 늘어서야 하므로 운전자들 또한 불편하다. 더 많은 차를 검사할수록 음주운전자를 단속할 수 있어 사전에 음주운전사고를 막을 수 있는 편익이 증가한다. 그러나 동시에 그 비용 또한 증가한다. 택시기사가 음주운전을 하면 본인의 생계수단인 운전 자체가 어려워져 손님을 태우기 어려워지므로 타 운전자와 비교해 음주운전을 할 유인이 적다. 그러므로 택시기사의 음주단속으로 인한 편익보다 오히려 차량의 줄이 길어지는 불편함이 더 커진다. 즉, 택시기사가 100퍼센트 음주운전을 하지 않을 것이라는 확신 때문이 아니라, 음주단속의 한계편익이 한계비용보다 작기 때문에 음주검사를 하지 않는 것이다.

음주운전은 안 할수록 본인에게나 사회적으로 바람직하다. 그러나 음주단속에 비용이 들면, 사회적 최적 수준은 한계편익과 한계비용이 일치하는 수준에서 음주단속을 하는 것이지 모든 운전자를 다 검사하는 것은 아니다.

Section 4 공공재

일반적으로 어떤 재화는 한 소비자가 소비하는 만큼 수량이 줄어들어 다른 소비자는 소비할 수 없게 된다. 내가 사과를 한 입 먹으면, 그만큼 다른 사람이 먹을 양은 줄어든다. 또한 소비자들은 법적으로 소유권이 보장되는 경우 자신이 소유한 재화를 다른 사람이 소비하지 못하도록 막을 수 있다. 그런데 일부 재화는 이런 특성이 지켜지지 않는 경우가 있어 일반적으로 완전경쟁시장에 의한 효율적인 자원배분이 보장되지 않는다. 본 절과 다음 절에서는 이런 부류에 속하는 공공재와 공유재를 분석한다.

재화의 여러 가지 특성 가운데 **경합성**(rivalry)과 **배제성**(excludability)을 기준으로 재화를 분류할 수 있다. 경합성이란 한 사람이 재화를 소비하면 다른 사람이 동일한 재화를 소비할 수 없음을 의미한다. 사과를 예로 들면, 한 소비자가 사과를 먹어버리면 다른 소비자가 동일한 사과를 먹을 수 없다. 따라서 사과라는 재화는 경합성을 가진다. 배제성은 재화의 소유자가 자신의 허락없이 다른 사람이 그 재화를 소비하는 것을 막을 수 있음을 의미한다. 사과는 적어도 법의 보호를 통해 한 소비자가 적절한 대가를 지불하지 않고 다른 소비자가 소유하고 있는 사과를 소비하지 못하도록 할 수 있다. 반면에 어떤 사람이 자신의 비용으로 불꽃놀이를 하면, 다른 사람이 불꽃놀이를 보는 것을 막기 힘들다. 따라서 불꽃놀이는 배제성이 없다. 불꽃놀이는 한 사람이 본다고 하더라도 다른 사람이 보지 못하는 것이 아니므로 경합성도 없다고 할 수 있다.

재화가 경합성 혹은 배제성을 가지는가에 따라서 네 가지로 분류할 수 있다. 경합성과 배제성이 매우 낮은 재화를 **공공재**(public goods)라고 부른다. 공공재에 해당하는 대표적인 재화가 국가안보나 치안과 같은 재화이다. 안보나 치안은 국가

● 표 20-3 경합성과 배제성 정도에 따른 재화의 분류

배제성 경합성	높음	낮음
높음	사유재(피자, 커피)	공유재(공해상의 물고기, 밀리는 무료 고속도로)
낮음	집단재(유료 방송, 밀리지 않는 유료 고속도로)	공공재(국방, 치안, 가로등)

나 혹은 일정 지역 전체에 제공되는 서비스로 한 사람이 소비한다고 하더라도 다른 사람이 소비하지 못하는 것도 아니며, 다른 사람이 소비하지 못하도록 하기도 힘들다.

경합성은 있으나 배제성이 낮은 재화를 **공유재**(common goods)라고 부른다. 공동 소유의 재화가 공유재에 해당된다. 예를 들어, 한 마을 전체가 공동으로 초지를 소유하고 있다고 가정하자. 공동 초지에 마을 사람들은 자신들의 소를 방목해 기를 수 있다. 한 사람 소유의 소가 풀을 먹으면 다른 사람의 소는 풀을 먹을 수 없으므로 경합성은 있다. 그러나 마을 공동 소유이므로 특정 사람이 초지에 소를 방목하는 것을 막을 수 없으므로 배제성은 없다.

다음으로 경합성은 낮으나 배제성은 높은 재화를 **집단재**(collective goods)라고 부른다. 케이블 TV와 같은 유료방송이 집단재의 예이다. 케이블 TV에서 방송되는 영화를 한 사람이 본다고 하더라도 다른 사람이 못 보는 것은 아니나, 그 대가를 지불하지 않은 사람들은 보지 못하도록 할 수 있다. 통행량이 여유가 많이 있는 교량도 여기에 해당한다. 한 사람이 교량을 이용한다고 해도, 다른 사람들도 교량을 이용할 수 있다. 그러나 교량의 소유주가 양쪽 끝에 톨게이트를 만들고 통행료를 받겠다면, 통행료를 내지 않은 사람은 통행을 배제할 수 있다.

경합성과 배제성이 높은 재화를 **사유재**(private goods)라고 부른다. 이제까지 살펴본 대부분의 재화가 사유재에 해당한다. 이들 재화의 분류를 정리하면 〈표 20-3〉과 같다.

본 절에서는 공공재에 대해, 다음 절에서는 공유재에 대해 설명한다.

4.1 공공재의 사회적 최적 산출량: 린달 균형

사유재는 사회적 한계편익과 사회적 한계비용이 일치하는 수준이 사회적 최적 산출량이다. 공공재도 기본적으로 동일하게 사회적 한계편익과 사회적 한계비용이 일치하는 수준이 공공재의 사회적 최적 산출량이다. 그러나 공공재는 사회적 한계 편익곡선을 구하는 방식이 사유재와 본질적으로 다르다는 점을 독자들은 유의해야 한다. 사유재는 모든 소비자들에게 적용되는 시장가격이 동일하다. 동일한 시장가격에서 소비자들마다 소비량은 다를 수 있다. 따라서 사회적 한계편익곡선(시장수요곡선)은 개별 한계편익곡선(개별 수요곡선)의 수평합이다. 그러나 공공재는 배제성과 경합성이 없으므로 동일한 재화가 모든 소비자들에 의해 동시에 소비된다. 즉, 동일한 재화가 모든 소비자들에게 동시에 편익을 발생시킨다. 그러나 동일한 양을 소비할 때 얻는 한계편익은 소비자마다 다를 수 있다. 그러므로 공공재의 사회적 한계편익곡선은 개별 한계편익곡선의 수직합이 된다.

편의상 두 사람이 있는 경우 공공재의 사회적 최적 산출량이 어떻게 결정되는 지를 알아보자. 각 사람의 한계편익곡선을 각각 $MB_1(q)$와 $MB_2(q)$로 표시하자. 동일한 공공재가 이 두 한계편익을 동시에 발생시키므로 시장 전체의 한계편익곡선은 $MB_1(q)$와 $MB_2(q)$의 수직합이 된다. 이 수직합을 $MB(q)$로 표시하자. 그리고 공공재 생산의 한계비용을 $MC(q)$로 표시하면, 사회적 최적 산출량은 $MB(q) =$

● 그림 20-13 공공재의 사회적 최적 산출량 결정

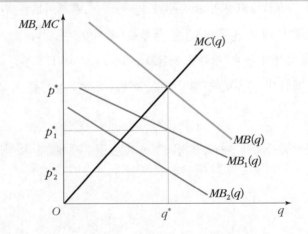

$MC(q)$에 의해 결정된다. 이를 그림으로 보면 〈그림 20-13〉과 같다.

〈그림 20-13〉에서 보다시피, 공공재의 산출량이 q^*보다 작으면 두 사람이 얻는 한계편익의 합이 한계비용보다 크다($MB(q) > MC(q)$). 따라서 공공재의 산출량을 늘리면 두 사람이 얻는 편익의 증가분이 비용의 증가분보다 크다. 그러므로 공공재의 산출량을 증가시키는 것이 효율적이다. 반대로 q^*보다 크면, 두 사람이 얻는 한계편익의 합이 한계비용보다 작다($MB(q) < MC(q)$). 따라서 공공재의 산출량을 줄이면 두 사람이 얻는 편익의 감소분이 비용의 감소분보다 작다. 그러므로 공공재의 산출량을 감소시키는 것이 효율적이다. 결론적으로 공공재의 사회적 최적의 산출량은 개별 한계편익곡선을 수직으로 합친 사회적 한계편익곡선과 사회적 한계비용곡선이 만나는 점에서 결정된다. 이 조건을 공공재의 파레토 효율성 조건이라고 부른다.

공공재의 파레토 효율성 조건 Ⅰ: $MB_1(q^*) + MB_2(q^*) = MC(q^*)$[5]

사유재는 각자 동일한 가격하에서 서로 다른 양을 소비한다. 그러나 공공재는 모든 사람들이 동일한 양을 소비한다. 〈그림 20-13〉을 보면 모든 사람들이 q^*만큼의 공공재를 소비한다. 따라서 각 소비자의 한계편익에 따라 가격을 책정하면 서로 다른 가격이 적용되어야 한다. 소비자 1에게는 p_1^*, 소비자 2에게는 p_2^*가 적용되야 두 사람 모두 동일하게 q^*만큼을 소비하고자 한다. 이와 같이 각 소비자들에게 각기 다른 가격을 적용해, 사회적 최적 산출량이 생산되는 것을 린달 균형(Lindahl equilibrium)이라고 부른다.

예3 공공재에 대한 소비자 1과 2의 한계편익곡선이 각각 $MB_1(q) = 20 - 2q$, $MB_2(q) = 10 - q$이다. $MC(q) = 2q$일 때, 사회적 최적 산출량을 구해 보자. 각 소비자에게 얼마의 가격을 책정해야 하는가?

두 소비자의 한계편익곡선의 수직합을 구하면 $MB(q) = 30 - 3q$이다. $MB(q) =$

---

5 n명이 있는 경우 공공재의 파레토 효율성 조건은 $MB_1(q^*) + \cdots + MB_n(q^*) = MC(q^*)$이다.

$MC(q)$, 즉 $30 - 3q = 2q$를 풀면, 사회적 최적 산출량인 $q^* = 6$을 얻는다. $MB_1(6) = 20 - 2 \times 6 = 8$, $MB_2(6) = 10 - 6 = 4$이므로, 소비자 1과 2에게 각각 $p_1^* = 8$과 $p_2^* = 4$를 책정해야 한다. ∎

공공재의 파레토 효율성 조건을 일반균형모형에서도 살펴볼 수 있다. 두 소비자가 재화1과 재화2를 각각 (x_{1A}, x_{2A})과 (x_{1B}, x_{2B})를 소비하고 있다. 두 재화 모두 사유재이면 제19장에서 보았듯이 파레토 효율성 조건은 $MRS_A = MRS_B = MRT$이었다. 한 재화가 공공재일 경우 이와 유사한 조건을 도출할 수 있다.

재화1이 공공재이면 두 소비자가 소비하는 재화1의 양은 동일하다. 그러므로 $x_{1A} = x_{1B}$가 성립한다. 두 소비자가 공통으로 소비하는 재화1의 양을 x_1으로 표시한다. 재화2는 사유재라고 가정한다. 소비자 1과 2의 한계대체율 MRS_A와 MRS_B는 공공재 한 단위를 얻기 위해 소비자 1과 2가 각각 포기할 용의가 있는 재화2의 양을 의미한다. 그러므로 $MRS_A + MRS_B$는 공공재 한 단위를 얻기 위해 두 사람이 합쳐서 포기할 용의가 있는 재화2의 양을 의미한다. 반면에 MRT는 공공재 한 단위를 생산하기 위해 포기해야 하는 재화2의 양이다.

만일 $MRS_A + MRS_B > MRT$이면 공공재를 한 단위 더 생산함으로써 두 사람의 효용을 증가시킬 수 있다. 예를 들어, $MRS_A = 3$, $MRS_B = 2$, $MRT = 3$이라고 하자. $MRT = 3$이므로 공공재 1 단위를 더 생산하려면 사유재인 재화2를 3 단위 포기해야 한다. $MRS_A = 3$이므로 소비자 1이 공공재 한 단위를 얻는 대신 사유재 2 단위를 포기하면, 소비자 1의 효용은 증가한다. 또한 $MRS_B = 2$이므로 소비자 2는 공공재 1 단위를 얻는 대신 사유재 1 단위를 포기하면 소비자 2의 효용 또한 증가한다. 그러므로 소비자 1이 2 단위, 소비자 2가 1 단위, 총 3 단위의 재화2를 포기하면 공공재 1 단위를 더 생산할 수 있고, 이 경우 두 소비자의 효용은 모두 증가하므로, $MRS_A + MRS_B > MRT$인 상황은 효율적이지 않다. 따라서 $MRS_A + MRS_B > MRT$이면 공공재의 생산을 늘리고 사유재의 생산을 줄이는 것이 효율적이다. 반대로 $MRS_A + MRS_B < MRT$이면 공공재의 생산을 줄이고 사유재의 생산을 늘리는 것이 효율적이다. 그러므로 일반균형모형에서 공공재가 있는 경우 파레토 효율성 조건은 다음과 같다.

공공재의 파레토 효율성 조건 Ⅱ: $MRS_A + MRS_B = MRT$

공공재의 파레토 효율성 조건(Ⅱ)은 이 조건을 도출한 경제학자인 새뮤엘슨 (Paul Samuelson)의 이름을 따서 **새뮤엘슨의 조건**(Samuelsonian condition)이라고 부르기도 한다.

공공재의 파레토 효율성 조건인 Ⅰ과 Ⅱ는 본질적으로 동일한 조건이다. 조건 Ⅰ은 사유재를 생각하지 않고 공공재만을 생각하므로, 공공재 소비와 생산의 편익과 비용을 화폐로 표시하고 있다. 각 소비자의 한계편익은 공공재 한 단위를 추가적으로 소비할 때 얻는 편익을 금전적으로 표시한 것이다. 마찬가지로 한계비용도 공공재 한 단위를 더 생산할 때 지불해야 하는 비용을 금전적으로 표시한 것이다.

반면에 일반균형모형의 조건 Ⅱ는 공공재 소비와 생산의 편익과 비용을 화폐가 아닌 사유재로 표시한 것이다. 한계대체율은 재화1 한 단위를 얻기 위해 포기해야 하는 재화2의 양을 의미한다. 이를 달리 표현하면, 재화1 한 단위를 더 소비할 때 얻는 효용(편익)의 증가분만큼을 재화2의 소비를 통해 얻으려면 다름 아닌 한계대체율의 크기만큼의 재화2가 필요하다는 의미이다. 따라서 한계대체율은 공공재 한 단위를 추가적으로 소비할 때 얻는 편익의 크기를 사유재의 양으로 표시한 것이다. 한계변환율도 공공재 한 단위를 더 생산하기 위해 포기해야 하는 사유재를 의미한다. 따라서 한계변환율의 크기는 다름 아닌 공공재 한 단위를 더 생산할 때의 (기회)비용을 사유재의 양으로 표시한 것이다. 따라서 공공재의 파레토 효율성 조건 Ⅰ과 Ⅱ는 본질적으로 동일한 조건이다. 다만 무엇을 기준으로 해서 표시했는가만 다를 뿐이다.

4.2 무임승차의 문제

앞에서 설명한 공공재의 사회적 최적 산출량을 계산함에 있어 가장 큰 가정은 모든 사람들의 한계편익곡선에 대한 완전한 정보가 있다는 점이다. 현실에서는 이 같은 완전한 정보를 얻기 힘들다. 사유재라면 주어진 시장가격에서 소비자들은 원하는 수량을 선택하면 된다. 그러나 공공재는 모든 사람들이 소비하는 공공재의 양은 동일하므로, 사유재와 같은 방식이 적용되기 힘들다. 또한 공공재가 제공될 때 사람들이 얻는 편익에 비례해 비용을 분담시키면, 사람들은 다른 사람들이 비용을 많이 부담하도록 하기 위해 공공재로부터 얻는 자신의 편익에 대해서는 작게 말하려는 유인이 있다. 이 같이 다른 사람이 비용을 부담해 공공재가 제공되면, 자신은 비용을 부담하지 않고 혜택을 누리고자 하는 문제를 **무임승차의 문제**(free rider problem)라고 부른다.

공공재는 경합성과 배제성이 낮다는 특징 때문에, 누가 비용을 지불하든 간에 상관없이 일단 공공재가 생산되면 모든 사람들이 동일한 수준의 공공재를 제공받으므로, 비용은 부담하지 않고 편익만을 얻으려는 무임승차의 문제가 매우 심각하게 발생한다. 그 결과, 사회적으로는 제공되는 것이 효율적임에도 불구하고, 무임승차의 문제 때문에 공공재가 제공되지 못하는 비효율성이 발생할 수 있다.

다음의 예를 통해 무임승차의 문제를 알아보자. A와 B 두 집이 서로 이웃에 위치하고 있다. 그런데 밤에 어두워 다니기 불편해 집 앞에 가로등을 설치하고자 한다. 가로등 설치로부터 편익은 두 집 모두 100이다. 가로등 설치 비용은 120이다. 그런데 두 집이 나란히 위치하고 있으므로, 한 집만 가로등을 설치해도 설치하지 않은 옆집도 동일한 혜택을 얻을 수 있다. 또한 한 집이 가로등을 설치했을 때, 다른 집이 동일한 혜택을 얻는 것을 막을 수 없다. 즉, 가로등은 두 집 사이에 공공재이다.

A와 B가 독립적으로 가로등을 설치할 것인지 혹은 말 것인지를 선택하는 상황을 전략형 게임의 형태로 보면 〈표 20-4〉와 같다. 둘 다 '설치함'을 선택하면 비용을 반씩 부담한다. 한 사람만 '설치함'을 선택하면 그 사람이 모든 비용을 부담한다. 두 사람 모두 '설치하지 않음'을 선택하면 가로등은 설치되지 않는다. 〈표 20-4〉를 보면 A와 B 모두에게 '설치하지 않음'이 강우월전략이다. A와 B 모두 강우월전략을 선택하면 가로등은 설치되지 않는다. 그러나 현재의 상황에서 가로

● 표 20-4 공공재 제공 게임

A ╲ B	설치함	설치하지 않음
설치함	40, 40	-20, 100*
설치하지 않음	100*, -20	0*, 0*

등으로부터 얻는 A와 B의 편익의 합은 200이고 가로등 한 대의 설치비용은 120이므로 가로등을 설치하는 것이 효율적이다. 그러나 A와 B는 다른 사람에게 무임승차를 하고자 하는 유인이 크므로 가로등이 설치되지 않는 결과가 발생한다. 따라서 〈표 20-4〉의 공공재 제공 게임은 다름 아닌 죄수의 딜레마 게임과 동일한 게임임을 알 수 있다.

이와 같이 공공재의 제공을 두 집의 개별적인 선택에 맡기면, 공공재를 제공하는 것이 사회적으로 효율적임에도 불구하고 무임승차의 문제로 인해 비효율적인 결과가 나올 수 있다. 즉, 시장실패가 발생할 수 있다. 그러므로 대부분의 국가에서, 정부가 일방적으로 공공재를 제공하고 국민들에게 그 비용을 세금의 형태로 거두어들이는 방식을 사용하고 있다.

Section 5 공유재: 공유의 비극

공유재는 경합성은 있으나 배제성은 없는 재화이다. 쉽게 얘기하면, 재화는 있는데 소유권을 행사할 수 있는 주인이 없는 경우이다. 공유재는 자원이 효율적인 수준 이상으로 남용되는 문제가 발생하는데, 이 같은 문제를 공유의 비극(tragedy of commons)이라고 부른다. 주인이 분명하지 않으므로 남들이 소비하기 전에 먼저 소비하려는 심리가 확산되면서 과소비가 일어나는 것이다. 공유의 비극을 가장 잘 나타내는 속담이 '모든 사람의 일은 결국은 그 누구의 일도 아니다.'(Everybody's business is nobody's business.)라는 것이다. 이 속담의 의미는 어떤 일의 책임 소재나 자원의 소유권이 불분명하면, 서로에게 책임을 미루며 누구도 책임지려 하지 않거나 또는 자원의 남용이 발생해 모두에게 좋지 않은 결과가 발생할 수 있다는 것이다.

많은 독자들이 공유의 비극을 체험하는 가장 좋은 장소 가운데 하나가 학교 PC실일 것이다. 학교 PC실의 컴퓨터는 개인이 소유한 컴퓨터보다 매우 빈번하게 고장이 발생하는 경향이 있다. 컴퓨터도 올바르게 사용하고 유지 보수를 잘 해야 고장 없이 오래 사용할 수 있다. 그러나 학교 PC실 컴퓨터는 사용자가 자신의 PC

가 아니기 때문에 자신의 PC를 사용할 때보다 덜 주의를 기울이거나, 심지어는 매우 험하게 쓰는 경우가 많다. 그 결과 현재 사용 중인 PC가 고장 나더라도, 사용자는 옆에 있는 다른 PC를 쓸 수 있다. 따라서 PC를 제대로 사용하지 않아 발생한 피해를 사용자가 전적으로 부담하지 않는다. 그러므로 PC실을 사용하는 모든 사람들이 자신의 PC를 사용할 때보다 PC를 남용하고, 그 결과 PC실 컴퓨터의 고장이 빈번해지고, 그 피해는 결국 모든 PC실 사용자에게 돌아가는 일이 발생한다. 공유의 비극을 경제학에서 처음으로 명시적으로 고려한 경제학자는 하딘(Garrett Hardin)이다. 다음의 예를 통해 공유의 비극에 대해 알아보자.

A와 B 두 사람이 살고 있는 한 마을이 있다. 이 마을에 A와 B가 공동으로 사용하는 초지가 있다. 이 초지에 A와 B는 원하는 만큼의 소를 키울 수 있다. 1년 동안 소를 사육한 후에 시장에 팔면 한 마리당 $p = P(q)$의 가격을 받을 수 있다. 여기서 q는 A와 B가 팔고자 하는 소의 양의 합이다. q가 증가하면 소 한 마리당 뜯어 먹을 수 있는 풀의 양이 감소하므로 소의 품질이 하락한다. 그러므로 q가 증가하면 한 마리당 가격인 $P(q)$는 감소한다고 가정한다. 소 한 마리를 구매해서 1년 동안 사육하는 비용은 c로 일정하다고 가정한다. A와 B는 각자 공동의 초지에 사육할 소의 양을 결정한다. 각자는 1년 후 소 판매의 이윤을 극대화하고자 한다.

A와 B가 각각 선택하는 소의 양을 q_A와 q_B로 표시하자. 그러면 1년 후에 시장에 나오는 총 소의 양은 $q_A + q_B$이므로 소 한 마리당 가격은 $P(q_A + q_B)$이다. 이때 소 한 마리당 이윤은 $P(q_A + q_B) - c$이다. A와 B는 각각 $q_A + q_B$만큼을 사육하므로 두 사람의 이윤은 각각 $\Pi_A(q_A, q_B) = \{P(q_A + q_B) - c\}q_A$, $\Pi_B(q_A, q_B) = \{P(q_A + q_B) - c\}q_B$이다. 그러므로 A와 B는 다른 사람이 어떤 선택을 할 것인가를 염두에 두고 각자 q_A와 q_B를 선택한다. A와 B는 어떤 선택을 할 것인가?

눈치 빠른 독자들은 A와 B 사이의 게임이 이미 제16장에서 살펴본 어떤 게임과 동일한 게임이라는 것을 알아챘을 것이다. A와 B 사이의 게임은 다름 아닌 동질적인 재화시장에서 A와 B 두 기업이 수량경쟁을 하는 쿠르노 모형과 동일한 게임이다! $P(q)$는 시장수요곡선, c는 각 기업의 한계비용, q_A와 q_B는 각 기업이 선택하는 산출량, 그리고 $\Pi_A(q_A, q_B)$와 $\Pi_B(q_A, q_B)$는 각각 A와 B의 이윤이다. 따라서 A와 B가 선택하는 소의 수량은 쿠르노 모형의 내쉬균형에서 두 기업이 선택하는 산출량과 동일하다. q_A와 q_B는 쿠르노 모형과 동일하게 $\dfrac{\partial \Pi_A(q_A, q_B)}{\partial q_A}=0$과 $\dfrac{\partial \Pi_A(q_A, q_B)}{\partial q_B}=0$을 연립해 풀면 된다. 이 때 A와 B는 각각 복점에 해당하는 이윤을 얻는다.

이제 A와 B가 따로따로 소의 숫자를 결정하지 말고, 협력해 마을 전체의 이윤을 극대화하는 소의 숫자를 결정한다고 가정하자. 마을 전체의 소의 숫자가 q일 경우 마리당 시장가격은 $P(q)$이므로 마리당 이윤은 $P(q)-c$이다. 따라서 총이윤은 $\Pi(q)=\{P(q)-c\}q$가 된다. 그러므로 A와 B가 협력해 소의 숫자를 결정할 때 $\Pi(q)$를 극대화하는 q를 선택한다. 쿠르노 모형과 비교하면 $\Pi(q)=\{P(q)-c\}q$는 다름 아닌 q를 선택했을 때의 독점이윤이다. 따라서 A와 B가 협력해 결정하는 소의 숫자는 독점수량과 동일하고, 마을 전체의 이윤은 독점이윤과 동일하다.

제16장 5절에서 보았듯이, A와 B가 각각 결정하면, 각 사람이 얻는 이윤은 복점시장의 이윤이다. 복점에서 두 기업의 산출량의 합은 독점수량보다 크고, 또한 두 기업의 이윤의 합이 독점이윤보다 작다. 마찬가지로, 선택하는 소의 양은 각자 결정할 때가 협력해 결정될 때보다 많고, 각자 결정할 때 A와 B가 얻는 이윤의 합은 둘이 협력할 때의 이윤보다 작다. 그러므로 이 경우 공유의 비극은 두 사람이 공동 소유인 마을의 초지에 각자 소를 사육할 때, 각 사람들은 자신들의 이윤을 극대화 하지, 마을 전체의 이윤을 극대화 하지 않는다는 것이다. 따라서 마을 전체의 이윤을 극대화하는 수준보다 더 많은 소가 초지에서 사육됨으로써 이윤이 감소한다. 즉, 마을의 공동 소유인 초지가 가장 효율적인 수준에서 사용되는 것이 아니라 과다하게 남용되고 있는 공유의 비극이 발생하고 있는 것이다.

공유의 비극이 발생하는 원인은 다름 아닌 외부효과이다. A의 이윤은 $\Pi_A(q_A, q_B)=\{P(q_A, q_B)-c\}q_A$이다. 따라서 $\dfrac{\partial \Pi_A(q_A, q_B)}{\partial q_A}=P(q_A+q_B)-c+P'(q_A+q_B)q_A$이다. A가 현재보다 소 한 마리를 더 사육하면 수입은 현재의 가격인 $P(q_A+q_B)$만큼 증가한다. 반면에 비용으로 소 한 마리의 구매와 사육비용인 c가 지출되며, 또한 한 마리를 더 사육함으로써 시장가격은 마리당 $P'(q_A+q_B)(<0)$만큼 감소한다. 현재 q_A만큼을 사육하고 있으므로 시장가격의 하락으로 인해 $P'(q_A+q_B)q_A$만큼의 손실이 발생한다. 그러므로 A는 사육할 소를 선택할 때 자신이 얻는 한계편익인 $P(q_A+q_B)$와

한계비용인 $c - P'(q_A + q_B)q_A$가 일치하는 소의 양을 결정한다. 그러나 A가 소 한 마리를 더 사육할 때 마을 전체가 지불하는 비용은 $c - P'(q_A + q_B)q_A$가 아니다. 소의 시장가격이 하락하면 그 효과가 A에게 뿐만 아니라 B에게도 영향을 미친다. B는 아무런 행동을 하지 않았음에도 불구하고, A가 소 한 마리를 더 사육함으로써 시장가격이 $P'(q_A + q_B)$만큼 감소하므로 $P'(q_A + q_B)q_B$만큼의 손실을 입는다. 그러나 각각 결정하면, A는 자신의 선택이 B의 이윤에 미치는 효과, 즉 외부효과를 고려하지 않는다. 마찬가지로 B도 자신의 선택이 A의 이윤에 미치는 효과를 고려하지 않는다. 그 결과, 마을의 공동 소유인 초지가 마을 전체의 이윤을 극대화하는 수준에서 사용되지 못하고, 남용되는 공유의 비극이 발생하는 것이다.

공유의 비극이 발생하는 이유는 초지가 마을의 공동 소유이기 때문이다. 만일 A 또는 B 가운데 한 사람이 초지에 대한 소유권을 가지고 있다고 가정하자. 이 경우 초지의 주인은 $\Pi(q) = \{P(q) - c\}q$를 극대화하는 소의 숫자를 선택할 것이다. 따라서 초지는 더 이상 남용되지 않고 그 가치가 가장 극대화되는 쪽으로 이용된다. 그러므로 공유의 비극이 발생하는 근본적인 이유는 외부효과이고, 외부효과가 문제가 되는 것은 외부효과를 창출하는 사람이 그에 대한 보상을 받거나 비용을 지불하지 않기 때문이다. 소유권이 확실하면 공유의 비극이 발생하는 것을 막을 수 있다.

환경운동을 하는 사람들은 공해상의 고래나 아프리카 코끼리의 멸종 가능성을 우려한다. 반면에 수많은 사람들이 하루에 엄청난 양의 닭고기를 소비하고 있지만, 그 누구도 닭이 멸종될 것이라고 우려하지 않는다. 그 차이는 무엇인가? 경제학자들은 그 차이를 소유권에서 찾는다. 공해상의 고래나 아프리카의 코끼리에는 소유권이 지정되어 있지 않다. 따라서 먼저 잡는 사람이 고래 고기나 코끼리 상아의 주인이다. 그러므로 많은 사람들이 먼저 고래나 코끼리를 잡으려 하므로 멸종의 가능성이 존재한다. 반면에 닭은 소유권이 명확하게 규정되어 있다. 닭의 주인은 닭의 시장가치를 극대화하려고 노력한다. 닭을 멸종시키는 것은 당연히 닭의 시장가치를 극대화하는 방법이 아니다. 따라서 닭의 주인들은 닭을 멸종시키려고 하지 않기 때문에, 사람들은 닭이 멸종될 것이라고 우려하지 않는다.

예 4 A와 B, 두 명만이 사는 마을에서 각 사람이 공동의 초지에 소를 1년 동안 양육해 시장에 팔고자 한다. 마을 전체의 소의 숫자가 q이면 소 한 마리당 시장가격은 $p = 19 - q$이다. 송아지 한 마리의 구매 및 사육비용은 1이다. A와 B가 각각 소의 숫자를 결정한다면, 각각 몇 마리씩을 사육하는가? 두 사람이 마을 전체의 이익을 극대화하기 위해 소의 숫자를 결정하면, 몇 마리를 사육하는가?

A와 B가 각각 q_A와 q_B만큼 사육하면, 두 사람의 이윤은 각각 $\Pi_A(q_A, q_B) = \{18 - (q_A + q_B)\} q_A$, $\Pi_B(q_A, q_B) = \{18 - (q_A + q_B)\} q_B$이다. 따라서 $\dfrac{\partial \Pi_A(q_A, q_B)}{\partial q_A} = 18 - q_B - 2q_A = 0$, $\dfrac{\partial \Pi_A(q_A, q_B)}{\partial q_B} = 18 - q_A - 2q_B = 0$를 연립해 풀면, 동질적인 재화시장의 쿠르노 경쟁에서와 동일하게 $q_A = q_B = 6$이 된다. 이 때 각 사람의 이윤은 36이다. 두 사람이 공동으로 소의 숫자를 결정하면, 마을 전체의 이윤은 $\Pi(q) = (18 - q)q$이다. 따라서 마을 전체의 이윤을 극대화하는 소의 숫자는 9이고, 이 때 마을의 이윤은 81(독점이윤)이다. 이는 A와 B가 각각 결정할 때 두 사람의 이윤의 합(복점이윤)인 72보다 크다. 그러므로 두 사람이 각각 결정하면 너무 많은 소가 초지에서 사육된다. ■

연습문제

1 기업의 한계비용이 $MC = 10 + q$이다. 그런데 기업이 산출물을 한 단위 생산할 때마다 1톤의 이산화탄소 가스가 배출되고, 1톤의 이산화탄소 가스는 사회 전체에 2만큼의 비용을 발생시킨다. 산출물시장이 경쟁적이고 가격이 20원일 때, 기업의 이윤을 극대화하는 산출량과 사회적 최적 산출량을 각각 구하라.

2 기업의 공해물질 잠재적 배출량이 30이고, 이 중 실제 배출량을 q라고 하자. 이때 공해물질 배출로 인한 사회적 한계비용은 $10 + q$이다. 기업은 비용을 들여 공해물질 배출을 감축할 수 있는데, 현재 배출량이 q일 때 감축의 한계비용은 $30 - q$이다. 정부가 공해물질 배출 단위당 t의 벌금을 부과하려고 한다. 기업이 사회적으로 효율적인 수준의 공해물질을 배출하게 하려면, 이 벌금 수준은 얼마가 되어야 하나?

3 A가 주당 피아노를 t시간 칠 때 얻는 편익은 $B(t) = 30t - \dfrac{t^2}{2}$이다. 반면에 A의 아래층에 사는 B가 소음 때문에 얻는 피해액은 $L(t) = 10t + \dfrac{t^2}{2}$이다.

1) A의 한계편익과 B의 한계피해액을 구하라.
2) A가 피아노를 치는 데 아무런 제약이 없다면, A는 몇 시간 피아노를 치는가?
3) 사회적으로 최적인 t를 구하라.

4)~6)번 문제에서 B에게 A에 의한 소음피해를 구제받을 법적 권리가 있다고 가정한다.

4) B는 A에게 시간당 p의 피해배상을 요구할 수가 있다고 하자. 이 때 A는 몇 시간 피아노를 치는가(A가 선택하는 시간은 p에 의존한다)?
5) 사회적 최적을 달성하기 위한 p의 크기는 얼마인가?
6) B가 자신의 이익을 극대화하기 위해 p를 선택하면, p의 크기는 얼마인가? 이 때 A는 몇 시간 피아노를 치는가?

이후의 문제에서는 A가 주당 30시간까지 피아노를 칠 수 있는 권리가 있다고 가정한다.

7) A가 B에게 피아노를 치지 않을 터이니 시간당 s의 보상을 요구할 때, s를 이용해 사회적 최적을 달성할 수 있는가? 있다면 s의 크기는 얼마인가?

8) A가 자신의 이익을 극대화하기 위해 s를 선택하면 s의 크기는 얼마인가? 이때 A는 몇 시간 피아노를 치는가?

4 기업이 q만큼의 공해물질을 배출할 때 사회적 한계비용은 $SMC = 10 + q$이다. 반면에 공해물질 배출량이 q일 때 기업이 공해물질 한 단위를 감축하기 위해 지불해야 하는 한계비용은 $MC = 30 - q$이다. 현재 공해물질 배출량이 q일 때, 한 단위를 더 배출하면 기업은 한계비용인 $30 - q$만큼을 절약할 수 있다. 그러므로 MC가 사회적인 차원에서는 공해물질 배출의 한계편익이라고 볼 수 있다.

1) 사회적으로 최적인 공해물질 배출 수준(q^*)은 얼마인가?

2) 정부가 최적 수준 이상의 공해물질 배출을 방지하기 위해 공해물질 단위당 과징금을 부과하려고 한다. q^*를 달성하려면 과징금의 수준을 얼마로 정해야 하나?

5 A, B 두 기업은 동일한 공해물질을 배출한다. 이들이 공해물질 방지를 위한 노력을 하나도 하지 않으면, 각각 30, 15만큼의 공해물질을 배출한다. 현재 공해물질 배출량이 q일 때 공해물질 배출을 한 단위를 줄이기 위한 한계비용은 각각 $MC_A = 30 - q$, $MC_B = 30 - 2q$이다. 공해물질의 사회적 한계비용은 $SMC = 10 + q$이다. 이 사회에서 이 공해물질을 배출하는 기업은 A, B 두 기업뿐이며, 각 기업의 공해물질 배출량은 쉽게 측정할 수 있다.

1) 사회적 최적 공해물질 배출량(q^*)은 얼마인가(힌트: 사회 전체적인 공해물질 방지 한계비용의 식을 먼저 구해야 한다)?

정부는 사회적 최적 공해물질 배출량(q^*)을 달성하기 위해 다음의 두 방법을 생각하고 있다. (ⅰ) A, B에게 각각 $\frac{q^*}{2}$만큼의 공해물질을 배출할 수 있는 권리를 주고, 그 이상의 배출은 엄격히 통제한다. (ⅱ) 모든 공장에 대해 공해물질 배출량에 비례해 일정한 과징금을 부과한다. 이 때 과징금 수준은 공장들 사이에 동일하다.

2) (ⅱ)의 방법을 통해 최적 배출량을 달성하려면 과징금의 크기를 얼마로 해야 하나?

3) 위 두 방법 중에서 어느 방법이 더 효율적인가? 설명하라.

4) 공장들 사이에 자신의 배출권을 거래할 수 있게 한다면, 3)번 문제의 결론은 어떻게 변하는가?

6 A, B, C 세 사람이 같은 기숙사 방에 살고 있다. A는 애연가이고, B, C는 담배를 싫어한다. 그런데 이 기숙사는 실내 흡연이 가능하고, A는 매일 20개비의 담배를 실내에서 피고 있다. A가 B, C에게 자신에게 1원씩 줄 때마다 담배 1개비씩 덜 피겠다는 조건을 제시했고, B, C가 돈을 모아 A에게 주기로 했다. B, C가 내는 돈 액수를 각각 s_b, s_c라고 하면, A가 피는 담배 수는 $t = 20 - s_b - s_c$ 이다. 이때 B와 C가 겪는 피해는 각각 $C_B = \frac{1}{2}t^2 + s_b^2$, $C_C = t^2 + s_c^2$가 된다.

1) B, C의 총 피해를 최소화하려면, B, C는 각각 A에게 얼마를 주어야 하나?

2) B, C가 각각 자신의 피해를 최소화하려면, 내쉬균형에서 B, C가 각각 내고자 하는 액수는 얼마인가?

7 어떤 재화를 한 단위 생산하는 과정에서 발생하는 폐기물을 그대로 배출하면 사회적으로 10원의 비용을 야기한다. 반면 생산기업이 내부적으로 그 폐기물을 정화하는 데에는 단위당 5원의 비용이 든다. 폐기물을 몰래 방출하면 기업에는 아무런 비용이 들지 않지만, 운이 없으면 당국에 적발될 수 있다. 이런 상황에서 당국이 폐기물에 대해 적용할 수 있는 가장 효율적인 정책은 무엇일까?

8 다음 각 재화들을 경합성과 배제성의 개념을 이용해, 사유재, 공유재, 집단재, 공공재로 분류해 보아라.

위성TV방송, 교통신호등, 전력, 도시가스, 맑은 공기, 치안서비스, 경호서비스, 유료고속도로, 의료서비스, 방역서비스, 대학교육, 기초교육

9 A와 B가 인접해 과수원을 운영하고 있다. 여름에 해충의 피해가 심해 살충제를 뿌리고자 한다. 그런데 한 사람이 살충제를 뿌리면, 다른 사람도 동일한 혜택을 누린다. 살충제의 양을 q로 표시하면, A와 B의 한계편익곡선은 각각 $MB_A = 100 - q$와 $MB_B = 120 - q$이다. 살충제 생산의 한계비용은 c로 일정하다.

1) A와 B의 한계편익곡선을 수직으로 합한 사회적 한계편익곡선을 구하라.

2) $c = 10$일 때 사회적으로 최적인 살충제의 양은 얼마인가?

3) $c = 10$일 때 린달 균형에서 A와 B는 각각 얼마씩 부담하는가?

4) $c = 40$일 때 사회적으로 최적인 살충제의 양은 얼마인가? 린달 균형에서 A와

B는 각각 한 단위당 얼마씩 부담하는가?

10 재화1은 공공재이고 재화2는 사유재이다. A의 효용함수는 $U_A = x_1 x_2$, B의 효용함수는 $U_B = x_1^2 x_2$이다. 재화1은 경합성이 없는 공공재이므로 A와 B가 소비하는 수량은 동일하다. A와 B로 구성된 사회에서 재화 1과 2 사이의 기술적 한계변환율은 항상 1이다. 효율적 배분을 위한 조건을 x_1(A와 B에게 공통된 재화 1의 양), x_{2A}, x_{2B}(A와 B가 각각 소비하는 재화 2의 수량)을 이용해 표현하라.

11 A와 B로 구성된 사회에서 한 공유자원이 있다. 이 자원은 배제성이 없어 A, B 누구든지 원하는 만큼 가져다 쓸 수 있다. A와 B는 이 자원을 가져가 자신이 소비하는 수량(c_i)에서도 효용을 얻지만, 그 자원 중에서 이용하지 않고 남아 있는 수량(c)으로부터도 효용을 얻는다(예를 들어, 공유자원이 맑은 호수이고 c_i는 각자가 이 호수에서 퍼가는 물의 양이라고 생각하자). 공유자원의 최초 수량은 $\bar{x}$이다. A와 B의 효용함수는 다음과 같다.

$$U_A = \ln c_A + \ln c, \qquad U_B = \ln c_B + \ln c$$

1) A와 B의 효용의 합을 극대화시키는 c_A와 c_B를 구하라(힌트: $c = \bar{x} - (c_A + c_B)$이다).
2) A와 B가 각각 독립적으로 c_A와 c_B를 선택할 때, 내쉬균형을 구하라.
3) 1)과 2)의 결과를 비교하고 '공유의 비극'이 적용되는지 논의하라.

12 A, B 두 회사가 오염물질을 배출하는데 잠재적 배출량은 각각 20톤씩이다. 두 회사의 오염물질 감축의 한계비용은 각각 $MC = 10 + A$이다(A는 감축량). 한편, 갑, 을 두 시민이 이 오염물질의 피해를 보는데, 오염물질의 감축은 이 두 사람에게 각각 $MB = 20 - 0.5A$의 한계편익을 제공한다.
1) 감축의 사회적 한계비용곡선과 한계편익곡선을 도출하고 그려라.
2) 사회적으로 효율적인 감축량을 구하고, 이를 달성하기 위해 정부가 오염물질 단위당 얼마의 피구세를 부과해야 하는지 설명하라.

Chapter
21 정보경제학: 정보의 비대칭성

⭐ 아컬로프(George Akerlof) : 미국, 1940~현재

아컬로프는 2001년에 정보의 비대칭성이 존재하는 시장분석에 대한 선구자적 업적으로 노벨 경제학상을 수상했다(스펜스(Michael Spence), 스티글리츠(Joseph Stiglitz)와 공동 수상).

아컬로프는 학부를 예일대학을 졸업하고, MIT에서 박사학위를 받았다. 제19장 일반균형이론에서 공부한 후생경제학의 제1정리는 시장경제의 가장 중요한 결과이기는 하지만, 여러 가지 가정하에서 성립한다. 그 가정 가운데 하나가 모든 경제주체가 동일한 정보를 가지고 있다는 점이다. 그러나 실제로 거래 당사자가 동일한 정보를 가지고 있지 못한 경우도 많다. 아컬로프의 레몬 시장은 거래 당사자 사이에 정보의 비대칭성이 존재할 때 시장의 자원배분이 파레토 효율적이 아닐 수 있음을 간단한 모형으로 명료하게 보여주었다. 이 모형을 출발점으로 소위 말하는 정보경제학이 출발했다고 해도 과언이 아니다. 모든 경제학자들이 레몬 모형으로 아컬로프가 살아만 있으면 노벨상을 꼭 받을 것이라고 생각해왔고, 실제로 2001년도에 수상했다.

이후의 연구에서 아컬로프는 사회적 정체성(social identity)이라는 개념을 경제학에 도입해 정체성의 경제학(identity economics)이라는 분야를 개척했다는 평가를 받는다. 또한 부인인 옐린(Janet Yellen)과 함께한 연구인 *Efficiency Wage Models of the Labor Market*에서 균형임금보다 높게 임금을 지급하는 효율적 임금가설(efficiency wage hypothesis)의 근거를 제시하고 있다.

사실 아컬로프보다는 그의 부인인 옐린이 세간에 더 알려져 있다. 옐린은 오바마 정부에서 세계의 경제대통령이라고 불리는 미국의 중앙은행의 총재인 연방지급준비위원회(Federal Reserve Board) 의장을 역임했다. 아컬로프는 오랫동안 캘리포니아주에 위치한 버클리 대학에서 재직했으나, 부인인 옐린이 중앙은행의 총재로 임명되어 워싱톤 DC로 옮겨감에 따라서 충실히 부인을 외조(?)하기 위해 자신도 워싱톤 DC에 위치한 조지타운 대학으로 옮겨 재직 중이다.

후생경제학의 제1정리는 외부효과가 존재하지 않으며, 정보의 비대칭성이 존재하지 않으면 완전경쟁시장의 자원배분은 파레토 효율적이라는 것이다. 제20장에서 외부효과가 효율적 자원배분에 미치는 영향을 살펴보았다. 본 장에서는 정보의 비대칭성이 존재할 때 발생하는 여러 가지 문제에 대해 살펴보기로 한다.

Section 1   **아컬로프의 레몬 모형**

현실의 많은 거래에서 거래 당사자들은 서로 다른 정보를 가지고 있다. 예를 들어, 중고차를 거래할 때 이제까지 차를 운전해 온 중고차 주인은 차에 대해 잘 알고 있다. 그러나 중고차를 사고자 하는 사람은 자동차에 대한 전문지식을 갖지 못한 이상 겉으로 보이는 차의 외양만 보고 차의 품질을 판단하기 힘들다. 이 경우 두 사람은 거래대상인 차의 품질에 대해 **비대칭 정보**(asymmetric information)를 가지고 있다. 비대칭 정보는 그 자체가 문제가 되는 것은 아니다. 다른 사람이 갖지 못한 정보를 가진 사람이 모두의 이익을 위해 그 정보를 사용하면, 정보의 비대칭성은 아무런 문제가 되지 않는다. 그러나 남이 갖지 않은 정보를 가진 사람은 일반적으로 그 정보를 자신의 이익을 위해 사용하지, 공익을 위해 사용하지 않는다. 사익과 공익이 일치하지 않는 한, 비대칭 정보를 자신의 이익을 위해 사용하면 일반적으로 비효율성이 발생한다. 정보의 비대칭성이 자원배분의 비효율성을 가져올 수 있다는 것을 처음으로 보인 경제학자는 2001년 노벨 경제학상 수상자인 아컬로프 (George Akerlof) 교수이다. 본 절에서는 아컬로프의 레몬 모형을 통해 정보의 비대칭성이 비효율성을 발생시킬 수 있음을 설명하고자 한다.

아컬로프 교수는 정보의 비대칭성이 존재하는 시장으로 중고차 시장을 예로 들고 있다. 중고차를 팔려는 주인은 이제까지 그 차를 운전해 왔기 때문에 그 차가 사고가 났는지, 제때 정비를 했는지 등에 대해 잘 알고 있다. 반면에 구매자는 자동차에 대한 상당한 전문지식을 갖지 못하는 한, 겉으로 보이는 것만을 보고 중고차의 상태를 제대로 파악하기 힘들다. 따라서 판매자는 현재 자신의 차의 상태에 대해 구매자보다 더 나은 정보를 가지고 있다.

일반적으로 영어에서 겉만 번지르르 하고 속은 형편없는 물건이나 사람을 레몬 (lemon)이라고 부른다. 예를 들어, 외모도 준수하고 학력도 좋은 사람이 알고 보니 실력이 하나도 없다면 그는 바로 레몬이다. 이와 반대되는 개념으로 속이 알찬 물건이나 사람을 **피치**(복숭아, peach)라고 부른다. 이 용어들은 겉으로 품질의 판단이 힘든 중고차 시장에서 특히 많이 쓰인다. 이제 중고차 중에서 피치도 있고 레몬도 있는 경우를 생각해 보자. 피치인 경우 판매자는 2의 가치를, 구매자는 3의 가치를 부여하고, 레몬인 경우 판매자는 0, 구매자는 1의 가치를 부여한다고 가정하자. 중고차가 피치일 확률을 p라고 하자. 판매자는 자신의 차가 피치인지 레몬인지를 알고 있다. 그러나 구매자는 피치인지 레몬인지를 구별하지 못하고, 다만 통계적으로 피치일 확률이 p, 레몬일 확률이 $1-p$라는 것만을 알고 있다. 판매자와 구매자 모두 위험 중립적이라고 가정한다. 추가적으로, 판매자에 비해 구매자들의 숫자가 많아 구매자들 사이의 경쟁으로 인해 시장가격은 구매자들이 지불할 용의가 있는 최대 금액으로 결정된다고 가정한다. 즉, 피치일 확률이 p이면 시장가격은 구매자의 기대가치인 $3 \times p + 1 \times (1-p) = 2p + 1$로 결정된다.

정보의 비대칭성이 미치는 영향이 어떠한지를 평가하기 위해 먼저 정보의 비대칭성이 없는 경우를 살펴보자. 우선 판매자와 구매자 모두 중고차가 피치인지 레몬인지를 알고 있는 경우를 살펴보자. 이 경우, 피치와 레몬 모두 판매자의 가치보다 구매자의 가치가 높으므로 별도의 시장이 형성되어 거래가 발생한다. 피치는 3의 가격에서, 레몬도 1의 가격에서 거래가 된다.

다음으로 판매자 자신도 자신의 차의 상태를 구별하지 못하고, 단지 그 확률인 p만을 아는 경우를 살펴보자. 이 경우 판매자의 기대가치는 $2 \times p + 0 \times (1-p) = 2p$ 이다. 반면에 구매자의 기대가치는 $3 \times p + 1 \times (1-p) = 2p + 1$이다. 그러므로 판매자가 받고자 하는 최소한의 금액보다 구매자가 지불하고자 하는 최대 금액이 더 크므로 가격은 $2p + 1$로 결정되고 거래가 이루어진다. 따라서 피치와 레몬 모두에 대해 구매자의 지불 용의가 있는 금액이 판매자가 받고자 하는 금액보다 크므로, 정보가 대칭이면 판매자와 구매자 사이에 거래가 이루어진다.

이제 정보가 비대칭적인 상황을 살펴보자. 즉, 판매자는 자신의 차의 상태를 알고 있지만, 구매자는 그 확률분포만을 알고 있다. 이 경우 위험 중립적인 구매자는 최대한 $2p + 1$까지 지불할 용의가 있다. 구매자의 최대 지불의사는 피치일 확률에 따라 달라진다. 먼저 $2p+1>2$, 즉 $p>\dfrac{1}{2}$인 경우를 살펴보자. 이 때 시장가격은 $2p+1$이 되며, $2p+1>2$이므로 피치의 주인도 이 가격에서 자신의 차를 팔고자 한다. 물론 레몬의 주인은 자신의 차를 팔고자 한다. 따라서 피치와 레몬 모두 시장에서 $2p+1$의 가격으로 거래가 된다.

다음으로 $2p+1<2$, 즉 $p<\dfrac{1}{2}$인 경우를 살펴보자. $2p+1<2$이므로 시장가격은 2보다 작다. 피치의 주인은 2보다 작은 가격에서 자신의 차를 팔려하지 않는다. 따라서 $2p+1$의 가격에서 레몬만 시장에 나오게 된다. $2p+1$은 시장에 나온 차들 가운데 피치일 확률이 p일 때 구매자들이 지불하고자 하는 가격이다. 그러나 현명한 구매자들은 시장가격이 2보다 작으면, 피치의 주인이 시장에 자신의 차를 내놓지 않으려는 유인을 잘 알고 있다. 따라서 구매자들도 시장에 나오는 차들이 레몬이라는 것을 잘 알고 있다. 그러므로 구매자들은 사후적으로 $p=0$, 즉 모든 차들이 레몬이라고 생각하고, 따라서 1의 가격만을 지불하고자 한다. 그러므로 $p<\dfrac{1}{2}$이면 레몬만 1의 가격에서 거래가 될 뿐, 피치는 시장에서 거래되지 않는다.

판매자와 구매자 모두 동일하게 차의 상태에 대해 잘 알거나 둘 다 모르면, 즉 정보가 대칭적이면 피치와 레몬 모두 거래가 이루어져, 판매자로부터 더 큰 가치를 부여하는 구매자로 자동차가 이전되는 효율적인 결과가 발생한다. 반면에 정보가 비대칭적이면, 피치도 판매자와 구매자 사이에 거래가 발생하는 것이 효율적이지만, 거래가 이루어지지 않는 비효율성이 발생한다.

Box 21-1 중고차 시장의 그레샴의 법칙

금융경제학을 공부한 학생들은 그레샴의 법칙이라는 말을 들어보았을 것이다. 경제학에서 금과 같이 그 자체의 가치가 있는 태환지폐와 그 자체의 가치가 없고 다만 교환의 수단으로 사용되는 지폐와 같은 불환지폐가 동시에 유통될 때, 태환지폐는 사라지고 불환지폐만 통용되는 현상을 그레샴의 법칙(Gresham's law)이라고 부른다.

태환지폐는 언제든지 그 가치대로 사용할 수 있지만, 불환지폐는 다른 사람들이 받아줄 경우에 한해 가치가 있다. 따라서 다른 사람이 조금이라도 불환지폐를 받아주지 않을 가능성이 있다면, 태환지폐가 불환지폐보다 우월하다. 이 경우 사람들은 가능하면 태환지폐를 소유하고, 불환지폐만을 유통시키려고 한다. 그레샴의 법칙을 달리 "악화가 양화를 구축한다(Bad money drives out good money)"라고 표현하기도 한다. 레몬이 존재하면 앞에서 보았듯이 중고차 시장에서도 이와 유사한 현상이 발생한다. 정보의 비대칭성 때문에 레몬은 항상 거래가 되지만, 피치는 거래가 되지 않을 수 있기 때문에, 이 결과를 그레샴의 법칙에 빗대어 레몬이 피치를 구축한다고 표현하기도 한다.

Section 2 비대칭 정보의 유형

1972년 노벨 경제학상을 수상한 애로우(Kenneth Arrow) 교수는 정보의 비대칭성을 감추어진 특성(hidden characteristic)과 감추어진 행동(hidden action)으로 나누어 설명했다. 감추어진 특성이란 외생적으로 주어진 특성에 대해 한 경제주체가 다른 경제주체가 갖지 못한 정보를 가지고 있는 상황을 의미한다. 앞에서 살펴본 레몬 모형은 정보의 비대칭성 가운데 바로 감추어진 특성에 관한 모형이다. 레몬 모형에서 중고차는 피치 또는 레몬이라는 두 가지 특성 가운데 하나를 가진다. 그런데 판매자는 그 특성을 알고 있지만, 구매자에게는 이 특성이 감추어져 있으므로 감추어진 특성에 해당하는 정보의 비대칭성이 존재한다. 레몬 모형에서 보았듯이, 감추어진 특성이 존재하면 일반적으로 비효율성이 발생하는데, 감추어진 특성 때문에 발생하는 비효율성을 역선택(adverse selection)이라고 부른다.

역선택의 또 다른 예는 보험시장에서 찾아볼 수 있다. 일반적으로 사람들마다 운전습관이 다르다. 조심스럽게 운전하는 운전자는 거칠게 운전하는 운전자에 비해 사고발생 가능성이 낮다. 보험회사가 각 운전자의 운전특성을 알고 있으면, 사고확률에 따라 보험료를 달리 결정할 것이다. 그러나 일반적으로 보험회사는 개별 운전자의 운전특성을 알지 못하므로, 개별 사고발생확률을 알지 못한다. 대신 집단 전체의 평균적인 사고확률에 대한 정보만을 알고 있을 뿐이다. 이 경우 보험회사는 평균적인 사고확률에 근거해 보험료를 책정한다고 가정하자. 사고확률이 낮은 조심스러운 운전자들은 확률적으로 사고 시 받을 보험금에 비해 비싼 보험료를 지불해야 하므로 보험에 가입하지 않으려 할 것이다. 반면에 운전습관이 거친 운전자들은 자신들의 사고확률에 비추어 보험료를 상대적으로 싸게 지불하는 셈이므로 보험에 가입하려고 한다. 따라서 보험회사가 운전자의 감추어진 운전습관에 대한 정보를 갖지 못하면, 사고확률이 낮은 운전자는 보험에 가입하지 않고, 사고확률이 높은 운전자만 가입하는 현상도 역선택의 한 예이다. 감추어진 특성의 경우, 그 특성을 아는 경제주체가 특성을 모르는 사람에게 어떻게 알릴지(신호) 또는 모르는 사람이 그 특성을 가진 경제주체로부터 특성을 어떻게 이끌어낼지(선별) 하는 것이 문제이다.

정보의 비대칭성의 두 번째 유형은 감추어진 행동이다. 감추어진 행동은 한 경제주체가 선택하는 행동을 다른 경제주체가 관측할 수 없을 때 발생하는 정보의 비대칭성을 의미한다. 기업의 주주들이 자신의 회사를 경영할 최고경영자인 CEO(Chief Executive Officer)를 고용하는 경우를 살펴보자. 주주들이 고용된 CEO의 모든 행동을 다 관측한다는 것은 불가능하다. 완벽한 관측이 불가능하면, CEO는 주주의 이익에는 반하지만 자신의 이익에 충실한 행동을 할 수 있다. 예를 들어, 회사 경영을 핑계로 외국에 나가 회사 경비로 사업 대신 여행을 즐긴다면, 이는 CEO에게는 도움이 되나 주주의 입장에서는 회사의 경비를 낭비하는 행동이 된다. 자신이 선택하는 행동이 자신을 고용한 사람에게 완전하게 관측되지 않으면, 고용된 사람은 고용주의 이익이 아닌 자신의 이익을 극대화하는 행동을 취할 유인을 가진다. 이 같은 유인을 **도덕적 해이**(moral hazard)라고 부른다. 감추어진 행동의 경우 도덕적 해이 때문에 비효율성이 발생할 수 있다.

도덕적 해이의 다른 예를 지주와 소작인 관계에서 찾을 수 있다. 소작인은 지주의 땅을 빌려 농사를 짓는 사람이다. 예를 들어, 지주가 소작인에게 땅을 빌려주면서 수고의 대가로 일년에 쌀 100가마니를 소작인에게 주고 나머지는 모두 지주가 갖는 계약을 했다고 하자. 그런데 지주는 멀리 떨어져 살고 있으므로 소작인이 얼마나 열심히 일하는지를 관측할 수 없는 상황을 생각해 보자. 이 경우 소작인은 빌려 경작하는 땅에서 쌀의 생산량과 상관없이 항상 쌀 100가마니를 얻으므로 굳이 열심히 일할 유인이 없다. 쌀을 많이 생산하려면, 때에 맞추어 비료도 주어야 하고, 물도 주어야 하며, 병충해를 막기 위한 노력을 해야 한다. 이 같은 노력은 소작인 입장에서는 힘든 일이다. 이 같은 노력을 통해 쌀의 생산이 증가한다고 하더라도 현재의 계약하에서는 모든 혜택이 지주에게 돌아가지, 그 노력을 제공하는 소작인에게는 귀속되지 않는다. 따라서 소작인은 이 같은 노력을 해야 할 아무런 유인이 없다.

Box 21-2 도덕적 해이는 범죄행위인가

흔히 언론에서 기업의 주식을 100%를 소유하고 있지 않지만 경영권을 가지고 있는 대주주가 자신의 이익을 위해 회사의 공금을 횡령함으로써 소액주주에게 피해를 입히는 경우를 도덕적 해이라고 부르는 경우가 있다. 이는 잘못된 표현이다. 회사의 공금을 횡령하는 행위는 범죄행위이지 도덕적 해이는 아니다. 도덕적 해이는 비효율성을 발생시킨다는 점에서 바람직하지 않은 행위이기는 하지만, 객관적으로 관찰이 되지 않기 때문에 범죄로 규정할 수가 없다. 따라서 이런 유인을 막는 유일한 장치는 그 행위자의 도덕심이다. 도덕심이 아주 높은 성인군자는 거부하지만, 그렇지 않은 대부분의 사람은 빠져들 수밖에 없는 유인이 도덕적 해이이다. 어떻게 보면, 도덕적 해이는 그것을 저지르는 사람의 입장에서는 합리적이다. 어차피 아무도 관찰할 수 없고 따라서 처벌의 대상이 되지도 않는 행위를 범함으로써 이득을 취할 수 있다면, 그 행위를 하는 것이(적어도 경제학적인 시각에서는) 합리적인 것이다. 수영장에서 '실례'를 하는 것은 도덕적 해이이다. 그러나 수영장 물에 딸기 주스를 붓는 행위는 범죄행위이다. 목격자가 있으면 잡힐 수 있기 때문이다. 이밖에 다른 상황에서도 도덕적 해이라는 용어가 범죄행위를 가리키는 데 사용되는 것은 잘못된 것이다. 경제학적 의미에서 도덕적 해이가 만연한다면, 그것은 그 사회의 유인구조가 잘못되었기 때문이다.

소작인이 적절한 노력을 해 쌀의 생산량을 증가시키는 것이 사회적으로 바람직함에도 불구하고, 지주가 자신의 노력 여부를 관측할 수 없으면 최소한의 노력만을 하는 것이 소작인의 입장에서는 지극히 합리적인 선택이다. 최소한의 노력만을 하는 소작인의 행위를 도덕적으로는 나무랄 수 있을지 모르지만, 이 행위가 범죄행위는 결코 아니다. 다만 더 나은 결과를 얻을 수 있음에도 불구하고, 자신에게 돌아오는 혜택이 없어 최선의 노력을 하지 않는 것이 바로 도덕적 해이이다. 이 경우 문제는 지주가 소작인이 전혀 노력을 할 유인을 제공하지 못하도록 하는 계약을 맺었다는 점이다. 따라서 소작인이 게으른 것은 소작인의 책임을 탓할 것이 아니라, 그런 행동이 소작인의 최선의 행동이 되도록 만든 계약을 제공한 지주의 책임이 더 크다. 예를 들어, 지주와 소작인이 산출량을 반씩 나누는 계약을 하면, 산출량과 무관하게 일정한 양을 가지고 가는 계약보다 소작인은 더 많은 노력을 할 것이다. 감추어진 행동의 경우, 적절한 행동을 하는 유인을 제공하는 계약을 어떻게 찾을 것인가 하는 것이 문제이다.

Section 3   감추어진 특성의 해결책: 신호와 선별

본 절에서는 감추어진 특성이 있는 경우, 이를 해결하는 방법에 대해 알아본다. 앞에서 살펴본 정보의 비대칭성 때문에 거래를 통한 이득이 있음에도 불구하고 실현되지 못하면, 사람들은 이득을 실현하는 방법을 찾고자 한다. 경우에 따라 이 같은 노력이 100% 효율적인 결과를 달성하지는 못하지만, 어느 정도 성공을 거두기도 한다. 본 절에서는 감추어진 특성이 있는 경우, 이로 인한 비효율성을 제거하고자 하는 두 가지 노력인 신호(signaling)와 선별(screening)에 대해 알아본다.

3.1 신호 모형

정보를 가진 쪽이 정보를 갖지 못한 사람에게 자신이 가진 정보를 전달하는 모든 수단을 통칭해 신호(signal)라고 부른다. 그러나 모든 신호가 정보를 잘 전달하는 것은 아니다. 앞의 레몬 모형에서 비효율성이 발생하는 근본적인 문제는 구매자가 판매자가 가지고 있는 정보, 즉 중고차의 상태를 알지 못한다는 것이었다. 피치는, 판매자와 구매자 모두 피치라는 것을 알면, 거래가 이루어졌다. 그러나 구매자가 피치라는 것을 확신하지 못하면 거래가 발생하지 못했다.

이제 피치의 주인이 구매자에게 자신의 차가 피치라는 것을 '말'로 전달하는 경우를 살펴보자. 피치의 주인이 자신이 가진 정보를 구매자에게 말로 전달하면 정보의 비대칭성의 문제는 사라지는가? 그렇지 않다. 피치의 주인이 자신의 차가 피치라는 것을 말로 전달할 때, 구매자들이 이를 믿으면 3의 가격으로 피치가 거래될 것이다. 그러나 이야기는 여기서 끝나지 않는다. 말로 차의 상태를 전달하는데는 아무런 비용도 발생하지 않는다. 피치의 주인이 하는 말을 구매자들이 그대로 믿어 3의 가격을 지불하면, 레몬의 주인도 자신의 차가 피치라고 거짓말을 해비싼 가격으로 팔 유인을 가진다. 이 같은 유인을 아는 구매자들은 자동차 주인이 자신의 차가 피치라고 말하는 것을 액면 그대로 받아들이지 않는다. 따라서 자동차 주인이 아무런 비용을 지불하지 않고 단순히 말로 자신의 차의 상태에 대한 신호를 보낸다고 정보의 비대칭성 문제는 해결되지 않는다.

말 대신에 자동차 주인이 차를 팔면서 고장이 나면 자동차 수리비용을 지불하겠다는 보증서(warranty)를 첨부하는 경우를 살펴보자. 일반적으로 레몬이 피치보다 고장날 확률이 높다. 그러므로 동일한 금액을 보장하면, 발생하는 기대비용은 레몬의 주인이 더 클 것이다. 따라서 레몬의 주인은 큰 금액을 보장하는 보증서를 제공할 유인이 피치의 주인보다 낮다. 그러므로 피치의 주인은 레몬의 주인이 모방하기 힘든 정도의 금액을 보장하는 보증서를 첨부함으로써 자신의 차가 피치임을 간접적으로 증명할 수 있다. 중고차 시장에서 차 주인이 보증서를 첨부함으로써 차의 상태에 대한 신호를 보내는 아이디어를 경제학에서 처음으로 제시한 사람은 2001년 아컬로프 교수와 노벨 경제학상을 공동으로 수상한 스펜스(Michael Spence) 교수이다. 본 절에서는 크렙스(Kreps) 교수의 맥주-퀴쉬(beer-quiche)[1] 게임과 그 변형된 게임을 통해 신호 모형에 대해 알아본다.[2]

1) 크렙스의 맥주-퀴쉬 게임

다음과 같은 상황을 상상해 보자. 미국 서부시대의 한 마을에 나그네가 하루를 묵고 가게 되었다. 이 마을에는 불량배가 있어, 지나가는 나그네가 약해 보이면 싸움을 걸고, 강해 보이면 피해간다. 그런데 이 불량배는 나그네가 아침 식사로 무엇을 먹는가를 보고 상대를 판단한다. 주막의 아침 메뉴로는 '퀴쉬'라는 야채와 계란으로 만든 웰빙 메뉴와 맥주가 있다. 원래 '터프가이'는 아침부터 맥주를 선호하고, 약한 나그네는 퀴쉬를 선호한다. 그러나 자신의 선호와 다른 메뉴를 주문함으

---

1 퀴쉬(quiche)는 계란, 고기, 야채, 치즈 등으로 속을 채운 타르트의 일종이다.
2 신호 게임에 대한 보다 자세한 설명은 왕규호·조인구 저, 「게임이론」(박영사, 2004) 제13장을 참고하기 바란다.

로써 싸움을 피할 수 있다면, 하루 정도 자신의 입맛에 맞지 않는 아침 메뉴를 시킬 수도 있다. 맥주-퀴쉬 게임은 바로 이런 상황에서 나그네가 어떤 메뉴를 주문할 것이며, 불량배가 그것을 보고 어떻게 받아들일 것인지를 예측하는 게임이다. 나그네의 아침 메뉴가 바로 신호가 되는 것이다.

모든 신호 모형은 다음과 같은 2단계의 구조를 가지고 있다. 1단계에서 자신만이 아는 정보(사적 정보(private information)이라고 부름)를 가지고 있는 송신자(Sender, S)라고 불리는 경제주체가 수신자(Receiver, R)라고 불리는 다른 경제주체에게 신호를 보낸다. 2단계에서는 송신자가 보낸 신호를 보고, 수신자가 반응을 선택함으로써 게임은 종료된다. 송신자와 수신자의 보수(payoff)는 송신자의 사적 정보, 송신자가 보내는 신호, 그리고 수신자가 선택하는 반응에 의해 결정된다.

1단계에서 S가 알고 있는 사적 정보를 S의 '타입'이라고 부른다. 맥주-퀴쉬 게임에서는 두 종류의 타입이 존재한다. 하나는 강한 타입으로 t_s, 다른 하나는 약한 타입으로 t_w로 표시한다. 송신자는 자신의 타입을 알고 있으나, 수신자는 송신자가 어떤 타입인지는 모르고 다만 확률분포만 알고 있다. 아무런 신호가 없는 상태에서 수신자는 송신자가 t_s타입일 확률을 0.9, t_w일 확률을 0.1이라고 생각한다고 가정한다. 송신자가 신호를 보내기 전에 수신자가 생각하는 송신자의 타입에 대한 확률을 **사전적 확률**(prior probability)이라고 부른다.

맥주-퀴쉬 게임에서 송신자가 보낼 수 있는 신호는 맥주(B로 표시)와 퀴쉬(Q로 표시), 두 가지이다. t_s타입은 맥주를, t_w은 퀴쉬를 선호한다. 각 타입의 송신자는 자신이 선호하는 신호를 보내면 1의 보수를 얻는다. 선호하지 않는 신호를 보내면 각 타입은 0을 보수로 얻는다.

송신자가 보낸 신호인 B 또는 Q를 보고, 수신자는 싸울지(F로 표시) 또는 말지(NF로 표시)를 결정한다. 수신자는 t_w 타입과는 싸울 때, 그리고 t_s타입과는 싸우지 않을 때 1의 보수를 얻고, 그렇지 않으면 0의 보수를 얻는다. 두 타입의 송신자 모두 수신자와 싸우지 않기를 선호한다. 싸움을 피하면 두 타입 모두 2의 추가적인 보수를 얻는다. 반면에 싸우면 추가적인 보수는 두 타입 모두 0이다. 따라서 각 타입의 송신자는 자기가 선호하는 신호를 보내고 싶지만, 그보다는 싸움을 피하고자 하는 유인이 더 크다. 예를 들어, t_w타입이 B를 신호로 보내고 이를 보고 수신

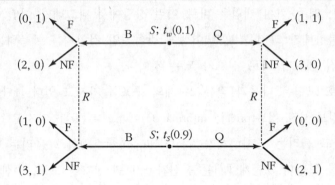

● 그림 21-1 크렙스의 맥주-퀴쉬 게임

자가 *NF*를 선택했다고 하자. 이 경우 t_w타입은 Q를 신호로 보내지 못했으므로 0의 보수를 얻지만, 수신자와의 싸움을 피했으므로 2의 보수를 추가적으로 얻어 총 2의 보수를 얻는다. 반면에 수신자는 송신자가 t_w타입인데도 *NF*를 선택했으므로 0의 보수를 얻는다. 맥주-퀴쉬 게임을 그림으로 보면 〈그림 21-1〉과 같다.[3]

t_s와 t_w의 괄호 안 숫자는 각 타입의 사전적 확률이다. *R*(수신자)의 위치에 있는 점선은 수신자가 송신자가 보내는 신호는 볼 수 있지만 송신자의 타입을 구별할 수 없어 자신의 위치가 위-아래 가운데 어딘지 알 수 없다는 의미이다. 화살표 끝에 있는 숫자는 각각 송신자와 수신자의 보수를 표시한다. 예를 들어, 〈그림 21-1〉의 왼쪽 아래에 있는 (3, 1)은 t_s타입이 *B*의 신호를 보내고, 이를 보고 수신자가 *NF*를 선택하면, t_s타입은 3, 수신자는 1을 얻는다는 의미이다.

사전적 확률 0.9와 0.1은 송신자가 신호를 보내기 전에 수신자가 생각하는 확률이다. 반면에 신호를 받은 후에 수신자가 생각하는 확률을 **사후적 확률**(posterior probability)이라고 부른다. 맥주-퀴쉬 게임에는 두 개의 신호가 있으므로, 수신자가 *B*와 *Q*를 보았을 때 송신자가 t_s타입이라고 생각하는 확률을 각각 p_B와 p_Q로 표시하자. 물론 t_w타입일 확률은 각각 $1-p_B$와 $1-p_Q$이다. 사전적 확률과 사후적 확률과의 관계는 아래에서 균형을 설명할 때 보다 자세하게 설명한다.

신호 모형은 송신자의 각 타입이 보내는 신호에 따라 균형을 두 가지 종류로 분류한다. 두 타입이 서로 다른 신호를 보내는 것을 **분리균형**(separating equilibrium),

---

3 모양새가 마치 게와 같다고 해서 '크렙스의 게'(Kreps' crab)라고 부르기도 한다.

두 타입이 동일한 신호를 보내는 것을 **합동균형**(pooling equilibrium)이라고 부른다. 두 균형을 나누어 살펴보자.

(1) 분리균형

분리균형에서는 각 타입이 서로 다른 신호를 보낸다. 따라서 분리균형에서는 신호가 송신자가 어떤 타입인지 확실하게 알려준다. 신호가 B와 Q 두 개이므로, t_s타입이 B, t_w타입이 Q를 보내는 경우 — 이를 간단히 (t_s타입-B, t_w타입-Q)로 표시 — 와 반대로 (t_s타입-Q, t_w타입-B)인 두 개의 분리균형이 가능하다. 이제 분리균형이 존재하는지를 살펴보자.

(t_s타입-B, t_w타입-Q)를 보자. 이 경우 B를 보면 수신자의 사후적 확률은 t_s 타입일 확률이 1, 즉 $p_B = 1$이다. 반대로 Q를 보면 사후적 확률은 t_s타입일 확률이 0, 즉 $p_Q = 0$이다.[4] 수신자는 t_w타입과만 F를 선택하고자 하므로, B를 보면 NF, Q를 보면 F를 선택해 각각의 경우 1을 얻는 것이 최선의 선택이다. 이때 t_s타입은 자신이 선호하는 신호인 B를 보내고, 더욱이 싸움을 피할 수 있어 3을 얻는다. 반면에 t_w타입은 자신이 선호하는 신호인 Q를 보내지만, 싸움을 피할 수 없으므로 1을 얻는다.

(t_s타입-B, t_w타입-Q)가 균형이 되는가? 균형이 되려면 모든 경제주체가 자신의 선택을 바꿀 유인이 없어야 한다. 그러나 t_w타입은 자신의 선택을 바꿀 유인을 갖는다. t_w타입이 Q 대신 B를 선택한다고 가정하자. 그러면 선호하지 않는 신호인 B를 선택했으므로 1을 얻지 못한다. 그러나 B를 선택함으로써 수신자는 송신자가 t_s타입이라고 생각해 NF를 선택한다. 따라서 t_w타입은 2를 얻는다. 결과적으로 Q 대신 B를 선택함으로써 t_w타입의 보수는 1에서 2로 증가한다. t_w타입이 이탈할 유인이 있으므로 (t_s타입-B, t_w타입-Q)은 균형이 되지 못한다.

다음으로 (t_s타입-Q, t_w타입-B)를 보자. 이 경우 Q를 보면 사후적 확률은 $p_Q = 1$이다. 반대로 B를 보면 사후적 확률은 $p_B = 0$이다. 따라서 수신자는 Q를 보면 NF, B를 보면 F를 선택해, 각각의 경우 1을 얻는 것이 최선의 선택이다. 이

---

4 사전적 확률과 각 타입의 선택을 이용해 베이스 정리에 의해 사후적 확률을 계산한 결과이다.

때 t_s타입은 자신이 선호하지 않는 신호인 Q를 보내지만 싸움을 피할 수 있어 2을 얻는다. 반면에 t_w타입은 자신이 선호하지 않은 B를 보내고 싸움도 피할 수 없어 0을 얻는다.

이 경우에도 t_w타입은 자신의 선택을 바꿀 유인을 갖는다. t_w타입이 B 대신 Q를 보내면 수신자는 송신자가 t_s타입이라고 생각해서 싸우지 않는다. 선호하는 신호도 보내고 싸움을 피할 수 있어 t_w타입은 더 높은 보수인 3을 얻는다. 따라서 (t_s타입-Q, t_w타입-B)도 균형이 되지 못한다.

결론적으로 맥주-퀴쉬 게임에서는 분리균형이 존재하지 않는다.[5]

(2) 합동균형

합동균형에서는 각 타입이 동일한 신호를 보낸다. 따라서 합동균형에서는 신호가 송신자의 타입에 대해 아무런 정보도 제공하지 못한다. 신호가 두 개이므로 분리균형과 같이, 두 타입이 모두 맥주를 보내는 경우 — ($t_s, t_w -B$)로 표시 — 와 ($t_s, t_w -Q$)인 경우 두 개의 합동균형이 가능하다.

먼저 ($t_s, t_w -B$)를 보자. 이 경우 B를 보면 t_s타입일 사후적 확률은 사전적 확률인 0.9와 동일하다($p_B = 0.9$).[6] p_B가 $\frac{1}{2}$보다 크면 NF가 수신자에게 최선의 선택이다. 사전적 확률이 0.9이고, $p_B = 0.9$이므로 B를 보면 싸우지 않는다. 이 때 t_s타입과 t_w타입은 각각 3과 2를 얻는다. 그런데 ($t_s, t_w -B$)가 균형이 되려면 각 타입이 Q를 보낼 유인이 없어야 한다. t_s타입은 B를 선택하고, 또한 싸움도 피하므로 얻을 수 있는 최대의 보수인 3을 얻고 있다. 따라서 t_s타입은 Q를 보낼 유인이 전혀 없다. t_w타입은 어떠한가? 이는 Q를 보았을 때 수신자가 어떤 선택을 하는가에 달려있다. Q를 보았을 때 수신자가 싸우지 않으면, Q를 보냄으로써 t_w타입은 3을 얻어 이탈할 유인이 있다. 반면에 Q를 보았을 때 수신자가 F를 선택하면 1을 얻으므로 이탈할 유인이 없다. 따라서 t_w타입의 이탈 여부는 수신자의 선택에 달려 있는데, 수신자의 선택은 p_Q가 얼마인지에 따라 달라진다.

---

5 모든 신호 모형에서 분리균형이 없는 것은 아니다. 다음에 설명하는 변형된 모형에서는 분리균형이 존재한다.

6 역시 사전적 확률과 각 타입의 선택을 이용해 베이스 정리에 의해 사후적 확률을 계산한 결과이다.

B와 달리 Q는 어느 타입도 사용하지 않으므로 베이스 법칙을 이용해 p_Q를 계산할 수 없다. 이 경우 p_Q는 0과 1사이의 어떤 값을 가져도 무방하다. 그 이유는 p_Q가 어떤 값을 가져도 Q가 사용되지 않기 때문에 그것이 맞았는지 틀렸는지 판단할 아무런 근거를 찾을 수 없기 때문이다. 따라서 $p_Q < \frac{1}{2}$이면 Q를 보았을 때 F가 수신자의 최선의 선택이고, t_w타입은 이탈할 유인이 없다.[7] 그러므로 $(t_s, t_w - B)$는 합동균형이 된다. 이 균형은 〈그림 21-2〉에 파란색으로 표시되어 있다.

다음으로 $(t_s, t_w - Q)$를 보자. 이 경우 Q를 보면 t_s타입일 사후적 확률은 사전적 확률인 0.9이다($p_Q = 0.9$). 따라서 수신자는 Q를 보면 NF를 선택한다. 이 때 t_s 타입과 t_w타입은 각각 2와 3을 얻는다. 그런데 두 타입이 모두 Q를 보내는 것이 균형이 되려면 각 타입이 B를 보낼 유인이 없어야 한다. t_w타입은 Q를 선택하고, 또한 싸움도 피하므로 얻을 수 있는 최대의 보수인 3을 얻고 있다. 따라서 t_w타입은 B를 보낼 유인이 전혀 없다. t_s타입은 B를 보았을 때 수신자가 어떤 선택을 하는가에 달려있다. 위에서 설명했듯이, 이 경우에는 B가 사용되지 않는 신호이므로 p_Q는 0과 1 사이의 어떤 값을 가져도 무방하다. 위에서와 같이 $p_B < \frac{1}{2}$이면 B를 보았을 때 F가 수신자의 최선의 선택이고, t_s타입은 이탈할 유인이 없다.

● 그림 21-2 크렙스의 맥주-퀴쉬 게임: 합동균형

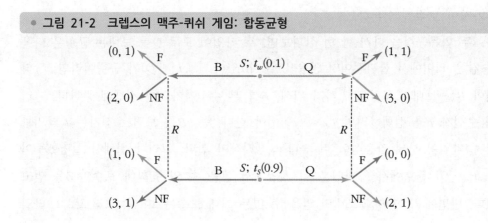

7 $p_Q = \frac{1}{2}$이면 송신자는 F와 NF가 무차별하다. 따라서 어떤 것을 선택해도 무방하다. $p_Q = \frac{1}{2}$을 포함시켜 $p_Q \le \frac{1}{2}$이고, 최선의 선택(가운데 하나)인 F를 선택한다고 말해도 괜찮다.

그러므로 $(t_s, t_w - B)$는 합동균형이 된다. 이 균형은 〈그림 21-2〉에 주황색으로 표시되어 있다.

위의 두 균형을 송신자의 타입이 알려져 있는 경우와 비교해보자. 송신자가 t_s 타입이면 당연히 B를 선택하고, 수신자는 싸움을 피할 것이다. 따라서 t_s 타입과 수신자의 보수는 각각 3과 1이다. 반면에 송신자가 t_w 타입이면 Q를 선택하고, 수신자는 싸우려 할 것이므로 t_w 타입과 수신자의 보수는 동일하게 1이다. 송신자의 타입이 알려져 있지 않으면, t_s 타입은 B를 선택하는 합동균형에서 3, Q를 선택하는 합동균형에서는 2를 얻는다. 따라서 송신자의 타입이 알려질 때와 비교해 t_s 타입의 보수는 동일하거나 감소한다. 반면에 t_w 타입은 B를 선택하는 합동균형에서 2, Q를 선택하는 합동균형에서는 3을 얻는다. 따라서 송신자의 타입이 알려질 때와 비교해 t_w 타입은 항상 더 큰 보수를 얻는다. 수신자는 모든 합동균형에서 싸우지 않는데, 송신자가 0.9의 확률로 t_s 타입이면 1을, 0.1의 확률로 t_w 타입이면 0을 얻으므로 기대보수는 0.9이다. 이는 송신자의 타입이 알려져 있을 때보다 낮다. 결론적으로 송신자의 타입이 알려져 있지 않을 때 최대의 수혜자는 t_w 타입이다. 자신의 타입이 알려졌다면 수신자가 싸울 것이므로 단지 Q를 선택함으로써 얻는 1의 보수가 전부이다. 그러나 송신자의 타입을 모르면 모든 균형에서 수신자는 송신자가 t_s 타입일 확률이 매우 높으므로(0.9), 싸우려 하지 않기 때문에 이로부터 추가적인 보수를 얻는다.

두 합동균형을 다시 한 번 살펴보면, 두 타입이 모두 Q를 보내는 균형은 다음과 같은 의미에서 합리적이지 않음을 알 수 있다. $(t_s, t_w - Q)$가 균형이려면, t_w 타입이 B를 보내지 못하도록 하기 위해, B를 본 수신자가 F를 선택해야 한다. 그런데 수신자 F를 선택하려면 $p_B < \frac{1}{2}$이어야 한다. 즉, B를 보면 수신자는 t_s 타입보다 t_w 타입이 보낼 가능성이 더 높다고 생각해야 한다. 그러나 위에서 설명했듯이 $(t_s, t_w - Q)$ 균형에서 t_w 타입은 이 게임에서 얻을 수 있는 최대 보수인 3을 얻고 있다. 반면에 t_w이 B를 보내면 얻을 수 있는 최대 보수는 2이다. 그러므로 t_w 타입은 B를 보낼 유인이 전혀 없다. 반면에 $(t_s, t_w - Q)$ 균형에서 t_s 타입은 2을 얻고 있다. 만일 t_s 타입이 B를 보내고, 수신자가 B를 보고 이것을 t_s 타입이 보낸 것이라고 믿어($p_B = 1$), NF를 선택하면 t_s 타입의 보수는 3으로 증가한다.

t_w타입은 B를 보낼 유인이 전혀 없다. 반면에 t_s타입은 B를 보내 자신이 t_s타입임을 보일 수 있으면, B를 보낼 유인이 있다. 그러면 비록 $(t_s, t_w - Q)$ 균형에서 B가 사용되지 않은 신호이므로 베이스 법칙을 적용할 수 없어 P_B에 0과 1 사이의 임의의 값을 부여할 수 있다고 하더라고, B를 보았다면 아마도 그 신호는 t_s타입이 보낸 것이라고 믿는 것$(P_B = 1)$이 더 합리적일 것이다. $P_B = 1$이면 수신자는 NF를 선택하고, 그러면 t_s타입은 Q가 아닌 B를 보내게 되어 $(t_s, t_w - Q)$균형은 붕괴된다. 이 같은 설명을 조-크렙스의 직관적 기준(Cho-Kreps' intuitive criterion)이라고 부른다. 보다 정확히 표현하자면, $(t_s, t_w - Q)$는 균형이지만, 직관적 기준을 충족시키지 못한다.[8, 9]

그러면 독자들은 $(t_s, t_w - B)$균형에서 동일한 설명이 적용되지 않을까 생각할 수 있다. 그러나 그렇지 않다. 이 균형에서는 t_s타입이 게임 전체의 최대 보수인 3을 얻고 있어, Q로 이탈할 유인이 전혀 없다. 이 균형에서 t_w타입의 보수는 2이다. 만일 Q를 보내 수신자가 NF를 선택하면 3을 얻으므로 t_w타입은 이탈할 유인이 있다. 그러나 Q를 보낸 것이 t_w타입이라고 생각하면$(P_B = 0)$, NF가 아닌 F가 수신자의 최선의 선택이다. 따라서 Q를 보내면 t_w타입은 2보다 작은 1을 얻는다. 즉, t_s타입은 전혀 Q를 보낼 유인이 없는데, Q를 보았을 때 수신자가 $P_Q > \frac{1}{2}$라고 생각해 NF를 선택하는 것은 합리적이지 못하다. 따라서 t_w타입은 Q를 보내 자신의 타입을 알리고 싶지 않으므로, $(t_s, t_w - B)$균형은 직관적 기준을 충족한다.

2) 변형된 맥주-퀴쉬 게임

크렙스의 맥주-퀴쉬 게임은 게임이론에서 잘 알려진 게임 가운데 하나이다. 독자들에게 유명한 게임 하나를 소개할 목적도 있어 앞서 크렙스의 맥주-퀴쉬 게임을 소개했다. 신호 모형을 소개한 이유가 정보의 비대칭성이 있으면, 사적 정보

---

8 직관적 기준에 대한 보다 자세한 설명은 왕규호·조인구 저, 「게임이론」(박영사, 2004) 제13장을 참고하기 바란다.

9 맥주는 t_s타입이 선호하는 신호이므로, B를 보았을 때의 사후적 확률은 사전적 확률보다 작지 않다고 보는 것이 합리적일 것이다. 이 게임에서 t_s타입일 확률이 0.9였으므로 $P_B \geq 0.9$이면 $(t_s, t_w - Q)$는 균형이 될 수 없다. 그러나 사전적 확률이 $\frac{1}{2}$보다 작으면 $\frac{1}{2} > P_B \geq$ 사전적 확률일 수 있으므로 $(t_s, t_w - Q)$는 균형이 된다. 그러나 여전히 직관적 기준을 충족하지 못한다.

● 그림 21-3 변형된 맥주-퀴쉬 게임: 분리균형

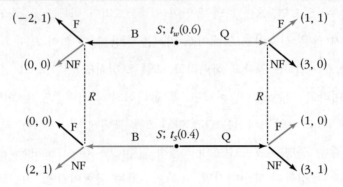

를 가진 쪽이 신호를 통해 자신의 타입을 알릴 수 있다는 가능성을 알아보기 위함이었다. 그러나 앞에서 보았듯이 맥주-퀴쉬 게임에서는 분리균형은 존재하지 않으므로, 신호를 통한 사적 정보의 전달이라는 의도는 충족되지 않았다. 신호를 통해 사적 정보를 전달할 수 있는 가능성에 대해서는 이미 잘 알려져 있다. 실제로 크렙스가 맥주-퀴쉬 게임을 만든 목적은 그 가능성을 확인하기 위한 것이 아니라, 여러 균형이 있을 때 비합리적인 균형을 배제할 수 있는 기준을 제시하고자 하는 것이었다. 그러나 맥주–퀴쉬 게임을 변형하면 신호를 통한 사적 정보의 전달이라는 본 절의 의도를 달성할 수 있다.

맥주–퀴쉬 게임을 다음과 같이 변형해 보자. 먼저 t_s타입도 맥주보다는 퀴쉬를 더 좋아한다. 따라서 맥주를 선택하면 0, 퀴쉬를 선택하면 1을 얻는다. t_w타입은 맥주를 이전보다 더 싫어한다. 맥주를 선택하면 -2를 얻는다. 마지막으로 t_s타입일 사전적 확률은 0.4이다.

변형된 맥주-퀴쉬 게임은 〈그림 21-3〉과 같다. 이 게임에는 t_s타입이 B, t_w타입이 Q를 보내는 (t_s타입-B, t_w타입-Q)이 균형이 된다. 이 경우 수신자가 B를 보면 $p_B = 1$이라고 생각하고 NF를 선택하므로, t_s타입의 보수는 2이다. 반대로 Q를 보면 사후적 확률은 $p_Q = 0$이고 수신자는 F를 선택하므로, t_w타입의 보수는 1이다. 이제 각 타입의 이탈 유인을 살펴보자. t_w타입이 B로 이탈하면 수신자는 NF는 선택하므로, 모두 0을 얻는다. 따라서 t_w타입은 B로 이탈할 유인이 없다. t_s타입이 Q로 이탈하면 수신자는 F를 선택하므로, 1을 얻는다. 따라서 t_s타입도 Q

로 이탈할 유인이 없다. 그러므로 (t_s타입-B, t_w타입-Q)이 균형이 된다. 이 균형에서는 각 타입이 적절한 신호를 다르게 보내 자신의 타입을 알릴 수 있다. 독자들은 t_s타입도 B를 좋아하지 않는데, 균형에서 B를 선택하는 것이 이상하다고 느낄 수 있다. t_s타입도 Q를 좋아하는 것은 사실이다. 그러나 Q로 인해 F가 선택되는 것보다, B를 선택해 수신자가 NF를 선택하는 것을 더 선호한다. 반면에 t_w타입은 맥주를 워낙 싫어해, B를 선택해 수신자가 NF를 선택하는 것보다 Q를 선택해 수신자가 F를 선택하는 것을 더 선호한다. 이 같은 선호의 차이가 분리균형을 가능케 한다.[10] 이 분리균형은 〈그림 21-3〉에 파란색으로 표시되어 있다. 변형된 게임에도 두 타입이 모두 Q를 선택하는 합동균형이 존재한다. 그러나 이 합동균형 역시 위에서 설명한 직관적 기준을 충족시키지 못함은 독자들에게 연습문제로 남겨둔다.

3.2 선별 모형

정보의 비대칭성이 존재하는 상황에서, 신호 모형은 정보를 가진 쪽에서 자신이 가진 정보를 신호를 통해 정보를 갖지 못한 쪽에 전달하려고 하는 모형이다. 그 반대로 정보를 갖지 못한 쪽이 적극적으로 정보를 가진 쪽으로부터 그 정보를 얻어내려는 노력을 선별(screening)이라고 부른다. 본 절에서는 기업이 근로자의 생산성에 대한 정보를 알지 못하는 예를 통해 선별의 가능성과 한계를 알아본다.

어떤 기업이 한 명의 근로자를 고용해 제품을 생산해 시장에 팔고자 한다. q만큼을 시장에 팔면 기업은 $\sqrt{q}$의 수입을 얻는다고 가정한다(즉, 수요곡선이 $P(q) = \dfrac{1}{\sqrt{q}}$이다). 근로자는 두 타입 가운데 하나이다. 한 타입은 한계비용이 1이고, 다른 타입은 한계비용이 2이다. 전자를 한계비용이 낮다는 의미에서 L(ow)타입(하첨자 1로 표기), 후자를 한계비용이 높다는 의미에서 H(igh)타입(하첨자 2로 표기)이라고 부르기로 한다. L타입과 H타입의 비용함수는 각각 $C_1(q) = q$, $C_2(q) = 2q$이다. 근로자는 자신의 한계비용을 알고 있으나, 기업은 두 타입의 확률

---

10 눈치 빠른 독자들은 변형된 게임의 보수에서 t_w타입이 B를 선택할 때 얻을 수 있는 최대 보수는 0이나, Q를 선택할 때 최소 보수는 1임을 눈치챘을 것이다. 그러므로 변형된 게임에서 t_w타입은 어떤 경우에도 B를 보낼 유인이 없다.

● **그림 21-4 두 타입의 무차별곡선**

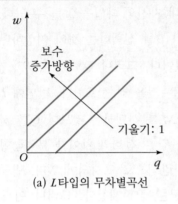

(a) L타입의 무차별곡선

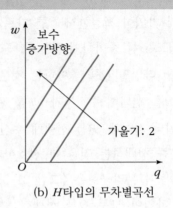

(b) H타입의 무차별곡선

분포만을 알고 있다. 근로자가 L타입인 사전적 확률은 p이다. 기업은 근로자에게 (q, w)의 쌍을 제시한다. 그 의미는 q를 생산해 주면 w를 보상으로 준다는 것이다. (q, w)를 선택했을 때 각 타입의 (순)보수는 각각 $U_L(q, w) = w - q$, $U_H(q, w) = w - 2q$이다. 〈그림 21-4〉는 각 타입별로 보수가 동일한 (q, w)의 집합인 무차별곡선들과 보수의 증가 방향을 보여주는데, 각 무차별곡선의 세로절편이 해당 보수의 크기를 나타낸다. 근로자가 외부에서 얻을 수 있는 보수는 0이라고 가정한다. 따라서 기업이 근로자를 놓치지 않으려면 최소한 0의 보수를 보장해 주어야 한다.

　(q, w)를 제시할 때 이 기업이 얻는 이윤은 $\Pi = \sqrt{q} - w$이 되는데, 기업 입장에서 (q, w)의 이윤은 고용된 근로자 타입과 무관하다. 기업의 이윤이 동일한 (q, w)의 집합을 그래프로 그리면 〈그림 21-5〉의 곡선들과 같은데, 이들 곡선들은 이윤이 동일한 점들이 집합이라는 의미에서 '등이윤곡선'(iso profit curve)이라고 부를 수 있다. q가 클수록 그리고 w가 작을수록 이윤이 증가하므로 그래프 상에서 이윤은 우하향 방향으로 증가한다. 즉, 이윤이 $\overline{\Pi}$로 일정한 (q, w)의 집합은 $w = \sqrt{q} - \overline{\Pi}$의 식으로 표현되므로, 이윤의 크기는 등이윤곡선의 세로절편의 $(-)$값과 같으며, 등이윤곡선들은 수직 방향으로 서로 평행하다.

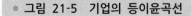

● 그림 21-5 기업의 등이윤곡선

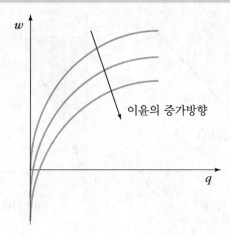

1) 완전 정보의 경우

먼저 기업이 상대근로자의 타입에 대해 완전한 정보를 가지고 있으면 어떻게 할 것인지를 분석하고, 이후에 근로자 타입에 대한 불완전한 정보하에서 기업이 어떻게 두 타입을 선별하는지, 그리고 그 경우의 결과들이 완전정보와 어떻게 다른지 보기로 하자.

우선 이 기업은 자신을 찾아온 근로자를 놓치지 않으려면 각 타입에게 최소한 0 이상의 보수를 보장해야 하는데, 이 조건을 **참여제약조건**(participation constraints: PC)이라고 부른다.[11] (q, w)의 각 타입별 참여제약조건은 다음과 같이 표시할 수 있다.

$$L타입: w_1 - q_1 \geq 0 \ \cdots\cdots \ PC_L, \qquad H타입: w_2 - 2q_2 \geq 0 \ \cdots\cdots \ PC_H$$

> **참여제약조건**: 어떤 경제주체를 특정 거래에 참여시키려면, 최소한 다른 곳에서 얻을 수 있는 만큼의 순보수를 보장해 주어야 한다.

〈그림 21-6〉에서 각 타입별로 참여제약조건을 충족하는 영역이 각각 파란색

---

11 참여제약조건을 때로는 개인합리성(individual rationality: IR) 조건이라고 부르기도 한다.

● **그림 21-6 각 타입별 참여제약조건과 최적 계약**

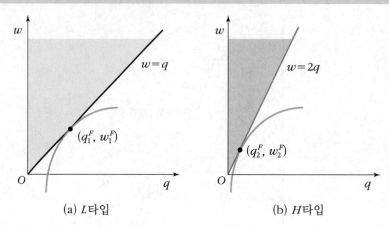

(a) L타입   (b) H타입

과 붉은색으로 표시되어 있다.

기업은 자신을 찾아온 근로자의 타입에 따라 참여제약조건 하에서 자신의 이윤을 극대화하는 계약을 제시한다. 〈그림 21-6〉은 타입별로 기업의 이윤극대화 계약 (q, w)의 결정과정을 보여주는데, 참여제약조건 충족 범위 내에서 가장 이윤이 높은 점, 즉 등이윤곡선이 가장 아래쪽에 접하는 점이 이윤극대화 계약이다. 구체적으로 아래와 같은 수식을 통해 (기대)이윤극대화 계약을 찾을 수 있다.

$$Max_{(q_1, w_1),\,(q_2, w_2)} p\left(\sqrt{q_1} - w_1\right) + (1-p)(\sqrt{q_2} - w_2)$$

참여제약조건: $w_1 \geq q_1,\ w_2 \geq 2q_2$

그러나 위 최적화 문제는 (q_1, w_1)와 (q_2, w_2)가 서로 간섭하지 않으므로 아래와 같이 각각의 타입에 대해 이윤극대화하면 된다. 각 타입별 이윤극대화 문제는 다음과 같다.

L타입: $Max_{(q_1, w_1)} \Pi = \sqrt{q_1} - w_1$ H타입: $Max_{(q_2, w_2)} \Pi = \sqrt{q_2} - w_2$

참여제약조건: $w_1 \geq q_1$ 참여제약조건: $w_2 \geq 2q_2$

그림에서 보듯이 이윤극대화는 항상 참여제약조건 충족 범위의 경계(boundary)에서 이루어지므로, 이윤극대화 문제의 제약조건은 등호로 대체할 수 있고, 그럴 경우에 $w_1 = q_1,\ w_2 = 2q_2$를 각각 이윤극대화 목적함수에 대입하면, 아래와 같이

제약식 없는 간단한 극대화 문제가 된다.[12]

$$L타입: \ Max_{(q_1)} \ \Pi = \sqrt{q_1} - q_1 \qquad H타입: \ Max_{(q_2)} \ \Pi = \sqrt{q_2} - 2q_2$$

각 타입의 이윤극대화 해(상첨자 F(First best)로 표기)는 각각 $q_1^F = \frac{1}{4}$, $q_2^F = \frac{1}{16}$이며, $w_1 = q_1, w_2 = 2q_2$를 각각 적용하면 $(q_1^F, w_1^F) = \left(\frac{1}{4}, \frac{1}{4}\right)$, $(q_2^F, w_2^F) = \left(\frac{1}{16}, \frac{2}{16}\right)$다.

이 결과는 다음과 같은 해석이 가능하다. 기업과 근로자 사이의 계약으로 q의 생산이 이루어지면, 근로자는 그것을 생산하기 위해 $q(L타입)$ 또는 $2q(H타입)$의 비용을 부담하고, 기업은 그것을 팔아 $\sqrt{q}$의 수입을 얻는다. 따라서 이들 사이의 거래로 인해 발생하는 총잉여는 $\sqrt{q} - q(L타입)$ 또는 $\sqrt{q} - 2q(H타입)$이 되는데, 기업이 근로자에게 지급하는 보상액 w에 따라 이 총잉여가 기업의 이윤과 근로자의 (순)보수로 나누어진다.

$$L타입: \ 총잉여(\sqrt{q} - q) = 이윤(\sqrt{q} - w) + (순)보수(w - q)$$
$$H타입: \ 총잉여(\sqrt{q} - 2q) = 이윤(\sqrt{q} - w) + (순)보수(w - 2q)$$

따라서 근로자의 타입에 관계없이, 기업의 이윤극대화 결과는 총잉여를 극대화하는 가장 효율적인 결과가 된다. 〈그림 21-6〉에서 보면, 각 타입에서 이윤극대화 점은 근로자의 무차별곡선과 기업의 등이윤곡선이 접하는 점인데, 이는 일반균형에서 본 파레토 효율의 조건과 동일하다. 다만, 기업이 근로자들에게 최소한의 순보수(즉, 0)만 남기고 총잉여를 모두 자신이 갖는 결과가 도출되었는데, 이는 기업이 먼저 계약조건을 제시하고 근로자는 그것을 받아들이든지 아니면 거절하고 떠나든지 두 가지 선택만 가능한 상황을 설정해 기업에게 모든 협상력을 몰아준 가정의 산물이다. 그럼에도 불구하고 각 타입의 생산량 $q_1^F = \frac{1}{4}$, $q_2^F = \frac{1}{16}$은 모두 사회적으로 최적 생산량이라는 사실은 유효하다.

2) 비대칭적 정보의 경우

이제 기업이 근로자의 타입을 구별할 수 없는 비대칭적 정보 상황을 다루어

---

12 제약식이 약부등호일 때 최적점에서 등호로 성립하면, 그 제약식이 binding하다고 표현한다. 즉, 완전 정보하에서 참여제약조건이 binding하다.

보자. 기업이 근로자의 타입을 모르기 때문에, 근로자는 자신의 타입을 자신에게 유리한 대로 말할 수 있고, 기업은 그것을 그대로 믿을 수밖에 없다. 만약 기업이 여전히 $(q_1, w_1) = \left(\frac{1}{4}, \frac{1}{4}\right)$, $(q_2, w_2) = \left(\frac{1}{16}, \frac{2}{16}\right)$로 구성된 계약 조합을 준비해 놓고 근로자 마음대로 선택하게 한다면, 각 타입은 어떤 계약을 선택할까? 타입별로 따져보자.

L타입: $U_L(q_1, w_1) \left(= \frac{1}{4} - \frac{1}{4}\right) < U_L(q_2, w_2)\left(= \frac{2}{16} - \frac{1}{16}\right)$이므로

$\quad\quad (q_2, w_2)$를 선택

H타입: $U_H(q_1, w_1) \left(= \frac{1}{4} - \frac{2}{4}\right) < U_H(q_2, w_2)\left(= \frac{2}{16} - \frac{2}{16}\right)$이므로

$\quad\quad (q_2, w_2)$를 선택

즉, L타입은 자신이 H타입이라고 속임으로써 더 높은 보수를 챙길 수 있게 되고, 반면에 기업은 L타입으로부터 최대한의 이윤을 뽑아내지 못하게 된다. 즉, 최선의 계약 조합은 실행 불가능하다. 그렇다면, 기업 입장에서 이 결과를 그대로 수용하는 것이 최선인가, 아니면 두 타입을 구별할 수 있는 새로운 계약 조합을 고안함으로써 이윤을 조금이라도 더 증대시키거나 심지어 완전 정보일 때만큼 이윤을 회복할 수 있는 방안이 있는가? 아래에서는 이 질문에 대한 답을 구해 보고자 한다. 답을 미리 말하면, 기업은 두 타입을 구별할 수 있는 새로운 계약 조합을 고안해 이윤을 증대시킬 수 있지만, 완전 정보일 때만큼의 최대 이윤을 회복할 수는 없다. 그리고 일부 근로자는 다른 곳에서 얻을 수 있는 보수보다 더 높은 보수를 얻게 된다. 또한 일부 근로자의 생산량은 사회적으로 효율적인 생산량에서 이탈하게 된다. 왜 이런 결과들이 나오는지를 분석해 보자.

근로자의 타입에 대한 정보를 갖지 못한 기업이 (q_1, w_1), (q_2, w_2)로 구성된 계약 조합을 통해 두 타입을 구별할 수 있다는 것은, L타입은 자발적으로 (q_1, w_1)을 선택하고 H타입도 자발적으로 (q_2, w_2) 선택한다는 것을 의미한다. 이 조건을 유인제약조건(incentive compatibility constraints: IC)이라고 부른다.[13] 각 타입별 유인제약조건은 다음과 같이 표시할 수 있다.

---

13 유인제약조건을 때로는 자기선택조건(self-selection constraint)이라고 부르기도 한다.

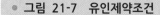

그림 21-7 유인제약조건

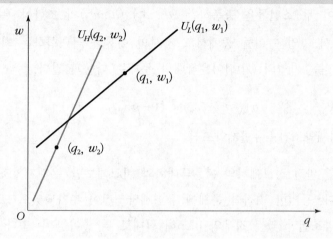

L타입: $w_1 - q_1 \geq w_2 - q_2$ ······ IC_L,

H타입: $w_2 - 2q_2 \geq w_1 - 2q_1$ ······ IC_H

유인제약조건: 비대칭적 정보 상황의 거래에서, 정보를 가진 주체가 정보가 없는 주체가 원하는 대로 스스로 선택하거나 행동하도록 계약이 설계되어야 한다.

〈그림 21-7〉은 유인제약조건을 충족시키는 (q_1, w_1), (q_2, w_2)의 예를 하나의 그래프에 같이 그려 보여준다. L타입의 입장에서는 (q_2, w_2)가 무차별곡선 $U_L(q_1, w_1)$보다 아래에 있기 때문에 (q_1, w_1)보다 보수가 낮다. 즉, IC_L 조건을 충족한다. 또한 H타입의 입장에서는 (q_1, w_1)이 무차별곡선 $U_H(q_2, w_2)$보다 아래에 있기 때문에 (q_2, w_2)보다 보수가 낮다. 즉, IC_H 조건을 충족한다.

기업이 두 타입의 근로자를 구별하지 못하는 상황에서, L타입은 스스로 (q_1, w_1)을 선택하면서 계약에 참여하고 H타입 또한 스스로 (q_2, w_2)을 선택하면서 계약에 참여하게 하려면, 참여제약조건과 함께 유인제약조건을 동시에 충족하는 계약 조합 (q_1, w_1), (q_2, w_2)을 제시해야 한다. 그래프 상으로, (q_1, w_1), (q_2, w_2)는 각자 〈그림 21-6〉의 음영 영역에 있으면서 동시에 서로에 대해 〈그림 21-7〉과 같은 상대적인 위치에 있어야 한다.

문제는 이 두 조건들을 충족하는 (q_1, w_1), (q_2, w_2)의 조합이 무수히 많다는 것이다. 따라서 기업은 이들 중에서도 자신의 이윤을 극대화하는 최선의 조합을 골라야 한다. 즉, 기업의 (기대)이윤극대화 문제는 다음과 같다.

$$Max_{(q_1, w_1), (q_2, w_2)} p\left(\sqrt{q_1} - w_1\right) + (1-p)\left(\sqrt{q_2} - w_2\right)$$

참여제약조건 + 유인제약조건

이 문제를 완전 정보에서의 이윤극대화와 비교해보면, 유인제약조건이 추가되었다는 것이다. 동일한 최적화 문제에 유인제약조건이 추가되었으므로 최적화 결과는 참여제약조건만 있는 경우와 비교해 절대로 더 좋아질 수 없다는 것이 이미 자명해진다. 문제의 해를 찾는데, 참여제약조건과 유인제약조건이 모두 부등호로 되어 있어 선택의 범위가 매우 넓고 최적화 해를 찾기도 힘들다. 그러나 완전 정보에서도 참여제약조건이 부등호이지만 실제로는 등호만 의미를 갖는 것처럼, 위의 문제에서도 참여제약조건과 유인제약조건 중에서 실제로는 일부 조건들만이 등호로 성립한다.

결론적으로 말하면, 참여제약조건과 유인제약조건 총 네 가지 중에서 H타입의 참여제약조건(PC_H)과 L타입의 유인제약조건(IC_L) 두 가지의 등호제약과 $q_1 \geq q_2$ 조건이면 충분하다. 즉, $w_2 - 2q_2 = 0$와 $w_1 - q_1 = w_2 - q_2$의 두 등호제약과 $q_1 \geq q_2$면 충분하다. 이 두 식은 다시 $w_2 = 2q_2$, $w_1 = q_1 + q_2$로 정리되어, 이윤극대화 목적함수에서 w_1, w_2를 모두 q_1, q_2로 표현할 수 있게 된다. 이에 대한 엄밀한 설명은 부록을 참고하기 바라고, 본 절에서는 직관적인 설명만 제시한다.

우선 PC_H와 IC_L 두 조건의 등호제약만으로 나머지 두 조건인 PC_L과 IC_H도 충족되는지를 확인해 보자. 〈그림 21-8〉은 최종적으로 유효한 두 가지 등호제약을 충족하는 (q_1, w_1), (q_2, w_2)의 예를 보여준다. 그림에서 보듯이 L타입의 무차별곡선은 (q_2, w_2)을 지나면서 기울기가 더 작기 때문에 세로 절편이 반드시 (+)이고 따라서 보수도 (+)이다. 즉, PC_L를 충족한다. 또한 $q_1 \geq q_2$이므로 (q_1, w_1)은 H타입의 무차별곡선보다 아래에 있어 H타입에게 (q_2, w_2)보다 낮은 순보수를 제공한다. 따라서 IC_H도 충족한다.

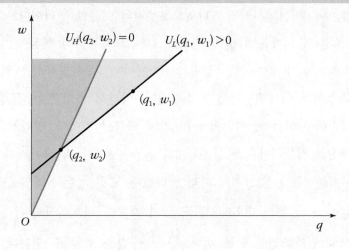

그림 21-8 PC_H와 IC_L을 충족하는 계약 조합

PC_H와 IC_L 두 조건이 등호로 성립해야 하는 이유는, 등호로 성립 시 (q_1, w_1), (q_2, w_2)이 모든 제약조건들을 충족하면서 최대한 우하향 방향에 위치하게 되어 기업의 이윤극대화에 유리하기 때문이다. 만약 IC_L이 부등호이면 (q_1, w_1)이 파란색 영역 내부로 이동한다는 것인데, 등이윤곡선의 형태를 고려할 때, 기업 입장에서 그럴 이유가 전혀 없다. 마찬가지로 (q_2, w_2)가 PC_H를 부등호로 충족하면 붉은색 영역 내부로 이동하게 되어 그 자체의 이윤을 줄일 뿐만 아니라 (q_1, w_1)까지도 더 좌상향으로 이동시키기 때문에 이윤극대화에 불리하다.

$w_2 - 2q_2 = 0$와 $w_1 = q_1 + q_2$를 목적함수에 대입하면 이윤극대화는 다음의 형태를 띤다.

$$Max_{(q_1, q_2)} p\left(\sqrt{q_1} - q_1 - q_2\right) + (1-p)\left(\sqrt{q_2} - 2q_2\right)$$
$$= Max_{(q_1, q_2)} p\left(\sqrt{q_1} - q_1\right) - p q_2 + (1-p)\left(\sqrt{q_2} - 2q_2\right)$$

이 식을 대칭적 정보와 비교하면, 먼저 q_1의 결정은 L타입으로부터의 총잉여인 $\sqrt{q_1} - q_1$을 극대화하는 것으로 동일하다. 즉, $q_1^S = \dfrac{1}{4}$이 이윤극대화 해로 대칭적 정보의 경우와 동일하다(비대칭 정보에서의 이윤극대화 해는 screening의 S를 상첨자로 사용해 표기한다). 그러나 q_2의 결정은 총잉여인 $\sqrt{q_2} - 2q_2$를 극대화시키는 해와 달라진다. 이는 $-pq_2$ 항에 추가되기 때문이다. 우선 이 추가항의 의미를 살펴보자. 이전에는 q_2를 변화시키면 H타입으로부터의 이윤만 변화했다. 그러나 이제는 유인제약조건(IC_L) 때문에 q_2의 변화가 L타입으로부터의 이윤에 영향을 미친다. 구체적으로는 q_2가 증가하면 〈그림 21-8〉에서 U_L 무차별곡선을 위로 밀어 올려 L타입으로부터의 극대화이윤을 감소시킨다. 따라서 기업은 q_2를 정함에 있어 이 요인을 고려해야 하는데, 이것이 $-pq_2$으로 나타난 것이다. 결과적으로 이윤극대화 q_2^S는 대칭적 정보하에서의 이윤극대화 $q_2^F = \dfrac{1}{16}$보다 더 작아지게 되는데, 얼마나 더 작아지는지는 p의 크기에 따라 달라진다. 또한 q_2^S는 H타입 근로자로부터의 총잉여 $\sqrt{q_2} - 2q_2$를 극대화시키지도 않기 때문에 비효율적이다.

구체적으로 일계조건을 통해 $q_2^S = \dfrac{(1-p)^2}{4(2-p)^2}$임을 보일 수 있는데, $p > 0$이면 이 값은 $q_2^F = \dfrac{1}{16}$보다 작다. w_1^S, w_2^S를 구하면, 다음과 같다.

$$w_2^S = 2q_2 = \frac{(1-p)^2}{2(4-p)^2}, \ w_1^S = q_1 + q_2 = \frac{1}{4} + \frac{(1-p)^2}{2(4-p)^2}$$

이 된다. 이때 H타입의 순보수는 $w_2^S - 2q_2^S$이므로 0이고, L타입의 순보수는 $w_1^S - q_1^S = q_2^S$이므로 양의 값을 갖는다는 것을 알 수 있다.

〈그림 21-9〉는 비대칭 정보하에서의 기대이윤극대화 결과를 보여준다. (q_2^S, w_2^S)는 $U_H(q_2, w_2) = 0$의 무차별곡선상에 있어 PC_H를 정확히 등호로 충족하지만, q_2^S가 q_2^F보다 작아 H타입 근로자의 무차별곡선과 기업의 등이윤곡선이 서로 접하지 않고 교차한다. 그래서 파레토 효율적이지 않다. 반면에 q_1^S는 q_1^F와 동일해 (q_1^S, w_1^S)에서 L타입 근로자의 무차별곡선과 기업의 등이윤곡선이 접하는 효율적인 생산량을 유지한다.

비대칭적 정보하에서 각 참여자들의 보수와 이윤을 완전 정보와 비교해 보면, 먼저 근로자의 경우, H타입은 여전히 0 보수를 얻는다. 그러나 L타입은 양의 보수를 얻는데, 그 이유는 다름 아닌 IC_L 때문이다. 기업이 H타입에게 q_2를 생산시키려면 $w_2 = 2q_2$를 지불해야 한다. 만일 L타입이 H타입을 모방해 (q_2, w_2)를 선택하면, H타입보다 더 싸게 q_2의 비용으로 생산할 수 있다. 따라서 L타입은 $2q_2 - q_2 =$

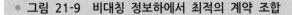

● 그림 21-9 비대칭 정보하에서 최적의 계약 조합

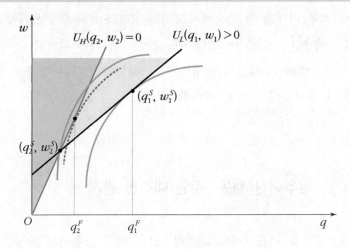

q_2만큼을 얻는다. $q_2 > 0$이면 L타입은 H타입을 모방함으로써 양의 보수를 얻을 수 있다. L타입이 (q_1, w_1)을 선택하도록 하려면, 적어도 L타입이 H타입을 모방했을 때 얻는 보수만큼은 보장해 주어야 (q_2, w_2)가 아닌 (q_1, w_1)을 선택한다. 이윤을 극대화하기 위해 기업은 H타입에게 양의 수량을 생산시키므로$(q_2 > 0)$, 완전정보와 달리 정보의 비대칭성하에서 L타입은 양의 보수를 얻는다.

정보의 비대칭성하에서 L타입이 양의 보수를 얻는 것은 기업이 갖지 못한 정보를 가지고 있기 때문이다. L타입이 얻는 양의 보수는 이 같은 정보의 비대칭성에 기인하는 것이므로 이를 **정보지대**(informational rent)라고 부른다. 정보지대는 기업이 갖지 못한 희소한 자원인 정보를 가지고 있기 때문에 발생하는 경제적 지대라는 의미에서 붙여진 이름이다.

기업의 이윤은 줄어 듦을 알 수 있다. L타입은 동일한 총잉여에서 근로자에게 주는 몫이 0에서 양으로 커졌기 때문에 당연히 기업의 이윤은 줄어든다. H타입은 여전히 0 보수를 얻기 때문에 기업의 이윤을 불변일 것으로 생각할 수 있지만, 사실은 여기에서도 이윤이 줄어든다. 〈그림 21-9〉에서 보는 것처럼 q_2^S 가 q_2^F보다 작아 등이윤곡선이 더 뒤로 후퇴하기 때문이다. 그럼에도 불구하고 기업은 두 타입에게 한 가지 계약만 제시해 두 타입을 구별하는 것을 포기하는 것보다는 이윤이 높다. 만약 한 가지 계약이 기업에게 더 유리하다면, $(q_1^S, w_1^S) = (q_2^S, w_2^S)$가 최적해가 되는데, 이 해는 비대칭 정보 하에서의 이윤극대화 문제에서 선택할 수 있는 계약 조합들 집합에 이미 포함되어 있다. 즉, 기업이 원하면 선택할 수 있는 결과이다. 기업이 이를 선택하지 않았다는 사실은 두 타입에게 다른 계약을 제시하는 것이 기업에게 더 유리하다는 것을 의미한다.

Section 4 감추어진 행동: 주인-대리인 관계

3절에서는 정보의 비대칭성이 외생적으로 주어진 감추어진 특성인 경우를 살펴보았다. 본 절에서는 정보의 비대칭성의 또 다른 형태인 감추어진 행동의 경우를 알아본다. 감추어진 행동의 대표적인 예가 주인-대리인 관계이다. 한 경제주체가 다른 경제주체를 대신해 일을 할 때, 전자를 대리인(agent), 후자를 주인(principal)이라고 부르고, 두 경제주체 간의 관계를 주인-대리인 관계(principal-agent relation)라고 부른다. 현실에서 다양한 형태의 주인-대리인 관계가 존재한다. 예를 들면, 지주와 소작인의 경우, 지주가 주인, 소작인이 대리인이 된다. 주식회사의 경우, 주주가 주인, 경영진이 대리인이 된다. 민주주의 국가의 경우, 국민이 주인이고, 대통령을 포함한 공무원들이 대리인이 된다. 법정소송의 경우 변호사가 의뢰인의 대리인이다.

주인-대리인 관계에서, 주인이 대리인이 얼마나 열심히 일하는지를 관측하기 어려운 경우가 많다. 지주-소작농 관계에서 일반적으로 지주는 지리적으로 소작농과 떨어져 있으므로 소작농이 얼마나 열심히 농사를 짓는지를 관측하기 어렵다. 주주-경영진 관계도 경영진이 얼마나 주주의 이익을 위해 의사결정하는지 관측하기 어렵다. 국민과 공무원 관계도 일반 국민들은 대통령을 포함한 공무원들이 자신들의 이익이 아닌 국민의 이익을 위해 얼마나 열심히 일하는지 알기 힘들다. 이같이 주인-대리인 관계에서 대리인이 주인의 이익을 위해 얼마나 열심히 일하는지 관측하기 힘들면, 일반적으로 대리인은 주인의 이익이 아닌 자신의 이익을 위해 노력한다. 도덕적 해이란 대리인이 선택하는 행동을 주인이 직접 관측하기 어려울 때, 대리인이 주인의 이익이 아닌 자신의 이익을 위해 행동하는 것을 의미한다. 대리인의 행동을 관측하기 어려우면, 주인도 대리인의 이 같은 유인을 잘 알고 있다. 따라서 주인은 대리인이 적절한 행동을 취하도록 하는 유인을 제공해야 한다. 그러므로 감추어진 행동이 존재하는 주인-대리인 관계의 문제는 대리인이 적절한 행동을 선택하도록 주인이 어떤 형태의 계약(contract)을 제공하는가 하는 것이다. 이 과정에서 최적의 위험분담과 적절한 유인제공 사이에 상충관계가 발생하는 경우가 많이 있다. 다음의 예를 통해 주인-대리인 관계의 문제가 무엇인지를 알아보자.

주인이 대리인을 고용하여 하나의 프로젝트를 수행하고자 한다. 주인이 대리인에게 w의 보상을 할 때 대리인의 효용은 $\sqrt{w}$라고 가정한다. 대리인이 선택하는 노력수준을 e로 표시한다. e를 선택하면, 대리인은 e만큼의 비용이 발생한다. 따라서 노력수준이 높을수록, 대리인은 높은 비용을 지불해야 한다. w의 보상을 받고, e를 선택할 때 대리인의 효용은 $U(w, e) = \sqrt{w} - e$이다. $\sqrt{w}$가 오목함수이므로, 대리인은 위험 기피적이다. 편의상 대리인은 열심히 일하거나($e = 5$), 혹은 전혀 일을 안 하거나($e = 0$), 두 가지 가운데 하나만을 선택한다고 가정한다. 이 대리인이 다른 곳에서 일하면 10의 효용을 얻는다. 주인은 이 프로젝트로부터 $e = 5$이면 450, $e = 0$이면 30의 수입을 얻는다. 주인은 위험 중립적이라고 가정한다. 이처럼 주인은 위험 중립적이고 대리인은 위험 기피적이라고 가정하는 이유는 많은 경우 주인은 대리인보다 위험을 분산시킬 능력이 많기 때문이다. 주주와 경영진의 경우, 주주는 여러 종류의 주식에 분산투자해 위험을 관리하므로 개별 기업 특유의 위험에는 영향을 받지 않는다. 그러나 경영진들은 여러 회사에 일할 수 없으므로 위험분산의 기회가 거의 없다. 그러나 이런 가정이 모든 경우에 적합한 것은 아니다. 예를 들어, 변호사와 의뢰인의 경우, 변호사는 여러 사건을 수임하므로 개별 소송사건의 결과에 대한 위험이 분산되지만 의뢰인은 소송결과에 대한 위험을 분산시킬 방법이 거의 없다.

다시 우리의 예로 돌아와서 $e = 0$이면, 대리인은 노력에 대한 비용을 지불하지 않는다. 외부에서 얻는 효용이 10이므로 대리인은 $\sqrt{w} \geq 10$가 되어야 주인을 위해 일한다. 따라서 $e = 0$이면 대리인은 최소한 $w = 100$은 받아야 이 주인을 위해 일을 한다. 그러나 $e = 0$일 때 프로젝트로의 수입이 30이므로, 주인과 대리인 사이에 상호 이익이 되는 거래는 존재하지 않는다. $e = 5$이면 대리인은 $\sqrt{w} - 5 \geq 10$,

즉 $w = 225$는 되어야 이 주인을 위해 일을 한다. $e = 5$이면, 프로젝트의 수입이 450이므로 주인과 대리인 사이에 상호 이익이 되는 거래가 존재한다. 주인이 대리인에게 계약을 제시하고, 대리인은 단지 yes 또는 no만 할 때, 주인은 대리인에게 $w = 225$만을 지불하면 된다.[14]

이제 주인이 대리인에게 "$w = 225$를 지불할테니, 나를 위해 일해 달라."라고 제안하면 문제가 해결되는가? 그렇지 않다. $w = 225$를 받을 때, $e = 5$를 선택하면 대리인이 얻는 효용은 정확하게 외부에서 얻는 효용인 10과 동일하다. 그러나 $e = 0$을 선택하면 대리인은 $\sqrt{255} = 15$의 효용을 얻으므로, $e = 5$일 때보다 더 큰 효용을 얻는다. 따라서 대리인은 $e = 0$를 선택한다. 이 때 수입은 30이므로, 주인은 $30 - 225 = -195$의 손해를 입는다. 그러므로 단지 $w = 225$를 지불할테니, 나를 위해 일해 달라는 제안은 제대로 작용하지 않는다. 소기의 목적을 달성하려면, 주인은 $w = 225$뿐 아니라 노력수준도 $e = 5$로 고정시켜 놓은 계약을 제시해야 한다. 즉, 주인은 단지 $w = 225$가 아니라 "$e = 5$이면 $w = 225$, $e = 0$이면 $w < 100$을 지불한다."라는 계약을 제시할 수 있어야 한다. 그런데 이 계약이 유효하려면 주인은 대리인이 선택하는 노력수준을 관측할 수 있어야 한다. 대리인이 선택하는 노력수준을 관측할 수 없으면, 주인은 이 같은 계약을 체결할 수 없다. 얼마를 제시하든 간에 w가 고정되어 있으면, 대리인은 항상 $e = 5$가 아닌 $e = 0$을 선택할 유인을 가진다. 다시 말해, 도덕적 해이가 발생한다. 따라서 e를 관측할 수 없으면, 도덕적 해이로 인해 상호 이익이 되는 거래가 가능함에도 불구하고 실현되지 못한다. 즉, 효율성이 달성되지 못한다.

많은 경우 주인이 대리인의 노력수준을 직접적으로 관측하기는 어렵다. 그러나 그 노력의 결과를 관측하는 경우가 있다. 앞의 예에서, 주인이 e를 직접 관측하지 못하지만, 수입이 450인지 30인지는 관측할 수 있다고 가정하자. 그러면 주인은 발생하는 수입에 조건을 걸어 계약을 제시할 수 있다. 예를 들어, "수입이 450이면 $w = 225$, 30이면 $w = 0$을 제공한다."라는 계약을 생각해 보자. $e = 0$을 선택하면, 수입은 30이므로 대리인은 $w = 0$을 얻는다. 따라서 대리인의 효용은 0으로 외

---

14 이 주인을 위해 일하는 것과 외부에서 일하는 것과 무차별하면, 대리인은 이 주인을 위해 일한다고 가정한다. 만일 $w = 225$일 때 무차별하기 때문에 대리인이 거절할 때, 아주 작은 금액만 더 지불하면 대리인은 주인을 위해 일을 한다. 따라서 주인은 거의 0의 추가적 비용으로 대리인으로 하여금 일을 하도록 할 수 있다.

부에서 얻는 효용보다 작다. 반면에 $e = 5$를 선택하면 수입은 450이 되고, 따라서 $w = 225$를 얻는다. 이 때 대리인의 효용은 $\sqrt{225} - 5 = 10$으로 외부에서 얻는 효용과 동일하다. 따라서 이 경우 주인이 의도한 대로 대리인은 $e = 5$를 선택한다.

여기까지 설명하면, 영민한 독자들은 노력수준과 프로젝트의 수입 간에 1:1 대응 관계가 있으므로, 수입을 관측할 수 있다는 것은 노력수준을 관측할 수 있다는 것과 동일한 것 아닌가 하는 질문을 할 것이다. 정확하게 옳은 지적이다. "수입이 450이면 $w = 225$, 30이면 $w = 0$을 제공한다."라는 계약은 사실은 "$e = 5$이면 $w = 225$, $e = 0$이면 $w = 0$을 제공한다."라는 계약과 완벽하게 동일한 계약이다. 그러므로 노력수준과 결과 사이에 1:1 관계가 있을 경우, 결과를 관측할 수 있고 결과에 조건을 걸어 계약을 제시할 수 있으면, 처음부터 노력수준에 조건을 걸어 계약을 제시하는 것과 동일하다. 주인은 실제적으로 노력수준에 조건을 걸어 계약을 제시할 수 있으므로, 도덕적 해이는 발생하지 않고 효율성이 달성된다.

이제 결과를 관측할 수 있지만, 노력수준과 결과 사이에 1:1의 관계가 없는 경우를 생각해 보자. 대리인이 $e = 5$를 선택하면, 프로젝트의 성공확률은 $\frac{2}{3}$이며, 이 때 450의 수입이 발생한다. 실패확률은 $\frac{1}{3}$이고, 이 경우 30의 수입이 발생한다. 반면에 $e = 0$을 선택하면, 성공확률은 $\frac{1}{3}$이고 수입은 450이다. 실패확률은 $\frac{2}{3}$이고 수입은 30이다. 이 같은 상황에서 비록 확률은 다르지만, 대리인이 $e = 5$ 혹은 $e = 0$을 선택했을 때 450도 가능하고 30도 가능하다. 즉, 450이 발생했다고 해서 반드시 대리인이 $e = 5$를 선택했다고 말할 수 없다. 마찬가지로 30이 발생했다고 해서 반드시 대리인이 $e = 0$을 선택했다고 말할 수도 없다.

주인이 수입만을 관측할 수 있으면 그 결과로부터 단정적으로 대리인이 선택한 노력수준을 알 수 없다. 이 같은 상황에서 주인이 대리인의 노력수준은 관측할 수 없지만, 수입은 관측할 수 있으므로 수입에 조건을 걸어 보상하는 계약을 제시할 수 있는 경우를 살펴보자.

결과가 불확실할 때, 노력수준을 관측할 수 있는 경우와 없는 경우를 나누어 살펴보자.

4.1 노력수준을 관측할 수 있는 경우

대리인이 $e = 0$을 선택하면, 수입은 $\frac{1}{3}$의 확률로 450, $\frac{2}{3}$의 확률로 30이다. 대리인이 수입이 450일 때 얻는 보상을 w_H, 30일 때 얻는 보상을 w_L로 표시하고, 이 계약을 (w_H, w_L)로 표시하자. 대리인이 (w_H, w_L)을 받아들이면, $\frac{1}{3}$의 확률로 w_H, $\frac{2}{3}$의 확률로 w_L을 얻는다. 대리인이 외부에서 얻는 효용이 10이므로, (w_H, w_L)의 기대효용이 10보다 작아서는 안 된다. $e = 0$이므로 (w_H, w_L)의 기대효용은 $\frac{1}{3} \times \sqrt{w_H} + \frac{2}{3} \times \sqrt{w_L}$이다. 따라서 $\frac{1}{3} \times \sqrt{w_H} + \frac{2}{3} \times \sqrt{w_L} \geq 10$이어야 한다. 이 조건을 선별 모형에서와 같이 **참여제약조건** 혹은 **개인합리성조건**이라고 부른다. 대리인에게 많이 줄수록 주인의 몫은 감소한다. 따라서 주인은 대리인에게 외부에서 얻는 효용인 10보다 더 많이 줄 이유가 없다. 그러므로 참여조건은 등호로 성립한다: $\frac{1}{3} \times \sqrt{w_H} + \frac{2}{3} \times \sqrt{w_L} = 10$.

일반균형이론에서 보았듯이, 불확실성이 있으면 위험 중립적인 사람과 위험 기피적인 사람이 위험분담(risk sharing)을 할 때, 위험 중립적인 사람이 모든 위험을 부담하는 것이 최적이다. 주인-대리인 관계에서 주인은 위험 중립적이고 대리인은 위험 기피적이다. 따라서 대리인에게 아무런 위험을 부담시키지 않는 것이 주인의 입장에서 가장 적은 비용으로 대리인에게 주어진 효용을 주는 방법이다. 그러므로 대리인이 외부로부터 얻는 효용이 10인 경우 주인은 $\sqrt{w_H} = \sqrt{w_L} = 10$, 즉 $w_H = w_L = 100$을 지불하는 것이 최선의 선택이다. 이 경우 주인의 기대효용은 $\frac{1}{3} \times (450 - 100) + \frac{2}{3} \times (30 - 100) = 70$이다.

대리인이 $e = 5$를 선택하면, 수입은 $\frac{2}{3}$의 확률로 450, $\frac{1}{3}$의 확률로 30이다. 대리인이 (w_H, w_L)을 받아들이면, $\frac{2}{3}$의 확률로 w_H, $\frac{1}{3}$의 확률로 w_L을 얻는다. $e = 0$과 마찬가지로 참여제약조건은 등호로 성립한다. 따라서 $\frac{2}{3} \times \sqrt{w_H} + \frac{1}{3} \times \sqrt{w_L} - 5 = 10$이다. $e = 0$과 동일하게 $e = 5$도 대리인에게 아무런 위험을 부담시키지 않는 것이 주인의 입장에서 가장 적은 비용으로 대리인에게 주어진 효용을 주는 방법이다. 그러므로 대리인이 외부로부터 얻는 효용이 10이면 주인은 $\sqrt{w_H} = \sqrt{w_L} = 15$, 즉 $w_H = w_L = 225$를 지불하는 것이 최선의 선택이다. 이 경우 주인의 기대효용은 $\frac{2}{3} \times (450-225) + \frac{1}{3} \times (30-225) = 85$이다. 그러므로 대리인의 노력수준이 관측가능하면, 주인은 대리인이 $e=5$를 선택하는 것을 선호한다. 이 경우 주인은 "$e=5$이면 결과에 관계없이 $w=225$를 지불한다. $e=0$이면 결과에 관계없이 $w=0$을 지불한다"라는 계약을 제시함으로써 원하는 결과를 얻을 수 있다. 왜냐하면, 대리인은 $e=0$보다 $e=5$를 선택하는 것이 유리하다. 또한 $e=5$를 선택하면, 결과에 관계없이 $w=225$를 얻으므로, 주인을 위해 일할 때 외부에서 얻는 효용과 동일한 효용을 얻는다. 그러므로 대리인은 이 계약을 받아들이고, $e=5$를 선택한다. 이 경우 주인이 모든 위험을 다 부담하고 대리인은 위험을 전혀 부담하지 않는 최적의 위험분담이 가능하다.

4.2 노력수준을 관측할 수 없는 경우

먼저 대리인이 $e=0$을 선택하기를 주인이 원하는 경우를 살펴보자. 이 경우에는 노력수준을 관측하는 경우와 동일하게 결과에 관계없이 $w_H = w_L = 100$을 제시하면 된다. 만일 대리인이 $e=5$를 선택하면, 기대효용은 $\frac{2}{3} \times \sqrt{100} + \frac{1}{3} \times \sqrt{100} - 5 = 5$로 $e=0$일 때의 기대효용인 10보다 작다. 즉, $e=5$를 선택하면 결과에 상관없이 100의 보상을 얻는데, 추가적으로 $e=5$의 비용을 지불해야 한다. 그러므로 대리인은 $e=5$를 선택할 유인이 없다. 따라서 대리인이 $e=0$을 선택하도록 하려면, 노력수준이 관측 가능한 경우와 동일하게 $w_H = w_L = 100$을 제시하면 된다. 이 때 주인의 기대효용은 노력수준이 관측 가능한 경우와 동일하게 70이다.

이제 대리인이 $e=5$를 선택하도록 하려면 어떤 계약을 제시해야 하는지를 알아보자. (w_H, w_L)을 제시할 때, 대리인이 $e=5$를 선택할 때 얻는 기대효용이 외부로부터 얻는 효용인 10보다 작아서는 안 된다. 즉, $\frac{2}{3} \times \sqrt{w_H} + \frac{1}{3} \times \sqrt{w_L} - 5 \geq 10$이 성립해야 한다. 앞에서와 마찬가지로 이 조건을 참여제약조건이라고 부른다.

$$참여제약조건(PC): \frac{2}{3} \times \sqrt{w_H} + \frac{1}{3} \times \sqrt{w_L} - 5 \geq 10 \tag{1}$$

그러나 대리인이 $e=5$를 선택하려면, 참여제약조건만으로는 부족하다. 추가적으로 대리인이 $e=0$을 선택할 유인이 없어야 한다. 이 조건을 선별 모형에서와 같이 유인제약조건이라고 부른다. 유인제약조건은 다음과 같다.

$$유인제약조건(IC): \frac{2}{3} \times \sqrt{w_H} + \frac{1}{3} \times \sqrt{w_L} - 5 \geq \frac{1}{3} \times \sqrt{w_H} + \frac{2}{3} \times \sqrt{w_L} \quad (2)$$

(2)식의 왼쪽은 $e=5$를 선택했을 때 대리인의 기대효용이다. $e=0$이면, 성공 확률이 $\frac{1}{3}$, 실패확률이 $\frac{2}{3}$이다. 반면에 노력에 의한 비용은 지불하지 않는다. 따라서 (2)식의 오른쪽은 $e=0$을 선택했을 때의 기대효용이다. 그러므로 IC는 $e=5$일 때의 기대효용이 $e=0$일 때의 기대효용보다 작지 않아야 한다는 것이다. IC가 충족되어야 대리인은 $e=5$를 선택한다. 혹시 독자들 가운데는 IC만으로 충분한 것이 아닌가라고 생각할 수 있다. IC는 $e=5$를 선택하는 것이 $e=0$을 선택하는 것보다 단지 유리하다는 조건이다. IC가 충족된다고 하더라도, $e=5$를 선택할 때의 기대효용이 외부로부터 얻는 효용보다 크다는 보장이 없다. 이 조건이 바로 PC이다. 따라서 대리인이 $e=5$를 선택하도록 하려면, PC와 IC를 동시에 충족해야 한다.

IC조건을 정리하면 $\sqrt{w_H} - \sqrt{w_H} \geq 15$가 된다. 따라서 PC와 IC를 다시 쓰면 다음과 같다.

$$2\sqrt{w_H} + \sqrt{w_L} \geq 45 \ \cdots\cdots \ PC, \qquad \sqrt{w_H} - \sqrt{w_L} \geq 15 \ \cdots\cdots \ IC$$

w_H와 w_L을 선택하는 것은 $\sqrt{w_H}$와 $\sqrt{w_L}$을 선택하는 것과 동일하다. PC와 IC 모두 $\sqrt{w_H}$와 $\sqrt{w_L}$로 표시되어 있으므로 w_H와 w_L을 선택하는 것보다 $\sqrt{w_H}$와 $\sqrt{w_L}$을 선택하는 것이 더 편리하다. $x = \sqrt{w_H}$, $y = \sqrt{w_L}$이라고 놓으면 PC와 IC는 다음과 같이 표시된다.

$$2x + y \geq 45 \ \cdots\cdots \ PC, \qquad x - y \geq 15 \ \cdots\cdots \ IC$$

주인의 기대효용을 극대화하려면 PC와 IC 모두 등호로 성립해야 한다. 예를 들어, PC가 강부등호로 성립한다고 가정하자: $2x + y > 45$. 충분히 작은 양의 ε에 대해 (x, y) 대신 $(x - \varepsilon, y - \varepsilon)$를 제시하면 PC를 충족시킨다. 또한 x와 y에서 동일하게 ε만큼을 감소시켰으므로 (x, y)가 IC를 충족하면 $(x - \varepsilon, y - \varepsilon)$도 IC를 충족한다. (x, y)와 비교할 때 $(x - \varepsilon, y - \varepsilon)$는 모든 결과에 대해 대리인에게 더 적은

금액을 제공하는 것이므로, $(x-\varepsilon, y-\varepsilon)$일 때 주인의 기대효용은 더 크다. 따라서 주인의 기대효용이 극대화되려면 PC는 등호로 성립해야 한다.

다음으로 IC가 등호로 성립하는 이유를 알아보자. 만일 IC가 등호로 성립하지 않으면 $x-y>15$가 성립한다. 이제 충분히 작은 양의 ε에 대해 (x, y) 대신 $(x-\varepsilon, y+2\varepsilon)$를 제시한다고 하자. (x, y)가 $2x+y=45$를 충족하면 $(x-\varepsilon, y+2\varepsilon)$도 $2x+y=45$를 충족한다. 또한 $x-y>15$이므로 ε이 충분히 작으면 $x-y-3\varepsilon>15$가 성립한다. (x, y)를 제안할 때 주인의 기대효용은 $\frac{2}{3}(450-x^2)+\frac{1}{3}(30-y^2)=310-\left(\frac{2}{3}x^2+\frac{1}{3}y^2\right)$이다. 반면에 $(x-\varepsilon, y+2\varepsilon)$를 제안하면 주인의 기대효용은 $310-\left[\frac{2}{3}(x-\varepsilon)^2+\frac{1}{3}(y+2\varepsilon)^2\right]$이다. $\frac{2}{3}x^2+\frac{1}{3}y^2-\left[\frac{2}{3}(x-\varepsilon)^2+\frac{1}{3}(y+2\varepsilon)^2\right]=\varepsilon\left[\frac{4(x-y)}{3}-\varepsilon\right]$이므로 ε이 충분히 작으면 $\frac{2}{3}x^2+\frac{1}{3}y^2>\frac{2}{3}(x-\varepsilon)^2+\frac{1}{3}(y+2\varepsilon)^2$이다. 그러므로 $(x-\varepsilon, y+2\varepsilon)$를 제안할 때 주인의 기대효용이 더 크다. 따라서 IC 역시 등호로 성립한다. IC가 직관적으로 성립하는 이유는 다음과 같다. IC 없이 PC만 충족시키면 될 때 주인은 제약조건 $2x+y=45$하에서 $\frac{2}{3}(450-x^2)+\frac{1}{3}(30-y^2)$를 극대화하는, 즉 $\frac{2}{3}x^2+\frac{1}{3}y^2$을 극소화하는 (x, y)를 선택한다. $2x+y=45$상의 점 가운데 $x=y$일 때 $\frac{2}{3}x^2+\frac{1}{3}y^2$이 극소화된다. 따라서 IC조건이 없다면 주인은 결과에 관계없이 동일한 금액$(x=y)$을 대리인에게 지급하고자 한다. 그러나 $x=y$이면 대리인은 $e=5$ 대신 $e=0$을 선택한다. 그러므로 $e=5$를 선택하도록 하는 유인을 제공하기 위해 $x-y\geq15$라는 조건이 필요하다. 그런데 가능하면 $x=y$에 가까울수록 주인의 기대효용은 증가한다. 그러므로 가장 저렴한 비용으로 대리인이 $e=5$를 선택하도록 하려면 IC가 등호로 성립해야 한다 $(x-y=15)$.

PC와 IC가 등호로 성립하므로, x와 y는 $2x+y=45$와 $x-y=15$를 연립해 풀어 얻어진다. 이를 풀면 $x=20$, $y=5$를 얻는다. $x=\sqrt{w_H}$, $y=\sqrt{w_L}$이므로 $w_H=400$, $w_L=25$를 얻는다. 따라서 대리인이 $e=5$를 선택하도록 하는 최선의 계약은 $(w_H=400, w_L=25)$이다. 이 때 주인의 기대효용은 $\frac{2}{3}\times(450-400)+\frac{1}{3}\times(30-25)=35$이다.

이제 대리인의 선택이 관측할 때와 관측 가능하지 않을 때의 결과를 비교해 보자. 관측 가능하면 대리인이 $e = 5$를 선택할 때 주인의 기대효용이 더 높았다. 그러므로 $e = 5$를 선택하는 것이 효율적이다. 그러나 대리인의 선택이 관측 가능하지 않을 때에는 PC뿐 아니라 IC도 추가적으로 충족시켜야 한다. 그 결과, 대리인이 $e = 0$을 선택할 때 주인의 기대효용이 더 크다. 그러므로 대리인의 노력이 관측되지 못하면, 효율적인 선택이 이루어지지 못한다. 즉, 도덕적 해이를 막기 위해 주인이 지불해야 하는 비용이 너무 커서 효율적인 선택이 이루어지지 못한다.

대리인의 노력이 관측되지 못한다 하더라도 항상 비효율적인 선택이 이루어지는 것은 아니다. 위의 예에서 성공시 얻는 수입을 450이 아닌 900이라고 가정해 보자. 대리인의 선택이 관측 가능할 때, $e = 0$을 선택하는 최선의 계약은 앞에서와 동일하게 $w_H = w_L = 100$이다. 이 때 주인의 기대효용은 $\frac{1}{3} \times (900 - 100) + \frac{2}{3} \times (30 - 100) = 220$이다. $e = 5$를 선택하는 최선의 계약도 앞에서와 동일하게 $w_H = w_L = 225$이다. 이 경우 주인의 기대효용은 $\frac{2}{3} \times (900 - 225) + \frac{1}{3} \times (30 - 225) = 385$이다. 따라서 여전히 $e = 5$가 효율적이다.

다음으로 대리인의 선택이 관측 불가능한 경우를 살펴보자. 앞의 설명과 동일한 이유로 $e = 0$을 선택하려면 $w_H = w_L = 100$이 최선의 계약이며, 주인의 기대효용은 220이다. $e = 5$를 선택하는 최선의 계약은 앞의 PC와 IC에 의해 결정된다. PC와 IC는 성공시 얻는 수입에는 의존하지 않으므로, 여전히 $(w_H = 400, w_L = 25)$가 최선의 선택이다. 이 때 주인의 기대효용은 $\frac{2}{3} \times (900 - 400) + \frac{1}{3} \times (30 - 25) = 335$이다. 따라서 대리인의 관측이 불가능할 때에도 $e = 5$를 선택할 때 주인의 기대효용이 $e = 0$을 선택할 때보다 더 크다. 그러므로 대리인의 노력이 관측 불가능해도 주인은 $(w_H = 400, w_L = 25)$를 제시해 대리인이 효율적으로 $e = 5$를 선택하도록 한다.

이 경우 비록 대리인의 선택이 관측 불가능하더라도, 대리인은 효율적인 선택을 한다. 그럼에도 불구하여 여전히 다른 형태의 비효율성은 존재한다. $e = 5$를 선택하는 계약은 $(w_H = 400, w_L = 25)$이다. 이 계약을 보면, 프로젝트가 성공했을 때와 실패했을 때 대리인이 받는 보수가 다르다. 그러므로 위험 기피자인 대리인이 위험의 일부를 분담한다. 위험 중립적인 주인과 위험 기피적인 대리인 사이에 최적의 위험분담이 이루어지려면, 위험 중립적인 주인이 모든 위험을 다 부담해야 한다. 그런데 대리인이 위험의 일부를 부담하므로 최적의 위험분담은 이루어지지 않고 있다. $e = 5$를 선택할 때 대리인은 $(w_H = 400, w_L = 25)$와 $(w_H = 225,\ w_L = 225)$와 무차별하다. 그러나 $(w_H = 400, w_L = 25)$일 때 주인의 기대효용은 335인 반면에, $(w_H = 225, w_L = 225)$일 때 주인의 기대효용은 385이다. 따라서 $(w_H = 225,\ w_L = 225)$일 때 주인의 기대효용이 더 크다. 그러므로 $(w_H = 400,\ w_L = 25)$에서 $(w_H = 225, w_L = 225)$로 이동할 때, 대리인이 계속해 $e = 5$를 선택한다면, 대리인은 무차별한 반면에 주인의 기대효용은 증가한다. 이는 $(w_H = 400, w_L = 25)$가 파레토 효율적이 아님을 보여준다. 달리 말하면, $(w_H = 400, w_L = 25)$에서는 대리인이 위험을 일부 부담하므로 최적의 위험분담이 이루어지지 않아 비효율이 발생한다.

그러면 독자들은 주인이 $(w_H = 400, w_L = 25)$ 대신 $(w_H = 225, w_L = 225)$를 제시하면 문제가 해결되지 않는가라는 질문을 할 수 있다. 주인이 $(w_H = 225, w_L = 225)$를 제시할 때 대리인이 계속해 $e = 5$를 선택하면 독자들의 지적이 옳다. 그러나 주인이 $(w_H = 225, w_L = 225)$를 제시하면, 대리인의 유인이 바뀐다. $(w_H = 225,\ w_L = 225)$인 계약에서 대리인은 프로젝트의 결과와 무관하게 225를 보상으로 받는다. 이 계약에서 대리인은 $e = 5$를 선택할 유인이 없다. $e = 0$이 더 나은 선택이다. 그러므로 주인이 $(w_H = 225, w_L = 225)$를 제시하면, 대리인은 $e = 0$을 선택한다. 그 결과, 주인의 기대효용은 $(w_H = 400,\ w_L = 25)$를 제시해 대리인이 $e = 5$를 선택할 때보다 낮아진다. 따라서 비록 최적의 위험분담은 이루어지지 않지만, 대리인이 $e = 5$를 선택하도록 하기 위해 주인은 위험의 일부를 대리인이 부담하도록 하는 계약을 제시하는 것이다.

이 예가 보여주듯이, 위험 중립적인 주인과 위험 기피적인 대리인 간의 주인-대리인 관계에서 본질적인 문제는 최적의 위험분담과 적절한 유인제공이 서로 상충된다는 것이다. 최적의 위험분담의 측면에서는 모든 위험을 주인이 부담하고, 대리인은 결과에 상관없이 항상 일정한 금액을 받는 것이 최선이다. 그러나 결과에 관계없이 항상 일정한 금액을 받는다면, 대리인은 최소한의 수준 이상으로 노력할 이유가 없다. 적절한 유인을 제공하는 최선의 방법은 주인이 일정한 금액을 갖고, 대리인이 모든 위험을 다 부담하는 것이다. 이 때 대리인은 최선의 노력을 선택하려는 최대한의 유인을 가진다. 그러나 이 경우 유인제공이라는 측면에서는 최선이지만, 위험분담이라는 측면에서는 최악이다. 대리인이 최소 수준의 노력을 선택하는 것이 효율적인 매우 예외적인 상황을 제외하면, 최적의 위험분담과 적절한 유인제공이 서로 충돌해 최선의 결과를 얻을 수 없다는 것이 주인-대리인 관계의 본질적인 문제이다.

대리인이 위험 중립적이면 최적의 위험분담과 적절한 유인제공이 서로 충돌하지 않는다. 이 경우 주인이 위험 중립적이든 기피적이든 관계없이 최선의 결과를 얻을 수 있다. 성공시 600의 수입이 발생하는 경우를 예로 들어, 이 같은 결과가 성립하는지를 알아보자. 프로젝트 결과에 관계없이 주인이 일정하게 k를 갖고, 나머지를 대리인이 갖는 계약을 생각해 보자. 즉, $(w_H = 600 - k,\ w_L = 30 - k)$인 형태의 계약을 생각해 보자. $e = 0$이면, 대리인의 참여조건은 $\frac{1}{3} \times (600 - k) + \frac{2}{3} \times (30 - k) = 10$이다. 따라서 이를 풀면 $k = 210$을 얻는다. 반면에 $e = 5$이면 $\frac{2}{3} \times (600 - k) + \frac{1}{3} \times (30 - k) - 5 = 10$이다. 이를 풀면 $k = 395$를 얻는다. 대리인의 노력이 관측되면, 주인은 $e = 5$를 선호한다. 그러므로 $e = 5$가 효율적인 선택이다.

이제 대리인의 노력이 관측되지 못하는 경우를 살펴보자. 주인이 $(w_H = 205,\ w_L = -365)$라는 계약을 제시했다고 하자. 이 숫자들은 각각 600과 30에서 $k = 395$를 뺀 값들이다. $e = 5$일 때 대리인의 기대효용은 $\frac{2}{3} \times 205 + \frac{1}{3} \times (-365) - 5 = 10$이다. 따라서 이 경우 외부에서 얻는 효용과 동일하다. 반면에 $e = 0$일 때 대리인의 기대효용은 $\frac{1}{3} \times 205 + \frac{2}{3} \times (-365) = -175$이다. 따라서 $e = 5$의 기대효용이 $e = 0$의 기대효용보다 크다. 그러므로 IC를 충족시킨다. 또한 $e = 5$일 때의 기대효용은 외부에서 얻는 효용과 동일하므로 PC도 충족시킨다. 따라서 $(w_H = 205,\ w_L = -365)$를 제시하면, 대리인은 이를 받아들이며, 또한 $e = 5$를 선택한다.

$w_H = 205$이므로 성공시 주인의 몫은 $600 - 205 = 395$이다. $w_L = -365$이므로 실패시 주인의 몫은 $30 - (-365) = 395$이다. 그러므로 이 경우, 주인은 프로젝트의 결과와 무관하게 항상 395를 얻는다. 위험 중립적인 주인은 기댓값이 동일한 모든 위험에 대해 무차별하다. 반면에 위험 기피적인 주인은 위험을 부담하고자 하지 않는다. 따라서 위험 중립적이든 기피적이든 간에 주인이 프로젝트의 결과에 무관하게 항상 일정한 금액을 얻는 것이 최적의 위험분담이다. 또한 대리인이 모든 위

험을 감수하므로 적절한 노력수준을 선택하려는 최적의 유인을 가진다. 그러므로 대리인이 위험 중립적이면 최적의 위험분담과 적절한 유인제공 사이에 아무런 상충관계가 존재하지 않기 때문에 최선의 결과가 얻어진다. 대리인이 위험 중립적이면, 주인이 결과에 항상 무관하게 일정한 금액을 얻는 것을 주인이 그 일정한 금액을 받고 대리인에게 프로젝트를 판다고 표현한다.

위의 경우 $e = 5$일 때 프로젝트의 기댓값은 $\frac{2}{3} \times 600 + \frac{1}{3} \times 30 - 5 = 405$이다. 반면에 $e = 0$일 때 프로젝트의 기댓값은 $\frac{1}{3} \times 600 + \frac{2}{3} \times 30 = 220$이다. 그러므로 노력에 대한 비용을 고려하더라도 $e = 5$일 때의 프로젝트가 더 효율적이다. 이 프로젝트의 주인이 395를 받고 프로젝트 자체를 대리인에 팔면, 395를 제외한 모든 것이 다 대리인에게 귀속된다. 따라서 대리인은 프로젝트의 기댓값이 높은 선택을 한다. 또한 대리인이 위험 중립적이므로 모든 위험을 대리인이 부담하는 것이 최적의 위험분담이다. 그러므로 대리인이 위험 중립적이면, 일정한 금액을 받고 주인이 대리인에게 프로젝트를 넘길 때 최선의 결과가 얻어진다. 대리인이 위험 중립적이면 유인제공과 최적의 위험분담 사이의 상충관계가 더 이상 존재하지 않기 때문에 대리인에게 최대의 유인을 부여하고도 최적의 위험분담 조건을 위배하지 않는다. 따라서 가장 효율적인 결과가 달성된다.

Box 21-3 회사택시의 사납금 제도

우리나라에서 법인택시(회사택시)와 택시기사 사이의 급여 문제는 거의 영원히 해결되지 않는 문제이다. 일반적인 관행은 기사가 수입금 중에서 회사에게 일정액의 사납금을 내고, 그 나머지를 자신이 갖는 것이다. 만약 사납금을 채우지 못하면 기사가 자기 돈으로 채워 넣어야 한다. 이 사납금이 상당히 높기 때문에, 기사들은 오랜 시간을 운전하고도 집에 가져가는 돈이 많지 않다. 뿐만 아니라 기사들은 택시 수입 변동에서 오는 위험을 전부 부담한다. 이 때문에 많은 택시기사들이 친절한 서비스는 뒷전이고 한 푼이라도 더 벌기 위해 과속, 승차거부 등 위법행위까지 불사하게 된다. 그리고 기회만 있으면 다른 직장을 찾아 전직을 한다고 한다.

택시 수입의 불확실성이라는 위험을 부담할 수 있는 능력면에서는 당연히 택시회사가 개인 기사보다 훨씬 뛰어나다. 무엇보다도 택시회사는 많은 택시를 보유하고 있으므로, 개별적인 택시가 그날 운에 따라서 수입이 들쭉날쭉한 위험을 여러 택시들 사이에 분산시킬 수 있다. 반면에 택시기사는 하루 12시간씩 한 택시에만 매달리므로 위험을 분산시킬 방도가 없다. 그러나 사납금 제도는 모든 위험을 기사에게 부담시키고 있다. 때문에 사납금 제도는 불친절 택시의 원인이자 택시기사들을 착취하는 제도로서 악명이 높다. 급기야 1997년에는 「여객자동차운수사업법」을 개정하면서 정액사납금제를 금지하는 소위 전액관리제를 도입했으나, 이 법의 위헌 여부에 대한 소송이 벌어지는 등 논란이 많았으며, 실제로 거의 시행이 되지 않고 있다. 2000년대 현재 서울시내 회사택시의 80% 이상이 여전히 정액사납금제를 이용하고 있다고 한다.

이렇게 정액사납금제가 사라지지 않는 이유는 바로 주인-대리인 문제에서 찾을 수 있다. 택시기사는 회사를 대신해 열심히 택시를 운행하도록 되어 있지만, 일단 택시기사가 차를 몰고 택시회사를 떠나게 되면, 그가 얼마나 열심히 손님을 찾아다니며 일했는지를 관찰하기가 거의 불가능하다. 따라서 강력한 유인체계가 필요하며, 개별 기사들이 위험부담 능력이 없음에도 불구하고 모든 위험을 기사가 부담하는 제도가 광범위하게 이용되는 것이다.

반면에 노선버스 기사는 월급제가 많이 이용되는데, 이는 택시에 비해 버스 기사의 근무상황을 감시하기가 더 용이하다는 점을 고려하면 쉽게 이해된다. 버스는 노선이 정해져 있어 운행방향을 기사 마음대로 변경할 수 없으며, 평균적인 운행시간도 잘 알려져 있으므로, 근무태만 여부가 쉽게 드러난다.

21장 부록 〈정보경제학: 정보의 비대칭성〉은 ❶ 본서 954쪽의 QR코드를 스캔하거나, ❷ 박영사 홈페이지의 도서자료실(http://www.pybook.co.kr/mall/customer/bookpds?seq=1162&page=1&scate=&skey &sword=)에서도 참고할 수 있습니다.

연습문제

1 1) 소비자들이 품질에 대한 정보가 없으면, 브랜드 이름이 소비자들에게 품질에 대한 신호의 역할을 할 수 있는가? 할 수 있다면 어떤 방식으로 신호의 역할을 하는가?

2) 소비자들이 품질에 대한 정보가 없으면, 광고가 소비자들에게 품질에 대한 신호의 역할을 할 수 있는가? 할 수 있다면 어떤 방식으로 신호의 역할을 하는가?

2 정보의 비대칭성이 있는 중고자동차 시장에서 판매자와 구매자의 자동차에 대한 가치는 다음과 같다. 피치는 판매자 10, 구매자 11. 레몬은 판매자 5, 구매자 6. 판매자와 구매자 모두 위험 중립적이다. 이 시장에는 판매자가 모든 협상력을 가지며, 피치의 확률은 P이다. 이 시장에서 악화가 양화를 구축하는 역선택이 일어나기 위한 P의 조건은 무엇인가?

3 중고차 시장에 상, 중, 하 급 차들이 있으며, 이들의 비율은 각각 $\frac{1}{3}$씩이다. 이들 차들이 판매자에게 주는 가치는 각각 4, 2.4, 0.5이고 구매자에게 주는 가치는 각각 5, 3, 1이다. 시장에서 가격은 구매자의 (기대)가치로 결정된다. 정보의 비대칭성이 있을 때, 이 시장에서는 어떤 거래가 이루어지나?

4 아컬로프의 중고차 시장을 생각하자. 판매자가 중고차를 팔고자 한다. 중고차는 피치(P로 표시)이거나 레몬(L로 표시)이다. 판매자는 P의 경우 2, L의 경우 0의 가치를 가지고 있다. 구매자는 P인 경우 3, L인 경우 1의 가치를 가지고 있다. 판매자는 자신의 차가 P인지 L인지를 알지만, 구매자는 모른다. P를 소유한 판매자를 P타입, L을 소유한 판매자를 L타입이라고 부르자. 판매자가 P타입일 사전적 확률은 π_0이다. 판매자는 하나이고 구매자는 다수라고 가정한다. 따라서 구매자들은, 판매자가 P타입일 확률을 π라고 생각하면, $\pi \times 3 + (1-\pi) \times 1 = 2\pi + 1$의 가격을 제시한다. 이후의 문제에서 판매자의 각 타입은 판매 후의 이득이 현재 자신이 가지고 있는 가치보다 작지 않을 경우에 한해 판매함에 주의하라.

1) 판매자가 자신의 차에 대해 아무런 신호를 보낼 수 없는 상황을 생각하자.

$\pi_0 > \dfrac{1}{2}$일 경우 균형은 무엇인가? $\pi_0 < \dfrac{1}{2}$일 경우 균형은 무엇인가?

이제 판매자가 차의 품질에 대한 신호를 보낼 수 있는 상황을 생각하자. $\pi_0 = \dfrac{2}{3}$임을 가정한다. q년의 보증서를 첨부하면 P타입은 $\dfrac{q}{2}$, L타입은 q의 비용이 든다.

2) 합동균형에서 두 타입이 동일하게 보내는 q의 범위를 구하라.

P타입은 q_P, L타입은 q_L을 보내는 분리균형을 생각하자.

3) 모든 분리균형에서 $q_L = 0$임을 보여라.

4) 분리균형에서 P타입이 보내는 q_P의 범위를 구하라.

5 서울−부산 간 비행기를 이용하는 두 명의 소비자가 있다. 한 소비자는 사업가로, 시간의 기회비용이 매우 높다. 이 소비자는 당일에 서울-부산을 왕복하는데 100만원을 지불할 용의가 있다. 그런데 하루 이상 부산에 묵어야 하면, 서울에서 볼 일을 보지 못하므로 20만원만 지불할 용의가 있다. 다른 소비자는 여행객으로, 부산에 적어도 하루 이상 머무르려 한다. 이 소비자는 서울-부산 왕복 비행기 편에 30만원을 지불할 용의가 있다. 항공사가 항공서비스를 제공하는 한계비용은 10만원이다. 각 소비자들은 서울-부산을 다녀오는 것과 다녀오지 않는 것이 무차별하면, 다녀온다고 가정한다.

1) 항공사가 두 소비자를 완전하게 가격차별(1급 가격차별)을 하면, 각 소비자에게 얼마의 가격을 책정하는가?

2) 항공사가 가격차별을 하지 못하고 날짜에 대한 제한 없이 티켓가격을 정하면 얼마로 책정하는가?

3) 항공사가 날짜에 대한 제한을 둘 수 있으면, 어떻게 티켓 가격을 책정하는가?

4) 사업가인 소비자가 부산에서 하루 이상 머무를 경우 지불할 용의가 있는 금액이 60만원일 때, 3)을 다시 풀어라.

6 독점기업이 근로자를 고용해 이윤을 창출하고자 한다. 근로자가 q를 생산할 때 수입이 $R(q) = 8q - \left(\dfrac{q^2}{2}\right)$이다. 근로자가 q를 생산할 때 비용은 $C(q) = cq$이다. 독점기업이 근로자와 q를 생산하고 그에 대한 보수로 w를 지불하는 계약을 (q, w)로 표시한다. 독점기업이 (q, w)를 제시하고, 근로자가 수용하면 독점기업과 근로자는 각각 $R(q) - w$, $w - C(q)$를 얻는다.

1) 독점기업이 c를 알고 있는 경우 제시하는 $(q^*(c), w^*(c))$를 구하라.

이제 두 타입의 근로자가 존재한다. L타입의 한계비용은 1이다. H타입의 한계비용은 $c\,(>1)$이다. 근로자는 자신의 타입을 알지만, 독점기업은 알지 못한다. 근로자가 L타입일 확률은 $\frac{1}{2}$이다. 독점기업이 H타입과 (q_H, w_H), L타입과 (q_L, w_L)의 계약을 맺고 싶다.

2) 1)에서 계산한 $(q^*(1), w^*(1))$, $(q^*(c), w^*(c))$가 실행가능한가?

3) 이윤극대화가 이루어지려면, H타입의 참여제약조건이 등호로 성립함을 보여라.

4) 이윤극대화가 이루어지려면, L타입의 유인제약조건이 등호로 성립함과 $q_L \geq q_H$가 성립함을 보여라.

5) 이윤을 극대화하는 (q_L, w_L)와 (q_H, w_H)를 찾고 어떤 비효율성이 발생하는가를 설명하라. L타입이 얻는 정보지대는 얼마인가?

7 다음과 같은 세 가지 종류의 자동차 보험이 있다.

a) 사고금액의 전액 보장
b) 200만원 이상의 피해에 대해서만 전액 보장
c) 사고 금액의 80% 보장

1) 자동차 운전 시 어떤 도덕적 해이가 발생할 수 있는가?
2) 세 가지 보험 가운데 어떤 보험이 도덕적 해이가 가장 크겠는가?
3) 자동차의 가치에 따라서 b)와 c) 가운데 어떤 보험이 더 도덕적 해이가 크겠는가?

8 A 전기회사는 다음과 같이 두 종류의 고객이 있다(E, P는 각각 전기사용량, 전기요금).

H타입 고객(확률 $\frac{1}{3}$): 효용함수가 $U_H = 2E - P$

L타입 고객(확률 $\frac{2}{3}$): 효용함수가 $U_L = E - P$

A사가 각 고객으로부터 얻는 이윤은 $\Pi = P - E^2$이다. A사는 고객들에게 (E, P)의 요금제를 제시하는데, 정부규제에 의해 각 고객에게 최소한 0의 효용을 보장해야 하지만 고객별로 서로 다른 요금제를 제시하는 것은 문제가 없다.

1) E, P 공간(E가 가로축, P가 세로축)에 H, L타입 고객의 무차별곡선들과 A사의

등이윤곡선들을 그리고, 효용과 이윤이 어떤 방향으로 증가하는지 설명하라.

2) A사가 두 타입이 고객을 구별할 수 있을 때, A사의 이윤을 극대화하려면 어떤 요금제들을 제시해야 하나?(각각 (E_H, P_H), (E_L, P_L)으로 표기할 것)

3) A사가 두 타입의 고객을 구별 못할 경우 각 타입의 유인제약조건은 무엇인가?

4) A사가 두 타입을 구별 못할 때, 이윤극대화를 추구하는 A사가 요금제를 설계함에 있어 최종적으로 구속력을 갖는 두 제약조건들은 무엇인가?

5) A사가 두 타입을 구별 못할 때, 이윤을 극대화하는 요금제들은 무엇인가?

9 A가 B를 고용해 사업을 하고자 한다. B가 e의 노력하면, A는 $R = 7e - e^2$의 수입을 얻는다. A가 B에게 w를 지불하면, A는 $R - w$, B는 $w - e$의 보수를 얻는다. B가 다른 곳에서 얻을 수 있는 효용은 0이다.

1) A가 e를 지정할 수 있으면, B가 어떤 e를 선택하도록 하는가? 이 때 A의 보수는 얼마인가?

2) A는 B가 선택하는 e를 지정할 수 없다. A가 B에게 수입의 반을 제시할 때, B가 선택하는 e를 구하라. e의 크기를 1)에서 구한 e의 크기와 비교하라. 이 때 A와 B의 보수는 각각 얼마인가?

3) A가 B가 선택하는 e를 지정할 수 없을 때, A는 B에게 w가 R의 함수가 되는 적절한 형태의 계약을 제시함으로써, 1)에서 구한 e와 보수를 얻을 수 있는가?

10 기업이 근로자를 고용해 사업을 하고자 한다. 근로자의 노력 여하에 따라 사업의 수익성이 달라진다. 근로자는 전혀 노력을 하지 않든가($e = 0$), 혹은 열심히 일한다($e = 1$). $e = 0$이면, 수입은 각각 $\frac{1}{2}$의 확률로 100 혹은 200이다. 반면에 $e = 1$이면, 수입은 $\frac{1}{4}$의 확률로 100 혹은 $\frac{3}{4}$의 확률로 200이다. 근로자의 소득에 대한 효용함수는 $u(w) = \log_2 w$이다. $e = 0$이면, 근로자는 아무런 비용이 발생하지 않는다. 따라서 이 때 근로자의 효용함수는 $\log_2 w$이다. 반면에 $e = 1$이면, 근로자는 4의 비용이 발생한다. 그러므로 이 경우 효용함수는 $\log_2 w - 4$이다. 이 근로자가 다른 곳에서 일할 때 얻는 효용은 0이다.

먼저 근로자의 노력 수준을 관측할 수 있다고 가정한다.

1) 각각 $e = 0$과 $e = 1$에 대해 기업의 이윤을 극대화하는 계약을 구하라. 어느 경우 기업의 이윤이 더 큰가?

이제 근로자의 노력을 관측할 수 없다고 가정한다.

2) 1)에서 $e=1$일 때 기업이 선택한 계약을 제시하면, 근로자는 $e=1$을 선택하는가?

3) $e=0$을 선택하도록 할 때, 참여제약조건만 필요하고 유인제약조건은 필요하지 않음을 설명하라.

4) $e=1$을 선택하도록 할 때, 참여제약조건(PC)과 유인제약조건(IC)을 써라.

5) $e=1$을 선택하도록 할 때, 이윤을 극대화하는 계약을 구하라. 이 때 이윤과 1)에서 $e=1$일 때의 이윤과 비교하라.

11 기업이 근로자를 고용해 사업을 하고자 한다. 근로자의 노력 여하에 따라 사업의 수익성이 달라진다. 근로자는 전혀 노력을 하지 않든가($e=0$), 혹은 열심히 일한다($e=1$). $e=0$이면, 수입은 각각 $\frac{1}{2}$의 확률로 100 혹은 200이다. 반면에 $e=1$이면, 수입은 각각 $\frac{1}{2}$의 확률로 200 혹은 400이다. 근로자의 소득에 대한 효용함수는 $u(w)=\log_2 w$이다. $e=0$이면, 근로자는 아무런 비용이 발생하지 않는다. 따라서 이 때 근로자의 효용함수는 $\log_2 w$이다. 반면에 $e=1$이면, 근로자는 3의 비용이 발생한다. 그러므로 이 경우 효용함수는 $\log_2 w-3$이다. 이 근로자가 다른 곳에서 일할 때 얻는 효용은 1이다.

먼저 근로자의 노력 수준을 관측할 수 있다고 가정한다.

1) 근로자가 $e=0$의 노력을 하도록 하고자 한다. 기업은 수입이 100일 때와 200일 때 각기 다른 금액을 지불하는 것이 유리한가, 아니면 수입의 크기에 관계없이 일정한 금액을 지불하는 것이 유리한가? 이 때 기업의 이윤은 얼마인가?

2) 근로자가 $e=1$의 노력을 하도록 하고자 한다. 기업이 이윤을 극대화하려면 근로자에게 얼마를 지불하는가? 이 때 기업의 이윤은 얼마인가?

이제 근로자의 노력을 관측할 수 없다고 가정한다.

3) 2)에서 선택한 금액을 근로자에게 지불하면, 근로자는 $e=1$을 선택하는가?

4) 근로자의 노력을 관측할 수 없어도 기업은 2)에서 얻은 이윤을 얻을 수 있다. 어떻게 하면 되는가(힌트: $e=0$일 때와 $e=1$일 때 발생하는 수입의 크기가 다르다는 사실과, w가 0으로 가면 $\log_2 w$는 $-\infty$로 가는 사실을 이용하라)?

이후의 문제에서는 근로자의 소득에 대한 효용함수가 $u(w)=\sqrt{w}$라고 가정한다. 다른 조건은 동일하다.

5) 노력이 관측 가능할 때, 1)과 2)를 풀어라. 어느 쪽이 기업의 이윤이 더 큰가?

6)* 이 경우에도 4)번의 결과가 성립하는가(힌트: $\log_2 w$와 달리, w가 0으로 가면 $\sqrt{w}$는 0으로 간다)?

7)* 기업의 이윤을 극대화하는 계약을 찾고, 그 때 기업의 이윤을 구하라.

12 성공할 확률이 대리인의 노력(e)이 5이면 $\frac{3}{4}$, $e = 0$이면 $\frac{1}{2}$인 프로젝트가 있다. 주인은 대리인의 노력수준을 관찰할 수 없고, 성공 시 w_H, 실패 시 w_L의 보상을 주는 계약을 한다. 대리인의 효용함수는 $\sqrt{w} - e$이다(w는 보상수준, e는 노력수준). 대리인은 외부에서 20만큼의 효용이 보장되어 있다.

1) 대리인이 이 계약을 수용하고 열심히 일하게 하려면 주인은 w_H와 w_L을 얼마로 하는 것이 가장 좋은가?

2) 주인은 대리인을 열심히 일하게 만들기 위해 평균적으로(즉, 기댓값 측면에서) 대리인에게 얼마를 더 주게 되는가?

13 H 상황에서는 수입이 $A(>0)$원, L 상황에서는 수입이 0원인 프로젝트를 가진 주인이 있다. 이 주인이 대리인에게 H, L 상황에 각각 w_H, w_L을 주는 계약을 하려 한다. 대리인은 일을 열심히 할 수도 있고($e = 5$), 하지 않을 수도 있는데($e = 0$) 주인은 이를 관찰할 수 없다. 대리인의 효용함수는 $u = \sqrt{w} - e$이다. H, L의 확률은, $e = 5$일 때 각각 $\frac{2}{3}$, $\frac{1}{3}$이고 $e = 0$일 때 각각 $\frac{1}{3}$, $\frac{2}{3}$이다. 이 대리인은 이 일을 맡지 않으면 외부에서 최대 10만큼의 기대효용을 누릴 기회가 있다. 주인이 대리인에게 이 일을 맡아서 $e = 5$의 노력을 투입하도록 하는 계약을 선택하려면, A의 크기가 최소 얼마가 되어야 하는가?

Chapter

22 / 사회적 선택이론

★ 애로우(Kenneth Joseph Arrow)：미국, 1921~2017

애로우는 1972년에 일반균형이론과 후생경제학 분야에 선구자적 업적으로 노벨 경제학상을 수상했다(제5장에서 소개한 영국의 경제학자 존 힉스(John Hicks)와 공동 수상). 오늘날 일반균형이론의 기본 모형을 애로우–드브루 모형(Arrow–Debreu model)이라고 부른다.

애로우는 뉴욕시립대학(City University of New York)에서 학사 학위를 받고, 컬럼비아 대학교(Columbia University)에서 수평적 차별화의 입지모형으로 유명한 호텔링(Hotelling) 교수의 지도하에 경제학 박사 학위를 취득했다. 애로우는 52세에 노벨경제학상을 수상해 많은 사람들이 이 기록은 아마도 깨지기 어려울 것이라고 생각했다. 그러나 2019년에 MIT의 뒤플로(Esther Duflo) 교수가 47세에 노벨 경제학상을 수상함으로써 이 기록은 깨어졌다.

사실 애로우의 학문적 업적은 일반균형이론 및 후생경제학 분야에만 국한되지 않는다. 정보경제학 및 이번 장에서 소개하는 사회적 선택이론에서 선구자적 업적을 남겼다. 필자 가운데 한 사람의 개인적인 생각으로는 애로우는 노벨 경제학상을 3번 정도 받아도 괜찮을 만큼 여러 분야에서 선구자적인 업적을 남겼다. 독자들은 아마도 경제학을 더 깊게 공부할수록 애로우가 경제학 분야에 얼마나 큰 거인이었는가를 실감하게 될 것이라고 확신한다. 그의 지도학생 가운데 5명이 나중에 노벨 경제학상을 수상했다.

많은 경제학자들은 이번 장에서 소개하는 애로우의 불가능성 정리(Impossibility Theorem)를 20세기 경제학의 최고의 업적이라고 생각한다. 애로우의 불가능성 정리는 컬럼비아 대학에 제출한 애로우의 박사 학위논문이다. 그런데 당시의 학위 심사위원들이 이 결과를 잘 이해하지 못했다고 한다. 그러나 평소에 애로우라는 학생의 태도로 보아 틀린 것을 말하는 것이라고 생각되지 않았기에, 믿고 학위를 수여했다는 일화가 있다. 실제로 1951년에 출간된 *Social Choice and Individual value*의 초판에 포함된 불가능성 정리의 증명이 완전하지 못하다는 사실이 오랫동안 인식되지 못했다. 다시 말하면, 경제학계 전체가 애로우의 불가능성 정리를 오랜 시간 동안 잘 이해하지 못한 것이다. 애로우는 1963년에 2판을 출간하면서 불가능성 정리에 대한 완전한 증명을 제시했다.

Section 1   사회적 선택이론이란

이제까지 본서에서 공부한 내용은 각 경제주체가 나름대로 의사결정을 하고, 그 의사결정들이 모여 어떤 결과가 발생하는가를 살펴보는 것이었다. 그러나 어떤 경우에는 사회가 여러 대안들 가운데 한 가지 대안을 선택해야 한다. 국방비 지출 규모를 예로 들어 생각해 보자. 한 사회를 구성하고 있는 사람들마다 나름대로 적절하다고 생각하는 국방비의 규모가 다를 수 있다. 또한 그 사회가 선택할 수 있는 국방비 규모도 일반적으로 다양하다. 이 때 그 사회는 어떤 방식으로든 간에 선택할 수 있는 범위 내에서 국방비 지출 규모를 결정해야 한다. 이와 같이 사회 구성원의 선호를 반영해 선택 가능한 대안 가운데 사회가 어떤 선택을 할 것인가 하는 과정을 연구하는 분야를 사회적 선택이론(social choice theory)이라고 부른다.

바람직한 사회적 선택은 물론 그 사회를 구성하고 있는 구성원들의 선호를 잘 반영해야 한다. 만일 모든 사람들이 동일한 선호를 가지고 있으면, 사회적 선택은 비교적 간단하다. 모든 사람들이 다 선호하는 대안을 선택하면 된다. 앞의 국방비 예에서, 사회의 모든 사람들이 국방에 대해 다른 어떤 것보다 최우선의 가치를 부여하는 경우를 생각해 보자. 이 경우에는 아마도 선택 가능한 범위 가운데 가장 큰 규모의 국방비 지출이 가장 바람직한 사회적 선택일 것이다. 그러나 많은 경우 국방비의 규모에 대해 구성원들의 선호가 동일하지 않다. 모든 사람들이 국방을 위해 어느 정도 국방비 지출은 불가피하다고 생각할 것이다. 그러나 어느 정도가 적정한 것인가에 대해서는 사람마다 의견이 다를 수 있다. 사람들마다 나름대로 적정하다고 생각하는 수준을 넘어선 국방비 지출은 선호하지 않을 수 있다. 개인들은 자신들이 적정하다고 생각하는 수준 이상의 국방비를 지출하는 것보다는 그 외의 다른 목적으로, 예를 들어 경제 성장 혹은 복지를 위해, 그 예산을 지출하는 것이 더 좋다고 생각할 수 있다. 이와 같이 사람들의 선호가 다르면, 사회적으로 국방비 지출을 어떤 규모로 결정할 것인지가 명확하지 않다.

사회적 선택이론에 대한 연구는 크게 1972년에 노벨 경제학상을 공동수상한 경제학자 애로우(Kenneth Arrow) 교수 이전과 이후를 나누어 생각할 수 있다. 애로우 이전 연구는 각 선택으로부터 얻는 개인들의 효용을 순서뿐 아니라 그 크기도 정확하게 측정할 수 있다는 기수적 효용(cardinal utility)과 사람들이 얻는 효용을 서로 비교할 수 있다는 개인 간 효용비교(interpersonal comparison of utility) 가정에 의존하고 있다. 반면에 애로우의 연구는 기존 연구와 달리 사회 구성원의 서수적 효용(ordinal utility)에만 의존하고 있다. 다음 절에서는 먼저 애로우 이전의 연구를 살펴보고, 그 다음으로 애로우의 불가능성 정리를 살펴본다.

Section 2	베르그송-새뮤엘슨 사회후생함수

앞에서 언급했듯이, 애로우 이전의 사회적 선택이론은 개인들의 기수적 효용함수와 개인들 간 효용비교가 가능하다는 가정하에서 출발한다. n명으로 구성되어 있는 사회를 생각해 보자. 개인들이 가지고 있는 기수적 효용함수를 u_i으로 표시하자($i = 1, \cdots, n$). s라는 선택이 이루어질 때 $u_i(s)$는 i번째 구성원이 얻는 효용수준이다.

베르그송(Bergson)은 개인과 마찬가지로, s가 선택될 때 사회가 얻는 만족을 효용함수로 표시할 수 있다고 생각했다. s가 선택될 때 사회가 얻는 효용을 $W(s)$로 표시할 때, $W(s)$를 **사회후생함수**(social welfare function)라고 부른다. 사회후생함수가 그 사회의 구성원들이 얻는 효용의 함수로 표시되고, 또한 한 개인의 효용이 증가할 때 사회적 효용도 증가하면 이를 **베르그송-새뮤엘슨 사회후생함수**(Bergson-Samuelsonian social welfare function)라고 부른다. 베르그송-새뮤엘슨 사회후생함수는 다음과 같이 표시될 수 있다.

베르그송-새뮤엘슨 사회후생함수: $W = F(u_1, u_2, \cdots, u_n)$,

$$\frac{\partial F}{\partial u_i} > 0 \quad (i = 1, \cdots, n)$$

베르그송-새뮤엘슨 사회후생함수 $W = F(u_1, u_2, \cdots, u_n)$이 주어지면, s가 선택될 때 사회가 얻는 효용은 $W(s) = F(u_1(s), u_2(s), \cdots, u_n(s))$가 된다. 사회후생함수가 주어지면, 사회적 선택은 주어진 사회후생함수를 극대화하는 s를 찾는 문제로 귀착된다. 사회후생함수가 구성원이 얻는 효용의 증가함수이면, 선택되는 대안은 반드시 파레토 효율적이다. s가 파레토 효율적이 아니라면 다른 선택 s'이 존재하여, 모든 구성원들이 s'을 s보다 약선호하며, 일부 s'을 s보다 강선호하는 사람들도 있음을 의미한다. 베르그송-새뮤엘슨 사회후생함수는 각 개인의 효용의 증가함수이므로 $W(s') > W(s)$가 성립한다. 따라서 파레토 효율적이 아닌 선택은 베르그송-새뮤엘슨 사회후생함수를 극대화하지 못한다. 그러므로 베르그송-새뮤엘슨 사회후생함수를 극대화하는 선택은 반드시 파레토 효율적이다.

다음과 같은 사회후생함수의 형태가 사회적 선택이론의 문헌에서 많이 사용되어 왔다.

1) 공리주의적 사회후생함수

공리주의적 사회후생함수(utilitarian social welfare function)는 최대 다수의 최대 행복을 주장한 영국의 경제학자 벤담(Jeremy Bentham)이 주장한 것으로, 사회후생함수는 모든 사회 구성원이 얻는 효용의 합으로 정의된다.

$$\text{공리주의적 사회후생함수: } W = u_1 + \cdots + u_n$$

공리주의적 사회후생함수는 사회 구성원 개인이 얻는 효용에 동일한 가치를 부여하고 있다. 따라서 한 선택으로부터 사회가 얻는 후생은 개인들이 얻는 효용의

● 그림 22-1 공리주의적 사회후생함수의 무차별곡선

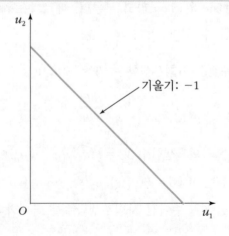

합으로 보고 있다. 구성원이 두 명이면 공리주의적 사회후생함수는 $W = u_1 + u_2$이다. 이 경우 u_1과 u_2에 대해 공리주의적 사회후생함수의 무차별곡선을 그리면 〈그림 22-1〉과 같이 기울기가 -1인 직선임을 알 수 있다.

보다 일반적인 형태는 각 개인이 얻는 효용에 서로 다른 가중치를 주는 것이다.

일반적인 공리주의적 사회후생함수: $W = a_1u_1 + \cdots + a_nu_n$

$$(a_i > 0, i = 1, \cdots, n)$$

2) 롤스의 사회후생함수

미국의 철학자 롤스(John Rawls)는 그의 저서 「정의론」(*A Theory of Justice*)에서 한 대안이 선택되었을 때 사회가 얻는 효용은 그 대안에서 얻는 사람들의 효용 가운데 가장 작은 것이 되어야 함을 역설했다. 롤스의 사회후생함수는 다음과 같다.

롤스의 사회후생함수: $W = min\{u_1, \cdots, u_n\}$

롤스는 사람들이 매우 위험 기피적이라는 가정하에서 사회적 선택을 어떻게 하는지에 대한 질문을 제기했다. 구체적으로 롤스는 사람이 다른 사람에 대해 아무런 정보를 가지고 있지 못하는 상황인 **무지의 베일**(veil of ignorance)하에서 사회적 선택을 결정하는 기준을 정할 때를 상정했다. 무지의 베일하에서 선택을 하므

● **그림 22-2 롤스의 사회후생함수의 무차별곡선**

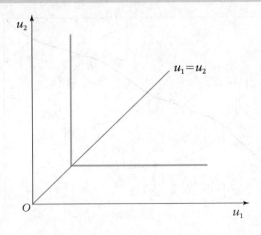

로 개인은 궁극적으로 자신에게 어떤 결과가 발생할지를 알지 못한다. 개인들은 위험 기피적이므로 자신들에게 발생하는 결과가 불확실한 것을 싫어한다. 이로부터 롤스는 사회가 모든 사람들이 동일한 효용을 얻는 상황에서 다른 상황으로 이탈한다면, 이탈 시 가장 낮은 효용을 얻는 사람의 효용이 모든 사람들이 동일한 효용을 얻는 상황의 효용보다 커야 한다고 주장했다. 그러므로 롤스가 주장하는 사회후생함수는 한 대안이 선택되었을 때 그 대안을 얻는 사람들의 효용 가운데 가장 작은 것이 된다. 구성원이 두 명이면 롤스의 사회후생함수는 $W = min\{u_1, u_2\}$이다. 롤스의 사회후생함수의 무차별곡선은 $u_1 = u_2$라인에서 L자 형태로 꺾이는 형태를 가진다.

이제 제19장에서 살펴본 두 명의 소비자와 두 재화만 존재하는 순수교환경제에 각각의 사회후생함수를 적용하면 어떤 자원배분이 선택되는지를 알아보자. 〈그림 22-3〉은 순수교환경제를 표시하는 에지워스 박스이다. 〈그림 22-3〉에 파레토 효율적인 자원배분을 나타내는 계약곡선이 굵은 선으로 나타나 있다. 예를 들어, 계약곡선상의 한 자원배분 A에서 소비자 1과 2가 얻는 효용은 u_1^A와 u_2^A이다. 계약곡선을 따라 O_2방향으로 이동하면 소비자 1의 효용은 증가하고, 소비자 2의 효용은 감소한다.

계약곡선상의 각 자원배분에서 두 소비자가 얻는 효용수준을 (u_1, u_2) 평면에

● 그림 22-3 에지워스 박스와 계약곡선

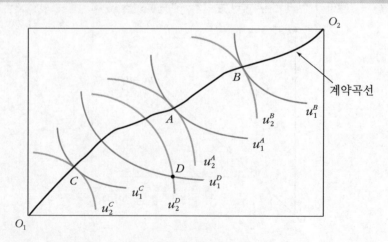

그리면 〈그림 22-4〉를 얻는다. 파레토 효율적인 자원배분에서 각 소비자가 얻는 효용의 조합을 모아놓은 것을 **효용가능곡선**(utility possibility curve: UPC)이라고 부른다. 〈그림 22-4〉에 효용가능곡선이 파란선으로 표시되어 있다. A, B, C 모두 파레토 효율적인 자원배분이므로 각각의 자원배분에서 두 소비자가 얻는 효용의 조합은 효용가능곡선상에 표시되어 있다. D는 〈그림 22-3〉에서 보다시피 파레토 효율적인 자원배분이 아니다. 파레토 효율적인 자원배분이 아니면, 두 소비자가 얻는 효용의 조합은 효용가능곡선 아래쪽에 위치한다.

이제 각각의 사회후생함수를 적용하면 어떤 자원배분이 선택되는지를 알아보자. 먼저 파레토 효율성만을 기준으로 삼으면, 효용가능곡선 아래쪽에 있는 점들은 선택되지 않는다. 그러나 효용가능곡선상의 모든 점이 다 파레토 효율적이다. 그러므로 파레토 효율성만으로는 자원배분이 유일하게 결정되지 않는다.

공리주의적 사회후생함수는 효용가능곡선상의 점 가운데 $W = u_1 + u_2$를 극대화하는 점을 선택한다. 앞에서 보았듯이, 공리주의적 사회후생함수의 무차별곡선은 기울기가 (-1)인 직선이다. 따라서 효용가능곡선상의 점 가운데 접선의 기울기가 (-1)인 B가 선택된다. 효용가능곡선상의 B에 해당하는 자원배분은 〈그림 22-3〉에서 계약곡선상에 있는 B이다.

롤스의 사회후생함수는 무차별곡선이 $u_1 = u_2$라인에서 L자 형태로 꺾이는 형

● **그림 22-4 효용가능곡선과 각 사회후생함수의 선택점**

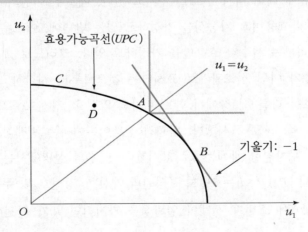

태를 가진다. 따라서 〈그림 22-4〉에서 보듯이, 효용가능곡선과 $u_1 = u_2$가 만나는 A에서 $W = min\{u_1, u_2\}$가 극대화됨을 알 수 있다. 그러므로 롤스의 사회후생함수는 〈그림 22-4〉에서 A를 선택한다. 〈그림 22-4〉의 A는 〈그림 22-3〉에서 계약곡선상의 A에 해당하는 자원배분이다.

Section 3 애로우의 불가능성 정리

1951년 애로우가 발표한 *Social Choice and Individual Value*라는 저서는 소위 애로우의 불가능성 정리라고 불리는 사회적 선택이론에 관한 충격적인 결과를 제시하고 있다. 불가능성 정리(impossibility theorem)의 내용은 앞으로 구체적으로 살펴보겠지만, 이 결과가 그토록 충격적인 이유는 많은 사람들이 바람직한 사회후생함수라면 당연히 충족시켜야 할 것이라고 생각하는 조건들을 충족시키는 사회후생함수가 존재하지 않음을 보였기 때문이다. 이제 애로우의 불가능성 정리에 대해 구체적으로 알아보자.

3.1 애로우의 사회후생함수

X는 사회가 선택할 수 있는 대안들의 집합을 표시한다. 사회의 각 구성원은 X에 속한 대안들에 대해 각자 선호를 가지고 있다. 애로우 이전의 연구가 기수적 효용과 개인 간의 효용비교 가능성을 가정하고 있는 반면에, 애로우는 각 대안 간의 순서만을 고려하는 서수적 효용만을 가정하고 있다. 그러므로 애로우는 서수적 효용을 효용함수가 아닌 선호관계로 표시하는 것으로부터 시작하고 있다.

소비자 선호를 다룬 제4장에서 한 소비자의 약선호, 강선호, 그리고 무차별한 관계를 각각 ≥, >, ~로 표시했다. 사회적 선택이론에서는 관례적으로 약선호는 R, 강선호는 P, 무차별한 관계는 I로 표시한다. 이후의 설명에서는 이 같은 관례를 따르도록 한다. R_i, P_i, I_i는 i번째 구성원의 약선호, 강선호 및 무차별한 관계를 표시한다. 제4장에서 소비자 선택이 일관성을 가지려면 R_i가 완전성과 이행성을 충족시켜야 함을 설명했다. 완전성과 이행성을 충족시키는 선호관계를 합리적 선호관계라고 불렀다. 사회적 선택이론에서도 각 개인의 약선호는 합리적 선호관계라고 가정한다. 사회의 구성원이 n명일 때, 각 사람들의 약선호를 나열한 것을 $(R_1, \cdots, R_n)$으로 표시하고, 이를 선호프로필(preference profile)이라고 부른다. 애로우의 사회후생함수(Arrovian social welfare function)는 각각의 선호프로필에 대해 하나의 사회적 (약)선호를 대응시키는 함수이다.

애로우의 사회후생함수: $F(R_1, \cdots, R_n) = R$

여기서 R은 $(R_1, \cdots, R_n)$이라는 선호프로필에 대응되는 사회적 선호를 나타낸다. 애로우는 사회후생함수가 충족시켜야 할 몇 가지 조건을 제시했다. 이 조건들을 차례로 살펴보면 다음과 같다.

1) 합리적인 사회적 선호관계(rational social preference relation)

모든 선호프로필에 대해, 각 선호프로필에 대응되는 사회적 선호도 완전성과 이행성을 충족시키는 합리적 선호이다. 이를 사회후생함수로 표시하면 다음과 같다. 모든 $(R_1, \cdots, R_n)$에 대해, $F(R_1, \cdots, R_n) = R$이면, R은 완전성과 이행성을 충족한다.

2) 정의역의 비제한성(unrestricted domain)

사회후생함수는 완전성과 이행성을 충족하는 모든 개인들의 선호에 대해 사회적 선호를 대응시켜야 한다. 이를 사회후생함수로 표시하면 다음과 같다. 모든 i에 대해 완전성과 이행성을 충족하는 $(R_1, \cdots, R_n)$에 대해 $F(R_1, \cdots, R_n)$이 정의되어야 한다.

조건 2가 의미하는 바를 좀 더 자세히 알아보자. X가 a와 b, 두 개의 대안으로 구성되어 있는 경우를 살펴보자. 이 경우 완전성과 이행성을 충족하는 선호는 aPb, bPa, 그리고 aIb 세 종류이다. n명이 있을 때, 각 개인의 선호는 3가지 가운데 하나이므로, 가능한 선호프로필 $(R_1, \cdots, R_n)$의 개수는 3^n이다. 조건 2는 3^n개의 모든 선호프로필에 대해 각각 하나의 사회적 선호를 대응시켜야 함을 요구하고 있다. X가 a, b 그리고 c인 세 개의 대안으로 구성되어 있으면, 완전성과 이행성을 충족하는 선호는 모두 13개이다. 13개의 선호가 어떤 것인지는 독자들에게 연습문제로 남긴다.[1] 이 경우 조건 2는 13^n개의 모든 선호프로필에 대해 각각 하나의 사회적 선호를 대응시켜야 함을 요구한다.

3) 파레토 원칙(Pareto principle)

모든 사람이 a를 b보다 강선호하면, 사회적 선호도 a를 b보다 강선호해야 한다. 이를 사회후생함수로 표시하면 다음과 같다. $(R_1, \cdots, R_n)$인 선호프로필에서 모든 i에 대해 aP_ib라고 가정하자. 그러면 $F(R_1, \cdots, R_n) = R$일 때, aPb이어야 한다. 여기서 P는 사회적 약선호 R에 대응되는 강선호를 의미한다.

4) 무관한 대안으로부터의 독립성(independence of irrelevant alternatives)

두 대안 a와 b에 대한 사회적 선호는 a와 b에 대한 사회 구성원의 선호에만 의존해야지, 제3의 대안에 대한 사회 구성원의 선호에 의존해서는 안 된다. 이를 사회후생함수로 표시하면 다음과 같다. $(R_1, \cdots, R_n)$와 $(R_1', \cdots, R_n')$인 두 가지 선호프로필이 주어졌고, $F(R_1, \cdots, R_n) = R$, $F(R_1', \cdots, R_n') = R'$이라고 하자. 즉, R과 R'은 각각 $(R_1, \cdots, R_n)$과 $(R_1', \cdots, R_n')$에 대응되는 사회적 선호이다. 그런데 $(R_1, \cdots, R_n)$과 $(R_1', \cdots, R_n')$에서 두 대안 a와 b에 대한 모든 사람들의 선호가 일치한다. 즉, 모든 i에 대해 aR_ib이면 반드시 $aR_i'b$이고, 그 역도 성립한다. 이 경우 조건 4는 만일 aRb이면 반드시 $aR'b$임을 요구하고 있다.

$n = 2$인 경우를 예로 들어 보자. 두 선호프로필 (R_1, R_2)와 (R_1', R_2')가 주어졌고, $F(R_1, R_2) = R$, $F(R_1', R_2') = R'$이다. 그런데 aR_1b, bR_2a이고 $aR_1'b$, $bR_2'a$라고 가정하자. 즉, a와 b에 대해 R_1과 R_1', R_2와 R_2'의 선호는 완벽하게 일치한다. 그러나 제3의 대안 c에 대해 cP_1a인 반면 $bP_1'c$라고 가정하자. 즉, 첫 번째 사람이 R_1의 선호를 가지면, 이 사람은 c를 a보다 강선호한다. 반면에 R_1'은 b를 c보다

---

[1] 무차별한 것이 하나도 없는 경우 6가지, 두 개가 무차별한 경우 6가지, 그리고 세 개 모두 무차별한 경우 1가지 등, 모두 13가지의 선호가 존재한다.

더 강선호한다. (R_1, R_2)와 (R_1', R_2')에서 두 사람 모두 a와 b에 대한 선호는 일치한다. 그러나 c까지 포함시킨 a, b, c에 대한 전체 선호는 R_1과 R_1'이 일치하지 않는다. 그럼에도 불구하고 조건 4를 충족시키려면, aRb이면 반드시 $aR'b$가 되어야 한다. 즉, 조건 4는 (R_1, R_2)와 (R_1', R_2')에서 두 사람 모두 a와 b 간의 선호가 동일하면, 제3의 대안 c가 두 사람의 선호에서 a와 b 사이 어디에 위치하든 간에 무관하게 a와 b 사이의 사회적 선호는 동일하게 결정되어야 함을 의미한다.

5) 비독재성(non-dictatorship)

특정한 사람의 선호가 바로 사회적 선호가 되면, 그 사람을 독재자(dictator)라고 부른다. 즉, 다른 모든 사람의 선호가 무시된 채, 특정 사람의 선호가 곧 사회 전체의 선호가 되면, 그 사람이 바로 독재자이다. 이를 사회후생함수로 표시하면 다음과 같다. 모든 선호프로필 $(R_1, \cdots, R_n)$에 대해, $F(R_1, \cdots, R_n) = R$일 때 모든 대안 a, b에 대해 aP_ib이면 aPb이다. 즉, i번째 구성원이 a를 b보다 더 강선호하면, 다른 구성원들의 선호와 관계없이, 사회적 선호도 a를 b보다 더 강선호한다. 이 경우 i번째 구성원이 다름 아닌 독재자이다.

다음으로 위의 각 조건이 사회후생함수가 만족해 하는 바람직한 성질인지를 알아보자. 사회적 선호는 그 사회가 선택할 수 있는 여러 대안 가운데 순위를 결정한다. 따라서 개인과 마찬가지로 사회적 선호가 완전성과 이행성을 충족하지 못하면, 사회 전체적인 차원에서 일관성 있는 선택을 하지 못한다. 그러므로 조건 1은 사회적 선호가 충족해야 할 바람직한 성질이다.

조건 2는 정의역의 비제한성이다. 선택할 수 있는 대안들의 집합 X에 대해 완전성과 이행성은 일관성을 위해 개인들의 선호가 만족해야 할 최소한의 조건이다. 조건 2에서 보았듯이, X의 원소의 개수에 따라 완전성과 이행성을 충족하는 선호는 일반적으로 매우 많다. 조건 2는 개인들의 합리적인 모든 선호에 대해 사회적 선호를 대응시킬 수 있어야 하는 조건이다. 크게 무리가 있는 조건이라고 보기 힘들다.

조건 3은 파레토 효율성이다. 두 대안에 대해 사회 구성원의 선호가 다르면,

사회적 선호는 모든 구성원의 선호와 일치할 수 없다. 그러나 사회 구성원 모두가 만장일치로 한 대안을 다른 대안보다 강선호하면, 사회적 선호도 사회 구성원의 만장일치 선호를 반영해야 한다는 것이 파레토 효율성이다. 파레토 효율성이 위반되는 것이 바람직하다고 보는 사람은 아마도 거의 없을 것이다.

조건 4인 무관한 대안으로부터의 독립성은 애로우의 다른 조건과 비교해 가장 논란의 여지가 큰 조건이다. 몇몇 경제학자들은 이 조건이 지나치게 강한 조건이라고 주장한다. 반면에, 두 대안 사이의 사회적 선호는 당연히 각 개인들의 두 대안에 대한 선호만을 반영하면 되지, 제3의 대안에 대한 선호에 의해 영향을 받아서는 안 된다고 주장하는 경제학자들도 있다. 이 조건은 모든 사람들이 동의하는 조건은 아니지만, 그렇다고 모든 사람들이 받아들일 수 없다고 생각하는 조건도 아니다. 나름대로 타당성을 갖는 조건이라고 할 수 있다.

조건 5는 비독재성의 조건이다. 전체주의 국가에서는 한 사람의 선호가 곧바로 사회적 선호이다. 그러나 민주적인 사회에서 특정 사람의 선호가 바로 사회 전체적인 선호가 되는 것은 받아들이기 힘든 조건이다. 그러므로 비독재성도 상당히 자연스러운 가정이다.

앞에서 살펴보았듯이, 다소 정도의 차이는 있지만 조건 1~5까지는 사회후생함수가 충족해야 할 바람직한 성질이다. 애로우의 불가능성 정리는 조건 1~5까지를 동시에 충족하는 사회후생함수는 존재하지 않는다는 매우 놀라운 결과를 보여준다.

> **애로우의 불가능성 정리**: 사회 구성원의 숫자가 2명 이상이고, 선택 가능한 대안의 숫자가 3개 이상이면, 조건 1~5를 동시에 충족하는 사회후생함수는 존재하지 않는다.

애로우의 불가능성 정리를 보다 정확하게 기술하면 다음과 같다. 조건 1~4를 충족하는 유일한 사회후생함수는 다름 아닌 독재이다. 그러므로 비독재성인 조건 5를 추가하면, 5개의 조건 사이에 모순이 발생한다. 그러므로 조건 1~5까지를 동시에 충족하는 사회후생함수는 존재하지 않는다는 결론을 얻는다.

애로우의 불가능성 정리가 성립하는 이유와 증명에 대해서는 뒤에서 보다 자세히 알아보도록 한다. 먼저 실제로 현실에서 사용되는 독재가 아닌 여러 가지 사회적 선호가 애로우의 어떤 조건을 충족하지 못하는지를 알아본다.

(1) 강제

사회후생함수가 그 사회 구성원의 의사나 선호와 관계없이 외부에서 주어지는 경우를 강제(imposition)라고 부른다. 예를 들어, 한 사회가 다른 국가의 식민지이면, 식민지 국민의 선호와 전혀 관계없이 지배국이 외부적으로 사회적 선호를 부과하는 경우가 강제의 한 예가 된다. 강제의 또 다른 예를 기독교 구약성경에서 찾아볼 수 있다. 모세가 이집트에서 노예생활을 하던 이스라엘 민족을 이끌고 홍해를 건넌 후 광야에서 하나님의 율법인 십계명을 받는다. 이 십계명은 이스라엘 민족의 선호와 무관하게 하나님이 이스라엘 민족이 반드시 지켜야 할 것을 명령한 것이다.

강제는 조건 3인 파레토 효율성을 위반할 수 있다. 예를 들어, 식민지의 모든 사람들이 a를 b보다 더 선호하지만, 지배국이 b가 a보다 더 좋다고 결론을 내리면, 이 사회적 선호는 식민지 국가의 파레토 효율성을 충족시키지 못한다. 구약의 십계명을 예로 들면, 제7계명이 네 이웃에 대해 거짓증거하지 말라는 것이다. 그러나 이스라엘의 모든 사람들이 다른 사람들에 대해 거짓말하는 것을 좋아한다면, 제7계명은 파레토 효율성을 충족시키지 못한다.

(2) 만장일치

두 대안 a와 b 사이에 모든 구성원의 선호가 완전하게 일치하면, 그 선호를 사회적 선호로 결정하는 것을 만장일치(unanimity)라고 부른다. 만장일치는 당연히 파레토 효율성을 충족시킨다. 그러나 만장일치는 조건 1의 완전성을 충족시키지 못한다. 두 대안 a와 b 사이에 a를 b보다 강선호하는 사람도 있고, 동시에 b를 a보다 강선호하는 사람이 있는 경우, 만장일치에 의해서는 a와 b 사이의 사회적 선호가 결정되지 못한다.

(3) 다수결 제도

만장일치가 완전성을 충족하지 못하므로, 이를 보완한 제도가 **다수결 제도**(majority voting)이다. 다수결에 의하면 두 대안 a와 b 사이에 a를 b보다 강선호하는 사람이 b를 a보다 강선호하는 사람보다 더 많으면, 사회적으로 a가 b보다 강선호된다. 두 숫자가 같으면 사회적으로 a와 b는 무차별하다.

두 대안 a와 b가 주어졌을 때 a를 더 선호하는 사람의 숫자를 $N(a)$, b를 더 선호하는 사람의 숫자를 $N(b)$라고 하자. 그러면 $N(a) > N(b)$이면 사회적으로 aPb, $N(b) > N(a)$이면 bPa, $N(b) = N(a)$이면 aIb이다. 그러므로 만장일치와 달리 다수결 제도는 완전성을 충족한다. 그러나 다수결 제도는 이행성을 충족시키지 못한다.

다음의 예는 1785년에 이미 콩도르세(Condorcet)가 제시한 것으로, 다수결 제도가 이행성을 충족시키지 못함을 보여준다. 한 사회가 3명으로 구성되어 있고, 세 개의 대안 a, b, c가 있다. 세 대안에 대한 각 사람의 선호는 〈표 22-1〉과 같다. 왼쪽에 있는 대안이 오른쪽에 있는 대안보다 더 선호된다.

먼저 a와 b를 비교하면, 1과 3이 a를 b보다 강선호하는 반면에, 2만 b를 a보다 강선호한다. 따라서 다수결에 의한 사회적 선호는 aPb이다. b와 c를 비교하면, 1과 2가 b를 c보다 강선호하는 반면에, 3만 c를 b보다 강선호한다. 따라서 bPc이다. aPb이고 bPc이므로, 사회적 선호가 이행성을 충족하면 aPc가 되어야 한다. 그러나 a와 c를 비교하면, 2와 3은 c를 a보다 강선호하는 반면에, 1만 a를 c보다 강선호한다. 즉, cPa가 성립한다. 따라서 다수결 제도는 이행성을 충족하지 못한다. 그러므로 조건 1을 만족하지 못한다. 다수결이 이행성을 충족시키지 못함을 보인 콩도르세의 예를 보통 **콩도르세의 패러독스**(Condorce's paradox)라고 부른다. 다수결 제도는 조건 1을 제외한 다른 조건들은 다 충족시킨다.

● 표 22-1 콩도르세의 패러독스

(강)선호순위	1	2	3
구성원 1	a	b	c
구성원 2	b	c	a
구성원 3	c	a	b

Box 22-1 콩도르세의 패러독스의 이용: 전략적 순서 설정

3명이 세 가지 대안 가운데 한 가지를 다수결로 선택하는 경우, 콩도르세의 패러 독스를 잘 이용하면 여러 대안들 사이에 어떤 순서로 다수결을 적용할지를 정하는 사 람이 자신이 가장 선호하는 대안이 선택되도록 할 수 있다.

세 개의 대안 a, b, c에 대해 3명의 선호가 〈표 22-1〉과 같고, 1이 순서를 결정 할 수 있다고 하자. 〈표 22-1〉에서 보다시피 1은 a를 가장 선호한다. 다수결에 의해 a가 선택되게 하려면, 1은 먼저 b와 c에 대해 다수결을 적용하면 된다. b와 c에 대 해 다수결을 적용하면, 3은 c를 b보다 더 선호하나, 1과 2가 b를 c보다 더 선호하므 로 b가 선택된다. 다음으로 a와 b에 대해 다수결을 적용하면, 1과 3이 a를 b보다 더 선호하므로 a가 선택된다.

이와 같이 모두 한 표씩 가지는 다수결 제도라도, 경우에 따라 순서를 정하는 권 한을 가진 사람이 전략적으로 순서를 정함으로써 자신이 가장 선호하는 결과가 나오 도록 할 수 있다. 그러므로 순서를 정하는 권한이 의외로 큰 권한일 수 있다.

(4) 보다 룰

보다 룰(Borda rule)은 1781년 프랑스의 학자인 보다(Jean-Charles de Borda)가 제창한 룰이다. 이 룰에 의하면 먼저 각 사람마다 자신의 선호대로 가장 선호하는 대안부터 가장 싫어하는 대안에 대해 낮은 숫자부터 높은 숫자까지를 부여한다. 낮은 숫자일수록 선호도가 높은 대안이다. 다음으로 각 대안에 대해 각 사람들이 부여한 숫자의 합을 계산한다. 두 대안의 사회적 선호는 각 대안에 대해 더해진 숫 자의 합을 비교함으로써 이루어진다. 숫자가 낮은 쪽이 사회적으로 선호되는 대안 이다.

다음의 예를 통해 보다 룰을 좀 더 자세하게 알아보자. a, b, c, d 네 개의 대안에 대한 두 명의 선호가 〈표 22-2〉와 같다. 구성원 1은 a, b, c, d 순서대로 선호하므로, 각각의 대안에 1부터 4까지의 숫자가 부여되어 있다. 구성원 2는 b, d, a, c순으로 선호한다. 각 대안에 부여된 숫자의 합이 제4행에 주어져 있다. 보 다 룰에 의한 사회적 선호는 제3행에 나타나 있다.

● 표 22-2 보다 룰에 의한 사회적 선호

구성원 1	$a(1)$	$b(2)$	$c(3)$	$d(4)$
구성원 2	$b(1)$	$d(2)$	$a(3)$	$c(4)$
사회적 선호	b	a	d	c
합계	$2+1=3$	$1+3=4$	$4+2=6$	$3+4=7$

● 표 22-3 조건 4를 충족시키지 못하는 보다 룰

구성원 1	$a(1)$	$d(2)$	$c(3)$	$b(4)$
구성원 2	$b(1)$	$d(2)$	$c(3)$	$a(4)$

보다 룰은 무관한 대안으로부터의 독립성인 조건 4를 충족하지 못한다. 두 사람의 선호가 〈표 22-3〉과 같다고 하자. 〈표 22-2〉와 〈표 22-3〉을 보면, 두 선호프로필에서 구성원 1과 2의 a와 d에 대한 선호는 동일함을 알 수 있다. 즉, aP_1d이고 dP_2a이다. 그런데 〈표 22-2〉의 경우 보다 룰에 의하면 aPd이다. 반면에 보다 룰을 〈표 22-3〉에 적용하면, a에 부여된 숫자의 합은 5이고, d에 부여된 숫자의 합은 4이다. 그러므로 이 경우 dPa이다. 따라서 〈표 22-2〉와 〈표 22-3〉에서 a와 d에 대한 두 사람의 선호가 동일함에도 불구하고, 보다 룰을 적용할 때 a와 d에 대한 사회적 선호가 반대로 나온다. 그러므로 보다 룰은 조건 4를 충족시키지 못함을 알 수 있다. 조건 4는 두 대안에 대한 사회적 선호가 두 대안에 대한 구성원들의 선호에만 의존하기를 요구한다. 그러나 보다 룰은 두 대안 간의 사회적 선호를 각 대안이 전체 대안에서 차지하는 상대적인 위치에 의해 결정한다. 두 대안의 사회적 선호는 두 대안뿐 아니라 다른 대안들에도 의존하므로, 보다 룰은 조건 4를 충족시키지 못하는 것이다.

3.2 불가능성 정리의 증명

불가능성 정리의 증명은 특정한 수학 분야의 매우 전문적인 지식을 요구하지는 않는다. 다만 고도로 논리적인 추론을 요구한다. 일반적인 경우에 대한 불가능성 정리의 증명에 관심 있는 독자들은 애로우의 저서를 참고하기 바란다. 본 절에서는 구성원이 2명이고, 대안이 3개일 경우 불가능성의 정리가 어떻게 성립되는가를 알아본다.

한 사회가 두 명으로 구성되어 있고, a, b, c 세 개의 대안이 존재한다. 조건 2에 의하면 사회후생함수는 두 사람 모두 세 개의 대안에 대해 완전성과 이행성을 만족하는 13^2개의 선호에 대해 사회적 선호를 대응시킬 수 있어야 한다. 본 장에서는 편의상 두 사람 모두 무차별한 대안은 없다고 가정한다. 즉, 두 사람 모두 세 개 대안에 대해 강선호를 가진다고 가정한다. 따라서 각 사람에 대해 6가지의 선호만을 고려한다.

사회후생함수의 정의역이 강선호인 경우로 제한해도 불가능성 정리가 성립하면, 무차별한 경우도 고려해 정의역이 넓어지면 당연히 불가능성 정리가 성립해야 한다. 따라서 강선호만을 고려하는 것이 제한적인 것은 아니다.

〈표 22-4〉의 행에는 구성원 1의 선호가, 열에는 구성원 2의 선호가 표시되어 있다. 각 선호프로필에 조건 3인 파레토 원칙을 적용하면 몇 가지 경우에 대해 사회적 선호를 얻을 수 있다. 예를 들어, 대각선의 경우 두 사람의 선호가 완전하게 일치한다. 따라서 파레토 원칙에 의해 사회적 선호 또한 개인들의 선호와 일치한다.

그러나 대각선이 아니면, 두 사람의 선호가 일치하지 않는다. 예를 들어, 1행-2열을 보자. 1의 선호는 aP_1bP_1c, 2의 선호는 aP_2cP_2b이다. 두 사람 모두 a를 b보다 강선호하므로, 파레토 원칙에 의해 aPb이어야 한다. a와 c에 대해서도 파레토 원칙에 의해 aPc이다. 그러나 b와 c에 대해서는 두 사람의 선호가 반대이므로,

● **표 22-4 파레토 원리의 적용**

1 ＼ 2	aP_2bP_2c	aP_2cP_2b	bP_2aP_2c	bP_2cP_2a	cP_2aP_2b	cP_2bP_2a
aP_1bP_1c	$aPbPc$	aPb, aPc	aPc, bPc	bPc	aPb	
aP_1cP_1b	aPb, aPc	$aPcPb$	aPc	$aPcPb$	aPb, cPb	cPb
bP_1aP_1c	aPc, bPc	aPc	$bPaPc$	bPa, bPc	$bPaPc$	bPa
bP_1cP_1a	bPc	$bPcPa$	bPa, bPc	$bPcPa$	cPa	bPa, cPa
cP_1aP_1b	aPb	aPb, cPb	$cPaPb$	cPa	$cPaPb$	cPa, cPb
cP_1bP_1a		cPb	bPa	bPa, cPa	cPa, cPb	$cPbPa$

파레토 원칙이 적용될 수 없다. b와 c에 대해 bPc, cPb 또는 bIc 가운데 한 가지만 성립한다. 편의상 bPc가 성립한다고 가정하자. 그러면 이로부터 다른 조건들을 이용해 〈표 22-4〉의 비어 있는 모든 부분들을 채울 수 있다. 결과를 보면 알겠지만, 이 경우 사회적 선호는 정확하게 1의 선호와 일치한다. 즉, 1이 독재자가 된다. cPb인 경우에는 반대로 2가 독재자가 된다. 이제 여섯 단계를 통해 〈표 22-4〉의 빈 부분을 채우도록 한다. 각 행과 열이 만나는 곳에는 몇 번째 단계가 적용되었는가가 표시되어 있다.

1단계 1행-2열에서 bPc를 가정한다. 1의 선호는 bP_1c, 2의 선호는 cP_2b이면, 사회적 선호는 bPc이다. 따라서 조건 4에 의해 b와 c에 대한 두 사람의 선호가 bP_1c와 cP_2b이면, 사회적 선호는 항상 bPc가 되어야 한다. 1단계는 〈표 22-5〉에

● 표 22-5 사회 구성원이 2명, 대안이 3개일 경우 불가능성 정리의 증명

1 ＼ 2	aP_2bP_2c	aP_2cP_2b	bP_2aP_2c	bP_2cP_2a	cP_2aP_2b	cP_2bP_2a
aP_1bP_1c	$aPbPc$	aPb, aPc ① bPc $aPbPc$	aPc, bPc ③ aPb $aPbPc$	bPc ② aPc ③ aPb $aPbPc$	aPb ① bPc $aPbPc$	① bPc ② aPc ③ aPb $aPbPc$
aP_1cP_1b	aPb, aPc ④ cPb $aPcPb$	$aPcPb$	aPc ③ aPb ④ cPb $aPcPb$	② aPc ③ aPb ④ cPb $aPcPb$	aPb, aPb ② aPc $aPcPb$	cPb ② aPc $aPcPb$
bP_1aP_1c	aPc, bPc ⑥ bPa $bPaPc$	aPc ① bPc ⑥ bPa $bPaPc$	$bPaPc$	bPa, bPc ② aPc $bPaPc$	① bPc ② aPc ⑥ bPa $bPaPc$	bPa ① bPc ② aPc $bPaPc$
bP_1cP_1a	bPc ⑤ cPa $bPcPa$	① bPc ⑤ cPa $bPcPa$	bPa, bPc ⑤ cPa $bPcPa$	$bPcPa$	cPa ① bPc $bPcPa$	bPa, cPa ① bPc $bPcPa$
cP_1aP_1b	aPb ④ cPb ⑤ cPa $cPaPb$	aPb, cPb ⑤ cPa $cPaPb$	③ aPb ④ cPb ⑤ cPa $cPaPb$	cPa ③ aPb $cPaPb$	$cPaPb$	cPa, cPb ③ aPb $cPaPb$
cP_1bP_1a	④ cPb ⑤ cPa ⑥ bPa $cPbPa$	cPb ⑤ cPa ⑥ bPa $cPbPa$	bPa ④ cPb $cPbPa$	bPa, cPa ④ cPb $cPbPa$	cPa, cPb ⑥ bPa $cPbPa$	$cPbPa$

①로 표시되어 있다. 이후의 단계도 동일하다.

2단계 1행-5열을 보면 1단계에 의해 aPb와 bPc가 성립한다. 따라서 이행성에 의해 aPc가 성립한다. 1행-5열의 선호를 보면 aP_1c, cP_2a이다. 이 때 aPc이므로, 역시 조건 4에 의해 a와 c에 대한 두 사람의 선호가 aP_1c와 cP_2a이면, 사회적 선호는 항상 aPc가 되어야 한다.

3단계 2행-6열을 보면 파레토 원리에 의해 cPb가 성립하고, 2단계에 의해 aPc가 성립한다. 따라서 이행성에 의해 aPb가 성립한다. 2행-6열의 선호를 보면 aP_1b, bP_2a이다. 이 때 aPb이므로, 조건 4에 의해 a와 b에 대한 두 사람의 선호가 aP_1b, bP_2a이면, 사회적 선호는 항상 aPb가 되어야 한다.

4단계 5행-4열을 보면 파레토 원리에 의해 cPa가 성립하고, 3단계에 의해 aPb가 성립한다. 따라서 이행성에 의해 cPb가 성립한다. 5행-4열의 선호를 보면 cP_1b, bP_2c이다. 이 때 cPb이므로, 조건 4에 의해 b와 c에 대한 두 사람의 선호가 cP_1b, bP_2c이면, 사회적 선호는 항상 cPb가 되어야 한다.

5단계 6행-3열을 보면 파레토 원리에 의해 bPa가 성립하고, 4단계에 의해 cPb가 성립한다. 따라서 이행성에 의해 cPa가 성립한다. 6행-3열의 선호를 보면 cP_1a, aP_2c이다. 이 때 cPa이므로, 조건 4에 의해 a와 c에 대한 두 사람의 선호가 cP_1a, aP_2c이면, 사회적 선호는 항상 cPa가 되어야 한다.

6단계 4행-1열을 보면 파레토 원리에 의해 bPc가 성립하고, 5단계에 의해 cPa가 성립한다. 따라서 이행성에 의해 bPa가 성립한다. 4행-1열의 선호를 보면 bP_1a, aP_2b이다. 이 때 bPa이므로, 조건 4에 의해 a와 b에 대한 두 사람의 선호가 bP_1a, aP_2b이면, 사회적 선호는 항상 bPa가 되어야 한다.

이상의 결과를 보면 1단계에서 1행-2열에서 bPc가 성립한다는 가정에서 출발해, 애로우의 조건 1부터 4까지를 적용한 결과 모든 행과 열이 만나는 곳의 사회적 선호를 결정할 수 있음을 알 수 있다. 더욱이 모든 행과 열이 만나는 곳의 사회적 선호는 1의 선호와 완벽하게 일치함을 알 수 있다. 따라서 1이 독재자가 된다.

그러므로 조건 1~4에 추가적으로 비독재성의 가정인 조건 5를 도입하면, 5개 조건들 사이에 모순이 발생하게 되어 불가능성 정리가 성립한다. 물론 1행-2열에서 cPb를 가정하고 시작했으면, 전체의 과정이 정확하게 반대로 작용하여 2가 독재가 된다.

마지막으로 1행-2열에서 사회적 선호가 bIc인 경우를 살펴보자. bIc이면, b와 c에 대해 1행-2열과 3행-2열 및 4행-5열의 선호가 동일하므로, 조건 4에 의해 3행-2열과 4행-5열에서도 bIc가 성립한다. 4행-5열에서 bIc, cPa이므로 이행성에 의해 bPa이다. 또한 a와 b에 대해 4행-5열과 3행-2열의 선호가 동일하므로 3행-2열에서도 조건 4에 의해 역시 bPa가 성립해야 한다. 3행-2열에서 bIc이고 bPa이므로 이행성에 의해 cPa가 성립해야 한다. 그러나 3행-2열의 선호를 보면 두 사람 모두 a를 c보다 강선호한다. 그러므로 파레토 원리에 의해 aPc가 성립해야 한다. cPa와 aPc가 동시에 성립할 수 없으므로, 1행-2열에서 사회적 선호가 bIc가 될 수 없음을 알 수 있다.

3.3 불가능성 정리로부터의 탈출

애로우의 불가능성 정리는 조건 1~4를 충족하는 사회후생함수는 반드시 독재임을 보여준다. 따라서 독재성을 탈피하려면 필연적으로 조건 1~4를 어떤 형태로든지 바꾸어야 한다. 불가능성 정리가 나온 이후 여러 학자들에 의해 불가능성 정리로부터 탈출해 보려고 하는 시도가 있었다. 본 절에서는 학부 수준에서 소개할 만한 몇 가지 결과를 정리한다.

앞에서 다수결 제도는 이행성을 제외한 다른 모든 조건을 충족함을 언급했다. 이행성은 대안의 숫자가 3개 이상일 경우 문제가 된다. 대안의 숫자가 2개이면 이행성은 문제가 되지 않는다. 그러므로 대안의 숫자가 2개이면, 다수결 제도는 조건 1~5를 모두 충족한다.

두 번째 시도는 사회후생함수의 정의역을 축소시키려는 노력이다. 콩도르세의 패러독스가 보여주듯이, 대안의 숫자가 3개 이상이면 일반적으로 다수결 제도는 이행성을 충족시키지 못한다. 일반적인 경우, 각 대안의 크기를 정량화하는 것이 의미를 갖지 못한다. 그러나 경우에 따라 대안의 크기를 잴 수 있는 경우가 있다.

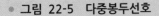

● 그림 22-5 다중봉두선호

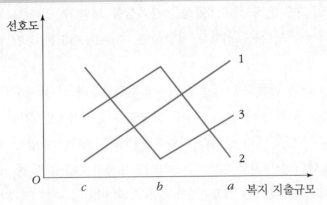

앞에서 살펴본 콩도르세의 패러독스에서 예를 들어, a, b, c를 정부 복지지출 규모라고 생각해 보자. 그러면 그 크기를 잴 수 있다. 정부 복지지출 규모가 큰 것을 선호하는 사람들도 있고, 반대로 작은 것을 선호하는 사람들도 있다. 구체적으로 $a > b > c$의 순서를 가정해 보자. 〈그림 22-5〉는 a, b, c에 대한 각 사람의 선호를 나타낸다.

〈그림 22-5〉에 나타난 각 사람의 선호는 다음과 같다. 1은 일관성 있게 복지 지출규모가 클수록 좋다고 생각한다. 2는 b 정도가 가장 적절한 규모라고 생각한다. b보다 작은 규모(c)와 큰 규모(a)를 비교하면, 작은 쪽이 큰 쪽보다는 더 낫다고 생각한다. 3은 복지 지출규모가 작은 것(c)을 가장 선호한다. 그런데 c보다 규모가 큰 경우, 선호가 바뀌어 아주 큰 것(a)을 중간 큰 것(b)보다 더 선호한다. 그러므로 3의 선호관계는 논리적으로 불가능한 것은 아니지만, 일관성이 있다고 보기는 어렵다.

〈그림 22-5〉에 나타난 각 사람의 선호를 산에 비유하면, 1은 a, 2는 b가 봉우리(peak)에 해당된다고 볼 수 있다. 반면에 3은 a와 c 모두 봉우리에 해당된다. 봉우리가 하나 있는 경우에 해당한다는 의미에서 1과 2의 선호를 **단일봉두선호**(single-peaked preference)라고 부른다. 반면에 3의 선호는 봉우리가 여러 개라는 의미에서 **다중봉두선호**(multi-peaked preference)라고 부른다.[2] 콩도르세의 패러독스가 발

---

2 $a > b > c$를 가정했으므로 3의 선호가 다중봉두선호가 된다. 크기를 바꾸면 다른 사람의 선호가 다중봉두선호가 된다.

생하는 이유는 바로 3이 다중봉두선호를 갖기 때문이다. 모든 사람들이 단일봉두선호를 가지면, 다수결 제도는 이행성을 충족함을 보일 수 있다. 그러므로 사회후생함수의 정의역을 단일봉두선호로 제한하면, 다수결 제도는 조건 1~5까지를 충족한다.

세 번째 시도는 베르그송-새뮤엘슨 사회후생함수와 같이 서수적 효용이 아닌 기수적 효용을 사용하는 것이다. 기수적 효용함수를 사용하면, 기수적 효용함수가 충족하는 여러 조건에 따라 공리적 사회후생함수를 포함한 다양한 형태의 사회후생함수가 가능함이 증명되어 있다. 그 증명은 본서의 수준을 훨씬 넘으므로, 단지 본서에서는 이 같은 시도가 있고, 불가능성 정리 이외의 다른 결과가 성립한다는 사실만을 언급하는 것으로 만족하고자 한다.

연습문제

1 두 명으로 구성되어 있는 사회에 사과가 90개 있다. 사과를 x만큼 소비할 때 두 사람의 효용함수는 각각 $u_1 = \sqrt{x}$와 $u_2 = x$이다.

1) 효용가능곡선을 구하고, 그려라.

2) 공리주의적 기준을 적용하면, 각 사람이 얼마의 사과를 소비해야 하는가?

3) 롤스의 기준을 적용하면 각 사람이 얼마의 사과를 소비해야 하는가?

4) 사회후생함수가 $W = u_1 u_2$이면 각 사람이 얼마의 사과를 소비해야 하는가?

2 본 장에서 살펴본 '강제', '만장일치', '다수결 제도' 및 '보다 룰'이 애로우의 5가지 조건 가운데 어떤 조건들은 충족시키고, 어떤 조건들은 충족시키지 못하는지 설명하라.

3 두 개의 재화와 두 명의 소비자가 존재하는 교환경제를 생각하자. 두 소비자의 효용함수는 동일하게 $U(x_1, x_2) = x_1 x_2$이다. 소비자 1과 2의 초기 부존은 각각 (10, 20), (30, 10)이다.

1) 벤담의 공리주의는 어떤 자원배분을 선택하는가?

2) 롤스에 의하면 어떤 자원배분이 선택되는가?

부록 •••

본 QR코드를 스캔하면 4장, 6장, 8장, 12장, 16장, 19장, 21장의 부록을 참고할 수 있습니다.

찾아보기 •••

[공저자 약력]

김영산(金永山)

- 서울대학교 경제학과 학사, 석사
- UCLA 경제학 박사
- 홍콩과기대 교수 역임
- 현재 한양대학교 경제금융대학 교수
- 한국산업조직학회 학술지인 「산업조직연구」 편집위원장 역임
- 한국산업조직학회 회장(2013)
- *Journal of Law, Economics and Organization, Journal of Finance, Journal of Financial and Quantitative Analysis*, 「계량경제학보」, 「산업조직연구」 등에 다수의 논문 게재
- 이메일: ecyskim@hanyang.ac.kr

왕규호(王奎晧)

- 서울대학교 경제학과 학사
- 스탠포드(Stanford) 대학교 경제학 석사, 박사
- 캐나다 웨스턴 온타리오 대학교, 중앙대학교 교수 역임
- 현재 서강대학교 경제학부 교수
- 한국산업조직학회 학술지인 「산업조직연구」 편집위원장 역임
- 한국산업조직학회 회장(2014)
- *Journal of Law, Economics and Organization, Review of Economic Studies, International Journal of Industrial Organization, Hitotshibash Journal of Economics*, 「계량경제학보」, 「산업조직연구」 등에 다수의 논문 게재.
  저서로 「게임이론」(2004, 박영사), 역서로 「버냉키·프랭크 경제학」(2020, McGraw-Hill Korea)이 있음.
- 이메일: ghwang@sogang.ac.kr

제3판
미시경제학

초판발행	2009년 1월 15일
제2판발행	2013년 3월 18일
제3판발행	2020년 2월 21일
중판발행	2023년 2월 28일

공저자	김영산·왕규호
펴낸이	안종만·안상준

편 집	배근하
기획/마케팅	장규식
표지디자인	조아라
제 작	우인도·고철민

펴낸곳	(주) 박영사
	서울특별시 종로구 새문안로3길 36, 1601
	등록 1959. 3. 11. 제300-1959-1호(倫)
전 화	02)733-6771
f a x	02)736-4818
e-mail	pys@pybook.co.kr
homepage	www.pybook.co.kr
ISBN	979-11-303-0798-5 93320

* 잘못된 책은 바꿔드립니다. 본서의 무단복제행위를 금합니다.

* 저자와 협의하여 인지첩부를 생략합니다.

정 가   43,000원